제6판 화폐와 금융시장

화폐와 금융시장

Money & Financial Markets

6판

정운찬 · 김홍범 · 김진일 지음

율곡출판사

정운찬(서울대학교 명예교수, 동반성장연구소 이사장)

서울대학교 경제학과를 거쳐 미국 Princeton University에서 경제학 박사학위를 받은 후 Columbia University에서 조교수로 강의와 연구를 시작하였다. 1978년부터 2009년 9월까지 서울대학교 경제학과에 봉직하면서 거시경제학과 화폐금융론 분야에서 이론과 실제를 겸비한 대표적 학자로 자리매김했으며, 우리나라의 경제학계와 민간부문 및 官界에 수많은 후학을 양성하였다. 서울대학교 총장과 국무총리를 역임하였으며, 서울대학교 명예교수로 추대되었다. 야구와의 평생 인연으로 한국야구위원회(KBO) 총재를 역임했으며, 현재 동반성장연구소 이사장으로 활동 중이다. (ucchung@snu.ac.kr)

김홍범(경상국립대학교 명예교수 ; KAIST 초빙교수)

정운찬 교수의 제자로 서울대학교 경제학과(학사과정 및 석사과정)를 졸업했고, 경상국립대학교 조교수로 재직 중 1986년 渡美하여 State University of New York at Albany에서 경제학 박사학위를 받고 1990년 경상국립대학교에 복귀했다. 이후 지난 30여 년 동안 화폐금융론과 거시경제학 강의와 함께 금융 정책 및 제도 분야에서 활발한 연구와 저작 활동을 수행해 왔으며, 현재는 경상국립대학교 명예교수이자 KAIST(한국과학기술원) 초빙교수로 활동 중이다. (hbkkim@gnu.ac.kr ; hongbkim@ kaist.ac.kr)

김진일(고려대학교 경제학과 교수)

정운찬 교수의 제자로 서울대학교 경제학과에서 학사와 석사 학위를 받았으며, 미국의 Yale대학교에서 박사학위를 받았다. 미국의 중앙은행인 연방준비제도이사회와 University of Virginia에서 근무하였으며, 2010년부터 고려대학교 경제학과에서 거시경제학과 화폐금융론을 강의하면서 다양한 연구와 저술 활동을 하고 있다. (JINILLKIM@korea.ac.kr)

제6판

들어가는 글

Money & Financial Markets
sixth edition
Preface

이 책이 세상의 빛을 본 지도 벌써 22년이 지났다. 이제 본격적인 청년의 나이가 된 셈이다. 그간 4번의 개정과정을 거쳤다. 초판은 2000년, 2판은 2003년, 3판은 2007년, 4판은 2012년, 그리고 5판은 2018년에 나왔다. 첫 출간 후 3년, 4년, 5년, 6년의 간격으로 개정판이 나온 셈이다. 이 패턴대로라면 제6판은 2025년에 나올 것이라고 기대할 만했다.

그러나 재작년(2020년)에 우리는 생각하지 못한 어려움을 맞았다. 제3, 4, 5판 제작을 주도하여 책을 완벽에 가깝게 만든 제2 저자 김홍범 교수가 금년, 즉 2022년에 정년을 맞는다며 제3 저자를 영입하자고 제안했다. 나는 완벽에 가까운 책인데 개정할 필요가 있냐고 물었다. 그러나 그는 최근 화폐현상과 금융시장의 빠르고 광범위한 변화는 정년을 맞은 교수가 다루기에는 역부족이라며 일선에 있는 교수를 모시자고 말했다.

우리는 고민에 고민을 거듭한 끝에 김진일 교수를 제3 저자로 초청했다. 김 교수는 그후 1년 반 동안 금융 현실의 변화과정을 참고하여 책을 많이 고쳤다. 그러나 미 · 중 패권 경쟁과 코로나 팬데믹으로 세계 금융환경이 어느 방향으로 발전할지 알 수 없는 상황에서 책을 내기가 두려웠다. 그래서 출판을 6개월 미루면서 개정작업을 더한 끝에 이번에 제6판을 펴내게 되었다.

김 교수는 다음과 같은 개정의 변을 내놓았다.

6판의 달라진 내용

6판은 기존의 내용을 적절하게 업데이트하는 것을 가장 큰 목적으로 삼았다. 코로나19가 가져오는 변화가 종합적으로 화폐금융론의 큰 틀을 어떻게 얼마나 변화시켰는지 다루는 일은 추후 과제로 남겨두었다. 그럼에도 코로나19 위기 이후의 비대면 활성화와 디지털 전환의 가속화는 코로나19 위기 이전의 상상을 초월하는 빠른 속도로 진행되었으며, 이러한 변화는 가능한 한 6판에 반영되도록 노력했다.

이런 측면에서 5판에 비하여 내용이 가장 많이 바뀐 부분은 3장이다. 5판 당시 이 장의 제목은 '핀테크와 금융'이었다. 이는 디지털화 초기 금융을 본체로 하면서 IT 기술을 접목해 온 관행이, 2010년대 후반에 IT 기술을 본체로 하면서 금융을 접목하는 정반대의 트렌드로 바뀌었다는 사실에 주목한, 당시 금융계 분위기를 잘 반영하고 있다. 한편 2010년대에 나타난 이 두 가지 흐름에서 금융회사는 모두 가치사슬의 중심에 있었다. 반면에 최근 수년간의 디지털 금융혁신은 IT 기술업체가 점차 가치사슬의 핵심으로 들어오게 했다. 이를 테크핀으로 부를지 아니면 핀테크로 부를지에 대한 논의와 무관하게 금융의 변화 속도는 우리의 상상을 초월하고 있다.

이러한 변화를 반영하고자 6판에서는 3장의 제목을 '디지털 금융혁신'으로 수정했다. 각 절의 제목에서도 핀테크를 중심에 놓기보다는 최근 디지털 금융혁신을 포괄적으로 소개하는 데 중점을 두었다. 지난 5판을 읽어보신 독자들은 일부 단어의 개념이 6판에서는 이전과는 전혀 다르게 혹은 일부에서는 정반대로 쓰이고 있다는 느낌을 받을 수도 있다. 이러한 변화나 혼란이 실제로 코로나19 위기 이후의 금융환경이 얼마나 빠르게 바뀌고 있는지를 반영한다고 이해해 주시면 개정의 의의가 있다고 생각한다. 구체적으로 3장에서는 '글로벌 핀테크 투자 추이 전망'을 소개했고, '해외 빅테크 기업과 금융회사 간 시가총액 비교'를 했으며, '한국의 빅테크 및 4대 금융지주 시가총액 비교'를 제시했다.

3장에서는 디지털 금융혁신이 일어나는 세 가지 단계로서 digitization(디지털 데이터화)과 digitalization(디지털 업무화), 그리고 digital transformation(디지털 대전환) 이렇게 세 개념을 순차적으로 소개하면서 비교했다. 그리고 빅테크 기업이 성장할 수 있었던 배경을 다루면서 최근 한국 빅테크 기업들의 특징과 규모를 분석했다. 이러한 분석은 화폐금융론의 입장에서 보면, 빅테크 기업이 금융시장과 금융안정에 미치는 영향에 대한 논의로 이어졌다.

3장 이외에도 수정된 내용의 일부를 소개하면 다음과 같다. 제2편 '이자율과 금융시장'의 4장에서는 독자들의 편의를 도모하고자 듀레이션 관계식의 증명과정이 추가되었다. 그리고 5장에서는 유동성 프리미엄 존재에 따른 이자율의 기간구조에 관한 그래프를 수정해서 내용이 좀 더 명확히 전달되도록 노력했다.

제3편에서는 '우리나라의 금융제도'와 '우리나라의 금융기관'의 내용을 중점적으로 수정했다. 수치데이터를 중심으로 자료를 업데이트하는 데 초점을 맞추었다. 특히 최근에 시행된 '우리나라 단기금융시장의 지표금리 개선을 위한 노력'이라는 박스에서 국내 무위험지표금리 선정에 관한 내용을 업데이트했다. 7장에서는 코로나19 위기 이후 한국은행의 유동성 공급 조치와 관련된 내용을 보완했으며, 7장과 8장의 업데이트 과정에서는 한국은행에서 발간한 『한국의 금융시장』과 『한국의 금융제도』와 같은 단행본들을 많이 참고했다. 무위험지표금리 선정과 관련해선 저자(김진일)의 연구 경험에도 의존하였다.

제4편 '화폐금융과 물가안정' 부분에서는 10장 화폐공급에 관한 수치를 업데이트했다. 11장에서는 통화정책의 명목 기준지표와 관련된 수치를 최신화했고, 미국의 중앙은행인 연준이 2020년에 평균물가목표제를 채택한 내용을 소개했다. 이 과정에서 한국은행과 국제기구의 보고서, 그리고 저자(김진일)의 언론 칼럼도 인용했다. 우리나라의 통화정책을 다룬 12장에서는 한국은행 여 · 수신제도의 개정 내용을 업데이트하면서 다른 중앙은행의 변화도 개관했으며, '팬데믹 위기에 대응한 비전통적 통화정책'을 다룬 박스를 추가했다. 그리고 13장에서는 '중앙은행론'에 관한 일부 용어를 다른 부분과의 통일성을 위하여 수정했다.

제5편에서 글로벌 금융위기를 다룬 15장의 경우, 금융안정지표와 관련된 일부 내용을 한국은행의 보도자료와 국제기구의 홈페이지를 참조해서 최신화했다. 그리고 17장의 금융시스템 관련 공공기관에 관한 내용에서는 예금보험공사의 연차보고서와 한국은행의 자료를 이용하여 업데이트했다. 이와 더불어 전자금융거래법 개정안과 관련된 정책당국 간 이슈도 소개하면서 한국의 금융 현실을 명확히 설명하기 위해 노력했다.

감사의 글

이번 개정판을 준비하면서 고려대학교 대학원을 졸업했거나 현재 다니고 있는 대학원생들의 많은 도움을 받았다. 고려대학교의 최병돈 조교, 금융연구원의 김동녁 연구원, 그리고 한국은행의 송병호 차장이 정성을 다해서 도와주었으며, 고려대학교 유성현 조교는 색인 작업에 도움을 주었다. 이들은 금융 현실의 변화와 새롭게 발표된 참고자료를 가장 먼저 확인하면서 묵묵히 개정작업에 도움을 주었다. 이 자리를 빌려 감사의 마음을 전한다.

그리고 기획과 출판에 정성을 다해주신 율곡출판사의 박기남 사장과 방조일 이사께도 심심한 감사를 드린다. 끝으로 개정작업을 하는 동안에 언제나 곁에서 따뜻이 응원해 준 가족들에게 가장 커다란 감사와 사랑을 전한다.

2022년 7월 22일

공동저자인 김홍범 · 김진일 교수를 대신하여 정운찬 씀

초판

들어가는 글

Money & Financial Markets
first edition
Preface

이 책은 나의 화폐금융론 강의노트를 수정하고 살을 더 보태어 활자화한 것이다.

나는 1976년부터 1978년까지 미국 콜럼비아대학 경영대학원에서 '화폐와 금융시장(Money and Financial Markets)'을 강의했다. 그리고 1978년 말부터 현재까지 서울대학교 경제학부(과)에서 학사과정의 '화폐금융론'과 '화폐금융론 연습', 대학원과정의 '화폐금융론 연구'와 '화폐금융론 특수연구'를 맡아 왔다. 1982년 2학기에는 이화여대 2학년 학생들에게 화폐금융론을 가르칠 기회도 가졌다.

그 사이에 화폐현상과 금융행위의 중요성은 날로 커져 가고 금융환경의 변화도 숨이 찰 만큼 빨라졌다. 이론적으로 보더라도 화폐와 금융시장 이론은 재무관리에서 다루는 주제를 많이 흡수하면서 범위가 넓어졌고, 거시경제학이 이루어 놓은 깊이 있는 논의도 받아들였다. 그와 함께 나의 강의노트도 조금씩 무거워져 갔다.

'가르치는 것이 곧 배우는 것'이라는 말처럼 나는 25년간 강의를 하면서 주교재와 참고문헌은 물론 학생들의 질문과 기말 리포트로부터 많이 배웠다.

하지만 교재를 고르는 일은 쉽지 않았다. 어떤 책은 너무 어려웠고, 다른 책은 다루는 주제가 협소하며, 또 다른 책은 학생들의 지적 호기심을 자극하지 못했다. 많은 학생들이 나에게 화폐금융론 교재를 쓰라고 권한 것은 그 때문이었으리라.

그러던 어느 날 율곡출판사의 박기남 사장께서 나에게 좋은 화폐금융론 책을 내보자고 하셨다. 늘 마음에 두고 있었던 일이기에 나는 마음이 움직여 즉석에서 그 제의를 흔쾌히 받아들였다.

그러나 화폐금융론 책을 쓴다는 것은 생각 이상으로 매우 어려운 작업이었다. 급변하는 금융환경과 그에 따라 변하는 주제의 다양성으로 범위는 어떻게 잡고, 또 쉽고 어려운 정도는 어떻게 정할지 등의 문제가 여간 어렵지 않았다. 나는 내가 비교적 잘 다룰 수 있는 주제를 다루되, 이론에 치중하기보다는 현실문제도 많이 소개하였다. 또한 될 수 있으면 이해하기 쉽게 만들려고 노력하였다. 이제 막 경제학에

발을 들여놓은 젊은이들의 취향에 맞게 한자는 되도록 사용하지 않고, 수식은 가급적 줄이는 대신 그림은 잘 활용하려고 노력하였다.

실제로 본격적인 작업은 최근 수개월에 걸쳐 이루어졌다. 이 과정에서 나는 많은 사람들의 도움을 받았다. 약 20년 전에 『거시경제론』을 쓸 때나 지난 10년간 『금융개혁론』, 『중앙은행론』, 『예금보험론』을 쓸 때에 비해 더욱 책임감을 느껴 주위 사람들의 조언에 더 귀를 기울이게 되었다.

김홍범 교수(경상대)는 이 책의 초고를 모두 읽으면서 오류를 지적해 주고 부족한 부분을 메워주었다. 다만 그의 권고를 모두 받아들이지 못해 아쉽다. 책을 개정할 필요가 생기면 김 교수가 지적한 것을 더 충실히 반영하고 싶다. 이영섭 교수(숙명여대)와 김세직 박사(IMF와 대외경제정책연구원)는 제17장의 원고를 고치고 다듬어 주면서 나의 녹슨 머리를 많이 깨우쳐 주었다. 조재호 교수(서울대)는 제9장 [보론]을 거의 써주다시피 하였고, 전성인 교수(홍익대)는 제3장 원고를, 배현기 박사(Money Today)는 제16장을 쓰는 데 큰 도움을 주었다. 정지만 교수(상명대)와 이건범 박사(한국금융연구원)도 원고의 일부를 읽고 적절한 평을 해주었다. 유학 중인 김정욱(Harvard)은 CAPM 및 효율적 시장 가설과 관련된 최신 자료를 많이 제공해 주었고, 하준경(Brown)도 화폐 수요 및 공급에 관한 자료를 모아주어 책의 내용이 더 좋아졌다. 오성환 교수(서울대)는 한편으로는 이 책의 출간을 반겨주고 다른 한편으로는 내가 해야 하는 공적인 일을 대신 맡아줌으로써 내 작업에 속도를 실어주었다.

서울대학교의 현재 및 과거 학사과정과 대학원과정 학생들도 많은 도움을 주었다. 이해인(학사과정)과 박종현(대학원과정)은 초교를 아주 꼼꼼히 보아주었다. 김치연 조교(대학원과정), 한재현 기자(조선일보), 우석진(Wisconsin 유학), 진유미(Brown 유학)는 강의록을 읽으면서 원고를 만드는 일을 도와주었다.

막 박사학위를 끝낸 박경로(서울대)는 3교를 꼼꼼하게 보아주었다. 이수형 사무관(재경부)은 신용평가를 비롯한 몇 가지 주제에 관해 메모를 해주었고, 유혜미(한국은행)도 초고를 읽고 조언을 아끼지 않았다.

그리고 다른 누구보다도 나의 조교였던 이동훈(대학원과정)은 지난 7월 초순까지 행정고시 공부로 바쁜 가운데서도 책의 내용과 형식에 관해 많은 조언을 해주었고, 시험이 끝난 후에는 말 그대로 헌신적인 모습을 보여주었다. 강의노트를 원고로 옮기는 과정은 물론 교정과 색인 작업에도 온 힘을 다 쏟았다.

위에 적은 모든 분들께 깊은 감사를 드린다. 그리고 율곡출판사의 박기남 사장님과 휴일도 없이 애써주신 편집 · 영업진 여러분들께 심심한 사의를 표한다.

항상 나를 편하고 자유롭게 해주는 가족들에게도 감사한다. 가족들의 이해와 협조가 없었더라면 내가 어떻게 모든 작업을 무난히 마칠 수 있었겠는가. 군 복무 중인 준택의 언제 책이 나오냐는 물음이 특히 큰 힘이 되었다.

끝으로 나에게 화폐금융론을 공부하라고 말씀하셨고 또 처음으로 포트폴리오 이론을 가르쳐 주신 조순 선생님과, 대학원 과정에서 화폐와 금융시장을 가르쳐 주시고 박사논문을 지도해 주셨던 블라인더(A. Blinder), 재피(D. Jaffee), 맬킬(B. Malkiel), 콴트(R. Quandt) 교수님, 그리고 돌아가신 골드펠트(S. Goldfeld) 교수님께 깊은 감사를 드린다. 큰 은혜를 어떻게 갚을 수 있을지 헤아리기도 힘들다.

2000년 8월 17일

맑게 갠 관악을 바라보며

정운찬

차 례

Money & Financial Markets sixth edition Contents

제6판 들어가는 글/vi

초 판 들어가는 글/x

1편 화폐와 금융시장으로의 초대

Money & Financial Markets Part One

제1장 화폐금융론이란 무엇인가?

1. 화폐금융론의 중요성과 두 가지 접근방식 ······ 5

2. 화폐와 금융이란 무엇인가? ······ 8

2.1 화폐의 순기능/10 　 2.2 금융의 순기능/13

3. 화폐와 금융이 가져온 문제점 ······ 20

3.1 화폐와 금융의 역기능/20 　 3.2 금융위기의 역사적 경험/25

4. 공공재로서의 화폐와 금융 ······ 31

4.1 화폐와 금융은 어떻게 다른가?/31 　 4.2 금융과 불확실성/33

4.3 공공재로서의 화폐와 물가안정/36 　 4.4 공공재로서의 금융과 금융안정/39

5. 우리는 왜 화폐금융론을 공부하는가? ······ 41

6. 이 책의 구성 ······ 44

▣ 연습문제/46

▣ 참고문헌/52

제2장 화폐와 금융시장의 기초적 이해

1. 화폐의 기능과 진화과정 ····· 56

1.1 화폐의 기원과 진화/56
1.2 화폐의 필요조건/66
1.3 화폐의 기능/68

2. 금융시장과 금융상품 ····· 71

2.1 금융시장 : 채무시장과 주식시장/72
2.2 금융시장 : 발행시장과 유통시장/76
2.3 금융시장 : 단기금융시장과 장기금융시장/78
2.4 금융상품 : 투자성 상품과 비투자성 상품/79

▣ **연습문제**/82

▣ **참고문헌**/83

제3장 디지털 금융혁신

1. 핀테크와 테크핀 : 디지털 금융혁신의 새로운 조류 ····· 87

2. 디지털 금융혁신의 변모 ····· 95

2.1 개관/95
2.2 블록체인 기술/98
2.3 디지털 화폐/101
2.4 지급결제서비스/108
2.5 크라우드펀딩 및 P2P 대출/116
2.6 기타 : 로보-어드바이저와 인터넷 전문은행/119

3. 디지털 금융혁신의 미래 ····· 123

▣ **연습문제**/130

▣ **참고문헌**/132

2편 이자율과 금융시장

Money & Financial Markets **Part Two**

제4장 이자율이란 무엇인가?

1. 이자율의 개념 ····· 140

1.1 매매거래와 대차거래/140
1.2 시간선호의 가정과 이자율/141
1.3 명목이자율과 실질이자율/143

2. 만기수익률의 개념 ……… 145

2.1 할인과 현재가치/145
2.2 채권의 종류와 현금의 흐름/146
2.3 채권의 현재가치와 만기수익률/149

3. 채권가격의 변동 ……… 152

3.1 무이표채와 이표채의 가격변동/152
3.2 만기수익률과 채권가격 간의 관계/158

4. 1기간 보유수익률과 여러 가지 이자율 ……… 163

4.1 1기간 보유수익률/163
4.2 현실에서 사용되는 여러 가지 이자율/165

▣ 연습문제/167

▣ 참고문헌/169

제5장 이자율 결정의 이론과 실제

1. 대부자금설 ……… 173

1.1 대부자금설의 구조/174
1.2 대부자금설의 의의/176

2. 유동성선호설 ……… 179

3. 이자율의 위험구조 및 기간구조 ……… 182

3.1 이자율의 위험구조/183
3.2 이자율의 기간구조/188

▣ 연습문제/204

▣ 참고문헌/210

제6장 금융시장의 속성과 효율시장 가설

1. 금융시장의 속성과 시장조성자 ……… 215

2. 효율시장 가설 ……… 217

2.1 효율시장 가설의 이론적 기초/217
2.2 효율시장 가설의 경험적 기초/222

3. 비효율시장 가설 ……… 229

3.1 비효율시장 가설의 이론적 기초/229
3.2 비효율시장 가설의 경험적 기초/237

4. 효율시장 가설과 비효율시장 가설 : 상호 보완성과 논쟁의 현주소 ……… 250

4.1 두 가설 사이의 상호 보완성/250
4.2 두 진영 간 논쟁의 경과 및 현주소/252

▣ 연습문제/257

▣ 참고문헌/263

3편 금융제도와 금융기관

Money & Financial Markets **Part Three**

제7장 우리나라의 금융제도

1. 우리나라의 금융시장 ········ 272

1.1 우리나라 금융시장의 구조/274 1.2 단기금융시장/275
1.3 자본시장/286 1.4 파생금융상품시장/307
1.5 외환시장/322

2. 우리나라의 금융기관 ········ 325

2.1 은행/328 2.2 비은행 예금취급기관/333
2.3 금융투자업자/334 2.4 보험회사/337
2.5 기타 금융기관/339 2.6 금융보조기관/341

3. 금융제도와 관련된 세 가지 쟁점 ········ 342

3.1 금융발전, 경제성장과 금융위기/343 3.2 금융개혁/354
3.3 금융기관의 소유 · 지배구조/368

▣ **연습문제**/378
▣ **참고문헌**/381

제8장 금융중개기관이론

1. 금융활동 비용과 금융중개기관 ········ 388

1.1 거래비용/389 1.2 정보비용/390

2. 금융중개기관의 역할 ········ 391

2.1 시장 불완전성 보완－정보의 생산/392 2.2 보험서비스 제공－위험의 집중과 분산/393
2.3 테일러링－자산변환 기능/394
2.4 금융인프라 구축－지급결제 등 전문 서비스 제공/395
2.5 정보비용의 완화/396

3. 은행의 금융행위 ········ 400

3.1 은행의 대차대조표/401 3.2 은행 경영의 기본 원리/405

4. 금융기관 경영원리의 변천 ········ 410

4.1 상업대부이론/410 4.2 유동화이론/412

4.3 기대수익이론/412　　4.4 부채관리이론/413
4.5 자산 · 부채 종합관리이론/415

5. 현실에서 다양한 금융기관이 존재하는 이유 418
5.1 기존의 표준적 시각 : 글로벌 금융위기 이전/418
5.2 새로운 현실 : 글로벌 금융위기 이후/421

▣ **연습문제**/425
▣ **참고문헌**/429

4편 화폐금융과 물가안정

Money & Financial Markets **Part Four**

제9장 화폐에 대한 수요

1. 미시적 화폐수요이론 438
1.1 거래적 화폐수요이론/439　　1.2 투자적 화폐수요이론/446

2. 거시적 화폐수요이론 453
2.1 고전적 화폐수량설/453　　2.2 신화폐수량설/461

3. 미시적 · 거시적 화폐수요이론의 한계와 발전 467
3.1 화폐수요이론의 한계/467　　3.2 화폐수요이론의 발전/469

▣ **연습문제**/471
▣ **참고문헌**/474

제10장 화폐의 공급

1. 통화의 개념 478
1.1 통화공급이란 무엇인가?/479　　1.2 우리나라의 통화지표와 유동성지표/480

2. 은행과 통화공급 489
2.1 은행의 자산과 부채/490　　2.2 은행의 예금창조 과정/493

3. 중앙은행과 통화공급 496

4. 통화승수모형의 내용과 한계 500
4.1 통화승수모형/500

4.2 통화승수모형의 한계와 통화공급의 내생성/502

▣ **연습문제**/508

▣ **참고문헌**/509

제11장 통화정책의 기본 구조, 체계와 전달경로

1. 통화정책의 기본 구조 ········ 513

2. 통화정책체계 ········ 515

2.1 통화정책체계의 구성요소/515 2.2 통화정책의 최종 목적/517

2.3 통화정책의 명목 기준지표/521

3. 통화정책의 전달경로 ········ 558

3.1 케인지언 모형과 통화주의자 모형/559 3.2 통화정책의 전달경로/561

▣ **연습문제**/577

▣ **참고문헌**/580

제12장 통화정책 수단과 우리나라의 통화정책

1. 통화정책의 표준적 수단 ········ 586

1.1 여 · 수신제도/588 1.2 지급준비제도/597

1.3 공개시장운영/602

1.4 한국의 통화정책과 금융안정 : 2008～2009년/608

2. 통화정책의 비표준적 수단 ········ 609

2.1 비표준적 통화정책 수단/610 2.2 선제적 안내/612

2.3 양적완화/616

2.4 비표준적 통화정책 수단 : 추가적 검토/632

3. 우리나라의 물가안정목표제 ········ 646

3.1 물가안정목표제의 도입, 제도 정비와 성과/646

3.2 한국은행 기준금리의 결정과 금리 중시 물가안정목표제/651

▣ **연습문제**/656

▣ **참고문헌**/660

제13장 중앙은행론

1. 중앙은행의 존재가 과연 필요한가? ······ 673

2. 중앙은행업 ······ 676

2.1 대차대조표로 본 중앙은행의 미시적 · 거시적 기능/677

2.2 글로벌 금융위기와 중앙은행업/682

3. 중앙은행의 독립성과 책임성 ······ 691

3.1 중앙은행의 독립성/691 3.2 중앙은행의 책임성/703

▣ 연습문제/708

▣ 참고문헌/712

5편 화폐금융과 금융안정

Money & Financial Markets Part Five

제14장 2007~2009년 글로벌 금융위기

1. 글로벌 금융위기의 전개과정 ······ 722

2. 글로벌 금융위기의 배경과 원인 ······ 730

2.1 통화정책의 문제 : 저금리정책/732 2.2 금융기관의 취약성/737

2.3 금융 규제 · 감독의 취약성/758 2.4 대마불사/760

▣ 연습문제/762

▣ 참고문헌/766

제15장 금융안정, 금융안전망과 금융시스템 관련 공공기관

1. 금융혁신, 세계 금융의 변화와 금융안정 ······ 774

1.1 금융혁신과 세계 금융의 변화/774 1.2 세계 금융의 변화와 금융안정/778

2. 금융안정과 시스템리스크 : 정의 ······ 786

3. 금융안정의 분석 ······ 788

3.1 쉬나시의 금융안정 정의/789 3.2 금융안정의 지표와 금융불안정의 파악/792

3.3 금융안정의 분석체계/799

4. 시장규율, 규제규율과 금융안전망 …… 802

4.1 시장규율과 규제규율 : 선택 vs. 배합/802

4.2 금융안전망의 필요성과 작동원리/806

5. 금융시스템 관련 공공기관 …… 813

5.1 금융시스템 관련 공공기관 간 협력과 견제의 필요성/814

5.2 금융시스템 관련 공공기관 간 시각차와 이해상충/816

▣ **연습문제**/819

▣ **참고문헌**/821

제16장 금융시스템 관련 공공기관 (I)

1. 금융감독의 필요성 …… 829

1.1 정보의 비대칭성/830

1.2 금융업의 내재적 불안정성, 외부효과, 그리고 시스템위기/834

1.3 자연독점/837

1.4 소비자의 현재편중 선호와 인지적 한계/838

1.5 국민경제의 특정 목표/840

2. 금융안정과 금융감독 …… 841

2.1 미시적 접근 : 미시건전성 감독과 시장행위 감독/843

2.2 거시적 접근 : 거시건전성 감독/846 2.3 소결 : 금융안정 관련 정책체계/855

3. 금융감독기구의 금융규제 …… 857

3.1 경쟁제한적 규제/858 3.2 건전성규제/864

3.3 시장행위 규제/895

4. 금융감독기구의 독립성과 책임성 …… 899

4.1 금융감독기구의 독립성/901 4.2 금융감독기구의 책임성/902

4.3 소결/903

5. 우리나라의 금융감독체계 …… 904

5.1 통합금융감독체계의 도입과 경과/905 5.2 현행 금융감독체계/911

▣ **연습문제**/913

▣ **참고문헌**/915

제17장 금융시스템 관련 공공기관 (Ⅱ)

1. 금융안정과 중앙은행 ······ 925
1.1 최종대부자 기능/925
1.2 지급결제제도의 운영자 · 감시자 · 발전촉진자 기능/935
2. 금융안정과 예금보험기구 ······ 948
2.1 각국의 예금보험제도 도입 연혁과 배경/949
2.2 예금보험제도는 왜 필요한가?/952
2.3 예금보험제도의 순기능과 역기능/953
2.4 예금보험기구의 책무 유형/965
2.5 우리나라의 예금보험제도/967
▣ 연습문제/978
▣ 참고문헌/980

찾아보기(내용)/987
찾아보기(인명)/1000

화폐와 금융시장으로의 초대

제1장 화폐금융론이란 무엇인가?

제2장 화폐와 금융시장의 기초적 이해

제3장 디지털 금융혁신

CHAPTER 01

화폐금융론이란 무엇인가?

Money & Financial Markets, Ch. One, pp.3~54

1. 화폐금융론의 중요성과 두 가지 접근방식
2. 화폐와 금융이란 무엇인가?
3. 화폐와 금융이 가져온 문제점
4. 공공재로서의 화폐와 금융
5. 우리는 왜 화폐금융론을 공부하는가?
6. 이 책의 구성

이 책은 현대 자본주의 경제의 핵심인 화폐와 금융시장을 다룬다. 화폐와 금융시장은 경제학의 한 분야인 화폐금융론의 공부를 통해 이해할 수 있다.

주위 사람들은 우리들에게 가끔 "화폐금융론이 뭐냐?" 라는 질문을 던진다. 매우 대답하기 어려운 질문이다. 현실의 경제상황, 특히 화폐현상과 금융행위는 상아탑의 학자들이 따라가기에 숨이 찰 만큼 빠르게 변화하고 또 복잡해지고 있기 때문이다.

화폐금융론의 범위를 자로 재듯이 명확하게 정의하기란 쉽지 않다. 그래도 한 가지 사실만은 분명하다. 화폐금융론은 현실 생활과 밀접한 관련성을 갖고 있다는 점이다. 일찍이 영국의 경제학자 힉스(J. Hicks)도[1] 이러한 점을 강조했었다.

그는 19세기 초 나폴레옹 전쟁을 배경으로 한 리카도(D. Ricardo)의 이론이나 20세기 초 대공황을 배경으로 나온 케인즈(J. Keynes)의 이론을 예로 들면서 각 시대의 특수한 화폐적 경험을 개별적이고도 구체적으로 이해하려는 과정에서 화폐이론이 생성된다고 말했다. 또한 힉스는 화폐의 진화를 금융제도의 발전이라는 보다 넓은 맥락 속에서 이해해야 한다고 강조하였다. 화폐현상과 금융행위는 떼어낼 수 없는 한 몸과 같다는 것이다. 오늘날 금융은 과거에 비해 비약적으로 발전하였고, 화폐는 금융을 지지하는 주춧돌의 역할을 하고 있다. 이처럼 화폐와 금융은 늘 붙어 다닌다. 특히 글로벌 금융위기 이후에는 기술이 금융을 주도하는 핀테크 혁신이[2] 전 세계적으로 금융의 새로운 지평을 급속히 열고 있는 중이며, 이러한 디지털 혁신은 코로나19 발발 이후에 언택트 문화의 확대와 더불어 더욱 가속화되고 있다. 그러다 보니 화폐금융론의 범위도 과거보다 더 넓게 확장되는 중이고 그 깊이도 갈수록 심오해지고 있다.

그렇다고 해서 화폐금융론이 모든 경제현상에 주목하는 것은 아니다. 노동시장에서 여성 노동자보다 남성 노동자의 평균임금이 높은 현상을 연구하는 것이나, 소주에 부과되는 세금을 100원 올렸더니 소비자가격은 500원이나 오르는 현상을 분

1. Hicks(1967) 참조.

2. 핀테크(또는 핀테크 혁신)란 디지털 혁신의 거대한 흐름이 금융과 만나 진행되고 있는 금융혁신의 새로운 조류로, 기술이 금융을 주도한다는 결정적인 특징을 갖는다. 이론(異論)의 여지는 있으나, 여기서 디지털 혁신의 거대한 흐름은 다름 아닌 4차 산업혁명일 것으로 이해되기도 하며 이는 금융업뿐만 아니라 제조업을 포함한 모든 산업의 재편을 통해 궁극적으로는 인류의 삶에 획기적 변화를 가져올 것으로 전망된다. 4차 산업혁명은 "오프라인 세상의 질과 양을 확장한 1, 2차 산업혁명과 온라인 세상을 만들어낸 3차 산업혁명보다 더욱 강력"하리라는(이민화 2016, p.iv) 것이 여러 전문가들의 예상이다. 핀테크에 관해서는 이 책의 제3장을 참조하기 바란다.

석하는 것까지 화폐금융론의 연구대상은 아닐 테니 말이다. 반면 3년 만기 회사채의 가격이 채권시장에서 어떻게 결정되는지, 보험회사만 취급할 수 있었던 보험상품을 은행에서도 구입할 수 있게 된 현실을 어떻게 설명할지 등의 문제는 경제학의 다른 어떤 분야보다도 화폐금융론의 연구대상이라고 할 수 있다.

이제 이 장에서는 화폐금융론의 범위와 내용을 불완전하게나마 정의하고,[3] 화폐금융론이 중요한 의미를 갖는 이유가 무엇인지를 곰곰이 생각해 보자. 화폐금융학자들이 무엇을 연구하고 있는지, 그리고 그것을 왜 연구하고 있는지 살펴보자는 말이다.

1. 화폐금융론의 중요성과 두 가지 접근방식

Money & Financial Markets, Ch. One

일반인들 중에는 화폐나 금융에 대해 잘 알지 못해도 여러 가지 경제문제를 해결하는 데 별 어려움이 없지 않겠냐고 생각하는 사람들이 많다. 경제문제란 원래 자원의 희소성에서 출발하는 것이고, 재화와 서비스 등 실물부문에서의 생산 · 분배와 관련된 것이기 때문이다. 경제문제의 본질은 실물부문에서 찾아야 하고, 화폐나 금융은 단지 실물부문의 외피에 불과하다는 것이다.

사실 이러한 생각은 일반인들뿐만 아니라 과거 경제학자들 사이에서도 폭넓게 받아들여졌다. 이른바 케인즈 혁명(Keynesian Revolution) 이전의 고전학파 경제학자들은 화폐란 실물부문의 베일(veil)에 불과하므로 그것 자체는 별로 중요하지 않다고 생각했다. 이러한 고전적 화폐관(貨幣觀)을 화폐중립성(money neutrality)이라 부른다. 나아가 이들은 생산, 고용, 투자, 저축 등의 경제행위는 모두 화폐금융부문과는 무관하게 실물부문 내에서 결정된다고 보았다. 고전적 이분성(classical dichotomy)이라 불리는 이러한 사고는 오랜 시간 동안 경제학자들에 의해 받아들여

3. 힉스가 지적한 대로 화폐금융론은 현실과의 관련성 속에서 매 시기마다 그때그때 불거진 문제를 이해하고 해결하는 데에 초점을 맞추었기 때문에, 화폐 및 금융에 관한 '일반적 이론'은 발전하지 못한 면이 있다. 예를 들어, 화폐가 무슨 기능을 수행하는지에 대해서는 경제학자들 간에 합의가 이루어져 있으나, 화폐가 무엇인지에 대해서는 아직도 일반적인 정의가 확립되어 있지 않다. Hicks(1967) 참조.

졌다.[4]

하지만 과연 그런가? 지난 2007~2009년 기간 동안 금융이 실물에 엄청난 영향을 주는 광경을 전 세계는 직접 목격했다. 미국 서브프라임 사태(2007년 6월)로 촉발된 금융불안이 세계 5대 투자은행 중 하나인 리먼브러더즈의 도산(2008년 9월)을 계기로 삽시간에 글로벌 금융위기로 확산되면서 이내 경기침체가 찾아온 것이다. 당시 각국 정부의 신속한 대규모의 위기 대응 덕분에 1930년대 대공황 상황은 일단 피할 수 있었다. 하지만 금융부문에서의 충격이 실물부문의 부실을 증폭시키는 과정에서 겪게 된 경기침체는 결과적으로는 '대침체(Great Recession)'라 불릴 정도로 심각했다. 나라와 지역에 따라 다소 차이는 있으나, 세계 경제는 근 10년 동안 위기 이전 상태로 회복되지 못하고 후유증에 시달려 오다가 2017년에 들어와서야 뒤늦은 회복세를 보이기 시작했는데, 2020년 코로나19 확대로 다시 침체의 늪에 빠졌다.[5] 사실, 글로벌 금융위기가 찾아오기 10년 전인 1997년 동아시아 경제위기 때에도 이미 우리나라는 IMF 구제금융 이후 대기업이 도산하는 과정에서 금융충격이 실물 부실로 파급되는 것을 몸소 체험했었다.

이와 같이 실물부문의 여러 가지 현상들은 고용, 저축, 투자 등 실물변수뿐만 아니라 화폐부문의 변수들, 즉 화폐의 수요·공급이나 이자율 등에 의해서도 큰 영향을 받을 수 있다. 자본주의가 고도로 발달하면서 금융부문은 단지 실물부문을 뒷받침하기만 하는 것이 아니다. 다시 말해, 실물부문과 금융부문은 수레의 두 바퀴처럼 동시에 굴러가야만 제 기능을 할 수 있는 관계가 되었다.

일찍이 케인즈는 바로 이러한 점을 간파했다. 거시경제학에 대한 케인즈의 가장

4. Crouch(1972) 참조. 화폐중립성이란 화폐수량(화폐공급)의 변화가 궁극적으로 물가나 임금 등 명목변수에만 영향을 주고, 산출이나 고용 등 실물변수에는 영향을 주지 않는다는 것으로, 화폐수량설에 내재된 화폐관이다. 고전적 이분성이란, 실물변수는 전적으로 실물부문에서 결정되고, 명목변수는 전적으로 금융부문에서 결정된다는 고전학파의 시각을 가리킨다. 따라서 화폐의 공급은 물론 화폐에 대한 수요도 실물변수에 영향을 주지 않는다는 것이다. 어떤 경제에서 고전적 이분성이 성립하는 경우 반드시 화폐중립성이 성립하지만, 화폐중립성이 성립한다고 해서 고전적 이분성이 반드시 성립하는 것은 아니다.

5. 미국의 1929년 대공황을 포함하여 주로 1990년대의 다수 시스템금융위기(systemic financial crises)를 검토한 라인하트(C. Reinhart)와 로고프(K. Rogoff)에 따르면, 위기 발생 이후 상당한 기간 동안 실물부문이 심각하게 위축되는 것은 선진국과 신흥시장국 공통의 경험이었다. 구체적으로, 매 위기 발생 이후 실업률은 평균적으로 약 4년 동안 7%p만큼 상승했고, 산출은 평균적으로 약 2년 동안 9% 넘게 감소했으며, 국가채무의 실질가치도 위기 이후 3년 동안 평균 86%나 상승했다. Reinhart and Rogoff(2009a) 참조.

커다란 공헌은 현대 화폐경제에서 경제변수의 변화는 물물교환경제에서의 경제변수 변화와 그 성격이 근본적으로 다르다는 것을 체계적으로 밝힌 것이다.

그후 화폐금융론에서는 화폐부문과 실물부문의 상호관계와 화폐 및 금융에 관한 경제주체의 의사결정을 분석해 왔다. 이에 대한 자세한 설명은 이 책 전체에 걸쳐 이루어질 것이다. 여기서는 우선 화폐금융 현상에 대한 두 가지 접근방식인 미시적 · 거시적 접근법을 간략히 비교해 보자.

여러분이 이 책을 읽고 있는 바로 이 순간에도 사업가들은 은행에서 좀 더 좋은 조건으로 대출을 받기 위해 동분서주하고 있고, 증권회사 객장에서 개인투자가들은 주가지수 전광판을 바라보며 보유하고 있는 주식을 팔아야 할지 아니면 조금 더 구매해야 할지를 고민하고 있다. 어디 그뿐이겠는가. 백화점에서 물건을 카드로 살지 아니면 현금으로 살지를 고민하는 아주머니, 자기 은행의 대출 이자율 수준을 결정하기 위해서 다른 은행의 전략을 연구하는 은행 간부, 신규 사업에 필요한 자금을 채권발행으로 조달할지 새로 주식을 발행해 충당할지를 분석하는 대기업 자금부 이사, 이들의 행동 하나하나가 모두 화폐금융학자들의 연구대상이다.

이처럼 현실 경제의 불확실성 속에서 개별 경제주체들이 어떻게 합리적 의사결정을 통해 금융행위를 영위하는가를 분석하는 것이 화폐금융론의 미시적 접근방식이다.

하지만 이러한 미시적 방법론은 최근에야 발전하기 시작했다. 17세기부터 본격적으로 연구되기 시작한 것으로 보이는 화폐금융론은 전반적으로 거시총량적 지표를 중심으로 화폐금융 현상에 접근하였다. 다시 말해, 과거 이론들은 개별 경제주체의 금융행위를 분석하기보다는 거시지표를 중점적으로 분석하는 거시적 방법론으로 이루어져 있다. 최근에 미시적 방법론이 발전한 것은 사실이나, 과거부터 연구되어 온 거시적 방법론이 현재에도 중요하다는 것은 두말할 나위가 없다. 그러면 화폐금융론의 거시적 접근방식이란 구체적으로 무엇인가?

돈이 많이 풀리는 선거철만 되면 제기되는 인플레이션에 대한 우려, 경기가 너무 부진하여 통화당국의[6] 금리 정상화를 기대하기 어렵다는 신문기사, 환율 하락과

---

6. 일반적으로 미시경제학의 맥락에서는 '화폐'를, 거시경제학의 맥락에서는 '통화'를 각각 쓰는 경향이 있다. 또는 화폐보다 통화가 더 공식적인 용어라는 견해도 있다. 그러나 통화와 화폐는 궁극적으로 동일한 대상을 지칭하므로, 이 책에서는 '통화'와 '화폐'를 혼용하기로 한다.

미국의 증시 부진이 국내 주가지수에 미치는 영향에 대한 분석 등은 모두 거시적으로 접근해야 할 사례들이다.

어떤 독자들은, 거시총량적 지표란 개별 경제주체들 행위의 총합으로 나타나는 것이므로 미시적 분석만 정확히 한다면 거시적 접근은 불필요한 것이 아니냐고 생각할지 모른다. 하지만 거시적 화폐금융 현상은 단순히 개별 화폐금융 행위의 총합으로만 볼 수는 없는 측면이 있다. 개별 경제주체들의 화폐금융 관련 행위는 서로 상쇄되어 그 효과가 사라지거나 또는 특정 효과를 강화시키는 결과를 가져올 수 있기 때문이다. 이러한 차이는 미시적 분석뿐만 아니라 거시적인 이해가 충분히 뒷받침되어야만 설명될 수 있다. 두 가지 접근방식 중 어느 하나도 소홀히 할 수 없는 이유도 이 때문이다.

그러나 아직도 화폐금융론의 연구대상이 정확히 무엇인지 애매모호하게 느끼는 독자들이 있을 것이다. 화폐금융론의 핵심 주제는 다른 무엇보다도 '화폐(money)'와 '금융(finance)' 두 가지일 수밖에 없다. 이제 화폐와 금융에 대해서 자세히 살펴보자.

2. 화폐와 금융이란 무엇인가?

Money & Financial Markets, Ch. One

경제행위와 관련된 많은 문제는 근본적으로 시간(time)과 정보(information)의 제약에서 비롯된다.

개인의 효용극대화 문제에서 '예산제약'이 존재하는 것은 노동시간이 제약되어 있기 때문이다. 만약 개인에게 시간이 무한히 주어진다면, 넉넉한 여가시간을 즐기고도 노동시간을 충분히 늘릴 수 있기 때문에 예산제약의 실질적 의미가 없어진다. 따라서 시간의 유한성으로 인해 개개인의 부와 소득은 무한정 늘어날 수 없으며, 이것이 모든 경제문제의 출발점인 셈이다.

또한 제한된 시간은 정보 불완전성의 원인이 된다. 현실 경제는 불확실성(uncertainty)으로 가득 차 있다. 불확실성이란 장래에 발생할 일들에 대한 정보가 완전하지 못하다는 뜻이다. 불확실성을 제거 또는 완화시키기 위해서는 폭넓은 정보

수집이 필요한데, 시간제약으로 인해 이러한 정보수집에는 한계가 생긴다. 예를 들어 여러분이 외상거래를 하려 한다고 해보자. 거래상대방이 여러분의 신용에 관련된 여러 가지 정보를 갖고 있다면 외상거래가 쉽게 이루어질 것이다. 그러나 상대방이 여러분에 대한 정보를 거의 갖고 있지 않다면 상대방은 외상거래를 거부할 것이다. 이는, 특정의 미래 시점에서 외상 빚을 갚을 만한 소득이 여러분에게 발생한다거나 여러분이 약속을 지키는 믿을 만한 거래 상대라는 사실을 상대방이 잘 알지 못하기 때문에 발생한다. 여러분이 알고 있는 정보를 상대방이 알지 못하는 상황, 즉 '정보 비대칭성(asymmetric information)' 이 존재하기 때문에 외상거래(금융계약)가 수행되지 못하는 것이다. 일반적으로 거래당사자들이 상대방에 대한 정보를 충분히 수집하기에는 시간제약이 너무 크다.

이처럼 시간제약은 정보제약을 낳고, 이 두 가지 제약이 거래의 수행에 마찰(frictions)을 초래한다. 마찰은 거래의 수행을 방해하거나 아예 불가능하게 만들기도 한다. 바로 이런 이유로 경제주체는 마찰을 줄이기 위해 시간을 쓰고 정보를 수집하는 것이다. 이 과정에서 거래비용이 필연적으로 발생한다. 특히 금융계약은 시간의 경과를 필요로 하므로 그에 따른 불확실성이 늘 수반되기 마련이다. 경제주체의 최적화 행동에도 시간과 정보의 제약에 따른 마찰 및 거래비용, 그리고 불확실성은 경제주체의 거래 수행에 중대한 장애물로 작용한다. 하지만 진보를 거듭하는 합리적 경제주체들은 계속되는 시행착오를 통해 시간 및 정보의 제약과 미래 불확실성을 완화시키기 위한 두 가지 사회적 발명을 하기에 이르렀다.

그중 하나가 화폐이고, 다른 하나가 재화 및 서비스와 화폐를 연결시켜 주는 분배망(distribution network), 즉 시장이다. 그렇다면 화폐와 시장, 특히 화폐금융론의 연구대상인 금융시장의 존재는 어떻게 시간과 정보의 제약을 완화시키고 거래 수행에 작용하는 마찰과 거래비용을 줄이는 것일까?[7] 이와 같은 시각에서 화폐와 금융의 역할, 나아가 화폐금융시장의 역할에 대해 살펴보도록 하자.

7. 화폐와 금융시장뿐만 아니라 금융중개기관과 금융시스템도 거래비용의 감소에 기여한다. 여기에 대해서는 잠시 후 이 장에서, 그리고 제8장에서 다루기로 한다.

2.1 화폐의 순기능

자본주의 사회에서 인간의 경제행위는 매우 다양한 형태로 나타난다. 그중에서 가장 대표적인 형태는 가계가 기업에 노동을 제공하고, 기업은 제공된 노동력으로 물건을 생산해 소비자들에게 판매하는 것이다. 그런데 노동자가 기업에게 생산요소를 제공하고 기업이 소비자에게 생산물을 제공하는 현상의 이면에는, 그 대가로 지급되는 화폐의 흐름이 있다. 즉, 화폐는 경제가 제대로 작동하도록 도와주는 윤활유의 구실을 한다. 그런데 소비자는 바로 기업가와 노동자 자신들이다. 똑같은 사람들이 한편으로는 생산자가 되고, 다른 한편으로는 소비자가 되는 것이다. 이때 소비자들은 자신이 생산에 참여했던 대가로 얻은 화폐를 가지고 다른 사람들이 생산한 물건을 구매해 소비하므로, 결국 현대사회에서의 생산과 소비는 화폐를 매개로 이루어지는 하나의 커다란 교환체계를 구성한다고 볼 수 있다.

교환이란 각자가 비교우위를 갖는 부문에 특화해 생산한 후, 자기 생산물의 일부를 남에게 팔고 자기가 필요한 다른 물건을 남으로부터 구입하는 것이다. 이에 비해 자급자족은 자신의 필요만을 위해 일하고, 자신이 생산한 것만 소비하는 방식이다. 특화 · 분업과 이에 따른 교환이 자급자족의 방식보다 효율적이라는 사실은 길게 설명하지 않아도 쉽게 알 수 있다. 각자의 재능에 따른 전문화는 각자가 필요한 물품을 일일이 만들어야만 하는 자급자족의 방식보다 더 많은 생산을 가능하게 할 뿐만 아니라 기술진보를 촉진시켜 더 빠른 성장을 가져다준다.

그러나 교환경제에서 중요한 역할을 하는 화폐가 태초부터 존재했던 것은 아니다. 교환경제는 물물교환으로부터 시작되었다. 하지만 물물교환에는 불편한 점이 너무 많았다. 물물교환을 하려면 자신이 내놓은 물건을 원하면서 동시에 자신이 원하는 물건을 내놓으려는 거래상대방을 만나야 하는데, 그러기가 쉽지 않다. 예를 들어 경제학 강의로 생계를 유지하는 경제학 교수가 머리를 깎으려면 경제학 강의 서비스를 원하는 이발사를 찾아다녀야 한다. 물물교환이 성립하기 위해서는 거래당사자들의 욕구가 서로 맞아떨어져야 한다는 전제조건이 필요하다. 이를 경제학에서는 "욕망의 이중적 일치(double coincidence of wants)" 라 한다.[8]

8. 이것은 19세기 고전학파 경제학자였던 제본스(W. Jevons)의 표현이다.

그림 1-1

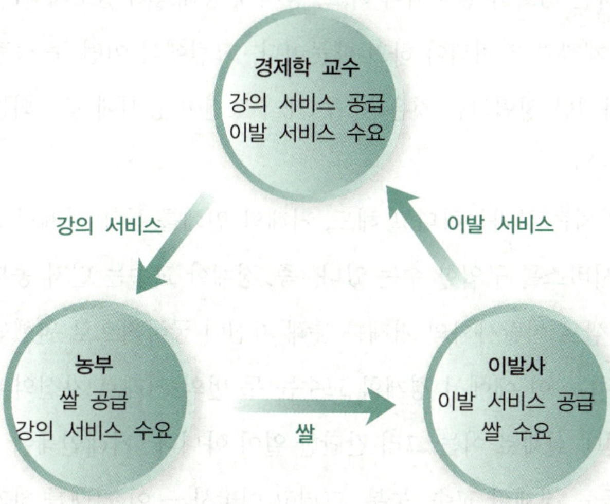

물물교환의 딜레마

그림의 화살표는 세 사람 중 임의의 두 사람 간 재화나 서비스의 가능한 흐름을 나타낸다. 문제는, 각각의 재화나 서비스 흐름에 대응하여 그 반대방향으로 흘러갈 수 있는 재화나 서비스를 찾을 수 없다는 사실이다. 이는 어느 두 사람 사이에서도 욕망의 이중적 일치가 성립하지 않음을 의미한다. 만약 거래연쇄의 가능성을 배제한다면, 이 물물교환경제에서는 거래가 일어날 수 없다.

하지만 이것이 얼마나 힘든 일이겠는가. 우선 수많은 사람들 가운데 거래상대방을 찾는 데에는 탐색비용(search cost)이 든다. 또한 거래상대방을 설사 만났다고 할지라도 적절한 교환비율, 즉 몇 시간의 경제학 강의를 해주면 이발을 해줄 것인지를 결정하기 위해 흥정을 해야 한다. 여기에는 시간과 자원이 소요되는데, 이것을 교섭비용(bargaining cost)이라 한다. 그리고 물물교환을 위해서는 자신이 생산한 물건을 들고 다녀야 하는데, 여기에는 운반비용(transportation cost)이 소요된다. 이 밖에도 상대방이 약정을 이행하는지 감시하는 데 드는 감시비용(monitoring cost)과 상대방이 약정을 이행하지 않을 때 들여야 하는 강제집행비용(enforcement cost)이 있다. 이처럼 교환에 수반되는 여러 비용들을 총칭하여 경제학에서는 거래비용(transaction cost)이라 한다.

다음과 같은 가상의 물물교환경제를 생각해 보자. 경제학 교수는 이발사에게 머리를 깎으려 하며, 그 대가로 경제학 강의를 들려주려고 한다. 그런데 이발사의 선호를 알아보니 이발사는 머리를 깎아주는 대가로 쌀을 받고 싶어하는 것이 아닌가. 다급해진 경제학 교수가 수소문한 결과, 쌀을 파는 대신 경제학 강의를 듣고 싶어하는 농부를 발견한다고 가정하자. 이와 같은 상황이 〈그림 1-1〉에 표시되어 있다.

〈그림 1-1〉은 경제학 교수, 이발사, 그리고 농부 세 사람 중 어떤 두 사람도

욕망의 이중적 일치를 이룰 수는 없음을 분명히 보여준다. 내가 팔고자 하는 재화가 상대방이 사려고 하는 재화와 일치해야 하고, 동시에 상대방이 팔고자 하는 재화가 바로 내가 사려는 재화와 일치해야 하기 때문이다. 그림에서 어떤 두 사람 사이에서도 화살표가 하나씩만 성립하는 것은 이 두 가지 조건이 동시에 충족되는 경우가 없다는 것을 말해 준다.

욕망의 이중적 일치는 불가능하다고 해도, 거래의 연쇄를 통해 경제학 교수는 자신이 원하는 이발 서비스를 구입할 수는 있다. 즉, 경제학 교수는 먼저 농부와 거래를 하고 나서 얻은 쌀로 이발사와의 거래를 통해 자신이 궁극적으로 원했던 이발 서비스를 구입하면 된다. 이 예에서 경제학 교수는 두 번의 거래로 자신의 욕구를 충족할 수 있다. 그런데 실제로 이는 그리 간단한 일이 아니다. 거래연쇄에 관련된 모든 잠재적 거래자들 — 경제학 교수, 농부, 그리고 이발사 — 이 거래를 하기로 미리 약정하고 이 약정을 실제로 지켜야 비로소 일련의 거래를 이룰 수 있기 때문이다. 게다가 인구가 증가하고 재화의 종류가 다양해지면, 거래연쇄의 길이는 길어질 수밖에 없다. 그럴수록 거래비용은 엄청나게 늘어날 것이다.

화폐란 바로 이러한 물물교환의 불편을 완화시키고, 거래비용을 줄이기 위해 고안된 것이다. 화폐경제에서는 상품이 화폐와 교환된다. 사람들은 재화와 서비스를 팔아 화폐를 받고, 다시 이 화폐를 사용해 다른 재화와 서비스를 구입한다. 즉, 경제학 교수는 경제학 강의를 듣고 싶어하는 사람에게 강의하고 화폐를 그 대가로 받으며(1단계 거래), 아무 이발사나 찾아가 머리를 깎고 그 대가로 화폐를 지급(2단계 거래)하면 된다. 이와 같이 화폐경제에서는 언제나 두 번의 거래를 통해 교환이 완결된다. 앞의 물물교환 방식보다 훨씬 간편한 방법이 아닐 수 없다.

돈이라는 단어는 '많은 사람의 손을 거쳐 돌고 돈다'라는 말에서 유래되었다는 설이 있다. 중국이나 일본에는 '돈은 날개가 없어도 날고, 발이 없어도 달린다(無翼而飛 無足而走)'는 말도 있다. 모두 교환경제에서 화폐의 중요성을 일깨워주는 말이다. 결국 화폐는 인류가 경제생활을 영위하는 데 사용하는 교환수단으로서, 불확실성 속에서 거래자들이 부담해야 하는 거래비용을 줄여주고 교환과정에 신축성을 부여함으로써 물물교환의 불편함을 해소시켜 준다.

끝으로 자본주의 경제에서 화폐는 단순히 소비를 위한 교환의 매개기능만을 하는 것은 아니며, 생산을 하는 데 필수적인 요소로서의 기능도 수행한다. 생산과정에서 투입되는 실물자산의 구입 또는 임차에 화폐가 개입되지 않을 수 없기 때문이다.

2.2 금융의 순기능

금융이란 무엇이고, 금융시장은 어떤 기능을 수행하는가? 금융이란 문자 그대로 자금의 융통을 뜻한다. 즉, 자금 여유가 있는 경제단위(흑자지출단위)가 자금부족을 느끼는 경제단위(적자지출단위)에게 자금을 융통해 주는 것이다.[9] 우리는 앞에서 시간과 정보의 제약을 완화시키기 위해 사람들이 고안해낸 것 중 하나가 시장이고, 그 가운데 중요한 하나가 금융시장이라고 했다. 그렇다면 금융시장은 어떻게 경제주체들의 최적화 행동을 돕는가. 먼저 금융이 소비 측면에서 효용을 증진시키는 모습을 살펴보자.

2.2.1 소비 측면

중국의 고전 『열자(列子)』에 나오는 '조삼모사(朝三暮四)'라는 말을 독자들은 잘 알 것이다. 아침에 과자를 3개 주고 저녁에 4개를 주는 것이나, 아침에 4개를 주고 저녁에 3개를 주는 것이나 하루에 7개를 주는 것은 어차피 마찬가지인데도, 아침에 먼저 4개를 받기 바라는 원숭이들의 어리석음을 비웃는 격언이다. 하지만 그 원숭이들이 무조건 어리석다고 볼 수만은 없다.[10] 원숭이도 나름대로 시간선호를 갖고 있을 것이기 때문이다.

사람들은 모두 시간선호율(rate of time preference)을 갖고 있고, 또 그것은 사람마다 다르다. 시간선호율이란 미래소비(미래소득)의 할인율로서, 미래소비(미래소득)에 비해 현재소비(현재소득)를 얼마나 더 선호하는지를 나타내는 척도가 된다. 어떤 사람의 시간선호율이 높을수록 미래소비에 비해 현재소비를 그만큼 더 선호하는 것

9. 흑자지출단위(surplus spending unit)란 소득이 지출을 초과하는 경제주체이고, 적자지출단위(deficit spending unit)란 소득이 지출에 미달하는 경제주체이다. 일반적으로 가계는 흑자지출단위가 되고, 기업은 적자지출단위가 된다.

10. 원숭이들이 양의 시간선호를 갖는 한, 오늘 아침(현재)의 과자 4개가 저녁(미래)의 과자 4개보다 당연히 낫다. 경제학자의 관점에서 본다면 고전에 나오는 이 원숭이들은 어리석기는커녕 매우 현명하다.

그림 1-2

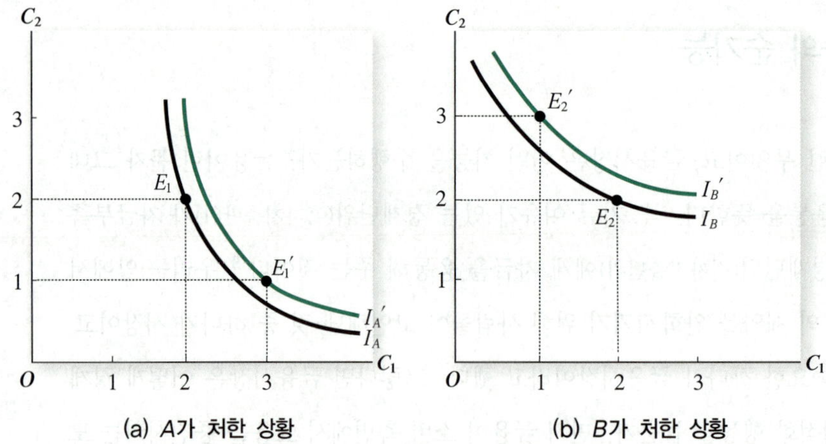

시간선호율과 소비의 선택

시간선호율이 상대적으로 큰 경제주체 A는 초기 부존점 E_1보다 현재의 소비를 늘림으로써 효용이 증가하고, 시간선호율이 상대적으로 작은 경제주체 B는 초기 부존점 E_2보다 미래의 소비를 늘림으로써 효용이 증가한다.

이다.[11]

이제 현재소비와 미래소비 사이의 선택의 문제를 미시경제학에서 배운 예산제약과 무차별곡선을 가지고 설명해 보자.

〈그림 1-2〉에서 가로축은 오늘의 쌀 소비 C_1을, 세로축은 내일의 쌀 소비 C_2를 나타내며, 시간선호율이 다른 두 사람 A와 B가 처한 상황이 각각 표현되어 있다. 그리고 각 그림에 해당하는 두 사람은 각기 오늘 2단위의 쌀을 보유하고 내일도 2단위의 쌀을 보유하는 동일한 초기 부존점(initial endowment)에 놓여 있다.

A와 B 사이에 쌀을 교환할 기회가 존재하지 않고 쌀의 저장도 불가능하다고 가정하면, 점 E_1과 E_2는 각각 A와 B가 처한 예산제약점을 나타낸다. 각 점은 각자의 현재소비 및 미래소비를 규정하며, 두 사람 모두 오늘 2단위를, 그리고 내일도 2단위를 소비해야 함을 나타낸다.

그러나 A와 B 모두 현재 상황에 불만이다. A는 오늘 2단위와 내일 2단위를 소비하는 점 E_1보다는 오늘 3단위를 소비하고 내일 1단위를 소비하는 점 E_1'에서 더 큰

11. 시간선호율에 대해서는 제4장 참조.

그림 1-3

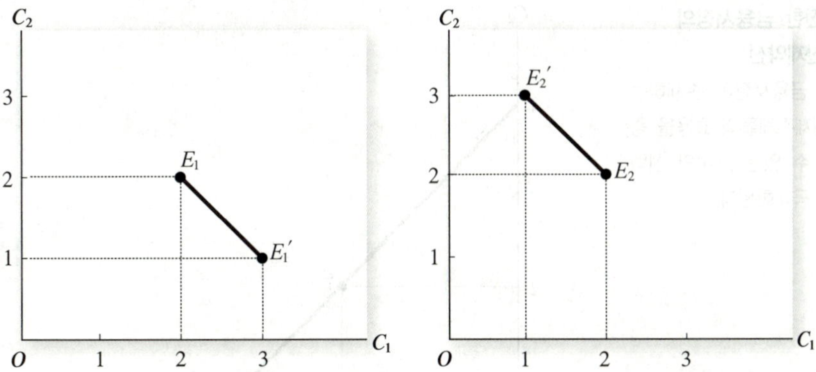

(a) A의 예산제약선　　(b) B의 예산제약선

금융과 예산제약선

금융이 가능할 때 A와 B의 예산제약이 각각 E_1과 E_1', E_2와 E_2'을 잇는 직선으로 확장됨으로써 소비의 선택기회가 늘어나 효용 증가의 가능성이 커지게 된다.

효용을 얻는다. 그것은 (3, 1)을 지나는 A의 무차별곡선 I_A'이 (2, 2)를 지나는 I_A보다 더 큰 효용을 보장해 주기 때문이다. 반면 B는 오늘 2단위와 내일 2단위를 소비하는 점 E_2보다는 오늘 1단위만을 소비하고 내일 3단위를 소비하는 점 E_2'에서 더 큰 효용을 얻는다. B의 무차별곡선 I_B'이 I_B보다 더 위에 위치하고 있기 때문이다.

여기서 A는 미래소비보다는 현재소비를 더 중요하게 생각하는, 즉 시간선호율이 매우 큰 사람이다. 반면 B는 현재소비보다는 미래소비를 더 중요하게 생각하는, 즉 시간선호율이 매우 작은 사람이다. 두 사람 모두 현재 상황에 만족하지 못하고 있는 것은 예산집합이 각각 점 E_1과 E_2에서 고정되어 있기 때문이다.

이처럼 시간선호율이 상이한 A와 B 두 사람이 만나 거래를 할 수 있다면 어떻게 될까? 두 사람의 효용이 모두 증가할 수 있는 기회가 생긴다. 다시 말해, 오늘은 B가 A에게 쌀 1단위를 주고, 그 대가로 내일 A가 B에게 쌀 1단위를 준다면 서로 효용이 증가한다. 두 사람이 만나 거래를 할 수 있게 됨으로써 원래 두 사람의 예산제약이었던 점 E_1과 E_2가 〈그림 1-3〉에서처럼 직선으로 연장된 것이다.[12]

---

12. 그림에서는 예산제약선의 기울기가 −1로 나타난다. 이는 오늘 B가 A에게 쌀 1단위를 꾸어 주고 그

그림 1-4

완전한 금융시장의 예산제약선

완전한 금융시장이 존재하는 경우 경제주체들의 효용을 증가시킬 수 있는 소비의 선택 기회가 극대화된다.

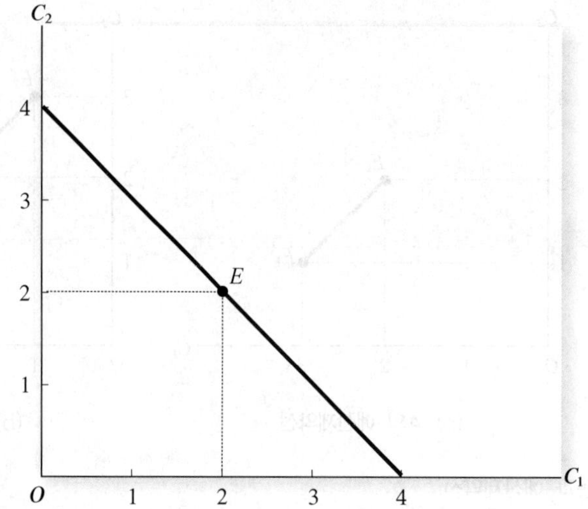

이처럼 경제주체들 간의 교환은 그들의 효용을 증가시킨다. 이 그림에서처럼 예산집합이 점에서 직선으로 연장됨에 따라 파레토개선이 이루어진 것—두 사람 모두가 더 큰 효용을 주는 현재소비와 미래소비의 조합을 선택할 수 있게 된 것—은 굳이 무차별곡선으로 설명하지 않아도 직관적으로 쉽게 이해할 수 있을 것이다.

시간 및 정보 제약으로 불편을 겪는 경제주체들에게 금융의 존재가 효용 증대를 가져다주는 원리도 이것과 동일 선상에서 이해할 수 있다. 앞의 예에서는 두 사람 간에 오가는 거래의 대상을 쌀이라는 재화로 상정했지만, 그것을 자금이라고 생각해 보자. 그러면 오늘 자금에 여유가 있는 사람 *B*가 오늘 자금을 필요로 하는 사람 *A*에게 자금을 공급하고, 대신 *A*가 *B*에게 약간의 대가를 지급한다면, 두 사람 모두 효용이 증가할 수 있는 것이다. 이것이 바로 금융의 본질이다.

만약 금융시장이 완전하여 항상 자금대차가 가능하다면, 그들의 예산제약식은 〈그림 1-4〉처럼 전 구간에 걸친 일직선으로 나타날 것이다. 이는 사람들의 효

대가로 내일 *A*로부터 쌀 1단위를 받기로 했기 때문이다. 그러나 꾸어준 것보다 더 많은 양을 미래에 돌려받게 된다면(즉, 미래에 양의 이자가 발생한다면), 예산제약선 기울기의 절대값은 1보다 커지게 된다.

용을 증가시킬 수 있는 선택의 가능성이 넓어진다는 점을 시사한다.

2.2.2 생산 측면

자금을 필요로 하는 사람에게 자금의 여유가 있는 사람이 일정한 대가를 받고 자금을 공급하면 두 사람 모두 효용이 증가하므로 사회적으로 자원배분이 효율적으로 이루어진다는 사실을 방금 살펴보았다. 금융행위의 이점은 이와 같이 소비 측면에서 분석할 수도 있지만, 생산 측면에서도 설명할 수 있다. 이를 위해서는 우선 자본주의 발전의 핵심 요소이며 투자를 담당하는 기업의 경영에 대한 기초적 이해가 필요하다.

기업 경영을 이해하기 위해서는 대차대조표를 살펴보는 것이 좋다. 먼저 어떤 기업의 대차대조표가 [표 1-1]과 같다고 하자.

표 1-1 기업의 대차대조표 (단위: 천원)

자산		부채 및 자본	
공 장	7,000,000	부 채	6,000,000
상 품	2,000,000	- 회사채 발행	3,000,000
현 금	1,000,000	- 은행 차입	3,000,000
		자 본	4,000,000

기업은 공장도 필요하고, 임금 지급을 위한 현금도 필요하며, 적절한 상품 재고도 필요하다. 이를 모두 자산이라 하는데, [표 1-1]에서 기업의 자산가치는 100억원이다. 여기서 중요한 것은 100억원어치의 자산을 어떻게 조성하는가의 문제이다.

가장 기본적인 자금조달 방식은 사업을 하려는 기업가가 자신의 돈으로 투자하는 것이다. 그러나 투자안 계획에 대규모 자금이 소요된다면 자신의 자금만 가지고는 턱없이 부족한 경우가 많다. 이때 기업가가 자금을 동원하는 방법에는 어떤 것이 있을까?

첫 번째 방식은 금융시장에서 주식을 발행하는 것이다. 예를 들어 기업에 소요되는 자금이 100억원이라면, 액면가 5,000원짜리 주식을 2백만 주 발행하면 이를 손쉽게 모을 수 있다. 이것이 우리가 알고 있는 주식회사의 가장 단순한 형태이다.

즉, 기업가가 자신의 기업에 대한 정보를 공개하고, 그 타당성을 인정한 자금공급자들이 그 주식을 적게는 10주, 많게는 500주, 1,000주, 10,000주 등을 구입하는 것이다. 물론 기업가 자신도 자금을 제공할 수 있다.

기업의 주식을 보유한 주주는, 만약 기업의 투자가 성공하면 주식보유 비율만큼 그에 따른 배당을 받지만, 투자가 실패하면 자신이 투자한 자본금으로 그 손실을 충당해야 할 부담을 안게 된다. 따라서 주주들은 항상 기업이 투자계획을 잘 수행하고 있는지, 경영상태는 괜찮은지 경영자를 감시하려 할 것이다. 그러므로 주식을 발행해 자금을 조달하면 그만큼 경영권을 공유해야 한다.

두 번째 자금조달 방식은 금융시장에서 채권을 발행하는 것이다. 앞의 예에서 기업은 주식을 80만 주만 발행하여 40억원을 모았다. 그리고 나머지 60억원 중에서 30억원은 금융시장에서 회사채, 즉 일정 기간 후에 원금과 일정액의 이자를 지급할 것을 약속하는 증서를 발행하여 자금을 조달하고 있다. 채권발행을 통한 자금조달은 경영권 침해나 간섭 등의 우려는 없지만, 반드시 정해진 이자를 지급해야 한다는 단점이 있다.

세 번째 자금조달 방식은 은행과 같은 금융중개기관으로부터 자금을 일정 기간 빌려 쓰고, 그 기간 동안 정해진 이자를 지급하는 것이다. 앞의 예에서 기업은 투자에 필요한 자금 중 나머지 30억원을 은행으로부터 차입해 조달하고 있다. 차입금은 약속된 기간이 경과하면 은행에 갚아야 하므로 부채 항목에 포함된다. 채권발행과 마찬가지로 일정한 이자를 지급해야 한다는 단점이 있다.

여기서 주식이나 채권발행을 통한 금융시장에서의 자금조달 방식을 직접금융(direct finance)이라 한다. 즉, 자금의 최종 수요자(적자지출단위)인 기업이 금융시장에서 자금의 최종 공급자(흑자지출단위)들에게 주식이나 회사채를 직접 발행해 자금을 조달하는 것이다. 이때 자금의 최종 수요자가 발행하는 증권을 본원증권(primary securities)이라 한다. 한편 금융중개기관을 이용한 세 번째 자금조달 방식을 간접금융(indirect finance) 또는 금융중개(financial intermediation)라 부른다. 이것은 자금의 최종 공급자가 금융기관에 자금을 예금하는 대신 예탁증서를 받고, 금융중개기관—즉, 금융중개 기능을 제공하는 금융기관—은 다시 자금의 최종 수요자에게 자금을 빌려주고 채무증서를 받는 형태이다. 이때 금융중개기관이 자신의 명의로 발행하는 증권—예를 들면, 은행이 발행하는 예금통장—을 제2차 증권(secondary securities)이라 한다.

금융이 경제를 효율적으로 운영하게 하는 묘미는 바로 여기서 찾을 수 있다. 경제성장의 원동력인 투자에 소요되는 대규모 자금, 다시 말해 공장을 설립하고 기계를 구입하는 데 소요되는 자금은 금융과정을 거쳐 세분화된다. 100억원짜리 기업도 5,000원짜리 주식 2백만 장으로 쪼개거나, 10억원짜리 채권 10장으로 나누거나, 1백만원이나 2백만원짜리 예금으로 세분화될 수 있다. 대규모 자금을 한 명의 경제주체로부터 조달하기는 어려워도, 그것을 여러 개로 쪼개면 자금조달이 수월하게 이루어질 수 있다. 이와 같이 금융은 무수한 소액투자를 모아 비가분적 거액투자 프로젝트의 재원조달을 가능하게 해준다. 이를 가리켜, 금융이 매칭 비대칭성(matching asymmetry) — "투자기회는 흔히 비가분적인 …… [반면], 개별 저축자는 …… 거액 익스포저를 감당하길 원하지 않거나 감당할 능력이 없는 [상황]" —을 완화해 준다고 말한다.[13]

게다가 금융은 금고 속에서 놀고 있는 자금들을 모아 대규모 투자를 가능케 함으로써 경제성장을 뒷받침해 준다. 이것은 자금이 비효율적이고 비생산적인 부문으로부터 효율적이고 생산적인 부문으로 이동함을 의미한다. 자금은 부족하지만 수익을 낳을 수 있는 투자안을 갖고 있는 기업가에게 그렇지 못한 사람들이 자금을 공급할 수 있도록 하는 것이다.

이와 같이 금융기능이 활성화되면 이전에는 이루어질 수 없었던 투자들이 가능해져 경제가 성장 · 발전하게 되며, 직접 · 간접 금융시장의 발전은 실물부문의 원활한 투자를 제도적으로 뒷받침해 준다.

13. IMF(2017), p.13, 〈BOX 2〉.

3. 화폐와 금융이 가져온 문제점

3.1 화폐와 금융의 역기능

3.1.1 화폐의 역기능

화폐는 두 가지 얼굴을 가지고 있다.[14] 지금까지 화폐를 묘사 · 정의해 온 학자들의 기록을 살펴보면 그 평가가 극단적으로 대립되어 있다. 화폐는 악의 근원이라는 묘사에서부터 하늘이 인류에 내려준 최고의 선물이라는 관점까지 그 평가가 극단적으로 상이하다. 어떤 학자들은 화폐란 불필요한 것이라고 말하는 반면, 다른 학자들은 화폐가 인류의 경제활동 영위에 없어서는 안 될 중요한 것이라고 한다. 화폐는 복잡한 경제구조를 풀어주는 의사소통의 수단으로 칭송되기도 했지만, 오히려 복잡함을 더하는 왜곡된 장치로 비난받기도 했다. 때로는 모든 목표를 이루게 해주는 수단이기도 했고, 때로는 목적 그 자체이기도 했다. 경제구조를 자극하여 경제활동을 활성화시키는 윤활유이기도 하지만, 사회발전을 가로막는 장애물로 여겨지기도 한다. 그래서인지 화폐는 단지 경제뿐만 아니라 정치 · 사회적 현상으로 분석되어 왔고, 어떤 때에는 종교적 · 신화적 현상으로 묘사되기까지 했다.

이처럼 화폐에 대한 평가가 극단적으로 상이한 이유는 무엇일까? 화폐 도입으로 교환제도가 비약적으로 발전했음은 두말할 나위가 없지만, 이에 따른 문제점도 결코 간과할 수 없을 정도로 심각했기 때문이다.

우선 경제주체들이 상품 교환의 대가로 화폐를 받아들이는 것은, 그 화폐로 다른 상품을 살 수 있다는 확신 때문이다. 즉, 화폐경제는 경제구성원들의 화폐에 대한 믿음과 화폐가치에 대한 폭넓은 합의가 있을 때에 비로소 가능하다. 따라서 화폐가치에 대한 경제주체들의 믿음이 보장되기 위해서는 금 · 은처럼 그 자체로 가치를 갖는 귀금속으로 화폐를 만들거나 아니면 국가에 의해 화폐가치가 보장되어야 한다.

하지만 금속화폐를 사용하는 경제에서는 지난 수천 년간 끊임없이 위조 주화가

14. Frankel(1977) 참조.

등장했고, 기준 함량에 미달되는 주화를 발행해 왕실의 경비를 충당하려는 시도가 반복되었다. 그뿐만이 아니다. 현대 화폐경제가 경험하고 있는 여러 가지 병리현상 중 가장 대표적인 것은 인플레이션이다. 인플레이션이란 물가수준의 지속적인 상승, 즉 화폐가치의 지속적인 하락 현상을 지칭한다. 인플레이션이 도대체 무슨 문제냐고 의아해 할 독자들도 있을지 모른다. 하지만 많은 경제학자들은 화폐경제가 효율적으로 기능하기 위해서는 무엇보다 화폐가치의 안정이 요구된다는 점을 지적한다. 사실 금융시장에서 자금의 거래는 대부분 화폐를 통해 이루어지지만, 자금수요자가 진정으로 원하는 것은 화폐가 아니라 화폐의 가치, 다시 말해 그 화폐로 구매할 수 있는 재화나 서비스이다. 따라서 화폐가치는 재화 및 서비스의 가치와 안정적인 관계를 유지해야만 한다. 그 관계의 안정성이 깨지면 부와 소득이 채권자로부터 채무자에게 자의적으로 재분배되는 등 자금을 주고받는 과정에서 예기치 못한 피해나 이득을 보는 사람들이 발생한다. 즉, 경제의 자원배분에 효율성이 떨어진다.

만약 모든 재화의 가격이 동일하게, 그리고 예측 가능한 수준으로 오른다면, 인플레이션은 별로 중요한 문제가 아닐 수도 있다. 앞의 예를 다시 생각해 보자. 어떤 경제학 교수가 경제학을 배우고 싶어하는 사람에게 강의를 해주고 그 대가로 10,000원을 받은 후, 이발사를 찾아가 10,000원을 내고 머리를 깎았다고 하자. 이때 인플레이션이 발생해 경제학 강의 가격과 이발 요금이 동시에 20,000원으로 올랐다면, 사실 경제학 교수는 아무런 불편도 겪지 않을 것이다.

그러나 인플레이션은 항상 모든 재화에 대해 동일하게 발생하는 것이 아닐 뿐더러 정확한 예측도 불가능하다. 만약 경제학 강의의 가격은 15,000원으로 50%만 상승했는데 이발료는 20,000원으로 100% 상승했다면, 경제학자는 물가 상승 때문에 생활고를 겪게 된 셈이다. 이처럼 인플레이션은 효율적인 자원배분을 저해하고, 그것이 만성화되면 화폐경제 자체의 존립을 위태롭게 할 수도 있다.

화폐경제에서 인플레이션이 가져오는 해악을 거시적으로도 설명할 수 있다. 예를 들어 경제에 유통되는 화폐의 총량이 늘어난다거나 화폐의 유통속도가 빨라지면 어떤 현상이 벌어지는가? 노동인구가 늘어나고 생산성이 향상되는 경제에서 재화와 서비스에 대한 수요가 늘어난다고 생각해 보자. 이런 경제에서 이전보다 더 많은 재화와 서비스의 원활한 거래가 화폐량 증가나 유통속도 상승에 의해 뒷받침된다면 오히려 바람직한 일이다. 실물부문의 성장으로 재화와 서비스의 거래가 확대될 때 이를 원활하게 하기 위해서는 화폐량이 증가하거나 유통속도가 상승되어야만 하기 때문이다.

그러나 매사가 그러하듯 그 정도가 지나치면 문제가 발생하게 된다. 실물부문의 성장 정도를 넘어서 과도하게 화폐량이 공급되거나 불필요하게 유통속도가 상승한다면, 그것은 재화 및 서비스 수요의 근거 없는 증폭을 가져와 결국 화폐가치의 하락 현상으로 귀결되기 쉽다. 최악의 경우 화폐로 다른 재화를 살 수 있다는 경제주체들의 폭넓은 합의와 확신이 무너지면, 결국 화폐경제는 붕괴되고 물물교환경제로 회귀하는 결과를 가져올 수도 있다.

중남미에서 경험된 하이퍼인플레이션(hyperinflation) 시기에는 식당에 들어가 음식을 주문할 때의 가격과 음식을 다 먹고 계산할 때의 가격이 다른 경우도 있었다고 한다. 또한 제1차 세계대전에서 패한 독일은 전후 배상을 위해 돈을 마구 찍어낸 결과 1920년대에 살인적인 인플레이션을 겪었다. 인플레이션이 가장 심했던 1923년에는 6개월 사이에 물가가 1,600만 배 오르면서, 돈을 산더미처럼 수레에 싣고 가져가도 신문 한 장을 사기가 어려운 경우도 있었다고 한다. 이런 상황에서는 어느 누구도 화폐를 보유하려고 하지 않을 것이다.[15]

세계 경제가 대공황으로부터 회복되기 시작한 1930년대 이후에는 지금까지 대체로 인플레이션이 화폐의 주된 역기능으로 나타났다. 이는 주로 1930년대 초 금본위제도의 붕괴로 인해 세계 각국이 금과의 연계 없이 재량에 따라 통화를 공급하는 관리통화제로 이행한 점, 그리고 대공황 이후 경제성장 과정에서 각국 정부의 적극적 역할이 강조되는 가운데 통화공급이 오랫동안 팽창하는 경향을 보인 점 등에 기인한다.

한편, 어떤 시기에는 디플레이션에 대한 우려가 제기되기도 한다. 물가수준이 지속적으로 하락하는 현상을 가리키는 디플레이션은 인플레이션과는 정반대 현상이라는 점에서 좋은 것일까? 전혀 그렇지 않다. 부와 소득의 자의적 재분배와[16] 자

15. 하이퍼인플레이션이 과거지사인 것만은 아니다. 최근 아프리카의 짐바브웨 공화국은 기록적 인플레이션에 시달렸다. 2008년 11월 한달간 인플레이션이 무려 132억%였을 정도였는데, 이는 매 1.3일마다 물가가 2배로 뛰는 상황에 해당한다(Berger 2008). 그 즈음 짐바브웨 정부는 인플레이션 통계의 편제를 중단했고 2015년 중반에는 자국 화폐의 폐지(demonetization)를 결정했다. 현재 짐바브웨에서는 주로 미국 달러화가 통용된다(Wikipedia 2017).

원배분의 비효율이 초래되는 것은 인플레이션과 마찬가지이기 때문이다.

디플레이션의 원인에는 여러 가지가 있을 수 있다.[17] 우선 규제 완화와 경쟁 제고에 따른 생산비의 절감과 정보통신기술의 발전 및 확산으로 인한 경제 전반의 생산성 개선 등으로 총공급이 늘어나면 물가가 하락한다. 이런 경우에는 물가 하락과 함께 경제성장이 촉진될 수 있다. 특히 기술진보가 꾸준히 이루어지는 덕분에 생산성이 물가 하락 속도보다 더 빠르게 제고되는 경우에는 이윤이 줄지 않으므로 경제성장이 더욱 촉진된다. 또한 저비용 생산국이 세계시장 점유율을 급속히 늘려나가는 경우에도 세계적으로 물가 하락과 함께 경제성장이 촉진된다.

그러나 총수요 측면의 요인에 의해서도 디플레이션이 생겨나며, 이때의 상황은 경제성장에 상당한 위협이 된다. 예를 들어 물가가 향후 지속적으로 하락할 것으로 예상되는 경우, 소비자는 당장의 소비지출을 가급적 줄이게 된다. 1990년대 이후 일본과 같이 경기침체의 장기화와 인구 고령화에 따라 미래의 소득전망에 대한 우려와 불확실성이 높아진 것도 가계의 소비지출과 기업의 투자지출을 줄이는 요인이다. 이와 같은 총수요 부진으로 인해 총공급이 총수요를 초과하면 균형을 회복하기 위해 가격이 하락하면서 디플레이션이 발생한다. 그런데 가격 하락에 따라 기업 이윤이 줄고 일부 기업이 도산하면서 실업이 발생하면 수요 부진이 심화된다. 그럼으로써 또다시 물가가 하락하면서 악순환이 이어진다. 이러한 디플레이션의 악순환은 불경기를 지속시킨다.

한편, 재화 및 서비스 가격이 하락함에 따라 구매력으로 평가한 화폐의 실질가치는 상승한다. 그 결과 채무의 실질가치도 상승한다. 이와 같은 채무자의 비용부담 증가는 실물담보의 가치가 하락함에 따라 채무자의 상환불능을 부채질한다. 어떤 국민경제가 채무 과잉(overindebtedness)의 상황 속에서 디플레이션을 경험하게 되면, 부실채권이 늘어나면서 금융시스템의 건전성에는 물론 실물경제에도 엄청난 파급효과를 미치게 된다. 1930년대 대공황이 그 대표적 예이며, 피셔(I. Fisher)는 이런 현상을 특히 "채무디플레이션(debt deflation)"이라 불렀다.[18]

---

16. 디플레이션의 경우 부와 소득이 채무자에게서 채권자 쪽으로 재분배된다. 따라서 부와 소득이 재분배되는 방향은 인플레이션의 경우와는 반대이다.

17. Brooks and Quising(2002) 참조.

18. Fisher(1933) 참조. 채무디플레이션은 금융위기를 초래하므로 본문에서 곧 논의하게 될 금융의 역기능과도 관련된다.

사실 미국 연준을 위시한 여러 선진국 중앙은행이 글로벌 금융위기를 맞아 대규모의 유동성을 다양한 방식으로 신속하게 경제에 주입한 데에는 1990년대 일본이 겪은 장기불황과 디플레이션에 대한 우려가 적지 않게 작용했다. 덕분에 세계 경제가 디플레이션에 빠지게 될 위험을 낮출 수 있었다는 것이 일반적 시각이다.

3.1.2 금융의 역기능

우리는 앞에서 금융행위가 미시적 · 거시적으로 경제의 효율성을 증대시키는 과정을 살펴보았다. 신용이 고도로 발달된 경제에서 금융부문의 원활한 자금중개기능은 실물부문의 성장을 촉진할 수 있다. 하지만 반대로 금융부문의 왜곡은 한 나라의 경제에 커다란 악영향을 끼칠 수도 있다. 특히 간접금융시장에서 금융중개기관이 역할을 제대로 수행하지 못한다면 그 악영향은 매우 심각하다.

금융중개기관은 간접금융시장에서 잉여자금을 보유한 사람들과 자금은 부족하지만 건전한 투자계획을 갖고 있는 사람들을 연결시켜 사회적으로 투자 증대와 경제성장을 이끌어내는 역할을 한다. 바꾸어 말해서 금융중개기관은 자금을 중개하는 것뿐만 아니라 기업의 투자안이 건전한 것인지 아닌지를 판단하는 역할도 담당한다. 이것을 기업투자안에 대한 금융중개기관의 제2차적 심사기능이라 한다. 기업 자신이 일차적으로 심사한 투자의 타당성 여부에 대해 금융중개기관이 자금을 공급할지 여부를 판단하면서 한 번 더 심사하게 된다는 뜻이다. 만약 이러한 기능이 제대로 수행되지 못한다면, 경제는 극심한 혼란을 겪을 가능성이 크다. 즉, 잉여자금이 건전하고 발전가능성 있는 부분에 투자되지 않고 부실하고 비효율적인 부분으로 흘러 들어가면, 경제성장 및 균형발전에 악영향을 끼칠 수도 있는 것이다.

그 외에도 화폐금융경제의 병리현상으로 금융위기의 가능성이 항상 도사리고 있다는 점을 들 수 있다. 신용이 발달된 자본주의에서 가장 보편적인 기업형태는 주식회사이다. 주식시장은 기업의 주요한 자금조달원으로서 기업의 투자와 경제성장에 핵심적인 역할을 한다. 하지만 주식시장은 때때로 투자를 불안정적이고 불건전하게 만들기도 한다. 또한 주식시장에서 결정되는 주식가격이 그 기업의 진정한 가치를 반영하지 못하고 단순히 사람들의 대중심리에 의해 형성된다면 금융위기가 발생할 수도 있다. 화폐금융시장은 금융위기를 스스로 통제할 수 있는 조정메커니즘을 갖지 못하기 때문이다.

다음 절에서는 화폐와 금융시장의 발달이 가져온 '거래의 편리함과 경제성장의 추진력'이라는 밝은 측면 뒤에는 '금융위기의 씨앗'이라는 어두운 측면이 도사리고 있음을 몇 가지 역사적 사례를 통해 살펴보고자 한다.

3.2 금융위기의 역사적 경험[19]

갈브레이스(J. Galbraith)는 금융공황의 근본적인 원인을 불확실성이 가득한 금융제도가 사람들의 투기적 환상(speculative euphoria)을[20] 자생적으로 조장하기 때문이라고 생각했다. 환각에 빠진 사람이 제정신을 찾기 어렵듯이, 투기적 환상에 빠진 군중들의 걷잡을 수 없는 행동이 금융위기(financial crisis)를 야기한다는 것이다. 그는 이러한 투기적 환상은 어쩔 수 없는 자연적인 현상으로 받아들여져야 하며, 끊임없이 반복되는 투기적 과대망상과 이에 따른 금융 재난은 차라리 경제의 일부분으로 간주되어야 한다고 주장한다.

갈브레이스의 이러한 주장대로 기나긴 자본주의 역사 속에서 우리는 금융위기가 너무도 비슷한 모습으로 빈번하게 나타나 수많은 사람들에게 고통을 주고는 언제 그랬냐는 듯 일순간에 사라져버린 기록들을 발견할 수 있다.

역사상 최초의 폭발적 투기의 대상은 주식도 부동산도 아닌 바로 튤립이었다. 16세기에 처음 서유럽에 소개된 튤립에 대한 관심이 고조되면서 네덜란드에서는 희귀한 튤립의 소유와 경작이 사회적 위신의 표상이 되었다. 이에 따라 희귀하고 아름다운 튤립에 대한 수요가 급증하면서 그 가격이 무한정 상승하게 되는데, 1636년에는 사람들에게 알려지지 않은 새로운 종류의 튤립 구근 하나의 가격이 '두 마리의 회색 말이 끄는 완벽한 새 마차'의 가격과 같았다는 기록이 있다.

네덜란드 암스테르담을 중심으로 이루어진 튤립 투기는 사기만 하면 조만간 가

19. 금융위기의 역사에 대해 자세한 내용을 학습하고 싶은 독자들은 Galbraith(1993), Kindleberger(2000), 그리고 Reinhart and Rogoff(2009b)를 참고하기 바란다.

20. 미국 연방준비제도이사회의 그린스펀 의장은 1997년 2월 의회 증언을 통해 당시 주식시장의 (잠재적) 과열현상이 "비합리적 과열(irrational exuberance)"에 따른 것이라 표현한 적이 있다. 그 이후 이 용어는 예일 대학 교수인 쉴러(R. Shiller)가 쓴 책(2001)의 제목이 될 정도로 인구에 회자되었는데, 그 의미는 본문의 '투기적 환상'과 다를 바 없다.

격이 올라 다시 되팔기만 해도 차액을 남길 수 있게 되면서 모든 사람들이 튤립 투기만 하면 이익을 볼 수 있을 것 같은 환상에 빠지게 되었다. 그래서 귀족부터 일반 시민까지 자신의 전 재산을 털어 튤립 투기에 열중했다.

그러나 1637년에 거품(bubble)이 빠지기 시작했다. 불안해 하던 몇 명의 사람들이 먼저 발을 빼기 시작하고 이를 본 다른 사람들도 튤립을 팔게 되면서, 가격이 폭락했다. 돈을 빌려 투자했던 많은 사람들이 파산했음은 물론, 상당한 재력가나 귀족들까지도 거지 신세로 전락했다. 튤립광기(Tulipmania)가 휩쓸고 간 네덜란드는 몇 년 동안 경제불황을 겪는 등 심각한 후유증에 시달리게 되었다. 이것은 실물가치에 기반하지 않은 화폐가치가 경제주체의 투기심리와 맞물려 어떻게 금융공황을 발생시키는지를 보여준 최초의 사건이었다.[21]

튤립 투기의 열풍이 지나간 후 100년도 채 되지 않아 프랑스에서는 미시시피버블(Mississippi Bubble)로 알려진 금융위기가, 영국에서는 남해버블(South Sea Bubble)로 알려진 금융위기가 각각 발생한다. 두 사건 모두 정부의 재정적자를 해결하기 위해 설립된 미시시피주식회사와 남해주식회사의 주식에 대한 시민들의 광적 투기열풍이 한동안 지속되다가 파국을 맞이하면서 경제에 불황과 혼란을 초래했었다.

그후에도 자본주의 시장경제에서 간헐적으로 모습을 보이던 금융위기는 20세기 초에 가장 큰 규모로 나타났다. 경제사에서 1929년만큼 자주 거론되는 해도 드물 것이다. 이때 위기의 규모는 자본주의 자체를 붕괴시킬 수 있을 만큼 거대했고, 이는 미국뿐만 아니라 전 세계의 자본주의가 경험한 가장 극단적 · 총체적인 위기였다.

1929년 대공황이 하루아침에 일어난 것은 아니었다. 그 조짐은 1920년대 초반에 시작된 플로리다 지역의 부동산 투기열풍에서 이미 찾을 수 있다. 추운 겨울

---

21. 광기와 거품의 의미는 경제학자에 따라 다소 다를 수 있지만, 킨들버거(C. Kindleberger)는 다음과 같이 설명한다(2000, p.15).

"이러한 행동[투기적 이윤을 노린 재화 혹은 자산의 구입 및 재판매]에 몰두하는 기업과 가계의 숫자가 늘어나면서 평소에는 그런 일에 초연한 부류까지도 이 대열에 끼게 되면, 이윤을 얻기 위한 투기는 정상적이고 합리적인 행동에서 멀어져 "광기(manias)"나 "거품(bubbles)"으로 묘사되어 온 행동이 나오게 된다. 광기라는 단어는 비합리성을 강조한다; 거품은 파열을 시사한다. … 거품이란 가격이 상당한 범위에 걸쳐 상방으로 움직인 연후 터지게 되는 가격의 움직임을 말한다."

을 보내야 하는 뉴욕이나 시카고와 비교해 볼 때 사계절 내내 태양을 즐길 수 있는 플로리다는 대단한 매력을 지닌 곳이었고, 매매가격의 10%만 현금으로 준비하면 원하는 부동산을 구입할 수 있는 금융상품의 도입은 많은 사람들을 부동산 투기로 내몰았다. 투기가 한창이던 때에는 불과 몇 주일 만에 부동산 가격이 두 배로 뛰기도 했다. 그러나 1926년에 접어들어 지속적인 가격 상승을 지탱할 새로운 자금원이 없어지자 부동산시장은 붕괴되기 시작했다. 투기적 열풍은 부동산 가격 폭락으로 인한 위기에도 아랑곳하지 않고 당시 상승기를 타고 있던 주식시장으로 옮겨가면서 대공황의 서곡을 알리게 된다.

주식시장에서의 투기적 열풍은 이미 1924년에 시작되었다. 주가는 1926년 플로리다 부동산 붕괴의 영향으로 잠시 주춤했지만, 1927년부터 다시 상승해 1929년 대공황이라는 거품붕괴를 향해 거침없이 달려갔다. 1929년의 주식시장 붕괴의 원인은 작은 돈을 투자해 큰 자산을 만들 수 있게 했던 레버리지 효과(leverage effect)에서 찾을 수 있다.[22] 1921년 도산 직전까지 갔던 유나이티드 파운더즈 그룹(United Founders Group)은 10%만 현금으로 준비하면 되는 증거금(margin)제도를 이용해 자산을 10억 달러로 불렸다. 주식투자를 목적으로 1928년 후반 1억 달러의 자본금으로 세워진 골드만 삭스(Goldman Sachs Trading Corporation)는 계속 자회사를 설립해 경영권을 유지할 정도의 지분만 유지한 채 나머지는 일반에게 공개하는 방식으로 레버리지 효과를 증대시켰다.

그러나 이런 높은 레버리지는 주식시장이 활황일 경우에는 문제가 없지만, 불황이 닥치면 위기를 재촉하게 된다. 설립 당시 104달러에 거래되던 골드만 삭스의 주식은 1년도 지나지 않아 222.5달러까지 올라갔지만, 시장 붕괴 직후 1.75달러로 폭락했다. 이는 대공황의 위력이 어느 정도였는지 보여주는 좋은 예이다. 1929년

22. 레버리지란 기업이 자본을 조달할 때 타인자본(차입자본 또는 부채)에 얼마나 의존하는지를 나타내는 타인자본의존도(부채의존도)를 말한다. 레버리지는 흔히 총자본(자기자본 + 타인자본) 대비 타인자본의 비율로 정의되거나, 자기자본 대비 자산(총자본)의 비율로 정의된다. 레버리지가 중요한 이유는 기업이 똑같은 총자본수익률(자산수익률 : ROA)을 올리고 있는 경우에도 레버리지의 정도에 따라 자기자본수익률(ROE)이 달라지기 때문이다. 금융위기 과정에서의 레버리지 효과는, 경기가 호황을 유지하는 경우에는 타인자본을 많이 끌어들여서라도 사업팽창을 유지할 수 있지만 경기가 침체될 경우에는 레버리지가 높은 기업은 위기에 직면해 기업의 연쇄도산으로 연결될 수 있다는 점에서 중요한 의미를 갖는다. 2007~2009년 글로벌 금융위기에서 금융기관의 레버리지 조정은 위기의 증폭에 크게 기여했다. 이에 대한 상세한 설명은 이 책의 제14장을 참고하기 바란다.

10월의 주식시장 대폭락은 우리에게 위기가 발생할 경우 금융시장이 자체적으로 균형을 회복하는 힘을 갖지 못함을 가르쳐 주었다. 이런 경험을 통해 시장을 정비할 필요성을 절감한 미국 정부는 증권거래위원회(SEC)를 설립하고, 무절제한 자회사 설립을 규제하며, 증거금제도도 대폭 정비하였다.

1930년대 대공황 이후 세계 경제는 금융위기로부터 한동안 자유로운 듯했다. 이는 케인즈의 정책처방에 따라 각국 정부가 총수요관리를 위해 시장에 적극 개입하는 가운데 시장규율보다는 규제규율이 강화된 덕분이었다. 하지만 각종 규제에 따른 비효율이 두드러지면서 1960년대와 1970년대에는 미국 등 선진국을 중심으로 금융혁신과 규제완화의 커다란 흐름이 시작되었고, 1980년대와 1990년대에는 그 흐름이 세계적으로 확산되었다. 이는 효율의 획기적 증대를 가져왔지만, 그와 동시에 불안정의 요인으로 작용했다. 20세기 후반부터 금융위기가 세계적으로 빈발하게 된 것이다.

얼마 전까지는 시스템금융위기가 개별 국가나 지역을 중심으로 발생했고, 선진국보다는 주로 신흥시장국의 문제로 간주되는 경향이 있었다. 하지만 2007년 미국 서브프라임 사태에서 시작하여 전 세계로 확산된 글로벌 금융위기를 겪은 이후 이러한 인식은 크게 달라졌다. 지난 800년 동안 66개 국가의 금융위기를 분석한 『이번엔 다르다(*This Time Is Different: Eight Centuries of Financial Folly*)』에서 라인하트(C. Reinhart)와 로고프(K. Rogoff)가 얻은 중요한 결론은 "금융위기란 사람들이 생각하는 것보다 일반적이고 과거 사례와 유사하다"는 것이다.[23] 역사적으로, 신용붐(credit booms)과 부동산 · 주식 등 자산의 가격버블(asset price bubble)이 조성된 다음에는 금융위기가 오는 것이 일반적 경험이다. 그런데도 "대부분의 나라에서 금융위기는 간헐적으로만 발생하기 때문에"[24] 사람들은 매번 '이번엔 다르다'고 생각하다가 '갑작스럽게' 위기를 당하게 된다. 실은 지난 800년 동안 "단 한 번도 달랐던 적이 없었"는데도 말이다.[25]

이런 점에서는 2007년 글로벌 금융위기도 예외가 아니었다. "100년에 한 번 오는 신용 쓰나미(once-in-a-century credit tsunami)"가 갑자기 밀려와 전 세계를 덮친

---

23. Reinhart and Rogoff(2009b)의 번역서인 최재형 · 박영란 옮김(2010), p.13에서 재인용.
24. Allen(2010), p.2 참조.
25. 최재형 · 박영란 옮김(2010), p.22에서 재인용.

것으로 인식될 정도였다.[26] 왜 갑작스럽다고 느껴진 것일까? 1980년대 중반부터 2007년 위기에 이르기까지 약 20년 동안 세계적으로 거시경제적 변동성의 감소가 지속적으로 두드러졌기 때문이다. 구체적으로, 인플레이션과 실업 간 상충관계가 완화됨으로써 세계적으로 낮은 인플레이션과 지속적 경제성장이 가능했다. 스톡(J. Stock)과 왓슨(M. Watson)은 이 시기를 "대완화기(Great Moderation)"라고 부른다.[27] 문제는, 이렇게 순조로운 경제 상태가 위기 직전까지 약 20년 동안 계속되면서 거의 모든 경제주체들이 '이번엔 다르다'는 낙관론에 도취되었다는 점이다. 그 덕분에 월가의 투자은행들은 2000년대 초부터 레버리지를 계속 늘려왔고, 위기 직전이던 2006년에도 미국의 주택버블(housing bubble)은 계속될 것처럼 보였다. 이러한 일들이 장기간의 저금리와 그에 따른 과잉신용으로 가능했음은 물론이다. 이는 민간 경제주체는 물론 정책당국(통화당국과 감독당국)조차도 리스크에 둔감했음을 의미한다. 나중에 살펴보겠지만, 2007년 서브프라임 사태로 시작되어 삽시간에 전 세계로 퍼진 글로벌 금융위기는 다양한 요인이 절묘한 조화를 이루며 초래된 '완벽한 폭풍우(perfect storm)'였다.

Box 1-1 금융위기의 유형

국제통화기금(IMF: International Monetary Fund)에 따르면 금융위기는 다음과 같은 네 가지 유형으로 분류된다.

- **외환위기**(currency crisis): 투기적 공격(speculative attack)에 의해 한 나라의 화폐가치가 평가절하(devaluation)된 상황 또는 자국 화폐의 대외 가치를 지키기 위해 당국이 국내 이자율을 크게 올리거나 보유 외환을 대량으로 방출하고 있는 상황.
- **은행위기**(banking crisis): 다수의 은행이 실제로 도산하거나 뱅크런(bank run)에[1] 직면해 예금인출을 중단하게 된 상황 또는 그로 인한 예금인출 중단을 막기 위해 정부가 거액 자금의 지원을 통해 개입하게 된 상황. 은행위기가 광범하게 발생하는 경우에는 시스템 전체의 불안정을 가져올 수도 있다.
- **시스템금융위기**(systemic financial crisis): 심각한 금융시장 혼란으로 시장기능이 정상적으로 작동

26. 이는 미국 하원 정부 감시 및 개혁위원회(House of Representaives Committee on Government Oversight and Reform)에서의 증언에서 전 연준의장 그린스펀(A. Greenspan)이 한 말이다. BBC(2008)에서 재인용.

27. Stock and Watson(2003) 참조.

하지 못하게 됨으로써 실물경제에 대규모의 악영향이 미칠 수 있는 상황.

- **외채위기**(foreign debt crisis) : 한 나라의 민간 또는 정부가 외채의 원리금을 갚지 못하는 상황.

금융부문이 구조적으로 왜곡되어 있는 가운데 지속 불가능한 불균형(imbalances)이 누적되고 자산가격이나 환율이 균형 수준에서 크게 괴리되면, 위의 네 가지 유형 중 어떤 것에 해당하건 금융위기가 발생하게 된다고 IMF는 설명한다. 자산가격의 급격한 조정이나 신용흐름의 혼란을 계기로 거시경제 및 금융에 내재되어 있던 약점이 드러나고, 화폐나 은행시스템에 대한 신뢰가 갑자기 손상되면서 금융위기가 초래된다는 것이다. 그 결과 자산가격이 급락하고, 금융기관이나 실물기업이 도산한다.

IMF에 따르면, 실제의 금융위기에는 외환위기, 은행위기, 외채위기의 요소가 한데 섞여 있을 수도 있다. 1994~1995년 멕시코 위기와 1997년 동아시아 위기가 그 일례이다. 또 어떤 경우에는 위기가 한 가지 유형으로 시작되어 다른 유형으로 발전될 수도 있다. 1990년대 중반의 터키와 베네수엘라 위기는 처음에는 은행위기였는데 나중에는 외환위기로 이행했었다. 거꾸로, 일부 동아시아국가들 특히 인도네시아의 경우에는 외환위기가 나중에는 은행위기 및 외채위기로 전이되었다. 1980년대 초 아르헨티나와 칠레의 은행위기는 나중에 외채위기로 이행했었다.

한 유형의 위기가 다른 유형보다 먼저 나타난다고 해서 이것이 반드시 인과관계(causality)를 뜻하는 것은 아니다. 금융감독이 허술하거나 자산가격이 상승하는 동안에는 은행부문에 구조적인 문제가 있어도 잘 드러나지 않다가, 자산가격의 조정이 일어나면 비로소 은행부문의 문제가 드러날 수도 있기 때문이다. 기업의 채무와 관련된 문제들도 마찬가지다. 즉, 화폐의 대외가치에 대한 투기적 공격 등으로 인해 전반적으로 신뢰가 깨어지고 은행의 문제와 기업채무의 문제가 악화되고 나서야 비로소 은행부문이나 기업부문의 취약성이 드러나는 것이다. 1997년 동아시아 위기가 바로 이런 경우에 해당한다.

과거의 금융위기이건 최근의 금융위기이건 위기를 일으키는 요인들은 별로 다르지 않다. 다만, 최근에는 한 나라의 위기가 한 지역에서 다른 지역으로 더 나아가서는 세계적으로 확산되는 경향이 과거에 비해 두드러지게 되었다는 것이 IMF의 시각이다. 일국(미국)의 국내 대출시장 위기(서브프라임 사태)가 그 나라와 지역은 물론 전 세계로 급속히 확산되었던 사례가 바로 2007~2009년 글로벌 금융위기이다.

자료: IMF(1998).

1) 뱅크런이란, 어떤 이유로 예금주들이 거래은행의 재무상태가 악화될 것을 우려하여 한꺼번에 은행으로 몰려가 자신의 예금을 인출하려 하는 상황을 말한다. 이를 예금인출사태라고도 부른다.

4. 공공재로서의 화폐와 금융[28]

Money & Financial Markets, Ch. One

이제 우리는 화폐와 금융의 관계와 이에 수반되는 불확실성과 신뢰의 문제, 그리고 화폐와 금융의 공공재적 측면을 살펴보기로 한다. 앞서 살펴본 화폐와 금융의 순기능 및 역기능에 관한 내용과 더불어 이 절의 내용은 우리들에게 화폐와 금융을 보는 기본적 안목을 제공해 주는 것은 물론, 다음 절에서 우리가 화폐금융론을 공부해야 하는 이유를 명확히 이해하는 데에도 도움을 줄 것이다.

4.1 화폐와 금융은 어떻게 다른가?

물물교환이 성립하려면 원칙적으로 욕망의 이중적 일치가 이루어져야 한다. 그런데 화폐의 등장으로 교환을 위해 욕망이 일치해야 할 필요성이 제거된다. 왜냐하면 화폐는 재화와 재화 사이에서 교환의 매개기능을 수행하기 때문이다. 예를 들어, 앞서의 경제학 교수는 농부에게 경제학 강의 서비스를 판매하고 그 대가로 화폐를 받아(소득 발생) 다시 이 화폐를 이발 서비스의 구입에 사용하게(지출 발생) 된다. 이 과정을 간단히 [경제학 강의 서비스-화폐-이발 서비스]로 나타내자. 그런데 1단계 거래에서 소득이 발생하는 시점과 2단계 거래에서 지출이 발생하는 시점 사이에는 화폐의 교환매개 기능으로 인해 일반적으로 시차가 개입될 여지가 생긴다. 화폐의 이용으로 판매행위와 구매행위의 시간적 분리가 가능해진 것이다. 다시 말해 화폐경제에서는 경제학 교수가 강의 서비스에 대한 대가로 이발 서비스가 아닌 화폐를 받게 되므로 강의와 동시에 이발을 해야 하는 불편이 사라진다. 이와 같은 소득 발생 시점과 지출 발생 시점의 불일치는 화폐가 자연스럽게 가치(구매력)저장 기능을 가지게 됨을 의미한다.

그런데 애초에 화폐가 어떻게 해서 교환의 매개기능을 발휘하게 되었을까? 사람들이 어떤 재화를 화폐로서 받아들이기 위해서는 그것이 교환매개수단으로 널리 쓰일 것이라는 믿음, 즉 그 재화의 보편적 수용성(universal acceptability)에 대한 신

28. 이 절은 주로 Schinasi(2005)에 의존하였다.

뢰가 필요하다. 어떤 재화에 대해서도 이러한 신뢰가 갑자기 생겨나기는 어렵다. 그래서 나라마다 정부가 법률을 통해 강제 통용력을 부여한 화폐—즉, 법정화폐(legal tender) 또는 법화—가 나오게 되었다.[29] 국가에 의해 강제 통용력이 부여된 법화는 거래상대방에 대한 신뢰의 필요성을 원천적으로 제거함으로써 교환에 수반되는 불확실성을 거의 완전하게 없앨 수 있는 셈이다. 그 결과 화폐는 교환매개 기능을 넘어 지급종료성(finality of payment)까지 갖게 되었으며,[30] 물물교환경제에 비해 화폐경제의 교환 효율은 엄청나게 증대되었고, 경제활동의 규모가 크게 확대되었다.

한편, 어떤 임의의 시점에서 경제 내 개인들이 보유하는 화폐의 배분상태가 이들의 거래 필요성과 정확히 일치할 수는 없는 일이다. 이는 가진 것보다 더 많은 액수의 화폐를 필요로 하는 사람들이 있는가 하면, 그와는 반대로 당장 필요한 액수보다 더 많은 화폐를 보유한 사람들이 동시에 존재한다는 뜻이다. 전자는 화폐의 교환매개 기능을 지금 이용하는 대가로 훗날 '그 무엇'을 기꺼이 제공하려는 사람들이고, 후자는 그 반대의 상황에 놓인 사람들이다. 여기서 '그 무엇'이란 다름 아닌 원래의 화폐가 가진 가치(구매력)보다 더 큰 가치를 의미한다.

이와 같이 훗날 더 나은 가치를 제공받기로 하는 약정(미래소득에 대한 금융자산 형태의 청구권)과 화폐의 교환매개 기능(더 정확하게는 지급종료성 또는 지급수단 기능)을 일시적으로 교환하는 활동이 바로 금융이다. 이 약정을 금융수단이라 부르며, 금융수단은 일종의 사적 계약에 해당한다. 사적 계약에는 채무계약과 지분계약의 두 가지 유형이 있다. 채무계약은 확정된 금액을 지급받기로 하는 약정이며, 지분계약은 확정된 금액을 지급받기로 정한 것은 아니지만 주식가치의 상승 또는 배당을 통해

29. 이 절(제4절)에서는 화폐의 범위를 법정화폐로만 한정하기로 한다. 그러나 화폐는 일반적으로 "법정화폐인 현금과 현금으로 손쉽게 전환할 수 있는 금융자산의 합"으로 정의된다(한국은행 2005, p.6). 여기서 '현금으로 손쉽게 전환할 수 있는 금융자산'은 법정화폐의 밀접한 대체재로서 화폐에 포함된다. 다만 그와 같은 금융자산이 구체적으로 어떤 것인지는 이 책의 제10장에서 설명하는 바와 같이 통화지표의 정의에 따라 달라진다.

30. 화폐의 지급종료성이란, 사람들이 거래를 통해 보유하게 된 화폐를 여타 교환매개물과 다시 바꾸려고 들지 않는다는 의미이다. 다시 말해 사람들이 재화나 서비스를 제공한 대가로 화폐를 수취하면 그것으로 일단 그 거래는 완결된다. 화폐의 지급종료성을 거래완결성이라 표현하기도 한다. 지급종료성을 갖는 교환매개물을 특히 지급수단(means of payment)이라 부른다. 교환의 매개(medium of exchange)가 반드시 지급종료성을 갖는 것은 아니다. 예를 들어 신용카드는 교환의 매개로 기능하지만, 신용카드의 사용 이후에는 반드시 청산 및 결제 과정이 뒤따라야 거래가 완결된다. 그러므로 교환의 매개란 지급수단보다 더 넓은 개념이다.

양의 미확정금액을 돌려받을 수 있을 것으로 기대되는 약정이다. 그런데 이러한 사적 계약에는 시간의 경과가 수반되므로 본질적으로 불확실성이 내재한다. 다시 말해, 약정이 지켜지지 않을 가능성은 언제나 존재한다.

4.2 금융과 불확실성

앞서 살펴본 바와 같이 금융계약은 시간의 경과에 따라 지켜지지 않을 가능성이 있다. 금융계약이 담고 있는 약정이 시간이 흐른 후에도 그대로 준수될지 여부를 계약 당시에는 잘 알 수 없다. 이와 같이 정보가 불완전한 상황, 즉 미래에 대한 불확실성의 상황에서도 금융이 출현하게 되는 것은 화폐가 수행하지 못하는 역할을 금융이 담당하기 때문이다. 우선, 금융은 평상시에 서로 다른 시점 간의 교환을 촉진하는 데에 화폐에 비해 더 나은 서비스—즉, 가치저장 서비스—를 제공한다. 금융을 통해 자원은 시간에 걸쳐 효율적으로 배분된다. 소비를 미래로 연기하고자 하는 소비자는 '대출약정'을 통해 일정 기간 동안 구매력을 보존하고, 잠재적으로 증가된 구매력을 미래의 일정 시점에 돌려받을 수 있다. 동시에 생산적 기회를 보유한 기업가는 이 기회를 활용하기 위해 '차입약정'을 통해 미래의 예상수익을[31] 현재의 구매력으로 이전할 수 있게 된다. 많은 대학생들이 자신의 미래 생산성을 강화하기 위해 미래 예상소득을 기초로 지금 등록금을 차입해 공부를 계속하는 것도 금융의 결과다. 여기에 금융의 또 다른 역할—즉, 개인이나 기업에게 부의 축적을 촉진해 주는 역할—이 있다. 마찬가지로 금융은 국가가 부를 축적하는 데에도 기여한다.

금융은 본질적으로 시간경과에 따른 불확실성을 수반하기 때문에 거래상대방에 대한 신뢰가 전제되어야 한다. 만약 경제 내 신뢰의 수준이 주어져 있다면, 금융에 수반되는 불확실성의 크기가 작을수록 그만큼 더 금융이 활성화될 수 있다. 그래서 불확실성을 줄이는 사회적 장치가 출현하게 되었다. 다름 아닌 금융시장과 금융중개기관, 그리고 금융시스템이 그와 같은 사회적 장치에 해당한다. 실제로, 금융

31. 경제학에 자주 등장하는 용어인 '예상'과 '기대'는 동일한 의미를 갖는다. 예를 들어 예상수익(률)과 기대수익(률), 예상인플레이션(율)과 기대인플레이션(율)은 각기 같은 의미이다. 이 책에서는 '예상'과 '기대'를 혼용하기로 한다.

거래는 금융시장에서 직접 이루어지거나 은행과 같은 금융중개기관을 통해 간접적으로 이루어진다. 여기서 '금융시장'과 '금융중개기관'이 어떻게 불확실성 감소에 기여하는지 각각 생각해 보자.

우선 금융시장(financial market)은 직접금융시장과 간접금융시장으로 구성되는데, 이들은 직접금융 방식 또는 간접금융 방식을 통해 금융거래가 원활하게 이루어질 수 있도록 제도적으로 조직화된 시장이다. 금융시장은 시장참여자에게 공식적으로 또는 비공식적으로 규율을 부과함으로써 자금 수급의 불확실성을 줄이고 정보의 유통을 촉진한다. 화폐가 물물교환의 경직성을 완화시켜 거래를 활발하게 만드는 것처럼, 금융시장은 자금 수급과 관련된 불확실성을 완화시켜 실물부문의 성장을 뒷받침한다.

특히 은행은 자신의 명의로 자금의 수요자 또는 공급자와 각각 거래함으로써 궁극적으로는 이들 수요자와 공급자를 간접적으로 연결해 준다. 구체적으로, 은행은 대규모의 설립 자본에 근거한 신용을 바탕으로 다수의 자금공급자(예금주)로부터 수취한 소액 자금을 모아 거액 자금으로 만든 후 이를 다수의 자금수요자에게 대출해 준다. 이때 은행으로 집중·예치된 자금은 은행의 부채가 되며, 이 부채를 기초로 발행된 기업대출은 은행의 자산이 된다.

이제 은행이 어떻게 불확실성 감소에 기여하는지 살펴보자. 어떤 임의의 시점에 경제 내에는 잉여 화폐를 가진 개인들이 다수 존재한다. 그러나 이들 개인은 잠재적 차입자들과 직접 대차관계를 맺기에는 시간자원이 부족하거나 정보분석 및 감시 능력이 은행에 비해 떨어진다. 개인이 불확실성을 줄이기 위해 직접 거래상대방의 신용도 및 사업계획에 관한 정보를 수집하고 분석하는 데에는 비용이 많이 들게 될 것이다. 기업을 경영하는 입장에서도 자금대여 의사를 갖고 있는 다수의 자본주를 일일이 개별 접촉하여 해당 사업의 수익창출 능력을 설명하는 것이 쉬운 일은 아니다. 복잡한 자본주의 경제체제와 엄청난 정보수집 비용 등을 고려해 볼 때, 자금수요자와 자금공급자가 일대일로 직접 거래하는 방식은 화폐가 없는 물물교환만큼이나 비효율적이다. 바로 여기에 은행의 필요성이 대두된다. 만일 유능한 은행가가 존재한다면, 자금공급자는 일일이 정보수집에 나설 필요가 없고, 자금수요자 역시 손쉽게 자금을 차입할 수 있게 된다. 이와 같은 은행가의 역할이, 앞서 논의한 정보비대칭성과 매칭 비대칭성의 감소를 통해 마찰과 불확실성을 줄이고 거래비용을 감소시켜 궁극적으로 금융거래의 촉진에 기여하는 것은 물론이다.

은행은 적절한 신용과 대규모의 자금 동원력, 그리고 기업투자안의 타당성 여부를 판별할 수 있는 정보 수집 · 분석 능력을 갖추고 있다. 은행은 잉여 화폐를 가진 개인(예금주)들로부터 일시적으로 자금을 조달하는 대신 자신 명의의 특별한 채무증서(예금통장)를 발행한다. 은행 예금은 개인들에게 상대적으로 안전한 자산의 형태로 구매력을 저장할 기회를 제공해 준다. 또한 화폐를 일시적으로 사용하고자 하는 기업은 은행에 대출을 신청한다. 은행은 이들 기업에 대한 정보를 수집하고 분석하는 데에 비교우위를 가진다. 은행은 기업의 투자계획서를 심사한 후(앞서 논의한 금융중개기관의 제2차적 심사기능에 해당) 선별된 기업들에 대출해 주는 대가로 이들이 발행한 채무증서를 자신의 자산으로 보유한다.

이러한 과정에서 은행은 자금공급자가 제공하는 예금(상업은행에게는 고유동성 단기부채)을 자금수요자가 선호하는 대출(상업은행에게는 저유동성 장기자산)로 변환시키는 전통적 금융중개 기능을 수행한다.[32] 대출이 실행된 이후에는 은행이 기업의 경영 및 재무 상태에 대한 상시적인 점검을 통해 대출 원리금이 순조롭게 상환될 수 있도록 사후관리를 수행하는 것은 물론이다.[33]

끝으로, 금융시스템(financial system)도 불확실성의 해소에 기여한다. 금융시스템이란 금융시장 및 금융중개기관과 이들을 통제 · 운영하는 법규와 관행을 총칭한다. 각국의 금융시스템은 경제발전 단계, 법적 · 제도적 특성, 과거 전통 등의 차이에 따라 다양한 형태로 나타난다. 금융시스템은 뒤에서 살펴보는 것과 같이 여러 가지 역할을 수행하는데, 그중에서도 지급결제 기능은 가장 기본적이고 중요한 기능으로 강조된다.[34] 자본주의 경제에서 지급결제제도의 효율성과 안전성은 경제활동에 큰 영향을 준다. 전통적으로 은행이 지급결제제도의 중추적인 역할을 수행하

32. 은행이 수행하는 금융시장 거래와 정보수집, 그리고 대출포트폴리오 관리에는 규모의 경제(economies of scale)가 작용한다. 투자신탁회사(investments trusts)와 연기금(pension funds) 등의 금융중개기관은 그와 같은 규모 경제에 기인하는 시장불완전성(market imperfections)을 완화시켜 준다. 또한 보험회사와 같은 금융중개기관은 위험의 집중과 분산을 통해 보험서비스를 제공한다. 금융중개에 관해서는 이 책의 제8장과 Goodhart(1989)를 참조하기 바란다.

33. 이런 의미에서, 미국 시카고 대학의 다이어몬드(D. Diamond) 교수는 금융중개(financial intermediation)를 "[예금주들로부터] 위임받은 감시활동(delegated monitoring)"이라고 보았다(Diamond 1984, p.393).

34. '지급'과 '결제'가 갖는 각각의 의미와 지급결제제도의 중요성에 대해서는 이 책의 제17장을 참조하기 바란다.

였는데, 최근에는 은행이 아닌 다른 금융기관들도 일부 지급결제 기능을 수행하고 있다.[35]

4.3 공공재로서의 화폐와 물가안정

일반적으로 재화는 사적재(private goods)와 공공재(public goods)로 구분된다. 이때 구분의 기준은 재화가 경합성과 배제성을 갖는지 여부에 달려 있다.

한 개인이 어떤 재화를 소비하는 경우 그로 인해 다른 개인이 그 재화를 소비하지 못하게 될 수 있다. 이때 그 재화는 경합적이다. 예를 들어, 커피 자동판매기에 사람들이 줄을 서 있었는데 어느 순간 커피가 바닥났다고 하자. 이것은 앞 사람들이 커피를 이미 다 뽑아 마셨기 때문이다. 이런 의미에서 커피는 경합재이다.

한편, 소비자가 대가를 지불해야 그 재화를 손에 넣을 수 있다면 그 재화는 배제성을 갖는다. 예를 들어 커피 자동판매기에서 커피를 뽑아 마시려면 사람들은 반드시 동전이나 지폐를 자동판매기 투입구로 집어넣어야 한다.

우리의 예에서 커피는 경합성과 배제성을 가지므로 사적재이다. 대부분의 재화는 사적재이다. 그런데 그렇지 않은 재화도 있다. 국방 서비스를 생각해 보자. 여러분의 이웃에 아기가 한 명 새로 태어났다고 하자. 이 아기는 태어나자마자 한국인으로서 국방 서비스를 누린다. 그런데 지금까지 국방 서비스를 누려오던 이웃의 누군가가 이 신생아 때문에 국방 서비스를 누리지 못하게 되는 일은 없다. 다시 말해 국방 서비스라는 재화는 경합성이 없다. 또한 여러분의 이웃 중 누군가가 세금을 내지 않았다고 해서 국가가 그 사람에게 국방 서비스를 제공하지 않을 방법은 없다. 세금을 냈건 내지 않았건 누구나 국내에 있는 동안에는 자동적으로 국방 서비스를

---

35. 금융기관은 현금 이외의 교환매개수단—즉, 어음 · 수표, 계좌이체 서비스(지로 · 인터넷뱅킹 · 온라인 송금 등), 신용카드 등—을 공급한다. 이와 같은 비현금 교환매개수단을 이용한 거래는 지급결제제도를 거쳐야 완결된다. 금융기관 중에서도 은행은 비현금 교환매개수단의 주된 공급자이다. 은행 말고도 신용협동조합 · 새마을금고 · 상호저축은행 · 우체국과 「금융투자업과 자본시장에 관한 법률」에 의한 투자매매업 또는 투자중개업 인가를 받은 금융투자회사도 계좌이체 서비스 등 교환매개수단을 제공하고, 신용카드회사는 신용카드를 발급한다. 이 밖에 전자지급결제대행업자, 은행VAN업자, 신용카드 VAN업자, 이동통신회사도 각기 제한된 범위 내에서 계좌이체 서비스를 제공하거나 관련 부수업무를 수행한다. 상세한 내용은 이 책의 제2장, 3장과 17장 및 한국은행(2014)을 참고하기 바란다.

누릴 수밖에 없기 때문이다. 따라서 국방 서비스는 배제성도 없다. 국방 서비스와 같이 경합성과 배제성이 결여된 재화를 공공재라 부른다.

여러분의 지갑에 들어 있는 화폐와 이 특정 화폐가 제공하는 교환의 매개기능은 여러분이 소유하는 사적재이다. 하지만 화폐가 제공하는 서비스에는 공공재의 측면도 존재한다. 한 사회에서 화폐가 보편적 수용성을 확보해 지급수단으로 널리 이용되는 상황을 가정해 보자. 이런 사회에서 갑자기 화폐가 사라진다면 어떻게 될 것인가? 교환과 경제활동의 효율이 감소하고, 시장 규모가 크게 위축될 것이다. 왜냐하면 화폐가 없는 물물교환경제에서는 욕망의 이중적 일치가 전제되어야 비로소 물물교환이 성립할 수 있기 때문이다.

앞서 설명한 대로 화폐(법화)가 사회 전체의 교환과 경제활동을 촉진할 수 있는 것은 교환에 요구되는 거래상대방에 대한 신뢰의 필요성을 제거해 주기 때문이다. 화폐는 그 자체에 신뢰를 체화하고 있는 신뢰의 대용물이다. 이런 경우 화폐가 제공하는 교환매개 및 지급 수단으로서의 서비스는 공공재의 성격을 갖는다.

우선, 어떤 사람들이 널리 수용되는 화폐에 대한 접근성을 통해 교환과 경제활동의 촉진이라는 궁극적 편익을 얻는다고 해서 다른 사람들이 그와 같은 편익을 누리지 못하게 되는 것은 아니다. 이것은 화폐의 비경합성을 시사한다. 또한 화폐가 교환매개 및 지급 수단으로서 널리 수용되는 사회에서 화폐공급자가 교환과 경제활동의 촉진이라는 화폐의 궁극적 편익을 어떤 특정인이 누리지 못하도록 배제시킬 수도 없다. 이것은 화폐의 비배제성을 의미한다. 이러한 의미에서 화폐는 공공재가 된다.

여기서 잠시 네트워크 외부성(network externalities)에 대해 생각해 보자. 예를 들어 이 세상에 전화 서비스를 신청한 사람이 아직 한 명도 없다면 전화 서비스를 신청할 사람은 아무도 없을 것이다. 전화 서비스에 가입해도 전화를 걸 대상이 없기 때문이다. 이메일이나 팩스도 마찬가지다. 이런 재화들이 제공하는 서비스로부터 얻는 만족은 그런 서비스를 이용하는 사람들이 늘어날수록 커지게 된다. 이와 같이 어떤 재화가 널리 보급되어 사용될수록 그 재화의 가치가 증대되는 경우 양의 네트워크 외부성이 작용한다고 말한다. 이메일 인구가 십만 명일 때와 천만 명일 때의 이메일 서비스의 가치(효용성)는 큰 차이가 날 것이다. 독자들이 이런 부류에 속하는 재화(서비스)들을 소비하는 경우 그 가치는 다른 소비자들이 사용하는 재화와의 호환성(compatibility) 정도에 따라 달라진다.

그런데 공공재로서의 화폐도 호환성이 커다란 역할을 하는 재화라고 볼 수 있다.[36] 예를 들어 유로화(Euro)를 생각해 보자. 만약 유로화가 인구 100만 명의 소국에서 사용하는 화폐였다면 유로화의 탄생이 세계의 커다란 주목을 받을 수 있었을까? 유로화가 단기간에 국제통화로 부상한 것은 2002년 1월 실제로 유통되기 시작하면서 당시 유로존(Eurozone) 12개 국가의[37] 3억이 넘는 인구가 사용하는 화폐로 단번에 자리매김했기 때문에 가능한 일이었다. 사람들은 가치가 안정적인 화폐를 선호한다. 따라서 가치가 안정적인 화폐에 대한 수요는 늘 것이고, 그럴수록 그 화폐의 가치는 계속 올라갈 것이다. 그러므로 가치가 안정적인 화폐에는 양의 네트워크 외부성이 작용하며, 이것은 앞서 살펴본 화폐의 순기능과 관련된다.

반면 가치가 불안정해지거나 가치의 안정성에 대한 사람들의 신뢰가 결여된 화폐의 경우에는 음의 네트워크 외부성이 작용하며, 이것은 화폐의 역기능과 관련된다. 우리는 앞서 화폐교환경제 하에서 경제학 교수, 이발사, 그리고 농부가 거래를 하는 경우를 다룬 바 있다. 이 예에서 만약 농부가 어떤 소문—근거 있는 소문이건 아니건— 때문에 화폐가치의 안정성에 대한 신뢰를 잃게 되어 거래에서 화폐를 받아들이지 않는다고 가정해 보자. 그런 경우 이발사나 경제학 교수도 원하는 재화를 살 수 없게 될 것이 분명하므로 화폐를 받아들이지 않게 된다. 그렇다면 처음에는 농부 혼자 화폐를 거부했지만, 그런 행동은 사회 전반적으로 번져나갈 수밖에 없다. 다시 말해, 일부 사람들이 화폐를 받아들이지 않기 시작하면 결국 모든 사람이 화폐를 받아들이지 않게 된다. 그리하여 사회 전체가 다시 물물교환경제로 퇴행하면서 교환의 효율이 크게 떨어지고 경제활동이 급속히 위축된다. 이 예는 네트워크 효과가 화폐의 가치를 결정하는 데 매우 중요한 역할을 한다는 사실과 화폐가치가 소문이나 사회 분위기 등에 몹시 취약할 수 있다는 사실을 잘 보여준다.

누구나 화폐가치가 안정적이기를—즉, 물가가 안정적이기를—원한다. 한 나라의 물가가 안정적이면 그 나라에 살고 있는 모든 국민이 물가안정의 편익을 얻게 된다(물가안정의 비배제성). 또한 한 개인이 물가안정의 편익을 누린다고 해서 다른 누군가의 편익이 줄어드는 것도 아니다(물가안정의 비경합성). 그러므로 물가안정은

---

36. 화폐에 네트워크 외부성이 작용한다는 점에 대해서는 강임호(2003)와 Shy(2001)를 참고하였다.

37. 이후 7개 국가가 유로존으로 추가 편입되면서 2021년 현재 유로화를 법화로 사용하는 나라는 총 19개국이다.

공공재이다.

일반적으로 사람들은 물가안정으로부터의 혜택을 누리려고만 하며, 그 대가를 부담하려고 들지는 않는다. 물가안정이 일단 제공되기만 하면 비배제성으로 인해 비용을 부담하지 않고도 얼마든지 그 혜택을 누릴 수 있기 때문이다. 이것은 일종의 무임승차(free riding)이다. 그러나 물가안정의 제공과 유지에는 당연히 비용이 든다. 누구나 무임승차하려는 상황에서 물가안정의 문제를 시장이 해결하도록 맡겨 놓으면 물가안정은 적정 수준보다 적게 공급되거나 아예 공급되지 않게 된다. 이런 상황은 일종의 시장실패(market failure)에 해당한다. 그러므로 어느 나라에서나 중앙은행이 적정 수준의 물가안정을 확립·유지하는 데 관여한다.

4.4 공공재로서의 금융과 금융안정

금융은 화폐와 약정(채무증서 또는 지분증서)의 자발적 교환을 의미한다. 따라서 개별 금융거래의 참여자들은 그 금융거래로부터 경합적이고 배제 가능한 사적 편익을 얻게 된다. 이런 의미에서 금융 증서와 금융 서비스는 사적재다.

금융은 화폐가 제공하지 못하는 효율성의 증대를 가져온다. 금융은 현재에서 미래로 또는 미래에서 현재로 한 개인의 구매력이 자유롭게 이전될 수 있도록 허용한다. 그럼으로써 금융은 서로 다른 시점 간 자원의 합리적 배분을 촉진하여 사회의 모든 구성원에게 가치를 저장하고 부를 축적하기 위한 기회를 제공해 주며, 주어진 자원으로 더 많은 산출과 소비를 가능하게 해준다. 사실상 금융은 화폐의 교환매개 및 지급 수단으로서의 기능을 시간적·공간적으로 증폭시킴으로써 화폐의 공공재적 역할을 강화한다. 보편적 수용성을 갖는 화폐가 공공재가 되는 것과 마찬가지로 금융활동도 보편화되면 공공재가 된다.

금융이 공공재인 것은 다음과 같이 생각할 수 있다. 우선, 정상적으로 작동하는 금융시스템에서 한 개인이 자원배분의 효율성 증대라는 금융의 궁극적 편익을 얻는다고 해서 다른 개인이 그와 같은 금융의 편익을 누리지 못하게 되는 것은 아니다. 따라서 금융은 비경합성을 갖는다. 또한 금융이 가져다주는 궁극적 편익으로부터 특정 개인을 배제할 수 없다. 따라서 금융은 비배제성을 갖는다. 이러한 의미에서 금융은 공공재이다.

개별 금융거래의 참여자들은 그 금융거래로부터의 편익만을 생각하면서 거래에 참여한다. 그렇지만 사회 전체적으로 금융활동이 그 빈도나 규모 면에서 어떤 수준을 넘어 보편화하면, 금융거래의 흐름은 또 다른 금융거래의 흐름을 추가적으로 부르게 된다. 이것이 금융이 갖는 양의 네트워크 외부성이며, 이런 증폭과정을 통해 금융은 순기능을 발휘한다. 또한 공공재로서의 금융은 사적 개별 거래에서 얻어지는 편익의 집계치를 훨씬 초과하는 편익을 그 사회에 제공하게 된다.

반대로 금융위기 또는 금융불안정의 시기에는 금융이 음의 네트워크 외부성을 갖는다. 우리가 이미 살펴본 금융의 역기능이란 바로 음의 네트워크 외부성과 관련된다. 이런 음의 외부성이 작동하는 경우에는 어떤 이유로 금융시스템에 대한 신뢰가 일부 훼손되기만 해도 금융거래 흐름이 가속적으로 줄어들면서 시장 내 유동성이 삽시간에 고갈되고 금융자산 가격이 폭락한다.

그러므로 누구나 금융이 안정적이기를 원한다. 금융안정의 제공과 유지는 모든 개인에게 편익을 제공할 것이고(금융안정의 비배제성), 어떤 사람이 이런 편익을 얻는다는 사실이 다른 사람들로부터 그런 편익을 빼앗는 것이 아니다(금융안정의 비경합성). 그러므로 금융안정은 공공재이다.

공공재인 물가안정과 마찬가지로 금융안정에도 무임승차의 문제가 발생한다. 금융안정의 제공과 유지에는 당연히 비용이 들지만, 사람들은 금융안정으로부터 혜택을 누리려고만 들지 그 대가를 부담하려 하지는 않기 때문이다. 그러므로 금융안정의 제공을 시장에 맡겨두면 금융안정은 적정 수준보다 적게 공급되거나 아예 공급되지 않는다. 이런 상황은 일종의 시장실패이므로 어느 나라에서나 정책당국이[38] 적정 수준의 금융안정을 확립 · 유지하는 데 관여한다.

38. 금융안정에 관여하는 정책당국을 '금융시스템 관련 공공기관'이라 부른다. 제15~17장 참조.

5. 우리는 왜 화폐금융론을 공부하는가?

지금까지 우리는 시간과 정보의 제약을 완화하기 위해 인류가 고안해 낸 화폐 및 금융의 순기능과 역기능을 살펴보았다. 화폐와 금융은 우리의 생활과 결코 분리시킬 수 없는 필수 불가결한 존재이다. 그러나 다른 한편으로는 언제든지 우리를 위기에 몰아넣을 수 있는 위험천만한 존재이기도 하다.

힉스(J. Hicks)는 화폐금융 현상의 진화가 두 가지 측면과 밀접하게 관련된다고 보았다.[39] 그 첫 번째 측면은 절약과 효율이다. 우선 물물교환에서 화폐교환으로 이행한 것은 거래비용을 "절약(economizing)"하기 위해서였다. 다음 장에서 다루겠지만, 화폐가 상품화폐나 금화에서 지폐(paper money)와 예금화폐로 바뀌게 된 것도 가급적이면 자원을 절약하기 위해서였다. 이와 같은 자원의 절약은 효율(efficiency)을 의미한다. 화폐를 기초로 금융(finance)이 나오게 된 과정도 마찬가지이다. 화폐가 지급수단으로서는 완벽하지만 가치저장수단으로서는 금융보다 못하다. 당장 지급수단으로서의 화폐보다는 가치저장수단을 더 원하는 사람들을 위해 이러한 틈새(niche)를 메워줄 필요에서 금융이 등장했으므로 효율이 그만큼 더 높아지는 것이다.

그런데 효율의 증대는 불안정이라는 대가를 수반한다. 이것이 힉스가 말한 화폐금융 진화의 두 번째 측면이다. 이 불안정이 우리가 앞에서 살펴본 화폐 및 금융의 역기능이나 음의 네트워크 외부성, 그리고 공공재로서의 특성과 관련됨은 물론이다. 상품화폐나 금화보다는 지폐가 더 많은 신뢰를 필요로 한다. 신뢰가 무너지면 화폐가 그 기능을 단번에 상실하게 된다. 그래서 국가는 법화에 강제 통용력을 부여함으로써 화폐교환에 필요한 개인 간 신뢰의 필요성을 제거하게 된 것이다. 국가의 법화지정은 화폐가치의 안정화에도 어느 정도 기여한다. 그런데 금융은 화폐보다 더 많은 "확신과 신뢰(confidence and trust)"를 필요로 한다. 신뢰가 사라지면 금융도 자취를 감춘다. 이와는 반대로 "'확신' 또는 낙관이 지나쳐도 투기의 광풍 속에 금융시스템은 폭발할 수 있[으므로]··· 금융시스템이 순조롭게 작동하려면 이를 한편으로

39. Hicks(1967) 참조. 본문의 이 문단과 다음 문단에 나오는 인용구는 모두 Hicks(1967), pp.158 ~ 159에서 따왔다.

는 제어해 주는 동시에 다른 한편으로는 이를 지지해 주는 제도적 틀이 필요하다"[40].

바람직한 제도적 틀을 발견하는 일은 쉽지 않다. 시대에 따라 여건과 상황이 달라지면 그 틀의 내용과 구조도 달라진다는 사실이 문제를 어렵게 만든다. 경제학자들이 늘 화폐와 금융을 연구하고, 정부가 공공의 이익이라는 명분으로 화폐금융정책을 통해 화폐량을 조절하고 금융시장을 안정시키려고 늘 노력하는 이유가 여기에 있다. 예를 들어, 글로벌 위기 이후 세계 각국에 확산되고 있는 핀테크 혁신이 요즘 경제학계 및 정책계의 가장 중요한 화두 중 하나인 것도 그런 이유에서다. 금융시스템의 건전한 발전이라는 맥락에서 최근의 핀테크를 어떻게 이해하고 받아들여야 할 것인지에 대한 탐구는 결국 효율과 안정의 최적해를 찾아야 하는 화폐금융학자 및 정책입안자의 핵심 과제이다.

화폐와 금융시장은 자본주의 경제에서 특히 중요한 역할을 수행하고 있다. 화폐와 금융은 잘만 운영·관리된다면 현대 정부가 목표로 하는 완전고용·물가안정·경제성장 및 국제수지 안정에 도움을 줄 수 있으며, 적어도 이러한 목표를 달성하는 데 화폐금융제도가 저해요인으로 작용하지 않도록 할 수 있을 것이다. 그러나 화폐금융제도가 잘못 운영된다면 인플레이션이나 경기침체를 유발해 경제의 불안정성을 가중시킬 뿐 아니라 자본주의 경제의 존립 자체를 위협할 수도 있다(〈Box 1-2〉 참조).

Box 1-2 글로벌 금융위기에 대한 미국 연준의 대응과 자본주의의 장래

일국 화폐금융제도의 건전한 운영은 궁극적으로 정책당국의 몫이다. 제12장에서 다루게 되겠지만, 2007~2009년 글로벌 금융위기에 맞서 연준은 AIG와 같은 대형 금융기관들에 대한 구제금융의 지원, 제로금리와 공개구두정책, 다양한 신규 대출제도를 통한 긴급유동성의 공급, 자산(민간자산 포함) 매입, 그리고 오퍼레이션 트위스트(자산평균만기 연장) 등을 실시했다. 이와 같은 적극적이고 신속한 대규모 대응에 힘입어 미국 경제는 위기의 위험한 고비를 넘길 수 있었다. 그런 의미에서 연준의 대응은 성공적이라는 평가를 받는다.[1] 하지만 건전한 자본주의의 발전이라는 중장기적 맥락에서 볼 때, 이러한 대응은 다음과 같은 이유로 우려할 만하다.[2]

첫째, 연준의 금융기관 구제는 결국 대마불사론을 근거로 실시되었으므로 앞으로 금융시장 참가자의 도덕적 해이(moral hazard)를 자극할 우려가 있다. 평상시 금융기관이 얻는 이윤은 주주와 경영진에게 돌아간다. 하지만 위기 시 금융시스템의 붕괴를 우려한 정부가 부

40. 힉스의 원문(Hicks 1967, p.158)에 나오는 "credit system"을 인용문에서는 본문 문단의 내용흐름에 맞춰 "금융시스템"으로 표현했다.

실 금융기관을 구제한다고 하자. 이 경우 구제비용은 궁극적으로 납세자의 부담으로 돌아간다. 결국 '이득의 사유화와 손실의 사회화(privatization of profit and socialization of loss)'가 성립한다. 이것은 자본주의의 건전한 작동원리와는 거리가 멀다. 자본주의 경제에서 투자자는 자신이 취한 리스크가 성공하면 그 대가로 사적 이득을 얻지만, 실패하면 자기책임 하에 그 손실을 떠안아야 하기 때문이다. 결국 중장기적으로 보면, 연준의 대형 금융기관 구제는 병(위기)을 고치겠다고 환자(자본주의)를 죽이는 어리석음을 범할 수도 있는 것이다.

1%의 탐욕이 초래한 결과를 99%가 부담하는 오늘의 현실은 자본주의 원리에 정면으로 위배되며 지속될 수도 없다. 글로벌 위기 이후 국내외에서 '따뜻한 자본주의', '포용 자본주의(inclusive capitalism)' 또는 '동반성장(shared growth)'에 대한 논의가 진지하게 이루어지고 있는 것도 자본주의의 건강성 회복과 지속가능성 제고를 위한 글로벌 학계 및 정책계의 진지한 노력을 반영한다.

둘째, 연준의 대규모 대응은 유동성 과잉공급을 통해 추후 또 다른 버블을 잉태할 우려가 없지 않다. 이것이 반복되면 결국 붐-버스트 사이클의 확대재생산에 의한 버블의존형 자본주의(bubble-dependent capitalism)의 고착화를 초래할 수 있다.

실제로, 세계 경제가 한편으로는 글로벌 위기 직후 찾아온 대침체로부터 최근에야 글로벌 경기회복이 본격적으로 진행되는 것으로 보이는 정도인데도 다른 한편으로는 그동안의 글로벌 저금리 및 유동성 과잉으로 인한 일부 신흥국의 부동산 등 자산버블과 과잉채무 및 과잉생산, 그리고 이에 따른 다음 위기의 도래 가능성까지 경계하게 되는 것은[3] 바로 이런 이유에서다.

1) 예를 들어 Mishkin(2011) 참조.
2) 김홍범(2011) 참조.
3) 세계 금융 및 경제가 직면한 이와 같은 현실에 대해서는 Borio(2017)를 참조하기 바란다.

자료 : 김홍범(2011), Mishkin(2011)과 Borio(2017).

그 과정에서 시장기능의 원활한 작동에 의한 사적 규율, 즉 시장규율(market discipline)을 강조하는 입장과 정부나 공공기관의 시장 개입에 의한 공적 규율, 즉 규제규율(regulatory discipline)을 강조하는 입장이 흔히 대립된다. 그런데 우리가 이 장에서 살펴본 대로 화폐와 금융은 각각 사적재의 측면과 공공재의 측면을 다 같이 갖추고 있으므로, 화폐와 금융의 역기능이 발생하면 사적 비용과 공적 비용이 모두 수반된다. 따라서 화폐와 금융의 역기능이 발생하지 않도록 하려는 노력도 시장규율과 규제규율의 적절한 배합(combination)을 통해 이루어지는 것이 합리적이다.[41] 이때 시장규율과 규제규율의 '적절한 배합'이 금융시스템의 신뢰를 적정 수준으로 유지하는 데 기여하는 것은 물론이다. 다만, 이를 위해 요구되는 시장규율 및 규제규율의 적절한 배합의 정도와 방식은 시대에 따라, 경제금융의 발전 정도에 따라 달라진다. 그러므로 그 구체적 내용이 무엇인지에 대한 올바른 해답은 화폐금융 현상

41. 여기에 대해서는 제15장에서 상세하게 다룬다.

에 대한 정교한 이론을 바탕으로 당대의 현실 경제에 대한 냉철한 분석을 할 때에만 얻어질 수 있을 것이다. 이를 위해 무엇보다도 화폐금융론에 대한 올바른 이해가 필요하다.

6. 이 책의 구성

이 책은 모두 다섯 편으로 구성되어 있다. 먼저 제1편에서는 독자들에게 화폐금융론이란 무엇인지를 개략적으로 설명한다. 화폐금융론의 중요성과 접근방식, 화폐금융의 순기능 · 역기능, 화폐와 금융의 관계와 그 공공재적 성격을 소개한 이 장에 이어 제2장에서는 화폐의 기원과 진화과정 및 기능을 자세히 다룬다. 그리고 화폐와 더불어 인간들의 경제행위의 효율성을 제고하기 위해 고안된 여러 가지 금융상품과 그것이 유통되는 금융시장들이 각각 어떤 특성을 가지며 어떻게 구분될 수 있는지를 살펴볼 것이다. 특히 제3장에서는 핀테크, 테크핀, 그리고 빅테크 현상이 무엇이며 어떤 배경을 갖고 있는지, 기존 금융의 모습을 어떻게 변화시키고 있는지, 또한 앞으로의 전망은 무엇인지 등을 체계적으로 다룬다.

제2편에서는 화폐 및 여러 금융상품들의 가격에 해당하는 이자율을 엄밀하게 다룰 것이다. 금융상품이 다양한 만큼 이자율도 다양하게 존재하는 것은 당연하다. 제4장에서는 채권시장에서 채권의 가격(또는 이자율)을 결정하는 여러 가지 요소들을 살펴볼 것이다. 제5장에서는 금융시장에서 이자율이 어떻게 결정되는지에 대해 고전학파의 이론과 케인즈의 이론을 각각 살펴본다. 또한 현실의 다양한 금융수단에 대한 이자율이 서로 다른 이유를 금융수단이 갖는 위험이나 만기 등 특징의 차이로 설명한다. 제6장에서는 금융시장이 효율적이라는 효율시장 가설을 둘러싸고 지난 수십 년간 전개된 이론적 · 경험적 논쟁을 정리한다. 특히 2007~2009년 글로벌 금융위기가 이러한 논쟁에 대해 갖는 추가적 함의에 대해서도 검토한다.

제3편에서는 금융시장의 운영메커니즘과 금융기관의 금융행위를 살펴본다. 먼저 제7장을 통해 우리나라 금융시장과 금융기관의 경제적 역할과 모습을 비교적 상세히 학습하고 금융제도와 관련된 정책적 이슈들을 탐구함으로써 제도와 정책에

대한 이해의 폭을 넓힌다. 제8장에서는 은행을 중심으로 금융중개기관의 역할과 경영원리를 불확실성과 연결시켜 이론적으로 분석한다. 글로벌 금융위기로 중요성이 부각된 그림자은행에 대해서도 이 장에서 다룬다.

제4편에서는 화폐에 대한 수요와 공급을 검토하고, 물가안정을 이루기 위한 중앙은행의 통화정책을 살펴본다. 먼저 제9장과 제10장을 통해 화폐가 어떤 방식으로 수요 · 공급되는지를 이론적으로 살펴본다. 제11장에서는 통화정책의 기본 구조를 학습한 후 여러 대안적 통화정책 운영체제를 학습한다. 특히 21세기 전후로 세계 여러 나라가 도입하여 운영 중인 물가안정목표제에 대해서는 지난 32년간의 성과도 검토한다. 이 장에서는 통화정책의 전달경로에 대해서도 알아본다. 제12장에서는 통화정책의 표준적 수단에는 무엇이 있는지, 글로벌 금융위기의 수습과정에서 미국 연준 등이 구사한 통화정책의 비표준적 수단에는 무엇이 있는지를 검토한 후, 미래의 위기에 대비하는 차원에서 요즘 논의되고 있는 추가적인 비표준적 수단에는 무엇이 있는지에 대해서도 탐구한다. 또한 우리나라 물가안정목표제의 운영경험도 살펴본다. 제13장에서는 금융제도에서 빼놓을 수 없는 중앙은행제도의 기원, 기능과 책무를 다룬 후, 물가안정 및 금융안정 책무를 수행하기 위해 중앙은행에게 요구되는 독립성과 책임성에 대해서도 논의한다. 특히 글로벌 위기 이후 중앙은행 독립성이 위협받는 현실도 간결히 살펴볼 것이다. 이처럼 제11~13장에서는 최근 글로벌 금융위기의 새로운 경험을 바탕으로 기존 통화정책의 구조 · 운영체계 · 수단의 보완 가능성과 중앙은행제도의 개선 필요성을 염두에 두고 논의를 진행한다.

마지막으로 제5편에서는 최근 금융위기가 빈발하면서 세계 각국의 가장 중요한 정책과제로 떠오른 금융안정의 문제를 다룬다. 우선 제14장에서는 최근 글로벌 금융위기의 전개과정을 개관한 후 위기의 배경과 발생 원인을 탐구한다. 제15장에서는 세계 금융의 추세와 글로벌 위기 이후의 경과를 살피고 나서, 금융안정의 개념과 분석체계를 정리한다. 또한 금융에 대한 규제 · 감독이 필요한 이유를 검토하고, 금융안정에 관련된 업무를 수행하는 공공기관들, 즉 금융시스템 관련 공공기관—금융감독기구, 중앙은행, 예금보험기구의 세 전문 공공기관과 정부—을 논리적으로 도출한다. 나아가 이들이 참여하는 공적 금융안전망의 구조와 이들 공공기관 사이의 바람직한 관계에 대해서도 살펴본다. 다음으로 제16장과 제17장의 두 장에서는 세 전문 공공기관 각각의 책무와 역할, 정책수단의 이론적 배경과 내용 등을 학습한다.

이제 화폐금융론에 대한 자세한 학습을 시작해 보자. 물론 큰 기대는 금물이다. 우리는 이 학습을 통해 어쩌면 우리가 경제문제에 대해 가지고 있는 지식이 얼마나 부족한 것인가를 밝힐 뿐, 현실을 설명할 수 있는 확실한 정답을 얻지 못할 수도 있기 때문이다.

그러나 자본주의 경제에서 발생하는 문제들의 바른 해결책을 찾기 위해서는 이 분야의 학습을 게을리해서는 안 될 것이다. 나아가 독자들은 화폐금융론 교과서를 통해 얻은 이론적 사고의 틀을 기초로 신문 · 방송이나 각종 잡지를 통해 소개되는 현실 경제문제를 응용해 분석하는 습관을 지녀야만 한다. 교과서 속의 화폐금융론을 살아 있는 학문으로 만드는 것은 여러분의 몫이다.

연습문제

01. 이 장의 〈그림 1-1〉에서 살펴본 물물교환의 딜레마 상황에서도 이른바 거래연쇄를 통해 물물교환이 일어날 수 있다는 점을 우리는 잘 알고 있다. 예를 들어 경제학 교수가 농부와 먼저 거래한 후 이발사와 거래하면 된다. 다음 물음에 답하시오.

(1) 농부나 이발사도 과연 경제학 교수와 똑같은 거래비용을 들여 물물교환을 성사시킴으로써 자신의 만족을 높일 수 있을지 여부를 설명하시오.

(2) 〈그림 1-1〉에 나타난 물물교환경제에 화폐가 도입된다고 가정하고 화폐의 흐름을 화살표로 표시해 보시오.

02. 다음은 시간선호율과 소비의 선택에 관한 그림이다. 각 그림에서 가로축 C_1은 빵의 현재소비를, 세로축 C_2는 빵의 미래소비를 각각 표시한다. 개인 A와 B 각각에게는 오늘(현재)과 내일(미래) 빵 2개씩이 지급되는데, 이러한 상황은 아래의 〈그림 A〉와 〈그림 B〉에 각각 E_1과 E_2의 초기 부존점으로 표시되어 있다. 오늘의 빵은 반드시 오늘 중 소비되어야 하며, 내일이 되면 상해서 먹을 수 없다고 가정한다. 물음에 답하시오.

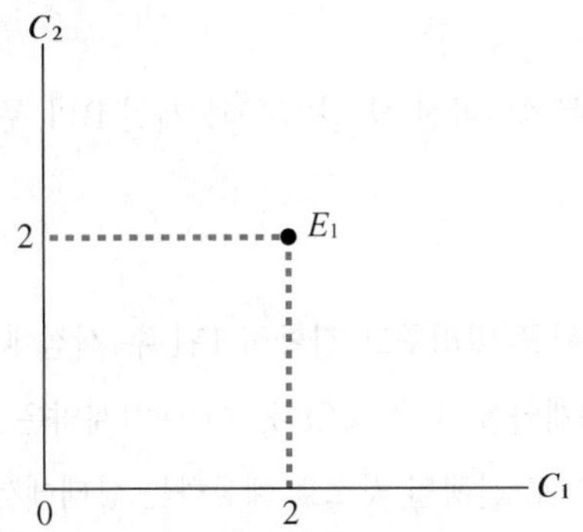

〈그림 A〉 개인 A의 상황

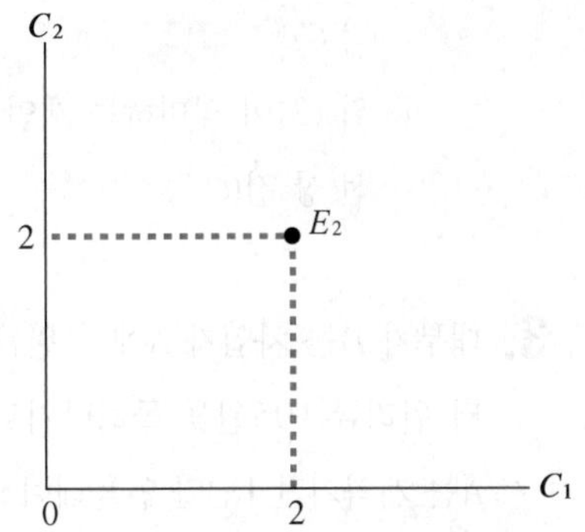

〈그림 B〉 개인 B의 상황

(1) 빵의 교환이 허용되지 않는 경우, 개인 A와 B의 소비균형점을 각각 구하시오.

① 개인 A의 소비균형점(C_A) = (C_1, C_2) = (,)

② 개인 B의 소비균형점(C_B) = (C_1, C_2) = (,)

(2) 빵의 교환이 허용되는 경우, 개인 A는 B로부터 오늘 빵 1개를 빌린 후 내일 빵 1개를 B에게 갚기로 하는 대차계약을 맺고 계약대로 실행한다고 한다. 이 경우 개인 A와 B의 소비균형점을 각각 구하고, 대차계약의 실제 이자율도 구하시오.

③ 개인 A의 소비균형점(C_A') = (C_1, C_2) = (,)

④ 개인 B의 소비균형점(C_B') = (C_1, C_2) = (,)

⑤ 대차계약의 실제 이자율은?

(3) 위 (2)에서 사실, 개인 A는 오늘 빵 1개를 빌리는 대가로 내일 빵을 최대 1.3개까지 되갚을 용의가 내심 있었다고 하자. 또한 개인 B는 오늘 빵 1개를 빌려주는 대가로 내일 빵을 최소 0.7개까지만 돌려받아도 괜찮겠다고 내심 생각했었다고 하자. 그렇다면 위 (2)의 대차계약에서 개인 A와 B의 시간선호율(크기 또는 범위)을 구하시오.

⑥ 개인 A의 시간선호율

⑦ 개인 B의 시간선호율

(4) 지금까지 문제에서 제시한 상황과 여러분이 분석한 내용을 토대로 위의 〈그림 A〉와 〈그림 B〉 상에 무차별곡선을 각각 2개씩 그려보시오. 이때 다음 3개의 점을 각 그림의 해당 무차별곡선 상에 정확히 표시하시오.

⑧ 빵 교환이 금지되는 경우, 개인 A의 소비균형점 C_A와 개인 B의 소비균형점 C_B

⑨ 빵 교환이 허용되는 경우, 개인 A의 소비균형점 C_A'와 개인 B의 소비균형

점 C_B'

⑩ 위 (3)이 의미하는 개인 A의 무차별곡선 상 점(C_A'')과 개인 B의 무차별곡선 상 점(C_B'')

03. 대부자 B는 차입자 A에게 원금 100원을 빌려주고 정확히 1년 후 시점에 A로부터 원리금 105원을 돌려받기로 대차계약을 방금 맺었다. 이 대차계약은 차입자 A는 계약기간 1년간 인플레이션이 3%로 진행될 것으로 예상하는 상태에서, 대부자 B는 동 기간 중 인플레이션이 2%가 될 것으로 예상하는 상태에서 체결된 것이라 한다. 물음에 답하시오.

(1) 위의 정보를 이용하여 차입자 A의 시간선호율(크기 또는 범위)을 구하시오.

(2) 위의 정보를 이용하여 대부자 B의 시간선호율(크기 또는 범위)을 구하시오.

(3) "대차계약의 쌍방 중 차입자는 대부자보다 시간선호율이 크다"는 언급은 원칙적으로 옳은가, 그리고 항상 옳은가, 그 이유는?

04. 다음은 2011년 3월 17일자 뉴욕타임즈(*The New York Times*)에 노리스(F. Norris)가 게재한 기고문 "일본의 용해와 글로벌 경제의 용해(Japan's Meltdown and the Global Economy's)"의 일부 내용이다. 물음에 답하시오.

> "4년 전, 원전산업에서 차용한 표현인 금융용해(financial meltdown : 금융폭락)에 대한 공포가 퍼졌었다. 이제 진짜 노심용해(real meltdown)에 대한 공포가 퍼져 있다.
>
> 두 사건을 비교하는 일 자체가 일본 북부지역에서 늘어나고 있는 인명피해에 자칫 무심한 것으로 보일지도 모르겠다. 하지만 인과관계로 보면 두 사건 사이에는 유사성이 있다. 각 사건은, 과거의 경험에서 우러나온 ① 지나친 확신(overconfidence)으로 인해 재난이 실제로 벌어지자 위험이 증폭된 사례에 해당하기 때문이다. ……
>
> 각각의 사건이 터지기 이전의 수년 동안, 눈에 보이는 명백한 위험을 줄이는 행동 자체가 실제의 위험을 늘렸을 수 있다. 금융의 세계에서는 은행 및 감독기관이 재난을 막기 위한 세련된 ② 위험모형(risk model)을 개발해냈다는 생각이 일반적으로 수용되었다. 대출이 점점 무모해지는데도, 그로 인해 부담되는 어떤 실제적 위험도 없다는 확신이 있었다.
>
> 일본에서는 지진 및 쓰나미 위험이 잘 알려져 있었고, 이에 대한 대비가 잘 되어 있는 것으로 생각되었다. 지진은 원자력발전소에 피해를 줄 수 있다. 만약 원자로 전원이 차단되는 경우에는 절대적으로 중요한 냉각과정에 피해를 줄 수도 있다. 여기에 대비해서 예비발전기를 건설했고, 이 예비발전기가 즉각 작동하지 못한다 해도 전기공급이 가능하도록 배터리를 설치해뒀다. 하지만 쓰나미가 오면 이 모든 전기공급 설비가 물에 잠길 수 있다.

그래서 바닷물이 넘쳐나도 이를 막을 수 있게 거대한 장벽을 설치해뒀다. 이 모든 준비가 과거의 지진에서는 효력이 있었다. 그러한 과거 경험은 사람들을 안심시켰다. 하지만 불행하게도, 원자력발전소를 건설한 사람들은 과거 다른 사람들이 취했던 안전조치 덕분에 쓰나미로부터의 위험이 모두 제거되었다고 가정했다. 예비발전기 앞에는 장벽이 설치되어 있었다. 이 장벽이 제 기능을 못할 경우에 대비하여 발전기가 높은 받침대 위에 설치될 필요가 있었을 것이다. 그러나 실제로는 이런 대비가 없었으므로 이번 지진에서는 넘친 바닷물에 발전기가 잠겼고 냉각시스템이 망가진 것이다. 그 결과 방사능이 새어나왔다. 앞으로 훨씬 더 심각한 상황이 오게 될지 여부는 아직도 잘 알 수 없다.

금융의 세계에서는, 안전장치가 재난을 막아줄 것이라는 가정이 사람들로 하여금 과도한 차입을 해도 안전하다는 생각을 하도록 이끌었다. 결과적으로, ③ 시장은 오랜 동안 동요하지 않았었다. ④ 레버리지를 높여 위험(risk)을 더 취해도 그로부터 손실이 아니라 이윤만 생겨날 뿐이었다. 일찍이 경제학자 Hyman Minsky는 "안정성은 안정을 해친다(stability is destabilizing)"고 지적한 바 있다. 이는 순조로운 상황이 계속될 것이라는 확신을 안정성이 사람들에게 심어주기 때문이다."

자료: Norris(2011).

(1) 금융의 세계에서 만들어지는 '① 지나친 확신'은 쉽게 투기적 환상(speculative euphoria)으로 이어진다. 투기적 환상을 그린스펀(Greenspan)은 무엇이라 불렀나? 원어(영문용어)로 적으시오.

(2) 예를 들어 과거에는 은행이 대출을 제공하면 그 원리금이 상환될 때까지 그 대출자산을 보유했었다. 이를 대출보유모형(originate-and-hold model)이라 부른다. 하지만 최근에는 은행이 대출자산을 시장에 유동화하는 모형을 널리 활용하게 되었다. 이는 위 지문에서 말하는 ② 위험모형의 일종이다. 이와 같은 새로운 유형의 모형을 무엇이라 부르는지 원어(영문용어)로 표현하시오.

(3) ③과 같은 상황이 지속되는 동안, 실제로 1980년대 중반에서 2000년대 중반의 약 20년간 전 세계적으로 경제는 지속적으로 성장했고 인플레이션도 낮게 유지되었다. 이러한 약 20년의 기간을 원어(영문용어)로 표현하시오.

(4) '④ 레버리지를 높여 위험(risk)을 더 취해도 그로부터 손실이 아니라 이윤만 생겨날 뿐'인 상황은 구체적으로 언제 가능한지를 간결하게 설명하시오. 또한 그런 상황에서 왜 레버리지를 높이려 하게 되는지를 간결하게 설명하시오.

05. 다음은 제1장의 본문에 나오는 내용 일부를 거의 그대로 발췌한 글이다. 지문을 읽고 물음에 답하시오.

2007년 글로벌 금융위기는 ① '100년에 한 번 오는 신용 쓰나미(once-in-a-century credit tsunami)'가 갑자기 밀려와 전 세계를 덮친 것으로 인식될 정도였다. 왜 갑작스럽게 느껴진 것일까? 1980년대 중반부터 2007년 위기에 이르기까지 세계적으로 거시경제적 변동성의 감소가 지속적으로 두드러졌기 때문이다. 구체적으로, ② 인플레이션과 실업간 상충관계가 완화됨으로써 세계적으로 낮은 인플레이션과 지속적 경제성장이 가능했다. 문제는, 위기 직전까지도 이렇게 순조로운 경제 상태가 약 20년 동안 계속되면서 거의 모든 경제주체들이 ③ '이번엔 다르다(This time is different)'는 낙관론에 도취되었다는 점이다. 그 덕분에 2000년대 중반 미국의 주택버블(housing bubble)은 위기 직전이던 2006년에도 계속될 것처럼 보였고 월가의 상업은행과 투자은행들은 2000년대 초부터 레버리지를 계속 늘려왔다. 이러한 일들이 장기간의 저금리와 그에 따른 과잉신용(credit excesses)으로 가능했음은 물론이다. 이는 민간 경제주체는 물론 정책당국(통화당국과 감독당국)조차도 리스크에 둔감했음을 의미한다. 나중에 살펴보겠지만, ④ 2007년 여름에 시작되어 삽시간에 전 세계로 퍼진 글로벌 금융위기는 다양한 요인이 절묘한 조화를 이루며 초래된 '완벽한 폭풍우(perfect storm)'였다.

(1) 위의 ①의 표현을 한 사람은 누구인가?

(2) 위의 ② 특징을 갖는 시기를 영어로 무엇이라 부르는가?

(3) 최근 위의 ③과 동일한 제목의 책을 저술한 사람들은 누구인가?

(4) 글로벌 금융위기의 기폭제(trigger)가 된 ④의 사건명은 무엇인가?

06. 다음은 "공격받는 부자들(The rich under attack)"이라는 제목의 2009년 *The Economist* 기사 중 일부이다. 글로벌 금융위기 직후 부자들을 향해 쏟아진 이들 두 가지 비판은 각각 얼마나 정당한 것인지 각자 생각해 보시오.

"첫 번째 비난은 부자들이 동전을 던져 앞면이 나오면 내가 이기고 뒷면이 나오면 네가 지는 새로운 형태의 자본주의(a new form of heads-I-win-tails-you-lose capitalism)를 만들어냈다는 것이다. 채권거래자와 펀드매니저들은 다른 사람들의 돈으로 투기하는 대가로 거액의 보상을 챙겼다. 하지만 이들이 실패하면 모회사, 고객, 그리고 궁극적으로는 납세자가 그 비용을 부담해야 했다. 통화정책은 이러한 비대칭 리스크(asymmetry of risk)에 기여했다. 시장이 비틀거리면 중앙은행은 이자율 인하를 통해 시장을 구제하는 것이 보통이기 때문이다.

두 번째 비난은 은행가와 펀드매니저가 유익한 일을 하고 있지 않다는 것이다. 마이크로소프트나 구글을 설립한 부유한 기업가가 "대접을 받아야 마땅한 것(deserving)"과는 달리, 채권거래자와 중매인은 "대접을 받을 만하지 않다(undeserving)." 이 사람들은 시스템 여기저기에 자금을 뒤섞어 자신의 이득을 취할 뿐 아무에게도 이득이 되지 않았기 때문이다. 자금이 빠르게 회전할수록 부국 경제의 금융부문은 그만큼 더 거대한 모습을 드러냈다. 미국 금융부문은 한창때 기업이윤의 41%만큼 기여하기도 했다. 이것은 20년 전에 비해 2배도 넘는 비중이다. 금융이 성장하면서 은행도 계속 대형화되었고, 이것이 급기야 대마불사(too big to fail)를 초래했다. 은행이 비틀거리면 납세자가 은행을 지탱해줘야 했으니까 말이다. 자본주의를 집약적으로 보여주기는커녕, 대접을 받을 만하지 않은 부자들이 자본주의를 훼손했다. 이는 부자들을 위한 사회주의(socialism for the wealthy)였다."

자료 : *The Economist*(2009), p.11.

07. 물가안정과 금융안정이 각각 공공재인 이유를 설명하시오. 또 물가안정과 금융안정을 유지하기 위해 시장규율과 규제규율이 다 같이 필요한 이유는 무엇인가?

08. 다음 박스의 글을 읽고 물음에 간결히 답하시오.

> ① 화폐의 역기능 또는 ② 금융의 역기능이 각각 발생하지 않도록 하는 노력은 시장규율과 규제규율의 적절한 결합을 통해 이루어진다.

(1) 위 지문 중 ① 화폐의 역기능이란 구체적으로 어떤 상황으로 나타나는가?

(2) 위 지문 중 ② 금융의 역기능이란 구체적으로 어떤 상황으로 나타나는가?

(3) 화폐 · 금융의 역기능이 발생하지 않도록 하는 노력이 시장규율과 규제규율의 결합으로 구성되어야 하는 이유를 설명하시오.

09. 다음 박스는 화폐와 구분되는 금융의 역할에 관한 본문의 내용 중 일부이다. 지문을 읽고 물음에 답하시오.

> " … 금융은 ① 화폐의 교환매개 및 지급수단으로서의 기능을 ② 시간적 · ③ 공간적으로 증폭시킴으로써 ④ 화폐의 공공재적 역할을 강화한다."

(1) 금융이란 무엇인가? 금융수단은 화폐와 어떻게 다른가?

(2) ①에서 화폐의 교환매개 기능과 지급수단 기능은 서로 어떻게 차이가 나는가?

(3) ②에서 말하는 화폐 기능의 '시간적' 증폭이 의미하는 바를 예를 들어 설명하시오.

(4) ③에서 말하는 화폐 기능의 '공간적' 증폭이 의미하는 바를 예를 들어 설명하시오.

(5) ④에서 화폐가 원래 사적재임에도 불구하고 공공재이기도 한 이유를 설명하

시오.

(6) 화폐와 금융은 각각 사유재이자 공공재라는 기본 특징을 갖는다. 이것이 규율(discipline) 측면에서 의미하는 바는 무엇인가?

참고문헌

강임호, 「통화정책과 디지털금융」, 『디지털 금융의 이해』, 한국금융연구원, 2003. 9, pp.405~437.

김홍범, "서평 : 『대공황, 1929~33년』," 『대공황, 1929~33년』(Friedman, Milton, and Anna Schwartz 지음 ; 양동휴 · 나원준 옮김 ; 도서출판 미지북스)의 서평, 『경제사학』, 제50호, 2011. 6, pp.219~224.

이민화, "추천의 글," 카이스트 기술경영전문대학원, 『스마트 테크놀로지의 미래』, 율곡출판사, 2016. 10, pp.iv~vi.

최재형 · 박영란 옮김, 『이번엔 다르다』, 라인하트(C. Reinhart)와 로고프(K. Rogoff) 원저, *This Time Is Different : Eight Centuries of Financial Folly*(Princeton University Press, 2009)의 번역서, 다른세상, 2009.

한국은행, 『우리나라의 금융제도』, 2005. 12.

_______, 『한국의 지급결제제도』, 2014. 12.

Allen, Franklin, "New Theories to Underpin Financial Reform," Paper presented at the Institute for New Economic Thinking 2010 Spring Conference, Cambridge, England, April 8-11, 2010.

BBC, "Financial Crisis 'Like a Tsunami'," http://news.bbc.co.uk/2/hi/7687101.stm, October 23, 2008.

Berger, Sebastien, "Zimbabwe Hyperinflation 'Will Set the World Record within Six Weeks'," *The Telegraph*, www.telegraph.co.uk, November 13, 2008.

Borio, Claudio, "On-the-Record Remarks," Remarks made at the Media Briefing of *BIS Annual Report 2017*, June 25, 2017.

Brooks, Douglas H., and Pilipinas F. Quising, "Dangers of Deflation," *ERD Policy Brief*, No. 12, Asian Development Bank, December 2002.

Crouch, Robert L., *Macroeconomics*, Harcourt Brace Jovanovich, Inc., 1972.

Diamond, Douglas, "Financial Intermediation and Delegated Monitoring," *Review of Economic Studies*, Vol. 51, No. 3, July 1984, pp.393~414.

The Economist, "The rich under attack," April 4, 2009.

Fisher, Irving, "The Debt-Deflation Theory of Great Depressions," *Econometrica* 1, 1933, pp.337~357.

Frankel, Sally H., *Two Philosophies of Money: The Conflict of Trust and Authority*, Palgrave Macmillan, 1977.

Galbraith, John K., *A Short History of Financial Euphoria*, Viking Penguin, 1993.

Goodhart, Charles, A. E., *Money, Information and Uncertainty*, 2nd ed., The MIT Press, 1989.

Hicks, Sir John, *Critical Essays in Monetary Theory*, Oxford University Press, 1967.

International Monetary Fund, *World Economic Outlook*, May 1998.

__________________________, "Fintech and Financial Services: Initial Considerations," IMF Staff Discussion Note, SDN/17/05, June 2017.

Kindleberger, Charles P., *Manias, Panics, and Crashes: A History of Financial Crises*, 4th ed., John Wiley & Sons, 2000.

Mishkin, Frederic S., "Monetary Policy Strategy: Lessons from the Crisis," NBER Working Paper No. 16755, National Bureau of Economic Research, February 2011.

Norris, Floyd, "Japan's Meltdown and the Global Economy's," *The New York Times*, March 17, 2011.

Reinhart, Carmen M., and Kenneth S. Rogoff, "The Aftermath of Financial Crises," NBER Working Paper No. 14656, January 2009a.

____________________, and __________________, *This Time Is Different: Eight Centuries of Financial Folly*, Princeton University Press, 2009b.

Schinasi, Garry J., *Safeguarding Financial Stability: Theory and Practice*, International Monetary Fund, 2005.

Shiller, Robert J., *Irrational Exuberance*, Broadway Books, 2001.

Shy, Oz, *The Economics of Network Industries*, Cambridge University Press,

2001.

Stock, James H., and Mark W. Watson, "Has the Business Cycle Changed and Why?," in Gertler, Mark and Kenneth S. Rogoff, eds., *NBER Macroeconomics Annual 2002*, The MIT Press, 2003, pp.159~218.

Wikipedia, "Hyperinflation in Zimbabwe," www.wikipedia.org, date of search: July 28, 2017.

CHAPTER 02

화폐와 금융시장의 기초적 이해

Money & Financial Markets, Ch. Two, pp.55~84

1. 화폐의 기능과 진화과정
2. 금융시장과 금융상품

실물부문과 밀접한 관계를 갖는 화폐금융부문을 미시 · 거시 분석을 통하여 그 현상의 본질을 이해하려는 학문이 화폐금융론이다. 이미 앞 장에서 살펴보았듯이 화폐는 물물교환의 불편함을 완화시켜 주는 역할을 하고, 금융은 여유자금을 보유한 사람과 자금이 필요한 사람을 연결시켜 주는 기능을 수행한다. 자본주의가 성숙하면서 화폐와 금융이 없는 시장경제란 상상하기 힘들게 되었다.

이처럼 우리는 화폐와 금융의 존재를 매우 자연스럽게 받아들이고 있다. 그러나 사실 화폐와 금융은 인류 역사 속에서 발진을 거듭해 오늘의 모습을 갖추게 되었으며, 지금 이 시간에도 조금씩 그 모습이 변화하고 있다.

이 장에서 우리는 앞 장에서 공부한 화폐와 금융에 대한 문제의식을 바탕으로 화폐의 역사와 기능, 그리고 다양한 금융시장의 모습 등을 공부하려고 한다. 우선 제1절에서는 화폐가 진화되어 온 역사를 살펴보고, 그 속에서 화폐가 어떠한 기능을 수행하며 사회 속에 자리 잡게 되었는지를 살펴볼 것이다. 또한 그러한 여러 기능들이 제대로 작동되기 위해서 화폐가 어떤 특성을 가져야 하는지를 살펴봄으로써 화폐를 가급적 명확하게 이해해 보고자 한다.

제2절에서는 금융시장과 금융상품에 대해 살펴볼 것이다. 금융시장이 어떤 역할을 수행하는지 좀 더 자세히 살펴보고, 다양한 기능을 수행하는 여러 금융시장들이 각각 어떠한 특성을 갖고 있으며, 이들이 서로 어떻게 연관되어 있는지를 다룰 것이다. 또한 금융시장에서 거래되는 다양한 금융상품에 대해서도 개관해 본다.

1. 화폐의 기능과 진화과정

1.1 화폐의 기원과 진화

인류의 경제활동은 자급자족의 형태로 시작되었다. 자신이 필요한 재화를 스스로 생산하고 이를 소비하던 자급자족의 시기에는 화폐가 존재하지 않았다. 하지만 자급자족의 불편은 이만저만하지 않았을 것이다.

인류가 점차 집단생활을 영위하게 되면서 자급자족경제에도 변화가 일어나기 시작하는데, 그 대표적 현상이 바로 물물교환이다. 내가 보유한 재화 A로부터 얻는 효용보다 상대방이 보유한 재화 B가 주는 효용이 더 크다면, 나는 재화 A와 B를 교환함으로써 더 높은 효용을 누릴 수 있다. 하지만 이러한 물물교환이 마음먹은 대로 항상 손쉽게 이루어지는 것은 아니다. 상대방이 그가 보유한 재화 B보다 내가 보유한 재화 A에 대해 더 높은 효용을 누릴 수 있어야만 물물교환이 성립할 수 있다. 앞 장에서 이미 언급한 바와 같이 제본스(W. Jevons)는 이러한 물물교환의 전제조건을 "욕망의 이중적 일치(double coincidence of wants)" 라고 불렀다.

하지만 물물교환이 이루어지기까지는 너무 많은 비용이 수반되어 불편하기 짝이 없다. 이러한 불편함을 완화시키기 위해 지속적인 시행착오를 거쳐 탄생한 것이 바로 화폐이다. 역사적으로 경제현실에 나타난 화폐의 모습은 매우 다양하며, 그 진화과정은 현재에도 지속되고 있다.

1.1.1 상품화폐

물물교환시대의 경제주체들은 교환을 많이 경험하면서 몇 가지 사실을 깨닫게 되었다. 먼저 다른 재화들보다 교환하기 편리한 특별한 재화가 존재한다는 사실이다. 그리고 이러한 재화를 이용하면 좀 더 편리하게 재화를 교환하여 효용을 높일 수 있다는 것을 알게 되었다. 왜냐하면 내가 가진 재화를 이 재화와 교환(제1단계)한 다음 내가 원하는 재화로 다시 교환(제2단계)함으로써 언제나 두 단계로 교환과정을 끝낼 수 있기 때문이다.

재화의 종류가 많아지면 많아질수록 순수한 물물교환에는 큰 어려움이 따른다. 따라서 재화의 종류가 다양해질수록 이러한 두 단계 거래의 이점은 더욱 커진다. 이처럼 물물교환시대에 두 단계 교환의 매개물 역할을 수행하였던 교환성 높은 재화를 상품화폐(commodity money)라 하며, 인류는 상품화폐를 통해 화폐교환시대로 진입하였다.

이러한 상품화폐의 역할을 최초로 수행한 것은 직물 · 곡물 · 피혁 · 가축 등이었다. 특히 그중에서 운반하는 데 어려움이 없으면서 오래도록 마모되거나 변하지 않는 재화들이 화폐로 사용되었다. 이러한 재화들은 그 자체로 고유의 가치를 가지고 있었기 때문에 가치에 대한 보증 또는 통용의 강제성 없이도 화폐로서 사용되는 데 어려움이 없었다. 상품화폐의 또 다른 특징은 다음에 소개될 지폐와는 달리 발행 권한이 특정인에게 독점되지 않고 누구나 화폐공급에 참여할 수 있었다는 점이다.

그러나 상품화폐가 교환의 매개물로 사용되면서 몇 가지 문제점이 발생했다. 우선 재화거래의 규모와 형태가 천차만별이었던 반면, 상품화폐는 그렇게 다양한 거래를 담당하기 위한 단위별 가치측정이 어려웠고, 소액 규모로 분할하는 것이 불가능했다. 또한 운반하기에 어려움이 있는 것은 물론, 곡물이나 가축 등은 오래 보관할 경우 변질되거나 노쇠하여 그 가치가 하락하는 문제점도 안고 있었다. 이러한 상품화폐의 불편함을 극복하기 위하여 고안된 것이 금 · 은 등의 금속화폐이다.

1.1.2 금속화폐[1]

문명의 발달과 분업 확대로 생산수준이 크게 늘어나면서 종전에 교환의 매개물로 사용되던 직물 · 소 등의 상품화폐가 점차 금속화폐로 대체되기 시작했다. 금속화폐는 적은 양으로도 고유의 가치를 유지하면서 보관과 휴대 및 운반이 편리하다는 이점을 가지고 있었다.

초기에는 금속화폐로 동(銅)이 가장 널리 사용되었다. 그러나 상업이 발달하면서 동의 교환성은 줄어들고, 점차 귀금속의 교환성이 증가하게 되었다. 역사적으로 볼 때 은본위제(silver standard)가 도입된 곳도 있고 금본위제(gold standard)가 도입된 곳도 있었지만, 점차 금본위제가 우세하게 되었다. 19세기에 와서는 영국이 금본위제를 채택하면서 대부분의 주요 나라들이 금본위제를 채택했고, 이러한 현상은 제1차 세계대전이 일어날 때까지 지속되었다.

금속화폐의 가치는 그 무게에 따라 결정된다. 하지만 교환할 때마다 무게를 측정한다는 것은 매우 번거로운 일이었다. 이러한 불편함을 덜기 위해 중량과 크기를 사전에 규격화한 주화(鑄貨)가 필요했고, 이에 따라 금화 · 은화가 유통되었다.

그렇다면 값싼 동과 같은 금속이 점차 쇠퇴하고, 금 · 은 등 귀금속이 금속화폐의 주류를 이루게 된 이유는 무엇일까? 금속화폐가 등장한 초기에는 주화 주조기술이 발달하지 않았기 때문에 화폐의 크기와 모양이 조잡하였고, 따라서 주화를 위조

---

1. 이 소절은 Goodhart(1989)를 주로 참조하였다.

하여 사용하기가 쉬웠다. 이러한 위조를 방지하기 위해 값비싼 금속을 원재료로 사용함으로써 애초에 위조할 유인을 제거할 필요가 있었다.[2]

귀금속으로 만들어진 주화는 법화(法貨)로서 통용되었다. 앞 장에서 이미 설명한 대로, 법화란 국가에 의해 강제적으로 통용되고 국가가 그 가치를 보증하는 화폐를 말한다. 이처럼 금속화폐가 법화로 통용될 수 있었던 데에는 몇 가지 요인이 있다. 첫째, 강력한 국가의 등장으로 국민들에게 세금이 부과되었는데, 그 세금은 오로지 자국 화폐로만 납부하도록 했다. 소득에서 세금으로 지출되는 비율이 증가할수록 사적 거래에서도 동일한 화폐를 사용하는 데 따른 편리함이 커졌고, 이에 따라 법화가 시장에 널리 수용되었다. 둘째, 법화는 사적으로 발행된 화폐(private money)보다 훨씬 안전했다. 예를 들어 화폐를 자유롭게 발행할 수 있었던 미국의 자유은행제도(free banking) 시기에, 일부 은행들이 화폐를 발행하고 잠적해 버리는 와일드캣 뱅킹(wildcat banking)이 성행해 화폐의 신뢰성을 떨어뜨리고 금융제도의 안정성을 위협하곤 하였다.[3] 이러한 경험들로 인해 사람들은 국가가 보증하는 법화를 선호하게 되었다. 셋째, 강력해진 국가는 외국 화폐의 사용을 법적으로 금지하고, 자국에서 사용될 수 있는 화폐의 종류를 제한하게 되었다. 그 과정에서 국가는 화폐발행에서의 독점적 위치를 점차 확보하게 되었고, 법화의 통용성도 그와 비례적으로 증가하였다.

하지만 이러한 금속화폐도 몇 가지 문제점을 안고 있었다. 우선 주화가 유통되면서 마모되어 금속 함유량이 점차 줄어드는 문제가 있었다. 또한 국가 권력이 강화되면서 애초에 주조권을 보유한 국가가 정해진 금속 함유량보다 적은 양을 넣거나 순도를 떨어뜨리는 방식으로 이익을 얻는 주조차익(seigniorage)의 문제도 발생하였다.

국가가 화폐발행의 독점권을 확보하면서 주조차익의 문제는 더욱 심각해졌다. 즉, 주화 제조의 책임을 지는 정부가 함량 미달의 재료를 사용함으로써 화폐량을 늘리고, 그 여분을 전쟁이나 대규모 공사 또는 왕실의 소비자금으로 사용하는 경우가 많았다. 한 가지 예로 로마의 은화는 날이 갈수록 은 함유량이 감소하여 그 성분이

2. 그렇지만 값비싼 금속을 원재료로 사용하는 것이 오히려 위조 유인을 강화하는 측면도 없지 않다. 왜냐하면 위조하는 입장에서는 잘만 위조하면 상대적으로 더 큰 이득을 남길 수 있기 때문이다.

3. 와일드캣 뱅킹이란 "은행의 설립자가 은행 간판을 내걸고 예금자들을 모집한 후 야생고양이처럼 어느 날 갑자기 잠적해버리는" 일종의 금융사기를 가리킨다(정운찬 1995, p.35, 각주 58).

동 98%와 은 2%로 구성된 경우도 있었다.

한편 일부 개인들은 자신이 보유한 금화 · 은화의 가장자리를 칼로 도려내는 방식으로 이득을 챙겼다. 또한 주조소에서 갓 나온 금화 · 은화가 유통되자마자 바로 용해된 후 함량 미달의 악화(惡貨)로 다시 주조되어 유통되는 경우도 있었다. 이 과정에서 은행업자나 금세공업자 등 전문가들은 금 · 은의 순도가 높은 양화(良貨)는 자신이 보유하고 순도가 떨어지는 악화만을 교환의 매개물로 사용하게 되었다. 이러한 과정을 거치면서 시간이 지날수록 악화는 시중에 많이 유통되는 반면, 양화는 시장에서 점차 찾아보기 힘들게 되었다. 양화는 퇴장하고 악화만 유통되는 이러한 현상을 '그레샴의 법칙(Gresham's Law)'이라 한다.

역사적으로 대부분의 나라에서 그레샴의 법칙이 어김없이 실현되어 시간이 흐를수록 금속화폐의 질이 악화되었다. 이것이 지폐가 금속화폐를 대체하게 된 여러 가지 요인들 중의 하나이다.

1.1.3 지폐

금속화폐의 등장은 멀리 떨어진 곳과의 무역을 발전시키는 데 크게 기여했다. 상품화폐에 비해 운반하기도 훨씬 편리했고, 보관에 따른 위험성도 크게 줄었기 때문이다. 하지만 경제가 발전하고 거래가 복잡해지면서 새로운 화폐의 등장이 필요했다.

중세 이후 대규모 원거리 거래에서는 점차 금세공업자(goldsmith)나 보석상(jeweler) 등이 금을 보관하고 그것을 증명하는 '금보관증서' 등이 대금결제 수단으로 사용되기 시작하였다. 또한 정부도 화폐를 주조하는 데 드는 비용을 절감하고 유통과정에서 금속화폐의 마모를 없애기 위해, 금속화폐를 주조하는 대신 금 · 은을 일정량 구입하여 보관하고, 이를 바탕으로 '금보관증서'를 발행하여 이를 화폐로 사용하기 시작했다. 이러한 금보관증서—금태환을 보장하는 증서—가 지폐(paper money)의 시작이었다.

지폐의 발행은 위조의 위험이 있기는 했지만, 금속화폐가 갖는 여러 가지 단점을 보완할 수 있었다. 우선 주화 주조비용을 현저하게 감소시킬 수 있었다. 게다가 운반비도 훨씬 적고, 단위를 설정하는 데 훨씬 신축적이라는 장점도 갖고 있었다. 하지만 지폐의 발행은 금속화폐를 사용할 때에는 걱정할 필요가 없었던 위험을 수반하게 되었다. 그것이 바로 지폐 남발의 위험이다. 상품화폐는 실물부문의 생산과 무관하게 남발될 수 없는 데 비하여 지폐는 제조비가 매우 저렴하기 때문에 금속화폐의 뒷받침 없이도 손쉽게 발행될 수 있기 때문이다.

민간의 지폐 발행을 금지하고 발권을 독점하기 시작한 정부는 공신력을 유지하기만 하면 금 보유량을 초과하여 지폐를 발행할 수 있다는 것을 알게 되었다. 정부는 지폐 발행액의 일정 비율에 해당하는 금액만큼의 지금(地金)만을 보유해도 모든 국민이 같은 날 같은 시간에 금태환을 요구하지만 않는다면 지급능력을 유지할 수 있었던 것이다. 이러한 발행제도를 부분준비제도(fractional reserve banking)라 한다.

부분준비제도가 발전하면서 정부는 급기야 지폐의 태환력을 뒷받침하는 금을 전혀 보유하지 않더라도 시장에서 수용될 수 있는 공신력만 있다면 지폐를 발행할 수 있음을 알게 되었다. 이로부터 금준비(gold reserve) 없이 발행되는 불환지폐(inconvertible paper money)가 탄생하게 된 것이다.

인류 역사의 진화와 함께 발전한 화폐는 불환지폐가 탄생하면서 획기적인 전환을 하게 되었다. 종전의 화폐가치는 그것 자체의 내재적 가치(intrinsic value)와 밀접한 관련성을 갖는데 반하여, 불환지폐는 그것이 나타내는 가치(즉 화폐가치)와 그 소재가치가 완전히 분리된 것이다. 이에 따라 지폐는 일정 액수를 나타내는 하나의 표시(token)에 불과하게 되었다. 이런 의미에서 불환지폐를 명목화폐(token money)라 부르기도 한다. 또한 불환지폐는 정부에 대한 신용을 근거로 유통되는 것이므로 신용화폐(fiduciary money)라고도 부른다.

1.1.4 예금화폐

금융의 현대화가 이루어지면서 은행의 공신력은 높아지기 시작했다. 이와 함께 예금자가 요구하는 즉시 현금이 인출될 수 있는 요구불예금에 연결된 어음 · 수표 등이 일반적 교환수단으로 널리 인정받게 되었다.

은행이 제공하는 수표는 지폐와는 달리 사용자가 임의로 금액을 기입하여 교환에 사용할 수 있다는 장점 때문에 사람들 사이에서 선호되었다. 또한 수표는 개인적으로 이서하여 통용되므로 영수증 및 거래기록의 기능을 수행할 수 있고, 사회적으로 발행비용이 지폐보다 저렴하다는 부수적 장점 때문에 점차 그 사용범위가 넓어졌다.

그러나 예금화폐는 정부가 보증하는 법화가 아니기 때문에 강제적 통용력이 없다. 따라서 그 은행이 인정받지 못하는 낯선 곳에서는 사용할 수 없다는 단점이 있다. 또한 물품대금으로 수표를 받은 판매업자가 은행을 통해 수표를 다시 현금으로 전환하는 데 시간과 비용이 들고, 연결계좌의 잔고가 부족해 수표가 부도날 경우 손실을 입을 가능성이 존재한다.

이러한 장 · 단점을 내포한 예금화폐가 시장에서 화폐로 인정받아 정착하기까지는 경제학설사에서 많은 논란이 있었다. 특히 화폐이론이 크게 발달했던 근대 영국에서는 예금화폐를 화폐로 보아야 한다는 견해와 그것을 화폐의 범주에서 제외시켜야 한다는 견해 사이에 격렬한 논쟁이 오랜 기간 지속되었다.

리카도(D. Ricardo)를 비롯한 '통화학파(currency school)'는 예금화폐를 화폐로 간주할 수 없다고 주장했다. 화폐수량설을 신봉했던 이들은 금화 및 금화를 준비금으로 발행된 지폐만이 화폐이고, 은행예금은 화폐가 아니라고 주장했다. 반면 쏜튼(H. Thornton)을 위시한 금융 실무가들이 다수 포함된 '은행학파(banking school)'는 예금화폐도 화폐의 일부로 간주되어야 한다고 주장하였다. 그들은 현실적으로 은행예금도 화폐와 같이 사용되고 있으므로 금화와 같이 매우 중요한 교환매개물의 일부이며, 따라서 화폐의 개념은 확대되어야 한다는 입장이었다. 이 논쟁은 1847년 공황에 처한 영국 정부가 발권제한 규정을 수정하면서 은행학파의 승리로 막을 내렸다. 그러나 통화학파의 주장은 완전히 사라지지 않았고, 그들 사고의 기반이라 할 수 있는 화폐수량설이 더욱 정교해지면서 1950년대에는 통화주의(Monetarism)의 대두와 함께 다시 융성하게 되었다.

1.1.5 전자화폐[4]

전자화폐는 공중정보망과 연결된 전자매체(예를 들어 인터넷에 연결된 PC)나 IC(integrated circuit)카드에 전자기호로 화폐가치를 미리 저장해 둔 후 상품 등의 구매에 사용할 수 있는 선불형 전자지급수단을 말한다. 외국과는 달리, 우리나라에서

4. 이 절은 금융감독원(2003), 한국은행(2004b · 2009b · 2014), 한국은행 금융결제국(2004), 한국은행 금융경제연구소(1998)를 참고하였다.

는 선불형 전자지급수단 중 범용성 및 환금성의 특정 기준을 충족하는 전자화폐와 그렇지 못한 선불전자지급수단을 구분한다. 구체적으로, "구입할 수 있는 재화 또는 용역의 범위가 5개 이상"이고 "2개 이상 광역자치단체 및 500개 이상의 가맹점에서 이용[할 수 있으며], 현금 또는 예금과 동일한 가치로 교환되어 발행되고 발행자에 의해 현금 또는 예금으로의 교환이 보장" 되는 경우 전자화폐로 간주된다.[5]

전자화폐는 가치저장 매체를 기준으로 크게 두 가지 종류로 구분된다. IC칩을 내장한 스마트카드에 일정액을 저장해 사용하는 오프라인 형태(IC카드형)와 컴퓨터에 전자지갑과 같은 소프트웨어를 설치한 뒤 은행 등 금융기관이 연계 네트워크상에서 대금을 지급하는 네트워크형이 그것이다.

IC카드형 전자화폐는 신용카드 모양의 플라스틱 카드에 부착된 반도체칩에 미리 일정한 금액을 충전해 사용하는 일종의 선불카드로, 소비자가 가맹점용 단말기에 IC카드형 전자화폐를 접촉시키면 결제가 이루어진다. 발행권면 최고한도는 200만원이다. 2014년 9월 말 현재 국내에서 발행되는 전자화폐에는 K-Cash, VisaCash, Mybi 등 세 종류가 있으며, 모두 IC카드형으로 은행 등 금융기관이 발행한다. 네트워크형 전자화폐는 컴퓨터 하드디스크나 휴대전화에 사용자 정보를 저장해 놓고 온라인상에서 각종 결제를 하는 것이다. 네트워크형 전자화폐는 눈에 보이는 카드형태가 아니기 때문에 오프라인 상태에서는 사용할 수 없다. 최근 외국에서는 IC카드형 전자화폐와 네트워크형 전자화폐가 점차 통합되는 경향을 보이고 있다.

이러한 전자화폐는 화폐의 특징인 유동성 · 수용성 · 익명성을 갖추면서 동시에 제조비용이 적게 들고 원격지 송금의 가능성을 확대시킬 뿐 아니라, 금액의 분할과 결합에서 발생할 수 있는 불편을 줄여준다는 점에서 시장 수용성의 잠재력이 매우 클 것으로 애초에 전망되었다. 하지만 전자화폐는 가맹점의 확산이 정체된 가운데, 대중교통 탑승 용도에서 대체재 관계에 있는 후불교통카드 겸용 신용카드와 교통카드 기반 선불전자지급수단(선불카드)과의 경쟁에서 밀리고 있어서 그 발행건수 및 이용규모가 최근 지속적으로 감소해 오고 있다.[6]

전자화폐와 마찬가지로 선불전자지급수단도 IC카드형과 네트워크형으로 구분

5. 인용구는 순서대로 전자금융거래법 제15조와 한국은행(2009b), p.79에서 각각 따왔다.
6. 한국은행(2014) 참조.

된다.[7] 현재 IC카드형 선불전자지급수단은 소유자 식별이 불가능한 무기명식 수단(발행권면 최고한도 50만원)으로 주로 교통부문(오프라인)에서 사용되며, 네트워크형 선불전자지급수단은 소유자 식별이 가능한 기명식 수단(발행권면 최고한도 200만원)으로 주로 사이버쇼핑몰(온라인)에서 사용된다.

끝으로, 우리가 이 소절에서 방금 학습한 전자화폐는 '협의'의 전자화폐라는 점에 유의할 필요가 있다. 협의의 전자화폐는 발행자의 채무이며 법화와 등가 교환된다는 의미에서 전통적 의미의 화폐에 포함된다. 바로 이런 점에서 협의의 전자화폐는 비트코인 등과 같은 디지털 화폐(digital currency)와는 확연히 구분된다. 디지털 화폐는 전자지급수단으로 분류되는 전통적 의미의 화폐가 아니기 때문이다. 다만 디지털 화폐는 '광의'의 전자화폐에는 포함된다. 이 점에 대해서는 제3장에서 다시 다루기로 한다.

Box 2-1 지급카드에는 무엇이 있으며, 서로 어떻게 다를까?

지급카드는 대금의 실제 지급시점을 기준으로 신용카드(후불형 카드), 선불형 카드, 직불형 카드 등 세 가지 주요 유형으로 구분된다. 신용카드(credit card)는 구매자가 신용카드 가맹점에서 재화나 서비스를 신용(credit), 즉 외상으로 구입할 수 있게 해준다. 그러므로 신용카드회사(또는 은행)는 소비자의 신용상태를 감안하여 일정한 자격요건을 갖춘 구매자에게만 카드를 발행하게 된다. 신용카드를 이용하여 상품을 구매하면, 카드발행자는 가맹점에 대금을 그때그때 우선 결제해 주고, 구매자에게는 일정 기간 동안의 상품구매 대금을 모아 한 번에 청구·회수한다. 이와 같이 신용카드는 후불형 카드로서, 구매자는 실질적으로 할인구매를 하는 셈이

---

7. 우리나라의 선불전자지급수단에는 은행계 및 전문 신용카드사가 발행하는 선불카드와 비금융기관이 발행하는 선불카드가 포함된다. 2014년 9월 말 현재, IC카드형과 네크워크형 선불전자지급수단의 각 발행업자(수단의 명칭)는 다음과 같다(한국은행 2014, p.129, [표 8-6]):

- **IC카드형 선불전자지급수단 발행업자**(수단의 명칭): 한국스마트카드(T-money), 마이비(마이비카드), 카드넷(대경교통카드), 부산하나로카드(하나로카드), 하이플러스카드(하이패스플러스카드), 이비카드(eB카드), 유페이먼트(대경교통카드 · 탑패스), 나이스정보통신(홈플러스 · AK · 비지에프전자상품권), 튜머니시스템(모아선불카드), 신세계아이앤씨(신세계기프트카드 · 신세계모바일상품권), 코레일네트웍스(X-CASH), 한페이시스(한페이카드), 한국정보통신(디지털상품권).
- **네트워크형 선불전자지급수단 발행업자**(수단의 명칭) : 이베이코리아(G캐시, 이머니, 현금잔고, 마일리지, 북캐시), 인터파크아이엔티(s-money), 다음커뮤니케이션(다음캐시), 케이티(월드패스카드), 에스케이커뮤니케이션즈(도토리), 에스케이플래닛(OK캐시백 · 포인트 · 마일리지), 엔에이치엔비즈니스플랫폼(마일리지), 네이버(네이버캐시), 옐로페이(옐로페이).

다. 가맹점으로서도 고객 확보나 판매대금의 안전한 회수 차원에서 유리하다. 신용카드는 현금카드로도 쓸 수 있으며, 신용구매 이외에 현금서비스나 카드론 등 대출도 받을 수 있다.

최근 신용카드가 제공하는 서비스는 한층 더 다양해졌다. 예를 들어, 특정 기업체와의 제휴를 통한 각종 부가 서비스, 후불형 교통카드 서비스, 그리고 소액결제(5만원 이하)에 대한 무서명결제(No CVM : no cardholder verification method) 서비스 등이 제공된다. 이 밖에도 신용카드 기능(IC칩)이 내장된 휴대전화로는 모바일신용카드 서비스가 제공된다.

다음으로 선불형 카드(prepaid card)는 카드발행자가 전자적 방식이나 자기적 방식으로 일정한 금액(화폐가치)을 저장해 놓은 카드이다. 소비자는 선불형 카드를 미리 구입한 후 그 저장된 가치 범위 내에서 상품을 구입할 수 있다. 이때 선불형 카드에서 상품 대금이 자동 차감된다. 선불형 카드는 광범위한 지역에서 다양한 용도로 이용 가능한 범용 선불형 카드와 제한된 지역 또는 특정 목적으로만 이용 가능한 단일목적 선불형 카드로 구분된다.

우리나라의 경우 선불형 카드는 얼마 전까지도 지하철 정액권처럼 단일 목적으로 사용되어 왔다. 하지만 최근에는 은행 등 금융기관이 발행하는 전자화폐와 같은 범용 선불형 카드와 전자금융업자가 발행하는 교통카드와 같은 선불전자지급수단이 보급되어 있다. 또한 신용카드회사는 기명 선불카드와 기프트카드(전자상품권)를 발행한다. 기명 선불카드는 신용카드 가맹점에서 미리 충전된 한도 금액까지 상품을 구입할 수 있으며 재충전도 가능하다. 기프트카드는 신용카드 가맹점에서 범용으로 사용할 수 있는 무기명 선불카드로서 양도가 가능하며 일정 횟수와 일정 금액 범위 내에서 재충전할 수 있다. 이 밖에 백화점 상품권, 도서상품권, 문화상품권 등 전통적인 상품권도 모두 선불형 카드의 범주에 속한다.

끝으로, 직불형 카드(debit card)를 사용하면 상품 구입과 동시에 구매자의 예금계좌에서 대금이 빠져나와 판매자의 예금계좌로 자동이체된다. 그러므로 직불형 카드를 판매시점전자자금이체(EFT/POS)카드라고도 부른다. 구매자는 직불형 카드 사용 시 가맹점 단말기상의 PIN-PAD를 통해 자신의 비밀번호를 입력해야 한다. 직불형카드는 예금 잔고 한도 내에서만 사용이 가능하다는 점에서 충전된 금액 한도 내에서만 사용이 가능한 선불카드와 비슷하다. 또한 직불형 카드는 현금거래가 아니므로 신용카드처럼 편리하다. 판매점 입장에서도 대금이 조기 회수되고 신용카드보다 수수료가 저렴한 이점이 있다.

직불형 카드에는 국내은행 등이 발행하는 직불카드 및 현금IC카드, 신용카드사와 겸영은행 등이 발행하는 체크카드, 그리고 전자금융업자가 발행하는 직불전자지급수단이 있다. 직불카드와 현금IC카드는 실물 카드인데 반해, 직불전자지급수단은 스마트폰을 매체로 발행되는 전자지급수단이다. 다만, 직불카드와 직불전자지급수단의 경우에는 신용카드에 비해 가맹점 수가 크게 열세이고 예금 잔액 범위 내에서 지출이 일어나야 하므로 사용실적이 저조한 편이다. 한편, 체크카드의 경우에는 신용카드와 동일한 결제시스템을 거치므로 모든 신용카드 가맹점에서 서명에 의해 대금을 결제하고 상품을 구매할 수 있다. 또한 체크카드 이용에 따른 포인트 적립 등 부가혜택이 제공되고, 일정 한도 내의 신용공여도 가능하다. 다만, 신용카드의 후불기능은 적용되지 않는다. 체크카드로 결제하면 결제 후 3영업일 이내에 구매자의 예금계좌로부터 판매자의 예금계좌로 대금이 입금된다.

최근에는 핀테크의 확산에 따라 지급수단의 모바일화·하이브리드화가 새로운 추세로 자리 잡고 있다. 이것은 기존의 실물 카드가 물리적으로는 모바일카드로 이행하는 동시에, 기능적으로는 서로 다른 지급카드의 장점을 융합한 하이브리드카드로 이행하는 것을 뜻한다.

자료 : 금융감독원(2003), 한국은행(2004b · 2009b · 2014), 한국은행 금융결제국(2004).

1.2 화폐의 필요조건

인류 역사상 값진 재화는 이루 헤아릴 수 없을 정도로 많았다. 그러나 그 모두가 화폐로 사용된 것은 아니다. 그렇다면 어떤 재화가 화폐로 쓰이기 위해 필요한 조건은 무엇인가?

첫째, 화폐는 항상 어떠한 재화와도 교환될 수 있는 시장수용성(market acceptability)을 갖추어야 한다. 시장수용성은 화폐 자체의 가치 또는 교환을 보장하는 관습과 권위 또는 법적 구속력 등에 의해 뒷받침된다. 가장 처음 등장한 화폐는 상품화폐로서 그것의 수용성은 화폐가 갖는 고유의 가치에 의존했다. 이후 화폐가 발전하면서 금속화폐로 사용되던 귀금속은 본래의 용도보다는 화폐로서의 용도가 중요해지게 되었고, 화폐에 대한 수요와 관습의 힘에 의해 그 가치가 계속 유지되었다. 한편, 지폐가 시장수용성을 갖게 된 것은 국가의 공신력에 의존한 것이다.

둘째, 화폐는 운반이 용이해야 한다(portability). 화폐가 너무 무겁다거나 크기가 지나치게 작거나 크면 운반이 곤란하기 때문에 화폐의 가치는 재료의 무게나 부피에 견주어 적당해야 한다. 19세기까지만 해도 스웨덴에서는 구리가 교환의 주요 매개물로 사용되었는데, 상인들은 거래를 하러 갈 때 지갑 대신 손수레를 가지고 갔다고 한다. 그런데 철(鐵)이 지나치게 무겁다는 특징을 일부러 이용하여 화폐로 삼았던 사례도 있긴 하다. 고대 그리스의 스파르타에서는 철화(鐵貨)를 사용하게 하였는데, 그 이유는 화폐를 무겁게 만들어 사람들로 하여금 과도한 거래를 하지 못하도록 막기 위해서였다고 한다. 어쨌든 초창기에 화폐로 쓰인 재료들은 운반하기에 다소 불편했다. 소, 양 등의 가축은 자기 스스로 움직일 수 있었으나 옥수수, 가죽, 기름 등은 가치에 비해 부피가 너무 커 운반하기에 매우 불편했다. 또한 이 경우 단순한 불편함뿐만 아니라 화폐의 가치가 지역마다 크게 달라질 수 있다는 문제가 발생한다. 옥수수, 석탄 따위는 특정 지역에서는 희귀한 반면, 다른 지역에서는 풍부하며, 보관이나 운반에도 큰 비용이 소요된다. 반면 금·은과 같은 금속은 먼 거리를 운반할 때 석탄이나 옥수수에 비해 훨씬 저렴한 비용이 소요된다.

화폐의 재료는 값이 너무 저렴해도 문제다. 하지만 너무 귀중하거나 다루기 어려워서 유통·보관하는 데 특별한 기술을 요하는 경우에도 문제가 된다. 예를 들어 다이아몬드는 화폐로 사용되기에는 너무 가치가 크고 모양과 광택에 따라 가치가 달라지므로, 단순히 무게에 의해 가치가 결정되는 금속에 비해 화폐로 사용되기 어렵다.

셋째, 화폐는 인식성(recognizability)이 높아야 한다. 인식성이란 화폐의 재료가 다른 재료와 구별되는 정도를 말한다. 화폐를 받은 사람이 그 화폐의 무게를 매번 달아보고 검사를 해야 한다면 여간 불편하지 않을 것이다. 또한 만일 악화와 양화를 구별하기 위해 고도의 전문기술이 필요하다면 보통 사람들은 교환과정에서 큰 부담을 떠안게 될 것이다. 그러므로 화폐는 누구나 손쉽게 식별할 수 있는 성격을 가져야 한다. 예를 들어 보석은 전문적인 기술자가 아니면 진품과 모조품을 구별하기 힘들다는 측면에서 화폐로 쓰기에 부적당하다.

넷째, 화폐는 내구성(durability)이 있어야 한다. 화폐는 쉽게 변질되거나 손상되면 안 된다. 알코올과 같이 증발하거나 동식물처럼 부패해도 안 되며, 철과 같이 쉽게 녹슬어도 안 된다. 달걀, 말린 대구와 같이 변질되기 쉬운 재료들도 화폐로 사용된 적이 있다. 그러나 이러한 상품화폐는 수령한 후 며칠 이내에 사용되어야만 했으므로 대규모로 보유될 수 없어 널리 유통되기 어려웠다.

다섯째, 화폐의 재료는 동질성(homogeneity)을 가져야 한다. 화폐는 동일한 양이 정확히 같은 가치를 가져야 하며, 측정 단위도 정확해야 한다. 만약 우리가 정제되지 않은 금속을 단위로 사용한다면 동일한 양이 서로 다른 가치를 가질 수 있다. 이 경우 정제와 주조의 과정을 거쳐 동일한 무게가 동일한 가치를 갖도록 해야 한다.

여섯째, 화폐로 사용되기 위해서는 가분성(divisibility)도 갖추어야 한다. 모든 금속은 거의 무제한적으로 나눌 수 있다. 화폐의 재료는 단순히 가분적이어야 할 뿐만 아니라 분리된 것들의 합이 분리되기 전 덩어리로 존재할 때와 가치 면에서 동일해야 한다. 만일 가죽이나 모피가 잘게 쪼개진다면, 아마도 쪼개진 것들을 모아 놓은 것의 합은 쪼개기 전에 비해 가치가 변해 있을 것이다. 그러나 금속은 필요할 때 한데 모아 용해시킬 수 있으며, 특히 귀금속의 경우 이러한 과정에 드는 비용이 상대적으로 미미하다.

마지막으로 화폐는 가치의 안정성(stability of value)을 가져야 한다. 화폐가치는 변동이 거의 없는 것이 바람직하다. 화폐와 다른 재화가 교환되는 비율이 시간이 흘러도 안정적으로 유지되어야만 거래의 안정성이 보장될 수 있기 때문이다. 현실에서는 계약체결 시 고정 화폐액수를 기준으로 삼기 때문에 화폐가치가 예상 외로 변하면 거래의 실질적인 손익도 함께 변화한다. 따라서 예상치 못한 화폐가치의 변화는 거래의 안정성을 해치게 된다.

1.3 화폐의 기능

지금까지 우리는 화폐의 기원과 진화과정을 통해 화폐가 갖추어야 할 속성들에 대해 살펴보았다. 이제 화폐의 진화과정에서 드러난 화폐의 기능을 좀 더 구체적으로 알아보자. 화폐의 기능은 크게 교환매개, 지급수단, 가치척도, 가치저장의 네 가지로 나누어 볼 수 있다.[8]

우선 화폐는 교환의 매개(medium of exchange) 역할을 한다. 앞 장에서 살펴보았듯이 화폐는 물물교환에 드는 거래비용을 낮춘다. 즉, 화폐의 개입이 없는 물물교환에서는 항상 욕망의 이중적 일치가 이루어져야 거래가 가능하나, 화폐가 존재함으로써 이러한 번거로움이 없어지며 거래가 편리해진다. 우리가 일반적으로 재화를 구입할 때 화폐가 수행하는 역할이 교환의 매개로서의 기능이며, 화폐의 가장 주된 기능이라 할 수 있다.

두 번째로 화폐(특히 법화인 현금)는 지급수단(means of payment)으로서의 역할을 수행한다. 실제 재화(서비스)의 거래에서는 판매자와 구매자 사이에 재화와 화폐의 교환이 일시에 이루어지지 않고, 청구권이 한 쪽의 거래당사자(즉, 재화 판매자)에게 남아 있는 경우가 많다. 예를 들어 우리가 식당에서 외상으로 식사를 하고 나서 며칠 후 현금으로 식대를 지급한다고 가정해 보자. 여기서 식당주인은 그 며칠 동안 우리에게 외상대금을 청구할 수 있는 권리를 가지며, 우리가 현금으로 외상대금을 갚는 순간 비로소 식당주인의 청구권이 사라진다. 이때 '외상(trade credit)' 자체로써 거래가 완결되는 것은 아니므로 외상은 지급수단이 아니라 교환매개수단의 역할을 수행한 것이 된다. 한편 거래를 완결시킨 '현금'은 지급수단의 역할을 수행한 것이다. 이를 가리켜, 법화인 현금은 지급종료성(finality of payment)을 갖는다고 말한다.[9]

8. 여기 설명하는 것은 화폐의 기능(functions)이지 정의(definition)가 아니다. 보편적으로 인정되는 화폐의 정의는 아직 없다. 그래서 Hicks(1967, p.1)는 "화폐의 기능을 수행하는 것이면 그것이 화폐(money is what money does)"라는 유명한 말을 남겼다. 기능적으로밖에는 화폐를 달리 정의하기 곤란하다는 점을 힉스가 이렇게 표현한 것이다. 실제로 교환매개의 기능과 지급수단의 기능은 밀접하게 관련되기 때문에, 이 두 기능을 합하여 '화폐의 세 가지 기능'으로 설명하는 경우도 빈번하다.

세 번째로 화폐는 가치의 척도(common measure of value)로서의 역할을 한다. 물물교환에서 거래비용이 과도하게 발생하는 요인 중의 하나는 재화의 상대적 가치를 어떻게 표시할 것인지 불명확하다는 것이다. 예컨대 일정량의 쇠고기는 일정량의 쌀과 교환되며, 마찬가지로 쌀은 감자와, 감자는 달걀과, 달걀은 콩과 교환되는 식으로 교환의 사슬이 계속된다고 하자. 이때 일정량의 쇠고기는 도대체 얼마만큼의 콩과 교환되어야 할 것인가? 모든 거래가 잘 이루어지려면 각 상품과 다른 상품들과의 교환비율이 모두 공시되어야만 한다. 만약 그렇지 않다면 특정 재화들 사이의 교환비율을 다른 제3의 재화와의 상대적 교환비율을 반영하여 매 거래시마다 계산해야 하는 번거로움이 뒤따를 것이다. 따라서 물물교환경제에서의 가격목록은 엄청나게 복잡해질 것이다. 예를 들어 경제 전체에 100개의 상품이 존재한다면 4,950개의[10] 교환비율이 정해져야 하며, 혹시라도 이 비율이 제대로 적용되지 않을 경우에는 차익거래자가 쉽게 이득을 챙기게 될 것이다.

이러한 모든 불편함은 어떤 특정 상품이 화폐로 선택되어 이것과 다른 모든 재화와의 교환비율, 즉 가격이 공시된다면 쉽게 해결될 수 있는 문제이다. 예컨대 금이 기준이 되어 금 10g과 쇠고기 얼마만큼이 교환되어야 하는지, 또 금 10g과 콩 얼마만큼이 교환되어야 하는지가 결정된다면, 우리는 쉽게 쇠고기와 콩 사이의 교환비율을 정할 수 있다. 이러한 방식을 따를 경우 화폐상품 1개를 포함해 모두 100개의 상품이 존재한다면 99개의 교환비율만 정해지면 된다. 위의 예에서 화폐가 된 상품은 다른 재화가치의 기준이 되어 비교를 손쉽게 해준다. 이러한 측면에서 화폐를 '가치의 척도'라 한다.

마지막으로 화폐는 가치저장(store of value) 기능을 수행한다. 어떤 사람은 자신의 부(wealth)를 귀금속 등 값진 재화의 형태로 집약해 놓는다. 이러한 재화는 대개 부피나 무게에 비해 매우 값어치가 있으며, 거의 전 세계적으로 통용되는 것들이다. 하지만 다른 무엇보다도 가장 일반적인 가치저장수단은 바로 화폐라 할 수 있

---

9. 어음, 수표, 신용카드, 직불카드, 선불카드, 계좌이체, 그리고 지로(Giro) 등은 모두 교환매개수단으로서 그 자체가 지급수단이 될 수는 없다(Goodhart 1989). 이들은 금융기관을 통해 지급결제 과정을 거쳐야 현금화가 가능하다는 의미에서 지급종료성을 갖지 않기 때문이다. 지급종료성에 대해서는 Schinasi(2006)를 참조하기 바란다.

10. 재화의 개수가 100개인 경우 필요한 교환비율의 총수효는 그것의 조합수($_{100}C_2$)인 $\frac{100(100-1)}{2}$이 된다. 일반적으로 재화의 개수가 n개인 경우 필요한 교환비율의 개수는 $\frac{n(n-1)}{2}$이다.

다. 화폐는 일반적인 구매력(general purchasing power)을 가지고 있기 때문에, 그것은 지급의 수단이 되는 동시에 하나의 자산으로 보유되기도 한다. 지급수단으로서가 아니라 자산으로서 보유되는 화폐는 교환의 매개로 사용되지 않기 때문에 시장에서 퇴장하게 된다. 따라서 전체 화폐량 중에서 가치저장의 기능을 수행하는 부분이 얼마나 되는지 여부는 매우 중요한 시사점을 갖는다.

화폐가 이 네 가지 기능을 지속적으로 원활하게 수행하는 경우, 시간의 경과에 따라 여러 가지 바람직한 실물경제적 변화가 수반된다. 화폐가 교환의 각 단계에 수반되는 시간과 노력을 절감시켜 교환을 촉진하므로, 재화 및 서비스의 생산과정에서는 분업과 전문화가 가속화된다. 한 개인이 어느 한 재화나 서비스 생산에 특화해도 나중에 교환을 통해 다른 사람들이 생산한 다양한 재화를 쉽게 구입할 수 있기 때문이다. 그 결과 그 사회에는 다양한 재화가 생산되고, 전반적으로 생산성이 높아지며, 전체 생산량 및 거래량이 늘어나고, 시장이 확대된다. 화폐로부터 비롯된 이 모든 긍정적 효과는 궁극적으로 사회후생의 증대로 이어진다. 이와 같이 교환과 전문화를 촉진하고, 시장을 확대하며, 궁극적으로 사회후생을 증대시켜 주는 화폐의 긍정적 측면을 화폐가 갖는 기본적 기능(basic function)이라 부른다.[11] 물론 화폐가 이러한 기능을 순조롭게 발휘할 수 있으려면 앞에서 말한 화폐의 네 가지 기능들—교환매개, 지급수단, 가치척도, 가치저장—이 원활하게 작동해야 한다는 전제가 필요함은 물론이다.

독자들은 화폐의 역사를 통해 화폐의 기능을 추출해 내고, 화폐가 그 기능을 수행하기 위해 지녀야 할 특성들을 살펴보면서 화폐에 대한 좀 더 구체적인 개념을 파악할 수 있었을 것이다. 여기서 우리는, 화폐란 앞에서 소개하고 있는 여러 특성들을 지니면서 지급수단으로서 교환을 매개하고, 가치의 척도가 되며, 가치를 저장해 주는 데다가 완벽한 유동성을 가진 자산이라고 정의할 수 있다.

11. Goldfeld and Chandler(1981) 참조.

2. 금융시장과 금융상품

Money & Financial Markets, Ch. Two

우리가 제1장에서 살펴본 금융의 순기능과 역기능은 모두 금융시장에서 나타난다. 이 절에서는 금융시장에 대해 좀 더 자세히 살펴보려고 한다.[12] 특히 금융시장과 금융상품을 청구권의 성격, 유통단계 및 만기 등을 기준으로 분류할 것이다.

금융시장을 위의 기준으로 분류해 분석하는 이유는 실물부문에서 기업의 사업형태에 따른 자금조달의 방식에 큰 차이가 있기 때문이다. 예를 들어 사업에 소요되는 자금이 소규모인 경우에는 기업가 자신의 자금으로 이를 충당할 수 있다. 그러나 규모가 큰 기업은 자금을 외부로부터 끌어들여 사업활동을 영위하게 된다.

자금을 외부에서 조달하는 방법은 제1장에서 살펴본 것처럼 크게 두 가지가 있다. 하나는 투자자에게 자금을 받는 대신 기업 지분을 나누어 주는 것이고, 다른 하나는 외부로부터 자금을 빌려 쓰는 방법이다. 전자의 방법으로 대표적인 것이 주식발행에 의한 것이며, 후자의 방법으로 대표적인 것이 은행차입과 채권발행이다. 전자의 방법으로 자금을 조달하면 기업은 원리금상환 의무가 없는 대신 이윤의 전부 또는 일부를 배당금의 형태로 분배해 주어야 한다. 반면 후자의 방법으로 자금을 조달하면 기업은 소정의 원리금만 상환하면 되고, 이윤을 분배해 줄 필요는 없다.

이처럼 자금을 조달하는 방법, 즉 기업에 대한 청구권의 성격에 따라 금융시장을 분류하면 크게 주식시장과 채무시장으로 나눌 수 있다. 그리고 주식, 회사채, 기업어음 등을 발행하여 자금을 조달할 때 이들을 발행하는 시장과는 별도로 이들이 유통되는 시장이 형성된다. 이 두 개의 시장은 그 운영원리에 다소 차이가 있다. 따라서 금융시장을 유통단계에 따라 발행시장과 유통시장으로 구분해 볼 수 있다.

한편 기업은 사업의 성격과 경제상황 등에 따라 다른 성격의 자금을 필요로 한다. 초고속 통신망 사업과 같이 초기에 대규모 자본이 투하되고 몇 년 후가 되어서야 수익을 내는 사업의 경우에는 대규모 장기자금을 필요로 한다. 반면에 의류업과 같이 경기에 따라 수익이 크게 변동하고, 새 상품이 주기적으로 출시되어 수시로 자

12. 일반적으로 금융시장은 전통적 금융시장, 외환시장, 그리고 파생금융시장으로 구성된다. 이 절에서는 금융시장에 대한 초보적 이해를 위해 전통적 금융시장에 초점을 맞춰 설명하기로 한다. 금융시장에 대해서는 제7장에서 좀 더 상세하게 다룰 예정이다.

금이 필요한 사업의 경우에는 주로 단기자금이 필요하다. 그리고 은행이 기업에 투자할 자금을 일반 개인 저축자들로부터 끌어들일 때에도 장기금융상품과 함께 단기금융상품도 제공된다. 개인들은 자신의 위험에 대한 선호와 앞으로의 가계지출 계획에 따라 다양한 성향을 지니기 때문이다. 이처럼 자금 수요 · 공급의 장 · 단기 여부, 즉 만기에 따라 금융시장을 분류할 수도 있다.[13]

2.1 금융시장 : 채무시장과 주식시장

금융시장은 청구권의 성격에 따라 채무시장과 주식시장으로 대별된다.

2.1.1 채무시장 : 은행대출 및 채권

기업이 은행대출이나 채권발행 등의 방식으로 자금을 조달하면, 약속된 시기에 약정 이자율에 따라 원금과 이자를 지급해야 한다. 일반적으로 채권은 확정금리부증권(고정수익증권, fixed-income securities)이다. 이윤의 증가 · 감소와 관계없이 기업은 고정된 이자와 원금만을 상환하면 되고, 채권자에게 이윤을 분배할 필요는 없다.

우리나라에서 기업들이 가장 많이 이용하는 금융수단은 바로 은행대출이다. 은행은 기업의 사업계획, 회계자료 및 재무자료 등을 바탕으로 그 기업의 채무상환 가능성을 평가하고, 그에 따라 대출 여부, 대출이자율 및 대출기간 등을 결정한다.

채권발행은 재무구조가 상대적으로 안정되고 오랜 기간 시장에서 신뢰를 쌓은 기업들이 이용할 수 있는 자금조달 수단이다. 채권은 직접 개인에게 발행되기도 하지만, 증권회사와 같은 금융기관이 채권을 인수하여 이를 개인에게 판매하거나 다시 작은 단위로 쪼개어 개인에게 발행하는 형태가 일반적이다.

한편 기업 규모가 작거나 회계자료가 부실해 은행대출을 받을 수 없고, 시장에서 채권을 발행하기도 힘든 기업들이 이용하는 금융수단으로 사채(私債)가 있다. 채

13. 이 밖에도, 자금의 최종 공급자와 최종 수요자 간 자금이전이 직접 이루어지는지 또는 금융중개기관을 통해 간접적으로 이루어지는지의 자금이전 방식에 따라, 주식 · 채권 등이 거래되는 직접금융시장과 예금 · 대출 등이 거래되는 간접금융시장으로 전통적 금융시장을 구분할 수도 있다. 하지만 이 절에서는 주식과 채권 등이 거래되는 직접금융시장에 주된 초점을 맞춰 설명하기로 한다.

무불이행의 위험이 크기 때문에 그만큼 지불해야 할 사채이자율은 상당히 높다는 점에서 사채는 기업에게 부담이 된다.

2.1.2 주식시장[14]

주식은 지분을 분배해 자금을 조달하는 금융형태이다. 채무증서와 달리 주식은 기업이 한 번 조달한 자금을 다시 상환할 필요가 없으며, 주주총회나 회사의 정관에 따라 배당금을 지급하면 된다. 이윤을 내지 못하는 경우 배당금을 지급하지 않을 수도 있다. 이것은 주주가 그 기업의 주인이 되는 형태로 자금이 조달되기 때문이다.

주식을 사면 기업의 주주가 되어 주주총회에서 기업의 경영성과에 대해 보고를 받고, 경영에 참여할 수도 있고, 또 경영진을 교체하는 데 투표권을 행사할 수도 있다. 그러나 주주 자신이 기업의 주인이기 때문에 이윤이 나지 않으면 배당금을 받지 못할 수도 있고, 새로운 투자를 위해 이윤을 기업에 유보하면 배당률이 낮아지기도 한다. 이러한 특성 때문에 주주를 끝까지 남는 순이익에 대한 청구권자, 즉 잔여청구권자(residual claimant)라 부르기도 한다. 물론 주주는 대부분의 경우 다른 사람에게 자유롭게 주식을 양도할 수 있다.

2.1.3 중간적 형태 : 전환사채 및 신주인수권부사채

앞에서는 금융시장을 청구권의 성격에 따라 주식시장과 채무시장으로 구분했다. 하지만 자본시장이 발달하면서 이상의 분류가 명확하게 적용되기 어려운 금융시장이 존재하게 되었다.

그 대표적인 예가 신주인수권부사채(BW : bond with stock warrants)와 전환사채(CB : convertible bond)와 같은 희석증권(dilutable securities)이다. 희석증권은 기본적으로 채무증서의 성격을 가지고 있지만, 신주인수권 또는 전환청구권 행사의 가능성을 제공한다는 점에서 주식과 채권(bond)의 중간적 형태를 띤다.

신주인수권부사채는 새로 발행되는 주식을 매수할 수 있는 권리(call option)가

14. 이 소절은 한국은행(2005 · 2009a)을 참고하였다.

부여된 채권이다. 기업의 주식가격이 오르면 채권자는 정해진 행사가격으로 신주를 인수할 수 있다는 점에서 유리하다. 또한 기업의 입장에서도 이러한 혜택을 부여하는 대신 좀 더 낮은 이자율로 채권을 발행할 수 있다는 점에서 부담이 적고, 채권자가 신주인수권을 행사하면 기업은 신주를 발행해 자본금을 늘릴 수 있는 이점도 있다.

전환사채는 채무를 주식(보통주)으로 전환할 수 있는 청구권이 부여된 채권이다. 즉, 전환 전에는 사채(社債)권자로서의 권리를 행사하고, 전환 후에는 주주의 권리를 행사할 수 있는 채권이다. 안정적인 이자수익이 보장되면서도 회사의 주식가격이 오르게 되면 채권자는 원리금청구권을 포기하고 대신 주식으로 바꾸어 시세차익을 누릴 수 있기 때문에 채권자에게 유리한 투자기회가 된다. 또한 기업이 전환사채를 발행하면 금융비용을 절약할 수도 있고, 전환사채가 주식으로 전환되는 경우 기업의 재무구조가 개선되는 효과가 있다. 게다가 전환사채는 인수 · 합병에[15] 대항하는 효과적 방어수단이 될 수도 있다.[16]

신주인수권부사채에 부여된 신주인수권은 현금을 주고 주식을 취득할 수 있는 권리이므로 권리행사 이후에도 사채가 존속하지만, 전환사채에 부여된 전환청구권은 사채와 주식을 교환하는 권리이므로 권리행사 이후에는 사채가 소멸한다는 점에서 서로 다르다.

희석증권에는 신주인수권부사채와 전환사채 이외에도 조기상환권부 채권(callable bond)이나 조기변제요구권부 채권(puttable bond)과 같은 옵션부 사채와 교환사채(EB : exchangeable bond) 및 변동금리부 채권(FRN : floating rate note) 등이 있

15. 인수 · 합병(M&As : mergers and acquisitions)이란 두 기업이 하나의 기업으로 합쳐지는 것(합병) 또는 한 기업이 다른 기업을 사들이는 것(인수)을 의미한다. 인수 · 합병의 결과 과거의 경영진은 새로운 경영진으로 교체된다. 적대적 인수 · 합병(hostile M&As)이란 두 기업 중 어느 한 기업의 경영진이 인수나 합병에 의한 경영진 교체에 저항하는 경우를 말한다. Milgrom and Roberts(1992)와 Stiglitz(1993) 참조.

16. 기업이 적대적 인수 · 합병에 저항하기 위해 취하는 경영권 방어조치에는 차등의결권(dual class stock), 황금낙하산(golden parachute), 황금주(golden stock), 초다수의결제(super-majority vote), 독소조항(poison pill provision) 등이 있다. 이 중 전환사채와 관련이 있는 방어조치는 독소조항이다. 독소조항이란, 기업사냥꾼(raider)이 특정 기업의 경영권을 노리고 취득한 주식이 일정 비율을 넘어가는 경우 그 기업의 대주주가 주주총회의 의결이 없어도 전환사채 등을 대량 발행해 이를 스스로 인수하거나 자신에게 우호적인 제3자 또는 기존 주주에게 배정할 수 있도록 정한 규정이다. 이때 전환사채에는 그 기업의 주식을 매우 낮은 가격으로 매입할 수 있는 권리 등이 부여된다. 그러므로 전환사채가 대량으로 발행되면 기업사냥꾼의 지분 비중이 낮아지고 인수비용 부담은 늘어나 인수가 어려워진다. 이병윤(2005) 참조.

다.[17] 이와 같이 다양한 희석증권은 사채와 주식의 성격을 공유하고 있어 회계처리를 제대로 하지 않는 경우 기업의 재무구조가 왜곡된 모습으로 표시될 우려가 크다.

Box 2-2 전환사채

전환사채와 주식 간 교환비율은 전환가격 또는 전환비율을 기준으로 표시된다. 예를 들어 액면가격이 100만원인 전환사채의 전환가격(conversion price)이 5만원이라 가정하자. 전환가격은 전환사채를 주식과 교환할 때 적용하기로 한 주식 1장의 가치를 의미한다. 이때 전환비율(conversion ratio)은 전환사채의 $\frac{\text{액면가격}}{\text{전환가격}} = \frac{\text{100만원}}{\text{5만원}} = 20$이 된다. 전환비율 20은 전환사채 한 장을 주식 20주와 교환할 수 있다는 것을 의미한다.

전환사채는 순수 채무에 보통주 매입권(call option)이 추가된 형태로 볼 수 있다. 옵션 만기—즉, 전환사채를 주식으로 전환할 수 있는 권리의 만기—가 전환사채의 만기와 일치한다고 단순하게 가정하면, 다음과 같은 관계가 성립한다.

순수 채무로서의 가치 + 주식매입권의 가치 = 전환사채의 가치

어떤 기업의 현금흐름(cash flows)이 갖는 변동성(volatility)이 클수록 그 기업이 발행한 전환사채의 가치 중 순수 채무의 가치는 감소하고, 주식매입권의 가치는 커진다. 순수 채무의 가치가 감소하는 것은 현금흐름 변동성이 클수록 신용위험이 커지기 때문이다. 현금흐름 변동성이 클수록 주식매입권의 가치가 커지는 점은 다음과 같이 생각해 보면 쉽게 이해할 수 있다.

주식매입권을 보유한 사람은 미리 약정된 내용에 따라 주식을 매입할 수 있는 권리를 가지는 반면, 주식을 매입해야 할 의무는 전혀 없다. 6만원으로 주식 1장을 살 수 있는 주식매입권이 있다고 가정하자. 현재 이 주식이 장당 5만원에 거래되고 있으며, 주가가 향후 3만원으로 떨어질 확률과 7만원으로 올라갈 확률이 각각 절반씩이라고 가정하자. 이 매입권을 보유하는 경우의 기대수익은 다음과 같다.

(7만원 − 6만원) × 0.5 + 0 × 0.5 = 5,000원

이제 이 기업의 현금흐름의 변동성 증대로 인해 주가 변동성이 커진다고 가정하자. 예를 들어 주가가 0으로 떨어질 확률과 20만원으로 올라갈 확률이 각각 절반이 된다면, 주식매입권을 보유하는 경우의 기대수익은 다음과 같다.

(20만원 − 6만원) × 0.5 + 0 × 0.5 = 7만원.

그러므로 이 기업의 현금흐름 변동성이 커진 경우 주식매입권의 가치는 크게 증대된다. 따라서 위험이 커질수록 주식매입권의 가치는 증가한다. 위험이 커진다고 전환사채의 가격이 반드시 떨어진다고 볼 수는 없다. 위험 증대에 따른 주식매입권 가치의 증가가 채무 가치의 감소를 상쇄하고도 남을 수 있기 때문이다. 이런 경우 위험 증대에 따라 전환사채의 시가가 오히려 상승한다.

고위험 기업이 순수 채무(채권)보다는 전환사채를 시장에서 판매하는 것이 더 나을 수 있는 이유가 여기에 있다. 이 점에서는 신주인수권부사채도 마찬가지다. 전환사채와 같이 신주인수권부사채도 주식매입권이 부여된 채권이기 때문이다.

자료: Van Horne(2001).

17. 이들 희석증권 각 유형에 대한 상세한 설명은 금융감독원(2015)을 참조하기 바란다.

2.2 금융시장 : 발행시장과 유통시장[18]

금융시장은 그 기능상 발행시장과 유통시장으로 나누어 분석하기도 한다. 앞에서 살펴본 주식시장이나 채권시장 모두 유통단계에 따라 각각 발행시장과 유통시장으로 구분할 수 있다.

2.2.1 발행시장

발행시장이란 자금공급자로부터 자금수요자에게 자금이 이전될 때 자금수요자가 본원증권(primary securities)을 발행해 이를 금융중개기관에 판매 · 인수시키는 시장이다. 발행시장은 새로운 주식이나 채권이 최초로 출현하는 시장이라는 점에서 제1차 시장(primary market)이라고도 한다.

주식발행시장은 주식회사가 설립자본금 조달이나 자본금 증액을 위해 신규 발행 주식을 최초의 투자자에게 매출하는 경우에 형성된다. 유가증권시장 상장기업과 코스닥시장 상장기업의 주식 공모와 유상증자는 한국거래소를 통하여 이루어진다.

채권발행시장은 국가, 지방자치단체, 금융기관, 기업 등 발행 주체가 자금조달 또는 정책수행을 위해 신규 발행 채권을 최초의 투자자에게 매출하는 경우에 형성된다. 채권발행시장은 발행 주체에 따라 국채시장, 지방채시장, 금융채시장, 특수채시장, 그리고 회사채시장으로 구분된다.

주식발행시장에는 주식발행 기업과 투자자 이외에, 이들 사이에서 주식의 인수와 매출에 따르는 위험을 부담하고 발행사무를 처리하는 시장중개기관(투자매매업자)이 참여한다. 채권발행시장에도 발행 주체와 투자자 이외에 시장중개기관(증권회사, 은행 등)이 참여한다.

이와 같이 시장중개기관이 주식이나 채권을 중개하는 것은 이들 본원증권의 발행단위가 크기 때문이기도 하고, 그 위험성 여부가 잘 알려져 있지 않은 경우 일반인들로서는 투자하기가 쉽지 않기 때문이기도 하다. 특히 기업이 발행하는 회사채 · 기업어음과 주식의 경우에는 그 위험성과 적정 가치에 대한 정보를 개인투자자

18. 이 절은 한국은행(2005 · 2009a · 2010 · 2016)을 참고하였다.

들이 획득하기란 쉽지 않을 것이다. 그러므로 자금이나 정보 면에서 일반인들보다 우위에 있는 시장중개기관이 이들 증권을 우선 매입한 후 이를 지급보증해 일반인들에게 되파는 방식을 취하는 경우가 많다.

2.2.2 유통시장

유통시장 또는 제2차 시장(secondary market)이란 이미 발행된 증권이 재판매되고 거래되는 시장을 말한다.

우리나라의 주식유통시장은 유가증권시장, 코스닥(KOSDAQ)시장, 코넥스(KONEX)시장과 K-OTC시장으로 구성된다.[19] 유가증권시장, 코스닥시장과 코넥스시장은 모두 한국거래소[20] 내에 개설된 조직화된 장내시장으로, 각 시장별로 상장기업의 주식이 표준화된 거래조건과 절차에 따라 거래된다. 유가증권시장은 소정의 상장요건—자본금, 주식분산, 이익 관련 요건 등—을 갖춘 기업들이 까다로운 심사절차를 통과한 경우에만 이용할 수 있다. 코스닥시장은 유가증권시장보다 상장요건을 완화하여 벤처기업이나 유망 중소기업이 이용할 수 있도록 하고 있다. 다음으로, 코넥스시장은 코스닥시장보다 훨씬 완화된 요건으로 중소기업에게 상장을 허용한다. K-OTC시장은 한국금융투자협회가 특정 요건을 충족한다고 등록 또는 지정한 비상장주식이 거래되는 장외시장이다.

채권유통시장에는 거래소 상장채권만을 표준화된 방식으로 거래하는 장내시장(일반채권시장과 국채전문유통시장)과 상장 여부와는 무관하게 주로 증권회사를 통해 채권을 거래하는 장외시장(over-the-counter market)이 있다. 주식과는 달리 대부분의 채권은 장외시장에서 유통된다.

유통시장은 주식처럼 만기가 따로 없거나 채권처럼 만기가 정해져 있는 대규모의 증권을 쉽게 현금화할 수 있게 해준다. 다시 말해, 금융자산의 유동성(liquidity)

---

19. 한국증권거래소, 한국선물거래소, 그리고 코스닥증권시장 등이 2005년 1월 한국증권선물거래소로 통합되면서 증권거래소시장이 유가증권시장으로 개칭되었다(한국은행 2010). 이후 2009년 2월 자본시장법 시행으로 한국증권선물거래소는 한국거래소로 명칭이 바뀌어 오늘에 이르고 있다(한국은행 2009a). 코넥스시장은 2013년 7월 설립 초기 중소기업의 전용 시장으로 신설되었다. 과거의 제3시장은 2005년 7월 프리보드로 개칭된(한국은행 2009a) 이후, 다시 2014년 8월 K-OTC시장으로 명칭이 변경되었다(한국은행 2016). 각 시장에 대한 자세한 설명은 이 책의 제8장을 참조하기 바란다.
20. 한국거래소에 추가하여 2025년에 대체거래소인 '넥스트레이드'가 출범하였다.

을 높여줌으로써 금융중개가 보다 활발히 일어날 수 있는 환경을 형성해 준다. 동시에 유통시장은 활발한 거래를 통해 증권의 시장가격이 결정되는 장이기도 하다.

유통시장은 발행시장과 긴밀하게 상호작용한다. 우선 유통시장은 발행시장에 영향을 미친다. 예를 들어 유통시장에서 거래가 원활하지 못하면 증권의 시장성이 확보되지 않아 발행시장이 위축될 것이다. 또한 증권의 유통시장 가격은 발행가격의 기준이 된다. 한편 발행시장에서의 증권 발행과 그에 따른 자금조달은 유통시장의 증권 수급에 영향을 미친다. 이와 같은 상호작용 속에서 유통시장은 기업의 가치와 경제 전반에 대한 시장의 평가를 제시하고, 효율적 자금배분을 촉진시키는 역할을 수행한다.

유통시장을 운영하는 주체는 크게 브로커(broker : 위탁매매업자)와 딜러(dealer : 자기매매업자)로 나눌 수 있다. 브로커는 일반인이 주식을 사고팔 때 증권회사들이 거래수수료를 받고 매매를 중개해 주는 것처럼 판매자와 구매자를 연결시켜 준다. 딜러는 자기 계산으로 증권을 직접 매매한다. 따라서 브로커의 수익기반은 수수료인 반면, 딜러의 수익기반은 매매차익이다.

2.3 금융시장 : 단기금융시장과 장기금융시장[21]

거래되는 금융상품의 만기를 기준으로 금융시장을 구분하기도 한다. 단기금융시장은 단기자금의 수요자와 공급자 간 수급 불균형을 조절하기 위하여 통상 만기 1년 미만의 단기금융상품이 거래되는 시장을 말한다. 단기금융시장에는 콜시장, 환매조건부매매시장, 한국은행 환매조건부매매시장, 양도성예금증서시장, 기업어음시장, 그리고 전자단기사채시장이 포함된다. 단기금융시장은 장기금융상품—주식과 같이 만기가 따로 정해져 있지 않거나 만기 1년 이상의 장기채권—이 거래되는 자본시장(장기금융시장)과 구분하여 흔히 자금시장(money market)이라고도 부른다.

단기금융시장은 개별 경제주체의 일시적인 자금과부족을 신속하게 조절할 수 있는 수단을 제공함으로써 투자기회의 상실을 최소화하고 장래의 지급을 위해 보유해야 할 유휴현금의 기회비용을 감소시켜 준다. 이와 같이 단기금융시장은 개별 경제주

21. 이 절은 한국은행(2009a · 2016)을 참조하였다.

체가 효율적으로 자금을 운용할 수 있도록 도와줄 뿐만 아니라 개별 경제주체가 직면하는 신용위험(credit risk)·가격위험(price risk)·유동성위험(liquidity risk)도 줄여준다.[22] 아울러 정책당국은 단기금융시장을 통해 효율적인 통화정책을 수행할 수 있다.

한편 장기금융시장은 장기자금의 수요자와 공급자 간 수급 불균형을 조정하기 위하여 만기 1년 이상의 장기금융상품이 거래되는 시장으로, 주식시장, 채권시장, 자산유동화증권시장, 그리고 통화안정증권시장이 포함된다.[23] 장기금융시장에서 거래되는 장기금융상품은 단기금융시장에서 거래되는 단기금융상품에 비해 신용위험 및 가격위험이 크고 만기 보유 목적이나 지분 확보 목적으로 보유되는 경우도 많아 그 경제적 성격이나 회계처리 방식이 단기금융상품과는 상이하다.

2.4 금융상품 : 투자성 상품과 비투자성 상품

금융시장에는 실로 다양한 유형의 금융상품이 존재한다. 아울러 금융환경과 금융기법이 변화하고, 정보통신기술 발달을 근거로 한 금융공학이 눈부시게 발전하면서 금융상품은 엄청난 속도로 다양한 모습을 속속 선보이고 있다.

금융상품의 유형은 자금조달의 방식, 만기, 발행자, 청구권의 성격 등 여러 기

---

22. 신용위험(credit risk)이란 금융상품(채권)의 발행자가 원리금의 일부 또는 전부를 약정대로 채권보유자에게 상환하지 못하게 될 위험을 의미하며, 흔히 채무불이행 위험(default risk)이라고도 부른다. 가격위험(price risk)이란 이자율·환율·주가 등의 변동으로 인해 금융상품의 매도가격이 매입가격보다 낮아질 위험으로서, 흔히 자본손실위험이라고도 부른다. 유동성위험(liquidity risk)이란 보유 금융상품을 즉시 매각하여 현금화하려는 경우 손실을 보게 될 위험을 가리킨다. 단기금융시장에서는 정부·금융기관·우량기업이 발행하는 단기채권이 거래되지만, 장기금융시장에서는 신용도가 낮은 기업도 정부·금융기관·우량기업과 함께 장기채권을 발행한다. 따라서 단기금융시장의 채권은 장기금융시장의 채권에 비해 일반적으로 신용위험이 낮다. 제4장에서 자세히 다루겠지만, 만기가 긴 채권일수록 주어진 이자율 변동에 따라 가격의 변동폭이 더 커진다. 이는 장기채권에 비해 단기채권의 가격위험이 더 작다는 것을 뜻한다. 또한 단기채권은 장기채권에 비해 유동성이 더 높은 것으로 흔히 간주된다. 한편 주식은 채권처럼 이자수익이 약정되어 있지 않으며, 기업청산 시 주식은 후순위를 갖는다. 그러므로 일반적으로 주식은 채권에 비해 더 위험하다. 따라서 수익성보다는 안전성과 유동성을 중시하고 위험에 민감한 경제주체들이 단기금융시장에 참여하는 경향이 있다. 한국은행(2004a)과 Saunders and Cornett(2003) 참조.
23. 이들 중 장기자금 조달수단인 주식이 거래되는 주식시장과 만기 1년 이상의 장기채권이 거래되는 (장기)채권시장을 묶어 흔히 증권시장(securities market)이라 부르기도 한다. 자산유동화증권시장과 통화안정증권시장도 채권시장에 포함되는 시장들이지만, 편의상 한국은행(2016)의 설명 방식에 따라 채권시장과는 일단 구분하여 표시하기로 한다.

준으로 분류할 수 있다. 이들 중 청구권의 성격, 특히 상품의 원금손실 위험 여부를 기준으로 분류하는 경우 금융상품은 크게 투자성 상품(금융투자상품)과 비투자성 상품(비금융투자상품)으로 대별된다. 원칙적으로 원금손실 가능성이 있는 투자성 상품은 다시 증권상품, 펀드상품, 신탁상품과 파생상품으로, 원칙적으로 원금손실 가능성이 없는 비투자성 상품은 다시 저축상품, 대출상품과 보험 및 연금상품으로 각각 세분된다. 한편, 우리나라에 2016년 3월 도입된 개인종합자산관리계좌(ISA : Individual Savings Account)는 근로소득이나 사업소득이 있는 개인 가입자가 예 · 적금과 같은 비투자성 상품과 증권 · 펀드 · 파생상품과 같은 투자성 상품에 걸치는 다양한 상품에 자신의 자금을 분산투자(예치)할 수 있는 가입기간 5년의 통합계좌로, 그 운용방식에는 일임형과 신탁형이 있으며 세제혜택도 수반된다.[24] [표 2-1]은 금융상품의 유형을 체계적으로 구분한 후 각 유형에 속한 다양한 종류의 금융상품을 일목요연하게 정리한 내용이다.

표 2-1 금융상품의 종류

<table>
<tr><td rowspan="6">금융상품</td><td rowspan="6">금융투자 상품 (투자성 상품)</td><td rowspan="2">증권상품</td><td colspan="2">주식</td><td>■ 보통주
■ 우선주</td></tr>
<tr><td colspan="2">채권</td><td>■ 일반 채권(예 : 국채 ; 지방채 ; 특수채 ; 금융채 ; 회사채 ; 기업어음 : 전자단기사채 ; 환매조건부채권 ; 양도성예금증서 등)
■ 기타 채권(예 : 전환사채 ; 신주인수권부사채 ; 교환사채 ; 옵션부사채 ; 변동금리부채권 ; 자산유동화증권 등)</td></tr>
<tr><td rowspan="4">펀드상품 (수익증권)</td><td rowspan="3">투자 대상 관련</td><td>유가증권펀드</td><td>■ 주식형 · 채권형 · 혼합형 펀드</td></tr>
<tr><td>주가지수 관련 펀드</td><td>■ 인덱스펀드(index fund)
■ 상장지수펀드(ETF)
■ 주가연계펀드(ELF)</td></tr>
<tr><td>기타 펀드</td><td>■ 실물펀드(예 : 선박펀드)
■ 부동산펀드(예 : 부동산투자신탁(REITs))
■ 혼합자산펀드
■ 특별자산펀드</td></tr>
<tr><td colspan="2">투자 방식 관련</td><td>■ 적립식 펀드
■ 전환형 펀드
■ 재간접펀드(Fund of Funds)
■ 일임형 · 자문형 · 펀드형 랩어카운트</td></tr>
</table>

24. ISA에 관한 상세한 내용은 한국경제신문(2017)을 참조하기 바란다.

금융상품	금융투자 상품 (투자성 상품)	신탁상품	금전신탁		▪ 특정금전신탁(예 : 채권형 · 주식형 · 랩어카운트형 특정금전신탁; 분리과세 특정 금전신탁 등) ▪ 불특정금전신탁
		파생상품	주식 관련		▪ 주식옵션 ; 주식스왑 ▪ 주가지수선물 ; 주가지수옵션 ; 주가지수선물옵션
			금리 관련		▪ 금리선물 ; 금리선물옵션 ; 금리스왑 ; 스왑션
			통화 관련		▪ 통화선물 ; 통화옵션 ; 통화스왑 ; 통화선물옵션
			신용 관련		▪ 신용파산스왑 ; 총수익스왑 ; 신용연계증권 ; 합성담보부증권(Synthetic CDO)
			파생결합증권		▪ 주식워런트증권(ELW) ; 주가연계증권(ELS) ; 기타파생결합증권(DLS) ; 상장지수증권(ETN)
	비금융투자 상품 (비투자성 상품)	저축상품	요구불예금		▪ 당좌예금(예 : 일반당좌예금 ; 가계당좌예금 등) ▪ 보통예금 ▪ 기타 요구불예금(예 : 저축예금 ; MMF ; MMDA ; CMA 등)
			정기적금		▪ 정기적금 ; 목적형 정기적금(예 : 주택청약종합저축 : 재산형성저축 등)
			정기예금		▪ 정기예금 ; 정기예탁금 ▪ ELD
		대출상품	담보대출		▪ 담보대출
			신용대출		▪ 신용대출
		보험 및 연금상품	의료비 중심 보험		▪ 실손의료보험 ; 건강보험 ; CI보험 ▪ 자동차보험 ; 운전자보험
			노후대비 중심 보험		▪ 연금보험 ▪ 종신보험
			투자 및 저축 중심 보험		▪ 변액보험(예 : 변액연금보험 ; 변액종신보험 ; 변액유니버설보험 등) ▪ 장기저축성보험
			연금 제도 관련	공적연금	▪ 국민연금 ; 기초연금
				퇴직연금	▪ 확정급여형(DB) · 확정기여형(DC) 퇴직연금 ▪ 개인형 퇴직연금(IRP)
				개인연금	▪ 세제적격 과세 연금상품(예 : 연금저축신탁 ; 연금저축펀드 ; 연금저축보험) ▪ 세제비적격 비과세 연금상품(예 : 연금보험 ; 변액연금보험 등)
				주택연금	▪ 역모기지론 ▪ 신주택연금 3종 세트(예 : 주택담보대출의 주택연금 전환 ; 보금자리론 연계 주택연금 ; 우대형 주택연금)

자료 : 감형규 외(2017), 금융감독원(2015)과 한국은행(2016)을 기초로 작성

연습문제

01. 우리는 화폐(money)를 일상적으로 "돈"이라 부른다. 그런데 "돈"이라는 용어는 사실 화폐 말고 다른 의미로도 흔히 쓰인다(Blanchard 2006, Mishkin 2010). 다음 네 개의 문장을 각각 읽어보시오.

a. "그는 돈을 잘 번다."
b. "그는 돈이 많다."
c. "그는 휴대폰 살 돈은 있어도 책을 살 돈은 없다."
d. "그는 돈을 너무 좋아해."

(1) 각 문장에서 돈이 어떤 경제학 용어에 해당하는 의미인지 밝히시오.
(2) 위 (1)에서 여러분이 답한 각각의 경제학 용어가 서로 어떻게 다른지 비교하여 설명하시오.

02. 계좌이체란 "지급인과 수취인 간에 현금, 수표 등 지급수단을 직접 교환하지 않고 결제당사자의 예금계좌 간 자금이체로 지급이 이루어지는 것"을 가리킨다(한국은행 2014, pp.122~123). 다음은 계좌이체와 관련된 용어들이다. 물음에 답하시오.

(1) CD(Cash Dispenser)와 ATM(Automated Teller Machine)은 서로 어떻게 다른가?
(2) 자금관리서비스(CMS)란 무엇인가?
(3) 인터넷뱅킹과 모바일뱅킹은 각각 무엇인가? 둘 사이의 관련성은 무엇인가?

03. 다음은 기업이 자금을 조달하는 방식에 관한 문제이다. 물음에 답하시오.

(1) 기업이 자금을 조달하는 데에는 세 가지 방식이 있다. 주식발행, 채권발행, 그리고 은행대출이 그것이다. 각 방식을 설명하고, 장·단점을 비교하시오.
(2) 최근 기업들은 주식과 채권의 중간형태인 전환사채나 신주인수권부사채도 발행하고 있다. 이들 희석증권이 무엇인지 각각 설명하고, 이것이 기업과 채권자 입장에서 어떻게 유리할 수 있는지를 각각 설명하시오.

04. "화폐는 다른 금융자산과 확연히 구분된다"는 언급에 대해 논평하시오.

05. "자본주의 경제의 불안정성의 원인은 화폐의 사용에 있다. 따라서 자본주의 경제의 안정을 위해서는 물물교환의 시대로 되돌아가는 수밖에 없다"는 언급에 대해 논평하시오.

06. 실물자산과 금융자산의 특징적 차이는 무엇인지 설명하시오.

07. 다음 박스는 주가지수연동증권(ELS)에 관한 수년 전 기사(송형석, "증시 급등의 역설 … 꽃피던 ELS '시들시들'," 『한국경제』, 2015. 4. 13)의 일부를 발췌한 글이다. 지문을 읽고 물음에 답하시오.

> "저금리 시대를 맞아 '국민 재테크 수단'으로 각광받고 있는 주가연계증권(ELS)의 인기가 한풀 꺾이는 모양새다. ELS의 기초자산으로 활용되는 코스피200, 유로스톡스50(유럽 주요 50개 기업 주가를 지수화), HSCEI(홍콩 상장 중국 본토기업 지수) 등이 단기간에 급등하면서 신상품에 투자하는 것을 주저하는 투자자가 많아졌다는 설명이다. … "

(1) ELS의 정식 명칭을 영어로 쓰시오.

(2) 주가지수의 단기간 급등으로 투자자들이 ELS 투자를 주저하게 되는 이유는 무엇인지 알기 쉽게 설명하시오.

참고문헌

감형규 · 신용재 · 조영석, 『에센스 재테크』, 율곡출판사, 2017. 3.

금융감독원, 『알아두면 유익한 금융이야기』, 2003. 12.

________, 『대학생을 위한 실용금융』, 2015. 12.

송형석, "증시 급등의 역설 … 꽃피던 ELS '시들시들'," 『한국경제』, 2015. 4. 13.

이병윤, 「외국자본 진출 확대의 영향과 대응방안—배당 및 투자에 대한 영향과 적대적 M&A 위협을 중심으로—」, 금융조사보고서 2005-14, 2005. 12.

정운찬, 『중앙은행론』, 학현사, 1995. 4.

한국경제신문, "개인종합자산관리계좌," 『한경 경제용어사전』, http://dic.hankyung.com, 검색일 : 2017. 9. 2.

한국은행, 『우리나라의 금융시장』, 2004a. 2.

______, 『우리나라의 지급결제제도』, 2004b. 12.

______, 『우리나라의 금융제도』, 2005. 12.

______, 『우리나라의 금융시장』, 2009a. 12.

______, 『우리나라의 지급결제제도』, 2009b.12.

______, 『알기 쉬운 경제지표해설』, 2010. 7.

______, 『2011년 금융생활 길라잡이』, 2011. 1.

______, 『한국의 지급결제제도』, 2014. 12.

______, 『한국의 금융시장』, 2016. 12.

한국은행 금융결제국, 『전자금융 총람』, 2004. 2.

한국은행 금융경제연구소, 「전자화폐의 영향과 대응방향」, 1998.

Blanchard, Olivier, *Macroeconomics*, 4th ed., Pearson Education International, 2006.

Goldfeld, Stephen M., and Lester V. Chandler, *The Economics of Money and Banking*, 8th ed., Harper & Row, 1981.

Goodhart, Charles A. E., *Money, Information and Uncertainty*, 2nd ed., The MIT Press, 1989.

Hicks, Sir John, *Critical Essays in Monetary Theory*, Oxford University Press, 1967.

Milgrom, Paul, and John Roberts, *Economics, Organization and Management*, Prentice-Hall International, Inc., 1992.

Mishkin, Frederic S., *The Economics of Money, Banking and Financial Markets*, 9th ed., Pearson Education Inc., 2010.

Saunders, Anthony, and Marcia Millon Cornett, *Financial Institutions Management: A Risk Management Approach*, 4th ed., McGraw-Hill/Irwin, 2003.

Schinasi, Garry J., *Safeguarding Financial Stability: Theory and Practice*, International Monetary Fund, 2005.

Stiglitz, Joseph E., *Economics*, W. W. Norton & Company, Inc., 1993.

Van Horne, James C., *Financial Market Rates and Flows*, 6th ed., Prentice-Hall, Inc., 2001.

CHAPTER 03

디지털 금융혁신

Money & Financial Markets, Ch. Three, pp.85~136

1. 핀테크와 테크핀 : 디지털 금융혁신의 새로운 조류
2. 디지털 금융혁신의 변모
3. 디지털 금융혁신의 미래

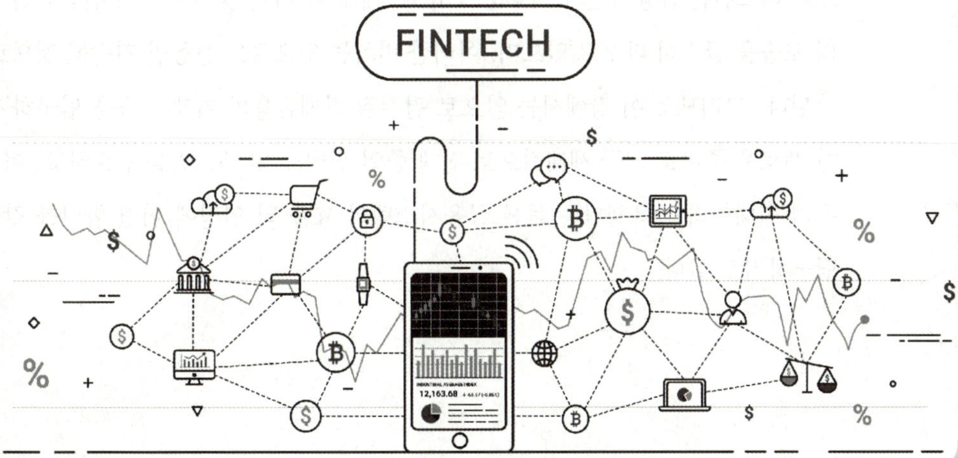

우리는 앞서 제1장과 제2장에서 화폐와 금융의 기능이 각각 무엇이며, 화폐와 금융은 서로 어떻게 다른 것인지, 현대인의 일상에서 물가안정과 금융안정이 얼마나 중요한지, 이를 확립하고 유지하는 데에 시장규율 이외에 규제규율까지 필요해지는 이유는 무엇인지, 역사적으로 화폐와 금융의 진화는 어떤 특징을 보이는지, 그리고 금융중개기관과 금융시장은 무슨 역할을 수행하는지, 금융상품에는 어떤 것들이 있는지 등을 학습했다. 이러한 내용들은 우리가 현실에서 경험하는 다양한 화폐금융 현상의 작동 원리를 올바르게 이해할 수 있도록 도와주는 기본 토대가 된다.

그런데 얼마 전까지만 해도 이 정도의 배경 지식이면 이자율과 금융시장, 금융제도와 금융기관 등 화폐금융의 이론 및 정책에 대한 탐구를 본격적으로 시작하기 위한 준비로 충분했다. 하지만 상황이 최근 달라졌다. 지난 수년간 우리는 화폐와 금융의 다양한 변모—기존 화폐와는 달리 정책당국의 금융규제 바깥에 있는 디지털 화폐의 등장, 금융거래를 기존의 중앙집중 방식이 아닌 분산방식으로 유지 · 관리하는 블록체인 기술의 확산과 그 혁신적 응용, 모바일 간편결제 및 간편송금의 확산, 기존 은행대출과는 판이하게 다른 P2P 대출, 로보-어드바이저에 의한 자산운용서비스 제공 등—를 일상에서 직접 목격하고 있다. 이것은 화폐 및 금융 시스템의 새롭고도 급격한 진화과정의 시작 부분에 우리가 와 있음을 의미한다. 이러한 화폐금융 진화의 핵심 추진력은 다름 아닌 '핀테크(FinTech)'와 '테크핀(TechFin)'이다. 핀테크와 테크핀은 금융혁신의 새로운 조류로, 세계 각 지역 및 국가에서 전통적인 금융의 모습을 급속히 바꾸고 있으며, 이러한 변화는 앞으로도 한동안 지속될 것으로 예상된다. 그러므로 이 장에서는 앞으로 펼쳐질 화폐금융의 미래 모습을 탐구하기 위한 새로운 준비로 최근 세계적으로 진행 중인 핀테크 및 테크핀을 검토하고, 이것이 우리 현대인의 금융생활은 물론 금융시스템의 효율 및 안정에 어떤 함의를 갖는지 탐구하기로 한다.

1. 핀테크와 테크핀 : 디지털 금융혁신의 새로운 조류

Money & Financial Markets, Ch. Three

지난 수년간 세계 각국에서는 모든 산업에 걸쳐 디지털 혁신(digital innovation)이 두드러진 추세로 빠르게 자리 잡고 있다.[1] 최근 세상에 널리 알려진 핀테크와 테크핀은 이와 같은 디지털 혁신의 거대한 흐름이 금융산업과 만나 가능해진 최근의 금융혁신 현상을 일컫는 용어이다.[2]

그림 3-1

글로벌 핀테크 투자 추이 전망

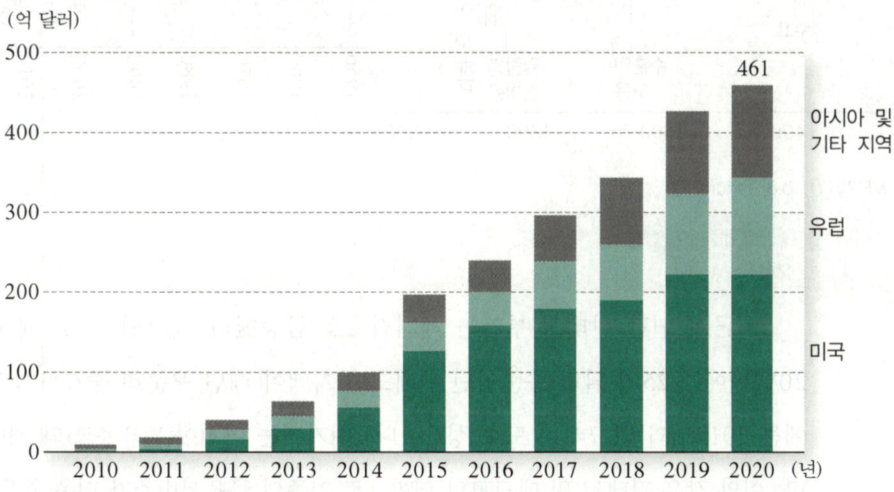

자료 : 마켓리서치닷컴, 니혼게이자이신문

1. 디지털 혁신이란 "정보, 컴퓨팅, 통신, 네트워크 등의 디지털 기술 또는 동 기술의 조합을 이용하여 새로운 형태의 제품 및 서비스를 만들어내는 최근의 산업트렌드를 통칭"한다(한국은행 금융결제국 2017, p.2). 세계경제포럼(World Economic Forum)의 슈왑(K. Schwab)은 이와 같은 최근의 디지털 혁신을 『제4차 산업혁명』(*The Fourth Industrial Revolution*)의 맥락에서 파악한다. 그에 따르면, "여러 기술의 융합(fusion of technologies)을 통해 물리학적 · 디지털 · 생물학적 영역의 경계를 무너뜨리"는 것을 핵심 특징으로 하는 제4차 산업혁명은 1960년대부터 진행된 제3차 산업혁명("디지털 혁명")에 기반을 둔 것이긴 하지만, 그 "전개 속도(speed)", "범위(scope)", 그리고 "생산 · 관리 · 거버넌스 시스템 전체에 미치는 충격"으로 볼 때 제3차 산업혁명과는 확연히 구분된다는 것이다(Schwab 2016). 하지만 인류의 눈앞에 최근 빠르게 전개되고 있는 디지털 혁신 및 융합 현상이 과연 제4차 산업혁명인지 여부는 아직 논쟁적이다.

그림 3-2

금융혁신의 가속화

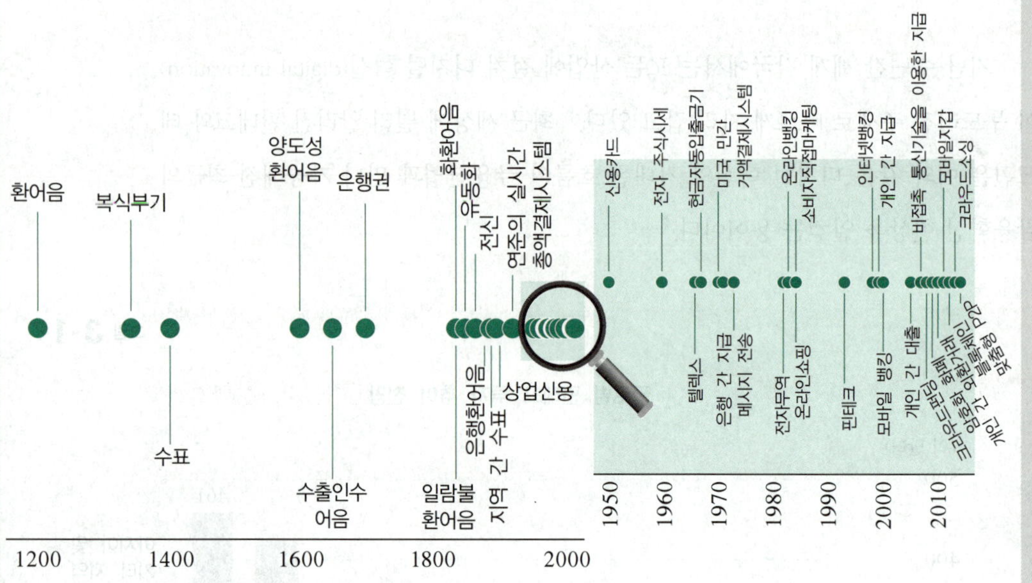

자료: IMF(2017), p.8, Figure 1.

최근 수년간 핀테크 투자는 세계적으로 급증했다. 〈그림 3-1〉에 따르면, 2012년에는 25억 달러 수준이던 핀테크 투자액이 매년 꾸준히 증가하여 2016년에는 2012년의 약 7배 정도로 성장했다. 여기에는 아시아(특히 중국)의 기여가 컸다. 이와 같은 핀테크 및 테크핀의 영향으로 기존의 금융서비스가 더욱 효율적으로 제공되는 것은 물론이고, 다양한 금융서비스가 새롭게 창출됨으로써 금융의 지형(financial landscape) 자체가 빠르게 바뀌고 있는 중이다.

물론 금융혁신 자체가 최근의 현상은 아니다. 역사적 기록에 따르면 지금부터 약 반만년 전 인류는 채무계약의 사용이나 물물교환에서 화폐교환으로의 이행을 이미 경험하고 있었으며,[3] 이와 같은 오래 전 사건 또한 당대의 경제생활을 근본적으

2. 핀테크(FinTech)는 금융기술(financial technology)의 줄임말이며, 테크핀(TechFin)은 기술금융(technology financial)의 줄임말이다. 테크핀은 핀테크를 앞뒤만 바꾼 용어로 2016년 12월 알리바바의 마윈(Jack Ma) 회장이 사용하였다.

3. Graeber(2011)와 Cribb(1990)을 참조하기 바란다.

로 뒤바꿔놓은 획기적 금융혁신이었다. 〈그림 3-2〉는 유구한 금융혁신의 역사 가운데 최근 약 800년 동안의 금융혁신 전개과정을 한눈에 보여준다. 그림에는 13세기의 환어음과 복식부기로부터 21세기의 블록체인과 크라우드소싱에 이르기까지 다양한 금융혁신의 경과가 담겨 있는데, 특히 지난 반세기 동안 금융혁신의 진행 속도가 엄청나게 빨라졌음을 잘 알 수 있다. 그 시작은 20세기 중반 근대적 신용카드의 도입이었다. 그 이후 1970~1980년대에는 ATM과 온라인뱅킹이, 1990년대에는 무점포은행(핀테크)과 인터넷은행이, 2000년대에는 모바일뱅킹이 각각 자리를 잡으면서 은행업무 전반에 걸쳐 고객과 은행 간 상호작용의 비대면화가 가능해졌고, 이러한 반세기 동안의 변화를 토대로 글로벌 금융위기 이후부터는 금융혁신이 디지털 금융혁신(핀테크 및 테크핀)이라는 새로운 모습으로 더욱 빠르게 전개되는 중이다.[4]

그런데 20세기 중반부터 약 반세기에 걸쳐 빠르게 진행되었던 과거의 금융혁신과 21세기 들어와 더욱 가속화된 최근의 디지털 금융혁신은 어떻게 다른가? 최근의 디지털 금융혁신은 핀테크와 테크핀으로 구분할 수 있다. 핀테크는 금융회사가 가치사슬의 핵심에 위치하면서 (비금융 기술 기업인) IT 기업이 이를 보조하는 금융서비스를 의미한다. 다시 말해, 핀테크는 금융에 기술이 접목된 형태의 서비스이다. 예를 들어 시중은행이 블록체인 및 분산원장기술을 활용해서 디지털 화폐로 글로벌 본·지점을 연결하여 자금을 결제·청산하는 시스템을 핀테크라고 할 수 있다. 반면, 테크핀은 IT 기술 업체가 가치사슬의 핵심에 위치하면서 고객에게 제공하는 금융서비스를 의미한다. 즉, 테크핀은 기술에 금융이 접목되고 있다는 점에서 핀테크와는 차이가 난다.[5] 예를 들어 IT 기업이 AI나 빅데이터 등을 활용하여 고객에게 제공하는 혁신적인 금융서비스를 테크핀이라고 부를 수 있다. 기술이 기존 금융서비스의 효율을 보완하여 "촉진자(facilitator)"의 역할을 하는 핀테크와 달리, 테크핀은 "파괴자 및 혁신자(disruptors and innovators)"의 역할을 주로 수행하고 있다.[6]

---

4. Desai(2015), FSB(2017)와 IMF(2017)를 참조하기 바란다.
5. 인용구는 김홍범(2015, p.15)에서 따왔다.
6. Ernst & Young(2014)은 과거의 금융혁신과 최근의 금융혁신을 모두 포괄하는 광의의 개념으로 핀테크를 정의한다. 즉, 핀테크는 "촉진자" 역할을 수행하는 "전통 핀테크(Traditional Fintech)" 유형과 "파괴자 및 혁신자" 역할을 수행하는 "신흥 핀테크(Emergent Fintech)" 유형으로 구성된다는 것이다(Ernst & Young 2014, p.4). 이 경우 전자(전통 핀테크)는 이 책이 말하는 '핀테크'에, 후자(신흥 핀테크)는 이 책의 '테크핀'에 각각 해당한다.

FSB에 따르면, 핀테크 현상은 크게 세 가지 배경 요인–수요 측면에서 "소비자 선호의 변동"과 공급 측면에서 "기술의 빠른 진화" 및 "금융규제 및 시장구조의 변화"–이 작용한 결과이다.[7, 8] 테크핀 현상 역시 핀테크 현상과 마찬가지로 이 세 요인이 작용한 결과지만,[9] 테크핀의 각 배경 요인을 구성하는 구체적 내용은 핀테크의 경우와 크게 다르다. 예를 들어 모바일 기기와 친숙한 밀레니얼 세대의 등장이 소비자 선호를 주도하게 된 점, 다양한 디지털 기술을 보유한 신규 기업이 새로운 방식으로 기존 금융서비스를 저렴하게 제공하거나 고객 편의성을 획기적으로 개선한 새로운 금융서비스를 제공하게 된 점, 신규 출시된 금융서비스에 대한 소비자의 채택 속도가 빨라진 점 등 테크핀 현상은 수요 및 공급 측면 모두에서 최근 진행되고 있는 여러 중대한 변화를 반영한 결과이다.[10]

최근 핀테크와 테크핀 기술이 공급 측면의 기술 발전을 넘어서 수요 측면에서 고객 중심의 혁신으로 이어지는 것은 사회 내에 핀테크와 테크핀 기술이 디지털화(Digitalization)를 넘어서 디지털 전환(Digital Transformation)의 형태로 이루어진다는 점을 시사한다. 디지털화(Digitalization)는 금융산업에 단순히 디지털 기술을 도입하여 디지털 데이터를 이용하는 것을 의미한다.[11] 반면 디지털 전환은 금융산업에 디지털 기술을 접목하는 것 이외에도 금융산업의 비즈니스 모델 자체를 디지털화하여 금융소비자의 선호나 리스크에 대한 태도를 수익 창출에 본격적으로 활용하는 경우를 의미한다.[12] 예를 들어 뱅킹 서비스가 비대면 혹은 모바일 채널로 전환된다고 하더라도 이는 곧 '디지털 전환'의 완결을 의미하지는 않는다. 고객들의 수요에 맞는 금융서비스를 데이터와 인공지능을 기반으로 디지털 환경에서 신속하게 제공할 때

---

7. FSB는 핀테크를 "새로운 비즈니스 모델, 응용(applications), 과정(processes) 또는 상품을 출현시킴으로써 금융시장과 금융기관, 그리고 금융서비스 제공에 중대한 영향을 미치게 되는 금융혁신"으로 정의한다(FSB 2017, p.7).
8. FSB(2017), Annex A, pp.35~37.
9. 상세한 내용은 FSB(2017), p.11, fn.23을 참조하기 바란다.
10. 상세한 내용은 FSB(2017)을 참조하기 바란다.
11. 디지털 기술의 단순한 도입을 의미하는 디지털화(Digitalization)의 초기 단계를 지칭하기 위하여 Digitization이라는 용어를 사용하기도 한다.
12. Brunnermeier(2020)는 플랫폼 기업들이 많은 양의 데이터를 기반으로 소비자 특성 및 선호에 대해 더 잘 파악하게, 정보 비대칭성이 역전될 수 있음을 지적하고 있다. 이 경우 플랫폼 기업이 정보 우위를 이용하여 금융서비스의 가격과 종류를 차별화함으로써 플랫폼 이익을 극대화하는 부작용이 나타날 수도 있다.

디지털 전환이 되었다고 말할 수 있다.[13]

핀테크는 사업분야와 영향력 측면에서 테크핀과 차이를 보이며 테크핀이 기업의 규모와 방대한 네트워크를 활용하여 사업의 규모를 확장하는 경우 빅테크가 된다. 최근 들어 빅테크 기업이 금융시장에 미치는 영향력이 급속히 커지고 있다. 빅테크 기업은 기업 규모, 빅데이터, 그리고 소비자들이 수요하는 많은 재화와 서비스에 대한 네트워크를 이용하여 이익을 창출하는 거대한 글로벌 기술 기업 혹은 플랫폼을 의미한다.[14] 빅테크란 용어는 미국의 Google, Amazon, Facebook, Apple, 중국의 Baidu, Alibaba, Tencent 등 거대 기술회사가 금융서비스를 제공하면서 등장했다.[15] 2021년 기준 한국의 대표적인 빅테크 기업은 Naver, Kakao, 그리고 Toss가 있다. 빅테크 기업은 사업분야와 영향력 측면에서 기존의 핀테크 기업과 차이를 보인다. 핀테크 기업은 금융서비스 제공을 주목적으로 하여 디지털 기술을 사용하지만 빅테크 기업은 디지털 기술과 연관된 주력사업을 별도로 두고 광범위한 사업분야 중 하나로 금융서비스를 제공한다. IoT, 클라우드 빅데이터와 같은 새로운 디지털 기술의 출현으로 인해 빅테크 기업들은 e-commerce 고객들과 다른 비금융서비스들로부터 방대한 자료를 축적하고 분석할 수 있었다. 빅테크 기업들은 비금융 플랫폼의 새로운 기술을 활용하고 방대하게 축적된 데이터와 네트워크 외부효과를 통해 다양하고 새로운 디지털 서비스를 제공하는 금융 플랫폼으로 성장할 수 있었다. 따라서 빅테크 기업들의 경쟁력은 데이터 분석 능력과 네트워크 외부효과, 그리고 상호 연계된 활동에 달려 있다. 이들은 기존에 보유한 고객데이터를 바탕으로 네트워크를 형성하고 이를 통해 네트워크 참여자들의 활동을 확대시킨다.

---

13. 금융산업에서 디지털 전환의 예로 BNK금융그룹 계열 부산은행의 전략을 들 수 있다. 부산은행은 디지털 전환에 대응하기 위해 '고객의 경험'을 중시한 '리디자인 뱅킹(Redesign Banking)' 전략을 제시하고 있다. 부산은행은 고객들이 기존 영업점, 통장, ATM 등에서 이용하는 작업을 데이터로 저장한다. 또한 고객이 영업점을 몇 번 방문해 어떤 업무를 봤으며, 모바일에서 특정 상품을 몇 번 클릭했는지 등 모든 활동과 데이터를 수집해 분석한다. 부산은행은 고객들의 니즈를 충족시키기 위해 데이터 기술과 AI, 자동화 기술 등을 사용했으며, 대표적으로 챗봇 '루아'를 도입했다. 예를 들어 30대 우량 직장인이 대출 관련 콘텐츠를 3번 이상 클릭하면 '루아'가 나타나 우량 직장인 대상 대출 신청 과정으로 안내한다. 즉, 넓고 얇은 수준의 상담보다는 좁고 전문적인 문제를 해결하는 데 초점을 맞췄다.

14. 이하의 내용은 구본성(2021), 이보미(2020)를 참고하여 작성했다.

15. 〈그림 3-3〉 참조.

그림 3-3

해외 빅테크 기업과 금융회사 간 시가총액 비교

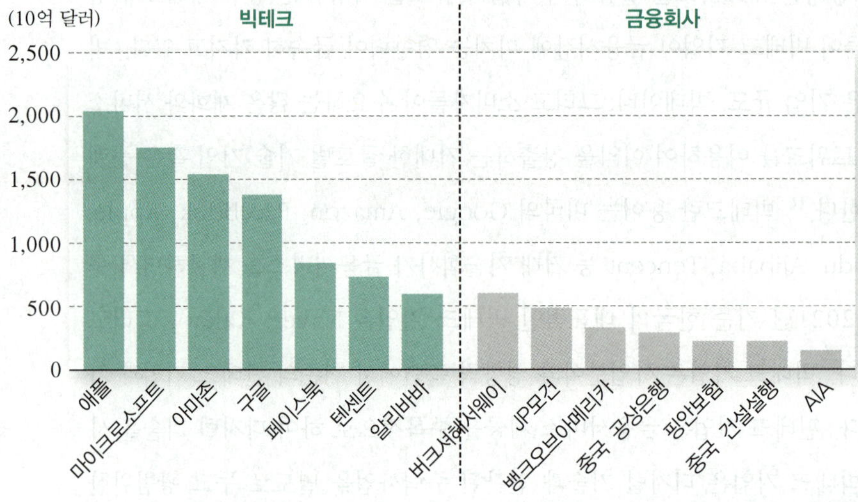

주 : 2021년 3월 말 기준임.

자료: Bloomberg

참여자들의 활동은 다시 새로운 고객데이터를 형성하여 데이터 순환고리를 구성한다. 이러한 데이터 순환고리 내에서 네트워크에 참여하는 고객이 많아질수록 새로운 고객을 유치할 가능성이 커진다. 또한 빅테크 기업이 기술에 투자하는 경우 고정비용은 매우 크지만 규모의 경제 효과로 인해 새로운 고객이 유치될수록 한계비용이 낮아지는 이점이 있다.

최근 Naver와 Kakao 같은 빅테크 기업들은 시장지배력을 확대하며 빠르게 성장하여 금융회사보다 시가총액이 높아졌다.[16] 이러한 현상은 시장에서 소수의 빅테크 기업만이 시장지배력과 고객을 보유하여 네트워크 효과와 규모의 경제 효과를 극대화한 것에 기인한다. 두 효과로 인해 빅테크 기업은 낮은 한계비용으로 높은 수익을 창출할 수 있게 되어 다른 금융회사보다 수익성이 높아지게 되며, 이러한 높은 수익성을 기반으로 자본확충이 가능해짐으로써 금융회사에 비해 상대적으로 저렴

16. 〈그림 3-4〉 참조. 2021년 8월 기준으로 네이버와 카카오의 시가총액은 각각 71.8조원과 66.2조원이며, 시가총액이 가장 큰 네 개의 상업은행을 합한 액수보다 큰 수준이다.

그림 3-4

한국의 빅테크 및 4대 금융지주 시가총액 비교

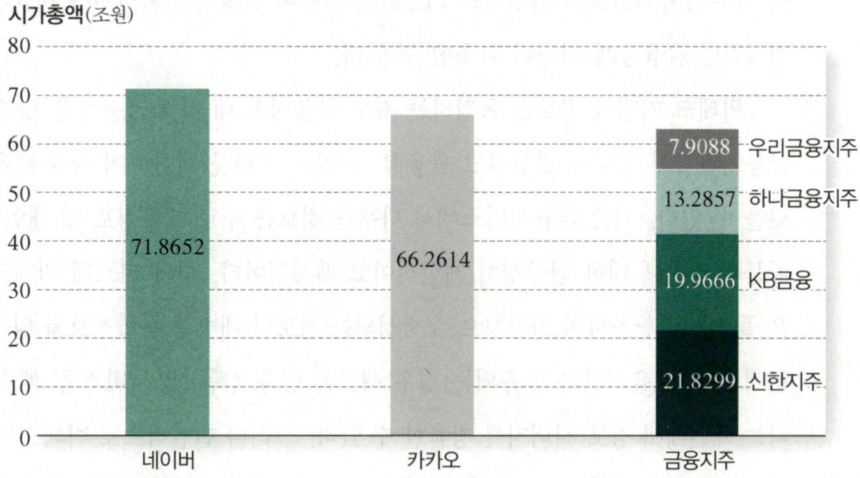

자료 : 네이버 금융

한 비용으로 외부 자금을 조달할 수 있게 된다. 즉, 빅테크 기업은 네트워크 효과를 통해 방대한 데이터를 축적하고 고객들에게 다양한 서비스를 제공하여 소비자의 금융 접근성을 향상시키며, 규모의 경제를 통해 금융서비스의 비용을 낮추어 효율성을 향상시킨다. 그러나 그 이면에는 빅테크 기업의 금융서비스 확대가 금융시장에 미치는 부정적인 영향도 존재한다.

빅테크 기업이 제공하는 금융서비스가 확대될수록 금융기관의 수익성이 약화되어 궁극적으로 금융의 중개기능이 위축될 수 있다. 빅테크 기업이 금융업에 직접적으로 진출하는지 혹은 간접적으로 플랫폼을 활용하여 금융상품을 판매 · 중개하는지에 따라 금융기관 수익성의 약화 양상이 달라진다. 빅테크 기업이 직접 금융업 라이센스를 취득하여 금융기관과 경쟁하는 경우 금융기관은 낮아진 수익성으로 인해 과도한 위험을 추구할 수 있으며, 빅테크 기업의 신용위험과 비금융사업의 위험이 금융시장으로 전이될 수 있다. 또한 빅테크 기업이 간접적으로 금융기관과 제휴하여 높은 수수료를 부과하는 경우 금융기관의 위험관리 부담이 크게 증가한다. 금융기관들은 일반적으로 금융상품의 판매와 위험관리를 연계하여 위험인수에 따른 비용을 분산시킨다. 만약 금융기관들의 판매 부가가치가 위축된다면 간접적으로 금융기관과 제휴하는 빅테크 기업은 금융상품을 위험관리와의 연계 없이 판매 · 중개하기 때문에 금융기관이 위험관리에 따른 위험을 전적으로 부담하게 된다. 이에 따라 기존 금융기관들은 위험관리 기조를 강화하여 안정적인 자산만을 선호하게 되며 적극적인 금융중개 기능이 위축될 수 있다.

빅테크 기업이 정보를 독점하는 경우 금융시장 내 정보 효율성을 낮추며, 기존 금융기관들이 정보를 결합하고 활용할 수 있는 기회를 제한하여 금융 포용성 또한 낮출 수 있다. 기존 금융서비스에서 다루는 정보는 주로 재무정보 및 개인정보이기 때문에 정보에 대한 접근성이 제한적이고 폐쇄적이다. 이와 다르게 빅테크 기업들은 플랫폼을 활용하여 양방향으로 생성되는 정보나 개방형 통합정보를 양산하기 때문에 기존 금융기관과 공유되는 경우 새로운 금융 상품 및 서비스를 개발할 수 있다는 측면에서 정보 시너지를 창출할 수 있다. 그러나 현실적으로 빅테크 기업의 정보공유에 대한 유인은 낮으며 외부기관과의 전속적인 계약관계에 의한 협업 형태를 유지할 가능성이 크다. 또한 빅테크 기업의 시장지배력이 커질수록 금융시장에서 개인 및 기업에 대한 책임이나 책무가 약화되고 소비자의 권한을 제약할 수 있다. 빅테크 기업들은 플랫폼을 통해 개인 및 기업을 양방향으로 연결하여 개인의 소비와 기업 활동에 직간접적으로 영향을 미칠 수 있다. 그 예로 빅테크 기업의 플랫폼이 가입조건이나 영업조건을 설정하여 개인과 기업의 선택권을 제한할 수 있다.

기존의 전통적인 규율체계를 우회하여 빅테크 기업이 규체 차익을 취하는 경우 금융시스템의 안정성이나 금융시장 질서에 영향을 미칠 가능성이 있다. 기존의 금융서비스 규율체계는 금융기관들이 금융서비스에 대한 인허가를 받게 하여 금융시스템의 안정성과 금융시장의 건전성을 관리해 왔다. 그러나 빅테크 기업은 금융서비스를 제공하는 과정에 필수적인 기능에 대해서는 인가를 받지만 다른 금융기관 혹은 금융상품과 연계하여 금융서비스에 대한 권한을 다른 기관으로부터 공유받는 경우도 존재한다. 이러한 빅테크 기업의 공유 형태 자체는 문제가 없으나 공유 방식, 내용, 권한 분배와 같은 계약관계에 의해 금융시스템과 시장질서에 영향을 미칠 수 있다.

금융시장에서 빅테크 기업의 시장지배력이 커지면서 금융안정에 다음과 같은 부정적인 영향을 미칠 수 있다. 첫째, 특정 빅테크 기업의 금융서비스 이용자가 늘어나면서 같은 플랫폼을 이용하는 소비자들이 동일한 금융서비스에 노출되어 금융시장에 쏠림현상이 나타날 수 있다. 둘째, 빅테크 기업은 금융기관 수준의 건전성 규제를 받지 않아 다양한 방법으로 자금을 조달하고 운용하는 과정에서 금융시장 내 만기 및 유동성 불일치 문제를 심화시킬 수 있다.[17] 셋째, 빅테크 기업이 다양한 금융상품을 중개 · 매매하면서 금융상품 간의 연계성이 높아지며 자금을 조달하는 시장과 투자하는 시장이 상이하여 금융충격 발생 시 시장 간 위험이 전이될 수 있다.

2. 디지털 금융혁신의 변모

Money & Financial Markets, Ch. Three

2.1 개관

디지털 금융혁신을 주도하는 핵심 기술에는 블록체인 기술, 무선통신 기술, 사물인터넷, 바이오 인증, 빅데이터, 인공지능과 클라우드 컴퓨팅 등이 포함된다. [표 3-1]은 이들 각각의 기술을 간결하게 정리한 내용이다.

표 3-1 핀테크 및 테크핀의 핵심 기술

블록체인 기술 (blockchain)	▪ 중앙 서버가 모든 거래정보를 집중적으로 관리하는 기존 방식이 아니라 P2P 네트워크의 참여자들이 거래정보의 검증에 다함께 참여하여 분산적으로 관리하는 기술 ▪ 2008년 비트코인의 탄생과 함께 그 거래기록 원장을 관리하는 기술로 처음 소개되었으나, 최근에는 각종 자산의 거래 및 소유권 관련 정보의 관리와 같은 다양한 분야로의 응용가능성이 활발히 모색되고 있음
무선통신 기술 (wireless communications technology)	▪ 전선으로 연결되어 있지 않은 두 기기 사이에 정보 이동이 가능하도록 해주는 기술(예: 마그네틱 보안전송(MST), 전자태그(RFID), 근거리통신(NFC) 등)
사물인터넷 (IoT: internet of things)	▪ 센서, 유 · 무선 통신네트워크, 서비스 인터페이스 등을 활용하여 사물과 사물 간, 그리고 사물과 사람 간 정보를 교환하고 정해진 조건에서 사람의 개입 없이도 사물(things)이 특정 작업을 자동적으로 수행하도록 통제하는 기술
바이오 인증 (biometrics)	▪ 개인의 신체나 행동의 특징과 같은 생체정보를 그 개인의 식별 · 인증에 활용하는 기술

17. 다만, 은행을 설립하거나 은행과 협업하여 자금을 조달하는 경우 자본 적정성 및 유동성 관련 규제를 받아 관련 위험이 크지 않다.

빅데이터(big data)	▪ 전통적인 데이터 처리 · 분석 방식으로는 다룰 수 없는 대규모의 복잡한 정형, 반정형, 비정형 데이터(예를 들어, 텍스트, 이미지, 오디오, 비디오 등)를 의미 ▪ 또는 인공지능을 이용한 빅데이터 분석을 통해 경제주체의 행동이나 가격 패턴을 예측하는 기술을 의미 ▪ 금융업에서 빅데이터 및 인공지능의 응용 사례로는 "신용승인 · 투자자문의 자동화, 규제준수 · 사기포착의 촉진, 그리고 금융자산 트레이딩의 자동화"를 들 수 있음(IMF 2017, p.10)
인공지능 (AI : artificial intelligence)	▪ 컴퓨터 알고리즘을 통해 데이터를 조직화하고 분석 · 추론함으로써 인간의 학습능력이나 문제해결력을 기계로 구현하는 기술 ▪ 인공지능의 핵심 기술인 기계학습(machine learning)을 통해 "경험을 통해 컴퓨터 알고리즘의 자동적 개선"을 도모(Wikipedia 2017i) ▪ 최근 부상한 심화학습(deep learning) 기술은 기계학습의 하나로 '인공신경망'을 응용
클라우드 컴퓨팅 (cloud computing)	▪ 언제 어디서나 이용자가 필요시 공동 네트워크에 접속만 하면 데이터 처리와 분석에 필요한 IT자원(예: 컴퓨터 네트워크, 서버, 저장공간 등)을 제공하는 기술

자료: 한국은행 금융결제국(2017), IMF(2017), Wikipedia(2017a, 2017b, 2017e, 2017g, 2017i).

이와 같은 핀테크 및 테크핀의 여러 핵심 기술은 궁극적으로 기존 금융서비스의 저렴한 제공 또는 새로운 금융서비스 수요의 창출을 가능하게 해준다. 한편, 금융활동은 일반적으로 그 경제적 기능을 중심으로 "지급, 청산 및 결제", "예금, 대출과 자본금 조달", "보험", "자산관리", 그리고 "시장 지원"의 5개 활동부문으로 대별된다.[18] 이에 따라 분석의 초점을 핀테크 및 테크핀 기술보다는 그 기술을 응용한 결과 가능해진 금융활동으로 옮겨 5개 부문별로 핀테크 및 테크핀 활동의 내역을 정리하면 〈그림 3-5〉와 같다.

아래에서는 핀테크 및 테크핀의 핵심 기술과 관련 금융활동 가운데 일부를 검토하기로 한다. 전자(기술)에 관해서는 블록체인 기술과 이를 응용한 디지털 화폐를,[19] 후자(금융활동)에 관해서는 핀테크 및 테크핀의 진행이 보다 가시적으로 진행

---

18. FSB(2017), p.8.

19. 다음 소절에서 설명되겠지만 블록체인은 디지털 화폐(구체적으로는 비트코인)의 발행 및 거래를 지지하는 기반 기술로 2008년 10월 세상에 처음 소개되었다. 하지만 디지털 화폐와는 별개로 블록체인 기술의 응용가능성이 이후 주목을 받게 되면서 요즘은 블록체인 기술과 디지털 화폐를 가급적 구분하여 논의하는 것이 일반적이다. 블록체인 기술의 잠재적 응용가능성은 다양한 분야에서 매우 클 것으로 기대되고 있으며 많은 탐구가 진행되고 있으나, 아직 디지털 화폐에 버금가는 수준의 획기적 블록체인 응용 사례는 나오지 않은 것으로 보인다(*The Economist* 2015a).

그림 3-5

디지털 금융혁신의 유형 구분: 경제적 기능에 따른 정형화

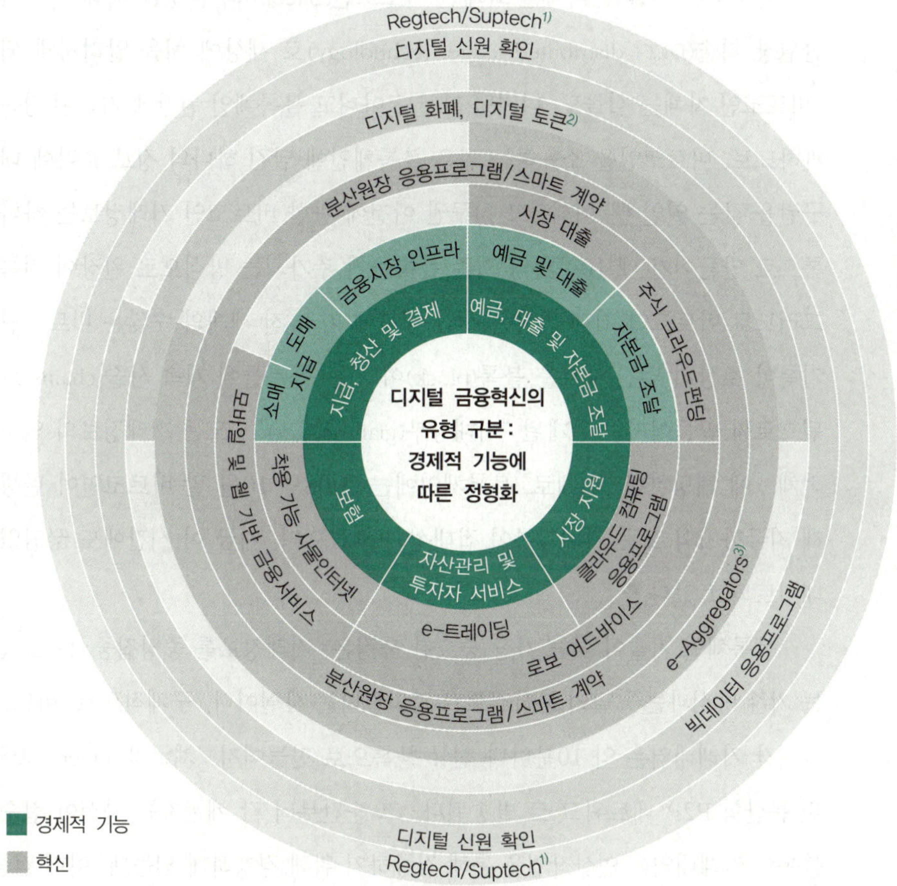

주 : 1) 규제감독 분야의 디지털 기술 활용
2) 분산원장에 기록된 귀금속이나 부동산 등 다양한 자산에 대한 디지털 청구권
3) 가격비교 사이트와 같이 다양한 원천의 관련 정보를 선별 · 집약하여 상품의 구매자와 공급자를 연결해 주는 웹 기반 사업자

자료 : FSB(2017), p.9, Figure 1. (다만, 각주는 독자의 이해를 위해 저자가 관련 문헌을 참고하여 추가)

중인 '지급, 청산 및 결제'(지급결제서비스), '대출'(크라우드펀딩 및 P2P 대출), '자산관리'(로보-어드바이저) 등 부문을 차례로 살펴보기로 한다.

2.2 블록체인 기술

블록체인 기술은 디지털 화폐인 비트코인(Bitcoin)의 운영을 위해 사용되는 분산원장 기술(DLT: distributed ledger technology)로 세상에 처음 알려지게 되었다. "비트코인 자체는 실물도, 디지털 파일도 아니고 블록체인 원장에 기록된 항목에 불과하므로, 비트코인을 소유하는 일은 블록체인에 담긴 하나의 정보 조각에 대한 청구권을 갖는 일일 뿐"이다. 그 청구권 이전에 관한 비트코인 거래정보는 하나의 블록으로 만들어져 매 10분마다 기존 블록들에 추가되는 방식으로 원장에 기록된다. 그러므로 비트코인 거래 원장은 시간 경과에 따라 전 세계의 수많은 비트코인 거래기록이 소상히 담긴 새로운 블록(block)이 기존 블록들에 계속 사슬(chains)로 연결됨으로써 만들어지는 공개된 "거대장부(giant ledger)"—모든 거래정보의 역사적 집적체—에 해당한다. 실제로, 블록체인에는 2008년 10월 말 비트코인이 탄생한 이래 지금까지의 모든 거래기록이 집대성되어 있으며, 지금 이 시간에도 끊임없이 업데이트되고 있다.[20]

블록체인 기술이 갖는 가장 중요한 특징은, 거래정보를 중앙집중식으로 관리하는 기존 방식과는[21] 달리 분산적으로 관리한다는 사실이다. 구체적으로, 비트코인의 실시간 거래내역은 약 10분마다 신규 블록으로 만들어져 '채굴자(miners)로[22] 구성된 분산형 P2P 네트워크'로 발송된다. 그 순간부터 각 채굴자는 자신이 접수한 새 블록의 거래내역을 연산작업을 통해 검증하기 위해 경쟁하게 되는데, 이때 검증이란 '수학 문제(mathematical puzzle)에 대한 해(solution)의 발견'을 의미한다. 이 과정에서 어떤 채굴자가 해를 최초로 발견하면 다른 채굴자들 다수가 그 해를 확인하고 승인해야만 신규 블록이 비트코인 거래 원장에 비로소 편입된다. 이러한 절차를 통해

---

20. 이 문단의 인용문은 모두 *The Economist*(2015a), p.13에서 따왔다.
21. 기존의 중앙집중식 거래정보 관리 사례로는, 개별 예금은행이 자신의 중앙 서버를 통해 개별 고객의 입출금 거래 내역 및 잔고를 기록·관리한다든가, 한국예탁결제원이 자신의 중앙 서버를 통해 유가증권 거래참가자들의 증권매매에 따른 장부상 권리관계를 기록·관리하는 것을 들 수 있다(김동섭 2016).
22. 채굴자란 비트코인의 획득과정을 마치 금을 캐는 채굴과정에 빗대어 표현한 용어로, 실제로는 대형 연산능력을 가진 '데이터 센터'를 가리킨다. 세계적으로 약 1만 채굴자가 비트코인 블록의 내역 검증작업에 자발적·경쟁적으로 참여하고 있으며, 그에 대한 보상으로 비트코인이 지급된다(*The Economist* 2015a).

그림 3-6

비트코인 거래의 처리방식

❶ 지급인은 "디지털 지갑(digital wallet)" 소프트웨어를 사용하여 비트코인 지급을 개시

❷ 처리를 앞둔 이 거래 및 여타 거래들의 내역이 비트코인의 글로벌 네트워크로 전송됨

❸ 약 10분마다 네트워크 내 "채굴자"로 알려진 전담 컴퓨터들이 수백 개의 거래내역을 모아 하나의 "블록"으로 결합

❹ 채굴자는 이 블록의 처리를 거쳐 신규 "블록체인"이 담아야 할 내용의 합의에 도달

❺ 대규모 연산 능력을 제공한 데 대한 사례로 새로 주조된 비트코인이 채굴자에게 지급됨 ; 이는 비트코인이 순조롭게 기능을 발휘하도록 하는 유인을 갖도록 채굴자에게 제공하는 보상에 해당

❻ 채굴자들은 신규 블록체인을 전체 네트워크에 배포 ; 이때 새로운 거래는 가장 최근의 블록에 기록됨

❼ 피지급인(수취인)은 자신의 가상지갑 소프트웨어를 사용하여 비트코인의 수취 여부를 확인

자료: *The Economist*(2015a), p.14의 그림 및 설명.

사기 거래자에 의한 소위 '이중지급(double spending)'의 가능성이 효과적으로 봉쇄되며, 해의 최초 발견자에게는 소정 수량의 비트코인이 보상으로 제공된다.[23]

〈그림 3-6〉은 비트코인의 지급에서 수취에 이르는 전 과정을 블록체인 기술의 작동에 초점을 맞춰 보여준다. 이와 같은 과정은 "서로에 대한 특별한 신뢰가 없는 사람들[그림에서 비트코인의 지급인 A와 수취인 B]이 중립적인 중앙 당국(central authority)을 통하지 않고서도 블록체인 기술 덕분에 상호 협조하게 된다"는 사실을 잘 보여준다. 이런 점에서 블록체인 기술은 한마디로 "신뢰를 만들어내는 장치(machine for creating trust)"에 해당한다.[24]

---

23. 수학적 검증과정에 대한 비교적 평이한(non-technical) 설명으로는 Ali *et al.*(2014a) 및 *The Economist*(2015c)를 참조하기 바란다. 이와 같은 신규 블록의 검증절차가 실제로 작동하는 데에는 "[주어진 수학적 문제의] 해를 발견하기는 어렵지만, 그 해가 옳은지 확인하기는 쉽다"는 특징이 중요하게 작용한다(*The Economist* 2015c, p.20). 한편, 이중지급이란 "특정 참가자가 자신이 보유한 금액을 정상적인 거래에 사용한 뒤 해당 거래가 제외된 원장을 다시 배포하여 결제를 취소시키고 해당 금액을 다른 거래에 재사용하는 조작"을 가리킨다(김동섭 2016, p.7).

24. *The Economist*(2015b), p.11.

블록체인 기술에 의한 분산원장의 작성 및 관리는 효율성, 보안성, 시스템 안정성, 그리고 투명성의 측면에서 기존의 중앙집중 방식보다 뛰어난 것으로 평가된다.[25] 나아가 블록체인 기술의 등장은 향후 금융시스템의 모습을 크게 바꾸게 될 것으로 기대된다. 독자들이 이 책의 제1장에서 학습했듯이 금융시스템은 신뢰를 기반으로 작동하는데, 블록체인은 바로 그 '신뢰' 자체를 '창조'하는 기술이기 때문이다.

한편, 블록체인은 디지털 통화의 운영 이외에도 지급결제시스템을 포함한 금융서비스 전반에 걸쳐 다양한 기술적 응용이 가능하다는 전망이 지배적이다. 일부에서는 블록체인이 "차세대 거대기술(The next big thing)"로 부상할 것으로 기대하는 정도이다.[26] 이에 따라 최근 블록체인 기술에 관한 연구개발은 대체로 세 가지 갈래로 진행되고 있다.[27] 첫째, 기술의 활용 범위를 확장하려는 노력이다. 기존 블록체인에 자산의 특성 또는 소유권 관련 데이터를 추가적으로 기록·관리함으로써 주식, 채권, 부동산 등 다양한 자산의 거래와 그에 따른 소유권 정보를 체계적으로 확인할 수 있는 사이버 자산등기소로 활용하는 가능성의 탐구가 그런 좋은 예이다. 둘째, 특화된 용도에 활용하기 위한 새로운 블록체인 기술을 개발하려는 노력이다. 예를 들어, 이더리움(Ethereum)은 스마트 계약에 특화된 기술을, 리플래브즈(Ripple Labs)는 해외송금에 특화된 기술을 각각 개발 중이다. 셋째, 개방형이 아닌 폐쇄형 기술을 개발하려는 노력이다. 가상통화 발행을 염두에 둔 기존의 개방형 블록체인은 참여대상에 제한을 두지 않은 상태로 모든 참가자들 간의 신뢰를 작업증명으로 창조해내는 것이 관건이지만, 상호 신뢰가 가능한 제한된 범위의 참가자들이 모여 특정 목적을 위해 분산원장 기술의 이점을 활용하고자 하는 경우에는 폐쇄형 블록

---

25. 다만 "현재로서는 블록체인이 초당 7건의 거래만 처리할 수 있[으므로] … 이용자들이 거래 처리에 걸리는 30분 정도까지의 시간을 기다려야 하는" 점과 "채굴[거래내역 검증]에 대형 연산능력이 소모되는" 점 등은 약점으로 지적된다(*The Economist* 2015a, p.14). 그럼에도, "예를 들어 미국에서는 은행 간 송금에 3일까지 걸릴 수 있"고, "나라와 나라 간 송금에는 여러 은행들이 개입되어 시간이 더 걸릴 수 있는 데다 이들 은행 몫으로 수수료를 떼이고 나면 수취인이 받게 될 액수가 얼마인지를 송금인이 늘 알 수 있는 것은 아니"라는 점을 감안한다면, "기존 거래에 비해 블록체인은 [거래내역의 변경에 대한 검증 및 합의만 거치면] 거래를 번개처럼 빠르게 처리"하는 셈이다(*The Economist* 2017b, p.15). 블록체인 기술에 관한 상세한 종합평가에 대해서는 김동섭(2016)을 참조하기 바란다.
26. *The Economist*(2015a), p.11.
27. 상세한 내용은 김동섭(2016)을 비롯하여 한국은행(2017a)과 *The Economist*(2015a, 2015b)를 참조하기 바란다.

체인이 적절할 수 있다.

블록체인 기술의 다양한 적용을 위해 각국 금융권 및 핀테크 신생기업은 흔히 다양한 컨소시엄—예를 들면, R3CEV 컨소시엄, 하이퍼레저(Hyperledger), SBI 핀테크 컨소시엄 등—을 구성하여 실무적 연구 및 개발에 매진하고 있다.[28] 또한 국제금융기구와 각국 정책당국은 비트코인 기술이 지급결제시스템에 미치게 될 영향에 대한 검토는 물론, 향후 비트코인 기술의 응용이 다양한 분야로 확산되는 경우 이것이 물가안정, 금융안정과 지급결제시스템 감시 및 규제에 대해 갖게 될 정책적 함의에 대한 탐구도 진행 중이다.[29] 우리나라에서도 일부 은행과 기업이 해외의 R3CEV 컨소시엄과 하이퍼레저에 참여하고 있으며, 최근 정책당국이 금융업계 및 전문가와 함께 참여하는 "블록체인 협의회"를 가동하는 동시에 은행업 및 금융투자업을 주축으로 한 "금융권 공동 블록체인 컨소시엄" 구성을 추진 · 완료하는 등 국내에서도 가시적 움직임이 관찰된다.[30]

2.3 디지털 화폐

디지털 화폐(digital currency 또는 digital cash)의 효시는 2008년 10월 31일 나카모토(S. Nakamoto)라는 필명의 발명가(들)가 공표한 비트코인(Bitcoin)이다.[31] 비트코인은 전적으로 중앙은행의 통제권 바깥에서 발행된다는 점에서는 화폐의 초기 유형인 상품화폐와 유사하지만 물리적 실체가 없는 무형자산 또는 디지털 상품이다. 또한 블록체인이라는 명칭의 분산원장 기술(DLT)을 토대로 지급인과 수취인 간 자금(비트코인) 이체가 직접 이루어진다는 점에서, 중개기관의 개입 하에 이루어지는 현행 중앙집중 방식의 자금이체와는 전혀 다르다. 이와 같이 획기적 기술로 운영되는 새로운 유형의 화폐, 즉 비트코인은 처음부터 전 세계의 비상한 주목을 받았다.[32]

이후 지난 근 10년간 비트코인의 기술적 변종이라 할 수 있는 다양한 디지털 화

28. 상세한 내용은 한국은행 금융결제국(2017)을 참조하기 바란다.
29. 상세한 내용은 Ali *et al.*(2014a)과 BIS(2015)를 참조하기 바란다.
30. 상세한 내용은 금융위원회(2016)를 참조하기 바란다.
31. Nakamoto(2008) 참조.
32. 상세한 내용은 Ali *et al.*(2014b)을 참조하기 바란다.

폐가 세상에 나오게 되어, 2021년 7월 기준 현재 시장에서 인지된 것들만 해도 그 수효가 무려 10,820종 정도나 되고 전체 시가총액도 1조 3,920억 달러를 상회하는 것으로 알려져 있다.[33] 비트코인 이외의 여타 디지털 화폐, 즉 '알트코인(alt-coins)'은 모두 블록체인 기술을 토대로 개발된 비트코인의 변종들로, 비트코인에 새로운 기능을 기술적으로 추가하거나 코인 생성구조를 일부 변경하는 방식으로 블록체인 기술을 확장하려는 다양한 시도를 반영한다.[34] 이는 나카모토가 블록체인 소프트웨어를 처음부터 인터넷을 통해 '공개 플랫폼(open platform)'으로 제공한 덕분이다.[35]

비트코인이 알려진 이후 한동안 이러한 부류의 화폐는 기존의 지폐나 동전과 같은 물리적 실체가 없이 전자적으로만 존재한다는 의미에서 가상화폐(virtual currency)로, 또는 암호 방식을 사용한다는 의미에서 암호화 화폐(cryptocurrency)로 흔히 불러왔다. 하지만 최근에는 디지털 혁신의 맥락에서 디지털 화폐라는 명칭이 보다 널리 쓰이게 되었다.[36] 2015년 초 유럽중앙은행(ECB)은 디지털 화폐를 "중앙은행, 신용기관(credit institutions)이나 전자금융업자(e-money institutions)에 의해 발행되지는 않았으나, 경우에 따라서는 화폐 대신 사용될 수 있는 디지털 방식의 가

---

33. 상세한 내용은 CoinMarketCap(2021)을 참조하기 바란다.

34. 알트코인이란 비트코인 이외의 여타 디지털 화폐를 통칭하는 용어이다. CoinMarketCap(2021)에 따르면 2021년 7월 10일 현재 개별 시가총액이 100억 달러를 넘긴 디지털 화폐는 모두 11종으로 비트코인(Bitcoin : 6,318억 달러), 이더리움(Ethereum : 2,464억 달러), 테더(Tether : 621억 달러), 바이낸스 코인(Binance coin : 479억 달러), 카르다노(Cardano : 427억 달러), 리플(XRP : 287억 달러), 도지코인(Dogecoin : 283억 달러), USD Coin(260억 달러), 폴카돗(Polkadot : 148억 달러), 유니스왑(Uniswap : 121억 달러), 바이낸스 USD(106억 달러)로 확인된다. 이들 가운데, 예를 들어 이더리움은 특정 조건 아래 컴퓨터가 계약을 자동 실행하는 스마트계약 기능을 블록체인 기술에 추가적으로 탑재한 사례이고, 라이트코인은 채굴 과점화 방지를 겨냥하여 코인 생성구조의 변경을 구현한 사례에 해당한다. 몇몇 대표적 알트코인에 대한 간결한 설명은 이상민(2017)을 참조하기 바란다.

35. *The Economist*(2015b), p.20.

36. 2017년 하반기부터 비트코인 등에 대한 투기적 환상(speculative euphoria)이 국내외적으로 급속히 확산되면서, 디지털 화폐에 대해 부정적 시각을 가진 논자들은 실체가 없다는 사실을 강조하기 위해, 긍정적 시각을 가진 논자들은 암호화 기술을 응용한다는 사실을 강조하기 위해, 각각 '가상화폐' 용어와 '암호화폐' 용어를 선호하는 것으로 보인다(박수용 2017). 이를 감안하여, 이 책에서는 상대적으로 가치중립적이라 할 수 있는 '디지털 화폐'를 사용하기로 한다. 또한 이 책의 전편을 통해 '화폐'와 '통화'는 원칙적으로 동일한 의미로 혼용되지만, 예외적으로 이 장에서는 디지털 통화가 아닌 디지털 화폐로만 표현하기로 한다. 이는 비트코인 등이 일반적으로 통용되는 것은 아니므로, 다소 거시적 뉘앙스를 풍기는 디지털 '통화'보다는 미시적 뉘앙스를 가진 디지털 '화폐'가 좀 더 적절한 것으로 생각되기 때문이다.

치 표현물(digital representation of value)"로 정의한 바 있다.[37] 디지털 화폐는 "칩카드(chip card) 또는 개인용 컴퓨터(PC)의 하드 드라이브와 같은 기기에 전자적으로 저장된 가치"로 정의되는 광의의 전자화폐에는 원칙적으로 포함된다.[38]

비트코인이 세상에 알려진 이후 초기의 가장 큰 관심사는 디지털 화폐를 과연 화폐로 볼 수 있는지 여부였다. 이에 대한 판단은, 디지털 화폐가 가치저장, 지급수단(교환매개)와 가치척도(계산단위)와 같은 화폐의 여러 표준적 기능을 얼마나 충실히 수행하는지에 따라 내려져야 한다는 사실을 앞서 제2장을 공부한 독자라면 쉽게 짐작할 것이다. 첫째로 지급수단의 기능에 대하여 고려해 보자. 영란은행의 최근 연구에 따르면,[39] 디지털 화폐의 지급수단(교환매개) 기능은 그 디지털 화폐를 받아들이는 가맹점 수효와 거래규모로 가늠해 볼 수 있는데, 아직까지는 가맹점 수효도 거래규모도 각기 미미한 수준인 것으로 보인다.

둘째, 디지털 화폐의 가치저장 기능은 향후 시간경과에 따라 전개될 수요 및 공급의 강도가 어떠할지에 대한 예상이나 믿음에 의해 좌우된다. 그런데 디지털 화폐의 공급이 대체로 미리 정해져 있는 점을 감안하면,[40] 그 수요에 대한 믿음이 디지털 화폐 가치의 결정에 특히 중요해진다. 실제로, 미국 달러화로 평가한 디지털 화폐의 가격은 지금까지 상당한 단기적 변동성을 보였다. 예를 들어, 비트코인에 대해서는 〈그림 3-7〉을 참조하기 바란다.[41] 이는 디지털 화폐가 단기적 가치저장수단으로

---

37. ECB(2015), p.25.

38 CPMI(2015), p.4.

39. 디지털 화폐의 세 가지 기능(역할)에 대한 본문의 평가 내용은 주로 Ali *et al.*(2014b)을 참조했다.

40 예를 들어, 비트코인의 경우에는 매 신규 블록이 약 10분 간격으로 생성될 때마다 비트코인 50단위(50 BTCs)가 최초 채굴자에게 보상으로 제공된다. 다만, 비트코인의 공급 총량은 궁극적으로 2,100만 단위로 고정되어 있다. 왜냐하면, 신규 생성된 거래 블록의 총 수효가 21만 개가 되는 약 4년마다 그 이후 개별 신규 블록의 최초 채굴자에 대한 보상이 정확히 반감되도록 비트코인이 설계되었기 때문이다(Ali *et al.* 2014a). 이에 따라 2040년 즈음이면 궁극적 공급 총량 수준에 도달할 것으로 예상되며(Ali *et al.* 2014a), 2017년 중반 현재 이미 발행된 비트코인은 공급 총량 2,100만 단위의 3/4을 훌쩍 넘긴 것으로 알려져 있다(강준영 2017).

41. 〈그림 3-7〉은 2016년 7월 중순 경부터 2021년 7월 하순 경까지의 기간에 걸쳐 일자료(daily data)로 계산한 비트코인의 가격 및 거래액 변동 추이를 보여준다. 비트코인은 특히 2017년 하반기에 접어들면서 가격이 급등하기 시작했고, 이러한 급등세는 2017년 11월까지 대체로 지속되다가 12월에는 더욱 가속화하여 12월 17일 고점(1BTC당 19,400달러)에 도달했다. 이후 지속적인 하락세로 돌아선 가운데 단기적 급등락을 반복한 결과 2021년 4월에 다시 전례없는 최고가(1BTC당 57,200달러)를 기록했다.

그림 3-7

비트코인 가격과 거래액[1]

주 : 1) 일자료(daily data) 기준

자료: Bitcoinity, "Bitcoin Price and Volume," https://data.bitcoinity.org, date of search : July 3rd, 2021.

서는 취약하다는 사실을 시사한다. 또한 장기적 가치저장수단으로서 디지털 화폐의 가치 역시 그 장기적 성공에 대한 사람들의 믿음에 의존할 것이다.

셋째, 디지털 화폐가 가치척도(계산단위) 기능을 수행한다는 증거는 거의 없다. 물론 일부 가맹점들이 가격을 비트코인으로 표시하는 사례가 일부 관찰되긴 하지만, 그런 경우에도 달러화로 평가한 가치를 안정적으로 유지하기 위해 가맹점들은 자신의 명목 가격을 빈번히 조정하는 것이 현실이기 때문이다. 결국 기능적 측면에서 디지털 화폐를 통상적 의미의 화폐로 보기는 아직 어렵다. 한마디로, "디지털 화폐는 고유동성 자산의 특성을 보이지 않고 있으며 화폐에 흔히 수반되는 수용성 수준에 도달하지도 못한" 상태이기 때문이다.[42]

한편, 법률적 측면에서 디지털 화폐를 화폐로 보기는 더욱더 어렵다. 우선, 협의의 전자화폐가 자국 화폐단위로 표시되고 법화와 1:1로 등가 교환되는 반면, 디지털 화폐는 "국경 없는 온라인 화폐라는 속성"을 갖고 있어서 "한 나라의 화폐단

42. ECB(2015), p.25.

위가 아닌 디지털 화폐 자체의 단위로 그 가치가 표시되는 데다, 심지어 법정화폐와의 연계성마저 없다."[43]

또한 디지털 화폐는 그 발행규칙이 흔히 "컴퓨터 약정(computer protocol)"에 의해 미리 정해져 있는 '자산(asset)'으로, "개념적으로는 마치 … 상품처럼 수요 및 공급에 의해 가치가 결정되"고 "독자적 회계단위"로 그 가치가 표시되지만 "고유가치가 영(0)"이므로 상품과도 차이가 난다. 따라서 디지털 화폐의 가치는 "훗날 다른 상품이나 서비스, 또는 특정 수량의 법화와 교환되리라는 믿음에만" 의존한다. 이는 디지털 화폐가 투자의 대상이 될 수 있음을 의미한다. 그럼에도 "지목할 수 있는 발행자가 따로 존재하지 않"으므로 디지털 화폐를 어느 누구의 '부채'라고 특정할 수 없다는 사실은 화폐의 전통적 또는 법률적 개념에 부합하지 않는다. 이는 전통적·법률적으로 화폐를 구성하는 요소들—현금(지폐 및 동전), 예금화폐, 중앙은행예치금, 그리고 협의의 전자화폐—은 모두 관련 발행자의 대차대조표상 부채항목이라는 공통점을 갖는 것과는 대조적이다.[44]

나아가 지급결제의 기술적 측면에서 디지털 화폐가 비실물(전자적) 화폐이면서도 분권화된 네트워크를 활용하는 분산원장 기술—"거래 쌍방 간 신뢰가 전제되지 않은 상태에서도 중개기관을 통할 필요 없이 전자적 가치의 개인 간 원격 교환"을 가능하게 해주는 거래의 기록 및 저장 기술—을 통해 지급인과 수취인 사이의 가치 이전이 P2P 방식으로 이루어지는 점은, 예금화폐, 중앙은행예치금, 전자화폐(협의)와 같은 법률적 비실물(전자적) 화폐가 모두 제3의 중개기관에 의해 중앙집중 방식으로 운영되는 지급·청산·결제 인프라를 통해 가치 교환이 이루어지는 것과는 중요한 차이가 난다.

지금까지의 논의를 토대로 디지털 화폐가 전통적인 현금(지폐 및 동전)이나 전자화폐와 어떻게 비교되는지를 간결히 정리하면 [표 3-2]와 같다.

43. 디지털 화폐의 주요 특징에 관한 이 문단 및 다음 두 문단의 3개 문단 내 인용문은 모두 CPMI(2015), pp.4~5와 p.10에서 따왔다.

44. 원래 현금과 중앙은행예치금은 둘 다 그 발행자인 중앙은행의 대차대조표상 부채항목이고, 예금화폐는 발행자인 상업은행의 대차대조표상 부채항목이다. 마찬가지로, 협의의 전자화폐는 그 발행자인 전자금융업자의 대차대조표상 부채항목이다. 예를 들어 EU의 전자화폐 정의에는 "전자화폐 잔액은 그 발행자의 자금 수취에 따라 발행된 청구권이어야 한다는 요건"이 포함된다(CPMI 2015, p.4).

표 3-2 현금과 전자화폐 및 디지털 화폐 : 비교

	현금	전자화폐(협의)	디지털 화폐
발행기관	중앙은행	금융기관, 전자금융업자	없음
발행규모	중앙은행 재량	법정통화와 1:1 교환	알고리즘에 의해 사전 결정
거래 기록 및 승인	불필요	발행기관 및 청산소	분산원장 이용 P2P 네트워크
화폐단위	법정통화	법정통화와 동일	독자적인 화폐단위
법정통화와 교환 여부	–	발행기관이 교환을 보장	가능하나 보장되지 않음
법정통화와의 교환가격	–	고정	수요-공급에 따라 변동
사용처	모든 거래	가맹점	참가자
법률 기반	「한국은행법」	「전자금융거래법」	현재 없음
기반 기술	제지 · 인쇄술	지급청산결제 인프라	분산원장기술

자료: 김동섭(2016), p.15의 표를 한국은행(2017a)에 따라 일부 수정 · 보완하여 작성.

그런데 비트코인은 마약거래, 탈세, 또는 자금세탁과 같은 불법적 용도로도 활용된다고 알려져 있다. 마약 밀거래나 컴퓨터 해킹 등 사이버범죄의 지급수단으로 이용되는 등 디지털 화폐는 그 익명성으로 인해 국내외의 다양한 금융사기와 자금세탁의 수단으로 자주 이용되고 있다. 이는 디지털 화폐 거래가 규제받지 않고 익명으로 국경을 넘나드는 온라인거래이기 때문이다.[45] 이런 점에서 일부 국가에서는 비트코인 거래를 불법으로 규정하고 있다.[46]

하지만 비트코인을 비롯한 디지털 화폐의 미래는 앞으로 두고 볼 일이다. 다수 국가에서 비트코인 거래를 굳이 명시적으로 금지하기보다는 이를 용인하는 가운데 비트코인이 온라인 쇼핑몰과 해외송금 등 정상적 거래에서 점점 더 쓰이고 있고, 최근 독일과 일본 등 몇몇 나라에서는 비트코인을 지급결제수단으로 명시적으로 인정하는 등[47] 디지털 화폐의 제도적 수용에 그동안 둔감하거나 소극적이던 일부 국가에서도 디지털 화폐 관련 규제를 완화하고 이를 제도적으로 수용하려는 변화가 최근 두드러지게 감지되고 있기 때문이다.

45. 상세한 내용은 김동섭(2016)과 CPMI(2015)를 참조하기 바란다.
46. 세계 각국이 비트코인을 법률적으로 어떻게 취급하고 있는지에 관해서는 Wikipedia(2017h)를 참고하기 바란다.
47. 신흥국에서 금융서비스의 수혜에서 소외되던 계층이 디지털 화폐 이용의 보편화로 저렴한 지급결제 및 해외송금 서비스를 누리게 된다면 디지털 화폐는 금융포용(financial inclusion) 측면에서 의미가 클 수 있다. FSB(2017) 참조.

더욱이, 최근 해외의 몇몇 금융기관과 중앙은행은 분산원장기술을 활용하여 디지털 화폐를 자체 발행하는 방안을 연구 중인 점은 주목할 만하다. 이들이 관심을 두는 디지털 화폐는 국가 화폐단위로 가치가 표시되며 법정통화와 1:1 교환이 가능하고 중앙기관이 발행한다는 점에서[48] 우리가 이 소절에서 학습한 비트코인 등의 디지털 화폐와는 성격이 크게 다른 것은 물론이다. 우선, 일부 금융기관들은 지급결제서비스 또는 송금서비스의 효율화를 위해 디지털 화폐의 개발에 박차를 가하고 있다. 예를 들어 스위스의 UBS, 스페인의 산탄데르(Santander), 독일의 도이체뱅크(Deutsche Bank), 미국의 BNY 멜론(BNY Mellon) 등은 은행 간 결제를 염두에 두고 USC(Utility Settlement Coin)라는 디지털 화폐를 이미 2016년 8월에 공동 개발한 것으로 알려져 있다.[49] 한편, 영란은행, 캐나다중앙은행, 일본은행, 유럽중앙은행, 스웨덴중앙은행 등과 같은 일부 국가의 중앙은행도 분산원장기술을 근간으로 하는 디지털 화폐(CBDC: central bank digital currency)를 직접 발행하는 방안을 연구 중이다. 중앙은행들은 주로 도매 지급결제시스템의 효율성 제고와 통화정책의 효과성 확보를 위해 자체 디지털 화폐의 발행을 고려하는 것으로 알려져 있다.[50]

참고로, 우리나라에서는 디지털 화폐에 대한 규제적 접근을 검토하기 위해 금융위 주도의 "디지털 통화 제도화 T/F"가 지난 2016년 11월 구성되어 현재까지 가동 중이다. 또한 웹사이트 상의 디지털 화폐 거래소들이 비트코인 등 디지털 화폐의 거래를 실제로 중개하고 있으나, 동 거래소는 법적으로 전자금융업자가 아닌 통신판매업자의 지위를 갖는다. 이는 우리나라가 디지털 화폐를 법적 지급결제수단이나 화폐로 인정하기보다 묵시적으로는 디지털 상품으로 간주한다는 점을 반영한다.[51]

한편 2017년 하반기부터는 비트코인 등 디지털 화폐에 대한 국내 투자의 이상과열이 수개월 이상 지속되었고, 그로 인해 디지털 화폐의 국내 거래소 가격이 해외가격을 크게 상회하는 현상까지 빚어졌다. 그 결과 '김치프리미엄' 이라는 신조어가 인구에 회자되더니, 급기야 2017년 12월 초순 즈음에는 "유례없는 비트코인 광기에 사로잡힌 한국(A Bitcoin Frenzy Like No Other Is Gripping South Korea)" 이라

48. 상세한 내용은 FSB(2017)를 참조하기 바란다.
49. 상세한 내용은 Kelly(2016)를 참조하기 바란다.
50. 상세한 내용은 한국은행 금융결제국(2017), FSB(2017)과 IMF(2017)를 참조하기 바란다.
51. 우리나라가 디지털 화폐에 대해 2017년 상반기까지 취해온 접근에 대해서는 강준영(2017)과 금융위원회 · 금융감독원(2016a)을 참고하기 바란다.

는 제하의 기사가 블룸버그(Bloomberg)에 게재될 정도가 되었다.[52] 이에 2017년 12월 하순 정부가 마련한 "가상통화 투기근절을 위한 특별대책"에 따라 2018년 1월 말 금융위원회는 금융 관련 대책을 실시했다.[53] 동 대책은 "가상통화 거래 실명제"와 "가상통화 관련 자금세탁방지 가이드라인"으로 집약되는데, 이들은 '디지털 화폐(특히 비트코인) 열풍'을 일단 진정시키는 데 초점을 두고 있는 것으로 보인다.

2020년 3월에 우리나라 정부가 특정금융정보법(특금법)을 통과시키면서 국내에서 비트코인이 제도권 안에 들어오게 됐다. 각 거래소는 자금세탁방지 의무 준수, 정보보호관리체계(ISMS) 인증 획득, 실명입출금계정 발급 등의 요건을 갖추는 조건으로 영업을 할 수 있다.[54]

2.4 지급결제서비스

지급결제란 각종 거래에서 발생하는 지급인과 수취인 간 채권·채무 관계를 자금이체를 통해 해소하는 행위이다. 자금이체에는 현금을 비롯하여 어음·수표, 계좌이체와 지급카드 등 다양한 지급수단이 사용된다.[55] 그런데 현금 이외의 모든 비현금 지급수단들은 기본적으로 지급요청에 불과할 뿐이다. 그러므로 지급요청에 따라 관련 은행 간 자금이체—해당 금액이 지급인의 예금계좌에서 출금된 후 수취인의 예금계좌로 입금되는 절차—가 실제로 이루어져야만 거래당사자 간 자금이체가 완결된다. 어느 나라에서든 예금수취기관들, 그중에서도 특히 결제성예금을 수취하는 은행이 전통적으로 지급결제 흐름의 전반적 과정에서 중추적 역할을 담당해 온 것도 바로 이런 이유에서였다.

물론 과거에도 각국에서는 은행 이외의 다양한 금융·비금융회사가 지급결제서

52. 블룸버그 기사에 대해서는 Cho *et al.*(2017)을 참조하기 바란다.
53. 자세한 내용은 국무조정실·국무총리비서실(2017)과 금융위원회·금융감독원(2018)을 참조하기 바란다.
54. 김유정(2017) 참조.
55. 현금이 아닌 어음·수표, 계좌이체와 지급카드 등은 엄밀히 말해 교환매개수단이지 지급수단은 아니다. 그럼에도 이들을 지급수단이라 본문에서 표현한 것은 한국은행의 용례를 따른 것이다(이 책의 제17장, p.922, 각주 19 참조). 한편 계좌이체의 채널에는 지로, 타행환, CD/ATM, 자금관리서비스(CMS), 텔레뱅킹, 인터넷뱅킹, 모바일뱅킹 등이 있고, 지급카드에는 신용카드, 선불형 카드(선불카드·전자화폐·선불전자지급수단), 직불형카드(직불카드·체크카드·현금IC카드) 등이 있다. 상세한 내용은 한국은행(2014)을 참조하기 바란다.

비스의 제공에 참여해 온 것이 사실이다. 예를 들어 우리나라의 경우, 상호저축은행, 신용협동기구(신용협동조합 · 새마을금고 · 상호금융), 우체국 등과 같은 비은행 예금취급 기관도 은행보다 다소 제한적이긴 하지만 지급서비스를 제공하며,[56] 투자매매업 · 투자중개업 인가를 받은 금융투자회사도 개인에게 자금이체서비스를 제공해 왔다. 또한 신용카드회사는 자신의 신용카드 회원이 상품을 카드 결제로 구입하는 경우 판매자에게 대금을 우선 지급함으로써[57] 지급서비스를 제공한다. 전자금융업자와[58] 전자금융보조업자도[59] 지급결제 연쇄(payment chain)의 일부 단계에 참여해 왔다.

그런데 최근 지급결제 부문에 주목할 만한 변화가 일어나고 있다. 세계적으로 전자 및 정보통신 기술과 금융의 융합이 테크핀 혁신으로 나타나면서 사회관계망 사업자(social networks), 전자상거래 플랫폼 사업자, 유통기업, 이동통신회사, 정보통신기술기업, 단말기 제조사 등 다양한 유형의 비금융기업(non-banks)들이[60] 저마

---

56. 상호저축은행과 신용협동기구의 경우 각 기관의 중앙조직(중앙회 또는 연합회 등) 차원에서 지급서비스를 제공하도록 되어 있다. 상세한 내용은 한국은행(2014)을 참조하기 바란다.

57. 이는 곧 상품을 신용카드로 구매한 회원에 대한 신용 공여를 의미한다.

58. 우리나라의 전자금융업은 다음과 같은 5개 업종으로 구성된다(한국은행 2014, pp. 94 ~ 100):

- **전자지급결제대행업**(payment gateway 업무): "인터넷 쇼핑몰 등의 전자상거래에서 [구매자가 신용카드 등을 이용하여 결제하는 경우 그] 구매자로부터 대금을 수취하여 판매자에게 최종 지급될 수 있도록 지급결제정보를 송 · 수신하는 … [업무] 또는 그 대가의 정산을 대행하거나 매개하는 … [업무]"
- **선불전자지급수단 발행 및 관리업**(선불업): [예를 들어 교통카드와 같이 사전충전된] 선불전자지급수단을 보유한 구매자가 이를 이용하여 [예를 들어 대중교통사업자와 같은] 가맹점의 상품이나 서비스를 구입하면 그 수단을 발행한 선불업자가 대금을 정산하여 지급[하는 업무]"
- **결제대금예치업**: "전자상거래 과정에서 [신뢰할 수 있는 제3자가] 구매자로부터 구매대금을 예치받고, 구매자의 물품 수령 확인 등을 통해 거래가 적절하게 이루어졌는지를 확인한 후 구매대금을 판매자에게 전달하는 [에스크로우(escrow) 업무]"
- **직불전자지급수단 발행 및 관리업**: "[온라인 · 오프라인 상거래 대금이] 구매자의 계좌에서 판매자의 계좌로 이체되도록 중계하는 서비스[로, 실물 직불수단의 매개 없이 스마트폰을 통한 직불결제도 커버]"
- **전자고지결제업**: "[예를 들어 매월 아파트관리비 납부와 같이 정기적 · 반복적으로 발생하는 대금지급을 위해 그] 내역(고지서 등)을 전자적인 수단(이메일 또는 휴대폰 문자 등)으로 고지하고, 자금을 직접 수수하며 정산을 대행하는 [업무]"

59. 우리나라의 전자금융보조업은 다음과 같은 2개 업종으로 구성된다(한국은행 2014, pp.100 ~ 101):

- **신용카드 VAN 사업**: "신용카드사와 가맹점 간 통신망 구축 및 단말기 설치, 신용카드 거래의 전송 및 조회, 매출전표 수집 및 청구 대행 등 신용카드 지급결제와 관련된 다양한 부수업무"
- **점포 외 CD/ATM 서비스업**: "금융기관과 제휴하여 편의점, 공공장소 등에 CD/ATM 기기를 설치하고 … 현금인출, 현금서비스 및 계좌이체 등의 지급서비스를 제공[하는 업무]"

60. 국제결제은행(BIS: Bank for International Settlements)의 지급결제 및 시장인프라 위원회(CPMI:

다 소액 지급결제서비스 시장으로 진출하게 되었다. 이들 비금융기업이 지급결제 연쇄의 어느 단계에서 어떤 비중으로 무슨 역할을 수행하는지는 지급수단에 따라 다양하다. 그러므로 "전체적으로 비금융기업은 지급결제 연쇄의 모든 단계에 진출해 있고 모든 지급수단을 다룬다"고 할 수 있다.[61] 지급결제 연쇄의 주요 단계에 대해서는 〈Box 3-1〉의 설명을 참조하기 바란다.

Box 3-1 지급결제 연쇄: 주요 단계와 비금융기업의 역할 확대

지급결제 연쇄에서 비금융기업의 역할 확대

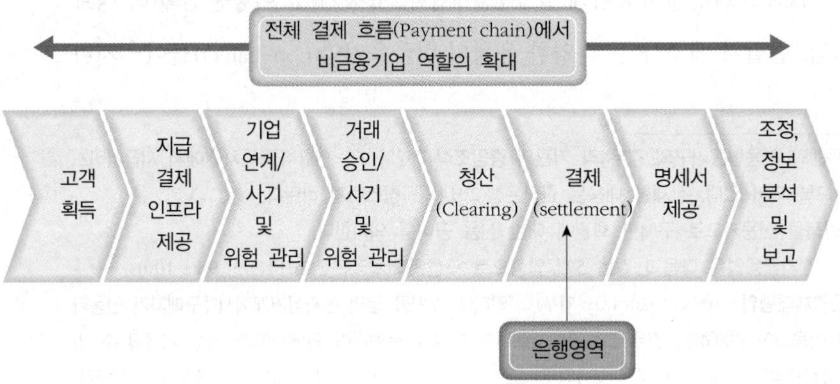

자료: 한국은행(2014), p.141, 〈그림 8-6〉

'고객 획득'에서 '조정, 정보분석 및 보고'에 이르기까지 지급결제 연쇄 전반에 걸친 일련의 단계는 위의 그림과 같다. 지급결제 연쇄의 총 8개 단계 중 은행 고유의 세부 영역은 결제 단계라는 점과, 최근 핀테크 혁신으로 인해 연쇄의 모든 단계에서 비금융기업의 진출이 광범위하게 이루어지고 있다는 점을 이 그림은 잘 보여준다.

BIS의 지급·시장인프라 위원회(CPMI)에 따르면, 지급결제 연쇄는 모두 5개—거래 전 단계(pre-transaction), 승인(authorisation), 청산(clearing), 결제(settlement), 거래 후 단계(post-transaction)—의 주요 연속적 단계로 구성되며, 각 단계별 절차는 연쇄 전반에 걸쳐 총 23가지에 이른다. CPMI의 분류체계를 기준으로 보면, 그림에서 첫 2개 단계는 거래 전, 그 다음 2개 단계는 승인에 각각 해당하며, 그림의 청산 및 결제 이후 이어지는 마지막 2개 단계는 거래 후에 해당한다. 지급결제 연쇄의 5개 주요 단계 각각의 내용을 그림과 관련지어 설명하면 다음과 같다(한국은행 2014 ; CPMI 2014):

Committee on Payments and Market Infrastructure)에 따르면, "비금융기업(non-banks)"이란 "소액 지급결제서비스의 제공에 참여하되, 그 주된 업무가 일반으로부터 예금을 수취하고 이를 대출로 운용하는 것과는 무관한 … 경제주체"로 정의된다(CPMI 2014, p.4).

61. CPMI(2014), p.5.

- **거래 전 단계**: '고객 획득'과 '인프라 제공' 등 지급결제를 처리하기 위한 "계약 및 기술 관련 기반 장치"를 마련하는 단계;
- **승인 단계**: '지급인과 수취인의 신원 확인', '지급수단 인증', '잔고 확인' 등 지급결제의 정상적 처리가 가능한지 여부를 사기 및 위험 관리 차원에서 미리 검토하여 승인하는 단계;
- **청산 단계**: 지급인 계좌에서 수취인 계좌로 이동해야 할 결제금액을 계산하는 단계;
- **결제 단계**: 계산된 결제금액이 지급인 계좌에서 수취인 계좌로 실제로 이동하는 단계;
- **거래 후 단계**: 결제가 완료된 이후 '명세서 제공'과 '분쟁조정' 등과 같은 관련 서비스가 지원되는 단계.

과거에는 은행이 연쇄 전반을 관장하는 가운데 일부 비은행금융기관과 비금융기업이 은행과의 협력 및 제휴 차원에서 일부 단계에 참여했을 뿐이기 때문에 단계별 구분의 실용적 의미는 크지 않았다. 하지만 최근 핀테크 혁신으로 개별 비금융기업이 자신의 기술적 강점을 살려 지급결제 연쇄의 특정 단계에서 차별화된 서비스를 제공하는 방식으로 시장에 진출하는 현상이 두드러지면서, 지급결제 연쇄를 구성하는 주요 단계의 구분이 중요한 실용적 의미를 갖게 되었다.

참고로, CPMI는 지급결제 연쇄(payment chain)의 어느 단계에 주로 참여하는지, 제공하는 서비스의 유형이 무엇인지, 그리고 은행과 어떤 관계를 유지하는지 등을 기준으로 비금융기업을 다음과 같은 4개 유형으로 구분한다(CPMI 2014; 한국은행 2014):

- **대고객 서비스 제공기관**(front-end providers): 고객(구매자 및 판매자)과 전통적 청산·결제과정(traditional clearing and settlement process) 사이에서 접점(interface)을 제공하는 비금융기업(예: 모바일 지갑 서비스 제공기업; 지급결제대행기업)
- **후선 서비스 제공기관**(back-end providers): 은행과의 제휴 아래 지급결제 관련 IT 서비스, 감사나 보안 등의 후선 서비스를 제공하는 비금융기업
- **소액결제 인프라 운영기관**(operators of retail payment infrastructures): 청산 및 결제를 위한 후선 인프라를 운영하는 비금융기업(예: 신용카드 네트워크기업)
- **고객 간 서비스 제공기관**(end-to-end providers): 은행을 거치지 않고 고객 간 최종적 지급결제서비스를 제공하는 비금융기업(예: 선불전자지급수단 발행기업)

자료: 한국은행(2014)과 CPMI(2014).

최근 세계적으로 비금융기업의 지급결제서비스 시장 진출이 두드러진 배경에는 다수 국가의 규제당국이 이를 허용하는 방향으로 금융규제 환경을 조성한 것이 큰 몫을 했다. 하지만 이는 은행의 유인과 비금융기업의 유인—비용을 절감하고자 하는 은행의 유인과 자신이 보유한 네트워크 측면 또는 기술적 측면의 강점을 살려 고객 니즈의 변화에 부응하거나 이를 촉진하고자 하는 비금융기업의 유인—이 중요하게 상호 작용한 결과이기도 하다. 전자의 경우, IT시스템을 필요로 하는 후선 업무인 지급결제서비스 제공에서 전문성을 갖거나 규모 경제를 누릴 만한 비금융기업에 외주하고자 하는 유인을 은행이 갖게 되었다는 것이다. 후자의 경우, 핵심 업무를 위해 대형 네트워크를 보유한 비금융기업이 자신의 네트워크를 활용하여 지급결

제서비스를 추가적으로 제공할 유인 또는 개별 구매자가 상품 구매 시 대금 지급을 위해 판매자에게 개인정보를 알려줘야 할 필요를 제거해 주는 새로운 지급기술의 보급으로 비금융기업이 "신뢰받는 중개인(trusted intermediary)" 역할을 할 유인 등을 갖게 되었다는 것이다.[62]

테크핀이 비금융기업을 통해 몰고 온 소액 지급결제서비스 시장의 변화는 우리의 일상에서 쉽게 실감할 수 있다. 예를 들어, 국내외 언론을 통해 잘 알려져 있는 삼성페이(Samsung Pay), 안드로이드페이(Android Pay), 알리페이(Alipay), 애플페이(Apple Pay), 엠-페사(M-Pesa), 페이팰(PayPal) 등은 지급플랫폼(또는 디지털 지갑 서비스)으로, 온라인이나 오프라인에서 고객이 상품을 구입하고 인터넷이나 모바일 기기를 이용하여 대금을 지급할 수 있게 해준다.[63]

국내에서도 스마트폰을 비롯한 모바일 기기의 보급이 최근 확산됨에 따라 각종 간편결제 및 간편송금과 같은 신종 전자지급서비스(또는 모바일 지급서비스)의 이용이 두드러지게 늘고 있다. 이에 한국은행도 2016년 10월부터 관련 통계를 공표하기 시작했다. 각종 '～페이'라는 명칭으로 이미 대중화된 간편결제란 "신용카드 정보 등을 모바일 기기에 미리 저장해 두고 거래 시에 비밀번호 입력, 단말기 접촉 등만으로 결제할 수 있는 지급카드 기반 전자지급서비스"를, '～페이' 또는 '～송금' 등 다양한 명칭의 간편송금이란 "모바일 기기를 통해 계좌이체 등의 방법으로 충전한 선불금을 전화번호, SNS 등을 활용하여 수취인에게 송금할 수 있는 선불식 전자지급서비스"를 각각 의미한다.[64] 이와 같은 모바일 지급결제서비스의 급속한 대중화에는 스마트폰의 보급 말고도 비접촉통신 기술과 바이오 인증 기술 및 토큰화 기술 등이 크게 기여했다(〈Box 3-2〉 참조).

---

62. CPMI(2014), p.16. 물론 이들 은행 및 비금융기업의 각 유인은 소액 지급결제서비스 시장의 수요 및 공급의 특징과 밀접하게 관련된다. 우선, 공급 측면의 특징으로는 지급결제서비스의 제공에 규모 경제(economies of scale)와 범위 경제(economies of scope)가 작용한다는 점을 들 수 있다. 규모 경제는 "지급결제서비스를 더 많이 제공할수록 단위당 평균생산비가 감소하는" 현상을, 범위 경제는 "동일한 인프라를 이용해서 복수의 서비스(multiple products)를 생산할수록 그 단위비용이 감소하거나 그 품질이 개선되는" 현상을 각각 가리킨다(CPMI 2014, p.14). 다음으로, 수요 측면의 특징은 지급결제서비스의 소비에 네트워크 효과—"네트워크 사용자가 한 사람씩 늘어날수록 전체 사용자에게 네트워크의 가치가 증대되는" 현상—가 작용한다는 점이다(CPMI 2014, p.14).
63. 상세한 내용은 FSB(2017)과 KIF(2021)를 참조하기 바란다.
64. 이 문단의 두 인용문은 한국은행(2017b), p.3의 각주 2에서 따왔다. 간편결제서비스는 전자금융거래

Box 3-2 모바일 간편결제 관련 주요 기술 : 비접촉통신, 바이오 인증(생체 인증)과 토큰화

모바일 간편결제에는 각종 첨단기술들이 쓰인다. 비접촉통신기술은 모바일 간편결제를 위해 가맹점 단말기가 카드 정보를 인식하는 데 관여하는 기술이며, 생체 인증 기술과 토큰화 기술은 스마트폰의 도용 등에 대비한 본인 확인과 카드 정보 보안을 위한 기술이다. 다음은 각각의 기술에 관한 설명이다.

▪ **비접촉통신기술**

모바일 간편결제에 쓰이는 비접촉통신기술에는 전자태그(RFID: Radio Frequency IDentification) 방식과 근거리통신(NFC: Near Field Communication) 방식이 대표적이다. 이들 방식이 '비접촉' 통신기술인 이유는, 가맹점의 결제단말기에 직접 지급카드를 삽입하는 등의 물리적 접촉 없이도 무선주파수를 이용한 정보 식별을 통해 상품대금의 결제가 가능하기 때문이다. 다시 말해, 소비자가 상품 구매 시 자신의 지급카드 정보가 등록된 스마트폰을 결제단말기에 특정 거리 내로 가까이 가져가기만 하면 관련 카드 정보를 결제단말기가 인식하면서 결제가 진행된다. RFID 방식은 기기 사이에 일방향 통신만 가능했으나, 이를 개선하여 양방향 통신이 가능하도록 서비스 확장성을 제고한 형태가 NFC 방식이다. 두 방식 모두 10cm 이내의 거리에서 작동하며 동일 주파수 대역을 활용한다는 공통점이 있다. 최근 애플(Apple)의 애플페이와 구글(Google)의 안드로이드페이도 NFC 방식을 채용하는 등 확장성 측면에서 유리한 NFC 방식이 모바일 결제의 세계적 대세로 자리 잡고 있는 중이다. 다만, 가맹점이 별도의 NFC 결제단말기를 새롭게 구비해야 하는 현실적 제약이 있다.

한편, 새로운 모바일 기술이 개발되면서 전통적 접촉통신기술인 마그네틱 보안전송(MST: Magnetic Secure Transmission) 방식도 스마트폰을 이용한 모바일 간편결제에 최근 활용되기 시작했다. 구체적으로, 실물 지급카드 뒷면의 마그네틱 띠에 담긴 카드 정보를 '긁기(swipe)'를 통한 접촉방식으로 식별하던 기존 마그네틱 카드 단말기(카드 인식기)에 개인의 스마트폰을 10cm 이내로 근접시키면 폰에 장착된 MST 하드웨어에 등록된 자신의 카드 정보가 단말기로 전송될 수 있게 되었다. NFC 방식만을 사용하는 애플페이나 안드로이드페이와는 달리 NFC 방식과 함께 MST 방식까지 모두 지원하는 우리나라의 삼성페이와 LG페이는 세계 각국 내 가맹점의 기존 마그네틱 카드 단말기를 그대로 이용할 수 있다는 점에서 상대적으로 범용성을 갖는다.

▪ **바이오 인증 기술**(생체 인증 기술)

모바일 간편결제는 스마트폰에 신용카드가 탑재된 셈이라 소비자 입장에서 상품 구매와 대금 지급이 훨씬 간편해진 만큼, 이 과정에서 폰의 분실 등에 대비한 보안, 특히 본인 확인이 더욱 중요해졌다. 현재 애플페이, 안드로페이와 삼성페이를 비롯한 대부분의 모바일 간편결제에서 지문인식은 매 결제 시 본인 확인을 위해 요구되는 기본 절차에 해당한다. 하지만 홍채인식이나 정맥인식 등 다양한 생체인식 방식도 간편결제에 널리 응

법상의 전자지급결제대행업에 해당하며, 정보통신기술(ICT) 기반 전자금융업자가 제공하거나(예: 카카오페이, 네이버페이, 케이페이, 페이나우, 시럽페이, 유비페이, 페이코 등) 유통·제조 기반 전자금융업자가 제공한다(예: 스마일페이, SSG페이, 엘페이, 삼성페이, 배민페이 등). 간편송금서비스는 전자금융거래법상의 선불전자지급수단 발행 및 관리업에 해당하며, 전자금융업자가 제공하거나(예: 토스, 네이버페이 송금, 카카오페이, 페이코 송금, 체크페이 송금, 코나아이 등), 금융회사가 제공한다(예: 뱅크월렛, 위비모바일페이, 하나N월렛, IBK ONE페이 송금, 하나멤버스 하나톡, Liiv머니 보내기 등). 관련 내용은 한국은행(2017c)을 참조하기 바란다.

용될 것으로 보인다.

기존 온라인 금융거래에서는 본인 확인을 위해 비밀번호와 같이 내가 아는 것("something you know") 또는 OTP와 같이 내가 가진 것("something you have")이 필요하지만, 모바일 간편결제에서는 지문인식과 같이 "내 자신(something you are)"이 필요해진다. 다만, 지문인식은 생체인식의 하나일 뿐이며 생체인식에는 다양한 방식이 이미 존재한다. 생체인식은 "신체적 특징(something you are)"에 대한 인식과 "행동학적 특징(something you do)"에 대한 인식으로 대별되는데, 전자에는 "지문, 얼굴, 홍채 · 망막, 정맥" 등이, 후자에는 "음성, 싸인, 자판입력[의 습관], 걸음걸이" 등이 포함된다.[1)]

금융분야에서는 신체적 특징에 대한 생체인식 기술이 주로 응용되어 왔는데, 지문인식이 널리 사용되며 홍채인식과 정맥인식도 최근 빠르게 보급되는 중이다. 우선, 지문은 닳아 흐릿해지거나 사물에 남은 지문자국이 타인에게 유출될 위험이 있고, 단말기에 엄지손가락을 직접 접촉해야 본인 확인이 가능한 불편이 있다. 다음으로, 홍채는 안구질환이 있는 경우 인식성이 떨어지고 본인 확인을 위해서는 카메라에 눈을 바짝 근접시켜야 하는 불편이 있다. 반면, 손바닥의 근적외선 촬영을 통한 정맥인식은 현재 상용화된 생체인식 방식 중 비교적 복제가 어려워 보안성이 높고 비접촉 인식이라 위생적이다.

그런 점에서 개인의 손바닥 정맥은 본인 확인을 위한 신분증 역할에 그치지 않고 상품 구매를 위한 신용카드 역할까지도 널리 수행하게 될 것으로 보인다. 이것이 요즘 일부 편의점이 시행하고 있는 '핸드페이'이다. 핸드(손바닥 정맥) 말고도 목소리 등 인간의 다양한 신체적 특징이 신분증 및 신용카드 역할을 모두 수행하는 '바이오페이'의 시대가 임박한 것으로 보인다.

▪ **토큰화**(tokenization) **기술**

토큰화 기술이란 데이터 보안을 위해 유의미한 정보를 무의미한 내용(디지털 토큰)으로 변환하는 기술을 의미한다. 이때 제3자가 토큰을 분석하여 원래의 유의미한 정보를 복원해낼 수는 없다. 토큰은 반드시 표준적 보안요건을 갖춘 토큰화 시스템(tokenization system)에서 해제과정(de-tokenization)을 거쳐야만 원래의 유의미한 정보가 그대로 복원될 수 있도록 설계되었기 때문이다. 소비자가 상품을 매입하고 대금 지급을 위해 모바일 간편결제를 수행할 때마다 스마트폰에 저장된 카드 정보가 일회용 가상번호(디지털 토큰)로 변환되어 카드회사로 전송된다. 이 과정에서 혹시 가상번호가 유출되는 일이 생긴다 해도, 그로 인해 의미 있는 카드 정보가 누군가에게 드러나는 일은 원천적으로 불가능하다.

1) 이 문단의 각 인용구는 모두 김부강(2017), p.15에서 따왔다.

자료: 김부강(2016 · 2017), 이수빈 · 김순신(2017), 한국은행(2014), 한국은행 금융결제국(2017), Wikipedia(2017k).

최근 국내외를 막론하고 디지털 지갑과 간편결제 · 간편송금 등의 서비스 이용이 급격히 확산되면서 과거에 비해 거래의 속도와 편의성이 크게 개선되고 거래비용도 더욱 줄고 있다. 이는 물론 지급결제서비스 효율의 증대를 의미하지만, 금융서비스의 접근성 확대, 즉 금융포용(financial inclusion)의 제고라는 측면에서도 그 의의가 작지 않다. 예를 들어, 국민의 은행서비스 접근이 어려웠던 케냐에 2007년 도입된 모바일 기반 지급결제시스템인 엠-페사는 이제 케냐 성인의 75%에게 서비스를 제공 중이다.[65]

국내외를 막론하고 다수 비금융기업이 지급서비스 시장으로 두드러지게 진출하는 현상이 시장구조와 금융안정에 갖는 함의는 무엇일까?[66] 지급결제 연쇄에서 은행이 지금까지 누려온 지배적 지위가 상대적으로 위축되고 있는 것은 사실이다. 하지만 이런 상황은 지급결제시스템 전반의 복원력을 강화해 줄 수 있을 것이다. 은행 말고도 여러 비금융기업이 서비스를 제공한다면, 만약 어느 단일 서비스 제공자에게 문제가 생긴다 해도 그것이 실물거래 전반의 충격으로 이어질 가능성은 크게 감소할 것이기 때문이다. 다만, 정반대의 상황이 현실화될 가능성도 있다. 예를 들어 네트워크 효과 등의 이유로 인해 소수의 서비스 제공자가 시장을 지배하게 되면 그로 인해 "지급시스템의 대고객 부문에서 집중리스크와 운영리스크가 늘게 될 것"이고 이들은 시스템적으로 중요해질 것이다. 그런 점에서 우려할 만한 가능성을 보여주는 좋은 일례가 "미국 내 비접촉지급의 75%가 넘는 점유율을 가진 애플페이"이다. 다음으로, 디지털 지갑과 간편결제 및 간편송금 등 다양한 지급서비스의 제공으로 "지급결제시스템으로의 진입점(entry points)이 늘어난다면 사이버 공격의 대상이 되는 표적의 수효도 늘어나 …" 사이버위험이 증대될 것이다. 또한 비금융기업이 제공하는 지급결제서비스가 아직 제한적인 국내와는 달리, 해외에서는 소액 지급결제시장에 진출한 비금융기업이 시간 경과에 따라 대량의 고객 데이터를 축적하게 되면서 이들의 서비스가 지급결제에 머물지 않고 펀드 판매, 대출 중개, 또는 대출로 자연스럽게 확장되는 경향을 보이고 있다.[67] 그런데 이런 경우 비금융기업은 자칫 규제의 사각지대에서 과도한 위험을 추구하는 그림자은행이 되기 쉽고, 대출 관련 사업에서 연원하는 재무리스크로부터도 자유롭지 않을 것이다.

---

65. *The Economist*(2015a) 참조.

66. 이 문단의 인용구는 모두 FSB(2017), p.39에서 따왔다.

67. 예를 들어 중국의 앤트파이낸셜(Ant Financial)은 알리페이 이외에 자금시장펀드(MMF)인 위어바오(Yuebao)를 운영하며, 텐센트(Tencent)는 위챗페이(WeChat Pay) 이외에 온라인펀드인 리차이통(Licaitong)을 운영한다(최민지 2017). 또한 미국의 모바일 지급서비스 기업인 스퀘어(Square)는 자신의 결제서비스를 이용하는 상인(판매자)에게 현금서비스(대출)를 제공한다(이 현금서비스는 만기가 따로 정해져 있지 않으며, 대출받은 상인의 향후 신용카드 매출 중 일정 비율이 자동 상환됨으로써 결국 이자율이 사후적으로 결정된다는 점에 그 특징이 있음). 신생 지급서비스 기업인 미국의 어펌(Affirm)과 스웨덴의 클라나(Klarna)도 자신의 결제서비스를 이용하는 구매자를 대상으로 대출서비스를 제공한다. 스퀘어, 어펌, 클라나의 대출서비스에 대해서는 *The Economist*(2015a)를 참조하기 바란다.

2.5 크라우드펀딩 및 P2P 대출

2.5.1 크라우드펀딩

크라우드펀딩(crowdfunding)은 불특정 다수를 뜻하는 '대중(crowd)'과 '자금조달(funding)'의 합성어로 크라우드소싱(crowdsourcing)의[68] 일종이며, 사업 아이디어를 가진 자금수요자가 온라인 플랫폼(중개업자)을 이용하여 자금공급자를 직접 모집하는 자금조달 방식이다.

크라우드펀딩은 자금 모집의 목적 및 방식에 따라 후원·기부형, 투자형(증권형), 대출형의 세 가지 유형으로 흔히 구분된다.[69] 우선, 후원·기부형 크라우드펀딩은 대중이 온라인 플랫폼을 통해 특정 프로젝트에 소요되는 자금의 후원이나 기부에 참여하는 경우로, 영화나 음반, 컴퓨터 소프트웨어의 제작비 또는 공익성 프로젝트의 재원 마련에 종종 이용된다.

둘째, 투자형 크라우드펀딩은 창업기업 또는 중소기업이 온라인 플랫폼을 통해 공모증권을 발행하고 다수의 지분투자자를 모집하는 경우이다. 우리나라에서는 2016년 1월 자본시장법이 개정된 이후 2017년 6월까지 약 200개 기업이 투자형 크라우드펀딩을 통해 약 300억원에 달하는 사업자금을 마련한 것으로 알려져 있다.[70]

셋째, 대출형 크라우드펀딩은 온라인 플랫폼에서 이루어지는 개인 간 소액대출로 흔히 P2P 대출(Peer-to-Peer Lending)이라 알려져 있다. 대출형은 크라우드펀딩의 세 가지 유형 중 시장규모가 가장 크고 성장률도 가장 높다. 2017년 11월 말 현재 우리나라 P2P업계의 누적대출액은 1조 6,516억원으로, 2016년 6월 말의 1,536억원에 비해 10배가 넘는 규모로 급성장했다.[71] 금융위원회는 "투자자 및 차입자 보호"와 "P2P 대출시장의 건전한 발전"을 위해 「P2P 대출 가이드라인」을 2017년

68. 크라우드소싱은 불특정 다수를 뜻하는 '대중(crowd)'과 어떤 과제(work)의 외부 위탁(외주)을 뜻하는 '아웃소싱(outsourcing)'의 합성어이다. 이때 과제는 불특정 다수가 보유한 지식이나 경험, 또는 자금조달 등을 필요로 하게 되는데, 특히 자금조달(funding)이 필요한 경우 크라우드소싱은 다름 아닌 크라우드펀딩이 된다. Wikipedia(2017d) 참조.
69. 한국은행 금융결제국(2017)과 Wikipedia(2017c) 참조.
70. 자세한 내용은 금융위원회(2017b)를 참조하기 바란다.
71. 오찬종(2018)과 이현일(2017) 참조.

5월 말부터 시행 중이다.[72]

2.5.2 P2P 대출[73]

P2P 대출중개업자(P2P lenders)는 차입희망자(자금수요자)의 온라인 대출신청서를 분석하고 자체 신용평가시스템에서 산출된 평가결과에 따라 대출이자율을 결정한다. 이렇게 보면, P2P 중개업자의 업무는 전통적인 상업은행의 심사업무와 그리 다를 바 없어 보인다. 하지만 P2P 중개업자는 "누가 어떤 금리로 대출을 받아갈 신청자인지"에[74] 관한 정보를 생산하여 대부희망자(자금공급자)에게 중개한다는 점에서 상업은행과는 사업모델이 다르다. 상업은행이 대출에서 얻는 이윤의 원천은 예금 및 대출의 금리 차이(예대 스프레드)에 있지만, P2P 대출중개업자의 주된 이윤 원천은 대출이 성사되는 경우 이들이 수취하는 중개수수료에 있다.[75]

P2P 대출중개업자는 온라인 플랫폼을 통해 조업하므로 지점 네트워크를 유지해야 하는 기존 금융기관들에 비해 비용 측면에서 유리하다. 이는 P2P 중개업자가 부과하는 수수료를 감안하더라도 차입자는 은행대출보다 낮은 금리로 자금을 조달할 수 있고, 대부자는 은행예금보다 높은 금리로 자금을 제공할 수 있음을 의미한다. 물론, P2P 대출은 대부분 무담보대출이고 은행대출과는 달리 대부자가 원금 손실 위험에서 자유롭지 않다. 하지만 P2P 중개업자의 신용평가 역량은 기존 은행보다 더 앞서는 것으로 종종 강조된다. 이는 P2P 중개업자가 자체 신용평가모형을 통해 차입자의 표준적 신용정보는 물론, 각종 청구서 납부 실적이나 고용 · 소득 정보, 신용카드 지출 패턴, 심지어 온라인 대출신청서 작성과정에서 관찰되는 차입자의 행동적 특징에 이르는 각종 비정형 데이터까지 망라한 빅데이터를 분석하기 때문인 것으로 알려져 있다.

사실, 외국에서는 다수의 P2P 대출중개업자가 글로벌 금융위기 이전에도 조업

72. 자세한 내용은 금융위원회(2017a)를 참조하기 바란다.

73. 이 소절의 내용은 한국은행 금융결제국(2017), *The Economist*(2014, 2015a), Wikipedia(2017j)와 FSB(2017)에 주로 의존하였다.

74. *The Economist*(2015a), p.6.

75. 대출이 실제로 성사되는 경우, P2P 대출중개업자는 플랫폼 제공 및 신용평가 수행에 대한 대가로 중개수수료를 차입자와 대부자에게 부과한다(*The Economist* 2014 ; Wikipedia 2017j).

하고 있었다. 예를 들어 영국의 조파(Zopa)와 미국의 프로스퍼(Prosper)는 각각 2005년과 2006년에 설립된 회사다. 하지만 위기 이후 은행대출이 크게 감소하면서 차입자들의 충족되지 않은 자금수요와, 역시 위기 이후 아주 낮아진 예금금리에 만족하지 못한 대부자(투자자)들의 자금공급이 동시에 시장을 노크하게 되면서 P2P 대출시장이 세계적으로 급속히 성장해 왔다. P2P 대출은 신용공급원의 다변화와 대출서비스 접근성의 개선을 통한 금융포용의 제고라는 긍정적 효과를 발휘한다. 다만, 시장의 급성장이 "대출기준의 저하와 신용공급의 경기순응성 증대를 초래" 할 위험이 있는 것도 사실이다.[76]

새로운 자금조달 원천으로 급부상한 P2P 대출시장의 앞날은 어떠할까?[77] 낙관론자들과 회의론자들의 시각은 서로 크게 엇갈리고 있다. 낙관론자들은 '공유경제(sharing economy)' 나 '금융민주화(democratization of finance)' 의 관점에서 P2P 대출을 반긴다. "자동차업의 우버(Uber)나 숙박업의 에어비앤비(Airbnb)와 마찬가지로 [P2P 대출시장의] 신참 기업은 자신이 만들어내지 않은 상품, 즉 자금(money)을 사용할 수 있게 해준다" 는 의미에서 공유경제와, 일반 대중에게서 십시일반으로 조달된 자금이라는 의미에서 금융민주화와 각각 맞닿아 있다는 것이다. 하지만 보다 최근에는 P2P 대출자금이 일반 대중보다는 헤지펀드나 은행과 같은 기관투자자로부터 조달되는 경향이 점차 두드러지고 있는 것이 사실이다. 이런 이유로, 요즘에는 'P2P 대출중개업자(P2P lenders)' 대신 '시장대출중개업자(marketplace lenders)' 라는 표현도 많이 쓰인다. 이런 현상은 P2P 대출시장이 금융시스템 내부의 상호연계성을 감소시키기보다는 심화시키는 데에 기여한다는 부정적 측면이 있다.

한편 회의론자들은 앞으로 경기회복이 진행되거나 위기 또는 경기침체로 대출자산의 급속한 성장을 유지하기 어렵게 되면 연체율의 급상승으로 P2P 대출시장의 상황이 급격히 악화될 것으로 본다. 이들에 따르면, 경기회복에 따른 시장이자율 상승으로 은행 예금금리가 오르면 대출 재원의 시장 유입이 감소하면서 P2P 대출자산의 성장을 유지하기는 어렵다. 그렇다고 대출 재원 유입을 유인하기 위해 P2P 자금의 조달금리를 올린다면 대출금리를 낮게 유지하기가 곤란해지면서 P2P 대출의

76. FSB(2017), p.41.

77. 여기에 대한 상세한 내용은 *The Economist*(2015a)를 참조하기 바란다. 이 문단의 인용문은 *The Economist*(2015a), pp.5~6에서 따왔다.

상대적 강점이 약화되리라는 것이다. 또한 위기나 경기침체가 닥치는 경우에는 대출자산의 성장률 둔화와 P2P 대출고객의 연체율 급증으로 P2P 대출시장이 어려움에 봉착하리라는 것이 회의론자들의 시각이다.

2.6 기타 : 로보-어드바이저와 인터넷 전문은행

디지털 금융혁신은 금융서비스 전반에 걸쳐 새로운 변화를 가져오는 중이다. 이 소절에서는 앞서 다루지 못한 로보-어드바이저와 인터넷 전문은행에 대해 각각 알아보기로 한다.

2.6.1 로보-어드바이저[78]

로봇(robot)과 자문인(advisor)의 합성어인 로보-어드바이저(robo-advisors)는 디지털 인터페이스(digital interfaces), 알고리즘(algorithms)과 기계학습(machine learning) 기술 등을 결합한 응용프로그램으로, 기존 금융기관이나 독립자문업자 또는 온라인 플랫폼을 통해 자문, 투자 중개, 포트폴리오 운용에 이르는 자문형 또는 일임형 서비스를 고객에게 제공한다.

로보-어드바이저의 자문을 받기 위해 고객은 자신의 연령과 직업 등 기본 인적사항과 투자액 규모, 투자 기간과 목적 등의 기본 투자정보를 온라인 플랫폼을 통해 직접 입력하게 된다. 이는 고객이 전문 자문인력과 대면 상담하는 경우 전달하게 되는 기본 정보와 내용상 별로 다를 바 없다. 하지만 전문인력의 자문은 현실적으로 각종 이해상충에 노출되기 쉬운 반면, 알고리즘과 인공지능을 활용하는 로보-어드바이저의 자문은 그와 같은 이해상충으로부터 좀 더 자유롭고 투명할 수 있다. 또한 로보-어드바이저의 최대 강점은 기존의 전문인력에 의한 서비스에 비해 수수료 구조가 매우 투명하고 저렴하다는 점이다. 그 결과 최소 투자규모의 제한이나 높은 수수료 등으로 고액자산가들 이외에는 이용하기 어려웠던 자산운용서비스를 일반 서민들도 로보-어드바이저를 통해 저렴하게 이용할 수 있다. 이는 금융포용의

78. 이 소절은 FSB(2017)에 주로 의존하되 *The Economist*(2015a)와 한국은행 금융결제국(2017)도 참조했다.

제고를 의미한다.

미국과 유럽에 비해서는 많이 늦었지만, 최근 우리나라에서도 기존 은행과 증권사를 중심으로 로보-어드바이저의 도입 및 활용이 눈에 띄게 늘고 있다. 다만 로보-어드바이저 서비스의 확산에 따라 서로 다른 로보-어드바이저들이 유사한 알고리즘을 사용하는 경우에는 각종 위험이 수반된다.[79] 예를 들어 알고리즘 자체에 오류가 있다면 운영위험(operational risk)이, 오류가 없더라도 주어진 충격에 대해 유사한 투자 반응이 촉발되는 경우에는 시장변동성의 과도한 증폭이 각각 발생할 수 있다.

2.6.2 인터넷 전문은행

인터넷 전문은행(direct bank)도 테크핀 혁신의 일례지만, 그 역사는 20세기 말로 거슬러 올라간다. 세계 최초의 인터넷 전문은행은 일찍이 1995년 무점포로 설립된 미국의 FSNB(First Security Network Bank)로 알려져 있으며, 그후 20년이 넘는 동안 세계 여러 나라로 인터넷 전문은행이 확산되었다. 이 과정에서 인터넷 전문은행의 사업모델도 3단계로 진화해 오고 있다.[80] 즉, 20세기 말에는 인터넷 전문은행이 '무점포은행(internet-only bank)' 모형을 따랐으나, 21세기 초에는 고객 확보를 위해 소수의 오프라인 점포를 보강한 '소수점포은행(internet-primary bank)' 모형으로 진화했고, 최근에는 디지털 금융혁신을 통한 '디지털은행(digital bank)' 또는 '모바일은행(mobile bank)' 모형이 등장했다. 이렇게 보면, 2017년 4월과 8월 각각 무점포은행으로 영업을 시작한 우리나라의 케이뱅크와 카카오뱅크는 시기로 보나 발전단계로 보나 외국에 비해 많이 뒤처진 셈이다.

「은행법」에 따르면 인터넷 전문은행이란 "전자금융거래의 방법으로 은행업을 영위할 것 등을 조건으로 인가한 은행"으로 정의되며, 이때 전자금융거래란 「전자금융거래법」에 의해 "금융회사 또는 전자금융업자가 전자적 장치를 통하여 금융상품 및 서비스를 제공(이를 '전자금융업무'라 한다)하고, 이용자가 금융회사 또는 전자금융업자의 종사자와 직접 대면하거나 의사소통을 하지 아니하고 자동화된 방식으로 이를 이용하는 거래"로 규정된다.[81] 그러므로 우리나라에서는 인터넷 전문은행

79. 상세한 내용은 이 장의 제3절과 FSB(2017), pp.43~46을 참조하기 바란다.
80. 상세한 내용은 서병호 외(2016)를 참조하기 바란다.

이 '전자금융업무' 관련 서비스를 '자동화된 방식'으로 거래하는 은행에 해당한다. 이에 따라 영업점 없이 CD/ATM · 전화 · 인터넷 · 모바일 기반의 전자매체만을 활용하여 비대면으로 거래한다는 점이 인터넷 전문은행의 핵심 특징이 된다. 다음과 같은 점에서 우리나라의 인터넷 전문은행은 기존 은행들과 차이가 난다.

표 3-3 모바일뱅킹 및 인터넷뱅킹 : 인터넷 전문은행과 기존 은행 간 비교

구분	인터넷 전문은행의 모바일 · 인터넷 뱅킹	기존 은행의 모바일 · 인터넷 뱅킹
통장 개설	인터넷 · 모바일로 즉시 개설	은행 지점 방문 신청
가입 및 로그인	공인인증서 불필요	공인인증서 필요
이용 서비스	모바일로 모든 금융상품 이용 가능; 인터넷 전문은행만의 맞춤상품 추가 이용 가능	은행상품 중 일부만 인터넷뱅킹에 특화(조회 · 이체 중심)
이용시간	24시간, 365일	평일 오전 9시~오후 4시
금리	시중은행보다 낮은 대출금리와 높은 예금금리	기존 은행금리 기준(조건에 따른 우대금리 적용)
대출심사	온라인 상에서 최종 승인	은행에 직접 방문하여 대면 확인 후 최종 승인
종합	인터넷 · 모바일 종합은행	지점의 보조 역할

자료: 이대기(2017), p.7의 [표 1].

2017년 8월 현재 케이뱅크와 카카오뱅크가 제공하는 핵심 금융서비스는 "중금리 개인신용대출(빅데이터 기반), 간편심사 소액대출, 체크카드, … 간편[또는 퀵]송금" 등으로 서로 크게 다르지 않으며, 향후 "신용카드업, 방카슈랑스, 펀드판매업"으로 진출한다는 계획에서도 서로 유사하다.[82] 이들 인터넷 전문은행의 핵심 업무는 중금리 신용대출과 지급결제서비스로 집약될 것으로 기대되고 있는데, 결국 가격 및 소비자 편의성이 경쟁력 확보의 관건이다. 이를 위해 이들 인터넷뱅크는 "인공지능 자산관리, 음성인식 뱅킹, 빅데이터 활용 신용평가 · 고객센터 등" 디지털 혁신을 선도할 것으로 기대된다.[83] 실제로, 최근 기존 은행의 예금 · 대출을 비롯한

81. 인터넷 전문은행의 정의는 「은행업감독규정」 제102조(인터넷 전문은행에 대한 특례)의 제1항에, 전자금융거래의 정의는 「전자금융거래법」의 제2조(정의) 제1호에 각각 명시되어 있다.

82. 금융위원회 · 금융감독원(2017a), p.5; 금융위원회 · 금융감독원(2016b), p.6.

83. 금융위원회 · 금융감독원(2017b).

업무 전반에는 이미 경쟁압력이 크게 확산된 상태이다. 뿐만 아니라, 중금리대출에서는 상호저축은행 및 P2P 대출자와, 비대면 거래에서는 증권회사와 경쟁이 이미 치열하고, 해외송금에서는 핀테크 송금업체와, 보험상품 판매에서는 보험회사와 향후 경쟁 압력이 커질 것으로 예상된다. 이와 같이 케이뱅크와 카카오뱅크는 금융서비스 전반에 걸쳐 경쟁을 제고하고 혁신을 가속화하는 소위 '메기효과'를 발휘하고 있는 것으로 평가된다.[84]

하지만 우리나라 인터넷 전문은행의 중장기적 전망은 아직 불투명하다. 우선, 핵심 사업모델인 중금리 신용대출이 성공적일지를 단언하기 어렵다. "중신용자의 연체율 관리"가 전문성 및 경험을 필요로 하는 고난도 업무이기 때문이다.[85] 또한 우리나라 금융의 현행 은산분리 원칙에 따른 산업자본의 은행지분 소유 제한을[86] 인터넷 전문은행에도 그대로 적용할 것인지, 아니면 인터넷 전문은행에 대해서는 예외를 인정할 것인지에 대해서는 지난 수년간 논의는 있었으나 아직도 정해진 것이 없다. 이는 예외를 인정하자는 예외론과 예외는 없다는 원칙론이 팽팽하게 맞서왔기 때문이다.[87] 다만, 예외론이 더욱 커다란 설득력을 가지려면 정보통신기술기업인 KT와 카카오가 각기 케이뱅크와 카카오뱅크를 주도하는 대주주가 되어도 괜찮다는 이유를 각 인터넷 전문은행의 발전 계획과 사업 구상의 맥락에서 좀 더 구체적으로 설명할 수 있어야 할 것으로 보인다. 참고로 미국과 일본 등 선진국에서는 실제로 조업 중인 인터넷 전문은행들의 경우, 각 설립주체가 정보통신기술기업 이외에도 유통기업, 제조기업, 기존 금융기관(은행, 증권회사, 카드회사) 등 다양하게

---

84. 특히 카카오뱅크의 경우 영업 개시 5일 만에 신규 계좌 수효가 100만을 넘겼다. 카카오뱅크 출범 직후의 금융시장 상황에 대해서는 예를 들어 안상미(2017)를 참조하기 바란다.

85. 이대기(2017), p.13.

86. 우리나라에서는 산업자본이 은행 지분을 의결권 있는 발행주식 총수의 4%까지만 소유할 수 있되, 그 이상의 은행 지분에 대해서는 의결권을 행사하지 않는다는 조건으로 금융위원회의 승인을 받는 경우에는 발행주식 총수의 10%까지 소유할 수 있다. 이와 같은 은산분리 원칙에 대해서는 이 책의 제7장 및 제15장을 참조하기 바란다.

87. 예외론은 "인터넷 전문은행의 핵심 기술은 모바일을 중심으로 한 비대면 인프라와 빅데이터 기반 신용평가시스템[이므로] … [정보통신]기술기업들의 적극적인 투자를 유도하기 위해서는 적절한 지분 보유를 허락해 [이들 산업자본에게] 수익 추구 기회를 주는 것이 필요하다"는 것으로 요약된다(이대기 2017, p.12). 이에 반해 원칙론은 "[우리나라의 은산분리 원칙은 은행의 사금고화를 막기 위해 꼭 필요한 원칙인데] 예외를 허용하면 원칙 [자체가] 깨질 우려"가 있는 데다, "인터넷 [전문]은행도 은행[이므로] … ICT 기업이 대주주가 되어야 할 당위성이 없다"는 입장이다(고동원 2017).

나타나고 있다.[88]

3. 디지털 금융혁신의 미래[89]

지금까지 이 장에서는 핀테크 및 테크핀이 금융의 새로운 조류로 등장하게 된 역사적·기술적 배경을 살펴본 후, 디지털 금융혁신이 금융부문에 몰고 온 변화를 블록체인 기술과 디지털 화폐, 지급결제서비스, 크라우드펀딩 및 P2P 대출, 그리고 로보-어드바이저와 인터넷 전문은행이 제공하는 새로운 유형의 금융서비스를 중심으로 각각 구체적으로 검토해 봤다. 이와 같은 다양한 종류의 디지털 금융혁신에 대한 구체적 검토를 기초로, 금융의 변모를 가져오고 있는 저변의 거대한 흐름이 금융시스템의 시장구조와 금융 효율 및 안정에 어떤 정책적 함의를 갖는지 차례로 탐구하기로 한다.

우선, 금융시스템의 시장구조부터 생각해 보자. 금융산업은 몇 가지 측면에서 신규 진입이 매우 어려운 것으로 알려져 있다. 예를 들면 계약당사자 간 신뢰가 금융거래 성립의 전제조건인데, 일반적으로 고객에 비해 금융회사가 정보를 훨씬 많이 갖고 있는 것(정보 비대칭 상황)이 현실이므로 이미 평판이 좋은 금융회사에 대한 고객 충성도는 확고할 수밖에 없다. 또한 금융산업에 진입하기 위해서는 지점망이나 IT시스템 확보 등에 거액의 초기 고정비용이 들어가는데, 이런 초기 고정비용은 잠재적 신참 기업에게는 진입장벽을 의미하지만 시장에서 이미 조업 중인 기존 금융회사에게는 규모의 경제를 의미한다. 금융시장에서 종종 관찰되는 범위의 경제도 기존 금융회사에게 유리하다. 게다가 이들 기존 금융회사는 자신의 서비스에 대한 수요층이 두터워질수록 그 서비스의 가치가 높아지는 양의 네트워크 외부성(positive network externality)을 누린다. 이 모든 상황은 기존 기업의 시장 내 입지를 강화하는 한편, 잠재적 경쟁기업의 시장 진입을 방해한다. 이와 같은 장벽들로 인해 잠재적 경쟁기업의 시장 진입이 곤란한 탓에 금융시장은 일반적으로 경합성(contestability)이

88. 상세한 내용은 천대중(2014)을 참조하기 바란다.

89. 이 절은 전반적으로 FSB(2017)에 의존했다.

낮고, 기존 기업들끼리 서로 경쟁하는 과점구조로 인해 집중도(concentration)가 높다는 특징을 갖기 쉽다.

이와 같은 기존 금융시스템의 시장구조에 디지털 금융혁신은 어떤 변화를 가져올 것인가? 핀테크 및 테크핀의 본체인 디지털 기술—우리가 앞서 살펴본 블록체인 기술, 무선통신 기술, 사물인터넷, 바이오 인증, 빅데이터, 인공지능과 클라우드 컴퓨팅 등—은 일반적으로 금융거래의 투명성을 높여 정보 비대칭성을 완화하고, 효율성과 안정성이 뛰어난 비대면 거래를 가능하게 하며, 모바일폰 등을 통한 정보 접근성 제고와 실제 거래의 편의성 제고를 통해 고객의 채택률을 과거보다 크게 끌어올린다. 디지털 금융혁신의 이와 같은 기술적 속성은 금융시장의 기존 진입장벽을 낮추는 효과가 있다. 여기에 기존 금융기업들이 과거의 점포망과 낡은 IT시스템 등 고비용 기반을 일단 유지해야 하는 점도 최신 디지털 기술(또는 네트워크)로 무장한 다양한 유형의 신참자들이 진입장벽을 비집고 들어가 새로운 시장 점유를 위해 기존 금융기업과 발 빠르게 경쟁하도록 유인하는 효과적 요인이 된다. 이러한 과정에서 금융시장의 경합성이 증대될 것이고, 신참자들이 일단 시장에 진입하면 시장 점유를 놓고 기존 금융회사와 신참자 간 경쟁이 치열해질 것이다.

더욱이 디지털 기술의 적용이 금융서비스의 모든 분야를 대상으로 확산되고 있고 서로 다른 디지털 기술의 적절한 배합에 의해 다양한 사업모델이 가능해진 점을 감안하면, 기존 금융회사와 신참자 간 경쟁을 통해 금융업의 '기능별 분할(unbundling by function)'이 진행될 것이고 분할된 단일 금융기능의 수행에서도 필요한 경우 '단계별 분할(unbundling by stage)'이 진행될 것이다. 그 결과 기존 금융서비스가 기능별 · 단계별로 세분화되고, 서비스 공급자도 다변화된다. 예를 들어, 예금수취는 전통적인 은행의 고유 기능으로 남겠지만, 대출이나 투자자문에서는 기존 금융회사가 P2P플랫폼이나 로보-어드바이저와 경쟁할 것이다. 또한 지급결제서비스의 제공에서 지급결제 연쇄를 구성하는 일련의 세부 단계 가운데 협의의 결제기능은 대체로 은행의 고유 업무로 남기 쉽겠지만 다른 단계에서는 비금융회사가 은행과 경쟁할 것이다. 이와 같은 탈집중화(decentralization) 및 다변화(diversification)의 진행으로 시장집중도는 완화될 것이고, 시장 내 금융서비스 제공자의 구성(composition)도 다양하게 바뀔 것이다.

요컨대, 디지털 금융혁신의 기술적 특성은 시장구조 측면에서 금융시장의 경합성을 높이고 집중도는 낮추며 구성의 다양화를 가져올 것으로 일단 평가할 수 있다. 또한 "모바일 기기의 출현"과 아울러 "이동전화서비스 기업, 인터넷 기반 사업자, 하드웨어 및 소프트웨어 제공자 등과 같은 다양한 기업의 참여"로, "전통적인 은행이 높은 비용으로 제공하던 비효율적 간접금융 및 금융중개를 직접금융이 대체할 것이라는 예측"도 나오게 되었다.

하지만 핀테크 및 테크핀이 몰고 온 시장 내 경쟁압력으로 "시간 경과에 따른 금융서비스 시장구조의 전개 양상을 결론짓기에는 너무 이르다"는 것이 FSB의 시각이다. 다양한 신참 기업들의 서비스가 은행 등 기존 금융기관의 서비스를 대체하는가 하면, 은행이 막강한 자금력으로 강력한 신참 경쟁상대를 인수하거나 신참 기업과의 제휴 등을 통해 공존을 모색하는 일도 흔하게 일어나고 있기 때문이다. 여기에 수요에 작용하는 네트워크 외부성이나 공급에 작용하는 규모의 경제와 같은 시장 특성의 작용까지 감안하면 앞으로 기존 금융회사와 신참 비금융회사(기술기업)와의 상호 관계 및 구성이 어떠할지, 중장기적으로 시장구조의 집중도나 경합성이 과거에 비해 높아질지 또는 낮아질지 등을 지금 예단하기란 쉽지 않다. 바로 이런 이유에서 FSB는 "핀테크가 중개의 본질(essence of intermediation) …을 근본적으로 바꿔놓을지 여부는 선험적으로 분명하지 않다"는 견해를 제시한다.[90]

지난 수년간 핀테크 및 테크핀의 약진이 계속되면서 일각에서는 기존 은행들이 핀테크 및 테크핀 기업에 의해 밀려나 결국 "21세기의 코닥(Kodak)" 또는 "트랜지스터 시대의 금융 진공관 제조사" 신세로 전락하게 될 것이라 장담한다. 하지만 또 다른 일각에서는 "어떤 신생 벤처기업(startup)도 사람들의 금융생활 중심인 요구불예금 계정을 성공적으로 공략하지 못했다"는 점을 지적하면서 "다수 국외자들이 매력을 느끼지 못하는 고도의 규제환경에서도 은행은 이런 [결제]업무를 충분히 잘 수행하고 있다"고 본다. 다만, 보다 최근에는 기존 은행·금융기관과 신참 기술기업이 서로의 강점과 성향을 살려 상호 협력 및 공존하는 방향으로 시장이 진화할 것이라는 예상이 점차 자리 잡기 시작한 것으로 보인다.[91]

---

90. 이 문단의 인용문은 모두 FSB(2017), pp.10~11에서 따왔다.

91. 이 문단의 인용구는 모두 *The Economist*(2015a), pp.15~16에서 따왔다. 한편, 기존 은행과 신참 기술기업이 공존할 것으로 보는 예상의 논거는 전자와 후자가 누리는 각각의 강점에 있다. 예를 들어, 기존 은행은 막강한 자금력과 규모의 경제를 누린다. 뭐니뭐니 해도 은행은 "고객이 가장 친숙

다음으로, 디지털 금융혁신이 금융시스템의 효율 및 안정에 갖는 정책적 함의를 생각해 보기로 한다. 금융 진화의 역사가 우리에게 명확히 시사하는 바와 같이, 디지털 금융혁신은 금융서비스의 효율 제고라는 긍정적 효과를 가져오기도 하지만, 잠재적으로는 금융불안정이라는 부정적 효과를 수반하기도 한다. BIS, IMF, FSB와 같은 국제금융기구와 일부 중앙은행들은 이러한 맥락의 연구를 최근 진행 중인데, 그중에서도 특히 FSB는 핀테크 혁신에 내재하거나 그와 함께 수반되는 다양한 요인들을 선별한 후 금융안정에 기여하는 편익요인들과 금융불안정에 기여하는 위험요인들로 구분하여 여러 요인들을 종합적으로 검토한 바 있다.[92] 이 접근에 따르면, 핀테크 및 테크핀의 편익요인에는 탈집중화 및 다변화, 효율, 투명성, 그리고 금융서비스 접근성 및 편의성이 포함된다. 한편, 위험요인은 미시금융적 위험요인(microfinancial risks)과 거시금융적 위험요인(macrofinancial risks)의 두 부류로 대별되고, 미시금융적 위험요인은 다시 만기불일치나 유동성불일치 등의 금융요인(financial sources)과 사이버리스크나 법률리스크 등의 운영요인(operational sources)으로 구분된다. 이 장 마지막 부분의 [부록 표]는 FSB가 체계적으로 제시한 편익요인과 위험요인의 내용을 일목요연하게 정리한 내용이다. 독자들은 앞에서 다뤘던 핀테크 및 테크핀 이슈의 학습 내용을 상기하면서 이 표를 가볍게 음미해 보기 바란다.[93]

하게 느끼는 금융기관이어서 고객 기반이 거대하며 [공적 금융안전망의 지지를 받아] 조달비용이 낮다"(*The Economist* 2017a, p.65)는 것이다. 반면, 핀테크 기업은 기존 은행에 비해 훨씬 빠르고 신축적으로 행동할 수 있다. 은행과는 달리 유지하는 데 고비용이 요구되는 낡은 IT설비, 지점망 및 인력을 갖고 있지 않기 때문이다. 또한 핀테크 기업은 첨단 디지털 기술은 물론 글로벌 위기 이후에는 최고의 젊은 인재들까지 확보하게 되었다. 게다가 애플, 구글, 삼성과 아마존과 같은 거대 기술기업은 금융업에 진입했어도 이들이 "현재 은행이 받는 규제와 같은 정도의 촘촘한 규제"까지 원하는 것은 아니다(*The Economist* 2017b, p.13). 이런 현실에서 서로가 상대의 강점을 자신에게 유리하도록 활용할 수 있으려면 결국 '제휴'라는 선택지를 택하게 되리라는 것이다.

92. FSB는 편익요인과 위험요인을 금융안정에 초점을 맞춰 제시했지만, 이들 요인은 분석의 목적에 따라 여타 관점—예를 들어, 소비자 보호, 경쟁 및 효율, 지배구조, 금융포용 등—에 초점을 맞춰 얼마든지 다른 각도에서 검토될 수 있음은 물론이다(FSB 2017). 또한 실제로 그와 같은 검토가 최근 세계적으로 활발히 진행되고 있다.

93. 이 책의 독자들은 화폐금융의 이론 및 정책에 관한 학습을 제4장에서 본격적으로 시작하게 된다. 이 책의 독자 여러분에게 표를 본문에서 소개하지 않고 이 장의 [부록 표]로 돌린 것과 그 내용을 "가볍게" 음미해 보라 권유한 것은, 이론 및 정책의 학습을 시작하기도 전에 혹시 독자들이 지레 이 표의 내용을 지나치게 복잡하고 난해한 것으로 받아들일지도 모른다는 저자의 우려 때문이다. 사실, 경

금융시스템의 안정에 관한 FSB의 잠정적 결론은 "현재로서는 디지털 금융혁신으로 인해 제기되는 주목할 만한 금융안정 리스크(financial stability risks)는 없다"는 것으로, 여기에 단서가 따르는 것은 물론이다.[94] 최근의 혁신 덕분에 금융서비스 접근성이 확대되고 효율과 투명성이 제고되며 빅데이터를 활용하게 되는 등 핀테크가 금융안정을 지원하는 측면이 있는 것은 사실이지만, 이런 편익요인들에는 자칫 경기순응성이나 과잉 변동성과 같은 거시금융적 위험요인과 만기불일치나 유동성불일치와 같은 금융 측면의 미시금융적 위험요인이 함께 수반될 수도 있다. 또한 운영 측면에서 사이버리스크나 제3의 서비스 제공자와 같은 미시금융적 위험요인이 새롭게 생성될 수도 있다. 나아가 이런 미시금융적 위험요인들이 전염과 같은 거시금융적 위험요인으로 연결되는 경우 시스템 안정이 훼손될 위험이 있다. 그러므로 금융부문과 정책당국은 다양한 부정적 가능성 등에 평소 만반의 대비를 갖춰야 한다는 것이 FSB의 시각이다. 그런데 디지털 금융혁신이 금융부문에 다양하고 급속한 변화를 불러오면서 정책당국이 관련 데이터 및 정보를 적시에 얻기 어려운 것이 여러 나라의 현실이다. 정책당국의 효과적인 리스크 감시 및 대응을 위해서는 이런 상황부터 개선되어야 한다는 점을 FSB는 특히 힘주어 강조하고 있다.

끝으로, 규제의 범위와 강도, 그리고 방식에 따라 디지털 금융혁신이 크게 영향을 받게 되는 점에 대해 잠시 생각해 보자. 어느 나라에서나 전통적으로 금융시장은 시장실패에 취약하다는 이유에서 촘촘히 규제를 받아왔다. 이에 따라 디지털 금융혁신으로 금융서비스 제공에 참여하게 된 비금융기업과 관련 기술도 규제의 대상에서 예외가 될 수는 없다. 다만, 디지털 금융혁신이 수반하는 리스크를 최소한으

제학원론을 이수한 독자라면 위험요인 가운데 미시금융적 운영요인들과 편익요인들에 대해서는 받아들이는 데에 그다지 어려움은 없을 것이다. 다만, 위험요인 가운데 미시금융적 위험 중 금융요인과 거시금융적 위험요인에서 등장하는 화폐금융 분야의 여러 전문용어는 이 책의 시작 부분을 학습 중인 독자들에게 아직은 많이 생소할 것이다. 하지만 이 책의 후반부에서는 이들 용어들을 가급적 쉽고 상세하게 논의하게 될 것이다. 그러므로 독자들은 앞으로 이 책을 통해 학습하게 될 내용을 지금 미리 살펴본다는 마음으로 [부록 표]의 내용을 가볍게 훑어보기 바란다.

94. 인용문은 FSB(2017), p.1에서 따왔다. 그리고 이 글이 언급한 '단서'에 대해서는 핀테크 혁신이 금융안정에 대해 갖는 함의를 다섯 가지로 제시한 FSB(2017)를 참조하기 바란다. 나아가 FSB는 국제협력이 우선 요구되는 3대 선결 과제—"제3의 서비스 제공자가 제기하는 운영리스크의 관리", "사이버리스크의 경감", 그리고 "거시금융리스크의 감시"—를 포함하여 각국 정책당국이 주목해야 할 총 10대 과제를 제시한 바 있다(FSB 2017, pp.30~31).

로 통제하면서 금융효율 제고의 편익을 최대한 살리는 방향으로 규제가 적용되어야 할 것이다.[95] *The Economist*가 금융혁신의 역사적 경험을 논거로 제시한 다음의 견해는, 좁게는 블록체인이라는 특정 기술을 염두에 둔 것이지만 넓게는 최근의 디지털 금융혁신 전반에 대해 규제적 관점에서 어떻게 접근해야 하는지에 대해서도 함의를 갖는다는 점에서 경청할 만하다:[96]

> "지금과 같은 초기 단계에 블록체인에 대한 규제를 마련한다면 잘못을 저지르는 일이 될 것이다. P2P 기술의 역사를 살펴보면, 기술의 잠재력이란 여러 해의 시간이 경과하고 나서야 완전히 드러나기 쉽다는 사실을 알 수 있다. 그렇게 되기까지 규제자들이 신속히 진화하고 있는 개념을 지나치게 규범적인 원칙으로 고사시키는 위험을 감수하느니 차라리 개입을 자제해야 할 것이다. 아니면, 기존 체계 내에서 새로운 접근을 수용하기 위한 방법을 찾아야 할 것이다."

[부록 표] **디지털 금융혁신이 금융안정에 미치는 영향: 편익요인과 위험요인**

		금융안정과의 연계	각 편익 · 위험 요인의 촉진 사례
편익요인 (benefits)	**탈집중화 · 다변화**	▪ 주어진 금융충격 완화 ▪ 단일(단일 유형에 속한) 기관의 도산에도 여타 제공자들의 존재로 시장은 정상 작동	로보-어드바이저; 분산원장기술
	효율	▪ 경합성 개선으로 생긴 운영 효율성은 금융기관 사업모델의 안정성을 지원하고 금융시스템 및 실물경제 전반의 효율성을 개선	핀테크대출 플랫폼; 인공지능; 기계학습; 로보-어드바이저; 분산원장기술
	투명성	▪ 정보 비대칭성 감소를 통한 리스크 평가의 정확성 개선 ▪ 특정 리스크에 노출된 금융수단의 개발 촉진	데이터 이용 증대 · 개선; 지분형 크라우드펀딩; 핀테크대출 플랫폼
	서비스 접근성 · 편의성	▪ 금융포용 제고를 통해 지속가능성장의 지원과 투자리스크 익스포저의 다변화를 제공	모바일뱅킹; 분산원장기술; 로보-어드바이저

95. 예를 들어, Philippon(2016)은 "지난 130년 기간 동안 미국의 금융중개서비스 단위비용은 2% 내외 수준을 계속 유지해 왔[으며 더 낮아지지 않고 있]다"는 자신의 연구결과를 토대로 금융시스템의 효율이 매우 낮다고 진단한 후, "낮은 레버리지에서 [지급결제서비스와 같은] 금융서비스의 제공을 가능하게 해주는 기술과 새로운 기업의 진입을 촉진"하는 방향으로 현행 규제를 전환함으로써 최근의 핀테크 혁신을 적극적으로 보완해야 한다고 주장한다.

96. *The Economist*(2015b), p.11.

<table>
<tr><td rowspan="8">미시금융적 위험 요인 (micro · financial risks)</td><td rowspan="3">금융 요인</td><td>만기 불일치</td><td>▪ 단기자금을 조성하여 장기대출을 제공하는 경우 만기연장 리스크(rollover risk) 증대</td><td>핀테크대출 플랫폼</td></tr>
<tr><td>유동성 불일치</td><td>▪ 자산과 부채의 유동성 차이에 기인하는 런리스크(run risk) 증가와 자산급매(fire sale) 필요성 증가</td><td>-</td></tr>
<tr><td>높은 레버리지</td><td>▪ 높은 레버리지는 시장리스크와 신용리스크 등의 구체화로 발생한 손실을 커버하기에는 자기 자본이 부족한 상태를 초래</td><td>-</td></tr>
<tr><td rowspan="5">운영 요인</td><td>지배구조 · 과정통제 미비</td><td>▪ 지배구조(governance) 및 과정통제(process control)가 취약한 경우 금융서비스 또는 금융인프라 제공에 혼란이 발생할 위험이 증가</td><td>민간 디지털 화폐(통제의 부재로 설계 결함이 가능)</td></tr>
<tr><td>사이버리스크</td><td>▪ 서로 다른 금융기관 간 연계성이 증대될수록 금융활동이 사이버공격에 더욱 취약</td><td>디지털 지갑 ; e-애그리게이터</td></tr>
<tr><td>제3자 의존도 증대</td><td>▪ 시스템 중요기관들 또는 시스템 중요 시장들이 동일한 제3자에 의존하는 경우 시스템리스크가 증대</td><td>클라우드 컴퓨팅 ; 데이터 제공기업</td></tr>
<tr><td>법률 · 규제 리스크</td><td>▪ 혁신적 서비스가 출시되거나 규제차익이 추구되는 경우 법률 · 규제 리스크가 증대
▪ 손실의 책임을 둘러싼 불확실성은 시스템에 대한 신뢰를 훼손</td><td>스마트계약 ; 로보-어드바이저 ; 빅데이터</td></tr>
<tr><td>금융시장인프라(FMI)의 사업리스크</td><td>▪ FMI는 자신의 대차대조표에 악영향을 줄 수 있는 대외 요인에 취약</td><td>혁신적 지급결제서비스를 제공하는 FMI</td></tr>
<tr><td colspan="2" rowspan="4">거시금융적 위험요인 (macro · financial risks)</td><td>전염</td><td>▪ 단일 금융기관 · 부문의 혼란이 상호 간 직접적 익스포저나 공통점으로 인해 여타 기관 · 부문으로 확산되어 신뢰상실의 일반화를 초래</td><td>핀테크대출 플랫폼 ; 사이버리스크 증대 ; 트레이딩 전략의 자동화 ; 인공지능</td></tr>
<tr><td>경기순응성</td><td>▪ 호경기에는 신용이 과잉 공급되다가 경기하강이 시작하면 지나친 부채축소(deleveraging)가 발생하는 일례에서 볼 수 있듯이, 경기변동의 증폭을 가져오는 경제주체들의 행동 성향</td><td>핀테크대출 플랫폼 ; 로보-어드바이저 ; 소셜트레이딩 ; 지분형 크라우드펀딩</td></tr>
<tr><td>과잉 변동성</td><td>▪ 다수 금융기관이 동종 사업모델이나 공통의 익스포저를 보유하는 경우, 이들이 새로운 충격(뉴스)에 대해 동시에 동일하게 반응하면 시스템 전반에 지급능력 · 유동성 문제가 확산 가능</td><td>알고리즘 트레이딩 ; e-애그리게이터</td></tr>
<tr><td>시스템 중요성</td><td>▪ 시스템상 중요 기관은 도덕적 해이를 통해 시스템 전반으로 리스크를 증폭시킬 수 있음</td><td>분산원장기술을 활용하는 FMIs 간 연계 ; 디지털 지갑과 디지털 화폐 ; 고객데이터 제공 기업의 독과점화</td></tr>
</table>

자료: Financial Stability Board(2017), pp.12~21, Figures 3~5 및 본문의 내용을 종합하여 작성.

연습문제

01. 2007~2009년 글로벌 금융위기는 대체로 그 이전의 '테크핀'과 그 이후의 '핀테크'를 자연스럽게 구분하는 시간적 경계로 볼 수 있다. 글로벌 금융위기가 핀테크의 대두에 중대한 계기로 작용했다면 그 이유는 무엇일까?

02. 다음 박스 속 지문은 블록체인 기술을 보는 상반된 시각을 다룬 이코노미스트 지의 최근 기사 중 일부 내용이다(*The Economist* 2015b, p.22). 이와 같은 긍정적·부정적 시각에 대해 여러분의 생각은 어떠한가?

> "거래기록을 중앙집중식으로 관리하지 않는 시스템도 중앙집중식 관리 시스템과 꼭 마찬가지 정도로 신뢰할 수 있다는 인식은 근본적인 변화를 가져올 것이다. [하지만] 그와 같은 생각에 대해서는 어느 정도의 반론이 있을 것으로 예상할 수 있다. 블록체인이 아직은 몇몇 틈새시장(niches)에서만 활용할 수 있는 새로운 개념인 데다, 이 기술이 얼마나 멀리 확산되고 커질 수 있을지에 대한 회의적 시각에는 충분한 이유가 있는 것으로 드러날 수 있기 때문이다. 그와 같은 생각에는 저항도 예상할 수 있다. … 신뢰를 민주정치(democratic politics), 정당성(legitimacy)과 책임성(accountability)의 문제라기보다는 코딩(coding)의 문제로 만들어버리는 방안이 반드시 매력적이거나 역량을 강화해 주는 것은 아니기 때문이다."

03. 다음은 BIS의 CPMI가 제시한 "화폐 및 교환 메커니즘의 개념적 분류체계"에 관한 그림이다(CPMI 2015). 그림을 보면서 다음 각 물음에 답하시오.

화폐 및 교환 메커니즘 분류체계

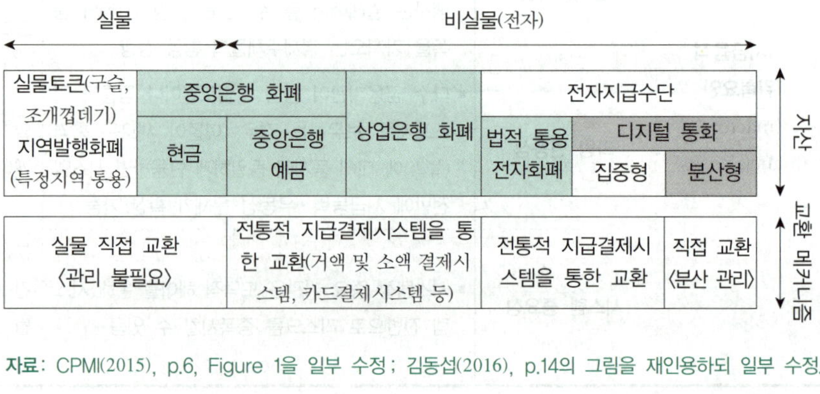

자료: CPMI(2015), p.6, Figure 1을 일부 수정; 김동섭(2016), p.14의 그림을 재인용하되 일부 수정.

(1) 상업은행 화폐(commercial bank money)란 무엇인가?

(2) 중앙은행 화폐(central bank money)란 무엇인가?

(3) 현금(cash)이란 무엇인가?

(4) 법적 통용 전자화폐(legally recognised e-money ; e-money in a narrow sense)란 무엇인가?

(5) 전자지급수단(E-money(broad sense))이란 무엇인가?

(6) 디지털 화폐에서 집중형(centrally issued)과 분산형(decentralised or automatic issuance)은 각각 무엇인가?

(7) 전통적 의미에서 화폐(money in a traditional sense)의 포괄 범위를 위 그림 상에 표시하시오.

(8) P2P(분산식) 또는 중앙집중식 교환 메커니즘에 의해 각각 운영되는 화폐의 범위를 위 그림 상에 각각 표시하시오.

04. 최근 신세계나 롯데와 같은 유통 대기업이 간편결제 시장 선점을 위해 각축을 벌인다고 한다. 조선일보의 기사문(윤민혁 2017)에서 발췌한 아래 박스 속 지문을 읽고 이와 같은 유통기업 등 비금융기업의 간편결제 시장 진출 및 경쟁이 우리나라 은행업의 전통적 위상 또는 기존 금융산업에 향후 어떤 변화를 가져오게 될지 생각해 보시오.

> "이들 유통 대기업이 간편결제에 주목하는 이유로는 옴니채널(소비자가 온라인, 오프라인, 모바일 등 다양한 경로를 넘나들며 상품을 검색하고 구매할 수 있도록 한 서비스) 구축의 중요성이 꼽힌다. 기존의 오프라인 채널과 온라인을 하나의 결제수단으로 묶어 소비자 이탈을 방지하겠다는 것이다. 또 소비패턴 등 빅데이터를 수집해 소비자 니즈를 파악, 마케팅에 접목하고자 하는 욕구도 강하다. … 최근엔 기존의 옴니채널 구축 · 빅데이터 수집을 넘어 무인결제의 수단으로서 간편결제가 주목받고 있다."

05. 다음 그림에서 시기별 금융혁신의 진행을 개관한 후, 이러한 시간 경과를 통해 금융회사와 비금융회사의 관계가 어떻게 변화해 왔으며, 어떻게 변화할 것인지를 전반적으로 설명하시오.

기술혁신과 금융서비스의 변화

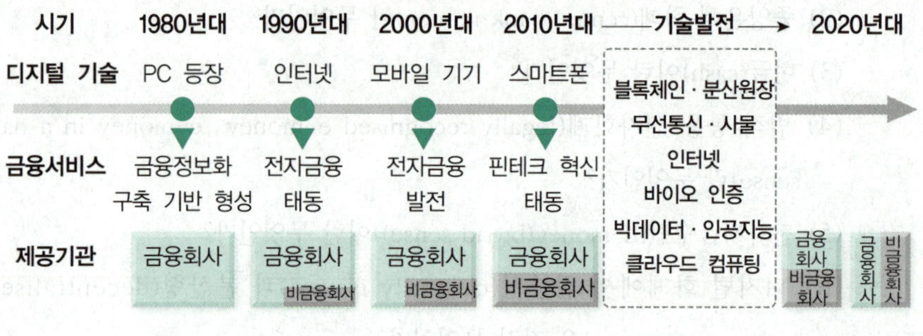

자료: 한국은행 금융결제국(2017), p.48의 그림.

참고문헌

강준영, "비트코인에 대한 주요국의 대응과 시사점," *Weekly KDB Report*, 한국산업은행, 2017. 6. 5., pp.4～6.

고동원, "인터넷은행도 대주주 '사금고화' 우려 … 기존 은행, 핀테크 혁신 충분히 가능," 이현일 기자의 [맞짱 토론] "인터넷전문은행도 '은산분리' 규제해야 하나"에 대한 찬성 의견, 『한국경제』, 2017. 4. 8.

구본성, "Bigtech의 금융서비스 확대에 따른 주요 이슈와 정책적 논의," KIF 금융분석 리포트, 2021-02, 한국금융연구원, 2021. 2.

국무조정실 · 국무총리비서실, "정부, 가상통화 투기근절을 위한 특별대책 마련," 보도자료, 2017.12.28.

금융위원회, "「블록체인 협의회」 출범 및 「금융권 공동 블록체인 컨소시엄」 운영계획 발표," 보도자료, 2016. 11. 24.

________, "P2P 대출상품, 투자 전 가이드라인 준수 업체인지 확인하세요," 2017a. 5. 26.

________, "'17.상반기 기준 크라우드펀딩 주요 실적," 보도자료, 2017b. 7. 7.

금융위원회 · 금융감독원, "디지털통화 제도화 T/F 제1차 회의 개최," 보도자료, 2016a. 11. 17.

________ · ________, "(주)케이뱅크 은행(제1호 인터넷전문은행) 은행업 인가," 보도자료, 2016b. 12. 14.

________ · ________, "금융위원회, 한국카카오은행(주)에 대한 은행업 인가," 보도자료, 2017a. 4. 5.

________ · ________, "인터넷전문은행 최근 동향과 금융권 대응 움직임," 보도참고자료, 2017b. 4. 27.

________ · ________, "가상통화 투기근절을 위한 특별대책(2017.12.28) 중 금융부문 대책 시행," 보도참고자료, 2018.1.23.

금융정보화추진협의회 · 한국은행 금융결제국, 『전자금융총람』, 2015. 2.

김동섭, "분산원장 기술과 디지털통화의 현황 및 시사점," 지급결제조사자료 2016-2, 한국은행 금융결제국, 결제연구팀, 2016. 1.

김부강, "'페이전쟁' 이지 말입니다," 『한은소식』, Vol.464, 2016. 5, pp.14~15.

_____, "내 안에 비밀번호 있다 '바이오페이'," 『한은소식』, Vol.464, 2017. 5, pp.15~17.

김유정, "미 비트코인 선물 상장 … 가상화폐 시장 '폭풍전야'," www.chosunbiz.com, 조선일보사, 2017.12.18.

김홍범, "금융의 진화로 본 핀테크," 『금융』, Vol.734, 전국은행연합회, www.kfb.or.kr, 2015. 5, pp.14~18.

박수용, "가상화폐, 암호화폐, 디지털화폐," 『한국경제신문』, 2017.12.26.

서병호 · 이수진 · 이윤석, "해외 인터넷 전문은행의 사례 분석과 시사점," KIF 금융리포트, 2016-01, 한국금융연구원, 2016. 10.

안상미, "카카오뱅크발 금융 빅뱅 … 은행 생태계 바꾼다," 『한국경제』, 2017. 8. 2.

오찬종, "신뢰 쌓아올린 P2P … 대출총액 2조로 키운다," 『매일경제』, 2018.1.2.

윤민혁, "신세계 정용진 vs. 롯데 신동빈, 뜨거워진 간편결제 경쟁 … '무인결제로 전선 확대'," www.chosunbiz.com, 『조선비즈』, 2017. 5. 15.

이대기, "인터넷 전문은행 출범에 따른 기대 효과와 향후 과제," 『금융』, Vol.758, 전국은행연합회, www.kfb.or.kr, 2017. 5, pp.6~13.

이보미, "빅테크의 금융서비스가 금융안정에 미치는 영향," KIF VIP 리포트, 2020-17, 한국금융연구원, 2020. 10.

이상민, "알트코인에 대하여," 『한은소식』, Vol.465, 2017. 6, pp.34~35.

이수빈 · 김순신, "와우~ 손바닥 대니 결제 끝 … 이런 편의점 처음," 『한국경제』, 2017. 5. 16.

이현일, "뮤지컬 · 병원 · 유흥업소까지 … 영역 넓히는 P2P 대출," 『한국경제』, 2017. 5. 9.

천대중, "해외 인터넷전문은행 동향 및 시사점," 『주간 금융경제동향』, 제4권, 제30호, 우리금융경영연구소, 2014. 7. 30., pp.6~12.

최민지, "중국 모바일 지급결제시장 내 경쟁 심화," 해외여신금융동향 2017-6, 여신금융연구소, 2017. 6. 7.

한국IBM Data · AI사업부, "금융회사의 디지털화, 성공적인 여정을 위한 전략," 『2019년판 디지털금융 혁신과 도전』, 2019. 7.

한국은행, 『한국의 지급결제제도』, 2014. 12.

______, "가상통화란 무엇인가?", 홈페이지 게시자료, www.bok.or.kr, 2017a. 2. 13.

______, 『2016년도 지급결제보고서』, 2017b. 3.

______, "2017.1/4분기중 전자지급서비스 이용 현황," 보도자료, 공보 2017-6-29호, 2017c.6.29.

한국은행 금융결제국, "한국은행 지급결제업무 중장기 추진전략 : 지급결제 vision 2020," 2016. 1.

______________, "디지털혁신과 금융서비스의 미래 : 도전과 과제," 지급결제조사자료 2017-1, 2017. 1.

Ali, Robleh, John Barrdear, Roger Clews, and James Southgate, "Innovations in Payment Technologies and the Emergence of Digital Currencies," *Bank of England Quarterly Bulletin*, Vol.54, No.3, 2014a, pp.262~275.

________, __________, _________, and ____________, "The Economics of Digital Currencies," *Bank of England Quarterly Bulletin*, Vol.54, No.3, 2014b, pp.276~286.

Bitcoinity, "Bitcoin Price and Volume," https://data.bitcoinity.org, date of search : January 28, 2018.

Cho, Kyungji, Yuji Nakamura, and Narae Kim, "A Bitcoin Frenzy Like No Other Is Gripping South Korea," www.bloomberg.com, Bloomberg, December 7, 2017.

CoinMarketCap, "CryptoCurrency Market Capitalizations," http://coinmarketcap.com, date of search : January 28, 2018.

The Committee on Payments and Market Infrastructures, "Non-Banks in Retail Payments," Bank for International Settlements, September 2014.

______________________________________, "Digital Currencies," Bank for International Settlements, November 2015.

Cribb, Joe, *Money*, Dorling Kindersley in Association with the British Museum, London, 1990.

Desai, Falguni, "The Evolution of Fintech," www.forbes.com, December 13, 2015.

The Economist, "Shadow and Substance," Special Report on International Banking, May 10, 2014, pp.1~16 (separate pagination).

__________, "Slings and Arrows," Special Report on International Banking, May 9, 2015a, pp.1~16 (separate pagination).

__________, "The Trust Machine," October 31, 2015b, p.11.

__________, "The Great Chain of Being Sure about Things," October 31, 2015c, p.19~21.

__________, "Levelling the Paying Field," March 25, 2017a, p.65.

__________, "Ten Years On," Special Report on International Banking, May 6, 2017b, pp.1~16 (separate pagination).

Ernst & Young LLP, "Landscaping UK Fintech," Report commissioned by UK Trade & Investment, 2014.

European Central Bank, "Virtual Currency Schemes—A Further Analysis," February 2015.

Financial Stability Board, "Financial Stability Implications from FinTech: Supervisory and Regulatory Issues that Merit Authorities' Attention," June 27, 2017.

Graeber, David, *Debt: The First 5,000 Years*, Melville House Publishing, 2011.

International Monetary Fund, "Fintech and Financial Services: Initial Considerations," IMF Staff Discussion Note, SDN/17/05, June 2017.

Kelley, Jemima, "UBS Leads Team of Banks Working on Blockchain Settlement System," http://uk.reuters.com, Reuters, August 24, 2016.

Nakamoto, Satoshi, "Bitcoin: A Peer-to-Peer Electronic Cash System," https://bitcoin.org/bitcoin.pdf, 2008.

Philippon, Thomas, "The FinTech Opportunity," NBER Working Paper No.22476, August 2016.

Schwab, Klaus, "The Fourth Industrial Revolution: What It Means, How to Respond," www.weforum.org, January 14, 2016.

Wikipedia, "Big Data," www.wikipedia.org, date of search: July 25, 2017a.

________, "Cloud Computing," www.wikipedia.org, date of search: July 25, 2017b.

________, "Crowdfunding," www.wikipedia.org, date of search: July 25, 2017c.

________, "Crowdsourcing," www.wikipedia.org, date of search: July 25, 2017d.

________, "Deep Learning," www.wikipedia.org, date of search: July 25, 2017e.

________, "Fintech," www.wikipedia.org, date of search: July 25, 2017f.

________, "Internet of Things," www.wikipedia.org, date of search: July 25, 2017g.

________, "Legality of Bitcoin by Country or Territory," www.wikipedia.org, date of search: July 25, 2017h.

________, "Machine Learning," www.wikipedia.org, date of search: July 25, 2017i.

________, "Peer-to-Peer Lending," www.wikipedia.org, date of search: July 25, 2017j.

________, "Tokenization (data security)," www.wikipedia.org, date of search: July 25, 2017k.

이자율과 금융시장

제4장 이자율이란 무엇인가? / **제5장** 이자율 결정의 이론과 실제

제6장 금융시장의 속성과 효율시장 가설

CHAPTER 04

이자율이란 무엇인가?

Money & Financial Markets, Ch. Four, pp.139~169

1. 이자율의 개념
2. 만기수익률의 개념
3. 채권가격의 변동
4. 1기간 보유수익률과 여러 가지 이자율

현실의 경제거래는 크게 두 가지로 구분할 수 있다. 하나는 매매거래(賣買去來)이고, 다른 하나는 대차거래(貸借去來)이다. 매매거래란 택시를 타고 요금을 내거나 맥주를 사고 돈을 지급하는 것처럼 재화나 서비스의 구입 · 소비와 그 대가를 지급하는 행위가 동시에 이루어지는 것이다. 이러한 거래에서는 재화나 서비스 구매와 그에 대한 대가 지급이 즉석에서 일어나기 때문에 거래가 그 자리에서 바로 완결된다.

이에 비해 대차거래에서는 재화 · 서비스의 구입과 대가의 지급이 매매거래처럼 즉석에서 직접적으로 이루어지지 않는다. 재피(D. Jaffee)와 스티글리츠(J. Stiglitz)의 지적대로 거래시점에서는 단지 재화 · 서비스와 '약속'이 서로 교환될 뿐이다.[1] 여기서 약속이란 현재의 재화 · 서비스 구입에 대한 대가를 미래의 일정 시점에 얼마로 지급하겠다는 것을 뜻한다. 따라서 대차거래는 매매거래와는 달리 거래 즉시 완결되는 것이 아니라, 특정 미래시점에 특정 금액을 지급함으로써 거래 당시의 약속(대차계약)을 이행해야만 비로소 완결된다.

이처럼 대차거래에서는 시간의 흐름이 개입된다. 이것은 경제학적으로 매우 중요한 의미를 갖는다. 예를 들어 동일한 재화나 서비스를 구입하는 경우, 대차거래에서의 대가와 매매거래에서의 대가가 정확히 같은 금액일까? 이 물음에 답하기 위해서는 시간선호 및 이자율에 관한 개념을 정확히 이해해야만 한다.

이 장에서는 화폐금융행위를 이해하는 데 가장 기초가 되는 이러한 개념들을 자세히 설명할 것이다. 특히 채권의 현재가치와 가격, 만기수익률 및 채권가격과 이자율과의 관계에 대해 살펴보도록 하자.

1. 이자율의 개념

1.1 매매거래와 대차거래

우리는 경제 내에서 셀 수 없이 많은 거래가 매일 일어나는 것을 볼 수 있다. 이

1. Jaffee and Stiglitz(1990) 참조.

러한 거래에서 소비자들은 재화 또는 서비스의 이용이라는 '혜택(benefit)'을 누리는 '대가(cost)'로 돈이나 기타 보상을 제공해야만 한다. 현실의 경제거래는 매매거래와 대차거래로 크게 구분할 수 있다는 것을 앞에서 살펴보았다. 매매거래란 우리가 상점에서 물건을 사는 것과 같이 대가를 지급하고 그와 동시에 재화 · 서비스의 이용이라는 혜택을 직접 얻는 경우를 말한다. 이때 대가의 지급이 완전하게 이루어지면 거래는 그 자리에서 완결된다. 이에 비해 대차거래란 기업이 설비투자를 위해 은행에서 자금을 빌리는 경우와 같이 혜택과 대가 지급의 연결에 신용과 시간의 흐름이 개입되는 거래를 말한다. 기업이 은행에서 자금을 빌리는 거래의 이면에는 원금에 이자를 더하여 갚겠다는 약속과 이를 뒷받침하는 신용이 개입되며, 이후에 약속이 충실히 이행되어야만 비로소 거래가 완결된다. 대차거래에 시간의 흐름이 개입된다는 것은 오늘의 혜택과 미래의 혜택을 비교하는 문제가 결부된다는 것이다. 그러면 대차거래에 대한 기초적 이해를 위해 시간선호와 이자율의 개념에 대해 생각해 보자.

1.2 시간선호의 가정과 이자율

대차거래에서는 서로 다른 시점에서의 혜택의 가치를 어떻게 평가할지의 문제가 대두된다. 이와 관련된 핵심 개념이 시간선호(time preference)이다. 시간선호란 경제주체들이 현재소비를 미래소비보다 상대적으로 얼마나 더 선호하는가를 나타내는 개념이다. 이때 그 선호의 정도를 측정하는 지표가 바로 시간선호율(rate of time preference)이다. 경제학에서는 일반적으로 소비자가 현재소비를 동일한 크기의 미래소비보다 선호한다고 보아 양의 시간선호율을 가정한다. 시간선호율이 큰 사람일수록 미래의 재화 · 서비스의 가치를 상대적으로 낮게 평가한다.

그런데 현실적으로 개개인의 효용함수를 정확히 알 수 없기 때문에 시간선호율을 구체적으로 계산하기란 쉽지 않다. 따라서 이러한 문제를 피하기 위해 현재의 효용과 미래의 효용을 직접 비교하는 대신, 현재의 재화(서비스) 가격과 미래의 재화(서비스) 가격을 직접 비교하게 된다. 이를 반영하는 것이 이자율(interest rate)이다.

시간선호 개념이 도입되는 대차거래에서 수요자가 현재 제공받은 재화 또는 서비스의 양을 원금(principal)이라 하고, 현재 혜택을 누린 대가로 미래에 원금에 더해 추가적으로 지급해야 하는 부분을 이자(interest)라 한다. 이때 원금에 대한 이자의 비율이 이자율이다.[2] 이를 식으로 표현하면 다음과 같다.

$$\text{이자율} = \frac{\text{이자}}{\text{원금}} \tag{4-1}$$

그리고 원리금이란 원금에 이자를 더한 값이다. 따라서 원금(X) · 이자율(i) · 원리금(Y)의 세 변수는 다음과 같은 관계를 갖는다.

$$Y = X + X \cdot i = X(1+i) \tag{4-2a}$$

$$X = \frac{Y}{(1+i)} \tag{4-2b}$$

$$i = \frac{Y}{X} - 1 \tag{4-2c}$$

이제 대차거래의 예를 하나 생각해 보자. 대부자 A가 차입자 B에게 오늘 100원을 빌려주고 정확히 1년 후 106원을 돌려받기로 약정을 맺었다고 가정하자. 그리고 앞으로 1년 동안 물가는 불변이며, 대부자 A와 차입자 B는 그러한 사실을 잘 알고 있다고 가정한다. 이때 이들은 연 이자율 6%에 합의한 셈이 된다.[3] 이로부터 우리는 각자의 시간선호율에 대해 무엇을 알 수 있을까? 만약 대부자 A의 시간선호율이 연 이자율 6%보다 크다면 A는 오늘의 100원을 1년 후의 106원보다 더 높이 평가한다는 의미가 된다. 그렇다면 A는 1년 후 106원을 받기 위해 오늘 100원을 포기하려 하지는 않을 것이다. 따라서 A가 오늘 100원을 B에게 실제로 융통해 준다면, 그 사실로부터 우리는 A의 시간선호율이 적어도 6%보다는 크지 않다는 사실을 추론해 낼 수 있다. 차입자 B의 시간선호율은 어떠할 것인가? B가 6%보다 작은 시간선호율을 가진다면 오늘의 100원보다 1년 후의 106원을 더 높게 평가할 것이다. 그렇다면 B는 오늘 100원을 차입하려고 하지는 않을 것이다. 따라서 B가 오늘 100

2. 이자율은 금리와 동의어이다. 금리는 원래 이자 또는 이자율을 두루 가리키는 용어였으나, 최근에는 이자율과 동일한 의미로 널리 쓰인다(한국은행 2006). 이 책에서도 '이자율'과 '금리'를 혼용하기로 한다.

3. 시간선호율의 추론에 적합한 이자율 개념은 명목이자율이 아니라 실질이자율이다. 왜냐하면 시간선호율은 현재 금액과 미래 금액의 실질구매력에 대한 선호 비교와 관련되어 있는 개념이기 때문이다. 이 예에서 물가상승률(인플레이션율)은 영(0)이라 가정하고 있으므로, 명목이자율과 실질이자율은 6%로 일치한다. 명목이자율과 실질이자율의 의미와 관계에 대해서는 본문에서 곧 논의하게 된다.

원을 A로부터 실제로 융통한다면, 그 사실로부터 우리는 B의 시간선호율이 적어도 6%보다 작지는 않다는 사실을 추론해 낼 수 있다. 이와 같이 대부자 A와 차입자 B 사이의 대차계약을 통해 우리는 두 사람 각각의 시간선호율 범위는 추론할 수 있으나, 더 이상의 정보가 없는 한 그 구체적 크기까지는 알 수 없다.

1.3 명목이자율과 실질이자율

지금까지는 명목이자율과 실질이자율을 구별하지 않고 논의를 전개했다. 그러나 이 두 개념을 정확히 구별하는 것은 실제로 매우 중요하다.

명목이자율(nominal interest rate)이란 화폐단위로 원금과 이자를 계산한 뒤 양자의 비율에 의해 계산한 이자율을 말한다. 반면 실질이자율(real interest rate)이란 재화(서비스)의 수량이라는 실질변수를 이용해 원금과 이자의 크기를 결정하고, 이로부터 원금에 대한 이자의 비율을 계산해 얻은 이자율이다.

이 둘은 서로 어떤 관계를 맺고 있을까? 예를 들어 기업이 설비투자를 위해 은행에서 1,000만원을 대출하여 100만원짜리 기계 10대를 구입했다고 하자. 이때 기업이 은행에 1년 후에 1,100만원을 갚기로 계약을 맺는다면, 명목이자율은 10%이다. 그런데 1년 후에 물가가 10% 오르면서 기계 가격도 함께 10% 올랐다고 하자. 따라서 기계의 가격은 1대당 110만원이 된 것이다. 이 경우에 기업이 은행에 갚아야 하는 1,100만원의 금액은 작년에 대출했던 금액에 일정량의 금액(즉, 이자)을 더한 것임에도 여전히 기계 10대에 해당한다. 이때 기업 입장에서는 기계의 대수에 변화가 없으므로 실질이자율은 0%라고 볼 수 있다.

이를 보다 일반적인 관계로 정리해 보자. 편의상 실질이자율을 r, 명목이자율을 i, 물가상승률(즉, 인플레이션)을 π라 하자. 위의 예에서 은행(채권자)이 1년 후에 돌려받게 되는 원리금을 그 시점에서의 실질가치(기계의 대수)로 환산하고, 이를 대출이 이루어진 시점에서 대출원금의 실질가치에 대한 비율로 나타낸 값이 $1+r$에 해당한다. 이에 따라 실질이자율과 명목이자율, 물가상승률 사이에는 다음과 같은 관계식이 성립한다.

$$1 + r = \frac{1 + i}{1 + \pi}$$

이를 다시 표현하면 식 (4-3a)와 같이 나타낼 수 있다.

$$i = (1+\pi)(1+r) - 1 = \pi + r + \pi r \tag{4-3a}$$

이때 πr이 (π와 r에 비하여) 매우 작은 값이므로 생략하면 위의 식으로부터 다음의 관계를 얻게 된다.

$$i \fallingdotseq \pi + r \text{ 또는 } r \fallingdotseq i - \pi \tag{4-3b}$$

즉, 실질이자율은 명목이자율에서 물가상승률을 뺀 값으로 근사시켜 생각할 수 있다. 그런데 현실에서 물가상승률은 사전적으로는 정확히 알 수 없으며, 예상할 수 있을 뿐이다. 따라서 식 (4-3b)의 물가상승률(인플레이션) π 대신 예상물가상승률(예상인플레이션) π^e를 써서 명목이자율과 (사전적) 실질이자율의 관계를 다음과 같이 나타낸다.

$$i \fallingdotseq \pi^e + r \text{ 또는 } r \fallingdotseq i - \pi^e \tag{4-3c}$$

이러한 관계를 피셔 가설(Fisher hypothesis) 또는 피셔효과(Fisher effect)라 부른다. 피셔 가설은 예상인플레이션과 명목이자율 사이의 1:1 대응관계를 보여준다. 그러나 피셔 가설이 말하는 예상인플레이션과 명목이자율 간의 대응관계가 현실에서 정확히 성립하는 것은 아니다. 그 이유는 피셔 가설이 세금의 존재를 고려하지 않고 있으며, 예상인플레이션의 정확한 추정도 쉽지 않기 때문이다.[4] 하지만 예상인플레이션의 등락에 따라 명목이자율이 같은 방향으로 등락하는 현상을 단기에도 쉽게 관찰할 수 있으며, 장기에는 피셔 가설이 성립하는 것으로 널리 받아들여진다. 이와 같이 피셔 가설은 현실적합성을 갖는 데다 직관적 호소력과 이론적 단순성까지 갖추고 있어 거시금융 현상의 분석에 널리 이용되고 있다.

---

4. 사실 피셔(I. Fisher)는 식 (4-3c)가 단기에 성립한다고 주장했던 것은 아니다. 그는 실질이자율이 한 나라의 자본스톡에 대한 한계수익률이기 때문에 장기적으로 대체로 일정하며 인플레이션과는 무관하다고 보았을 뿐이다. 여기에 대해서는 Van Horne(2001) 참조.

2. 만기수익률의 개념

Money & Financial Markets, Ch. Four

2.1 할인과 현재가치

만약 명목이자율이 10%일 때 지금부터 1기간 후에 110원을 받을 수 있는 권리는 현재 어느 정도의 가치를 가지겠는가? 명목이자율이 10%일 때 원금 100원을 은행에 예금하면 1기간 후에 110원을 받게 된다는 사실을 생각한다면, 1기간 후에 110원을 받을 수 있는 권리의 현재가치는 100원이 된다고 할 수 있다.

이처럼 미래에 얻기로 되어 있는 혜택의 가치를 주어진 이자율을 이용해 현재의 가치로 환산하는 작업을 할인(discounting)이라 한다. 그리고 할인에 의해 계산된 현재시점에서의 가치를 현재할인가치(PDV : present discounted value) 또는 간단히 현재가치라 한다. 이때 1기간 후 이득의 가치를 Y, 이자율을 i라 하면, 현재가치는 이자율의 함수로서 $PDV(i)$라고 나타내며, 식 (4-4)로 계산된다.

$$PDV(i) = \frac{Y}{1+i} \tag{4-4}$$

만약 이득을 얻는 시점이 현재로부터 k기간 후라면, 그 이득의 현재가치는 어떻게 표현할 수 있을까? 이 경우는 1기간의 논리를 그대로 연장시켜 적용하면 된다. Y를 얻는 시점으로부터 한 기간 앞선 시점에서의 가치는 Y를 $1+i$로 나눔으로써 구하고, 이러한 작업을 k번 반복하여 현재시점에서의 가치를 구할 수 있다는 점을 생각하면, k기간 후 Y를 얻는 권리의 현재가치는 식 (4-5)와 같음을 알 수 있다.

$$PDV(i) = \frac{Y}{(1+i)^k} \tag{4-5}$$

이제 더 일반적인 상황을 생각해 보자. 이자율이 i일 때 현재부터 N기 동안 매기마다 $Y_t(t=1, 2, \cdots, N)$의 금액을 지급받는 복합적 권리의 현재가치를 생각해 보자. 이러한 복합적 권리는 매기 지급받는 개별적 권리로 쪼개어 각각에 대하여 현재가치를 구한 후 다시 합하면 된다. 따라서 이자율이 i일 때 현재($t=1$)부터 N기

동안 매기마다 $Y_t(t = 1, 2, \cdots, N)$의 금액을 받는 복합적 권리의 현재가치는 다음과 같이 표현할 수 있다.

$$PDV(i) = \frac{Y_1}{(1+i)} + \frac{Y_2}{(1+i)^2} + \cdots + \frac{Y_N}{(1+i)^N} \quad (4-6)$$

한편 식 (4-6)에서 Y_t가 불변일 때, 이자율 i가 상승하면 $PDV(i)$는 감소하고 이자율 i가 하락하면 $PDV(i)$는 증가함을 알 수 있다. 또한 이자율 i가 고정되어 있을 때 매기 받게 되는 Y_t가 상승하면 $PDV(i)$도 함께 증가함을 쉽게 확인할 수 있다.

2.2 채권의 종류와 현금의 흐름

2.2.1 채권의 정의

앞에서는 할인이라는 방법을 이용해 미래 이득에 대한 권리의 현재가치를 구하는 방식을 살펴보았다. 일상생활에서 미래의 이득에 대한 권리로 가장 쉽게 찾을 수 있는 예는 채권(bond)이다. 여기서는 현실에서 통용되는 채권의 종류를 살펴보고, 각 채권이 현금흐름의 측면에서 어떤 특징을 가지며, 현재가치는 어떻게 구하는지 살펴보자.

채권은 기본적으로 어떤 약속을 기록한 문서라고 정의할 수 있다.[5] 채권에서 다루는 약속은 '미래에 부담하기로 확약한 의무'이다.

약속을 기록한 문서인 채권에는 적어도 다음 몇 가지 사항이 반드시 기록되어야 한다. 우선 의무를 이행할 당사자가 명시되어야 하고, 의무 이행일이 결정되어야 한다. 또한 의무의 내용이 명확히 기재되어야 함은 물론이다. 그러나 의무 이행의 대상이 되는 상대방은 기재되지 않는다. 의무 이행의 대상은 채권의 매매과정을 통하여 변할 수 있으며, 의무 이행일에 문서를 적법하게 소유한 사람이 의무 이행의 대상이 되기 때문이다.

---

5. 여기서 채권(債券)은 '일반적인 받을 권리'를 지칭하는 채권(債權)과는 구별되는 개념이다. 채권(債權)은 채무(債務)의 반대말이고, 채권(債券)은 받을 권리를 표기한 증서이다.

2.2.2 채권의 종류: 무이표채와 이표채

이제까지 원론적 의미에서 채권의 정의를 살펴보았다. 그러나 현실에서 실제 유통되는 채권은 특수한 두 가지 형태로 한정되어 있다. 하나는 무이표채(zero-coupon bond)이고, 다른 하나는 이표채(coupon bond)이다. 이 두 가지는 의무 이행이 일회적인가 아니면 여러 회에 걸쳐 이루어지는가에 따라 구별된다.

무이표채는 의무 이행이 단 한 차례 일어난다. 즉, 발행시점부터 이행일 사이의 기간 동안에는 아무런 의무도 이행되지 않다가 이행일에 의무가 단 한번 이행되고, 그것으로 모든 권리 · 의무 관계가 종료된다. 예를 들어 어떤 채권에 "2022년 12월 31일에 홍길동은 이 문서의 소지인에게 현금 1,000원을 지급한다"는 내용이 표기되어 있다면, 그것은 무이표채이다.

위 예의 채권에는 두 가지 중요한 정보가 담겨 있다. 하나는 약속 이행일(2022년 12월 31일)이고, 다른 하나는 의무의 크기(현금 1,000원)이다. 여기서 약속 이행일을 만기일(maturity date)이라 하고, 현재부터 만기일까지의 기간을 만기(maturity)라 한다. 한편 의무의 크기를 액면가(face value 또는 par value)라 부른다. 기재된 내용 중 만기일과 액면가는 채권의 가치를 결정하는 중요한 요소이다.

반면에 이표채는 원금 지급 이외에 이표가 1회 이상 지급된다는 점에서 무이표채와 구별된다. 예를 들면 채권에 "홍길동은 이 문서의 소지인에게 2022년 12월 31일까지 매년 12월 31일마다 현금 100원을 지급하며, 2022년 12월 31일에는 이자 100원 이외에 현금 1,000원을 추가 지급한다"는 내용이 약속되어 있다면, 그것은 이표채이다.

이표채의 경우에도 약속 이행일과 의무의 크기에 관한 정보가 담겨 있다. 이표채의 경우에는 마지막 이행일(2022년 12월 31일)을 만기일이라 하고, 이때까지의 기간을 만기라 한다. 의무의 크기에 관해서는 두 가지 사항이 언급되어 있다. 하나는 만기일까지 사이에 정기적으로 지급되는 금액(현금 100원)이고, 다른 하나는 만기일에 추가로 지급되는 금액(현금 1,000원)이다. 이때 전자를 고정이자지급액 또는 쿠폰금액(coupon payment)이라[6] 하고, 후자를 액면가(face value 또는 par value)라 한다.

6. 고정이자지급액을 쿠폰금액이라 부르는 이유는, 이표채에 마치 우표나 딱지처럼 절취선을 따라 쉽게 떼어 사용할 수 있는 종이조각들이 여러 개 붙어 있는데, 이를 이표(또는 쿠폰)라 하기 때문이다. 만

그림 4-1

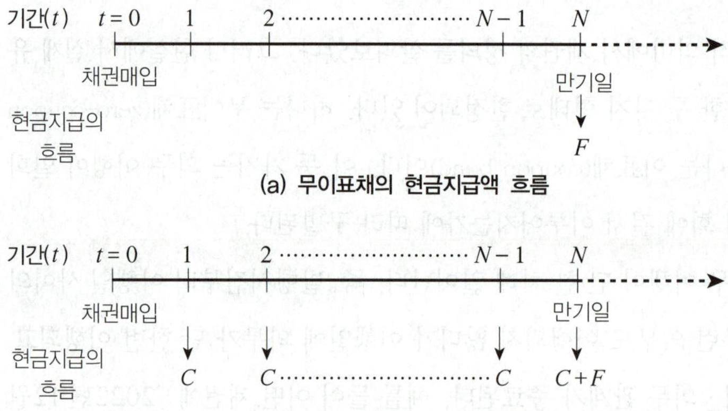

(a) 무이표채의 현금지급액 흐름

(b) 이표채의 현금지급액 흐름

무이표채와 이표채의 현금지급액 흐름

무이표채는 만기일에 단 한번의 액면가 지급이 이루어지는 반면, 이표채는 만기일까지 매기 일정한 쿠폰금액이 지급되고, 만기일에는 쿠폰금액과 함께 약속된 액면가가 지급된다.

그리고 쿠폰금액과 액면가의 비율(위의 예에서 100원/1,000원 = 0.1)을 쿠폰율(coupon rate) 또는 표면금리라 한다. 이들 개념과 관련하여 앞에서 본 무이표채는 이표채의 특수한 경우로, 즉 쿠폰금액과 쿠폰율이 0인 이표채로 생각할 수도 있다.

2.2.3 채권과 현금지급액의 흐름

이제 앞에서 배운 무이표채와 이표채의 개념을 토대로 각 채권의 현금흐름을 정리해 보자. 편의상 액면가를 F, 만기를 N, 그리고 이표채의 경우 쿠폰금액을 C라 하자.

우선 무이표채에는 쿠폰 지급이 없으므로 지금부터 N기 후에 F를 수령하는 것이 현금흐름의 전부이다. 이것을 그림으로 나타내면 〈그림 4-1〉의 (a)와 같다.

반면 이표채의 경우 만기 이전에도 매 기간마다 C만큼씩 쿠폰금액이 지급된다. 그리고 만기일에는 C 이외에 추가로 액면가 F가 지급된다. 이것을 그림으로 나타내면 〈그림 4-1〉의 (b)와 같다.

기일까지 사이에 고정이자를 수령할 때에는 이 이표를 떼어내어 발행인에게 제시하고 돈을 수령한다.

그림 4-2

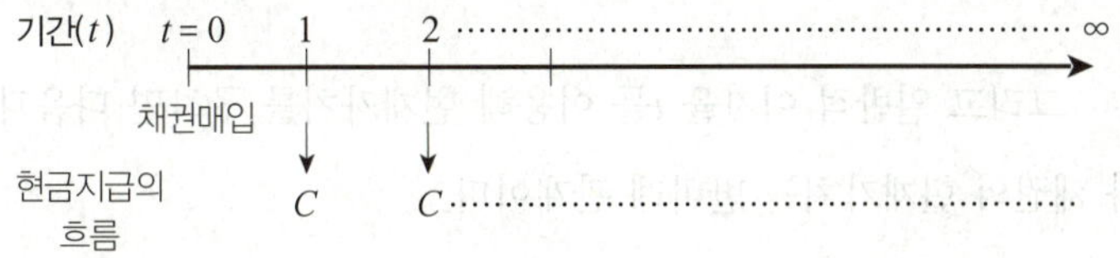

콘솔의 현금지급액 흐름

만기가 정해져 있지 않은 콘솔은 매기 쿠폰금액만큼의 현금흐름만이 지속된다.

한편 이표채에는 만기가 무한대인 채권이 있다. 이런 특수한 이표채를 영구채 또는 콘솔(consol)이라 한다. 영구채는 만기일이 없으므로($N = \infty$) 만기일에 지급하는 액면가도 없다. 다만 영원히 쿠폰금액만이 지급될 뿐이다. 이런 영구채의 현금흐름을 나타낸 것이 〈그림 4-2〉이다.

2.3 채권의 현재가치와 만기수익률

2.3.1 만기수익률의 개념

이제 이 장에서 가장 중요한 개념인 만기수익률(yield to maturity)에 대해 알아보자. 우리는 앞에서 만기일과 액면가, 그리고 이표채의 경우 추가적으로 쿠폰금액 등이 결정되면 특정 채권의 현금흐름이 확정된다는 점을 살펴보았다.

그렇다면 특정 채권을 만기일까지 소유하게 될 경우에 얻게 되는 현금흐름의 현재가치는 얼마인가? 다음의 예를 생각해 보자. 우선 만기 1년에 액면가는 1,000원인 무이표채가 있다고 하자. 이 채권을 가지고 있으면 지금부터 1년 후에 1,000원을 받게 된다. 이때 이자율이 연 10%라고 하면(즉, $i = 0.1$), 이 채권의 현재가치는 다음과 같이 결정된다.

$$PDV(0.1) = \frac{1{,}000\text{원}}{(1+0.1)} = \frac{1{,}000\text{원}}{1.1} \fallingdotseq 909\text{원}$$

만약 이자율이 연 20%라면, 이 채권의 현재가치는 다음과 같이 줄어든다.

$$PDV(0.2) = \frac{1{,}000\text{원}}{(1+0.2)} = \frac{1{,}000\text{원}}{1.2} \fallingdotseq 833\text{원}$$

그리고 일반적 이자율 i를 이용해 현재가치를 구하면 다음과 같다. 즉, 이자율과 채권의 현재가치는 반비례 관계이다.

$$PDV(i) = \frac{1{,}000\text{원}}{1+i}$$

이번에는 채권의 가격과 수익률 간의 관계에 대해 살펴보자. 예를 들어 위에서 본 1년 만기 무이표채를 909원에 구입했다고 생각해 보자. 이때 1년 후 만기까지의 수익률은 얼마나 될까? 지금 당장은 909원을 포기했지만 1년 뒤에는 당초 금액보다 많은 1,000원을 받게 된다. 이것은 마치 909원을 원금으로 하는 1년짜리 정기예금에 가입해 1년 후에 원리금으로 1,000원을 받는 것과 동일한 구조를 가진다. 따라서 무이표채에 대한 수익률은 동일한 만기를 가진 정기예금의 이자율과 같다고 할 수 있다.

그렇다면 채권의 현재가치와 시장가격 사이에는 어떤 관계가 있을까? 만약 시장에서 채권의 가격이 채권의 현금흐름에 따른 현재가치보다 낮다면, 사람들은 채권을 구매하려 할 것이므로 채권가격이 채권 현금흐름의 현재가치로 이내 상승하게 될 것이다. 반면 채권의 가격이 현금흐름에 따른 현재가치보다 높다면 사람들은 채권을 매도하려 할 것이고, 채권가격이 채권 현금흐름의 현재가치로 이내 하락하게 될 것이다. 결국 채권의 가격이 현금흐름의 현재가치와 일치하는 상태에서 시장균형이 이루어지게 된다. 즉, 채권의 시장가격을 P라고 하면 $PDV(i) = P$가 성립하게 된다. 그런데 현재가치는 이자율이 주어져야만 계산할 수 있다. 이때 주어진 만기하에서 채권의 현금흐름의 현재가치와 채권의 시장가격을 일치시키는 이자율을 만기수익률(yield to maturity)이라 한다. 즉, 만기수익률은 식 (4-7)을 성립시키는 이자율이며, 이는 채권구입 시 수익률의 일종이다.

$$PDV(i) = P \tag{4-7}$$

2.3.2 만기수익률의 계산

이제 만기, 채권가격, 액면가, 쿠폰금액이 주어져 있는 경우 채권의 만기수익률을 계산하는 일반적 공식을 살펴보자. 우선 이표채의 경우 만기수익률의 정의에 따라 다음의 식 (4-8)을 만족시키는 i값이 만기수익률이 된다.[7]

$$\begin{aligned} P &= \frac{C}{1+i} + \frac{C}{(1+i)^2} + \frac{C}{(1+i)^3} + \cdots + \frac{C}{(1+i)^{N-1}} + \frac{C+F}{(1+i)^N} \\ &= \left[\sum_{t=1}^{N} \frac{C}{(1+i)^t}\right] + \frac{F}{(1+i)^N} \\ &= \frac{C}{i}\left[1 - \frac{1}{(1+i)^N}\right] + \frac{F}{(1+i)^N} \end{aligned} \tag{4-8}$$

식 (4-8)을 만족시키는 이자율을 구하기 위해서는 일반적으로 N차 방정식을 풀어야 한다. 따라서 N이 조금만 큰 숫자여도 손으로 정확히 계산하기 어렵다. 과거에는 이를 해결하기 위해 미리 여러 경우에 대해 계산결과를 정리한 표를 사용했다. 물론 오늘날에는 컴퓨터가 발달하여 이런 정도의 계산은 순식간에 이루어질 수 있다. 이것에 대해서는 다음 제3절에서 다시 자세히 다룰 것이다.

한편 무이표채는 앞에서 잠시 언급한 것과 같이 쿠폰금액이 영(0)인 특수한 이표채의 경우로 생각할 수 있다. 따라서 식 (4-8)에 $C=0$을 대입하면 무이표채에 대한 만기수익률은 다음의 식 (4-9a)를 만족하는 i값이 된다.

$$P = \frac{F}{(1+i)^N} \tag{4-9a}$$

여기서 식 (4-9a)를 만족하는 만기수익률 i는 식 (4-9b)와 같이 정리할 수 있다.

7. 식 (4-8)에 따라 구해지는 만기수익률 i는 쿠폰금액 지급주기에 따라 월 수익률일 수도 있고 분기 또는 반기 수익률이거나 연 수익률(연율)일 수도 있다. 하지만 시장에서는 만기가 서로 다른 이표채의 수익률 비교를 위해, 쿠폰금액을 지급하는 주기가 1개월이면 월 수익률에 12를, 3개월이면 분기 수익률에 4를, 6개월이면 반기 수익률에 2를 각각 곱하여 만기수익률을 연율로 환산한다. 무이표채의 만기수익률에 대해서도 만기에 따라 마찬가지 방식으로 환산한다. 이러한 시장의 관례에 따라 연율로 환산된 만기수익률을 채권등가수익률(BEY : bond-equivalent yield)이라 부른다.

$$i = \left(\frac{F}{P}\right)^{\frac{1}{N}} - 1 = \sqrt[N]{\frac{F}{P}} - 1 \qquad (4-9b)$$

마지막으로 영구채 또는 콘솔의 만기수익률을 계산해 보자. 영구채는 만기가 무한대인 이표채라고 생각할 수 있으므로 앞에서 제시한 이표채에 대한 식을 조금 수정하여 이용할 수 있다. 즉, 이표채의 현재가치식에서 $N \to \infty$인 경우이므로, 영구채에 대한 만기수익률은 다음 식 (4-10a)를 만족하는 i값이다.

$$P = \sum_{t=1}^{\infty} \frac{C}{(1+i)^t} \qquad (4-10a)$$

따라서 콘솔의 경우 만기수익률은 식 (4-10b)와 같이 구할 수 있다.

$$i = \frac{C}{P} \qquad (4-10b)$$

3. 채권가격의 변동

Money & Financial Markets, Ch. Four

3.1 무이표채와 이표채의 가격변동

앞 절에서는 만기, 액면가, 쿠폰금액, 그리고 채권가격이 주어져 있을 때 만기수익률을 구하는 방법을 살펴보았다. 이제 만기, 액면가, 쿠폰금액이 주어져 있는 상태에서 채권가격 대신 만기수익률이 알려져 있다고 생각해 보자. 이때에는 앞에서와 마찬가지 방식으로 채권가격을 구할 수 있다.

이 절에서는 다른 조건이 일정할 때, 만기수익률에 따라 채권가격이 어떻게 달라지는지와 만기에 따라 채권가격이 어떻게 달라지는지를 무이표채와 이표채에 대해 각각 구체적인 예를 통해 살펴보기로 하자. 이후 수식을 통해 만기수익률과 만기, 그리고 채권가격 간의 관계를 정리해 보자.

3.1.1 무이표채의 가격변동

먼저 무이표채의 가격이 만기수익률 및 만기와 어떤 관련이 있는지를 살펴보자. 액면가를 F, 만기를 N, 만기수익률을 i라 하면 채권의 시장가격 P는 앞에서 살펴본 대로 다음의 관계식에 의해 결정된다.

$$P = \frac{F}{(1+i)^N}$$

[표 4-1]에는 액면가(F)가 1,000원일 때 만기수익률 0.05~0.15, 만기 1~20기의 여러 경우에 대해 위 식으로 계산한 채권가격이 나타나 있다.

표 4-1 액면가 1,000원인 무이표채의 만기수익률 · 만기 · 가격

만기수익률 \ 만기	1	2	3	5	10	20
0.05	952.38	907.03	863.84	783.53	613.91	376.89
0.06	943.40	890.00	839.62	747.26	558.39	311.80
0.07	934.58	873.44	816.30	712.99	508.35	258.42
0.08	925.93	857.34	793.83	680.58	463.19	214.55
0.09	917.43	841.68	772.18	649.93	422.41	178.43
0.10	909.09	826.45	751.31	620.92	385.45	148.64
0.11	900.90	811.62	731.19	593.45	352.18	124.03
0.12	892.86	797.19	711.78	567.43	321.97	103.67
0.13	884.96	783.15	693.05	542.76	294.59	86.78
0.14	877.19	769.47	674.97	519.37	269.74	72.76
0.15	869.57	756.14	657.52	497.18	247.18	62.10

먼저 [표 4-1]의 세로줄을 따라 숫자를 읽어보면, 만기를 일정하게 고정시켰을 때 만기수익률과 채권가격 간에는 역관계가 성립하는 것을 살펴볼 수 있다. 예를 들어 $N = 5$라면 $i = 0.05$일 때에는 $P = 783.53$원이지만, $i = 0.15$로 만기수익률이 상승하면 채권가격은 $P = 497.18$원으로 떨어진다. 즉, 만기일까지의 기간을 고정시킬 때 만기수익률이 커짐에 따라 채권가격은 떨어지게 되어 만기수익률과 채권가격은 서로 반대방향으로 변화한다.

한편 [표 4-1]의 가로줄을 따라 숫자를 읽으면, 특정 만기수익률에서 만기 변화에 따른 채권가격의 변화를 살펴볼 수 있다. 예를 들어 만기수익률이 0.08이라면 $N=1$일 때의 $P=925.93$원이지만, $N=20$일 때에는 $P=214.55$원으로 감소한다. 즉, 만기수익률이 일정할 때 만기까지의 기간이 짧은 단기채의 가격은 높지만, 만기까지의 기간이 긴 장기채의 가격은 낮다.

마지막으로 [표 4-1]을 조금 복잡하게 읽어보기로 하자. 바로 앞의 예에서 만기수익률이 상승하면 채권가격은 반대로 하락한다는 점을 확인했다. 그런데 이런 하락폭의 크기가 단기채와 장기채의 경우에 어떤 차이가 있을지 의문이 생길 수 있다. 이것을 [표 4-1]에서 $N=1$인 단기채와 $N=20$인 장기채 각각의 경우에 대해 만기수익률이 $i=0.05$에서 $i=0.15$로 상승한 때의 효과를 통해 살펴보자. 만기수익률이 상승하면 채권가격은 하락하는데, 표에 의하면 $N=1$인 단기채는 $P=952.38$원에서 $P=869.57$원으로 소폭 하락했다. 그러나 $N=20$인 장기채는 만기수익률이 동일하게 변화해도 채권가격은 $P=376.89$원에서 $P=62.10$원으로 대폭 하락했다. 즉, 만기수익률 변동이 채권가격 변동에 미치는 효과의 강도는 장기채의 경우가 훨씬 크다.[8]

결국 액면가가 고정된 무이표채의 만기수익률 · 만기 · 채권가격 사이에 성립하는 특성을 정리하면 다음과 같다. 첫째, 만기가 고정되어 있을 때 만기수익률과 채

---

8. 곧 검토할 이표채의 경우에도 만기수익률 변동이 단기채 가격보다는 장기채 가격에 상대적으로 큰 영향을 미친다. 만기수익률의 변동으로 인해 예상가격과는 상이한 가격으로 채권을 매각하게 될 위험을 가격위험(price risk) 또는 금리위험(interest rate risk)이라 부른다. 채권의 만기가 길수록 그 가격이 만기수익률의 변동에 크게 반응하므로, 장기채의 가격위험은 단기채의 가격위험보다 크다.
가격위험은 투자자가 만기 이전에 채권을 매각하는 경우에 의미가 있다. 만약 투자자가 채권을 보유하고자 의도하는 기간(holding period)이 매입한 무이표채의 만기와 동일하다면 가격위험이 영(0)이 되기 때문이다. 곧 살펴볼 이표채의 경우, 보유기간과 만기를 일치시키면 가격위험은 무이표채와 마찬가지로 영(0)이 되지만, 쿠폰금액의 재투자위험(coupon reinvestment risk)—즉, 이표채 매입 당시의 수익률과 다른 수익률로 쿠폰금액을 재투자하게 될 위험—은 여전히 존재한다. 선우석호(2004)와 Van Horne(2001) 참조.
한편, 채권시장에는 이와 같은 쿠폰금액의 재투자위험을 제거한 유형의 원금이자분리채권(STRIPS : Separate Trading of Interest and Principal of Securities)도 나와 있다. 이는 이표채의 원금과 개별 쿠폰금액들을 모두 분리하여 각기 별개의 무이표채권으로 시장에서 거래될 수 있게 만든 채권이다. 우리나라에서는 2014년 12월부터 원금이자분리제도의 대상채권 범위가 만기 5년 이상의 국고채에서 만기 3년 이상의 국고채로 확대되었다. 원금이자분리채권에 관한 상세한 내용은 한국은행(2016)을 참조하기 바란다.

권가격은 반대방향으로 움직인다. 둘째, 만기수익률이 고정되어 있을 때 단기채권의 가격이 장기채권의 가격보다 높다. 셋째, 만기수익률과 채권가격 간의 역관계는 단기채권보다 장기채권에서 더욱 크게 나타난다.

3.1.2 이표채의 가격변동

이제 이표채의 경우 만기수익률과 만기에 따라 채권가격이 어떻게 변화하는지 살펴보자. [표 4-2]는 액면가(F) = 1,000원, 쿠폰금액(C) = 100원일 때, 이표채의 가격을 만기수익률이 0.05~0.15, 만기가 1~20기인 여러 경우에 대해 계산한 결과를 나타내고 있다.

표 4-2 액면가 1,000원에 쿠폰금액이 100원인 이표채의 만기수익률 · 만기 · 가격

만기수익률 \ 만기	1	2	3	5	10	20
0.05	1047.6	1093.0	1136.2	1216.5	1386.1	1623.1
0.06	1037.7	1073.3	1106.9	1168.5	1294.4	1458.8
0.07	1028.0	1054.2	1078.7	1123.0	1210.7	1317.8
0.08	1018.5	1035.7	1051.5	1079.9	1134.2	1196.4
0.09	1009.2	1017.6	1025.3	1038.9	1064.2	1091.3
0.10	1000.0	1000.0	1000.0	1000.0	1000.0	1000.0
0.11	990.90	982.87	975.56	963.04	941.11	920.37
0.12	982.14	966.20	951.96	927.90	887.00	850.61
0.13	973.45	949.96	929.17	894.48	837.21	789.07
0.14	964.91	934.13	907.13	862.68	791.36	735.07
0.15	956.52	918.71	885.84	832.39	749.06	687.03

[표 4-2]는 이미 살펴보았던 [표 4-1]과는 상당히 다르다. 우선 [표 4-2]를 세로로 읽으면, 만기가 주어졌을 때 만기수익률과 채권가격은 반대방향으로 움직인다는 점을 확인할 수 있다. 이것은 무이표채와 이표채에 공통적으로 성립하는 특성이다. 또한 무이표채와 이표채에서 만기수익률이 변할 때 채권가격이 변화하는 정도를 수치로 측정한 것을 채권가격의 만기수익률 탄력성이라고 한다.[9] 만기수익

률 탄력성을 ε라고 한다면 식 (4-11)로 표기할 수 있다.

$$\varepsilon = -\frac{i}{P}\frac{dP}{di} \tag{4-11}$$

그러나 두 번째 관심사인 만기수익률이 고정되었을 때 만기와 채권가격 간의 관계는 일률적이지 않다. 즉, [표 4-2]를 가로로 읽어 보면 주어진 수익률에서 채권가격의 변동 방향은 만기수익률의 수준에 따라 달라짐을 알 수 있다. 예를 들어 만기수익률이 0.06이면, 만기가 1에서 20기로 증가할수록 채권가격은 상승한다. 반대로 만기수익률이 0.13이면, 만기가 길수록 채권가격은 무이표채와 같이 하락한다. 특히 만기수익률이 0.10으로 쿠폰율$\left(=\frac{C}{F}=\frac{100원}{1{,}000원}\right)$과 같아지면, 만기와 상관없이 채권가격이 액면가인 1,000원으로 일정하다.

결국 이표채는 만기수익률이 쿠폰율에 비해 어떤 수준인가에 따라 채권가격이 달라지는데, 만기수익률이 쿠폰율보다 낮으면 만기가 길수록 채권가격이 상승하고, 반대로 만기수익률이 쿠폰율보다 높으면 만기가 길수록 채권가격이 하락한다. 그리고 만기수익률이 쿠폰율과 같으면 만기가 길어져도 채권가격은 액면가 수준에서 일정하게 유지된다.

마지막으로 만기수익률의 변동이 채권가격의 변동에 영향을 미치는 강도가 만기에 따라 어떻게 달라지는지 살펴보자. 예를 들어 $i = 0.06$에서 $i = 0.13$으로 만기수익률이 상승하면, 모든 만기에서 채권가격은 하락한다. 그런데 $N = 1$인 채권에서는 $P = 1037.7$원에서 $P = 973.45$원으로 채권가격이 소폭 하락하지만, $N = 20$인 채권에서는 $P = 1458.8$원에서 $P = 789.07$원으로 채권가격이 큰 폭으로 하락한다. 따라서 채권가격은 만기가 긴 경우에 더욱 민감하게 반응함을 알 수 있다. 이것은 무이표채가 갖는 성질과 비슷하다.

액면가와 쿠폰금액이 고정된 이표채의 만기수익률 · 만기 · 채권가격 사이에 성립하는 성질을 정리하면 다음과 같다. 첫째, 만기가 고정되면 만기수익률과 채권가격은 반대방향으로 움직인다. 둘째, 만기수익률이 쿠폰율보다 높은 수준에서 고정되면 만기가 길수록 채권가격은 낮아진다. 반대로 만기수익률이 쿠폰율보다 낮은

---

9. 이하의 설명부터는 표기상 편의를 위해 채권가격의 만기수익률 탄력성을 만기수익률 탄력성으로 표기할 것이다.

수준에서 고정되면 만기가 길수록 채권가격은 높아진다. 만기수익률이 쿠폰율과 같다면 채권가격은 만기와 관계없이 언제나 액면가로 일정하다. 셋째, 만기수익률과 채권가격 간의 역관계는 장기채권의 경우 더욱 강하게 나타난다.

한편 [표 4-2]에 나타난 이표채의 예를 [표 4-1]에 나타난 무이표채의 예와 비교해 보자. 우선 첫 번째 특성과 세 번째 특성은 이표채에도 그대로 성립함을 알 수 있다. 다만 무이표채의 두 번째 특성은 이표채에 항상 성립하지는 않는 것으로 나타났다. 왜 그럴까?

우선 만기수익률이 특정 수준($i = 0.10$)일 때 채권가격이 액면가로 일정한 경우부터 살펴보자. $i = 0.10$이라는 특정 수준은 도대체 어떤 의미를 갖는가? 계산에 사용된 이표채의 액면가(F)는 1,000원이었고, 쿠폰금액(C)은 100원이었다. 즉, 이 채권을 가지고 있으면 매기마다 100원씩 받고 만기에 1,100원을 받게 된다. 따라서 쿠폰금액 C를 마치 액면가 F를 원금으로 할 때의 이자인 것으로 생각할 수도 있다. 만약 이런 해석이 가능하다면 그때의 이자율은 $\frac{C}{F}$가 되어 앞에서 살펴본 대로 100원/1,000원 = 0.10이 된다.

그렇다면 어떤 경우에 F를 원금, C를 그에 따른 이자로 간주할 수 있을까? 그것은 최초의 예금액에 해당하는 채권 구입가격이 액면가와 우연히 일치하는 때이다. 예를 들어 1,000원을 내고 이 채권을 샀다면, 매기 이자를 100원씩 받고 만기에 원리금으로 1,100원을 받는다는 식의 해석이 가능하다. 그리고 이런 해석에 따르면 만기수익률은 쿠폰율인 0.10과 일치하게 된다.

이 관계를 수식으로 확인해 보자. 쿠폰율을 i_{CP}로 표기하면 식 (4-12)로 나타낼 수 있다.

$$i_{CP} = \frac{C}{F} \tag{4-12}$$

만일 만기수익률 i가 우연히 i_{CP}와 일치하면 식 (4-12)에 의해 $C = i \cdot F$가 성립되어 이표채의 만기수익률을 나타내는 식 (4-8)에 의해 이표채의 가격은 만기와 상관없이 액면가와 일치하게 된다.

$$P = F\left(1 - \frac{1}{(1+i)^N}\right) + \frac{F}{(1+i)^N} = F$$

이제 만기수익률 i가 쿠폰율 i_{CP}와 다른 경우를 살펴보자. 식 (4-8)과 식 (4-12)에 의해 이표채의 만기수익률 공식을 다시 정리하면 다음과 같이 쓸 수 있다.

$$P = F\left[\frac{i_{CP}}{i} - \frac{i_{CP}}{i}\frac{1}{(1+i)^N} + \frac{1}{(1+i)^N}\right]$$
$$= F\left[\frac{i_{CP}}{i} + \frac{1}{(1+i)^N}\left(1 - \frac{i_{CP}}{i}\right)\right]$$

이 식을 보면 만기(N)가 채권의 시장가격(P)에 미치는 영향은 결국 $1 - \frac{i_{CP}}{i}$의 부호에 좌우된다. 예를 들어 만일 $i > i_{CP}$이면, $1 - \frac{i_{CP}}{i}$는 양(+)의 부호를 갖게 되므로 N이 커지면 P는 하락한다. 반대로 $i_{CP} > i$이면, N이 커질수록 P는 상승하게 된다.

3.2 만기수익률과 채권가격 간의 관계

앞에서는 구체적인 수치 예를 통해 채권의 만기수익률과 채권가격 간의 관계를 살펴보았다. 여기서는 앞에서 도출한 무이표채 및 이표채의 특성들이 왜 나타나는지를 그림을 통해 알아보자.

3.2.1 만기수익률과 채권가격 간의 역관계

우선 가장 중요한 첫 번째 특성부터 살펴보자. 채권가격과 만기수익률 사이에 역의 관계가 성립한다는 이 특성은 무이표채와 이표채의 경우 공통적으로 성립했다. 이것이 성립하는 가장 중요한 이유는 채권의 현재가치가 할인에 사용된 이자율의 감소함수이기 때문이다. 즉, 할인에 사용된 이자율이 클수록 현재가치는 감소하게 되는데, 만기수익률이란 바로 이 이자율에 해당한다. 그런데 채권시장이 균형이라면 균형의 정의상 채권의 시장가격은 반드시 그 현재가치와 일치한다. 그러므로 채권의 시장가격과 만기수익률 사이에 역의 관계가 성립하는 것이다.

이 관계를 그림으로 살펴보자. 어떤 할인율 i를 이용해 계산한 무이표채(혹은 이표채)의 현재가치를 $PDV(i)$라 하자. 이제 세로축에 $PDV(i)$를, 가로축에 i를 표시해 이 함수를 그리면 〈그림 4-3〉처럼 우하향하는 형태를 띤다. 이제 채권의 시장가

그림 **4-3**

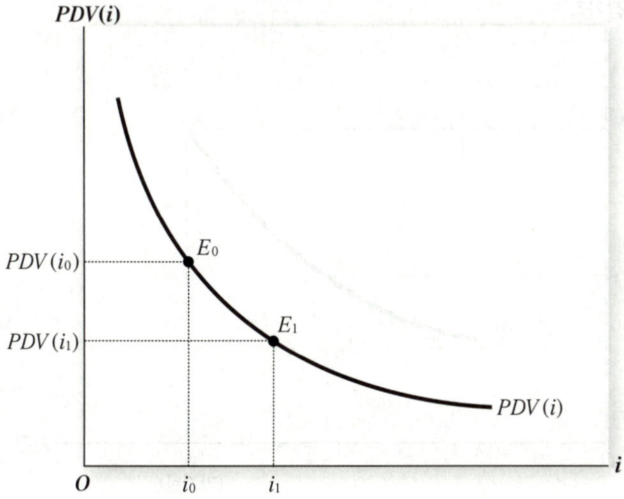

현재가치와 이자율
이자율 상승은 곧 채권의 현재가치를 하락시키므로 이자율과 현재가치는 반비례관계를 가진다.

그림 **4-4**

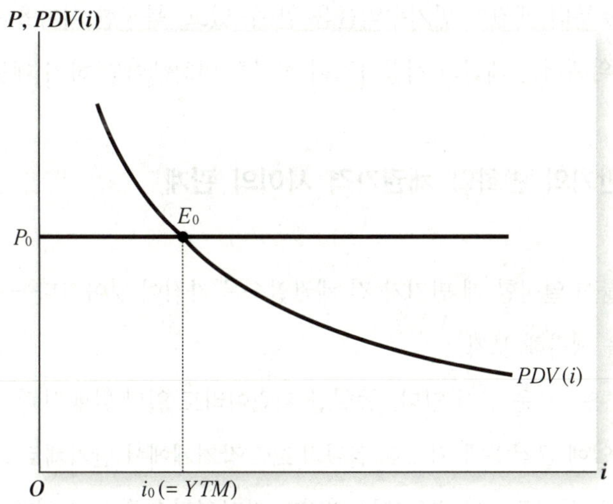

채권가격과 만기수익률
만기수익률은 채권가격과 채권의 현재가치를 일치시켜 주는 이자율이다.
예를 들어 P_0의 채권가격에서는 i_0만이 만기수익률이 된다.

격이 P_0에서 성립한다고 하자. 이를 채권의 현재가치 평면에 겹쳐 그린 것이 〈그림 4-4〉이다. 채권시장이 균형상태라면 채권의 시장가격은 그 현재가치와 항상 일치하므로 $P_0 = PDV(i_0)$가 성립하며, 이때의 만기수익률은 i_0가 된다. 결국 채권의 만

그림 4-5

시간경과에 따른 무이표채 가격의 변화

만기수익률 i와 만기일 N이 각각 주어진 무이표채의 경우 시간경과에 따라 만기일이 가까워질수록 채권가격은 높아진다.

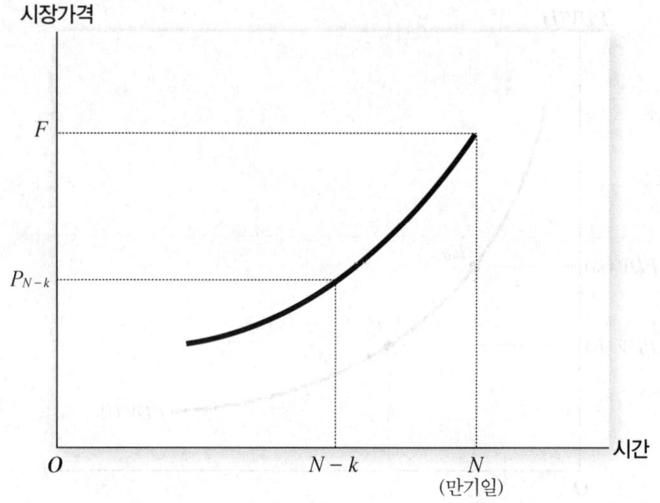

기수익률 i_0과 채권의 시장가격 P_0은 동전의 양면과 같다. 채권시장의 균형에서 성립하는 시장가격으로부터 채권의 만기수익률을 알 수 있고, 특정한 이자율 수준이 만기수익률이 되기 위해서는 채권의 시장가격이 적절히 변화해야만 하기 때문이다.

3.2.2 잔여 만기의 변화와 채권가격 사이의 관계

우선 만기수익률이 일정할 때 만기가 긴 채권일수록 가격이 낮아진다는 무이표채의 두 번째 특성을 생각해 보자.

여기서 한 가지 흥미로운 점이 있다. 동일한 채권이라도 일단 발행된 후 시간이 경과하면 점점 만기일에 근접하게 되므로 실질적으로 장기채에서 단기채로 그 속성이 변화하게 된다. 즉, 무이표채의 경우에는 만기가 가까워질수록 그 가치가 상승하게 된다. 구체적으로 시간이 1기 경과할 때마다 무이표채의 현재가치는 $\frac{F}{(1+i)^N}$에서 $\frac{F}{(1+i)^{N-1}}$로 변화하므로 채권가격이 $(1+i)$배씩 증가하게 된다. 특히 만기일이 되면 더 이상 기다리지 않고 즉시 F를 받을 수 있으므로 이 채권의 가격은 언제나 F가 될 것이다. 〈그림 4-5〉에는 만기수익률 i가 일정하다고 가정할 때 만기일이 N으로 주어져 있는 어떤 무이표채의 시장가격 추이가 그려져 있다.

그림 4-6

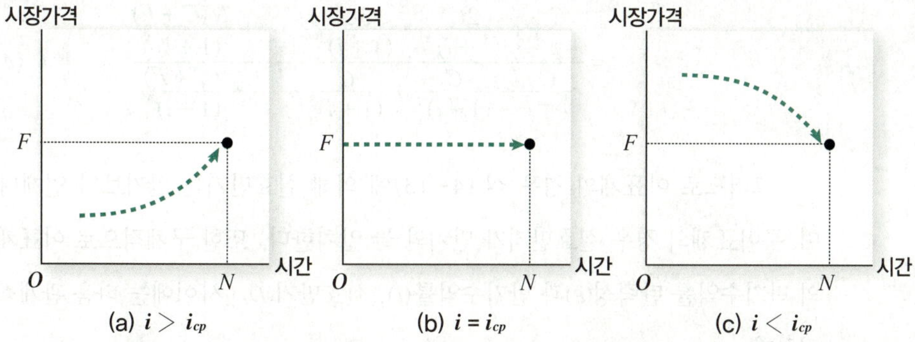

시간경과에 따른 이표채 가격의 변화

만기수익률 i와 만기일 N이 각각 주어진 이표채의 경우 시간이 경과할수록 그 가격은 만기수익률과 쿠폰율의 관계에 따라 다른 양상을 보인다. 예를 들어, (a)에서와 같이 이표채의 만기수익률이 쿠폰율보다 큰 경우에는 시간이 경과함에 따라 만기일까지 남은 기간이 짧아지므로 채권가격은 상승하게 된다.

이번에는 이표채의 두 번째 특성을 생각해 보자. 이는, 만기수익률이 쿠폰율보다 높은 수준에서 고정된 경우 만기가 길수록 채권가격은 낮아지고, 만기수익률이 쿠폰율보다 낮은 수준에서 고정된 경우 만기가 길수록 채권가격은 높아지며, 만기수익률이 쿠폰율과 같은 경우에는 채권가격이 만기와 관계없이 언제나 액면가로 일정하다는 것이다.

〈그림 4-6〉을 보자. 여기서 만기수익률 i가 쿠폰율 i_{CP}보다 높은 수준에서 일정하게 유지되는 경우 만기와 채권가격은 반대방향으로 움직이는데, 시간이 경과할수록 만기는 짧아지므로 채권가격은 상승하게 된다. 반대로 i가 i_{CP}보다 작은 수준에서 일정한 경우에는 시간의 경과에 따라 채권가격이 오히려 하락한다. 그리고 $i = i_{CP}$인 경우에는 시간의 경과와 무관하게 채권가격은 일정하게 유지된다.

이표채의 가격 변동성을 측정하는 지표로는 실효만기(듀레이션: duration) D_B가 자주 사용된다. 실효만기는 채권으로부터의 현금흐름이 그 만기일 이전에 언제 어떤 액수로 발생하는지를 감안하여 계산되는 가중평균 만기의 개념으로, 채권 현재가치 1원의 가중평균 회수기간을 의미한다.[10]

10. 실효만기의 개념에 관한 본문의 내용은 한국은행(2016)을 참조하였다.

$$D_B = \frac{\text{채권 현금흐름의 가중평균}}{\text{채권가격}(=P)}$$

$$= \frac{\dfrac{C}{1+i} + \dfrac{2C}{(1+i)^2} + \dfrac{3C}{(1+i)^3} + \cdots + \dfrac{N(C+F)}{(1+i)^N}}{\dfrac{C}{1+i} + \dfrac{C}{(1+i)^2} + \dfrac{C}{(1+i)^3} + \cdots + \dfrac{(C+F)}{(1+i)^N}} \tag{4-13}$$

그러므로 이표채의 경우 식 (4-13)에 의해 실효만기는 만기보다 언제나 짧으며, 무이표채의 경우 실효만기가 만기와 늘 일치한다. 또한 구체적으로 이표채 가격의 만기수익률 탄력성(ε)과 만기수익률(i), 실효만기(D_B) 사이에는 다음 관계식이 성립한다.

$$D_B = \frac{1+i}{i}\varepsilon$$

실효만기 공식에 대한 증명 과정은 다음과 같다. 실효만기(D_B) 식의 분모는 채권가격인 P와 같다. 또한 실효만기 식의 분자를 다음의 i, P에 대한 식을 이용하여 간단하게 나타낼 수 있다.

$$\frac{dP}{di} = -\frac{C}{(1+i)^2} - \frac{2C}{(1+i)^3} - \cdots - \frac{N(C+F)}{(1+i)^{N+1}}$$

실효만기 식의 분모를 P로 나타내고 분자를 i, P에 대한 식으로 나타내면 실효만기는 만기수익률 탄력성 ε, 만기수익률 i에 대한 식으로 간단하게 나타낼 수 있다.

$$D_B = \frac{\dfrac{C}{1+i} + \dfrac{2C}{(1+i)^2} + \dfrac{3C}{(1+i)^3} + \cdots + \dfrac{N(C+F)}{(1+i)^N}}{\dfrac{C}{1+i} + \dfrac{C}{(1+i)^2} + \dfrac{C}{(1+i)^3} + \cdots + \dfrac{(C+F)}{(1+i)^N}} = \frac{-\dfrac{dP}{di}(1+i)}{P} = \varepsilon\frac{1+i}{i}$$

이표채의 만기가 길거나 쿠폰율이 낮을수록, 또는 만기수익률이 낮을수록 조기에 회수되는 현금흐름의 현재가치 비중이 작아지면서 실효만기는 길어진다.[11] 실효

11. 이표채의 만기는 N이며, N이 증가하는 경우 D_B값이 증가한다. 쿠폰율은 앞에서 정의했듯이 $\frac{C}{F}$이며, 이표채의 듀레이션 식을 적절히 수정하면 $\frac{C}{F}$값이 감소함에 따라 D_B값이 증가함을 보일 수 있다. 또한 만기수익률 i값이 하락하면 D_B값이 증가한다.

만기는 채권가격의 이자율 민감도를 만기보다 더 정확하게 측정하는 지표가 되며, 실효만기가 길수록 채권의 가격은 만기수익률 변동에 더욱 민감하다. 또한 발행만기가 다른 채권이라도 실효만기가 동일하면 이자율 변동에 따른 채권가격의 변동률도 동일하다. 따라서 실효만기는 금융기관의 금리위험—금융기관이 보유하는 부채와 자산의 만기가 서로 일치하지 않는 상태에서 이자율 변동으로 인한 손실 위험—을 측정하는 데 유용하게 쓰인다.

4. 1기간 보유수익률과 여러 가지 이자율

Money & Financial Markets, Ch. Four

4.1 1기간 보유수익률

4.1.1 1기간 보유수익률의 개념

우리가 앞에서 배운 만기수익률 개념은 발행된 채권을 어떤 시점에서 구입한 다음 이것을 만기일까지 계속 보유할 때의 수익률이었다. 그러나 채권시장에 참여하는 모든 투자자가 채권을 만기일까지 보유하지는 않는다. 경우에 따라서는 중도에 채권을 유통시장에서 매각할 수 있다. 이런 경우의 수익률은 어떻게 계산할 수 있는지 알아보자.

우선 가장 간단한 예로 어떤 이표채를 임의의 시점 t기에 P_t라는 가격으로 구입해 1기 동안만 보유하고 다시 $t+1$기에 매각하는 경우를 생각해 보자. 이때 그 이표채의 보유기간 중 한 번 쿠폰금액을 수령할 수 있는데, 수령시기를 $t+1$기에 매각하기 직전으로 가정하는 것이 일반적이다. 이런 가정을 받아들이면 $t+1$기에 투자자가 얻는 금액은 쿠폰금액 C와 채권 매각대금 P_{t+1}이다. 물론 무이표채의 경우에는 쿠폰금액이 없으므로 $t+1$기의 수입금액은 단순히 P_{t+1}이다.

결국 1기 동안 보유할 때의 현금흐름은 다음과 같다. 매입시기인 t기에는 P_t만큼이 지출되고, 매각시기인 $t+1$기에는 쿠폰금액 C와 매각대금 P_{t+1}만큼의 수입이 발생한다. 즉, P_t를 투자해 1기 후에 $C+P_{t+1}$을 획득한다. 이런 종류의 투자에 대한 수익률은 어떻게 계산할 수 있을까?

대답은 의외로 간단하다. 당초 투자금액 P_t를 원금으로 생각하고, 최종 수입금액 $C+P_{t+1}$을 원리금으로 생각하면 된다. 이때 1기 보유 투자행위의 수익률을 H_t라 하면 다음의 관계가 성립한다.

$$P_t(1+H_t)=C+P_{t+1}$$

따라서 1기간 보유수익률 H_t는 다음과 같이 정의된다.

$$H_t=\frac{C+P_{t+1}}{P_t}-1 \tag{4-14}$$

이렇게 정의된 H_t를 이표채의 1기간 보유수익률(one-period-holding rate of return)이라 한다. 한편 무이표채의 경우에는 $C=0$이므로 1기간 보유수익률은 식 (4-15)와 같이 정의된다.

$$H_t=\frac{P_{t+1}}{P_t}-1 \tag{4-15}$$

4.1.2 1기간 보유수익률의 특성

채권의 1기간 보유수익률은 만기수익률 못지않게 현실 투자에서 자주 사용되는 중요한 개념이다. 이제 1기간 보유수익률의 여러 특성에 관해 좀 더 자세히 알아보자.

첫째, 이표채의 1기간 보유수익률은 두 부분으로 구성되어 있다. 하나는 $\frac{C}{P_t}$이고, 다른 하나는 $\frac{P_{t+1}}{P_t}-1=\frac{P_{t+1}-P_t}{P_t}$이다. 여기서 전자를 경상수익률(current yield)이라 하고, 후자를 시세차익률 혹은 자본이득률(capital gain)이라 한다. 이 중에서 경상수익률은 채권을 매입하는 t기에 이미 그 크기가 확정되지만, 자본이득률은 $t+1$기에 가서야 그 크기가 확정된다.

둘째, 일반적으로 t기의 매입시점에서 다음 기의 매각가격 P_{t+1}을 정확히 알지 못하므로 H_t의 값은 t기에 확정되지 않는다. 이에 반해 만기수익률 i의 경우에는 매입가격인 P_t만 결정되면 그 값이 완전히 결정된다.

셋째, H_t의 값이 t기에 확정되지 않더라도 만일 투자자들이 P_{t+1}의 수준에 대해 예상할 수 있다면, H_t의 값도 이런 예상을 근거로 사전적으로 추정할 수 있다. 예를 들어 P_{t+1}의 수준에 대한 t기의 예상을 $E(P_{t+1})$로 나타내면 식 (4-16)과 같이 표기할 수 있고,[12] 이것을 1기간 보유에 따른 기대수익률(expected rate of return)이라 한다.

$$E(H_t) = \frac{C}{P_t} + \frac{E(P_{t+1})}{P_t} - 1 \tag{4-16}$$

넷째, 미래의 만기수익률 변화가 현재 1기간 보유수익률에 영향을 미친다. 앞에서 만기수익률과 채권가격은 반대방향으로 움직인다는 것을 살펴보았다. 따라서 만일 $t+1$기에 만기수익률 i_{t+1}이 변동한다면 이는 곧 P_{t+1}을 반대방향으로 변화시킬 것이고, 이런 P_{t+1}의 변화는 다시 t기의 수익률 H_t에 영향을 미치게 된다. 예를 들어 $t+1$기에 가서 만기수익률이 예상치 않게 상승한다면 이것은 곧 P_{t+1}의 갑작스런 하락을 의미한다. 따라서 H_t도 감소하게 된다.

다섯째, 위에서 살펴본 i_{t+1}의 변동에 따른 P_{t+1}의 변동은 앞 절에서 살펴본 채권의 세 번째 특성에 의해 만기가 긴 장기채권일수록 그 변동폭이 더 커진다. 따라서 미래의 만기수익률이 변화할 때 장기채권일수록 P_{t+1}의 변동폭이 커지며, H_t 또한 크게 변화한다. 반대로 단기채의 경우에는 미래의 만기수익률이 크게 변화해도 H_t는 그리 크게 변화하지 않는다.

4.2 현실에서 사용되는 여러 가지 이자율

이제까지 이자율의 개념과 관련하여 여러 종류의 수익률 혹은 할인율을 공부했다. 가장 중요한 개념인 채권의 만기수익률(yield to maturity)을 비롯하여 쿠폰율(coupon rate), 경상수익률(current yield), 1기간 보유수익률(one-period-holding rate of return) 등 여러 개념들을 소개했다.

그렇다면 이 중에서 우리가 통상적으로 이자율 혹은 금리라고 이야기할 때 지

12. $E(P_{t+1})$는 P_{t+1}의 기대값을 나타내는 기대연산자(expectations operator)이다.

칭하는 것은 무엇인가? 그것은 만기수익률이다. 그렇다면 단기금리는 무엇이고 장기금리란 무엇인가? 단기금리란 만기가 짧은 단기채의 만기수익률이고, 장기금리란 만기가 긴 장기채의 만기수익률을 의미한다. 예를 들어 만기가 1년 이하인 단기채권의 만기수익률은 단기금리이고, 만기가 30년인 장기채권의 만기수익률은 장기금리이다.

이제는 이자율의 표기법에 대해 간단히 살펴보자. 우선 이자율은 기본적으로 비율이다. 따라서 그것이 실질이자율이건 명목이자율이건 단위가 필요 없고, 거의 언제나 1보다 작은 값이 된다. 그런데 소수점 이하의 숫자를 쓰는 것이 때로는 불편하기 때문에 원래의 이자율 수치에 100을 곱해 %로 전환해 표시하기도 한다. 예를 들어 $i = 0.05$는 5%와 같다.

%를 사용할 때 유의해야 할 점 중 하나는 이자율의 % 변화와 %p(%포인트) 변화를 정확히 구별해야 한다는 점이다. 예를 들어 이자율이 5%에서 7%로 상승한 경우에 % 변화와 %포인트 변화를 각각 계산해 보자. % 변화란 통상적인 의미에서 당초의 수준에 대비시킨 변화분의 크기를 말한다. 이 경우 $i = 0.05$에서 $i = 0.07$로 변화한 것이므로 변화분은 $0.07 - 0.05 = 0.02$가 된다. 따라서 원래 수준에 대비시킨 변화분의 %비율은 $\frac{0.02}{0.05} \times 100 = 40\%$가 된다. 즉, 이자율이 40% 상승한 것이다. 이에 비해 %포인트 변화는 %로 표시한 두 비율의 차이를 말한다. 따라서 위의 예에서는 이자율이 5%에서 7%로 상승한 것이므로 이자율은 2%포인트 상승했다고 말한다.

%를 이용하면 소수점 이하의 작은 값인 이자율을 이야기할 때 여러 모로 편리한 경우가 많다. 그런데 때로는 아주 미세한 이자율의 변동을 이야기하는 경우 심지어 %로 변환해도 여전히 작은 값이라서 불편할 때가 있다. 이런 경우에는 %로 변환한 수치에 다시 100을 곱한 값, 즉 원래 이자율로 보면 10,000을 곱한 값을 이용한다. 이것을 베이시스 포인트(bp: basis point)라 부른다. 예를 들어 이자율이 5.38%에서 5.39%로 약간 상승한 것은 0.01%포인트 상승했다고 표현할 수도 있고, 1bp(베이시스 포인트) 상승했다고 표현할 수도 있다.

연습문제

01. 시간선호율은 이자율과 어떻게 다른가 아니면 같은가?

02. 갑돌이(대부자)는 100원을 꾸어주고 정확히 1년 후에 원리금 110원을 받기로 하는 대차계약을 갑순이(차입자)와 맺었다. 계약 체결 시 갑돌이가 예상한 향후 1년간 인플레이션은 6%, 갑순이의 예상인플레이션은 5%였다고 가정하자. 이 경우 갑돌이와 갑순이 각자의 시간선호율에 대해 우리가 알 수 있는 정보는 무엇인가?

03. 길동이는 만기 2년, 액면가 1,100원, 정확히 1년 후와 만기일에 각각 쿠폰금액 100원을 지급하는 이표채 1매를 시가 1,100원을 주고 방금 샀다. 다음 물음에 답하시오.

(1) 길동이가 이 이표채를 만기일까지 보유하는 경우의 만기수익률을 구하시오(소수점 아래 다섯째 자리에서 반올림하여 답할 것).

(2) 길동이가 정확히 1년이 지난 시점에서 이 이표채를 1,000원을 받고 시장에 판다면, 이때 길동이가 얻게 되는 1기 보유수익률을 구하시오.

04. 다음은 채권 이자율에 관한 문제이다. 물음에 답하시오.

(1) 액면가가 66,550원이고 만기가 3년인 무이표채의 시장가격이 50,000원인 경우, 이 무이표채의 만기수익률을 구하시오.

(2) 액면가가 7,200원이고 매년 쿠폰금액 1,440원을 지급하는 만기 2년의 이표채 시장가격이 7,200원이라 한다. 이 이표채의 만기수익률, 경상수익률, 쿠폰율을 각각 구하시오.

05. 어떤 이표채의 현재할인가치(PDV)가 다음과 같이 주어진다:

$$P = PDV(i) \equiv \left\{\frac{C}{(1+i)}\right\} + \left\{\frac{C}{(1+i)^2}\right\} + \left\{\frac{C}{(1+i)^3}\right\} + \cdots + \left\{\frac{C}{(1+i)^{N-1}}\right\} + \left\{\frac{(C+F)}{(1+i)^N}\right\}$$
$$= \frac{C}{i}\cdot\left\{1-(1+i)^{-N}\right\} + \left\{\frac{F}{(1+i)^N}\right\}.$$

단, C는 매기 지급되는 이표금액을, N은 만기를, F는 액면가치를, i는 만기수익률을 각각 나타낸다. $i > i_{cp}$가 성립하는 한, N이 커지면 P(채권의 시장가격)가 하락함을 증명하시오(단, i_{cp}는 쿠폰율임).

06. 매년 고정이자(또는 쿠폰금액) C를 영구적으로 지급하는 콘솔(영구채)이 있다. 콘솔은 상환되지 않는다. 현재(t기) 이 콘솔의 가격이 P_t라고 하자.

(1) 이 콘솔의 만기수익률 i_t를 C와 P_t로 표시하시오.

(2) 이 콘솔의 1기 보유수익률 H_t의 예상치(기대값) $E(H_t)$를 C, P_t, 그리고 $E(P_{t+1})$로 표시하시오.

(3) 만약 1기 후에 성립하리라 예상되는 만기수익률이 $E\left(\frac{1}{i_{t+1}}\right) = \frac{1-i_t}{i_t}$를 만족한다면, 이때의 $E(H_t)$의 값을 구하시오.

07. 다음 물음에 답하시오.

(1) 만기수익률 i, 액면가 F, 만기 N, 쿠폰금액 C인 이표채가 있다. 이 이표채의 시장가격 P를 i, F, N, C로 표시하시오.

(2) $\frac{C}{F} \equiv i_{CP}$로 정의하는 경우, 위의 (1)에서 구한 식을 이용하여 $i = i_{CP}$일 때 N과는 무관하게 $P = F$가 성립함을 보이시오.

(3) 만기수익률 i, 액면가 F, 만기 N인 무이표채가 있다. 이 무이표채의 시장가격 P를 i, F, N으로 표시하시오.

(4) 만기수익률 i, 쿠폰금액 C인 콘솔이 있다. 이 콘솔의 시장가격 P를 i와 C로 표시하시오.

(5) 콘솔을 1기 보유함에 따른 기대수익률 $E(H_t)$를, t기의 콘솔 가격 P_t, $t+1$기의 콘솔 가격 기대치 $E(P_{t+1})$, 쿠폰금액 C로 표현하시오.

08. 다음은 액면가가 1,000원이고 쿠폰금액이 100원인 이표채의 만기수익률(i)과 1기간 보유수익률(H)에 관한 문제이다. 이 장 본문에 나오는 [표 4-2]를 보면서 다음 물음에 답하시오.

(1) 현재(t기) 어떤 투자자가 만기 3년, 만기수익률 8%인 이표채를 구입한다. 이 투자자는 1년 후에도 만기수익률 8%가 그대로 유지될 것으로 예상한다. 이 경우 이 투자자의 1기간 보유에 따른 기대수익률 $E(H_t)$를 구하시오.

(2) 그런데 1년 후($t+1$기) 만기수익률이 실제로는 7%로 하락했다고 하자. 이 투자자의 1기간 보유수익률 H_t를 구하시오.

참고문헌

선우석호, 『선우석호 교수의 재무관리』, 율곡출판사, 2004. 2.

한국은행, 『알기쉬운 경제지표해설』, 2006. 8.

______, 『한국의 금융시장』, 2016. 12.

Jaffee, Dwight, and Joseph Stiglitz, "Credit Rationing," in Friedman, Benjamin M., and Frank H. Hahn, eds., *Handbook of Monetary Economics*, Volume II, North-Holland, 1990, pp.837~888.

Van Horne, James C., *Financial Market Rates and Flows*, 6th ed., Prentice-Hall, Inc., 2001.

CHAPTER **05**

이자율 결정의 이론과 실제

Money & Financial Markets, Ch. Five, pp.171~211

1. 대부자금설
2. 유동성선호설
3. 이자율의 위험구조 및 기간구조

우리는 제4장에서 금융상품의 만기수익률이 매우 중요한 이자율 개념임을 알게 되었다. 또한 만기수익률은 금융상품의 현재가치와 시장가격을 일치시켜 주는 할인율이며, 금융상품의 시장가격과는 반대로 움직인다는 사실도 배웠다. 그렇다면 이자율은 어떤 메커니즘에 의해 결정되는가?

신규 사업에 투자하려는 기업이 1년 뒤에 원금 1,000만원과 액면이자(쿠폰금액) 100만원을 지급하는 채권(이표채)을 발행하여 자금조달을 한다고 하자. 앞 장을 제대로 학습한 독자라면, 원금 1,000만원에 대해 이자를 100만원 지급하므로 시장이자율이 10%라고 생각하지는 않을 것이다. 이 채권의 액면이자율(쿠폰율)이 10%일 뿐이기 때문이다. 시장이자율(만기수익률)이 얼마인지를 알기 위해서는 이러한 조건의 금융상품이 시장에서 얼마에 거래되는지를 파악해야 한다.

이 채권이 시장에서 950만원에 발행되어 거래된다고 하자. 이 채권의 현재가치와 시장가격을 일치시켜 주는 할인율은 대략 15.8%(>10%) 정도이다. 이처럼 액면가보다 낮은 가격으로 채권을 발행하는 것을 할인발행이라 하고, 액면가보다 낮은 가격에 발행된 채권을 할인채권(discount bond)이라 한다. 채권이 할인발행되면 만기수익률이 액면이자율보다 높아진다. 이때 기업이 채권발행을 통해 실제 획득한 자금은 1,000만원이 아니라 950만원이며, 1년 뒤에는 1,100만원을 지급해야 한다. 기업의 입장에서는 1년 뒤에 1,100만원을 지급해야 하는 채권을 950만원밖에 받지 못한다는 점이 아쉽겠지만, 그 이상을 받으려 한다면 이 채권은 시장에서 외면당할 것이다.

만약 이 채권이 시장에서 정확하게 1,000만원에 거래된다면 시장이자율은 얼마일까? 이때는 시장이자율인 만기수익률이 액면이자율과 동일하게 10%가 될 것이다. 이처럼 액면가격과 동일한 가격으로 채권을 발행하는 것을 액면발행이라 하고, 이렇게 발행된 채권을 액면채권(par bond)이라 한다.

한편 이 채권은 시장에서 1,050만원에 거래될 수도 있을 것이다. 채권의 시장가격이 1,050만원인 경우는 채권가격과 채권의 미래현금지급흐름의 현재가치를 같게 해주는 시장이자율인 만기수익률은 약 4.7%로 액면이자율보다 훨씬 낮음을 알 수 있다. 이처럼 액면가보다 비싸게 채권이 발행되는 것을 할증발행이라 하고, 이렇게 발행된 채권을 할증채권(premium bond)이라 한다. 채권이 할증발행되면 만기수익률이 액면이자율보다 낮아진다.

이상의 예에서 독자들은 시장이자율이 어떻게 결정되는지 어렴풋이나마 느낄 수 있을지도 모른다. 이때 기억해야 할 것은 이자율 결정이 채권이라는 금융상품의 가격결정(asset pricing)과 불가분의 관계를 갖는다는 점이다.

한편 이자율은 금융상품의 종류만큼이나 다양하다. 3년 만기 회사채 수익률, 1년 만기 정기예금 금리, 하루짜리 콜금리 등 다양한 금융상품이 존재하는 만큼 다양한 이자율이 존재한다.

이 장에서는 여러 이자율이 비슷한 방향으로 움직인다는 사실에 주목하고, 분석의 편의를 위해 마치 이자율이 하나인 것으로 간주하고 대표적 이자율을 상정한다. 우선 대표적인 이자율 결정이론인 대부자금설과 유동성선호설을 각각 소개할 것이다. 그런데 동일한 만기를 갖는 다양한 금융상품의 이자율 간에는 체계적 차이가 나타나며, 동종의 금융상품들도 만기에 따라 이자율 간에 체계적 차이가 나타난다. 전자(이자율의 위험구조)와 후자(이자율의 기간구조)에 대해서도 각각 논의하기로 한다.

1. 대부자금설

대부자금설(loanable funds theory)이란 남에게 빌려줄 수 있는 돈, 즉 대부자금의 수요와 공급에 의해 이자율이 결정된다는 이론이다. 일반적으로 재화와 서비스의 가격은 그것의 수요와 공급에 의해 결정된다. 마찬가지로 이자율도 자금시장에서 대부자금의 수요와 공급에 의해 결정된다는 것이다. 이 이론에 따르면 이자율은 자금 수요와 공급의 균형을 가져오는 가격기능을 수행한다.

예를 들어 생각해 보자. 우리는 제4장에서 채권가격이 상승하면 이자율이 하락하고, 채권가격이 하락하면 이자율이 상승한다는 것을 배웠다. 또한 만기 1년인 액면가 1,000원짜리 채권이 시장에서 909원에 거래되면 만기수익률이 10%라는 것도 공부했다. 이때 우리는 이 채권이 시장에서 909원에 거래된다는 사실을 통해 만기수익률, 즉 시장이자율이 10%라는 것을 파악한다. 따라서 이 채권의 가격이 왜 909원에서 형성되는지를 이해하면, 이자율 결정 메커니즘은 쉽게 분석할 수 있다.

그렇다면 시장에서 채권가격은 어떻게 형성되는가? 이 질문에 대부자금설은 단순하면서도 직관적으로 명백한 답을 제시한다. 채권가격은 채권의 수요와 공급에 의해 결정된다는 것이다.

이 절에서는 대부자금의 균형가격이 어떻게 결정되는지 살펴보기 위해 먼저 채권의 수요와 공급이 어떤 원리에 따라 형성되는지를 분석할 것이다. 이때 독자들이 혼동하지 말아야 할 것은, 채권의 수요는 자금의 공급을, 채권의 공급은 자금의 수요를 의미한다는 점이다.

1.1 대부자금설의 구조

채권에 대한 수요는 채권을 받고 자금을 공급하려는 사람들에 의해 결정된다. 채권수요곡선은 채권가격과 채권수요량 간의 관계를 나타내는데, 다른 재화나 서비스의 수요곡선들처럼 우하향하는 형태를 띤다. 이는 액면가가 주어진 상태에서 채권가격의 하락은 만기수익률의 상승과 같은 효과를 가져오므로 자금의 공급이 늘어날 것이기 때문이다. 물론 엄밀하게 분석하면, 금융상품에 대한 수요는 가격뿐만 아니라 위험성과 유동성 등에 의해서도 결정된다. 하지만 여기서는 분석의 편의를 위해 다른 요인들을 고정시켜 놓고, 오로지 채권의 가격과 수량만을 고려한다. 이러한 가정은 이후 완화될 것이다.

채권의 공급은 채권시장에서 자금을 조달하고자 하는 경제주체에 의해 결정된다. 자본주의 경제에서 일반적으로 자금을 조달하려는 경제주체는 기업이다. 채권공급곡선 역시 채권가격과 채권공급량 간의 관계를 나타내는데, 채권가격이 상승할수록 채권의 공급량은 늘어난다. 채권가격의 상승은 채권이자율의 하락, 즉 자금조달비용의 하락을 의미하므로, 자금을 조달하려는 경제주체는 채권을 더 많이 발행하여 자금을 더 빌리려고 할 것이기 때문이다.

이상의 설명을 〈그림 5-1〉을 통해 살펴보자. 〈그림 5-1〉은 채권시장에서 액면가 1,000원인 1년 만기 채권 한 장의 가격이 909원, 거래수량이 500만 장으로 결정되고 있음을 보여준다. 여기서 균형조건은 간단히 '채권수요량 = 채권공급량'으로 나타낼 수 있다. 만약 가격이 909원보다 높다면 채권의 초과공급이 발생해 채권가격을 하락시킬 것이다. 반대로 가격이 909원보다 낮다면 채권의 초과수요가 발생해 채권가격을 상승시킬 것이다. 따라서 이 균형은 안정적임을 알 수 있다.

그림 5-1

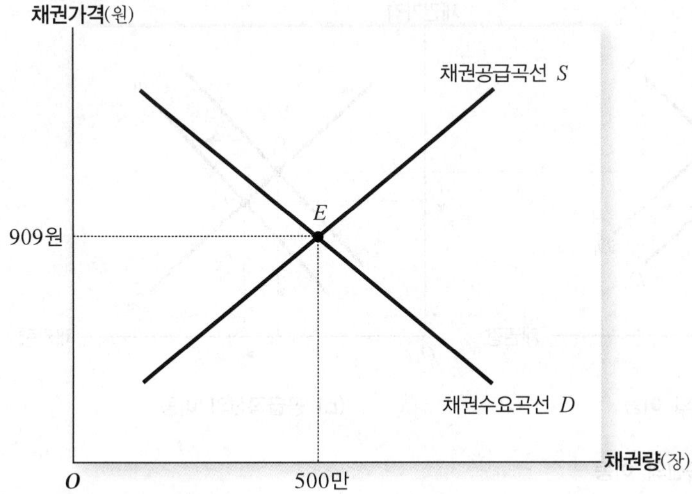

채권의 수요 · 공급곡선

채권의 수요곡선과 공급곡선이 만나는 점에서 결정되는 균형점 *E*는 안정적 균형으로, 채권의 균형가격과 균형거래량을 나타낸다.

이번에는 채권의 수요 · 공급곡선이 어떤 요인에 의해 이동하는지에 대해 살펴보자. 먼저 채권수요곡선을 이동시키는 요인으로는 채권수요자의 부(wealth), 다른 자산의 기대수익률, 채권의 채무불이행 위험(default risk), 채권의 유동성, 예상인플레이션 등을 들 수 있다. 동일한 채권가격에서 채권수요자의 부가 증가하면 채권수요자는 더 많은 돈을 채권에 투자할 수 있기 때문에 채권수요곡선은 오른쪽으로 이동한다. 또한 다른 자산의 기대수익률이 낮아지면 채권의 상대적인 수익성이 높아지므로 수요곡선이 우측으로 이동할 것이다. 채권의 채무불이행 위험이 낮아지거나 유동성이 높아져도 채권을 보유할 이점이 커지므로 수요곡선은 우측으로 이동할 것이다. 반면 예상인플레이션율이 높아지면 채권의 실질이자율은 낮아지므로 수요곡선이 좌측으로 이동하게 될 것이다.

채권공급곡선을 이동시키는 요인으로는 채권공급자(기업)의 사업전망과 예상인플레이션 등을 들 수 있다. 먼저 기업의 사업전망이 좋아지면 기업가는 보다 많은 자금을 확보해 사업에 투자하고자 할 것이므로 채권발행을 늘릴 유인이 생긴다. 따라서 채권공급곡선은 우측으로 이동할 것이다. 또한 미래에 높은 인플레이션이 예상되면 같은 명목이자율이라 할지라도 실질이자율이 낮아진다. 즉, 실질 자금조달 비용이 하락하는 것과 같아지므로, 기업은 자금조달 과정에서 채권의 비중을 늘리

그림 5-2

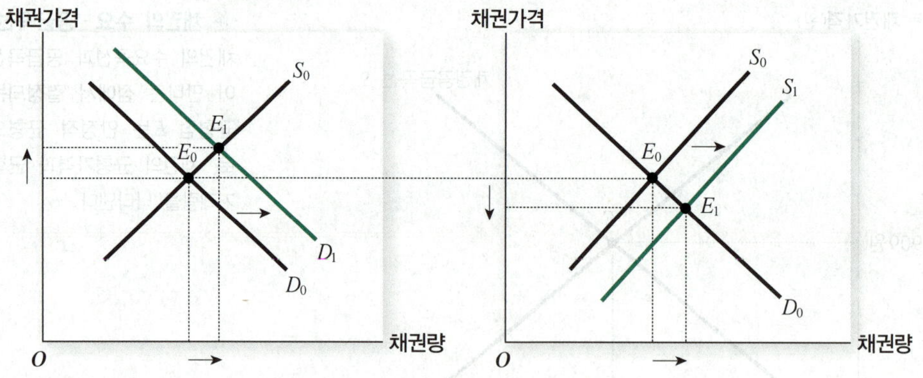

(a) 수요곡선의 이동 (b) 공급곡선의 이동

채권의 수요곡선과 공급곡선의 이동

다른 조건이 일정할 때 채권수요곡선의 우측이동은 채권가격을 인상시키고 채권거래량을 증가시키며, 채권공급곡선의 우측이동은 채권가격의 하락과 채권거래량의 증가를 초래한다.

게 되어 채권공급곡선은 우측으로 이동하게 된다.

이상을 종합해 표현한 것이 〈그림 5-2〉이다. 다른 조건이 일정할 때 채권수요의 증가요인이 발생해 채권수요곡선이 우측으로 이동하면, 균형점이 E_0에서 E_1으로 이동하면서 채권가격이 상승하고 채권의 거래량은 증가한다. 다른 조건이 일정할 때 채권공급의 증가요인이 발생해 채권공급곡선이 우측으로 이동하면, 균형이 E_0에서 E_1으로 바뀌면서 채권가격이 하락하고 채권의 거래량은 증가한다. 채권수요의 감소요인 또는 채권공급의 감소요인이 발생하는 경우에 대해서도 이와 같은 논리에 따라 각각 분석할 수 있다.

1.2 대부자금설의 의의

우리는 이미 액면가가 1,000원인 채권의 가격이 909원이라는 것은 이자율이 10%라는 것과 실질적으로 동일하다는 점을 알고 있다. 따라서 앞의 〈그림 5-1〉은 이자율이 어떻게 10%로 결정되는가를 보여주는 것이기도 하다. 즉, 채권가격과 이자율은 1 : 1 대응관계를 갖는다. 909원은 10%, 833원은 20%(1,000원/(1 + i) = 833

원에서 $i = 0.2$)의 관계를 갖는다는 것이다.

또한 〈그림 5-1〉에서 가로축에 나타난 채권거래량은 그대로 자금거래량으로 해석할 수 있다. 자금거래량은 대부자금량이라고도 한다. 마찬가지로 채권시장은 채권을 매개로 자금의 대차가 이루어지는 일종의 대부자금시장이라고 볼 수 있다. 여기서 채권에 대한 수요는 가계 대부자금의 공급, 즉 저축이 되며, 채권의 공급은 가계 대부자금에 대한 기업의 수요, 즉 투자가 된다. 왜냐하면 직관적으로 채권과 자금이 서로 반대방향으로 교환되기 때문이다.

이러한 사실로부터 우리는 이자율에 대해 대부자금의 공급곡선은 우상향하고, 수요곡선은 우하향함을 쉽게 이해할 수 있다. 대부자금의 공급곡선이 우상향하는 것은 채권가격에 대해 채권수요곡선이 우하향하는 것과 같은 원리로 설명된다. 이자율이 상승하면, 즉 채권가격이 하락하면 자금공급자(채권수요자)는 대부자금을 더 공급하고자(채권을 더 수요하고자) 할 유인이 있다.[1] 마찬가지로 대부자금의 수요곡선이 우하향하는 것은 채권공급곡선이 우상향하는 것과 같은 원리이다. 이자율이 상승하면, 즉 채권가격이 하락하면 자금수요자(채권공급자)는 자금조달비용 상승으로 자금을 덜 빌리고자(채권을 덜 공급하고자) 할 것이다.

한편 대부자금의 수요 및 공급곡선이 이동하는 것도 채권수요 및 공급곡선이 이동하는 것과 동일한 방식으로 설명할 수 있다. 다른 조건이 일정할 때 자금공급자의 부가 증가하거나 다른 금융상품들의 기대수익률이 하락하면 자금공급곡선이 우측으로 이동한다. 또한 채무불이행 위험의 감소나 채권 유동성의 증가, 그리고 예상인플레이션 하락에 의해서도 자금공급이 늘 것이다. 이와 같은 대부자금의 공급 증가 현상의 결과 이자율은 낮아지고 대부자금량은 늘어난다. 마찬가지로 대부자금의 수요 측면에서도 기업의 사업전망이 좋아지거나 예상인플레이션이 높아지면 자금수요곡선이 우측으로 이동할 것이다. 이처럼 대부자금의 수요가 늘어나면 이자율은 상승하고 대부자금량은 늘어난다.

〈그림 5-3〉은 채권가격과 이자율이 역의 관계를 가지고 있음을 보여준다. 즉, 채권수요곡선의 우측이동은 대부자금공급곡선의 우측이동과 같다. 이때 채권시장

---

1. 다만 [대부자금 공급량 = 채권가격 × 채권수요량]이 성립하므로, 채권가격 하락(이자율 상승)에 따라 대부자금 공급량이 늘어나려면—다시 말해 대부자금의 공급곡선이 우상향하려면—채권수요의 가격탄력성이 1보다 커야 한다. 본문에서는 이 조건이 성립한다고 가정한다.

그림 **5-3**

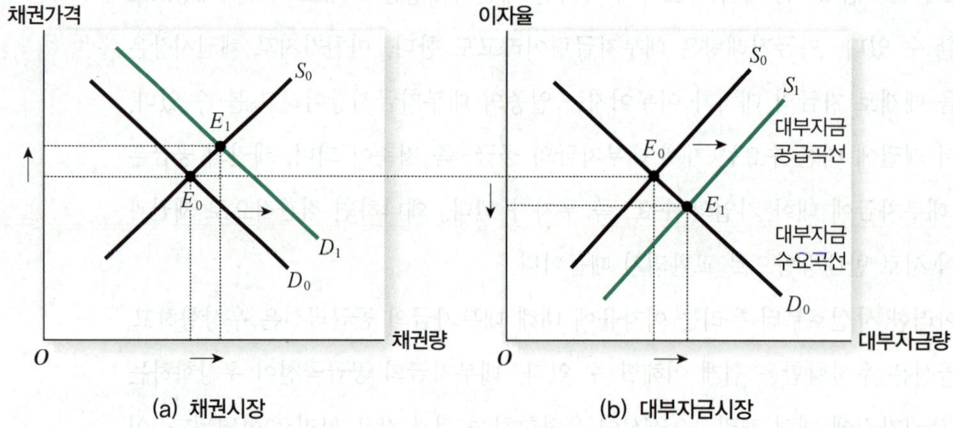

채권시장과 대부자금시장의 관계

채권수요곡선의 우측이동은 대부자금공급곡선의 우측이동과 같은 의미이다. 이 경우 채권가격은 상승하는 반면 이자율은 하락하고, 채권거래량과 대부자금거래량은 증가하는 효과를 갖는다.

에서 채권가격은 상승하지만, 이것은 곧 대부자금시장의 이자율 하락을 의미한다. 한편 채권거래량과 대부자금거래량이 증가하는 것은 동일하다. 마찬가지로 채권공급곡선의 우측이동이 대부자금수요곡선의 우측이동과 동일하다는 점은 독자들 스스로 그림을 그려 확인해 보도록 하라.

이처럼 이자율은 금융시장에서의 금융자산에 대한 수요와 공급에 의해 결정된다. 이러한 사고를 반영하는 것이 바로 대부자금설이다. 사실상 대부자금설은 고전학파의 이자율 결정이론에 해당한다. 고전학파는 이자율이 저축과 투자 등 유량변수에 의해 결정된다고 보았다. 그런데 대부자금의 공급은 가계의 저축(보다 근본적으로는 실물요인인 현재와 미래 간 시간선호)에 의해 결정되고, 대부자금의 수요는 기업의 투자(보다 근본적으로는 실물요인인 자본의 한계생산성)에 의해 결정된다. 이 둘을 일치시키는 이자율이 균형이자율이 됨은 물론이다. 이때 대부자금의 수요와 공급은 화폐부문이 아닌 실물부문에 의해 영향받는 것이므로, 고전학파는 이자율을 실물부문에 의해 결정되는 실물변수라고 본다.

2. 유동성선호설

Money & Financial Markets, Ch. Five

앞에서 살펴본 것처럼 고전적 대부자금설에서 이자율은 저축과 투자에 의해 결정되는 실물적 현상으로 간주된다. 반면 케인즈는, 이자율이란 화폐적 현상이며 기본적으로 유동성을 포기한 데 따른 대가로 정의된다고 했다. 화폐와 채권 등 여러 금융자산 중에서 화폐는 유동성은 높으나 이자수익이 없는 반면, 채권은 유동성은 낮은 대신 이자수익이 보장된다. 따라서 이자란 화폐가 주는 유동성을 포기하고 일정 기간 동안 채권을 보유하는 데 따른 대가라는 것이다. 이때 유동성이란 어떤 자산이 자본손실 없이 즉시 현금으로 전환될 수 있는 가능성(또는 용이성)으로 정의된다.

케인즈는 이자율이 화폐시장에서 경제주체들의 유동성에 대한 선호와 화폐공급의 상호작용에 의해 결정된다고 파악했다. 그런데 케인즈는 화폐공급이 이자율의 함수라기보다는 정부 또는 통화당국이 결정하는 외생변수라고 보았다. 따라서 이자율은 실질적으로 화폐수요에 의해 결정된다는 것이다. 이것이 케인즈의 유동성선호설(liquidity preference theory)이다.

케인즈는 개인의 자산선택 또는 포트폴리오 선택 행위를 분석할 때 두 종류의 금융자산, 즉 화폐와 채권만이 존재하는 상황을 가정했다. 이렇게 분석하면 사실상 앞 절에서 살펴본 채권시장을 통한 이자율 결정이론과 유동성선호설은 동일한 결과를 가져온다. 이를 간단히 살펴보자.

경제 전체의 자산이 화폐(M)와 채권(B) 두 가지만으로 이루어져 있다고 가정하자. 어떤 가격체계 하에서도 모든 시장에서의 총초과수요의 합은 항상 0이 된다는 왈라스 법칙(Walras' law)을 자산시장의 일반균형에 적용하면 화폐수요(M_d)와 채권수요(B_d)의 합이 화폐공급(M_s)과 채권공급(B_s)의 합과 동일하다. 즉, 자산시장의 왈라스 법칙은 식 (5-1)로 표현할 수 있다.

$$M_d + B_d = M_s + B_s \tag{5-1}$$

식 (5-1)의 각 항들을 좌우로 옮겨 식 (5-2)와 같이 변형해 보자.

그림 **5-4**

유동성선호설
균형이자율은 화폐에 대한 수요와 공급을 일치시켜 주는 이자율이다.

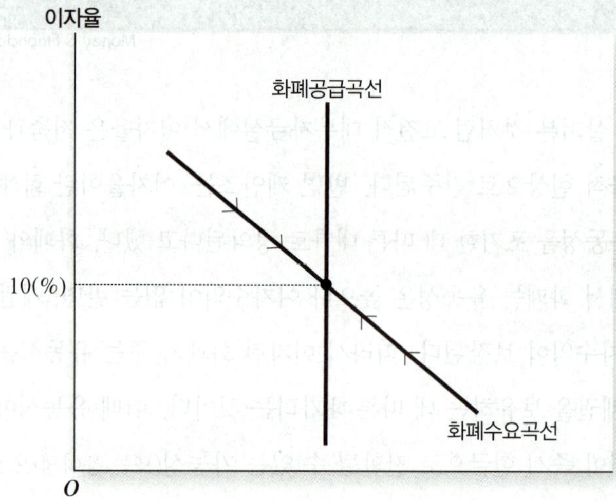

$$M_d - M_s = B_s - B_d \quad (5-2)$$

이때 화폐시장 균형조건은 $M_d = M_s$이며, 채권시장 균형조건은 $B_s = B_d$이다. 그런데 식 (5-2)를 통해 우리는 다음과 같은 사실을 알 수 있다. 만약 화폐시장이 균형상태에 있다면, 다시 말해 $M_d - M_s = 0$이면, 채권시장도 균형상태가 되어 $B_s - B_d = 0$이다.

결국 자산이 두 가지만 존재하면, 어느 한 시장의 균형은 다른 시장의 균형을 자동적으로 보장해 준다. 따라서 채권시장의 균형을 보장하는 이자율과 화폐시장의 균형을 보장하는 이자율은 동일하게 된다.

이제 유동성선호설에서 균형이자율을 화폐에 대한 수요와 공급 간의 관계와 연결시켜 생각해 보자. 〈그림 5-4〉에서 화폐에 대한 수요곡선은 우하향한다. 다시 말해, 화폐수요는 이자율이 높아질수록 감소한다. 이자율이 화폐 보유의 기회비용이기 때문이다. 다른 조건이 일정할 때 이자율(또는 채권 수익률)이 높아지면, 화폐 보유를 줄이는 동시에 그만큼 채권 보유를 늘려 더 높은 수익을 올리고자 할 것이다.

반면에 화폐공급은 이자율과 무관하게 일정 수준으로 주어진다고 가정하자. 이러한 가정은 비현실적이지만, 이해의 편의를 위하여 일단 화폐공급량은 중앙은행의 정책적 의지에 따라 결정된다고 보자는 것이다. 따라서 화폐공급곡선은 이자율의 영향을 받지 않는 외생적인 것이므로 그림에서 수직선으로 나타난다.

〈그림 5-4〉에서 화폐수요와 공급을 일치시켜 주는 이자율은 10%이다. 그렇다면 이 균형은 안정적인가? 우선 이자율이 균형 수준 10%보다 높으면 화폐시장에서는 초과공급이 발생한다. 사람들이 보유하고자 하는 화폐량, 즉 화폐수요가 사람들이 실제로 보유하고 있는 화폐량, 즉 화폐공급보다 작게 된다. 화폐시장의 초과공급은 채권시장의 초과수요를 의미하며, 따라서 채권가격의 상승 및 이자율 하락 현상이 발생한다. 결국 이자율은 균형 수준으로 수렴한다.

반대로 이자율이 10%보다 낮으면 어떤 현상이 벌어질 것인가? 이번에는 화폐에 대한 초과수요가 발생한다. 사람들은 현재 공급된 화폐보다 더 많은 양의 화폐를 보유하고자 한다. 이는 채권시장의 초과공급을 의미하며, 따라서 채권가격 하락과 이자율 상승 현상이 발생한다. 다시 말해, 화폐의 초과수요는 이자율을 상승시킨다. 결국 유동성선호설에서 균형이자율은 화폐에 대한 수요와 공급을 일치시켜 주는 이자율이며, 이 균형은 안정적이다.

이제 유동성선호설에서 화폐수요 및 공급곡선을 이동시키는 요인들을 알아보자. 우선 화폐의 수요 및 공급 분석은 통화량과 이자율 평면에서 이루어지므로, 이자율 변화는 주어진 곡선 상에서 점의 이동으로 나타날 뿐 곡선 자체를 이동시키는 것은 아님을 염두에 두자.

화폐수요곡선을 이동시키는 대표적인 요인으로는 소득, 물가수준 및 부(wealth)를 들 수 있다. 우선 소득이 증가하면 경제의 거래량이 증가하므로 거래의 매개수단인 화폐를 더 많이 수요하게 될 것이다. 마찬가지로 물가수준이 오르면 명목거래량이 증가하기 때문에 명목단위로 표시된 화폐수요량도 증가할 것이다. 또한 부가 증가하면 사람들은 가치저장수단으로서 화폐를 더 많이 가지고자 할 것이다. 이 상황을 나타낸 것이 〈그림 5-5〉의 (a)이다.

다른 조건이 일정할 때 화폐수요곡선이 우측(좌측)으로 이동하면 이자율은 상승(하락)한다. 다시 말해, 소득, 부, 물가수준이 상승(하락)하면 화폐수요가 증가(감소)하여 이자율이 상승(하락)하게 된다. 이 밖의 여러 요인들도 화폐수요에 영향을 주지만, 좀 더 자세한 논의는 제9장에서 다시 설명하기로 한다.

한편 앞서 화폐공급은 중앙은행에 의해 외생적으로 결정되는 것으로 가정했다.

그림 5-5

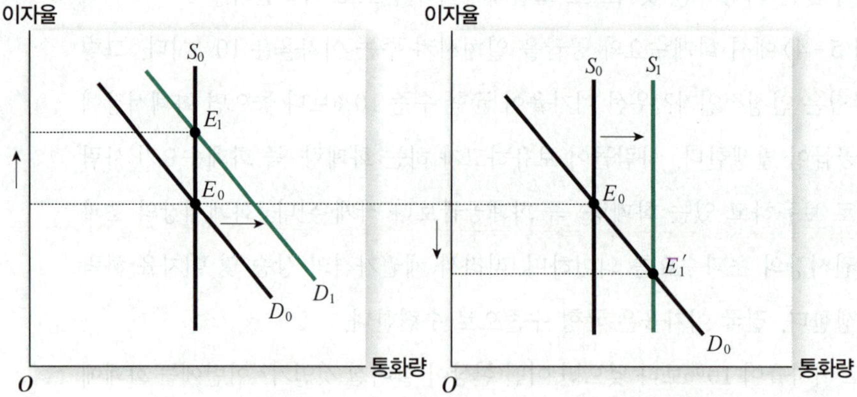

(a) 화폐수요곡선의 이동 (b) 화폐공급곡선의 이동

화폐의 수요곡선과 공급곡선의 이동

다른 조건이 일정할 때 화폐수요곡선의 우측이동은 이자율을 상승시키며, 화폐공급곡선의 우측이동은 이자율을 하락시킨다.

따라서 화폐공급곡선은 중앙은행의 정책의지에 따라 좌우로 이동하게 될 것이다. 중앙은행이 화폐공급을 늘리고자 하면 공급곡선이 우측으로 이동할 것이며, 줄이려고 하면 좌측으로 이동할 것이다. 따라서 다른 조건이 일정할 때 중앙은행이 화폐공급을 늘리면 이자율이 하락하고, 화폐공급을 줄이면 이자율이 상승할 것이다. 〈그림 5-5〉의 (b)가 이 상황을 설명하고 있다.

3. 이자율의 위험구조 및 기간구조

Money & Financial Markets, Ch. Five

대부자금설과 유동성선호설을 공부하면서 우리는 대표금리로 채권이자율을 상정하고 채권시장과 화폐시장을 살펴보았다. 그런데 현실에서는 채권이자율 이외에도 다양한 금리가 존재하며, 채권이자율도 장기채권이자율과 단기채권이자율로 나뉘어진다. 금리가 다양하게 존재하면 대출을 받거나 채권투자를 할 때 좀 더 많은 가능성들을 고려해야 할 것이다.

사실 세상에 존재하는 다양한 금융수단(대출이나 채권)에 대한 이자율은 각 수단에 내재하는 다섯 가지 특징들—만기, 채무불이행 위험, 유동성, 정보비용, 그리고 세금조건(taxation)—의 차이로 인해 제각각 달라진다. 이들 특징 가운데 만기가 동일한 금융수단들을 모아 이자율을 비교해 보아도 역시 제각각 다르다. 이는 나머지 네 가지 특징들이 다르기 때문이다. 이와 같이 만기가 동일한 금융수단들의 이자율 간 관계를 이자율의 위험구조(risk structure of interest rates)라 부른다.

한편 위의 다섯 가지 특징 중 만기만 다르고 나머지 네 가지 특징—채무불이행 위험, 유동성, 정보비용, 그리고 세금조건—은 모두 동일한 금융수단을 모아 이자율을 비교해 보아도 역시 제각각 다르다. 이는 각 금융수단의 만기가 다르기 때문이다. 이와 같이 만기만 다르고 다른 네 가지 특징이 동일한 금융수단들의 이자율 간 관계를 이자율의 기간구조(term structure of interest rates)라 부른다.

이제 이자율의 위험구조와 기간구조에 대해 차례로 살펴보기로 한다.

3.1 이자율의 위험구조[2]

만기가 동일한 금융수단 사이의 이자율 차이, 즉 이자율 스프레드는 각 금융수단에 내재된 특징들—채무불이행 위험, 유동성, 정보비용, 그리고 세금조건—에 대한 시장참여자들의 예상과 평가가 반영된 결과다. 그러므로 이자율의 위험구조는 경기예측에 유용한 지표가 된다. 예를 들어 시장참여자들이 채무불이행 위험의 증가를 예상하는 경우, 국채[3]와 같이 본래 채무불이행 위험이 없는 채권과 회사채처럼 채무불이행 위험이 있는 채권 사이의 이자율 스프레드는 커지게 될 것이다. 이와 같은 이자율 차이를 가져오는 요인들을 차례로 검토하기로 한다.

3.1.1 채무불이행 위험

차입자(채권발행자)가 대차계약(채권)에 명시된 이자나 원금의 일부 또는 전부를 약정대로 대부자(채권보유자)에게 상환하지 못할 위험이 채무불이행 위험(default

2. 이 절은 Hubbard(2007)와 Mishkin(2010)에 의존하였다.
3. 국채(government bonds)는 한 나라의 중앙정부가 발행하는 채권으로, 흔히 정부채라고 부른다.

risk)이다. 채무불이행 위험은 신용위험(credit risk)이라고도 부른다.

그런데 모든 채권이 채무불이행 위험에 노출되어 있는 것은 아니다. 예를 들어, 중앙정부가 발행하는 국채—예를 들어, 한국의 국고채나 미국의 재무부채권(Treasury securities)—에는 채무불이행 위험이 없다고 흔히 간주된다. 정부는 필요한 경우 세금을 더 걷거나 아니면 중앙은행의 통화 증발을 통해서라도 빚을 갚을 수 있기 때문이다.

채무불이행 위험이 양(+)인 채권의 이자율과 채무불이행 위험이 없는 채권의 이자율 차이를 채무불이행 위험프리미엄(default risk premium)이라 부른다. 이는 채권보유자가 채무불이행 위험이 없는 채권 대신 그러한 위험이 있는 채권을 보유하는 데 대한 대가로 요구하는 추가적 이자율이다.

이제 채무불이행 위험에 따른 국채와 회사채 사이의 이자율 차이를 살펴보기로 하자. 우선 논의의 편의를 위해 초기에는 국채와 회사채가 동일한 만기와 동일한 채무불이행 위험을 갖는다고—구체적으로 두 채권 모두 채무불이행 위험이 없다고—단순하게 가정하기로 한다. 그 밖에 유동성, 정보비용, 세금조건 등 모든 면에서도 국채와 회사채는 차이가 없다고 가정하자. 그렇다면 국채와 회사채의 가격과 이자율이 일단 동일해진다.

〈그림 5-6〉은 국채시장과 회사채시장의 초기 균형에서 각 채권의 균형가격이 동일하다는 사실을 보여준다. 이제 어떤 이유로—예를 들면 경기가 악화될 것으로 전망되면서—회사채의 채무불이행 위험이 양(+)이 되었다고 하자. 지금까지 국채와 회사채를 무차별하게 인식하던 금융투자자들은 이제 회사채의 채무불이행 위험 증가로 국채를 회사채보다 상대적으로 더욱 선호하게 되어, 회사채 수요를 줄이고 국채 수요를 늘릴 것이다. 이를 금융투자자의 안전자산 선호행위(flight to quality)—채무불이행 위험의 증대에 직면한 투자자가 자금을 위험자산으로부터 안전자산으로 옮기는 행위—라 부른다.[4] 그 결과 회사채 수요곡선이 좌측으로 이동하여 회사채 가격은 하락하는 반면, 국채 수요곡선은 우측으로 이동하여 국채 가격은 상승한다. 이는 국채의 이자율은 하락하고 회사채의 이자율은 상승한 것을 의미한다. 이렇게 생겨난 두 채권의 이자율 차이는 채무불이행 위험프리미엄을 반영한다. 회사

4. 일반적으로 금융투자자들은 위험을 기피하는 것으로 가정된다.

그림 5-6

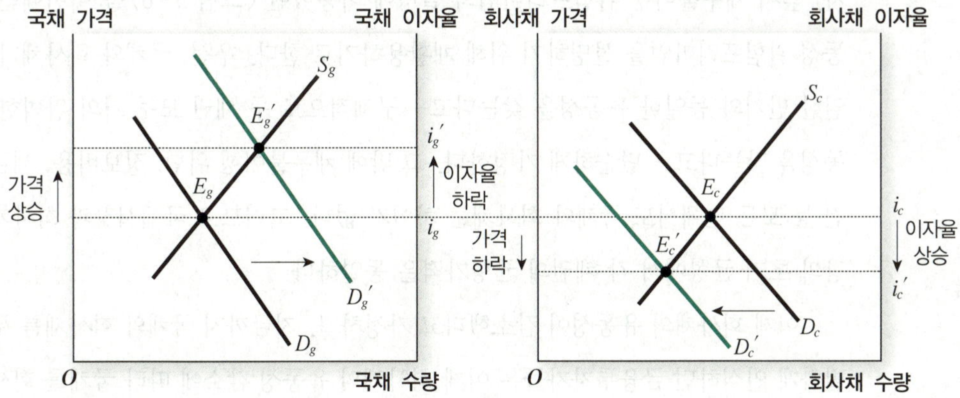

(a) 국채시장 (b) 회사채시장

국채시장과 회사채시장

국채와 회사채가 만기, 채무불이행 위험, 유동성, 정보비용, 세금조건 등 모든 면에서 동일한 특징을 갖는다고 가정하면, 이들의 균형가격은 동일한 수준에서 결정된다. 이제 다른 조건이 모두 불변인 상태에서 회사채의 채무불이행 위험이 증가한다면, 투자자들은 회사채보다 국채를 더 선호하게 된다. 이에 따라 국채 수요곡선은 우측이동($D_g \to D_g'$)하고 회사채 수요곡선은 좌측이동($D_c \to D_c'$)한다. 그 결과 국채 가격(이자율)은 상승(하락)하고 회사채 가격(이자율)은 하락(상승)하여 각각 새로운 균형에 도달한다.

채의 채무불이행 위험이 커질수록 국채와의 이자율 차이, 즉 채무불이행 위험프리미엄도 커진다.

3.1.2 유동성

채권이나 대출의 위험프리미엄에 영향을 주는 두 번째 요인은 유동성이다. 어떤 금융수단을 현금으로 전환하는 데 들어가는 거래비용이 작을수록—즉, 그 금융수단의 유동성이 클수록—투자자들은 그 금융수단을 더욱 선호한다. 따라서 투자자는 그런 수단에 대해서는 낮은 이자율을 감수한다. 반면, 유동성이 낮은 금융수단은 이를 보상하기 위해 투자자들에게 더 높은 수익률을 제공해야 한다.

국채는 일반적으로 널리 거래되므로 유동적이다. 특히 미국 재무부채권은 거의 완벽하게 유동적이다. 그러나 회사채시장은 거래범위가 상대적으로 좁아 유동성이 떨어진다. 그래서 투자자들은 회사채에 더 높은 수익률을 요구한다.

이제 유동성 차이에 따른 국채와 회사채 사이의 이자율 차이를 살펴보기로 하자. 앞서 채무불이행 위험프리미엄의 설명에 이용했던 〈그림 5-6〉을 이번에는 유동성 위험프리미엄을 설명하기 위해 재활용하기로 한다. 우선, 국채와 회사채가 동일한 만기와 동일한 유동성을 갖는다고—구체적으로 두 채권 모두 거의 완벽한 유동성을 갖는다고—단순하게 가정한다. 그 밖에 채무불이행 위험, 정보비용, 세금조건 등 모든 면에서도 국채와 회사채는 차이가 없다. 그러므로 국채시장과 회사채시장의 초기 균형에서 각 채권의 균형가격은 동일하다.

이제 회사채의 유동성이 감소했다고 가정하자. 지금까지 국채와 회사채를 무차별하게 인식하던 금융투자자들은 이제 회사채의 유동성 감소에 따라 국채를 회사채보다 상대적으로 더욱 선호하게 된다. 이들은 회사채 수요를 줄이고 국채 수요를 늘릴 것이다. 이는 회사채시장 내 수요곡선의 좌측이동과 국채시장 내 수요곡선의 우측이동을 가져온다. 그 결과 국채 가격은 상승하고, 회사채 가격은 하락한다. 이는 국채의 이자율은 하락하고, 회사채의 이자율은 상승한 것을 의미한다. 이렇게 생겨난 두 채권의 이자율 차이는 유동성 프리미엄을 반영한다. 회사채의 유동성이 감소할수록 이를 보상하기 위한 유동성 프리미엄의 크기—즉, 회사채와 국채 간 이자율 차이—는 증가한다.

3.1.3 정보비용

이자율의 위험구조를 결정하는 세 번째 요인은 정보비용이다. 투자자는 금융수단에 대한 정보를 획득하기 위해 노력과 자원을 투입하게 되고, 여기에는 비용이 든다. 이때 투자자 입장에서 비용이 더 들수록 금융수단의 기대수익은 그만큼 줄어든다. 국채에는 채무불이행 위험이 확실히 없으므로 정보비용이 가장 낮다. 잘 알려진 채권발행자에 대해서는 신용평가회사가[5] 제공하는 신용등급을 보면 되므로 정보비용이 낮다. 그러나 덜 알려진 채권발행자들에 대한 정보획득에는 비용이 더 많이 든다. 이에 따라 정보비용 요인에 따른 프리미엄이 그만큼 더 커진다. 그런데 정보비용이 높은 금융수단은 거래가 용이하지 않기 때문에 유동성도 낮은 경향이 있다.

---

5. 신용평가업무에 대해서는 제15장 참조.

이제 정보획득비용 차이에 따른 국채와 회사채 사이의 이자율 차이를 〈그림 5-6〉을 재활용해 살펴보기로 하자. 우선, 논의의 편의를 위해 초기에는 국채와 회사채의 만기가 동일하고, 두 채권 모두 정보비용이 들지 않는다고 단순하게 가정하기로 한다. 그 밖에 채무불이행 위험, 유동성, 세금조건 등 모든 면에서도 국채와 회사채는 차이가 없다고 가정하자. 그러므로 〈그림 5-6〉의 국채시장과 회사채시장의 초기 균형에서는 각 채권의 균형가격이 동일하다. 이제 회사채의 정보획득에 비용이 더 많이 들게 되었다고 가정하자. 지금까지 국채와 회사채를 무차별하게 인식하던 금융투자자들은 이제 회사채의 정보비용 증가에 따라 국채를 회사채보다 상대적으로 더욱 선호하게 된다. 이들은 회사채 수요를 줄이고 국채 수요를 늘릴 것이다. 이는 회사채시장 내 수요곡선의 좌측이동과 국채시장 내 수요곡선의 우측이동을 가져온다. 그 결과 국채 가격은 상승하고, 회사채 가격은 하락한다. 이는 국채의 이자율은 하락하고, 회사채의 이자율은 상승한 것을 의미한다. 이렇게 생겨난 두 채권의 이자율 차이는 정보비용 프리미엄을 반영한다. 회사채의 정보비용이 커질수록 국채와의 이자율 차이, 즉 정보비용 프리미엄이 커지는 것은 물론이다.

3.1.4 세금조건

금융수단 간 수익률 차이를 가져오는 네 번째 요인은 세금조건이다. 우선, 투자자들은 이자지급액에 대한 과세 여부를 고려한다. 예를 들어, 비과세채권에 대해서는 투자자들이 낮은 이자율을 받아들인다. 왜냐하면 세전 이자소득은 낮더라도 세후 이자소득이 더 높을 수 있기 때문이다. 액면가가 100만원인 국채의 쿠폰율이 10%이고, 이자소득세의 한계세율이 20%라면, 세후 이자소득이 8만원이다. 만약 액면가가 100만원인 지방채—지자체가 발행한 채권—의 쿠폰율이 9%이고 비과세라면 9만원이 세후 이자소득이다. 그러므로 이자율은 낮아도 투자자는 국채보다는 지방채를 택할 유인이 생긴다. 실제로 미국에서는 국채에 이자소득세가 부과되지만, 지방채에는 이자소득세가 면제된다. 국채와 지방채 수익률 간 차이는 부분적으로 이러한 세금조건의 차이를 반영한다.

3.2 이자율의 기간구조

소비자가 아파트를 구입하기 위해 은행에서 목돈을 대출받는 경우를 생각해 보자. 단기로 대출을 받으면 이자율이 낮은 반면, 장기로 대출을 받게 되면 상대적으로 높은 이자율을 지급해야 한다. 따라서 차입자는 단기계약으로 여러 번 자금을 빌릴 것인지, 아니면 장기계약으로 안정적인 자금을 빌릴 것인지를 선택해야 한다. 여기에서도 마찬가지로 대출이자율이 대출에 따른 금융비용이 되므로, 차입자는 장기이자율과 단기이자율의 상대적인 크기를 고려하게 될 것이다.

이처럼 금융상품의 만기는 우선적으로 고려해야 할 사항들 가운데 하나이다. 앞서 언급한 대로 이자율의 기간구조란, 다른 특징은 동일한데 오로지 만기만 각기 다른 채권들의 이자율 사이의 관계를 가리킨다. 이때 채권의 다른 특징들—채무불이행 위험, 유동성, 정보비용, 세금조건—이 동일하다는 가정은 중요하다. 이자율의 위험구조론에서 이미 살펴본 대로, 이들 특징이 달라지면 이자율도 제각각 달라지므로 이들 이자율의 기간구조를 비교하는 것이 무의미해지기 때문이다.

3.2.1 수익률곡선[6]

수익률곡선(yield curve)이란 이자율의 기간구조를 그림으로 표시한 것이다. 수익률곡선의 각 점은 해당 자산의 만기와 이자율 간의 관계를 나타낸다. 〈그림 5-7〉의 (a)는 일반적으로 나타나는 저축성예금 금리의 기간구조를 수익률곡선으로 나타낸 것이다. 즉, 수익률곡선은 만기가 짧은 금융상품의 이자율은 낮고, 만기가 긴 금융상품의 이자율은 상대적으로 높은 장고단저의 이자율 패턴을 전형적으로 보여준다. 그 결과 수익률곡선은 대개 우상향한다. 물론 때에 따라서는 장기이자율이 단기이자율보다 낮아져 수익률곡선이 〈그림 5-7〉의 (b)와 같이 우하향할 수도 있다. 그러나 이러한 수익률곡선은 비정상적인 것으로 간주된다.

또한 장·단기 이자율은 같은 방향으로 함께 움직이는 것이 보통이다. 이는 수익률곡선 전체가 위·아래로 이동하며, 중간에 꺾이거나 하는 일은 거의 없음을 의

6. 이 절은 Hubbard(2007)에 의존하였다.

그림 5-7

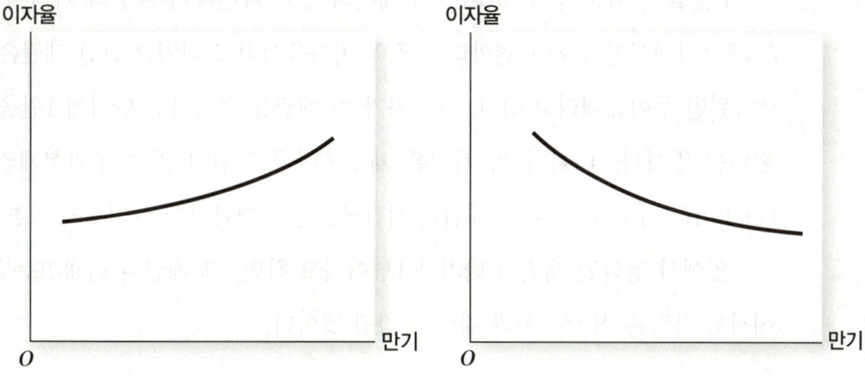

(a) 우상향하는 수익률곡선　　(b) 우하향하는 수익률곡선

수익률곡선과 이자율의 기간구조

수익률곡선은 이자율과 금융상품의 만기 사이의 관계를 나타내는 것으로 우상향하거나 우하향한다.

미한다.

장고단저의 이자율 패턴(우상향하는 수익률곡선)과 장·단기 이자율의 동반 변화(수익률곡선이 전반적으로 상방 또는 하방으로 이동하는 현상)는 수익률곡선이 갖는 두 가지의 전형적 특징이다. 이자율의 기간구조에 관한 어떤 이론도 이 두 가지 특징을 만족스럽게 설명할 수 있어야 한다.

3.2.2 이자율의 기간구조이론[7]

이자율의 기간구조에 관한 이론에는 기대이론, 시장분리이론, 특정만기선호이론, 유동성 프리미엄이론 등이 있다. 이들을 각각 학습하기로 한다.

3.2.2.1 기대이론

기대이론은 채무불이행 위험, 유동성, 정보비용, 그리고 세금조건이 동일하기만 하면 만기와 상관없이 모든 채권은 완전대체관계에 있다고 간주한다. 이러한 관

7. 이 절은 Besley and Brigham(2011), Hubbard(2007), 그리고 Mishkin(2010)에 의존하였다.

점에서 수익률곡선의 결정요인들을 살펴보기 위해 다음의 상황을 생각해 보자.

$P_{t,m}$을 현재 시점 t기(period t)에서의 만기 m년짜리 채권의 가격이라고 하고, $i_{t,m}$은 t기에서의 만기 m년짜리 채권의 이자율이라고 하자.[8] 한편 채권은 액면가격이 1원인 무이표채라고 하자. 투자자가 이 채권을 구입하면 만기에 1원을 돌려받게 된다는 뜻이다. 나아가 이 채권은 채무불이행 위험이 없는 무위험채권(risk-free bond)이라 가정하자. 이는 채권의 기간구조만을 명확하게 살펴보기 위한 가정이다.

앞에서 정의된 채권의 만기가 1년이라고 하면, 그 채권의 현재(또는 초기 : $t=0$)에서의 가격은 식 (5-3)과 같이 결정될 것이다.

$$P_{0,1} = \frac{\text{액면가}}{(1+\text{할인율})} = \frac{1}{(1+i_{0,1})} \tag{5-3}$$

마찬가지로 채권의 만기가 2년이라고 하면, 그 채권의 초기($t=0$)에서의 가격은 식 (5-4)와 같이 결정된다.

$$P_{0,2} = \frac{\text{액면가}}{(1+\text{할인율})^2} = \frac{1}{(1+i_{0,2})^2} \tag{5-4}$$

투자자가 초기에 1원으로 2년 동안 투자하는 두 가지 전략을 생각해 보자. 먼저 2년 만기 채권을 사서 계속 보유하는 방식(buy-and-hold strategy)이 가능하다. 이것을 [전략 I]이라 하자. 한편 먼저 1년 만기 채권을 사고나서 1년 후 만기가 되면 그 수익금으로 다시 1년 만기 채권을 사서 만기까지 보유하는 방식(roll-over strategy)도 가능하다. 이를 [전략 II]라 하자.

먼저 [전략 I]에서, 2년 만기 채권에 투자했을 때 투자자는 얼마만큼의 수익을 얻을 수 있겠는가? 채권의 가격이 $P_{0,2}$이므로 1원으로 구입할 수 있는 2년 만기 채권 수량은 $\frac{1}{P_{0,2}}$이다. 따라서 2년 후에 채권 1장당 액면으로 1원을 받으면, 2년 후의 수익(원리금)은 $\frac{1}{P_{0,2}}$(= 액면가 × 보유채권의 수)이 되고, 이는 식 (5-4)에 따라 식 (5-5)와 같다.

8. 여기서 기(period)가 의미하는 단위기간은 원칙적으로 일단위, 월단위, 또는 연단위가 모두 가능하나 본문에서는 설명의 편의상 연단위를 가정한다. 이에 따라 본문에서 채권의 이자율은 연율로 나타낸 만기수익률(yield to maturity)을 가리킨다.

$$\frac{1}{P_{0,2}} = (1 + i_{0,2})^2 \tag{5-5}$$

따라서 초기에 1원을 가진 투자자가 2년 만기 채권에 투자하면 2년 후 얻을 수 있는 원리금은 $(1 + i_{0,2})^2$가 됨을 알 수 있다.

이번에는 [전략 II]를 살펴보자. 위와 마찬가지로 생각해 보면, 1원을 가지고 1년 만기 채권에 투자할 때 살 수 있는 채권의 수량은 $\frac{1}{P_{0,1}}$이다. 따라서 1년 후에 투자자가 얻을 수 있는 수익(원리금)은 $\frac{1}{P_{0,1}}$(= 액면가 × 보유채권의 수)로서 식 (5-6)과 같다.

$$\frac{1}{P_{0,1}} = (1 + i_{0,1}) \tag{5-6}$$

투자자는 이 원리금을 다시 1년 만기 채권에 투자를 하고, 1년 후에 채권 1장당 액면가 1원을 받게 된다. 이때 1기에서의 1년 만기 채권의 가격은 식 (5-7)과 같다.

$$P_{1,1} = \frac{1}{(1 + i_{1,1})} \tag{5-7}$$

한편 투자자가 1기에 구입할 수 있는 채권의 수량은 투자원금을 가격으로 나눈 $\frac{(1 + i_{0,1})}{P_{1,1}}$이므로, 1년 후인 2기에 투자자가 받을 금액은 채권의 수를 액면가 1원으로 곱한 식 (5-8)이 됨을 알 수 있다. 즉, 두 번째 전략을 이용해 투자한 사람이 최종적으로 받게 될 원리금의 크기는 $(1 + i_{0,1})(1 + i_{1,1})$이 된다.

$$\left[\frac{(1 + i_{0,1})}{P_{1,1}}\right] \times 1 = (1 + i_{0,1})(1 + i_{1,1}) \tag{5-8}$$

기대이론에서는 채무불이행 위험, 유동성, 정보비용, 그리고 세금조건이 동일한 채권들이라면 만기가 달라도 서로 완전대체관계에 있다고 간주된다. 이는 앞의 투자자가 두 전략 중 어느 것이 더 높은 수익을 가져오는가 하는 점에만 신경을 쓰며, 채권의 만기가 다르다는 사실 자체는 투자자에게 아무런 문제가 되지 않는다는 의미이다. 그러므로 만약 두 전략의 수익이 서로 다르다면, 수익이 높은 채권에 수요가 몰려 가격이 조정됨으로써 결국 두 전략의 수익은 같아질 수밖에 없다. 다시 말해, 두 전략 사이에 수익의 차이가 존재하는 한 그러한 수익률 차이를 노린 차익거래(arbitrage)가 발생해 궁극적으로 시장균형에서는 수익 차이가 완전히 사라지게 된다는 것이다. 이 조건에 따르면 균형에서는 [전략 I]의 식 (5-5)와 [전략 II]의 식 (5-8)이 일치하도록 이자율이 결정된다. 따라서 다음의 식 (5-9)가 성립한다.

$$(1+i_{0,2})^2=(1+i_{0,1})(1+i_{1,1}) \qquad (5-9)$$

$$\text{또는 } (1+i_{0,2})=\sqrt{(1+i_{0,1})(1+i_{1,1})}$$

식 (5-9)는, 투자자가 만기가 다른 채권들을 완전대체재로 간주하면, 차익거래를 통해 시장균형에서는 2년 만기 채권의 연간 이자율이 1년 만기 채권의 0기 이자율과 1기에서의 이자율 기대치의 기하평균이 된다는 사실을 보여준다. 이때 2년 만기 채권의 수익은 투자자가 현재 기대(예상)하는 1년 후의 1년 만기 채권의 수익에 의존한다는 점에 유의할 필요가 있다. $i_{1,1}$은 1기에 성립하는 이자율이므로 초기에는 직접 관찰할 수 없고 예상만 할 수 있기 때문이다.[9] 현실적으로 투자자들은 현재 관찰되지 않는 $i_{1,1}$과 $P_{1,1}$ 대신 그 기대치인 $i^e_{1,1}$와 $P^e_{1,1}$에 의존하여 투자결정을 내리고 차익거래를 수행한다. 이 이론을 '기대(expectations)' 이론이라 부르는 이유도 여기에 있다.

한편 우리는 식 (5-9)의 양변에 로그를 취하여 다음과 같은 근사적(approximate) 관계를 얻을 수 있다.[10]

$$i_{0,2} \fallingdotseq \frac{(i_{0,1}+i^e_{1,1})}{2} \qquad (5-10)$$

---

9. 현재 시장에서 직접 관찰이 가능한 이자율 $i_{0,1}$을 현물이자율(spot rate)이라 부른다. 한편 $i_{1,1}$에 대한 예상이자율 $i^e_{1,1}$과 같이 미래의 일정 시점(여기서는 1기 후)에 성립하게 될 것으로 현재 예상되는 이자율을 선도이자율(forward rate)이라 부른다. 금리선도거래가 가능한 경우에는 선도이자율도 현재 관찰 가능하다.

10. 식 (5-9)의 양변에 자연로그를 취하면 다음과 같은 관계가 얻어진다.

$$2log(1+i_{0,2})=log(1+i_{0,1})+log(1+i^e_{1,1})$$

그런데 일반적으로 x가 0에 가까운 작은 수일 때 $log(1+x) \fallingdotseq x$라는 관계가 성립한다는 사실을 이용하여 위의 식을 다시 쓰면 식 (5-10)이 도출된다.

이로써 식 (5-9)가 보여주는 2년 만기 채권 수익률의 기하평균적 의미가 식 (5-10)의 산술평균적 의미로 전환된다. 식 (5-10)이 근사식이긴 하지만 산술평균이 기하평균에 비해 훨씬 다루기 간편하므로, 지금부터는 이 식을 이용하여 수익률곡선의 모양이 어떻게 결정되는지 살펴보기로 한다.

식 (5-10)에 따르면, 만약 1기에서의 1년 만기 채권 수익률($i_{1,1}$)이 현재, 즉 0기에서의 1년 만기 채권 수익률($i_{0,1}$)보다 높아질 것이라고 투자자들이 기대한다면, 시장에서 현재 관찰되는 2년 만기 채권의 수익률($i_{0,2}$)은 1년 만기 채권의 수익률($i_{0,1}$)보다 높아진다. 즉, $i_{0,1} < i^e_{1,1}$이면 $i_{0,1} < i_{0,2}$가 성립하여 수익률곡선이 우상향하는 형태가 된다. 반대로 투자자들이 향후 1년 만기 채권 수익률이 하락할 것으로 예상한다면, 시장에서 현재 관찰되는 2년 만기 채권의 수익률은 1년 만기 채권 수익률보다 낮아진다. 즉, $i_{0,1} > i^e_{1,1}$이면 $i_{0,1} > i_{0,2}$가 성립하여 수익률곡선이 우하향하는 모습을 갖게 된다.

이와 같은 논리를 일반화하면, 장기이자율의 크기와 수익률곡선의 모양은 투자자들이 미래의 단기이자율을 어떻게 예상하고 있는지에 따라 결정된다는 것이 된다. 구체적으로, 장기채권의 이자율은 그 기간을 구성하는 현재의 단기이자율 및 미래의 단기이자율 기대치들의 평균치이다. 이를 또 다른 예를 통해 생각해 보자.

현재, 1년 만기 채권의 이자율 $i_{0,1} = 4\%$, 2년 만기 채권의 이자율 $i_{0,2} = 5\%$, 3년 만기 채권의 이자율 $i_{0,3} = 6\%$, 4년 만기 채권의 이자율 $i_{0,4} = 7\%$라 가정하자. 기대이론에 따르면, 이러한 상황으로부터 1년 이후에 성립되리라 기대되는 1년 만기 채권의 이자율 예상치 $i^e_{1,1} = 6\%$, 2년 이후에 성립되리라 기대되는 1년 만기 채권의 이자율 예상치 $i^e_{2,1} = 8\%$, 3년 이후에 성립되리라 예상되는 1년 만기 채권의 이자율 예상치 $i^e_{3,1} = 10\%$가 도출된다. 왜냐하면 아래와 같은 관계가 성립하기 때문이다.

$$i_{0,2} = 5\% \fallingdotseq \frac{(i_{0,1} + i^e_{1,1})}{2} = \frac{(4\% + i^e_{1,1})}{2}$$

$$i_{0,3} = 6\% \fallingdotseq \frac{(i_{0,1} + i^e_{1,1} + i^e_{2,1})}{3} = \frac{(4\% + 6\% + i^e_{2,1})}{3}$$

$$i_{0,4} = 7\% \fallingdotseq \frac{(i_{0,1} + i^e_{1,1} + i^e_{2,1} + i^e_{3,1})}{4} = \frac{(4\% + 6\% + 8\% + i^e_{3,1})}{4}$$

이 숫자 예에서 확실히 알 수 있듯이, 기대이론에 따르면 단기이자율이 점차 상승할 것으로 기대되는 경우에는 수익률곡선이 우상향한다. 만약 수익률곡선이 현재 4%에서 수평이라면, 1년 만기 채권 이자율은 앞으로 3년 동안 변동하지 않고 4%에 머물 것이라고 해석할 수 있다. 또한 수익률곡선이 현재 우하향한다면—구체적으로 현재의 1년 만기, 2년 만기, 3년 만기, 4년 만기 채권 이자율들이 각각 4%, 3.5%, 3%, 2.5%라면—이것은 앞으로 1년 이후의 1년 만기 이자율 예상치가 3%, 앞으로 2년 이후의 1년 만기 이자율 예상치가 2%, 앞으로 3년 이후의 1년 만기 이자율 예상치가 1%임을 각각 의미한다. 즉, 단기이자율이 점차 하락할 것으로 예상되는 경우에는 수익률곡선이 우하향한다.

현재 관찰되는 수익률곡선에 대한 기대이론의 이와 같은 해석은 다음과 같은 일반적 관계로도 표현할 수 있다:[11]

$$i^e_{x,1} \fallingdotseq (x+1) \cdot i_{0,x+1} - x \cdot i_{0,x} \tag{5-11}$$

이 식에서 $i^e_{x,1}$은 미래의 특정 시점—현재($t = 0$)부터 x년 이후—에 성립할 것으로 시장이 현재 기대하는 1년 만기 채권의 이자율 예상치(연율)를 나타내며, $i_{0,x}$와 $i_{0,x+1}$은 현재 시장에서 관찰되는 x년 만기 채권의 실제 이자율(연율)과 $(x+1)$년 만기 채권의 실제 이자율(연율)을 각각 나타낸다. 실제로 $(x+1)$년 만기 채권을 $(x+1)$년 동안 보유하는 투자자는 그 이자수익으로 매년 $i_{0,x+1}$을 얻고, x년 만기 채권을 x년 동안 보유하는 투자자는 그 이자수익으로 매년 $i_{0,x}$를 얻게 된다고 가정해 보자. 이런 일이 채권시장에서 성립한다면 이것이 갖는 직관적 의미는 무엇일까? 지금부터 x년 후에 성립할 1년 만기 채권의 이자율이 $(x+1) \cdot i_{0,x+1} - x \cdot i_{0,x}$만큼일 것으로 현재 시장이 예상한다는 것이다. 이것이 곧 식 (5-11)의 의미이다. 앞서 살펴봤던 수익률곡선의 기울기에 관한 논의를 상기해 보면 예를 들어 $x = 3$인 경우 이러한 관계가 성립하는 것을 쉽게 확인할 수 있다. 결국 우리는 시장에서 현재 관찰되는 수익률곡선이 제공하는 정보를 통해 미래 단기이자율이 시간경과에 따라 어떻게 움직일지에 관한 시장의 예상을 읽어낼 수 있다. 예를 들어 시장에서 현재 국채가 만기 1년에서 30년까지 연 단위로 30종이 거래되는 경우, 1년 후에서 29년 후에 걸쳐 매년

---

11. 정운찬 · 김홍범 옮김(2009) 참조.

기준시점에서 성립할 것으로 시장이 기대하는 미래의 단기이자율 예상치—즉, 29개의 1년 이자율 예상치—를 현재의 수익률곡선으로부터 모두 구해낼 수 있다. 일례로, 지금부터 9년 후 성립할 것으로 시장이 기대하는 1년 만기 채권의 이자율 예상치는 $i^e_{9,1} \fallingdotseq 10 \cdot i_{0,10} - 9 \cdot i_{0,9}$와 같이 계산된다.

그런데 투자자들은 왜 미래 단기이자율을 예상하게 되는 것일까? 그것은 투자자들이 장래의 인플레이션을 예상할 필요가 있기 때문이다. 우리는 제4장에서 명목이자율은 인플레이션율과 실질이자율의 합계와 일치한다는 피셔 가설을 이미 공부했다. 단기적으로 실질이자율이 불변이라면 인플레이션의 등락에 따라 명목이자율이 영향을 받게 된다. 투자자들이 미래 단기이자율의 지속적 상승(하락)을 예상한다면, 이는 앞으로 인플레이션율의 지속적 상승(하락)을 예상하는 것과 다를 바 없다.

기대이론은 수익률곡선이 보여주는 전형적 특징을 얼마나 잘 설명하는가? 기대이론에서는 서로 다른 만기를 가진 채권들이 완전한 대체관계에 있다는 가정 하에 수익률곡선의 기울기가 이자율의 움직임에 대한 시장참여자들의 예상을 반영하는 것으로 해석한다. 우선, 기대이론이 우상향하는 수익률곡선을 잘 설명한다고 보기는 어렵다. 대체로 우상향하는 수익률곡선이 관찰된다면 흔히 단기이자율이 상승할 것으로 예상되어야 한다는 것인데, 실제로 이자율이 상승할 것으로 예상되는 시기도 있지만 감소할 것으로 예상되는 시기도 있기 때문이다. 한편, 기대이론은 장·단기 이자율의 동반 변화 현상을 잘 설명한다. 역사적으로 단기이자율은 상당한 기간 동안 한 방향으로 움직여 오는 것이 관찰된다. 그러므로 현재 단기이자율이 상승하기 시작하면 기대이론에 따라 시장참여자의 단기이자율 예상치도 상승하는 방향으로 조정된다. 그 결과 현재의 장기이자율도 상승하는 것이다. 이는 장·단기 이자율의 동반 변동을 의미한다.

3.2.2.2 시장분리이론

시장분리이론(market segmentation theory)에 따르면, 만기가 다른 채권들의 시장은 각각 분리되어 각 만기별 이자율은 각 시장 고유의 수요와 공급에 의해 별도로 결정된다. 즉, 장기채권시장과 단기채권시장은 완전히 별개의 분리된 시장으로서, 장기채권 금리는 장기채권시장에서 단기채권 금리는 단기채권시장에서 각각 결정된다는 것이다.

이 이론에서는 만기가 다른 채권들은 서로 대체성이 없다고 가정한다. 이것은 기대이론에서 각 만기의 채권들이 서로 완전대체재라고 가정하는 것과 정반대의 가정이다. 따라서 시장분리이론에서는 기대이론과는 달리 단기이자율에 대한 기대가 장기이자율에 아무런 영향을 주지 못하게 된다.

이 이론에 따르면, 수익률곡선의 기울기는 각 채권시장의 상대적인 수요 · 공급 조건에 의해 결정된다. 만약 장기채권에 비해 단기채권에 대한 수요가 상대적으로 높아지면, 단기채권의 가격이 상승하면서 단기채권 금리가 하락한다. 이 경우 수익률곡선은 우상향하는 모습을 보일 것이다.

그러나 시장분리이론은 현실에서 장기채권과 단기채권의 금리들이 왜 동일한 방향으로 움직이는 경향이 있는지, 그리고 수익률곡선이 일반적으로 우상향하는 이유는 무엇인지에 대해 명확한 설명을 제시하지 못한다.

3.2.2.3 특정만기선호이론

앞에서 살펴본 대로, 기대이론과 시장분리이론은 서로 다른 만기를 가진 두 채권의 대체성을 놓고 극단적으로 대립되어 있다. 특정만기선호이론(선호서식지이론: preferred habitat theory)은 만기가 다른 채권 사이의 불완전대체성을 가정함으로써 기대이론과 시장분리이론의 중간적 입장을 취한다.

이 이론에서는 채권의 이자율이 투자자들이 투자하고 싶어하는 기간과 관련성을 갖는다고 본다. 예를 들어 지금부터 5년 후 정년퇴직을 앞둔 투자자는 5년 후의 목돈 마련을 위해 5년 만기 채권을 선호한다는 것이다. 물론 차입자도 자신이 선호하는 차입기간에 맞추어 특정 만기의 채권을 발행하길 원한다. 공장 건설을 위해 자금을 필요로 하는 기업은 공장 건설에 소요되는 기간과 예상 현금흐름을 고려하여 특정 만기의 채권발행을 선호할 것이다. 이와 같이 시장참여자들은 자신에게 적합한 특정 만기의 채권시장을 우선 고려하게 된다. 이 이론에 '서식지(habitat)'라는 비유적 표현이 들어간 것도 이런 이유에서이다. 여기까지는 특정만기선호이론이 시장분리이론과 특별히 다를 바 없다.

그러나 특정만기선호이론은 채권 투자자나 차입자가 자신이 선호하는 서식지를 벗어나 다른 서식지에서 거래하도록 하기 위해서는 수익률 측면의 유인이 제공되어야 한다고 보는 점에서 시장분리이론과 차이가 난다. 즉, 특정만기선호이론은

그림 5-8

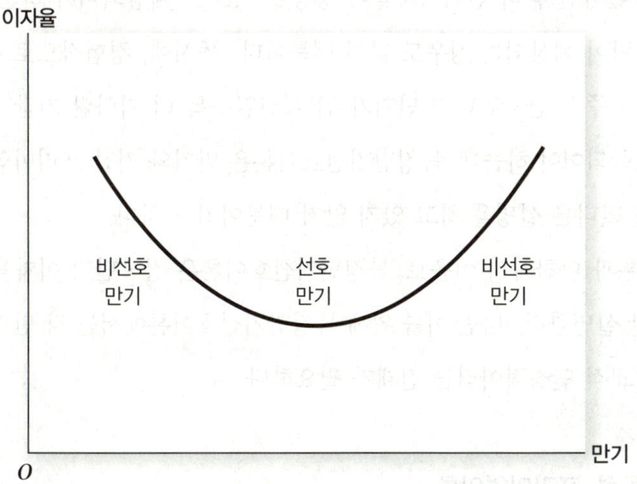

특정만기선호이론에 따른 이자율의 기간구조

투자자들은 자신이 투자하기를 원하는 투자기간과 유사한 만기구조를 갖는 금융상품을 선호하므로 선호만기(선호서식지)에서는 낮은 이자율이 가능하지만, 비선호만기에서는 높은 수익률을 요구하게 된다.

투자자와 차입자가 채권의 만기뿐만 아니라 이자율까지도 중시한다고 보는 것이다. 예를 들어, 5년 만기 채권에 투자하고 싶어하는 투자자를 1년 만기 채권이나 10년 만기 채권에 투자하도록 유인하려면 채권의 발행자(차입자)는 수익률 면에서 기간 프리미엄(term premium)이라는 보상을 투자자에게 제공할 필요가 있다. 이런 경우 1년이나 10년 만기 채권의 발행을 특별히 선호하는 차입자라면 기꺼이 높은 이자율로 채권을 발행하려고 할 것이고, 선호가 그렇게 강하지 않은 차입자라면 다른 만기의 채권발행을 고려할 것이다. 만기가 다른 채권들이 완전대체관계에 있다고 보는 기대이론에서는 기간 프리미엄이 언제나 영(0)이 된다는 점에서 특정만기선호이론과 차이가 난다.

특정만기선호이론에 따르면, 장기채권 수익률은 단기채권 수익률의 향후 움직임에 대한 기대와 각 만기의 기간 프리미엄 크기에 따라 결정된다. 그 결과 다양한 형태의 수익률곡선이 예상된다. 한 예로 〈그림 5-8〉처럼 컵 모양의 수익률곡선도 상정할 수 있다. 선호되는 서식지에 대해서는 낮은 이자율도 괜찮은 반면, 선호되지 않는 서식지에 대해서는 투자자에게 기간 프리미엄이 가산된 좀 더 높은 수익률을 보장해 주어야 하기 때문이다.

기대이론과 마찬가지로, 특정만기선호이론은 우상향하는 수익률곡선이 전형적으로 관찰된다는 경험적 사실을 제대로 설명하지 못한다. 이는 우상향하는 수익률곡선이 주로 관찰된다면 흔히 단기이자율이 상승할 것으로 예상되어야 하는데, 실제로 이자율의 하락이 예상되는 경우도 많기 때문이다. 동시에, 경험적으로 우상향하는 수익률곡선이 주로 관찰된다면 만기가 긴 채권일수록 더 커다란 기간 프리미엄이 수익률에 포함되어야 하는데, 특정만기선호이론은 만기와 기간 프리미엄의 체계적 관계에 대해 별다른 설명을 하고 있지 않기 때문이기도 하다.

한편 기대이론과 마찬가지 이유로, 특정만기선호이론은 장·단기 이자율의 동반 변동 현상을 잘 설명한다. 다만 이를 위해 특정만기선호이론에서는 각 만기별 기간 프리미엄이 비교적 안정적이라는 전제가 필요하다.

3.2.2.4 유동성 프리미엄이론

최근에는 특정만기선호이론에서 한 단계 더 발전한 유동성 프리미엄이론이 나오게 되었다. 특정만기선호이론에서는 장·단기 채권 사이에 대체성이 있긴 하지만, 투자자는 각자의 사정에 따라 특정 만기의 채권을 더 선호하게 된다고 보았다. 그러나 유동성 프리미엄이론에서는 투자자들이 유동성위험을 감안하여 장기채권보다는 단기채권을 더 선호한다고 보는 점이 다르다.

앞서 말했듯이, 유동성이란 어떤 자산이 그 자본 손실 없이 현금화될 수 있는 가능성의 크기를 나타낸다. 그렇다면 채권의 만기와 유동성 간에는 어떤 관계가 있을까? 채권은 매기마다 만기가 달라지므로 유동성에 차이가 날 것이다. 직관적으로 만기가 짧은 채권은 유동성이 크고, 만기가 긴 채권은 유동성이 작다는 것을 알 수 있다. 일반적으로 사람들은 미래보다 현재를 더 선호하므로, 다른 조건이 같다면 만기가 짧은 채권일수록 제값을 받고 팔 수 있는 가능성이 그만큼 크다고 볼 수 있기 때문이다.[12]

---

12. 시장에서 채권이 거래되는 빈도와 양이 만기에 의해 영향을 받지 않는다면, 만기가 길수록 유동성이 낮아진다는 가정은 반드시 옳다고 하기 힘들다. 또한 채권유통시장이 잘 발달되어 있으면 만기 이전이라도 채권을 언제든지 제값 받고 되팔 수 있으므로, 만기가 긴 채권의 유동성을 보장해 준다. 따라서 시장이 발달할수록 만기에 따른 유동성 프리미엄은 상대적으로 작아질 것이다. 이렇게 본다면, 유동성이라는 용어는 문맥상으로 반드시 적절한 용어는 아니다. 왜냐하면 장기채권이 단기채권보다 항상 덜 유동적이라는 인상을 주기 때문이다. 하지만 곧 다가올 미래에 비해 먼 미래는 더 많은 불확실성 및 변동성을 잠재적으로 수반한다고 보아, 채권의 만기가 길어질수록 더 많은 유동성 프리미엄이 필요하다는 견해가 일반적이다.

투자자들은 다른 조건이 일정하다면 유동성이 높은 단기채권을 유동성이 낮은 장기채권보다 더 선호할 가능성이 크다. 따라서 유동성을 선호하는 투자자들을 장기채권에 투자하도록 유인하기 위해서는 더 높은 수익을 보장해 주어야만 한다. 만약 어떤 장기채권이 그 기간 동안의 현재 및 미래 단기채권 이자율들의 평균치와 동일한 이자율을 낳는다면, 투자자들은 이 장기채권을 구입하지 않을 것이다. 이와 같은 투자자들의 단기채권 선호 때문에 장기이자율에는 단기이자율의 평균치에 기간 프리미엄—이 경우에는 좀 더 구체적으로 유동성 프리미엄(liquidity premium)—이 가산되어야 투자자들이 장기채권을 구입하게 된다는 것이다. 한편 차입자는 일반적으로 장기채권 발행을 선호한다. 단기채권을 발행하여 만기에 이를 상환하고, 그 미래시점에서 다시 더 높은 이자율로 단기채권을 발행해야 할지도 모르는 위험을 무릅쓰기보다는 유동성 프리미엄을 지급하고서라도 장기적으로 차입하기를 원하기 때문이다. 이것이 바로 유동성 프리미엄이론(liquidity premium theory)의[13] 핵심 원리이다.

예를 들면, 현재 1년 만기 채권 이자율이 4%이고, 앞으로 1년 후 시점에서 성립하리라 기대되는 1년 만기 채권 이자율 예상치가 6%라 하자. 만약 현재의 2년 만기 채권 이자율이 5%라면, 기대이론에서는 사람들이 1년 만기 채권과 2년 만기 채권 사이에서 무차별(indifferent)하다고 본다. 그러나 이런 경우 유동성 프리미엄이론에서는 사람들이 1년 만기 채권만 구입하려 한다고 본다. 2년 만기 채권 이자율 5%에는 유동성 프리미엄이 전혀 포함되지 않았기 때문이다. 투자자들이 1년 만기 채권과 2년 만기 채권 사이에서 무차별하게 느끼도록 하기 위해서는 2년 만기 이자율에 예컨대 0.5%p만큼의 유동성 프리미엄이 추가되어야 한다. 즉, 2년 만기 이자율이 5.5%가 되어야 한다는 것이다.

유동성 프리미엄이론에 따르면 만기가 길어질수록 유동성 프리미엄이 증가한다. 따라서 단기이자율 예상치와 아울러 각 만기에 해당하는 유동성 프리미엄의 크기가 수익률곡선의 기울기를 결정한다. 〈그림 5-9〉는 만기에 따른 유동성 프리미엄의 존재를 나타내고 있다. 실선은 유동성 프리미엄이 있을 때의 수익률곡선을 나

13. 유동성 프리미엄이론(liquidity premium theory)을 일부 재무학자들은 유동성선호설(liquidity preference theory)이라고도 부른다. 그러나 이것은 케인즈의 유동성선호설(liquidity preference theory)과는 전혀 다른 내용이다.

그림 5-9

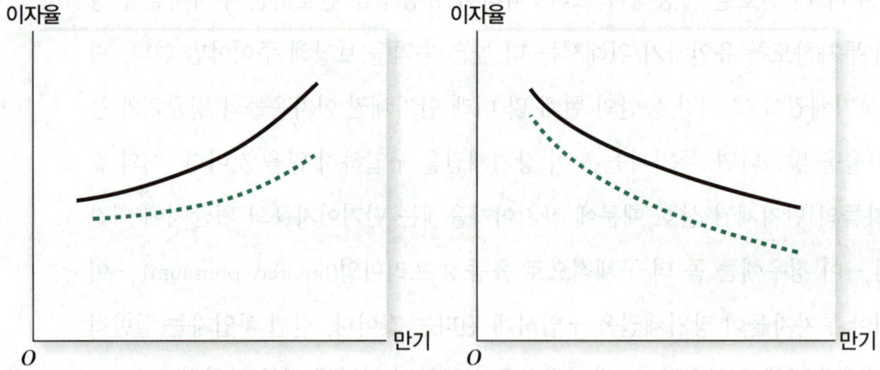

(a) 수익률곡선이 우상향하는 경우 (b) 수익률곡선이 우하향하는 경우

유동성 프리미엄 존재에 따른 이자율의 기간구조

유동성 프리미엄이 존재할 때의 수익률곡선(실선)을 유동성 프리미엄이 존재하지 않을 때(점선)와 비교해 보면 장기채권일수록 더 큰 이자율 차이가 존재함을 알 수 있다.

타내고, 점선은 유동성 프리미엄이 없을 때의 수익률곡선을 나타낸다.

수익률곡선이 수평이라면, 이것은 단기이자율이 점차 약간씩 감소하리라는 시장의 예상을 반영하는 것이다. 왜냐하면, 만기가 길어지면서 유동성 프리미엄이 조금씩 증가하기 때문이다. 또한 수익률곡선이 우하향한다면, 이것을 유동성 프리미엄이론에서는 단기이자율이 향후 하락할 것으로 시장에서 예상한다고 해석하는 점에서 기대이론의 해석과 같지만, 향후 각 시점에서의 단기이자율의 하락 예상 정도를 유동성 프리미엄을 감안하여 기대이론의 해석보다 더 크게 잡는 셈이 된다. 반면, 우상향하는 수익률곡선이 관찰된다면 유동성 프리미엄이론의 관점에서 볼 때 향후 단기이자율이 어떻게 움직일 것으로 시장이 예상하는 것이 될까? 선험적으로만 보자면 이런 경우 시장의 단기이자율 예상에 대해 한 가지로 단정적 해석을 내릴 수는 없다. 우상향하는 특정 수익률곡선이 주어져 있을 때 시장의 단기이자율 예상에 대한 유동성 프리미엄이론의 해석은 만기가 길어지면서 유동성 프리미엄이 얼마나 증가하는지에 달려 있기 때문이다. 여기에 대해서는 독자들이 그림을 그려 직접 확인해 보기 바란다.

이 이론은 특정만기선호이론에 나오는 기간 프리미엄의 개념을 유동성 프리미엄으로 구체화함으로써, 만기가 긴 채권일수록 유동성 프리미엄이 증가한다는 사실을 잘 설명해 준다.

유동성 프리미엄이론은 수익률곡선이 갖는 두 가지 전형적 특징을 잘 설명하는가? 첫째, 유동성 프리미엄이론은 예상되는 단기이자율의 변동과는 무관한 유동성 프리미엄이라는 추가적 요인이 수익률곡선을 우상향하도록 떠받쳐 주는 힘으로 작용한다고 봄으로써, 대체로 우상향하는 수익률곡선이 관찰되는 이유를 논리적으로 잘 설명해 준다. 둘째, 유동성 프리미엄이론에 따른 장·단기 이자율의 동반 변동 해석은 기대이론에서의 해석과 동일하다. 결국 유동성 프리미엄이론은 이자율의 만기구조를 가장 설득력 있게 설명해 주는 이론으로 평가된다.

3.2.3 수익률곡선의 경험적 유용성과 기대이론[14]

지금까지 살펴본 바와 같이 이자율의 기간구조이론은 장·단기 채권 사이의 대체성 정도에 대한 가정을 기준으로 네 가지 이론으로 구분된다. 구체적으로, 장·단기 채권 간 완전대체성을 가정하는 기대이론, 완전비대체성을 가정하는 시장분리이론, 그리고 불완전대체성을 가정하는 특정만기선호이론과 유동성 프리미엄이론이 있다. 이들 가운데 시장분리이론을 논외로 하면, 나머지 세 가지 이론은 수익률곡선의 두 가지 전형적 특징을 적어도 부분적으로는 설명한다고 평가된다. 현재로서는 유동성 프리미엄이론이 가장 세련된 이론으로 받아들여진다. 한편, 이들 세 이론의 핵심적 공통분모는 기대이론이라고 볼 수 있다. 왜냐하면 기대이론을 기간 프리미엄이라는 새로운 개념으로 보완한 것이 특정만기선호이론이고,[15] 기간 프리미엄을 유동성 프리미엄으로 구체화하여 특정만기선호이론을 다시 세련화한 것이 유동성 프리미엄이론이기 때문이다. 그러나 블라인더(A. Blinder)는 특정만기선호이론과 유동성 프리미엄이론이 각각 일종의 '동어반복'이라고 간주한다. 왜냐하면 식 (5-11)과 같은 기대이론 "[등]식의 양변이 서로 다르게 움직이는 것으로 보이는 경우에는, 시간에 따라 변하는 리스크 프리미엄(time-varying risk premium)을 적절히

14. 이 절은 정운찬·김홍범 옮김(2009), Adrian *et al.*(2010), Blinder(2004), 그리고 Estrella and Trubin(2006)에 의존하였다.

15. 또는 시장분리이론을 기간 프리미엄의 개념으로 보완한 것이 특정만기선호이론이라고도 볼 수 있다.

더해 줌으로써 언제나 등식이 성립되도록 할 수 있기 때문" 이다.[16] 이렇게 보면, 기대이론은 이자율 기간구조이론에서 중추적 위치를 차지한다.

기대이론에서는 미래 단기이자율의 움직임에 대한 시장의 예상이 현재의 장기이자율 수준에 영향을 준다. 그 결과로 기간 스프레드(term spread : 장기이자율에서 단기이자율을 차감한 값)—달리 말하면, 수익률곡선의 기울기—가 변화하며, 이는 미래의 실물경제활동에 함의를 갖는다. 이러한 점은 기대이론의 맥락에서 통화정책으로 설명된다.[17] 통화정책이란 단기이자율의 변경을 통해 장기이자율에 영향을 미침으로써 궁극적으로 투자 등 실물 경제활동의 수준을 조절하려는 정책이기 때문이다. 구체적으로, 중앙은행의 긴축적 통화정책은 현재의 단기이자율 상승을 의미하며, 이는 인플레이션 압력의 완화를 가져오기 위함이다. 긴축적 통화정책이 한동안 진행되면, 실물경제활동이 진정되면서 인플레이션 압력의 완화와 아울러 예상인플레이션도 감소할 것이다. 장차 이런 상황이 오면 중앙은행은 팽창적 통화정책을 통해 다시 단기이자율을 하락시키게 될 가능성이 높다. 결국 긴축적 통화정책에 의해 한동안 단기이자율이 높게 유지되겠지만 미래의 어느 시점에서 다시 단기이자율은 하락할 것이라는 장기적 예상이 형성된다는 것이다. 긴축적 통화정책 상황에서 장기이자율은 이와 같은 장기적 예상을 반영하여 단기이자율보다는 덜 상승할 것이다. 이는 긴축적 통화정책으로 인해 기간 스프레드가 감소함을 의미한다. 그 결과 수익률곡선의 기울기는 완만해지거나 심지어 역전된다.

이와 같이 기간 스프레드의 변화(또는 수익률곡선 기울기의 변화)가 미래 실물경제활동에 갖는 함의를 기대이론의 맥락에서 중앙은행의 통화정책으로 설명할 수도 있지만, 가계의 소비안정화(consumption smoothing) 선호로 설명하는 또 다른 접근도 있다. 후자의 접근에 따르면,[18] 가계는 소득의 단기적 증감과는 무관하게 소비수준을 가급적 안정적으로 유지하려는 성향을 갖는다. 만약 향후 수년 후 경기침체의 시작으로 소득이 하락할 것으로 예상된다면, 가계는 미래소득의 감소를 보전하기 위해 당장 단기채권을 매각하고 수년 또는 그 이상의 만기를 가진 장기채권을 매입하

16. 정운찬 · 김홍범 옮김(2009), p.125에서 재인용.

17. 통화정책에 초점을 맞춘 이하의 설명은 Estrella and Trubin(2006) 및 Wheelock and Wohar(2009)를 따랐다.

18. 가계의 소비안정화 선호에 초점을 맞춘 이하의 설명은 Benati and Goodhart(2008)와 Wheelock and Wohar(2009)를 따랐다.

게 될 것이므로 단기금리는 상승하고 장기금리는 하락한다. 그 결과 기간 스프레드의 감소로 수익률곡선 기울기가 완만해지거나 역전될 수도 있을 것이다. 다만 이러한 소비안정화 접근에서는 통화정책적 접근에서와는 달리 명목이자율이 아닌 실질이자율이, 명목수익률곡선이 아니라 실질수익률곡선이 각각 의미를 갖는다. 소비는 명목이자율의 함수가 아니라 명목이자율에서 예상인플레이션을 차감한 실질이자율의 함수이기 때문이다. 이때 인플레이션이 지속적이라면 인플레이션 충격으로 장·단기의 모든 구간에서 예상인플레이션은 같은 크기로 변화하게 된다. 그 결과 명목수익률곡선(nominal yield curve)의 기울기는 실질수익률곡선(real yield curve)의 기울기와 동일하게 유지될 것이다. 하지만 인플레이션이 지속적이지 않다면, 인플레이션 충격은 단기 예상인플레이션에는 영향을 미치겠지만 장기 예상인플레이션에는 거의 영향을 주지 않을 것이다. 결국, 소비안정화 접근에서 시장에서 관찰되는 명목수익률곡선의 기울기는 소비안정화 관련 정보를 담고 있는 실질수익률곡선의 기울기에 의해서뿐만 아니라 인플레이션의 지속성(persistence of inflation) 정도에도 달려 있게 된다. 다시 말해, 인플레이션이 지속적이지 않은 경우에는 명목수익률곡선이 뒤틀리게 되므로 명목금리의 기간 스프레드 변화가 실질수익률곡선에 담긴 정보의 내용만을 온전하게 반영하는 것은 아니라는 의미이다.

중앙은행의 통화정책으로 설명하든 가계의 소비안정화 선호로 설명하든, 두 이론적 접근은 기간 스프레드의 변화(또는 수익률곡선 기울기의 변화)가 미래 실물경제활동에 함의를 갖는다는 것을 공통적으로 시사한다.

실제로 에이드리언(T. Adrian) 등의 최근 연구에 따르면, 미국 경제에는 1955~2009년의 기간 동안 14차례의 통화긴축기가 있었고, 이 중 통화긴축 종료시점에서의 기간 스프레드가 크게 줄어든 11개 사례에서 경기침체(또는 실업률 증가)가 뒤따른 것으로 나타났다.[19] 특히 기간 스프레드가 음수였던 7개 사례에서는 예외 없이 경기침체가 수반되었다. 이러한 결과는 다음 두 가지 사실을 시사한다: (i) 수익률곡선의 역전현상(yield curve inversion)이 경기침체의 도래를 의미한다는 경

19. Adrian *et al.*(2010) 참조. 이들의 분석에 따르면, 통화긴축 종료시점에서 기간 스프레드(구체적으로, 10년 만기 국채이자율과 3개월 만기 국채이자율 간 스프레드)가 93bp에 미달한 11개 사례 중 10개 사례에서는 통화긴축에 이어 경기침체(recession)가 수반되었고, 나머지 1개 사례에서는 경기침체 대신 실업률 증가가 뒤따랐다.

험적 사실 ; (ii) 수익률곡선이 역전되지 않았더라도 어떤 정도 이상으로 평평해진 이후에는 경기침체가 뒤따를 가능성이 상당히 높다는 경험적 사실.

결국, 기간 스프레드 또는 수익률곡선의 기울기는 실물경제활동에 대한 예측력을 갖는다. 에이드리언 등에 따르면 경험적으로 이러한 예측력은 기간 스프레드가 감소할 때만이 아니라 증가할 때에도 유효하다. 다시 말해 수익률곡선의 기울기가 가팔라지면 앞으로 경제가 회복기에 들어설 가능성이 높아진 것을 의미한다는 것이다.

Box 5-1 수익률곡선의 경험적 유용성과 통화정책의 리스크추구경로

에이드리언 등은 기간 스프레드의 크기 또는 수익률곡선의 기울기 여하에 따라 실물경제활동의 변화가 뒤따른다는 경험적 증거에 대해 다음과 같은 해석을 제시한다. 통화긴축에 따라 기간 스프레드가 감소하면, 단기예금을 차입하여 장기대출로 운용하는 은행 등 금융중개기관의 순이자마진(net interest margin)이 축소된다. 이는 은행 신규대출의 수익성 악화를 의미하므로 은행대출이 위축된다. 결국 실물경제에 대한 신용공급의 감소는 경기침체로 이어진다. 한편, 통화팽창의 경우에는 이와는 정반대 현상이 나타난다. 즉, 기간 스프레드의 증가 → 순이자마진의 확대 → 은행 신규대출의 수익성 개선 → 은행대출의 증가 → 실물경제에 대한 신용공급의 증가 → 경기회복이 이어지는 것이다. 이와 같이 통화정책의 긴축 또는 팽창에 따른 단기이자율의 조정이 수익률곡선의 기울기 변화를 통해 실물경제에 전달되는 경로를 에이드리언 등은 "리스크추구경로(risk-taking channel)"라고 부른다. 통화정책이 은행의 "위험성향(risk appetite)"에 영향을 미침으로써 은행이 자신의 대차대조표를 관리하는 차원에서 대출을 늘리거나 줄여 궁극적으로 경기회복이나 경기침체에 기여하기 때문이다.

자료 : Adrian *et al.*(2010).

연습문제

01. 채권시장과 자금대부시장은 동전의 양면과 같다. 이를 수요 · 공급 측면에서 설명하시오.

02. 케인즈는 자신의 방식으로 이자율 결정 메커니즘을 설명하기 위해 논의의 초점을 채권시장으로부터 화폐시장으로 옮겨놓고자 했다. 이를 위해 그는 금융시장에 화

폐와 채권 두 가지의 금융자산만 존재한다는 가정 아래, 금융시장이 균형이라면 채권시장을 분석하건 화폐시장을 분석하건 아무런 상관이 없다는 논리를 폈다. 이와 같은 케인즈의 논리를 설명하시오.

03. 시점 t에 채권시장에서 성립하는 m년 만기 채권의 만기수익률(연률)을 $i_{t,m}$으로 표기하기로 하자. 현재($t=0$) 채권시장에서 $i_{0,20}=3.0\%$, $i_{0,19}=2.9\%$, $i_{0,18}=2.8\%$, $i_{0,17}=2.7\%$가 관찰된다고 하자. 이때 기대이론을 활용해서 다음 미래이자율 예상치를 각각 구하시오.

(1) $E(i_{17,1})$

(2) $E(i_{18,1})$

(3) $E(i_{19,1})$

(4) $E(i_{17,2})$

(5) $E(i_{17,3})$

(6) $E(i_{18,2})$

04. 현재 한국의 채권시장에서는 우하향하는 수익률곡선이 성립한다고 가정하자. 구체적으로 1년 만기 채권, 2년 만기 채권, 3년 만기 채권, 4년 만기 채권의 만기수익률이 각각 9%, 8%, 7%, 6%라고 하자. 기대이론(expectations theory)과 유동성 프리미엄이론(liquidity premium theory)은 이 수익률곡선에 대해 각기 어떻게 해석할까? 단, 유동성 프리미엄이론의 경우 2년 만기 채권, 3년 만기 채권, 4년 만기 채권에 대한 유동성 프리미엄은 각각 0.25%, 0.5%, 0.75%라고 가정한다.

05. 채권시장 투자자들이 지금부터 1년 후, 2년 후, …, 5년 후의 1년 만기 국채수익률을 각각 다음과 같이 예상한다고 가정하자: 5%, 7%, 5%, 6%, 5%. 현재 시장에서 관찰되는 1년 만기 국채수익률은 5%이다.

(1) 기대이론을 가정하고 현재 채권시장에서 관찰되어야 할 수익률곡선을 그려보시오.

(2) 유동성프리미엄이론을 가정하고 현재 채권시장에서 관찰되어야 할 수익률곡선을 그려보시오. 단, L_2(2년 만기 채권의 유동성프리미엄) = 0.2%, $L_3=0.4\%$, $L_4=0.6\%$, $L_5=0.8\%$, $L_6=1\%$로 가정한다.

06. 어떤 나라의 국채시장에서 현재 관찰되는 수익률곡선에 따르면 일부 국채의 만기 수익률은 다음과 같다:

> 11년 만기 채권의 이자율(연율): $i_{0,11} = 2\%$
>
> 12년 만기 채권의 이자율(연율): $i_{0,12} = 2.5\%$

(1) 기대이론을 가정하고, $i^e_{11,1}$ 즉 현재 시점($t = 0$)에서 11년 후 성립할 것으로 시장이 기대하는 1년 만기 국채의 이자율 예상치(연율)를 구하시오.

(2) 유동성프리미엄이론을 가정하고, $i^e_{11,1}$를 구하시오. 단, 1년 만기 국채의 유동성프리미엄은 영(0)이고($L_1 = 0$), 11년 만기 국채의 유동성프리미엄은 1.0%이며($L_{11} = 1.0\%$), 12년 만기 국채의 유동성프리미엄은 1.1%($L_{12} = 1.1\%$)로 가정한다.

07. 채권시장에 액면가 1원인 N년 만기 무이표채(단 N = 1년, 2년, 3년)가 나와 있다면, 1원을 투자자금으로 가지고 있는 금융투자자가 자신의 1원을 채권시장에 3년 동안 투자하는 데는 다음 4가지 방식이 존재한다. 만기가 다른 채권들은 서로 완전대체재라고 가정한다.

> ① 방법 a : 1원을 지금 3년 만기 무이표채에 투자한다.
>
> ② 방법 b : 1원을 지금 1년 만기 무이표채에 투자한 후, 1년이 지난 시점에서 회수금을 다시 2년 만기 무이표채에 투자한다.
>
> ③ 방법 c : 1원을 지금 2년 만기 무이표채에 투자한 후, 2년이 지난 시점에서 회수금을 다시 1년 만기 무이표채에 투자한다.
>
> ④ 방법 d : 1원을 지금 1년 만기 무이표채에 투자한 후, 1년이 지난 시점에서 회수금을 다시 1년 만기 무이표채에 투자하며, 다시 1년이 지난 시점에서 회수금을 또다시 1년 만기 무이표채에 투자한다.

다음 물음에 답하시오. (단, t기에 성립하는 만기 m년 채권의 만기수익률(연율)을 $i_{t,m}$으로 나타내기로 함)

(1) 방법 a로부터의 회수금액을 표시하시오.

(2) 방법 b로부터의 회수금액을 표시하시오.

(3) 방법 c로부터의 회수금액을 표시하시오.

(4) 방법 d로부터의 회수금액을 표시하시오.

(5) 채권시장 균형에서 현재 관찰되는 장기이자율이 현재 관찰되는 단기이자율과

미래 단기이자율 예상치들의 평균치임을 보이시오.

(6) 채권시장 균형에서 미래 장기이자율 예상치가 단기이자율 예상치들의 평균치임을 보이시오.

08. "유동성 프리미엄이론에 따르면, 향후 단기이자율이 하락할 것으로 시장이 예측한다 해도 수익률곡선이 양(+)의 기울기를 갖는 것으로 그려질 수 있다"는 언급은 옳은가?

09. 2011년 9월 21일 미국 연방준비제도는 자신이 보유한 국채 포트폴리오의 만기연장프로그램(maturity extension program)을 실시한다고 자신의 웹사이트에 공표했다. 2012년 6월 말까지 4,000억 달러의 단기국채(short-term Treausry securities)를 매각하고 동일한 액수의 장기국채를 매입한다는 것이다. 이 프로그램의 취지는, 주택경기의 회복과 투자 및 소비지출의 증대를 도모하기 위해 장기국채 금리는 물론 장기국채와 긴밀한 대체관계에 있는 금융수단들—예를 들어, 주택담보대출, 회사채금리, 가계대출과 기업대출 등—의 금리를 낮추려는 것이었다. 다음 물음에 답하시오(The Board of Governors of the Federal Reserve System 2011 ; Turner 2011).

(1) 이 만기연장프로그램에 따라 장기금리는 하락압력을 받을 것이고 단기금리는 상향압력을 받을 것이 예상되었다. 그렇다면 이 프로그램은 수익률곡선을 뒤틀어놓으려 했던 1960년대 초 미국 케네디 행정부의 Operation Twist와 유사한 정책으로 볼 수 있는가?

(2) 이 프로그램이 이행되면 장기금리는 다소 하락하겠지만 단기금리는 거의 상승하지 않고 현재의 제로 수준을 그대로 유지할 것으로 예상되었다. 단기금리가 거의 그대로일 것으로 예상된 이유는 무엇일까?

(3) 당시 연준은, 이 프로그램 실시 이전 연준 보유 국채의 평균만기가 약 75개월이었으나 실시가 완료되면 약 100개월로 늘어난다고 봤다. 이와 같은 연준 보유 국채의 만기연장으로 인해 연준이 감수하게 될 잠재적 위험은 무엇이었을까?

(4) 이 프로그램과 양적완화정책(Quantitative Easing)은 어떤 점에서 차이가 있었을까?

(5) 이 프로그램의 실시에 따른 장기금리의 하락은 은행 수익에 일반적으로 어떤 함의가 있었을까?

(6) 연준이 이 프로그램을 실시하는 동안 재무부가 장기국채 발행을 늘림으로써 연준에 의한 장기국채 매입의 효과를 상쇄시킬 수도 있으리라는 우려가 혹시 없었을까?

10. 글로벌 금융위기를 수습하는 과정에서 지난 수년간 세계적으로 각국의 국가채무(예를 들어, GDP 대비 국가채무 비율)는 크게 늘었다. 그 결과 앞으로 전개될 각국의 국가채무 추이와 그에 따른 거시경제정책의 향방을 놓고 커다란 불확실성이 생겨났다. 다음 물음에 답하시오(Turner 2011).

(1) 이러한 최근의 상황 전개가 장 · 단기 국채(government bonds)의 대체성에 대해 갖는 함의는 무엇일까? 그 이유는?

(2) 위 (1)의 함의가 중앙은행에게 정책적으로 시사하는 바는 무엇인가?

11. 다음 박스는 2016년 6월 2일자 『조선일보』 이윤정 기자가 작성한 기사의 일부 내용이다. 지문을 읽고 물음에 답하시오.

> "기업 구조조정, 주요 경제지표의 부진 등으로 인해 한국 경제의 불확실성이 날로 가중되고 있는 가운데 국채 1년물과 3년물 금리가 지난 3월부터 역전되는 현상을 보이고 있다.
>
> 금리역전 현상이란, 단기물 채권 금리가 장기물 채권 금리보다 높은 것을 말한다. ① 통상적으론 만기가 긴 채권일수록 금리가 높다. 즉, 1년물 금리보다 3년물 금리가 높고, 3년물 금리보다 5년물 금리가 높고, 5년물 금리보다 10년물 금리가 높다.
>
> 금리란 돈의 가치라고 볼 수 있는데, 만기가 길어질수록 채권을 가지고 있어야 하는 기간이 길어지기 때문에 그만큼 불확실성 또한 커진다. 불확실성이라는 리스크가 커질수록 투자할 매력이 있어야 하기 때문에 금리가 높아질 수밖에 없다.
>
> ② 만기가 긴 채권의 금리가 만기가 짧은 채권의 금리보다 낮다는 것은 미래 경기회복에 대한 기대감이 낮아진, 즉 '경기침체' 신호로 해석될 수 있다. 지난 3월 1년물과 3년물 간 금리역전 현상이 발생했을 당시엔 한국은행의 기준금리 인하 기대감이 크게 확대된 영향이 크다. 지표물인 3년물 금리가 기준금리(1.50%) 아래로 내려가며 1년물 금리를 하회했다.
>
> 지금까지도 3년물 금리는 1.4%대에 머물고 있다. 1년물, 3년물 간 금리역전 현상은 3개월 가까이 지속되고 있다."

(1) 지문에서 ①을 다음과 같이 요약해 표현하는 경우 괄호 안에 들어갈 가장 적절한 전문용어는 무엇인지 적어 넣으시오. ⇒ "통상적으로 (　　　　)은(는) 우상향한다."

(2) 금리역전 현상을 경기침체의 전조로 해석하게 되는 근거를 '이자율의 기간구조론' 과 '통화정책의 리스크추구경로' 에 입각해서 설명하시오.

12. 다음 박스는 2017년 6월 5일자 『매일경제』 박윤구 기자의 채권수익률 관련 기사의 일부 내용이다. 지문을 읽고 물음에 답하시오.

"주요 증권사들이 올 하반기 채권시장의 핵심 키워드로 '글로벌 통화정책 정상화' 를 꼽고 완만한 금리상승 국면이 시작될 것이라는 평가를 내놨다. 미 연방준비제도(Fed · 연준)가 올해 두 차례의 기준금리 인상과 대차대조표 축소를 준비하는 가운데 유럽중앙은행(ECB)과 일본중앙은행(BOJ) 또한 ① 자산매입 규모 축소 시기를 저울질하고 있다. 이 때문에 하반기에는 ② 전 세계적으로 채권금리 상승 가능성이 높게 점쳐지는데 여기서 가장 중요한 요소는 ③ '인플레이션(물가상승)' 이다. 상반기에는 유가 상승 등 영향으로 미국 물가상승률이 2%대를 웃돌았지만 하반기까지 인플레이션이 이어질 수 있을지 불투명하기 때문이다. ……… 미 연준은 글로벌 금융위기 이후 유동성 공급 확대를 위해 미국 국채와 ④ 주택담보증권(MBS) 등을 매입해 현재 4조 4,000억 달러 규모의 채권을 보유하고 있다. 그동안 보유 채권 중 만기가 돌아오는 물량에 대해 재투자하는 방식으로 꾸준히 시장에 유동성을 공급했다. 하지만 연준으로서는 추가 기준금리 인상이 현실화되면 양적완화 비용 증가와 자금시장 정상화 등을 고려해 재투자를 종료함으로써 대차대조표를 축소할 가능성이 높다. 이러한 대차대조표 축소는 결국 민간이 보유하게 될 채권이 많아진다는 것을 뜻한다. ……… ."

올해 국고채 금리 추이

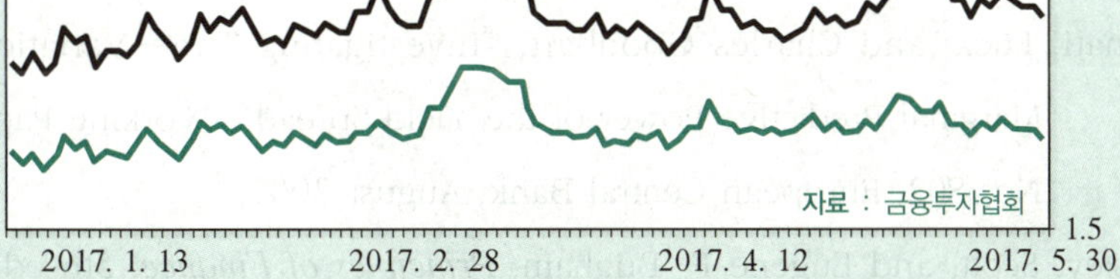

(1) 정상적으로 움직이는 채권시장을 가정하고, 위 박스의 국고채 금리 추이 그림에서 5개의 곡선이 각기 3년물, 5년물, 10년물, 20년물, 30년물 중 무엇에 해당하는지를 우측 여백에 직접 써서 표시하시오.

(2) 위 지문의 ①은 비전통적 통화정책수단 중 하나를 가리킨다. 그 명칭은 무엇인가?

(3) 위 지문의 ②에 따르면, 미국 · 유럽 · 일본에서 향후 전개될 정책의 결과로 세계적인 채권수익률 상승이 예상된다. 이를 논리적으로 상세하게 설명하시오.

(4) 위 지문의 ③에서 인플레이션의 변화가 수익률곡선에 일반적으로 어떤 영향을 주게 되는지 논리적으로 설명하시오.

(5) 위 지문 ④의 주택담보증권이 무엇인지 100자 정도로 설명하시오.

(6) 기울기와 이동의 관점에서 볼 때 수익률곡선은 2017년 첫 5개월 동안 시간경과에 따라 대체로 어떻게 변화되었을지 위의 그림을 토대로 판단하시오.

참고문헌

박윤구, "하반기 채권시장, '통화정책 정상화'에 따른 금리상승 … 변수는 인플레이션," 『매일경제』, http://news.mk.co.kr, 2017. 6. 5.

이윤정, "국채 1년물 ~ 3년물 금리역전 현상, 경기침체 '신호' 인가," 『조선일보』, 2016. 6. 2.

정운찬 · 김홍범 옮김, 『소리 없는 혁명—중앙은행의 현대화』, Alan S. Blinder가 지은 *The Quiet Revolution : Central Banking Goes Modern*(Yale University Press, 2004)의 연구번역서, 율곡출판사, 2009.

Adrian, Tobias, Arturo Estrella, and Hyun Song Shin, "Monetary Cycles, Financial Cycles, and the Busienss Cycle," Staff Report No. 421, Federal Reserve Bank of New York, January 2010.

Benati, Luca, and Charles Goodhart, "Investigating Time-Variation in the Marginal Predictive Power of the Yield Spread," Working Paper Series No. 802, European Central Bank, August 2007.

Besley, Scott, and Eugene F. Brigham, *Principles of Finance*, 5th ed., South-Western Cengage Learning, October 2011.

Blinder, Alan S., *The Quiet Revolution : Central Banking Goes Modern*, Yale University Press, 2004.

The Board of Governors of the Federal Reserve System, "Maturity Extension

Program and Reinvestment Policy," http://federalreserve.gov/monetarypolicy/maturityextension program–faqs.htm, date of search: November 9, 2011.

Estrella, Arturo, and Mary R. Trubin, "The Yield Curve as a Leading Indicator: Some Practical Issues," *Current Issues in Economics and Finance*, Vol. 12, No. 5, Federal Reserve Bank of New York, July/August 2006.

Hubbard, R. Glenn, *Money, the Financial System, and the Economy*, 6th ed., Addison-Wesley, July 2007.

Mishkin, Frederic S., *The Economics of Money, Banking, and Financial Markets*, 9th ed., Pearson Education, Inc., 2010.

Turner, Philip, "Fiscal Dominance and the Long–Term Interest Rate," Special Paper No. 199, Financial Markets Group, The London School of Economics, May 2011.

Wheelock, David C., and Mark E. Wohar, "Can the Term Spread Predict Output Growth and Recessions? A Survey of the Literature," Federal Reserve Bank of St. Louis *Review*, Vol. 91, No. 5, Part 1, September/October 2009, pp.419~440.

CHAPTER 06

금융시장의 속성과 효율시장 가설

Money & Financial Markets, Ch. Six, pp.213~266

1. 금융시장의 속성과 시장조성자
2. 효율시장 가설
3. 비효율시장 가설
4. 효율시장 가설과 비효율시장 가설 :
   상호 보완성과 논쟁의 현주소

제1장에서 보았듯이 금융시장은 정보문제를 해결하기 위해 고안되었다. 거래 상대방의 신용에 대한 정보가 부족하여 돈을 빌리거나 빌려주기가 꺼려질 때, 금융 시장을 통하면 비교적 쉽게 금융행위가 이루어질 수 있는 것이다. 이는 금융행위에 필연적으로 수반되는 거래비용을 금융시장이 줄여주기 때문이다.

여기서 우리는 몇 가지 질문을 던질 수 있다. 우선 금융시장은 어떻게 조직되어 있으며 또 어떤 속성을 가지고 있는가. 그리고 과연 금융시장은 빠르고 정확한 정보유통과 경쟁을 통해 효율성을 늘 보장해 주는가.

사실 '시장(market)'이란 경제학을 연구하는 학자들에게 언제나 가장 중요한 화두였다. 시장의 오묘한 조정능력을 신봉하는 학자들과 반대로 시장의 실패에 주목하는 학자들 사이의 치열한 논리공방은 아직도 계속되고 있다. 고전학파(Classicals)와 케인지언(Keynesians)의 논쟁이나, 이후 신고전학파종합(Neoclassical Synthesis)과 통화주의(Monetarism)를 거쳐 새고전학파(New Classicals)와 새케인지언(New Keynesians)으로 이어지는 논쟁에서도 그 이면에는 시장에 대한 믿음의 정도 차이가 학파 간에 근본적으로 자리 잡고 있다.

이러한 논쟁에서 금융시장은 매우 중요한 위치를 차지한다. 재화시장과 노동시장 등에서 우리는 손쉽게 가격의 경직성과 수요 · 공급 불균형 현상을 발견할 수 있다. 반면 금융시장, 특히 주식시장은 고전학파 경제학에서 제시하는 이상적인 시장이 갖추어야 할 속성을 두루 갖춘 가장 효율적인 시장이라고 받아들여져 왔다.

이 장에서는 금융시장에 대한 여러 가지 의문에 답하기 위해 우선 금융시장의 속성, 즉 금융시장이 무엇을 위해 어떤 역할을 수행하며 어떻게 발전해 왔는지를 알아본다. 그리고 금융시장이 고도로 발달한 나라의 경제학자들 사이에 뜨거운 논쟁거리인 주식시장에서의 효율시장 가설에 대해 살펴볼 것이다. 아울러 효율시장 가설에 의문을 제기하고, 실증연구를 통해 효율시장 가설에서 주장하는 바와 다른 결과를 제시하는 연구결과도 살펴볼 것이다.

1. 금융시장의 속성과 시장조성자

시장은 어느 날 갑자기 하늘에서 떨어진 것이 아니라 인간에 의해 고안된 것이다. 인간은 거래의 필요를 느껴 적절한 방법으로 시장을 조직화하고, 거기에 참여하여 시장거래를 통해 누릴 수 있는 혜택을 최대한 누려왔다. 금융시장도 예외가 아니다.

그런데 잘 조직화된 시장을 보고 있노라면, 마치 시장의 이면에 굉장한 능력을 갖춘 어떤 사람이 가격을 조절하고, 초과 수요 · 공급을 해결하고, 거래를 성사시키는 듯이 보인다. 아담 스미스(A. Smith)가 지칭한 '보이지 않는 손(invisible hand)'이 느껴지는 것이다. 여기서는 이러한 보이지 않는 실체로서 시장조성자(market maker)가 존재한다고 이해한다. 이제 이 시장조성자가 어떤 목적에서 어떻게 주어진 임무를 수행하는지 살펴보자.

시장조성자는 시장에서 거래를 성사시키기 위하여 가격을 공시하거나 자신의 책임으로 매매거래를 주선하는 데 특화된 경제주체이다. 이 개념을 이해하기 위해서 우선 시장조성자의 초보적 형태인 경매인(auctioneer)에 대하여 생각해 보자.

경매인은 공개경매(open outcry)시장에서 경매에 대한 정보를 제공하고, 또 경매에 참여하는 사람들을 대신하여 모든 경매과정을 처리해 준다. 즉, 경매인은 정해진 시간, 정해진 장소에 사람들을 모이게 한 후 물건을 사고자 하는 사람들이 부르는 가격(bid price)과 물건을 팔고자 하는 사람들이 요구하는 가격(ask price)을 종합하고, 이를 근거로 적절한 가격에 거래가 이루어지도록 중개하는 역할을 한다. 농산물시장이나 주식시장에서는 여러 사람들이 동시에 모여 경매인을 중심으로 거래를 하는 광경을 쉽게 볼 수 있다. 만약 경매인이 없다면 어떻게 될 것인가. 사람들은 언제 어디에 가서 어떻게 물건을 경매해야 할지 고민하게 될 것이고, 혹시 우연히 경매를 하게 되더라도 충분히 많은 사람들이 참여하지는 못할 것이다. 이 때문에 경매인이라는 전문가가 시장 형성에 매우 중요한 역할을 수행한다.

한편 시장참여자의 수가 늘어나고 경제행위가 복잡해지면서 시장조성자는 시장에서 자신이 직접 물건을 사고파는 역할도 담당한다. 예컨대 중고차시장처럼 사려는 사람과 팔려는 사람이 항상 대기하고 있지 않은 시장을 생각해 보자. 중고차 시장에서 특정 연식의 특정 종류의 차가 필요한 바로 그 시점에 정확히 그러한 조건을 가진 차를 팔려고 내놓는 사람을 만나기란 쉽지 않다. 따라서 중고차 딜러는 여러 종류의 중고차를 자기 계산으로 미리 사두었다가 나중에 그것을 필요로 하는 수요자들에게 판매한다. 즉, 딜러는 시장조성자로서 일시적인 초과수요와 초과공급을 조절하여 가격의 급격한 변동을 완화하고 또 거래가 활발히 이루어지도록 하는 역할을 한다.

이러한 관점에서 시장조성자의 역할을 정리하면 다음과 같다. 첫째, 시장조성자는 거래를 성사시키는 가격을 공시한다. 둘째, 시장조성자는 자신의 책임으로 단기적인 시장불균형을 해소한다.

금융시장에서는 금융기관들이 바로 이러한 시장조성자의 역할을 수행한다. 예컨대 은행은 예금자와 차입자의 거래요구를 만족시키는 역할을 하는 시장조성자이다. 예금자에게는 예금금리를 지급하면서 예금을 유치하고, 차입자에게는 대출금리를 받으면서 대출을 해준다. 예금자와 차입자가 거래를 원하는 시기와 자금량이 각기 상이하므로 은행이 나서 시장조성자로서 예금시장과 대부자금시장을 형성하고 있는 것이다. 이 경우에 대출금리와 예금금리의 차이, 즉 예대마진이 은행에게는 시장조성자로서의 역할을 하는 대가로 발생하는 매매 스프레드(bid-ask spread)가 된다.

뿐만 아니라 시장조성자는 정보의 불완전성 문제도 어느 정도 해결해 준다. 예컨대 은행은 차입자의 신용을 평가해 적절한 금리를 부과하고, 중고차 딜러는 중고차를 수리해 적절한 품질을 보장해 준다. 즉, 정보의 비대칭성을 완화시켜 거래를 촉진시키는 것이다.[1]

이와 같이 금융시장은 금융기관이라는 시장조성자들에 의해 조직화되어 있으며, 각국의 역사와 제도 등에 따라 다양한 모습으로 나타난다.

한편 우리는 시장을 맹신하는 경우가 많은데, 실제로는 시장이 이론에서처럼 완벽하지는 않다. 다시 말해, 가격이 신축적으로 변동하여 수요와 공급의 균형을 유지할 수 있을 때만 시장은 제 기능을 발휘한다. 다른 시장에 비해 금융시장은 시장

1. 이와 관련된 내용은 제8장에서 좀 더 자세하게 다룰 것이다.

조성자의 기능이 활성화된 이상적인 시장의 모습에 가장 근접한 것으로 보인다. 특히 주식시장은 시장 신봉자들에게 마지막 보루가 되었다. 그러나 최근 주식시장의 효율성에도 반론이 제기되고 있다.

2. 효율시장 가설[2]

Money & Financial Markets, Ch. Six

시장을 신봉하는 시장주의자들은 금융시장, 그중에서도 주식시장만큼은 효율적으로 움직인다고 믿어 왔다. 하루에도 수천 번씩 신축적으로 가격이 변화하고 수천억 원의 거래가 이루어지므로, 냉철한 이성이 시장을 지배할 것으로 믿었다. 적어도 주식시장의 시장조성자만큼은 전지전능한 능력을 갖추었다고 생각했던 것이다.

과연 실제로 주식시장에서는 합리적 기대를 하는 합리적 투자자가 완벽한 시장조성자의 도움을 받아 효율적인 경제행위를 영위하는가? 이 문제는 비단 화폐금융론뿐만 아니라 시장에 대한 믿음과 관련해서 중요한 관심사이다.

여기서는 이러한 관점에서 주식시장의 효율성에 대해 살펴보도록 한다. 주식시장의 효율성 개념은 정보문제에 초점이 맞추어진다. 즉, 시장이 주식을 발행한 개별 회사들의 가치를 얼마나 빨리, 그리고 얼마나 정확하게 평가할 수 있는가에 따라 효율성을 평가하는 것이다. 주식시장의 효율성에 대한 이해는 주식시장에 대한 이해의 폭을 넓혀줄 뿐만 아니라, 시장기구 전반의 효율성에 대해서도 많은 시사점을 줄 것이다.

2.1 효율시장 가설의 이론적 기초

화폐금융론에서 다루는 효율시장 가설은 거시경제학에서 다루는 합리적 기대 가설의 또 다른 이름이다. 합리적 기대 가설을 주식시장에 적용한 것이 효율시장 가설이라는 뜻이다. 아래에서는 우선 이러한 점을 살펴본 후 효율시장 가설의 이론적

2. 이 절은 전반적으로 Shleifer(2000)에 많이 의존하였다.

측면을 검토하기로 한다.

2.1.1 합리적 기대 가설과 효율시장

합리적 기대 가설(rational expectations hypothesis)은 경제주체가 경제변수(예를 들면 물가수준)에 대한 기대를 형성하는 방식에 대한 가설로서, 1970년대 중반에 제기된 이후 거시경제학의 지평을 새롭게 재편한 방법론적 명제이다. 이 명제 덕분에 거시경제학은 기존의 케인지언과 고전학파 간 대결구도에서 현재의 새케인지언과 새고전학파 간 대결구도로 발전했다. 특히 1970~1980년대에는 합리적 기대 가설이 방법론상의 획기적 사건이라는 의미에서 합리적 기대혁명(rational expectations revolution)이라고까지 불릴 정도였다.

합리적 기대 가설의 핵심은 사람들이 자신의 이익을 위해 최적화 행동을 하는 과정에서 '합리적'으로 기대를 형성한다는 것으로 요약된다. 여기서 합리적이란, 사람들이 자신이 예측하려는 변수에 관해 얻을 수 있는 모든 정보를 이용하여 기대를 형성한다는 것과 사람들은 모든 정보를 올바른 방식으로 이용할 줄 안다는 것—즉, 자신들이 관찰하는 변수들이 예측하려는 변수에 어떤 영향을 주게 되는지를 잘 이해하고 있다는 것—을 의미한다.[3]

얼핏 보기에 이와 같은 합리적 기대 가설의 내용은 매우 비현실적으로 보일지도 모른다. 하지만 잠시 다시 생각해 보면 의외로 상당히 현실적이다. 정보를 얻는 데에는 금전적 비용은 물론, 시간과 노력 등 비금전적 비용이 들게 마련이다. 그러나 우리는 정보의 홍수 속에 살고 있어서 마음만 먹으면 상당히 정교한 고급 정보도 큰 비용을 들이지 않고 얻을 수 있다. 또한 많은 사람들은 자기 자신이 금융전문가가 아니더라도, 신문이나 방송, 인터넷 등을 통해 경제연구소의 전망과 전문가의 조언을 쉽게 접할 수 있다. 그러므로 경제학을 전혀 공부하지 않은 사람도 마치 경제에 관한 고도의 식견을 갖춘 전문가처럼 최적화 행동을 할 수 있다.

그렇다 하더라도 사람들이 합리적 기대에 의해 어떤 변수의 값을 항상 정확하게 예측할 수 있을까? 전혀 그렇지 않다. 오히려 예측이 정확했다면 이는 우연일 뿐

3. Froyen(2005) 참조.

이다. 합리적 기대에 의한 예측도 대부분 틀리게 마련이다. 우리의 현실은 불확실성으로 가득 차 있고 인간의 지식도 한정되어 있기 때문이다. 그러나 사람들이 얻을 수 있는 모든 정보를 올바르게 이용하여 기대를 형성하는 한, 사후적으로 오류로 판명된 부분(즉, 실현된 변수의 실제 값에서 그 변수의 합리적 기대치를 차감한 부분)은 기대형성 시점에서는 도저히 예상할 수 없었던 부분(surprise)에 해당한다. 이 부분에 대해서는 사후적으로 다시 검토해 보아도 기대형성 시점에서의 정보로는 체계적으로 설명이 되지 않는다. 다시 말해, 예측하지 못했던 부분은 체계적 오류(systematic error)가 아니라 불규칙 오류 또는 확률적 오류(random error)라는 것이다. 그러므로 불규칙 오류는 장기적으로는 서로 상쇄되어 평균적으로는 영(0)이 되며, 사람들의 합리적 기대는 장기적으로— 또는 평균적으로— 정확하다.

물가수준을 예측한다고 하자. 합리적 기대를 한다면 사람들은 얻을 수 있는 모든 정보를 사용하게 된다. 여기에는 과거의 물가정보는 물론, 현재와 미래의 여타 관련 정보— 예를 들어 국내외 통화정책의 현재 기조와 전망, OPEC의 유가정책의 동향, 그리고 세계정세의 현재 흐름과 전망 등— 도 모두 포함된다. 따라서 합리적 기대 가설은 미래지향적이다. 반면 케인지언은 과거 물가수준의 움직임에 따라 물가수준이 천천히 조정된다고 전제한다는 의미에서 과거지향적이다. 이러한 전제를 케인지언의 적응적 기대 가설(adaptive expectations hypothesis)이라 부른다. 한편, 합리적 기대 가설은 불확실성의 세상을 다룬다는 점에서 확실성의 세상을 다루는— 그래서 사람들이 향후의 경제흐름에 대해 늘 정확하게 예측한다고 전제하는— 고전학파의 완전예견 가설(perfect foresight hypothesis)과도 구분된다.

이와 같은 합리적 기대 가설을 주식시장이라는 구체적 맥락에 맞추어 표현하면, 투자자들은 자신의 이익을 위해 최적화하는 과정에서 자신이 얻을 수 있는 모든 정보를 올바르게 활용해 주가를 예측한다는 내용이 된다. 이것이 다름 아닌 효율시장 가설(efficient markets hypothesis)이다.

2.1.2 효율시장 가설의 이론적 기초

주식시장이 효율적(efficient)이면 개별 주식의 가격은 그 개별 회사의 내재가치(intrinsic value)를 정확하게 반영한다. 이때 내재가치란 그 회사가 얻게 될 미래 현금흐름의 현재할인가치(present discouted value of future cash flows)를 말한다. 또한 주식시장이 효율적이면 그 회사의 내재가치 변화에 관련된 새로운 정보가 창출되었을 때 주식가격은 이를 즉각 반영한다. 그러므로 효율주식시장이란 모든 관련 정보를 완전하고 정확하게 반영하여 주가가 결정되는 시장이다.[4]

슐라이퍼(A. Shleifer)는 효율시장이 성립할 수 있는 상황— 특히, 주가가 회사와 관련된 정보를 정확하고 빠르게 반영할 수 있는 상황— 을 다음과 같이 세 가지로 나누어 정리한다. 우선, 주식시장에서 수많은 합리적 투자자가 경쟁하는 상황이다. 이들은 주식의 내재가치에 영향을 주는 새로운 정보(뉴스)에 매우 민감하다. 따라서 주식의 내재가치는 투자자가 얻을 수 있는 모든 정보를 항상 정확히 반영한다. 만약 시장에서 형성된 주가가 투자자들이 합리적 기대에 의해 예측한 회사의 내재가치를 제대로 반영하지 못한다면, 이들은 즉각 차익거래를 시작한다. 그 결과 주가는 기업의 내재가치와 항상 정확히 일치한다. 이와 같이 주식시장에서는 합리적 투자자들의 차익거래로 수익기회가 순간적으로 소진되기 때문에 합리적 주식투자자가 정보를 이용해 수익을 얻기란 불가능하다.

주식시장의 일부 투자자들이 비합리적이라도 주식시장은 효율적인가? 효율시장론자들은 그런 경우에도 주식시장이 여전히 효율적이라고 본다. 비합리적 투자자들이 다수 존재해도 이들이 불규칙적으로(randomly) 거래한다면 거래들 사이에 아무런 상관성(correlation)도 없을 것이다. 그러므로 다수의 비효율적 투자자들이 대규모 거래를 한다 해도 이들 거래는 서로 상쇄되어 주가에 미치는 영향은 결국 미미할 것이고, 주가는 내재가치를 정확히 반영할 것이다. 이것이 효율시장의 성립을 가능케 하는 두 번째 상황이다.

만약 주식시장의 일부 비합리적 투자자들의 거래가 상관성을 갖고 한 방향으로 쏠리는 경우에도 주식시장은 여전히 효율적일 것인가? 여기에 대해서도 효율시장론자들은 그렇다고 본다. 비합리적 투자자들의 거래와는 반대방향으로 거래하는 차익거래자(arbitrageurs)들이 시장에 존재하기 때문이다. 이것이 효율시장의 성립을 가능케 하는 세 번째 상황이다.[5]

---

4. Fama(1970) 참조.

5. Shleifer(2000)에 따르면, 비합리적 투자자가 오랫동안 시장에서 버텨내지는 못한다고 보는 것이 효율시장론자의 입장이다. 비합리적 투자자의 주식매입(매각) 가격은 그 주식의 내재가치보다 높(낮)

종합하면, 투자자 합리성(즉, 투자자의 합리적 기대)과 차익거래와 같은 시장의 힘(market forces)이 작용하는 덕분에 주가가 내재가치를 시시각각으로 정확히 반영하게 된다는 것이다. 이것이 효율시장 가설의 이론적 기초이다. 이제 효율시장 가설의 경험적 기초에 대해 알아보기로 하자.

Box 6-1 차익거래와 효율시장

제5장에서 우리는 채권투자자의 차익거래(arbitrage)에 대해 학습한 적이 있다. 차익거래란 어떤 자산으로부터의 미래 현금흐름을 할인한 현재할인가치(내재가치)와 그 자산의 시장가격이 일시적으로 괴리를 보일 때, 그 차액만큼의 이득을 얻기 위해 이루어지는 거래이다. 차익거래가 효율시장 가설에서 중요한 의미를 갖는 것은, 발 빠르게 진행되는 차익거래가 주가를 그 내재가치와 일치하게 만들어 추가적인 이익의 원천을 소멸시키기 때문이다. 다시 말해, 새로운 정보가 유입되어 주식의 내재가치가 변동하면 차익거래를 통해 시장은 빠르게 새로운 균형점을 찾아간다.

차익거래는 공간 간 차익거래와 시점 간 차익거래로 나눌 수 있다. 먼저 공간 간 차익거래의 예부터 살펴보자. 예를 들어 *A*회사의 주식이 서울과 뉴욕에서 동시에 거래되고 있다고 하자. 또 환율변동의 위험은 없다고 가정하고, 두 곳의 주가를 모두 원화로 표시하도록 하자. 이때 서울에서의 주가와 원화로 표시된 뉴욕에서의 주가는 동일해야 한다. 경제원론에서 배운 일물일가의 법칙이 적용되기 때문이다. 만약 이 두 곳의 주가가 다르다면, 즉 서울에서의 *A*회사 주식의 가격이 주당 1,000원인 반면 뉴욕에서는 주당 1,200원이라면, 투자자는 차익거래를 통해 손쉽게 이익을 낼 수 있다. 투자자가 서울에서 주식을 구입하는 동시에 이를 뉴욕에 팔면 즉시 주당 200원의 이익을 올릴 수 있기 때문이다. 이러한 차익거래로 인해 서울에서는 *A*사 주식에 대한 수요가 늘어나 균형주가는 상승한다. 반면 뉴욕에서는 주식의 공급이 늘어나 균형주가는 하락한다. 결국 다른 조건이 동일하다면 뉴욕과 서울에서의 *A*사 주식 가격은 서로 동일한 수준으로 수렴할 것이다. 이처럼 서로 다른 두 지점에서 동일한 회사의 주가가 상이한 가격을 보일 때 발생하는 차익을 노린 거래를 공간 간 차익거래라 한다.

차익거래는 공간에만 국한되지 않으며, 서로 다른 두 시점 간에도 발생할 수 있다. 예를 들어 오늘 현재 *B*회사 주식의 가격은 10,000원이고, 이 회사는 5일 뒤에 상반기 영업실적 및 향후 기업경영계획을 발표한다고 하자. 그런데 기업의 향후 계획에 큰 수익을 낳을 수 있는 계약이 성립되었다는 내용이 포함되어 있어, 발표 직후 주식가격이 1,000원 상승할 것으로 예상된다고 하자. 이때 오늘 *B*사 주식을 사면 5일 뒤에 1,000원을 더 받고 팔 수 있다. 따라서 차익거래자들은 지금 *B*사의 주식을 매입하게 되고, 그 결과 주가가 당장 상승한다. 이러한 차익거래는 주가가 11,000원이 되어서야 비로소 중단될 것이다. 여기서 한 가지 흥미로운 사실은 시장참가자들이 이 정보를 완전히 신뢰한다면 5일 뒤에 주식가격이 1,000원 상승할 것이라는 새로운

기 때문이다. 이는 비합리적 투자자가 시장에서 도태됨으로써 장기적으로 시장효율이 성립함을 의미한다.

정보가 차익거래로 인해 오늘의 주가에 즉각 반영된다는 점이다.

그런데 현실적으로 시점 간 차익거래에는 위험이 종종 수반된다. 투자자의 예상이 제대로 실현되지 않을 가능성이 존재하기 때문이다. 이런 경우 차익거래가 이루어지려면 위험을 회피하기 위해 문제의 주식을 비싸게 파는(싸게 사는) 대신 그 주식과 동일하거나 유사한 현금흐름을 낳는 대체주식(substitute stocks)을 싸게 살(비싸게 팔) 수 있어야 한다. 이러한 거래를 위험헤지(risk hedge)라 부른다. 대체주식을 이용한 헤지거래는 차익거래가 원활하게 수행되기 위한 전제조건이다. 나중에 다시 설명하듯이, 이와 같은 전제조건의 부재는 실제로 효율시장의 성립을 가로막는 중요한 현실적 이유 중 하나가 된다.

자료 : Shleifer(2000).

2.2 효율시장 가설의 경험적 기초

시장의 효율성을 지지하는 경험적 연구들은 1960년대부터 시카고 대학을 본거지로 세를 본격적으로 확장해 나갔다. 시카고 대학을 졸업한 경제학자인 젠센(M. Jensen)은 1978년 "경제학에서 효율시장 가설보다 더 강력한 경험적 증거의 뒷받침을 받는 명제는 없다"고 선언할 정도로 효율시장 가설은 시대를 풍미했다.[6] 대체로 1970년대 말까지의 경험적 연구결과는 효율시장 가설을 강력히 지지하는 쪽이었다.

2.2.1 효율시장 가설의 경험적 함의

효율시장 가설이 갖는 경험적 함의는 주식의 내재가치와 관련된 뉴스가 시장에 전해지면 주가는 이 뉴스를 '신속'하고 '정확'하게 반영한다는 것이다. 여기서 신속하다는 것은 뒤늦게 뉴스를 접한 사람들은 그 정보로부터 이득을 얻을 수 없어야 함을 의미한다. 뉴스가 주가에 반영되는 순간 그 뉴스는 더 이상 새 소식(뉴스)이 아니라 묵은 정보(stale information)가 되어버리기 때문이다. 그리고 정확하다는 것은 뉴스에 의해 이루어지는 가격조정이 평균적으로 정확해야 함을 의미한다. 주가는 특정 뉴스에 과소반응해서도 안 되고 과다반응해서도 안 된다. 또한 주가가 뉴스에 즉각 반응한 이후에는 특정 방향으로의 가격 추세가 있어서도 안 되고 가격이 반대 방향으로 역전되어서도 안 된다.

6. Jensen(1978), p.95.

주가가 내재가치와 관련된 정보를 신속하고 정확하게 반영한다는 효율시장 가설의 경험적 함의로부터 주식의 내재가치와 무관한 비정보(non-information)에 주가가 반응하면 안 된다는 또 하나의 경험적 함의가 파생된다. 내재가치와 관련된 새로운 정보(뉴스)가 수반되지 않는 한, 예컨대 주식 수급상의 변화가 발생한다고 해서 주가가 반응하면 안 된다. 효율시장에서 특정 주식의 내재가치와는 무관한 수급상의 변화에 의해 그 주식의 가격이 변동하기 시작하면, 그와 동시에 차익거래가 발생하여 주가변동을 상쇄시키게 되기 때문이다.

주식의 내재가치와 관련된 모든 이용 가능한 정보가 오늘의 주가에 반영되는 것은 이미 설명한 대로 세 가지 경우에 가능하다. 투자자가 합리적인 경우, 비합리적 투자자가 존재한다고 해도 이들의 거래가 불규칙적이어서 전체적으로 상쇄되는 경우, 그리고 비합리적 투자자의 거래가 한 방향으로 쏠린다 해도 차익거래가 완벽하게 일어나는 경우가 그것이다. 이때 '주식시장은 정보처리 면에서 효율적'이라고 말한다. 주식시장이 효율적이라는 것이 주가 예측에서는 어떤 의미를 갖는가.

예를 들어 오늘 어떤 주가분석가가 내일의 주가가 얼마가 될 것인가를 예측하려 한다고 하자. 주식투자에서 주가의 예측가능성이 얼마나 중요한가는 새삼 강조할 필요가 없을 것이다. 만약 내가 남보다 더 정확하게, 그리고 더 빨리 주가를 예측할 수만 있다면 차익거래를 통해 큰 이익을 남길 수 있기 때문이다. 그런데 시장에 합리적인 차익거래자들이 존재한다면, 놀랍게도 내일의 주가에 대한 최적의 예측치는 바로 오늘의 주가가 된다. 이미 오늘의 주가에는 오늘 이용 가능한 정보가 모두 반영되기 때문에, 내일의 주가는 내일 시장에 제공되는 새로운 정보에 의해서만 변동할 것이다.

내일 얻어지는 뉴스에 의해 내일의 주가는 오를 수도 있고 내릴 수도 있다. 그런데 내일의 정보가 기업에 우호적인 것일지 적대적인 것일지를 오늘 미리 알 수는 없다. 이것은 내일의 주가는 내일이 되어 봐야 알 수 있다는 말과 다르지 않다. 따라서 평균적으로 내일의 주가는 오늘의 주가와 같다고 예측하는 것이 최적이다. 이것이 시장의 효율성을 믿는 학자들이 궁극적으로 도달하게 되는 효율시장 가설의 핵심이다.

2.2.2 효율시장 가설의 세 가지 유형

맬킬(B. Malkiel)은 정보집합의 관점에서 시장의 효율성을 엄밀하게 정의한다. 그에 따르면 "어떤 정보집합 … 이 시장참가자 모두에게 알려지는 경우에도 이것이 증권의 가격에 영향을 주지 않는다면, 시장은 그 정보집합에 대해 효율적" 이다.[7] 일찍이 시카고 대학의 로버츠(H. Roberts)는 관련 정보집합— 과거의 주가정보, 현재까지 공개된 모든 정보, 그리고 현재 존재하는 모든 정보— 을 기준으로 효율시장 가설의 유형을 세 가지로 구분했다.[8] 현존하는 모든 정보에는 현재까지 공개된 모든 정보뿐만 아니라 공개되지 않은 사적 정보도 포함된다. 그리고 현재까지 공개된 모든 정보에는 과거의 주가정보뿐만 아니라 현재 얻을 수 있는 모든 공개정보가 포함된다. 경험적 차원에서 효율시장 가설은 정의된 정보 유형에 따라 세 가지— 과거의 주가정보를 이용해 미래 주가를 예측할 수 없다는 약형 가설, 현재까지 공개된 모든 정보를 이용해 미래 주가를 예측할 수 없다는 준강형 가설, 그리고 현재 존재하는 모든 정보를 이용해 미래 주가를 예측할 수 없다는 강형 가설— 로 구분된다.

Box 6-2 효율시장 가설의 세 가지 유형

① **약형**(weak form) **효율시장 가설**: 과거의 모든 주가정보는 현재 주가에 완벽하게 반영되어 있으므로, 과거와 현재의 주가자료를 이용해 미래 주가를 분석하는 것은 의미가 없다. 다시 말해, 과거의 주가변동이 미래의 주가변동에 대해 시사하는 바는 전혀 없다는 것이다.

② **준강형**(semi-strong form) **효율시장 가설**: 과거의 주가정보뿐만 아니라 현재 이용 가능한 모든 공개정보(public information)도 미래의 주가를 예측하는 데 도움을 줄 수 없다. 왜냐하면, 현재까지 시장에 공개된 모든 정보는 그 정보가 발표되는 시점의 주가에 모두 반영되기 때문이다.

③ **강형**(strong form) **효율시장 가설**: 현재의 주가는 현존하는 모든 정보, 즉 이용 가능한 공개정보뿐만 아니라 내부자들(insiders)만 알고 있는 내부정보까지도 모두 반영하고 있다. 따라서 내부정보도 미래의 주가변동에 대해 시사하는 바가 전혀 없다는 것이다.

---

7. Malkiel(1992), p.739.

8. Roberts(1967) 참조.

먼저 약형 가설 하에서 과거의 주가정보는 묵은 정보이다. 그러므로 투자자가 과거 주가정보를 이용하여 수익을 예측함으로써 이득을 얻을 수는 없다. 결국 약형 가설은 주식투자자들 사이에 널리 이용되는 기술적 분석(technical analysis) 기법으로는 미래 주가를 예측할 수 없음을 시사한다. 기술적 분석이란 도표(charts) 등을 이용하여 과거 주가의 특정 패턴을 식별하고 이를 토대로 미래 주가를 예측하는 방식이다. 약형 효율시장 가설에 따르면 과거 정보와 미래 주가 사이에는 아무런 관련이 없다.

한편, 준강형 가설에 따르면 과거의 주가는 물론이고 현재 이용 가능한 모든 공개정보도 즉각 주가에 반영된다. 즉, 투자자들이 합리적이기 때문에, 또는 일부 투자자들이 비합리적이라도 주식시장에는 수많은 차익거래자들이 존재하기 때문에 공개정보가 시장에 유입되는 즉시 그 정보는 즉각 주가에 반영된다는 것이다. 결국 준강형 가설은 기본적 분석(fundamental analysis) 기법으로는 미래 주가를 예측할 수 없음을 시사한다. 기본적 분석이란 경제성장률, 인플레이션, 이자율 등 이용 가능한 거시 공개정보와, 대차대조표와 손익계산서 등 재무제표, 배당금 공시, 주식분할 공시 등 이용 가능한 미시 공개정보를 토대로 기업의 전망을 연구하여 미래 주가를 예측하는 방식이다. 현재 이용 가능한 공개정보에는 과거의 모든 주가정보가 당연히 포함되므로, 준강형 효율시장 가설이 성립한다면 약형 효율시장 가설도 항상 충족된다.

마지막으로 강형 가설은 공개된 정보 말고도 시장참여자들에게 아직 알려지지 않은 내부정보(inside information)가 즉각 주가에 반영된다는 내용이다. 그러나 이것은 현실에 비추어 볼 때 매우 강한 가설이다. 실제로 회사 내부인사들은 회사 사정에 대해 일반 투자자들에 비해 훨씬 잘 아는 경우가 대부분이다. 주식시장이 존재하는 모든 나라에서 감독기관이 내부자 거래에 대해 엄격한 기준을 정해 규제하는 것은, 내부정보에 의한 주식거래를 통해 실제로 큰 수익을 남길 수 있기 때문이다. 따라서 현재의 주가가 내부정보까지 모두 반영한다는 가정은 큰 설득력을 갖지 못한다. 만약 시장 신봉자들이 주장하는 것처럼 자본시장에서 강형 가설이 성립된다면, 정보생산자와 가공자로서 금융중개기관의 역할은 존재하지 않을 것이다. 사실 금융중개기관의 존재 자체가 강형 효율시장 가설이 성립되지 않는다는 것을 시사하는 하나의 반증일 수 있다.

지금까지 효율시장 가설에 대한 경험적 연구의 초점은 각 유형이 현실에서 과연 성립하는지 여부에 맞추어져 왔다. 초기부터 꾸준히 제기되어 온 문제들 가운데 하나는 과연 주가를 예측할 수 있는지 여부를 경험적으로 검정하는 것이었다. 여기에는 불규칙행보모형이 주로 이용되었다.

2.2.3 불규칙행보 가설과 경험적 증거

불규칙행보 가설(random walk hypothesis)에 따르면 주가는 예측 불가능한 불규칙행보의 양상을 보인다. 따라서 주가예측이 불가능하다는 것이다. 독자들은 이와 같은 불규칙행보 가설이 시사하는 주가예측불가론을 다음과 같은 비유를 통해 직관적으로 이해할 수 있을 것이다. 지금 만취한 사람이 어떤 한 지점에 서 있다고 해보자. 십분 뒤에 그 사람을 찾으려면 어디로 가는 것이 가장 좋을까? 불규칙행보 가설에 의하면 그 사람이 처음에 서 있던 바로 그 지점에서 찾는 것이 가장 좋다. 왜 그런지는 술에 취한 사람의 발걸음을 따라가 보면 알 수 있다. 일단 술 취한 사람이 첫 번째 발자국을 앞으로 내디뎠다고 하자. 이때 이 사람이 다음에 어디로 발을 내디딜지는 아무도 예측할 수 없다. 한 번 더 앞으로 갈지, 반대로 뒤로 갈지, 옆으로 갈지를 자기 자신도 알 수 없다. 이렇게 비틀거리다 보면, 앞으로 갔다 뒤로 갔다 좌우로 움직이기도 하면서 결국 자신이 출발했던 바로 그 지점에 다시 돌아와 있을 가능성이 가장 크다.

주가예측불가론은 아주 강력한 의미를 내포한다. 예를 들어 주식업계에서 잔뼈가 굵은 노련한 주식 애널리스트가 연구에 연구를 거듭해 4개의 주식을 선택했다고 하자. 그리고 서커스단의 원숭이에게 주식의 이름들이 적혀 있는 다트 판에 화살을 던지게 해서 4개의 주식을 무작위로 선택했다고 하자. 여기서 주식 애널리스트는 이용 가능한 모든 기법과 정보를 사용해 앞으로 수익률 상승이 기대되는 주식을 선택한 것이고, 원숭이는 그야말로 무작위로 주식을 선택한 것이다.

그런데 만약 불규칙행보 가설이 맞다면, 애널리스트가 선택한 주식들의 포트폴리오 수익률이 원숭이가 선택한 주식들의 포트폴리오 수익률에 비해 높다는 보장이 없다. 왜냐하면 애널리스트들이 값이 오를 가능성이 있다고 판단한 주식들의 주가는 현재의 시점에서 그러한 정보를 모두 다 반영한 상태이므로, 이미 주가가 올라야 하는 만큼 정확히 올라 있기 때문이다. 실제로 주식 수익률 경쟁에서 애널리스트와 원숭이는 막상막하의 승부를 펼쳤다는 기록이 있으며, 이러한 예는 효율시장 가설의 타당성을 뒷받침하는 증거로 많이 인용된다.

이와 같이 불규칙행보 가설은 효율시장 가설의 또 다른 표현으로서, 주가나 그 수익률의 불규칙성(randomness)에 초점을 맞추어 주가예측불가론을 강조하는 명제로도 볼 수 있다. 그러나 원래 불규칙행보 가설은 앞서 논의했던 약형과 준강형의 효율시장 가설의 경험적 검정에 이용되어 온 수학적 모형이다.

효율시장 가설에 대한 초기의 경험적 증거는 거의 전적으로 약형 및 준강형 가설을 지지하는 쪽이었다.[9] 우선 파마(E. Fama)는 주가가 근사적으로 불규칙행보를 보인다는 결과를 얻음으로써 약형 가설을 지지하였다.[10] 또한 파마 등은 사건연구(event studies)를 이용하여 준강형 효율성 가설을 지지하는 결과도 얻었다.[11] 사건연구란 특정 뉴스사건— 예를 들면 수익 및 배당금 공시, 기업인수 및 기업분할, 주식발행과 환매, 경영진 보상의 변화 등— 을 전후한 주가의 움직임을 분석하는 접근방식이다.

2.2.4 효율시장 가설과 주식 수익률

효율시장 가설을 지지하는 학자들은 실제 주식들 간의 주가 수익률 차이를 어떻게 설명하는가. 그들은 주가 수익률의 차이가 대부분 그 주식의 위험(risk)을 반영하는 것이라고 설명한다.[12] 이때 위험한 주식일수록 주가가 더 낮아야 한다. 그래야만 위험이 큰 주식을 보유하려는 인센티브가 위험기피적 투자자들에게 생길 수 있기 때문이다. 이때 현재의 낮은 주식가격은 미래에 보다 큰 수익을 낳을 수 있는 기회를 의미하므로, 주가가 낮을수록 그 주식의 예상수익률은 그만큼 더 높아진다.

따라서 효율시장 가설을 지지하는 학자들은 개별 주식의 위험도를 감안하면 현실에 존재하는 주식 수익률의 차이가 대부분 사라진다고 주장한다. 예를 들어 *A*사

---

9. Shleifer(2000) 참조.
10. Fama(1965) 참조.
11. Fama *et al.*(1969) 참조.
12. Fama and French(1993 · 1996) 참조.

와 *B*사 주식의 연간 평균수익률이 각각 12%와 8%라 하자. 이때 *A*사 주가가 *B*사 주가보다 4%p만큼 더 높은 수익률을 보이는 것은, *A*사 주식이 *B*사 주식보다 위험한 것에 대한 보상이라는 것이다. 다시 말해, 이 4%p는 *A*사 주식에 대한 위험프리미엄(risk premium)이라는 것이다. 따라서 *A*와 *B*의 주식 수익률 사이에 4%p만큼 차이가 나는 것처럼 보여도 위험프리미엄을 고려한 실질수익률은 둘 다 8%로 동일하므로 차익거래가 발생할 이유는 없다.

한편 주가 수익률의 차이를 설명하는 또 하나의 요인으로 유동성(liquidity)을 들 수 있다.[13] 예를 들어 생각해 보자. 주식을 보유하고 있다가 갑자기 현금이 필요하여 주식을 팔아야 하는 상황에 처한 투자자가 있다고 하자. 이때 거래가 항상 활발한 주식은 시장에서 손쉽게 팔 수 있다. 하지만 거래가 활발하지 못한 주식을 빨리 팔기 위해서는 제 가격보다 싼 값에 팔아야 할 것이다. 따라서 비유동적인 주식은 급히 현금이 필요할 때 가격 하락에 의한 손실에 더 크게 노출되어 있다. 일반적으로 유동성이 낮은 주식은 유동성이 높은 주식에 비해 수익률이 더 높다. 이것은 유동성이 낮은 데 대한 보상으로 유동성 프리미엄이 수익률의 형태로 추가되기 때문이다.

새로운 정보에 대해 가격이 신속하고 정확하게 반응한다면, 묵은 정보를 이용해 투자자가 돈을 벌기란 불가능하다는 사실을 우리는 이미 앞에서 살펴보았다. 여기서 돈을 번다는 것은 위험과 유동성을 감안한 초과수익을 얻는다는 것을 의미한다. 그러므로 묵은 정보를 기초로 일정 기간 동안 평균적으로 양의 수익을 얻는다는 사실 자체가 시장비효율을 말해 주는 증거는 아니다. 그런 이윤은 투자자의 위험 부담(risk-bearing)과 유동성 희생에 대한 공정한 시장보상일 수 있기 때문이다. 문제는 특히 위험을 측정하는 일이 어렵고 논쟁적이라는 점이다. 위험 측정에는 위험과 수익률 간의 관계에 대한 모형이 필요하다. 그런 모형 가운데 가장 표준적인 모형이 자본자산 가격결정 모형(CAPM : capital asset pricing model)이다.[14] 효율시장 가설을 믿는 사람들은 비록 현실에서는 여러 가지 다른 주식 수익률이 관측되지만, 위험과 유동성을 조정한 이후의 주식 수익률은 큰 차이가 없다고 믿는다.

---

13. 채권 수익률 차이를 가져오는 한 요인으로서의 유동성에 대해서는 제5장에서 이미 살펴본 바 있다.

14. CAPM에 대해서는 투자론 분야의 입문서를 참조하기 바란다.

3. 비효율시장 가설[15]

우리는 지금까지 투자자 합리성과 차익거래를 기초로 효율시장이 이론적으로나 경험적으로 성립한다는 효율시장 가설을 살펴보았다. 그러나 1980년대에 접어들면서부터는 비효율시장 가설(inefficient market hypothesis)— 효율시장이 실제로는 성립하지 않는다는 반론— 이 이론적으로나 경험적으로 제기되기 시작했다. 이 절에서는 비효율시장 가설의 내용을 검토해 보기로 한다.

3.1 비효율시장 가설의 이론적 기초

비효율시장론자는 투자자가 비합리적이라는 사실과 차익거래의 수행에는 실질적인 제약이 작용한다는 사실을 이론적으로 강조한다. 이를 차례로 알아보자.

3.1.1 투자자의 비합리성

투자자의 심리적 성향에 따라 투자행태가 달라질 것이라는 점은 쉽게 짐작할 수 있다. 경제주체가 심리에 의해 영향을 받는다는 사실을 케인즈는 일찍이 간파했었다. 그가 경제주체의 행동을 결정한다고 본 세 가지 심리적 요인— 소비성향, 투자의 한계효율, 유동성 선호— 이 이러한 점을 잘 말해 준다. 이후 심리적 요인의 중요성은 대체로 잊혀져 왔었다. 그러나 투자자의 합리성을 전제하는 효율시장 가설로는 만족스럽게 설명되지 않는 여러 이례현상(anomalies)을 분석하는 과정에서 1980년대부터는 인간 심리를 중시하는 행태적 재무이론이 대두되었다. 다음에서는 투자자의 비합리성을 위험에 대한 태도, 과민반응과 과소반응, 그리고 프레이밍 효과의 세 가지 부류로 나누어 설명하기로 한다.

15. 이 절 역시 Shleifer(2000)에 많이 의존하였다.

3.1.1.1 위험에 대한 투자자의 실제 태도

실제로 투자자들은 기대효용 대신 불확실한 소득기회로부터 발생할 수 있는 가능한 이득과 손실을 어떤 기준점과 비교한다. 그리고 투자자들은 특히 손실을 기피하는 성향(loss aversion)을 보인다. 캐머러(C. Camerer)에 따르면, 이러한 손실기피 성향은 재무이론의 대표적 이례현상 두 가지를 설명하는 유용한 단서가 된다.[16]

예컨대, 주식은 일반적으로 채권에 비해 수익률의 변동성(즉 위험)이 크므로 주식의 평균수익률은 채권에 비해 높다. 그렇지만 주식 수익률과 채권 수익률 간 격차는 위험프리미엄만으로는 설명이 안 될 정도로 지나치게 크다. 이것이 유명한 '주식프리미엄 퍼즐(equity premium puzzle)'이다. 이 퍼즐에 대해 베나르치(S. Benartzi)와 탈러(R. Thaler)는 투자자들이 주가 수익률의 상대적 변동성을 기피하는 것이 아니라 손실의 가능성을 기피한다는 새로운 설명을 시도한다.[17]

또한 다수의 투자자들은 매입가보다 가격이 하락한 주식은 여간해선 처분하지 않으려 하지만, 매입가보다 가격이 상승한 주식은 쉽게 처분하려 드는 것이 현실이다. 그러나 경제이론에 따르면, 가격 상승이 예상되는 주식은 보유하고 가격 하락이 예상되는 주식은 처분하는 것이 옳다. 즉, 보유 여부의 결정에 매입가가 기준이 될 수는 없다는 것이다. 투자자가 이미 주식을 매입했다면 그로 인한 비용은 더 이상 되돌릴 수 없는 매몰비용(sunk cost)이기 때문이다. 그러나 현실에서는 투자자에게 주식의 매입가격은 투자성과를 판단하는 일종의 기준이 된다. 쉐프린(H. Shefrin)과 스탯먼(M. Statman)은, 투자자들이 이득을 얻으려 하는 정도보다는 손실을 기피하려는 정도가 더욱 강하고 손실 영역에서는 내기(gamble)를 하려는 성향을 갖기 때문에 매입가를 기준으로 처분 여부를 판단하려는 성향을 보인다고 설명한다.[18]

3.1.1.2 투자자들의 과민반응과 과소반응

투자자들은 최적 반응을 보이기보다는 과민반응이나 과소반응을 보이는 일이 잦다. 우선 전통적 경제이론에 따르면, 합리적 투자자들은 새로운 증거가 제시되면

16. 이 두 가지 이례현상에 대한 행태주의적 설명은 트버스키(A. Tversky)와 카너먼(D. Kahneman)의 전망이론(prospect theory)에 기초한다. Camerer(2004) 참조.

17. Benartzi and Thaler(1995) 참조.

18. Shefrin and Statman(1985) 참조.

베이스 정리(Bayes' theorem)에 따라 조건부 확률에 대한 자신의 판단을 수정해 나간다. 그러나 실제로 투자자들은 베이스룰 대신 나름대로의 간단한 방식(heuristic)을 사용한다. 즉, 주어진 사례(example)가 부류(class)를 대표하는 것이라고 쉽게 받아들인다는 것이다. 이러한 방식을 '대표성 발견법(representativeness heuristic)'이라 부른다. 대표성 발견법은 최소한의 노력으로 무난한 판단을 할 수 있게 해주는 일종의 경험적 학습원리다.

예를 들어 최근 어떤 기업의 수익이 단기적으로 급속히 증가한 것이 관찰된다고 하자. 사실은 그 기업이 단순히 운이 좋았기 때문에 그렇게 된 것인데도 투자자들은 이 기업이 고수익 잠재력을 가진 기업군에 속한다고 단정짓는다. 그래서 투자자들은 주어진 개별 기업의 수익 증가 사례가 고수익기업군(부류)의 전형적 특징을 잘 반영한다고 성급히 판단한다. 그 결과 투자자들은 이 기업의 단기적 증거를 너무 먼 미래로까지 연장(extrapolate)함으로써 기업 가치를 과도하게 산정하게 된다. 이것은 일종의 과민반응이다.

대표성 발견법과 관련된 또 하나의 심리적 성향에는 '소수의 법칙'이 있다. 이것은 소규모 표본의 내용을 통해 이런 표본을 생성한 통계적 과정을 추론하려는 사람들의 성향이다. 예를 들어 독자가 농구대 앞에서 농구공을 던지고 있다고 가정하자. 그런데 마침 *A*라는 사람이 우연히 그 광경을 지켜보고 있다. 그리고 독자의 자유투 실력으로는 골인될 확률이 $\frac{1}{2}$, 골인되지 않을 확률이 $\frac{1}{2}$이라 하자. 그런데 우연히 다섯 개의 공을 던져 다섯 개 모두 성공했다고 하자. 이것은 순전히 $\frac{1}{32}$의 확률로 발생할 수 있는 일이 우연히 발생한 것이다. 지금까지 수많은 경험에 의해 골이 들어갈 확률이 $\frac{1}{2}$이라는 것을 여러분 자신은 잘 알고 있기 때문이다. 그러나 옆에서 지켜보는 *A*의 생각은 다르다. 첫 번째와 두 번째에서는 혹시나 하겠지만, 네 번째와 다섯 번째 공이 들어가면 *A*는 독자를 마이클 조던이나 서장훈과 같은 수준급 농구선수라고 생각할 것이다. 즉, *A*는 통계학적으로 5개의 표본만 보고 자유투 성공률이 1에 가깝다고 성급하게 추론해 버리는 것이다.

통계학에서의 대수의 법칙(law of large numbers)이란 충분히 많은 샘플을 관측했을 때 모집단의 특징을 나타내는 변수를 거의 정확하게 추정할 수 있다는 것이다. 반면 소수의 법칙이란 소수의 샘플만을 보고 모집단의 계수에 대한 판단을 쉽게 내리는 사람들의 일반적 경향을 말한다. 앞의 예에서는 *A*가 5개의 표본만 보고 자유투 성공률을 1에 가깝다고 추론하는 것이 이에 해당한다.

대표성 발견법과 마찬가지로 소수의 법칙도 과민반응을 설명하는 심리학 이론이다. 두 개념 모두 인간이 불확실성 속에서 관찰된 사건으로부터 자신에게 이미 낯익은 어떤 패턴을 발견하려고 하는 경향, 그리고 미래의 패턴이 과거의 패턴과 유사할 것으로 믿는 경향과 관련된다. 바로 이런 경향 때문에 사람들은 무작위적인 일련의 사건들 속에서 특정한 패턴을 발견했다고 믿게 되는 한편, 그 패턴이 관찰된 이유나 동일한 패턴이 앞으로 반복될 확률에 대해서는 충분히 고려하지 않게 된다는 것이다.[19]

한편 '보수주의(conservatism)'는 투자자들의 과소반응을 설명하는 심리학 개념이다. 심리학자인 에드워즈(W. Edwards)는 1968년 발표된 논문에서[20] 인간은 새로운 정보를 접하더라도 자신이 기존에 가지고 있던 믿음을 쉽게 바꾸지 않고 '천천히' 변화시킨다는 사실을 발견했다. 여기서 '천천히'란, 합리적인 사람이라면 새로운 정보에 대해 보다 큰 비중을 두어야 하는데, 실제로 사람들은 자신이 먼저 갖고 있던 믿음에 대해 필요 이상의 집착을 보인다는 의미에서 사용된 말이다. 보수주의에 의하면, 모멘텀 현상은 어떤 기업에 대한 낙관적인 정보가 흘러나왔을 때 효율시장에서 상정되는 것처럼 투자자들이 적극적으로 반응하는 대신 그 기업에 대해 가지고 있던 기존의 믿음에 더 중요성을 둠으로써 정보가 신속하게 주가에 반영되지 않아서 생겨난다.

3.1.1.3 프레이밍 효과

일단의 사람들이 600명의 시민을 위협하는 질병에 대해 알게 된다고 하자. 그리고 이 사람들은 두 가지 바람직하지 않은 선택(options) 사이에서 하나를 택하도록 요구받는다고 하자. 이들에게 "긍정적 틀(positive frame)"을 제시해 ① 확실하게 200명의 생명을 구하는 것과 ② $\frac{1}{3}$의 확률로 600명을 모두 살리고 $\frac{2}{3}$의 확률로 아무도 살리지 못하는 것 사이에서 선택하도록 한다. 또한 이들에게 "부정적 틀(negative frame)"을 제시해 ③ 400명의 사람들이 확실히 죽는 것과 ④ $\frac{2}{3}$의 확률로 600명이 죽고 $\frac{1}{3}$의 확률로 아무도 죽지 않는 것 사이에서 선택하도록 한다. 물론 ①과 ③, 그

19. Shiller(2000) 참조.

20. Edwards(1968) 참조.

리고 ②와 ④는 각각 동일한 내용이다. 그럼에도 대부분의 사람들은 긍정적 틀이 제시된 경우 ②보다는 ①을, 그리고 부정적 틀이 제시된 경우 ③보다는 ④를 각각 선택한다. 이것은 트버스키(A. Tversky)와 카너먼(D. Kahneman)의 실험결과이다.[21]

이와 같이 정보를 어떤 틀로 만들어 제시하는지에 따라 대부분의 선택은 달라질 수 있다. 이것을 프레이밍 효과(framing effect)라 부른다. 예를 들어 채권 수익률보다 주식 수익률이 장기적으로 월등했다는 자료를 제시받은 투자자들은 단기 주식 수익의 변동성만을 제시받은 투자자들에 비해 채권보다 주식에 더 많이 투자한다는 것이다.

Box 6-3 행태경제학(behavioral economics)이란?[1)]

투자자의 합리성이 제한되어 있다는 행태주의적 시각이 재무이론의 분석 틀로서 상당한 가능성을 보이게 되면서, 최근 미국 금융학회는 투자자의 비합리성과 심리적 요인의 중요성을 강조하는 학풍을 행태주의 재무이론(behavioral finance theory)이라는 독자적 분야로 분류하였다. 현재 행태주의는 재무이론뿐만 아니라 다른 주요 경제학 분야로도 영역을 확장해 나가고 있다.

일찍이 캐머러(C. Camerer)와 로웬스타인(G. Lowenstein)은 경제학의 여러 분야에서 행태주의적 접근이 광범위하게 시도되고 있다고 보고한 바 있다. 행태주의의 여러 개념은 주로 선호—위험스럽고 불확실한 결과에 대한 선호, 공정성과 사회적 선호, 시간할인율 등—와 관련된 미시경제학은 물론 거시경제학과 노동경제학 분야에도 활발히 도입되어 앞으로 엄격한 합리성에 기초한 기존의 표준적 경제모형을 점차 대체해 나갈 것으로 이들은 전망한다.

하지만 경제학의 역사적 탄생과 발전과정을 되돌아보면, 경제학이 "[처음부터] 인간의 인지와 동기부여(motivation)의 부분을 블랙박스로 처리"했던 것은 아니다(p.3).[2)] 예를 들어 경제학(특히 미시경제학)의 아버지인 스미스(A. Smith)의 그 유명한 '보이지 않는 손(invisible hand)'은 인간의 심리와 윤리, 공감, 도덕적 정서 등을 다룬 그의 저서 『도덕감정론(*The Theroy of Moral Sentiments*)』에 처음 제시된 개념이다.[3)] 또한 거시경제학의 아버지인 케인즈(J. Keynes)는 대공황 당시 실업과 투자를 각각 화폐환상(money illusion)과 야성적 충동(animal spirits)으로 설명하고자 접근했었다. 이와 같이 경제학은 원래 사람들의 행동을 심리적·사회적 측면에서 이해하고자 하는 접근이었다. 하지만 20세기 전반까지 케인즈, 뮈르달(G. Myrdal)과 하이에크(F. Hayek)로 이어지던 경제학의 인간 중심 접근은, 20세기 중반 이후부터는 새뮤엘슨(P. Samuelson)이나 프리드만(M. Friedman)과 같은 경제학자들에 의해 인간 요인을 배제하는 오늘의 접근으로 바뀌게 된다. 합리적이지 않은 경제주체는 시장경쟁에서 도태된다는 생각이 당대를 지배했기 때문이다.

이렇게 본다면, 오늘의 행태경제학은 "행태과학 및 사회과학에 걸친 미시 수준의 경험적 증거"를(p.5) 토대로 지난 반세기 동안 간과되어 왔던 인간 요인을 중요하게 다룸으로써 경제학을 원형에 가깝게 복원시키려

21. Tversky and Kahneman(1981) 참조.

는 시도로 볼 수 있다. 행태경제학은 주류 경제학의 기본 전제에 대한 반성—오늘의 경제학이 인간의 합리성과 이기심을 기본 전제로 경제현상을 분석하기 때문에 그 선택과 행동에 실제로 영향을 주는 심리적·사회적 요인이 분석에서 처음부터 배제된다는 인식—에서 출발하고 있기 때문이다.

한편, 행태경제학적 접근이 특히 정책의 차원에서 기존의 표준적 접근을 보완하는 방향으로 이미 유익한 기여를 하고 있음은 주목할 만하다. 이러한 사실은, 최근 세계은행(World Bank)이 2015년 세계발전보고서(World Development Report) 시리즈의 하나로 펴낸 『정신, 사회와 행동(Mind, Society, and Behavior)』에 잘 나타나 있다. 제목에서 잘 알 수 있듯, 이 책은 사람들의 선택과 행동이 각자의 정신적 과정(사고방식)과 사회가 그 사고방식에 미치는 영향에 의해 결정된다는 점—즉, 인간 요인(human factors)—에 초점을 맞춰 정책을 설계하고 집행해 오고 있는 세계은행의 최근 경험을 체계적으로 소개한 내용이다.

구체적으로, 인간 요인은 인간의 선택 및 행동에 어떻게 작용하는가? 여기에는 세 가지 원리—심리적 원리, 사회적 원리와 정신적 모형의 원리—가 관련된다. 첫째, 심리적 원리란 사람들이 "무의식적으로 생각한다는 것(thinking automatically)"이다(p.5). 스스로 심사숙고하는 편이라 생각하는 사람들도 실은 자신이 직면하는 현상 또는 문제를 특별한 노력 없이 무의식적 연상을 통해 직관적으로 좁게 파악하기 쉽다. 정보가 많지 않은 경우에도 사람들은 각자의 내면에 자리 잡은 정신적 모형(mental models)을 활용하여 자의적 해석으로 그 정보의 빈자리를 보충한다는 설명이다. 이 책의 본문에서 방금 다룬 대표성 발견법과 소수의 법칙 등도 사람들이 일상적으로 '숙고 시스템(deliberative system)'보다는 '무의식 시스템(autonomous system)'을 주로 이용한다는 사실을 반영한다. 둘째, 사회적 원리란 사람들이 "사회적으로 생각한다는 것(thinking socially)"이다(p.6). 개인은 주변 사람들의 행동에 관심을 갖고 이들의 기대에 무의식적으로 부응하며 자신이 속한 사회로부터 인정받을 때 편안함을 느낀다. 이와 같은 인간의 사회성(human sociality)은 사람들의 협력적 행동을 촉진한다. 셋째, 사람들은 "정신적 모형을 이용해서 생각한다는 것(thinking with mental models)"이다(p.11). 정신적 모형이란 고정관념, 자신의 정체성, 세계관 등과 같이 사람들이 각자 자신이 속한 사회에서 남들과의 상호작용을 통해 내면화한 "사회적 사실(social facts)"의 체계이다(p.12). 개인은 각자의 정신적 모형을 활용하여 외부의 객관적 경험을 자신의 내면에서 해석한다. 개인의 행동에 영향을 미치는 것은 바로 정신적 모형을 통해 형성된 자신의 해석이다. 사람은 "객관적 경험" 자체에 반응하는 것이 아니라 "[자신의] 내면에 투영된 경험"에 반응한다는 것이다(p.11).

2015년 세계발전보고서는 이와 같은 세 가지 원리를 중요하게 감안하는 행태경제학적 접근이 빈곤, 아동발달, 가계금융, 생산성, 보건, 기후 변화 등 오늘의 주요 경제이슈 전반에 걸쳐 정책의 설계 및 집행에 효과적으로 적용될 수 있음을 설득력 있게 보여준다. 특히, 일선에서 정책 설계 및 집행을 담당하는 세계은행 스탭(staff) 자신들도 인간의 행동을 지배하는 세 가지 원리로 인한 편의와 실수에서 자유롭지 않다는 사실을 동 보고서가 인정한다는 사실은 흥미롭다. 보고서가 "사람들의 행동을 이해하는 일과 효과적 개입방식이 무엇인지 알아내는 일은 복잡한 반복적 과정"이라 강조하는 이유도 바로 여기에 있다(p.21).

1) 학자에 따라서는 behavioral economics, behavioralism을 이 글이 사용하는 '행태경제학', '행태주의' 용어 대신 '행동경제학', '행동주의'로 번역하기도 한다. 하지만 주주행동주의(shareholder activism)나 행동주의 투자(activist investment) 등에 나오는 '행동'과의 명확한 구분을 위해, 이 책은 'behavior'를 '행태'로 표현하고, '행태경제학'이나 '행태주의'와 같은 용어를 사용하기로 한다.
2) World Bank가 간행한 2015년 세계발전보고서(World Bank 2015)의 페이지를 표시.
3) 조순 외(2013).

자료 : World Bank(2015)에 주로 의존하되, 조순 외(2013) 및 Camerer and Lowenstein(2004)을 참고하여 작성.

3.1.2 군집현상과 차익거래의 제약

앞에서 논의한 투자자들의 다양한 행태는 이들이 합리성보다는 각종 경험적 발견법(heuristics)에 기초한 믿음, 즉 '투자자 정서(investor sentiment)'에 따른다는 것을 의미한다. 이러한 비합리적 투자자를 노이즈 거래자(noise traders)라고도 부른다. 그러나 투자자가 비합리적이라고 해서 효율시장 가설이 부정되는 것은 아니다. 이들의 거래가 불규칙적으로 발생하는 한 서로 상쇄될 수 있기 때문이다. 문제는 비합리적 투자자들은 대체로 비슷하게 행동하려는 경향—비슷한 시기에 동일 증권을 사거나 팔려는 경향—을 보인다는 점이다. 이것은 일종의 군집현상(herding)이다.[22]

비합리적 투자자들이 심리적 편의(bias)에 따라 한 방향으로 쏠린다고 해도 차익거래자가 반대 거래를 효과적으로 수행하면, 주가는 내재가치와 일치할 수 있으므로 주식시장은 여전히 효율적이다. 그러나 실제로는 차익거래를 제약하는 요인들이 다음과 같이 작용한다.

첫째, 연기금이나 뮤추얼펀드와 같은 기관투자자들도 노이즈 거래자의 행태를 보일 수 있어 차익거래가 제한된다. 기관투자자들은 개인투자자에 비해 보다 신속히 정보에 반응하며 막강한 자금력을 보유하고 있다. 따라서 차익거래에 적극적으로 참여할 수 있는 여력이 크다. 그럼에도 정보의 비대칭성으로 인해 실제로 차익거래가 활발하게 일어나지 못한다. 왜냐하면 이들도 개인투자자들과 마찬가지로 심리적 편의에 좌우될 수 있기 때문이다. 게다가 이들의 행동을 왜곡시키는 또 다른 유인도 있을 수 있다. 기관투자자는 다른 사람의 자금을 관리하는 대리인이다. 그러므로 이들은 늘 자신의 실적에 대한 평가를 염두에 두고 행동한다는 것이다.

예를 들어 어떤 금융기관의 자산운용을 책임지는 펀드매니저 *A*를 상정해 보자.

---

22. 약한 초식동물의 무리가 맹수의 공격을 받는 경우 뿔뿔이 흩어지지 않고 떼 지어 이동하는 것이 군집행동이다. 이것이 동물적 본능의 결과이긴 하겠지만 합리적인 행위라는 해석도 가능하다. 개별 초식동물은 자신이 무리의 한가운데 있어야 안전하다는 것을 본능적으로 알고 있기 때문에, 모든 동물이 무리의 한가운데로 이동하려는 가운데 자연스럽게 무리지어 쫓기는 현상이 나온다는 것이다. 마찬가지로, 경제학에서는 일단의 경제주체들이 중앙에서의 통제 또는 내부적 합의가 없는 상태에서 거의 동시에 동일한 방향으로 의사결정을 취하는 행위를 군집행동이라고 한다(Wikipedia 2021). 비합리적 투자자들이 군집행동을 하는 경향이 있는 것은 사실이지만, 군집행동이 다수의 개별 경제주체가 앞다투어 행하게 되는 합리적 행동의 결과인 경우도 적지 않다. 최근에는 군집행동을 '쏠림' 또는 '쏠림현상'이라 부르기도 한다.

이들 투자기관들은 대체로 1년에 한 번 주주총회를 통해 펀드의 주식 보유와 수익률 현황에 대해 투자자들에게 설명해야 한다. 이때 어떤 주식이 지나치게 저평가되었음을 *A*가 발견했다고 하자. 그리고 향후 몇 년간에 걸쳐 궁극적으로 주가가 조정기를 거쳐 상승할 것을 정확하게 예측했다고 하자. 그러나 *A*는 이 사실을 알면서도 이 주식을 적극적으로 매수할 수 없다. 왜냐하면 이 주식(가치주)을 대량 매입하면, 주주총회에서 투자자들의 항의에 시달리게 될 것이기 때문이다.

여기서 투자자들이 펀드매니저 *A*의 투자에 거부감을 보이는 것은 정보의 비대칭성 때문이다. 즉, 투자자들 입장에서는 실제로 잘못된 투자를 하여 시장가치가 많이 하락한 주식을 보유한 펀드매니저와 *A*와 같은 펀드매니저를 정확히 분별하기 어렵다. 게다가 펀드매니저의 업적에 대한 평가가 1년 단위로 이루어지면, *A*가 자신의 소신대로 주식투자를 하기란 쉽지 않을 것이다. 그래서 펀드매니저들이 자산을 운용할 때 장기적인 관점에서 펀드를 운용하지 못하고 단기적인 성과에 급급하게 되는 것이다. 라코니쇼크(J. Lakonishok) 등과 샤프스타인(D. Scharfstein)과 스타인(J. Stein)은 이러한 기관투자자의 행태를 경험적으로 보고한 바 있다.[23]

둘째, 차익거래에는 현실적으로 위험이 수반되며, 이런 이유로 인해 차익거래가 제한된다. 이미 언급했듯이 차익거래는 노이즈 거래에 의해 영향 받는 주식과 긴밀한 대체관계에 있는 주식을 획득할 수 있는지 여부에 결정적으로 의존한다. 그런데 실제로 대체주식이 존재하지 않는 경우가 많다는 것이다. 예를 들어, 주식시장이 전반적으로 과열되었다고 차익거래자가 판단한다고 하자. 그러나 이런 경우 차익거래자는 시장수익을 초과하는 수익을 기대하면서 주식을 팔거나 주식에 대한 노출을 줄일 수 있을 뿐이며, 차익거래에 따른 위험을 헤지할 수는 없다. 시장 전체 주식의 대체 포트폴리오는 존재하지 않기 때문이다. 이것이 위험기피적 차익거래자의 거래를 제약하는 한 요인이다.

물론 주식 전체가 아닌 개별 주식의 경우에는 더 나은 대체재가 있을 수 있다. 그렇더라도 차익거래자가 현재 매각하는 주식의 가격이 나중에 크게 뛰거나 현재 매입하는 주식의 가격이 나중에 크게 하락할지도 모른다. 그러므로 대체주식이 존재한다고 해도 완전한 대체재가 아닌 한, 각 주식 고유의 위험으로 인해 차익거래에

---

23. Lakonishok *et al.*(1992)과 Scharfstein and Stein(1990) 참조.

는 근본적 위험(fundamental risk)이 내재한다. 이것이 차익거래를 제약하는 또 하나의 요인이다.

3.2 비효율시장 가설의 경험적 기초

1960년대부터 1970년대 말까지 약 20년 동안 승승장구하던 효율시장 가설도 1980년대 초부터는 다양한 경험적 도전에 직면하게 되었다. 예컨대 쉴러(R. Shiller)는 모형을 통해 주식의 내재가치를 계산한 후, 실제 주가의 변동성은 이 모형에 의해 정당화될 수 있는 것보다 훨씬 더 크다는 사실을 보였다.[24] 사실, 일찍이 케인즈는 『일반이론』에서 기업 내재가치가 변동하지 않더라도 투자자의 심리 등에 의해 주가가 변동할 여지가 많고 내재가치와 주가의 괴리는 상당 기간 지속될 수 있음을 지적한 적이 있었다.

쉴러의 연구 이후 효율시장 가설에 대한 경험적 도전이 시작되었다. 그러나 투자자의 합리성과 시장의 효율성을 강하게 신뢰하던 대다수의 학자들은 이를 한동안 무시하였다. 그러다가 1980년대 후반에 들어서면서 투자자의 비합리성과 심리적 현상에 기초한 주식 수익률 예측모형이 제시되었고, 합리적인 투자행위의 결과라고는 도저히 볼 수 없는 주가의 급등락 현상이 관측되었다. 그러자 효율시장 가설에 대해 의문을 제기하는 학자들이 점점 많아지게 되었다. 이들은 주가가 기업의 내재가치를 제대로 반영하지 못하는 것이 오히려 당연하다고 주장한다. 뿐만 아니라 불규칙행보 가설이 제시하는 결과와는 달리 주가에는 상당한 정도의 예측가능성이 있다고 주장한다. 이 절에서는 효율시장 가설과 관련된 이들의 연구결과를 약형과 준강형 효율시장 가설에 대한 도전을 중심으로 살펴보자.

3.2.1 약형 효율시장 가설의 실증분석

1980년대 이후 거시경제학계에 합리적 기대 가설이 폭넓게 받아들여지면서, 이것을 이용하지 않는 경제모형은 경시되는 경향이 강해졌다. 하지만 합리적 기대

24. Shiller(1981) 참조.

를 직접 검증하기에는 데이터가 매우 제약되어 있다. 그러나 주식시장은 실증분석에 가장 자세한 데이터를 제공할 수 있으므로 합리적 기대가 실제로 성립하는지 여부를 확인하려는 실험의 장이 되었다. 그 결과 투자자들의 행동 중 많은 부분이 합리적 기대로는 설명될 수 없다는 사실이 속속 밝혀지고 있다.

이미 앞에서 살펴보았듯이 약형 효율시장 가설은 과거의 주가자료를 이용해서는 미래의 주가를 예측할 수 없다는 것이다. 그러나 이에 대한 강력한 경험적 반론이 최근 제기되었다. 드봉(W. De Bondt)과 탈러(R. Thaler)에 의해 제기된 승자-패자 역전현상에 근거한 투자기법과 제가디쉬(N. Jegadeesh)와 티트만(S. Titman)에 의해 제기된 모멘텀(momentum) 투자기법이 그것이다.

승자-패자 역전현상이나 모멘텀 투자기법은 모두 과거의 주가자료를 이용해 미래의 주가를 예측할 수 있다는 것을 내용으로 한다. 이 논문들이 처음 발표되었을 때 이들과 효율시장 가설을 믿는 학자들 사이에 격렬한 논쟁이 벌어졌었다. 이것을 각각 살펴보자.

3.2.1.1 승자-패자 역전현상

드봉과 탈러는 뉴욕증권거래소(NYSE: New York Stock Exchange)에서 거래되는 보통주의 월별 수익자료를 이용하여 과거의 주가변동 추이로부터 미래의 주가를 예측할 수 있다는 경험적 연구결과를 제시했다.[25] 우선 이들은 1932년 12월부터 정확히 3년 간격으로 1977년 12월까지 16개의 기준시점을 정했다. 그리고 각 기준시점에서 과거 3년 동안 수익률이 가장 높았던 35개 주식으로 승자 포트폴리오를, 수익률이 가장 낮았던 35개 주식으로 패자 포트폴리오를 각각 구성하였다. 그러면 모두 16개의 승자 포트폴리오와 16개의 패자 포트폴리오가 확정된다.

드봉과 탈러는 이들 각각의 포트폴리오에 대해 해당 기준시점 이후 3년 동안의 수익성과를 계산하였다. 그 결과 각 시점을 기준으로 과거 3년간 높은 수익률을 올렸던 주식들은 향후 3년간 비교적 낮은 수익률을 보인 반면, 과거 3년간 낮은 수익률을 보였던 주식은 향후 3년간 극단적으로 높은 수익률을 올렸다는 사실—즉, 승자와 패자의 역전현상—을 발견했다. 구체적으로, 패자의 수익률 상승이 승자의

25. De Bondt and Thaler(1985) 참조.

그림 6-1

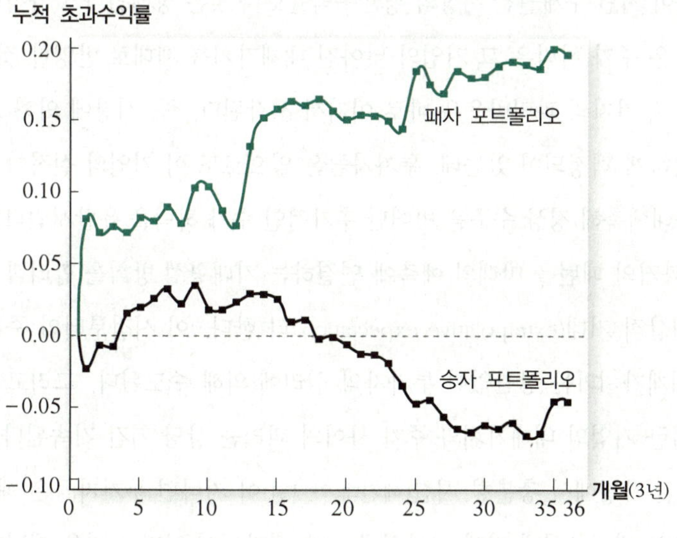

자료: De Bondt and Thaler(1985), p.800의 Fig. 1.

승자-패자 역전현상
과거에 투자자들의 과민반응으로 높은 수익률을 보였던 승자 포트폴리오는 시간이 지나면서 투자자들이 주가가 내재가치에 비해 과대평가되었음을 깨닫게 되고, 그 결과 수익률이 하락한다. 같은 이유로 과거에 낮은 수익률을 보인 패자 포트폴리오는 미래에 높은 수익률을 보인다.

수익률 하락보다 훨씬 크게 나타나는 비대칭적인 수익률 역전현상이 나타났다. 뿐만 아니라 승자-패자 역전현상의 정도는 향후 3년 기간 중 두 번째와 세 번째 해에 해당되는 기간 동안 훨씬 더 강도 높게 나타남으로써, 승자와 패자 주식의 누적 초과수익률 격차는 두 번째와 세 번째 해에 더 큰 폭으로 벌어지는 것으로 나타났다. 이것을 나타낸 것이 〈그림 6-1〉이다. 이 그림에서 세로축은 각 월별 초과수익률(포트폴리오 수익률 − 시장수익률)을 계속 더한 누적 초과수익률을 나타내고, 가로축은 승자-패자 포트폴리오가 결정된 이후의 기간을 월별로 나타낸 것이다.

이러한 수익률 차이는 패자의 위험도로는 설명되지 않는다. 왜냐하면 패자에 속한 주식들의 베타값 평균이 승자에 속한 주식들의 베타값 평균보다 오히려 더 낮은 것으로 나타났기 때문이다.[26] 결국 투자자들은 승자-패자 역전현상을 기초로 과거의 주가 데이터만을 이용하여 남들보다 수익성을 높일 수 있는 투자전략을 짤 수 있다. 이것은 약형 효율시장 가설에 배치된다.

드봉과 탈러는 이와 같은 승자-패자 포트폴리오의 역전현상을 투자자들의 과

26. 개별 주식 i의 베타값(value of β_i)은 자산 다변화에 의해서도 더 이상 줄일 수 없는 개별 주식 i에 내재된 체계적 위험(systematic risk)의 크기를 나타낸다.

민반응(overreaction)에 기인하는 것으로 본다. 예를 들어 어떤 주식의 가격이 하락하여 그 수익률이 지난 수개월간 시장의 평균수익률보다 낮은 상태였다고 가정하자. 그리고 그와 같은 주가 하락은 그 기업의 낮아진 내재가치를 제대로 반영한 것이었다고 가정하자. 투자자의 과민반응은 바로 여기서 시작된다. 즉, 시장에 의해 그 회사 주가는 적정하게 책정되어 있는데, 투자자들은 앞으로도 이 기업의 실적이 계속 나쁠 것으로 과대예측해 정상 수준을 벗어난 추가적인 주가 하락을 유발시킨다는 것이다. 이처럼 과거의 패턴을 미래의 예측에 연결하는 기대형성 방식을 합리적 기대와 대비하여 외삽적 기대(extrapolative expectation)라 한다. 이 시점부터의 주가 하락은 기업의 내재가치와는 상관없이 투자자의 심리에 의해 주도된다. 그리고 투자자의 심리에 의한 기업의 내재가치와 주가 사이의 괴리는 상당 기간 지속된다.

하지만 이런 과정에서 충분한 시간(예컨대 약 3년)이 지나면 투자자들은 패자의 주가가 그 회사의 내재가치에 비해 지나치게 낮게 평가되어 있다는 것을 깨닫게 된다. 그 결과 시장에서 이에 대한 조정이 일어나게 된다. 즉, 패자의 주식가격이 서서히 상승하게 된다. 마찬가지로 승자의 경우에도 주가가 과대평가되었음을 투자자들이 깨닫게 되고, 그 결과 시장에서 조정이 발생하게 된다. 이러한 과정에서 승자-패자 수익률의 역전현상이 발생한다. 그리고 이러한 수익률의 역전현상은 순식간에 발생하는 것이 아니라 시간을 두고 천천히 이루어진다.

3.2.1.2 모멘텀 투자기법

드봉과 탈러는 주식시장 기준으로 보면 비교적 긴 시간인 3년의 기간을 이용해 승자와 패자를 정의했었다. 만약 좀 더 짧은 기간을 이용해 승자와 패자를 정의하면 어떤 결과가 나타날까? 이 질문에 대한 해답은 제가디쉬와 티트만의 1993년 연구에서 찾을 수 있다.[27]

이들은 승자와 패자를 정의할 때 3년이라는 비교적 긴 시간 대신 6개월 내지 1년의 비교적 짧은 시간을 이용했다. 그리고 드봉과 탈러의 모형과 유사한 분석 틀을 이용하여 향후 6개월 내지 1년 동안의 승자-패자 포트폴리오의 수익률을 계산해 보았다. 구체적으로, 지난 6개월(12개월)간의 주식 수익률을 기준으로 승자 포트폴리

27. Jegadeesh and Titman(1993) 참조.

그림 6-2

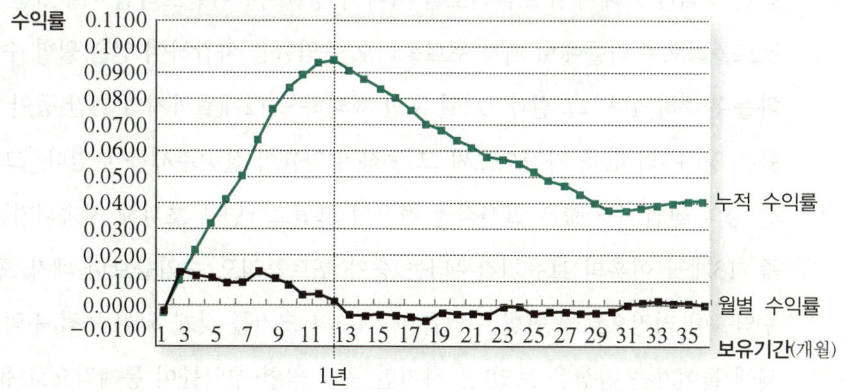

자료 : Jegadeesh and Titman(1993), p.84의 Table VII을 기초로 작성.

모멘텀 투자기법

과거에 단기적으로 높은 수익률을 보였던 승자 포트폴리오에 대해 정보가 유입되는 이벤트타임에서의 수익률은 투자자들의 과소반응에 따라 일시적으로 더 높은 수익률을 계속 나타내지만, 1년을 초과해서는 투자자들의 과민반응으로 승자 수익률보다 패자 수익률이 커짐으로써 누적 수익률이 하락한다.

오와 패자 포트폴리오를 구분한 후 승자 포트폴리오는 매입하고 패자 포트폴리오는 공매도하는[28] 방식으로 투자전략을 세워 6개월(12개월) 동안 보유한 결과 연평균 약 12%(9%)의 수익을 얻어냈다. 다시 말해, 승자는 승자로 남고 패자는 패자로 남는 현상이 관측된 것이다. 이때 가격이 상대적으로 크게 상승한 주식(승자)은 마치 상승추세의 모멘텀(momentum)을 얻은 것처럼 계속 상승세를 이어나간다는 것이다.

제가디쉬와 티트만은 기업이 수익실적과 관련된 정보를 시장에 공개하는 이벤트타임(event time)에서의 수익률 변화를 관측했다. 〈그림 6-2〉는 이벤트타임에서의 모멘텀 현상을 나타내는 월별 수익률과 누적 수익률을 나타내고 있다. 이들은 과

28. 공매도(short sale)란 투자자가 앞으로 특정 주식의 가격이 하락할 것을 예상할 때 그 주식을 다른 사람에게 빌려 먼저 판 후, 예상대로 주가가 하락했을 때 처음의 매각가격보다 떨어진 싼 가격에 매입해 주식을 갚는 행위를 말한다. 예를 들어 현재주가가 1,000원인데, 투자자가 앞으로 주식이 800원 정도로 떨어질 것을 예상했다고 하자. 이 경우 투자자는 주식 100주를 빌려와 시장가격에 판 후 주식을 갚아야 할 날이 왔을 때 예상한 대로 800원에 시장에서 거래되고 있는 주식을 사서 갚으면 주당 200원의 매매차익을 올릴 수 있다. 주식을 갚아야 할 시점에서 만약 시장가가 예상했던 800원이 아니라 예컨대 1,200원으로 상승해 있다면, 이 투자자는 주당 200원의 매매손실을 입게 될 것이다. 주식을 갚기로 한 약속을 투자자가 이행한다고 가정한다면, 투자자는 공매도를 통해 문제의 주식과 동일한 주식을 발행하는 셈이다. Fama(1976) 참조.

거 6개월간 수익률이 가장 높았던 주식들로 승자 포트폴리오를, 수익률이 가장 낮았던 주식들로 패자 포트폴리오를 각각 구성한 후, 이벤트타임 이후 3년 동안 승자 포트폴리오 수익률에서 패자 포트폴리오 수익률을 차감하여 얻은 월별 수익률의 변화를 관측하였다. 그 결과 1개월 후만 제외하고 12개월까지의 기간 동안 월별 수익률은 양(+)의 값을 가짐으로써 그 누적 수익률이 상승추세를 보였다. 그러나 이러한 양의 월별 수익률은 일시적인 현상에 그쳤고 1년을 초과해 지속되지는 않았다. 즉, 13개월 이후의 보유기간부터는 승자 포트폴리오 수익률보다 패자 포트폴리오 수익률이 커짐으로써 월별 수익률은 음(-)의 크기를 갖게 되어 누적 수익률이 하락세에 들어가는 양상을 보였다. 하지만 음의 월별 수익률이 통계적으로 유의하지는 않은 것으로 나타났다.

제가디쉬와 티트만의 연구결과도 과거의 주가정보가 미래의 주가 예측에 도움을 준다는 측면에서 약형 효율시장 가설에 위배된다.

그렇다면 모멘텀 현상은 왜 발생하는가? 행태주의 학자들은 이를 투자자의 과소반응(underreaction)으로 설명한다. 예컨대 개별 회사의 주식에 대한 정보가 시장에 유입되었다고 하자. 이때 만약 투자자들이 효율시장 가설처럼 정보에 즉각 반응한다면, 과거에 승자였던 주식이 계속 승자로 남거나 과거에 패자였던 주식이 계속 패자로 남을 수 없다. 그러나 투자자들이 새 정보에 느리게 반응한다면, 과거에 승자였던 주식이 계속 더 높은 수익률을 나타내는 현상이 발생할 수 있는 것이다.

여기서 독자들에게는 한 가지 의문이 제기될 것이다. 드봉과 탈러의 연구에서는 투자자들이 과민반응을 한다고 했고 제가디쉬와 티트만은 투자자들이 과소반응을 한다고 했는데, 이 두 과정은 상충하는 것이 아닌가?

결론부터 말하면, 이 두 가정은 상충적이지 않다. 예를 들어[29] 기업들이 매년 12월에 1년간의 수익을 발표한다고 하자. 그런데 어떤 기업이 연달아 매우 높은 수익률을 기록했다고 하자. 처음 한두 해 동안 높은 수익이 발표될 때까지만 해도 투자자들은 별다른 반응을 보이지 않는다(과소반응). 이는 보수주의 경향 때문이다. 그러나 높은 수익률 실적이 3~4년 지속되면 투자자들은 대표성 발견법과 소수의 법칙에 의해 영향을 받게 된다. 다시 말해, 이 회사가 앞으로도 계속 높은 수익률을 올

29. Barberis *et al.*(1998) 참조.

릴 것이라고 투자자들이 믿게 된다는 것이다. 이렇게 되면 이들은 대량의 매수주문을 낼 것이다(과민반응). 만약 시장에 이러한 패턴으로 행동하는 투자자가 많다면, 이 회사의 주가는 내재가치와는 무관하게 폭등하게 된다. 요컨대 보수주의 경향과 대표성 발견법, 그리고 소수의 법칙이라는 특징을 보이는 투자자는 새로운 정보에 대해 일단 과소반응하다가 어떠한 패턴을 발견했다고 믿는 순간부터 과민반응을 보인다. 이러한 투자자 행태는 주식시장에서의 모멘텀 현상과 승자-패자 역전현상을 동시에 설명해 준다.

3.2.2 준강형 효율시장 가설의 실증분석

준강형 효율시장 가설은 공개정보를 이용해 주가를 예측할 수 없다는 것이다. 즉, 사람들이 알고 있는 정보는 이미 주가에 다 반영되어 있기 때문에 이러한 정보를 이용한 주가 예측은 무의미하다는 것이다. 이것은 물론 투자자들이 합리적 기대를 하고 차익거래가 활발히 일어나는 경우에만 성립한다. 그러나 경험적 실증분석에 따르면 이러한 준강형 효율시장 가설도 성립하지 않는 것으로 밝혀지고 있다. 이에 대해 자세히 살펴보자.

3.2.2.1 소형주와 대형주

시겔(J. Siegel)에 따르면, 역사적으로 대형주(large stocks)보다 소형주(small stocks)의 수익이 더 높다. 그는 1926년에서 2000년 기간 동안 뉴욕증권거래소(NYSE)의 주식을 시장가치 규모에 따라 10개 그룹으로 구분했는데, 이들 중 가장 규모가 큰 첫째 그룹의 연간 수익률은 10.26%였으나 가장 규모가 작은 열 번째 그룹의 경우에는 16.71%로 나타났다.[30] 이러한 현상을 소기업 효과라 부른다.

또한 1926년에서 1996년 사이에는 소형주에 대한 수익이 매년 1월에 집중되어 있었고, 1월에는 가장 규모가 작은 열 번째 그룹의 수익률이 첫 번째 그룹의 수익률보다 평균 4.8%만큼 높게 나타났다. 이와 같이 연중, 특히 1월에 소형주가 대형주보다 두드러지게 높은 수익률을 기록한다는 사실을 1월 효과라 부른다.[31] 그러러

30. Siegel(2002) 참조.
31. Siegel(1998) 참조.

나 1월 효과가 관찰되는 이유는 확립되어 있지 않으며, 1월에 소형주가 대형주보다 훨씬 위험해진다는 증거도 없다.

물론 회사의 시장가치 규모나 1월이 오는 시기는 시장에 잘 알려져 있는 묵은 정보이다. 그런데도 이 사실을 이용해 초과수익을 얻을 수 있는 셈이다. 이런 경험적 현상은 준강형 효율시장 가설에 위배된다. 하지만 최근 소기업 효과와 1월 효과는 둘 다 매우 약화되었는데 그 이유 역시 분명하지 않다.

3.2.2.2 가치주와 성장주

주식시장에서는 회사의 장부가치와 시장가치에 관한 정보를 쉽게 얻을 수 있다. 장부가치(book value)는 장부상 기록되어 있는 회사의 가치를, 시장가치는 주식의 시가총액을 의미한다. 이제 어떤 주식에 대해 시장가치/장부가치의 크기를 구하면 그 주식이 얼마나 저렴한가를 알 수 있다. 즉, 이 비율이 높으면 주가가 상대적으로 비싼 것이고, 반대로 이 비율이 낮으면 주가가 상대적으로 싼 것으로 이해할 수 있다. 이때 전자를 성장주(growth stock 또는 glamour stock), 후자를 가치주(value stock)라 한다.

라코니쇼크(J. Lakonishok) 등은 뉴욕 증권거래소(NYSE : New York Stock Exchange)와 아메리카 증권거래소(AMEX : American Stock Exchange)의 상장주식을 대상으로 1968년 4월부터 1989년 4월까지 매년 시장가치/장부가치의 비율을 계산하였다.[32] 이들은 이렇게 계산된 비율의 크기에 따라 주식을 매년 10개의 그룹으로 분류한 후, 각 그룹의 향후 5년간 연평균 수익률을 구했다. 〈그림 6-3〉은 이렇게 얻어진 10개 그룹의 연평균 수익률을 나타낸 것이다. 그런데 이 그림에서는 시장가치/장부가치의 비율이 증가하면서 수익률이 단조 감소하는 형태를 보인다. 즉, 이 비율이 가장 작은 첫째 그룹(가치주 그룹)의 수익률이 연평균 19.8%인 것에 비해, 이 비율이 높은 마지막 그룹(성장주 그룹)의 경우 수익률이 연평균 9.3%에 그친다. 이러한 경험적 사실은 준강형 효율시장 가설과 정면으로 배치된다. 이미 공개된 이용 가능한 정보에 의해 주가의 예측이 가능하다는 것을 보여주는 증거이기 때문이다.

왜 가치주가 성장주에 비해 높은 수익률을 보이는 것일까? 행태주의 금융학자

32. Lakonishok *et al.*(1994) 참조.

그림 6-3

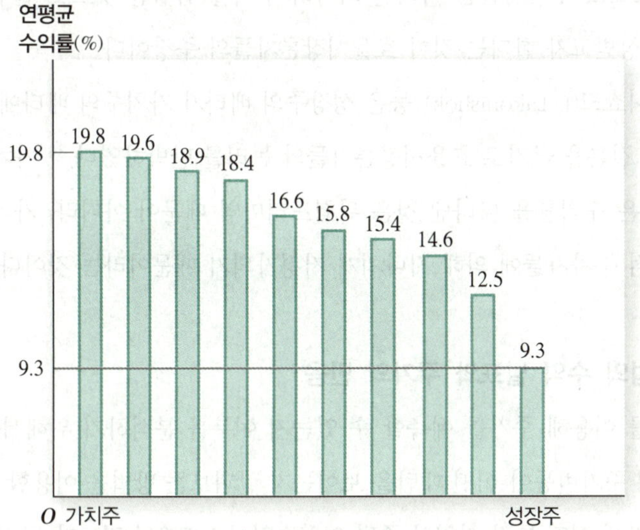

자료 : Lakonishok *et al.*(1994), p.1548의 Table 1을 기초로 작성.

가치주와 성장주의 수익률 비교

시장가치/장부가치의 비율이 낮은 가치주일수록 연평균 수익률이 높고, 시장가치/장부가치의 비율이 높은 성장주일수록 연평균 수익률이 낮다.

들은 드봉과 탈러의 과민반응 가정이 여기에도 그대로 적용된다고 주장한다. 예를 들어 어떤 회사의 실적이 몇 년간 계속 좋지 않은 데 대해 투자자들이 과민반응하여 그 회사의 시장가치가 크게 하락했다고 하자. 드봉과 탈러의 승자-패자 역전현상과 마찬가지로 이러한 하락은 서서히 조정되고 주가 상승이 뒤따르게 된다. 그 결과 가치주는 높은 수익률을 띠게 된다. 반면 성장주는 과거 몇 년 동안 회사의 실적이 좋았다는 사실에 투자자들이 과민반응하여 주가를 비정상적으로 상승시킨 주식들이라고 볼 수 있다. 따라서 시간이 충분히 지나면 거품에 해당하는 부분이 꺼지면서 점차 성장주의 수익률이 낮아진다.

시장가치/장부가치 비율에 관한 이와 같은 증거는 효율시장 가설에 대한 심각한 도전이다. 가치주에 투자하는 전략으로 초과수익을 올릴 수 있기 때문이다. 그러나 효율시장 가설을 지지하는 경제학자들은 이를 반박한다.[33] 앞에서도 살펴보았듯이, 만약 주식 수익률의 차이가 주식 간의 위험 정도의 차이를 반영한다면 가치주의 수익률이 성장주의 수익률에 비해 높은 것이 효율시장 가설과 상충하는 것은 아

33. 예를 들어 Fama and French(1993 · 1996) 참조.

니기 때문이다. 상대적으로 시장가치가 낮은 가치주를 구성하는 회사들은 근본적인 위험에 처해 있으므로, 투자자들은 이러한 회사의 주식을 위험한 것으로 간주하여 높은 수익률로 보상받고자 한다는 것이 효율시장론자들의 주장이다.

그러나 라코니쇼크(J. Lakonishok) 등은 성장주의 베타가 가치주의 베타에 비해 오히려 더 높다는 결론을 근거로 효율시장론자들의 논리를 반박하였다.[34] 가치주가 성장주에 비해 높은 수익률을 나타낸 것은 위험프리미엄 때문이 아니라, 가치주가 시장에서 비합리적 투자자들에 의해 지나치게 저평가되기 때문이라는 것이다.

3.2.2.3 기업의 수익 발표와 주가의 반응

공개된 정보를 이용해 주가를 예측할 수 있는지 여부를 분석하기 위해서는 기업의 수익 발표 뒤 주가변동이 어떤 패턴을 보이는지 살펴보는 방법을 이용할 수 있다. 예를 들어 시장에 어떤 특정 기업의 주당 영업수익이 1,000원 정도가 될 것이라는 예측이 나왔다고 하자. 그 이후 어떤 특정일에 이 회사가 주당 영업수익을 발표했다고 하자. 이때 실제로 발표된 영업수익과 시장 예측치가 동일하다면 주가는 크게 변하지 않을 것이다. 반면 그 차이가 크다면 주가변동도 크게 이루어질 것이다.

만약 효율시장 가설이 타당하다면, 발표 다음 날의 주가 패턴은 발표 내용과는 상관없이 무작위적인 양상을 보여야 한다. 왜냐하면 주당 수익 발표와 관련된 정보는 발표 당일 주가에 모두 반영되기 때문이다. 그러나 1974~1986년 기간 중 NYSE/AMEX 상장기업의 수익실적 발표 84,792건을 분석한 버나드(V. Bernard)와 토마스(J. Thomas)는 발표 당일의 실제 영업수익이 시장 예측치보다 높게(낮게) 나타난 기업의 누적 초과수익률이 이후 60거래일에 걸쳐 지속적으로 상승(하락)하는 것을 발견했다.[35]

〈그림 6-4〉는 그들의 연구결과를 요약해 나타낸 것이다. 여기서 세로축은 누적 초과수익률을 나타내며, 가로축은 수익 발표 후의 거래일수를 나타낸다. 그룹 10의 수익률은, 기업의 실제 영업수익이 시장의 예측치보다 각 분기별로 가장 컸던 상위 10%의 회사로 구성된 포트폴리오의 거래일별 초과수익률(포트폴리오 수익률 - 시장수익률)을 계속 더한 누적 초과수익률을 뜻한다. 반면 그룹 1의 수익률은 각 분

---

34. Lakonishok *et al.*(1994) 참조.

35. Bernard and Thomas(1989) 참조.

그림 6-4

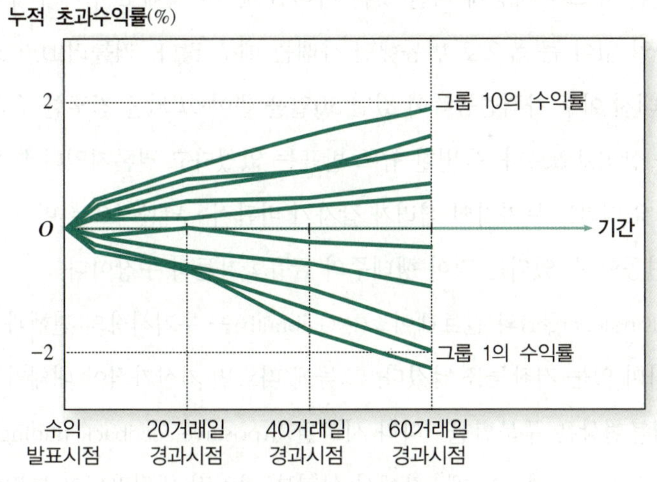

자료 : Bernard and Thomas(1989), p.10의 Fig. 2(일부).

영업수익 발표 이후 주가 수익률 추이

기업의 수익실적 발표 이후 주가 수익률 추이를 살펴보면, 이용 가능한 공개정보조차 주가에 천천히 반영됨을 알 수 있다.

기별로 기업의 실제 수익이 예상수익보다 가장 작았던 하위 10%의 회사들로 구성된 포트폴리오의 누적 초과수익률이다.

버나드와 토마스의 연구결과는 공개된 정보에 의해 주가가 예측 가능하다는 것을 보여준다. 행태주의 금융학자들은 6개월 내지 1년 동안의 짧은 기간 동안에는 과소반응이 지배적 현상임을 지적했는데, 기업수익 발표 뒤의 주가 추이도 투자자들의 과소반응으로 설명할 수 있다. 즉, 모든 사람들이 이용 가능한 공개정보조차도 주가에 천천히 반영된다는 버나드와 토마스의 연구결과는 준강형 효율시장 가설을 반박하는 또 하나의 증거가 된다.

3.2.3 비정보, 투자자 심리와 차익거래의 제약

효율시장 가설에 의하면 주가는 새로운 정보가 시장에 유입되었을 때에만 반응한다. 그러나 행태주의 금융학자들은 시장에 특별한 정보가 없더라도 큰 가격변동이 유발될 수 있는 위험이 존재한다고 주장한다. 바로 투자자의 심리상태 변화에 의해 기업의 내재가치와는 무관한 큰 주가변동이 가능하다는 것이다.

예를 들어 1987년 10월 19일 마(魔)의 월요일(Black Monday), 미국 다우존스

지수는 하루 사이에 사상 최고치인 22.6% 하락을 경험했다. 그러나 이때 주가를 변동시킬 만한 특별한 뉴스가 시장에 퍼진 것은 아니었다. 이 밖에도 주가가 뚜렷한 새로운 정보의 유입 없이 큰 폭으로 변동했던 사례는 매우 많다. 커틀러(D. Cutler) 등은 제2차 세계대전 이후 가격변동폭이 컸던 50일을 뽑아 그 날을 전후한 주요 뉴스의 발표 여부를 살펴보았으나, 특별한 뉴스 발표는 없었다고 결론지었다.[36] 따라서 새로운 정보가 없더라도 투자자의 심리가 갑자기 비관적·낙관적으로 변화해 주가가 큰 폭으로 변동할 수 있다는 것이 행태주의 금융학자들의 주장이다.

킨들버거(C. Kindleberger)와 갈브레이스(J. Galbraith)는 투기시장의 진행과정과 그 여파에 관한 의미 있는 저작들을 남겼다. 그들에 따르면 자산가격이 내재가치에 비해 높아지는 버블현상은 무분별한 '따라 사고팔기(positive feedback trading)'에 근거하는 경우가 많다. 그 예로는 제1장에서 살펴본 것처럼 네덜란드의 튤립버블 등이 대표적이다.

일부 행태주의 경제학자들은 소위 '닷컴(.com)'으로 알려진 신경제(New Economy)의 주식이 이와 비슷한 논리에서 과대평가되는 경우가 많다고 주장한다. 슐라이퍼는 야후닷컴(yahoo.com)이나 아마존닷컴(amazon.com) 등의 기업이 자산도 별로 없고 인적자본이 크게 훌륭한 것도 아니며 심지어 음의 수익을 올리기도 하는데, 1998년 한 해 동안 주가는 천정부지로 치솟은 사실에 주목한다.[37] 실제로 1999년 아마존닷컴 주식의 시장가치는 300억 달러에 달했는데, 이것은 1998년 초에 비하면 20배나 상승한 것이었다. 인터넷 비즈니스가 무한한 잠재력을 가졌을지 몰라도 1년 사이에 주가가 대폭 상승한 것은 당시로서는 납득하기 어려운 것이 사실이었다.

드롱(B. DeLong) 등은 이러한 현상을 따라 사고팔기의 심리상태를 이용하여 설명한다.[38] 따라 사고팔기는 추세에 순응하는 투자기법이다. 즉, 가격이 오를 때 주식을 사고 가격이 내릴 때 주식을 파는 것이다. 예를 들어 주식시장에 합리적인 투자자 그룹과 따라 사고팔기 투자기법을 따르는 투자자 그룹이 있다고 하자. 그리고 합리적 투자자들이 자신의 정보를 바탕으로 주식을 매입하기 시작했고 그 결과 주가가 상승했다고 하자. 이때 따라 사고팔기의 투자기법을 따르는 투자자들은 주가

---

36. Cutler *et al.*(1991) 참조.

37. Shleifer(2000) 참조.

38. DeLong *et al.*(1990) 참조.

그림 6-5

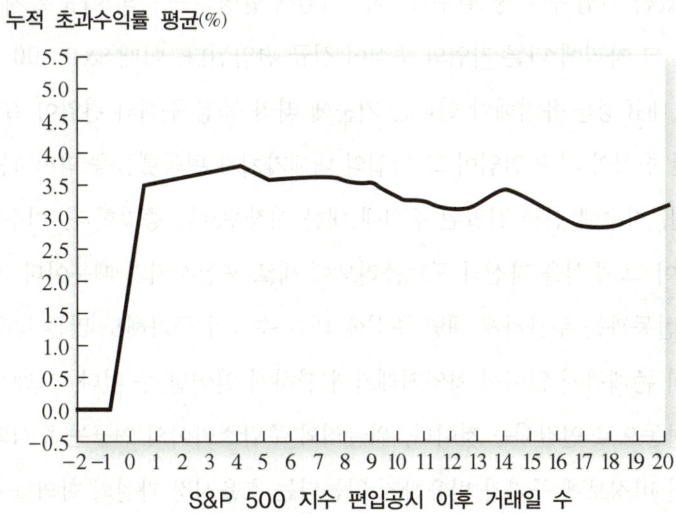

S&P 500 지수에 신규 편입된 주식의 누적 초과수익률 평균

S&P 500 지수로의 신규 편입이 기업 내재가치의 증대를 반영하는 것이 아닌데도 그 신규 편입 주식에 대한 지수펀드 등의 수요증대가 주가 상승을 가져온다. 이는 대체주식의 부재로 인해 차익거래가 원활하지 않기 때문이다.

자료 : Shleifer(2000), p.22의 Fig. 1.3을 재인용(원전은 Wurgler and Zhuravskaya, 1999).

가 상승한 것을 보고 추가매수에 나선다. 그리고 그 다음 날 주가가 또다시 상승한 것을 관측한 투자자들은 주식을 매수하고 이러한 과정이 계속된다. 이때 그 회사에 대한 정확한 정보가 시장에 나오기 전까지 주가는 계속 상승하며, 일정 시점 이후부터는 내재가치 수준을 훨씬 뛰어넘는 수준의 가격이 형성된다. 물론 기업의 실상에 대한 정확한 정보가 공개되면 투자자들 중 일부가 주식을 팔기 시작한다. 그 결과 주식가격이 하락하면 급격한 따라 팔기가 이어질 것이다.

행태주의 금융학자들에 따르면, 지나치게 비싼 인터넷 주식들 중에는 따라 사기에 의해 내재가치보다 훨씬 높게 평가된 주식들이 많고, 이러한 버블상태는 궁극적으로 조정과정을 거치게 될 것이라고 한다. 그 과정에서 과거와 같은 금융시장 혼란이 재연될 가능성이 크다.

한편, 특정 주식의 내재가치와는 무관하지만 그 수급에 영향을 주는 요인이 발생했을 때 마땅한 대체주식이 없다면, 차익거래가 일어나지 못하기 때문에 주가변동이 야기될 수 있다. 워글러(J. Wurgler)와 주랍스카야(E. Zhuravskaya)는 1976년 9월 22일부터 1996년 5월 21일 사이에 S&P 500 지수에 신규 편입된 236개 주식에 대해 조사한 결과, 이들 주식이 편입된 이후 평균 3.5%의 주가 상승이 실제로 수반되었음을 발견하였다.[39] 〈그림 6-5〉는 이러한 사실을 명확히 보여준다. S&P 500에 원래 편입되어 있는 기업 주식 중 일부가 다른 기업에 합병되는 등의 이유로 지수에서 빠지게 되면, 그 자리에 다른 기업의 주식이 신규 편입된다. 이때 S&P 500 지수가 미국 경제의 대표성을 유지해야 한다는 기준에 따라 특정 주식의 편입이 결정된다. 따라서 어떤 주식의 지수 편입이 그 기업의 내재가치가 변동했음을 의미하는 것은 아니다. 한편, 지수에 신규 편입된 주식에 대한 시장수요는 증가한다. 지수펀드(index fund) 등이 그 주식을 자신의 포트폴리오에 새로 포함시키기 때문이다. 이와 같이 내재가치 변동과는 무관하게 개별 주식에 대한 수요가 증가해도 많은 경우 긴밀한 대체주식이 존재하지 않아서 차익거래가 원활하게 일어날 수 없다. 그래서 수요변동이 가격변동으로 연결되는 것이다. 워글러와 주랍스카야의 연구는 주식의 내재가치와 무관한 비정보에 주가가 반응하지 않는다는 효율시장 가설의 함의를 부정한다.

4. 효율시장 가설과 비효율시장 가설 : 상호 보완성과 논쟁의 현주소

4.1 두 가설 사이의 상호 보완성

지금까지 우리는 주식시장의 효율성에 대한 여러 논의를 살펴보았다. 만약 정보의 비대칭성이 존재하지 않으며, 경제주체들이 자신의 심리에 좌우되지 않고 컴퓨터처럼 합리적으로 계산하고 행동한다면, 시장은 효율적으로 작동할 것이다. 그러나 투자자들은 정보의 비대칭성 상황에 직면해 있을 뿐만 아니라, 자신의 심리에 크게 좌우된 나머지 비합리적으로 기대를 형성하는 일이 잦다. 이러한 상황에서 주가는 기업의 내재가치를 정확히 반영하기 힘들 뿐더러, 심지어 급격한 가격변동을 통해 금융시장 전체의 불안정성을 초래하기도 한다.

---

39. Shleifer(2000) 참조.

그런데 효율시장 가설이 어떻게 1960년대부터 약 20년간이나 학계의 정설로 확고하게 자리매김을 할 수 있었을까? 슐라이퍼는 이를 두 가지 이유로 설명한다.[40] 첫째 이유는, 효율시장론자들이 당시 학계를 지배하고 있었기 때문에 학술지에 효율시장 가설을 기각하는 글을 게재하기 어려웠다는 것이다. 그러나 경제 및 재무 분야에는 늘 새로운 이론에 목말라 하는 다수의 학술지가 경쟁하고 있다는 사실을 고려할 때 이와 같은 설명은 설득력이 떨어진다.

그래서 슐라이퍼가 더욱 무게를 두는 둘째 이유는 서머즈(L. Summers)의 논리이다. 효율시장 가설을 귀무가설로 놓고 통계적 검정을 통해 이 귀무가설이 기각되지 않는다고 해서 효율시장 가설이 수용되는 것은 아니라는 평범한 통계학적 진리를 서머즈는 강조한다. 나아가 그는 효율시장 가설에 대한 테스트의 검정력(power)이 낮기 때문에 특정 시계열자료가 예컨대 불규칙행보를 하는지 아니면 평균회귀(mean reversion)를 따르는지 경험적으로 분간해 내기가 어렵다는 사실을 보였다. 다시 말해, 귀무가설인 효율시장 가설이 거짓(false)인데도 경험적으로 기각하기가 원래 쉽지 않다는 것이다.[41]

그러나 이 장의 후반부에서 살펴본 많은 이론적 · 경험적 연구결과들은 행태주의 금융학자들의 주장에 상당한 힘을 실어주고 있다. 이제 이들은 주식시장의 효율성 가설은 주식시장의 비효율성 가설로 이름이 바뀌어야 한다고 주장할 정도가 되었다. 하지만 비효율시장 가설의 실증연구 결과가 효율시장 가설을 대체할 만큼 강력한 설득력을 가진 것은 아님에 주의해야 한다. 또한 쇼울즈(M. Scholes)는 "[행태경제학이] 궁극적으로 가격에 어떻게 영향을 미친다는 것인지 확실히 설명하지 않고 있다" 면서 행태경제학이 효율시장을 대체할 만한 패러다임은 아직 아니라고 본다.[42] '어떤 이론을 부정하려면 그 이론보다 더 나은 다른 이론이 필요하다' 는 것이다.[43] 요컨대 비효율시장 가설은 효율시장 가설에 관한 맹신에 반발하여 나온 것인

40. Shleifer(2000) 참조.

41. Summers(1986) 참조. 그의 지적을 달리 표현하면, 효율시장 가설에 대한 검정에서 통계학의 제2종 오류(type II error)가 발생할 확률—귀무가설이 거짓인데도 이를 기각하지 못할 확률—이 높다는 것이다.

42. *The Economist*(2009b), p.62에서 재인용.

43. 이 문장의 원어 표현은 "It takes a theory to beat a theory"로, 행태경제학에 맞서 효율시장 가설을 옹호하는 학자들이 즐겨 쓰는 표현이다. 예를 들어, Ball(2009) 참조.

만큼, 양자는 상호 보완적이라는 사실을 염두에 두어야 한다.

4.2 두 진영 간 논쟁의 경과 및 현주소

효율시장론자와 비효율시장론자 사이의 논쟁은 최근에도 활발히 진행되고 있다. 특히 글로벌 금융위기가 터지자 논쟁은 더욱 열기를 더하게 되었다. 그러나 중요한 것은 글로벌 금융위기가 두 이론 간 우열을 갈랐다기보다는 효율시장 가설의 약점과 강점을 명확히 드러냄으로써 두 이론 간 상호 보완성을 더욱 부각시켰다는 사실이다. 이는 앞서 〈Box 6-3〉에서 논의한 2015년 세계발전보고서의 기본 시각—인간 요인을 강조하는 행태경제학적 관점이 기존 경제학적 관점을 대체하기보다는 보완하는 것이라는 시각—과도 부합한다. 우선 글로벌 금융위기 이전의 두 진영 간 대립을 2013년에 노벨 경제학상을 공동으로 수상한 파마(E. Fama)와 쉴러(R. Shiller)를 통해 간략하게 요약한 후 금융위기 이후의 대립에 대해 상세히 검토하기로 하자.

4.2.1 효율시장론자와 비효율시장론자 간 논쟁 : 글로벌 금융위기 이전

효율시장론자인 파마는 행태주의 금융이론을 비판하면서 두 가지 주장을 하였다.[44] 첫째, 정보에 대한 투자자의 과민반응이 자주 관찰되는가 하면 과소반응도 자주 관찰되는 등 이들 이례현상(anomalies)은 사실상 우연의 결과이고, 둘째, 초과수익의 장기적 지속과 같은 이례현상도 분석방법을 개선하면 사라진다는 것이다.

반면 비효율시장론자인 쉴러는 사람들이 언제나 과민반응한다거나 언제나 과소반응한다는 심리학 원리가 없는 한 행태주의 금융이론에서 그런 원리가 드러나지 않는 것은 당연하다면서, 파마의 주장을 강하게 반박한다. 또한 쉴러는 모든 학문 분야에서 중요한 발견이나 주장이 훗날 폐기되는 경우가 왕왕 일어나지만 이례현상 중 가장 기본적인 지나친 변동성(excess volatility)만큼은 전혀 폐기되지 않고 있으며, 오히려 세계적으로 어디서나 관찰되기에 이르렀다고 주장한다. 게다가 예외적

44. Fama(1998) 참조.

인 현상이 때로 사라지거나 시간에 따라 부호를 바꾼다고 해서 그런 사실 자체가 시장 합리성의 증거는 될 수 없다는 것이 쉴러의 견해이다.[45]

4.2.2 효율시장론자와 비효율시장론자 간 논쟁 : 글로벌 금융위기 이후

영국의 시사주간지 *The Economist*는 글로벌 금융위기 직후 시장경제의 참담한 실상을 과거 통제경제의 폐해에 빗대어 다음과 같이 절묘하게 그려냈다.[46]

> "맞는 오른쪽 짝이 없어 산더미처럼 쌓인 왼쪽 장화들은 구소련 중앙계획의 기념물인 것으로 여겨졌다. 매입하려는 사람이 아무도 없는 수백만 호의 빈집들은 지난 25년 동안 지속된 상승장세(bull market)의 기념물로 남아 있다. 구소련의 국가계획위원회(Gosplan)는 근로자들을 지겨운 공장으로 강제로 몰아넣었다. 이들의 재능이 다른 곳에 더 적합했을지라도 그렇게 했다. 금융은 똑똑하고 야심에 찬 젊은이들을 꾀어내 월가(Wall Street)와 런던 씨티(City of London)의 트레이딩룸에서 일하게 했다. 이들의 노력 대부분은 헛된 일이 되었다."

위의 인용문이 전하는 대로 지난 글로벌 금융위기로 자본주의 시장경제의 효율성(efficiency)은 엄청나게 훼손되었다. 이로 인해 지난 40여 년간 금융시장의 효율성을 강조해 온 효율시장 가설은 특히 뜨거운 공격의 대상이 되었다. 공격의 논지는 "투자자와 규제당국은 얻을 수 있는 모든 정보가 시장가격에 반영되어 있다는 생각에 지배된 나머지 공개 거래되는 주식의 진정한 가치를 검토 · 확인할 필요를 거의 느끼지 못했으며, 그 결과 자산가격의 "버블"을 찾아내지 못했다"는 것이다.[47] 한마디로, "자산버블이 터질 위험을 만성적으로 과소평가하도록 만든" 효율시장 가설에 "이번 금융위기의 주된 직접적 책임이 있다"는 것이다.[48] 노스라(J. Nocera)는, "시카고 대학교의 탈러(R. Thaler), 예일 대학교의 쉴러(R. Shiller)와 같은 행태경제학자들이 나서서 집단심리(mass psychology)와 군집행동 등이 주가에 엄청난 영향

---

45. Shiller(2003) 참조.
46. 이 인용문은 *The Economist*(2009a), p.3에 나오는 문단으로, 김홍범(2009)에서 재인용.
47. Ball(2009), p.8.
48. 이는 뉴욕타임즈의 경제칼럼니스트 노스라(J. Nocera)가 인용한 금융시장전문가 그랜섬(J. Grantham)의 언급이다. Nocera(2009) 참조.

을 미칠 수 있다는 사실—이는 시장이 궁극적으로 그렇게 썩 효율적이지는 않을 것이라는 의미임—을 설득력 있게 보여준 … [후] 닷컴버블과 그에 뒤이은 주택버블과 같은 좀 더 구체적인 증거가 나옴으로써 [효율시장 가설이 틀렸음이] 증명되었다"고 본다.[49] 소로스(G. Soros)도 "솔직히 말해서 리먼브러더즈의 도산은 효율시장 가설이 오류라는 사실을 결정적으로 보여준다"고 말한다.[50]

과연 글로벌 위기 이후 효율시장 가설에 대해 집중적으로 쏟아진 이런 신랄한 공격은 정당한 것인가? 이런 공격은 정서적으로는 호소력이 매우 크지만, 그 논리적 타당성은 호소력에 비해 다소 제한적이라는 것이 공정한 시각일 것이다. 이는, 글로벌 금융위기 이전에도 효율시장 가설과 비효율시장 가설의 대립을 통한 상호 보완성이 중요했듯이, 이번 위기 이후에도 두 진영의 격한 대립을 통한 상호 보완성이 여전히 중요함을 시사한다.

시카고 대학교의 볼(R. Ball)은 우선, 효율시장 가설 때문에 글로벌 위기가 초래되었다는 시각은 경험적으로 맞지 않는다고 반박한다. 효율시장 가설은 1960년대 중반에야 등장한 이론이다. 그런데 이 책의 제1장에서 보았듯이, 17세기의 튤립버블(네덜란드), 18세기의 미시시피버블(프랑스)과 남해버블(영국), 그리고 20세기 전 세계가 겪은 대공황 등 효율시장 가설이 나오기 훨씬 전부터 세상은 금융위기를 겪었다는 것이다.

게다가 효율시장 가설 때문에 글로벌 위기가 초래되었다는 시각은 논리적으로도 맞지 않는다. 개인투자자이든 기관투자자이든 투자자들이 효율시장 가설을 받아들여 부동산이나 주식 등 자산의 시장가격이 얻을 수 있는 모든 정보를 신속하고 정확하게 반영한다고 진정으로 믿었다면, 이들이 자산가격이 계속 상승하리라는 기대를 가지지도 않았을 것이고 따라서 자신의 투자자금을 적극적으로 관리하지도 않았을 것이기 때문이다. 다시 말해, "투자자들이 [효율시장 가설에 따라] 현재의 자산가격이 정확하다고 수동적으로 받아들인다면서 동시에 자산가격의 "버블"이 [그래서] 발생한다고 주장하는 일은 앞뒤가 맞지 않는 것 같다"는 것이 볼의 생각이다.[51] 사실, 앞서 살펴본 슐라이퍼의 지적대로 현실의 금융시장에는 차익거래에 대한 제

---

49. Nocera(2009).

50. Soros(2009)의 언급을 인용한 Ball(2009, p.10)을 재인용.

51. Ball(2009), p.9.

도적 마찰이 존재한다. 결국, "정보에 밝은 [합리적] 투자자가 펀더멘털을 벗어난 자산가격의 추세에 맞서 대항하기보다는 [당분간] 그 추세를 타는 것(riding the trend rather than fighting it)이 최선일 수 있다."[52] 이런 경우 비효율시장 가설이 현실적 적합성을 갖게 되며, 버블은 팽창할 수밖에 없다. 이는 적어도 투자자들이 효율시장 가설을 신봉한 결과 버블이 초래되었다는 생각은 논리적으로 옳지 않음을 시사한다. 또한 1996년 당시 연준의장이던 그린스펀(A. Greenspan)이 "비이성적 과열"을 언급했고, 이 사실이 당시 언론에서 대대적으로 다뤄진 점을 감안하면, 규제당국이 주가 버블의 가능성에 대해 무심했다거나 투자자들이 이를 알지 못했다고 말할 수는 없다는 것이 볼의 시각이다.

이렇게 본다면 "효율시장 가설에 한계가 있는 것은 사실이지만, 지금의 세계적 위기가 효율시장 가설 탓이라는 주장은 지나친 과장"이라는 볼의 말은 일정 부분 설득력을 갖는다.[53] 여기서 볼이 말하는 효율시장 가설의 한계에는 "증권 수익률 분포의 형태에 대해 [효율시장 가설이] 완전히 함구하고 있"는 점이 포함된다. 이러한 맥락에서 볼은 효율시장 가설이 다음과 같이 조건부적 함의를 갖는다고 해석한다:[54] "획득 가능한 정보에 맞춰 주가가 이미 조정되었다면 그 정보에 대해 주가가 반응할 필요가 없으므로 투자자는 바로 그러한 정보원에서 연원하는 미래의 가격변동성에 노출되지 않는 … 반면, 어떤 시장이 [방금] 도착한 소식에 대해 [당장은] 부분적으로만 조정된다면 결과적으로 투자자는 시장의 뒤늦은 추가적 반응에 노출되고, 지나친 변동성, 즉 가격의 "비효율성"이 초래된다." 다시 말해, 정보에 따른 주가 조정이 즉각 완전하게 이루어진다는 전제 하에서만 비로소 효율시장 가설은 가격이 효율적이고 정확하다는 함의를 갖는다는 것이다. 그러나 이것은 효율시장 가설에 대한 다소 자의적 해석에 해당한다. 왜냐하면, 앞서 이 장의 2.2.1절에서 논의한 대로 효율시장 가설은 "주식의 내재가치와 관련된 뉴스가 시장에 전해지면 주가는 이 뉴스를 '신속'하고 '정확'하게 반영한다"는 경험적 함의를 갖는다고 보는 것이 옳기 때문이다. 그렇다면 시장의 반응 정도에 따라 주가가 현재 획득 가능한 정보를 정확하게 반영하고 있지 않을 수도 있다는 점은 효율시장 가설의 약점을—엄밀하게

52. *The Economist*(2009b), p.61.
53. Ball(2009), p.8.
54. Ball(2009), p.11.

는 오류가능성을—의미한다.

탈러는 효율시장 가설의 이와 같은 오류가능성을 최근 공정하고 명쾌하게 지적했다. 그는 효율시장 가설을 내용상 두 가지 부분—"가격은 (언제나) 옳다(The Price is Right)"는 부분과 "공짜 점심은 없다(No Free Lunch)"는 부분—으로 분해한다.[55] 첫 번째 부분은 앞서 다룬 효율시장 가설의 경험적 함의로서, 탈러에 따르면 이 부분은 틀렸다. 이번 위기는 가격이 항상 정확하지는 않다는 것을 보여줬기 때문이다.[56] 두 번째 부분은, "가격에 대한 예측이 불가능하므로 어떤 투자자도 위험을 감안하고 나면 시장에서 이득을 남기기 어렵다"는 내용이다. 탈러는 이 부분이 금융위기를 통해 더욱 강화된 것으로 본다. "다수 자산들의 리스크는 겉으로 보이는 것보다 상관관계가 더 높다[는 교훈과] …, 높은 레버리지에 따른 고수익은 신기루일 수 있다…"는 교훈을 이번 글로벌 금융위기에서는 물론이요 일찍이 LTCM 도산에서 배웠어야 한다는 것이다.

결국 탈러에 따르면, 글로벌 금융위기를 거치면서 효율시장 가설이 갖는 약점과 강점은 각기 더욱 명확히 드러나게 되었다. 나아가 글로벌 금융위기로 드러난 문제들 중 일부만이 행태주의 금융이론과 관련되며, 다수는 리스크 분석과 같은 기존 이론에 관련된다는 것이 탈러의 견해이다. 이런 의미에서 효율시장 가설과 비효율시장 가설 사이의 상호 보완성이 어느 부분에서 두드러져야 하는지가 금융위기 이전에 비해 더욱 명확해졌다고 할 수 있다.

한편, 최근에는 상호 보완적인 효율시장 가설과 비효율시장 가설을 하나의 패러다임으로 통합하려는 새로운 시도가 MIT의 로우(A. Lo)를 주축으로 진행되고 있다. 로우는 "금융시장 · 금융수단 · 금융제도 · 투자자가 진화체계(evolutionary framework) 내부에서 경제적 선택(economic selection)이라는 '법칙'에 따라 상호작용한다는 생물학적 관점"으로 두 가설을 조화시키려 한다.[57] 로우는 자신의 패러다임을 "진화원리에서 파생된 새로운 버전의 효율시장 가설"이라 소개하면서 "적응시장 가

---

55. Thaler(2009). 본문의 이 문단에 나오는 관련 인용문은 모두 Thaler(2009)에서 따온 것이다.
56. 여기서 가격이 항상 정확한 것은 아니라는 사실이 금융시장 자체의 본래적 비효율성 탓인지, 아니면 효율시장 가설에 따른 구체적 가격결정모형의 결함 탓인지는 확실하지 않다. 시장효율성 검정에 관한 이런 부류의 문제를 일찍이 파마(E. Fama)는 "결합가설의 문제(joint hypothesis problem)"라 불렀다. Fama(1970) 참조.
57. Lo(2007), p.14.

설(Adaptive Markets Hypothesis)"로 명명한다.[58] 이 접근은, 경쟁 및 진화 과정에서 투자자가 완전히 합리적으로 행동하는 것도 아니지만 그렇다고 심리적으로 혼란을 겪는 상태도 아니라고 본다. 투자자는 엄밀한 최적화를 실행하는 것이 아니라 '나름대로의 간단한 방식(heuristics)'을 통한 판단에 의해 만족할 만한 성과를 얻고자 한다. 다만, 투자자는 남들과 경쟁하는 가운데 시행착오를 거듭하면서 자신의 의사결정에 이르는 방식을 부단히 개선함으로써 궁극적으로는 최적에 가까운 수준의 성과를 얻게 되기까지 적응·진화한다는 것이다. 적응시장 가설은 수긍할 만한 시각이긴 하지만, "검증 가능한 명제나 시장포트폴리오 수익률을 뛰어넘는 투자전략(market-beating strategies)을 정작 제시해 주는 것은 아니"라는 한계도 지적된다.[59]

연습문제

01. 불규칙행보 가설은 수학적으로 $E(P_{t+1} \mid I_t) = P_t$로 표현된다. 단, P_t는 t기의 주식의 가격이고, I_t는 t기의 정보집합이다. 이때 오차항 e_{t+1}은 백색잡음(a white noise)으로서 다음 조건을 만족한다고 가정된다.

① $E(e_{t+1} \mid I_t) = 0$
② $Cov(e_{t+i}, e_{t+j} \mid I_t) = 0$ (단, i와 j는 각각 임의의 양의 정수이고 $i \neq j$임)
③ $Var(e_{t+1} \mid I_t) = \sigma^2$

(1) $E(P_{t+1} \mid I_t) = P_t$의 의미를 설명하시오.
(2) 오차항에 대한 세 가정 ①, ②, ③의 의미를 각각 설명하시오.

02. 행태주의 재무이론가들(behavioral finance theorists)은 효율시장 가설의 약형 및 준강형 명제를 반박하는 실증연구 결과들을 제시한다. 그리고 이러한 실증적 결과를 투자자들의 과소반응 또는 과민반응으로 설명한다. 이들이 말하는 과민반응과 과소반응의 예를 각각 하나씩 들어보시오.

---

58. Lo(2007), pp.17~18.
59. *The Economist*(2017), p.70.

03. *A*은행장은 자신의 은행에서 *B*보험사 상품의 판매가 여의치 않음을 발견했다. 그러자 *A*은행장은 아예 *B*보험사를 3월 1일자로 인수하기로 결정하고, '6월 1일까지 인수 작업을 완료하겠다'고 발표했다. 이 인수작업은 *A*은행에 매우 큰 양(+)의 시너지 효과를 가져올 것으로 예측되고 있다. 작업이 순조롭게 진행되었다고 할 때, 다른 조건이 모두 동일하다면 6월 1일 전후에 *A*은행의 주식가격은 어떻게 변화했을까?

04. 2007년 7월 9일 파이낸셜 타임즈(*The Financial Times*)와의 인터뷰 기사(Nakamoto and Wighton 2007)에서 씨티그룹의 CEO였던 프린스(C. Prince)는 다음과 같이 말했다: "유동성의 음악이 멈추면 상황은 복잡해질 것이다. 그렇지만 음악이 연주되는 동안에는 일어나 춤을 춰야 한다. 우리는 아직도 춤추고 있다."

(1) 당시 서브프라임 사태가 이미 가시화된 상황 속에서 나온 프린스의 이 말은 이후 글로벌 금융위기가 급속히 확산되면서 두고두고 인구에 회자되는 악명 높은 언급이 되어버렸다. 서브프라임 사태가 벌어진 당시 상황을 전제로 프린스가 말한 취지를 해석해 보시오.

(2) 프린스는 서브프라임 사태가 본격화한 직후인 2007년 11월 씨티그룹의 급격한 실적악화로 CEO직에서 돌연 물러나게 되었다. 이러한 상황의 진행을 보며, 여러분은 효율시장 가설을 옹호하게 되는가 아니면 비판하게 되는가? 그 이유는?

05. 2008년 9월 도산신청을 한 리먼브러더즈의 사례는 소로스(G. Soros)가 자신의 책(2009)에서 지적한 대로 효율시장 가설의 오류를 지지하는 증거로 합당한가 또는 아닌가? 그 이유는?

06. 다음은 효율시장 가설에 대한 옹호론과 반대론의 시각차에 대한 지문이다. 물음에 답하시오.

효율시장 가설이 갖는 경험적 함의는 주식의 내재가치와 관련된 뉴스가 시장에 전해지면 주가는 이 뉴스를 ① '신속'하고 '정확'하게 반영한다는 것이다. 효율시장 가설의 옹호론자들은 주식시장에서 수많은 합리적 투자자가 경쟁하는 상황에서뿐만 아니라 ② 일부 투자자들이 비합리적이더라도 주식시장은 효율적이라고 본다. 나아가, ③ 일부 비합리적 투자자들의 거래가 상관성을 갖고 한 방향으로 쏠리는 경우에도 주식시장은 효율적이라고까지 주장한다. 이렇게 본다면, 효율시장 가설론자들의 이론적 기초는 투자자 합리성과

(④)(으)로 집약된다. 따라서 효율시장 가설의 반대론자들은 바로 이 두 가지 이론적 기초 각각에 대해 자연스럽게 집중 공략하게 된다. 비효율시장론자들의 시각은 크게 두 가지로 구분된다. 하나는 투자자의 비합리성을 인정하는 ⑤ 행태적 재무이론의 시각이고, 다른 하나는 (④)이 현실적으로 성립하기에는 ⑥ 제약이 작용한다는 시각이다.

(1) ①에서 '신속'하게 반영한다는 의미는 무엇인가?

(2) ①에서 '정확'하게 반영한다는 의미는 무엇인가?

(3) ②에 대한 효율시장론자의 논지는 무엇인가?

(4) ③에 대한 효율시장론자의 논지는 무엇인가? 이때 비합리적 투자자를 지칭하는 전문용어(jargon)는 무엇인가?

(5) ④에 들어갈 적절한 경제용어는 무엇인가?

(6) ⑤는 투자자가 비합리적이라는 사실을 심리학의 여러 개념을 빌려와 강조한다. 그런 심리학 개념의 예를 3가지 들어보시오.

(7) 비효율시장론자의 입장에서 볼 때, (④)이(가) 실제로 일어나기 어렵게 만드는 현실적 제약(⑥)은 무엇인가?

07. 2009년 9월 6일 프린스턴 대학의 크루그먼(P. Krugman)은 뉴욕타임즈(*The New York Times*)에 "경제학자들이 어쩌면 그렇게 잘못 생각했을까?(How Did Economists Get It So Wrong?)"라는 제목의 칼럼을 기고했다. 그로부터 열흘 후, 시카고 대학의 코크란(J. Cochrane)은 "크루그먼이 어쩌면 그렇게 잘못 생각했을까?(How Did Paul Krugman Get It So Wrong?)"라는 제목의 글을 통해 크루그먼의 주장을 조목조목 반박했다. 이들의 글을 각각 공부한 후 물음에 답하시오.

[언급 A] "나는 경제학계가 길을 잃었다고 본다. 이는 경제학자들 집단이 인상적인 수학으로 치장된 아름다운 모습을 진리로 착각했기 때문이다."(Krugman 2009)

[언급 B] "최근 경제학자들의 한심한 논의에서는 "아무도 [금융위기를] 예측할 수가 없었다. …"는 말이 이런저런 용도로 회자된다. 경제학자들이 그런 말을 하고는 있지만, 실은 [위기를] 예측할 수도 있었고, 예측했어야 하며, 실제로 몇몇 경제학자들은 예측했었다. 그런 예측 노력에도 이 분들은 대다수 경제학자들의 조소를 받았지만."(Krugman 2009)

[언급 C] "첫째, 실제 세상의 다수 투자자들은 효율시장이론대로 철저한 계산에 따라 움직이는 사람들이 아니다. 유감스럽게도 이들은 군집행동을 하기도 하고, 때때로 비합리적 탐닉과 근거 없는 패닉에 휘둘리는 사람들이다. 둘째, 철저한 계산에 의해 결정을 내리고자 하는 사람들이라 하더라도 그렇게 결정할 수 없는 경우—신뢰, 신빙성, 그리고 담보의

제약으로 인해 이런 사람들도 어쩔 수 없이 무리(herd)와 함께 움직일 수밖에 없는 경우—가 자주 있다."(Krugman 2009)

(1) 위의 [언급 A]에 대해 코크란(J. Cochrane)은 어떻게 반박하는가?

(2) 위의 [언급 B]에 대해 코크란은 어떻게 반박하는가?

(3) 위의 [언급 C]의 첫째와 둘째 사항에 대해 크루그먼은 각각 어떻게 설명하는가?

08. 다음은 *The Economist*(2009b)에 실렸던 금융경제학 관련 칼럼의 일부를 발췌한 내용이다. 지문을 읽고 물음에 답하시오.

"In 1978 Michael Jensen, an American economist, boldly declared that ① "there is no other proposition in economics which has no other solid empirical evidence supporting it than the efficient-markets hypothesis"(EMH). ……

From that idea powerful conclusions were drawn, not least on Wall Street. If the EMH held, then the markets would price financial assets broadly correctly. Deviations from equilibrium values could not last for long. ② If the price of a share, say, was too low, well-informed investors would buy it and make a killing. If it looked too dear, they could sell or short it and make money that way. It also followed that bubbles could not form—or, at any rate, could not last: some wise investor would spot them and pop them. And trying to beat the market was a fool's errand for almost everyone. If the information was out there, it was already in the price. ……

……

The finance industry [, since the Global Financial Crisis,] is in the midst of a transformative period of evolution, and financial economists have a huge agenda to tackle.

……

Another priority is to get a better understanding of ③ systemic risk, which Messrs Scholes and Thaler agree has been seriously underestimated. A lot of risk managers in financial firms believed their risk was perfectly controlled, says Mr Scholes, "but they needed to know what everyone else was doing, to see the aggregate picture." It turned out that ④ everyone was doing very similar things. So when their ⑤ VAR models started telling them to sell, they all did—driving prices down further and triggering further model-driven selling.

……

(1) 위 지문에서 ①의 문장을 해석하시오.

(2) 위 지문에서 ②의 내용을 다음과 같이 요약하는 경우 괄호 안에 들어갈 가장 적절한 전문용어(네 글자의 국문 전문용어 또는 한 단어의 영문 전문용어)를 적어 넣으시오. ⇒ 투자자의 (   )을(를) 통해 "시장은 전반적으로 정확하게(broadly correctly) 금융자산의 가격을 매긴다."

(3) 위 지문에서 ②의 셋째 줄에 나오는 'short'의 의미를 상세히 설명하시오.

(4) 위 지문에서 ③의 'systemic risk'가 무엇인지 설명(정의)하시오. 또한 systemic risk를 직접적으로 다루기 위한 감독의 새로운 접근(또는 정책)을 무엇이라 부르는가?

(5) 위 지문에서 ④와 같은 현상을 가리키는 전문용어를 국문 또는 영문 전문용어로 표현하시오.

(6) 위 지문에서 ⑤의 VAR은 어떤 영문 전문용어의 약자인가? 만약 "어느 금융기관이 주어진 포트폴리오를 향후 2주일 동안 보유하는 경우, 신뢰수준 99%에서 VaR이 200억원으로 계산되었다"면 이 말의 의미는 무엇인가?

09. 다음은 글로벌 금융위기 이후 효율시장 가설을 비판하는 견해를 볼(R. Ball)이 재구성한 내용이다. 물음에 답하시오.

> "투자자와 규제당국은 얻을 수 있는 모든 정보가 시장가격에 반영되어 있다는 생각에 지배된 나머지 공개 거래되는 주식의 진정한 가치를 검토 · 확인할 필요를 거의 느끼지 못했으며, 그 결과 자산가격의 "버블"을 찾아내지 못했다."

(1) 이러한 비판이 논리적으로 정확한지 여부를 설명하시오.

(2) 최근 탈러(R. Thaler)가 효율시장 가설을 내용상 두 가지 부분으로 분해한 후, 그중 한 부분은 오류이고 나머지 한 부분은 옳다고 평가했다. 탈러가 제시한 효율시장 가설의 두 가지 부분의 내용이 무엇인지 설명한 후, 각각에 대한 탈러의 평가를 정리하시오.

10. 다음은 글로벌 금융위기 이후의 논쟁에 관한 내용이다(Caballero 2010 ; Cochrane 2009 ; Krugman 2009). 박스 내 3개의 지문은 각각 누구의 언급인가?

> **지문 1** : "내가 경제학에 대해 우려하는 점은, 현재의 경제학 핵심—소위 동태확률일반균형(DSGE : dynamic stochastic general equilibrium)모형을 주로 가리킴—은 모형 자체의 내적 논리(internal logic)에 홀린 나머지 자기 자신의 세상[즉, 모형]에 대해 성취한 정밀

성을 실제 세상에 대한 정밀성으로 혼동하기 시작했다는 사실이다. 이것은 방법론적 이유로나 정책적 이유로나 위험하다. 방법론적으로는, 우리가 "광범한 탐색(broad exploration)" 모드에 있어야 할 때에 거시경제학 연구는 DSGE 세상의 국지최대치(local-maximum) 내부의 "미세조정(fine-tuning)" 모드에서 진행되어 왔다. 우리는 절대적 진실에서 너무 멀리 떨어져 있기 때문에 그렇게까지 전문화하는 일은 불가능하다. 그럼에도 핵심으로부터 종종 확신에 찬 정량적 주장과 같은 것이 나온다. 정책적으로는, 정밀성(precision)에 대한 이런 오해로 인해 표준적 정책체계를 조금 조정하면 미래의 위기를 예방할 수 있다는 환상이 생겨난다. 이렇게 함으로써 정밀성에 대한 오해는 결과적으로 새롭고 예기치 못한 위기에 우리를 과도하게 노출시킨다."

지문 2 : ""버블"을 식별하기 위한 실용적 절차도 없이 버블이 곧 터진다고 떠드는 것은 공허한 일이다. 위험프리미엄이 합리적인 이유로 낮아진 상태와 버블을 제대로 구분할 수 있어야 하고, 늑대가 온다고 지나치게 여러 해 동안 줄곧 외치진 말아야 한다. 실러(R. Shiller)가 주택가격의 하락 가능성을 여러 해 동안 경고해 온 것에 대한 크루그먼(P. Krugman)의 칭찬은 적절하다. 하지만 실러의 마지막 경고가 들어맞았다고 해서 그의 의견을 경청해야 한다는 크루그먼의 조언은 별로 도움이 될 수 없다. 이는 [과거] 그린스펀(A. Greenspan)의 말을 들어야 한다는 조언이 별로 도움이 될 수 없었던 것과 마찬가지다. 그린스펀도 실제로 들어맞는 말을 여러 번 했고 그의 의견을 경청해야 한다는 조언이 여기저기서 나왔었지만, [글로벌 금융위기가 터진 지금] 그런 조언이 별로 소용이 없지 않은가. 마지막 신비의 현자(last mystic oracle)를 따르다가 마침내 틀리고 나면 그를 늑대소굴로 던져버리는 일이 버블을 식별하기 위한 좋은 장기전략이 될 수는 없다.

지문 3 : "내가 보기에 경제학자 집단은 아름다움(beauty)을 진실(truth)이라 오해했다. 그럴듯한 수학으로 치장된 모형의 아름다움을 진실이라 오해했기 때문에 경제학자 모두들 길을 잃었다. 대공황이 오기 전까지 대부분의 경제학자는 자본주의가 완전하거나 완전에 가까운 시스템이라는 생각에 빠져 있었다. 이런 생각이 대량실업 앞에 지속될 수는 없었다. 하지만 대공황의 기억이 사라지자, 이번에는 완전시장에서 합리적 개인들이 상호작용하는 경제를 멋진 방정식들로 그려내면서 경제학자들은 예전에 가졌던 이상화된 경제관에 다시 빠져들었다. 이상적 시장과의 연애(romance)가 되풀이된 것이 부분적으로는 정치적 풍향의 이동에 따른 반응이기도 하고 부분적으로는 금전적 유인에 따른 반응이라는 점은 분명하다. 후버연구소에서의 연구년과 월가에서 일할 수 있는 기회를 쉽게 거절할 수는 없는 것이겠지만, 경제학자들이 집단적으로 실패하게 된 중요 원인은 경제학자들이 모든 것을 망라하면서도 지적으로 우아한 접근(all-encompassing, intellectually elegant approach)을 열망했기 때문이다. 이런 접근을 통해 경제학자들은 자신의 수학솜씨를 뽐낼 수 있었다."

참고문헌

김홍범, 「글로벌 금융위기와 경제학」, 『사회과학 Webzine』, 제1호, http://ssc.krf.or.kr, 2009. 4.

조순 · 정운찬 · 전성인 · 김영식, 『경제학원론』, 제10판, 율곡출판사, 2013. 8.

Ball, Ray, "The Global Financial Crisis and the Efficient Market Hypothesis: What Have We Learned?," *Journal of Applied Corporate Finance*, Vol. 21, No. 4, Fall 2009.

Barberis, Nicholas, Andrei Shleifer, and Robert W. Vishny, "A Model of Investor Sentiment," *Journal of Financial Economics* 49, 1998, pp.307~343.

Benartzi, Shlano, and Richard H. Thaler, "Myopic Loss Aversion and the Equity Premium Puzzle," *Quarterly Journal of Economics* 110, 1995, pp.73~92.

Bernard, Victor L., and Jacob K. Thomas, "Post-Earnings-Announcement Drift: Delayed Price Response or Risk Premium?," *Journal of Accounting Research* 27, Supplement, 1989, pp.1~36.

Caballero, Ricardo J., "Macroeconomics after the Crisis: Time to Deal with the Pretense-of-Knowledge Syndrome," *Journal of Economic Perspectives* 24, Fall 2010, pp.85~102.

Camerer, Colin F., "Prospect Theory in the Wild: Evidence from the Field," in Camerer, Colin F., George Lowenstein, and Matthew Rabin, eds., *Advances in Behavioral Economics*, Princeton University Press, 2004, pp.148~161.

Camerer, Colin F., and George Lowenstein, "Behavioral Economics: Past, Present, Future," in Camerer, Colin F., George Lowenstein, and Matthew Rabin, eds., *Advances in Behavioral Economics*, Princeton University Press, 2004, pp.3~51.

Cochrane, John H., "How Did Paul Krugman Get It So Wrong," http://faculty.chicagobooth.edu/john.cochrane/Research/Papers/Krugman_response.htm, September 16, 2009.

Cutler, David M., James M. Poterba, and Lawrence H. Summers, "Speculative Dynamics," *Review of Economic Studies* 58, 1991, pp.529~546.

De Bondt, Werner F. M., and Richard H. Thaler, "Does the Stock Market Over-react?," *Journal of Finance* 40, 1985, pp.793~805.

DeLong, J. Bradford, Andrei Shleifer, Lawrence H. Summers, and Robert J. Waldmann, "Positive Feedback Investment Strategies and Destabilizing Rational Speculation," *Journal of Finance* 45, 1990, pp.375~395.

The Economist, "Greed-and Fear," A special report on the future of finance, January 24, 2009a.

__________, "Financial Economics: Efficiency and Beyond," July 18, 2009b, pp.61~62.

__________, "Evolving Ideas," April 8, 2017, p.70.

Edwards, W., "Conservatism in Human Information Processing," in Kleinmuntz B., ed., *Formal Representation of Human Judgement*, John Wiley and Sons, 1968.

Fama, Eugene F., "The Behavior of Stock Market Prices," *Journal of Business* 38, 1965, pp.34~106.

__________, "Efficient Capital Markets: A Review of Theory and Empirical Work," *Journal of Finance* 25, 1970, pp.383~417.

__________, *Foundations of Finance*, New York: Basic Books, 1976.

__________, "Market Efficiency, Long-Term Returns, and Behavioral Finance," *Journal of Financial Economics* 49, 1998, pp.283~306.

Fama, Eugene F., and Kenneth R. French, "Common Risk Factors in the Returns on Bonds and Stocks," *Journal of Financial Economics* 33, 1993, pp.3~56.

__________, and __________, "Multifactor Explanations of Asset Pricing Anomalies," *Journal of Finance* 51, 1996, pp.55~84.

Fama, Eugene F., Lawrence Fisher, Michael Jensen, and Richard Roll, "The Adjustment of Stock Prices to New Information," *International Economic Review* 10, 1969, pp.1~21.

Froyen, Richard T., *Macroeconomics: Theories and Policies*, 8th ed., Pearson

Education International, 2005.

Jegadeesh, Narasimhan, and Sheridan Titman, "Returns to Buying Winners and Selling Losers: Implications for Stock Market Efficiency," *Journal of Finance* 48, 1993, pp.65~91.

Jensen, Michael C., "Some Anomalous Evidence Regarding Market Efficiency," *Journal of Financial Economics* 6, 1978, pp.95~101.

Krugman, Paul, "How Did Economists Get It So Wrong?," *The New York Times*, September 2, 2009.

Lakonishok, Josef, Andrei Shleifer, and Robert W. Vishny, "The Structure and Performance of the Money Management Industry," *Brookings Papers on Economic Activity: Microeconomics*, 1992, pp.339~391.

______________, ___________, and ______________, "Contrarian Investment, Extrapolation and Risk," *Journal of Finance* 49, 1994, pp.1541~1578.

Lo, Andrew, "Efficient Markets Hypothesis," An entry that appears in: Blume, L., and S. Durlauf, eds., *The New Palgrave: A Dictionary of Economics*, 2nd ed., Palgrave Macmillan, 2007.

Malkiel, Burton G., "Efficient Market Hypothesis," an entry that appears in Peter Newman, Murray Milgate, and John Eatwell, eds., *The New Palgrave Dictionary of Money and Finance*, Vol. 2, The Macmillan Press Limited, 1992, p.739~744.

Nakamoto, Michiyo, and David Wighton, "Citigroup Chief Stays Bullish on Buy-outs," *The Financial Times*, July 9, 2007.

Nocera, Joe, "Poking Holes in a Theory on Markets," *The New York Times*, June 6, 2009.

Roberts, Harry V., "Statistical versus Clinical Prediction of the Stock Market," an unpublished manuscript, CRSP, University of Chicago, May 1967.

Scharfstein, David, and Jeremy C. Stein, "Herd Behavior and Investment," *American Economic Review* 80, 1990, pp.465~89.

Shefrin, Hersh, and Meir Statman, "The Disposition to Sell Winners Too Early and Ride Losers Too Long: Theory and Evidence," *Journal of Finance* 40, 1985, pp.777~790.

Shiller, Robert J., "Do Stock Prices Move Too Much To Be Justified by Subsequent Changes in Dividends?," *Journal of Finance* 41, 1981, pp.579～590.

_______________, *Irrational Exuberance*, New York: Broadway Books, 2000.

_______________, "From Efficient Markets Theory to Behavioral Finance," *Journal of Economic Perspectives* 17, 2003, pp.83～104.

Shleifer, Andrei, *Inefficient Markets: An Introduction to Behavioral Finance*, Oxford Univeristy Press, 2000.

Siegel, Jeremy J., *Stocks for the Long Run*, 2nd ed., New York: McGraw Hill, 1998.

______________, *Stocks for the Long Run*, 3rd ed., New York: McGraw Hill, 2002.

Soros, George, *The Crash of 2008 and What It Means: The New Paradigm for Financial Markets*, PublicAffairs, 2009.

Summers, Lawrence H., "Does the Stock Market Rationally Reflect Fundamental Values?," *Journal of Finance* 41, 1986, pp.591～601.

Thaler, Richard, "The Price Is Not Always Right and Markets Can Be Wrong," *The Financial Times*, August 5, 2009.

Tversky, Amos, and Daniel Kahneman, "The Framing of Decisions and the Psychology of Choice," *Science*, 211, 1981, pp.453～58.

Wikipedia, "Herd Behavior," en.wikipedia.org, entry last modified on September 9, 2021.

The World Bank, *Mind, Society, and Behavior*, 2015 World Development Report, 2015.

Wurgler, Jeffrey, and Ekaterina Zhuravskaya, "Does Arbitrage Flatten Demand Curve for Stocks?," mimeo, Harvard University, 1999.

금융제도와 금융기관

제7장 우리나라의 금융제도 / **제8장** 금융중개기관이론

CHAPTER 07

우리나라의 금융제도

Money & Financial Markets, Ch. Seven, pp.269~386

1. 우리나라의 금융시장
2. 우리나라의 금융기관
3. 금융제도와 관련된 세 가지 쟁점

금융제도(financial system)란 가계부문의 저축활동(자금의 공급)과 기업부문의 투자활동(자금의 수요)을 효율적으로 연결시키는 동시에 두 부문 간 자금흐름을 촉진·조정하여 실물거래를 뒷받침하는 금융의 운영시스템이다. 금융제도는 금융시장과 금융기관은 물론, 이들의 형성·운영에 토대가 되는 관련 법규와 관행 등의 금융하부구조까지도 총칭한다.[1]

장기적으로 볼 때, 어느 나라에서나 금융제도는 효율성을 향해 진화해 왔다. 그러므로 각국의 금융제도는 어느 정도 수렴하는 경향을 보인다. 그렇다고 해서 각국의 금융제도가 가까운 미래에 일반적·보편적인 하나의 특정 유형으로 수렴할 것이라 단언하기란 쉽지 않다. 금융제도의 발전에는 경로의존성(path dependency)과 제도보완성(institutional complementarity)도 중요하게 작용하기 때문이다.[2] 경로의존성이란 일국 금융제도의 발전방향이 그 초기 여건이나 특수한 역사적 사건의 전개에 의해 영향을 받는 특성을 의미한다. 또한 제도보완성이란 금융제도가 그와 관련된 기존의 다른 제도를 거스르기보다는 그와 조화되는 방향으로 변화하는 특성을 의미한다. 결국 각국 금융제도는 효율성을 향해 진화하는 것이지만 그 나라의 경제·사회적 여건의 제약을 받는다. 따라서 각국의 금융제도는 공간적·시간적으로 독특한 성격을 가지며 그 나라 고유의 개별성과 특수성을 갖게 마련이다.

예를 들어 미국이나 영국처럼 자본주의가 오랜 과정을 거쳐 진화하여 시장이 효율적으로 발달된 나라에서는 기업이 자금을 조달하기 위해서 채권시장이나 주식시장을 주로 이용해 왔다. 반면, 상대적으로 자본주의의 경험이 짧은 독일이나 일본의 기업들은 주로 은행대출을 통해 자금을 조달해 왔다. 이와 같이 세계 각국의 역사적 경험과 초기 여건의 차이로 인해 세계 각국의 금융제도는 일반적으로 미국·영국의 시장중심제도와 독일·일본의 은행중심제도로 유형화되어 왔다.[3]

하지만 1980년대부터 최근 글로벌 금융위기 이전까지 시장중심제도와 은행중

1. 한국은행(2011, p.3)에 따르면 "제도란 ① 단일요소가 아니라 투입[·]처리[·]산출 등 여러 개의 요소들로 구성되어 있으며, ② 요소 상호 간에 과학적이고 논리적인 상호 연관관계가 있고, ③ 외부 간섭 없이 스스로 움직여 나가는 유기체적 성격을" 갖는다. 금융제도도 여기에 예외가 아니다.

2. 금융제도의 경로의존성과 제도보완성에 대해서는 진태홍 외(2004) 및 한국은행(2005)을 참고하기 바란다.

3. 한국은행(2011, p.10)은 금융제도의 경로의존성을 설명하면서 이들 국가에서 관찰되는 오늘의 금융제도 간 차이의 원인을 각국 산업화 과정에서 관찰되는 "성장주도 산업의 특성" 차이와 "경제력 집중에 대한 사회적 태도"의 차이에서 찾고 있다.

심제도 사이의 차이는 두드러지게 줄어드는 모습을 보여 왔다.[4] 예를 들어 일본과 독일에서는 기업금융에서 은행이 차지하는 비중이 감소하는 반면, 미국에서는 「금융서비스현대화법(Financial Services Modernization Act of 1999)」의 제정 이후 은행의 경쟁력이 크게 강화되어 왔다. 이러한 제도 간 수렴은 지난 수십 년간 세계적으로 확산된 금융자유화와 금융혁신, 금융시장 개방과 통합화 등으로 국가 간 금융경쟁이 심화되면서 시장과 은행이 둘 다 중요하다는 사실을 각국이 인식하고 두 제도의 장점을 다 같이 조화시키려는 과정에서 나타난 현상이다. 나아가, 금융제도의 두 유형 간 조화와 수렴은 금융의 겸업화 · 증권화 · 국제화 · 통합화 현상에 의해 더욱 촉진되어 왔다. 또한 국제통화기금(IMF : International Monetary Fund)과 국제결제은행(BIS : Bank for International Settlements) 등 국제금융기구에 의한 금융부문 국제표준의 보급도 이와 같은 수렴현상에 기여하는 측면이 있다.

한편, 2008년에는 글로벌 금융위기의 발생으로 금융겸업화의 부작용이 가시화되었고, 시스템상 중요 금융기관(SIFIs : systemically important financial institutions)의 감독강화 필요성도 제기되었으며, 시스템리스크를 중시하는 새로운 금융감독 방법론으로 거시건전성 감독(macroprudential regulation and supervision)이 세계적으로 급속히 보급되고 있다. 이에 따라 세계 각국은 그동안 진행된 겸업화 · 증권화 추세를 다소 억제하는 방향으로 정책을 변경했거나 검토를 진행 중이다.[5] 앞으로 금융제도의 두 유형 간 조화 및 수렴 현상이 지금까지와는 다소 다른 모습이나 속도로 진행될 것인지 여부는 좀 더 두고 봐야 할 일이다.

장기에 걸쳐 금융제도의 수렴 경향이 두드러진다고 해도, 그와 같은 수렴과정에서 각국의 금융제도를 형성하는 데 토양이 되는 자본주의의 구체적 발전경로와 정치 · 경제 · 사회적 특성은 여전히 존중되어야 한다. 한 나라 금융제도의 개별성 · 특수성에 대한 고려 없이 경제여건에 걸맞지 않은 제도를 외생적으로 정착시키려 한다면, 사회 전체적으로 효율성이 떨어져 후생이 감소하기 십상이기 때문이다. 이는 마치 몸에 좋은 약이라도 자신의 현재 몸 상태나 체질, 병력 등과는 상관없이

4. 진태홍 외(2004) 참조.

5. 2010년 7월 제정된 미국의 「도드-프랭크 월가 개혁 및 소비자보호법(Dodd-Frank Wall Street Reform and Consumer Protection Act)」이 볼커룰(Volcker Rule)—상업은행업과 투자은행업의 분리강화 원칙—을 포함하고 있는 것이 그런 좋은 일례이다. 한국은행(2011) 참조.

마구 먹는 경우 오히려 몸을 망치기 쉬운 것과 다를 바 없다. 요컨대 우리나라 금융현실에 대한 구체적인 인식이 없다면 화폐금융론에 대한 이론 학습은 사상누각이 될 수 있음을 독자들은 명심해야 할 것이다.

이 장에서는 거래되는 상품의 성격에 따라 우리나라의 금융시장을 단기금융시장, 자본시장, 파생상품시장, 외환시장으로 대별한 후, 각 시장의 경제적 역할을 학습하는 것은 물론 각 시장을 구성하는 세부 시장들의 실제 모습을 비교적 상세히 개관한다. 또한 제도적 실체(근거 법률)에 따라 금융기관을 은행, 비은행 예금취급기관, 금융투자업자, 보험회사, 기타 금융기관, 금융보조기관으로 분류한 후, 각 유형의 경제적 역할과 함께 각각을 구성하는 세부 기관들의 업무도 비교적 상세히 개관한다. 이후 우리나라의 금융제도와 관련된 정책적 이슈들 가운데 금융발전과 경제성장 및 금융위기의 문제, 금융개혁의 문제, 그리고 금융기관 소유 · 지배구조의 문제를 차례로 학습하기로 한다. 이 과정에서 선진국의 금융제도와 그 운영 경험에 대해서도 검토할 것이다.

1. 우리나라의 금융시장[6]

Money & Financial Markets, Ch. Seven

우리는 이미 제1, 2장에서 금융이 어떤 기능을 수행하며 왜 존재하는가에 대해 개괄적으로 살펴본 적이 있다. 그렇다면 우리나라의 금융시장은 어떤 형태로 조직되어 있을까?

금융시장(financial market)이란 자금거래가 이루어지는 조직화된 장소를 뜻한다. 여기서 조직화된 장소란 반드시 거래소와 같이 물리적으로 구체적인 형체를 지닌 것만을 뜻하지는 않는다. 체계적 · 반복적으로 금융상품에 대한 거래가 이루어지는 추상적인 시장도 포함된다. 다시 말해서 금융시장은 자금의 수요자와 공급자가 체계적으로 거래가격을 설정하고 이에 따라 거래가 이루어지는 구체적이거나 개

6. 이 절은 전반적으로 한국은행(2006 · 2009 · 2016c)와 한국은행 내부자료(2017. 9)에 많이 의존하였다. 한국은행 내부자료(2017. 9)는 제4판에 수록된 표들의 업데이트를 위한 자료로, 이 장의 참고문헌에 포함시키지는 않았다.

그림 7-1

우리나라 금융시장의 구조

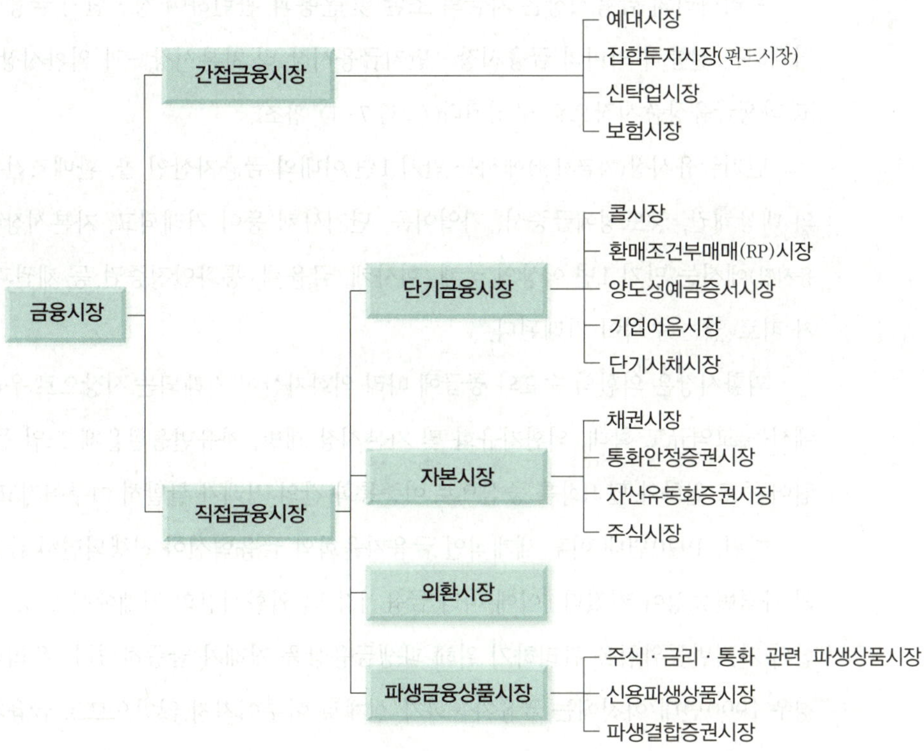

자료 : 한국은행(2018), p.56의 〈그림 1-2〉.

념적인 공간을 뜻한다.

금융시장은 금융거래가 금융중개기관을 통해 이루어지느냐의 여부에 따라 간접금융시장과 직접금융시장으로 대별된다. 직접금융시장은 금융상품의 만기 1년을 기준으로 단기금융시장(자금시장)과 자본시장(장기금융시장)으로, 금융상품의 법률적 특징을 기준으로 채권시장과 주식시장으로 각각 구분된다. 또한 직접금융시장은 금융거래의 단계를 기준으로 발행시장과 유통시장으로, 금융상품의 거래장소와 거래방법을 기준으로 장내시장(거래소시장)과 장외시장(점두시장)으로 각각 구분된다. 이제 직접금융시장에 주된 초점을 맞춰 우리나라의 금융시장을 좀 더 구체적으로 살펴보자.

1.1 우리나라 금융시장의 구조

우리나라의 금융시장은 자금의 조달 및 운용과 관련하여 장 · 단기 금융상품이 거래되는 전통적 의미의 금융시장—단기금융시장 및 자본시장—과 외환시장, 그리고 파생금융상품시장으로 구성된다(〈그림 7-1〉 참조).

단기금융시장(자금시장)에서는 만기 1년 이내의 금융자산인 콜, 환매조건부매매의 대상채권, 양도성예금증서, 기업어음, 단기사채 등이 거래되고, 자본시장(장기금융시장)에서는 만기 1년 이상의 국채, 회사채, 금융채, 통화안정증권 등 채권과 만기가 따로 없는 주식이 거래된다.

외환시장은 외환의 수요와 공급에 따라 외화자산이 거래되는 시장으로 우리나라에서는 교역규모 확대, 외환자유화 및 자본시장 개방, 자유변동환율제 도입 등에 힘입어 주로 원화와 달러화를 중심으로 이종통화 간의 거래가 활발히 이루어지고 있다.

한편, 1970년대 이후 세계적인 금융자율화와 금융혁신이 진행되면서 금융자산의 가격변동성이 커졌다. 이에 따라 금융시장 및 외환시장의 거래에서 발생하는 자산의 가격변동위험을 관리하기 위해 파생금융상품 거래가 급증하였다. 우리나라의 경우 1990년대 이전에는 금융자율화가 실제로 이루어지지 않았으므로 금융자산의 가격변동성은 미미했었다. 따라서 파생금융상품을 통한 위험관리의 필요성도 1990년대 이전에는 그리 크지 않았다. 다만, 우리나라 경제의 수출입 비중이 높아 환율변동위험에 대비할 필요는 일찍부터 있었다. 그래서 우리나라의 파생금융상품시장은 1990년대 이전에는 주로 외환파생상품을 중심으로 성장하였다. 이후 1990년대 중반 금융자율화와 자본개방이 본격적으로 추진되면서 주가지수(KOSPI200) 선물 및 옵션 등 다양한 유형의 금융파생상품이 나오게 되었고 거래규모도 급성장했다.

[표 7-1]은 우리나라 금융시장의 규모가 1980년대 이후 엄청나게 커졌음을 보여준다. 2021년 6월 말 기준으로 단기금융시장과 자본시장의 규모는 585.1조원과 5,077.1조원으로 1980년 말의 1.5조원과 5.1조원에 비해 각각 390.1배와 995.5배로 크게 확대되었다. 그 결과 단기금융시장과 자본시장을 합친 전통적 금융시장의 전체 규모는 같은 기간 동안 857.9배로 확대되었다. 금융시장의 규모를 금융기관 유동성(*Lf*)에 대한 상대적 크기로 파악하면 1980년의 36.7%에서 2021년 6월의 120.5%로, 명목GDP에 대한 상대적 크기로 파악하면 같은 기간 17.0%에서

표 7-1 우리나라 금융시장의 규모(기말 잔액 기준) (단위: 조원, 배)

	1980	1990(A)	2000	2010	2020	2021.6(B)	B/A(배)
단기금융시장[1]	1.5	44.3	138.8	264.8	522.9	585.1	13.2
자본시장	5.1	114.0	638.8	2,401.1	4,576.0	5,077.1	44.5
채 권[2]	2.5	35.0	423.6	1,161.2	2,209.9	2,338.7	66.8
주 식[3]	2.5	79.0	215.2	1,239.9	2,366.1	2,738.4	34.7
전체(C)	6.6	158.3	777.6	2,665.9	5,098.9	5,662.3	35.8
C/명목GDP[4](%)	17.0	82.7	124.5	201.6	263.8	284.5	–
C/*Lf*[5](%)	36.7	79.9	82.4	124.7	113.9	120.5	–
C/대출금[6](%)	27.2	86.9	110.9	145.9	140.6	148.2	–

주 : 1) 콜, 환매조건부매매, 양도성예금증서, 기업어음, 단기사채, 표지어음 및 1년물 이하 통화안정증권, 재정증권 합계.

2) 예탁채권 기준(단, 1년물 이하 통화안정증권 및 재정증권은 제외).

3) 한국거래소의 유가증권시장 상장주식 및 코스닥시장 등록주식의 시가총액.

4) 2021년 6월 말의 명목GDP는 직전 4개 분기 합계를 적용.

5) 금융기관유동성(= *M2* + 예금취급기관의 만기 2년 이상 유동성상품 + 증권금융 예수금 등 + 생명보험회사 보험계약준비금 등).

6) 자금순환표상 대출금(단, 한국은행의 대출금 제외).

자료: 한국은행(2021), p.7의 [표 1-1] 참조.

284.5%로 각각 늘어난 것으로 나타났다. 이와 같이 급속한 금융시장의 성장세는 "경제규모의 확대, 정부의 자본시장 육성 및 대외개방 정책, 외환위기 이후의 금융시장 하부구조 정비 및 시장참가자들의 금융거래 기법 개선 등" 여러 요인이 작용한 덕분이다.[7] 이제 단기금융시장과 자본시장을 좀 더 상세하게 살펴본 후 파생금융상품시장과 외환시장에 대해 각각 학습하기로 한다.

1.2 단기금융시장

단기금융시장(자금시장)이란 단기자금의 수요자와 공급자 사이에 통상 만기가 1년 이내인 금융상품이 거래되는 시장을 뜻한다.

단기금융시장은 기업 · 가계 · 정부 · 금융기관 등 경제주체들에게 위험관리의 장이 된다. 단기금융상품은 장기금융상품에 비해 금리변화에 따른 가격변동폭이 작아 자본손실 위험이 작기 때문이다. 또한 유통시장이 발달된 경우에는 유동성위험

7. 한국은행(2016c), p.7.

이 작기 때문이기도 하다.

아울러 단기금융시장은 개별 경제주체들이 유동성을 적정하게 유지할 수 있도록 돕는 동시에 이들의 일시적인 자금과부족을 신속하게 조절할 수 있는 수단을 제공하여 불필요한 현금보유 등의 기회비용을 줄여줌으로써 자금운용의 효율성을 제고한다.

그뿐만 아니라 중앙은행은 단기금융시장에 참여하여 공개시장운영을 통해 통화정책을 수행한다.[8] 그러므로 단기금융시장은 통화정책의 영향이 실물경제로 파급되는 다양한 경로의[9] 첫 단계가 된다. 단기금융시장이 발달하면 금리차익거래가 활발하게 이루어져 시장 간 연계성이 높아진다. 따라서 단기금융상품의 수익률이 자금수급 상황의 변화에 민감하게 반응해 금융시장 전반에 효율적인 금리체계가 형성될 수 있다. 이를 바탕으로 중앙은행은 공개시장정책의 효과를 신속하고 광범위하게 전파할 수 있다. 또한 중앙은행은 단기금융시장에서의 금리 동향을 중요한 시장신호(market signal)로 활용하여 자신의 통화정책 효과를 측정하고 큰 방향을 설정할 수 있다.

우리는 단기금융시장의 규모가 급속한 신장세를 보여왔음을 앞서 [표 7-1]을 통해 알 수 있었다. 이제 단기금융시장을 구성하는 주요 시장의 규모 추이를 [표 7-2]에서 살펴보기로 한다.

표 7-2 **우리나라의 단기금융시장 규모 추이**(기말 잔액 기준) (단위 : 조원, %)

	2000		2010		2020		2021.6	
	금액	구성비	금액	구성비	금액	구성비	금액	구성비
콜[1)]	16.1	15.9	22.5	10.1	6.9	1.4	6.9	1.3
환매조건부매매[2)]	26.1	25.8	78.8	35.5	219.0	44.9	236.7	43.7
양도성예금증서	14.2	14.1	44.5	20.0	19.3	4.0	31.0	5.7
기 업 어 음[3)]	44.7	44.2	76.4	34.4	193.2	39.6	211.3	39.0
재 정 증 권[4)]	–	–	–	–	49.2	10.1	56.2	10.4
계	101.1	100.0	222.1	100.0	487.6	100.0	542.1	100.0

주 : 1) 중개거래 기준. 2) 대고객 RP 및 장외기관 간 RP 합계 기준.
3) 2000년 이전은 자금순환표, 2010년은 한국신용정보원, 2020년 이후는 연합인포맥스 기준.
4) 2013년 1월부터 도입.

자료: 한국은행(2021), p.43의 [표 2-2] 참조.

8. 중앙은행의 통화정책에 대해서는 이 책의 제11~12장을 참고하기 바란다.
9. 이를 통화정책의 전달경로(또는 파급경로)라고 부르며, 여기에는 금리경로, 자산가격경로, 환율경로, 신용경로, 기대경로 등 여러 가지가 있다. 자세한 내용은 제11장을 참고하기 바란다.

1980년대 초반까지만 해도 기업어음시장이 단기금융시장에서 차지하는 비중은 2/3를 넘었으나 이후 진행된 단기금융상품의 다변화로 그 비중이 낮아졌고, 1997년 외환위기 이후에는 기업의 신용위험 확대로 기업어음 발행이 위축되면서 그 비중이 좀더 낮아졌다. 2007～2009년에는 글로벌 금융위기 진행에 따른 금융불안 및 경기침체로 기업어음 발행이 다시 위축되었으나, 2010년대에 들어와 시장비중이 조금 증가하여 최근 수년간 단기금융시장에서 기업어음시장이 차지하는 비중은 1/3을 약간 상회하는 수준에서 안정화된 모습을 보이고 있다. 지난 수십 년간 단기금융시장에서 차지하는 기업어음시장의 비중이 약 2/3에서 약 1/3로 감소하는 동안, 환매조건부매매시장은 꾸준히 확대되어 단기금융시장 내 비중이 1980년 10% 미만인 수준에서 2021년 6월에는 43.7%로 상승했다. 양도성예금증서시장 역시 은행의 자금조달원으로 그 규모가 꾸준히 확대되어 단기금융시장 내 비중이 1/3을 상회한 적(2009년 6월)도 있었다. 하지만 2012년 6월부터 예대율 규제가 도입된다는 계획이 2009년 말 공표되면서 2010년부터 시장 비중이 급감하여 지난 수년간 4～6% 수준을 기록하고 있다. 이는 예대율 계산 시 원화예수금에서 양도성예금증서가 제외된 데에 주로 기인한다. 한편, 단기사채는 2013년 1월에 새로 도입된 이후 수년간 시장 비중이 빠르게 증가하여 2021년 6월 현재 10.4%를 기록했다. 이 밖에도 우리나라의 주요 단기금융시장으로는 콜시장과 통화안정증권시장 등을 들 수 있다. 이제 각 주요 시장을 하나하나 살펴보기로 한다.

1.2.1 콜시장

콜시장(call market)은 일시적 자금과부족을 조절하기 위해 금융기관 상호 간에 초단기 자금이 거래되는 시장이다. 콜거래 최장 만기는 90일 이내로 제한되어 있으나 현실적으로 1일물이 주종을 이루며, 최저 거래금액은 1억원이고 억원 단위로 거래된다. 콜거래는 담보 유무에 따라 담보콜과 무담보콜(신용콜)로 구분되지만, 대부분의 콜자금은 담보콜보다는 무담보콜로 거래된다. 콜거래는 직거래보다는 대부분 중개거래 방식으로 계약이 체결된다. 직거래는 거래당사자가 직접 금리 · 만기 · 금액 등의 거래조건에 합의 · 거래하는 방식이고, 중개거래(brokerage)는 자금중개회사가 거래조건에 따라 자금의 공급자와 수요자를 연결시켜 주는 방식이다. 현재 자금중개회사로는 한국자금중개(주), 서울외국환중개(주), KIDB자금중개(주)가 있다.

과거에는 은행을 비롯한 다양한 유형의 수많은 금융기관이 콜시장 거래에 참여했었다. 그에 따라 콜시장은 은행에게는 “지준과부족 조절” 기능을, 다양한 비은행금융기관에게는 “영업자금 조달 및 여유자금 운용” 기능을 제공했었다.[10] 하지만 글로벌 금융위기 이후 금융기관 간 단기자금 거래의 콜시장 편중(특히 무담보 콜거래 편중)이 심화됨에 따라 2010년 7월부터는 단기금융시장 개편 차원에서 증권회사와 같은 비은행금융기관에 대한 콜시장 참가를 제한하기 시작했다. 예를 들어, 증권회사의 콜차입 한도가 자기자본의 100% 이내(2010. 7)에서 25% 이내(2012. 7)로 강화되었다. 또한, 콜시장의 은행 중심 개편방안(2013. 11)이 공표되면서 증권회사의 콜차입 한도가 25% 이내에서 다시 15% 이내(2014. 4)로 축소되었고, 비은행금융기관 가운데 국고채전문딜러(PD) 및 한국은행 공개시장운영(OMO) 대상기관 증권회사와 자산운용회사에게만 콜시장 거래 참여가 허용되었다(2015. 3).[11] 이에 따라 콜시장 참가 유자격 금융기관에는 현재 은행, 한국산업은행, 중소기업은행, 한국수출입은행, PD 및 OMO 대상기관 증권회사, 자산운용회사, 자금중개회사가 포함된다. 실제로, 콜자금을 공급하는 콜론(call loan) 기관은 주로 자산운용회사와 은행(국내은행 및 외국은행 국내지점)이다. 이후 2021년 1월에 신설된 「금융거래지표의 관리에 관한 법률」 제4조에 따라 중요 지표로 지정된 양도성예금증서의 수익률에 대해 동법 제2조 제5호에 따른 제출업무를 수행하는 금융투자업자도 자격을 가지게 되었다. 한편, 콜자금을 차입하는 콜머니(call money) 기관은 주로 은행과 PD 및 OMO 대상기관 증권회사이다. 은행은 비은행 금융기관의 자금사정에 따라서 콜론 기관이 되기도 하고 콜머니 기관이 되기도 하는 등 시장의 자금수급을 조절하는 기능도 담당한다.

콜금리는 시장여건과 콜차입 기관의 신용도에 따라 자유롭게 결정되며, 한국은행은 3개 자금중개회사가 중개한 무담보콜 1일물의 거래금액 기준 가중평균 금리를 매일 공표한다.

---

10. 한국은행(2016c), p.41.

11. 이와 같은 콜시장의 은행 중심 개편의 결과, 규제의 원래 취지대로 바람직한 변화—예를 들어, “은행간 콜거래 비중 상승”, “단기금융시장 다원화”, 그리고 “콜금리 수준 및 변동성 하락”—가 나타난 것으로 평가된다(한국은행 2016c, pp.41~42).

1.2.2 환매조건부매매시장

환매조건부매매(RP 또는 Repo : Repurchase Agreement)시장이란 일정 기간 경과 후에 일정한 가격으로 동일 채권을 다시 매수하거나 매도할 것을 조건으로 채권거래가 이루어지는 시장이다. RP거래는 단기자금의 대차거래지만 그 거래대상이 장기금융자산인 채권이라는 점에서 다른 단기 금융거래와는 다르다. RP거래를 통해 RP시장과 채권시장이 직접적 연계성을 갖게 되므로, RP시장은 궁극적으로 단기금융시장과 자본시장을 이어주는 연결고리 역할을 한다.

RP거래는 거래참가자를 기준으로 볼 때, 금융기관과 일반 고객 사이의 거래인 대고객 RP, 금융기관 사이의 거래인 금융기관 간 RP, 그리고 한국은행과 금융기관 간 RP의 세 가지 유형으로 구분된다.[12]

자본시장법상 모든 증권이 대고객 RP거래의 대상채권이 될 수 있으나, 금융기관 간 RP거래의 대상 채권은 국채, 통화안정증권, 지방채, 특수채, 보증채, 상장법인 공모 회사채, 공모 공기업 사채, 공모 ABS · MBS 등이면서 BBB 신용등급(RP형 CMA는 A 신용등급) 이상인 채권으로 제한된다. 금융기관 간 RP와 대고객 RP 모두에서 실제 거래되는 대상증권은 주로 국채 및 통화안정증권과 같은 안전자산과 은행채 등이다.

RP거래를 통해 채권보유자(RP매도자)는 채권을 담보로 손쉽게 단기자금을 조달할 수 있으므로 채권매각에 따른 자본손실위험을 회피할 수 있다. 투자자(RP매수자)도 채권투자에 따른 위험부담 없이 비교적 높은 금리로 단기자금을 운용할 수 있다는 장점을 갖는다. 이처럼 RP시장은 단기자금 수급조절 기능은 물론 채권의 유동성을 높여 채권발행을 촉진한다.

RP시장은 장 · 단기금융시장의 연결고리 역할을 수행하므로 RP시장이 활성화되는 경우에는 여러 경제적 편익이 예상된다. 예를 들어 RP시장과 채권시장 간 차익거래 기회가 증대되고, 장 · 단기 금리 간 연계의 강화로 통화정책의 효율성이 제고되며, 채권유통 물량의 증가로 채권시장 유동성이 커지고, 주로 안전자산을 담보로 한 자금대차의 증가로 금융시장의 신용위험이 줄어드는 등의 다양한 효과를 기

12. 한국은행과 금융기관 간 RP에 대해서는 다음 소절에서 따로 다루기로 한다.

대할 수 있다.

이와 같은 맥락에서 2010년 7월 우리나라는 RP시장 활성화를 염두에 둔 단기금융시장 개편을 추진했다. 그에 따라 "RP거래 인프라[의] 개선"과 "RP시장 참가기반[의] 확충"을 겨냥한 다양한 조치가 취해졌다.[13] 특히, 앞서 논의했던 비은행금융기관의 콜시장 참가 제한은 사실상 이들 비은행금융기관의 단기자금 조달 및 운용 수요를 콜시장에서 RP시장으로 이동시키려는 조치였다. 이와 같은 개편으로 금융기관 간 RP시장이 급격히 성장한 것은 사실이다. 하지만 RP시장 활성화가 가져올 것으로 기대되었던 다양한 편익은 아직 달성되지 않고 있다. 이는 단기금융시장 개편 효과가 아직까지는 개편 이전의 무담보 콜거래 편중이 개편 이후 담보 익일물 RP거래 편중으로 치환된 데에 그쳤기 때문이다. 이에 정책당국(금융위원회)은 2016년 9월부터 "기일물 제약요인의 해소"와 "기일물 시장조성 기능 강화"에 주된 초점을 맞춘 "기일물 RP거래 활성화 방안"을 추진하여 완료하였다.[14]

1.2.3 한국은행 환매조건부매매시장

선진국 중앙은행들은 통화정책의 3대 표준적 수단—여 · 수신제도, 지급준비제도와 공개시장운영—중 하나인 공개시장운영의 주된 수단으로 RP매매를 활용한다. 이들과 마찬가지로, 우리나라의 공개시장운영도 한국은행 환매조건부매매시장(한국은행 RP시장)에서 이루어지는 한국은행과 금융기관 간 RP 거래를 통해 주로 수행된다.[15] 이들 여러 중앙은행들은 경제 내 유동성의 일시적 과부족을 미세조정하기 위해 RP매매를 활용한다. 이는 RP매매가 다음과 같은 중요한 장점을 갖기 때문이다. 첫째, RP매매는 안전자산을 매개로 하므로 신용리스크가 작다. 둘째, 규모 · 만기 · 금리 등 RP매매의 거래조건을 유동성의 일시적 과부족 상황에 맞춰 신축적으로 조정할 수 있다. 셋째, 증권을 직접 매매하는 방식(증권 단순매매)에 비해 금융시장에 직접적 영향을 작게 미치고 다양한 금융기관의 참여가 가능하다.

---

13. 한국은행(2016c), p.64, fn.1.
14. 한국은행(2016c), pp.64~66.
15. 한국은행의 공개시장운영 수단에는 통화안정증권 발행, 증권매매와 통화안정계정 예치 등이 있으며, 증권매매에는 다시 RP매매와 단순매매가 있다. 한국은행(2016c) 참조.

한국은행 RP매매가 정례화된 것은 2008년 3월 통화정책 운용체계의 개편이 이루어지면서였다. 사실 한국은행이 물가안정목표제를 도입한 이래 2008년 3월 이전까지는 한국은행의 정책금리가 콜금리였다. 당시 한국은행은 매월 콜금리의 목표 수준을 통화정책의 운용목표로 설정해 왔으나, 실제로는 콜금리의 시장성이 크게 제약되는 모습을 보였다. 다시 말해, 콜금리가 자금수급을 반영하지 못한 채 매월 목표수준에 고정되는 양상을 보이면서 안정성은 담보되었지만 콜금리의 신호전달 · 자금배분 기능이 작동하지 않게 된 것이다. 더욱이 콜금리의 변동성 축소로 단기자금 거래가 콜시장에 편중되면서 RP시장 등 여타 단기금융시장의 발전을 제약하는 부작용도 나타났다. 이에 따라 한국은행은 통화정책의 운용체계를 개편하여 콜금리의 시장성 제고를 도모하게 된 것이다. 그 일환으로 한국은행 금융통화위원회는 정책금리를 콜금리(무담보 1일물)에서 한국은행 기준금리(7일물 RP매매 금리)로 변경하고, RP매매를 매주 목요일 실시하기로 결정했다. 이로써 한국은행의 공개시장운영 시기가 정례화되었고 한국은행 RP시장이 오늘의 모습을 갖추게 되었다.[16]

한국은행 RP매매는 RP매각과 RP매입으로 구분된다. RP매각(RP매입)은 한국은행이 금융기관과 미래의 특정 시점에서 특정 채권을 특정 가격에 매입(매각)하기로 하는 계약을 맺고 그 채권을 그 금융기관에게(서) 매각(매입)하는 것이다. 따라서 RP매각(RP매입) 시점에서 한국은행은 채권매도액(채권매입액)에 해당하는 유동성을 그 금융기관에게서(금융기관에게) 흡수(공급)하게 된다.

한국은행 RP매매의 대상증권은 국채 · 정부보증채 · 통화안정증권 · 주금공 MBS로 제한된다.[17] 또한 2011년 12월부터는 증권대차를 통한 한국은행의 RP매매가 가능해졌다. 이에 따라 한국은행은 2012년부터 매년 3~5회 국채차입에 의한 RP매각을 실시 중이다.

---

16. 2008년 3월 통화정책 운용체계 개편에는 대기성 여수신제도를 도입하고 지준적립기간을 요일 기준으로 변경하는 조치도 포함되었다. 당시 개편에 대한 상세한 내용은 한국은행 정책기획국(2007)을 참조하기 바란다.

17. 다만, 2008년 9월 발생한 리먼 사태의 여파에 대처하는 과정에서 2008년 11월 7일부터 1년간 은행채 및 일부 특수채(예를 들면, 한국토지공사 · 대한주택공사 · 중소기업진흥공단 등이 발행한 채권 등)가 RP매매 대상증권에 한시적으로 포함되기도 했다(한국은행 2016c). 또한 주금공 MBS(한국주택금융공사 주택저당증권)는 2014년 6월부터 RP매매의 대상증권으로 추가되었는데, 이는 "모기지유동화시장 활성화를 통해 고정금리부 장기주택담보대출 확대를 유도하여 가계부채의 질적 구조개선을 촉진하기 위한" 조치였다(한국은행 2016c, p.82).

한국은행은 자신의 공개시장운영 대상기관 가운데 일정한 요건을 갖춘 금융기관을 RP매매의 대상기관으로 매년 1회 선정한다.[18] 2021년 현재 17개 은행(외은지점 포함)과 7개 증권회사(한국증권금융 포함)가 RP매매 대상기관으로 선정되어 있다.

한국은행 RP매매는 일시적 유동성 과부족을 조절하기 위한 수단이므로, 가장 만기가 긴 상품이 91일물이며 최소 입찰금액은 100억원이다. 7일물 정례 RP매각은 한국은행 기준금리를 고정금리로 입찰이 이루어지며, 입찰에 참가한 기관들의 응찰금액에 비례적으로 낙찰금액이 배분된다(모집방식). 한편, 7일물 정례 RP매입은 최저입찰금리(최저 내정금리)인 한국은행 기준금리보다 높은 금리를 제시한 응찰기관들 가운데 제시 금리가 높은 순으로 낙찰기관을 결정한다(경쟁입찰방식). 이때 각 낙찰기관은 자신이 제시했던 금리를 적용받는다는 의미에서, 한국은행 RP매입에는 복수금리가 적용된다.

코로나19 확산 이후 경제 · 금융 안정을 위해 한국은행은 환매조건부채권시장에 대해 다음과 같은 조치를 취하였다. 먼저, 원화유동성을 공급하기 위해 2020년 3월 중에 증권금융 및 증권사가 보유한 총 3.5조원 규모의 RP를 매입하였다. 2020년 3월 26일 전액공급방식 RP매입 제도를 도입하여 같은 해 7월 말까지 운용하면서 총 19.43조원 규모의 유동성을 공급하였다. 또한 아래의 표와 같이 공개시장운영 대상증권 및 대상기관을 확대하였다.[19]

표 7-3 공개시장운영 대상증권 및 대상기관 확대

공개시장운영 대상증권 확대

	공개시장운영 RP매매 대상증권
기존	국채, 정부보증채, 통화안정증권, 주택금융공사 발행 MBS
2020년 3월 16일	산업금융채권, 중소기업금융채권, 수출입금융채권, 농업금융채권, 수산금융채권, 일반 은행채 추가(2020년 4월 1일 ~ 2021년 3월 31일 시행)
2020년 3월 26일	8개 공공기관 발행채권 추가(2020년 4월 1일 ~ 2021년 3월 31일 시행)
2020년 4월 9일	예금보험공사 발행채권 추가(2020년 4월 14일 ~ 2021년 3월 31일 시행)

18. 한국은행의 공개시장운영 대상기관은 「은행법」에 의한 은행, 중소기업은행, 한국산업은행 및 한국수출입은행, 「자본시장과 금융투자업에 관한 법률」에 의한 투자매매업자, 투자중개업자, 집합투자업자, 신탁업자, 증권금융회사, 종합금융회사, 자금중개회사 및 한국거래소, 「보험업법」에 의한 보험회사, 그리고 「국민연금법」에 의한 국민연금기금으로 구성된다(한국은행 2016c).

19. 한국은행 홈페이지 : https://www.bok.or.kr/portal/main/contents.do?menuNo=201061

	공개시장운영 단순매매 대상증권
기존	국채, 정부보증채
2020년 4월 9일	산업금융채권, 중소기업금융채권, 수출입금융채권, 주택금융공사 MBS 추가 (2020년 4월 14일~2021년 3월 31일 시행)

공개시장운영 대상기관 확대

	공개시장운영 RP매매 대상기관
기존	13개 국내은행 및 4개 외은지점, 5개 비은행
2020년 3월 26일	7개 통화안정증권·증권단순매매 대상기관 및 4개 국고채전문딜러 추가 (2020년 4월 1일~2020년 7월 31일 시행)

한국은행 대출 적격담보증권 확대

	한국은행 대출 적격담보증권
기존	국채, 정부보증채, 통화안정증권
2020년 3월 12일	산업금융채권, 중소기업금융채권, 수출입금융채권, 주택금융공사 발행 MBS 추가 (2020년 4월 1일 시행)
2020년 3월 26일	농업금융채권, 수산금융채권, 일반 은행채, 8개 공공기관 발행채권 추가 (2020년 4월 1일~2021년 3월 31일 시행)
2020년 4월 9일	예금보험공사 발행채권 추가(2020년 4월 14일~2021년 3월 31일 시행)

1.2.4 양도성예금증서시장

양도성예금증서(CD: negotiable certificates of deposit)란 정기예금에 양도성을 부여한 예금증서를 말한다. 양도성예금증서시장은 CD가 발행·유통되는 시장을 뜻하며, 2006년 6월 말 기준으로 한국수출입은행을 제외한 모든 은행이 CD를 발행할 수 있다.[20]

CD는 거래 주체에 따라 은행 간 CD와 대고객 CD로 나누어진다. 은행 간 CD는 발행은행과 매수은행이 거래조건을 직접 교섭하여 거래된다. 대고객 CD의 경우에는 은행이 CD를 직접 발행하거나 증권회사 등 중개기관을 통해 발행하며, 개인·일반법인·연기금·지방자치단체·비은행금융기관 등이 이를 매수한다. CD는 최단 만기 30일 이상이며, 최장 만기에 대한 제한은 없다. 하지만 실제로 금융기관 간

20 한국은행에 지급준비금을 예치해야 하는 시중은행·지방은행·특수은행(한국수출입은행 제외)·외국은행 국내지점이 CD를 발행할 수 있다. 한국은행(2016c) 참조.

CD는 주로 만기 1년 이내의 상품이, 대고객 CD는 주로 1년물이 각각 거래된다. 한편, 2006년 6월 30일부터는 금융기관에 대해서는 CD를 실물로 교부하는 대신 등록발행하게 되었다. 이는 CD의 위 · 변조 등 사고가 끊이지 않는 데 따른 조치였다.

Box 7-1 우리나라 단기금융시장의 지표금리 개선을 위한 노력

우리나라의 경우 2000년대 후반까지는 금융투자협회가 산출 · 공시하는 만기 91일 CD 유통수익률이 은행대출 금리 변동의 준거로 사용되는 등 단기자금 거래의 지표금리(시장 준거금리) 역할을 수행했었다. 그러나 발행물량 및 유통물량이 적고,[1] 소수 은행의 발행금리만을 대상으로 계산하는 등 적정성에 문제가 있었다. 2012년 6월 해외에서 LIBOR 조작 사태가 불거지면서 국내에서도 CD금리의 "조작 의혹" 또는 "주먹구구식 결정"이 사회적 파문을 일으켰다.[2]

이런 상황을 배경으로 2012년 7월 관계당국과 학계 및 업계의 전문가들로 "단기지표금리 개선 관련 합동T/F"가 구성되었다. 이 합동T/F는 시장성 CD를 발행하는 동시에 CD금리 산정방식을 개선하기로 결정하는 한편, 단기대출의 준거금리로 쓰일 단기코픽스(아래에서 설명)를 신규 편제하기로 의견을 모았다. 또한 2012년 8월 합동T/F는 지표금리의 대안으로 91일물 통화안정증권 금리, 3개월물 은행채 금리, 3개월 만기 코리보(KORIBOR), 3개월물 RP금리, 단기코픽스 등을 제시하면서 각각의 장 · 단점을 논의했었다. 하지만 그 이후 지표금리에 관한 추가적 모색이나 개선은 2017년 중반까지 이루어진 바 없었다.[3]

이후 "지표금리 개선 추진단" 산하 "대체지표개발 작업반"은 국내 무위험지표금리(RFR : Risk-Free Reference Rate)로 "국채 · 통안증권 RP금리"를 최종 선정하였다. 2020년 11월 '은행 · 증권금융차입 콜금리', '국채 · 통안증권 RP금리'를 최종 후보금리로 선정한 후 심도 있는 토론을 진행하였다.

당시 지표금리로서 RP금리를 선호하는 시장참가자들은 기초시장 유동성, 자금조달여건 반영도, 파생상품 거래에서의 활용도 등을 고려하였다. 반면 콜금리를 선호하는 시장참가자들은 위기 시 RP금리의 변동성 확대 가능성, 일반 소비자가 활용하는 대출 · 채권 준거금리로서의 안정성 등을 고려하였다. 최종적으로 시장참가자그룹의 투표 결과 3/4(20개사) 이상이 선호한 '국채 · 통안증권 RP금리'를 RFR로 최종 선정하였다.

RFR의 산출과 공시는 현재 RP금리를 산출하고 있는 한국예탁결제원이 담당하기로 하였으며, 대체지표개발 작업반은 산출방법, 공시범위 등을 정하여 2021년 현재를 기준으로 금년 3분기 중 산출기관이 RFR을 산출 · 공시토록 추진할 계획이다.

1) 한국은행(2009, p.119)은 91일물 CD의 유통물량이 작은 이유 중 하나로 "최근까지 은행의 원화유동성비율이 잔존 만기 3개월 이내의 자산과 부채를 대상으로 관리토록 되어 있어 은행들이 원화유동성비율 제고를 위해 CD를 주로 4개월 이상 장기로 발행했던 점"을 들고 있다.

2) 박순빈 · 이재명(2012) 참조. 당시의 담합 의혹에 대해 공정거래위원회는 2016년 7월 "사실상 무혐의"로 종결지었다(한국은행 2016c, p.100, fn.136).

3) 합동T/F의 활동에 관한 내용은 금융위원회 외(2012)와 단기지표금리 개선 관계기관 합동T/F(2012)를 참고하기 바란다. 이들 자료는 우리나라 단기금융시장의 지표금리에 관한 논의를 체계적으로 소개한 가장 최근의 보도자료와 별첨자료에 각각 해당한다.

자료 : 금융위원회 외(2012), 단기지표금리 개선 관계기관 합동T/F(2012), 박순빈 · 이재명(2012), 한국은행(2009 · 2016c), "국내 무위험지표금리(PFR) 선정 결과," 보도자료, 공보 2-21-02-16호, 2021. 2. 26.

1.2.5 기업어음시장

기업어음(CP: commercial paper)시장은 신용평가회사로부터 일정 수준 이상의 등급을 받은 기업이 단기자금을 조달하기 위해 발행한 만기 1년 이내의 융통어음이 할인 · 매매되는 시장이다. 기업어음시장을 통해 기업은 자기신용을 바탕으로 비교적 간편한 절차에 의하여 CP 발행을 통해 단기자금을 조달하는 동시에, 자산운용회사 MMF와 은행신탁의 특정 금전신탁과 같은 투자가들은 단기자금 운용수단으로 CP를 매입한다. CP 거래에는 발행기업과 투자가인 매수기관 사이에 증권회사나 종합금융회사와 같은 할인 · 매출기관이 참여한다.

1.2.6 단기사채시장[21]

2013년 1월 15일 처음 도입된 단기사채[22]는 「주식 · 사채 등의 전자등록에 관한 법률」(이하 '전자증권법')상의 요건을 갖춘 사채권으로서 전자적으로 발행 · 유통되는 단기금융상품이다. 단기사채의 법적 성격은 어음이 아닌 사채권이지만 경제적 실질은 기존의 기업어음(CP)과 동일하다. 다만, 기업어음은 실물로 발행 · 유통되지만 단기사채는 실물 없이 전자등록기관의 전자장부에 등록(book-entry)되는 방식으로 발행 · 유통되는 점이 다르다. 이러한 기본적인 거래 시스템의 차이로 인해 단기사채는 기업어음에 비해 여러 장점을 갖는 것으로 평가된다. 우선, 인수 또는 인도 시에 위 · 변조, 분실 등 실물 발행에 수반되는 위험을 원천적으로 방지할 수 있으며 발행비용도 절약할 수 있다. 또한 누구나 확인할 수 있는 전자등록기관의 전자장부에 등록하는 방식으로 발행 · 유통됨에 따라 거래의 투명성도 크게 제고된다. 아울러 발행과 유통 및 상환이 모두 전자적으로 이루어지면서 증권과 대금의 실시간 동시결제(DvP ; Delivery versus Payment)가 가능해졌다. 이에 따라 발행기업은 발행 당일에 자금을 사용할 수 있으며, 투자자 입장에서는 만기 시 어음교환소 회부

---

21. 이 소절은 한국은행(2021)에 주로 의존했다.
22. 2011년 7월 구 「전자단기사채등의 발행 및 유통에 관한 법률」(전자단기사채법)이, 2012년 12월에는 동법 시행령이 제정되었다. 이후 동 법령은 「전자증권법」(2016년 3월 22일 제정, 2019년 9월 16일 시행) 및 동법 시행령에 관한 내용이 이관되면서 폐지되었으며, 종전의 '전자단기사채'가 '단기사채'로 명칭이 변경되었다.

등이 필요치 않아 투자대금 회수과정에서 발생할 수 있는 신용위험이 축소되었다.

이런 장점을 가진 단기사채의 실제 도입과정에서, 발행절차의 간편성과 투자의 편의성, 그리고 투자자 보호 장치의 강화에 초점을 맞춘 여러 조치가 함께 취해졌다. 이는, 단기사채시장의 육성이 궁극적으로 CP를 대체한다는 정책 목표와 단기자금 조달 및 운용 수요의 콜시장 집중을 완화한다는 정책 목표 아래 추진되었기 때문이다.

1.3 자본시장

자본시장(capital market)이란 장기자금 조달수단인 주식 및 만기 1년 이상의 채권이 거래되는 시장으로 통상 증권시장(securities market)과 같은 의미로 사용된다. 우리나라의 자본시장은 1956년에 은행 · 증권회사 및 보험회사의 공동출자에 의해 대한증권거래소가 설립되고 1962년 증권거래법이 제정되면서 비로소 조직화된 시장의 모습을 갖추었다.

한편 1980년대 초부터 단계적으로 추진된 자본시장 개방은 1990년대 들어 본격화되었고, 1993년의 제3단계 금융자율화 및 시장개방 계획이 발표되면서 주식시장 및 채권시장의 개방이 체계적으로 추진되었다. 이러한 자본시장 개방 과정에서 채권시장은 주식시장에 비해서는 개방이 늦어졌다. 채권시장은 선진국에 비해 발달 정도가 미흡하였고 국내외 금리차도 높은 수준을 유지하였기 때문이었다.

국민경제의 자금부족부문과 자금잉여부문 간 수급 불균형을 조절하고 자금배분의 효율을 제고하는 것, 즉 가계 등의 여유자금이 국민경제적 관점에서 생산성이 높은 기업에 장기투자재원으로 공급될 수 있도록 촉진하는 것이 자본시장의 가장 중요한 기능이다. 또한 미시적으로 자본시장은 회사채 수익률과 주가 등 금융자산 가격을 결정한다. 이들 금융자산 가격은 기업의 입장에서는 자금조달 비용을 의미하므로 자본구조(capital structure)와 투자에 관한 기업의 의사결정과 내부경영 및 지배구조에 영향을 준다.

한편 자본시장은 투자자에게 고수익 금융자산을 제공해 준다. 자본시장에서 거래되는 회사채 · 주식 등 장기금융상품은 만기가 길어 금리변동에 따른 자본손실 위험과 신용위험 등이 단기금융상품에 비해 상대적으로 높기 때문이다. 자본시장에

표 7-4 **자본시장 규모**(기말 잔액 기준) (단위: 조원, %)

	1990		2000		2010		2020		2021.6	
	금액	구성비	금액	구성비	금액	구성비	금액	구성비	금액	구성비
채권[1)]	35.0	100.0	423.6	100.0	1,161.2	100.0	2,209.9	100.0	2,338.7	100.0
국채	3.1	8.9	73.3	17.3	362.6	31.2	841.1	38.1	925.6	39.6
지방채	1.1	3.0	9.8	2.3	15.8	1.4	24.7	1.1	25.8	1.1
특수채	2.1	6.1	97.2	22.9	204.2	17.6	218.5	9.9	219.5	9.4
통화안정증권	0	0	66.4	15.7	122.4	10.5	128.1	5.8	118.1	5.0
금융채	6.6	18.9	49.1	11.6	217.3	18.7	494.9	22.4	512.3	21.9
회사채	22.1	63.0	127.9	30.2	190.6	16.4	310.6	14.1	335.0	14.3
자산유동화채	0	0	0	0	48.3	4.2	192.0	8.7	202.4	8.7
주식[2)]	79.0	100.0	215.2	100.0	1,239.9	100.0	2,366.1	100.0	2,738.4	100.0
유가증권	79.0	100.0	186.2	86.5	1,141.9	92.1	1,980.5	83.7	2,307.6	84.3
코스닥	–	–	29.0	13.5	98.0	7.9	385.6	16.3	430.9	15.7
전체	114.0	–	638.8	–	2,401.1	–	4,576.0	–	5,077.1	–

주 : 1) 예탁채권 기준(단, 1년물 이하 통화안정증권 및 재정증권은 제외).
2) 유가증권시장 및 코스닥시장 상장주식의 시가총액.

자료: 한국은행(2021)

참여하는 투자자에는 개인과 기관투자가(자산운용회사 · 보험회사 · 연기금 등)가 있다.

또한 자본시장은 중앙은행의 통화정책이 실물경제에 영향을 미치는 전달경로의 일부에 해당하는데, 여기에 대해서는 제11장에서 자세히 학습하게 될 것이다.

우리나라 자본시장 규모는 [표 7-4]에서 보는 것과 같이 2021년 6월 말 현재 5,077.1조원으로 1990년 말의 114.0조원에 비하면 약 44.5배로 확대되었다. 자본시장에서 채권시장이 차지하는 비중은 1990년 말 30.7%에서 2021년 6월 말 46.1%로 증가하여, 주식시장과 거의 대등한 규모인 2,338.7조원에 이르렀다. 이는 채권 종류의 다양화와 수요기반의 확충 등으로 채권시장이 1990년 말 35.0조원의 약 66.8배에 해당하는 규모로 빠르게 성장했음을 의미한다. 채권시장의 세부 구성을 보면, 1990년 말 회사채 비중이 가장 커서 63.0%를 기록했지만, 2021년 6월 말에는 14.3%를 기록하여 그 비중이 크게 줄어들었다. 이는 동 기간 중 회사채 발행잔액이 1990년 말에 비해 약 15.2배로 확대되었지만, 다른 채권의 발행규모는 훨씬 더 빠르게 확대되었기 때문이다. 예를 들어 재정적자에 따라 이를 보전하기 위한 국채 발행이 확대되었고, 국제수지 흑자에 따라 통화관리를 위한 통화안정증권

발행이 늘었으며, 금융구조조정에 따라 예금보험기금채권 등 특수채 발행이 확대되었다. 그 결과 국채, 통화안정증권, 특수채의 비중이 1990년 8.9%, 0.0%, 6.1%에서 2021년 6월 말 39.6%, 5.0%, 9.4%로 각각 확대되었다.

한편, 주식시장은 주가변동에 따라 시가총액이 확대와 수축을 반복하는 가운데 2021년 6월 말 현재 2,738.4 조원의 규모를 나타냈다. 이는 1990년 말 79.0조원의 약 34.7배에 해당하는 규모이다. 특히 코스닥시장은 1996년 7월 개설된 이래 벤처기업의 코스닥 상장요건 완화 등 벤처기업 우대정책에 힘입어 2000년 말에는 주식시장 내 비중이 13.5%가 되었다. 그러나 2010년 말 주식시장 내 코스닥시장의 비중은 오히려 줄어 7.9%에 그친 것으로 나타났다. 이는 2000년대에 들어와 벤처버블이 꺼지고 경기침체가 지속된 데다,[23] 2000년대 후반에는 글로벌 금융위기의 여파까지 겪었기 때문이다. 이후 코스닥시장은 회복되다가 코로나19 발생 이후 급락하였지만 다시 회복되어 2021년 6월 말 현재 주식시장 내 비중은 15.7% 수준에서 유지되고 있다.

1.3.1 채권시장

채권시장은 채권이 발행되거나 매매되는 시장으로, 채권이 신규 발행되는 발행시장(제1차 시장)과 기존 채권이 거래되는 유통시장(제2차 시장)으로 구분할 수 있다.

1.3.1.1 채권발행시장

채권은 국가 · 지방자치단체 · 금융기관 · 기업 등이 자금조달이나 정책수행을 목적으로 발행하는 채무증서를 말한다. 발행 주체에 따라 채권의 종류는 다양하게 구분된다. 정부는 국채를 발행하는데, 이는 다시 조달자금의 용도에 따라 국고채권(국고채) · 재정증권 · 국민주택채권 · 보상채권으로 나뉜다.[24] 한국은행은 통화안정증권을 발행하며, 지방자치단체가 발행하는 지방채에는 지하철공채 · 상수도공채 ·

23. KDI 내부자료(2003) 참조.

24. 국고채는 국공채와 다르다. 국고채는 국채의 발행 · 상환을 종합 관리하는 공공자금관리기금에 의해 발행되는 채권이며, 국공채는 국채 · 지방채 · 특수채를 포괄하여 부르는 용어이다. 한국은행(2006) 참조.

표 7-5 채권 종류별 발행잔액[1] (단위: 조원, %)

	2002	2010	2012	2014	2016	2018	2020	2021.6
국채[2]	98.3 (14.5)	362.6 (30.2)	423.7 (31.2)	509.7 (32.6)	604.7 (35.2)	670.0 (35.6)	841.1 (37.5)	932.3 (39.1)
지방채[3]	8.8 (1.3)	15.8 (1.3)	16.9 (1.2)	19.1 (1.2)	20.9 (1.2)	20.7 (1.1)	24.7 (1.1)	25.8 (1.1)
특수채[4]	131.1 (19.4)	204.2 (17.0)	274.0 (20.2)	249.8 (16.0)	232.1 (13.5)	211.0 (11.2)	218.5 (9.7)	219.5 (9.2)
통화안정증권	84.3 (12.5)	163.5 (13.6)	163.1 (12.0)	178.0 (11.4)	168.4 (9.8)	171.6 (9.1)	159.3 (7.1)	154.2 (6.5)
금융채[5]	104.4 (15.5)	217.3 (18.1)	206.6 (15.2)	294.7 (18.9)	330.3 (19.2)	404.9 (21.5)	494.9 (22.1)	512.3 (21.5)
회사채	180.0 (26.6)	190.6 (15.9)	205.8 (15.2)	221.2 (14.2)	221.5 (12.9)	247.0 (13.1)	310.6 (13.9)	335.0 (14.1)
자산유동화채	68.7 (10.2)	48.3 (4.0)	67.5 (5.0)	88.7 (5.7)	140.1 (8.2)	159.3 (8.5)	192.0 (8.6)	202.4 (8.5)
합계	675.6 (100.0)	1,202.3 (100.0)	1,357.5 (100.0)	1,561.3 (100.0)	1,718,0 (100.0)	1,884,6 (100.0)	2,241,0 (100.0)	2,381,5 (100.0)

주 : 1) 기말 기준, ( ) 내는 전체 발행잔액에서 차지하는 비율.
2) 국고채, 재정증권, 국민주택채권(1종, 2종, 3종) 등.
3) 도시철도채권, 지역개발채권 등.
4) 공사채, 예금보험기금채권, 한국전력채권 등.
5) 산업금융채권, 중소기업금융채권, 은행채, 여신전문금융기관 회사채 등.

자료 : 한국은행(2021), p.196의 [표 3-13] 참조.

지역개발공채가 있다. 은행 · 증권회사 · 리스회사 · 신용카드회사 등 금융기관은 금융채를 발행하며, 특별법에 의해 설립된 한국전력공사 · 예금보험공사 등은 특수채를 발행한다.

앞서 [표 7-4]가 보여주는 대로 우리나라에서 국공채 · 통화안정증권 · 금융채 발행잔액은 1990년 말 12.9조원에서 2021년 6월 말 2,382조원 규모로 커졌다. 대체로 1990년대 기간 중 국채 · 통화안정증권 · 금융채의 발행잔액이 급격히 증가했는데, 특히 [표 7-5]에 따르면 채권 발행잔액은 2021년 6월 기준으로 2002년 말 대비 3.5배 정도 성장하였는데 이는 경기회복 지원 등을 위한 공공부문의 자금수요 증가, 금융기관 및 일반기업의 투자규모 확대 등에 기인한다. 국채의 경우 외환위기 이후 정례적인 국고채 발행 등을 통해 구조조정에 소요된 자금을 조달함에 따라 발행잔액이 지속적으로 증가하였다. 동 자금의 상환은 2007년 중 마무리되었으나 글로벌 금융위기 이후 경기회복을 위한 재정지출 확대 및 추경 편성 등으로 인해 발행액이 다시 크게 증가하였다. 2020년에는 코로나19 확산으로 재정의 역할이 증대되면서 국고채 발행액이 급증하였다. 통화안정증권도 두 차례의 위기 직후 구조조정과 재정지출 확대 과정에서 증가한 유동성을 흡수하기 위해 발행이 늘었다. 그러나 2016년부터 다소 정체된 모습을 보이다가 2018년 이후에는 화폐발행 증가에 따른 전체 유동성 조절 규모 감소, RP매각 규모 확대 등을 통한 단기 유동성조절 규모의 확대 등으로 통화안정증권 발행잔액이 점차 감소하였다. 2000년대 중반 이후 은행들은 자금조달을 위해 금융채 발행을 늘렸으나, 2010년에는 은행들의 대출태도가 신중해지면서 발행잔액이 줄었다. 그러나 일부 특수은행들의 대출재원 조달, 유동성 커버리지 비율(LCR ; Liquidity Coverage Ratio) 규제 강화, 유사시 자본 확충 수단으로 활용될 수 있는 코코본드 발행 등의 영향으로 발행액이 크게 증가하였다. 한편 회사채의 경우, 1998년부터 우량 대기업을 중심으로 발행물량이 대폭 확대되었으나 1999년 이후 발행잔액의 증가세가 둔화되었고, 2004년부터는 감소세가 이어져 왔다. 2010년대 초에는 은행대출을 통한 자금조달이 어려워지면서 회사채 발행이 다소 늘긴 했지만, 2013년의 동양그룹 사태와 STX그룹 사태 이후 회사채시장 위축 및 양극화 현상으로 채권시장 내 회사채시장의 비중은 2000년 전후와 비교할 때 크게 저조한 수준이 상당 기간 이어졌었다. 하지만 2020년 들어 코로나19가 확산되면서 기업들이 유동성을 확보할 필요가 생겼고 이에 맞추어 신용채권시장을 지원하기 위한 대책이 시행되면서 회사채 발행잔액이 큰 폭으로 증가하였다.

1.3.1.2 채권유통시장

채권유통시장은 한국거래소에 상장된 채권만 거래되는 장내시장과 비상장채권을 포함한 모든 채권이 거래되는 장외시장으로 구성된다. 장내시장은 다시 일반채권시장과 국채전문유통시장으로 구성된다. 일반채권시장에서는 국고채를 제외한 모든 거래소 상장채권이 거래될 수 있으나, 실제로는 장내거래가 의무화되어 있는 소액국공채와 상장전환사채가 주로 거래된다. 장내시장에는 한국거래소의 회원 증권회사만 참여하며, 그 이외의 개인, 일반법인, 외국인, 그리고 비회원 기관투자자들은 회원 증권회사에 위탁계좌를 개설하여 간접적으로 참여할 수 있다. 국채전문유통시장(inter-dealer market)은 국고채전문딜러(primary dealer) · 예비국고채전문딜러 · 국채딜러 등 시장조성 의무를 가진 기관투자자들이 참여하는 국고채의 도매 경쟁매매시장이다. 그런데 [표 7-6]에서 알 수 있듯이 현실적으로 대부분의 채권거래는 장외시장에서 증권회사(inter-dealer broker 포함)의 단순중개(brokerage)로 이루어진다. 다만, 2000년대 초 이후 장내시장의 규모 및 비중이 대체로 꾸준히 증가해 오고 있는데, 이는 주로 국고채전문딜러의 시장조성 의무 강화 등 다양한 제도적 보완을 통해 국채전문유통시장을 활성화하려는 정책적 노력의 성과를 반영한다.

표 7-6 **채권 종류별 거래량 현황**(기간 중 월평균) (단위: 조원)

	2002	2010	2014	2016	2018	2020	2021.상
장외거래[1]	87.1	231.3	215.0	193.8	195.4	220.4	236.5
국채[2]	31.6	131.3	121.0	105.0	96.1	104.3	120.3
지방채[3]	0.3	0.6	0.6	0.5	0.4	0.7	0.6
특수채[4]	5.6	9.4	12.6	11.0	9.1	12.2	14.5
통화안정증권	32.4	58.1	50.3	47.1	49.6	42.8	33.3
금융채[5]	13.3	26.3	24.0	25.4	34.4	52.8	58.8
회사채	4.1	5.7	6.5	4.8	5.8	7.5	9.0
장내거래	4.1	46.8	110.1	259.8	198.4	176.1	145.4
합계	91.2	278.1	325.2	453.6	393.8	396.4	381.9

주 : 1) 장외거래는 매수 및 매도 양방향 신고를 가정하여 통계치의 50%만을 반영.
2) 국고채, 재정증권, 국민주택채권(1종, 2종, 3종) 등.
3) 도시철도채권, 지역개발채권 등.
4) 공사채, 예금보험기금채권, 토지개발채권, 한국전력채권 등.
5) 산업금융채권, 중소기업금융채권, 은행채, 여신전문금융기관 발행 채권 등.

자료 : 한국은행(2021), p.201의 [표 3-17] 참조.

[표 7-6]에서 채권의 유통시장 거래 추이를 보면, 2002년부터 2016년까지 채권 거래규모는 지속적으로 확대되어 오다가 2018년부터 2021년 상반기까지 400조에 약간 미치지 못하는 규모로 유지되고 있다. 2021년 상반기 현재 장외시장의 채권 종류별 거래규모를 살펴보면, 국채와 통화안정증권이 각각 50.9%, 14.1%의 시장 비중을 보인 반면 회사채와 특수채는 각각 3.8%, 6.1%의 미미한 시장 비중을 보였다.

그림 7-2

통화안정증권 발행잔액[1] 및 순발행액[1]

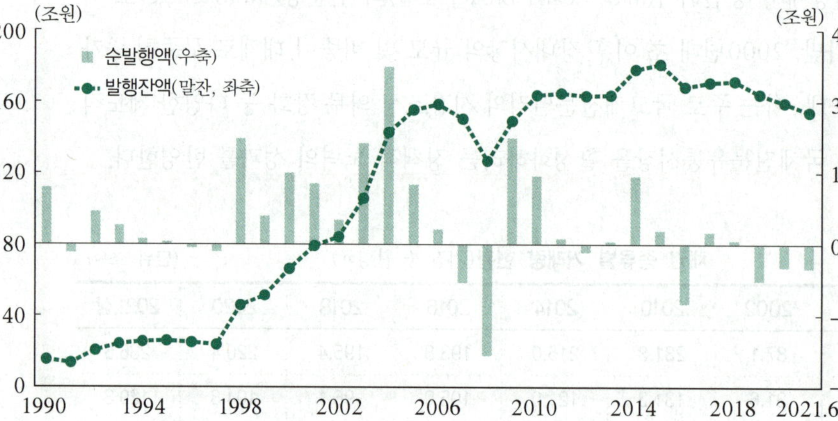

주 : 1) "회사채시장 정상화 방안" 관련 2014년 3월 27일 상대매출 발행액(3.5조원, 2015년 3월 26일 상환) 및 2015년 10월 16일 상대매출 발행액(3.4조원, 2016년 10월 14일 상환) 제외.

자료 : 한국은행(2021), p.224의 〈그림 3-18〉.

1.3.2 통화안정증권시장

한국은행은 통화량을 구조적으로 조절하기 위해 「한국은행법」 및 「한국은행통화안정증권법」을 근거로 통화안정증권(MSB : monetary stabilization bond)을 발행한다. 이 통화안정증권이 금융기관 또는 일반을 대상으로 발행 · 유통되는 시장이 통화안정증권시장이다.

〈그림 7-2〉에서처럼 통화안정증권의 발행잔액은 1992~1993년 해외부문의 통화증발 압력으로 증가했고, 1997년 외환위기 이후부터 2000년대 중반까지 급증세가 지속적으로 이어졌다. 이는 외환위기의 수습과정에서 공적자금 투입으로 시중유동성이 팽창한 데다 이후 여러 해 동안 계속된 국제수지의 흑자 등으로 크게 늘어난 시중유동성을 한국은행이 통화안정증권 발행을 통해 환수한 결과이다. 글로벌 금융위기로 2007년과 2008년에는 발행잔액이 잠시 감소하기도 했다. 하지만 2008년 9월 리먼브러더즈 도산으로 확장적 거시경제정책이 운용됨에 따라 늘어난 시중유동성을 흡수하기 위해 한국은행이 통화안정증권의 순발행을 크게 늘린 결과, 통화

안정증권 발행잔액이 증가세로 돌아섰고 2010년 말 163.5조원에 도달했다. 이후 수년간 160조원을 약간 넘는 수준을 안정적으로 유지하다가, 2014년부터는 경상수지 흑자와 한국은행 금융중개지원대출 한도 확대에 따라 늘어난 시중유동성을 환수하기 위해 발행잔액이 다시 늘어나다가 최근 감소세에 있다.

한편, 1997년 금융위기 이후 장기증권의 발행 비중이 급격히 늘어난 것은 주목할 만하다. 구체적으로 1997년 말 발행잔액의 32.5%가 장기증권(2년물 29.9%, 546일물 0.3%, 392일물 0.8%, 371일물 1.5%)이었으나 2009년 6월 말 발행잔액의 59.6%가 장기증권(2년물 54.3%, 1.5년물 0.6%, 546일물 3.8%, 1년물 0.9%)으로 크게 늘었다. 이는 통화안정증권의 발행규모 확대가 금융시장에 주는 충격을 최소화하면서 월별 만기 도래 증권의 규모를 고르게 하기 위해 2년물의 발행을 늘려온 데 기인한다. 글로벌 금융위기 이후 시중 자금흐름이 단기화되면서 1년물 이하 단기물의 비중이 일시적으로 다시 늘어난 적도 있었지만, 장기물의 발행 비중은 지난 여러 해 동안 급격히 높아진 상태를 유지하고 있다. 예를 들어, 장기물의 발행잔액 비중은 2011년 말에는 87.7%(2년물 68.6%, 1.5년물 2.4%, 1년물 16.7%)였고, 2016년 6월 말에는 88.7%(2년물 70.4%, 1년물 18.3%)로 나타났다.

1.3.3 자산유동화증권시장

자산유동화증권(ABS: asset-backed securities)은 부동산, 매출채권, 유가증권, 주택담보대출(mortgage loans) 등과 같은 저유동성 자산을 유동화하기 위해 발행되는 증권을 가리킨다. 우리나라 자산유동화의 법률적 근거는 1998년 9월 제정된 「자산유동화에 관한 법률」과 같은 해 11월 제정된 「자산유동화 업무처리에 관한 규정」이다. 이 절에서는 ABS 발행의 기본 구조와 ABS의 특징, 그리고 우리나라의 ABS 발행 경과를 알아본다.[25]

25. 최근 글로벌 금융위기로 드러난 자산유동화의 제반 문제점에 대해서는 주로 제14장에서 논의하기로 한다.

그림 7-3

자산유동화의 기본 구조

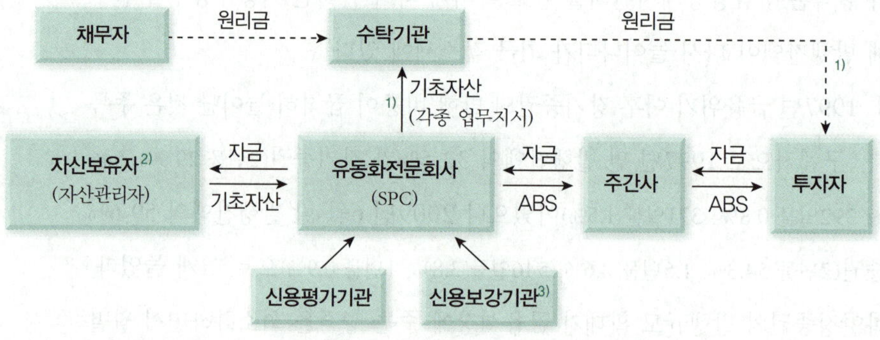

주 : 1) 실선은 ABS 발행 시 자금흐름을, 점선은 유동화증권 발행 이후 원리금이 회수되는 흐름을 나타냄.
2) 서류상으로만 자산을 SPV에 매각하고 동 자산을 스스로 관리.
3) 지급보증, 신용공여 등 제공.

자료: 한국은행(2021), p.234의 〈그림 3-22〉.

1.3.3.1 ABS 발행의 기본 구조와 원리

ABS 발행의 기본 구조를 그림으로 나타내면 [그림 7-3]과 같다. ABS의 발행에는 다양한 참가자—자산보유자, SPV, 자산관리자, 수탁기관, 신용보강기관, 신용평가기관 등—가 관련된다. 우선 자산보유자(originator)가 특수목적기구(SPV: special purpose vehicle)에게 기초자산의 법률적인 소유권을 양도한다. SPV는 기초자산 묶음(pool)을 담보로 ABS를 발행하여 일반투자자에게 매각하고 그 대금을 자산보유자에게 지급한다. SPV는 기초자산에서 나오는 현금흐름으로 ABS 투자자에게 원리금을 상환한다.

자산보유자에는 금융기관, 한국자산관리공사 · 한국주택금융공사 · 한국토지주택공사 · 기업구조조정투자회사, 투자적격등급을 보유한 일부 SOC 사업자, 투자적격등급 법인 및 상장법인, 국민주택기금 운용 · 관리자, 그리고 금융위원회가 자산유동화의 필요성을 인정한 신용도 높은 법인 등이 포함된다.[26] 또한 SPV에는 자산

26. 한국은행(2016c) 참조. 여기서 금융기관에는 「은행법」상 은행, 한국산업은행 · 한국수출입은행 · 중소기업은행 · 농협은행 · 수협은행, 상호저축은행, 여신전문금융회사, 새마을금고중앙회 및 신용협동조합중앙회의 신용사업부문, 「자본시장과 금융투자업에 관한 법률」상 투자매매업자 · 투자중개업자 · 집합투

유동화업무를 전문으로 하는 외국법인과 신탁회사, 그리고 유동화전문회사(SPC: special purpose company)가 포함된다. 여기서 SPC는 자산보유자가 ABS 발행 시 매번 설립하는 서류상의 회사(paper company)이다. 자산보유자가 SPV에게 기초자산 묶음을 양도하는 법률적 절차를 밟는 이유는 자산보유자와 기초자산의 관계를 법률적으로 분리함으로써 자산보유자가 도산하더라도 ABS 투자자에게 원리금을 약정대로 상환할 수 있도록 하기 위해서이다.

실제로는 자산보유자가 자산관리자(servicer)의 자격으로 서류상 회사인 SPC를 대신해 기초자산을 관리하는 것이 일반적이지만, 자산보유자가 아닌 신용정보업자가 자산관리자로서 SPC 대신 기초자산 묶음을 관리하는 경우도 있다. 또한 SPC는 기초자산 묶음의 보관, 기초자산 묶음에서 발생하는 현금흐름의 관리, ABS 원리금의 상환 및 투자자 이익의 보호 등 실무업무를 수탁기관(trustee)에게 맡긴다. 이와 같은 업무에는 높은 신인도가 요구되므로 흔히 은행이 수탁기관의 역할을 수행한다.

신용보증기관이나 은행은 외부 신용보강기관의 역할을 수행한다. 신용보강이란 "ABS의 만기 시까지 기초자산의 가치에 부정적인 영향을 미칠 수 있는 여러 가지 상황을 분석해 기대손실 규모를 파악한 다음 이러한 손실에도 원리금의 가치가 보전될 수 있도록 안전망을 갖추는 것"을 의미한다.[27] 신용보강은 기초자산에서 발생하는 현금흐름이 어떤 이유로 ABS의 원리금을 상환하기에 불충분해지는 경우에 대비하여 필요하다. 신용보강기관이나 은행에 의한 지급보증이나 신용공여 등은 ABS의 안전성을 높이기 위해 마련되는 외부신용보강장치에 해당한다.

한편, 선·후순위 구조화(subordination 또는 credit-tranching)와 같이 자산보유자에 의해 ABS 설계 시부터 반영된 내부신용보강장치도 있다. 이것은 동일한 기초자산 묶음을 담보로 원리금 보장의 우선순위가 서로 다른—그러므로 신용등급이 서로 다른—두 부류(classes) 이상의 ABS를 발행함으로써 선순위채 원리금 지급을 후순위채 원리금 지급에 앞서 우선적으로 보장하는 장치이다.[28] 이때 신용평가회사는

자업자 또는 종합금융회사, 그리고 「보험업법」상의 보험사업자 등이 포함된다(「자산유동화에 관한 법률」, 제2조 제2호).

27. 한국은행(2016c), p.233.

28. 동일한 기초자산 묶음을 담보로 하는 ABS라 해도, 유동화 과정에서 선·후순위 구조화를 통해 원리금 지급의 우선순위를 차별화하는 경우에는 이자율 및 만기가 서로 다른 여러 종류의 ABS를 설계할 수 있다. 이때 그 각각의 종류를 트랜치(tranche)라고 부른다. 원래 트랜치란 '잘라낸 얇은 조각

정상적이지 않은 예외적 시장충격을 전제로 위기상황 분석을 실시하여 선순위 ABS와 후순위 ABS의 각 비율을 결정한다. 이때 후순위 트랜치(junior tranches)에 대한 원리금 지급은 선순위 트랜치(senior tranches)에 대한 원리금 지급이 모두 완료된 연후에야 비로소 이루어지도록 구조화된다. 이는 선순위 트랜치가 기초자산의 현금흐름에 대해 우선적 청구권을 갖는다는 사실을 반영한다. 선순위채에 비해 후순위채가 더 위험한만큼 후순위채의 수익률은 선순위채보다 더 높다. 후순위채는 대개 자산보유자가 보유한다.

내부신용보강장치에는 선·후순위 구조화 말고도 초과담보(over-collateralization), 현금흐름 차액 적립(excess spread), 환매요구권(put-back option), 자체보증(originator' s guarantee) 등이 있다.[29]

끝으로, 신용평가기관은 기초자산의 위험성, 신용보강기관의 신용도, 수탁기관의 신인도 등을 종합적으로 감안하여 ABS의 신용등급을 공표한다. 또한 주간사는 이들 참가자 사이의 의견 조율과 투자자 탐색, ABS의 발행조건(신용등급·만기·물량 등) 조정을 담당한다.

1.3.3.2 ABS의 종류와 특징

ABS는 그 법적 성격이 회사채인 경우 ABS사채(社債), 기업어음인 경우 ABCP(asset-backed commercial paper), 출자증권인 경우 ABS출자증권, 수익증권인 경우 ABS수익증권으로 구분된다. 한편 ABS는 기초자산의 종류에 따라 구분되기도 한다. 예를 들어 기초자산이 주택담보대출인 경우에는 MBS(mortgage-backed securities), 채권(債券)인 경우 CBO(collateralized bond obligations), 은행의 대출채권(貸出債權)인 경우 CLO(collateralized loan obligations), 신용카드매출채권인 경우 CARD(certifi-

---

(slice)'을 의미하며, 여기서는 각각의 트랜치가 동일한 기초자산 묶음을 담보로 만들어진 단일 ABS의 일부라는 점을 시사한다.

29. 각 장치의 내용은 다음과 같다(한국은행 2009):
 ① **초과담보** : ABS의 담보자산인 기초자산의 가치가 ABS로 조달할 예상자금 규모를 초과하도록 하는 장치.
 ② **현금흐름 차액 적립**: 기초자산으로부터의 현금흐름이 ABS에 대한 이자지급액을 초과하도록 ABS를 설계한 후 그 차액을 적립하도록 하여 유사시에 대비하는 장치.
 ③ **환매요구권** : 원리금 상환이 불투명해지는 경우 자산보유자가 ABS를 재매입하도록 하는 장치.
 ④ **자체보증** : 자산보유자가 ABS에 대한 원리금 지급을 보증하도록 하는 장치.

cates of amortizing revolving debts), 자동차할부대출채권인 경우 자동차대출ABS (auto-loan ABS)로 각각 구분된다. 나아가 다양한 금융수단—회사채 · 대출채권 · 주택담보대출 · 신용카드매출채권과 각종 ABS 등—을 기초자산으로 한데 묶은 후 이를 담보로 유동화한 부채담보부증권(CDO : collateralized debt obligations)도 있다.

자산유동화증권은 여러 장점을 갖는다. 우선, 자산보유자의 재무상태 개선수단이 될 수도 있다. 자산보유자가 은행인 경우 기초자산인 위험자산을 SPV에 매각하고 ABS 발행을 통해 현금화하면 은행의 부채규모가 불변이면서도 위험자산의 크기가 줄어들어 BIS 자기자본비율이 제고될 수도 있기 때문이다.[30] 이 자산보유자가 실물기업인 경우 부채비율을 불변으로 유지하면서도 현금을 조달하는 셈이 되고, 만약 조달된 현금으로 부채를 갚으면 부채비율이 떨어진다.[31] 또한 ABS는 자산보유자에게 유리한 자금조달수단이 될 수도 있다. 자산보유자의 신용도가 다소 낮더라도 기초자산이 우량하다면 회사채를 발행하는 것보다 ABS를 발행하는 것이 비용측면에서 더 유리할 수도 있기 때문이다. 한편, 투자자의 입장에서도 ABS는 신용보강과 신용평가를 거쳐 발행되기 때문에 비교적 안전하지만 복잡한 발행구조로 인해 유동성이 낮은 만큼 일반 회사채보다 수익률이 다소 높다. 하지만 주로 자산보유자의 입장에서 볼 때 ABS 발행에는 단점도 있다. 흔히 자산보유자가 신용보강장

30. 과거에는 ABS가 실질적으로 "차입투자(leverage financing)수단"이면서도 회계적으로는 "부외차입(off-balance sheet financing)수단"이라는 점에서 재무상태 개선수단의 역할을 수행할 수 있었다(한국은행 2009, p.258의 본문 및 각주 2). 그러나 우리나라에서 2008년 바젤 II가 시행되면서 은행이 ABS 발행을 통해 자동적으로 자기자본비율을 제고할 수는 없게 되었다. 일정 수준의 신용등급에 미달하는 ABS는 자기자본에서 직접 차감하여 자기자본비율을 계산하도록 계산방식이 변경되었기 때문이다. 이후 2009년 7월 바젤은행감독위원회(BCBS)가 공표한 바젤 II 개정안(일명 '바젤 2.5')에는 "재유동화 익스포저의 위험가중치를 상향 조정하고 유동화 익스포저에 대한 실사요건이 추가"되는 등 유동화 관련 자본규제를 강화하는 조치가 포함되었다(금융감독원 2011, p.21). 2018년 1월에는 바젤 III 체계의 일부 구성요소인 유동화체계(securitization framework)의 발효로 유동화 익스포저 리스크에 비례하여 최소 필요자본이 결정되는 등 바젤 II 체계에서보다 유동화 관련 자본규제가 크게 강화되었다. 다만, 동 유동화체계는 바젤 II의 단점들—예를 들어 고평가된 유동화 익스포저(highly-rated securitisation exposures)에 대한 리스크 가중치(risk weights)가 지나치게 낮은 점과 저평가된 선순위 유동화 익스포저(low-rated senior securitisation exposures)에 대한 리스크 가중치가 지나치게 높은 점 등—에 대해서는 가중치의 적절한 조정을 통한 개선을 반영하고 있다. 자세한 내용은 BCBS(2014)를 참조하기 바란다.

31. 다만, 문제의 기업이 국제회계기준(IFRS : International Financial Reporting Standards)의 적용을 받는 경우에는 이러한 장점이 희석된다. 동 기준 하에서는 주 재무제표인 연결재무제표에 SPC도 표시되기 때문이다. 자세한 내용은 한국은행(2016c)을 참조하기 바란다.

치를 ABS 설계 시 반영하게 되는데, 이러한 내부신용보강장치가 기초자산의 매각 이후에도 자산보유자에게 잠재적으로 부담이 된다.[32]

1.3.3.3 우리나라 ABS의 발행 경과

1998년 9월 자산유동화증권의 법적 근거가 마련된 이후 수년 동안 금융구조조정 과정에서 금융기관의 BIS 자기자본비율 제고와 재무구조 개선을 위한 수단으로 ABS 발행이 활발했다. 또한 2001～2002년에는 신용카드매출채권을 기초로 한 ABS 발행이 늘어났으나, 2003년 카드 사태로 여신전문금융회사의 ABS 발행이 크게 줄었다. 2004년부터는 주택저당증권(MBS) 발행과 부동산 프로젝트파이낸싱(PF) 및 사회간접자본 관련 ABS 발행이 늘기도 했지만, 2007년에는 부동산경기 부진으로 부동산PF ABS가 급감하면서 전체적으로는 ABS 발행규모가 꾸준히 줄어들었다. 다만 글로벌 금융위기로 인한 경기침체로 2008년부터는 정부 주도의 발행시장 CBO(Primary CBO)와 금융기관의 부실채권 ABS가 늘어난 데 힘입어 발행규모가 확대되었다. 이후 2012년부터는 한국주택금융공사가 보금자리론 및 유동화조건부 적격대출과 안심전환대출을 적극적으로 취급하는 과정에서 그 자금조달을 위해 ABS 발행액이 눈에 띄게 늘었다. 이와 같이 우리나라에서는 주로 자산보유자의 유형에 따라 ABS 발행규모가 시기적으로 변동해 왔다. [표 7-7]은 2008년 이후 ABS 발행규모의 경과를 보여준다.

표 7-7 자산유동화증권 발행 현황[1)] (단위: 10억원)

	2008	2010	2012	2014	2016	2018	2020	2020.상	2021.상
공모 ABS[2)]	8,356	11,123	18,696	18,236	17,972	16,778	22,505	10,733	8,773
공모 수익증권[3)]	4,152	7,785	19,985	14,498	34,728	24,176	46,552	27,393	21,471
전체	20,605	28,003	47,549	41,523	60,716	49,396	79,128	43,653	35,424

주 : 1) 기간 중 발행금액 기준.
2) 한국주택금융공사가 발행한 공모 MBB(주택저당채권담보부채권) 포함.
3) 한국주택금융공사가 발행한 수익증권형 공모 MBS.

자료: 한국은행(2021), p.245의 [표 3-38].

32. 각주 29를 참고하기 바란다. 예를 들어 자산보유자가 후순위 ABS를 자체 매입하거나, ABS가 환매요구권(put-back option) 또는 자산보유자의 자체보증(originator' s guarantee)을 수반하는 경우에 그러하다. 한국은행(2009) 참조.

Box 7-2 자산유동화증권에 대한 규제감독 접근의 개선과 커버드본드

자산유동화는 은행대출의 유통을 가능하게 만든 금융기법으로, 글로벌 금융위기의 확산에 기여한 주요인 중 하나였다. 이는, 글로벌 위기 이전에는 자산유동화가 가져올 편익 측면(효율성 제고)만 강조되었을 뿐 그 이면에 도사리고 있었던 비용 측면(불안정 증대)에 대해서는 위기가 터진 이후에야 비로소 깨닫게 되었기 때문이다. 여기서 비용 측면이란 구체적으로, 자산유동화에 수반되는 리스크 측정 및 관리의 취약성과 신용평가회사의 유인 왜곡 등을 가리킨다(제14장 참조).

이에 따라 지난 수년간 국제금융기구와 선진국을 중심으로 자산유동화증권에 대한 규제감독 강화가 추진되는 한편, 자산유동화에 내재하는 위험요인이 일부 제거되도록 설계된 기존의 커버드본드(covered bonds)가 자산유동화증권의 대안으로 새로운 조명을 받게 되었다. 이들 각각에 대해 잠시 살펴보기로 한다.

우선, 자산유동화를 둘러싼 규제감독 강화는 특히 미국의 경우에 다음과 같이 자산보유자의 위험추구 유인을 완화하고 자산유동화의 투명성을 강화하는 방향으로 전개되고 있다:

- ABS 신용위험 중 적어도 일부(예를 들어 5%)를 자산보유자가 보유하도록 의무화;
- 자산유동화증권의 기초자산을 구성하는 대출 건별 데이터(loan-level data) 등과 같은 개별 상세 정보를 ABS 발행자가 감독당국에게 보고하도록 의무화;
- 신용평가회사와 주간사 등 다양한 자산유동화 참가자에 대한 규제의 강화;
- 신용평가등급에 대한 감독당국의 기계적 의존을 축소.

또한 BIS를 비롯한 국제기구에서는 주로 바젤 Ⅲ 자기자본규제의 관점과 자산유동화 활동의 투명성 제고 차원에서 규제감독 강화를 추진 중이다:

- 유동화 익스포저 리스크의 가중치 조정을 통한 자기자본비율 산출방식 개선을 핵심으로 하는 유동화체계(securitization framework)를 바젤 Ⅲ 규제의 일부분으로 확립
- 복잡한 금융상품의 공시 강화
- 글로벌 차원의 유동화 관련 자료 및 정보 집중
- 자산유동화를 둘러싼 이해상충의 개선

다음으로, 글로벌 금융위기 이후 자산유동화증권의 대안으로 뒤늦은 주목을 받게 된 커버드본드를 살펴보자. 커버드본드는 기초자산을 담보로 한 유동화된 증권이라는 점에서는 자산유동화증권과 다를 바 없다. 하지

커버드본드와 MBS 비교

	커버드본드	MBS
청구권	은행과 기초자산에 대한 이중청구권	기초자산이 SPC에 양도되어 은행에 대한 청구권은 없음
회계처리	기초자산의 On-balance 처리	기초자산이 SPC로 양도되어 Off-balance 처리
기초자산 관리	초과담보 비율 및 만기구조 유지 위해 기초자산 교체 가능(Cover Pool)	SPC로 양도된 이후 기초자산 교체 불가
발행구조	금융기관 Non-Cover Pool / Cover Pool → Covered Bond 발행	금융기관 Non-Cover Pool → SPC Cover Pool → MBS 발행

만 앞의 그림이[1] 요약적으로 보여주듯이, 특수목적회사의 개입 없이 자산보유자가 직접 커버드본드를 발행한다는 점, 커버드본드 발행 이후에도 그 기초자산을 자산보유자가 자신의 대차대조표에 그대로 보유한다는 점, 커버드본드 발행 이후에도 자산 관리의 필요에 따라 기초자산의 교체가 가능하다는 점, 그리고 투자자가 커버드본드의 기초자산은 물론 그 커버드본드를 발행한 금융기관의 여타 자산에 대해서도 상환청구권을 보유한다는 점에서 자산유동화증권(의 일종인 주택저당증권(MBS))과는 중요한 차이가 있다. 특히, 이 마지막 특징은 커버드본드를 흔히 '이중상환청구권부 채권'이라 부르는 이유가 된다.

원래 커버드본드는 글로벌 금융위기 이전에도 유럽에서 이미 발행되고 있었으며, 위기 이후에는 미국 등 일부 국가에 새로 도입되긴 했으나 그 발행실적이 아직까지 그리 활발하지는 않은 것으로 보고되고 있다. 우리나라에서는 2014년 1월 「이중상환청구권부 채권 발행에 관한 법률」이 제정됨으로써 법정 커버드본드 발행의 제도적 기반이 새로 마련되었다. 하지만 그 이전에도 일찍이 2009년 5월 KB국민은행이 「자산유동화에 관한 법률」을 근거로 구조화 커버드본드를 국내적으로 처음 발행했으며, 2014년 이후에는 KB국민은행과 한국주택금융공사가 법정 커버드본드를 발행한 실적을 갖고 있다. 특히 한국주택금융공사의 경우 향후 커버드본드 발행이 장기고정금리 분할상환 주택담보대출 확대를 위한 주요 자금조달 채널이 될 것으로 예상된다. 이후 2020년 5월 12일 우리은행이 2천억원 규모로 5년물 이중상환청구권부채권(커버드본드)을 발행함으로써 원화 커버드본드 발행이 처음으로 시작되었다.

1) 한국은행(2016c), p.255 하단의 그림.

자료 : 한국은행(2016c), pp.253～256의 〈참고 3-13〉 및 〈참고 3-14〉를 요약하여 작성하되, BCBS(2014)와 https://news.einfomax.co.kr/news/articleView.html?idxno=4087467를 참고했음.

1.3.4 주식시장

주식시장은 주식이 발행되고 거래되는 시장으로, 채권의 경우와 마찬가지로 발행시장과 유통시장으로 구성된다.

1.3.4.1 주식발행시장

주식의 발행시장은 새로 발행된 주식이 최초의 투자자에게 매출되는 제1차 시장이다. 기업이 기업공개나 유상증자를 결정하는 경우 그 주식을 제1차 시장에서 발행하게 된다. 기업공개(IPO: Initial Public Offering)란 (주)한국거래소 내 유가증권시장이나 코스닥시장에서 주식을 거래하려는 목적으로 "주식회사가 신규 발행 주식을 … 모집하거나, 이미 발행되어 대주주 등이 소유하고 있는 주식을 매출하여 주식을 분산시키"기 위해 다수의 투자자를 대상으로 최초로 실시하는 공모발행을 말하며,[33] 유상증자란 새로운 주식의 추가 발행을 통한 자본금 증액을 가리킨다. 주식의 발행시장에는 주식발행 주체인 발행인(기업과 금융기관 등), 자금공급자인 투자자(일반투자자와 전문투자자), 그리고 시장중개기관인 인수인이 참여한다. 투자매매업자는 인수인으로서, 발행인과 투자자 사이에서 주식발행 사무를 처리하고 주식의 인수·매출 등에서 발생하는 여러 가지 위험을 부담함으로써 주식발행이 원활하게 이루어지도록 하는 시장중개기관의 역할을 수행한다.

우리나라에서는 주식발행시장을 통한 신규 자금 조달규모가 1980년대 중반 이후 확대되어 오다가 1995년에는 유통시장 활황에 힘입어 그 규모가 6.1조원에 달했다. 하지만 1997년에는 대기업의 부도 사태가 이어지면서 그 규모가 3.4조원으로 축소되었다. 금융위기 이후 금융 및 기업 구조조정 과정에서 부채비율 축소를 위한 유상증자가 크게 늘었고, 벤처기업에 대한 정부지원이 강화되었으며, 유통시장 거래도 활발해지면서 1998년과 1999년에는 발행시장을 통한 자금조달 규모가 각각 13.9조원과 39.7조원에 이르렀다. 2000년대에 들어서는 벤처 열기가 꺼지고 경기침체가 지속되는 가운데 주가가 대체로 불안정했고 발행시장도 부침을 거듭했다. 예를 들어, 2006년의 주식시장 활황으로 2007년에는 주식발행 규모가 17조원을 상회하는 실적을 보였으나 이듬해인 2008년 발행시장을 통한 자금조달 규모는 4.5조원으로 급락했다. 2009～2011년 기간 중에는 경기회복세에 따라 주식발행 규모가 12～14조원 수준을 유지했으나, 2012년에는 글로벌 경기침체 및 불확실성의 지속으로 2조원대로 다시 급락했다. 2014～2017년에는 국내 증시의 안정 등으로 회복세를 보였다가 이후 발행규모는 다소 축소되는 모습을 보였다. 하지만 2020～2021년 중에는 코로나19 이후 주가 급등에 따른 투자심리 개선, 기업의 자금조달 수요 증대 등으로 큰 폭으로 증가하였다.

1.3.4.2 주식유통시장

주식유통시장은 이미 발행된 주식이 매매되는 제2차 시장(secondary market)이다. 유통시장에서의 주식 거래는 투자자 상호 간의 소유권 이전을 가져올 뿐, 그 주

---

33. 한국은행(2016c), p.261. 공모발행이란 불특정 다수의 투자자에게 유가증권을 모집 또는 매출하는 것을 말한다. 이때 모집은 설립자본금의 조달을 위해 "50인 이상의 투자자에게 새로 발행되는 증권의 취득 청약을 권유하는 것"을 말하며, 매출은 주식의 소유분산을 위해 "50인 이상의 투자자에게 이미 발행된 증권[의] 매도 또는 매수 청약을 권유하는 것"을 가리킨다(한국은행 2016c, p.263, fn.147).

식의 발행기업으로 신규 자금이 유입되는 것은 아니다. 그렇지만 주식유통시장이 위축되면 주식의 시장성이 떨어져 발행시장도 동반 위축된다. 또한 발행시장을 통한 기업의 자금조달은 유통시장의 거래량과 거래가격에도 영향을 미친다. 이와 같이 두 시장은 상호 의존관계에 있다.

현재 우리나라의 유통시장에는 유가증권시장, 코스닥시장, 코넥스시장, 그리고 K-OTC시장이 있다. 이들 가운데 유가증권시장, 코스닥시장과 코넥스시장은 (주)한국거래소 내에 설치된 장내시장이며, K-OTC시장은 한국금융투자협회 내에 설치된 장외시장이다.[34] 주식이 장내시장—즉, 유가증권시장, 코스닥시장이나 코넥스시장—에서 거래되기 위해서는 그 주식이 해당 시장에 "상장"되어 있어야 한다. 이때 상장요건은 기업의 영업활동기간, 규모(보통주식 총수와 자기자본 등), 주식 분산의 정도(일반주주의 수효 및 보통주식 보유 비중 등), 그리고 경영성과(매출액과 영업이익 등)와 같은 여러 기준으로 구성되며, 유가증권시장의 상장요건이 코스닥시장의 경우보다 더 엄격하다.[35] 한편 코넥스시장의 경우에는 이와 같은 유형의 상장요건 제한이 적용되지 않는다. 이는 코넥스시장이 설립 초기 중소기업에 특화된 시장이기 때문이다. 다만, 코넥스시장 상장을 원하는 중소기업은 "상장적격성을 심사하며 상장 후에도 공시 · 신고 업무의 자문 및 대리 등을 통해 기업의 후견인 역할"을 수행하

34. 2004년 12월까지 우리나라의 주식유통시장에는 증권거래소시장(KSE : Korea Stock Exchange), 코스닥증권시장(협회중개시장 또는 KOSDAQ : Korea Securities Dealers Association Automated Quotation), 장외주식호가중개시장(제3시장 또는 OTC : over-the-counter market), 그리고 전자장외증권중개시장(ECN : Electronic Communication Network)이 있었다. 그러나 2005년 1월 (주)한국증권선물거래소가 기존의 증권거래소시장 · 코스닥증권시장 · 선물거래소를 통합하여 새로 출범하였다. 이에 따라 기존의 증권거래소시장과 코스닥증권시장은 증권선물거래소 내의 유가증권시장과 코스닥시장으로 각각 편입되었다. 한편 ECN시장은 거래부진으로 인해 2005년 5월 폐쇄되었고, 제3시장은 2005년 7월 프리보드(Free Board)로 명칭이 변경되었다. 이후 2009년 2월 자본시장법 시행으로 (주)한국증권선물거래소는 (주)한국거래소로 명칭이 바뀌었다. 이후 투자자 보호를 위한 코스닥시장의 상장요건 강화로 인해, 아직 발전단계에 접어들지 못한 설립 초기의 중소기업 전용시장이 별도로 필요해지면서 코넥스시장(Korea New Exchange)이 2013년 7월 한국거래소 내에 신설되었다. 또한 거래가 내내 부진했던 프리보드는 2014년 8월 모든 비상장주식이 거래되는 K-OTC시장(Korea-over-the-counter market)으로 바뀌었다. 자세한 내용은 한국은행(2004 · 2005 · 2006 · 2009 · 2016c)을 참고하기 바란다.

35. 유가증권시장(코스닥시장)에 주식을 상장하기 위한 일부 요건에는 예를 들어, 기업의 자기자본이 300억원(30억원) 이상이고 일반주주 수효가 700명(500명) 이상일 것 등이 있다. 한국은행(2016c) 참조.

는 지정자문인을 선임해야 한다.[36]

유가증권시장에서는 기준시점(1980년 1월 4일)의 주가지수를 100으로 한 시가총액방식의 코스피(KOSPI: Korea Composite Stock Price Index)가, 코스닥시장에서는 기준시점(1996년 7월 1일)의 주가지수를 1,000으로 한 코스닥지수(KOSDAQ Index)가 각 시장의 대표지수로 작성 발표되고 있다. 예를 들어 2022년 1월 15일 현재 코스피는 2,921.92를, 코스닥지수는 971.39를 각각 기록했다. 이 밖에도 KRX100(Korea Exchange 100)지수, 코스피200(KOSPI 200), 코스닥스타지수(KOSTAR Index) 등 다양한 용도의 지수도 함께 작성 발표되고 있다.[37] 코넥스시장의 주가지수는 아직 편제되지 않고 있다.

한편, K-OTC시장에서는 한국금융투자협회의 '등록' 또는 '지정'을 거친 비상장주식이 거래된다. 전자는 개별 기업의 상장 신청에 따라, 후자는 개별 기업의 상장 신청 없이 한국금융투자협회가 독자적으로 "일정한 요건을 충족하는 비상장주식을 K-OTC시장의 호가중개종목 목록에 올리는 행위"를 가리킨다. 이때 '일정 요건'에는 "자본잠식률 100% 미만, … 매출액 5억원 이상, … 감사의견 적정 [등]"이 포함되며, 그 주된 초점은 시장거래질서의 유지에 있다.[38]

유가증권시장 · 코스닥시장 · 코넥스시장 · K-OTC시장의 각 시장규모와 상장기업 또는 등록 · 지정 기업 수는 〈그림 7-4〉 ~ 〈그림 7-7〉에 나타나 있다.[39] 우선, 〈그림 7-4〉에서 유가증권시장의 상장기업 수는 1997년 말 외환위기 직전까지는 꾸준히 증가하여 776개 사에 달했으나, 위기 이후 기업 · 금융구조조정을 반영하여 2004년 말까지 계속 감소한 후 2000년 중반부터는 다시 늘어나 2011년 말까지 지속적으로 증가하였다. 그러나 2012년부터는 다시 점차 감소하였다가 다시 증가세를 회복해 2021년 6월 말 808개를 기록했다. 유가증권시장의 상장주식 시가총액은 2000년 이후 매년 증가추세를 보였으나 2008년에는 글로벌 금융위기의 영향으로 급감했다. 이후 2009년과 2010년에는 상장주식 시가총액이 빠른 회

36. 한국은행(2016c), p.274, fn.17.

37. 각종 주가지수에 대한 자세한 내용은 한국은행(2009, 2016c) 참조.

38. 이 문단의 첫 인용문은 한국은행(2016c), p.275, fn.178에서, 둘째 인용문은 한국은행(2016c), p.275 본문에서 각각 따왔다.

39. 유가증권시장의 정보는 e-나라지표에서, 코스닥 및 코넥스시장의 정보는 통계청에서, K-OTC시장의 정보는 K-OTC에서 참고하였다.

그림 7-4

유가증권시장 시가총액 및 상장기업 수(기말 기준)

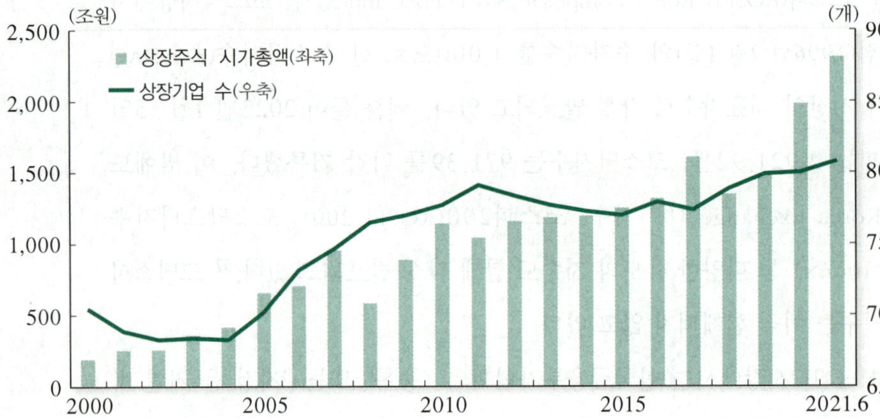

주 : 1) 2021년은 6월 말 기준.

자료 : 한국은행(2021), p.274의 〈그림 3-34〉.

복세를 시현했으나, 2012년부터는 미미한 증가세를 보이는 가운데 2018년부터 다시 증가하기 시작하여, 코로나19 이후 자산가격의 상승으로 시가총액도 크게 증가하여 2020년 이후에는 주가가 빠르게 상승하면서 시가총액이 크게 늘어나 2021년 6월 말 기준으로 2,308조 원을 기록하였다. 2020년 말 기준 명목GDP 대비 상장주식 시가총액 비율은 133.5%로, 미국(198.6%)보다 낮지만 독일(60%)이나 중국(83%)보다는 높은 것으로 나타났다.

다음으로, 코스닥시장의 상장기업 수는 1998년 말 331개 사에 불과했었다. 하지만 1999년부터는 정보통신산업의 성장 덕분에 〈그림 7-5〉와 같이 2000년대를 통해 코스닥시장 상장기업 수효는 꾸준히 늘어나 2007년 1,000개를 넘겼다. 이후 2010년대 초반 수년간 상장기업 수효는 약간 감소했으나, 이후 대체적인 증가세를 유지하였고, 2018년에는 큰 폭으로 감소했으나 2020년 이를 상회하는 수준으로 크게 회복하여 2021년 6월 말 현재 1,506개에 이르렀다. 코스닥시장의 상장주식 시가총액은 2008년 글로벌 위기 이전까지는 시기별 주가 등락의 영향으로 변동성을 보여 왔으나, 위기 이후 빠른 회복세를 보인 결과 2011년에는 글로벌 금융위기 직전의 시가총액 수준을 넘겼다. 2012~2014년 기간 중에는 시가총액이 완만한 증

그림 7-5

코스닥시장 상장주식 시가총액 및 상장기업 수(기말 기준)

주 : 1) 2021년은 6월 말 기준.

자료 : 한국은행(2021), p.278의 〈그림 3-38〉.

가세를 보였으며, 2015년에 약 200조원 규모로 크게 늘어난 후 유지되다가 2017년에 283조원 규모로 다시 크게 늘어났다. 이후 2018년에 228조원으로 크게 감소하였다가 이후 주가가 큰 폭으로 상승하면서 시가총액도 크게 늘어나 2021년 6월 말에는 431조 원을 기록하였다.

〈그림 7-6〉에서 코넥스시장은 개장 직후였던 2013년 7월 말, 상장기업 수효는 21개였고, 상장주식 시가총액은 0.5조원이었다. 하지만 이후 8년이 경과한 2021년 7월 현재 각각 135개와 6.6조원을 기록했다.

끝으로 〈그림 7-7〉은 프리보드가 K-OTC시장으로 전환하던 시점(2014. 8.)에서 등록 · 지정 기업 수효와 일평균 거래대금이 각각 급증했음을 보여준다. 이후 약 2년이 경과하는 동안 기업 수효는 꾸준히 유지되거나 다소 증가했지만, 일평균 거래대금이 2014년 7~10월에는 급증했다가 2014년 11월~2015년 1월에는 급감한 후 대체로 낮은 수준에서 등락을 거듭하고 있다. 2021년 9월 말 현재 기업 수효는 140개이고, 일평균 거래대금은 57억원에 달하고 있다.

그림 7-6

코넥스시장 상장주식 시가총액 및 상장기업 수(기말 기준)

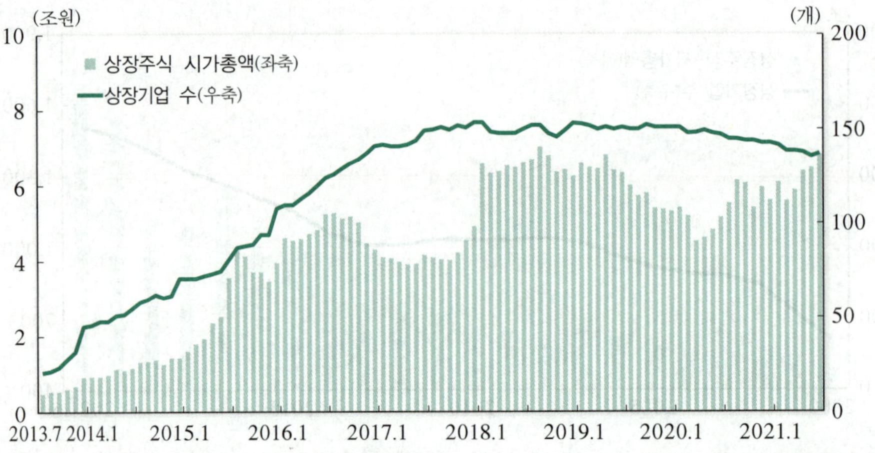

주 : 1) 2021년은 6월 말 기준.

자료 : 한국은행(2021), p.280의 〈그림 3-39〉.

그림 7-7

K-OTC시장 등록·지정 기업 수 및 일평균 거래대금

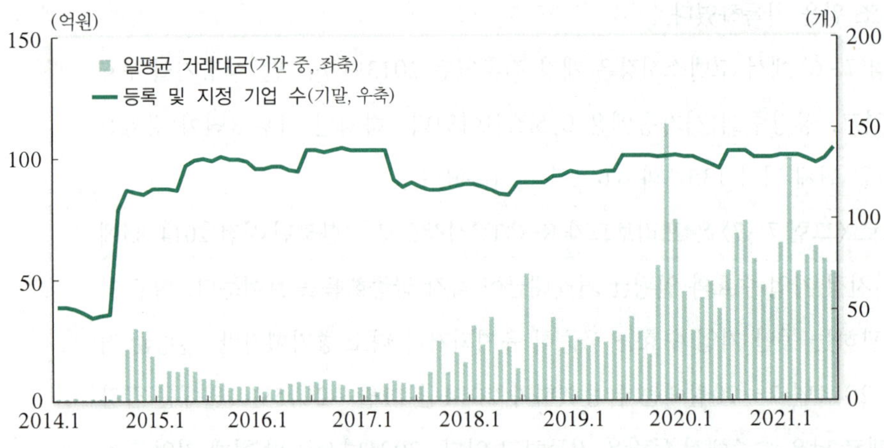

자료 : 한국은행(2021), p.282의 〈그림 3-40〉.

1.4 파생금융상품시장[40]

파생금융상품(financial derivatives)이란 "그 가치가 통화, 채권, 주식 등 기초금융자산(underlying asset)의 가치 변동에 의해 결정되는 금융상품"을 말한다.[41] 이러한 파생금융상품은 기본적으로[42] 선도계약, 선물계약, 옵션, 스왑 등으로 구분되는데, 기초자산의 종류에 따라 통화, 금리, 주식, 신용 관련 상품 등으로 구별할 수 있으며, 거래방법에 따라 장내 및 장외거래로 나누어진다. 기초자산의 종류와 장내·외 거래 여부를 기준으로 주요 파생금융상품의 종류를 구분하면 [표 7-8]과 같다.[43]

표 7-8 주요 파생금융상품의 종류

	장내거래	장외거래
통화 관련	통화선물(currency futures) 통화선물옵션(currency futures options)	선물환(forward exchange) 통화스왑(currency swaps) 통화옵션(currency options)
금리 관련	금리선물(interest rate futures) 금리선물옵션(interest rate futures options)	선도금리계약(forward rate agreements) 금리스왑(interest rate swaps) 금리옵션(interest rate options) 스왑션(swaptions)

40. 이 절은 한국은행(2006 · 2009 · 2016c) 이외에 (주)한국증권선물거래소로 통합되기 이전 증권거래소와 선물거래소의 각 웹사이트에 제공되었던 자료도 참고하였다.

41. 한국은행(2016c), p.290.

42. 여기서 '기본적으로'란 표현은, 선도 · 선물 · 옵션 · 스왑의 기본적 형태를 가진 파생금융상품 이외에 선물 · 옵션 · 스왑의 특징이 서로 적절히 결합된 다양한 종류의 파생금융상품은 물론, 기초자산에서 분리해 낸 신용위험을 매매하기 위한 신용파생상품(credit derivatives)과 파생금융상품이 현물증권과 결합된 파생결합증권(DLS : Derivative-Linked Securities)도 존재한다는 사실을 감안한 것이다. 신용파생상품에는 신용파산스왑, 총수익스왑, 신용연계증권, 합성담보부증권 등이 있고, 파생결합증권에는 주식워런트증권(ELW : Equity-Linked Warrant), 주가지수연동증권(ELS : Equity-Linked Security), 기타파생결합증권(DLS : Derivatives-Linked Security), 상장지수증권(ETN : Exchange-Traded Note) 등이 포함된다. 신용파생상품과 파생결합증권에 대한 자세한 내용은 한국은행(2016c)을 참고하기 바란다.

43. 본문에서 곧 설명할 선도계약, 선물계약, 스왑과 옵션 등의 파생금융상품은 모두 기초자산의 시장위험(market risk)—주가 · 금리 · 환율 · 시장변동성 · 시장유동성 등 다양한 시장상황의 변동에 따라 기초자산 가치가 변동할 위험—에 대비하기 위한 수단이다. 이와 달리 신용파생상품은 "차입자 또는 발행자의 신용에 따라 가치가 변동하는 기초자산(underlying assets)의 신용위험(credit risk)을 분리하여 이를 다른 거래상대방에게 이전하고 그 대가로 프리미엄(수수료)을 지급하는 금융상품"이다(한국은행 2016c, p.387). 자세한 내용은 한국은행(2016c)을 참고하기 바란다.

주식 관련	주식옵션(equity options) 주가지수선물(index futures) 주가지수옵션(index options) 주가지수선물옵션(index futures options)	주식옵션(equity options) 주식스왑(equity swaps)
신용 관련	–	신용파산스왑(credit default swaps) 총수익스왑(total return swaps) 신용연계증권(credit linked notes) 합성담보부증권(synthetic collateral debt obligations)

자료: 한국은행(2018).

먼저 선도계약(forward contracts)과 선물계약(futures contracts)은 미리 정한 계약조건에 따라—즉, 미래의 특정 시점에 특정 가격과 수량으로—기초자산을 사고팔기로 지금 약정하는 계약으로, 이 두 가지 계약형태의 기본 성격은 동일하다. 그러나 선도계약은 장외시장에서 대개 딜러나 브로커를 통해 거래가 이루어지는 데 반해, 선물계약은 가격 이외의 모든 거래조건이 표준화되어 있는 장내시장(거래소)에서 거래가 이루어진다.

옵션(options)은 기초자산을 미리 정한 미래의 특정 시점 또는 그 이전에 미리 정한 가격(행사가격)으로 매입(call)하거나 매각(put)할 수 있는 권리를 지금 사고파는 거래이다. 옵션의 가격, 즉 기초자산을 매입하거나 매각할 수 있는 선택권의 가격을 옵션프리미엄(option premium)이라 하며, 옵션계약의 매입자는 계약 체결과 동시에 옵션프리미엄을 거래상대방에게 지급하게 된다.

스왑(swaps)은 일반적으로 두 개의 금융자산 또는 부채가 갖는 원래의 거래조건을 맞교환하기로 하는 계약으로서, 서로 다른 통화표시 채무의 원리금 상환의무를 맞교환하기로 약정하는 통화스왑(currency swaps)과 변동금리채무와 고정금리채무 간의 이자지급의무를 맞교환하기로 약정하는 금리스왑(interest rate swaps) 등으로 구분된다.

1970년대부터 금융규제의 완화와 금융자율화의 세계적 확산으로 금융의 겸업화 · 증권화 · 국제화 · 통합화가 진행되면서 금융거래가 급증하게 되었고 금융자산(기초자산)의 가격변동성도 매우 커졌다. 이는 금융상품 거래에 더욱 커다란 위험이 수반된다는 것을 의미한다. 이러한 위험을 헤지(hedge)하기 위해 필요한 수단이 바로 파생금융상품(파생금융계약)이다. 마침 같은 시기에 정보기술이 획기적으로 발전하면서 기초자산에 수반되는 위험을 다양한 방식으로 분해 · 결합하는 일이 가능해지면서 시장에 제공되는 파생금융상품의 종류도 크게 늘었다. 더욱이 금융공학(financial engineering)의 발전으로 파생금융상품의 가격결정을 주어진 가정 하에 엄밀하게 설명하는 수학모형들이 등장하면서, "가격결정에 확신을 갖게 된 사람들이 용기백배하여 파생금융상품의 구매와 판매에 우르르 뛰어들게 되었다."[44] 그 결과 지난 수십 년간 세계적으로 파생금융상품시장의 규모는 엄청나게 확대되었다.

이와 같이 파생상품거래가 급속히 증가해 온 이유는 무엇인가? 파생금융상품에 대한 투자는 기초자산에 투자하는 것에 비해 여러 이점을 지니고 있기 때문이다. 먼저 파생금융상품 거래는 투자원금을 주고받지 않고 대부분 차액결제로 완결되므로 자금관리의 탄력성을 높여준다. 이것은 파생금융상품 거래가 갖는 레버리지 효과(leverage effect)와 관련된다.[45] 이와 더불어 파생금융상품시장은 헤지거래자(hedgers)에게 폭넓은 위험 헤지(hedge)의 기회를 제공한다. 즉, 헤지거래자가 옵션 등 파생금융상품의 여러 계약 형태를 적절히 이용하면 기초자산으로 구성된 포트폴리오에 비해 훨씬 안전한 포트폴리오를 구성할 수 있게 된다.

파생금융상품시장에는 헤지거래자뿐만 아니라 투기거래자(speculators)와 차익거래자(arbitrageurs)도 참여한다. 투기거래자는 헤지거래자가 덜어내고자 하는 위험, 즉 자산 및 부채의 가치변동 위험을 적극적으로 받아들임으로써 이윤획득의 기회로 삼고자 한다. 또한 차익거래자는 현물시장(spot markets)과 선물시장(futures markets) 간 차익거래를 통해 이득을 얻고자 한다. 결국 파생금융상품의 거래를 통해 다양한 위험선호를 가진 시장참가자들 사이에 위험이 효율적으로 배분된다. 이 과정에서 파생금융상품은 투기거래자와 차익거래자에게는 투자수단으로서, 헤지거래자에게는 위험관리 수단으로서 각각 의미를 갖는다.

최근 파생금융상품의 거래구조가 점점 복잡해지면서 거래에 내재된 위험을 정확히 평가하기가 매우 어려워졌다. 더욱이 파생금융상품 거래는 거래상대방 위험(counterparty risk)이 높은 관계로 거래상대방의 지급능력이 중시되면서, 전체적으로

---

44. 예를 들면, 블랙-숄즈 옵션가격결정모형(Black-Scholes option-pricing model)이 그와 같은 대표적 수학모형이다(Black and Scholes 1973). 인용문은 *The Economist*(2009)에서 따왔다.

45. 여기서 레버리지 효과란 "[투자자 입장에서 파생상품 거래가] 소액의 증거금 또는 프리미엄만으로 훨씬 큰 규모의 기초자산에 투자한 것과 동일한 효과[를 갖는다]"는 의미이다(한국은행 2016c, p.291).

거래가 소수의 대형 금융기관으로 집중되는 경향도 생겨난다.[46] 하지만 대형 금융기관이라 하더라도 내부통제에 허점이 있으면 유동성 부족이나 지급불능에 빠지기 쉽다. 이것 역시 파생금융상품거래가 갖는 레버리지 효과 때문이다. 게다가 파생금융상품 거래규모의 대형화, 금융기관 간 경쟁 격화, 금융시장 간 · 금융기관 간 상호연계성(interconnectedness) 심화 등으로 개별 금융기관의 위기가 시스템 전체로 파급될 가능성도 매우 커졌다. 특히 2007년 미국 서브프라임 사태가 글로벌 금융위기로 확산된 데에는 베어스턴즈 · AIG의 구제 배경이나 리먼브러더즈의 붕괴 결과에서 관찰했듯이 금융기관 간 상호연계성—브러너마이어(M. Brunnermeier)를 따라 달리 표현하면 "[파생금융계약의 폭발적 증대에 따라 형성된] 금융적 채권채무관계로 복잡하게 얽혀 있는 네트워크(interwoven network of financial obligations)"—이 상당한 역할을 한 것으로 평가된다.[47] 이에 따라 글로벌 금융위기 이후 국제사회는 금융시스템의 안정성을 위해 각국 정책당국과의 공조 아래 파생금융상품 거래에 대한 건전성 감독의 강화는 물론, 투자자 보호의 강화, 결제시스템의 개선 등에 관한 다각적 논의를 거쳐 특히 장외파생금융상품시장에 대한 규제를 강화했다. 그 여파로 2010년대 중반에는 글로벌 장외파생금융상품 거래가 전반적으로 감소세로 돌아섰다.[48]

이제 파생금융상품시장에서 거래되는 선도계약, 선물계약, 옵션, 및 스왑에 대해 좀 더 자세히 살펴보자.

1.4.1 선도계약과 선물계약

선도계약은 두 거래당사자가 특정 상품 또는 증권을 특정 시점에서 특정 가격으로 거래할 것을 현 시점에서 약정하는 계약을 말한다. 여기서 특정 상품을 기초자산(underlying asset), 특정 시점을 만기(maturity), 특정 가격을 선도가격(forward price) 혹은 선물가격(futures price)이라고 한다. 일상의 현물거래(spot transactions)

46. '거래상대방 위험'은 거래상대방의 신용위험(credit risk) 또는 채무불이행위험(default risk)을 의미한다(한국은행 2009 ; 한국은행 조사제1부 1995). 그런데 장내 거래에는 거래상대방 위험이 거의 없다. 왜냐하면 장내 거래에서는 "상품의 표준화, 일일정산 및 증거금 적립, 거래소의 이행보증 등을 통해 이러한 [거래상대방] 신용위험[이] … 대부분 제거"되어 있기 때문이다(한국은행 2016c, p.291, fn.7).

47. Brunnermeier(2009), p.96.

48. 한국은행(2016c) 참조.

에서는 계약과 계약이행(대금결제와 상품인도를 포함)이 동시에 일어나지만, 선도와 선물거래에서는 계약이 먼저 체결되고 계약이행은 나중에 일어난다.

예를 들어 현재 *A*사는 지금으로부터 정확히 1년 뒤에 큰 사업을 추진할 계획이다. 그 사업계획에는 석유 1만 배럴이 필요한데, 1년 뒤 석유가격이 어떻게 변할지 예측하기 힘들어 사업계획 수립에 어려움이 있다. 이때 *A*사는 석유판매업자와 1년 뒤에 1배럴당 1,000원에 석유를 구매하기로 계약했다고 하자. 1년 뒤 *A*사는 1천만 원을 석유판매업자에게 주고 석유 1만 배럴을 수령하게 되는데, 이러한 거래가 대표적인 선도계약이다.

중요한 사실은 두 거래당사자인 매입자와 매도자 모두 반드시 계약을 이행해야 할 의무를 가진다는 점이다. 하지만 실제로는 어느 한쪽이 계약을 이행하지 않을 가능성이 항상 존재한다. 한편 선도계약은 이해관계가 일치하는 사람들 사이에 이루어지는 거래이므로, 선도계약을 희망하는 사람은 거래하려는 기간 · 가격 · 품목 등이 모두 일치하는 상대방을 만나야만 한다. 위 예에서 1년 뒤에 석유를 배럴당 1,000원에 팔려는 석유판매자를 지금 만나지 못하면 *A*사는 선도계약을 맺을 수 없다. 이러한 불편함과 계약불이행의 위험을 없애주기 위해 등장한 것이 바로 선물계약이다.

선물거래는 선도거래가 표준화 · 조직화된 형태라고 할 수 있다. 즉, 다수의 수요자와 공급자가 존재하고 품질 · 규격 · 거래조건 등이 표준화될 수 있는 상품에 대해서 조직화된 공식 거래소를 통해 선물거래가 대량으로 성립된다. 또 선도거래와는 달리 선물거래소에서는 결제소(clearinghouse)가 중요한 역할을 한다. 거래소에서 일단 선물거래가 성립되면 결제소는 매입자에게는 매도자가 되어주고, 반대로 매도자에게는 매입자가 되어준다. 선물시장에 이러한 결제소가 있기 때문에 거래자들은 선도거래와는 달리 거래상대방을 알아야 할 필요가 없다.

한편 결제소는 계약불이행을 사전에 막기 위하여 일일정산(mark-to-market settlement)을 수행하는데, 이것은 매일의 선물가격 변동에 따라 선물거래자들의 이득과 손실을 정산하는 과정을 말한다. 즉, 손해를 본 거래자의 계좌로부터 이익을 본 거래자의 계좌로 자금을 입금하는 방식을 말한다.

이러한 일일정산을 뒷받침하기 위하여 결제소는 증거금제도(margin requirement)를 도입한다. 증거금이란 선물계약을 원하는 거래자들이 결제소에 의무적으로 예치하는 일정 금액을 말한다. 증거금에는 선물거래를 처음 시작할 때 예치해야 하는 개시증거금(initial margin)과 선물계약을 보유하기 위해 유지해야 하는 최소한의 증거금인 유지증거금(maintenance margin)이 있다.

선물거래가 체결된 다음 날부터 매일 선물가격의 변동에 따라 선물거래자들은 일희일비할 것이다. 이때 일일정산에 따라 이익을 본 거래자의 증거금은 증가하고, 손해를 본 거래자의 증거금은 줄어든다. 그런데 손해가 지속되어 증거금이 일정 수준, 즉 유지증거금 이하로 떨어지면, 결제소는 거래자에게 개시증거금 수준까지 자금을 추가로 납부할 것을 요구한다. 이것을 증거금 요구(margin call)라 하고, 추가로 부담하는 증거금을 추가증거금(variation margin)이라 한다.

요컨대 선도거래는 장외에서, 선물거래는 장내에서 각각 이루어진다는 점에서 차이가 난다. 장내거래와 장외거래는 일반적으로 다음의 [표 7-9]와 같이 비교된다.

표 7-9 파생금융상품 장내거래와 장외거래 비교

	장내거래	장외거래
거래조건	거래단위, 결제조건 등이 표준화	거래당사자가 협의하여 결정
거래장소	거래소	대부분 딜러나 브로커를 통해 전화 등으로 계약 체결
거래참가자	거래소 회원만 거래, 기타 참가자는 회원의 중개로 거래	제한 없음
계약상대방	거래소	상대편 거래당사자
결제	일일정산하며 대부분 만기 전 반대매매를 통해 차액만 정산	대부분 만기에 현물을 인·수도
증거금	거래소에 증거금 예치	딜러나 브로커가 고객별 신용한도를 설정하거나 담보금 예치를 요구

자료: 한국은행(2009), p.325의 각주 2).

1970년대 이전에는 농산물, 금속, 광물 등을 대상으로 하는 상품선물(commodity futures)거래가 주종을 이루었으나, 1980년대 이후에는 금융자산을 기초자산으로 하는 금융선물(financial futures)거래가 활발히 이루어져 그 거래규모가 급격히 증가하고 있다. 금융선물시장은 크게 기초자산에 따라 주가지수선물(stock index futures), 금리선물(interest rate futures), 통화선물(currency futures)로 나눌 수 있다.

주가지수선물은 주식시장에서 거래되는 주식의 가격수준을 나타내는 주가지수

를 대상으로 하는 선물거래를 말한다. 주가지수선물거래는 보통 전체 주식시장을 대표할 수 있는 주가지수를 대상으로 하기 때문에, 시장 전체의 주식을 거래하는 것과 같은 효과를 갖는다.

금리선물은 이자율 변동에 따른 각종 금융자산의 가격변동위험을 제거하기 위하여 채권 등 이자율과 연계된 금융상품을 대상으로 하는 선물계약으로 현재 금융선물거래의 주류를 이루고 있다.

외국 통화를 대상으로 하는 통화선물은 1970년대 초반 국제통화제도가 고정환율제도에서 변동환율제도로 변화하면서 급증한 환율변동위험을 회피하는 수단으로서 거래되기 시작하였다.

이제 선물포지션과 미래수익에 대해 살펴보자. 선물계약에서 흔히 매입자가 되면 매입포지션(long position), 매도자가 되면 매도포지션(short position)을 취했다고 말한다. 매입포지션을 취하면 만기일에 계약에 명시된 가격(선물가격)으로 상품을 매입해야만 하며, 반대로 매도포지션을 취하면 만기일에 계약에 명시된 가격(선물가격)으로 상품을 매도해야만 한다. 만약 만기일 이전에 계약을 종료시키고 싶다면 매입자는 동일한 계약을 매도하고, 매도자는 동일한 계약을 매입하는 등 반대매매(reverse trade)를 하면 된다.

현물가격이 매 순간 변화하듯이 선물가격도 계약시점과 만기시점 사이의 어느 순간에서나 변화할 수 있다. 매입자에게는 선물가격이 상승하면 유리하고 매도자에게는 가격이 하락하면 유리하다. 일반적으로 만기 전 시점에서는 선물가격과 현물가격 간에 차이가 발생하는데 이를 베이시스(basis)라 한다. 그렇지만 만기시점에서는 두 개의 가격이 같아져야 한다. 만약 그렇지 않다면 차익거래(arbitrage)의 기회가 발생하기 때문이다.[49]

선도거래 당사자들이 만기일까지 계약을 보유했을 때 발생할 미래수익을 예를 통해 살펴보자. 투자자 A가 선도시장에서 투자자 B로부터 1년 후에 금 1kg을 400만원에 매입하는 선도거래를 계약했다고 하자. 그런데 1년 후 금값이 상승하여 1kg

49. 만기일에 선물가격과 현물가격이 일치한다면, 만기일 이전의 어떤 시점에서 선물가격과 현물가격의 관계는 어떠할까? 결론부터 말하면 선물가격은 현물가격에 보유비용(carrying cost)을 더한 것과 같다. 보유비용이란 현물을 만기일까지 보유하는 데 드는 비용으로, 주로 이자비용(자금이 현물구입에 잠긴 데 따른 만기일까지의 상실이자)으로 구성된다. 만약 선물가격 ≷ (현물가격 + 보유비용)이라면 양변이 일치할 때까지 차익거래가 발생할 것이다. Ritter and Silber(1989) 참조.

당 600만원이 되었다면, 투자자 A는 선도계약에 따라 금 1kg을 400만원에 매입하고 그것을 바로 현물시장에 600만원에 팔아 200만원의 이익을 얻을 수 있다. 한편 1년 후 금값이 300만원으로 하락한다면, *A*는 현물시장에서 300만원에 살 수 있는 금 1kg을 400만원에 구입해야 하므로 100만원 손해를 보게 된다. 반대로 투자자 *B*는 금 가격이 올라가면 200만원의 손해를, 가격이 내려가면 100만원의 이익을 보게 된다. 결국 매입자의 이익은 매도자의 손실이 되고, 매입자의 손실은 매도자의 이익이 되어 전체적으로는 이익과 손실이 항상 제로섬(zero-sum game) 게임이 된다.[50]

일반적으로 선물계약은 크게 헤지거래(hedge), 투기거래(speculation), 그리고 차익거래(arbitrage)의 목적으로 이용될 수 있다. 헤지거래는 현물거래를 할 때 발생하는 현물의 가격변동에 따른 위험을 없애거나 줄이기 위해서 선물계약을 이용하는 거래를 말한다. 선물거래는 미래시점의 거래가격을 현재시점에서 고정시키는 계약이므로, 가격변동의 위험을 제거할 수 있는 유용한 수단이 된다. 한편 투기거래는 선물가격 자체의 변동을 예측하여 가격변동에 따른 시세차익의 획득을 목적으로 헤지거래자가 회피하려는 위험을 부담하는 거래이다. 따라서 투기거래자는 선물가격 상승이 예상되면 매입포지션을 취하고 선물가격 하락이 예상되면 매도포지션을 취한다. 이때 선물가격이 예상한 대로 움직이면 거래이익을 얻을 수 있지만, 예상과 반대로 움직이면 손실을 본다. 끝으로 차익거래는 시장에서 거래되는 선물가격과 현물가격 사이의 균형관계가[51] 깨어져 차익거래의 기회가 발생했을 때 자기자금과 위험을 전혀 부담하지 않고 이익을 얻으려는 거래를 말한다.

1.4.2 옵션

옵션(options)이란 미래의 일정한 시점 또는 기간 동안 미리 정해진 가격으로 어떤 상품을 사거나 팔 수 있는 권리를 부여한 계약을 말한다. 선물에서는 매입자와 매도자 모두가 계약을 반드시 이행해야 할 의무가 있는 데 반해, 옵션에서는 매입자가

50. 선도계약의 경우와 마찬가지로, 선물계약에서도 선물거래소(결제소)의 중간 역할을 통해 궁극적으로 매입자와 매수자 간 제로섬 게임이 성립함은 물론이다.

51. 여기서 균형관계란 바로 앞의 각주에서 설명한 선물가격 = (현물가격 + 보유비용)의 관계를 가리킨다.

기초자산을 매매할 수 있는 권리를 행사할 때에만 매도자는 이에 응할 의무가 있다.

옵션은 크게 두 가지 종류가 있다. 먼저 콜옵션(call option)은 일정한 시점 혹은 기간 동안에 미리 정해진 가격으로 어떤 상품을 살 수 있는 권리를 말한다. 이때 살 수 있는 권리가 종료되는 시점을 만기일(expiration date), 미리 약정된 상품의 가격을 행사가격(strike price), 그리고 옵션을 구입하기 위해 지급하는 금액을 옵션 프리미엄(option premium)이라 한다. 한편 콜옵션과는 반대로 일정한 시점 혹은 기간 동안에 미리 정해진 가격으로 어떤 상품을 팔 수 있는 권리를 풋옵션(put option)이라 한다.

한편 옵션은 미국식 옵션(American option)과 유럽식 옵션(European option)으로 구분할 수 있다. 미국식 옵션을 보유한 사람은 만기일이 도래하기 이전에도 자신이 원하면 아무 때나 권리를 행사할 수 있다. 반면 유럽식 옵션을 보유한 사람은 오직 정해진 만기일에만 권리를 행사할 수 있다.

옵션 거래자들에게 발생할 수익의 형태를 살펴보자. 예를 들어 투자자 *A*가 앞으로 1년 후에 *Y*회사의 주식 1주를 5,000원에 매입할 수 있는 권리를 투자자 *B*로부터 1,000원에 매입했다고 하자. 이때 5,000원을 옵션 행사가격, 1,000원을 옵션 프리미엄이라고 할 수 있다.

만기일에 *Y*회사 주식이 주당 10,000원이 되었다고 하자. 투자자 *A*는 *Y*주식 1주를 5,000원에 구입하여 주식시장에서 10,000원에 팔면 5,000원의 수익을 올리게 되므로 결국 이윤은 4,000원이 된다.[52] 반대로 만기일에 *Y*회사 주식이 주당 3,000원에 거래된다면 투자자 *A*는 이 권리를 행사할 이유가 없다. 따라서 *A*는 옵션을 구입하는 데 소요된 1,000원만큼의 손실을 볼 뿐이며, 반드시 5,000원에 주식을 매입할 의무가 있는 것은 아니다.

반면 옵션 매도자 *B*는 주가가 10,000원이 되면 10,000원짜리 주식을 5,000원에 팔아야 하므로 4,000원의 손실을 본다. 반대로 주가가 3,000원이 되었다면 매입자 *A*가 권리를 행사하지 않으므로 1,000원의 이득을 본다. 이것이 콜옵션의 전형적인 예이다.

이번에는 풋옵션을 생각해 보자. 앞의 예에서 투자자 *A*가 투자자 *B*로부터 행사가격과 옵션 프리미엄 등 모든 조건이 동일한 풋옵션을 구입했다고 하자. 이때 *A*

52. 여기서는 논의의 단순화를 위해 이자율 등 시간할인 요인과 각종 거래비용은 무시하기로 한다.

그림 7-8

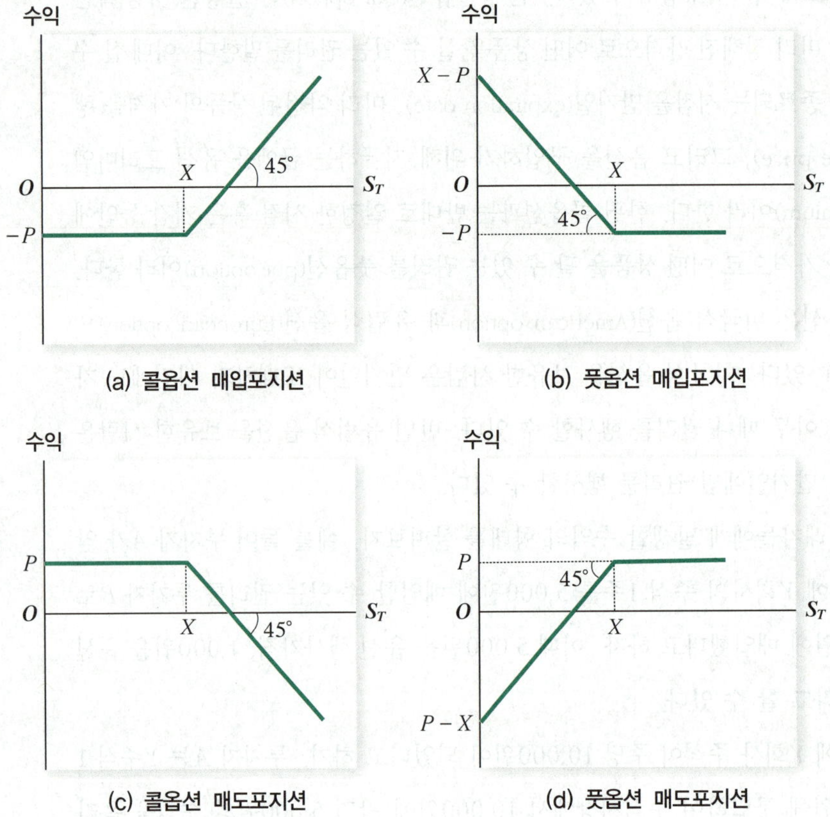

콜옵션과 풋옵션의 수익

콜옵션이든 풋옵션이든 매입포지션과 매도포지션은 서로 정반대의 수익구조를 갖는다. 다시 말해, 매입자의 수익은 매도자의 손실이 되며, 매입자의 손실은 곧 매도자의 수익이 된다.

는 만기일에 Y회사 주가가 떨어질수록 이득을 보게 된다. 만기일에 Y주식이 3,000원에 거래된다면 3,000원에 주식을 사서 5,000원에 팔면 1,000원의 이윤을 남길 수 있다. 반대로 Y주식이 10,000원에 거래된다면 A는 권리를 행사할 이유가 없고, 단지 풋옵션 구입에 소요된 1,000원만큼의 손실을 볼 뿐이다.

반면 옵션 매도자 B는 주가가 3,000원이 되면 주식시장에서 3,000원에 살 수 있는 주식을 A로부터 5,000원에 사야 하므로 1,000원의 손실을 본다. 하지만 주가가 10,000원이 되었다면 매입자 A가 권리를 행사하지 않으므로 옵션 프리미엄 1,000원을 이윤으로 얻는다.

이상의 내용을 일반화하여 콜옵션과 풋옵션이 갖는 만기시점에서의 수익을 그림으로 나타내면 〈그림 7-8〉과 같다. 콜옵션이나 풋옵션 모두 매입자와 매도자의 수익이 대칭적인 형태를 띠는 것을 볼 수 있다. 여기서 P는 옵션 프리미엄, X는 옵션 행사가격, S_T는 만기에서의 현물가격을 의미한다.

옵션계약도 선물계약과 마찬가지로 투기 · 헤지 · 차익거래 등의 목적으로 이용된다. 이 중에서도 기초자산 가격변동으로부터 발생하는 위험을 효과적으로 관리하는 헤지 기능이 가장 중요하다.

한편 선물과 옵션을 효과적으로 이용하려면 선물가격이나 옵션 프리미엄이 어떻게 결정되는지를 이해해야 한다. 선물과 옵션의 가격결정 모형은 이 책의 범위를 넘어서므로 소개하지 않겠다. 관심 있는 독자들은 여기서 소개한 기본 개념을 바탕으로 파생금융상품에 대한 전문서적을 참고하기 바란다.

Box 7-3 옵션과 경제활동

옵션은 사고팔 권리라고 하였다. 그렇다면 옵션을 매매한다는 것은 '사고팔 권리를 사고파는 것'이라 할 수 있다. 이것은 무슨 뜻인가? 예를 들어 어떤 신입생이 대학 입학에 임박하여 학교 주변에서 2천만원짜리 전셋집을 구한다고 하자. 그리고 전셋집을 한두 군데 들러본 후 가격 및 여러 조건들이 기대한 수준에 근접하는 집을 찾았다고 하자. 하지만 이 학생은 아직 더욱 좋은 조건의 집이 있을지 탐색할 의향이 있다. 동시에 그는 입학시즌이라서 자신처럼 집을 구하는 학생이 많다는 사실도 걱정된다. 만약 이 집보다 더 나은 집을 찾아내지 못하였을 때 이미 다른 학생이 이 집을 계약해 버렸을 가능성이 높기 때문이다.

이럴 때 이 학생은 소위 가계약이라는 것을 할 수 있다. 예를 들어 10만원의 현금만 걸어두고 정해진 날짜에 다시 와서 정식으로 계약하겠다고 약속한 후, 탐색활동을 계속한다고 가정해 보자. 추가적인 탐색 결과 더욱 좋은 조건의 집을 찾지 못하면 가계약을 실제로 이행하여 정식 계약을 하면 된다. 충분한 탐색을 한 후, 10만원의 가계약금을 포기하여도 아깝지 않을 만큼 훨씬 더 마음에 드는 집을 찾았다면 새로 계약하면 된다.

이때 포기되는 10만원은 탐색 결과에 따른 장래의 불확실성을 회피하기 위해 치르는 비용이다(물론 가계약금 10만원은 앞에서 살펴본 옵션 프리미엄과는 달리, 계약할 권리를 행사하면 회수할 수 있다는 점에서 약간 다르다). 즉, 더 좋은 기회를 만나지 못했을 때에 이미 찾은 좋은 기회마저 잃어버릴 수 있는 위험을 헤지시켜 주는 것이다. 여기서 10만원은 전셋집을 계약할 수 있는 권리를 매입한 가격이다. 전세계약금 2천만원이 부동산이 주는 효용을 매입하는 것이라면, 10만원의 가계약금은 결국 매입할 권리를 매입하는 비용이다. 사고팔 권리를 사고판다는 것은 이러한 의미이다.

1.4.3 스왑[53]

스왑(swap)은 두 거래당사자가 미리 약정한 방식에 따라 미래의 일정 시점에 현금흐름을 교환하기로 하는 계약이다. 이러한 스왑은 1981년에 최초로 거래가 시작된 이후 거래규모가 급속히 성장하고 있다. 스왑거래는 크게 금리스왑(interest-rate swap)과 통화스왑(currency swap)(또는 외환스왑(foreign exchange swap))으로 구분된다. 금리스왑에서는 두 거래당사자가 스왑 만기(tenor)까지의 기간 동안 정기적으로 일정 원금(notional principal)에 대하여 고정금리(fixed interest rate) 이자와 변동금리(floating interest rate) 이자를 서로 교환한다.

기업 간의 신용도 차이와 재무환경의 차이로 인해 각각의 기업은 서로 다른 거래조건을 가지고 있다. 이러한 여건 하에서 각 기업은 자신들이 가지고 있는 비교우위의 이점을 활용함으로써 서로 차입비용을 절감할 수 있다.

예를 들어 *A*와 *B* 두 회사의 차입조건이 다음의 [표 7-10]과 같다고 하자. *A*회사는 신용도가 높아서 금융시장에서 좋은 조건으로 자금을 차입할 수 있는 반면, *B*회사는 상대적으로 신용도가 낮아서 *A*회사보다는 좋지 못한 조건으로 자금을 차입해야 한다.

표 7-10 **A와 B회사의 차입조건**

	고정금리로 차입 시	변동금리로 차입 시
*A*회사	10%	LIBOR + 0.3%p
*B*회사	11.2%	LIBOR + 1.0%p
이자율 차이	1.2%p	0.7%p

*A*회사는 현재 변동금리 자금을, *B*회사는 고정금리 자금을 원하고 있다. *A*회사가 양쪽에서 절대우위를 가지고 있긴 하지만, 상대적으로는 고정금리 차입에서 비교우위를 갖는다. 왜냐하면 고정금리시장에서 *B*회사에 비해 1.2%포인트의 우위를 가지고 있으나, 변동금리시장에서는 0.7%포인트의 우위를 가지고 있기 때문이다. 마찬가지 논리로 *B*회사는 변동금리시장에서 비교우위를 갖는다.

53. 이 소절은 박정식 외(2001)를 참고하였다.

그림 7-9

금리스왑의 현금흐름

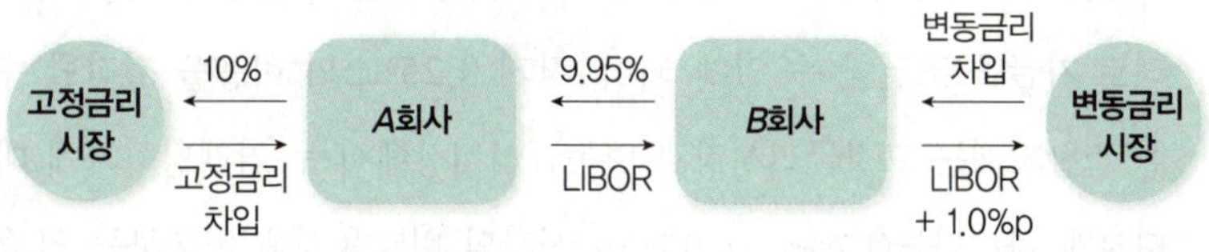

이러한 상황에서 A회사는 10%의 고정금리로 자금을 차입하고 B회사는 변동금리로 자금을 차입한 후 서로 이자지급을 교환하는 이자율스왑계약을 체결할 수 있다. 스왑거래를 통해 절감할 수 있는 총차입비용은 고정금리시장의 금리차이에서 변동금리시장의 금리차이를 뺀 0.5%포인트(= 1.2%p − 0.7%p)인데, 이것은 A와 B 두 회사의 신용도와 기타 시장여건에 따라 두 회사에게 적절히 분배될 수 있다.

A, B 두 회사가 이득을 반반씩 분배하기로 했다고 하자. 두 회사 간에 발생한 스왑거래의 자금흐름을 살펴보면 〈그림 7-9〉와 같다.

그림에서 보는 것처럼 A회사는 B회사에게 변동금리 LIBOR를 지급하고, B회사는 A회사에게 고정금리 9.95%를 지급한다. 이와 같이 스왑거래를 함으로써 고정금리로 자금을 차입한 A회사는 변동금리를 부담하고, 변동금리로 자금을 차입한 B회사는 고정금리를 부담하게 된다. 스왑거래의 결과 A와 B회사가 얻게 되는 비용절감은 [표 7-11]과 같다.

표 7-11 금리스왑거래의 차입비용절감효과

	A회사	B회사
지급이자		
고정금리	10%	9.95%
변동금리	LIBOR	LIBOR + 1.0%p
수입이자		
고정금리	9.95%	−
변동금리	−	LIBOR
순차입비용	LIBOR + 0.05%p	10.95%
직접차입비용	LIBOR + 0.3%p	11.2%
절감된 차입비용	0.25%p	0.25%p

이 표에서 보는 것처럼 만약 스왑거래를 하지 않았다면, *A*회사의 변동금리비용은 LIBOR + 0.3%p이고, *B*회사의 고정금리비용은 11.2%이다. 하지만 스왑거래를 함으로써 *A*회사는 LIBOR + 0.05%p라는 변동금리로, *B*회사는 10.95%라는 고정금리로 자금을 조달할 수 있게 되어, 각기 0.25%p의 비용을 절감할 수가 있다. 이러한 스왑거래는 고정금리시장과 변동금리시장에서 두 거래당사자에 대한 금리차이가 다르게 나타나는(1.2%p vs. 0.7%p) 시장의 비효율성을 이용하는 일종의 차익거래로 해석할 수 있다. 금리스왑에서는 원금에 대한 이자만이 서로 교환될 뿐 원금 자체는 교환되지 않는다. 또한 원금과 두 이자금액은 항상 동일한 통화로 표시된다.

통화스왑은 교환되는 현금흐름의 통화가 서로 다르며, 스왑의 계약과 만기시점에서 원금도 교환된다는 점이 금리스왑과 다르다. 예를 들어 미국 기업 *C*는 영국으로부터 상품을 수입하기 위해 100만 파운드가 필요하고, 영국 기업 *D*는 미국으로부터 상품을 수입하기 위하여 150만 달러가 필요하다고 하자. 이때 미국 기업 *C*가 100만 파운드를 영국에서 조달하는 경우 연 4.5%의 이자를 내야 하고, 영국 기업 *D*가 150만 달러를 미국에서 조달하는 경우 연 5.5%의 이자를 내야 한다. 하지만 미국 기업 *C*는 미국에서 연 5% 이자율로 150만 달러를 조달할 수 있고 영국 기업 *D*는 영국에서 연 4% 이자율로 100만 파운드를 조달할 수 있다. 현재 환율이 1.5달러/파운드라면, 기업 *C*와 *D*는 각기 자국에서 더 나은 조건으로 자금을 차입한 후 원리금상환 의무를 맞교환하고자 할 것이다. 다시 말해, 기업 *C*는 100만 파운드에 대해 연 4%의 이자를 *D*에게 지급하고, 대신 *D*는 150만 달러에 대해 연 5%의 이자를 *C*에게 지급하기로 하는 만기 1년의 통화스왑을 체결할 수 있다. 이러한 통화스왑에서는 정기적인 이자지급 이외에도 기업 *C*는 계약시점에서 100만 파운드를 받는 대신 150만 달러를 상대방에게 건네주고, 만기시점에서는 150만 달러를 다시 받고 100만 파운드를 돌려주어야 한다.

선물이나 옵션과 마찬가지로 스왑도 크게 보면 투기 · 헤지 · 차익거래 등의 목적으로 이용될 수 있으나, 선물이나 옵션에 비해 계약이 자유롭고 유연성(flexibility)이 높아 더욱 다양하게 이용될 수 있다.

1.4.4 우리나라의 파생금융상품시장

최근 우리나라에서는 파생금융상품시장의 제도정비가 비교적 빠르게 이루어지는 가운데, 주가지수 선물 및 옵션, 선물환, 그리고 금리스왑 거래가 상대적으로 활발하다.

표 7-12 우리나라의 주요 장내 파생금융상품 거래규모

종목	도입일자	일평균거래(2021년 6월 중)	
		계약 수	계약금액(억원)[1]
코스피200선물	1996년 5월	235,125	254,504
미니코스피200선물	2015년 7월	82,452	17,873
코스닥150선물	2015년 11월	61,221	8,567
개별주식선물	2008년 5월	5,358,295	41,916
3년 국채선물	1999년 9월	214,810	237,298
10년 국채선물	2008년 2월	84,384	106,257
미국 달러선물	1999년 4월	364,794	40,983
엔선물	2006년 5월	1,078	110
유로선물	2006년 5월	2,997	406
코스피200옵션	1997년 7월	1,553,040	4,197
미니코스피200옵션	2015년 7월	178,248	296
개별주식옵션	2002년 1월	126,347	15

주 : 1) 선물은 명목원금(계약 수 × 거래가격 × 거래승수)이고, 옵션은 거래계약에 수반하여 지불된 대금(프리미엄)으로 선물과 옵션의 계약금액을 단순 비교할 수 없음.

자료 : 한국은행(2021), p.298의 [표 4-3].

[표 7-12]가 보여주는 바와 같이, 장내 파생금융상품시장에서 계약 수 기준으로는 개별주식선물과 코스피200옵션의 거래가 가장 활발하게 이루어지고 있으며, 계약금액 측면에서는 코스피200선물과 3년 국채선물의 거래가 가장 활발하게 이루어지고 있다. 반면, 엔선물과 유로선물의 거래는 미미한 편이고, 개별주식옵션과 미니코스피200옵션의 경우에는 계약 수는 많으나 계약금액은 매우 작은 편이다.

[표 7-13]에 따르면, 장외 파생금융상품 거래는 통화 관련 파생상품과 금리 관련 파생상품을 중심으로 이루어지고 있다. 통화 관련 파생상품 거래는 대부분 선물환 거래이다. 금리 관련 파생상품 중에서는 금리스왑이 가장 활발하게 거래되고 있다.

표 7-13 국내 금융기관[1)]의 장외 파생금융상품 거래규모[2)] (단위: 10억원)

	2001	2007	2010	2015	2020
통화 관련	942,973	6,522,462	9,965,319	9,180,038	13,249,767
(선물환)	877,229	5,820,252	9,601,719	8,683,688	12,530,459
(통화스왑)	39,616	376,944	289,102	425,332	643,446
(통화옵션)	26,128	325,266	74,498	71,018	75,863
금리 관련	78,219	1,906,995	3,484,733	2,858,970	3,526,757
(선도금리계약)	5,591	111,864	53,296	70,003	9,509
(금리스왑)	71,602	1,666,957	3,282,530	2,759,867	3,496,351
(금리옵션)	1,026	128,174	148,907	29,100	20,896
주식 관련	2	178,855	319,789	194,672	193,288
(주식선도)	–	1,922	1,467	1,991	2,455
(주식스왑)	–	16,967	16,047	72,438	138,018
(주식옵션)	2	76,819	302,275	120,243	52,814
(주식ELW)	–	83,147	–	–	–
신용 관련	–	2,942	6,073	19,969	22,033
(신용부도스왑)	–	1,084	3,608	11,080	10,056
(총수익스왑)	–	1,858	2,465	8,889	11,977

주 : 1) 2003년 이후 집계대상으로 기존의 은행, 증권회사, 보험회사, 종합금융회사에 은행신탁, 자산운용회사, 신용카드회사, 선물회사를 추가.
2) 기간 중 명목원금 기준.

자료: 한국은행(2021), p.299의 [표 4-4].

1.5 외환시장[54]

외환시장(foreign exchange market)에서는 외환에 대한 수요와 공급이 만나 균형 환율 및 균형 외환거래량이 결정된다. 여기서 환율(foreign exchange rate)은 자국 통화와 외국 통화 간의 교환비율 또는 상대가격이다. 외환에 대한 수요를 구성하는 요인은 상품 및 서비스의 수입(輸入), 소득지급, 경상이전지급 등 경상지출과 장 · 단기 자본지출이며, 외환의 공급을 구성하는 요인은 상품 및 서비스의 수출(輸出), 소득수입(所得收入), 경상이전수입(經常移轉收入) 등 경상수입(經常收入)과 장 · 단기 자본수입(資本收入)이다. 외환시장에서는 환율을 매개로 외환에 대한 수요량과 공급량이 조절되며, 외환의 교환거래가 발생한다.[55]

54. 이 소절은 한국은행(2003 · 2005 · 2010 · 2016a)에 의존하였다.

우리나라는 1997년 금융위기 발생 직후 자유변동환율제도로 이행하여 오늘에 이르고 있다. 자유변동환율제도란 글자 그대로 환율이 외환시장의 외환 수요와 공급에 따라 자유롭게 변동하도록 허용하는 제도이다.

외환거래는 현물환거래, 기타 외환관련거래, 장외 금리파생상품거래의 세 가지로 분류된다. 기타 외환관련거래에는 선물환 · 외환스왑 · 통화스왑 · 통화옵션 및 기타가, 장외 금리파생상품거래에는 선도금리계약 · 금리스왑 · 금리옵션 및 기타가 각각 포함된다.[56] 현물환(spot)거래와 선물환(forward)거래는 매매계약에 정해진 거래의 완결시점을 기준으로 구분된다. 즉, 현물환거래는 계약 체결 후 2영업일 이내에 완결되는 거래이고, 선물환거래는 계약 체결 후 2영업일이 경과한 미래의 특정 시점에 완결되는 거래이다. 또한 외환스왑(foreign exchange swap)거래는 계약 쌍방이 약정 환율에 따라 서로 다른 통화를 교환한 후 만기가 되면 계약시점의 선물환율에 따라 원금을 재교환하는 거래이다. 다시 말해, 외환스왑거래에서는 동일한 거래 쌍방 사이에 선물환-현물환, 만기가 서로 다른 선물환-선물환, 또는 현물환-현물환이 동시에 반대방향으로 거래된다. 이런 점에서 외환스왑은 통화스왑과 유사하다. 다만 외환스왑과 통화스왑은 만기와 이자지급 여부에서 차이가 난다. 외환스왑은 만기가 주로 1년 이내의 단기이고, 스왑 기간 중에는 이자교환 없이 만기에서 계약시점의 선물환율로 원금을 재교환한다. 반면 통화스왑은 만기가 주로 1년 이상의 장기이고, 스왑 기간 중 정기적으로 이자교환이 이루어지며, 만기에 원금을 재교환할 때에도 처음 원금 교환 시 적용했던 환율을 그대로 적용한다. 통화옵션거래는 특정 통화를 미리 정한 미래의 특정 시점 또는 그 이전에 미리 정한 환율로 매입하거나 매도할 수 있는 권리를 매매하는 거래이다.

우리나라의 외환시장은 정부 · 기업 · 개인 등 일반고객과 외국환은행 사이에 외환의 소매거래가 이루어지는 대고객시장(customer market)과 외국환은행 간에 외환의 도매거래가 이루어지는 은행간시장(inter-bank market)으로 이분된다. 은행간시장에서의 거래는 외국환은행 간에 직접 일어날 수도 있고 외환중개인(외국환중개

---

55. 외환시장은 환율을 매개로 자국 통화와 외국 통화 간 매매가 수반되므로, 이자율을 매개로 외환의 대차거래가 수반되는 외화자금시장(foreign currency money market)과는 개념적으로 구분된다. 하지만 외환시장이 외화자금시장을 포함한다고 보는 견해가 일반적이다. 한국은행(2016a) 참조.

56. 이와 같은 외환거래 분류는 BIS가 3년마다 실시하는 '세계 외환 및 장외 파생상품 시장 거래규모 조사'가 2010년부터 채택하고 있는 방식이다. 한국은행(2010 · 2016a) 참조.

그림 7-10

외환시장의 구조

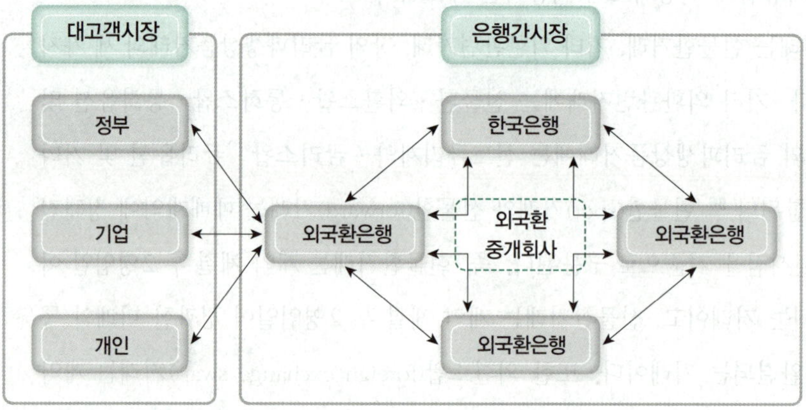

자료: 한국은행(2016a), p.100의 〈그림 2-1〉.

회사)을 경유할 수도 있다. 좁은 의미의 외환시장에 해당하는 은행간시장을 간단히 외환시장이라고 부르는 경우도 많다. 정부(기획재정부)와 함께 한국은행은 외환당국으로서 외환시장의 안정을 위해 은행간시장에 개입하기도 한다.

대고객시장과 은행간시장은 밀접한 관련성을 갖는다. 예를 들어 은행간시장에서는 대고객거래의 기준이 되는 매매기준율이 결정된다. 또한 개별 외국환은행의 외환포지션은 대고객시장에서의 거래에 따라 변동하는데, 외국환은행이 그 변동폭을 일정 범위 내로 관리하기 위해서는 은행간시장에서 거래할 필요가 생긴다. 이는 외환포지션 변동으로 그 외국환은행이 외환위험(foreign exchange risk)에 노출되기 때문이다.[57]

이와 같은 우리나라 외환시장의 구조는 〈그림 7-10〉과 같이 나타낼 수 있다.

57. 외환포지션은 외화표시 자산에서 외화표시 부채를 차감한 외화표시 순자산의 크기로 정의된다. 외화표시 순자산이 양(+)이면 자산초과포지션(매입초과포지션: overbought position 또는 long position), 음(−)이면 부채초과포지션(매도초과포지션: oversold position 또는 short position), 영(0)이면 스퀘어포지션(square position 또는 flat position)이라 각각 부른다. 외환위험이란 환율변동에 따라 자산 및 부채의 가치가 변동할 위험을 의미한다. 구체적으로, 자산초과포지션을 가진 외국환은행은 환율 하락(원화가치 상승) 시에 환차손을 입게 된다. 이런 경우 부채초과포지션을 가진 외국환은행은 환차익을 얻게 된다. 스퀘어포지션을 가진 외국환은행은 환율이 어떻게 변동해도 아무런 영향을 받지 않는다. 한국은행(2003 · 2016a) 참조.

2. 우리나라의 금융기관[58]

Money & Financial Markets, Ch. Seven

우리나라에서는 금융기관을 그 제도적 실체(근거 법률)에 따라 ① 은행, ② 비은행 예금취급기관, ③ 금융투자업자, ④ 보험회사, ⑤ 기타 금융기관, 그리고 ⑥ 금융보조기관의 여섯 개 유형으로 분류한다.[59] 이러한 분류에 따라 2017년 6월 말 기준으로 우리나라 금융기관의 구성을 나타낸 것이 [표 7-14]이다.

표 7-14 **우리나라의 금융기관 현황**(2017년 12월 말 현재) (단위: 개)

구분			기관 수[1)]	비고
은행	일반은행	시중은행	8	인터넷전문은행 2 포함
		지방은행	6	
		외은지점	38	점포 수 45
	특수은행	한국산업은행	1	
		한국수출입은행	1	
		중소기업은행	1	
		농협은행	1	
		수협은행	1	
비은행 예금취급 기관	상호저축은행		79	
	신용협동기구	신용협동조합	898	
		새마을금고	1,315	
		농협 · 수협 · 산림조합의 상호금융(신용사업부문)	1,358	
	우체국예금		1	
	종합금융회사		1	우리
금융투자 업자[2)]	투자매매중개업자	증권회사	55	외국사 지점 11 포함
		선물회사	5	
	집합투자업자		215	
	투자일임자문업자		179	역외사 포함 371
	신탁업자[3)]	은행/증권/보험/부동산신탁	56	19/20/6/11

58. 이 절은 전반적으로 한국은행(2005 · 2011)과 한국은행 내부자료(2017. 9)에 많이 의존하였다.

59. 한국은행(2011, p.27)에 따르면, "제도적 실체"에 따른 금융기관 분류란 "각 금융기관의 근거 법률"을 기준으로 "주된 업무의 성격이 유사한 금융기관"끼리 묶어 분류하는 것을 의미한다. 이러한 분류방식은 금융업을 은행 · 증권 · 보험 등 주요 금융권역으로 나누어 금융기관을 구분하는 권역별 금융기관 분류방식이나 "통화성 부채의 보유 여부"를 기준으로 금융기관을 분류하는 IMF(국제통화기금)의 분류방식과는 조금 다르다.

보험회사	생명보험회사		25	외국사 9 포함
	손해보험회사	손해보험회사	19	외국법인(4), 지점(4) 포함
		재보험회사	10	외국사 지점 9 포함
		보증보험회사	3	외국사 지점 1 포함
	우체국보험		1	
	공제기관		3	수협, 신협, 새마을
기타 금융기관	금융지주회사	은행지주	8	지방은행지주 포함
		비은행지주	1	
	여신전문금융회사	리스/카드/할부금융/신기술금융	97	26/8/21/42
	벤처캐피탈회사	중소기업창업투자회사	120	
	증권금융회사		1	
	대부업자		8,084	
공적 금융기관	한국무역보험공사		1	
	한국주택금융공사		1	
	한국자산관리공사		1	
	한국투자공사		1	
	서민금융진흥원		1	

주 : 1) 인가 및 전업 기준.
2) 하위 구분은 자본시장법 시행 이전의 규제체계에 따른 기관별 분류.
3) 겸업사 포함.

자료: 한국은행(2018).

한편 [표 7-15]에서 2017년 현재 전체 금융기관 총자산에서 각 금융기관이 차지하는 비중을 보면, 은행이 51.8%로 가장 크고 다음으로 보험회사가 20.2%이다. 신용협동기구가 10%로 세 번째로 큰 비중을 차지하고 있으며 집합투자업자(8.6%), 투자매매중개업자(6.8%), 우체국예금(1.2%), 상호저축은행(1.1%), 종합금융회사(0.2%)의 순이다.

1980년대 이후 1997년 외환위기 이전까지는 비은행 예금취급기관의 급성장에 따라 은행(은행계정)의 총자산 비중은 줄어드는 추세를 보였다. 하지만 외환위기 이후에는 은행을 중심으로 한 금융구조조정에 따라 은행 건전성이 크게 회복되었고, 은행예금과 같은 안전자산을 선호하는 사회적 분위기 등으로 은행의 총자산 비중이 한동안 늘기도 했다. 그렇지만 동 비중은 2000년대 중반부터는 2017년에 이르기까지 감소세를 보였다. 비은행 예금취급기관 중 상호저축은행의 총자산 비중은

표 7-15 주요 금융기관별 총자산 비교(기말 기준) (단위: 10억원, %)

	1995		2000		2010		2017	
	금액	구성비	금액	구성비	금액	구성비	금액	구성비
은 행	595,826	62.9	982,178	63.4	1,884,114	54.3	2,983,132	51.8
은행계정	450,061	47.5	887,681	57.3	1,716,889	49.5	2,602,228	45.2
신탁계정	145,765	15.4	94,497	6.1	167,225	4.8	380,904	6.6
종합금융회사[1]	45,912	4.8	21,273	1.4	24,242	0.7	12,147	0.2
상호저축은행	32,612	3.4	24,196	1.6	91,271	2.7	62,422	1.1
신용협동기구	75,910	8.0	145,065	9.4	360,863	10.4	575,444	10.0
신용협동조합	13,217	1.4	20,959	1.4	48,763	1.4	83,873	1.5
새마을금고	20,729	2.2	37,061	2.4	92,101	2.7	153,228	2.7
상호금융	41,964	4.4	87,045	5.6	219,999	6.3	338,343	5.9
우체국예금	6,986	0.7	24,496	1.6	55,392	1.6	69,224	1.2
보험회사	86,584	9.1	163,562	10.6	539,291	15.5	1,161,097	20.2
생명보험회사	69,677	7.4	120,730	7.8	408,495	11.8	832,827	14.5
손해보험회사	12,711	1.3	28,049	1.8	98,987	2.9	277,097	4.8
우체국보험	4,196	0.4	14,783	1.0	31,809	0.9	51,173[2]	0.9
투자매매중개업자	27,801	2.9	42,033	2.7	189,384	5.5	393,367	6.8
집합투자업자[3]	75,972	8.0	146,717	9.5	325,279	9.4	497,192	8.6
합 계	947,603	100.0	1,549,520	100.0	3,469,836	100.0	5,754,025	100.0

주 : 1) 2000년 이후 은행·증권사의 종합금융계정 포함.
2) 2016년 말 기준.
3) 집합투자기구 설정 잔액 기준.

자료: 한국은행(2018).

2000년대에는 늘었지만 2017년에는 크게 줄어든 것으로 나타났으며, 신용협동기구의 총자산 비중은 지난 10년간 대체로 안정적 수준을 유지한 것으로 보인다. 우체국예금과 종합금융회사의 총자산 비중은 2010년대에 각각 줄어들었다. 집합투자업자의 총자산 비중은 지난 2000년대부터 대체로 안정적 수준을 유지하다가 2017년에 감소하였으며, 보험회사의 총자산 비중은 2000년대 이후 2017년까지 꾸준히 증가한 것으로 나타났다.

이 절에서는 [표 7-14]의 분류 기준에 따라 각 금융기관의 특징과 종류에 대해 간략하게 소개한다.

2.1 은행

은행은 크게 일반은행과 특수은행으로 구분된다. 일반은행이 은행법에 의거하여 설립·영업되는 은행인 반면, 특수은행은 각각의 특수은행법에 의해 설립·영업되는 은행을 지칭한다.

먼저 일반은행은 단기의 예금·대출 및 지급결제가 고유업무이며, 상업은행(commercial bank)[60]이라고도 불린다. 일반은행은 그 외에도 내국환·외국환 관리 및 지급보증과 유가증권투자 업무 등을 수행하면서 우리나라 금융기관의 중추를 이루고 있다. 일반은행은 전국을 영업구역으로 하는 시중은행(nationwide bank)[61], 금융업무의 지역적 분산과 지역경제의 균형발전을 위해 설립된 지방은행(local bank) 및 외국은행 국내지점으로 구분된다.

정부 주도의 경제개발계획이 본격적으로 시작되기 직전인 1960년에만 해도 우리나라의 시중은행과 지방은행은 각각 4개와 1개에 불과했다. 이후 1960년대와 1970년대의 개발연대를 지나면서 1980년에는 그 수효가 각각 5개와 10개로 늘어났다. 금융자율화가 강조되던 1980년대와 1990년대에는 시중은행의 수효가 더 늘어나게 되어 1997년 말에는 시중은행과 지방은행이 각각 16개와 10개에 달했다. 하지만 외환위기 직후 금융구조조정 과정에서 일부 은행이 퇴출·합병되었고, 2000년대에도 은행 대형화 또는 외국계 시중은행의 진출 과정에서 일부 은행의 인수·합병이 진행되었다. 그 결과 2011년 말에는 시중은행은 7개, 지방은행은 6개로 각각 줄었다. 이후 일부 시중은행의 합병과 인터넷 전문은행의 신설로 2021년 12월 현재 시중은행과 지방은행은 각각 7개와 6개가 조업 중이다. 외국은행 국내지점도 외환위기 이후 지점 철수 등으로 숫자가 감소하여 2017년 6월 말 현재 43개 외국은행의 50개 국내지점이 조업 중이다. 일반은행의 변천 과정을 시기별로 정리하면 [표 7-16]과 같다.

---

60. 일반명사로서의 상업은행(commercial bank)은 [표 7-16]에 나오는 고유명사로서의 상업은행과는 구별된다.

61. '시중은행'이라는 표현은 미국에서 사용되었던 은행 분류 개념이 일본을 통해 번역되어 한국에 정착한 용어이다, 일본의 은행은 도시은행과 지방은행으로 구분되는데, 도시은행은 대도시에 본점을 두고 전국적으로 지점을 가지고 있다. 미국의 National Bank Act(1864)에는 reserve city bank와 country bank라는 용어가 나오며, 은행별로 자본금과 지급준비율이 다르게 적용되었다. 전자는 연방준비은행 혹은 그 사무소가 있는 대도시에서 설립되었다.

그림 7-11

외환위기 이후 일반은행 변천 추이

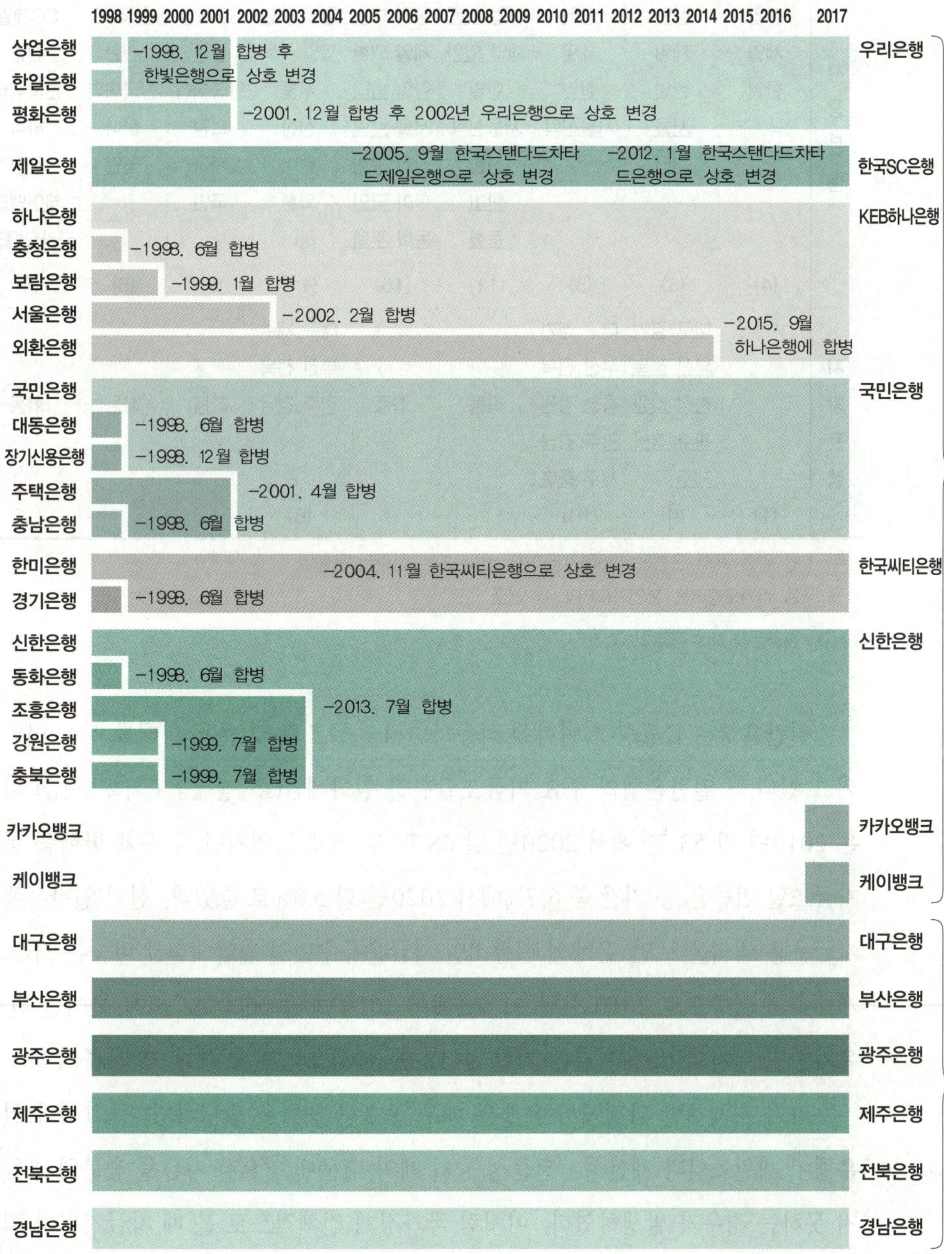

표 7-16 **일반은행의 변천 추이**(기말 기준)

	1960	1970	1980	1990	1997	2000	2011	2015	2017.6
시중은행	조흥 상업 제일 한일 (4)	조흥 상업 제일 한일 서울[1] 신탁 (6)	조흥 상업 제일 한일 서울신탁 (5)	조흥 동남 상업 대동 제일 외환 한일 서울신탁 신한 한미 동화 (11)	조흥 동남 상업 대동 제일 외환 한일 하나 서울 보람 신한 평화 한미 국민 동화 주택 (16)	조흥 평화 한빛 국민 제일 주택 서울 신한 한미 외환 하나 (11)	우리 SC제일 신한 한국씨티 외환 하나 국민 (7)	우리 한국SC 신한 한국씨티 하나 국민 (6)	우리 SC제일 신한 한국씨티 하나 국민 케이뱅크 카카오뱅크[2] (8)
지방은행	서울 (1)	대구 경기 부산 전북 충청 강원 광주 경남 제주 (9)	대구 경기 부산 전북 충청 강원 광주 경남 제주 충북 (10)	좌동	좌동	대구 제주 부산 전북 광주 경남 (6)	좌동	좌동	좌동

주 : 1) 밑줄 표시 은행은 1960년대 이후 신설 또는 전환된 은행임.
2) 카카오뱅크는 본인가(2017. 4) 기준.

자료: 한국은행 내부자료(2017. 9).

일반은행은 금융환경 변화에 적응하면서 자금조달 및 운용 형태를 계속 변화시키고 있다.[62] 일반은행의 주요 자금조달원인 원화예금(요구불예금 + 저축성예금) 비중은 2010년 말 53.2%에서 2020년 말 68.7%로 크게 늘었지만, 금융채 발행을 통한 자금조달 비중은 동 기간 중 6.7%에서 2020년 말 5.0%로 줄었다. 한편 일반은행의 자금운용 내역을 보면, 은행의 전통적인 자금운용수단인 원화대출금 비중은 최근 가계대출의 급증으로 2010년 말 51.9%에서 2020년 말 66.3%로 크게 늘어난 반면, 유가증권 투자의 비중은 같은 기간 중 18.9%에서 14.7%로 눈에 띄게 줄었다.

과거 경제개발 과정에서 은행은 매우 중요한 역할을 담당하였다. 그러나 일반은행이 재원조달과 채산성 · 전문성 등의 제약 때문에 필요한 자금을 충분히 공급하지 못하는 경우가 발생하였다. 이처럼 국가경제 전체적으로 볼 때 자금지원이 필요한 부문에 자금을 원활하게 공급함으로써, 일반 상업금융의 취약점을 보완하고 국민경제의 균형적 발전을 도모하기 위하여 설립된 금융기관이 특수은행이다.

62. 한국은행(2011)과 이 책 제8장의 [표 8-3] 참조.

특수은행(special bank)은 자금운용 측면에서 상업금융의 취약점을 보완하는 기능과 특정 부문에 대한 전문화 기능을 담당하기 위해 설립되었다. 따라서 민간으로부터의 예금수입에 주로 의존하는 일반은행과는 달리 특수은행들은 자기자본 · 정부재정자금 및 채권발행에 많은 부분을 의존한다. 그러나 금융환경 변화로 특수은행들의 자금조성이 일반은행처럼 민간으로부터의 예금에 의존하고 취급업무도 일반은행과 유사해지면서 일반은행과 특수은행의 구분이 다소 모호해지고 있다.

현재 우리나라에서 영업 중인 특수은행은 한국산업은행, 한국수출입은행, 중소기업은행, 농협은행주식회사, 수협은행으로 총 5개이다. 이들 특수은행은 그 업무의 전문성과 특수성 때문에 개별 특수은행법에 의해 설립되었으며, 농협은행주식회사 및 수협은행을 제외하고는 모두 정부계 은행이다. 각 특수은행의 설립 목적과 설립 근거법을 요약한 것이 [표 7-17]이다.

표 7-17 특수은행 개요

은행명	설립일	자본금(억원)[1), 2)]		설립 목적
한국산업은행	1954. 4	177,381	(100.0)	개발금융
한국수출입은행	1976. 7	150,000	(66.3)	수출입금융
중소기업은행	1961. 8	32,898	(50.9)	중소기업금융
농협은행	2012. 3	21,328[3)]	(-)	농업금융
수협은행	2016. 12	6,600[3)]	(-)	수산업금융

주 : 1) 자본금은 2017년 말 현재 납입자본금 또는 출자금.
2) ( ) 내는 2017년 말 현재 정부 지분율(%).
6) 농협금융지주회사 및 수산업협동조합중앙회가 각각 농협은행 및 수협은행에 대해 100% 지분을 보유.

자료: 한국은행(2018).

한국산업은행은 전후 국가산업 부흥과 국민경제발전 촉진을 위한 주요 산업자금의 공급을 목적으로 설립되어 재정자금 · 해외차입금 · 산업금융채권 발행 등으로 기간산업과 수출산업 및 중화학공업을 중점적으로 지원해 왔다. 1980년대 이후에는 중화학공업의 투자가 조정되면서 첨단산업 및 소재 · 부품산업에 대한 지원을 늘렸으며, 1980년대 말부터는 증권업무도 취급하게 되었고, 1990년대 이후 첨단산업 위주의 기업금융도 관장해 왔다. 이후 산업은행의 민영화를 기치로 한국산업은행법이 개정(2009. 5)됨에 따라, 2009년 10월 산업은행으로부터 산은금융지주주식회사와 한국정책금융공사가 각각 분리 · 신설되었고 산업은행은 산은금융지주 산하의 자회사로 편입되었다. 또한 산업은행의 업무범위도 확장되어 소매금융을 다루게 되었고, 일반은행의 부수업무도 취급하게 되었다. 하지만 2014년 5월 개정 산업은행법의 국회 통과로, 2014년 12월 31일 산은금융지주와 한국정책금융공사가 산업은행으로 다시 합병됨으로써 통합 법인으로서의 한국산업은행이 출범하여 오늘에 이르고 있다.

한국수출입은행은 정부 국내금융기관 또는 해외로부터 차입금, 수출입 채권의 발행 등을 통해 자금을 조달하여 수출입, 해외투자 및 해외자원 개발에 필요한 금융을 공급하며, 최근에는 상품수출 촉진과 외국기술 도입 및 해외투자를 위한 대출과 이에 부수되는 보증업무에 특화하고 있다.

중소기업은행은 중소기업에 대한 효율적인 신용제도를 확립함으로써 중소기업의 자주적인 경제활동을 원활히 하고 이들의 경제적 지위 향상을 도모할 목적으로 설립되었다. 중소기업은행은 수신업무 면에서는 일반은행과 아무런 차이가 없으나, 여신업무 면에서는 중소기업에 대한 대출과 어음할인을 위주로 자금을 운용하도록 되어 있다. 또한 중소기업 관련 증권의 응모와 인수 등 업무도 취급한다.

농협은행주식회사의 뿌리는 농업협동조합이다. 농업협동조합은 1956년에 금융조합 및 동 연합회를 모체로 발족한 농업은행을 1961년에 중소기업은행과 농업협동조합중앙회로 분리하면서 창립되었다. 농업협동조합은 농업에 종사하는 회원이 전액 출자하고 이들에 의해 자주적으로 운영되는 생산자 단체로, 행정구역 중심으로 조직되어 있는 지역조합과 품목별로 조직된 전문조합 및 이들을 회원으로 한 연합체인 중앙회로 구성된다. 축산업협동조합은 1981년에 농업협동조합으로부터 분리하여 설립되었으나, 2000년 7월에 다시 농협에 통합되었다. 과거 농업협동조합중앙회의 신용사업 부문은 은행으로 분류되어 왔으나, 농업협동조합법 개정으로 2012년 3월 농협중앙회 아래에 농협경제지주회사와 농협금융지주회사가 각각 신설되었다. 또한 농협금융지주회사 산하의 자회사로 농협은행, 농협생명보험, 농협손해보험이 각각 신설되었다. 한편 수산업협동조합도 농업협동조합과 마찬가지로 수산업에 종사하는 회원이 전액 출자하고 이들에 의해 자주적으로 운영되는 생산자 단체로, 1962년에 설립되었다. 수협도 지역조합 · 전문조합 · 중앙회로 구성되며, 수협중앙회의 신용사업 부문은 은행으로 분류되어 왔다. 2016년 5월에는 수산업협동조합법이 개정되면서 같은 해 12월 수협중앙회의 신용사업 부문이 별도 법인인 수협은행으로 설립되었다.

2.2 비은행 예금취급기관

비은행 예금취급기관(non-bank depository institution)은 여수신업무를 영위한다는 점에서는 은행과 유사하지만, 그 설립 목적과 취급가능업무의 범위가 은행보다 제한적이다. 우리나라의 비은행 예금취급기관으로는 상호저축은행 · 신용협동기구 · 우체국예금 · 종합금융회사를 들 수 있다.

상호저축은행은 지역의 서민 소규모기업을 대상으로 하는 여수신업무 전문기관이다. 경영규모가 영세하고 부실경영이 일상화된 사금융기관을 양성화해 그 업무를 합리적으로 규제함으로써 거래자를 보호하는 한편, 담보력과 신용도가 취약한 소규모 기업과 서민을 위한 서민전문 금융기관을 육성하기 위하여 상호저축은행이 도입되었다. 2002년 4월 이전까지 상호저축은행의 원래 명칭은 상호신용금고였다. 외환위기 이후 2000년대 초 다수의 상호저축은행이 퇴출 또는 합병되어 그 수효가 외환위기가 발생한 1997년 말 231개의 절반으로 줄었다. 하지만 2000년대 초부터 진행된 저축은행의 부실이 2011년 초 표면화되면서 저축은행 부실 사태로 확산되었고, 부산저축은행을 비롯한 8개 상호저축은행이 영업정지 처분을 받았다. 이후 광범한 구조조정이 진행된 결과, 2021년 9월 말 현재 79개 상호저축은행이 조업 중이다.

신용협동기구에는 신용협동조합, 새마을금고, 농업협동조합 · 수산업협동조합 · 산림조합의 상호금융이 포함된다.[63] 신용협동조합과 상호금융의 근거 법률은 1972년 제정된 신용협동조합법이고, 새마을금고의 근거 법률은 1982년 제정된 새마을금고법이다.

---

63. 신용협동기구는 '협동조합형 금융기관(cooperative financial institutions)'이다. 협동조합형 금융기관의 회원(member)은 그 기관의 소유자(owner)인 동시에 고객(client)이지만, 주식회사형 은행의 소유자(주주)는 그 은행의 고객과는 구분된다. 또한 협동조합형 금융기관은 1주 1표가 아닌 1인 1표의 원칙을 준수한다. 이와 같은 소유 · 지배구조적 특징 덕분에 협동조합형 금융기관은 글로벌 금융위기 이후 주주 가치보다는 이해관계자 가치를 추구하는 바람직한 금융기관의 대안적 조직유형으로 제안되기도 한다. Cuevas and Fischer(2006)과 김홍범(2010) 참조.

종합금융회사는 증권중개업무와 보험업무를 제외한 장 · 단기 금융 · 투자신탁 · 시설대여 업무 등 국내 금융기관이 영위하는 거의 모든 금융업을 영위한다. 1997년 말 30개에 달하던 종합금융회사는 대부분 부실화로 외환위기 이후 대거 퇴출 · 합병되었다. 2021년 9월 현재 조업 중인 전업사는 1개뿐이다. 끝으로, 전국의 우체국에서 취급하는 국영 금융기관으로 우체국예금이 있다.

2.3 금융투자업자

과거에는 직접금융시장에서 유가증권 거래와 관련된 업무를 주로 취급하는 금융기관은 '증권 관련 기관'으로 분류되었고, 증권회사 · 자산운용회사 · 선물회사 · 증권금융회사 · 투자자문회사가 여기에 포함되었다. 그러나 2009년 2월「자본시장과 금융투자업에 관한 법률」(이하 자본시장법)의 시행으로 과거의 '증권 관련 기관'은 '금융투자업자'라는 이름으로 변경되었고, 이제 금융투자업은 기능별로 6개 세부 업무—투자매매업 · 투자중개업 · 집합투자업 · 투자자문업 · 투자일임업 · 신탁업—로 분류된다. 이것은 자본시장법이 기존의 금융기관별 분류를 지양하고 금융투자업의 기능별 분류를 새롭게 채택했음을 의미한다.

물론 대부분의 금융투자업자가 증권회사나 자산운용회사와 같은 기존 명칭을 상호에 여전히 표시하고 있으나, 이와 같은 금융투자업의 기능별 분류는 자본시장의 운영에서 진입규제상의 중대한 변화를 반영한다. 왜냐하면, "자본시장법이 금융투자업자의 진입규제와 관련하여 금융기능별로 진입요건을 정해 놓고 그 요건의 부합 여부를 심사하는 add-on 방식을 취함에 따라 금융투자업자가 복수의 업무단위를 마음대로 선택하여 영위할 수 있"게 되었기 때문이다.[64]

원래 자본시장법은 모건스탠리나 골드만삭스와 같은 투자은행(IB : Investment Bank)의 육성을 염두에 두고 제정되었다. 이후 자본시장법 개정(2011. 7)을 통해 자기자본 3조원 이상의 종합금융투자사업자 5개사를 지정(2013. 10)하기도 했으나 이들의 기업금융서비스 제공 역량이나 글로벌 경쟁력을 끌어올리기에는 미흡했다. 이

64. 한국은행(2011), p.155. 자본시장법은 금융업종과는 무관하게 동일한 금융기능에 대해서는 동일한 진입 · 건전성 · 영업 규제의 적용을 원칙으로 한다. 한국은행(2011) 참조.

에 금융당국(금융위원회)은 최근 "초대형 투자은행 육성을 통한 기업금융 활성화"를[65] 기치로 자기자본 4조원 이상의 종합금융투자사업자 5개사를 지정(2017. 11)하고 만기 1년 이내의 발행어음 업무를 허용하는 등 기존 종합금융투자사업자 제도의 종합적 개선을 추진 중이다.[66]

이 절에서는 금융투자업의 세부 업무를 수행하는 투자매매 · 중개업자, 집합투자업자, 투자자문 · 일임업자와 신탁업자에 대해 간단히 설명하기로 한다.

2.3.1 투자매매 · 중개업자

직접금융시장에서 투자매매업 · 투자중개업을 영위하는 금융기관에는 증권회사와 선물회사가 있다. 증권회사는 자금수요자인 기업이 발행한 증권을 매개로 자금공급자인 투자자의 자금이 기업에게 이전되도록 중간에서 직접 연결하는 고유의 기능을 수행한다.

이와 같은 증권회사의 기업-투자자 간 연결기능은 크게 자기매매업무(dealing)와 위탁매매업무(brokerage)를 통해 발휘된다. 자기매매업무란 "자기명의와 자기계산으로 인적 · 물적 시설을 갖추고 지속적 · 반복적으로 유가증권을 매매하는 업무"로,[67] 증권회사의 시장조성 기능은 바로 자기매매업무에서 나온다. 한편 위탁매매업무는 "고객의 매매주문을 성사시키고 수수료를 받는 업무"로,[68] 위탁매매와 매매의 중개 · 대리, 그리고 위탁의 중개 · 주선 · 대리의 세 가지 형태로 이루어진다. 우리나라의 증권회사는 자기매매업무와 위탁매매업무를 동시에 겸업함으로써 자기매매자(dealer)이자 중개자(broker)로서의 역할을 담당한다. 또한 증권회사는 인수업무(underwriting)를 영위한다. 이는 증권회사가 매출을 목적으로 유가증권을 인수 · 매출하는 업무이며, 제3자의 위탁에 따른 유가증권의 인수 · 매출을 주선이라 부른다.

이 밖에 증권회사는 자본시장법상 집합투자기구(즉, 펀드)가 발행하는 수익증권

---

65. 금융위원회(2016a), p.8.
66. 금융위원회(2016a), 금융위원회 · 금융감독원(2017)과 김필규(2017) 참조.
67. 한국은행(2011), p.162.
68. 한국은행(2011), p.162.

을 판매하는 펀드판매업무, 랩어카운트 및 CMA서비스 등을 제공하는 자산관리업무, 그리고 증권거래를 위해 고객에게 대출해 주는 신용공여업무도 담당한다.

증권회사의 위탁매매와 펀드판매는 투자중개업무에, 자기매매와 인수 · 주선은 투자매매업무에 각각 해당한다. 증권회사의 자산관리업무는 투자자문 및 투자일임업자로서의 역할에 해당한다. 2021년 9월 말 현재 우리나라에는 59개 증권회사(외국증권회사 지점 10개 포함)가 조업 중이다.

증권회사와 같이 선물회사도 투자매매 · 중개업자에 속한다. 선물회사는 "선물거래 및 해외선물거래에 대한 위탁매매 등 장내 파생상품에 대한 투자매매 및 투자중개업무를 영위하는 금융기관" 이다.[69] 2021년 9월 말 현재 4개 선물회사가 조업 중이다.

2.3.2 집합투자업자

집합투자업자는 자본시장법 시행 이전의 자산운용회사에 해당한다. 기존의 자산운용회사는 2003년 12월 제정된 「간접투자자산운용업법」에 따라 종래의 「증권투자신탁업법」상의 투자신탁회사(계약형 투자신탁)와 「증권투자회사법」상의 증권투자회사(회사형 투자신탁)를 통합하여 도입되었다. 그 주요 업무는 일반 투자자에게 수익증권을 판매해 조달한 자금을 유가증권, 장내 · 외 파생상품, 부동산, 실물자산 등에 투자하고 운용수익을 배당하는 것이다. 2004년 10월에는 법률 개정으로 사모투자전문회사의 설립이 가능해졌다. 사모투자전문회사(PEF : private equity fund)는 투자회사의 특수한 형태로 소수의 투자자가 사모방식으로 조달한 자금으로 특정 기업의 경영권을 인수하고 구조조정을 통해 기업가치를 높인 후 매각해 투자이익을 얻는다.

자본시장법 이전에는 자산운용회사가 활용할 수 있는 간접투자기구가 투자신탁, 투자회사(주식회사), PEF(합자회사)의 세 가지 유형으로만 한정되었다. 그러나 자본시장법 시행과 함께 간접투자기구가 집합투자기구로 변경되면서 집합투자기구의 범위는 우리나라의 민 · 상법에 근거를 둔 모든 유형의 기구로 확대되었다.[70]

69. 한국은행(2011), p.165.

70. 여기에는 민법상 조합과 상법상 익명조합이 포함된다. 한국은행(2011) 참조.

집합투자기구는 설립형태를 기준으로 계약형(contractual type)과 회사형(corporate type)으로 대별된다. 계약형은 신탁계약에 따라 집합투자업자(위탁자)가 발행하는 수익증권을 투자자(수익자)가 취득하는 형태로서 우리나라와 일본, 유럽에서 주로 취급된다. 반면 회사형은 투자전문가가 설립한 투자전문회사의 주식을 투자자가 매입하는 미국의 뮤추얼펀드(mutual funds)에서 발전된 제도로서, 자산을 유가증권 등에 투자하여 그 수익을 주주에게 분배하는 형태이다. 투자회사가 회사형의 대표적 방식이다. 수탁고 기준으로 볼 때, 우리나라에서는 투자신탁(계약형)이 일반적이며 투자회사(회사형)는 그 비중이 미미하다.

자본시장법은 투자대상 자산도 구체적으로 나열하기보다는 '재산적 가치가 있는 투자대상 자산'으로 포괄적으로 규정하고 있다. 집합투자기구는 투자대상을 기준으로 증권집합투자기구 · 부동산집합투자기구 · 특별자산집합투자기구 · 혼합자산집합투자기구 · 단기금융집합투자기구로 구분된다.

2.3.3 투자자문 · 일임업자와 신탁업자

투자자문업자는 금융투자상품의 가치 또는 투자에 대해 고객에게 조언하며, 투자일임업자는 고객으로부터 투자 분석 및 판단을 일임받아 고객을 위해 투자한다.

한편, 신탁업자는 고객(위탁자)이 맡긴 금전이나 재산을 수익자(고객이나 제3자)의 이익을 위해 운영 · 관리 · 처분하는 업무를 수행한다. 우리나라의 신탁업자에는 신탁겸업사(은행 · 투자매매중개업자 · 보험회사)와 부동산신탁회사가 있다.

2.4 보험회사

보험회사는 다수 개개인의 위험을 통합하여 이를 다시 개개인에게 분산하는 방식으로 위험을 감소시키는 위험분산 기능과, 취득한 보험료를 산업자본으로 전환시켜 국민경제 각 부문에 운용하는 금융중개 기능을 수행한다. 우리나라의 보험회사는 업무의 특성과 기관의 특성을 기준으로 생명보험회사, 손해보험회사, 우체국보험, 공제기관, 수출보험공사로 구분된다.

보험업무는 크게 생명보험업무와 손해보험업무로 구분된다. 생명보험은 "사망, 질병, 노후 등에 대비한 보험"으로 미리 약정한 액수의 정액보상이 이루어지지만, 손해보험은 "화재, 자동차 및 해상사고 등에 대비한 보험"으로서 사고 발생 시 손해규모에 따른 실손보상이 이루어진다.[71] 우리나라에서는 생명보험업무와 손해보험업무의 겸영이 원칙적으로 금지되고 있다. 그 이유는 생명보험과 손해보험의 위험 및 업무의 성격이 다르고 양 업무를 한 기관에서 겸영할 경우 감독상의 어려움이 존재하기 때문이다. 또한 양 보험사 계약자의 이해상충 문제가 초래될 우려도 있다.

그러나 최근 양 보험의 위험이 동질화되는 현상이 증대되고 보험인수(under-writing) 기법의 발달, 재보험에 의한 위험분산, 양 업무 간의 위험 차단장치 마련, 겸영에 따른 범위의 경제(economies of scope) 발생 등으로 일부 보험분야는 상호 겸영이 허용되고 있는 추세이다. 우리나라에서도 자회사 또는 출자관계를 통한 상호 진출을 허용하고 있다. 특히 상해보험 · 질병보험 · 간병보험 · 장기보장성보험(long-term care insurance) 등과 같이 생명보험과 손해보험의 양면성을 띤 제3보험업에 대해서는 생명보험회사나 손해보험회사의 구분 없이 양자 간 완전 겸영이 허용되었다.

우체국보험은 정보통신부가 겸영하는 생명보험으로, 국내 보험시장의 경쟁 심화에도 국영보험으로서의 안전성 덕분에 최근까지 꾸준히 성장해 왔다.

공제란 본래 특정 조합원끼리 상호부조 차원에서 운영하는 공동체적 유사보험이다. 그런데 그 대상이 일반인으로 확대되면서 특별법을 근거로 생명공제나 손해공제와 같은 유사보험을 취급하는 공제기관이 생겨나게 되었다. 2017년 6월 말 현재 우리나라에는 농업협동조합공제, 수산업협동조합공제, 신용협동조합공제 등 3개 공제기관이 있다.

1992년 설립된 한국수출보험공사는 수출보험업무와 수출신용보증업무를 수행한다. 전자는 수출기업이 대금을 회수하지 못한 데 따른 손실위험을 부담하는 것이고, 후자는 수출 관련 중소기업의 금융기관 차입금에 대해 수출보험공사가 연대 보증하는 것이다.

71. 한국은행(2011), p.191과 p.197.

2.5 기타 금융기관

기타 금융기관은 지금까지 논의한 은행, 비은행예금취급기관, 금융투자업자, 보험회사 중 어디에도 속하지 않는 금융거래를 주요 업무로 영위하는 금융기관을 포괄한다. 여기에는 금융지주회사, 기타 민간 금융기관, 그리고 공적 금융기관이 있다.

2.5.1 금융지주회사

금융지주회사는 지분 소유를 통한 금융회사 지배를 주된 업무로 하는 회사이다. 우리나라 최초의 금융지주회사는 우리금융지주회사로서, 그 제도적 근거는 2000년 10월 제정된 「금융지주회사법」이다. 우리나라의 금융지주회사는 자회사 지배만을 목적으로 하는 순수지주회사이며, 자신의 산하에 금융 자회사와 비금융 자회사를 동시에 둘 수 없게 되어 있다(금산분리의 원칙). 우리나라에서는 금융지주회사가 금융기관의 대형화 · 겸업화를 위해 효과적인 조직형태라는 인식이 2000년대에 확산되면서, 2005년 말 4개였던 금융지주회사(은행지주회사 3개 ; 비은행지주회사 1개)가 2011년에는 12개(은행지주회사 9개 ; 비은행지주회사 3개)로 빠르게 늘기도 했다. 2021년 9월 현재는 10개(은행지주회사 8개 ; 비은행지주회사 2개) 지주회사가 조업 중이다.

2.5.2 기타 민간 금융기관

기타 민간 금융기관에는 여신전문금융회사(리스회사 · 신용카드회사 · 할부금융회사), 벤처캐피탈회사(신기술사업금융회사 · 중소기업창업투자회사), 대부업자, 증권금융회사가 포함된다.

여신전문금융회사는 수신기능이 없으므로 주로 회사채 발행과 금융기관 차입금 등으로 자금을 조달하여 소비자금융 · 리스금융 · 벤처금융 등으로 운용한다. 1997년 8월 제정된 여신전문금융업법은 유사한 여신업종인 신용카드업 · 시설대여(리스)업 · 할부금융업 · 신기술사업금융업을 여신전문금융업으로 통칭하고 여신전문금융회사가 이들 세부 업종을 겸영할 수 있도록 했다. 리스회사는 시설대여업무와 연불판매업무를 담당한다.[72] 신용카드회사와 할부금융회사는 각각 신용카드 이용 및 할부금융 이용에 관한 소비자금융을 담당한다. 신기술사업금융회사는 고수익 · 고위험 신기술사업자에 대한 자본투자와 경영 · 기술지도를 수행한다.[73]

벤처캐피탈회사에는 중소기업창업투자회사와 신기술사업금융회사가 있다. 중소기업창업투자회사는 고수익 · 고위험 벤처기업과 창업자의 지분을 인수하는 대가로 자금을 공급하며, 그 투자기업에 대한 경영상담, 정보제공, 마케팅 지원 등을 통해 기업의 가치를 제고하는 활동을 수행한다.[74]

대부업자는 저신용자에 대한 소액자금의 대부 또는 그 중개를 담당한다. 원래 대부업은 제도권 금융에 속해 있지 않았으나 2002년 8월 「대부업 등의 등록 및 금융이용자 보호에 관한 법률」의 제정으로 양성화되었다. 시 · 도지사(또는 금융위원회/금융감독원)가 대부업자를 감독하며, 2021년 9월 말 현재 등록 대부업자에게 적용되는 이자율 상한은 연 20%이다.

끝으로, 증권금융회사는 예수금, 발행어음 및 차입금으로 조달한 자금으로 증권회사와 일반투자가에게 증권의 취득 · 인수 · 보유 및 매매와 관련한 자금을 공급하거나 증권을 대여해 주는 금융기관이다. 미국과 유럽에서는 은행 등이 일반금융의 일환으로 증권금융을 취급하고 있는 데 반하여, 우리나라와 일본에서는 증권금융 전담기관을 두고 있다. 현재 우리나라에서는 순수 민간영리법인인 한국증권금융이 증권금융회사로서 영업 중이다.

---

72. 시설대여란 "특정 물건을 새로이 취득하거나 대여받아 고객에게 일정 기간 이상 사용하게 하고 그 기간 중 사용료(리스료)를 정기적으로 분할하여 받는 금융"이며, 연불판매란 "새로이 취득한 특정 물건을 고객에게 인도하고 그 물건의 대금 · 이자 등을 일정 기간 이상에 걸쳐 정기적으로 분할하여 받는 금융"이다. 한국은행(2011), p.215.

73. 신기술사업금융회사는 여신전문금융업법의 적용을 받지만, 업무의 성격으로는 중소기업창업투자회사와 함께 벤처캐피탈회사에 속한다. 한국은행(2011) 참조.

74. 과거에는 벤처캐피탈회사로 분류되는 기업구조조정전문회사가 부실기업의 경영권을 확보한 후 구조조정을 통해 사업을 정상화한 후 재매각하는 업무를 수행했다. 하지만 기업구조조정전문회사는 폐지되었으며, 그 업무는 "자본시장법상의 사모투자전문회사 중 일정 요건을 갖추면서 금융위원회에 등록"한 회사면 맡을 수 있게 되었다(한국은행 2011, p.223).

2.5.3 공적 금융기관

공적 금융기관에는 한국무역보험공사, 한국주택금융공사, 한국자산관리공사, 한국투자공사, 한국성장금융이 포함된다.

한국무역보험공사의 전신은 한국수출보험공사다. 한국수출보험공사는 1992년 설립되어 수출보험업무 및 수출신용보증업무를 담당해 오다가 2010년 7월 수입보험제도를 새로 도입하면서 한국무역보험공사로 개명되었다.

한국주택금융공사는 장기 주택금융의 안정적 공급을 위해 2004년 3월 설립되었으며, 그 주요 업무는 주택저당대출의 판매와 이를 기초로 한 주택저당증권(MBS)의 발행, 주택금융 신용보증의 공급이다.

한국자산관리공사는 성업공사를 확대 · 개편하여 1999년 설립되었으며, 금융기관 부실자산의 인수 · 정리 업무, 부실징후기업의 경영정상화 지원업무, 자산유동화 업무, 부실채권정리기금의 관리 · 운용 업무 등을 수행한다.

2005년 7월 「한국투자공사법」에 의해 설립된 한국투자공사는 정부와 한국은행, 각종 기금의 자산을 위탁받아 운용 · 관리하는 업무를 담당한다. 정부는 한국투자공사의 납입자본금 1,000억을 전액 출자했으며, 2021년 9월 말 현재 한국투자공사의 운용자산 규모는 약 1,831억 달러이다.[75]

한국성장금융은 창업 · 혁신기업에 대한 원활한 자금공급을 통하여 건강한 기업성장 생태계 조성을 지원하고자 2016년 2월에 설립되었다. 최근에는 정책형 뉴딜펀드를 뒷받침하는 데 집중하고 있다.

2.6 금융보조기관

금융보조기관은 금융거래에 직접 참여하는 것이 아니라 금융제도의 효율적 · 안정적 작동을 돕는 기관이다. 여기에는 금융하부구조에 관련된 금융감독원 · 예금보험공사 · 금융결제원 · 한국예탁결제원과 한국거래소, 그리고 기타 금융보조기관(신용보증기관 · 신용정보회사 · 자금중개회사)이 포함된다.

75. 한국투자공사 홈페이지 운용현황 참조.

이들 가운데[76] 금융결제원은 어음교환시스템, 지로시스템, (전자금융공동망 등의) 금융공동망, 그리고 전자상거래공동망 등 소액결제시스템을 운영한다. 한국예탁결제원은 유가증권의 예탁 및 결제 업무, 예탁증권의 권리행사 및 증권대행 업무, 그리고 국제증권거래 관련 업무를 담당한다.

한국거래소는 유가증권시장 · 코스닥시장 · 코넥스시장 · 파생상품시장의 개설과 운영, 그리고 각 시장에서의 불공정거래에 대한 감시 및 투자자 간 분쟁조정 등의 업무를 수행한다.

신용보증기관에는 신용보증기금과 기술신용보증기금이 있다. 신용보증기금은 담보능력이 취약한 중소기업을 주요 대상으로 신용보증, 대위변제와 구상권 행사, 재보증 및 신용보험 등의 업무를 수행한다. 기술신용보증기금은 신용보증의 주요 대상을 특히 기술개발 위험이 높은 신기술사업자로 한다는 점에서 신용보증기금과 차이가 난다.

끝으로, 자금중개회사는 금융기관 간 자금거래 중개에 전문화된 회사이다.

3. 금융제도와 관련된 세 가지 쟁점

이 절에서는 시장 중심으로 편제된 금융시스템과 은행 중심으로 편제된 금융시스템의 차이는 무엇이며 어떤 것이 경제성장과 금융안정에 바람직한지, 21세기에 들어와 개혁다운 금융개혁을 추진한 적이 없는 우리나라가 개혁의 설계 및 이행에서 세계적 모범을 보여주는 호주와는 어떻게 비교되는지, 그리고 금융자본과 산업자본 사이에는 어떤 관계가 바람직한지 등을 차례로 학습하기로 한다.

---

76. 금융감독원과 예금보험공사에 대해서는 이 책의 제16장과 제17장을 각각 참고하기 바란다.

3.1 금융발전, 경제성장과 금융위기

금융발전과 경제성장의 관계는 19세기 후반부터 탐구되어 온 논쟁적 이슈이다. 금융제도의 양대 운영방식인 시장중심제도와 은행중심제도 중 어떤 제도가 경제성장을 위해 더 우월한지를 가리는 것은 이 논쟁의 가장 중요한 관심사였다. 100년 이상 끌어왔던 이 논쟁은 20세기 말 약 20년 동안 활발한 이론적 · 경험적 연구를 거쳐 대체로 다음 두 가지 결론에 도달하게 되었다: 첫째, 은행중심제도와 시장중심제도는 대체 관계라기보다는 상호보완 관계라서 우월성을 따지기 어렵다; 둘째, 두 제도의 상호보완을 통한 금융발전이 경제성장을 촉진한다. 다만, 2007～2009년 글로벌 금융위기를 경험한 이후 금융발전에는 양면성이 있다는 시각이 최근 새로운 설득력을 얻고 있다. 금융발전이 경제성장을 촉진하긴 하지만, 금융발전의 정도가 지나치면 금융위기를 부를 수도 있다는 것이다. 이 소절에서는 금융발전과 경제성장 및 금융위기를 둘러싼 관점의 변화를 개관한 후, 우리나라의 금융시스템의 최근 현황과 과제를 점검하기로 한다.

3.1.1 금융발전과 경제성장[77]

일찍이 19세기 후반 배저트(W. Bagehot)가 금융발전과 경제성장 사이의 관계를 논의한 이래 20세기 내내 이 문제는 슘페터(J. Schumpeter), 로빈슨(J. Robinson), 맥키논(R. McKinnon), 루카스(R. Lucas), 밀러(M. Miller) 등 거장들의 학문적 관심사 중 하나였다. 다만, 경제성장에서 금융부문의 역할에 대한 이들의 시각은 매우 큰 편차를 보였다. 예를 들어 로빈슨은 "[실물]기업이 앞서가면 금융은 따라간다(where enterprise leads finance follows)" 면서 금융이 실물수요를 추종한다는 시각을 제시했는가 하면, 밀러는 "금융시장이 경제성장에 기여한다는 [생각은] 너무 분명하기 때문에 심각한 논의가 불필요하다" 고 주장할 정도였다.[78]

---

77. 이 소절은 주로 진태홍 외(2004), 한국은행(2011), Allen and Oura(2004)와 Levin(2004)을 참고하였다.

78. Robinson(1952), p.86 ; Miller(1988), p.14. 로빈슨과 밀러의 각 언급은 Levine(2004), p.1에서 재인용.

이와 같이 금융을 보는 시각의 편차가 크긴 했지만, 실물경제가 효율적으로 성장 · 발전할 수 있도록 자금흐름을 뒷받침하는 것이 금융의 역할이라는 점에는 이론의 여지가 없었다. 그러므로 학자들은 금융시스템이 어떤 방식으로 조직화될 때 그러한 역할을 효율적으로 수행하게 되는지의 문제에 관심을 쏟게 되었다. 금융시스템은 외부자금조달의 주된 원천을 기준으로 은행중심제도(bank-based system)와 시장중심제도(market-based system)로 분류할 수 있다.[79] 이에 따라 자금의 효율적 배분을 위한 두 가지 상이한 금융제도—은행중심제도와 시장중심제도—가 각기 경제발전을 촉진하는지 여부와 두 제도 중 어느 것이 우월한지가 탐구의 초점이 되었다.

3.1.1.1 은행중심제도와 시장중심제도 : 우월성 검토

은행중심제도는 은행과 기업이 상호 주식을 보유하거나 거래관계를 장기적으로 유지함으로써 서로 밀접한 관계를 형성하는 형태를 말한다. 은행중심제도에서 기업의 주요 자금조달 원천은 은행의 대출이다. 따라서 은행은 대출심사와 기업에 대한 자금공급을 통해 실물부문에 커다란 영향력을 행사하게 된다.

반면 시장중심제도란 금융기관과 기업이 서로 소유 · 지배 관계를 가지지 않고 독립적인 관계를 유지하는 형태를 말한다. 따라서 기업은 은행에 대해 상대적으로 독립성을 갖는다. 대신 기업은 주식시장이나 채권시장을 통해 자금을 조달하며, 기업의 실물부문 투자에 대한 건전성 평가도 주식 · 채권시장에서의 가격조정을 통해 이루어지는 것이 보통이다.

시장중심제도와 은행중심제도는 특히 기업에 대한 감시방식에서 큰 차이가 있다. 증권시장이 잘 발달된 시장중심제도에서는 기업의 주식이 광범위하게 분산 소유되기 때문에 기업의 경영을 감시하고 통제할 지배주주가 없다. 따라서 기업에 대한 감시는 주로 주가변동 등 증권시장을 통한 시장규율(market discipline)과 외부감사제도나 사외이사제, 신용평가, 적대적 인수합병 등의 외부통제 방식으로 이루어진다. 반면 증권시장이 은행을 이용한 간접금융시장에 비해 상대적으로 덜 발달되어 있는 나라에서는, 기업에 대한 자금 공급을 은행의 대출과 출자 등에 많이 의존

79. 금융제도를 고객과 금융기관 간 관계를 기준으로 관계중심제도(relationship-based system)와 간격유지제도(arms-length system)로 분류하기도 한다. 이때 관계중심제도는 은행중심제도와, 간격유지제도는 시장중심제도와 각각 대부분 중첩된다. Wolf(2011) 참조.

한다. 따라서 기업에 대한 감시기능은 주로 주거래 은행을 통한 내부통제 방식으로 이루어진다.

이와 같이 두 제도는 기업과 은행의 소유구조와 기업에 대한 금융부문의 감시 방식 등에서 큰 차이점을 보인다. 세계적으로 볼 때 전통적으로 독일과 일본은 은행중심제도를, 미국과 영국은 시장중심제도를 각각 발전시켜 온 대표적인 나라로 꼽힌다.

전통적으로 시장중심제도는 효율성이 우월한 시스템으로 알려져 왔다. 주가는 기업의 내재가치를 반영한다. 따라서 건실한 기업은 지속적인 성장의 원천을 획득할 수 있고, 부실한 기업은 시장에서 낮게 평가되고 그 정도에 따라 퇴출되기도 한다. 이런 금융시스템에서는 시스템의 순조로운 작동을 위해 기업회계의 표준화 및 투명성이 촉진되고 투자자 보호 장치가 발전하며,[80] 외부주주나 신용평가기관 등 시장 감시자의 기능이 활성화된다. 또한 기업 경영자들은 이들의 평가에 민감하게 반응하게 된다. 결국 시장중심제도에서는 경쟁과 규율에 의한 기업의 상시적 구조조정을 통해 시장 전체의 효율성이 제고된다는 것이다.

하지만 현실적으로 시장은 불완전하다. 주주와 경영자 사이의 주인-대리인 문제나 소액주주의 무임승차 문제 등으로 인해, 시장에 의한 현실의 자원배분은 이론에서처럼 효율적이지는 않다. 이는 은행중심제도도 효율성 면에서 상대적으로 이점을 가질 수 있음을 시사한다.

최근 알렌(F. Allen)과 오우라(H. Oura)는 효율성을 기준으로 시장중심제도와 은행중심제도를 체계적으로 비교, 재평가하였다. 이들의 분석을 간결히 정리하면 [표 7-18]과 같다.

80. 한국은행(2011) 참조.

표 7-18 은행중심제도 vs. 시장중심제도: 효율성 비교

기준 \ 제도	은행중심제도	시장중심제도
위험분산 (risk sharing)	▪ 시계열적(서로 다른 시점 간) 위험 · 구매력의 분산을 통한 자원배분의 효율성 제고	▪ 횡단면적 위험 · 구매력의 분산을 통한 자원배분의 효율성 제고
정보생산	▪ 시장중심제도에 비해 일반적으로 시장정보 생산과 유통이 취약 ▪ 하지만 은행이 보유하는 개별 고객기업정보는 시장중심제도에서보다 풍부 ⇒ 은행과 고객기업 간 장기적 관계금융(relationship banking)을 통한 안정적 자금공급이 가능 ▪ 시장인지도가 낮은 중소기업에 유리	▪ 시장정보의 원활한 생산과 유통을 통한 자원배분의 효율성 제고 ▪ 하지만 주가변동성이 커져 투자자 후생이 오히려 감소할 가능성이 있음; 개별기업에 대한 시장자금 공급도 안정적이지 않을 수 있음 ▪ 시장인지도가 높은 대기업에 유리
기업지배구조	▪ 시장중심제도가 제공하는 기업지배구조 관련 장치와는 구분되는 또 다른 장치가 작동 ⇒ 주거래은행의 관계금융이 기업에 대한 상시 구조조정메커니즘으로 작용; 생산물시장과 생산요소시장의 경쟁도 기업지배구조 확립에 기여	▪ 기업인수합병(M&A)시장 · 이사회 · 스톡옵션 등 각종 표준적 장치를 통한 기업지배구조의 확립 ⇒ 기업에 대한 상시 구조조정메커니즘으로 작용
자금조달	▪ 예금주로부터 투자결정을 위임받아 자금을 운용하는 은행의 입장에서는 안전한 전통산업 분야에 자금을 지원하는 것이 적절 ⇒ 이는 예금주의 저위험성향에도 부합	▪ 투자자는 시장정보를 활용하여 고위험 · 고수익의 신산업 분야(벤처기업)에 자금을 지원 ⇒ 투자자는 예금주보다 고위험성향을 가지므로, 벤처기업에게 시장이 자금을 지원하는 것은 적절

자료: Allen and Oura(2004)의 관련 논점을 진태홍 외(2004)와 한국은행(2011)으로 일부 보완하여 정리.

요컨대 효율성을 기준으로 시장중심제도와 은행중심제도를 몇몇 기준으로 비교할 때 두 제도는 각기 다른 한 쪽이 갖지 않는 장점을 보유한다. 따라서 효율성의 관점에서 어느 한 제도가 다른 제도에 비해 더 낫다는 판단을 하기는 곤란하다는 것이 알렌과 오우라의 결론이다.

한편, 금융안정을 기준으로 보아도 두 제도 중 어느 한 제도가 더 낫다고 보기는 곤란하다는 것이 알렌과 오우라의 시각이다. 이들의 시각은 경험적으로도 지지된다. 역사적으로, 시장중심제도를 가진 나라든 은행중심제도를 가진 나라든 모두 위기에 취약했다. 은행의 내재적 불안정성으로 인해 은행중심제도가 위기에 취약하다는 것은 분명하다. 마찬가지로, 거품의 역사가 잘 말해 주듯이 자산의 시장가격이 그 내재가치에서 크게 멀어지는 일은 종종 있어 왔다. 이런 일이 위기로 연결될 수 있는 것은 물론이다. 또한 최근에는 겸업화의 진전으로 금융권역 간 · 상품 간 구분이 상당한 정도로 퇴색되면서 은행이 금융시장의 각종 위험에 크게 노출되어 있다. 그리고 외부 충격으로 인해 금융시장에서 유동성이 갑자기 고갈될 가능성에 대한 현실적 우려도 생기게 되었다. 예를 들어, 1998년 LTCM 위기 시 미국 연방준비제도가 민간은행들에 의한 구제(bail-out)를 독려했던 것도 시장유동성의 갑작스런 고갈로 시장 간 전염에 의한 시스템위기(systemic crisis)의[81] 발생가능성이 우려되었기 때문이다. 지난 글로벌 금융위기에서도 시장중심국이든 은행중심국이든 구분 없이 서구의 다수 국가가 위기상황에 노출되었고, 은행 · 증권회사 · 보험회사 구분 없이 대마불사의 현실적 논리가 각국 정부에 의한 금융기관 구제를 부추겼다.

3.1.1.2 은행과 시장의 상호 보완, 금융발전과 경제성장

앞서 알렌과 오우라의 분석을 통해 이미 논의했듯이, 각 제도가 효율성 및 안정성의 관점에서 볼 때 각기 서로 다른 장 · 단점을 갖고 있는 만큼 어느 한 제도가 다른 제도보다 절대적으로 우위에 있는 것은 아니다. 〈Box 7-4〉는 한 나라의 금융시스템이 시장 중심 또는 은행 중심으로 편제되도록 만드는 결정요인을 정리한 내용이다.

Box 7-4 은행중심제도와 시장중심제도의 결정 요인

1980년대 중반 립진스키(T. Rybczynski)는[1)] 국가별 산업자금 조달방식이 자본시장 발달 정도의 차이를 반영한다고 주장했다. 자본축적이 미약한 후발 산업국가에서는 금융이 실물경제의 발전을 선도하는 과정에서 은행 중심의 간접금융방식이 형성되지만, 자본축적이 이루어지면서 금융산업이 실물경제 발전의 영향을 받기 때문에 시장 중심의 직접금융방식이 정착된다는 것이다.

이후 1990년대 후반, 라 포르타(R. La Porta) 등은[2)] 일련의 연구를 통해 한 나라의 법률체계가 금융시스템의 구조형성에 영향을 준다는 견해를 제시했다. 이 견해에 따르면 법률이 영 · 미의 보통법(common law) 체계를 따르는 나라에서는 시장중심제도가, 프랑스의 시민법(civil law) 체계를 따르는 나라에서는 은행중심제도가, 각각 정착될 가능성이 높다.[3)] 보통법은 영국법의 관습법적 전통 속에 판례가 쌓여 형성된 법체계이다. 한편, 시민법은 대륙법의 성문법적 전통 속에 법조문을 중시한다. 금융분쟁의 해결에는 법조문의 자귀해석에 초점을 맞추는 시민법 체계보다는, "법조문이 없을 경우

81. 시스템위기에 대해서는 이 장(제7장)의 3.2 소절과 제1장 및 제15~16장을 참조하기 바란다.

[판례를 통해] 법을 만들어낼 수 있는" 보통법 체계가 훨씬 더 유연성이 크다.[4] 결국, 주주나 채권자 등 투자자의 권리를 보호하는 데는 보통법이 시민법보다 우월하다. 그래서 보통법 국가에서는 시장 중심 금융제도가 발전하게 된다는 것이다. 한편, 시민법 국가에서는 "법원의 개입 없이 분쟁을 해결하고 계약을 집행하는 기관으로 은행이 등장하[여]… 투자자산 관리 및 기업 감시를 수행"하게 된다.[5] 이런 과정에서 은행 중심 금융제도가 발전하게 된다는 것이다.

한편 라잔(R. Rajan)과 징갈레스(L. Zingales)는[6] 법 체계보다 정치적 요인이 한 나라의 금융구조를 결정하는 데 더 중요하다고 본다. 프랑스와 독일이 은행중심 제도를 보유하게 된 것은 제2차 세계대전 이후의 일이며, 20세기 초에만 해도 이들의 GDP 대비 자본시장 규모가 영국 또는 미국과 별로 다르지 않았다. 더욱이 최근에는 프랑스와 독일이 시장의 중요성을 강조하는 방향으로 변화하고 있다. 이와 같은 금융구조의 변화를 이해하기 위해서는 대외적 개방성의 정도, 정치시스템의 중앙집권화, 금융 효율을 높이기 위한 변화에 저항하는 이익집단의 세력 등, 여러 정치적 요인이 고려되어야 한다는 것이 라잔과 징갈레스의 견해이다.[7]

1) Rybczinski(1984) 참조.
2) La Porta *et al.*(1997 · 1998 · 2000)과 La Porta *et al.*(1999) 참조.
3) 진태홍 외(2004), 한국은행(2011c)과 Allen and Oura(2004) 참조.
4) 한국은행(2011c), p.11.
5) 한국은행(2011c), p.11.
6) Rajan and Zingales(2003a · 2003b) 참조.
7) Allen and Oura(2004) 참조.

자료: 진태홍 외(2004), 한국은행(2011), Allen and Oura(2004), La Porta *et al.*(1999), La Porta *et al.*(1997 · 1998 · 2000), Rajan and Zingales(2003a · 2003b), 그리고 Rybczinski(1984).

한편, 일국의 금융시스템이 갖추어야 할 가장 바람직한 특징들이 무엇인가에 대한 정책적 판단에 따라 최적 금융구조—은행과 시장의 최적 비중—는 나라마다 다를 수 있다는 시각이 최근 커다란 설득력을 얻게 되었다. 이는 두 제도의 대체성보다는 상호보완성을 강조하는 "금융기능 견해(financial functions view)"에 해당한다.[82] 금융제도는 시장마찰(market frictions)을 완화시키는 역할을 수행한다. 여기서 시장마찰이란 정보를 획득하고 금융계약을 이행하는 데에는 비용이 든다는 사실을 가리킨다. 이러한 정보비용과 거래비용을 절감하기 위해 금융중개기관과 시장이 형성된다. 금융기능 견해에 따르면, 금융제도의 구성요소인 이들 은행과 시장은 다음 다섯 가지 금융서비스(또는 금융기능)를 제공하여 경제성장을 촉진한다:[83]

82. Levine(2004), p.34.
83. 우리는 앞서 은행과 시장이 각기 고유의 차별화된 방식으로 금융과정에서 다양한 역할을 수행한다는 것을 이미 살펴보았다. Levine(2004, pp.4~25)이 말한 다섯 가지 금융기능도 바로 그러한 내용을 체계적으로 정리한 것으로 볼 수 있다.

- 가능한 투자기회에 대한 사전정보의 생산과 자본의 배분;
- 기업 감시와 기업지배권 행사;
- 위험(risk) 거래 · 분산 · 관리의 촉진;
- 저축의 동원;
- 재화 및 서비스 교환의 촉진.

이렇게 보면 은행중심제도인지 시장중심제도인지의 구분이나 특정 금융구조(은행과 시장의 비중)보다는, "전반적 금융발전(overall financial development)"의 정도—금융제도가 전체적으로 얼마나 양질의 금융서비스를 제공하는지[84]—가 중요해진다.

은행과 시장의 상호보완성은 각기 상대방의 건전한 발전에 도움이 된다는 점에서도 찾을 수 있다. 예를 들어, 시장은 은행주가의 변동을 통해 은행의 위험추구행동을 규율하고, 특정 기업에 대한 은행의 거래정보는 그 기업의 주식에 대한 정확한 시장 평가에 도움을 준다.[85] 이와 같이 은행과 시장이 상호작용하는 측면도 금융기능 견해를 지지하는 또 하나의 논리적 근거가 된다.

금융기능 견해는 경험적으로도 지지된다. 예를 들어, 금융제도와 경제성장의 관계에 대해 2001년 광범한 실증연구를 수행한 드미르귁-컨트(A. Demirgüç-Kunt)와 레빈(R. Levine)은 "전반적 금융발전이 경제적 성공에 중요하며, 금융구조 자체는 그리 중요해 보이지 않는다"는 결론에 도달했고, 이러한 결론은 최근에도 유효한 것으로 확인된다.[86]

또한 안정성의 관점에서도 금융기능 견해는 경험적으로 지지된다. 그린스펀(A. Greenspan)은 금융제도에 문제가 발생했을 때 위기에 빠지지 않고 안정적일 수 있으려면 평소 스페어타이어를 준비해놓고 있어야 한다는 견해를 제시했었다. 이것은 한 나라가 성숙한 금융시장과 성숙한 은행제도를 모두 구비한 경우 그러한 금융부문의 다양성이 위기를 피해갈 수 있는 일종의 보험서비스를 제공하게 된다는 것이다. 그린스펀은 이같은 금융부문의 다양성이 결여된 예로 1990년대 초 은행위기로

84. Levine(2004), p.34.

85. 한국은행(2011) 참조.

86. Demirgüç-Kunt and Levine(2001), p.12; Levine(2004)과 Demirgüç-Kunt and Levine(2008) 참조.

인해 신용경색이 장기화되었던 일본이나 1997~1998년 금융위기를 겪은 동아시아를 들고 있다. 둘 다 자본시장이 발달하지 못해 위기가 심화되었다는 것이다. 한편, 호주가 동아시아와 무역 및 금융 측면에서 밀접한 관련을 맺고 있었음에도 1997년 동아시아 금융위기에 전염되지 않았던 이유는 호주가 상당히 발달한 자본시장과 은행제도를 보유했기 때문이라고 그린스펀은 설명한다. 또 미국에서도, 1998년 러시아의 채무불이행(Russian default)으로 빚어진 LTCM 위기 시 자본시장이 일시적으로 마비상태에 빠졌지만 은행이 자본시장의 유동성 중개기능을 대신 해줄 수 있었다는 것이다.[87]

최근 글로벌 금융위기가 진행된 2007~2009년 기간 중 미국 경제의 신규 은행대출자금(중개신용)은 줄었지만 그러한 감소의 대부분이 신규 채권발행자금(직접신용)의 증가로 상쇄되었다는[88] 사실도 그린스펀의 견해를 지지해 준다.

3.1.2 금융발전과 금융위기

2007~2009년 글로벌 금융위기 이후, 금융발전의 양면성에 대한 인식이 새롭게 제기되고 있다. 예를 들어 강환구와 정천수는 이러한 양면성을 다음과 같이 정리한다:[89]

> "금융발전은 금융기술 혁신에 따른 위험의 분산 및 공유를 통해 경제성장을 촉진하는 한편, 투자자들의 과도한 위험 추구 및 근시안적 행태로 인한 유인체계의 왜곡으로 시장참가자들의 집단행동(herd behavior)을 부추기고 금융위기와 같이 발생 확률이 낮은 위험(tail risk)의 현실화 가능성을 높인다 …"

고도의 금융발전에 따르는 유인체계의 왜곡과 그로 인한 경제 불안정성의 위험에 대해서는 글로벌 금융위기 이전에도 라잔(R. Rajan)이 지적한 적이 있다.[90] 글로벌 위기 이후에는 금융발전의 적정 수준을 탐구하는 연구가 나오는 등,[91] 앞으로는

87. Greenspan(1999) 참조.
88. Adrian *et al.*(2011) 참조.
89. 강환구 · 정천수(2011), p.29.
90 Rajan(2005) 참조.
91. 예를 들어 Arcand *et al.*(2011) 참조.

금융발전과 실물경제의 관계에 대한 연구가 지난 100여 년과는 다소 구분되는 새로운 방향으로 진행될 것으로 예상된다.

3.1.3 우리나라 금융시스템의 최근 변화와 과제

우리나라에서는 경제발전 초기 단계부터 정부가 금융을 경제발전을 위한 도구로 사용하면서 기업의 은행 의존도가 매우 높았다. 이러한 이유로 1960년대 이후 수십 년 동안 은행중심제도가 자리 잡았다. 그러나 세계적으로 금융자유화와 금융개방화의 물결 속에서 우리나라에서도 1990년대 초부터 자본시장 개방이 급속히 진행되었다. 그런 가운데 1997년 금융위기를 계기로 금융기관 구조조정, 금융규제 완화, 금융하부구조 개선, 그리고 자본시장 확대를 정책적으로 추진해 왔다.[92] 우선 정부는 약 160조원의 공적자금을 동원하여 부실금융기관을 정리했다. 그 결과 외환위기 시 33개였던 은행이 2005년 말 19개로 줄었고, 231개였던 상호저축은행이 2011년 6월 말 105개로 줄었다. 정부는 금리 · 외환자유화와 금융기관의 업무영역 확대와 같은 규제완화를 실시하는 동시에, 적기시정조치와 미래지향적 자산건전성 분류제도(forward looking criteria)를 도입하고 그 대상을 점차 확대함으로써 건전성규제를 정비해 왔다. 또한 금융하부구조 개선 차원에서 금융기관의 회계 · 공시제도를 정비하고 소유 · 지배구조 규제를 완화해 왔다. 한편 정부는 선물거래소(1999. 4)와 제3시장(2000. 3)을 신규 개설한 후 2005년 1월 증권거래소 · 코스닥 · 선물거래소를 한국증권선물거래소(현재의 한국거래소)로 통합했다. 또한 정부는 직접금융 확대를 위해 자산유동화제도(1998. 9)와 모기지론제도(1999. 4) 등을 도입했다. 특히 「자본시장과 금융투자업에 관한 법률」을 제정(2007. 8) · 시행(2009. 2)하여 대형 투자은행의 육성을 도모하는 등 자본시장 확대를 위한 제도정비에 주력해 왔다.

이러한 정책 및 금융환경의 급속한 변화에 적응하는 과정에서 우리나라의 금융시스템은 상당한 가시적 개선을 경험했다. 일국의 금융발전 정도는 흔히 GDP 대비 대출액, 예금액, 회사채잔액, 주식시가총액, 민간신용 등의 각 비중으로 파악한

---

92. 한국은행(2011) 참조.

다. [표 7-19]에서 알 수 있듯이, 지난 30년간의 기간을 10년 단위로 구분하여 평균값으로 나타낸 우리나라의 각 지표값은 시간경과에 따라 대체로 꾸준히 증가하여, 이제는 선진국의 각 지표값과 비교하여 손색이 거의 없는 정도가 되었다.[93] 다만 우리나라의 GDP 대비 주가총액 비중은 선진국보다 낮고, GDP 대비 대출액, 예금액, 민간신용의 각 비중은 선진국보다 높다. 이는 현재 우리나라 금융구조의 특징을 반영하는 것이다.

표 7-19　　우리나라의 금융발전 정도

금융발전지표	1980년대	1990년대	2000년대	선진국[1)]
대출액/GDP	0.36	0.84	1.09	0.66 (1.01)
예금액/GDP	0.37	1.16	1.62	0.82 (1.44)
회사채잔액/GDP	0.07	0.16	0.19	…
주식시가총액/GDP	0.18	0.35	0.63	1.05 (0.72)
민간신용/GDP	0.45	0.57	0.93	0.76 (1.05)
금융보험업 부가가치/GDP	3.75	5.45	6.15	…

주 : 1) 2000~2010년 중 미국, 독일, 프랑스, 일본의 가중평균. ( ) 내는 미국 제외 평균.
자료: 강환구 · 정천수(2011), p.34의 [표 1].

2000년대에 들어와 여러 금융 관련 지표들이 이렇게 개선된 것은 고무적인 일이다. 여기서 더 나아가, 최근 IMF의 스비릿젠카(K. Svirydzenka)는 주식시가총액/GDP이나 민간신용/GDP 등과 같은 거시금융지표들은 주로 금융심도(financial depth : "시장의 규모 및 유동성")에 관한 변수들이며 금융접근성(financial access : "개인과 기업의 금융서비스 접근성")이나 금융효율성(financial efficiency : "낮은 비용으로 금융서비스를 제공하되 지속가능한 수익을 낼 수 있는 금융기관의 역량과 자본시장 활동의 수준")을 말해 주진 않는다고 본다. 앞서 금융기능 견해가 강조한 대로 은행과 시장이 경제성장을 촉진하는 측면을 종합적으로 감안해야 한다는 것이다. 스비릿젠카는 금융기관 · 금융시장의 심도, 접근성, 효율성 각각에 관련된 20개 변수를 선정한 후, 이들 토대로 1980~2013년 기간에 대해 총 183개 국가의 종합적 금융발전 정도를 연도별 금융발전지수로 계산해냈다. 이 연구에 따르면, 우리나라의 2013년 금융발전지

93. 강환구 · 정천수(2011) 참조.

그림 7-12

OECD 국가의 금융발전지수

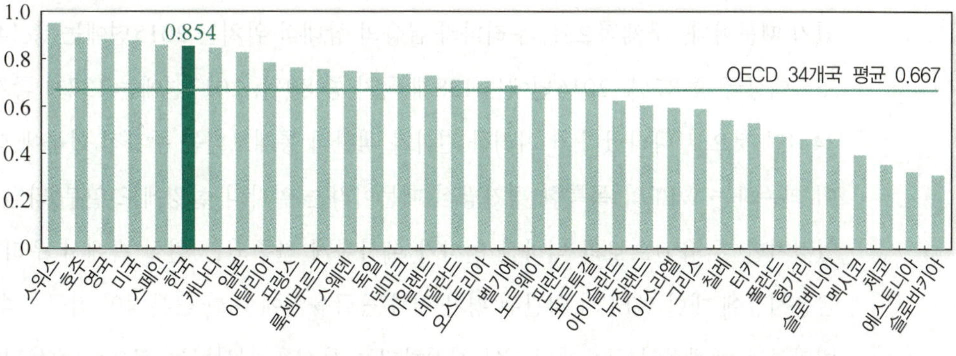

자료: 한국은행(2016b), p.8의 상단 그림을 재인용.

수는 OECD 회원국 평균인 0.667을 크게 상회하는 0.854로 총 183개 조사대상국 중 6위였다. 이는 캐나다, 일본이나 독일보다 앞서는 우수한 성적이다(〈그림 7-12〉 참조).[94]

그럼에도 2010년대 우리나라의 금융기관과 금융시장이 양질의 금융서비스를 제공하면서 경제성장을 순조롭게 촉진한다고 한마디로 말하기는 어렵다. 우선, 우리나라 금융에 대해 스비릿젠카의 평가와는 상반된 국제적 평가가 최근 지속적으로 공표되었던 점을 새겨볼 필요가 있다. 지난 근 30년 동안 매년 국가경쟁력 평가에

---

94. Svirydzenka(2016), p.5. 스비릿젠카는 금융기관과 금융시장 각각에 대한 심도, 접근성, 효율성을 지수화하여 각국별로 측정한 후, 이들 6개 개별 지수를 적절히 종합하여 금융기관 발전지수와 금융시장 발전지수를 계산하고, 다시 이들 2개 지수로부터 단일 종합지수인 금융발전지수를 최종적으로 도출해냈다. 물론 이러한 접근에도 스비릿젠카 자신이 스스로 인정하는 약점이 있다. 우선, 자신의 지수가 데이터의 제약으로 인해 그림자은행과 다양한 유형의 금융중개기관 및 금융서비스 등을 전혀 감안하지 못했다는 약점이다. 또한 자신의 지수가 금융발전의 특징에 치중되어 있는 반면 제도 인프라와 같은 보다 근본적인 요인들은 반영되어 있지 않은 점과 "일부 효율성 지표가 정부 통제의 결과일 가능성"이 있는 점 등도 약점이다. 이렇게 본다면 스비릿젠카의 언급대로, "금융발전지수의 상위 순위는 반드시 좋은 일만은 아닐 수 있으며, 일국의 금융시스템이 금융 구조 및 감독 측면에서 감당할 수 있는 한계를 넘어 부풀려졌음을 시사하는 것"일 수도 있다. 후자의 경우에는 "금융발전지수의 상위 순위가 오히려 [그 나라의] 경제성장 및 안정에 부정적인 함의를 갖"게 될 것이다. 자세한 내용은 원전인 Svirydzenka(2016)를 참조하기 바라며, 이 각주에 나오는 모든 인용구는 원전의 p.28에서 따왔다.

관한 각국별 자료를 작성·공표해 오고 있는 세계경제포럼(WEF : World Economic Forum)의 각국별 '금융시장 발전' 평가가 그 좋은 일례다. WEF의 평가 결과에 따르면, 우리나라 금융시장 발전의 정도는 세계적으로 중간 수준에도 미치지 못하고 있기 때문이다. 구체적으로, 우리나라 금융의 상대적 위치는 2015년에는 총 140개 조사대상국 중 87위, 2016년에는 138개 국가 중 80위, 2017년에는 137개 국가 중 74위인 것으로 나타났다.[95] 이러한 결과가 객관적 통계보다는 주관적 설문에 더 많이 의존하는 WEF의 독특한 평가방식 때문이라는 일각의 설명에도 일부 타당성은 있겠지만, 금융권으로의 낙하산 인사가 예사롭게 간주되는 현실 속에서 우리나라 금융시장에 대한 WEF의 일관된 평가 결과는 금융업에 대한 근본적인 접근—즉, 광범위하고 체계적인 금융개혁—이 절실하다는 사실을 시사하는 것으로 해석되어야 할 것이다. 이때 바람직한 금융개혁의 설계 및 이행을 통한 개혁의 성공은 다름 아닌 공공 거버넌스(public governance)에 달려 있다.[96] 다음 소절에서는 공공 거버넌스에 초점을 맞춰 우리나라의 금융개혁을 논의하기로 한다.

3.2 금융개혁

이 책의 제1편에서 이미 학습했듯이, 지난 반만년 동안 금융은 오늘의 모습으로 꾸준히 진화해 왔다. 특히, 20세기 후반으로 접어든 후 금융 진화가 가속화되었고, 최근에는 핀테크의 확산으로 금융 지형(financial landscape)이 나날이 변모하는 등 진화의 엄청난 속도를 일상에서 쉽게 실감할 수 있을 정도이다. 금융은 효율을 향해 진

95. World Economic Forum(2015 · 2016 · 2017) 참조.

96. 이 책의 제4판에서 지적했던 우리나라 금융시스템의 몇몇 문제들—"자본시장이 기업자금의 안정적 공급원으로 기능해 온 것으로 보기는 어렵다"는 점, "은행과 기업 사이의 장기적 관계에 기초한 정보생산과 관계대출은 금융위기 이전보다도 오히려 위축"된 점, 그리고 "우리나라의 기업들은 보다 안정적 자금원인 내부금융의 비중을 늘려야 할 여지가 … 많다"는 점 등—은 아직도 대체로 유효하다(정운찬 · 김홍범 2012, pp.281~284). 하지만 이와 같은 정책 실질에 관한 문제(issues in policy substance)의 분석을 지금은 일단 접어두기로 하고, 다음 소절에서는 공공 거버넌스(public governance)의 관점에서 금융개혁의 성공적 설계 및 이행을 위한 접근방식에 초점을 맞춰 금융개혁의 문제를 다루기로 한다. 공공 거버넌스란 "일국이 직면하는 문제와 환경이 변화하는 상황 속에서 헌법적 가치의 유지라는 관점에서 공적 결정이 이루어지는 방식과 공적 조치가 이행되는 방식을 결정하는 공식 · 비공식 장치"로 정의된다(OECD 2017).

화하지만 불안정이 효율 제고에 늘 수반된다는 사실을 금융의 역사는 잘 보여준다.[97] 효율적 금융시스템에 내재하는 불안정은 시스템 내부 또는 외부의 어떤 충격으로 인해 자신의 거대한 실체를 일순간 드러낸다. 이것이 다름 아닌 시스템금융위기(systemic financial crisis)이다.[98]

어느 나라에서나 금융부문의 최종 책임은 정부가 진다. 그러므로 금융위기가 발생하면 그 나라 정부가 나서서 위기를 수습 · 관리한다. 동시에, 위기를 불러온 원인과 취약성을 찾아내 필요한 경우 신속하게 개혁에 착수하는 것도 정부의 역할이다. 그런데 시스템금융위기를 부를 정도로 취약한 경제라면 흔히 대대적 구조개혁을 필요로 한다. 실제로 2007～2009년 글로벌 금융위기의 직격탄을 맞은 미국, 영국, 유로존 등 많은 나라들은 위기 직후부터 예외 없이 경제 및 금융 시스템 전반에 걸친 대대적인 제도개혁을 단행했다.

이들 서구 국가들과는 달리 우리나라는 글로벌 위기에서 다소 비껴나 있었다. 하지만 우리도 이미 20여 년 전 외환위기를 당했고, 당시 위기의 사후적 수습 및 관리 과정에서 금융감독체계의 개혁과 금융 및 실물 부문의 구조조정을 핵심으로 하는 금융개혁(financial reforms)을 추진했던 경험이 있다. 그런데 21세기 전후에 진행된 금융개혁 이후 지난 10여 년 동안 우리나라의 금융이 이렇다 할 장기적 비전이나 지향점을 찾지 못한 가운데 방향 감각 없이 표류해 왔다는 사실이 커다란 문제이다. 그 결과 금융시스템에는 굵직굵직한 현안들이 누적되어 왔다. 예를 들어, 2003년 신용카드 사태나 2011년 저축은행 사태와 같은 몇몇 대형 금융사건을 통해 현행 금융감독체계가 안고 있는 여러 구조적 문제들이 선명하게 부각되었다. 그럼에도 오랫동안 정책적 개선이 이루어지지 않고 있다. 또한 수년 전부터 핀테크 혁신을 비롯한 금융환경이 급변해 오고 있다. 그런데도 이를 어떻게 다룰 것인지에 대한 금융당국의 규제정책 기조는 아직 불분명하다. 우리나라 금융의 주요 원칙 중 하나인 은산분리의 적용 여부에 관한 논의는 미뤄놓은 채 최근 금융당국이 인터넷 전문은행에게 인가부터 내준 것이 그런 일례이다. 또한 2017년 말과 2018년 초 비트코인 등 디지털 화폐에 대한 초유의 투자열풍에 한국은행도 금융위원회도 이렇다

97. Hicks(1967) 참조.

98. 이 문단은 시스템금융위기를 본 소절의 맥락에 맞춰 묘사한 것이며, 이에 대한 보다 엄밀한 이해를 위해서는 제15장과 16장을 참조하기 바란다.

할 정리된 입장을 적시에 제시하지 못했다. 이것도 그런 또 하나의 일례이다.

이 절에서는 금융의 진화에서 금융개혁이 갖는 의미를 탐구한다. 다음으로, 21세기 초 이후 우리나라 금융의 미래 비전이 분명치 않은 상태로 오늘과 같이 주요 현안들이 산적하게 된 배경을 살펴본 후, 호주나 캐나다에서 관찰되는 선제적 금융개혁의 설계 및 이행이 우리나라에게 매우 긴요하다는 사실을 논의하기로 한다.

3.2.1 금융의 진화와 금융개혁의 의미

모든 금융계약(금융상품)은 시간의 경과를 전제한 약정이라는 점에서 신뢰에 기초한다. 계약의 체결 및 이행에는 거래 주체 사이에 적절한 수준의 상호 신뢰가 반드시 전제되어야 하기 때문이다. 이러한 신뢰를 확보하기 위해 계약당사자들은 사전적 · 사후적으로 각종 거래비용과 정보비용을 들이게 된다.[99] 그러므로 금융 효율의 증대는 금융계약의 성립 및 이행에 요구되는 신뢰의 수준을 낮춰줌으로써 궁극적으로 각종 비용의 감소를 가져온다. 이때 효율은, 금융계약의 유형 및 내용은 물론, 계약당사자의 행동과 계약 환경을 조성하는 금융시장 및 금융인프라의 발전 정도와 같은 여러 측면에 긴밀하게 관련된다.

오랜 역사에 걸쳐 금융이 효율성을 향해 진화해 오는 동안, 금융계약에 요구되는 신뢰수준은 장기적으로 낮아져 왔다. 그런데 신뢰란 불안정한 인간의 심리에 전적으로 의존하므로 조그만 충격에도 순식간에 변하기 쉽다. 이런 의미에서 효율과 잠재적 불안정은 운명적으로 동일한 동전의 양면일 수밖에 없다. 평상시에는 효율의 증대에 수반되는 불안정의 증대를 다양한 시장규율 및 규제규율의 적절한 배합을 통해 억제할 수 있다. 그럼에도 어떤 이유로 불안정이 폭발적으로 고조되는 예외적 상황, 즉 금융위기가 때로는 불가피하게 발생한다. 금융위기는 평상시의 상황은 아니지만, 20세기 전반의 세계적 대공황을 경험한 이래 특히 20세기 후반부터는 세계 각국이 크고 작은 위기에 노출되는 일이 잦아졌다. 그 결과 오늘 우리들은 위기를 그리 낯설지 않게 받아들이게 되었다. 사실, 금융위기에서 완전히 자유로운 나라는 없다.

---

99. 여기서 '거래비용'과 '정보비용'의 각 의미에 대해서는 이 책의 제8장을 참고하기 바란다.

지난 글로벌 위기의 다양한 주요 배경 요인 중 상당수가 금융의 문제로 드러나면서, 선진 각국은 위기 이후 수년간 관련 법률의 제·개정을 통해 금융개혁(financial reforms)을 이행했다. 이와 같이 금융개혁의 설계 및 이행이 때때로 필요해지는 이유는 앞서 논의한 금융 진화의 특징과 밀접한 관련이 있다. 일국에서 이따금 발생하는 시스템금융위기는 그 금융시스템이 기존에 도달해 있던 금융 효율 수준 및 불안정(또는 안정) 수준의 특정 배합(combination)이 실제로는 지속가능하지 않다는 사실을 보여주는 사건이다. 이때, 위기에 대한 대응으로 실시되는 금융개혁은 그 사회의 금융 효율 및 안정의 바람직하고도 지속가능한 중장기적 균형점을 새롭게 정의하고 시장규율과 규제규율의 보강 및 최적 배합을 통해 금융시스템을 그 바람직한 균형점으로 이동·안착시키는 역할을 수행하게 된다.

이러한 맥락에서, 위기를 경험한 나라들은 흔히 금융개혁을 추진한다. 예를 들어 글로벌 금융위기의 직격탄을 맞은 미국에서는 2010년 7월 발효된 방대한 금융개혁법, 즉 「도드-프랭크 월가 개혁 및 소비자보호법」의 제정을 근거로 볼커룰의 시행과 금융소비자보호국(CFPB) 신설 등 광범한 금융개혁이 추진되었다. 또한 영국에서는 「2009년 은행법(Banking Act 2009)」과 「2010년 금융서비스법(Financial Services Act 2010)」 및 「2012년 금융서비스법(Financial Services Act 2012)」 등의 제정을 근거로 영란은행의 기능 강화와 감독체계 개편 등 광범한 금융개혁이 추진되었다. 이와 같은 위기의 발생과 개혁입법을 통한 금융개혁의 단행이 다른 나라의 경험이기만 한 것은 아니다. 지난 1997년 말 느닷없이 찾아온 외환위기에 맞서 「한국은행법」 및 「은행법」 개정과 「금융감독기구의 설치 등에 관한 법률」 제정 등 13개 제·개정 금융개혁법을 통해 전반적인 실물 및 금융부문의 시스템 개혁을 추진했던 경험이 우리 사회에도 있다.[100] 다음 소절에서는 약 20년 전 우리나라의 과거 금융개혁 경험을 잠시 살펴본 후, 우리나라 금융의 현주소를 논의하기로 한다.

100. 미국의 금융개혁 경험에 대해서는 금융감독원 워싱턴사무소(2017)를, 영국 및 한국의 경험에 대해서는 김홍범(2014) 및 김홍범(2004)을 각각 참조하기 바란다.

3.2.2 우리나라 금융의 현주소

3.2.2.1 우리나라의 금융개혁

1997년 말 외환위기를 계기로 단행되었던 약 20년 전의 금융개혁은 2017년을 기준으로 볼 때 가장 최근의 금융개혁인 동시에, 우리나라 금융정책의 역사에서 최초의 '광범한' 금융개혁이기도 하다.[101] 당시의 금융개혁이 비록 환란을 배경으로 우리나라가 IMF의 구제금융을 받기 위한 조건으로 외생적으로 부과된 측면이 있는 것은 사실이다. 하지만 그 금융개혁의 대부분은 실제로 환란이 다가오기 이전이던 1997년 6월 금융개혁위원회가 독자적으로 내놓은 개혁권고안을 거의 그대로 반영한 내용이었다.[102] 그런 의미에서, 당시의 개혁권고안(1997. 6)은 갑자기 불거진 외환위기(1997. 12)에 앞서 선제적으로 마련되었다고 볼 수 있다.

금융개혁위원회(이하 금개위)는 1997년 1월 대통령 직속으로 설치된 민간위원회(위원 총 31인)였다. 금개위는 "경쟁력 있고 편리하며 신뢰할 수 있는 선진금융[의] 지향"을 목표로 "금융혁신 유발," "건전감독체제 구축," "금융제도 … 정비"와 "금융개혁 방향을 명확[화]"한다는 기본전략으로 단기 금융개혁과 중장기 금융개혁을 구분하여 접근했다([표 7-20] 참조).[103]

이와 같이 단기 및 중장기를 포괄하는 체계적·미래지향적 개혁권고안의 도출이 선행되었던 덕분에, 실제로 위기가 터진 직후인 1998년 2월에 출범한 김대중 정부는 처음부터 올바른 정책패키지로 미증유의 위기상황에 강력하게 대응할 수 있었다. 예를 들어, 실물 및 금융의 구조조정을 일관적으로 이행한 것은 물론, 한국은행의 통화정책 독립성을 실질적으로 강화하는 한편, 금융감독체계를 대폭 개편함으로

---

101. 물론 그 이전에도 재무부 요청에 따라 금융제도개편연구 소위원회(민간위원 총 17인)가 금융산업발전심의위원회(재무장관 자문기구) 소속으로 구성되어 1992년 12월부터 약 반년간 연구를 수행했던 적이 있었다. 그 연구의 결과물인 『금융제도개편연구』(1993a · 1993b)는 당시 김영삼 정부가 1993년 7월 공표한 신경제5개년계획 중 금융개혁부문의 내용에 반영되었다. 새로 들어선 정부가 추진할 5개년계획 중 일부 내용의 초안 작성을 민간위원회에 맡겼다는 사실은 당시로서는 획기적인 일이었다. 하지만 바로 이 점에서 당시의 『금융제도개편연구』는, 1997년 초 한국 금융산업의 '광범한' 전면 개혁을 장기적 관점으로 설계했던 1997년 금융개혁위원회의 『금융개혁 1차 보고서』 및 『금융개혁 2차 보고서』와 중요한 차이가 난다. 김영삼 정부의 두 민간위원회 활동과 그 의미에 대해서는 김홍범(2008)을 참조하기 바란다.
102. 여기에 대한 상세한 내용은 김홍범(2006)을 참조하기 바란다.
103. 금융개혁위원회(1997a), pp.9~10.

표 7-20　금융개혁위원회(1997a · 1997b)에 의한 금융개혁 설계 : 개요

구분		내용
금융개혁의 목표		▪ 세계화 추세에 부응한 금융산업 국제경쟁력 강화 ▪ 이용자 편의를 중시하는 금융제도 구축 ▪ 금융의 안정성과 금융기관의 건전성 제고
전략	기본 전략	▪ 시장기능 활성화와 경쟁촉진을 통해 금융혁신 유발 ▪ 신용질서의 유지를 위한 건전감독체계 구축 ▪ 금융시장이 국제적으로 통합되는 추세에 대응하여 금융제도를 국제적 규범에 적합하도록 정비 ▪ 금융개혁 방향을 명확하게 밝힘으로써 금융시장 참가자의 시행착오 극소화
	1단계 추진전략	▪ 금융개혁이 내생적인 추진력을 갖도록 개발연대에 도입된 각종 규제와 보호를 철폐하여 금융산업의 개편과 시장기능의 회복 추진
	2단계 추진전략	▪ 금융혁신이 지속적으로 촉발되는 미래지향적인 금융제도 도입
주요 내용	단기 과제 (1차 보고서)	▪ 금융산업의 경쟁력 강화 ▪ 금융시장의 효율성 제고 : 이용자 중심 ▪ 건전한 금융기반의 확립
	중장기 과제 (2차 보고서)	▪ 금융산업 진입의 자유화 ▪ 금융기관 퇴출의 원활화 ▪ 중앙은행 및 금융감독 제도 개선 ▪ 금융시장의 정보효율성 제고

자료 : 금융개혁위원회(1997, pp. iii ~ iv와 pp. 9 ~ 11)를 부분적으로 발췌하여 인용했음.

써 중앙은행 및 금융감독 제도 개혁까지 이행했었다. 요컨대, 당시 금개위에 의한 금융개혁의 설계와 정부에 의한 강력한 금융개혁의 이행은 “금융시스템 발전의 토대가 되는 철학 · 원칙 · 목표”가[104] 처음부터 확고했기에 가능했다.

3.2.2.2 우리나라 금융의 현주소 : 불분명한 미래 비전과 산적한 미결 과제

현재 우리나라 금융이 중장기적으로 지향하는 미래 비전이 무엇인지는 불분명하다. 이전의 여러 역대 정부가 동북아 금융허브, 녹색금융, 창조금융 등 나름의 비전을 저마다 제시했지만 잠시 반짝했다가 정부가 바뀌면 어김없이 그 빛이 바래곤 했다. 이는 우리나라 금융이 역대 각 정부의 단기적 정책시계(short policy horizon)에서 자유롭지 못했음을 의미한다. 그 결과 이제는 한국 금융에 과연 합의된 미래

104. 김홍범(2016), p.16에서 재인용. 실제로 호주의 경우, “금융시스템 발전의 토대가 되는 철학 · 원칙 · 목표[의 고찰]”가 2013년 12월 호주 금융개혁의 설계를 맡은 머레이위원회에 공식적으로 부과된 임무의 일부로 포함되어 있었다는 사실은(FSI 2013) 주목할 만하다.

그림 7-13

우리나라 금융의 중장기적 현안 : 예시

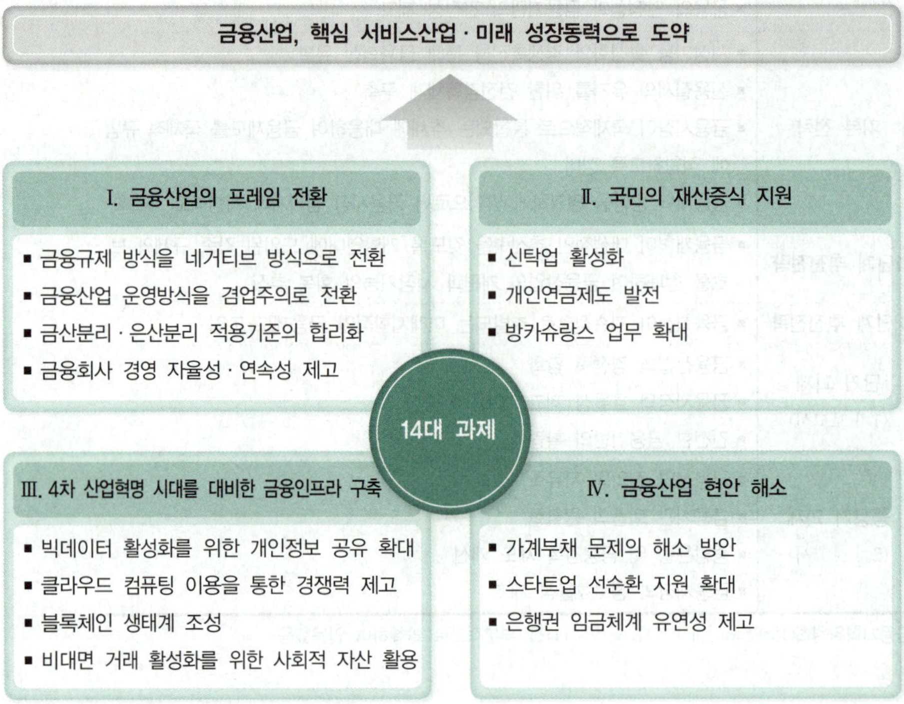

자료 : 전국은행연합회(2017), p.2의 그림.

비전이 있는지조차 잘 알기 어렵게 되었다. 금융환경은 급속히 변화하고 있는데 중장기 시계 하의 정책 검토가 실종된 상황에서는 중장기 정책과 단기 정책 사이의 정합성 및 일관성은 기대하기 어렵다.[105] 구태의연한 규제 틀(regulatory framework) 내에서 단기적 정책조치만 남발되는 가운데, 결국 미결 과제가 쌓이게 된다. 예를 들어, 금융감독체계 개선의 문제, 은산분리 지속 여부의 문제, 핀테크 혁신에 대응한 규제방향의 확립 문제, 가계부채의 문제, 금융업권 간 이해상충의 문제 등 굵직굵직한 현안이 산적해 있다. 이것이 현재 한국 금융이 처한 현실이다. 〈그림 7-13〉은 은행권이 최근 제시한 우리나라 금융의 현안 과제 목록이며, 이러한 과제들의 체계적 해결에는 광범위한 금융개혁이 요구된다.

105. 김홍범(2015) 참조.

① 박근혜 정부의 금융개혁[106]

역대 정부도 때로는 금융개혁을 표방해 온 것이 사실이다. 그중에서도 특히 박근혜 정부는 금융개혁을 지속적으로 강조했지만, 개혁의 핵심—앞서 논의한 바와 같이 금융의 효율과 안정의 지속가능한 최적 배합의 탐구—에서 크게 벗어난 수준의 단기적 정책조치 묶음을 '금융개혁'이라는 이름으로 홍보했을 뿐이다.

박근혜 정부 출범 직후인 2013년 봄, 금융위원회는 "금융감독체계 선진화", "정책금융", "금융회사 지배구조", "우리금융지주 민영화"의 4대 정책과제를 각각 검토할 4개 태스크포스(TF)를 임명했다. 하지만 당시 그 성과는 미미했다.[107]

이후 2014년 초「경제혁신 3개년 계획」이 확정되면서 "창조경제의 금융 버전" 인[108] 창조금융—"창조경제 활성화" 또는 "경제활성화"를[109] 위한 금융—을 지향하는 금융제도 개혁이 본격적으로 시작되었다. 이를 위해 민간위원 9인으로 구성된 금융혁신위원회가 금융위원장 자문기구인 금융발전심의회 산하 특별위원회로 설치되었고, 동 위원회는 3대 실천계획—"기술금융현장 확산", "모험자본시장 육성", "보수적 금융문화 혁신"—을 추진했다.[110] 다만 2015년 3월부터는 금융개혁 추진체계가 변경되면서 기존 3대 실천계획이 새로운 3대 전략—"자율책임 문화 조성", "실불지원 역량 강화", "금융산업 경쟁 제고"—로 바뀌었고,[111] 그 내용도 6대 핵심과제와 18개 세부 과제로 재편성되었다. 또한 그 추진 주체도 기존 금융혁신위원회 대신, 민간위원 19인으로 구성된 금융개혁회의로 바뀌었다.[112] 다만, 이 모든 과정

---

106. ①의 내용은 김홍범(2015)에 주로 의존했다.

107. 각 인용구는 모두 이승환(2014)에서 따왔다. 다만, 우리금융지주 민영화는 비교적 꾸준히 진행되어 수년이 경과한 2016년 말까지 상당한 진전이 있었다(금융위원회 2014a · 2016b). 한편, '정책금융 역할 재정립 TF'의 "산업은행 민영화의 중단과 산업은행 및 정책금융공사의 재통합" 제안은 이명박 정부의 수년 전 결정을 원점으로 되돌리는 내용이었다는 점에서 정치적 영향이 작용했을 가능성을 배제할 수 없다(김홍범 2015). 이 제안에 따라 2015년 1월 통합 산업은행이 실제로 출범했다.

108. 김홍범(2015), p.8.

109 금융위원회(2015), p.4. 본문에서 논의하는 대로, 이렇게 "처음부터 경제활성화를 금융개혁의 명시적 목표로 삼은 경우에는 개혁의 설계에서 이행에 이르는 전 과정에서 단기 시계가 제약으로 부과" 된다는 점에서 온전한 금융개혁을 기대할 수 없다(김홍범 2016, p.15).

110. 금융위원회(2014b), p.2.

111. 금융위원회(2015), p.4.

112. 금융개혁회의는 금융개혁추진단(추진기구)과 금융개혁자문단(연구자문기구) 및 금융개혁현장점검반(전담조직)의 3각 지원을 받는 "3+1 추진체계"로 약 1년 동안 지속되다가(금융위원회 · 금융감독원 2015b, p.2), 이듬해인 2016년 초에는 금융개혁추진위원회로 다시 단일화되었다.

에서 금융혁신위원회와 금융개혁회의는 모두 '민간' 위원회였으나 이들은 개혁 추진의 명목적 주체에 불과했으며, 실제로는 개혁 의제(reform agenda)의 결정과 정책의 도출 및 집행이 모두 금융위원회 주도로 이루어졌다.

한편, 2015년 6월부터는 금융위원장을 의장으로 하는 금융규제개혁회의가 신설되었고, 동 회의체의 주도로 "금융의 자율, 경쟁 촉진: 자금중개 강화, 고부가가치 · 일자리 창출"을 지향하는 금융규제 개혁이 추진되었다.[113] 동 규제개혁은 3대 핵심 과제 및 10대 세부 과제로 구성되었다.

요컨대, 박근혜 정부의 금융개혁은 금융개혁회의에 의한 금융제도 개혁과 금융규제개혁회의에 의한 금융규제 개혁을 양대 축으로 진행되었으며, 그 대강의 개요

표 7-21 박근혜 정부의 금융개혁 : 추진 개요

금융제도 개혁			금융규제 개혁	
3대 전략	6대 핵심 과제	18개 세부 과제	3대 핵심 과제	10대 세부 과제
▪ 자율책임 문화 조성	• 금융감독 쇄신	- 감독 · 검사 · 제재 개선 - 시장기능 존중 - 「금융개혁 현장검검반」 운영	• 금융규제 유형화 및 합리적 개선	- 시장질서 · 소비자 보호[규제] → 강화 또는 정교화 - 과도한 건전성[규제] → 국제기준에 맞게 정비 - 영업행위[규제] → 폐지 · 합리적 개선
	• 금융회사 자율 문화 정착	- 보수적 관행 혁신 - 금융사 자율책임 정착 - 창의적 금융 우대		
▪ 실물지원 역량 강화	• 기술금융 확충	- 실태 조사 및 개선 - 규모 확대 및 투자 활성화 - 전문역량 확충	• 금융현장의 행정지도 등 혁파	- 법적 근거 없는 규제 일체 정비 - 적극적 유권해석(No Action Letter) 활성화 - 비공식적 행정지도 관행 근절
	• 자본시장 기능 강화	- 인프라 개편 - 사모펀드 · 모험자본 획기적 육성 - 국가자산 · 금융 상호 발전	• 금융규제 상시개혁 시스템 구축	- 금융규제 옴부즈만 제도 도입 - 개정 규제 일몰 설정 의무화 - 규제비용 총량제(Cost-In, Cost-Out) 도입 준비 - 「금융규제 운영규정」 제정
▪ 금융산업 경쟁 제고	• 핀테크 육성	- 핀테크 생태계 구축 - 인터넷전문은행 도입 - 빅데이터 활성화		
	• 금융규제의 큰 틀 전환	- 금융규제 유형화 · 개선 - 칸막이규제 완화 - 신상품 · 신영역 개척 지원		

자료 : 김홍범(2015), p.9, fn.13의 표와 p.10, fn.15의 표를 각각 재인용.

113. 금융위원회 · 금융감독원(2015a), p.4.

는 [표 7-20]과 같다.

그런데 이와 같이 전개된 박근혜 정부의 '금융개혁'을 의미 있는 금융개혁으로 보기는 어렵다.[114] 우선, "금융개혁을 추동하는 기본 철학과 미래지향적 목표가 [처음부터] 확고하지 않[았]"던 것이 문제였다. 집권 초기에 4대 TF를 운영했지만 그 성과가 미미했고, 2014년 1월의「경제혁신 3개년 계획」이래 금융개혁의 내용이 금융제도 개혁(2015. 3)과 금융규제 개혁(2015. 6)으로 구체화되기까지 1년 반 가까이 시간이 걸린 사실이 기본 철학의 결여를 잘 말해 준다. 또한 "높은 수준(high level)의 [중장기적] 이슈를 배제한 채 낮은 수준(low level)[의 단기조치]에만" 초점을 맞췄다는 점에서도 한계가 있었다. 이것이 문제가 되는 이유는 다음과 같이 생각해 볼 수 있다:[115]

> "대부분의 단기 이슈('낮은 수준'의 개혁 이슈)는 굵직굵직한 중·장기 이슈(금융감독체계 개편이나 은산분리 원칙과 같이 소위 '거대담론'으로 분류되는 '높은 수준'의 개혁 이슈)에 비해 훨씬 덜 논쟁적이면서 관련 조치의 설계 및 이행이 훨씬 더 간단하다. 그래서 적은 비용으로도 당장의 개혁 효과를 기대할 수 있는 이점이 있긴 하다. 하지만 높은 수준의 중장기적 이슈를 우회한 채 단기에만 올인하는 금융개혁이 중장기적 구조 자체의 변화 가능성까지 감안하는 금융개혁에 비해 더 나은 결과를 가져오기는 어렵다. 더욱이 '낮은 수준'의 단기적 개혁 조치들 가운데 일부는 기존 중장기적 제도 프레임과 종종 충돌할 수도 있다. 얼마 전 예비인가를 받은 인터넷전문은행들에 대해 은산분리 원칙의 예외를 적용하기 위한 은행법 개정안이 올해 초 국회를 통과하지 못한 것이 그 좋은 일례다. 이는 높은 수준의 개혁 이슈를 다루지 않고는 낮은 수준의 개혁도 제대로 이루기 어렵다는 것을 시사한다."

은산분리나 감독체계 개편을 비롯한 요즘의 산적한 금융 현안들은[116] 당시에도 두드러진 중장기 개혁 과제였으나, 이미 오랫동안 정책적으로 방치되어 있던 상태가 그대로 유지되었다. 한마디로 당시의 금융개혁은 "확고한 철학과 방향성이 정립되지 못한 상태에서 낮은 수준 위주의 사안별 [단기적] 개선작업"이었을 뿐이다.[117]

114. 이 문단에 나오는 첫째 및 둘째 인용구는 모두 김홍범(2015), p.11에서 따왔다

115. 김홍범(2016), p.15.

116. 특히, 우리나라의 은산분리 문제와 금융감독체계 개편의 문제에 대해서는 이 장의 제3.3절과 제16장을 각각 참고하기 바란다.

117. 김홍범(2015), p.13.

이러한 접근은 국민경제의 효율과 안정의 중장기적 최적 균형으로의 정책적 모색과 이동을 의미하는 진정한 금융개혁과는 거리가 멀다.

② 문재인 정부의 금융정책

2017년 5월 집권한 문 정부의 금융정책 방향은 "문재인 정부 국정운영 5개년 계획"에 담긴 100대 국정과제 중 다음과 같은 금융 관련 5대 과제를 통해 가늠해 볼 수 있다([표 7-22] 참조).

표 7-22 문재인 정부의 100대 국정과제 중 금융 관련 5대 과제

국정과제(주관부처)	주요 내용
21. 소득 주도 성장을 위한 가계부채 위험 해소(금융위)	▪ LTV · DTI 개선, 총체적 상환능력 심사(DSR) 단계적 도입 ▪ 대부업법 · 이자제한법상 최고금리 일원화, 20%로 단계적 인하 ▪ 비소구 주택담보대출[1] 민간으로 단계적 확대 등
22. 금융산업 구조 선진화(금융위)	▪ 사전규제 완화 및 사후규제 강화로 금융업의 경쟁과 혁신 유도 ▪ 금융위 조직 개편(업권별 → 기능별), 정책과 감독 분리 검토 ▪ 금융권의 단기성과 중심 고액성과급 지급 관행 해소 및 제2금융권 최대주주에 대한 주기적 적격성심사 제도 개선
23. 공정한 시장질서 확립(공정위)	▪ 금감원 감리주기 단축(25년 → 10년) 등 자본시장법상 교란행위 처벌 강화
24. 재벌 총수 일가 전횡 방지 및 소유 · 지배구조 개선(공정위)	▪ 금융보험사의 계열사에 대한 의결권 제한 강화 및 금융그룹 통합 감독 강화
29. 서민 재산형성 및 금융지원 강화(금융위)	▪ 개인종합자산관리계좌(ISA) 비과세 한도 확대 ▪ 사잇돌 대출[2] 공급 확대로 중금리시장 활성화 ▪ 지역재투자제도[3] 도입 및 민영 장발장은행[4] 운영비용 지원 검토

주 : 1) 대출자의 상환 책임을 담보물로 한정하는 유한책임 대출.
2) 중 · 저신용자(4~7등급)를 대상으로 한 중금리대출.
3) 지역에서 예금을 받는 금융기관에 영업구역 내 개인 · 중소기업 대출 의무 등을 부여하는 제도.
4) 생계곤란으로 인한 벌금 미납자들에게 무이자로 벌금액을 대출해 주는 은행.

자료 : 이신영(2017), p.12의 표를 재인용.

이 표에 나타난 5대 과제의 내용에 미루어, 문재인 정부가 보는 금융의 역할, 즉 새 정부의 금융관은 두 가지—금융의 한 가지 역할이 "성장잠재력 확충 및 일자리 확대 등 실물지원"에 있다는 "생산적 금융[관]"과 또 한 가지 역할이 "지속가능한 경제성장의 기반 마련"에 있다는 "포용적 금융[관]"—로 집약된다.[118] 이와 관련하여, 문 정부는 전자(생산적 금융)를 위해서는 "정책금융 지원"을, 후자(포용적 금융)를 위해서는 "서민[의] 금융부담 경감"과 "장기연체자[의] 재기" 및 "취약차주에 대한 맞춤형 지원"을 각각 강조했다.[119] 특히 생산적 금융의 주된 역할인 "경제 내 일자리 창출"을 위해 "금융시스템 전반을 개편"한다는 것이 금융당국(금융위원회)의 기본 입장인 점을 감안할 때,[120] 문재인 정부에게는 우리나라 금융산업의 미래를 중장기적 관점에서 진지하게 탐구하려는 정책적 의지가 별로 없었던 것으로 보인다.

결국, 문 정부도 실물경제의 단기적 지원에만 초점을 맞춰 금융에 접근하는 단기 정책 시계에 매몰된 점에서는 지난 박근혜 정부를 포함한 역대 정부와 별로 다를 바 없었다. 사실 각국 정부의 정책시계가 단기화하는 경향은, 주기적으로 선거를 통해 국민의 선택을 받아야 하는 민주주의 국가에서는 흔히 관찰되는 현상이긴 하다. 다수 국가들이 실제로 금융위기를 당하고 나서야 뒤늦게 개혁에 나서게 되는 것도 상당 부분 그런 이유에 기인한다. 하지만 우리나라의 경우 지난 글로벌 금융위기 이후에도 계속 단기 정책 시계에 매몰되어 금융의 미래 비전이 오랫동안 불투명해진 가운데 중장기 금융 현안이 누적되어 있다. 이런 우리나라의 현실에서는 선제적 금융개혁이 더욱더 절실하게 요구된다. 마침 호주나 캐나다와 같은 나라에서는 평상시에 선제적으로 금융개혁을 설계·추진해 오고 있다고 널리 알려져 있다. 다음 소절에서는 특히 호주의 선제적 금융개혁 경험을 중심으로 개혁의 방법론적 측면을 조명해 보기로 한다.

3.2.3 선제적 금융개혁 : 호주의 경험과 정책적 시사점[121]

이미 발생한 금융위기를 여건으로 금융개혁을 사후적으로 추진하는 것이 세계 여러 나라의 일반적인 경험이지만, 반드시 그런 것만은 아니다. 예를 들어, 1990년대 중반부터 캐나다와 호주와 같은 나라에서는 위기 시가 아닌 평시에 정부가 금융개혁 필요성을 정기적으로 점검하고 개혁 방안을 설계·추진해 오고 있다.

---

118. 이신영(2017), p.13.
119. 기획재정부·공정거래위원회·금융위원회(2017), pp.5~6.
120. 기획재정부·공정거래위원회·금융위원회(2017), pp.5.
121. 이 소절은 주로 김홍범(2015·2016)에 의존하였다.

호주의 금융시스템위원회(Financial System Inquiry)는 1996년 5월 정부에 의해 임명된 순수 민간위원회로 자체 연구수행과 공개적 여론수렴을 거쳐 도출된 금융개혁 권고안을 1997년 3월 최종보고서(일명 Wallis Report)로 제출했다. 이를 근거로 호주 연방정부는 이후 관련 입법을 통해 금융개혁을 추진할 수 있었다. 호주의 당시 금융개혁은 감독체계의 개편에 주된 초점이 맞춰졌으며, 이 개혁을 통해 호주는 세계 최초로 쌍봉모형(Twin-Peaks Model)을 도입한 국가가 되었다. 캐나다의 경우에도 호주와 거의 같은 시기에 비슷한 절차로 소비자 보호 강화를 위한 감독체계의 개편을 핵심으로 하는 개혁을 단행했다.[122] 그 이후 이들 두 나라는 위기와는 전혀 무관하게 평소에 금융개혁 필요성을 때때로 점검하고, 필요 시 개혁을 설계 · 추진하는 것으로 알려져 있다. 캐나다는 지난 2010년, 호주는 지난 2013년 각기 금융개혁의 필요성을 점검했다. 특히 호주 연방정부는 지난 2013년 12월 순수 민간위원회인 머레이위원회를 임명하고 1990년대 중반의 월리스위원회가 수행했던 역할, 즉 금융개혁의 설계를 맡긴 바 있다. 이때 호주 연방정부의 금융개혁 접근이 1990년대 중반 자신의 금융개혁 경험을 방법론 측면에서 정확히 재현했다는 점은 주목할 만하다.

〈그림 7-14〉는 두 금융시스템위원회(구체적으로 월리스위원회 및 머레이위원회)가 각기 연방정부의 임명과 함께 활동을 시작했고, 최종보고서(개혁권고안)의 제출과 함께 활동이 종료되었으며, 각각의 활동기간도 동일하게 약 11개월이었다는 사실을 잘 보여준다. 또한 두 위원회가 각기 동일한 시간경로에 따라 동일한 활동을 전개했다는 사실도 그림에서 잘 알 수 있다. 광범한 여론수렴을 두 차례에 걸쳐 실시했고 각각의 결과를 토대로 중간보고서와 최종보고서를 작성 · 공표한 것이다. 그림에는 나타나 있지 않지만, 각 위원회가 5인으로 구성된 순수 민간위원회였고 독립성 · 투명성 · 개방성 등 우량지배구조가 철저히 보장되었다는 점에서도 두 위원회는 거의 완벽한 판박이였다. 이는 1990년대 중반 월리스위원회를 통한 자신의 개혁 접근이 방법론적으로 최적이라는 호주 연방정부의 확신을 반영한 것으로 보인다. 이러한 구조에서 지난 머레이위원회도 자국 금융의 확고한 미래 비전을 토대로

122. 캐나다 연방정부가 1996년 12월 임명한 '캐나다 금융서비스부문의 미래를 위한 위원회(Task Force on the Future of the Canadian Financial Services Sector)'가 금융개혁 권고안(일명 McKay Report)을 작성하여 1998년 9월 제출했고, 이후 캐나다 연방정부는 관련 입법을 거쳐 금융개혁을 추진했다. 자세한 내용은 김홍범(2008)을 참조하기 바란다.

그림 7-14

머레이위원회와 월리스위원회 : 위원회 활동의 시간적 경과 비교

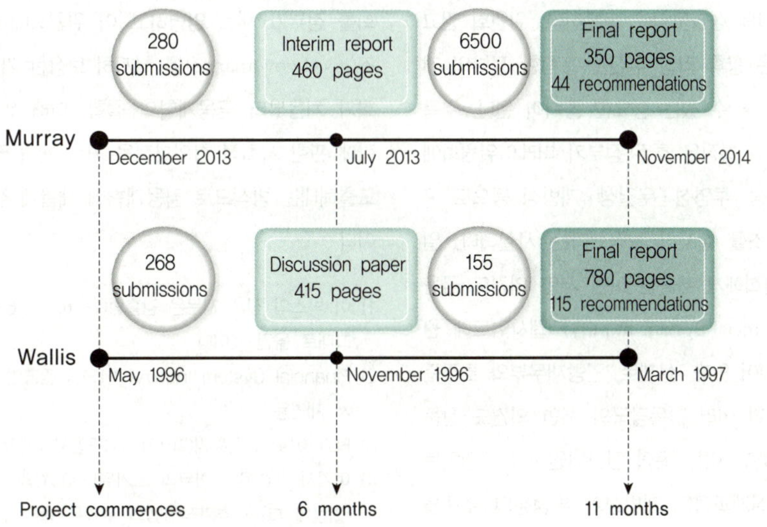

자료 : 김홍범(2015), p.35의 〈Figure 1〉의 그림 일부를 재인용.

장 · 단기 정책 시계의 조화 속에 금융개혁의 방향 및 전략은 물론 세부 권고안까지 광범한 여론수렴을 거쳐 체계적으로 마련할 수 있었다. 〈Box 7-5〉는 호주 금융개혁 접근의 특징을 정리한 내용이다.

Box 7-5 호주의 최근 금융개혁 설계의 특징과 정책적 시사점[1)]

호주 연방정부는 2013년 12월 총 5인의 순수 민간위원회(위원장 : D. Murray ; 이하 머레이위원회)를 임명했다. 동 위원회에게는, "호주의 변화하는 니즈를 가장 잘 충족시키고 호주의 경제성장을 가장 잘 지원하기 위해 금융시스템이 어떤 자세를 취해야 할지에 대한 검토"와 "금융안정 · 건전성 · 공적 신뢰(public confidence) 및 이용자 니즈의 충족 능력과 조화적이면서도 효율적 · 경쟁적 · 신축적인 금융시스템을 만들기 위한 권고의 작성"이라는 목적이 주어졌다.[2)] 머레이위원회는 이후 11개월 동안 활동하면서 호주 국민경제에 요구되는 금융의 발전방향을 널리 수렴 · 확인하고 이를 토대로 모두 44개 항에 이르는 권고를 제시했고, 호주 연방정부는 후속 입법작업을 추진하였다.

호주의 개혁 설계과정에서 우리가 가장 주목해야 할 특징은 두 가지이다. 첫째, 머레이위원회가 "협의 위주의 접근(consultative approach)"[3)]—금융과 규제에 관한 철학과 원칙에서 중장기 및 단기 이슈에 이르는 개혁의 모든 측면에 대해 이해관계자 및 국민과의 개방적

이고도 투명한 상향식(bottom-up) 소통—을 통해 최종 권고를 마련했다는 사실이다. 이들 권고가 거대담론을 포함한 모든 정책 이슈에 대한 검토 및 소통에 기초한 사회적 합의의 성과물임은 물론이다. 위원회 권고의 이러한 측면은 향후 입법 추진을 포함한 정부의 개혁 수행이 순조로울 수 있는 중요한 동력이 된다. 주목해야 할 또 하나의 특징은 호주 정부가 머레이위원회에게 독립성·책임성·투명성·무결성·개방성 등으로 구성된 우량지배구조를 철저히 보장했다는 사실이다. 일례로, 머레이위원회에게 제출된 어떤 서면 의견도 금융시스템위원회(Financial System Inquiry) 웹사이트에 원본 그대로 보존되어 있다. 실제로, 연방재무부와 호주준비은행(중앙은행)과 여러 감독당국의 서면 의견도 한눈에 확인이 가능하다. 이는 독립 민간위원회가 주관하는 호주 금융개혁 설계과정의 개방성과 투명성의 수준을 잘 보여준다.

우리에게 절실한 '금융의 1℃'를[4] 호주의 금융개혁 방법론에서 찾아야 한다. 정부가 직접 개혁을 주도하는 현행 방식에서 벗어나, 순수 민간전문가로 구성된 위원회를 정부가 새로 임명하고 이 위원회에게 우량지배구조(good governance)를 철저히 보장한 가운데 동 위원회가 처음부터 금융개혁의 철학·미래 비전·중장기전략에 관한 사회적 합의과정을 거쳐 개혁 권고안을 직접 도출해내는 방식으로 금융개혁에 새롭게 접근하자는 것이다.

1) 이 박스의 전체 지문은 김홍범(2016), p.16의 내용 일부를 그대로 옮긴 것이다.
2) Financial System Inquiry(2013) ; 김홍범(2015), p.28에서 재인용.
3) FSI(2014) ; 김홍범(2015), p.33에서 재인용.
4) 여기서 '1℃'란, "아무리 뜨거워도 99℃의 물은 결코 끓지 않는[데 그]… 추가적 1℃의 위력은 폭발적"이라는 의미이다(김홍범 2016, p.13).

자료: 김홍범(2016), p.16에서 재인용.

이와 같이 평소에 금융개혁을 추진하면 어떤 좋은 점이 있을까? 우선, 그와 같은 선제적 접근이 위기의 예방에 기여할 가능성을 생각해 볼 수 있다. 호주와 캐나다는 지난 수십 년간 이렇다 할 시스템적 위기를 겪지 않은 나라들이다. 또한 호주와 캐나다는 지난 글로벌 금융위기의 충격에도 별다른 피해를 실제로 입지 않고 가장 잘 견뎌낸 나라로 꼽힌다. 이런 호주와 캐나다의 성공 사례가 전적으로 우연만은 아닐 것이다. 이들 두 나라의 선제적 금융개혁과 그 방법론에서 성공의 부분적인 이유를 찾을 수 있을 것이다.

3.3 금융기관의 소유·지배구조

앞서 살펴본 은행중심제도와 시장중심제도는 궁극적으로 금융자본과 산업자본이 상호 소유구조를 어떤 형태로 구성하는지에 따라 결정되는 문제이다. 실제로 금융기관이 실물부문의 기업 주식을 보유하면서 실질적 소유권을 행사할 수도 있고,

반대로 기업이 금융기관을 소유할 수도 있을 것이다.

그러나 일반적으로 산업자본의 금융자본 소유는 어느 나라에서나 규제되고 있다. 이 절에서는 왜 그런지 살펴보고, 각국의 역사와 사례를 통해 금융자본과 산업자본의 바람직한 관계에 대해 검토해 보자. 그리고 실제 우리나라에서의 금융자본과 산업자본이 어떤 관계를 형성하고 있는지에 대해서도 살펴본다.

3.3.1 금융자본과 산업자본의 관계[123]

금융자본과 산업자본의 관계는 기업의 문화와 지배구조 등의 역사적 배경, 소유집중에 대한 규제 등 법적 여건, 각국의 고유한 문화적 배경, 그리고 자본시장의 발달 정도에 따라 다양한 형태를 띤다.

일반적으로 미국이나 영국처럼 개인주의가 강하고 주식시장을 통해 주주들의 감시기능이 강한 주주 중심 자본주의체제(shareholder capitalism)를 유지하는 국가들에서는 금융자본과 산업자본의 관계가 상대적으로 약하다. 반면 독일이나 일본처럼 집단주의가 강하고 주주보다는 주주를 포함한 채권자 · 종업원 · 거래처 등 이해관계자의 이해 조정과 기업의 성장을 중시하는 이해관계자 중심 자본주의체제(stakeholder capitalism)를 유지하는 국가들에서는 금융자본과 산업자본이 상대적으로 밀접한 관련성을 갖는다.

여기서는 주요국의 금융기관과 실물기업의 소유 · 지배구조가 어떤 형태를 갖는지를 금융기관 중에서 특히 은행을 중심으로 살펴볼 것이다. 은행은 금융제도에서 중추적인 역할을 수행하고 있어, 그 소유 · 지배구조가 금융자본과 산업자본의 관계를 가장 잘 보여주기 때문이다.

주요국에서는 산업자본에 의한 은행소유 지분율이 매우 낮다. 따라서 산업자본이 은행 지배구조에 관여하는 것은 현실적으로 거의 불가능하다. 실제로 미국 · 영국과 같은 시장중심제도를 가진 영미형 국가는 물론 독일 · 일본 등 은행중심제도를 가진 대륙형 국가에서도 산업자본이 은행을 소유 · 지배하지 않는다. 각 나라들의 역사적 발전과정과 자본시장의 발전 정도가 상이함에도 전통적으로 이러한 원칙이

123. 이 소절은 한국은행 조사부 통화금융실(1999)에 의존하였다.

지켜지고 있는 것이다.

물론 이들 선진국에서도 은행제도가 발전하기 시작한 18 · 19세기 이래 산업자본이 은행을 소유 · 지배하는 시기가 있었다. 그러나 자본주의가 발전하면서 미국과 영국에서는 산업자본의 은행 지배에 따른 폐해에 대한 공감대가 확산되었다. 그 과정에서 산업자본의 은행에 대한 소유 · 지배를 법적으로 억제하게 되었다(〈Box 7-6〉 참조). 마찬가지로 독일이나 일본에서도 경제발전을 가속화시키는 과정에서 은행이 산업자본에 대해 우위를 점하는 금융구조가 형성되면서, 산업자본의 은행에 대한 소유 · 지배가 억제되었다.

은행의 산업자본에 대한 소유 · 지배구조는 어떠한가? 먼저 미국과 영국에서는 기업 주식이 수많은 개인과 금융기관에 광범위하게 분산되어 있고 대부분 투자목적으로 보유된다. 반면 독일이나 일본에서는 기업 주식이 집중되어 있는데다가 은행 등 금융기관과 일반 기업이 지배 목적으로 기업의 주식을 보유한다. 이러한 차이는 영 · 미와는 달리 독일이나 일본은 자본축적이 미미했던 후발 산업국이었다는 역사적 사실과 관련이 깊다. 다시 말해, 은행들이 기업에게 산업자금을 제공하는 우월한 위치에 있었기 때문에 자연히 은행이 산업자본을 소유 · 지배하게 되었다는 것이다. 독일이나 일본의 은행들은 기업의 이사회에 참여하는 방식으로 지배구조에 깊이 관여한다.

우리나라에서는 산업자본에 의한 은행 소유의 문제가 오랫동안 논쟁적 이슈였다. 하지만 금융(은행)자본에 의한 실물기업 소유의 문제는 현실적으로 이슈가 되지 않는다.[124] 따라서 다음에서는 금산분리 중 산업자본에 의한 은행 소유의 문제에 주된 초점을 맞춰 논의하기로 한다.

---

124. 다만 금융(은행)자본에 의한 실물기업 소유는 다음과 같은 이유에서 바람직하지 않은 측면이 있다(윤석헌 2008, p.183): "[첫째,] 금융기관은 산업에 자금을 공여하는 것이 기본 업무인데, 금산분리가 폐지되어 금융기관이 일반 기업의 의결권을 갖게 되면 그 힘을 남용해서 시장지배력을 확대할 가능성이 있[기 때문이]다. … [둘째,] 금융기관은 예금자로부터 기업의 투자안을 평가[하는 책무와, 대출해 준 후에는 사후관리를 통해] … 기업의 경영행태를 감시 · 견제할 책무를 부여받는[데,] … 금산분리 완화로 … 투자안을 집행하는 주체와 이를 평가해서 자금을 빌려주고 또 집행을 감시하는 주체가 하나가 되기 때문이다. … [이로 인해] 금융기관에 대한 신뢰가 깨지는 것 또한 매우 중요한 문제이다." 그러나 은행의 실물기업 지분소유가 관계금융에 도움이 되는 측면도 있을 수 있다는 점에서 은행의 실물기업 소유의 문제 역시 이론적 논쟁의 여지가 있다.

Box 7-6 법률로 본 미국의 은행과 산업자본 간 관계

미국의 경우 1914년에 제정된 독점금지법인 「클레이튼법(Clayton Act)」을 통해 은행과 산업자본의 상호 지배를 규제하였다. 대공황 이후 제정된 1933년의 「은행법」(일명 Glass-Steagall Act)도 은행의 증권회사와의 계열관계 금지를 통해 은행과 산업자본의 결합 소지를 제거하였다.

특히 1956년에 제정된 「은행지주회사법(Bank Holding Company Act)」에서는 은행지주회사의 주식을 소유하려는 자는 은행업과 관계없는 회사의 주식을 보유할 수 없도록 규정하여 산업자본의 은행 진출을 원천적으로 금지하였다. 그런데 이 법은 두 개 이상의 은행을 지배하는 회사를 은행지주회사로 정의하였으므로, 실제로는 단일은행지주회사(One-Bank Holding Company)를 통해 산업자본이 하나의 은행을 소유하는 사례가 크게 늘었다. 그러나 1970년 은행지주회사법이 개정되면서 단일은행지주회사도 규제대상에 포함되었다.

한편, 1967년 「저축대부지주회사법(Savings and Loan Holding Company Act)」의 제정으로 저축대부지주회사를 통한 산업자본의 저축대부조합 소유가 금지되었다. 그런데 이 법에서도 두 개 이상의 저축대부조합을 지배하는 회사를 저축대부지주회사로 정의하였으므로, 실제로 산업자본은 단일저축대부지주회사를 통해 하나의 저축대부조합을 소유할 수 있었다. 하지만 1999년 「금융서비스현대화법」(Financial Services Modernization Act ; 일명 Gramm-Leach-Bliley Act)이 제정되면서 단일저축대부지주회사도 규제대상에 포함되었다.

이와 같이 미국에서는 기존 법률을 우회하는 방식으로 산업자본이 금융업에 진출하려는 움직임이 실제로 꾸준히 있어 왔으나, 당국은 관련 법률의 제·개정을 통해 이러한 움직임을 허락하지 않는 것을 확고한 원칙으로 지금까지 고수해 오고 있다.

반면, 1980년대와 1990년대에는 은행이 증권업과 보험업에 진출하고자 하는 움직임이 두드러졌고, 관련 감독당국은 1933년 은행법의 특정 규정을 느슨하게 재해석함으로써 이러한 움직임을 일부 용인하기도 했다. 이는 금융자유화와 규제완화가 세계적으로 진행되면서 겸업이 제한된 미국 은행의 수익성과 경쟁력이 떨어지고 있는 데 대한 반응으로 해석된다. 이러한 현실을 감안하여 1999년 제정된 「금융서비스현대화법」에서는 금융지주회사(Financial Holding Company)가 은행업·증권업·보험업을 각 자회사를 통해 영위할 수 있도록 허용하였다. 이로써 1933년 「은행법」 및 1956년 「은행지주회사법」상 은행의 증권회사와의 계열관계 금지규정이 각각 66년 및 43년 만에 폐지되었다. 그러나 은행을 자회사로 둔 금융지주회사는 일반기업을 자회사로 둘 수 없고 산업자본의 은행 또는 은행지주회사 소유도 여전히 금지되므로, 산업자본과 은행의 분리 원칙은 계속 유효하다. 또한 1933년의 「은행법」이 정한 대로 은행의 증권업 내부겸영 금지와 증권회사의 예금수취 금지도 계속 유효하다. 따라서 「금융서비스현대화법」 이후 금융지주회사 차원에서는 각 금융권역별 자회사를 통해 금융의 겸업화를 도모하게 되었지만, 자회사 차원에서는 전업주의의 기본 원칙을 그대로 유지하고 있다. 하지만 「금융서비스현대화법」의 제정으로 1933년 「은행법」이 부과해 온 은행활동에 대한 규제가 완화되면서, 은행지주회사 또는 금융지주회사 산하 상업은행 자회사와 투자은행 자회사 간 업무분리가 느슨해졌다.

그런데 최근 글로벌 금융위기 이후 다시 상황이 바뀌었다. 외생적 충격이 발생하는 경우 기업 간 및 기업 내부의 위험확산을 제한하여 금융시스템의 안정을 도모하고 (투자은행 고객이 아니라) 소매은행 고객을 보호하기 위해서는, 상업은행 자회사와 투자은행 자회사 간에 보다 철저한 업무분리가 필요하다는 인식이 대두되었기 때문이다. 이에 따라 이들 자회사 간 업무분리 관련 규제를 1999년 제정된 「금융서비스현대화법」 이전으로 되돌리려는 취지의 볼커룰(Volcker Rule)이 2010

년 7월 발효된 미국 금융개혁법, 즉 「도드-프랭크 월가 개혁 및 소비자보호법(Dodd-Frank Wall Street Reform and Consumer Protection Act ; 일명 Dodd-Frank Act)」의 일부 규정(Section 619)에 의해 이미 확립되었다. 그 요지는 상업은행과 그 지배회사(은행지주회사 또는 금융지주회사)에 의한 "자기매매(proprietary trading), 헤지펀드 · PEF의 지분취득 및 경영지배를 원칙적으로 금지"한다는 것이다.[1] 볼커룰은 시스템상 중요 금융기관(SIFI)의 활동을 제한하려는 SIFI 규제의 일부로 볼 수 있다. 하지만 볼커룰은 그 복잡성과 모호성으로 인해 감독규칙을 작성하는 과정에서 법적 다툼이 계속되면서 금융개혁법이 통과한 지 만 5년이 경과한 시점인 2015년 7월에야 실제로 시행되었다.

한편 트럼프 행정부의 출범 이후 미국 공화당이 금융개혁법의 주요 요소—예를 들어 금융안정감시위원회(FSOC : Financial Stability Oversight Council)의 SIFI 지정권, 재무부 내 금융조사국(Office of Financial Research), 볼커룰 등—의 폐지를 내용으로 하는 금융선택법(Financial CHOICE Act : Financial Creating Hope and Opportunity for Investors, Consumers and Entrepreneurs Act) 제정을 추진했다는 사실은 주목할 만하다. 왜냐하면, 지난 수년간 금융개혁법을 통한 규제감독 개혁이 금융안정, 경제성장 및 경기회복, 금융혁신 및 금융소비자, 시장유동성 각각에 미치는 영향을 놓고 특히 업계와 정치계에서 상당한 시각차가 존재해 왔기 때문이다.[2] 앞으로 금융선택법을 둘러싼 논쟁의 경과 여하에 따라서는 현행 글로벌 규제체계에도 상당한 변화가 생길 가능성마저 점쳐지고 있다.

1) 김인규 외(2010), p.14.
2) 금융개혁법을 되돌리려는 미국 트럼프 행정부와 공화당의 활동 및 시각에 대해서는 금융감독원 워싱턴사무소(2017)를 참조했다.

자료: 금융감독원 워싱턴사무소(2017), 김동환(2006), 김인규 외(2010), 박경서 외(2005), 이병윤(2006), 이태규(2006), 한국금융연구원(2011), Chow and Surti(2011), Komai and Richardson(2011).

3.3.2 금융자본과 산업자본의 분리와 통합의 논거[125]

세계 각국은 정도의 차이는 있지만 산업자본에 의한 은행 소유와 지배를 규제해 오고 있다. 은행은 통화관리 · 예금자 보호 · 지급결제 기능 · 신용질서 유지 등 그 업무가 갖는 공공성이 상대적으로 크고, 그것이 파괴되었을 때 외부성으로 인한 감염효과가 너무 크기 때문이다. 이에 따라 우리나라에서도 1982년 12월 「은행법」 개정 이래 지금까지 산업자본의 은행 소유에 상한을 부과해 왔다.[126]

그런데 우리나라에서는 산업자본에 의한 은행 소유를 허용해야 한다는 시각도 그동안 꾸준히 제기되어 왔었다. 금융(은행)자본과 산업자본을 결합하는 것이 좋은지 아니면 분리하는 것이 좋은지에 대한 논의의 핵심은 양자의 결합이 경제 전체의

125. 이 소절은 윤석헌(2008 · 2009), 이병윤(2006), 그리고 이태규(2006)에 의존하였다.
126. 산업자본의 은행 소유상한에 관한 현행 규제에 대해서는 제16장도 참조하기 바란다.

효율성을 증진시키는지 여부로 집약된다. 이제 이 논쟁적 이슈—산업자본에 의한 은행 소유—에 대한 찬반의 논지를 검토 · 평가해 보자.

3.3.2.1 산업자본에 의한 은행 소유: 반대론

우선, 은행이 산업자본(대규모 기업집단 또는 재벌)에 의해 소유된다면 금융자원의 효율적 배분을 통해 기업을 규율하는 은행 본연의 기능을 수행하기가 곤란해진다. 은행은 기업의 투자계획을 심사하여 대출 여부를 결정한다. 대출이 이루어지면 은행은 그 기업의 채권자로서 기업의 경영상태를 감시하고, 부실징후가 보이면 여신 회수 등을 통해 그 기업의 구조조정을 유도한다. 그런데 은행이 재벌에 의해 소유되는 경우에는 은행 경영의 자율성이 제약되기 쉽다. 예를 들어 그런 은행은 엄격한 대출심사를 거치지 않고 계열사나 관계인에게 대출하게 될 유인이 커진다. 특히 계열기업에 대한 대출에서 담보의 건전성 평가와 대출의 타당성 심사가 소홀해져 전체적으로 은행의 자산관리가 부실해질 수도 있다. 대출받은 계열기업이 부실화되어도 은행이 자금지원을 적시에 중단하거나 대출을 회수하기가 곤란할 수도 있다. 결국 산업자본이 은행을 소유하면, 은행에 의한 금융자원의 효율적 배분과 상시적 기업 구조조정을 기대하기 어렵다.[127]

둘째, 은행을 소유하는 산업자본은 생산물시장과 생산요소시장을 모두 지배하게 되어 경제력 집중을 초래하는 것은 물론, 계열기업과 은행 간 상호보조(cross-subsidization)와 불공정거래, 이해상충(conflict of interests) 등 각종 문제점을 일으킬 가능성이 크다. 예를 들어, 은행은 대출과정에서 취득한 정보를 계열기업에 제공하거나 대출 시 계열기업 상품의 구입을 강요하는 등 폐해가 발생할 수 있다. 나아가 계열기업의 주가를 은행에게 관리하도록 하거나 계열기업이 보유한 부실채권을 은행에게 인수하도록 하는 행위가 교묘한 형태로 이루어질 수도 있다. 이와 같이 은행이 자신을 소유한 지배주주(산업자본)의 이익을 위해 자산을 운용하는 경우 소액주주 및 고객의 이익에 반하게 되는 이해상충의 문제가 빚어진다.

셋째, 산업자본의 은행 소유로 인해 위와 같은 문제들이 실제로 발생하면 은행의 사금고화가 진행되어 금융안전망이 산업자본으로까지 부당하게 확장되는 결과

---

127. 이병윤(2006) 참조.

가 초래된다. 본래 은행업은 내재적으로 불안정하고 개별 은행의 위기는 전염효과에 의해 쉽게 확산되는 외부성을 갖는다. 은행이 예금보험과 최종대부자 기능, 공적자금 등 공적 금융안전망(official financial safety net)의 여러 장치에 의해 보호받는 이유도 여기에 있다.[128] 이와 같이 금융안전망 덕분에 은행의 부채는 상대적으로 안전성을 확보하게 되므로 은행은 비교적 낮은 금리로 자금을 조달할 수 있다.[129] 이는 금융안전망이 은행에게 보조금을 지급한 결과이다. 그런데 은행이 산업자본의 사금고로 기능하는 상황에서는 은행을 자금조달창구로 보유한 산업자본이 금융안전망으로부터 보조금을 부당하게 수취하는 셈이 된다. 또한 산업자본이 부실화하면 그 사금고인 은행도 동반 부실화하는데, 이런 경우 금융시스템 전반에 대한 충격을 우려한 정책당국은 규제유예(regulatory forbearance)를 실시할 가능성이 높다.

3.3.2.2 산업자본에 의한 은행 소유: 찬성론

이러한 여러 문제점—금융자원 배분의 비효율성, 기업을 규율하는 은행의 역할 약화, 상호보조와 불공정거래, 이해상충, 공적 금융안전망 남용 등—이 예견됨에도 산업자본의 은행 지배를 허용해야 한다는 주장이 끊임없이 제기되고 있다. 이런 주장은 은행의 주식이 광범위하게 분산되어 책임경영을 달성할 수 없다는 문제의식에서 비롯된다. 은행 부실은 책임감 있는 주인(지배주주)이 존재하지 않기 때문에 발생하는 것이며, 주인이 없다 보니 정부가 개입하는 빌미를 제공한다는 것이다. 한편 산업자본에 의한 은행 소유가 수반할 것으로 우려되는 여러 위험들에 대해서는 규제·감독을 통해 적절히 대처하면 된다고 본다.

게다가 금융자본과 산업자본의 상호 지배를 허용하면 규모와 범위의 경제가 가져오는 이점—즉, 영업효율성(operating efficiency)—을 누릴 수 있다는 주장도 제기된다. 은행과 산업자본의 결합은 인력·설비 등 투입요소의 공동 이용을 가능하게 하고, 생산비용을 절감하며, 상공업제품과 은행서비스를 연계한 판매전략을 통해 시너지효과를 창출할 수 있다는 것이다.

그뿐만 아니라 산업자본의 은행 소유가 허용되면 실물부문의 잉여가 은행부문으로 유입될 수 있으므로 오히려 은행자본의 확충이 용이해져 은행 경영의 안정성

---

128. 공적 금융안전망에 대해서는 이 책의 제15장을 참조하기 바란다.

129. 박경서 외(2005) 참조.

이 제고될 수 있다. 또한 계열기업 간의 상호보조를 통해 경영상 어려움 극복에 상대적으로 적은 비용이 소요되는 등 상호 보험관계를 유지할 수도 있다. 그리고 계열기업 간 정보 공유 및 인력교류를 통해 정보의 비대칭성에 따른 폐해를 줄일 수도 있다는 것이다.

3.3.2.3 반대론과 찬성론에 대한 평가

지금까지 살펴본 대로 산업자본의 은행 소유에 반대하는 입장이든 찬성하는 입장이든 각기 논리적 근거에 입각해 있다. 따라서 이 문제는 어느 한쪽의 입장이 보편적으로 옳거나 그르다고 하기보다는, 각국이 자신의 역사적 경험과 현실 여건에 비추어 판단해야 할 것이다.

독일 · 일본의 은행들이 그랬듯이, 우리나라의 은행은 1960년대 이후 수십 년간의 압축성장 과정에서 기업에 대한 자금제공자의 위치에 있었다. 그럼에도 독일 · 일본과는 달리 우리나라의 은행은 산업자본을 감시 · 견제하는 입장이 아니었다.[130] 이는 정부가 은행의 경영과 자금배분에 직접 개입하는 소위 금융억압(financial repression) 정책을 실시했기 때문이다.

2017년 6월 말 현재 우리나라 일반은행의 대주주 분포는 [표 7-23]과 같다. 이 표에 따르면, 국민은행, 신한은행, 하나은행, 대구은행, 전북은행을 제외한 나머지 은행들의 최대주주는 각기 10%가 넘는 지분을 보유하고 있으며, 이들 5개 은행에도 각기 5%가 넘는 지분을 보유한 최대주주(들)이 있다. 이와 같은 우리나라 은행산업의 소유구조가 책임경영을 위해 산업자본이라는 주인을 따로 필요로 하는 상황이라고 받아들이기는 어렵다.

게다가 우리나라의 산업자본은 은행업을 제외한 여타 금융권역의 금융기관 중 상당수를 이미 광범위하게 소유해 오고 있다. 그런데 산업자본이 소유한 금융기관의 경영성과가 그렇지 않은 금융기관에 비해 취약한 것으로 나타난다. 예를 들어, 외환위기를 전후하여 금융기관을 소유한 산업자본의 계열기업은 그렇지 않은 기업에 비해 부채비율이 더 높았고, 차입금 대비 이자비용은 더 낮았다. 또한 외환위기 발생 이전부터 산업자본이 소유한 금융기관의 수익률과 자본적정성은 산업자본이

---

130. 한국은행 조사부 통화금융실(1999) 참조.

표 7-23 **일반은행의 대주주 분포[1] 현황**(2017년 말 현재) (단위: 개, %)

		지분 10% 이상	지분 5~10%	대주주 계	최대주주
시중은행[2]	우리은행[2]	1(18.4)	3(20.1)	4(38.5)	예금보험공사(18.4)
	SC제일은행	1(100.0)	–	1(100.0)	스탠다드차타드(100.0)
	국민은행	1(100.0)	–	1(100.0)	KB금융지주(100.0)
	신한은행	1(100.0)	–	1(100.0)	신한금융지주(100.0)
	한국씨티은행	1(99.9)	–	1(99.9)	COIC(99.9)
	KEB하나은행[3]	1(100.0)	–	1(100.0)	하나금융지주(100.0)
	케이뱅크은행	3(41.1)	4(16.1)	7(57.2)	KT(18.0)
	한국카카오은행	3(78.0)	–	3(78.0)	한국투자금융지주(58.0)
지방은행[3]	대구은행	1(100.0)	–	1(100.0)	DGB금융지주(100.0)
	부산은행	1(100.0)	–	1(100.0)	BNK금융지주(100.0)
	광주은행	1(99.9)	–	1(99.9)	우리금융지주(99.9)
	제주은행	2(80.1)	–	2(80.1)	신한금융지주(68.9)
	전북은행	1(100.0)	–	1(100.0)	JB금융지주(100.0)
	경남은행	1(100.0)	–	1(100.0)	BNK금융지주(100.0)

주 : 1) 지분 5% 이상인 대주주의 수. ( ) 내는 해당 주주의 지분 합계.
2) 2018. 11월 (주)우리금융지주(가칭)의 설립을 인가받아 2019. 1월 금융지주회사로 전환 예정.
3) 2010. 11월 하나금융지주가 론스타로부터 외환은행을 인수하였고 2015. 9월 외환은행을 하나은행과 통합하여 KEB하나은행으로 출범함.

자료 : 한국은행(2018).

소유하지 않은 금융기관에 비해 뒤졌던 것으로 나타났다.[131] 이는 산업자본이 금융기관을 자금조달창구(즉, 사금고)로 이용했다는 사실을 시사한다.

이후 2000년대에도 보험회사, 증권회사, 신용카드회사, 자산운용회사를 막론하고 산업자본이 소유한 금융기관의 경영성과는 그렇지 않은 금융기관에 비해 저조한 것으로 나타났다.[132] 또한 2004~2006년 기간 중 산업자본계열 증권회사는 비산업자본계열 증권회사에 비해 총수익 대비 위탁매매수익 비중이 더 높고 총자산영업이익률 등 몇몇 지표에서도 대체로 더 낮은 수익을 기록한 것으로 나타났다. 이로부터, 산업자본계열 증권회사가 비산업자본계열 증권회사에 비해 소극적으로 위험을 부담하는 가운데 안정적 수입원 확보에만 치중했기 때문이라는 추론이 가능하다. 만약 사실이 그러하다면, 이해상충의 심화와 금융안전망의 부당한 확장 등 각

131. 김준경(1999) 참조.
132. 이병윤(2006) 참조.

종 잠재적 폐해에도 업무다각화의 이점을 얻기 위해 금산분리를 완화하는 것이 사회적으로 과연 바람직한지 재고할 필요가 있을 것이다.[133]

끝으로, 금산분리 완화의 잠재적 이점이 반드시 소유구조를 통해서만 실현 가능한 것인지를 잠시 생각해 보자.[134] 사실 산업자본이 은행을 직접 소유하지 않더라도 업무제휴만으로 금산분리 완화의 잠재적 이득을 실현할 수 있다. 은행과의 업무제휴를 통해 자신의 매장에 은행 점포를 유치한 월마트(Wal-Mart)가 그 좋은 예이다. 또한 앞서 제3장에서 살펴본 대로 '인터넷 전문은행에 대해서만큼은 금산분리 원칙의 예외가 적용되어야 한다'는 일각의 주장은 설득력이 아직은 그리 크지 않아 보인다.[135]

요컨대, 소유구조상의 은산분리 원칙을 준수하되, 필요한 경우 업무제휴 등 대안을 통해 은산분리 완화의 잠재적 이점을 실현하는 방향을 모색하는 것이 바람직하다고 결론지을 수 있다. 이론의 여지도 있겠지만, 최근 글로벌 금융위기 이후 볼커룰 등을 통한 은산분리 원칙 유지의 중요성이 세계적으로 강조되어 온 점을 감안하면 더욱 그러하다.

3.3.3 우리나라의 은산분리 정책 : 최근 동향과 향후 방향

지금까지 논의한 대로, 역사적 경험으로 보나 구조적 여건으로 보나 우리나라에서 산업자본의 은행 소유를 선뜻 허용하기에는 상당한 위험요인이 아직 존재한다. 우리나라의 산업자본이 '재벌'이라는 독특한 지배구조—"금융회사의 자산을 이용하여 여러 [계열]기업을 지배하는 지배구조"—를 보유하는 한, 그리고 아직도 기업 경영의 투명성이 개선되어야 할 여지가 많이 남아 있는 한 산업자본이 소유하는 은행이 사금고화할 가능성은 언제나 열려 있기 때문이다.[136]

---

133. 윤석헌(2008) 참조.

134. 윤석헌(2008) 참조.

135. 개별 인터넷 전문은행의 주요 사업모델이 무엇이냐에 따라서는 정보통신기술 기업과 같은 산업자본이 예외적으로 대주주가 되는 것이 바람직한 경우도 있겠지만, 이런 경우에도 예외의 적용 여부에 대한 최종 판단을 내리기에 앞서 명확한 기준과 투명한 절차부터 확립되어야 한다. 다만, 금융당국의 독립성이 취약한 우리의 현실에서 예외 적용 여부에 대한 당국의 정책적 판단이 과연 엄정하게 내려질 수 있을지는 확실치 않다.

136. 이병윤(2006), p.19.

그럼에도 정부는 2009년「은행법」및「금융지주회사법」개정(2009. 4 ; 2009. 7)을 통해 산업자본(비금융주력자)에 의한 은행과 은행지주회사의 주식 보유한도를 기존 4%에서 10%로 상향 조정함으로써 기존의 은산분리 규제를 다소 완화했다.[137] 이는 "더 이상 은행을 외국자본에 넘겨서는 안 된다는 국민정서를 배경으로 국내 산업자본에게도 외국자본과 마찬가지로 은행을 소유할 수 있는 동등한 기회를 허용해야 한다는" 취지였다.[138]

한편, 앞의 제3장에서 논의한 대로 인터넷 전문은행에 대해서는 은산분리 원칙을 적용하지 말아야 한다는 주장이 최근 케이뱅크와 카카오뱅크의 인가 및 출범 전후로 강력히 제기되었다. 그러나 지난 수년간 관련 논의만 거듭되었을 뿐 아직 정해진 것은 없다. 현재 영업 중인 두 인터넷 전문은행에 은산분리 원칙의 예외를 적용할 만큼 설득력 있는 근거도 아직 제시되지 않은 것으로 보인다. 다만, 우리나라의 경우 일반적으로 핀테크 혁신을 보는 규제적 관점이 지금보다 개방적일 필요가 큰 만큼, 은산분리 원칙에 대한 정책적 시각의 유연성은 좀더 필요할 것으로 판단된다.

연습문제

01. 금융시장은 간접금융시장과 직접금융시장으로 대별되며, 직접금융시장은 다시 전통적 금융시장, 외환시장과 파생금융시장으로 구성된다. 전통적 금융시장에는 단기금융시장과 자본시장이 있다. 물음에 답하시오.

(1) 단기금융시장이 담당하는 경제적 역할(기능 또는 의의)을 세 가지로 요약하시오.

(2) 자본시장이 담당하는 경제적 역할(기능 또는 의의)을 세 가지로 요약하시오.

---

137. 다만 은행법 제16조의 2(비금융주력자의 주식보유제한 등) ; 금융지주회사법 제8조의 2(비금융주력자의 주식보유제한 등)에 따라, 4%를 초과하여 주식을 보유하는 산업자본(비금융주력자)은 자신의 초과 보유주식에 해당하는 의결권 행사는 할 수 없으며 초과 주식보유에 대해서는 금융위원회의 사전 승인도 받아야 한다.

138. 윤석헌(2008), p.185.

02. 다음 지문은 한국은행(2012, p.258, 〈참고 3-13〉)에서 따온 인용문이다. 물음에 답하시오.

> "자산유동화증권은 기초자산을 집합(pooling)하고 구조화(structuring)하여 신용도를 보강하는 복잡한 증권화 과정을 거쳐 발행되기 때문에 … 다양한 리스크를 포함한다. 자산유동화증권 관련 리스크는 자체의 고유 리스크와 시스템적 리스크로 분류될 수 있다."

(1) 위 지문에서 말하는 자산유동화증권 자체의 고유 리스크에는 채무불이행 리스크, 정보 비대칭 리스크, 유동성 리스크 등이 있다. 이들 가운데 정보 비대칭 리스크와 유동성 리스크가 무엇인지 각각 설명하시오.

(2) 최근 글로벌 금융위기 이후, 자산유동화증권 거래에 고유 리스크와 시스템리스크가 수반된다는 사실이 새롭게 인식되면서 그 대안으로 커버드본드(covered bonds)가 논의되기도 한다. 커버드본드는 자산유동화증권과 어떻게 다른가? 청구권, 회계처리, 기초자산 관리, 그리고 발행구조의 측면에서 각각 비교하시오.

03. 주식시장의 발행시장과 유통시장 간 관계를 설명하시오.

04. 현물시장과 선물시장 간의 재정거래(arbitrage)를 통해 형성되는 현물가격과 선물가격의 관계를 직관적으로 설명하고, 재정거래가 경제 내 위험의 재배분(risk reallocation)에 어떤 작용을 하는지 설명하시오.

05. 풋옵션에 관하여 다음과 같은 가상의 예를 생각해 보자. 어떤 수출업자가 미화 100달러를 정확히 6개월 이후 시점에 1,150원/달러의 가격으로 매도할 수 있는 풋옵션을 오늘 5,000원을 주고 매입하였다. 모든 이자비용 및 거래비용은 영(0)으로 가정하고 다음 물음에 답하시오.

(1) 만기일의 시장 환율이 1,200원/달러인 경우 이 수출업자는 풋옵션을 행사할까? 그 이유는? 그리고 이때 수출업자의 이득은?

(2) 만기일의 시장 환율이 1,150원/달러인 경우 이 수출업자는 풋옵션을 행사할까? 그 이유는? 그리고 이때 수출업자의 이득은?

(3) 만기일의 시장 환율이 1,100원/달러인 경우 이 수출업자는 풋옵션을 행사할까? 그 이유는? 그리고 이때 수출업자의 이득은?

(4) 만기일의 시장 환율이 1,050원/달러인 경우 이 수출업자는 풋옵션을 행사할

까? 그리고 이때 수출업자의 이득은?

(5) 위 (1), (2), (3), (4)의 경우를 참고로, 만기일의 시장환율 수준에 따른 이 수출업자의 이득곡선을 그려보시오.

(6) 이 풋옵션이 기초자산 가격의 변화에 대해 비대칭적 손익구조(asymmetric payoffs)를 가지며, 풋옵션 매입자와 매도자의 수익이 대칭적인 형태를 띤다는 사실을 확인하시오.

06. 과거에는 증권 관련 기관을 금융기관 중심으로 분류했었다. 그러나 2009년 2월 시행된 자본시장법은 금융투자업자를 금융기능 중심으로 분류한다. 그 결과 "종래의 증권회사 · 선물회사 · 종합금융회사는 투자매매중개업자로, 자산운용회사는 집합투자업자로, 투자자문회사 및 투자일임회사는 투자자문업자 및 투자일임업자로, 그리고 신탁회사는 신탁업자로 … 명칭[이] … 변경" 되었다(한국은행 2011c, pp.154~155). 금융기능 중심의 분류가 갖는 의미는 이것이 전부인가?

07. 다음은 은행중심제도(bank-based system)와 시장중심제도(market-based system)에 관한 질문이다. 물음에 답하시오.

(1) ① 은행중심제도를 간단히 정의하시오.

② 은행중심제도의 장점 세 가지를 설명하시오.

(2) ① 시장중심제도를 간단히 정의하시오.

② 시장중심제도의 장점 세 가지를 설명하시오.

(3) 은행중심제도와 시장중심제도 간의 상호 보완성을 논리적으로 설명하시오.

08. 우리나라의 현행 금융시스템은 그린스펀(A. Greenspan)이 말한 "스페어타이어"를 가지고 있다고 할 수 있는가? 만약 갖고 있다고 생각한다면 그 근거를, 아니라면 앞으로 어떻게 해야 할지를 각각 논술하시오.

참고문헌

강환구 · 정천수, 「금융발전과 경제성장 간 관계－외부금융의존도를 중심으로－」, 『조사통계월보』, 2011. 11, pp.28～58.

금융감독원, 『2011년도 금융감독제도』, 2011. 12.

금융감독원 워싱턴사무소, "최근 미국의 금융규제 개편 진행상황과 시사점," 워싱턴조사자료 2017-9, 2017. 9.

금융개혁위원회, 『금융개혁 1차 보고서－단기과제를 중심으로』, 종합본, 1997a.

___________, 『금융개혁 2차 보고서』, 종합본, 1997b.

금융산업발전심의회 금융제도개편연구소위, 『금융제도개편연구 : 총론』, 1993a. 12.

________________________________, 『금융제도개편연구 : 각론』, 1993b. 12.

금융위원회, "우리은행 민영화 방안," 붙임자료, 2014a. 6. 24.

________, "「창조금융 활성화를 위한 금융혁신 실천계획」 추진," 보도자료, 2014b. 8. 25.

________, "금융개혁 방향 및 추진전략," 금융위원장 기자간담회 자료, 2015. 3. 17.

________, "초대형 투자은행 육성을 위한 종합금융투자사업자제도 개선방안," 보도자료 별첨, 2016a. 8. 2.

________, "우리은행 민영화 성공, 과점주주 7개사 선정," 보도자료, 2016b. 11. 13.

금융위원회 · 금융감독원, "금융규제개혁 추진방향," 붙임자료, 2015a.6.15.

________ · ________, "금융개혁회의(2015. 3 ~ 12월) 추진 경과와 향후 계획," 보도자료, 2015b. 12. 23.

________ · ________, "미래에셋대우(주) 등 5개 증권회사에 대한 종합금융투자사업자 지정 및 단기금융업 인가 관련," 보도참고자료, 2017. 11. 13.

금융위원회 · 기획재정부 · 금융감독원 · 한국은행, "단기지표금리 개선 관련 논의 현황 및 향후 추진계획," 보도자료, 2012. 8. 22.

기획재정부 · 공정거래위원회 · 금융위원회, "기재부 · 공정위 · 금융위 핵심정책토의 개최," 보도자료, 2017. 8. 25.

김동환, 『산업 · 금융자본 결합규제에 관한 연구』, 한국금융연구원, 2006. 5.

김인규 · 조성민 · 최준환, 『미국 금융개혁법의 주요 내용』, 한은조사연구 2010-7, 한국은행 조사국, 2010. 8.

김준경, 「재벌의 제2금융권 금융기관 소유에 따른 문제점」, 『KDI 경제전망』, 제16권 제1호, 한국개발연구원, 1999, pp.83~94.

김필규, "초대형 투자은행의 기업금융 강화 방안," 『자본시장포커스』, 2017-23호, 2017. 11. 14, pp.1~5.

김홍범, 『한국 금융감독의 정치경제학』, 지식산업사, 2004. 6.

_____, 『한국 금융감독 개편론 : 관료가 금융을 감독하면 왜 문제가 생길까?』, 서울대학교출판부, 2006. 8.

_____, "한국의 금융감독과 공공부문 지배구조," 함정호 편저, 『한국금융의 새로운 패러다임』, S&R경제경영연구원, 2008, pp.329~411.

_____, 「신용협동기구 감독제도의 개선방안—신협을 중심으로」, 『신협 선진화를 위한 과제연구』(신용협동조합중앙회의 외주 연구과제 보고서), 제9장, KDI 국제정책대학원, 2010. 7, pp.287~351.

_____, "금융소비자 보호 체계 : 주요국 현황과 시사점," 금융감독원 외주 연구보고서(미발표), 2014. 11.

_____, "위기 이후 금융개혁 : 영국 · 독일 · 호주의 경험과 시사점," 『금융연구』, Vol.29, No.4, 2015. 12, pp.1~52.

_____, "'1℃' 부족한 현행 금융개혁," 『금융』, Vol.746, 전국은행연합회, www.kfb.or.kr, 2016. 5, pp.12~16.

단기지표금리 개선 관계기관 합동T/F, "단기지표금리 개선 관련 논의 현황 및 향후 추진계획," 2012. 8. 22.

박경서 · 전선애 · 정지만, 「바람직한 금융겸업화 추진방향」, 한국금융학회 금융정책 심포지움 발표논문, 2005. 10. 19.

박순빈 · 이재명, "CD금리 결정은 주먹구구 … 당국은 "관행"은행 감싸기만," 『한겨레신문』, 2012. 7. 22.

박정식 · 박종원 · 조재호, 『현대재무관리』, 제6판, 다산출판사, 2001.

윤석헌, 「한국 금융의 선진화를 위한 현안과제」, 『경제발전연구』, 제14권 제2호, 2008. 12, pp.157~215.

_____, 「위기 이후 금융산업의 발전방향」, 『한국경제포럼』, 제2권, 제3호, 2009년 가을, pp.39~55.

이병윤, 「금산분리 관련 제도의 현황과 논점」, 『금융연구』, 20권 별책, 2006. 8, pp.1~40.

이승환, "금융위 4대 정책과제, 국회 문턱 못 넘나," 『파이낸셜 뉴스』, 2014. 2. 13.

이신영, "새 정부의 금융정책 방향 및 평가," 이슈브리프, Weekly KDB Report, 2017. 7. 31., pp.12~13.

이태규, 「은행민영화와 소유규제 개선」, 『금융연구』, 20권 별책, 2006. 8, pp.41~74.

전국은행연합회, 「COFIX」, www.kfb.or.kr, 검색일: 2012. 1. 9.

__________, "금융산업 발전을 위한 은행권 제언," 2017. 5.

정운찬 · 김홍범, 『화폐와 금융시장』, 제4판, 율곡출판사, 2012. 8.

진태홍 · 김덕영 · 함정호, 「우리나라 금융시스템의 발전방향」, 『경제분석』, 제10권 제2호, 2004. 6, pp.1~31.

한국금융연구원, 「미국 금융개혁법의 볼커룰 시행초안 및 적용 전망」, 『주간 금융브리프』, 제20권 제39호, 2011. 10. 8~10. 14, pp.18~19.

한국은행, 『우리나라의 외환제도와 외환시장』, 2003. 12.

______, 『우리나라의 금융시장』, 2004. 2.

______, 『우리나라의 금융제도』, 2005. 12.

______, 『우리나라의 금융시장』, 2006. 12.

______, 『우리나라의 금융시장』, 2009. 12.

______, 『우리나라의 외환제도와 외환시장』, 2010. 12.

______, 『한국의 금융제도』, 2011. 12.

______, 『한국의 금융시장』, 2012. 12.

______, 『한국의 금융시장』, 2018.

______, 『한국의 금융시장』, 2021.

______, 『한국의 외환제도와 외환시장』, 2016a. 1.

______, "IMF 금융발전지수를 이용한 우리나라 금융발전 수준 평가," 보도참고자료 및 붙임자료, 2016b. 3. 16.

______, 『한국의 금융시장』, 2016c. 12.

______, "국내 무위험지표금리(PFR) 선정 결과," 보도자료, 공보 2-21-02-16호, 2021. 2. 26.

한국은행 정책기획국, "통화정책 운영체계 개편 방안," 보도자료, 공보 2007-12-1호, 2007. 12. 4.

한국은행 조사부 통화금융실, 「주요국 은행의 산업자본과의 관계 — 형성배경과 시사점을 중심으로」, 1999. 4.

한국은행 조사제1부, 「파생금융상품시장의 발달이 금융시장과 통화신용정책에 미치는 영향」, 조사연구자료 95-23, 1995. 11.

한국투자공사, 『2017 연차보고서 : Sovereign Wealth Fund of Korea』, www.kic.kr, 2018. 5.

Adrian, Tobias, Paolo Cola, and Hyun Song Shin, "Which Financial Frictions? Parsing the Evidence from the Financial Crisis of 2007–09," Staff Reports No. 528, Federal Reserve Bank of New York, December 2011.

Allen, Franklin, and Hiroko Oura, "The Future of the Korean Financial System," mimeo, June 15, 2004.

Arcand, Jean Louis, Enrico Berkes, and Ugo Panizza, "Too Much Finance?," An unpublished paper, March 2011.

Basel Committee on Banking Supervision, "Basel Ⅲ Document : Revisions to the Securitisation Framework," Bank for International Settlements, December 11, 2014(rev. July 2016).

Black, Fischer, and Myron Scholes, "The Pricing of Options and Corporate Liabilities," *Journal of Political Economy*, Vol. 81, May–June 1973, pp.637～654.

Brunnermeier, Markus K., "Deciphering the Liquidity and Credit Crunch 2007–2008," *Journal of Economic Perspectives*, Vol. 23, No. 1, Winter 2009, pp.77～100.

Chow, Julian T.S., and Jay Surti, "Making Banks Safer : Can Volcker and Vickers Do It?," WP/11/236, International Monetary Fund, October 2011.

Cuevas, Carlos E., and Klaus P. Fischer, 2006, "Cooperative Financial Institutions : Issues in Governance, Regulation, and Supervision," World Bank Working Paper No. 82, World Bank, 2006.

Demirgüç–Kunt, Asli, and Ross Levine, "Financial Structure and Economic Growth : Perspectives and Lessons," in : Demirgüç–Kunt, Asli, and Ross Levine, eds., *Financial Structure and Economic Growth : A Cross–Country Comparison of Banks, Markets, and Development*, The MIT Press, 2001, pp.3～14.

________________, and __________, "Finance, Financial Sector Policies, and Long–Run Growth," Policy Research Working Paper No. 4469,

World Bank, January 2008.

The Economist, "In Plato's Cave," January 22, 2009.

Financial System Inquiry, Media Release, http://jbh.ministers.treasury.gov.au/media-release/037-2073, December 20, 2013.

Financial System Inquiry, *Financial System Inquiry Report*, http://fsi.gov.au, November 2014.

Greenspan, Alan, "Do Efficient Financial Markets Mitigate Financial Crises?" A speech given before the 1999 Financial Markets Conference of the Federal Reserve Bank of Atlanta, Sea Island, Georgia, October 19, 1999.

Hicks, Sir John, *Critical Essays in Monetary Theory*, Oxford University Press, 1967.

Komai, Alejandro, and Gary Richardson, "A Brief History of Regulations regarding Financial Markets in the United States : 1789 to 2009," Working Paper No. 17443, National Bureau of Economic Research, September 2011.

La Porta, R., F. Lopez-de-Silanes, and A. Shleifer, "Corporate Ownership around the World," *Journal of Finance*, Vol. 54, 1999, pp.471~517.

La Porta, R., F. Lopez-de-Silanes, A. Shleifer, and R. Vishny, "Legal Determinants of External Finance," *Journal of Finance*, Vol. 52, 1997, pp.1131~1150.

__________, ____________________, __________, and ________, "Law and Finance," *Journal of Political Economy*, Vol. 106, 1998, pp.1113~1155.

__________, ____________________, __________, and ________, "Investor Protection and Corporate Governance," *Journal of Financial Economics*, Vol. 58, 2000, pp.3~27.

Levine, Ross, "Finance and Growth : Theory and Evidence," NBER Working Paper No. 10766, National Bureau of Economic Research, September 2004.

Organization for Economic Cooperation and Development, "Policy Governance," Policy Framework for Investment, www.oecd.org, October 1,

2017.

Rajan, Raghuram G., "Has Financial Development Made the World Riskier?," Proceedings of the 2005 Jackson Hole Conference on *The Greenspan Era : Lessons for the Future*, Federal Reserve Bank of Kansas City, August 25–27, 2005, pp.313~369.

Rajan, Raghuram G., and Luigi Zingales, "The Great Reversals: the Politics of Financial Development in the 20th Century," *Journal of Financial Economics*, Vol. 69, 2003a, pp.5~50.

________, and ________, *Saving Capitalism from the Capitalists*, New York: Crown Business, 2003b.

Ritter, Lawrence S., and William L. Silber, *Principles of Money, Banking, and Financial Markets*, 6th ed., Basic Books, Inc., 1989.

Rybczinski, Tad M., "Industrial Finance System in Europe, U.S. and Japan," *Journal of Economic Behavior and Organization*, Vol. 5, Issues 3–4, September–December 1984, pp.275~286.

Svirydzenka, Katsiaryna, "Introducing a Broad-based Index of Financial Development," IMF Working Paper WP/16/5, International Monetary Fund, January 2016.

Wolf, Holger, "Relationship—Based and Arms—Length Financial Systems: A European Perspective," Policy Research Working Paper No. 5833, World Bank, October 2011.

World Economic Forum, *The Global Competitiveness Report 2015~2016*, September 2015.

________, *The Global Competitiveness Report 2016~2017*, September 2016.

________, *The Global Competitiveness Report 2017~2018*, September 2017.

CHAPTER **08**

금융중개기관이론

Money & Financial Markets, Ch. Eight, pp.387~431

1. 금융활동 비용과 금융중개기관
2. 금융중개기관의 역할
3. 은행의 금융행위
4. 금융기관 경영원리의 변천
5. 현실에서 다양한 금융기관이 존재하는 이유

금융중개기관은 왜 필요한가? 한마디로 금융시장이 완전하지 못하기 때문이다. 금융시장이 완전하다면 금융중개기관의 도움 없이도 경제주체들은 효용극대화 · 이윤극대화를 추구하며 합리적 · 효율적으로 경제행위를 할 수 있을 것이다. 그러나 금융시장에는 효율을 저해하는 각종 거래비용이 존재한다. 금융중개기관은 바로 이러한 거래비용을 줄여주는 역할을 수행한다.

거시경제에서 저축과 투자를 담당하는 대표적 경제주체는 각각 가계와 기업이다. 이때 두 경제주체의 금융에 대한 필요를 충족시켜 주는 것이 바로 금융중개기관이다. 금융중개기관은 자금공급자에게서 자금을 모아 수요자에게 대여하는 역할을 담당한다. 그럼으로써 금융기관은 사회적으로 효용을 증가시키고 효율성을 제고한다.

은행은 금융중개기관들 중에서 가장 역사가 오래되었을 뿐만 아니라 오늘날에도 금융시장에서 중추적인 역할을 수행하고 있다. 이 장에서는 은행을 중심으로 금융중개기관의 존재 필요성과 역할, 그리고 경영의 기본 원리를 소개할 것이다. 그러나 현실에서는 은행 말고도 다양한 형태의 금융중개기관들이 공존한다. 그 이유도 살펴보기로 하자. 또한 최근 글로벌 금융위기로 그 시스템상 중요성(systemic importance)이 비로소 부각된 그림자은행시스템(shadow banking system)에 대해서도 알아보기로 한다.

1. 금융활동 비용과 금융중개기관[1]

Money & Financial Markets, Ch. Eight

자금 공급자와 수요자 사이의 금융행위에는 거래비용이 따른다. 거래비용은 수많은 자금 공급자와 수요자가 자신의 요구조건에 맞는 거래상대방을 찾는 데 소요되는 탐색비용에서부터 거래상대방을 만나 협상 · 조정하는 데 드는 비용과 약정이행 여부의 감시 및 (필요 시) 강제집행에 드는 비용까지 모두 포함한다. 금융기관이 금융서비스를 제공하면서 서비스 이용자에게 부과하는 각종 수수료나 이자율 스프레드 등은 모두 이러한 거래비용을 반영한다.

1. 이 절은 Goodhart(1989)에 주로 의존하였다.

그런데 거래비용 중 상당한 부분이 정보 부족 때문에 들이게 되는 시간과 노력을 반영한다. 자금공급자인 저축자와 자금수요자인 차입자는 금융시장에서의 자금거래에서 특히 정보의 비대칭성으로 인해 많은 어려움을 겪는다. 얼마 전까지도 경제학에서는 모든 경제주체들이 동일한 정보를 보유한다는 가정을 자연스럽게 받아들였다. 그러나 이 가정은 너무 비현실적이다. 다른 시장에서도 그렇지만, 특히 금융시장에서는 자금 공급자와 수요자가 상호 동일한 양과 질의 정보, 즉 대칭적 정보를 보유하고 있지 못하다. 자금수요자는 자신이 추진하는 투자계획의 성공가능성에 대해 자금공급자보다 상대적으로 더 많은 정보를 보유하고 있다. 이처럼 거래당사자들 사이에 정보가 불균등하게 배분된 상황을 경제학에서는 비대칭적 정보(asymmetric information) 또는 정보의 비대칭성이라 부른다. 바로 여기서 역선택(adverse selection)이나 도덕적 해이(moral hazard) 등의 문제가 나오게 된다.

이 절에서는 앞서 제1장과 6장에서 논의했던 (광의의) 거래비용을 다시 (협의의) '거래비용' 과 '정보비용' 으로 편의상 구분하기로 한다. 여기서 후자(정보비용)는 비대칭적 정보에 기인하는 거래비용을, 전자(협의의 거래비용)는 정보비용이 아닌 나머지 모든 거래비용을 각각 가리킨다. 거래비용과 정보비용의 이러한 구분은 이 장이 다루는 금융중개기관의 역할에 대한 설명에 유익한 도움을 줄 것이다.

이제 거래비용과 정보비용이 금융행위에 어떤 영향을 미치는지, 이를 최소화하기 위해 금융중개기관이 어떤 역할을 수행하는지를 자세히 살펴보자.

1.1 거래비용

거래비용(transaction cost)이란 금융거래를 하는 데 불가피하게 요구되는 시간과 비용을 말한다. 아무리 시장이 발달되고 정보유통이 빠르게 이루어진다 해도 유한한 시간제약에 처한 상황에서는 거래를 위해 일정한 시간과 비용을 대가로 치르게 된다. 더욱이 시장이 발달되지 못한 상황에서는 거래비용이 너무 커 거래 자체가 무산될 수도 있다.

예를 들어 다수의 소액 저축자와 대규모 장기자금을 필요로 하는 차입자가 개별적으로 만나 거래하는 직접금융을 상상해 보라. 소액 저축자들을 일일이 만나 투자계획을 설명해야 하는 차입자의 어려움을 생각해 보면, 이것이 얼마나 큰 비용을 수반할지 길게 설명할 필요가 없다. 아마도 차입자는 자신이 원하는 자금을 모으는데 실패할 것이고, 따라서 금융거래는 이루어지지 못할 것이다.

그러나 금융중개기관은 이러한 거래비용을 최소화함으로써 불가능했던 거래를 성사시키는 역할을 담당한다. 예를 들어 뮤추얼펀드(mutual fund)는 자신의 지분을 쪼개어 수많은 저축자에게 팔고, 이를 통해 조달한 대규모 자금으로 주식 · 채권 등으로 구성된 포트폴리오에 투자한다. 즉, 적은 금액을 저축한 사람들에게 낮은 거래비용으로 다양한 유가증권에 투자할 수 있는 기회를 제공하는 것이다. 대표적 금융중개기관인 은행도 많은 저축자로부터 예금을 받아 가계나 기업에 대출함으로써 금융거래에서 발생하는 거래비용을 감소시켜 준다.

이처럼 금융중개기관이 거래비용을 낮출 수 있는 것은 규모의 경제(economies of scale)에 의해 단위당 거래비용이 감소하기 때문이다. 예를 들면 국채시장에서 10억원의 재정증권을 구입하든, 1천만원의 재정증권을 구입하든 한 번 구입에 드는 거래비용은 10만원으로 동일하다고 하자. 이때 100명의 투자자들이 개별적으로 1천만원짜리 증권을 각각 매입하면 1인당 거래비용은 10만원이다. 하지만 금융기관을 통해 합동으로 10억원짜리 유가증권을 매입하면 1인당 거래비용은 10만원의 $\frac{1}{100}$에 불과한 1천원으로 줄어들게 된다.

금융중개기관이 규모의 경제로부터 이익을 얻을 수 있는 사례는 이 외에도 수없이 많다. 현금자동인출기는 중앙컴퓨터시스템의 공동 이용을 통해 거래비용을 절감시킨다. 예를 들어 특정 은행의 특정 지점에서만 현금자동인출기를 사용하는 것보다 모든 은행의 모든 지점이 공동으로 사용하는 경우에 사회적 편익은 크게 증가한다. 왜냐하면 현금자동인출기에 연결된 금융기관의 수가 늘어날 때 그 효용은 기하급수적으로 증가하는 반면, 추가적으로 소요되는 비용은 그다지 크지 않기 때문이다.

1.2 정보비용

정보의 비대칭성이 유발하는 대표적인 문제는 역선택(adverse selection)과 도덕적 해이(moral hazard)이다. 역선택은 금융거래가 이루어지기 이전에 정보우월자가 자신의 특성(hidden characteristics)을 상대방(정보열등자)에게 숨기려 하는 기회주의

(opportunism)로 인해 사전적으로 발생한다. 한편 도덕적 해이는 금융거래가 이루어진 이후에 정보우월자가 자신의 행동(hidden action)을 상대방(정보열등자)에게 숨기려 하는 기회주의에 의해 사후적으로 발생한다.[2] 두 문제의 본질은 정보를 적게 보유한 정보열등자가 정보를 많이 보유한 정보우월자의 횡포로부터 자신을 보호하기 위해 시장으로부터 탈퇴함으로써 거래 자체가 무산될 수 있다는 점이다.

사실 우리가 시장에서 관찰할 수 있는 대부분의 시장실패 현상 이면에는 정보비대칭성의 문제가 도사리고 있다. 이 문제를 극복하는 방식으로는 정보우월자가 자신이 보유한 특성을 상대방에게 표출 · 제공하는 신호(signalling)의 방식과 정보열등자가 정보우월자의 숨겨진 특성을 선별(screening)하거나 숨겨진 행동을 감시(monitoring)하는 방식을 들 수 있다. 이때 신호와 선별은 역선택의 극복에, 감시는 도덕적 해이의 극복에 각각 관련된다.

다음 절에서는 금융시장에서 정보 비대칭성 문제가 어떤 형태로 발생하는지를 살펴보고, 이를 극복하기 위한 금융중개기관의 역할은 무엇인지 살펴보게 될 것이다.

2. 금융중개기관의 역할[3]

Money & Financial Markets, Ch. Eight

자금차입자인 기업은 비유동적인 실물자산에 대한 투자를 위해 거액의 자금을 장기계약으로 차입하기를 원한다. 이에 반해 자금공급자인 개인은 그 자금이 언제 필요할지 모르기 때문에 자산의 현금 전환을 고려하여 소액을 단기계약으로 공급하기를 원한다.

이와 같은 선호의 차이는 상대적으로 위험성 높은 장기증권의 초과공급과 상대적으로 위험성 낮은 단기증권의 초과수요를 발생시킨다. 이러한 자금 공급자와 수요자의 선호 차이에서 발생하는 불균형 해소를 위해서는 상충하는 양자의 요구조건을 동시에 만족시킬 수 있는 능력을 가진 중개자가 필요하다. 누가 중개자의 역할

2. Milgrom and Roberts(1992) 참조.

3. 이 절은 부분적으로 Goodhart(1989)와 Mishkin(2010)을 참고하였다.

에 적임일까?

우선, 정부 및 공공기관이 자금공급자의 단기증권 수요와 차입자의 장기증권 공급 사이에 존재하는 불일치를 해소하는 역할을 수행한다고 생각해 보자. 이들은 유동성 부족이나 도산의 위험이 거의 없다는 장점을 갖는다. 왜냐하면 정부 및 공공기관은 법정통화 발행, 조세 징수, 공적자금 투입 등의 수단을 통하여 충분한 유동성을 공급할 수 있는 능력을 갖추고 있기 때문이다. 정부는 이러한 풍부한 유동성 동원 능력을 바탕으로 민간에 단기증권을 발행하여 얻은 수익으로 민간 보유 장기증권을 다시 구매하거나, 장기자본 지출에 대한 자금융통을 위해 상대적으로 위험성이 낮은 단기자산을 발행하는 방식으로 중개자 역할을 수행할 수 있다.

그러나 정부나 공공부문이 사용하는 금융수단은 인플레이션 위험과 정치적 제약 및 행정 비능률에 따른 다양한 서비스 제공 실패라는 한계가 있다. 따라서 이론적으로는 공공부문이 완전한 금융중개 서비스를 제공할 수 있다 하더라도, 현실적으로는 대부분 민간부문이 그러한 역할을 담당해 왔다. 특히 대출자 · 차입자의 선호가 다양해지고 금융환경이 급변하는 상황에서 비교적 외부환경 변화에 둔감한 정부 · 공공부문보다는 민간부문에 의한 다양하고 특수한 중개서비스의 발달이 불가피해지고 있다.

금융중개기관은 자금수요자로부터 수취한 청구권(자산)을 기초로 자신 명의의 금융수단(부채)을 자금공급자에게 발행한다. 이때 주로 다루는 자산 · 부채의 유형에 따라 금융중개기관은 상업은행과 같은 예금기관, 보험회사, 그리고 연기금을 포함하는 투자회사 등으로 구분된다.

이 절에서는 금융중개기관이 수행하는 대표적인 기능들을 거래비용 절감과 정보비용 완화 측면에서 하나씩 살펴보도록 하자.

2.1 시장 불완전성 보완 — 정보의 생산

금융중개기관의 첫 번째 기능은 시장 불완전성을 보완하는 것이다. 우선 금융시장에서의 거래 · 정보수집 · 포트폴리오 관리에서 발생하는 규모의 경제는 시장실패의 원인이 된다. 또한 금융행위에 소요되는 과도한 거래비용과 정보의 비대칭성은 시장실패를 더욱 부추긴다. 이와 같은 시장실패는 금융중개기관 존재의 필요조건이다.

금융중개기관은 개별 투자자들에 비해 전문지식과 정보수집에 유리하고 특수한 분야에 특화할 수 있다는 이점을 가지고 있다. 그러므로 금융중개기관은 자금공급자가 차입자에게 직접 대출하는 것보다 훨씬 좋은 조건으로 자금을 끌어 모아 공급할 수 있다. 특히 신용사회가 발달하고 경제가 복잡다기해지면서 차입자의 신용평가에 관한 전문화된 지식이 더욱 요구되므로, 금융중개기관의 존재가치는 한층 높아질 수밖에 없다. 금융중개기관은 정보수집 · 가공 · 생산 측면에서의 이점을 십분 활용함으로써 정보 비대칭에 기인하는 역선택과 도덕적 해이의 문제를 경감 또는 극복하게 된다.

2.2 보험서비스 제공 - 위험의 집중과 분산

금융중개기관의 주요한 두 번째 기능은 보험서비스의 공급이다. 대부분의 보험가입자들은 위험기피적이다. 자신의 소득으로 감당하기 어려운 불의의 사고, 예컨대 사망, 화재, 강도 등의 상황이 발생하는 경우에도 일정 수준의 확실한 재산을 보장받고 싶어한다. 즉, 보험회사에 일정한 보험료를 지급하고서라도 위험을 회피하려는 유인을 갖는다. 한편 위험중립적인 보험회사는 보험금 지출의 원인이 되는 사고들이 서로 독립적으로 발생하고 그 확률이 대수의 법칙(law of large numbers)을 따르도록 보험상품을 설정한다. 그러면 보험금 지급의 액수가 수학적 기대치를 벗어나지 않도록 조절할 수 있으므로, 보험료 징수액 중 일정 부분을 고수익을 가져다 주는 부문에 투자함으로써 수익을 올리게 된다.

그렇다면 상업은행으로 대표되는 금융중개기관이 제공하는 금융서비스와 일반 보험회사가 제공하는 금융상품 간에는 어떠한 관계가 있는가?

개별 자산 소유자가 그 자산을 개인 차입자에게 대여한다면, 채무불이행으로 손해를 볼 위험이 항상 존재한다. 그러나 그 자금을 은행에 예금한다면 채무불이행의 위험은 거의 사라지게 된다. 왜냐하면 은행은 개별 예금자가 직면한 위험을 집중하여 자신이 부담하면서, 동시에 집중된 위험을 다시 모든 거래자에게 분산시키기 때문이다. 이와 같은 위험의 집중 · 분산을 통해 개별 예금자가 채무불이행의 위험을 혼자서 부담하는 불행한 일은 발생하지 않게 된다. 이때 은행은 채무불이행의 위험을 완전히 제거하는 것이 아니라, 단지 위험을 집중·분산시키는 역할을 한다.

이와 같은 위험의 집중·분산을 위해 은행은 예금자에게는 다소 낮은 이자를 주고 차입자에게는 다소 높은 이자를 받는 방식을 취한다. 여기서 발생하는 이자율의 차이를 스프레드(spread)라 한다. 이때 획득하는 스프레드는 금융기관에게는 보험서비스 제공에 대한 수익이 되며, 예금자에게는 자신이 부담하는 일종의 보험료로 볼 수 있다. 그리고 은행이 획득하는 스프레드가 금융시장에 존재하는 거래비용과 위험프리미엄보다 작다면, 예금자는 직접금융시장보다는 은행을 이용하는 것이 유리하다. 이처럼 예금자의 위험기피 성향을 이용해 보험서비스를 공급하고 이를 통해 수익을 얻는다는 점에서 은행은 일반적인 보험회사와 크게 다르지 않다.[4]

2.3 테일러링–자산변환 기능

전통적인 관점에서 금융중개기관이란 예금자가 선호하는 형태의 부채를 발행하여 획득한 자금으로 차입자가 선호하는 형태의 자산에 투자하는 주체라고 볼 수 있다. 이처럼 예금자와 차입자 사이의 서로 다른 선호를 이용하여 상대적으로 낮은 수익률로 예금자에게 매력적인 종류의 부채를 발행·공급하고 상대적으로 높은 수익률을 갖춘 투자안에 자금을 공급하는 기능을 테일러링(tailoring) 또는 자산변환(asset transformation)이라 한다. 이 자산변환이야말로 금융중개의 핵심 기능이다.

금융중개기관은 이러한 기능을 통해 금융시장에 존재하는 여러 자산의 유동성을 증가시키고, 여러 유동자산을 집중시키기도 하며, 장기의 대규모 자금이 소요되는 비유동적인 실물자산의 생산을 촉진시키는 역할을 수행한다.

금융중개기관인 상업은행의 자산변환 기능은 유동성변환 기능과 만기변환 기능으로 구성된다. 상업은행은 거액의 장기차입을 선호하는 자금수요자와 유동적인 자산을 선호하는 자금공급자를 동시에 만족시킬 수 있다. 여기서 자금수요자는 주

4. 그러나 이들이 다루는 자산·부채의 유형이 다른 데서 나오는 차이는 존재한다. 보험회사는 자산과 (조건부)부채의 보험계리적(actuarial) 기대치를 일치시키는 방식을 취한다(Goodhart 1989). 반면 은행은 예금자와 차입자 사이의 위험에 대한 상이한 선호에 따른 확실한 수익률 격차(yield differentials)를 이용해 자산과 부채를 일치시킨다. 즉, 은행은 보험회사와 달리 위험기피적인 예금자와 적극적인 투자자를 연결하되, 그들의 위험에 대한 선호 차이에 의해 발생하는 수익률 격차를 이용해 수익을 올리면서 동시에 자금수급이 균형되도록 조절하는 역할을 담당하는 것이다.

로 기업이다. 일반적으로 기업은 투자를 위해 자금을 차입한다. 이때 투자는 매우 비유동적인 실물자산을 획득하는 것을 의미한다. 이러한 목적으로 자금을 차입한 기업이 예상하지 못한 자금공급자의 요구에 의해 그 자금을 상환해야만 하는 상황에 직면한다면 유동성 위기에 빠지게 된다. 비유동적인 실물자산을 갑자기 시장에 내다 팔아 현금화하기란 쉽지 않을 뿐더러, 설혹 시장에서 팔리더라도 시장가격이 자산의 내재가치보다 낮은 경우 손해를 보기 때문이다. 따라서 기업은 자금을 차용할 때 대규모 자금을 장기간 동안 사용할 수 있기를 원한다. 이에 반해 자금공급자인 개인은 소액 자금을 단기간 동안 유동성 높은 자산의 형태로 빌려주기를 원할 것이다. 나중에 자금이 언제 필요하게 될지 잘 알 수 없는 자금공급자로서는 가급적 꾸어준 자금을 손쉽게 회수할 수 있는 형태로 계약을 설정하기를 원하기 때문이다. 이처럼 서로 상충되는 양자의 요구조건을 동시에 만족시켜 주는 역할을 하는 것이 바로 상업은행과 같은 금융중개기관이다. 이 과정에서 상업은행은 고유동성 단기자금을 저유동성 장기자금으로 변환시키는 매개체 역할을 한다. 그럼으로써 자금의 궁극적 공급자와 궁극적 수요자 사이의 만기 불일치와 유동성 불일치가 해소된다. 이 과정에서 상업은행이 만기 불일치와 유동성 불일치에서 나오는 위험을 떠안는 위험인수자(risk-taker)가 됨은 물론이다.

2.4 금융인프라 구축-지급결제 등 전문 서비스 제공

정보통신기술의 발달로 인하여 금융부문 운영시스템에도 큰 변화가 일어났다. 금융하부구조(infrastructure)의 발전은 경제주체들의 금융행위와 지급관습에도 큰 영향을 끼쳐 현재 대부분의 상거래는 현금보다는 수표, 신용카드, 온라인 이체(on-line transfer) 등 전산화된 지급결제시스템을 통해 결제된다. 또한 이러한 기술진보는 거래비용을 대폭 절감시켜 과거에는 막대한 비용 때문에 수익성을 기대할 수 없었던 각종 지급결제시스템의 개발을 가능하게 했다. 지급결제제도의 발전은 금융서비스의 양적 · 질적 향상을 통한 소비자의 후생증진을 가져왔으며, 금융중개 기능 활성화 및 건전한 신용질서 확립을 위한 금융인프라를 형성하고 있다. 이러한 지급결제시스템의 핵심에는 상업은행이 자리 잡고 있다.

또한 금융중개기관은 개인고객의 자산관리 업무를 대행한다. 금융기관은 경제 전반 또는 금융시장 상황 등에 관한 복잡한 정보를 해석할 수 있는 우수한 전문가들을 확보하고 있으므로 개인보다 자산관리 업무에서 상대적으로 우월한 위치에 설 수 있기 때문이다.

그 밖에도 금융기관은 많은 전문 서비스를 제공한다. 금융기관은 경제여건 변화에 따른 화폐수요 변화를 수용·반영하는 동시에 자발적인 금융혁신을 통해 금융형태를 변화시켜 나가고 있다. 이 과정에서 금융중개기관으로서의 기능은 끊임없이 변화하고 있다.

2.5 정보비용의 완화

지금까지는 거래비용을 절감하는 금융중개기관의 기능을 살펴보았다. 여기서는 정보의 비대칭성으로 인해 발생하는 역선택과 도덕적 해이 문제가 금융중개기관의 신호와 감시 기능을 통해 어떻게 완화 또는 제거되는지에 대해 살펴보자

2.5.1 역선택과 신호·선별

예를 들어 *A*, *B*의 두 벤처기업이 코스닥시장에 상장을 준비하고 있다고 하자. 그리고 코스닥시장에서 상급 기술력이 갖는 기대수익은 하급 기술력이 갖는 기대수익보다 2배 높고, 기술력이 상급일 확률과 하급일 확률은 각각 $\frac{1}{2}$이라 하자. 한편 상급 기술력을 갖춘 *A*사는 1주당 가격이 최소한 2만원 이상으로 평가받기를 기대하고 있고, 하급 기술력을 갖춘 *B*사는 1주당 가격이 1만원 이상으로 평가받기를 기대하고 있다. 반면 상급 기술력을 갖춘 회사 주식에 대해 시장 투자자들은 2만 4천원을, 하급 기술력을 갖춘 회사 주식에 대해서는 1만 2천원을 각각 기꺼이 지급하려고 하는 것으로 알려져 있다. 이것을 나타낸 것이 [표 8-1]이다.

표 8-1 상장회사 주식가격과 역선택

	상급 기술력을 갖춘 기업(*A*사)의 주식	하급 기술력을 갖춘 기업(*B*사)의 주식
기업의 희망가격(하한)	20,000	10,000
시장의 유보가격(상한)	24,000	12,000

이제 우리가 고려하려는 상황은 크게 세 가지이다. 첫 번째 경우는 정보가 완벽한 상황이다. 즉, 기업이 자신의 기술수준을 알고 있을 뿐만 아니라 시장의 투자자들도 *A*사와 *B*사의 기술수준을 정확하게 파악하고 있는 것이다. 이때 *A*사의 주식가격과 *B*사의 주식가격은 각각 $20,000 \leq P_A \leq 24,000$와 $10,000 \leq P_B \leq 12,000$에서 결정될 것이다. 이러한 결과는 모두가 완벽한 정보를 보유하고 있기 때문에 가능하다.

두 번째 경우는 정보가 전혀 없는 상황이다. 즉, 기업도 자신의 기술수준이 어느 정도인지 알지 못하고 시장의 투자자들도 이것을 알지 못한다고 하자. 이때 *A*사와 *B*사의 주식가격은 얼마에 책정될 것인가? 코스닥시장에서 거래되는 주식가격은 *A*사나 *B*사 모두 하한의 평균과 상한의 평균 사이, 즉 $15,000 \leq P \leq 18,000$의 범위에서 결정될 것이다. 이러한 결과는 상 · 하급 기술력의 확률이 각각 $\frac{1}{2}$이라는 가정과 투자행위가 가격의 평균에 의존한다는 가정에 근거한다.

세 번째의 경우는 바로 정보의 비대칭성이 존재하는 상황이다. 즉, 기업은 자신의 기술수준을 정확히 파악하고 있는 데 반하여 시장의 투자자들은 이를 알지 못하는 것이다. 이때 주식가격은 얼마에 책정될 것인가?

결론부터 말하면 주식가격은 $10,000 \leq P \leq 12,000$의 범위에서 결정된다. 정보열등자인 시장 투자자 입장에서 기대수익이 음의 값을 갖지 않기 위해서는 주식을 $P \leq 18,000$에서 사야만 한다. 그러나 이 가격은 기술력이 우월한 *A*사의 희망가격 20,000원을 넘지 못하므로, *A*사는 주식을 상장할 유인이 없다. 따라서 상급 기술력을 보유한 *A*사는 코스닥시장에 상장을 하지 않게 되고, 결국 시장에 상장되는 것은 하급 기술력을 보유한 *B*사의 주식일 뿐이다. 게다가 투자자들도 상장되는 주식이 모두 하급 기술력을 갖춘 회사의 것이 될 수밖에 없다는 사실을 깨닫게 되므로, 결국 정보의 비대칭성 상황에서 주식가격은 $10,000 \leq P \leq 12,000$의 범위에서 결정된다.

이러한 역선택의 문제 때문에 *A*사는 주식발행을 통한 자금조달을 하지 못하므로 직접적 피해를 입는다. 또한 시장 투자자들도 상급 기술을 가진 회사의 주식을 구매할 기회를 상실하므로 간접적으로 피해를 입는다. 그렇다면 이 문제를 어떻게 극복할 수 있을까?

먼저 역선택에 따른 피해를 줄이기 위해 *A*사는 자신의 기술력이 상급 수준임을 투자자들에게 홍보해야 한다. 그러나 수백 수천 개의 벤처기업이 존재하는 상황에서 자신의 기술력이 우월하다는 것을 투자자들에게 설득하는 데는 많은 비용이 소요될 것이다.

또 다른 방법으로 금융중개기관의 역할을 생각할 수 있다. 우선 금융중개기관, 특히 은행은 다양한 자금수요자의 신용에 관한 정보를 수집하는 데 전문성과 규모경제의 이점을 갖고 있다. 또한 은행은 다양한 벤처기업들 가운데 높은 기술력을 갖춘 기업을 선별(screening)하는 데 상대적으로 풍부한 정보를 활용할 수 있다. 따라서 이들에 대한 은행의 대출 여부는 일종의 신호(signalling)의 역할을 수행하여, 시장에서 정보가 부족한 투자자들에게 기업의 기술력에 대한 정보를 준다. 또한 은행도 대출금리를 조정하거나 담보계약을 체결함으로써 역선택에 따른 손실을 최소화할 수 있다. 이처럼 은행과 같은 금융중개기관은 정보의 수집 · 이용 측면에서 우월한 지위를 이용하여 비대칭적 정보로 발생하는 역선택의 비용을 줄여준다.

2.5.2 도덕적 해이와 감시

정보 비대칭성의 문제는 역선택으로 발생하는 비용을 줄여준다고 해서 완전히 해결되는 것이 아니다. 자금 차입자가 자금을 공급받은 다음 원래의 목적대로 사용하지 않거나, 또는 대여자의 이익을 반영하지 않고 불건전하게 행동할 가능성이 여전히 남아 있기 때문이다. 이것이 금융거래 이후 사후적으로 발생하는 도덕적 해이의 문제이다.

도덕적 해이의 문제가 발생하는 예로 먼저 주식금융(equity financing)에서 발생하는 주인-대리인 문제(principal-agent problem)를 살펴보자.[5] 주인-대리인 문제는 경영자와 주주 사이에 경영자의 행동에 관한 정보가 비대칭적으로 존재하기 때문에 발생한다. 따라서 주주가 경영자의 행동에 대한 정보를 완벽하게 갖고 이를 통제할 수 있다면, 이 문제는 해결될 수 있다. 그러나 주주가 경영자를 감시하는 데는 많은 비용이 수반된다. 따라서 최근에는 경영자의 도덕적 해이를 막기 위해 주식매입선

5. 주인-대리인 문제는 기업가치 극대화를 추구하는 주주와 다른 목적을 갖는 경영자의 행동 사이에 발생하는 갈등관계를 말한다. 예를 들어 주식을 별로 소유하지 않는 경영자는 일반적으로 장기적인 관점에서 기업가치 극대화라는 목표에 따라 행동하지 않고, 자신이 경영자로 있는 계약기간 동안의 단기적 매출액 극대화 등에 더 관심을 갖는다는 것이다.

그림 **8-1**

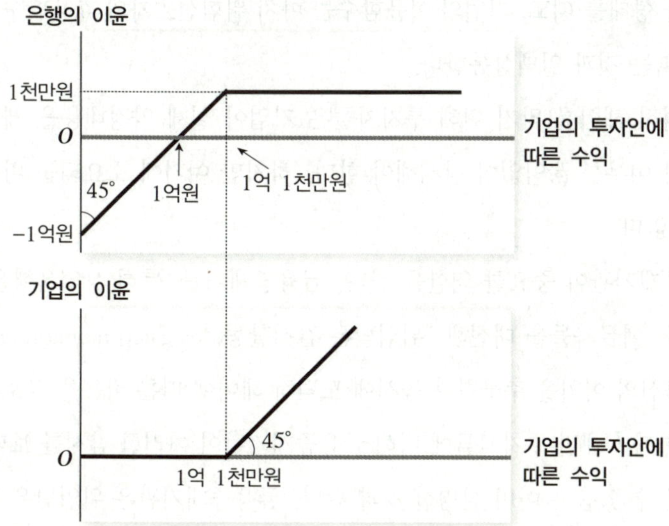

기업과 은행의 이윤함수 : 도덕적 해이의 발생

은행은 위험기피적인 오목한 형태의 이윤함수를 갖는 반면, 기업은 볼록한 형태의 위험선호적인 이윤함수를 가짐으로써 도덕적 해이가 발생할 수 있음을 알 수 있다.

택권(stock option) 등을 부여하기도 하지만, 이 문제를 완전히 해결하지는 못한다.

실제로 금융시장을 교란시키는 도덕적 해이의 문제는 차입금융(debt financing) 방식에서 더 심각하게 발생한다. 예를 들어 *C*사가 현금 1억원을 이자율 10%의 조건으로 은행으로부터 대출받아 신규 사업에 투자한다고 하자. 이 약정에 따라 은행은 *C*사가 상환불능상태에 빠지지 않는 한 만기 도래와 함께 1억 1천만원을 회수하므로 기업의 경영 형태를 일일이 감시할 필요가 없다. 그러나 여기서 도덕적 해이의 문제가 발생한다. 정보의 비대칭성 상황에서 *C*사는 안전하게 일정 수익을 올릴 수 있는 투자안을 수행하기보다는 가능성은 희박하지만 큰 수익을 올릴 수 있는 위험한 투자안에 자금을 사용할 유인을 갖기 때문이다.

〈그림 8-1〉을 보자. 은행은 *C*사가 아무리 고수익을 올리더라도 1천만원 이상의 이윤은 올릴 수 없는 반면, 투자안이 실패하면 고스란히 그 피해를 부담해야 한다.[6] 반면 *C*사는 어차피 1억 1천만원 이하의 수익을 올린다면 단 한푼도 남지 않지만, 고수익을 올릴수록 이윤이 확대된다. 따라서 *C*사는 위험한 투자안을 수행할 유

6. 물론 현실에서는 투자안이 실패하면 기업의 자본에 청구권을 행사할 수 있고 또 사전에 담보를 제공받기도 하므로, 은행과 기업의 이윤곡선이 정확하게 이러한 형태와 일치하지는 않을 것이다. 은행의 이윤곡선에 대한 좀 더 상세한 논의는 정운찬(1999)의 제3장을 참조하기 바란다.

인이 생긴다. 이것은 〈그림 8-1〉에서 은행의 이윤함수가 마치 위험기피자의 효용함수처럼 오목한 형태를 띠고, 기업의 이윤함수는 마치 위험선호자의 효용함수처럼 볼록한 형태를 띠는 것과 일맥상통한다.

이러한 도덕적 해이를 막기 위해 투자자들은 기업이 실제 약정내용을 제대로 이행하고 있는지 여부를 끊임없이 감시해야 한다. 하지만 여기에 소요되는 비용도 결코 무시할 수 없다.

이때 금융중개기관이 중요한 역할을 한다. 금융중개기관, 특히 상업은행은 정보가 부족한 많은 예금자들을 대신해 "위임받은 감시활동(delegated monitoring)"을 수행함으로써 자신의 이익을 추구함과 동시에 도덕적 해이에 따른 비용을 감소시키는 역할도 수행한다.[7] 개별 투자자들에 비해 금융중개기관이 이러한 감시를 보다 효율적으로 수행할 수 있음은 이미 설명한 것과 같다. 금융중개기관은 위임받은 감시자로서 차입자의 위험선호적인 행동을 억제함으로써 도덕적 해이로 인한 정보비용을 감소시켜 예금자를 보호하고 나아가 사회적 후생을 증진시키는 것이다. 이러한 기능이 활성화되면 금융시장에서의 자금중개 기능도 활발해지고 나아가 실물부문이 건전하게 발전할 수 있다.

3. 은행의 금융행위

제7장에서 살펴본 대로 현실의 금융기관은 매우 다양한 형태로 존재한다. 그러나 가장 오랜 역사를 가지고 있고 또 지금까지도 금융시장에서 매우 중요한 역할을 수행하는 대표적인 금융중개기관은 상업은행이다.

은행은 자금공급자로부터 예금을 받고 자금수요자에게 대출을 하는 금융중개기관이다. 이러한 은행의 금융행위 방식을 이해하지 못하면, 다른 금융중개기관의 행태를 이해하기 어렵고 나아가 금융시장의 운영원리를 이해하는 것이 거의 불가능하다. 따라서 이 절에서는 은행의 금융행위를 살펴보기로 한다.

---

7. Diamond(1984), p.393.

3.1 은행의 대차대조표

은행의 금융행위를 이해하기 위해 우선 은행의 대차대조표(balance sheet)부터 살펴보자. 은행의 대차대조표를 구성하는 자산과 부채는 그 성격이나 구성이 일반 실물부문 기업의 그것과 매우 다르다. 은행의 대차대조표가 일반 실물부문 기업의 대차대조표와 비교해 어떤 특징을 갖고 있으며 그러한 차이가 왜 발생하는지 생각해 보자.

은행이 보유하는 자산은 대부분 금융자산이며, 고정자산의 규모가 상대적으로 작다. 또한 부채 및 자본금 구성 측면에서 실물기업에 비해 자본금이 상대적으로 작다.

또 실물기업의 대차대조표 자산 · 부채 계정과목은 유동성이 큰 순서대로 배열하는 유동성 배열법을 따르지만, 은행 대차대조표의 계정과목은 은행 고유업무에서 차지하는 비중이 큰 순서, 즉 중요도가 높은 순서로 배열된다. 중요성을 기준으로 계정과목을 배열하는 것은 은행의 자산과 부채가 상호 밀접하게 연관성을 갖고 있기 때문이다. 이것은 차변 항목과 대변 항목이 서로 밀접하게 연결되어 자산 및 부채에 대한 결정이 일방적 · 독립적으로 이루어질 수 없다는 것을 뜻한다.

은행의 대차대조표에서도 [총자산 ≡ 총부채 + 자본금]의 공식이 적용된다. [표 8-2]는 은행 대차대조표의 자산 · 부채 항목을 개략적으로 표시한 것이다. 그리고 [표 8-3]은 2020년 말 기준으로 우리나라 일반은행의 자산 · 부채 · 자본의 총규모와 그 비중을 나타낸 것이다.

표 8-2 은행의 대차대조표

자 산	부채 및 자본
현 금	예 금
-시재금	-요구불예금
-중앙은행 예치금	-저축성예금
-타은행에의 예금	중앙은행차입금
대 출 금	기 타 부 채
유 가 증 권	
기 타 자 산	자 본 금

표 8-3 우리나라 일반은행의 자산 · 부채 · 자본 총규모(2020년 말 기준) (단위: 10억원, %)

항목	금액	구성비	항목	금액	구성비
원화자산	1,733,011	90.4	원화부채	1,592,077	83.1
현 금	8,077	0.4	요구불예금	186,497	9.7
예 치 금	58,143	3.0	저축성예금	1,129,860	59.0
유가증권	313,767	16.4	양도성예금증서	17,270	0.9
대 출 금	1,270,481	66.3	한은차입금	20,682	1.1
고정자산	16,021	0.8	금 융 채	96,574	5.0
기 타[1]	66,522	3.5	기 타[2]	141,193	7.4
외화자산	183,611	9.6	외화부채	187,038	9.8
외 국 환	2,044	0.1	외화차입금	31,047	1.6
외화예치금	30,302	1.6	외 화 예 금	97,287	5.1
외화대출금[3]	50,977	2.7	금 융 채	21,166	1.1
			자기자본	137,507	7.2
			자본금	27,704	1.4
			잉여금	103,602	5.4
자산 합계	1,916,622	100.0	**부채 및 자본 합계**	1,916,622	100.0
			(지급보증)	49,830	

주 : 1) 미수금, 파생상품자산, 미회수내국환채권 등.
2) 미지급금, 파생상품부채, 충당금 등.
3) 은행 간 외화대여금 포함.

자료 : 각 은행 업무보고서.

3.1.1 은행의 자산

일반적으로 자산이란 '과거 거래나 사건의 결과로서 현재 기업 실체에 의해 지배되고 미래에 경제적 효용과 수익을 창출할 것으로 기대되는 자원'을 뜻한다. 은행의 자산도 이 개념에 부합한다. 특히 은행의 자산 항목을 살펴보면 이윤을 추구하는 기업으로서 은행이 자금을 어떻게 운용하는지를 알 수 있다. 은행의 자산 항목은 크게 현금, 대출금, 유가증권, 기타 투자 등으로 구분할 수 있다.

은행은 예금인출과 신규 대출에 대비해 항상 일정 정도의 현금을 보유하고 있어야만 한다. 은행 보유 현금 항목에는 시재금(vault cash) 및 타점권 등이 포함된다. 시재금이란 고객의 현금인출 요구에 응하기 위해 은행 금고 내에 보관된 지폐와 주화를 뜻하고, 타점권이란 은행이 고객과의 거래과정에서 은행으로 유입되어 보유하게 된 타점지급 어음 · 수표 등의 증서를 의미한다. 한편 은행은 「한국은행법」에 의거해 은행예금의 일정 비율을 의무적으로 한국은행에 예치해야 하는데, 이를 한국은행 예치금이라 부른다. 이것은 은행 보유 현금과 함께 법정지급준비금을 구성하는 한 요소가 된다.

은행자산 계정 중 은행의 수익성과 가장 밀접한 관련을 갖는 것이 바로 대출금 항목이다. 대출금이란 이자수취를 목적으로 일정한 담보 또는 신용에 근거해 원리금의 반환이 약정된 고객에게 융자해 주는 자금을 뜻한다. 대출 항목은 은행 자금 운용의 가장 대표적인 방식으로 은행 총자산 가운데 제일 큰 비중을 차지하고 있다. 대출금은 미리 약속된 이자율에 의해 이자를 수취하도록 해주므로 비교적 안정적이고 높은 수익성이 보장된다. 하지만 채무불이행의 위험이 뒤따르고, 약정된 만기 전에는 현금화할 수 없어 유동성이 낮다는 약점을 갖는다.

은행은 현금을 보유하거나 대출을 하기도 하지만, 이자소득 획득과 유동성 확보를 위해 여러 가지 유가증권, 즉 국채 · 주식 · 사채 · 통화안정증권 등을 구매하기도 한다. 이처럼 대출에 비해 유동성이 높은 유가증권은 일종의 지급준비금 역할도 수행한다. 은행은 고객의 현금인출에 대비하기 위해 보유하는 현금과 법정지급준비금 등 제1선 지급준비금(primary reserve)이 부족할 때, 국채를 비롯하여 거의 자본손실 없이 즉시 현금화할 수 있는 시장성 있는 유가증권을 매각하여 이를 충당한다. 이를 제2선 지급준비금(secondary reserve)이라 부른다. 한편 은행은 제2선 지급준비금이라기보다는 이자소득 및 자본이득(capital gain)의 목적으로 유가증권을 보유하기도 한다.

3.1.2 은행의 부채

기본적으로 부채란 '과거 거래나 사건의 결과로서 현재 기업 실체가 부담하고 그 이행에 자원의 유출이 예상되는 의무'를 뜻한다. 은행의 부채도 이 개념에 부합한다. 은행의 부채 항목은 예금자로부터 조달한 은행예금과 외부차입금으로 크게 구분할 수 있다.

은행예금은 일정한 이자지급이라는 반대급부를 조건으로 자금 잉여자로부터 자금을 받아 관리 · 운용하는 항목으로서, 은행 자금조달의 주된 원천이다. 은행예금은 크게 요구불예금(demand deposit)과 저축성예금(time deposit)으로 구분된다. 요구불예금은 예금주의 지급청구가 있으면 언제든지 지급해야 하는 예금으로서, 현금과 거의 같은 유동성을 갖기 때문에 통화성 예금이라고도 부른다. 반면 저축성예금은 예금의 납입 · 인출 방법에 대해 특정 조건이 첨부되는 기한부 예금으로서, 요구불예금보다 유동성은 낮으나 이자율이 상대적으로 높다는 특징을 갖는다. 이 밖에도 은행의 자금조달원으로 양도성예금증서(CD)와 같은 여러 가지 금융상품이 존재한다. 양도성예금증서는 정기예금에 양도성을 부여한 것으로, 은행 수신경쟁력 제고와 금리자유화 기반 조성 및 시중 유휴자금 흡수를 목적으로 도입된 금융상품이다.

한편 은행은 지급준비금이 부족할 때 중앙은행으로부터 차입을 하게 되는데, 이러한 한은 차입금도 부채 항목에 포함된다. 이때 은행은 중앙은행 차입금에 대하여 재할인율(rediscount rate)을 적용받는다. 또한 단기간 현금이 필요할 때 다른 은행이나 금융기관으로부터 일시적으로 자금을 차입하기도 한다. 다른 금융기관으로부터 차입한 자금을 콜머니(call money)라 하고, 다른 금융기관에 자금을 대여하는 것을 콜론(call loan)이라 한다. 또한 은행은 환매조건부채권(RP : Repurchase Agreement)의 매도를 통해 긴급자금을 외부에서 단기차입할 수 있다.

3.1.3 은행의 자본

자본이란 원칙적으로 '기업 실체의 자산에서 부채를 차감한 잔여액 또는 순자산으로서 자산에 대한 잔여청구권'을 의미한다. 대차대조표가 기업의 실체를 파악하는 수단이라 보는 입장에서는 자본을 주주 지분으로 파악하고, 투자자 지분에 해당하는 부채와 대비시킨다. 반면 대차대조표를 자본주(資本主)의 이해관계를 반영하는 것으로 간주하는 입장에서는 자본을 총자산에서 총부채를 뺀 나머지 부분으로 파악한다.

자본금은 은행 운영에 필요한 기초적 자금조달원이다. 아울러 자본금은 은행이 지급불능 사태에 처할 때 예금자를 보호하기 위한 최종 재원인 동시에, 예상치 못했던 손실이 발생한 경우 이를 흡수하여 영업을 지속케 하는 완충(buffer)재원이다. 따라서 자기자본비율 등 자본금의 규모와 그 비율은 은행의 안전성과 건전성을 판별하는 주요한 척도가 된다.

자본금은 주식발행이나 유보이익을 통해 조달되는데, 크게 납입자본금과 자본잉여금, 이익잉여금으로 구분된다. 납입자본금은 은행이 이미 주식발행을 통해 조달한 자본금이다. 자본잉여금은 은행 내에 투하된 자본가치의 증감에 관한 거래, 즉 자본거래로부터 발생한 잉여금이다. 자본잉여금은 자본금으로의 전입이나 결손금 보전 이외의 용도로는 처분할 수 없다. 한편 이익잉여금은 영업활동의 결과 발생한 이익 중에서 은행 내에 유보 · 축적된 이익을 뜻한다. 이익잉여금은 자본잉여금과 달리 특별한 경우를 제외하고는 처분에 제한을 두지 않는다.

3.2 은행 경영의 기본 원리

3.2.1 은행업의 특징과 은행 경영의 기본 원리[8]

은행업의 첫 번째 특징은 은행의 자본금 규모가 실물기업에 비해 일반적으로 매우 작다는 사실이다. 예를 들어 자신의 자산을 모두 대출로만 운용하는 어떤 은행의 자기자본비율이 10%라고 가정해 보자. 이는 그 은행이 자산(대출)의 90%를 다른 사람들의 돈(즉, 예금 등)으로 취득한 것을 의미한다. 이런 경우, 만약 그 대출액 중 상환액이 90%에 미달한다면 자본금이 음(-)으로 되어 그 은행은 도산할 것이다. 이와 같이 은행 경영상의 판단착오는 치명적인 결과를 초래할 수 있다. 또한 대부분의 은행 부채는 언제라도 예금자의 인출요구에 따라야 한다. 이것이 은행업의 두 번째 특징이다. 결국 은행은 '자신'의 돈이 아닌 '다른 사람들'의 돈을 기업에게 대출해 주지만, 바로 그 '다른 사람들'은 언제라도 은행에게 예금인출을 요구할 수 있다. 일반적으로 은행이 매우 보수적인 의사결정을 하는 것으로 알려져 있는 것도 바로 이러한 연유에서이다.

은행도 금융서비스를 생산 · 판매하는 과정에서 이윤극대화를 추구하는 일종의 기업이다. 하지만 일반 실물부문 기업과는 달리 은행의 경영과정에서는 수익성뿐만 아니라 안전성 유지 및 유동성 확보가 특별히 강조된다. 이것은 은행업의 두 가지 특

8. 이 소절은 Luckett(1976)를 참고하였다.

징으로 인해 수익성 · 안전성 · 유동성 사이에 자칫 충돌이 발생할 수도 있기 때문이다.[9] 이때 안전성(safety)이란 은행의 도산확률이 일정 수준 이하로 제한된 상태를, 유동성(liquidity)이란 예금자의 인출요구에 부응하는 은행의 능력을 각각 의미한다.

수익성 · 안전성 · 유동성이 서로 상충될 수 있다는 점은 쉽게 이해할 수 있다. 예를 들어 어떤 은행이 자산을 전액 현금으로만 보유하고 있다면 은행의 유동성은 완벽해지지만 이윤을 얻을 수는 없게 된다. 이것은 유동성과 수익성의 충돌을 의미한다. 또한 그 은행이 자산을 고위험대출로 운용한다면 앞으로 고수익을 얻을 가능성도 생기겠지만 동시에 도산할 가능성도 커질 것이다. 이것은 수익성과 안전성의 충돌을 의미한다. 그러므로 은행을 포함한 대부분의 금융중개기관이 직면하는 기본적인 문제는, 수익성과 안전성 및 유동성을 동시에 적절하게 확보할 수 있도록 그 자산과 부채를 최적으로 관리하는 것이다. 이제 은행의 수익성 · 안전성 · 유동성을 하나하나 간단히 살펴보기로 하자.

은행의 수익성은 일반적으로 예금이자율과 대출이자율 사이에 존재하는 스프레드와 대출액의 크기에 의해 결정된다. 채무불이행의 위험이 없다면, 스프레드가 크면 클수록 그리고 대출액이 많으면 많을수록 수익은 높아질 것이다. 우리나라에서는 과거 예금이자율과 대출이자율이 정부에 의해 규제되었고, 가용 대출액(loan availability)과 대출대상도 정부에 의해 통제되었다. 따라서 은행의 수익성이 자율적으로 결정되었다기보다는 정부에 의해 결정되었다. 특히 이자율에 대한 정부의 규제는 비단 우리나라의 경우만이 아니며, 선진국에서도 최근까지 쉽게 찾아볼 수 있었다.

그러나 최근에는 대부분의 금융규제가 완화되고 있는 추세이다. 미국에서는 저축성예금에 대해 예금금리 상한규제(Regulation Q)가 존재하였으나, 1983년에 완전히 폐지되었다. 이러한 금융자율화가 진전되면서 은행은 이자율과 관련된 위험을 세밀하게 관리할 필요성을 인식하게 되었다. 이것은 은행의 수익성은 물론 안전성과도 직결되는 문제이기 때문이다.

은행의 안전성은 대출금이 차입자의 채무불이행으로 말미암아 회수불능의 상

---

9. 은행의 도산이 가져올 수 있는 금융불안정과 실물경제적 파급효과 때문에 평소 은행의 유동성 확보와 안전성 유지가 강조되는 측면도 물론 있다.

태가 될 위험성의 크기와 그러한 부실채권의 규모에 따라 위협받는다. 채무불이행의 위험이 크면 클수록 안전성은 떨어지고, 위험이 작으면 작을수록 안전성은 올라갈 것이다. 금융시장은 경제주체의 심리적 상황에 쉽게 노출될 수 있기 때문에 안전성을 확보하는 것은 매우 중요한 과제이다. 은행은 안전성 확보를 위해 대출 결정 시 대출신청자의 계획안을 정확하고 객관적으로 심사해야만 한다. 즉, 대출신청자의 평소 행동과 기업운영 방식 등에 대해 잘 알고 있어야 하고, 대출자금이 쓰이는 용도와 그 투자안의 경제성과 타당성에 대한 정보를 충분히 수집하여 판단해야 한다.

과거 우리나라에서는 자금배분이 정부에 의해 획일적으로 이루어졌다. 따라서 수익성과 안전성을 고려한 금융기관의 자발적인 대출심사를 기대하기 어려웠다. 그러나 금융자율화에 따른 금융환경 변화로 외국 금융기관과의 경쟁에 직면한 우리나라의 금융기관도 최근에는 선진 심사기법을 활용하여 철저한 대출심사를 위해 노력하고 있다.

한편 은행의 유동성이란 예금보유자들이 현금인출을 원할 때 지체 없이 현금을 내줄 수 있는 능력을 뜻한다. 따라서 은행은 예상된 예금인출뿐만 아니라 예상치 못한 예금인출에도 대응할 수 있는 여분의 현금을 항상 보유해야만 한다.

만약 은행의 자산구조가 매우 비유동적으로 운영된다면, 예금보유자의 현금인출 요구에 대응할 수 없는 상황이 도래했을 때 걷잡을 수 없는 혼란이 발생할 수 있다. 어떤 은행의 자산구조와 부채구조가 기본적으로 건전한 상태에서도 유동성 부족(illiquidity)이 원인이 되어 궁극적으로 도산에 이를 수도 있다. 물론 은행도 실물기업과 마찬가지로 지급불능(insolvency)에 도달해야 도산한다. 하지만 은행이 자산규모가 부채를 초과하는 상태—즉, 지급능력이 있는 상태(solvency)—에 있다 하더라도 유동성 부족으로 고객의 인출요구에 즉각 부응하지 못할 수도 있다. 이런 경우 뱅크런(bank run)의 발생으로 자산가치가 급락하면, 은행의 자산이 부채를 감당할 수 없는 지급불능상태가 얼마든지 초래될 수 있다.[10]

그런데 은행의 수익성 · 안전성 · 유동성의 세 가지 항목을 따로따로 분리하여

---

10. 유동성 부족으로 인한 뱅크런이 궁극적으로 은행의 도산을 가져오게 되는 과정에 대한 상세한 설명은 제14장과 15장을 참조하기 바란다.

분석하는 것은 큰 의미가 없다. 이들 개념은 상호 유기적으로 연결되어 있기 때문이다. 이에 대해 좀 더 자세히 살펴보도록 하자.

3.2.2 불확실성과 은행의 금융행위

불확실성 속에서 은행의 금융행위를 설명하려고 시도한 최초의 경제학자는 에지워스(F. Edgeworth)이다. 에지워스는 은행이 직면한 상황을 다음과 같이 파악하였다.

은행은 고객으로부터 조달한 예금(현금)의 대부분을 대출과 유가증권으로 운용하고 나머지 현금을 지급준비금으로 보유한다. 그런데 여기에는 기회비용이 수반된다. 예를 들어 은행이 보유 현금을 대출에 사용한다면 이자수익을 올릴 수 있으므로, 이자수익은 은행이 현금을 보유하는 데 따르는 기회비용이 된다. 따라서 은행은 보유 현금(지급준비금) 규모를 가급적 줄이려고 할 것이다.

반면, 은행은 항상 자산으로 적정량의 현금을 보유하고 있어야만 한다. 여기에는 두 가지 이유가 있다. 첫째는 은행의 부채를 충당하기 위해서이다. 예를 들어 요구불예금 인출 또는 만기 도래 정기예금의 원리금 지급 요구, 만기가 도래하지 않았더라도 긴급한 사유에 의한 예금지급 요구 등에 대응하기 위해 은행은 현금을 보유해야만 한다. 둘째는 은행의 자산관리를 위해서이다. 즉, 기업이나 가계의 자금에 대한 대출수요가 있을 때 그것이 건전하다고 판단되는 경우 즉시 대출을 집행할 수 있으려면 현금을 보유하고 있어야 한다.

공신력을 기반으로 예금을 받아 대출하는 것이 주된 업무인 은행에게는 예금자의 신뢰와 안정적인 고객관계 유지가 매우 중요하다. 이 과정에서 은행의 일상적 자금수요에 대한 단기적인 지급능력, 즉 유동성 관리는 큰 의미를 갖는다. 특히 은행이 현금 부족으로 예금자의 현금지급 요구에 부응하지 못해 시장 내에서 신뢰성을 상실한다면, 그 불신은 순식간에 전파되어 시장이 뱅크런(bank run) 위험에 직면할 수 있다.

이렇게 본다면, 은행의 유동성과 수익성은 서로 충돌하는 관계이다. 은행의 지급준비금이 충분할수록 유동성 측면에서는 바람직하지만 수익성 측면에서는 좋지 않다. 왜냐하면 보유하는 현금에서는 어떠한 수익도 발생하지 않기 때문이다. 그렇지만 지급준비금이 부족해 인출요구를 충족시키지 못한다면 거래비용을 부담하고 서야 자금을 융통할 수 있다(〈Box 8-1〉 참조). 따라서 은행이 현금보유액을 무조건 줄이기도 어렵다.

그러므로 은행은 불확실성 속에서 인출액이라는 확률변수의 분포를 파악해, 이것을 기초로 적정한 수준의 대출 및 유가증권보유액과 현금보유액 규모를 결정함으로써 기대이윤을 극대화할 것이다. 이것이 에지워스가 생각했던 은행 금융행위의 최적화 문제이다. 에지워스의 모형은[11] 불확실성이 존재하는 현실에서 은행이 기대이윤을 극대화한다는 가정 아래 은행이 보유하는 지급준비금의 최적 수준 결정 원리를 보여준다. 요컨대 은행은 유동성과 수익성을 모두 감안하여 최적 지급준비금을 결정한다.

Box 8-1 지급준비금이 부족한 은행의 유동성 확보방식과 거래비용

지급준비금이 모자라는 경우 은행은 자신의 유동성 부족(illiquidity)을 어떻게 해소할 수 있을까? 예를 들어 A은행이 100억원의 지급준비금을 보유하고 있는데 갑자기 150억원의 예금인출 요구에 직면했다고 하자. 이러한 상황에서 50억원만큼의 유동성 부족을 해소하는 방안에는 크게 네 가지가 있다.

첫째, 은행은 콜시장이나 RP시장과 같은 단기금융시장에서 자금을 차입할 수 있다. 그러나 이러한 단기금융시장의 금리는 상대적으로 높은 편이다. 따라서 이 방법은 차입비용이 늘어나는 문제가 있다.

둘째, 은행은 자신이 보유하고 있는 유가증권을 매각하여 지급준비금을 충당할 수 있다. 다시 말해, 50억원에 해당하는 보유 유가증권, 즉 채권이나 주식을 매각하는 것이다. 그런데 단기국채(Treasury Bills)와 같은 유동성 높은 단기증권을 매각한다면 별다른 손실이 없겠지만, 만약 유동성이 낮은 증권을 매각해야만 한다면 어느 정도 손실을 감수해야 한다. 유동성이 낮은 증권을 빠른 시간 내에 매각하기 위해서는 시장가격보다 싼 가격을 제시해야만 하기 때문이다.

셋째, 은행은 중앙은행으로부터 자금을 차입하여 모자라는 지급준비금을 충당할 수 있다. 그런데 중앙은행으로부터 재할인 형태로 자금을 차입하면 은행의 입장에서는 두 가지 대가를 치러야 한다. 먼저 중앙은행 차입금에 대해 적용되는 재할인율은 일종의 벌칙금리의 성격을 갖기 때문에 상대적으로 높다. 따라서 이때의 거래비용은 유가증권 처분 시의 비용보다 상대적으로 크다. 또한 은행이 중앙은행으로부터 자금을 차입했다는 사실이 시장에 알려지면, 그 사실은 그 은행이 자금운용에 어려움을 겪고 있음을 보여주는 신호가 된다. 따라서 시장은 이 은행의 신용도를 낮추어 평가하게 되고, 결국 은행은 더 큰 위험에 빠질 수도 있다.

마지막으로 신규 대출을 억제하거나 종전 대출을

11. 불확실성에 직면한 개별 은행의 최적 현금보유량 결정에 관한 모형을 공부하고 싶은 독자는 정운찬(1984)을 참고하기 바란다.

회수하는 방식으로 모자라는 지급준비금을 충당할 수 있다. 그러나 대출금 회수나 대출연장 거부 및 신규 대출 억제를 통한 방식은 현실적으로 단기에서는 거의 사용할 수 없다. 우선 대출구조는 주로 장기계약으로 맺어지는 것이 일반적이므로 단기적 유동성 부족에 대응하기 힘들다. 만약 은행이 단기대출금을 충분히 보유하고 있다면 대출연장을 거부함으로써 지급준비금을 조달할 수 있겠지만, 이러한 조치는 대출 대상 고객으로 하여금 기존 거래은행과 거래를 끊고 다른 은행을 찾게 하는 유인이 된다. 차입자 입장에서는 사전에 충분히 대비할 시간도 없이 대출연장을 받지 못하면, 장기적으로 그 은행과의 거래를 중단할 가능성이 높기 때문이다.

결국, 지급준비금 부족을 경험하는 은행이 어떤 방식을 선택하든 유동성을 신속히 확보하기 위해서는 높은 거래비용을 치를 수밖에 없다. 그런 와중에 만약 뱅크런이라도 발생하면 도산위험에 처할 수도 있다.

은행이 대출을 하거나 증권에 투자하면 높은 수익을 가져올 수 있음에도 충분한 지급준비금을 보유해야 하는 이유는 사전적으로 불확실할 수밖에 없는 고객의 예금인출 요구에 부응하기 위해서이다. 이렇게 본다면 평소 지급준비금을 충분히 보유하는 것은 예금인출과 관련된 잠재적 비용에 대한 일종의 보험이다.

4. 금융기관 경영원리의 변천[12]

Money & Financial Markets, Ch. Eight

지금까지 은행 경영의 중요한 목표인 수익성 · 안전성 · 유동성의 개념과 그 상충관계에 대해 살펴보았다. 이상의 세 가지 목표 중에서 어느 것을 우선시하는지는 금융환경과 경제상황에 따라 항상 변모해 왔다. 구체적으로, 은행 경영원리는 19세기의 상업대부이론에서 시작해 유동화이론, 기대수익이론에 이르는 자산관리이론, 그리고 부채관리이론을 거쳐 오늘날의 자산 · 부채 종합관리로 발전해 왔다. 이제 이들 이론을 하나하나 살펴보기로 한다.

4.1 상업대부이론

은행이론의 효시는 상업대부이론(commercial loan theory) 또는 진성어음주의(real bills doctrine)이다. 이것은 한마디로 은행이 "단기의 자기청산적 상업어음(short-term, self-liquidating, commercial paper)"을 담보로 대출해야 한다는 견해로

12. 이 절의 내용은 주로 Luckett(1976)에 의존하였다.

서,[13] 아담 스미스(A. Smith)의 『국부론』에서 처음 발견된다. 여기서 '단기'란 은행의 대출이 기업의 장기적 자금수요가 아니라 계절적 자금수요에 부응하여 이루어져야 한다는 뜻이다. '자기청산적'이란 은행이 대출을 수행하면 자연스럽게 상환자금이 확보될 수 있는 종류의 자금수요를 은행이 충족시켜야 한다는 것을 의미한다. 예를 들어 에어컨 생산 기업은 봄에 생산량을 미리 크게 늘려야만 여름이 다가오면서 늘어나는 에어컨 수요에 부응할 수 있다. 그러므로 봄에 은행대출을 받은 에어컨 생산 기업은 성수기가 막 지난 8월 말경에는 대출금을 상환할 수 있게 된다. '상업어음'이란 은행의 대출이 금융거래나 투기적 거래와는 무관하게 실물재화(real goods)의 생산과 판매에 관련된 자금수요를 충족시켜야 한다는 의미를 갖는다.

그런데 당시 은행대출이 자기청산적 단기 상업어음을 담보로 해야 한다고 본 이유는 무엇일까? 우선, 은행자산이 부동산 대출과 같은 장기대출로 인해 오랜 기간 묶이게 되면 은행의 현금흐름이 원활치 않게 되고 유동성이 낮아져 예금자의 인출요구에 부응하기 곤란해진다는 것이었다. 또한 단기대출이라 하더라도 구체적인 실물재화에 의해 지지되지 않는 경우—예를 들어 주식투자와 같은 투자적 거래에 단기적으로 대출하는 경우—에는 은행이 위험에 노출된다. 더욱이 은행은 다른 사람의 돈을 운용하는 것이므로 그와 같은 위험한 대출을 하면 안 된다는 것이었다.

상업대부이론은 은행제도의 안전성 확보가 최고의 목표였던 19세기까지 큰 영향력을 행사했다. 그러나 이 이론은 이론적으로나 역사적으로 볼 때 근본적인 문제가 있었다. 우선, 상업대부이론에 따라 대출이 이루어져도 그 대출의 자기청산 여부는 실물재화 자체가 아니라 그 실물재화의 가치에 달려 있다. 다시 말해, 대출을 받아 만들어진 실물재화가 시장에서 모두 판매된다는 보장은 없으며 가격이 크게 떨어질 가능성도 있다. 대출금이 회수되지 않을 가능성은 얼마든지 있는 것이다. 또한 19세기 후반 미국은 산업혁명이 진행되는 가운데 철도와 같은 사회간접자본 건설과 장기 설비투자에 대한 자금수요가 막대했었다. 당시 이러한 장기자금 수요에 직면한 은행들은 단기대출의 자동 연장을 반복했었다. 이러한 19세기 후반 미국 은행들의 대출 관행은 상업대부이론의 자구(字句)에는 부합했을지 몰라도 이론의 기본 취지는 전혀 지켜지지 않은 셈이다.

13. Luckett(1976) p.144.

4.2 유동화이론

19세기의 상업대부이론에 이어 20세기 초에는 유동화이론(shiftability theory)이 등장하였다. 이 이론에 따르면, 은행의 유동성은 자산의 유동성과 직접 관련을 갖는 것이 아니라 자산을 예측 가능한 가격으로 타인에게 이전시킬 수 있는 은행의 능력에 의해 결정된다. 은행이 필요에 의해 자신이 보유해 오던 단기 유가증권을 공개시장에서 매각하여 유동성을 즉각 마련할 수 있다면 자산을 평소 유가증권으로 운용해도 아무런 문제가 없다는 것이다.

이와 같은 유동화이론이 상업대부이론을 대체한 것은 아니었다. 은행의 자산으로서 상업대부가 적절하다는 점을 부정한 것은 아니었기 때문이다. 다만 유동화이론은 은행이 보유해도 무방하다고 간주되는 자산의 범위를 광범위하게 확대했을 뿐이다.

이제 유동화이론에 따라 은행은 예치된 자금을 상업대부의 형태로 운용하는 것은 물론, 공개시장에서 쉽게 현금화할 수 있는 단기 유가증권을 보유하는 형태로도 운용하기 시작하였다. 더욱이 은행은 보유 유가증권을 만기 이전에도 얼마든지 공개시장에서 거래할 수 있다는 점에서, 은행이 보유하는 유가증권은 상업대부보다도 더 쉽게 유동화할 수 있는 제2선 지급준비금으로 간주되게 되었다.

그러나 유동화이론에도 약점은 있었다. 개별 은행이 보유 유가증권을 타인(여타 은행)에게 이전시켜 유동화하는 데는 아무런 문제가 없지만, 모든 개별 은행이 저마다 유동화하려고 나서는 경우 은행시스템 전체적으로 추가적인 유동성이 창조될 수는 없다는 약점이다. 이와 같은 구성의 오류는 1930년대 대공황 당시 그랬듯이 위기 시에 심각하게 나타난다. 이것은 상업은행이 자체적으로 해결할 수 있는 종류의 문제가 아니다. 중앙은행의 최종대부자 기능이 그래서 필요해진다.

4.3 기대수익이론

1940년대 말 미국에서는 장기대출 수요가 폭증하는 가운데 기대수익이론(anticipated income theory)이 등장했다. 이 이론에 따르면 자기청산적 대출이란 애초에 존재하지 않는다. 재화가 다 팔리지 않을 수도 있고, 재화의 미래가치가 현재와 같이 유지되리라는 보장도 없기 때문이다. 진성어음을 담보로 한 상업대부의 경우에도 차입자의 미래수익이 발생해야만 상환이 이루어진다. 따라서 은행대출 시 중요한 것은 대출의 유동성 여부가 아니라 차입자의 상환능력이다. 다시 말해, 대출의 유형이 단기적 상업대출인지 또는 장기적 비상업대출인지 여부는 은행에게 중요하지 않다. 그보다는 차입자의 미래 상환능력에 초점을 맞추어 대출 수행 여부를 결정하는 것이 바람직하다는 것이다. 이와 같은 기대수익이론이 받아들여지면서 은행은 장기대출에 나서기 시작했다. 한편 기대수익이론은 은행에게 적절한 대출의 유형이 상업대출로만 한정되는 것은 아니라는 견해이므로, 제2선 지급준비금을 은행 유동성의 근본적 원천으로 간주하는 기존의 유동화이론을 부인한 것은 아니었다.

4.4 부채관리이론

이상의 세 이론—상업대부이론, 유동화이론, 기대수익이론—은 기본적으로 은행 부채의 규모와 구성을 은행의 적극적 통제대상이라기보다는 수동적 수용대상으로 간주한다. 그래서 부채관리 대신 자산관리에만 관심을 기울인다. 그런 의미에서 세 이론은 모두 자산관리이론이다.

그러나 1960년대 이후 대출수요의 급증에 대응하는 과정에서 은행은 다양한 금융상품의 판매를 통해 필요 자금을 적극적으로 조달하는 경영방식이 필요해졌다. 즉, 은행은 보다 낮은 이자율로 자금을 최대한 차입해 보다 높은 이자율로 대출수요를 충당하는 방식으로 이윤을 추구하게 된 것이다. 이러한 경향을 뒷받침하는 것이 부채관리이론(liability management theory)이다.

부채관리이론은 은행의 자산구조뿐만 아니라 부채구조도 은행의 유동성에 두드러진 역할을 수행한다고 본다. 예를 들어 은행의 예금잔고가 급감했거나 대출수요가 급증했다고 가정해 보자. 종전의 자산관리이론에 따르면, 은행은 국채와 같은 제2선 지급준비자산을 매각해 유동성을 마련할 수 있다. 그러나 부채관리이론에 따르면, 은행은 자금을 차입해 유동성을 마련할 수도 있다. 구체적으로, 은행은 양도성 예금증서(negotiable certificates of deposit)나 표지어음을 발행해 예상치 못한 예금인출에 대처하거나 대출자금을 마련할 수 있다. 사실 부채관리는 1960년대 미국에서 대출수요가 폭증하고 이에 따라 은행이 자금조달수단을 다양화하면서 시작되었다.

Box 8-2 자산관리와 부채관리

은행의 자산관리(asset management)란 은행이 보유하고 있는 자금을 효율적으로 배분하여 가장 바람직한 자산구성을 갖는 것이다. 앞에서 살펴본 대로 은행의 자산관리는 상호 상충관계를 갖는 수익성 · 유동성 · 안전성 중 어느 하나를 크게 해치지 않는 범위 내에서 모든 조건을 골고루 충족시키는 방향으로 추구되어야 한다. 따라서 자산관리는 은행의 유동성과 안전성을 저해하지 않는 범위 내에서 수익성을 극대화하는 방식으로 추구되는 것을 원칙으로 한다. 즉, 자산관리에서는 부채를 주어진 것으로 보고 보유자금을 어떤 형태로 구성하는 것이 바람직한지를 분석하는 소위 자산선택의 문제를 중요시한다.

자산관리는 자금의 원천을 주어진 외생변수로 간주하기 때문에 부채관리와 대비시켜 은행 경영의 수동적 접근방법이라 부른다. 그러나 20세기 중 · 후반부터는 세계적인 금융환경 변화에 따라 각국에서 단기금융시장이 발달하고 금융자율화가 진행되면서 은행들은 기존의 자산관리와는 별개로 부채관리의 필요성을 새롭게 인식하게 되었다.

부채관리(liability management)란 1950년대와 1960년대 미국에서 등장한 새롭고 능동적인 은행 경영기법으로서, 은행이 자금을 적극적으로 조달하고자 하는 관리방식이다. 당시 미국에서는 경제성장으로 개인 기업의 자금수요가 증가하고 여러 금융기관들이 우후죽순처럼 생겨나면서 금융기관 간 경쟁이 불붙게 되었다. 즉, 은행들은 수동적으로 보유한 자금만으로는 대출수요에 대응하기 어려웠다. 따라서 은행이 추가자금을 외부로부터 조달하는 방법을 찾기 시작하면서 부채관리가 은행 경영의 주요 과제로 떠올랐다. 그 결과 유동성의 즉각적 원천으로서 은행간시장(interbank market)이 성장했고, 새로운 금융상품 개발 등으로 은행의 자금원천이 다양화되었다. 예를 들어 미국의 경우 1950년대 이후 연방자금시장(federal funds market)이 급성장하면서 은행 간 지준거래가 활성화되었고, 1960년대 초 개발된 양도성예금증서는 금융기관이 규제를 회피하면서 부채관리를 통해 자금을 확보하기 위한 대표적 금융상품이 되었다.

이러한 변화에 따라 은행의 전통적 자금원천으로서 요구불예금의 비중은 줄어들었다. 대신 은행들은 자산증가 목표를 설정한 다음 여러 형태의 채무부담을 통해 필요한 자금을 조달하는 적극적 · 능동적 경영을 시작하였다. 예를 들면 대형 은행들은 유리한 대출기회를 발견하면 양도성예금증서의 발행을 통해 자금을 조달하였으며, 그 과정에서 유동성이 부족해지면 1일물을 다루는 초단기 시장에서 자금을 차입하여 이를 충당하는 방식을 취했다.

부채관리는 소형 은행보다는 대형 은행에게 더욱 적절한 개념이다. 소형 은행이 부채관리를 위해 일상적으로 단기금융시장에 접근하기란 곤란하기 때문이다. 그러므로 미국에서는 부채관리가 도입된 이후 대형 은행과 소형 은행 사이의 정량적 · 정성적 차이가 두드러지게 되었다.

자료 : Luckett(1976).

4.5 자산 · 부채 종합관리이론[14]

지금까지 살펴본 대로, 금융산업이 발달하기 시작한 19세기 이후 금융기관의 경영의 초점은 자산관리에만 맞추어져 왔었으나, 1950년대부터는 자산뿐만 아니라 부채도 적극적 관리의 대상이라는 사실이 새롭게 인식되었다. 그런데 1970년대 초반 국제통화제도가 고정환율제도에서 변동환율제도로 변화하면서 국제금융시장에 혼란이 야기되었고, 때마침 발생한 제1차 석유파동으로 미 달러화 가치가 불안정해졌다. 이에 미국은 달러화의 가치 하락을 방지하기 위해 고금리정책을 채택하였다. 그 결과 금융시장에서는 규제금리를 지급하는 은행의 저금리 금융상품에서 시장금리를 반영하는 고금리 금융상품으로 자금이 이동하는 탈은행화(disintermediation) 현상이 나타났다.

이러한 환경변화 때문에 은행들은 높은 예금금리를 지급하면서 예금을 유인하거나 금융시장에서 자금을 고금리로 조달하지 않을 수 없었다. 따라서 은행의 자금조달 비용이 증가하여 결국 수익성이 크게 악화되었다. 게다가 이러한 금융환경 변화에 적절하게 대응하는 데 실패한 은행들은 유동성 부족과 수익성 악화로 도산에 직면하였다.

이러한 상황에서 자산과 부채를 별도로 관리하는 종전의 은행경영시스템은 자금운용의 경직성으로 인해 위기를 초래하였다. 이에 대한 반성으로 1970년대 후반부터 은행들은 금리 및 환율 변동위험에 보다 적절히 대처하기 위해 기존의 자산관리와 부채관리를 종합해 자금의 원천과 운용을 유기적으로 연계 · 관리하는 새로운 개념을 도입하게 되었다. 이것이 자산 · 부채 종합관리(ALM : asset-liability management)이다.

도입 초기의 ALM은 주로 금리위험에 대처하는 데 초점이 맞추어져 있었다. 이는 1970년대 말부터 1982년까지 미국 연준이 제2차 석유파동에 따른 인플레이션에 강력히 대처하는 과정에서 전반적인 시장금리 수준과 그 변동성이 다 같이 높아졌기 때문이었다. 당시 금리위험의 관리에는 주로 갭분석(gap analysis)이 이용되었다. 갭분석을 위해서는, 먼저 은행의 자산과 부채를 이자율 변화에 민감한 부분(변동금리부 자산 및 부채)과 그렇지 않은 부분(고정금리부 자산 및 고정금리부 부채)으로 구

---

14. 이 소절은 금융감독원(2006)과 정대영(2005)에 의존하였다.

분하고, 1개월, 3개월, 6개월, 1년 등 여러 만기구간을 설정한다. 이자율에 민감한 자산과 부채를 각각의 잔존 만기에 따라 해당 만기구간에 귀속시켜 구간별로 자산과 부채의 차액(갭)을 구한 후 이자율 변화로 인한 은행의 수익성 변화를 분석하게 된다.[15] 갭분석의 궁극적 목적은 각 만기구간에서 이자율에 민감한 자산과 부채의 차액을 일정 범위 내로 조절하는 것이다. 왜냐하면 갭이 크면 클수록 은행의 수익성에 대한 위험이 그만큼 커지기 때문이다. 그러나 갭분석은 이자율에 민감한 개별 자산과 부채로부터의 현금흐름 발생시점을 고려하지 못하는 단점을 갖는다. 이러한 점을 보완하기 위하여 제4장에서 살펴본 실효만기(duration)의 개념이 널리 쓰인다. 은행들은 자산(대출)의 듀레이션에서 부채(예금)의 듀레이션을 차감한 듀레이션 갭을 구해 이자율 변동에 따른 수익성 변동을 측정 · 관리한다. 이와 같은 은행 수익성 분석방식을 듀레이션 갭분석(duration gap analysis)이라 부른다.

한편, 일찍부터 ALM은 유동성위험에 대처하기 위해서도 활용되었다. ALM에서 다루는 유동성위험이란 보유자산으로부터의 현금유입 발생시점과 보유부채로부터의 현금유출 발생시점이 상호 불일치하는 데서 발생하는 위험이다. 유동성위험은 흔히 유동성 비율이나 유동성 갭으로 측정된다. 유동성 비율(liquidity ratio)이란 잔존 만기가 일정 기간 이내인 유동성 자산과 유동성 부채의 비율이며, 유동성 갭(liquidity gap)은 여러 만기구간을 설정한 후 자산과 부채를 그 잔존 만기에 따라 해당 만기구간에 귀속시켜 각 만기구간별로 계산된 자산과 부채로부터의 현금흐름 차액이다.

그러나 은행이 자본시장에 참여하는 폭이 넓어질수록 은행은 유동성위험뿐만 아니라 금리 · 환율 · 주가 등의 변동에 따른 시장위험에 더욱 노출되고 있다. 또한 파생금융상품 등과 같은 새로운 금융상품이 등장하면서 은행이 관리해야 할 위험은 더욱 증가하고 있다. 이러한 추세에 부응하여 최근에는 금융기관의 시장위험을 보

15. 주어진 특정 만기구간에서 은행이 이자율 변화에 민감한 자산과 부채를 각각 20억원과 50억원 보유한다고 가정해 보자. 이때 이자율 변화에 민감한 자산과 부채의 차액은 −30억원(= 20억원 − 50억원)이 된다. 이제 이자율이 5%포인트 상승하는 경우, 은행은 1억 5천만원(= 30억 × 5%)의 이자수익 감소를 경험할 것이다. 반대로 이자율이 5%포인트 하락하는 경우, 은행은 1억 5천만원의 이자수익 증가를 경험할 것이다. 이와 같이 이자율에 민감한 자산과 부채의 차이가 클수록 은행의 이자수익은 주어진 이자율 변화에 심하게 노출된다. 따라서 이자율 변화에 대한 수익의 변동성을 줄이기 위해 은행은 이자율에 민감한 자산과 부채의 차액 규모를 각 만기구간별로 조절하게 된다.

다 체계적으로 관리하는 VaR(Value at Risk) 모형이 일반화되었다.

VaR이란 어떤 금융기관이 주어진 포트폴리오를 일정 기간 보유하는 경우 정상적인 상황 하에서 주어진 확률로 발생할 수 있는 최대손실액을 의미한다. 구체적으로, 포트폴리오 전체의 VaR은 그 포트폴리오를 구성하는 주식, 채권, 외환, 파생상품 등의 개별 포지션에 대해 개별 VaR을 구한 후 각 개별 자산 간 상관관계를 고려해 구해진다. 따라서 종래의 위험관리 방식은 모든 종류의 자산에 일괄적으로 적용할 수 없지만, VaR 모형은 다양한 형태의 위험을 하나의 수치로 알려준다. 예를 들어 어느 금융기관이 주어진 포트폴리오를 향후 2주일 동안 보유하는 경우, 신뢰수준 99%에서 VaR이 200억원으로 계산되었다고 하자. 이는 앞으로 2주일 사이에 이 금융기관에서 발생할 손실규모가 200억원 이하일 확률이 99%이며, 200억원을 초과하는 손실이 발생할 확률은 1%라는 의미이다. 이러한 손실규모를 감안하여 이 금융기관은 평소 완충자본금(capital buffer)을 비축하게 된다.

이런 손실모형을 통해 계산된 VaR이 과연 얼마나 정확한지는 일정 기간 동안 발생한 실제 손실규모와의 비교, 즉 사후검증(back testing)을 통해 확인할 수 있다. 하지만 VaR 모형은 정상적인 시장상황을 전제하고 있다는 한계가 있다. 지난 금융위기에서도 VaR 모형의 이러한 기본 전제에 문제가 있음이 분명히 드러났다. "평소 상관성이 없던 자산들도 시장에 위기가 닥치면 매우 높은 상관관계를 갑자기 보일 수 있는[데도]", "[VaR] 모형들은 자산가격의 변동성이 불변이고 자산가격들 사이의 상관관계도 불변이라는 잘못된 가정을 [하기 때문에] … VaR 모형에 따른 완충자본금은 [실제 위기 시] 턱없이 부족해진다"는 것이다.[16]

따라서 9 · 11테러나 1987년의 블랙먼데이와 같이 시장상황이 비정상적인 경우를 다루는 별도의 분석이 필요해진다. 이것이 최근 개발된 위기상황분석(스트레스 테스트: stress test)이다. 위기상황분석에는 주가 급락과 같은 특정 충격요인의 다양한 규모를 가상적으로 전제하고 각 경우에 대해 포트폴리오의 가치 변동을 편미분 분석을 통해 측정하는 단순민감도분석(simple sensitivity test)과 위기 시 다수 경제변수 간 상호작용 속에서 위험요인의 예상 파급경로와 그 영향을 추정하는 시나리오 분석(scenario analysis) 등이 있다.[17] 이때 "의미 있는 결과를 도출하려면 충분히 격

16. 인용문은 숄즈(M. Scholes)의 언급으로 *The Economist*(2009, p.61)에서 재인용.
17. 신용상(2011) 참조.

렬한 충격이라야 하고, 심각하게 받아들여지기 위해서는 충분히 그럴듯해야 하기 때문에, … [위기상황분석에는] "격렬하면서도 그럴듯한(severe yet plausible)" 시나리오가 필요해진다."[18] 원래 위기상황분석은 개별 금융기관의 포트폴리오 안정성을 검증하기 위한 미시적 위기상황분석(micro stress tests)에서 출발했으나 글로벌 위기 이후에는 거시적 위기상황분석이 활발히 이루어지고 있다.[19]

과거에는 ALM이 금리위험 및 유동성위험의 측정과 관리를 중심으로 발전해 왔지만, 최근에는 ALM을 금융기관의 순자산 증대를 위한 자산 및 부채의 관리라는 보다 적극적이고 넓은 의미로 해석하게 되었다. 따라서 시장위험의 측정을 위한 VaR 모형과 그 사후검증, 그리고 위기상황분석 등 다양한 방법론이 ALM의 맥락에서 활용되고 있다. 오늘날에는 금융기관이 직면하는 다양한 위험의 측정과 관리는 물론 자본적정성의 관리를 통한 자산 · 부채의 전략적 운용이 모두 ALM의 영역으로 간주된다.

5. 현실에서 다양한 금융기관이 존재하는 이유

Money & Financial Markets, Ch. Eight

5.1 기존의 표준적 시각 : 글로벌 금융위기 이전[20]

상업은행이 본연의 자금중개 기능 이외에 다른 금융중개 기능까지 함께 담당하는 겸업주의 은행제도(universal banking system)에 대하여 생각해 보자. 금융거래가 빈번해질수록 자금공급자와 차입자는 모두 상대방에 대한 정보를 많이 획득할 수 있게 된다. 그런데 지급 · 신용거래 등 금융중개와 관련된 많은 부분의 금융행위가 상업은행을 통해 이루어지므로, 고객과의 거래를 통해 은행은 다른 금융중개기관에 비해 정보의 수집 · 획득에 우월한 위치를 점하게 된다. 또한 상업은행이 한 종류의 금융서비스를 공급함으로써 얻은 경험 · 정보 · 노하우는 다른 금융서비스를 개발 · 공

18. Borio *et al.*(2012), p.4.

19. 위기상황분석에 대해서는 제15장 참조.

20. 이 절은 Goodhart(1989)에 의존하였다.

급하는 데 소요되는 비용을 감소시킨다. 따라서 금융서비스의 제공에는 규모의 경제(economies of scale)는 물론, 범위의 경제(economies of scope)도 어느 정도 존재한다고 볼 수 있다.

그러나 현실에서는 다양한 금융중개기관이 존재하며, 이들은 각종 금융서비스를 제공하고 있다. 또한 상업은행은 이러한 여러 금융중개기관의 기능을 대체하지 못하고 있다. 왜 그럴까?

첫째, 서로 다른 종류의 금융서비스는 상호 공유할 수 없는 특수한 형태의 정보를 필요로 하기 때문에 정보의 생산 · 이용에서 범위의 경제는 필연적으로 한계를 갖는다. 예를 들어 보험회사의 위험에 대한 평가는 은행의 위험 평가와 다른 특수한 성질을 갖는다. 실제로 선진국의 현실에서 은행은 보험 · 주택융자 · 리스사업 등을 직접 겸업하기보다는 자회사 설립을 통해 영위하고 있다. 이러한 현상은 은행이 다양한 금융서비스를 직접 생산 · 공급할 때 범위의 경제로부터 얻을 수 있는 이익은 적은 반면, 최고경영자가 각 사업의 특수성을 제대로 이해하지 못하게 되거나 무절제한 확장 등으로 관리구조상의 문제점이 심각해질 수 있다는 사실을 반영한다.

둘째, 은행의 강력한 시장지배력을 억제하려는 정치적 요구가 존재한다. 이는 은행이 고객 정보에 대한 접근성 측면에서 다른 금융중개기관보다 우월한 지위에 놓여 있기 때문이다. 특히 미국과 같은 국가에서는 그와 같은 정치적 압력으로 은행활동을 엄격히 제한하는 법률이 제정되기도 하였다. 은행을 보유한 지주회사가 비은행 활동을 통해 이익을 얻을 수 있는 조건을 엄격하게 규정했던 미국의 「은행지주회사법(Bank Holding Company Act)」이 대표적인 예이다. 그리고 한 종류의 금융서비스 공급을 통해 얻은 정보가 다른 금융서비스 공급과 관련하여 이해상충의 문제나 부당이익 획득의 문제를 야기하기도 한다. 또한 은행의 독점적 지위 강화로 금융집단의 무절제한 확장이 이루어지면, 이들이 고객을 비롯한 경제 전체의 이익에 반하는 행위를 할 우려가 있다. 따라서 이를 억제하는 제도적 장치가 필요하기도 하다.[21]

셋째, 은행은 다른 기업과는 달리 유동성위험에 노출되기 쉽고, 파산에 따른 사회적 파급효과가 매우 크다는 점에서 엄격한 건전성규제가 정당화된다. 은행은 유

21. 그러나 최근에는 기술발전에 따른 금융서비스에 대한 국제적 경쟁 격화와 탈규제 추세가 금융중개기관들 사이의 인위적 장벽들을 붕괴시켜, 겸업은행의 설립에 대한 부정적 시각은 상당히 완화되고 있다.

동성위험에 노출되기 쉽다.[22] 평상시에는 안정적인 당좌계정의 기초자산에 의존할 수 있지만, 일단 은행의 유동성이 위험에 처할 수 있다는 소문이 퍼지면 건전하게 경영되던 은행까지도 뱅크런에 직면할 수 있다. 유동성 부족을 경험하는 은행은 보유자산의 급매에 나서게 된다. 이런 경우 정상적 상황에서라면 제값을 받을 수 있었을 은행자산의 시장가치가 급락하면서 자산가치가 부채가치에 미달하는 지급능력 부족 상태가 초래될 수도 있다.

게다가 은행의 고객은 평소 거래적 동기에 의해 보유하는 화폐잔고의 대부분을 은행예금으로 예치하므로, 은행 도산으로 인해 자신의 유동성을 상실하는 즉시 유동성 회복을 위해 자신이 보유한 다른 자산을 처분하거나 다른 금융중개기관으로부터 자금을 인출하게 된다.[23]

이와 같이 경영상태가 건전한 은행도 뱅크런과 도산에 취약하며, 일단 은행에 문제가 발생하면 외부성이 크게 작용한다. 게다가 은행이 도산하면 고객은 극심한 유동성 압박으로 자산처분에 나서게 된다. 요컨대 은행 도산에 따른 사회적 비용은 다른 금융기관의 도산에 따른 사회적 비용에 비해 훨씬 더 크다. 이런 이유로 규제당국은 다른 금융중개기관보다 은행의 자산구성에 대해 더 엄격한 건전성규제(prudential regulation)를 적용한다. 선진국에서 지주회사가 은행과 다른 금융기관 모두를 통제할 수 있더라도, 이것을 분리된 자회사로 운영하는 경향이 강하게 나타나는 것도 이러한 배경에 근거한다. 또한 특정 형태의 금융중개기관 또는 특정 분야에 전문화된 금융중개기관에 대한 세법상 혜택이 금융중개기관의 특화를 유도하기도 한다.

요컨대, 현실에서 은행 이외에도 다양한 금융중개기관들이 존재하는 것은 서로

22. 여기에 대해서는 앞서 제3절에서도 살펴보았지만 자세한 논의는 제14장과 15장을 참고하기 바란다.

23. 한편 비은행 금융중개기관이 도산하는 경우 고객이 겪게 될 유동성 압박의 정도는 은행 도산에 비해 그리 심하지 않다는 것이 글로벌 금융위기 이전의 일반적 시각이었다. 예를 들어 보험회사나 신탁회사의 부채는 은행 부채에 비해 만기가 매우 길다. 이들이 도산한다 해도 애초에 비유동자산을 보유하던 보험회사나 신탁회사의 고객들이 갑작스럽게 유동성 압박을 크게 느끼게 되는 것은 아니다. 그러므로 고객들은 자신이 보유하던 다른 자산을 급히 처분할 필요를 크게 느끼지도 않을 것이다. 이런 이유로, 이들 비은행 금융중개기관의 도산은 그 고객의 연속적인 자산처분이나 다른 금융중개기관으로부터의 자금인출을 야기하지는 않는다는 것이다(Goodhart 1989). 하지만 이러한 시각은 글로벌 위기 이후 더 이상 받아들여지지 않게 되었다.

다른 금융서비스의 제공에서 은행이 누릴 수 있는 범위의 경제를 뛰어넘는 전문화의 이익, 겸업주의 억제에 대한 정치적 요구, 그리고 은행의 유동성 위기에 따른 대규모의 사회적 비용 등으로 인해 은행업무의 무절제한 확장을 제한하는 규제 등에 기인한다.

5.2 새로운 현실 : 글로벌 금융위기 이후

앞의 절에서 설명한 내용은 대부분의 화폐금융학자들이 일반적으로 수용해 온 표준적 시각을 반영한다. 그런데 글로벌 금융위기에서는 기존의 시각 중 특히 '은행의 도산과 여타 금융중개기관의 도산 사이에는 상당한 차이가 있다' 는 이론이 실제로는 성립하지 않았다.

예를 들어[24] 2008년 3월 14일 미국 연방준비제도는 투자은행 베어스턴즈(Bear Stearns)에 대한 300억 달러의 구제금융 지원을 결정했다. 이는 베어스턴즈가 모건체이스(J. P. Morgan Chase)에게 매각되는 과정에서 연준이 베어스턴즈의 악성 자산(toxic asset) 300억 달러를 자신의 대차대조표에 떠안기로 한 것이었다. 이는 1933년 은행법 이후 연준의 최종대부자 기능을 통해 공적 금융안전망이 은행이 아닌 증권회사에게까지 확대 적용된 첫 번째 사례가 되었다. 또한 그로부터 약 6개월이 지난 시점이자 리먼브러더즈가 파산신청을 낸 바로 다음 날인 2008년 9월 16일 연준은 보험회사인 AIG에 850억 달러를 긴급 수혈했다. 전 세계적으로 엄청난 액수의 CDS 계약을 판매[25]하며—2008년 6월 30일 현재 CDO 등 유동화증권의 AAA 등급 트랜치에 대한 AIG의 신용파산스왑(CDS : credit default swap) 발행잔액은 4,110억 달러였다—주택시장의 활황 지속에 집중적으로 베팅했던 AIG가 서브프라임 사태로 인한 유동화증권의 폭락으로 파산지경에 이르자 연준이 최종대부자로 개입하게 된 것이다. 이로써 글로벌 금융위기는 은행이 아닌 개별 증권회사와 보험회사도

---

24. Mishkin(2011)과 Stulz(2010) 참조.

25. CDS(Credit Default Swap)는 채무불이행 리스크에 대비한 보험과 같은 성격을 가지는 파생금융상품이다. CDS 계약의 구매자는 대출, 채권 등 기초자산의 채권자로서 채무불이행(default) 리스크를 회피하고자 한다. 판매자는 구매자로부터 프리미엄을 지급받는 대신 채무불이행 리스크가 현실화될 경우 채무를 대신 상환하게 된다. AIG의 CDS 판매는 동사의 수익 증대로 이어지지만 동시에 판매수익의 수십배에 해당하는 리스크에 노출되었다는 것을 의미한다.

'시스템상 중요할 수 있다(systemically important)' 는 사실—즉, 전체 금융시스템의 붕괴를 위협할 수 있다는 사실—을 분명히 보여주었다. 이는 다름 아닌 금융기관 간 · 금융시장 간 상호연계성(interconnectedness) 때문이었다. 그래서 은행이 아닌 증권회사 · 보험회사에게도 대마불사(TBTF : too big to fail) 또는 연계불사(TITF : too interconnected to fail)가 적용된 것이다. 글로벌 금융위기 이후 시스템상 중요 금융기관(SIFI : systemically important financial institutions)에 대한 감독강화 논의가 거시건전성 감독의 맥락에서 세계적으로 전개되고 있는 것은 바로 이 때문이다.

사실, 2008년 베어스턴즈나 AIG가 위기에 직면한 것은 서브프라임 사태로 그림자은행시스템에게 런(run)이 발생했음을 의미한다(〈Box 8-3〉 참조). 투자은행, 헤지펀드, 은행의 부외기구(OBSEs : off-balance sheet entities) 등으로 구성된 소위 그림자은행시스템(shadow banking system)은 상업은행과는 달리 규제를 거의 받지 않는 가운데 자산유동화 등 금융혁신을 배경으로 2000년대에 뉴욕의 월가를 위시한 미국 및 유럽 국제금융센터를 중심으로 급속히 성장했었다. 그 결과 2007년 초 금융기관 자산 기준으로 미국의 그림자은행시스템은 약 10.5조 달러 규모로서 은행시스템의 10조 달러 규모를 웃도는 정도가 되었다.[26] 이후 금융안정위원회(FSB)는 그림자은행이 제기하는 시스템리스크를 글로벌 차원에서 체계적으로 감시해 오고 있다(〈Box 8-4〉 참조).

21세기에 진입하기 이전에도 겸업화의 진전으로 '은행은 특별하다(Banks are special)' 는 기존 인식이 약화되어 온 것은 사실이다. 하지만 이러한 인식은 이번 글로벌 금융위기를 겪으면서 결정적으로 약화되었다. 다만, 앞으로 규제감독이 얼마나 강화되고, 어떻게 이행될지에 따라 금융중개기관으로서 은행의 특별한 정도가 판가름날 것으로 보인다.

26. Geithner(2008) 참조.

Box 8-3 그림자은행시스템(shadow banking system)에 대한 런과 글로벌 금융위기

2000년대 들어와 미국 월가에서는 감독당국의 규제를 거의 받지 않는 일단의 금융기관들이 급속도로 성장했다. 이들 금융기관에는 자산유동화를 통해 리스크를 이전시키기 위해 은행이 설립한 구조화투자회사(SIVs : structured investment vehicles) · 콘뒷츠(conduits) 등 부외기구(OBSEs), 투자은행(investment banks), 헤지펀드, 자금시장펀드(MMFs : money market funds), 그리고 모놀라인 보험업자(monoline insurers)가 포함된다. 이들을 그림자은행(그림자금융, 그림자은행시스템 또는 그림자금융시스템)이라 부른다.[1)]

이들은 차입자와 투자자 사이에서 금융중개 역할을 수행하면서 자산과 부채 간 이자율 스프레드를 이윤의 원천으로 삼는다. 구체적으로, 이들 금융중개기관은 상업은행과 같은 예금수취기관이 아니므로 자금시장(money market)에서 장기채권을 담보로 단기금융수단을 발행 · 판매하여 자금을 조달한다. 예를 들어 SIV는 주로 단기 ABCP와 중기 MTN(medium-term notes)을 발행하고, 투자은행은 주로 익일물RP 등 단기RP를 매각하여 투자자들로부터 고유동성 단기자금을 조달하며, 그 자금을 MBS · CDO · CARD · 회사채 · 금융채 등 저유동성 장기채권으로 운용한다. 이들 비은행 금융기관의 소득원천은 장 · 단기 채권 간 이자율 스프레드이다. 이 과정에서 이들은 자산-부채 간 만기불일치(maturity mismatch)의 문제에 노출된다. 이것은 상업은행이 예금(단기부채)으로 조달한 자금을 대출(장기자산)로 운용함으로써 자산-부채 간 만기불일치에 노출되는 것과 실질적으로 동일하다. 그럼에도 이들에 대해서는 상업은행에 부과되는 수준의 자본금의무나 공시의무가 부과되지 않았다. 그러므로 이들 금융중개기관은 평소 레버리지를 늘리고 위험투자를 늘릴 수 있었다. 결국 상업은행과 유사한 금융중개업을 영위하면서도 상업은행에 비해 거의 규제를 받지 않았다는 의미에서 이들 비은행 금융기관들과 그 활동을 그림자은행시스템이라 통칭하게 되었다.

단기금융수단을 반복적으로 차환하여야 장기자산 운용이 가능하므로 그림자은행시스템에 속한 금융기관에게는 자금조달의 용이성—조달유동성—이 특히 중요하다. 단기부채를 장기자산으로 운용하는 데서 나오는 만기불일치의 문제는 곧 이들 금융기관이 본래 "조달유동성위험(funding liquidity risk)"에 노출됨을 의미한다.[2)]

지난 2007년 중반 미국의 비우량 주택담보대출이 대량 부실화하자, 이들이 자산으로 운용 중인 각종 구조화증권의 가치에 대한 시장의 의구심이 증폭되면서 단기자금조달원이던 ABCP · RP시장의 거래도 갑작스레 중단되었다. 이것은 결국 그림자은행시스템에 대한 런(run on the shadow banking system)이었다. 또한 은행들은 자신의 부외기구인 SIVs와 콘뒷츠에게 유동성 공급 약정을 흔히 제공했었다. 이런 약정이 화근이 되어 서브프라임 사태로 인한 부외기구의 문제가 이내 은행시스템으로 전이되고 은행의 자본확충이 요구되는 상황으로 발전했다. 글로벌 금융위기의 시작과 전개과정에 대해서는 제14장에서 상세히 다루기로 한다.

1) 그림자은행의 개념에 대해서는 〈Box 8-4〉를 참조하기 바란다.

2) Brunnermeier(2009), p.80.

자료 : Brunnermeier(2009), Wikipedia(2021).

Box 8-4 그림자은행 : 정의와 접근

'그림자은행(shadow bank)'은 미국 캔자스 연방준비은행 주최 연례 심포지엄 강연(2007. 8)에서 당시 자산운용회사 PIMCO의 임원이던 맥컬리(P. McCulley)가 은행의 부외기구—"글로벌 금융위기 이전 유럽 및 북미의 대형 은행들이 자신의 대출자산을 불투명하고 복잡한 과정을 거친 유동화채권으로 부외에 보유하기 위해 사용했던 법률적 구조물"—를 지칭하기 위해 사용한 조어이다.[1]

그로부터 1년 후 리먼 사태(2008. 9)로 글로벌 금융위기가 본격화하자 그림자은행의 개념이 새롭게 조명을 받으면서 은행의 부외기구는 물론 투자은행, 헤지펀드, 자금시장펀드, 모놀라인 보험업자 등을 광범위하게 포함하는 개념으로 확장되었다(〈BOX 8-3〉 참조). 이들 금융기관은 "[단기금융시장에서 자금을 조달하여 장기자산(특히 유동화채권)으로 운용함으로써] 만기변환 기능을 수행했던 비은행금융기관(NBFI : non-bank financial institution)"이라는 특징을 공유한다.[2] 이들은 상업은행처럼 단기 예금을 조달하여 장기대출로 운용한 것은 아니었으나 만기변환 기능을 수행했다는 점에서는 은행과 다를 바 없었다. 하지만 이들 그림자은행은 상업은행에 준하는 규제 및 감독을 거의 받지 않았으므로 중앙은행의 비상 유동성 지원 대상이 원칙적으로 될 수 없다. 이들이 예금으로 자금을 조달한 것도 아니므로 예금보험 적용 대상도 아니다.

글로벌 금융위기의 경험을 통해 전 세계는 그림자은행이 "규제 강도가 낮아 신용 및 유동성 리스크에 쉽게 노출되고 높은 레버리지로 인해 경기순응성이 커서 금융시스템의 불안요인으로 작용"할 수 있음을 잘 알게 되었다. 또한 "그림자은행 거래 및 상품을 통해 금융기관 간 상호연계성이 확대되면 특정 부분에서의 위기가 전체 금융시스템으로 전이"될 수 있음도 잘 알게 되었다. 하지만 그림자은행에게 부정적 측면만 있는 것은 아니다. 그림자은행이 "취약계층에 대한 금융서비스 제공 등을 통해 은행의 자금중개 기능을 보완하고 [금융혁신으로] 금융시스템 내 경쟁을 촉진하여 금융기관의 자금조달비용을 낮추는" 긍정적 역할도 수행하기 때문이다.[3]

글로벌 금융위기 이후 10년이 경과하는 동안, 그림자은행은 논자의 맥락에 따라 관련 기관, 활동, 또는 상품을 신축적으로 가리키는 용어가 되었고 그 포괄 범위도 맥락에 따라 다소 다르게 사용되고 있다. 그림자은행의 표준적 정의는 아직 확립된 바 없지만, 금융안정위원회(FSB)의 정의가 가장 널리 쓰이고 있다. FSB는 '2개 단계 접근법(two-stage approach)'을 통해 시스템리스크를 감시한다. 이 접근에서 FSB는 자신의 그림자은행 정의에 입각한 광의의 개념은 물론, 협의의 개념도 활용한다. 아래에서는 그림자은행에 대한 FSB의 정의 및 접근과, 그와 구분되는 *The Economist*의 시각도 간단히 소개하기로 한다.

■ 그림자은행시스템 : FSB의 정의

FSB는 그림자은행(시스템)을 "정규 은행시스템 외부의 주체(entities) 및 금융활동의 참여를 수반하는 신용중개시스템(system of credit intermediation)"으로 정의한다.[4] 이는 쉽게 표현하여, "은행만 아니라면 어떤 금융회사의 대출이든 그림자은행의 대출"이라는 의미가 된다.[5]

■ 2개 단계 접근 : FSB의 그림자은행 개념(광의 및 협의)

FSB는 그림자은행 현상을 정책적으로 다루는 전문 국제금융기구의 입장에서 광의 및 협의의 개념을 통해 2개 단계로 접근한다. FSB에 따르면 "당국은 [우선] 그물을 넓게 던져 모든 비은행 신용중개에 관련된 데이터 수집과 감시를 통해 그림자은행 관련 리스크가 발생할 수 있는 모든 활동을 확실히 커버"해야 한다. 이는 그림자은행에 대한 광의의 개념—다름 아닌 FSB의 그림자은행 정의—에 따른 접근이다. 다음으로 "당국은 초점을 좁혀 비은행 신용중개의 일부분이 만기·유동성변환, 신용리스크 이전 상의 결함(flawed credit risk transfer), 레버리지와 같은 요인들 일부 또는 전부가 중대한 [시스템]리스크를 조성하는지를 집중적으로 검토" 해야 한다. 이는 그림자은행에 대한 협의의 개념—"정규 은행시스템 외부의 주체 및 금융활동의 참여를 수반하되, …… 시스템리스크 측면에서의 우려나 규제차익 측면에서의 우려 또는 두 측면 모두에서의 우려를 제기하는 신용중개시스템"—에 따른 접근이다.[6)]

■ **대안적 시각 : *The Economist*의 그림자은행 개념**

*The Economist*는 그림자은행을 더욱 광의로 해석하여 "[경쟁을 통해] 전통적 은행의 업무를 잠식한다고 간주되는 어떤 금융기관도 그림자은행"이라 본다. 여기에는 비은행조직의 대출, 지급결제서비스, 트레이딩(주식 및 채권 거래), 투자자문 등이 모두 포함된다. 이와 같은 그림자은행의 개념은, "손실이 발생해도 은행에 비해 이를 좀 더 쉽게 흡수할 수 있다는 [점에서 그림자은행은] …… 금융안정에 대한 위협이라기보다는 오히려 그 버팀목(buttress)"이라는 시각을 반영한다. 물론 일부 그림자은행이 "실제로는 은행이면서도 다른 이름으로 영업함"으로써 은행규제를 회피하려는 경우가 있긴 하지만 말이다. *The Economist*의 접근은 금융혁신 및 경쟁촉진 등과 같은 그림자은행의 긍정적 측면에, FSB의 접근은 시스템리스크 및 규제차익거래 등과 같은 그림자은행의 부정적 측면에 각각 주된 초점을 맞춘 것으로 해석할 수 있다.[7)]

1) 자세한 내용은 Kodres(2013)를 참조하기 바란다. 인용문은 *The Economist*(2014), p.5에서 따왔다.
2) Kodres(2013), p.42.
3) 안동준 외(2015), p.19.
4) FSB(2011), p.2.
5) *The Economist*(2014), p.5.
6) 이 문단의 인용문은 모두 FSB(2011), pp.2~3에서 따왔다.
7) 이 문단의 인용문은 모두 *The Economist*(2014), p.5에서 따왔다.

자료 : 안동준 외(2015), FSB(2011), *The Economist*(2014), Kodres(2013).

연습문제

01. 다음 박스 내 지문을 읽고 밑줄친 부분을 논리적으로 설명하시오.

> "예금주의 위험기피 성향을 이용해 보험서비스를 공급하고 이를 통해 수익을 얻는다는 점에서 은행은 일반적인 보험회사와 크게 다르지 않다."

02. 다음 박스 내 지문은 *The Economist* (July 23, 2016)에 게재된 칼럼, "Secrets and Agents"에 나오는 문단이다. 내용을 읽고 물음에 답하시오.

"In 2007 the State of Washington introduced a new rule aimed at making the labor market fairer: firms were banned from checking job applicants' credit scores. Campaigners celebrated the new law as a step towards equality—an applicant with a low credit score is much more likely to be poor, black or young. Since then, ten other states followed suit. But when Robert Clifford and Daniel Shoag, two economists, recently studied the bans, they found that the laws left blacks and the young with fewer jobs, not more."

(1) 위 지문의 내용을 100자 내외로 적절하게 요약하시오.

(2) 위 지문에서 마지막 문장의 밑줄 친 부분과 같은 의외의 결과가 초래된 이유에 대해 생각해 본 후 간략히 기술하시오.

03. 다음 박스의 지문과 같은 상황이 주어져 있다고 하자. 물음에 답하시오.

"중고자동차에는 좋은 중고차(Peaches)와 나쁜 중고차(Lemons)가 있다. 자동차를 타다가 중고로 팔고자 하는 사람들은 자기 차의 성능을 잘 알고 있지만, 중고자동차를 새로 사고자 하는 사람들은 자동차의 겉만 보곤 성능을 전혀 알 수 없다. 중고자동차의 절반이 Peaches이고 나머지 절반이 Lemons라는 사실은 누구에게나 공개된 정보이다. 또한 Peaches의 가치는 200만원이고 Lemons의 가치는 100만원이라는 사실도 누구에게나 공개된 정보이다.

(1) 위 지문에 나오는 중고차 시장에는 어떤 일이 생길까? 여기에 대한 여러분의 사고 과정(thought process)을 논리적으로 설명하시오.

(2) 위 (1)에서 중고차 시장에 생기는 일에는 어떤 문제가 있는가? 그런 문제를 어떤 방식으로 보완할 수 있을까?

04. 다음은 정보 비대칭으로 인한 문제를 완화하려는 과정에서 나오게 되는 다양한 방식들이다. 각각 어떤 문제를 어떻게 완화할 수 있는지 설명하시오.

(1) 중고자동차 딜러들이 보증서(warranties)를 제공하는 경우

(2) 기업이 입사지원자에게 각종 자격증을 요구하는 경우

(3) 기업이 모든 신입직원에게 성과급 임금체계를 적용한다고 채용공고를 내는 경우

(4) 기업이 모든 임직원에게 매일 출근부에 서명하도록 의무화하는 경우

05. 다음 박스 내 지문을 읽고 물음에 답하시오.

> "① 자산변환 기능은 상업은행이 발휘하는 금융중개 기능의 핵심이지만, ② 예금계약이 갖는 세 가지 특징으로 인해 자산변환 기능은 불안정(ex. 뱅크런)을 낳는 잠재적 원천이 되기도 한다."

(1) 위 ① 자산변환 기능의 두 가지 구성요소는 무엇인가?

(2) 유동성이 높은 단기성 부채인 예금이 어떻게 은행의 금융중개 기능을 통해 유동성이 낮은 장기성 자산인 대출로 전환될 수 있을까? 직관적으로 설명하시오.

(3) 자산변환 기능으로 뱅크런이 초래될 수도 있게 해주는 ② 예금계약이 갖는 세 가지 특징이 무엇인가? 이런 특징이 어떻게 작용하여 뱅크런을 가져올 수 있는가?

(4) 글로벌 금융위기는 "그림자은행시스템에 대한 런(run on the shadow banking system)"으로 시작되었다고 해석된다. 그림자은행시스템 런은 뱅크런과 어떤 점에서 다른가? 또한 어떤 점에서 유사한가?

06. 다음 지문은 이 책, pp.396~398에 나오는 내용을 일부 변형한 것이다. 물음에 답하시오.

> *A*, *B*의 두 벤처기업이 코스닥시장에 상장을 준비하고 있다고 하자. 코스닥시장에서 상급 기술력이 갖는 기대수익은 하급 기술력이 갖는 기대수익보다 2배 높고, 기술력의 확률분포는, 기술력이 상급일 확률은 2/5이고 기술력이 하급일 확률은 3/5인 것으로 알려져 있다고 가정한다. 구체적으로, 두 기업 중 상급 기술력을 가진 어느 한 기업의 주식에 대한 기업의 희망가격(하한)은 20,000원, 시장의 유보가격(상한)은 24,000원이다. 하급 기술력을 가진 나머지 기업의 주식에 대한 기업의 희망가격(하한)은 10,000원, 시장의 유보가격(상한)은 12,000원이다.

(1) 기업 및 시장이 모두 기술력의 확률분포 이외에는 각 기업의 기술력에 대한 정보를 전혀 갖고 있지 않은 경우(다시 말해, 시장은 물론 기업 자신도 자기가 보유한 기술이 상급인지 하급인지 모르는 경우), 시장에서 형성되는 *A*기업 주식과 *B*기업 주식의 가능한 가격 범위를 각각 구하시오.

(2) 이제, 기업 및 시장이 모두 기술력의 확률분포는 물론이고 각 기업의 기술력에 관련된 완전정보를 가진다고 새롭게 가정하자. 만약 *A*기업은 상급 기술력을, *B*기업은 하급 기술력을 각각 갖는다는 사실을 정확히 알고 있다면, 시장에서 형성되는 *A*기업 주식과 *B*기업 주식의 가능한 가격 범위를 각각 구하시오.

(3) 각 기업이 자신의 기술력에 대한 완전정보를 갖고 있지만 시장은 기술력의 확률분포만을 알고 있는 경우, 시장에서 형성되는 *A*기업 주식과 *B*기업 주식의 가능한 가격 범위를 각각 구하시오.

07. 은행의 기능은 크게 여신기능, 변환기능, 그리고 지급결제 기능의 세 가지로 구분된다. 우리나라의 경우 1997년 금융위기 이전까지만 해도 관치금융의 폐해로 이들 기능이 모두 낙후되어 있다는 평가를 받았었다. 특히 여신기능 중 사전적 심사기능과 사후적 채권관리 기능은 거의 마비상태에 있어 왔다고 할 수 있다. 다음 물음에 답하시오.

(1) 사전적 심사기능이란 무엇인가?

(2) 사후적 채권관리 기능이란 무엇인가?

(3) 위 (1) 및 (2)의 두 기능들이 정보 비대칭성의 부작용들을 줄이는 데 기여함을 각각 설명하시오.

08. 다음 지문을 읽고 물음에 답하시오.

> 역사적으로 은행 경영원리는 18세기 이래 지금까지 상업대부이론 → 유동화이론 → 기대수익이론 → 부채관리이론 → 자산 · 부채종합관리이론의 순서로 발전되어 왔다.

(1) 위의 이론들 가운데 상업대부이론을 최초로 부정한(deny) 이론은 무엇인가?

(2) 위 이론들 중 상업대부이론 · 유동화이론 · 기대수익이론의 공통점은 무엇인가?

(3) 자산 · 부채종합관리이론에 관한 다음의 문항에 답하시오.

① '자산 · 부채종합관리이론'을 영문 원어(또는 영문 약자)로 표기하시오.

② 1970년대에 자산 · 부채종합관리이론이 새롭게 대두된 경제 · 사회적 배경은 무엇인가?

③ 자산 · 부채종합관리이론에 속하는 접근으로 VaR 모형과 스트레스 테스트가 보편화되어 있다. 두 접근이 각각 무엇인지, 서로 어떤 점에서 차이가 나는지 간결하게 설명하시오.

09. 다음은 2007년 9월 1일자 *The Economist*에 게재된 Buttonwood 칼럼의 일부 내용이다. 읽고 물음에 답하시오.

"… 새로운 투자자(헤지펀드와 사모그룹)와 새로운 수단(파생상품과 구조화상품)이 시장에 등장하면서 금융시스템은 지난 25년에 걸쳐 변형되어 왔다. 그런데 겉으로는 믿을 수 없을 정도로 세련된 전략으로 보이는 것도 실제로는 매우 단순할 수 있다. 투자자들은 은행이 지난 수세기 동안 해오던 일—단기적으로 차입해서 장기적으로 대출하는 일—을 하고 있을 뿐이기 때문이다. 달리 표현하면, 투자자들은 유동적 형태로 차입해서 그 차입자금을 비유동자산에 투자하는 일을 하고 있다. 이 전략은 대부분의 경우 잘 작동한다. 비유동자산의 높은 리스크를 보상하기 위해 할증수익률(premium return)이 지급되기 때문이다. 지난 20년 동안 세계 경제가 ① "대완화기(Great Moderation)"를 경험한 덕분에 이 전략은 더욱더 날개를 달았다. …

그런데 시장은 쉬지 않는다. 점점 더 많은 자금이 위험자산에 유입되면서 수익률은 감소하게 된다. 이에 따라 ② 투자자는 차입비중을 더 높여 수익률을 올리고 싶어하게 된다. 그러나 이들 투자자는 분위기 반전에 몹시 취약해진다. 구조화투자기구(SIVs)가 좋은 예이다. 이들은 모회사 대차대조표와는 분리된 특수펀드로서 비우량담보대출에 의해 지지되는 증권과 같은 비유동자산에 투자한다. 이들은 자금시장에서 기업어음의 형태로 단기 차입하여 장기투자상품 구입자금을 조달한다. 이들이 발행하는 기업어음을 다른 투자자들은 기꺼이 구매한다. 왜냐하면 담보부 채무(mortgage debt)의 형태로 "asset-backed"되어 있기 때문이다. ③ 이제 투자자들은 담보부 채무의 가치 폭락을 우려하여 기업어음을 거부한다."

(1) 지문 중 ① 용어의 의미를 설명하시오.

(2) 지문 중 ②에서 차입비중을 높이면 왜 수익률이 올라가는가?

(3) 이번 글로벌 금융위기에서 ③의 상황이 발생했을 때 실제로 어떤 일들이 벌어졌는가?

참고문헌

금융감독원, 『시장과 함께 하는 리스크관리 콘서트』, 2006. 7.

신용상, 『스트레스테스트에 기초한 국내 금융시스템 안정성 분석』, KIF 연구보고서 2011-03, 한국금융연구원, 2011. 8.

안동준 · 권수한 · 김영민, "경기순응성 분석을 통한 국내 그림자금융 상황 평가," 『조사통계월보』, 2015. 1, pp.16~40.

정대영, 『신위험관리론』, 한국금융연수원, 2005. 8.

정운찬, 「불확실성 하에서의 의사결정기간 길이에 관하여」, 『경제논집』, 서울대학교 경제연구소, 1984.

_____, 『예금보험론』, 서남경제연구총서 5, 서울대학교출판부, 1999. 2.

Borio, Claudio, Mathias Drehmann, and Kostas Tsatsaronis, "Stress-testing Macro Stress Testing : Does It Live Up To Expectations?," BIS Working Papers No. 369, Bank for International Settlements, January 2012.

Brunnermeier, Markus K., "Deciphering the Liquidity and Credit Crunch 2007-2008," *Journal of Economic Perspectives*, Vol. 23, No. 1, Winter 2009, pp.77~100.

Diamond, Douglas W., "Financial Intermediation and Delegated Monitoring," *The Review of Economic Studies* 51, 1984, pp.393~414.

The Economist, "The Long and the Short of It," September 1, 2007, p.61.

__________, "Financial Economics : Efficiency and Beyond," July 18, 2009, pp.61~62.

__________, "Shadow and Substance," Special Report, May 10, 2014.

Financial Stability Board, "Shadow Banking : Scoping the Issues," Background Note, April 12, 2011.

Geithner, Timothy F., "Reducing Systemic Risk in a Dynamic Financial System," Remarks at the Economic Club of New York, New York City, www.newyorkfed.org, June 9, 2008.

Goodhart, Charles, A. E., *Money, Information and Uncertainty*, 2nd ed., The MIT Press, 1989.

Kodres, Laura E., "What Is Shadow Banking?," *Finance & Development*, International Monetary Fund, June 2013, pp.42~43.

Luckett, Dudley G., *Money and Banking*, McGraw-Hill, Inc., 1976.

Milgrom, Paul, and John Roberts, *Economics, Organization and Management*, Prentice-Hall International, Inc., 1992.

Mishkin, Frederic S., *The Economics of Money, Banking, and Financial Markets*," 9th ed., Pearson Education, Inc., 2010.

__________________, "Over the Cliff : From the Subprime to the Global Financial Crisis," *Journal of Economic Perspectives*, Vol. 25, No. 1, Winter 2011, pp.49~70.

Stulz, René M., "Credit Default Swaps and the Credit Crisis," *Journal of Economic Perspectives*, Vol. 24, No. 1, Winter 2010, pp.73~92.

Wikipedia, "Subprime Crisis Background Information," http://en.wikipedia.org, date of search : September 15, 2021.

4

화폐금융과 물가안정

제 9 장 화폐에 대한 수요

제10장 화폐의 공급

제11장 통화정책의 기본 구조, 체계와 전달경로

제12장 통화정책 수단과 우리나라의 통화정책

제13장 중앙은행론

CHAPTER 09

화폐에 대한 수요

Money & Financial Markets, Ch. Nine, pp.435~475

1. 미시적 화폐수요이론
2. 거시적 화폐수요이론
3. 미시적 · 거시적 화폐수요이론의 한계와 발전

과거 경제규모가 작고 단순하던 시절에는 어떻게 하면 재화를 많이 생산할 수 있을까가 가장 중요한 문제였다. 그러나 자본주의가 발전하면서 지속적 성장이나 안정적 물가수준 유지와 같은 실물부문의 문제들은 금융부문의 원활한 뒷받침 없이는 해결하기 어렵게 되었다. 그만큼 실물부문과 금융부문은 수레의 양쪽 바퀴처럼 공존공생하는 관계가 된 것이다. 특히 1997~1998년 동아시아 금융위기, 2003~2004년 국내 신용카드 사태, 2007~2009년 글로벌 금융위기와 2010년부터 불거진 유럽재정위기, 2011년 국내 저축은행 사태, 그리고 2002년부터 지금까지 20년 정도 꾸준히 진행된 국내 가계부채 누적 등 일련의 사건은 우리에게 금융부문의 중요성을 새삼 일깨워주고 있다.

경제학에서 다루는 모든 재화가 그러하듯 화폐도 수요와 공급에 의해 균형가격과 수량이 결정된다. 이때 화폐시장에서 결정되는 가격은 이자율이다. 즉, 화폐를 사용하는 데 따르는 기회비용이 이자율에 의해 측정된다는 뜻이다. 이 점에 대해서는 이미 제5장에서 살펴보았다.

이 장에서는 화폐수요이론에 대해 알아보려 한다. 화폐수요이론은 "사람들이 왜 돈을 필요로 하며, 얼마나 보유하려 하는가?" 라는 질문에 답하는 이론이라 생각할 수 있다. 이 질문에 대해 대부분의 사람들은 즉각 "돈이란 많으면 많을수록 좋다" 고 생각할 것이다. 흔히 사람들은 '돈(money)' 을 '소득(income)' 이나 재산, 즉 '부(wealth)' 와 동일시한다. 그러나 우리가 이 장에서 분석하려는 화폐는 일정한 크기의 '부' 가 주어졌을 때 그것을 구성하는 다양한 종류의 자산 중 하나일 뿐이다. 실제로 경제주체들은 모든 재산을 화폐의 형태로만 보유하지는 않으며, 주식 · 채권 · 부동산 등 다양한 자산들로 보유하고자 한다. 이렇게 보면, 화폐가 언제나 다다익선이라고는 할 수 없다. 물론 화폐는 다른 자산과는 구분되는 특별한 자산이다. 화폐는 지급수단 및 교환의 매개수단으로 보편적으로 인정되기 때문이다.

화폐는 여러 가지로 정의할 수 있다. 그러나 이 장에서는 중앙은행이 발행하는 현금과 시중은행이 발행하는 자기앞수표, 요구불예금 등 손쉽게 현금으로 바꾸어 쓸 수 있는 자산들을 화폐로 간주한다. 결국 미시적 측면에서 화폐수요이론은, 경제주체들이 수많은 형태의 자산들 중에서 화폐라고 하는 특수한 금융자산을 왜 필요로 하는지, 그리고 부의 규모가 주어졌을 때 그중 얼마만큼을 화폐로 보유하려고 하는지 등을 분석하는 것이다.

화폐수요이론은 거시적으로 화폐가 경제에 어떤 영향을 미치는지를 분석할 수 있게 해준다. 예를 들어 사람들이 예전보다 화폐를 더 많이 보유하려 한다면, 경제 내의 유동성이 감소하고 이자율이 상승하여 기업활동은 큰 영향을 받게 된다. 따라서 화폐수요가 무엇에 의해 얼마나 변동하는지를 이해하는 것은 거시경제이론과 관련해서도 큰 의미가 있다. 특히 이자율과 화폐수요가 얼마나 밀접한 관련성을 갖는가의 문제는 학자들 사이에 아직도 많은 논란이 있을 정도로 중요하고 어려운 문제이다.

여기서 잊지 말아야 할 것은 사회·경제적 여건이나 제도적 요인, 그리고 지급결제시스템 등이 화폐수요에 커다란 영향을 미친다는 점이다. 이러한 요인들은 화폐수요이론을 전개할 때 자칫 간과하기 쉬운 부분이지만, 현실적으로 그 중요성은 아무리 강조해도 지나치지 않다. 예를 들어, 지금부터 약 30년 전만 하더라도 우리 사회에 신용카드나 체크카드가 별로 보급되지 않았으므로 당시에는 현금자동인출기가 주말이나 공휴일에도 작동되는지 여부가 경제주체들의 화폐보유액에 큰 변화를 줄 수 있었다. 이러한 1980년대 후반의 화폐수요는 간편결제 및 간편송금이 보편화된 오늘의 화폐수요와는 달랐을 것이다. 또한 한 사회의 신용 정도도 화폐수요에 중요한 역할을 한다. 신용이 고도로 발달된 사회라면 그렇지 못한 사회에 비해 현금보유비율이 줄어들 것이기 때문이다. 이 밖에 그 사회의 경제여건도 화폐수요에 중요한 역할을 한다. 예컨대 오일 쇼크와 같은 요인으로 물가가 빠르게 상승할 때, 사람들은 종전의 지급패턴을 버리고 새로운 화폐수요 방식을 택할 것이다. 즉, 화폐는 가급적 빨리 써버리고 실물자산을 보유하려고 할 것이다. 이처럼 화폐수요를 분석하기 위해서는 여러 가지 요인들을 종합적으로 고려해야 한다.

이 장에서는 화폐수요이론의 기초가 되는 미시적 화폐수요이론부터 분석한다. 이를 토대로 거시적 화폐수요이론—경제학에서 가장 오랫동안 큰 영향력을 발휘해 온 전통적 화폐수량설과 신화폐수량설—을 비판적 시각에서 검토한 후, 미시적·거시적 화폐수요이론의 한계와 앞으로의 발전방향에 대해 살펴보고자 한다.

1. 미시적 화폐수요이론

불확실성이 존재하는 세계에서 거래상대방의 신용상태와 장래 발생할 여러 가지 상황 등에 대한 정보를 완벽하게 갖추는 데는 많은 비용이 수반된다. 따라서 거래를 성사시키기 위해서는 경제주체 모두가 인정하는 지급수단, 즉 화폐를 확보하고 있어야만 한다. 반면 인플레이션이 진행되거나 특정 실물자산의 가격이 상승한다면 화폐보유에 따른 손실을 감수해야만 한다.

이처럼 개별 경제주체가 화폐를 어떠한 동기로 얼마만큼 보유하는지를 분석하는 것이 미시적 화폐수요이론이다. 미시적 화폐수요이론에서는 다음과 같은 네 가지 사항을 중점적으로 분석한다.

① 화폐와 여타 자산 간의 수익률 차이
② 화폐와 여타 자산 간 대체에 드는 거래비용
③ 수입의 예상 패턴과 지급수단을 필요로 하는 지출의 예상 패턴
④ 여타 자산의 가격 불확실성

일반적으로 화폐수요의 미시적 동기는 크게 '거래적 화폐수요(transactions demand for money)'와[1] '투자적 화폐수요(speculative demand for money)'로[2] 구분된다. 거래적 화폐수요이론에서는 ①, ②, ③을, 투자적 화폐수요이론에서는 ①, ②, ④를 중점적으로 고려한다. 이와 같이 화폐수요를 거래적 동기와 투자적 동기로 구분하는 것은 인위적이거나 불합리하다고 생각될 수 있다. 그러나 이것은 분석의 편의를 위해 필요한 작업이다.

한편 미시적 화폐수요이론에서는 재화와 서비스에 대한 개인의 수입 · 지출 시간경로를 주어진 것으로 가정한다. 그러나 엄밀하게 말해 이것은 외생적인 변수가

1. 아래에서 다시 언급하겠지만, 여기서의 '거래적 화폐수요'는 '예비적 화폐수요'까지 포괄한다.
2. 대부분의 거시경제이론이나 화폐금융론 교과서는 이를 투기적 수요라 부른다. 원래 '투기(speculation)'라는 용어는 깊이 생각한다는 의미를 갖고 있지만, 특히 우리나라에서는 부정적 의미로 쓰이는 경우가 실제로 많다. 그래서 이 책에서는 '투기적 화폐수요' 대신 '투자적 화폐수요'로 표현하기로 한다.

아니다. 예를 들어 정보통신기술의 발달로 화폐와 자산 간 이전에 드는 거래비용이 낮아졌다고 하자. 이때 경제주체는 화폐보유량을 변화시키는 소극적인 대응에 그치는 것이 아니라, 지급습관 자체를 변경하는 적극적 방식으로 대응할 수 있다. 따라서 지급습관 등 경제주체의 행태적 요인이나 경제 전체의 제도적 요인들을 외생변수로만 간주하고 분석한다면 큰 오류를 범할 수 있다는 점을 항상 염두에 두어야 할 것이다.

1.1 거래적 화폐수요이론[3]

케인즈(J. Keynes)는 화폐수요를 크게 거래적 동기(transactions motives), 예비적 동기(precautionary motives), 그리고 투자적 동기(speculative motives)로 나누어 설명하였다.[4] 거래적 동기에 의한 화폐수요란 소득의 발생시점(소득수취시점)과 계획된 거래의 발생시점(지출시점)이 달라서 생겨나는 화폐수요이다. 다시 말해 계획된 거래를 이행하기 위해 생겨나는 화폐수요가 거래적 화폐수요이다. 이와 구분하여, 계획되지 않은 거래를 이행하기 위해—즉, 예기치 못했던 지출을 위해—생겨나는 화폐수요가 예비적 동기에 의한 화폐수요이다. 이 소절에서는 케인즈의 거래적 동기에 의한 화폐수요와 예비적 동기에 의한 화폐수요를 한데 묶어 '거래적 화폐수요'라 부르기로 한다. 한편 투자적 동기에 의한 화폐수요란 수익성 금융자산에 투자하기에 적절한 기회가 오기를 기다리면서 일시적으로 화폐를 보유하는 것을 말한다.

거래적 화폐수요는 계획된 거래이건 아니건 거래를 염두에 둔 화폐수요의 부분이므로 거래량에 의해 영향을 받는다. 그런데 거래량을 결정하는 가장 중요한 변수가 소득이라고 본다면, 거래적 화폐수요이론은 화폐수요가 소득수준에 비례한다는 전통적 화폐수량설과 일맥상통한다.

그렇다고 해서 거래적 화폐수요가 전적으로 소득에 의해서만 결정되는 것은 아니다. 거래적 화폐수요는 대체로 소득과 일정한 관계를 유지하겠지만, 이자율이 높아진다면(즉, 화폐보유의 기회비용이 커진다면) 경제주체들은 가급적 화폐보유를 감소시키려 할 것이다. 따라서 만약 이자율이 상승하면 화폐보유의 기회비용이 커지므로

3. 이 소절은 Goodhart(1989)에 주로 의존하였다.
4. Keynes(1936) 참조.

화폐수요가 감소하고, 반대로 이자율이 하락하면 화폐수요가 증가할 것이다.

한편 화폐와 다른 자산 간 전환에 드는 거래비용도 거래적 화폐수요에 영향을 미친다. 경제주체들은 거래적 화폐수요를 통해 수입과 지출의 시간적 격차를 메우는 동시에 자산보유에 따른 수익을 극대화하려 한다. 따라서 일단 소득을 증권으로 보유하고 있다가 수시로 화폐로 바꿀 것이다. 만약 이러한 거래에 높은 비용이 수반된다면 거래의 빈도는 줄어들 것이다. 즉, 거래적 화폐수요는 거래비용에도 영향을 받는다.

그러므로 거래적 화폐수요이론은 소득수준 · 이자율 · 거래비용이 화폐수요에 미치는 영향을 밝혀내고, 이들과 화폐수요와의 체계적 관계를 분석한다.

1.1.1 보몰-토빈 모형

보몰(W. Baumol)과 토빈(J. Tobin)은 소득과 이자율, 그리고 거래비용이 거래적 화폐수요를 결정한다는 이론을 제시하였다. 이들은 서로 독립적으로 연구하였지만, 우연히도 두 사람 모두 화폐를 일종의 재고(inventory)로 간주하는 모형을 세워 동일한 결론에 도달했다. 그래서 이들의 연구를 흔히 재고이론적 접근이라 부른다.[5]

이미 지적했듯이 거래를 목적으로 화폐를 보유하는 이유는 소득수취시점과 지출시점 사이에 시간적 격차가 존재하기 때문이다. 화폐보유량이 지나치게 적으면 필요한 거래를 제때에 행하기 어렵다. 그러나 화폐보유량이 지나치게 많아도 그만큼 이자소득 상실이라는 형태로 기회비용을 치르게 된다. 따라서 각 경제주체는 적정 수준의 화폐를 보유할 필요가 있다. 이것은 기업이 제품의 입하와 출하 사이의 시간적 불일치 때문에 얼마간의 재고를 보유하는 것과 유사하다. 이 접근의 기본 아이디어는 경제주체가 화폐보유의 편익과 그로 인한 기회비용을 서로 비교해 적정 화폐보유 수준을 결정한다는 것이다.

예를 들어 매달 1일 온라인 계좌를 통해 월급을 받는 봉급생활자를 생각해 보자. 그는 1일에 자신이 받은 봉급을 모두 인출해 현금으로 보유할 수도 있고, 일단 1일에 봉급의 절반을, 그리고 16일에 남은 절반을 인출해 보유할 수도 있다. 후자

5. Baumol(1952)과 Tobin(1956) 참조.

그림 **9-1**

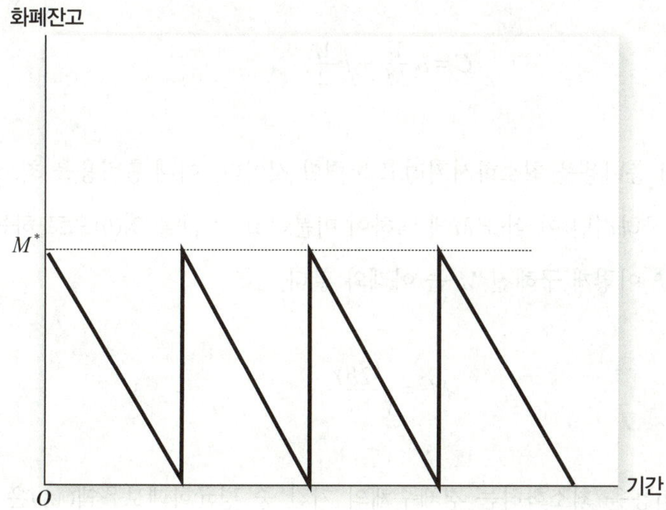

거래적 화폐수요
화폐보유의 거래비용과 기회비용의 합인 총비용을 최소화하려는 경제주체는 평균적으로 $M^*/2$만큼의 거래적 화폐를 수요한다.

의 방법은 전자에 비해 현금인출에 따른 거래비용은 한 번 더 들지만, 봉급의 절반에 해당하는 액수의 보름치 이자를 얻을 수 있다는 이점이 있다. 따라서 그는 둘 중에 어떤 것이 더 이득이 되는지를 꼼꼼히 따져볼 것이다.

이러한 직관적 설명을 좀 더 엄밀하게 살펴보자. 우리가 고려하는 경제주체는 매기 초에 Y만큼의 소득을 유가증권으로 받은 후, 이 중에서 적당량을 화폐로 바꾸어 균등하게 지출함으로써 다음 기가 시작되기 직전에 모든 소득을 다 써버린다고 가정하자. 주어진 기간 동안 이 사람은 소득 중에서 지출되지 않은 만큼의 자산을 보유하는데, 이 자산은 유가증권과 화폐 중 어느 한 형태로만 보유된다고 가정한다. 이때 화폐는 아무런 이자소득도 낳지 못하는 반면, 증권을 보유하면 이자소득을 얻을 수 있다. 그러나 소비지출을 위해 증권을 화폐로 교환하려면 거래비용이 든다.

증권을 화폐로 전환할 때마다 매번 b만큼의 고정비용이 소요되고, 매번 보유증권 중 동일액 M만큼을 화폐로 전환하며, 기말에 소득이 모두 소진된다고 가정하자. 이 가정의 상황을 직관적으로 표현한 것이 〈그림 9-1〉이다. 이 경우 전환은 매기당 $\frac{Y}{M}$번 이루어지므로 전환에 따른 거래비용은 $b\frac{Y}{M}$이다. 한편 화폐보유 시 이자소득(i)은 포기해야 한다. 따라서 지출이 전 기간에 걸쳐 균등하게 이루어진다면 이 기간의 평균화폐보유액은 $\frac{M}{2}$이며, 이때 화폐보유에 따른 기회비용은 $i\frac{M}{2}$이다. 결국 화폐보유에 소요되는 매기당 총비용(C)은 거래비용과 기회비용의 합이 된다.

$$C = b\frac{Y}{M} + i\frac{M}{2}$$

사람들은 이 총비용을 최소화시키려고 노력할 것이다. 이때 총비용을 최소화하는 M의 크기를 구하려면 이 식을 M에 대하여 미분하고 그 값을 영(0)으로 하는 M^*를 찾으면 된다.[6] 이렇게 구해진 M^*는 아래와 같다.

$$M^* = \sqrt{\frac{2bY}{i}}$$

따라서 총비용을 최소화하는 경제주체의 기간 중 평균화폐보유액(M_d)은 다음과 같다.

$$M_d = \frac{M^*}{2} = \frac{1}{2}\sqrt{\frac{2bY}{i}} = \sqrt{\frac{bY}{2i}}$$

이 결과를 해석해 보면 다음과 같다. 첫째, 거래적 화폐수요는 소득의 증가함수이다. 직관적으로, 소득이 클수록 그만큼 거래량도 많아지므로 거래적 화폐수요가 커질 것이다. 그런데 보몰-토빈 모형에서는 거래적 화폐수요의 소득탄력성이 $\frac{1}{2}$이다.[7] 일반적으로 소득탄력성이 1보다 작으면, 소득 증가에 따라 거래적 화폐수요에 규모의 경제(economies of scale)가 존재한다. 앞에서 소개한 보몰-토빈 모형에서 다른 조건이 일정할 때 소득이 두 배 증가하면, 거래적 화폐수요는 두 배 이하—정확하게는 $\sqrt{2}$배—로 증가한다.

---

6. b, Y, 그리고 i를 주어진 파라미터로 간주하고 C를 M에 대해 미분한다. 이때 $\frac{dC}{dM} = -\frac{bY}{M^2} + \frac{i}{2} = 0$을 성립시키는 M의 값이 M^*이다.

7. 거래적 화폐수요의 소득탄력성(ε_M)이란 소득이 변화할 때 거래적 화폐수요가 얼마나 변화하는지 그 민감도를 재는 척도이다. 거래적 화폐수요의 소득탄력성은 미시경제학에서 다루는 일반적인 탄력성의 공식에 따라 $\varepsilon_Y = \frac{\partial M_d / M_d}{\partial Y / Y} = \frac{\partial \log M_d}{\partial \log Y}$로 표시된다(여기서 log는 자연로그임). 이 값이 $\frac{1}{2}$임은 본문에서 도출된 M_d의 함수식을 이용하면 쉽게 알 수 있다. 가장 간단하게는, $M_d = 2^{-\frac{1}{2}} b^{\frac{1}{2}} i^{-\frac{1}{2}} Y^{\frac{1}{2}}$이므로 Y의 지수인 $\frac{1}{2}$을 구하면 이것이 거래적 화폐수요의 소득탄력성 값이 된다. 마찬가지로, 거래적 화폐수요의 이자율탄력성도 $-\frac{1}{2}$이 됨을 쉽게 알 수 있다.

이 논리를 조금 더 확장해 보면, 사회 전체의 화폐수요는 소득분배 상태에 의해서도 영향을 받는다는 경제적 의미가 도출된다. 즉, 국민경제 전체의 총소득이 일정할 때 그것이 소수의 사람들에게 편중될수록 전체 화폐수요는 작아진다. 예컨대 두 사람으로 구성된 국민경제를 생각해 보자. 이 국민경제에서 전체 소득이 한 사람에게만 편중되었을 때 생겨나는 사회 전체의 거래적 화폐수요는 두 사람의 소득이 같을 때 생겨나는 사회 전체의 거래적 화폐수요보다 작다.[8] 다시 말해, 국민경제의 소득분배 상태가 고를수록 사회 전체의 거래적 화폐수요는 커지게 된다.

둘째, 거래적 화폐수요는 이자율의 감소함수이다. 직관적으로, 이자율이 높을수록 화폐보유에 따른 기회비용이 증가하므로 거래적 화폐수요는 감소할 것이다. 이러한 사실은 거래적 화폐수요에 대한 이자율탄력성을 구함으로써 설명할 수 있다. 위의 논리에 따르면 화폐공급이 2배로 증가할 때 화폐시장의 균형이 달성되기 위해서는—즉, 화폐수요가 2배로 증가하기 위해서는—주어진 소득수준에서 이자율이 원래의 $\frac{1}{4}$ 수준으로 떨어져야 함을 알 수 있다. 이것은 화폐수요의 이자율탄력성이 $-\frac{1}{2}$로서 거래적 화폐수요에서 이자율의 변화가 주는 영향이 클 수 있음을 설명해 준다.

셋째, 증권을 화폐로 전환할 때 드는 거래비용 b가 물가수준 P에 비례하는 경우 거래적 화폐수요도 P에 비례한다. 구체적으로, $b = P \cdot \gamma$이고 $Y = P \cdot y$라 가정한다면 $M_d = P\sqrt{\frac{\gamma y}{2i}}$이 된다(이때 γ는 실질 고정비용이고 y는 실질소득이다).

그러나 이 모형에는 현실적으로 한계가 있다. 거래비용이 화폐수요에 얼마나 큰 영향을 미치는지를 분석한 오어(D. Orr)에 따르면, 재고이론적 현금관리는 소득이 매우 높은 가계에만 의미가 있다고 한다. 고소득자가 아니라면 거래비용이 워낙 크므로 현금관리로부터 유리한 결과를 얻지 못한다는 것이다. 이렇게 생각하면 일반적으로 가계의 경우 거래적 화폐수요의 소득탄력성은 1에 가깝고 이자율탄력성은 영(0)에 가깝게 될 것이다.

하지만 기업들은 대규모 자금을 운용하므로 재고이론 모형이 많은 시사점을 줄 수 있다. 이런 맥락에서 특히 기업의 화폐수요를 염두에 두고 개발된 모형이 다음 절에 소개하는 밀러-오어 모형이다.

8. 예를 들어 개인 A와 B 2명으로 구성된 국민경제의 GDP가 똑같이 2천만원이라 해도 [1천만원 + 1천만원]인 경제와 [2천만원 + 0원]인 경제의 각 화폐수요는 다르다(전자의 화폐수요 > 후자의 화폐수요).

1.1.2 밀러-오어 모형[9]

앞에서 살펴본 보몰-토빈 모형은 경제주체의 장래 소득 및 지출흐름이 규칙적이고 예측 가능하다는 가정 하에 전개된다. 그러나 현실에서 자신의 현금흐름을 정확하게 알고 있는 사람이 몇이나 되겠는가? 특히 보몰-토빈 모형의 가정은 기업의 거래적 화폐수요이론으로서는 비현실적이다. 대규모 자금을 운용하는 기업들이 미래 현금흐름의 패턴을 정확히 예측하기란 매우 어렵기 때문이다. 이러한 문제점을 극복하기 위해 밀러(M. Miller)와 오어(D. Orr)는 현금의 유입과 지출이 불규칙행보(random walk)를 따른다고 가정하고, 기업과 같이 장래의 현금 수급상황이 불확실한 상황에서의 최적 현금재고 수준을 찾아내고자 하였다. 이런 의미에서, 보몰-토빈 모형이 확실성 속에서의 거래적 화폐수요이론이라면, 밀러-오어 모형은 불확실성 속의 거래적 화폐수요이론이다. 보몰-토빈 모형과 마찬가지로 밀러-오어 모형에서도 화폐보유에 따른 거래비용과 이자비용을 중심으로 화폐수요를 분석한다.

현실에서 거액의 현금을 체계적으로 관리하는 기업들의 현금수요는 〈그림 9-2〉처럼 결정된다. 우선 기업은 장래에 자신의 현금 유입 지출구조를 정확하게 예측하기 힘들고 매일 유출입되는 현금액수가 크다. 따라서 적정 보유현금액을 특정 액수로 결정하는 것이 아니라, 그것의 상한(H)과 하한(L)을 설정한 후 만약 보유현금이 상한을 넘어서거나 하한 아래로 떨어질 경우 현금을 귀환점(return point)인 Z수준으로 복귀시킨다.

예를 들어 시점 1에서처럼 현금보유고가 하한 L(여기서는 편의상 0)에 이르면, 기업은 현금수준을 Z로 높이기 위해 $(Z-L)$만큼의 유가증권을 현금으로 전환시킨다. 반면 시점 2와 같이 현금보유고가 상한 H에 이르면, 보유하고 있는 현금을 Z만큼으로 줄여 보유하고, 그 나머지 $(H-Z)$에 해당하는 현금을 유가증권으로 바꾼다.

이 모형에서 구해지는 최적해로부터 다음과 같은 함의를 도출할 수 있다. 첫째, 지출의 불확실성이 커질수록 거래적 화폐수요가 커진다. 둘째, 소득 증대와 함께 기업의 판매량 등 거래규모가 커지면서 지출의 불확실성이 소득에 비례적으로 증가한

9. 밀러-오어(Miller and Orr 1966) 모형을 제대로 이해하려면 다소 높은 수준의 수학적 지식이 필요하다. 이 책에서는 모형식과 최적해 도출과정 대신 모형의 구조와 함의만을 직관적으로 개관하는 데 그치기로 한다.

그림 **9-2**

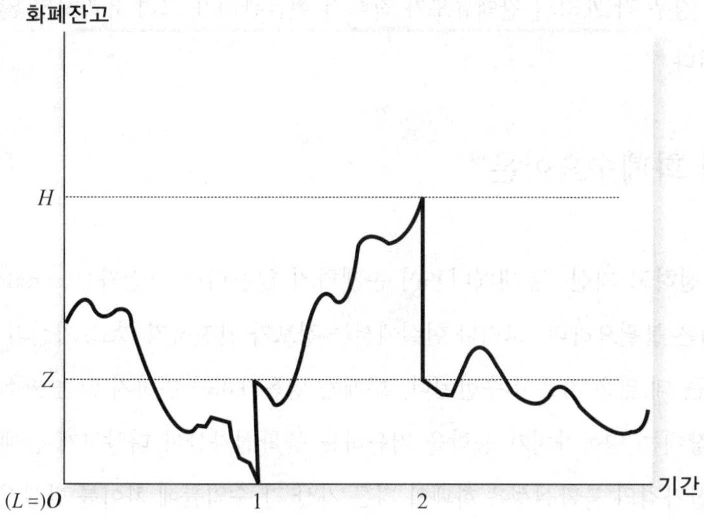

자료 : Goodhart(1989), p.59의 Fig. 3.2를 일부 수정.

밀러-오어 모형 : 현금 보유의 상한 · 하한 · 귀환점

경제주체들이 적정 현금보유량의 상한(H)과 하한(L)을 정하고 있는 경우, 매 시점에서의 현금보유량이 최대치를 넘거나 최소치를 밑돌게 되면 현금과 유가증권 간의 비율조정을 통해 적정 현금보유량을 유지하게 된다.

다고 가정하면, 보몰-토빈 모형에서 성립하는 화폐보유의 규모 경제가 밀러-오어 모형에서는 더욱 두드러진다. 또한 밀러-오어의 모형에서는 보몰-토빈 모형에서보다 거래적 화폐수요가 이자율에 덜 민감하다는 사실도 보일 수 있다.

그러나 거래적 화폐수요와 관련된 재고이론은 금융제도나 금융관행의 현실적 측면을 간과하고 있다는 비판을 받고 있다. 우선, 밀러-오어 모형의 가정처럼 대기업이 은행 현금잔고를 실제로 매 순간마다 영(0)보다 큰 상태로 유지해야 하는 것은 아니라는 사실이 지적된다. 기업은 매 영업일 업무종료시점에서의 현금잔고만 영(0)보다 크게 유지하면 된다. 단기자금시장에서 자금을 수급할 수 있는 제도적 장치가 원활하게 작동하고 기업이 이를 활용할 능력이 있는 한 양(+)의 현금잔고를 늘 유지할 이유는 없는 것이다.

그런데도 실제로 미국의 대기업이나 주정부 등 대형 현금관리 주체들은 재고이론이 제시하는 것보다 훨씬 많은 양의 화폐잔고를 유지하는 것으로 알려져 있다. 이들이 거액의 현금을 보유하고 있는 데에는 거래적 화폐수요만으로는 설명하기 어려운 다른 요인들이 작용하고 있기 때문일 것이다. 예를 들면, 미국의 경우 대기업이 은행에 거액의 구속성 예금(compensating balances)을 예치하는 관행이 그런 요인 중 하나일 수 있다. 또한 대기업이 여러 현실적 이유로 하나가 아닌 다수의 계좌를 분산 운용하는 경우 각 계좌의 잔액규모가 작아져 현금관리가 그리 유리하지 않다는 점도 거론된다.

1.2 투자적 화폐수요이론[10]

정보가 완전하고 자산 간 대체비용이 존재하지 않는다면 확실자산(certainty asset)이란 개념은 불필요하다. 그러나 현실에서는 정보가 완전하지 않고, 자산의 보유형태를 바꾸는 데 많은 비용이 수반된다. 화폐는 명목가치가 변하지 않는 확실자산인 반면, 시장에는 명목가치가 등락을 거듭하는 불확실자산이 다양하게 존재한다. 이러한 자산가격의 불확실성은 화폐와 다른 자산 간 수익률에 차이를 발생시켜 화폐수요에 변화를 준다.

케인즈는 수익성 자산에 투자하는 과정에서 일시적으로 화폐를 보유하는 것을 투자적 동기에 의한 화폐수요라 지칭했다. 이것은 경제주체가 무위험자산인 화폐와 다른 수익성 자산들 간의 적절한 조합을 유지한다고 가정하는 화폐수요분석의 새로운 접근법으로, 이를 화폐수요의 포트폴리오 이론이라 부른다.

일반적으로 경제주체들은 한 종류의 자산을 보유하는 것이 아니라 여러 종류의 자산을 동시에 소유한다. 이때 여러 가지 금융자산의 혼합을 '포트폴리오(portfolio)'라 한다. 경제주체들은 개별 자산의 기대수익률과 위험을 측정하고, 이들을 이용하여 자신의 포트폴리오를 어떻게 구성할 것인지를 결정한다. 이와 같은 경제주체들의 행동에 초점을 맞추어 분석하는 투자적 화폐수요이론을 살펴보자.

1.2.1 케인즈 모형

앞서 언급되었듯이, 케인즈는 화폐수요이론에서 화폐보유의 여러 동기 중에서 투자적 동기를 가장 중시하였다. 왜냐하면 투자적 화폐수요는 본래 매우 불안정적이어서 국민경제의 교란요인이 된다고 보았기 때문이다. 투자적 화폐수요는 케인즈

10. 이 소절은 Branson(1989)과 Froyen(2005)을 참고하였다.

화폐수요이론의 핵심이다.

케인즈의 투자적 동기에 의한 화폐수요이론은[11] 자산을 화폐로 보유할 것인가 아니면 채권의 형태로 보유할 것인가에 관한 투자자의 의사결정을 다룬다. 화폐는 명목가치가 고정되어 있어 자본이득이 영(0)인 무위험자산이지만 이자수익을 낳지는 못한다. 반면 채권은 명목가치가 고정되어 있지 않아 자본이득이 양(+)이거나 음(−)일 수 있는 위험자산이지만 양의 이자수익을 낳는다. 화폐로부터의 수익률이 영(0)인데도 만약 사람들이 채권으로부터의 수익을 포기하고 화폐를 보유한다면, 그것은 장래에 좀 더 유리한 조건으로 채권을 매입하려는 의도를 갖고 있기 때문이다.

채권을 보유하여 얻는 수익은 채권에 명시된 이자율에 의한 이자소득과 시장이자율의 변동에 의한 자본이득(또는 자본손실)의 두 가지를 합한 것이다. 채권에 대해 영구적으로 매년 1원씩의 이자가 지급되고 시장이자율이 i라 하면, 이 채권은 콘솔(consol)이고 그 가격은 $\frac{1}{i}$이 된다.[12] 이때 예상이자율을 i^e라 하면 채권의 예상가격은 $\frac{1}{i^e}$이 되므로, 예상자본이득률 g는 다음과 같다.

$$g = \frac{\frac{1}{i^e} - \frac{1}{i}}{\frac{1}{i}} = \frac{i}{i^e} - 1$$

이때 각 개인은 예상이자율을 어떻게 형성하는가? 케인즈는 각 개인이 나름대로 정상적이라고 생각하는 정상이자율(normal rate of interest) 수준 i_n을 머릿속에 갖고 있다고 보았다. 물론 i_n의 수준은 사람마다 모두 다르다. 나아가 케인즈는 사람들의 이자율 예상은 비탄력적(inelastic)이라 보았다. 각 개인이 갖고 있는 정상이자율 수준 i_n과 실제 이자율 수준 i가 일치하지 않는 경우 그 차이를 줄이는 방향으로 실제 이자율이 움직여 갈 것으로 예상한다는 의미다. 다시 말해, 각 개인은 미래 이자율이 자신의 i_n 수준으로 회귀할 것이라 예상한다는 것이다.

이제 채권보유로부터의 예상수익률은 이자율과 예상자본이득률의 합인 $i + g$이므로 다음의 식으로 나타낼 수 있다.

---

11. Keynes(1936) 참조.
12. 왜 그런지는 $\frac{1}{1+i} + \frac{1}{(1+i)^2} + \cdots = \frac{1}{i}$을 생각하면 쉽게 알 수 있다.

$$i+g=i+\frac{i}{i^e}-1$$

이때 개별 경제주체들은 $i+g>0$이면 채권을 보유하고, $i+g<0$이면 화폐를 보유하려 할 것이므로 다음과 같은 관계가 성립한다.

$$i+g>0 \leftrightarrow i+\frac{i}{i^e}-1>0 \leftrightarrow i>i_c=\frac{i^e}{i^e+1} \text{ : 모두 채권으로 보유}$$

$$i+g<0 \leftrightarrow i+\frac{i}{i^e}-1<0 \leftrightarrow i<i_c=\frac{i^e}{i^e+1} \text{ : 모두 화폐로 보유}$$

케인즈의 화폐수요이론에 따르면, 상이한 예상이자율(i^e)을 가진 개별 경제주체들은 각기 자신의 임계이자율(i_c)을 계산한 후 이를 현재의 시장이자율(i)과 비교하여 자신의 투자자금을 화폐 혹은 채권 중 어느 한 형태의 자산에만 전액 투자한다. 이는 각 개인은 자신의 예상이자율이 정확히 실현될 것으로 100% 확신한다는 것을 의미한다. 따라서 케인즈의 화폐수요이론은 개인적 차원에서는 확실성의 이론이며, 각 개인은 투자분산자(diversifier)가 아니라 화폐 또는 채권 중의 하나만을 보유하는 투자집중자(plunger)가 된다.

케인즈에 따르면, 각 개인은 미래 이자율에 대해 확실한 예상을 하고 있지만, 그 확신이 사람들에 따라 모두 달라 사회 전체적으로는 미래 이자율에 대한 예상이 다양하게 나타난다. 그러므로 경제 전체로 보면, 이자율이 낮아질수록 조만간 이자율이 상승해 채권가격이 하락하리라고 예상하는 사람들의 수가 늘어나면서 화폐수요가 증가하게 된다. 따라서 각 경제주체들의 화폐수요함수를 모두 합하면 부드럽게 우하향하는 〈그림 9-3〉과 같은 시장 전체의 화폐수요곡선을 얻을 수 있다. 결국 케인즈의 화폐수요이론은 개인적 차원에서가 아니라 사회적 차원에서만 비로소 불확실성의 이론이 되며, 포트폴리오 다변화(portfolio diversification)—화폐와 채권의 동시 보유—도 사회적 차원에서만 성립한다.

케인즈의 투자적 화폐수요이론은 화폐를 교환매개 또는 지급수단으로 간주하는 전통적 화폐관을 극복하고 불확실성 하에서 화폐가 가진 가치저장 기능을 중시하는 새로운 화폐관을 확립하였다는 점에서 커다란 의의를 갖는다.

그러나 케인즈의 모형에서는 개인이 자신의 자금을 화폐 아니면 채권에 집중투자하는 것으로 묘사된다. 이것은 비현실적이다. 대부분의 개인투자자들이 화폐와

그림 9-3

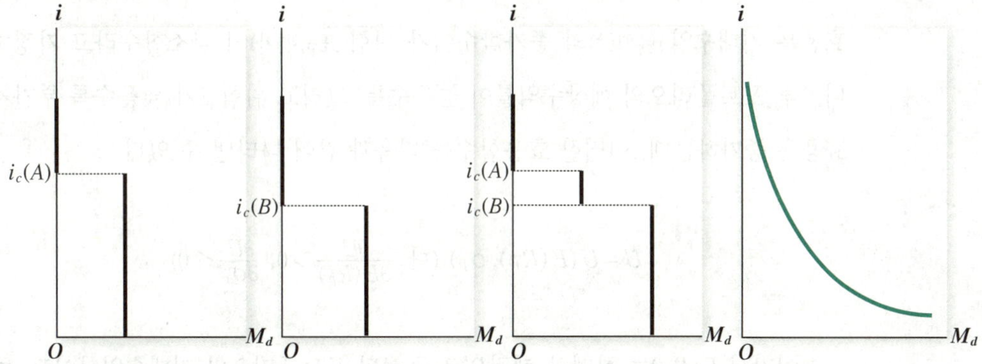

(a) 개인 *A*의 수요 (b) 개인 *B*의 수요 (c) 개인 *A*와 *B*의 수요 (d) 시장 전체의 수요

개인과 시장 전체의 화폐수요

경제주체들의 예상이자율(i^e) 수준이 각각 다르기 때문에 개별 경제주체의 예상이자율을 기초로 한 화폐수요함수를 수평적으로 더하면 우하향하는 시장 전체의 화폐수요곡선을 얻을 수 있다.

채권을 적절한 비율로 나누어 둘 다 보유하는 것이 현실이기 때문이다. 사실상 정상이자율의 존재나 예상이자율에 대한 각 개인의 확신 등 케인즈 모형의 여러 가정은 다분히 인위적이고 비현실적이다. 이와 같은 케인즈 모형의 한계를 뛰어 넘어 개인적 차원에서의 분산투자를 포트폴리오 이론 모형으로 설명한 경제학자가 바로 토빈(J. Tobin)이다.

1.2.2 토빈 모형

토빈은 자산의 종류에 대한 케인즈의 단순화 가정을 이어받아 화폐를 무위험자산으로, 채권을 위험자산으로 대표시켰다. 여기서 경제주체들은 위험최소화와 수익최대화를 동시에 꾀하는 위험기피자로 가정된다. 케인즈 모형에서는 화폐를 보유하는 것이 이자율 또는 채권가격 변동에 대한 경제주체들의 상이한 기대 때문인 데 반하여, 토빈 모형에서는[13] 자산보유에 따른 위험을 줄이기 위해 무위험자산인 화폐에 대한 수요가 존재한다고 분석한다.

13. Tobin(1958) 참조.

토빈은 평균-표준편차 모형을 응용하여 자신의 포트폴리오 모형을 제시했다. 우선 그는 위험기피적 투자자들이 화폐와 채권으로 포트폴리오를 구성하며, 이들의 효용은 기대수익률(평균)의 증가함수이자 위험(표준편차)의 감소함수라고 가정하였다. 즉, 포트폴리오의 예상수익률이 높을수록, 그리고 위험도가 낮을수록 투자자의 효용은 증가하는데, 이러한 효용함수는 다음과 같이 나타낼 수 있다.

$$U = U(E(R_p), \sigma_p) \ (\text{단}, \ \frac{\partial U}{\partial E(R_p)} > 0, \ \frac{\partial U}{\partial \sigma_p} < 0)$$

여기서 $E(R_p)$는 화폐와 채권으로 구성된 포트폴리오의 기대수익률이고, σ_p는 포트폴리오 수익률의 표준편차이다.

한편 채권의 수익률(R)은 시장이자율(i)에 예상자본이득률(g)을 더한 값($R = i + g$)으로 결정된다. 이때 이자수입은 고정되어 있고 예상자본이득률은 평균이 0, 표준편차가 σ_g인 확률변수라고 하면, 채권수익률의 평균 $E(R)$ 및 표준편차 σ_R은 각각 $E(R) = i, \sigma_R = \sigma_g$로 표현된다. 이와 같이 토빈 모형에서는 개인투자자가 채권보유로부터 발생하게 될 미래 수익의 일부 확률적 특성—즉, 평균과 표준편차—을 알고 있다고 가정함으로써 케인즈 모형과는 달리 개인투자자 차원의 불확실성을 명시적으로 도입하고 있다.

여기서 자산선택의 문제는 채권보유비율 α와 화폐보유비율 $(1-\alpha)$를 결정하는 것이다. 투자자금을 W라 하면 이 중 αW만큼의 자산은 채권으로, $(1-\alpha)W$만큼의 자산은 화폐로 보유한다. 따라서 R_p와 $E(R_p)$, 그리고 σ_p는 각각 다음과 같다.

$$R_p = \alpha \cdot R$$
$$E(R_p) = \alpha \cdot E(R) = \alpha \cdot i, \ \sigma_p = \alpha \cdot \sigma_R = \alpha \cdot \sigma_g$$

이를 기대수익률($E(R_p)$)과 위험(σ_p) 사이의 관계식으로 정리하면 다음과 같다.

$$E(R_p) = \frac{i}{\sigma_g} \sigma_p$$

이 관계식은 〈그림 9-4〉에서 $\overline{CO}$로 표시되는 직선 형태의 기회궤적으로 나타

그림 9-4

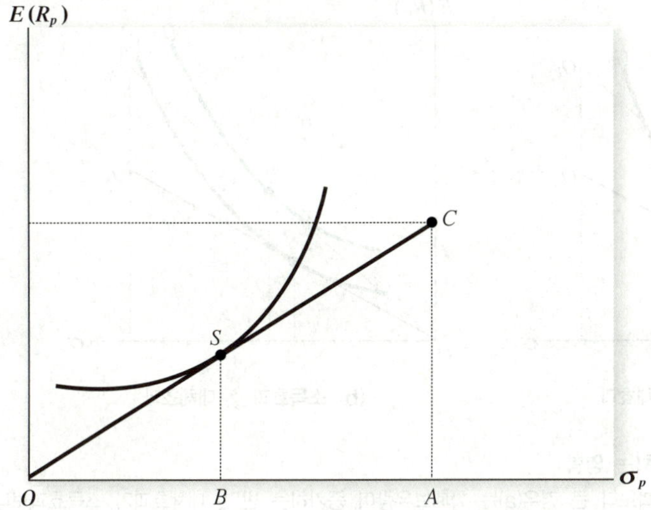

토빈 모형의 균형

화폐와 채권을 각각 무위험자산과 위험자산으로 구분하는 토빈 모형에서의 화폐보유량은 기회궤적과 무차별곡선이 접하는 점 S에서 결정된다. 이때 투자자는 $\overline{OB}/\overline{OA}$만큼은 채권, $\overline{BA}/\overline{OA}$만큼은 화폐로 보유하게 된다.

낼 수 있다. 〈그림 9-4〉에서 점 O는 수익의 평균과 표준편차가 영(0)이 되는 점으로 모든 자산을 화폐로 보유하는 상황이고, 점 C는 수익의 평균과 표준편차가 가장 높은 점으로 모든 자산을 채권으로 보유하는 상황이다. 그림에는 위험기피적 투자자의 무차별곡선이 아래로 볼록하게 그려져 있다. 균형은 무차별곡선과 기회궤적이 서로 접하는 점 S에서 결정된다. 이때 투자자는 자산 중 $\overline{OB}/\overline{OA}$만큼을 채권으로, $\overline{BA}/\overline{OA}$만큼을 화폐로 보유할 것이다. 이와 같이 토빈 모형에서는 개인투자자 차원에서의 분산투자가 설명된다.

이 모형에서 이자율의 변화가 투자자의 화폐수요에 미치는 영향을 분석해 보자. 예를 들어 이자율의 상승은 투자자가 직면하는 기회궤적의 기울기($\frac{i}{\sigma_g}$)를 크게 한다. 〈그림 9-5〉에서 기회궤적이 $\overline{OO_A}$에서 $\overline{OO_B}$로 이동하면, 투자자의 균형점은 A에서 B로 바뀌게 된다. 이때 투자자의 효용이 증가하는 것은 당연하지만, 이자율 상승으로 화폐수요가 늘었는지 줄었는지는 이론적으로 불분명하다. 화폐수요의 증감은 이자율 상승에 따른 소득효과와 대체효과의 크기에 따라 결정될 것이기 때문이다. 여기서 소득효과는 이자율 상승으로 이자소득이 증가하면 개인투자자가 채권보유에 따르는 위험을 더욱 기피하게 되면서 화폐수요가 늘어나는 것을 가리킨다. 반면 대체효과는 이자율 상승으로 화폐보유에 따르는 기회비용이 더 커지게 되어 화폐수요

그림 9-5

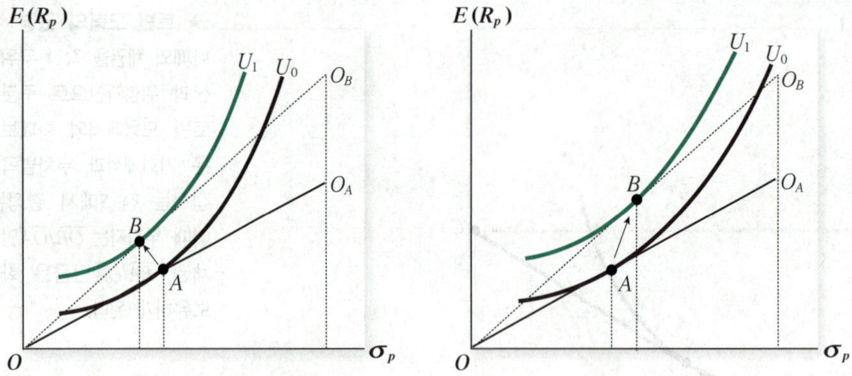

(a) 소득효과 > 대체효과　　　　(b) 소득효과 < 대체효과

이자율 변화가 화폐수요에 미치는 영향

이자율 상승 시 소득효과가 대체효과보다 큰 경우(a)는 화폐보유량이 증가하는 반면, 대체효과가 소득효과보다 큰 경우(b)는 이자율 상승에 따른 화폐보유의 기회비용이 상대적으로 더 중요해지면서 화폐보유량은 감소한다. 현실에서는 (b)의 경우가 일반적으로 관찰된다.

가 줄어드는 것을 가리킨다. 〈그림 9-5〉의 (a)는 소득효과가 대체효과를 압도하여 화폐수요가 늘어나는 상황이고, (b)는 대체효과가 소득효과를 압도하여 화폐수요가 줄어드는 상황을 나타낸다. 이와 같이 이자율 변화에 대한 화폐보유량의 변화는 이론적으로 투자자의 효용함수 또는 무차별곡선의 모양에 따라 달라진다. 그러나 경험적으로는 대체효과가 소득효과보다 더 강력한 것으로 알려져 있으므로 (b)의 상황이 보다 현실적이다.

토빈 모형은 정상이자율이나 비탄력적 이자율 예상 등과 같은 비현실적 가정에 의존하지 않고서도 개인투자자의 다변화를 설명했다는 점에서 케인즈 모형의 단점을 극복한 것으로 평가된다. 그러나 만약 은행의 정기예금이나 국채와 같이 양의 수익을 낳는 무위험자산이 존재한다면 화폐수요는 어떻게 될 것인지, 또는 모형 내에 다양한 자산—화폐와 채권 이외에 부동산이나 귀금속, 골동품 등—을 도입하고 물가수준의 변동까지 허용한다면 화폐가 위험자산으로 바뀌게 되는데 이런 경우 화폐수요는 어떻게 될 것인지 등은 여전히 해결되어야 할 현실적 문제로 남아 있다.

2. 거시적 화폐수요이론

Money & Financial Markets, Ch. Nine

만약 국민경제 전체의 화폐수요함수, 즉 거시적 화폐수요함수가 안정적이라면, 거시정책적 측면에서 통화정책의 결과를 예측할 수 있을 것이다. 거시적 화폐수요함수가 안정적이라는 것은, 통화량이 주어졌을 때 화폐수요가 이자율 · 국민소득과 같은 거시변수들과 예측 가능한 안정적 관계를 갖는다는 의미이다. 그렇다면 과연 거시적 화폐수요함수는 안정적인가? 이 질문은 지난 수백 년간 지속되어 온 경제학에서 가장 뜨거운 논쟁거리 중의 하나였고, 그 양상도 매우 다양하게 나타났다.

거시적 화폐수요함수는 일찍이 고전학파의 유일한 거시경제이론이자 화폐금융이론인 화폐수량설(quantity theory of money)을 통해 제시되었다. 여기에는 두 가지의 정형화된 유형이 있다. 하나는 피셔(I. Fisher)의 거래수량설이고, 다른 하나는 케임브리지학파(Cambridge School)의 현금잔고수량설이다. 이들을 한데 묶어 '고전적 화폐수량설(classical quantity theory of money)'이라 부른다. 이후 이들 고전적 이론은 20세기 중반 프리드만에 의해 보다 세련된 모습을 갖춘 현대적 이론, 즉 '신화폐수량설(new quantity theory of money)'로 개선되어 오늘에 이르고 있다. 이 절에서는 화폐수요함수의 안정성 문제를 이들 고전적 화폐수량설과 신화폐수량설을 중심으로 살펴보기로 한다.

2.1 고전적 화폐수량설[14]

고전적 화폐수량설은 시장에서 거래되는 모든 재화의 총량이 일정할 때 화폐총량과 물가수준은 비례적 관계에 있다고 주장한다. 통화량의 외생적 변동은 그 변동률과 같은 비율로 물가를 변동시킨다는 것이다.

그러나 자본주의의 성숙과 더불어 금융제도가 빠른 속도로 변화 · 발전하면서 화폐수량설은 점차 타당성을 상실해 왔다. 특히 금속화폐 말고도 어음이나 은행권

14. 이 소절은 정운찬(1991)과 Froyen(2005)을 참고하였다.

등 다양한 신용화폐가 사용되고 금융제도의 발달로 화폐의 금융적 유통의 비중이 점차 증대되면서, 화폐수량설의 존립기반인 화폐공급의 외생성과 유통속도의 안정성 등의 조건이 점점 현실에 맞지 않게 되었다.

2.1.1 거래수량설

통화량과 물가의 관계에 관한 화폐수량설이 확고한 이론적 틀을 갖추게 된 것은 피셔의 거래수량설이 등장하면서부터였다. 피셔의 거래수량설은 교환방정식(equation of exchange)이라 불리는 다음의 식으로 간단히 요약할 수 있다.

$$MV = PT$$

여기서 M은 저량(stock) 개념으로서의 통화량으로, 그 정확한 정의는 교환의 매개물로서의 화폐이다. 한편 V는 화폐의 거래유통속도(transactions velocity of money), P는 거래량 한 단위당 평균가격, 그리고 T는 실질거래량을 의미한다.

교환방정식은 어떤 경제에 존재하는 화폐의 총량과 재화의 총거래액이 주어지면 언제나 성립하도록 되어 있는 항등식이다. 예를 들어 일정 기간 동안 한 국민경제의 총거래액이 240억원이고 화폐의 총량이 60억원이라면 유통속도는 자동적으로 4가 된다.

그러나 유통속도 V와 거래량 T가 일정하다고 선험적(*a priori*) 가정을 하면 거래적 화폐수량설은 경제적인 의미를 갖는 방정식이 된다. 물가수준이 통화량에 비례적이라는 고전적 화폐수량설의 핵심 명제는 바로 이 방정식으로부터 나온다.

고전적 화폐수량설에 따르면, 유통속도는 장기적으로 개인의 소비패턴, 사회의 지급관습, 지급기술(payment technology) 등 제도적 기술적 요인에 의존한다. 그런데 이러한 요인들은 단기적으로 변화하지 않는 것으로 볼 수 있다. 따라서 유통속도는 불변이라고 가정된다.

이번에는 거래량이 일정하다는 가정에 대해 생각해 보자. 고전학파는 가격이 완전히 신축적이어서 생산은 늘 완전고용 상태에서 이루어지며, 거래량은 생산량(국민소득)에 비례한다고 간주했다. 이때 완전고용 생산수준은 경제에 부존하는 생산요소량에 의존하므로 단기적으로 일정하다. 따라서 생산량과 거래량도 단기적으로 일정하다고 가정할 수 있다.

V가 $V=\overline{V}$로서 일정하고 T도 $T=\overline{T}$로서 일정하다면, 앞의 교환방정식에서 통화량과 물가는 일정한 비례관계를 갖게 된다. 즉, 통화량이 2배, 3배 증가하면 물가도 2배, 3배 상승한다. 이와 같이 거래수량설은 단기에 통화량과 물가수준 사이에 비례적인 관계가 있음을 주장하는 물가이론이다.

사실 피셔의 관심은 통화량과 물가수준 사이의 관계에 있었지 화폐수요에 있었던 것은 아니다. 그러나 피셔의 거래수량설은 결과적으로 화폐수요가 거래액(PT)에 비례해 결정된다는 화폐수요이론으로도 해석할 수 있다. 즉, 화폐공급과 화폐수요가 일치한다는 전제 하에 교환방정식은 다음과 같이 도출되는 것으로 생각할 수도 있다.

$$M^d=\frac{1}{\overline{V}}P\overline{T},\ M^s=M,\ M^d=M^s\rightarrow M=\frac{1}{\overline{V}}P\overline{T}\rightarrow M\overline{V}=P\overline{T}$$

여기서 중요한 것은 피셔의 거래수량설에서 고려되는 화폐는 거래의 편의를 위해 존재하는 교환의 매개일 뿐이라는 점이다. 이것은 뒤에서 살펴볼 현금잔고수량설과의 주요한 차이점이다.

Box 9-1 고전학파의 경제관과 화폐수량설

고전학파 경제학자들은 종래 중상주의 시대에 금의 축적을 국부의 증진으로 간주하던 사조를 통렬히 비판하고 노동을 부의 원천으로 보았다. 따라서 국부의 증진은 분업과 자본축적을 통한 노동생산력의 개선에 의존하게 된다. 이러한 생산력의 증대는 개개인의 이기심(self-interest)이 이른바 '보이지 않는 손(invisible hand)'에 의하여 조화로운 결과를 낳을 때 이루어지는 것이다. 이때 자원은 효율적으로 이용된다. 이와 같이 고전학파는 국부의 증진이 생산력의 증대에 있는 것이지 화폐의 축적에 있는 것은 아니라고 보았다. 화폐는 단지 분업을 통하여 생산을 촉진시키는 교환의 매개물(medium of exchange)로서의 기능을 다하면 된다는 것이다. 이것이 거래수량설의 화폐관이다.

거래수량설에 따르면 화폐량의 변동에 따라 상품의 상대가격이 변화한다거나, 수요 · 공급에 영향을 미친다거나 하는 일은 일어나지 않는다.

이것을 좀 더 자세히 설명해 보자. 시장에서 경제주체가 선택할 때 고려하는 것은 각 상품의 절대가격 수준이 아니라 다른 상품의 가격과 비교한 상대가격이다. 다른 재화의 가격이 변하지 않은 상태에서 한 재화의 가격만 오른다면 상대가격체계가 변하게 된다. 시장에서 상대가격체계가 변하게 되면 자원배분에 변화가 온다. 반면 모든 재화의 절대가격이 일시에 같은 비율로 변동한다면 상대가격은 변하지 않는다. 따라서 경제주체의 선택은 불변이며, 시장을 통한 자원배분에는 아무 영향도 없다. 거래수량설에 따르면 화폐공급이 증가하더라도 상대가격체계에는 변화를 주지 않고 절대적인 물가수준만 올리게 되므로 자원배분에는 영향을 주지 못한다.

요컨대 거래수량설은 통화량의 변화는 상품의 절대가격에는 영향을 주지만 상품 간의 상대가격체계에는 영향을 주지 못한다는 명제를 받아들인다. 그럼으로써 거래수량설은 개개인의 자유로운 경제활동이 이루어지는 가운데 시장의 가격기구를 통해 자원의 최적 배분이 달성된다는 고전학파의 경제관을 지지한다.

2.1.2 현금잔고수량설

케임브리지(Cambridge) 대학의 마샬(A. Marshall), 피구(A. Pigou) 등은 개별 경제주체들이 얼마만큼의 화폐를 보유하려고 하는지를 미시적으로 분석하는 데에서 논의를 출발했다. 이들은 화폐를 단순히 교환의 매개물이 아닌 여러 자산 중의 하나로 파악했고, 사람들이 화폐를 보유하고자 하는 동기가 화폐를 보유함으로써 얻을 수 있는 거래의 편리함과 안정성에 있다고 보았다. 따라서 사람들은 화폐를 보유하여 얻을 수 있는 편리성 및 안정성 등의 효용과 다른 형태의 자산을 보유하여 얻을 수 있는 이자소득 및 자본이득 등의 효용을 비교하여 주어진 총자산(부) 중에서 얼마만큼을 화폐로 보유할지를 결정한다고 생각했다.[15]

그러나 케임브리지학파는 이러한 생각을 더 이상 구체화시키지 못하고, 화폐에 대한 수요가 주로 각 개인의 명목부(nominal wealth)에 비례적이라고 단순화했다. 더 나아가 이들은 명목소득(nominal income)이 명목부에 비례한다고 보았다. 다시 말해, 화폐에 대한 수요는 주로 거래액 내지 명목소득에 의해 결정되며, 명목소득이 증가하면 화폐수요는 비례적으로 증가한다는 것이다. 물론 이자율이 변하면 사람들이 화폐를 보유하고자 하는 양이 변할 수도 있다. 하지만 그들은 화폐수요의 이자율탄력성이 거의 영(0)에 가까워 이자율의 변화가 화폐수요에 미치는 효과는 거의 없다고 믿었다.

이것을 간단한 모형으로 살펴보자. 우선 화폐수요가 단기적으로 소득에 비례한

15. 박재윤(1979) 참조.

그림 9-6

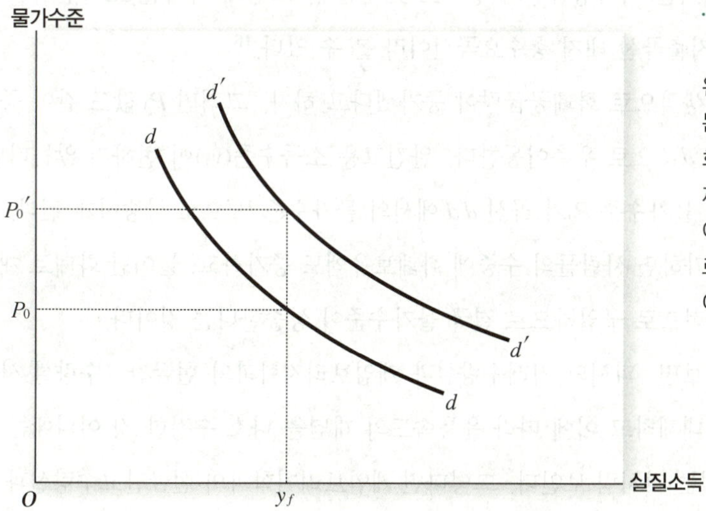

현금잔고수량설의 화폐수요

완전고용 수준의 실질소득 또는 산출량이 변하지 않는다면 화폐공급이 증가하는 경우 경제주체들이 늘어난 화폐로 주어진 재화나 용역을 추가적으로 구입하므로 결국 물가수준이 상승한다.

다면, 화폐에 대한 수요는 다음과 같이 표시될 수 있다.

$$M_d = kPy = kY$$

단, 여기서 M_d는 화폐수요, P는 물가수준, y는 실질소득, Y는 명목소득이며, k는 사람들이 명목소득 중 화폐로 보유하는 비율로서 흔히 마샬의 k(Marshallian k)라 부른다. 이때 y가 완전고용 소득수준과 항상 일치하고 k가 일정한 값으로 고정된다고 가정하면 화폐수요는 물가수준에 비례하게 된다. 여기서 화폐의 수요와 공급이 균형상태에서 일치하며 $k = \frac{1}{V_y}$이라고 가정하면, 케임브리지학파의 현금잔고방정식이 다음과 같이 도출된다.

$$MV_y = Py$$

이때 케임브리지학파의 유통속도 V_y는 피셔의 거래유통속도 V와 구별하기 위해 화폐의 소득유통속도(income velocity of money)라 부른다.

이상의 현금잔고수량설을 그림으로 표시한 것이 〈그림 9-6〉이다. 화폐공급량이 M으로 주어졌다고 가정하면 k값은 일정하기 때문에 Py가 결정되므로, (P, y) 평면에서 Py궤적은 직각쌍곡선의 형태로 표시된다. 그림에 나타난 dd곡선이 그것인데, 이는 총지출곡선 내지 총수요곡선이라 볼 수 있다.[16]

이때 외생적으로 화폐공급량이 증가했다고 하자. 그러면 Py값도 같이 증가하여 dd곡선은 $d'd'$으로 우측이동한다. 완전고용 소득수준(y_f)이 변하지 않는다면 곡선 dd에서의 물가수준 P_0가 곡선 $d'd'$에서의 물가수준 P_0'으로 상승하게 된다. 화폐공급량이 증가하면 사람들의 수중에 화폐보유액도 증가하고, 늘어난 화폐로 재화나 용역을 추가적으로 구입하므로 결국 물가수준이 상승한다는 것이다.

이렇게 보면, 피셔의 거래수량설과 케임브리지학파의 현금잔고수량설 사이에는 T를 y로 대체하고 이에 따라 유통속도의 개념을 다소 수정한 것 이외에는 별다른 차이가 없는 것처럼 보인다. 그렇다면 케임브리지학파의 현금잔고수량설과 피셔의 거래수량설의 내용은 본질적으로 같은 것인가?

우선, 피셔의 거래수량설과 케임브리지학파의 현금잔고수량실은 화폐의 기능을 각각 다른 측면에서 파악하고 있다는 점에서 본질적으로 차이가 있다. 피셔의 거래수량설에서는 화폐를 단순히 거래를 수행하기 위한 교환의 매개로만 파악하고 있는데 반해, 현금잔고수량설에서는 화폐의 가치저장수단으로서의 기능이 강조되고 있기 때문이다. 따라서 전자의 화폐관은 주로 지급 측면을 강조하는 반면, 후자의 화폐관은 자산 측면을 강조한다.

둘째, 거래수량설이 거시적 관점에서 한 경제의 통화량과 전체적 거래규모 간의 관계를 직접적으로 분석하는 것과는 달리, 현금잔고수량설은 개인의 자산구성이라는 미시적 관점에서 출발한다.

셋째, 거래수량설보다는 현금잔고수량설이 화폐의 수요 · 공급 분석에 더 적합하다. 전자는 화폐가 거래의 목적상 필요한 만큼 수요된다는 암묵적인 화폐수요를 가정하는 데 반해, 후자는 명시적으로 화폐수요를 다루고 있기 때문이다. 이와 관련하여 현금잔고수량설의 화폐수요함수에는 마샬의 k가 등장한다. 여기서 k는 소득과 물가수준 이외에 화폐수요의 여타 경제적 결정요인들이 도입될 수 있는 가능성을 열어둔 것으로 해석할 수 있다.[17]

16. Froyen(2005) 참조.

17. 현대적으로 마샬의 k를 해석하는 경우 k는 지급관습, 소비지출패턴, 이자율, 그리고 금융혁신 등의

그러나 두 이론 모두 통화량과 물가수준의 비례관계라는 공통적인 결론에 도달한다는 점에서 양자를 고전적 화폐수량설이라는 하나의 범주에 포함시킬 수 있다. 요컨대 고전적 화폐수량설에 따르면, 화폐공급량의 변화는 오직 물가수준을 변화시킬 따름이며 실질생산이나 실질소득 또는 고용을 변화시킬 수는 없다. 화폐공급은 실물부문에 아무런 영향을 미칠 수 없다고 보는 것이다. 고전적 화폐수량설은 케인즈 이전의 화폐수요이론의 기초를 이루었을 뿐만 아니라 거시경제정책 수립에 기반이 되었다. 그러나 고전적 화폐수량설의 역사만큼이나 그에 대한 논쟁과 비판도 오랫동안 지속되어 왔다. 여기에 대해 다음 절에서 살펴보자.

2.1.3 고전적 화폐수량설 비판

화폐수량설은 그 단순명료함과 직관적 호소력 덕분에 폭넓은 지지를 받아왔다. 하지만 이미 19세기 초 영국의 쏜튼(H. Thornton)을 필두로 19세기 중반 투크(T. Tooke)나 풀라튼(J. Fullarton) 등의 은행학파(banking school)가 비판적 시각을 제기했었다. 화폐수량설에 대한 비판은 20세기에도 이어져 빅셀(K. Wicksell)과 하이에크(F. Hayek)를 거쳐 케인즈에 이르러서는 절정을 이루게 되었다.

화폐수량설에 대한 이들 비판론자가 제기한 문제는 크게 통화량의 정의에 관련된 내용(아래의 ①, ②)과 유통속도에 관련된 내용(아래의 ③, ④), 그리고 실물부문에 미치는 영향에 관련된 내용(아래의 ⑤)으로 구분된다.

① 물가에 영향을 미치는 요인으로 화폐 이외에 여타 금융자산이 포함되는지

함수로 볼 수 있다. 왜 그런가? 우선, 동일한 액수의 연봉을 균분하여 월급으로 받는 경우와 주급으로 받는 경우를 비교해 보면 전자보다 후자의 경우에 평균적 화폐수요가 상대적으로 작다. 이는 주급의 경우에 k가 더 작다는 것을 의미한다. 둘째, 주어진 소득기간의 초기에 소득의 많은 부분을 지출하는 사람과 말기에 많은 부분을 지출하는 사람을 비교하면, 후자보다 전자의 평균적 화폐수요가 상대적으로 작다. 이것은 후자에 비해 전자의 k가 더 작다는 사실을 의미한다. 셋째, k는 이자율의 감소함수이다. 다른 조건이 동일한 경우 이자율이 상승할수록 화폐보유의 기회비용이 커지므로 명목소득 중 화폐수요의 비중인 k가 작아진다. 넷째, 신용카드의 보급 등 금융혁신은 화폐가 지급수단으로서 제공하는 유용성을 감소시키므로 k는 감소한다.

이와 같이 k가 여러 변수에 의해 영향을 받는 내생변수라면, 그 역수인 화폐의 소득유통속도 또한 장기는 물론 단기에서도 안정적으로 유지될 수 없다.

여부

② 화폐와 여타 금융자산의 총량이 경제 바깥에서 결정되는 외생변수인지 여부

③ 유통속도가 통화량의 변동에 따라 변하는 것인지 또는 고정된 것인지 여부

④ 화폐수요가 안정적인지 여부

⑤ 통화량의 변동이 생산과 소비 등 실물부문의 변동을 유발하는지 여부

이와 같은 비판론을 현대적 관점에서 음미해 보면, 논의의 공통분모가 궁극적으로 고전적 화폐수량설의 가정—유통속도와 소득이 불변이라는 가정—에 대한 비판으로 요약된다고 해석할 수 있다. 이 점에 대해 현금잔고수량설을 통해 살펴보자.[18]

우선 현금잔고방정식의 양변에 로그를 취한 후 시간에 대해 미분한 식을 쉽게 표현하면 다음과 같다.[19]

$$\frac{\Delta M}{M}+\frac{\Delta V_y}{V_y}=\frac{\Delta P}{P}+\frac{\Delta y}{y}$$

여기서 화폐수량설의 타당성은 결국 유통속도와 국민소득이 불변이라는—좀 더 신축적으로 표현하면, 소득유통속도와 국민소득이 안정적으로 유지되어야 한다는—가정에 크게 의존하고 있음을 알 수 있다. 그러므로 화폐수량설에 대한 비판이 이들 변수의 안정성에 집중되는 것은 당연하다.

고전적 화폐수량론자들은 대개 V_y가 자주 변동되지 않는 지급관습 등에 의존하므로 상대적으로 안정적이라고 믿었다. 그런데 자본주의가 발달한 선진국의 통계자료를 이용하여 측정해 본 결과 유통속도가 그다지 안정적이지 못하다는 것이 밝혀졌다. 이는 V_y의 역수인 k도 실증적으로 안정적이지 못하다는 사실을 의미한다.

소득유통속도가 화폐수량설의 가정과 달리 안정적인 값을 가지지 못하는 이유는 무엇인가?[20] 예를 들어, 이자율의 변화에 따라 소득유통속도는 내생적으로 변화

---

18. 여기서는 논의의 편의상 현금잔고수량설의 맥락에서 고전적 화폐수량설에 대한 비판을 검토하기로 한다. 이는 현금잔고수량설이 거래수량설에 비해 진일보한 이론이기 때문이다.

19. Δ는 해당 변수의 증분을 의미한다. 그러므로 $\frac{\Delta M}{M}$, $\frac{\Delta V_y}{V_y}$, $\frac{\Delta P}{P}$, $\frac{\Delta y}{y}$는 차례로 통화량 증가율, 통화의 소득유통속도 증가율, 인플레이션율, 경제성장률에 해당한다.

20. 그 이유는 유통속도의 역수인 마샬 k의 결정요인들과 관련된다. 이 장의 각주 17 참조.

하게 된다. 또한 여러 가지 경제여건의 변화로 화폐수요함수의 형태가 변화하여 유통속도가 변화하기도 한다. 새로운 금융자산이나 ATM의 도입으로 거래비용이 낮아지면 당연히 유통속도에 변화가 발생하는 것이다.

화폐수량설에 따르면 이러한 소득유통속도의 변화는 매우 작고 평균적으로 영(0)에 가깝다. 그러나 이 가정이 반드시 현실과 부합한다고 보기는 어렵다. 사실 유통속도는 우리나라에서나 외국에서 모두 실물경기에 따라 변화하는 추세를 보이고 있다. 이에 대해 화폐수량설을 주장하는 사람들은 매우 장기에 걸쳐 분석하면 소득유통속도는 안정적인 것으로 볼 수 있다고 반박하고 있다.

한편 국민소득의 안정성은 어떠한가? 화폐수량설에서는 임금률의 신축성과 세이의 법칙을 바탕으로 자본주의 경제에서는 국민소득이 완전고용 수준에서 장기균형을 유지한다고 주장한다. 그러나 1930년대의 대공황으로 인한 대규모 실업 사태, 그리고 케인즈 경제학의 등장 이후 적어도 단기에서는 완전고용이 달성되지 못할 수 있음이 이론적으로나 실증적으로 증명되었다.

이러한 화폐수량설에 대한 찬반논쟁은 1970년대 이후 화폐수요함수의 안정성 논쟁으로 다시 한 번 가열되는데, 그 내용을 다음 절에서 신화폐수량설을 중심으로 자세히 살펴보자.

2.2 신화폐수량설[21]

케인즈 이후 화폐는 교환의 매개수단일 뿐만 아니라 가치의 저장수단이라는 점이 널리 받아들여지면서 이자율이 화폐수요에 미치는 영향도 무시할 수 없게 되었다. 이에 따라 케인즈 이전의 화폐수요이론인 화폐수량설은 점차 설명력을 잃어갔으며, 특히 1930년대의 대공황을 겪으면서 화폐수량설에 대한 회의론이 팽배하였다.

1960년대까지도 케인즈의 이론은 여전히 세상을 풍미했지만, 인플레이션의 조짐이 서서히 나타나기 시작한 1950년대부터 시카고 대학의 프리드만(M. Friedman)은 대공황 시기에 통화량이 급격히 감소했다는 실증분석을 통해 명목소득과 통화량

21. 이 소절은 정운찬(1991)에 의존하였다.

간의 함수관계를 나타내는 화폐수량설의 현실설명력을 주장했다. 당시 프리드만은 자신의 주장을 신화폐수량설로 이론화했고, 신화폐수량설은 '화폐가 중요하다(Money matters)'는 믿음을 가진 일단의 학자들을 통화주의(Monetarism)라는 이름으로 결집시킨 이론적 초석이 되었다.

이제 신화폐수량설의 화폐수요함수를 살펴보고, 그 정책적 함의를 검토해 보기로 하자.

2.2.1 화폐수요함수의 도출

프리드만은 케임브리지학파의 현금잔고방정식과 마찬가지로 개인의 자산선택이라는 관점에서 출발하여 화폐수요의 결정요인을 분석했다.[22] 프리드만에 따르면, 개인의 화폐수요는 각 개인이 보유하는 자원에 의해 제약되고, 그 수요량은 화폐보유로부터의 한계수익이 다른 내체자산으로부터의 한계수익과 같아지는 짐에서 결정된다. 따라서 화폐수요는 개인의 총 부와 화폐를 포함한 각종 자산 수익률들의 함수라고 볼 수 있다. 이때 서로 다른 대체자산의 수익률은 일반적으로 측정이 가능하다. 프리드만은 이 점에 착안하여 다음 식 (9-1)과 같은 화폐수요함수를 도출하였다.

$$M_d = P \cdot f(i^B, i^E, \pi, h, y^P, u) \qquad (9-1)$$

i^B: 채권이자율, i^E: 주식 수익률, π: 물가상승률
h: 총 부에 대한 인적 부의 비중, y^P: 실질항상소득, u: 기타 주관적·객관적 변수

이 식의 의미는 무엇인가? 먼저 각 자산의 수익률(엄밀하게는 예상수익률)부터 살펴보자. 함수 $f(\cdot)$에 등장하는 첫 세 변수는 경제주체가 자신의 부를 화폐 말고도 채권이나 주식 또는 재화의 형태로 보유할 수 있음을 뜻한다. 최초에 어떤 사람이 효용극대화 상태에 있었다고 해보자. 이때 만일 채권이나 주식의 수익률 혹은 실물자산의 수익률(물가상승률)이 상승하면 어떻게 될까? 화폐수요량은 감소할 것이다. 그래야만 대체 자산의 수익률 상승과 같은 크기로 화폐보유의 한계적 편익도 높아

22. Friedman(1956) 참조.

질 수 있기 때문이다. 이는 화폐에 대한 명목수요가 각 자산의 한계수익률이 동일해지는 점에서 결정됨을 의미한다. 여기서 우리는 프리드만의 신화폐수량설이 미시이론의 공준(axiom), 즉 최적화 행위에 의한 수요의 원칙으로부터 도출되고 있음을 알 수 있다. 이것은 케임브리지학파의 현금잔고방정식을 더욱 정교하게 발전시킨 것이다.

다음으로 소득과 부의 제약에 대하여 살펴보자. 앞에서 본 각 자산의 수익률 차이가 각 자산의 보유비율을 결정해 준다면, 그 절대적인 크기(보유량)를 결정하는 것은 총 부(total wealth)의 수준이다. 먼저 $f(\bullet)$에는 y^P라는 실질항상소득이 변수로 포함되어 있다. 이때 프리드만은 $y^P = iw$라는 가정을 도입하여 항상소득과 부의 수준을 연결시킨다. i를 경제 내의 여러 수익률의 가중치라 보면, 이미 각종 수익률이 화폐수요함수 내에 포함되어 있으므로 굳이 i를 방정식에 도입할 필요가 없다. 또한 y^P는 예산제약을 나타내는 규모변수의 역할을 수행한다. 프리드만은 총 부의 경험적 추정이 쉽지 않은 점을 감안하여 항상소득을 총 부의 대용변수(proxy)로 사용한 것이다.

한편 개인의 소득은 금융 혹은 실물자산에서만 파생되는 것은 아니다. 근로소득도 존재한다. 따라서 총 부 w는 금융 및 실물자산 이외에 인적 부(human wealth)까지도 포함한다. 인적 부의 크기를 나타내기 위해 프리드만은 총 부에 대한 인적 부의 비중인 h를 화폐수요함수에 포함시킨다. 하지만 인적 부가 다른 자산과 대체될 수 있는 가능성은 극히 제약되어 있으므로, 인적 부의 수익률 i^h는 화폐수요함수에서는 빠져 있다.

끝으로 u변수에 대하여 살펴보자. u는 사람들의 유동성선호나 기호와 같은 주관적 상황과 불확실성 등을 나타내는 변수이다. 프리드만은 단기적으로는 u변수가 안정적이라고 파악한다.

이상의 기본적 논의에서 알 수 있듯이, 프리드만의 신화폐수량설은 우선 신고전학파경제학의 핵심이라 할 수 있는 효용극대화 원칙에 충실하고 있다. 즉, 식 (9-1)에 따라 각 개인은 총 부의 제약 속에 각 대체자산의 수익률을 비교해 자신의 최적 화폐수요량을 결정하는 것이다.

프리드만은 자신의 화폐수요함수 식 (9-1)을 간단히 변형하기 위해 다음과 같은 몇 가지 논의를 추가했다. 우선, 프리드만은 소득을 제외한 이자율 및 다른 모든 변수들이 화폐수요에 미치는 영향은 경험적으로 미미하다고 보아 이자율을 포함한 각종 변수들을 설명변수에서 제외시키고 있다. 예컨대 각종 수익률은 대개 같은 방향으로 움직이므로, 실제로 각종 수익률의 상대적 격차는 그리 크게 변동하지 않는다는 것이다. 그렇다면 수익률 변동은 화폐수요에 별다른 영향을 미치지 못한다. 이는 화폐수요가 국민소득의 안정적인 함수라는 점을 시사한다.

또한 프리드만은 물가수준이 항상물가수준(permanent price level)을 측정하는 P^P로 대체되어야 한다고 생각하였다. 즉, 개인의 화폐에 대한 수요는 일시적인 물가수준의 변동에 쉽게 영향받지 않으며, 그 변동이 영속적이라고 예측될 때만 변화하게 된다는 것이다. 이는 프리드만이 식 (9-1)에서 예산제약을 나타내는 규모변수로 소득이 아닌 항상소득을 포함시킨 것과 같은 맥락이다.

이와 같은 그의 추가적 논의를 받아들인다면, 최종적으로 화폐수요함수는 다음과 같이 나타낼 수 있다.

$$M_d = P^P g(y^P)$$

이로부터 다음의 관계를 얻을 수 있다.

$$V_{y^P} = \frac{Y^P}{M_d} = \frac{Y^P}{P^P}\frac{1}{g(y^P)}$$

프리드만은 위에 주어진 두 개의 식이 신화폐수량설의 핵심이라고 지적하고, 자신의 논리가 경험적 자료에 의해 지지된다고 주장했다. 또 그에 따르면 화폐수요는 항상소득, 항상물가 등의 개념과 연결되어 단기적으로 안정적이다.

한편 프리드만은 역사적 자료를 통해 통화량과 본원통화의 관계를 분석함으로써 화폐공급에 영향을 주는 변수가 무엇인지 연구하였다. 그는 민간현금보유비율과 지급준비율이 안정적인 값을 갖는다면 화폐공급은 본원통화에 의해 기계적으로 결정되므로 그 외생성이 인정된다고 보았다. 즉, 본원통화 공급의 변화는 화폐공급의 변화를 가져오고, 결국 화폐수요함수와의 균형조건에 따라 명목소득을 변화시키게 되므로 화폐총량의 규제를 통해 경제를 안정적으로 조정할 수 있다고 프리드만은 생각하였다.

화폐수요가 안정적이라면, 화폐공급이 외생적일 때 안정적으로 수요되는 양 이상으로 공급되는 화폐는 전부 지출됨으로써 물가는 오르게 된다.

2.2.2 신화폐수량설의 의의와 한계

신화폐수량설은 통화량의 변화가 경제에 대해 매우 중요한 영향을 미친다는 현실인식을 기반으로 삼고 있다. 그러나 신화폐수량설의 추종자들은 '물가의 변동은 화폐량의 변동에 비례한다'는 고전적 화폐수량설은 지나치게 단순해서 현실 설명력이 없으며, 화폐의 유통속도가 외생적으로 주어진 상수가 아니라는 점을 받아들여야 한다고 생각하였다. 그래서 이들은 '화폐는 중요하다'는 기본 관점을 종래의 화폐수량방정식이 아닌 새로운 이론으로 표현하고자 했다. 이렇게 하여 탄생한 것이 프리드만의 신화폐수량설이다.

신화폐수량설은 고전학파의 화폐수량설적 아이디어에 케인즈가 강조한 투자적 화폐수요함수의 특징을 접목시킨 화폐수요이론이다. 즉, 신화폐수량설은 케인즈가 투자적 화폐수요의 결정요인으로 보았던 자산수익률(이자율)까지도 자신의 화폐수요함수에 명백히 포함시킴으로써 케임브리지학파의 현금잔고수량설에 비해 진일보한 체계를 갖추었다. 이러한 측면에서 신화폐수량설은 케인즈의 투자적 화폐수요이론과 크게 다르지 않다. 신화폐수량설도 기본적으로 자산으로서의 화폐에 대한 수요를 분석하는 이론이기 때문이다.

그러나 프리드만의 신화폐수량설은 통화량의 변화가 실물경제에 중요한 영향을 미친다는 믿음을 전제하고 있다는 점에서 케인즈의 화폐수요이론과는 근본적으로 차이가 난다.[23] 현실적으로 화폐의 소득유통속도나 마샬의 k가 비록 일정하다고는 할 수 없으나, 화폐수요의 이자율탄력성은 영(0)에 가까워 화폐수요함수가 매우 안정적이고 신뢰성이 높다는 것이 프리드만의 시각이다. 반면, 화폐가 다른 금융자산의 완전한 대체재로서 커다란 이자율탄력성을 갖는다는 것이 케인즈의 시각이다. 프리드만과 케인즈 사이의 바로 이러한 시각차이는 통화량의 변화가 명목소득 또는 총지출에 어떤 경로로 영향을 미치는가에 대한 양자 간 견해차이로 나타난다. 결국

23. Goodhart(1989) 참고.

신화폐수량설은 화폐수요함수의 구체화 과정에서는 케인즈의 사고를 대폭 수용했지만, 궁극적으로는 전통적 화폐수량설과 그 맥을 같이 하는 이론이다.

프리드만의 신화폐수량설은 어떤 한계를 갖는가? 지금까지 살펴본 대로 신화폐수량설과 전통적 화폐수량설 사이에 실질적인 차이는 사실상 거의 없다. 그러므로 고전적 화폐수량설에 대한 비판이 신화폐수량설에도 그대로 적용된다. 또한 화폐와 다른 거시변수 사이에 과거에 존재했던 안정적 관계가 미래에도 계속되리라는 신화폐수량설의 다분히 낙관적인 믿음도 문제가 된다. 이 점에 대해 잠시 생각해 보자.

신화폐수량설의 정책적 함의는 통화량을 정책변수로 삼아 조정할 때 경제를 효율적으로 관리할 수 있다는 것이다. 이것은 기본적으로 화폐공급의 외생성과 화폐수요함수의 안정성에 대한 믿음을 바탕에 두고 있으며, 신화폐수량설 옹호론자들의 화폐 정의와도 관련이 있다. 프리드만은 화폐란 어떤 원리에 기초를 두어 선험적으로 정의되는 것이 아니라 경제적 관계에 대한 우리의 지식을 체계화하는 데 유용하도록 '발명'되어야 한다고 했다. 이러한 화폐관에 근거하여 프리드만은 1867년부터 약 90년간의 통계로 볼 때 현금통화와 은행의 요구불예금 및 정기예금을 화폐로 보는 것이 타당하다고 주장했다.

그러나 과거의 추세를 잘 설명하는 화폐의 움직임이 앞으로의 움직임도 잘 설명할 수 있을까? 그들의 주장은 주어진 경제상황을 끊임없이 변화시키고 새로운 환경을 창조해 나가는 개별 경제주체들의 능력을 과소평가하고 있다. 자본주의가 성숙해질수록 민간부문에서 화폐를 대체할 수 있는 여러 자산들이 등장하고, 이들의 총량은 거시경제변수의 움직임에 큰 영향을 미친다. 실제로 1980~1990년대의 금융혁신 및 탈규제의 환경과 맞물려 화폐의 대체자산들이 시시각각으로 등장하면서 거시적 화폐수요함수는 매우 불안정해지고 있다.[24]

이러한 거시적 화폐수요의 불안정성은 통화승수에도 영향을 주어 본원통화공급 조정에 의한 통화량의 통제를 사실상 불가능하게 하고 있다. 이것은 통화론자의 믿음과는 달리 화폐공급이 내생적으로 결정된다는 것을 의미한다. 또한 본원통화에 대한 금융기관의 수요는 비탄력적이므로, 본원통화를 규제하면 이자율의 급격한 변동으로 경제에 불안정을 가중시킬 수도 있다.

24. 거시적 화폐수요함수의 불안정성에 관한 실상과 그 요인에 대해서는 이 장의 제3절을 참고하기 바란다.

3. 미시적 · 거시적 화폐수요이론의 한계와 발전[25]

지금까지 화폐보유의 거래적 · 투자적 동기를 구분하여 전개된 미시적 화폐수요이론과 고전학파의 화폐수량설과 프리드만의 신화폐수량설을 중심으로 거시적 화폐수요이론을 각각 검토했다. 그러나 이와 같은 두 접근은 각각 한계를 갖고 있으며, 그 한계를 극복하려는 과정에서 화폐수요이론은 이론적 · 경험적으로 발전해 오고 있다. 이러한 점들을 알아보기로 하자.

3.1 화폐수요이론의 한계

미시적 화폐수요이론에서는 경제주체가 화폐를 거래 또는 투자를 위해 보유한다고 구분한다. 그러나 이러한 구분에는 현실적인 한계가 있다. 예를 들어 독자가 현재 10만원의 현금을 가지고 있다면, 그중 7만원은 거래적 동기로, 3만원은 투자적 동기로 보유하는가? 각 개인의 화폐수요를 이와 같이 명확하게 구분하려면 각자의 재산상태와 각종 심리적 요인들을 모두 파악해야만 한다. 이처럼 실제로 나타나는 미시적 화폐수요는 여러 가지 복합적인 요인에 의해 결정된 것이므로 분석에 상당한 어려움이 뒤따른다. 게다가 현실에서 미시 데이터를 얻는 것이 사실상 불가능하기 때문에 거래적 · 투자적 화폐수요에 대한 실증연구도 어려운 실정이다.

한편 거시적 화폐수요함수에 대한 정확한 추정은 바람직한 화폐금융정책 수립을 위해 매우 중요하다. 거시적 화폐수요함수가 안정적이어서 통화량과 이자율 및 국민소득 간에 명확히 정의된 함수관계가 성립한다면, 통화량 조절을 통해 바람직한 국민소득 및 물가상승률 수준을 달성할 수 있을 것이다. 그러나 거시적 화폐수요함수가 불안정하다면, 이것에 입각하여 소득과 물가를 안정시키려는 정책시도는 실패할 뿐만 아니라 오히려 경제에 해악을 끼칠 수도 있다.

현실은 어떠한가? 불행히도 1970년대 중반 이래 거시적 화폐수요함수의 불안정성이 두드러지게 관찰되고 있다. 예를 들면, 골드펠트(S. Goldfeld)가 1973년 그

25. 이 절은 주로 Goodhart(1989)와 Lewis and Mizen(2000)을 참고하였다.

의 논문에서 추정한 화폐수요함수는 과거 데이터를 훌륭하게 설명하는 것으로 나타났다.[26] 문제는 그의 화폐수요함수도 1974년 이후의 미국 자료에 대해서는 제대로 설명하지 못했다는 사실이다. 과거 자료를 가장 잘 설명했던 골드펠트의 화폐수요함수도 1974~1976년의 실질잔고를 실제보다 너무 높게 추정함으로써 장래의 화폐수요 예측에 실패했던 것이다.[27]

이와 같은 화폐수요함수 예측의 어려움, 즉 화폐수요함수 불안정성의 요인은 무엇일까? 우선, 1970년대 중반 화폐수요함수의 불안정성이 대두된 배경에는 오일쇼크와 같은 공급 측면의 충격이 있었다. 이후 1979년 2차 오일 쇼크의 발생으로 화폐수요함수의 불안정성이 다시 심화되면서 1980년대로 이어졌다.

둘째, 제도적 변화도 화폐수요의 불안정성과 관련이 있다. 예를 들어 1970년대에 세계적으로 인플레이션이 만연하자 미국을 비롯한 여러 나라에서는 통화량목표제(monetary targeting)를 수용했다. 통화량목표제란 특정 통화지표를 중간목표로 선택하고, 그 증가율 목표를 적절한 수준으로 결정한 후 이를 달성하기 위해 통화공급을 적절히 통제하는 통화정책의 운용방식을 말한다. 그러므로 통화량목표제에서는 중간목표로 이용할 통화지표를 정의해야 한다. 그런데 통화지표를 어떻게 정의하든지 상관없이 그 통화지표를 규제하기 시작하면 통화지표의 움직임이 이전과는 다른 패턴으로 변화한다는 사실이 발견되었다. 이것은 1970년대 이후 그 타당성이 입증된 경험적 사실로서, 흔히 굿하트의 법칙(Goodhart's Law)이라 부른다. 그 정책적 함의는 통화당국에 의한 통화량 통제가 사실상 불가능하다는 것이다.[28]

셋째, 1970~1980년대부터 금융규제 완화, 자율화, 국제화 등의 경향이 전 세계로 확산되면서 각국 금융부문 경영기술의 급격한 발전과 금융기관의 업무영역 확대 등도 화폐수요 불안정성의 중요한 요인으로 꼽히고 있다. 특히 1970년대의 높은 인플레이션은 명목이자율을 상승시켜 화폐보유의 기회비용을 높여 금융혁신을 촉진시켰고, 규제당국은 은행예금에 대한 이자율제한을 완화했다. 이러한 변화가 화폐수요함수에 영향을 미쳐 예측력을 떨어뜨렸음은 미루어 짐작할 수 있다.

---

26. Goldfeld(1973) 참조.

27. Goldfeld(1976) 참조.

28. 굿하트의 법칙에 대해서는 Goodhart(1989)를 참조하기 바란다. 통화량목표제에 대해서는 이 책의 제11장을 참조하기 바란다.

3.2 화폐수요이론의 발전

이와 같이 거시적 화폐수요함수가 불안정하다면 화폐공급 충격을 초래하는 각종 경제현상을 제대로 설명할 수 없다. 이러한 문제점을 극복하기 위해 1970~1980년대 이후 대체로 두 갈래의 발전이 전개되어 왔다. 하나는 미시적 · 거시적 화폐수요이론 사이에서 경험적 연결고리의 역할 가능성을 제시한 완충재고이론의 등장이고, 또 하나는 화폐의 존재와 역할 자체를 모형 내부적으로 도출하는 최적화 거시이론의 등장이다.

3.2.1 완충재고이론

레이들러(D. Laidler) 등은 예상치 못한 화폐공급 충격을 흡수하기 위해 경제주체가 화폐잔고를 완충제로 사용한다는 소위 '완충재고(buffer stock)' 이론 또는 '불균형(disequilibrium)' 이론을 제시해 관심을 끌고 있다.[29]

예를 들어 화폐공급이 예상치 못하게 크게 늘었다고 하자. 화폐시장이 계속 균형을 유지하기 위해서는 화폐수요가 크게 늘어야 하므로 거시적 화폐수요함수에 등장하는 이자율 등의 독립변수가 즉각 변동해야 한다. 하지만 화폐공급의 충격에도 단기적으로나 장기적으로 이들 독립변수의 변동성은 실제로 두드러지지 않는다는 것이다. 이것은 물론 거시적 화폐수요함수의 불안정성을 의미한다.

완충재고이론은 이러한 현상을 단기와 장기로 나누어 설명한다. 단기에는 경제주체가 완충재고로서 화폐잔고를 보유하기 때문에 화폐공급 충격이 화폐보유량의 변화로 직접 흡수된다는 것이다. 이것은 앞서의 밀러-오어 모형에서 경제주체가 예기치 못한 거래에 대비해 화폐잔고를 자신이 정해 놓은 구간 내에서 자유롭게 변동하도록 내버려두는 것에 대한 해석이기도 하다. 이때 경제주체의 화폐잔고 보유구간(상한 및 하한)과 귀환점은 단기적으로는 일정하지만, 장기적으로는 화폐수요의 결정요인에 의해 변경된다고 완충재고이론은 설명한다. 장기적으로는 경제주체가 화폐수요 패턴 자체를 조정한다는 것이다. 완충재고이론은 거시적 화폐수요함수의 불

---

29. Laidler(1984) 참조.

안정성에 대해 이와 같은 미시적 설명을 제공함으로써 표준적인 거시적 화폐수요함수가 화폐공급 충격에 대해 불안정성을 갖는 약점을 보완해 주는 동시에 화폐수요에 대한 거시적 · 미시적 연구 사이의 연결고리 역할을 수행한다.

하지만 이러한 이점에도 완충재고 개념은 널리 수용되고 있지는 않다. 그 이유 중 하나는 개인적 수준의 완충재고와 경제 전체 집계변수로서의 완충재고 사이의 기본 연계(link)가 실증적으로 확립되지 않았기 때문이다. 즉, 모든 사람이 화폐를 완충제로 보유한다면 거시적 공급충격으로 인해 경제 내의 총완충재고 보유량은 늘어나야 하지만, 그러한 실증적 증거가 관찰되지 않는다는 것이다.

완충재고 접근방식을 긍정하는 학자들은 완충자산에 대한 정의를 *M3*에서 광의의 유동성 금융자산으로 확대시킴으로써 이러한 비판을 극복하려고 노력한다. 이 학자들도 어떤 자산들이 완충자산에 포함되어야 하는지에 대해 각기 다른 의견을 제시하고 있다. 그러나 실제로 금융시장에서 불완전성과 거래비용에 직면하는 경제주체들이 다양한 자산을 완충제로 이용하는 금융행태를 보이고 있음은 부인할 수 없다. 이에 따라 완충재고의 개념에 대한 많은 경험적 연구들이 지속적으로 이루어지고 있다.

3.2.2 최적화 거시모형을 통한 화폐수요함수의 도출[30]

거시적 화폐수요함수의 불안정성이 알려지게 된 1970～1980년대는 거시모형도 엄밀한 미시경제학적 기초에 입각해야 한다는 반성이 광범위하게 이루어졌던 시기이기도 했다. 이러한 반성은 당시 거시경제학계를 휩쓸었던 합리적 기대 혁명의 영향이었다. 이에 따라 화폐금융 분야에서도 거시 집계변수에 의존하여 화폐수요함수를 추정하는 방법에서 벗어나 미시경제학의 일반균형적 접근에 기초한 최적화 거시모형(optimizing macro models) 내에서 화폐수요함수를 직접 도출하려는 이론적 접근이 두드러지게 되었다. 거시 집계변수에 의해 추정된 화폐수요함수가 현실을 잘 설명하지 못하기 때문에, 미시적 기초에 기반하여 거시변수를 설명하려는 새고전학파 거시경제학의 경향이 화폐수요에 대한 연구에도 그대로 반영된 것이다. 이

30. 이 소절은 특히 Blanchard and Fischer(1989)를 참조하였다.

는 미시적 접근이 경제주체들의 화폐수요 결정과정을 보다 명확하게 제시해 줄 수 있다는 믿음 때문이다.

그 대표적인 예로 화폐가 포함된 중첩세대모형(overlapping-generations models)과 화폐선불모형(cash-in-advance models)을 들 수 있다. 중첩세대모형에서는 경제가 동태적으로 비효율적인 상태에 있을 때 화폐의 도입으로 모든 세대의 후생을 증가시킬 수 있음을 보여준다. 화폐선불모형은, 불확실성이 존재하는 화폐교환 경제에서는 "화폐는 상품을 살 수 있고 상품도 화폐를 살 수 있지만 상품이 상품을 살 수는 없다"는 화폐경제에서의 화폐선불제약을 가정한다.[31] 화폐선불모형에서는 화폐수요가 명목이자율과 인플레이션율의 함수가 됨을 증명할 수 있다. 예컨대 위험기피적인 경제주체들은 인플레이션 시기에 화폐수요를 감소시키지만, 그럼에도 여전히 화폐를 보유하는 현상을 설명해 준다.

이 밖에도 화폐를 다기간 효용극대화를 추구하는 개인의 효용함수에 직접 포함시킨 극대화 문제의 결과로 화폐수요함수를 도출하기도 한다. 이는 하이퍼인플레이션의 상황에서도 화폐가 퇴장되지 않는 현상을 설명하기 위한 것으로서, 화폐효용모형(money-in-the-utility-function models)이라 불리는 이론 틀에 포함된다.[32]

연습문제

01. 매월 초에 Y의 소득을 얻어 이를 일정한 속도로 월말까지 모두 지출하는 사람이 있다. 이 사람이 Y의 소득을 받는 즉시 M만큼을 현금으로 보유하고, 나머지 $(Y-M)$만큼을 증권에 투자한 후 $(n-1)$회에 걸쳐 M만큼씩 증권을 매각하여 현금화함으로써 지출을 해나간다고 가정하자. 이때 월 이자율은 i이고, 증권거래에 따르는 매회의 거래비용은 양의 상수 b로 주어진다. 다음 물음에 답하시오.

(1) 이 사람이 화폐를 보유함으로써 치르는 기회비용을 표시하시오.

---

31. 이것은 Clower(1967)의 유명한 명제이다. 그의 이름을 따서 화폐선불제약(cash-in-advance constraint)은 클라워 제약(Clower constraint)이라고도 불린다.

32. 화폐효용모형 등 미시적 기초에 기반하여 거시변수를 설명하려는 시도는 고급 거시경제학 교과서에서 다루어진다. 이종화 · 김진일(2021) 참조.

(2) 증권거래에 따르는 거래비용을 표시하시오.

(3) 적정 거래횟수 n^*와 평균화폐잔고 $\frac{M^*}{2}$를 각각 구하시오.

(4) 평균화폐잔고의 소득탄력성을 구하시오.

(5) 평균화폐잔고의 이자율탄력성을 각각 구하시오.

02. 다음 박스 내 지문을 읽고 물음에 답하시오.

> 보몰-토빈의 거래적 화폐수요모형 분석에 따르면, 화폐수요(M_d)는 $M_d = \left(\frac{bY}{2i}\right)^{\frac{1}{2}}$로 주어진다(단, b는 예금인출에 드는 고정비용, Y는 월급, i는 월 예금이자율임).

(1) 거래적 화폐수요의 소득탄력성을 수학적으로 구하시오.

(2) 위 (1)에서 구한 거래적 화폐수요의 소득탄력성은 규모 경제와 소득분배에 각각 어떤 함의를 갖는지 설명하시오.

03. 다음 그림은 케인즈의 유동성선호설에 따른 어떤 금융투자자의 투자적 화폐수요 함수를 보여준다.

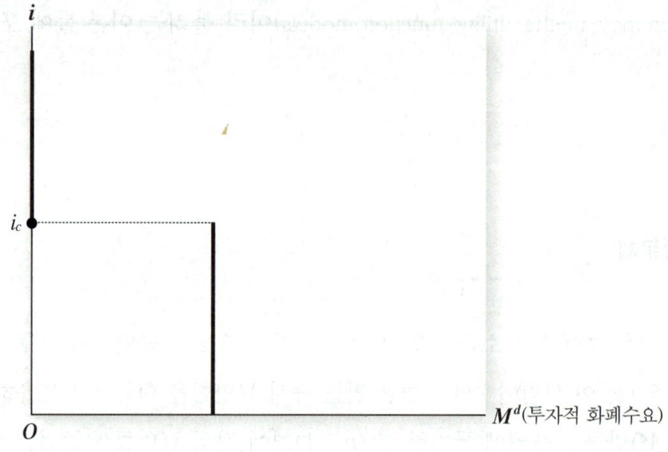

(1) 이 금융투자자가 자신의 부를 화폐로 보유하든 증권으로 보유하든 무차별하다고 느끼게 되는 임계이자율 수준 i_c는 어떻게 정해지는지 설명하시오.

(2) 정상이자율 i_n은 이 그림에서 어디쯤 위치할까? 왜 그런가?

(3) 케인즈의 투자적 화폐수요이론을 사회적으로는 불확실성의 이론이지만 개인적으로는 확실성의 이론이라 평가하는 이유는 무엇인가?

04. 김똘똘 씨는 케인즈의 투자적 화폐수요이론에 따라 행동하기로 하였다. 현재 10%인 시장이자율과 자신이 갖고 있는 정상이자율 수준을 고려한 비탄력적 이자율 예상에 의하여 김씨는 예상이자율 수준 i^e를 도출하였다. 이후 채권보유 시의 예상수익률을 계산해 보니 35%라는 결과가 얻어졌다. 다음 물음에 답하시오.

(1) 김씨의 예상이자율 수준을 구하시오.

(2) 우리는 김씨의 정상이자율 수준이 어떤 범위에 있다고 추측할 수 있는가? (힌트: 김씨가 예상이자율을 비탄력적으로 형성하였다는 점과 김씨가 채권투자를 하게 되는 임계이자율 i_c보다 정상이자율이 높다는 점을 이용할 것)

05. 다음은 케인즈의 유동성선호설에 관한 설명이다. 물음에 답하시오.

> 케인즈의 유동성선호설은 그의 화폐수요이론이자 이자율결정이론이다.

(1) 어떤 자산의 유동성(liquidity)이란 일반적으로 어떻게 정의되는가?

(2) 위 지문의 언급과 같이 유동성선호설을 해석할 수 있는 이유는 무엇인가?

06. 토빈의 투자적 화폐수요이론에서 다음의 각 경우에 화폐수요는 어떻게 변할지 그림을 그려 분석하시오.

(1) 다른 조건이 불변일 때, 예상 자본이득률의 표준편차 σ_g가 증가하는 경우

(2) 다른 조건이 불변일 때, 총자산 W의 규모가 감소하는 경우

07. 자산에는 화폐와 채권의 두 종류가 있다고 가정하자. 화폐에 대한 예상 수익과 표준편차는 모두 영(0)이다. 채권에 대한 예상 수익액은 이자율 i와 예상 자본이득률 g의 합계 $(i+g)$를 채권보유액에 곱한 금액이다. 채권보유액 1단위가 낳는 자본이득은 기대치가 영(0), 표준편차가 σ_g인 정규분포를 한다고 가정한다. 이제 한 금융투자자가 총자산 W의 일부인 αW를 채권으로, 나머지 $(1-\alpha)W$를 화폐로 각각 보유한다고 하자. 다음 물음에 답하시오.

(1) 포트폴리오로부터의 예상 수익률 $E(R_p)$를 구하시오.

(2) 포트폴리오로부터의 수익률 표준편차 σ_p를 구하시오.

(3) 위 (1), (2)에서 구한 결과로부터 $E(R_p)$와 σ_p의 관계를 구하시오.

(4) 이 금융투자자의 효용함수가 $U=100\cdot E(R_p)-500\cdot(\sigma_p)^2$으로 주어진다고 하자. 그리고 $i=6\%$, $\sigma_g^2=0.01$, $W=1{,}000$만원이라면 얼마만큼의 액수를 채권에 투자할까?

08. 여러분은 이 장에 소개된 토빈의 포트폴리오 모형에서 투자자가 화폐와 채권을 다 같이 보유하게 된다는 사실을 알게 되었다. 그런데 이러한 결과는 위험기피적 투자자가 아래로 볼록한 무차별곡선을 가지는 경우에만 성립한다는 점에 유의해야 한다. 다음 물음에 답하시오.

(1) 위험기피적 투자자라 하더라도 위로 볼록한 무차별곡선을 갖는 경우에는 균형에서 어느 한 자산(즉, 화폐 또는 채권)으로만 투자를 집중하게 된다는 사실을 그림을 그려 확인해 보시오.

* 아래로 볼록한 우상향 무차별곡선을 위험기피 분산투자자(risk-averting diversifier)의 무차별곡선이라 부르고, 위로 볼록한 우상향 무차별곡선을 위험기피 집중투자자(risk-averting plunger)의 무차별곡선이라 부른다. 권오철(1994)과 Branson(1989) 참조.

(2) 토빈의 모형에서 위험선호적 투자자는 자신의 모든 부를 채권에 집중한다는 사실을 그림을 그려 확인해 보시오.

(3) 위험중립적 투자자도 자신의 모든 부를 채권에 집중한다는 사실을 그림을 그려 확인해 보시오.

09. 화폐에 대한 수요의 분석에서 통화주의자와 케인지언을 확연히 구분하는 요인은 무엇인가?

참고문헌

권오철, 『화폐금융론』, 제3전정판, 박영사, 1994. 5.

박재윤, 『화폐금융원론』, 박영사, 1979.

이종화 · 김진일, 『동태적 거시경제학 : 성장과 변동』, 박영사, 2021.

정운찬, 『금융개혁론』, 법문사, 1991.7.

Baumol, William J., "The Transactions Demand for Cash: an Inventory Theoretic Approach," *Quarterly Journal of Economics* 66, 1952, pp.545~556.

Blanchard, Olivier J., and Stanley Fischer, *Lectures on Macroeconomics*, The MIT Press, 1989.

Branson, William H., *Macroeconomic Theory and Policy*, Harper & Row, 1989.

Clower, Robert W., "A Reconsideration of the Microfoundations of Monetary Theory," *Western Economic Journal* 6, 1967, pp.1~9.

Friedman, Milton, "The Quantity Theory of Money—A Restatement," in Friedman, Milton, ed., *Studies in the Quantity Theory of Money*, University of Chicago Press, 1956, pp.3~21.

Froyen, Richard T., *Macroeconomics : Theories and Policies*, 8th ed., Pearson Education International, 2005.

Goldfeld, Stephen M., "The Demand for Money Revisited," *Brookings Papers on Economic Activity*, 1973, pp.577~646.

__________, "The Case of the Missing Money," *Brookings Papers on Economic Activity*, 1976, pp.683~730.

Goodhart, Charles A. E., *Money, Information and Uncertainty*, 2nd ed., The MIT Press, 1989.

Keynes, John M., *The General Theory of Employment, Interest and Money*, Macmillan, 1936.

Laidler, David, "The 'Buffer Stock' Notion in Monetary Economics," *Economic Journal* 94, Supplement, 1984, pp.17~34.

Lewis, Mervyn K., and Paul D. Mizen, *Monetary Economics*, Oxford University Press, 2000.

Miller, Merton H., and Daniel Orr, "A Model of the Demand for Money by Firms," *Quarterly Journal of Economics* 80, 1966, pp.413~435.

Tobin, James, "The Interest Elasticity of Transactions Demand for Cash," *Review of Economics and Statistics* 38, 1956, pp.241~247.

__________, "Liquidity Preference as Behavior towards Risk," *Review of Economic Studies* 25, 1958, pp.65~86.

CHAPTER 10

화폐의 공급

Money & Financial Markets, Ch. Ten, pp.477~510

1. 통화의 개념
2. 은행과 통화공급
3. 중앙은행과 통화공급
4. 통화승수모형의 내용과 한계

이 장에서는 화폐의 공급이 누구에 의해 어떻게 이루어지는지를 살펴볼 것이다. 독자들은 아마도 "누가 통화를 공급하는가?" 라는 질문에 발권력을 가진 중앙은행을 가장 먼저 떠올릴 것이다. 이러한 반응에는 중앙은행이 마음먹은 만큼 화폐를 발행함으로써 화폐공급량을 결정할 수 있다는 암묵적 가정이 깔려 있다.

하지만 현실을 한번 생각해 보자. 작고 영세한 구멍가게는 현금만을 취급하지만, 조금 더 큰 음식점이나 상점에 가면 은행이 발행한 수표나 신용카드를 사용하여 얼마든지 거래를 할 수 있다. 이를 통해 우리는 통화공급이 중앙은행에 의해 통제될 수 있다는 생각이 얼마나 단순한 것인지 알 수 있지 않은가.

이 장에서는 우선 화폐공급을 논의하기에 앞서 우리가 논의할 화폐의 범주를 정하고, 그 공급주체와 공급방식에 대해 살펴본다. 그리고 화폐공급의 구조 속에서 중앙은행이 갖는 재량의 정도와 그 한계를 분석한다.

1. 통화의 개념

Money & Financial Markets, Ch. Ten

교환경제에서 화폐는 교환의 매개, 지급의 수단, 가치의 척도, 그리고 가치의 저장 등 다양한 기능을 수행한다는 사실을 우리는 이미 제2장에서 살펴보았다. 물론 화폐가 이러한 기능을 수행하기 위해서는 그것의 실질가치, 즉 구매력이 안정되어 일반 경제주체들 사이에서 널리 수용될 수 있어야(generally acceptable) 하는 것은 물론이다. 일반적으로 화폐의 정의에는 화폐의 기능을 중심으로 한 고전적인 정의 이외에도, 화폐를 유동성으로 보는 정의와 경제분석에서 화폐의 유용성을 기준으로 규정한 실증적 정의 등이 있다.[1]

통화를 유동성(liquidity)으로 정의한 학자로는 대표적으로 걸리(J. Gurley)를 들 수 있다. 여기서 유동성이란 어떤 자산이 그 가치의 손상 없이 즉석에서 화폐로 전환될 수 있는 가능성의 정도로 정의된다. 그러므로 가치 손상 없이 화폐로 전환되는 데 소요되는 시간 및 비용이 클수록 그 자산의 유동성은 작아진다.

1. 박재윤(1979) 참조.

화폐를 경제분석에서의 유용성을 기준으로 정의하는 방식은 프리드만(M. Friedman) 등이 주장한 것이다. 통화를 그 기능이나 특징에 따라 정의할 것이 아니라 통화가 경제현상을 파악하고 예측하는 데 유용성을 갖도록 그 범주를 정의하자는 생각이다. 여기서 통화의 유용성이란 통화로 분류되는 금융자산이 인플레이션, 경기, 실업 등 거시경제지표와 얼마나 밀접한 관련성을 갖는지를 뜻한다. 거시경제지표와 밀접한 관련성을 갖는 금융자산의 묶음을 통화로 정의하고, 이를 이용해 실물경제의 성장과 안정을 꾀하자는 것이다.

지금까지 통화는 각국의 금융제도 발전 정도와 경제여건에 따라 다양하게 정의되어 왔다. 현재까지 가장 일반적인 방법은 통화에 포함되는 금융자산의 유동성과 유용성을 함께 고려하는 것이다. 따라서 이 장에서는 화폐의 기능을 중심으로 통화를 분류하되, 위의 두 가지 방법을 보완적으로 사용하여 분석하고자 한다.

1.1 통화공급이란 무엇인가?

우리나라의 중앙은행인 한국은행은 통화량 결정에 중요한 역할을 한다. 즉, 중앙은행은 본원통화를 발행하거나 기타의 정책수단을 이용해 통화량의 증감에 상당한 영향력을 행사한다. 그러나 중앙은행이 마음먹은 대로 통화량을 조절할 수 있다고 생각해서는 안 된다. 그 이유를 직관적으로 생각해 보자.

우선, 중앙은행이 마음 내키는 대로 본원통화 공급액을 결정할 수는 없다.[2] 아무리 한국은행이 본원통화를 발행하고 싶지 않다고 해도 어쩔 수 없이 돈을 찍어 발행해야만 하는 상황이 발생한다면, 본원통화량이 한국은행에 의해 결정된다고 말할 수 없다. 예를 들어 시중 자금사정이 악화되어 기업들이 자금조달에 어려움을 겪고 흑자도산이 이어진다고 가정하자. 이와 같이 자금수요가 늘어나 금리가 치솟고 자금시장이 불안정해지면, 이를 수습하기 위해 중앙은행은 본원통화를 공급해야 한다. 또한 대규모 금융사고가 발생하여 금융위기의 가능성이 대두되면, 이를 방지하기 위해 중앙은행이 최종대부자로서[3] 긴급히 유동성을 투입해야 하는 상황도 발생한다. 이처럼 중앙은행의 행동은 경제의 내적 요인들에 의해 크게 영향을

2. 본원통화가 무엇인지는 제3절에서 자세히 학습할 예정이다.
3. 중앙은행의 최종대부자 기능에 대해서는 제17장에서 자세히 설명될 것이다.

받는다. 결국 본원통화량이 중앙은행에 의해 외생적으로만 결정된다고 보기는 힘들다.

둘째, 중앙은행이 본원통화량을 마음먹은 대로 결정할 수 있다 하더라도 통화량이 한국은행에 의해 완전히 외생적으로 결정된다고 말하기는 어렵다. 중앙은행이 발행한 주화와 지폐만을 통화라고 간주한다면, 중앙은행이 통화량을 결정한다고 말할 수도 있을 것이다. 하지만 실제로는 일반은행의 자기앞수표나 각종 예금도 시중에서 지급수단 또는 교환의 매개로 사용되고 있다. 중앙은행 이외에도 은행에 돈을 맡기는 가계, 은행에서 돈을 빌려 투자하는 기업, 이들 사이에서 이윤을 남기려는 은행, 그리고 그 업무가 점점 복잡 다양해지고 있는 많은 금융기관이 직 · 간접적으로 모두 통화량에 영향을 미치고 있는 것이다.

오늘날 경제가 복잡해지고 발달하면서 실물경제의 지속적인 발전을 위해서는 금융부문의 뒷받침이 필수적이다. 따라서 경제가 어느 정도 발달한 국가의 중앙은행들은 통화정책을 통해 통화가치 안정을 도모하며, 통화가치 안정을 해치지 않는 범위 내에서 경제안정 및 발전을 도모한다.

하지만 경제규모가 확대되고 새로운 금융상품이 급속도로 발달하면서 통화의 실질적인 관리가 과거에 비해 상당히 어려워졌다. 우선 중앙은행이 관리하는 통화량의 범위가 모호해졌다. 대체로 1970～1980년대에 여러 선진국에서 통화정책의 수립에 금과옥조로 활용되던 화폐수량설도 1990년대에 이르러서는 현실 설명력을 상당 부분 잃게 되었다. 이는, 통화의 범위를 정의하기도 어려워졌을 뿐만 아니라 설사 실물경제와 관련성을 가지는 통화지표가 존재한다 해도 이것을 통제하는 것이 점점 불가능해지고 있음을 반영한다.

1.2 우리나라의 통화지표와 유동성지표[4]

통화지표는 한 나라의 통화성 금융자산을 합계한 액수이다. 이때 중앙은행이 통화지표를 편제하기 위해 각 기업이나 가계 등이 보유하는 금융자산의 종류와 액수를 일일이 파악하기란 곤란하다. 그런데 이들이 보유하는 금융자산은 금융기관의

---

4. 이 절은 이영복(2003), 한국은행 경제통계국(2003)과 한국은행(2006a · 2006b · 2006c · 2014 · 2021)에 의존하였다.

입장에서는 금융부채가 된다. 따라서 중앙은행은 금융기관의 대차대조표를 통해 금융부채를 집계함으로써 통화지표를 편제한다.

한편, 어떤 금융자산을 통화로 보는지는 다양한 방법으로 정의될 수 있으므로 나라마다 통화지표의 내용이 다르기 마련이다. 따라서 통화지표의 명칭이 같더라도 나라별로 금융환경이나 금융자산의 종류가 상이하기 때문에 여러 국가의 통화지표를 평면적으로 단순 비교할 수는 없다. 예를 들어 한국의 *M2*와 미국의 *M2*는 이름만 같을 뿐 실제 내용면에서는 상당한 차이가 있다.

이러한 문제점을 해결하기 위해 일찍이 IMF는 통화지표의 편제기준을 제시해 왔다. IMF의 편제기준은 금융구조나 금융거래 행태의 변화를 감안하여 때때로 개편된다. 통화 및 금융통계 편제기준은 지난 2000년 10월 IMF가 펴낸 『통화금융통계매뉴얼(*Monetary and Financial Statistics Manual*)』[5]에 담겨 있으며, 이 매뉴얼을 통해 IMF는 금융기관이 아닌 금융상품의 유동성을 중심으로 지표를 편제하도록 각국 중앙은행에게 권고하였다. 하지만 각국의 편제기준은 오랫동안 서로 다른 역사와 제도 속에서 발전해 왔기 때문에 세계적으로 이들을 하나로 통일하기란 현실적으로 어렵다. 따라서 각국 중앙은행은 IMF의 편제기준을 기본적으로 따르되, 제각기 자국의 실정에 가장 잘 부합하는 통화지표를 작성하여 사용하고 있다.

한국은행은 1951년 이래 우리나라의 통화지표를 편제해 오고 있다. 얼마 전까지 우리나라의 통화지표는 금융기관 중심의 편제방식을 채택해 왔다. 이 편제방식에서는 금융권 간 자금이동이 발생해도 통화지표가 실제 유동성 수준을 정확히 나타내지 못하는 한계가 있었다. 그러나 IMF의 2000년 매뉴얼에 따라 한국은행은 2002년 3월부터 금융상품의 유동성을 기준으로 협의통화(*M1*)와 광의통화(*M2*) 지표를 통화지표로서 작성해 오고 있다. 그리고 2006년 6월부터는 통화지표보다 더 넓은 범위의 금융자산까지 포괄하는 금융기관 유동성(*Lf*)과 광의유동성(*L*) 지표를 유동성지표로서 작성해 오고 있다. 이와 같은 통화 및 유동성 지표의 각 구성요소(금융상품)는 다음 [표 10-1]과 같다.

5. IMF는 2017년 11월 이 매뉴얼을 수정·보완한 *Monetary and Financial Statistics Manual and Compilation Guide*를 발간하였다.

표 10-1 통화 및 유동성 지표 구성 금융상품

	통화지표		유동성지표	
	M1(협의통화)	*M2*(광의통화)	*Lf*(금융기관 유동성)	*L*(광의유동성)
현금통화	●	●	●	●
요구불예금	●	●	●	●
수시입출식 저축성예금	●	●	●	●
MMF		●	●	●
2년 미만 정기예·적금		●	●	●
수익증권		●	●	●
시장형 상품[1]		●	●	●
2년 미만 금융채		●	●	●
2년 미만 금전신탁		●	●	●
기타 통화성금융상품[2]		●	●	●
2년 이상 장기금융상품			●	●
생명보험계약 준비금 등[3]			●	●
기타금융기관 상품[4]				●
국채, 지방채				●
회사채, CP[5]				●

주 : 1) CD, RP, 표지어음
2) CMA, 2년 미만 외화예수금, 종합금융회사 발행어음, 신탁형 증권저축
3) 증권금융 예수금 포함
4) 손해보험회사 장기저축성보험계약 준비금, 증권사 RP, 예금보험공사채, 여신전문기관 발행채 등
5) 전자단기사채 포함

자료 : 한국은행(2021)

이제 각 지표의 개념과 구성요소를 하나하나 살펴보기로 하자.

1.2.1 통화지표

1.2.1.1 협의통화(*M1*)

협의통화(*M1*: Narrow Money)는 화폐가 지급결제수단이라는 관점을 중시하여 정의된 지표이다. 이것은 현금통화(민간보유 현금)와 예금통화(기타예금취급기관의 결제성예금)의 합계로 정의된다.[6] 현금통화는 지폐와 주화(동전)로 구성되며, 완벽한 유동

성을 갖는다. 예금통화는 기타예금취급기관의 요구불예금(당좌예금과 보통예금 등)과 수시입출식 저축성예금(은행의 저축예금과 MMDA)으로[7] 구성된다. 요구불예금은 수표 발행을 통하여 지급수단으로 사용 가능하고, 언제든지 추가적인 비용을 들이지 않고도 현금과 교환할 수 있다. 또한 저축예금과 MMDA도 각종 자동이체 서비스 및 결제 기능을 갖추고 있으며, 입출금이 자유로워 쉽게 현금과 교환할 수 있다.

협의통화는 유동성이 완벽하거나 매우 높은 결제성 단기금융상품으로 구성되므로, 주로 거래적 목적으로 보유되며, 단기금융시장의 유동성 수준을 파악하는 데 적합하다.

협의통화(*M1*) = 현금통화(비은행 민간보유 현금) + 예금통화(기타예금취급기관의 결제성예금)
= 현금통화 + 요구불예금(당좌예금과 보통예금 등)
+ 수시입출식 저축성예금(은행의 저축예금과 MMDA)

1.2.1.2 광의통화(*M2*)

광의통화(*M2*: Broad Money)는 화폐가 지급수단 및 구매력의 일시적 저장수단의 기능을 가지고 있다는 점을 중시하여 정의된 지표이다. 광의통화(*M2*)에는 협의통화(*M1*)는 물론 준결제성예금이 포함된다.[8] 준결제성예금은 거래보다는 가치 증식이나 저축을 목적으로 보유되지만, 일부 이자소득을 포기하면 언제라도 현금화가 가능한 금융상품이다. 따라서 준결제성예금은 유동성 측면에서 결제성예금과 큰 차이가 없다. 구체적으로, 준결제성예금은 MMF, 만기 2년 미만 정기예 · 적금, 수익증권, 시장형 상품(CD, RP 매도, 표지어음 등), 만기 2년 미만 금융채, 만기 2년 미만 금전신탁, 기타 통화성금융상품(CMA, 만기 2년 미만 외화예수금, 종합금융회사 발행어음, 신탁형 증권저축 등)으로 구성된다. 다만, 만기 2년 이상의 금융상품은 유동성이 낮다고 간주하여 준결제성예금에서 제외한다.

---

6. 협의통화에 해당하는 기존의 통화지표는 2002년 3월 이전까지 편제되었던 통화(구 *M1*)이다. 구 *M1*은 현금통화와 예금은행 요구불예금의 합계로 정의되었다.
7. MMDA(money market deposit account : 시장금리부 수시입출식예금)는 입출금이 자유롭고 자동이체 및 결제 서비스를 제공하며, 시장실세금리가 적용되는 단기 은행예금이다. 한국은행(2012) 참조.
8. 광의통화(*M2*)에 해당하는 기존의 통화지표는 2002년 3월 이전까지 편제되었던 총통화(구 *M2*)이다. 구 *M2*는 *M1*, 예금은행의 저축성예금, 그리고 거주자 외화예금의 합계로 정의되었다.

과거 금융기관 간 유형의 차이를 반영하여 편제되었던 총통화(구 *M2*)와는 달리, 광의통화는 금융상품의 유동성을 기준으로 편제되기 때문에 금융권 간 자금이동에 따라 지표가 왜곡될 가능성은 거의 없다. 한편, 통화 및 유동성 지표들 가운데 가장 활용도가 높은 광의통화에 대해서는 2013년 9월부터 보유주체별 통계도 매월 편제 · 공표되고 있다.[9]

광의통화(*M2*) = 협의통화(*M1*) + 준결제성예금
= 협의통화 + *MMF*
+ 만기 2년 미만 정기예 · 적금
+ 수익증권
+ 시장형 상품(CD, RP 매도, 표지어음 등)
+ 만기 2년 미만 금융채
+ 만기 2년 미만 금전신탁
+ 기타 통화성금융상품(CMA, 만기 2년 미만 외화 예수금, 종합금융회사 발행어음, 신탁형 증권저축 등)

1.2.2 유동성지표

1.2.2.1 금융기관 유동성(*Lf*)

한국은행은 기존 유동성지표인 총유동성(*M3*)을 2006년 6월부터 금융기관 유동성(*Lf* : Liquidity Aggregates of Financial Institutions)이라는 새로운 명칭으로 계속 편제하고 있다. 금융기관 유동성(*Lf*)은 금융기관이 공급하는 유동성만을 측정하는 지표로서, 광의통화(*M2*) 외에 만기 2년 이상 장기금융상품과 생명보험계약 준비금 등(증권금융 예수금 포함)이 포함된다.

---

9. 이때 보유주체에는 '가계 및 비영리단체', '기업', '기타금융기관', '기타부문'의 4개 부문이 포함된다. 각 부문별 구성 주체는 다음과 같다(한국은행 2017) :
- 가계 및 비영리단체 : 일반가계, 소규모 개인사업자, 가계에 봉사하는 민간 비영리단체
- 기업 : 공기업, 민간기업, 산업단체 등
- 기타금융기관 : 보험회사 · 연금기금, 증권회사, 여신전문기관, 기타금융보조기관 등
- 기타부문 : 사회보장기구, 지방정부.

> 금융기관 유동성(*Lf*)
> = 광의통화(*M2*) + 만기 2년 이상 장기금융상품
> + 생명보험계약 준비금 등(증권금융 예수금 포함)

1.2.2.2 광의유동성(*L*)

광의유동성(*L*: Liquidity Aggregates)은 우리나라 경제에 풀려 있는 전체 유동성을 측정하는 지표이다. 광의유동성은 비금융부문(정부와 민간)이 보유한 유동성을 대상으로 측정하는 것이 원칙이지만, 금융중개를 주요 기능으로 하지 않는 일부 금융기관이 보유한 유동성도 광의유동성 총량에 포함된다. 구체적으로, 광의유동성(*L*)에는 금융기관 유동성(*Lf*) 외에 기타금융기관 상품(손해보험회사 장기저축성보험계약 준비금, 증권회사의 RP 매도, 예금보험공사채, 여신전문기관 발행채 등), 기업이 발행하는 회사채 및 CP(전자단기사채 포함), 정부가 발행하는 국채 및 지방채도 포함된다.

> 광의유동성(*L*) = 금융기관 유동성(*Lf*) + 기타금융기관 상품(손해보험회사 장기저축성보험계약 준비금, 증권회사의 RP 매도, 예금보험공사채, 여신전문기관 발행채 등)
> + 국채 및 지방채
> + 회사채 및 CP(전자단기사채 포함)

1.2.3 금융기관의 분류와 각 지표별 구성 내역

한국은행은 금융기관의 유형보다는 금융상품의 유동성을 기준으로 여러 통화지표와 유동성지표를 편제해 오고 있다. 그렇지만 명칭이나 기능이 유사한 금융상품이라 하더라도 이 금융자산이 어떤 유형의 금융기관에서 발행되었는지에 따라 가계나 기업이 느끼는 유동성의 정도가 다를 수 있다. 그러므로 실제로 금융상품의 유동성을 기준으로 통화지표를 작성하는 경우에도 금융기관을 몇 가지 범주로 구분할

필요가 생긴다.[10] 앞서 살펴본 대로 통화지표와 유동성지표가 포괄하는 금융자산 및 발행부문의 범위는 지표에 따라 각기 다르다.

이 절에서는 먼저 우리나라의 금융기관 분류에 대해 알아본 후, 통화 및 유동성 지표의 편제방법과 2021년 6월 말 기준으로 각 지표의 규모와 구성 내역 등을 살펴보기로 한다.

1.2.3.1 금융기관의 분류와 통화 및 유동성지표

IMF의 『통화금융통계매뉴얼』은 금융기관을 "예금 및 금융채 등의 금융부채를 통해 자금을 조달하고 대출 또는 유가증권 등 금융자산의 취득을 통해 다른 부문에 자금을 공급하는 금융중개활동을 하거나, 금융활동을 원활히 촉진시켜 주는 보조적 금융활동을 수행하는 기관"으로 정의한다.[11] 이와 같은 금융기관의 기능적 정의에 따라 우리나라의 금융기관은 [표 10-2]와 같이 중앙은행, 기타예금취급기관, 기타금융중개기관, 보험회사 및 연금기금, 금융보조기관으로 분류된다.

이와 같은 금융기관의 부문별 분류는 각 지표에 포함되는 금융상품(민간의 금융자산 또는 금융기관의 금융부채)의 종류와 밀접한 관련성을 갖는다. 예를 들어 광의통화(*M2*)에 포함되는 금융상품을 공급하는 금융기관은 기타예금취급기관으로, 그렇지 않은 금융기관은 기타금융기관으로 각각 분류된다.

또한 금융기관의 부문별 분류는 지표의 실제 작성과정과도 관련이 있다. 앞서 언급했듯이, 원래 각 지표는 한 나라 금융자산의 합계를 나타낸다. 동시에 각 지표는 금융기관이 발행한 금융부채의 합계를 나타내는 것이기도 하다. 왜냐하면 금융상품은 이를 구입한 가계나 기업 등 경제주체에게는 금융자산이지만, 이를 발행한 금융기관에게는 금융부채가 되기 때문이다. 그러므로 한국은행은 통화지표나 유동성지표의 정의에 따라 각 금융기관의 금융부채를 종류별로 적절히 합산하여 각 지표를 작성한다.

10. 한국은행(2010) 참조.

11. 한국은행(2010), p.174에서 재인용.

표 10-2 **우리나라의 금융기관**(2013년 12월 말 현재)

구분	분류	기관	내용
예금취급기관	중앙은행	한국은행	
		외국환평형기금	
	기타예금취급기관	예금은행	시중은행, 지방은행 외국은행 국내지점, 특수은행
		수출입은행	
		종합금융회사	은행 및 증권사 종금계정 포함
		자산운용회사 투자신탁계정	
		신탁회사	은행, 증권사 및 보험사 신탁계정
		상호저축은행	
		신용협동기구	상호금융, 새마을금고, 신용협동조합
		우체국예금계정	
		증권사 CMA계정	
기타금융기관	보험회사 및 연금기금	보험회사	생명보험회사, 손해보험회사, 공제조합
		연금기금	공무원연금, 군인연금, 사립학교 교원연금, 대한교원공제회 등
	기타금융중개기관	증권기관	증권금융회사, 증권회사
		투자회사	뮤추얼펀드
		여신전문금융기관	리스회사, 신용카드회사, 신기술금융회사, 할부금융회사 등
		유동화전문기관	유동화전문회사, 주택저당채권유동화회사
		공적금융기관 등	국민주택기금, 국민투자기금 한국주택금융공사, 자산관리공사 등
	금융보조기관	자금중개회사 등	자금중개회사, 선물회사, 투자자문회사, 신용보증기관, 신용평가회사 등

* IMF의 통화금융통계 매뉴얼에서 제시하는 금융기관 분류체계 기준

자료: 한국은행(2014), p.148의 [표 6-3].

구체적으로, 협의통화(*M1*)와 광의통화(*M2*)에 포함되는 금융자산은 중앙은행과 기타예금취급기관의 금융부채에 해당한다. 따라서 한국은행은 자신과 기타예금취급기관의 대차대조표를 합산한 연결대차대조표를 정리해 예금취급기관개관표를 작성한다.[12] 협의통화와 광의통화는 각각 예금취급기관개관표의 우변 항목으로 표시

된다.

한편 유동성지표인 금융기관 유동성(*Lf*)과 광의유동성(*L*)에 대해서는 개관표를 따로 작성하지 않는다.[13] 한국은행은 예금취급기관개관표와 기타금융기관 관련 통계를 활용하여 금융기관 유동성을 편제한다. 광의유동성의 경우 예금취급기관 외에도 정부와 기업까지 광의유동성 발행기관에 포함되므로, 이들 발행기관의 연결대차대조표를 작성하기란 매우 곤란하다. 그래서 한국은행은 광의유동성에 대한 개관표도 따로 작성하지 않는다.

1.2.3.2 통화 및 유동성 지표의 규모와 구성 내역

2021년 6월 말 현재 우리나라의 각종 통화 및 유동성 지표의 규모와 구성 내역은 〈그림 10-1〉과 같다. 광의유동성(*L*) 잔액은 5,975.3조원이며, 이 중 협의통화(*M1*), 광의통화(*M2*), 금융기관 유동성(*Lf*)의 비중은 각각 21.8%, 57.2%, 78.6%로 나타났다. 각 지표들은 유용성 측면에서 일장일단이 있다. 지표의 범위가 넓어질수록 실물경제와 연관성이 높아지는 장점이 있지만, 동시에 중앙은행이 이를 통제하기는 점점 어려워진다는 단점이 있기 때문이다. 1997년 말 외환위기 이전까지 한국은행은 통화량의 연간 증가율을 통제하는 통화량목표제를 운영했었다. 위기 직후 단행된 금융개혁을 통해 1998년 물가안정목표제를 도입한 한국은행은 이후 수년간 통화량을 통화정책의 중간목표로 계속 활용하다가 물가안정목표제가 정착된 2003년부터는 통화량(통화 및 유동성 지표)을 금리 및 환율 등과 함께 통화정책 운영의 정보변수로 활용해 오고 있는 중이다.[14]

---

12. 정확히 말하면, 예금취급기관의 연결대차대조표는 중앙은행과 기타예금취급기관의 대차대조표를 합산한 후 금융기관 간 상호 거래분을 제거하여 작성된다. 이 연결대차대조표를 경제부문(중앙정부, 지방정부, 사회보장기구, 민간, 해외)별로 항목을 재정리하고, 우변의 부채 중 통화성 부채를 협의통화와 광의통화로 분류하여 표시하면 예금취급기관개관표가 완성된다. 이영복(2003) 참조.
13. 한국은행(2006c) 참조.
14. 자세한 내용은 한국은행(2014 · 2021)을 참조하기 바란다.

그림 10-1

통화 및 유동성 지표별 구성 내역(2021년 6월 말 현재; 말잔 기준)

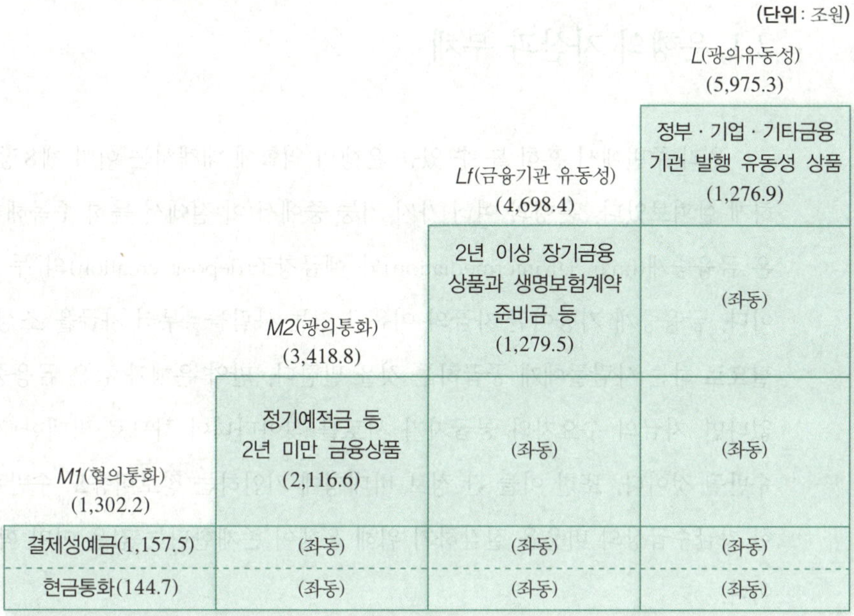

자료 : 한국은행(2021).

2. 은행과 통화공급

독자들은 이미 거시경제학에서 화폐공급이 외생적으로 주어진다고 가정하고 경제모형을 분석하는 방식을 공부했던 적이 있을 것이다. 초급 수준의 모형들은 대부분 화폐공급량이 단순히 외부에서 주어진 것으로 가정한다. 이것은 모형의 단순화와 분석의 간편함을 위해서일 뿐 현실과는 다르다.

화폐공급이 어떻게 이루어지는지를 분석하기 위해서는 먼저 화폐의 범위부터 사전적으로 정의해야 한다. 이 절에서는 협의통화($M1$)를 대상으로 분석하되, 단순화를 위해 수시입출식 저축예금을 영(0)이라 가정하기로 한다. 그러면 $M1$은 현금과 요구불예금의 합계가 된다. 이제 *M1*의 공급과정을 분석하기 위해 현금의 공급자인 중앙은행과 요구불예금의 공급자인 은행의 금융중개행위를 살펴보자.

2.1 은행의 자산과 부채

우리 주변에서 흔히 볼 수 있는 은행의 역할에 대해서는 이미 제8장에서 자세하게 살펴보았다. 은행의 여러 가지 기능 중에서 이 절에서 특히 주목해 살펴볼 것은 금융중개(financial intermediation)와 예금창조(deposit creation)의 두 가지 기능이다. 금융중개 기능이란 자금의 여유가 있는 사람들로부터 자금을 조성하여 이를 필요로 하는 사람들에게 공급하는 것을 말한다. 만약 은행과 같은 금융중개기관이 없다면, 자금의 수요자와 공급자가 서로를 찾아다녀야 하므로 막대한 거래비용이 수반될 것이다. 또한 이들 간 정보 비대칭에 기인하는 정보비용도 수반된다. 이러한 자금수급상의 비용을 절감하기 위해 은행이 존재한다는 점은 이미 학습한 내용이다.

은행은 금융중개 기능을 수행하는 과정에서 예금창조의 기능도 담당한다. 예금창조는 신용창조(credit creation)라고도 불리는데, 구체적으로는 은행이 고객의 예금을 기업 등에 대출함으로써 통화량을 증가시키는 과정을 말한다. 화폐금융론을 처음 공부하는 독자들은 중앙은행이 아닌 은행이 통화를 창조한다는 것이 쉽게 이해되지 않을 것이다. 이것을 이해하기 위해서 먼저 은행의 대차대조표를 살펴보자.

일반적으로 대차대조표(balance sheet)는 일정 시점에서 기업이 보유하고 있는 자산과 부채 및 자본의 내역, 즉 기업의 재무상태를 일정한 규칙에 의해 정리한 표이다. 자본주는 기업을 설립하면서 자신의 자금(자본)과 타인의 자금(부채)을 동원하여 기계설비 등의 고정자산과 현금 등의 유동자산을 보유하는데, 이러한 자산·부채·자본의 관계가 대차대조표에 나타난다. 은행의 대차대조표도 마찬가지 원리로 작성된다. 제8장에서 학습했던 내용을 생각하면서 다시 한 번 분석해 보자.

[표 10-3]은 어떤 은행의 대차대조표를 간략하게 표현하고 있다. 이 은행의 가장 주요한 자금조달 원천인 예금은 현재 1백만원이다. 예금주가 예금의 전부 또는 일부에 대해 인출을 요구하면 은행은 언제든지 현금으로 돌려주어야만 한다. 따라서 은행의 입장에서 예금은 부채가 된다.

표 10-3 **은행의 대차대조표**

자 산		부채 및 자본	
지급준비금	500,000		
필요지급준비금	100,000	예 금	1,000,000
초과지급준비금	400,000	기타부채	500,000
대 출	1,000,000	자 본	500,000
기타자산	500,000		
총 계	2,000,000	총 계	2,000,000

한편 은행은 다른 금융기관이나 중앙은행으로부터 자금을 꾸어오기도 하는데, 이는 기타부채로 분류된다. 실제로 은행을 비롯한 많은 금융기관들은 은행간시장(interbank market)인 콜시장에서 매일매일 필요한 현금을 빌려주기도 하고, 꾸어오기도 한다. 왜냐하면 은행은 법적으로 정해진 현금보유기준을 준수해야만 하고 또한 갑작스런 예금주의 현금인출 요구를 충족시켜야만 하기 때문이다. 이처럼 콜시장에서 차입한 자금을 콜머니(call money)라 하고, 대부하는 자금을 콜론(call loan)이라 한다.

또한 은행은 지급준비금이 부족하거나 단기 운영자금이 필요할 때 중앙은행으로부터 돈을 꾸어오기도 한다. 이때 은행은 재할인율(rediscount rate)이라 불리는 이자율에 따라 중앙은행에 이자를 지불한다. 은행이 긴급자금을 외부로부터 꾸어올 수 있는 또 하나의 방법으로 환매조건부채권(RP: Repurchase Agreement) 매도가 있다. 이는 약정기일에 재매입할 것을 전제로 은행이 대부자에게 증권을 매각함으로써 자금을 조달하는 방법이다.

이렇게 조성된 자금은 차변에 나타난 여러 가지 형태의 자산으로 운용된다. 우선 은행은 예금주들의 인출요구를 충당하기 위해 일정액의 현금을 보유해야만 하는데, 이를 지급준비금(reserves)이라 한다. 이때 예금 전부를 현금으로 보유하는 것을 완전지급준비(full reserve banking)라 하고, 예금 일부만을 현금으로 보유하고 나머지는 대출을 하거나 기타 자산을 구입하는 방식을 부분지급준비(fractional reserve banking)라 한다.

부분지급준비제도가 가능한 것은 은행에 현금을 맡긴 예금주들이 동일한 날 동일한 시각에 자신의 예금을 인출할 가능성이 매우 낮기 때문이다. 예를 들어 100명의 예금주가 각각 1,000원씩을 은행에 맡기면 그 은행에는 10만원의 자금이 생긴다. 이때 20%에 해당하는 2만원만 은행에 남겨두고, 나머지 8만원을 기업에 대출했다고 하자. 만약 100명의 예금주가 각기 자신의 예금 전액을 인출하기 위해 동시에 몰려온다면 어떻게 되겠는가? 은행은 20명에게는 예금을 돌려줄 수 있지만, 나머지 80명에게는 예금지급을 정지할 수밖에 없다.

그러나 이러한 상황이 발생할 확률은 매우 낮다. 정상적인 상황에서 예금주들의 예금인출 요구는 매우 안정적인 확률분포를 따르게 된다. 즉, 하루에 약 10여 명이 대략 500원의 예금을 찾으러 온다는 식의 경험적인 확률분포가 존재한다. 예금주들이 서로 독립적으로 행동한다면 예금주들의 수가 증가할수록 갑작스런 예금인출 요구가 발생할 확률은 매우 낮아진다. 이를 통계학에서는 대수의 법칙(law of large numbers)이라 한다. 따라서 이것을 파악한 은행은 예금액 전부를 지급준비금으로 보유할 필요가 없다.

은행의 입장에서는 예금된 자금을 예금이자율보다 높은 대출이자율로 자금수요자에게 대출해야만 이윤이 생긴다. 은행이 유동성과 수익성이라는 두 가지 측면을 모두 고려해 최적 지급준비금액을 결정하게 된다는 것은 이미 제8장에서 자세히 살펴본 것과 같다.

그러나 대부분 은행들은 이윤극대화를 위해 어느 정도의 위험을 감수하고서라도 지급준비금을 최소한으로 줄이려 할 가능성이 있다. 이러한 시도는 자칫 뱅크런(bank run)을 유발시켜 금융불안정을 심화시키고, 나아가 금융시장에 외부불경제(external diseconomies)를 가져와 다른 금융기관에까지 악영향을 미칠 수도 있다. 이러한 외부불경제를 막기 위해 통화당국은 전통적으로 지급준비금의 규모를 법률로 정하는데, 이것을 법정지급준비금 또는 필요지급준비금(RR: Required Reserves)이라 한다. 통화당국에서 정한 법정지급준비금을 초과해 은행이 보유하고 있는 현금의 부분은 초과지급준비금(ER: Excess Reserves)이라 할 수 있다. 결국 은행의 실제지급준비금(AR: Actual Reserves)은 법정지급준비금과 초과지급준비금의 합으로 구성된다.

지급준비금 이외에 은행자산의 큰 항목을 차지하는 것은 기업과 가계에 대한 대출이다. 은행이 청구권을 행사할 수 있는 대출이 대차대조표의 자산 항목에 포함되는 것은 당연하다. 그리고 은행이 유가증권 등을 구입하여 보유한다면, 이것도 자산 항목에 포함된다.

2.2 은행의 예금창조 과정

이제 다음 세 가지 가정 하에 은행의 예금창조 과정을 살펴보자.

① 비은행 민간은 현금을 보유하지 않는다.[15] 즉, 현금은 은행의 지급준비금으로만 존재한다.
② 은행의 부채는 예금뿐이며, 요구불예금이 예금의 유일한[16] 형태이다.
③ 은행은 법정지급준비금만 남기고 나머지 현금은 전액 대출로 운용한다.

구체적으로 중앙은행이 김씨에게 본원통화를 100만원 공급하며, 은행의 법정지급준비율은 10%라고 하자. 김씨가 이 돈을 갑은행에 예금하면, 갑은행은 이 금액의 10%인 10만원을 지급준비금으로 보유하고 나머지는 이씨에게 대출한다. 이 상황을 대차대조표로 나타내면 [표 10-4]와 같다.

표 10-4 갑은행의 대차대조표

자 산		부채 및 자본	
지급준비금	100,000	예 금	1,000,000
대 출	900,000		

이제 이씨가 갑은행으로부터 대출받은 90만원을 은행에 입금시킨다고 하자. 을은행도 갑은행과 마찬가지로 법정지급준비율 10%를 지켜야 하므로 9만원을 지급준비금으로 보유하고, 나머지 81만원을 박씨에게 대출한다. 그리고 박씨는 다시 똑같은 과정을 거쳐 병은행에 예금하고, 다시 병은행은 이것을 장씨에게 대출하는 상황이 이어진다. 이 과정을 나타낸 것이 [표 10-5]로서, 각각 을은행과 병은행의 대차대조표를 나타낸다.

15. 비은행 민간이란 은행이 아닌 민간, 즉 가계와 기업을 의미한다.
16. 이것은 단순화를 위한 가정일 뿐이며, 저축성예금도 얼마든지 모형에 포함시켜 분석할 수 있다.

표 10-5 을은행의 대차대조표

자 산		부채 및 자본	
지급준비금	90,000	예 금	900,000
대 출	810,000		

병은행의 대차대조표

자 산		부채 및 자본	
지급준비금	81,000	예 금	810,000
대 출	729,000		

초기에 중앙은행이 발행한 100만원이 앞의 과정을 거치면서 통화가 271만원(= 100만원 + 90만원 + 81만원)으로 팽창하는 것을 관찰할 수 있다. 그렇다면 이 과정이 세 개의 은행에 그치지 않고 무한히 계속된다면 어떻게 될 것인가? 이에 대한 해답을 얻기 위해 논의를 일반화시켜 보자.

지금까지와 마찬가지로 모든 은행은 예금의 R%를 법정지급준비금으로 보유하고 초과지급준비금은 보유하지 않는다. 이때 G만큼의 현금이 갑은행에 요구불예금으로 예금되면, 갑은행은 이 본원적 예금 G 중에서 법정지급준비금 rG만큼을 실제지급준비금으로 보유하고 나머지 $(1-r)G$만큼을 대출한다(단, $r \equiv \frac{R}{100}$).[17] 이를 대출받은 사람이 을은행에 입금하면 을은행은 $r(1-r)G$만큼을 지급준비금으로 보유하고 나머지 $(1-r)^2G$를 대출하게 된다. 이러한 과정을 일반화시켜 표현하면 [표 10-6]과 같다.

표 10-6 대출금이 전액 예금되는 경우의 예금창조

	예금(D)	실제지급준비금(AR)	대출(L)
갑은행	G	rG	$(1-r)G$
을은행	$(1-r)G$	$r(1-r)G$	$(1-r)^2G$
병은행	$(1-r)^2G$	$r(1-r)^2G$	$(1-r)^3G$
정은행	$(1-r)^3G$	$r(1-r)^3G$	$(1-r)^4G$
⋮	⋮	⋮	⋮
⋮	⋮	⋮	⋮
합 계	$\frac{1}{r}G$	G	$\frac{1-r}{r}G$

17. 제4장에서 r은 실질이자율을 나타냈지만, 이 장에서는 r이 법정지급준비율을 나타내는 것으로 한다. 그리고 R은 %로 표시한 법정지급준비율을 나타내는 것으로 한다.

이 표에서 나타난 대로 예금창조의 과정이 무한히 계속된다면, 은행예금의 총합(D)과 대출 총액(L)은 각각 다음과 같다.

$$D = \frac{G}{1-(1-r)} = \frac{1}{r}G \quad ; \quad L = \frac{(1-r)G}{1-(1-r)} = \frac{1-r}{r}G$$

이해를 돕기 위해 [표 10-4]와 [표 10-5]의 예를 여기에 대입해 보자. 앞의 예에서 본원적 예금은 100만원, 법정지급준비율은 10%이다. 이때 예금창조 과정이 완료된 후 예금 총액은 1,000만원이 되고, 대출 총액은 900만원이 됨을 쉽게 알 수 있다.

지금까지의 설명은 비은행 민간이 현금을 전혀 보유하지 않는다는 모형의 가정 ①에 의해 차입자가 대출받은 돈을 전액 다른 은행에 재예금하는 것으로 되어 있다. 그러나 이 가정은 그리 현실적이지 못하다. 실제로 차입자는 적어도 그 금액의 일부를 현금의 형태로 보유하려 할 것이기 때문이다. 예를 들어 기업이 투자를 위해 은행으로부터 대출을 받았다면, 기업가는 그것을 노동자에게 임금으로 지급하거나 지대(rent)로 사용할 것이다. 이때 노동자들은 자신이 받은 임금 중 일부는 은행에 예금하겠지만, 나머지는 현금으로 보유하여 예상되는 지출에 대비하고자 할 것이다. 이렇게 본다면 앞에서 계산한 예금 총액 및 대출 총액은 지나치게 부풀려진 면이 있다.

따라서 대출된 현금이 일부 외부로 유출된다는 가정을 새롭게 도입하여 예금창조 과정을 나타낸 것이 [표 10-7]이다. 분석의 결과 및 논리구조는 앞의 모형과 유사하다. 이 수정모형에서는 은행에서 대출된 현금 중 h의 비율만큼은 시중에 그대로 머물고, 나머지 $(1-h)$의 비율만큼이 은행에 예금된다고 가정한다.[18] 그 결과 예금창조의 과정이 무한히 계속된다면 각 은행예금의 총합(D)과 대출 총액(L)은 다음과 같다.

$$D = \frac{1}{1-(1-h)(1-r)}G = \frac{1}{h+r-hr}G \quad ; \quad L = \frac{1-r}{1-(1-h)(1-r)}G = \frac{1-r}{h+r-hr}G$$

18. 제9장에서 h는 총 부에 대한 인적 부의 비중이었다. 그러나 이 장에서는 h가 현금유출비율을 나타내는 것으로 한다. 두 변수 사이에 아무런 관련성이 없음은 물론이다.

표 10-7 **현금유출이 있는 경우의 예금창조**

	예금(D)	실제지급준비금(AR)	대출(L)	유출현금(H)
갑은행	G	rG	$(1-r)G$	$h(1-r)G$
을은행	$(1-h)(1-r)G$	$r(1-h)(1-r)G$	$(1-h)(1-r)^2G$	$h(1-h)(1-r)^2G$
병은행	$(1-h)^2(1-r)^2G$	$r(1-h)^2(1-r)^2G$	$(1-h)^2(1-r)^3G$	$h(1-h)^2(1-r)^3G$
정은행	$(1-h)^3(1-r)^3G$	$r(1-h)^3(1-r)^3G$	$(1-h)^3(1-r)^4G$	$h(1-h)^3(1-r)^4G$
⋮	⋮	⋮	⋮	⋮
⋮	⋮	⋮	⋮	⋮
합 계	$\frac{1}{h+r-hr}G$	$\frac{r}{h+r-hr}G$	$\frac{1-r}{h+r-hr}G$	$\frac{h(1-r)}{h+r-hr}G$

이해를 돕기 위해 현금유출비율(h)이 0.2라 하고, 본원적 예금은 100만원이고 법정지급준비율이 10%인 원래의 예를 이용하여 예금 총액(D)과 대출 총액(L)을 방금 도출한 공식에 따라 계산해 보자. 예금창조 과정이 완료된 후 예금 총액은 약 357.1만원이 되고, 대출 총액은 약 321.5만원이 됨을 쉽게 알 수 있다. 결국 현금유출비율이 0.2일 때 예금 총액과 대출 총액은, 현금유출비율이 영(0)일 때에 비해 각각 약 36%가량으로 감소한다.

한편 우리는 지금까지 가정 ③에 의해 은행이 실제로 법정지급준비금만을 보유한다고 가정해 왔다. 그러나 현실의 은행이 실제로 보유하는 지급준비금, 즉 실제지급준비금은 법정지급준비금을 초과하는 것이 보통이다. 은행은 신용창조 과정에서 자신의 자금운용 성향에 따라 초과지급준비금(따라서 실제지급준비금)의 크기를 조절함으로써 예금 총액과 대출 총액에 영향을 미친다. [표 10-7]에서 은행의 실제지급준비율이 법정지급준비율보다 높아질수록 예금 총액과 대출 총액의 크기가 감소하게 된다는 사실을 독자들은 쉽게 확인할 수 있을 것이다.

3. 중앙은행과 통화공급

Money & Financial Markets, Ch. Ten

화폐의 공급은 일반적으로 중앙은행에 의해 독점적으로 통제 · 관리되는 것으로 이해되고 있다. 현금을 직접 공급하는 곳, 쉽게 말해 돈을 찍어내는 곳이 중앙은행이라고 생각하기 때문이다. 물론 현금 발행을 통해 중앙은행이 통화공급량 결정에 중요한 역할을 하는 것은 분명하다.

하지만 그것이 전부는 아니다. 우리가 가장 좁은 의미의 화폐, 즉 협의통화(*M1*)만을 고려하더라도 현금 이외에 요구불예금이 포함되어 있다.[19] 요구불예금은 중앙은행의 직접적인 통제를 받지 않는다. 따라서 통화공급이 전적으로 중앙은행에 의해 결정된다고는 말할 수 없다. 앞서 살펴본 것처럼 요구불예금을 통한 통화공급은 은행의 예금창조를 뜻하는 것으로, 비은행 민간의 현금보유 의지에 의해 영향을 받는다. 또한 은행의 실제지급준비금 크기에 의해서도 통화공급이 영향을 받는다. 법정지급준비율이 정해져 있긴 하지만, 은행마다 실제로 보유하는 지급준비금의 크기가 서로 다른 데다 은행들이 대출을 일정한 수준으로 항상 유지할 것으로 기대할 수도 없기 때문이다. 결국 중앙은행뿐만 아니라 비은행 민간과 은행 역시 통화공급에 영향을 미칠 수 있다.

그렇다고 해서 중앙은행의 통화공급 기능을 경시할 수는 없다. 지금부터는 중앙은행과 통화공급 사이에 존재하는 관계를 중점적으로 살펴보기로 한다.[20]

중앙은행은 통화를 공급하는 주체이다.[21] 구체적으로, 중앙은행은 자신의 창구를 통해 중앙은행 외부로 현금을 지급하거나 은행이 중앙은행에 개설한 예금계좌에 잔액(중앙은행예치금)을 늘려주는 방식으로 민간부문에 본원통화(monetary base)를 공급한다. 이때 중앙은행 바깥으로 흘러나간 현금(중앙은행권 ; 화폐발행액)은 은행이 아닌 민간이 보유하거나(비은행 민간보유 현금) 은행이 자신의 금고에 직접 보관하게 된다(은행보유 시재금). 은행은 자신의 실제지급준비금을 은행보유 시재금과 중앙은행 예치금의 형태로 보유한다. 중앙은행 예치금은 은행의 현금자산이지만, 중앙은행 내부로 일단 들어와 있기 때문에 화폐발행액에 포함되지는 않는다. 이와 같은 여러 관계로부터 본원통화는 다음과 같이 다양하게 표현된다.

19. 우리는 제2절에서와 같이 제3절에서도 수시입출식 저축성예금을 영(0)으로 가정하기로 한다.

20. 중앙은행의 통화정책수단에 대해서는 제12장에서 자세히 살펴보기로 한다.

21. 참고로, 이 문단에 등장하는 몇몇 용어의 영문 표기는 다음과 같다(McLeay *et al.*, 2014) :

- 중앙은행 예치금 : central bank reserves ;
- 본원통화 : monetary base ; base money ; central bank money ;
- 중앙은행권(화폐발행액) : currency ;
- 비은행 민간보유 현금 : currency held by the private sector (other than banks) ;
- 은행보유 시재금 : vault cash.

본원통화 = 비은행 민간보유 현금 + 은행보유 실제지급준비금
= 비은행 민간보유 현금 + 은행보유 시재금 + 중앙은행 예치금
= 화폐발행액(중앙은행권) + 중앙은행 예치금

앞서 학습했듯이 이렇게 신규 공급되는 본원통화는 은행시스템 내 예금창조의 근본 동력인 본원적 예금을 제공하므로 그 자체가 통화량에 포함되는 핵심 구성요소이다. 특히 예금창조를 통해 본원통화보다 훨씬 더 큰 규모의 통화량이 궁극적으로 생성되므로 본원통화를 고성능화폐(high-powered money)라고도 부른다. 독자들은 다음 절에서 통화승수모형을 통해 이와 같은 본원통화와 통화량 사이의 관계를 명확히 학습하게 될 것이다.

이제 중앙은행의 본원통화 공급액이 어떻게 결정되는지 살펴보기로 한다. 이것을 이해하기 위해서는 중앙은행 업무를 파악하고, 그중 어느 것이 통화의 공급과 관련되어 있는지를 분석해야 한다. 이를 위해 중앙은행의 대차대조표를 살펴보자.

표 10-8 중앙은행 대차대조표의 주요 항목

자 산	부채 및 자본
중앙은행 여신	중앙은행권
대정부 여신	비은행 민간보유 현금
대은행 여신	은행보유 시재금
유 가 증 권	예 금
국 외 자 산	정 부
기 타 자 산	은 행
	국외부채
	기타부채
	자본(잉여금)

[표 10-8]은 중앙은행의 대차대조표 항목을 간략하게 나타낸 것이다. 우선 부채 항목을 보자. 중앙은행이 발행한 중앙은행권, 즉 우리가 사용하는 10,000원짜리 지폐나 500원짜리 주화가 모두 중앙은행의 부채가 된다. 이들이 왜 중앙은행의 부채인지 의아해 하는 독자들도 있을 것이다. 그러나 이것은 화폐금융제도의 오랜 역사를 거슬러 올라가 보면 쉽게 이해된다. 정부가 공인한 중앙은행권은 애초에 금이나 은으로 태환이 가능한 것이었다. 예를 들어 10,000원짜리 중앙은행권 소지자가

그것을 은행에 제시하면, 은행은 이를 그 액수에 해당하는 만큼의 금이나 은으로 바꾸어 주어야 할 의무가 있었다. 따라서 중앙은행권 발행은 언젠가는 갚아야 할 빚을 지는 것과 같은 의미이다. 물론 현대에 와서는 금태환이 이루어지지 않지만, 중앙은행권이 중앙은행의 부채가 된다는 사실은 이러한 맥락에서 이해할 수 있다. 마찬가지로 정부나 은행 등이 중앙은행에 예치한 예금도 중앙은행의 부채가 된다. 언제든지 정부나 은행 등이 다시 찾으려 하면 되돌려 주어야 하기 때문이다.

한편, 중앙은행의 자산은 정부나 은행 등에 대한 대출금과 유가증권, 외화 등의 보유로 이루어져 있다. 중앙은행이 통화공급과 관련하여 적극적으로 활용하는 자산항목은 보유 유가증권이다. 물론 중앙은행은 은행에 대한 여신규제나 국외자산의 매입 또는 매각을 통해 시중 통화량을 조절하기도 하지만, 일반적으로 중앙은행의 주된 통화공급 조절수단은 공개시장운영(open market operation)—즉, 공개시장에서의 유가증권 매입 또는 매각—이다.

중앙은행이 직접 본원통화를 조절할 수 있다는 점에서 본원통화는 화폐공급이론에서 중요한 의미를 갖는다. 중앙은행은 본원통화의 공급량을 조절함으로써 금융시장의 통화수급을 바람직한 방향으로 이끌어 나가려는 정책적 의도를 갖는다. 그러나 중앙은행이 본원통화를 통제함으로써 통화량을 과연 조절할 수 있을지 여부는 좀 더 엄밀하게 분석되어야만 할 것이다.

여기서 중앙은행의 통화량 조절 능력은 통화정책의 거시경제 안정화 기능을 위해 중요하다. 통화정책은 인플레이션과 경제성장 등 거시경제변수에 대한 효과를 통해 거시경제 안정에 기여할 것으로 흔히 기대되기 때문이다. 하지만 글로벌 금융위기의 수습과정에서 미국 연준 등 일부 선진국의 중앙은행은 각종 비전통적 통화정책(unconventional monetary policy)을 실시함으로써 위기 시에는 통화정책이 직접적으로 특정 금융시장의 안정을 위해서도 사용될 수 있음을 보여주었다. 이런 경우에도 총수요의 진작을 위해 본원통화 조절을 통한 통화량 조절 여부가 중요한 것은 사실이지만, 중앙은행의 본원통화 조절 능력 자체가 금융안정의 관점에서 우선 중요해진다. 제11~12장에서 통화정책을 본격적으로 학습하기에 앞서, 아래에서는 통화량 결정의 외생성을 강조하는 통화승수모형과 그 한계에 대해 검토하기로 한다.

4. 통화승수모형의 내용과 한계[22]

Money & Financial Markets, Ch. Ten

지금까지 우리는 예금창조 과정에서 비은행 민간과 은행의 역할과 본원통화 공급과정에서 중앙은행의 역할을 각각 검토했다. 이 과정에서 화폐의 범위를 편의상 *M1*으로 한정하면, 화폐공급은 중앙은행의 본원통화 공급행위와 은행의 금융중개행위, 그리고 민간의 현금 · 예금 간 선택행위의 상호작용으로 결정됨을 알게 되었다. 결국 화폐공급량은 세 가지 요인— 본원통화량, 실제지급준비율(실제지급준비금/요구불예금), 현금통화비율(현금/요구불예금) — 에 의해 결정된다.

이 절에서 다루게 될 통화승수모형은 이런 사실을 요약적으로 보여주되, 비은행 민간과 은행의 행동이 안정적이라 전제하고 통화공급에서 중앙은행의 역할에 초점을 맞춤으로써 통화공급의 외생성을 강조한다. 그러나 현실적으로 본원통화의 크기는 중앙은행의 의지와 상관없이 경기변동, 국제수지, 재정수지 등의 영향을 받을 수 있고, 은행의 실제지급준비율과 비은행 민간의 현금통화비율에 의해 결정되는 통화승수의 크기도 상수로 보기는 어렵다. 결국 통화공급이 외생적이라기보다는 내생적이라는 점에서 이와 같은 통화승수모형은 한계를 갖는다. 우선 통화승수모형의 내용부터 살펴보자.

4.1 통화승수모형

화폐공급함수는 화폐공급량, 즉 통화량과 이를 결정하는 변수들과의 관계를 나타낸다. 우선 통화량 M은 비은행 민간보유 현금통화 C와 은행에 예치되어 있는 요구불예금 D의 합으로 정의된다.[23]

$$M = C + D$$

---

22. 이 절은 Goodhart(1989)를 참조하였다.

23. 여기서 M은 수시입출금식 저축성예금을 영(0)으로 가정하는 경우의 우리나라 협의통화($M1$)에 해당한다고 볼 수 있다.

한편 중앙은행이 공급하는 본원통화 MB는 민간보유 현금통화 C와 은행이 보유하고 있는 실제지급준비금 AR의 합으로 정의된다.

$$MB = C + AR$$

이때 통화량 M 중에서 민간이 현금으로 보유하는 부분과 요구불예금으로 보유하는 부분의 비율인 C/D를 현금통화비율(c)이라 하고, 예금은행에 예치된 요구불예금 D에 대한 실제지급준비금 AR의 비율인 AR/D을 실제지급준비율(z)이라 한다.

이제 통화승수(money multiplier)를 도출해 보자. 우선 민간의 현금통화비율과 은행의 실제지급준비율이 일정하다고 하자. 이때 최초에 ΔMB만큼의 본원통화가 중앙은행으로부터 추가 공급되면, 늘어난 본원통화는 민간보유 현금의 증가나 은행 지급준비금의 증가로 귀결될 수밖에 없다. 이것을 식으로 표현하면 다음과 같다.

$$\Delta MB = \Delta C + \Delta AR$$

그런데 민간의 현금통화비율과 은행의 실제지급준비율이 일정하다고 가정했으므로, ΔC와 ΔAR은 ΔD와 각각 일정한 비례관계를 유지할 것이다. 즉, $\Delta C = c\Delta D$, $\Delta AR = z\Delta D$의 관계가 성립된다. 이것을 위 식에 대입해 풀면, 요구불예금 증가분과 본원통화 증가분의 관계는 다음과 같이 표현할 수 있다.

$$\Delta D = \left[\frac{1}{c+z}\right] \cdot \Delta MB$$

여기서 비은행 민간이 현금을 보유하지 않는 경우(즉, $c = 0$), 위 식은 은행의 예금창조 과정에서 도출되는 요구불예금과 본원통화의 관계식이 된다.

이제 통화량 증가가 본원통화의 증가와 어떤 관련을 갖는지 알아보자. 통화량 증가분은 현금 증가분과 요구불예금 증가분의 합으로 구성되므로 다음과 같이 바꾸어 표현할 수 있다.

$$\Delta M = \Delta C + \Delta D = c\Delta D + \Delta D = (c+1) \cdot \Delta D = \left[\frac{c+1}{c+z}\right] \cdot \Delta MB = m \cdot \Delta MB \quad (10-1)$$

이때 통화량과 본원통화의 비율인 $m = \frac{c+1}{c+z}$을 통화승수라 부른다. 통화승수는 앞서 살펴본 은행의 예금창조 과정을 집약적으로 반영한다. 식 (10-1)에 따르면, ΔMB만큼 본원통화가 추가로 공급될 때 통화량은 본원통화 증가분의 m배만큼 증가한다. 따라서 현금통화비율과 실제지급준비율이 정해져 있다면, 통화량은 중앙은행이 공급하는 본원통화의 양에 비례적으로 결정된다.

4.2 통화승수모형의 한계와 통화공급의 내생성

방금 살펴본 통화승수모형에 따르면 통화공급은 중앙은행, 은행, 그리고 비은행 민간의 상호작용에 의해 결정된다. 구체적으로, 식 (10-1)이 말해 주듯이 통화량은 통화승수와 본원통화의 곱이다. 그리고 통화승수는 실제지급준비율과 현금통화비율에 의해 결정된다. 그러므로 통화공급은 본원통화량(MB), 실제지급준비율(z), 현금통화비율(c)의 세 가지에 의해 결정된다.

이들 세 변수가 통화공급에 어떤 영향을 미치는지, 그리고 무엇이 이들 세 변수를 결정하는지를 알아보는 것은 매우 중요한 작업이다. 예를 들어 현금통화비율과 실제지급준비율이 둘 다 안정적이어서 각각 상수로 간주할 수 있고 본원통화에 대한 중앙은행의 완벽한 통제가 가능하다면, 통화공급의 변화는 모두 본원통화량의 변화로 설명된다. 이 경우 통화량은 중앙은행에 의해 결정되는 외생변수가 된다.

그러나 아래에서 설명하듯이 현실은 통화승수이론이 제시하는 것처럼 단순하지는 않다. 우선 본원통화가 중앙은행의 완벽한 통제를 받는 것도 아니다. 또한 단기적으로 통화승수를 상수로 취급할 수도 없다. 통화승수를 결정하는 현금통화비율과 실제지급준비율은 각기 다양한 요인에 의해 결정되므로, 단기라 하더라도 이들을 안정적이라고 볼 이유가 별로 없기 때문이다. 이와 같은 통화승수모형의 한계는 화폐공급의 내생성을 시사한다. 이러한 내용을 차례로 살펴보자.

4.2.1 중앙은행은 본원통화를 완벽하게 통제하는가?

앞서 우리는 중앙은행의 대차대조표를 [표 10-8]에서 검토했었다. 대차대조표는 복식부기의 원리에 따라 작성되므로, 자산 항목의 합계와 부채 및 자본 항목의 합계는 언제나 일치한다. 이 특성을 이용하면 중앙은행권과 중앙은행 예치금의 합으로 정의되는 본원통화를 다음과 같은 관계식으로 나타낼 수 있다.

본원통화 = 중앙은행권 + 중앙은행 예치금

= (자산 항목 합계) - (부채 및 자본 항목 합계 - 중앙은행권 - 중앙은행 예치금)

= (대정부 여신 + 대은행 여신 + 보유 유가증권 + 국외자산 + 기타자산)

 - (정부예금 + 국외부채 + 기타 부채 및 자본)

결국 중앙은행 대차대조표의 자산 항목은 본원통화의 증가요인(또는 공급요인)을, 본원통화를 제외한 부채 및 자본 항목은 본원통화의 감소요인(또는 환수요인)을 각각 구성한다.

예를 들어[24] 정부가 중앙은행으로부터 대출을 받거나 정부예금을 인출하여 관급공사대금을 지급한다면, 중앙은행의 대정부 여신이 늘거나 정부예금이 감소하므로 본원통화가 늘어난다. 한편, 정부가 받아들인 조세수입으로 중앙은행 여신을 일부 갚거나 정부예금을 늘리면 본원통화가 줄어든다. 이때 정부의 조세수입보다 공사대금 지출이 크다면 정부는 본원통화의 공급경로가 되며, 그 반대라면 정부는 본원통화의 환수경로가 된다. 이를 일반화하여 말하면, 일정 기간 중 정부재정수지가 적자(흑자)인 경우 정부는 본원통화의 공급부문(환수부문)이 된다. 정부재정수지가 균형인 경우 정부는 통화에 중립적인 부문이 되는 것은 물론이다. 마찬가지로 해외부문에서도 수출의 증가(감소), 수입의 감소(증가), 자본유입의 증가(감소), 자본유출의 감소(증가) 등 중앙은행의 국외자산을 늘리거나(줄이거나) 국외부채를 줄이는(늘리는) 요인들은 본원통화를 증가(감소)시킨다. 결국 주어진 기간 동안 국제수지가 흑자(적자)라면, 해외부문은 본원통화의 공급부문(환수부문)이 된다.

24. 한국은행(2010) 참조.

그런데 정부부문의 재정수지와 해외부문의 국제수지는 경기상황의 영향을 강하게 받는다. 예를 들어 경기가 호황국면에 있을 때는 정부의 세입 증가가 본원통화 환수요인으로 작용한다. 게다가 경기호황으로 수입수요가 커짐에 따라 국제수지는 적자가 될 가능성이 크다. 이것은 해외부문에서의 추가적인 본원통화 환수요인으로 작용한다. 이러한 재정수지와 국제수지의 변동을 감안하여 중앙은행은 국민경제의 순조로운 운행에 필요한 만큼의 본원통화가 유지될 수 있도록 주로 공개시장운영을 통해 보유 유가증권을 조절한다. 그러나 재정수지나 국제수지가 예기치 못하게 변동하거나 너무 급격하게 변동하는 경우, 본원통화에 미치는 충격을 중앙은행이 항상 정확하게 상쇄할 수 있는 것은 아니다. 이런 때에는 중앙은행이 정책의지가 있음에도 본원통화가 내생성을 갖게 된다.

한편 중앙은행은 경기상황의 변화에 특정 방식으로 대응하겠다는 화폐공급의 원칙(monetary rule)을 사전에 정해 놓고 정책을 집행하기도 한다. 이런 경우에는 중앙은행의 행동이 경기상황에 따라 체계적으로 반응하게 되므로, 본원통화 공급은 내생화된다.

다만, 글로벌 금융위기에서 미국 연준은 양적완화를 통해 자신의 대차대조표 규모를 확대하고 그 부채 및 자산의 구성을 변경함으로써 금융시장의 안정을 도모하였다.[25] 이는 비상 시에는 중앙은행이 고유의 무제한적 발권력—좀 더 직접적으로는 중앙은행 예치금 창조능력—을 십분 발휘함으로써 본원통화 공급을 상당한 정도로 직접 조절할 수 있다는 사실을 잘 보여준다.

4.2.2 통화승수는 상수인가?

통화승수 m은 비은행 민간의 현금통화비율 c와 예금은행의 실제지급준비율 z에 의해 결정된다. 예를 들어 비은행 민간이 현금통화비율을 높이거나 은행이 실제지급준비율을 높이면 통화승수가 감소한다.[26] 이제 현금통화비율과 실제지급준비

---

25. Stone *et al.*(2011) 참조.

26. $m = \frac{c+1}{c+z}$이므로 z가 증가하면 분자는 일정한데 분모가 증가하므로 m은 하락한다. 또한 $m = \frac{c+1}{c+z} = 1 + \frac{1-z}{c+z}$가 되므로 c의 증가에 따라 m은 하락한다.

율의 결정요인을 각각 살펴보자.[27]

우선 비은행 민간의 현금보유 성향을 반영하는 현금통화비율 c는 실질부(real wealth) 또는 실질소득(real income)의 증가에 따라 하락한다. 실질부나 실질소득의 증가에 따라 지출규모가 커지면 현금보다는 수표로 결제하는 경향이 늘어난다. 이에 따라 현금에 비해 요구불예금이 더 빨리 증가하면서 현금통화비율이 하락하는 것이다. 은행의 요구불예금에 대한 이자율이 증가해도 현금보유의 기회비용이 커지는 것이므로 사람들은 현금보유를 가급적 줄인다. 이것도 현금통화비율의 감소를 가져온다. 신용카드의 보급도 현금의 사용을 줄임으로써 c의 하락에 기여한다. 이와 같이 c를 감소시키는 다양한 요인들은 통화승수의 증가를 가져와 궁극적으로 통화량을 늘린다.

한편 1997년과 2007년 위기의 발생이나 1993년 금융실명제의 전격 단행 등과 같은 사건으로 경제 내 불확실성이 증폭되면 민간의 현금수요가 급증하면서 c가 급상승한다. 이때에는 통화승수가 급감하면서 통화량이 크게 줄어든다. 이 밖에 새로운 고액권종의 발행, 소액거래와 거액거래의 상대적 비중 변화, 그리고 지하경제의 번성 등과 같이 민간의 현금보유나 요구불예금보유에 영향을 미치는 여러 요인이 현금통화비율과 통화승수의 변경을 통해 궁극적으로 통화량에 영향을 미친다.

또한 은행의 자금운용 성향을 반영하는 실제지급준비율 z도 다양한 요인에 의해 결정된다. 예를 들어 법정지급준비율이 변경되면 실제지급준비율도 같은 방향으로 변동할 것이다. 또한 중앙은행의 대출이자율(재할인율)이 상승하면 중앙은행 자금의 가격이 비싸진 셈이기 때문에 은행들은 평소 지급준비금을 충분히 확보하여 중앙은행 대출을 가급적 받지 않거나 줄이려 할 것이다. 마찬가지로 콜금리의 상승도 은행의 실제지급준비율을 높이는 한편, 콜자금 차입을 줄이는 요인이다. 금융시장에 불안정의 조짐이 보이거나 현금통화비율 c가 상승해도 은행의 실제지준율은 상승한다. 이는 더 많은 예금인출에 대비하기 위해 은행이 더 많은 실제지준금을 확보하려 하기 때문이다. 이와 같이 은행의 실제지준금 보유에 영향을 미치는 다양한 요인들이 실제지급준비율과 통화승수의 변경을 통해 궁극적으로 통화량에 영향을 미친다.

27. c와 z에 영향을 미치는 다양한 요인에 대해서는 권오철(1994)을 참고하였다.

이렇게 보면 비은행 민간은 현금통화비율을, 은행은 실제지준율을 각각 직접적으로 결정하는 입장이긴 하지만, 이들의 결정은 각종 이자율을 비롯한 다양한 요인들이 제각기 배후에서 작용한 결과이다. 이때 중앙은행의 각종 정책조치도 그런 배후 요인들에 포함되는 것은 물론이다. 예컨대 새 고액권종의 발행은 현금통화비율 c를 증가시키며, 법정지준율이나 콜금리 목표의 인상은 실제지준율 z의 상승을 가져온다는 점은 방금 논의하였다. 또한 현금통화비율 c의 상승은 실제지급준비율 z의 상승으로 이어지는 등 비은행 민간의 행동과 은행의 행동은 상호 관련성도 갖는다. 요컨대 현금통화비율과 실제지준율은 주어진 상수라기보다는 경제 내 다양한 변수와 관련을 맺고 있는 내생변수이다.[28]

4.2.3 통화공급의 내생성

굿하트(C. Goodhart)에 따르면 통화승수모형은 방법론 면에서 근본적인 약점을 갖는다.[29] 통화팽창 과정은 일련의 계속적인 파급효과를 낳아 각 변수의 수량적 변화가 상호 연관되어 진행된다. 따라서 이를 정확하게 파악하려면 각 변수의 조정과정에 대한 동태적인 분석이 필요하다. 그러나 통화승수모형은 통화팽창의 결과만을 정태적으로 파악한다. 결국 변화되는 상황에 대응하는 경제주체들의 행동과 그 상호작용에 대해 통화승수모형이 말해 주는 것은 아무것도 없다.

통화승수모형을 보는 굿하트의 이러한 시각은 통화공급의 내생성으로 연결된다. 굿하트는 경험적으로 볼 때 통화량을 어떻게 정의하든지 간에 통화량은 일단 그에 대한 규제가 시작되면 그것을 규제하기 전까지 움직이던 패턴과는 전혀 다르게 변동한다고 했다. 이는 통화량 규제에 대응하여 경제주체가 합리적으로 자신의 행동을 조정하기 때문이다. 따라서 굿하트는 중앙은행의 통화량 통제란 애초에 불가능하다고 주장한다. 제9장에서 설명한 대로 이것은 굿하트의 법칙(Goodhart's Law)이다. 이 법칙은 통화팽창 과정에 대한 분석이 생략된 통화승수모형의 방법론적 취약성이 실제로 중대한 문제라는 점을 말해 주는 하나의 경험적 증거가 된다.

28. 현금통화비율 c와 실제지준율 z는 본원통화의 변동에 의해서도 영향을 받을 수 있다. 예를 들어 본원통화의 변동이 이자율 변동을 가져오는 경우 c와 z의 크기는 달라질 수 있다.

29. Goodhart(1989) 참조.

통화승수모형을 검토하는 과정에서 자세히 설명한 대로, 본원통화나 현금통화 비율, 실제지급준비율이 다양한 요인에 의해 영향을 받거나 또는 통화수요에 영향을 미치는 변수들과 체계적으로 관련되어 있다면 통화공급은 내생변수라고 파악하는 것이 타당하다.

통화승수모형에 따르면 $\Delta M = m\Delta MB$이고, 이때 $m = \frac{c+1}{c+z}$이다. 그런데 앞서 논의한 대로 현금통화비율 c와 실제지급준비율 z는 둘 다 각종 이자율과 중앙은행의 정책조치를 포함하는 다양한 요인에 의해 영향을 받는 내생변수로서, 비은행 민간과 은행에 의해 각각 결정된다. 따라서 통화승수 m은 중앙은행의 의지대로 움직인다고 보기 어렵다. 본원통화의 변동분 ΔMB도 전적으로 중앙은행의 의지대로 결정되는 것은 아니다. 게다가 본원통화의 변동이 이자율에 영향을 미치면 c와 z가 변동하면서 통화승수도 변동할 것이다. 결국 통화량은 다수의 요인과 변수가 각 경제주체의 행동에 작용하는 가운데 결정되는 것이지 중앙은행에 의해 외생적으로 결정되는 것이 아니다.

심지어 중앙은행이 특정 통화지표를 외생적으로 통제할 수 있는 경우가 있다 하더라도, 실제로 교환의 매개물로 사용되는 화폐는 내생적으로 공급될 수 있다. 통계적으로 집계되는 통화총량 지표와 실제 현실에서 교환매개를 담당하는 매개물의 총량 사이에는 얼마든지 괴리가 발생할 수 있기 때문이다. 중앙은행이 어떤 통화지표를 물리적으로 통제하는 경우, 그 지표 자체의 통제에는 만에 하나 성공할 수 있을지도 모른다. 그러나 원래의 목적이었던 실물변수와 밀접하게 연관되어 있는 신용총량(credit aggregates) — 화폐는 물론 약속어음이나 환어음 혹은 신용카드 이용액 등 실제 교환의 매개물로 쓰이는 부분을 모두 포함하는 양 — 까지 통제할 수는 없다는 뜻이다.

연습문제

01. 은행의 예금창조모형에 나오는 현금유출비율(h)과 통화승수모형에 나오는 현금통화비율(c) 사이의 관계는 무엇인가?

02. 다음 박스 내 지문을 읽고 물음에 답하시오.

> "① 신화폐수량설의 정책적 함의는 통화량을 정책변수로 삼아 조정할 때 경제를 효율적으로 관리할 수 있다는 것이다. 이것은 기본적으로 ② 화폐공급의 외생성과 ③ 화폐수요함수의 안정성에 대한 믿음을 바탕에 두고 있으며, …… ④ 신화폐수량설 [옹호]론자들의 [화폐] 정의와도 관련이 있다.
>
> 그러나 …… ⑤ 거시적 화폐수요의 [현실적] 불안정성은 통화승수에도 영향을 주어 ⑥ 본원통화 공급 조정에 의한 통화량의 통제를 사실상 불가능하게 하고 있다. 이것은 통화론자의 믿음과는 달리 화폐공급이 내생적으로 결정된다는 것을 의미한다. ……."

(1) 위 ①의 생각을 토대로 성립한 통화정책 운영체제의 한 유형은 무엇인가?

(2) 위 ②의 화폐공급 외생성을 전제로 하는 간단한 통화공급모형을 제시하시오.

(3) 위 ③의 화폐수요 안정성 여부는 구체적으로 무엇의 안정성 여부로 집약되는가?

(4) 위 ④에서 신화폐수량설을 옹호하는 입장에서는 화폐를 정의하는 데에서 어떤 기준을 강조하는가?

(5) 화폐(통화)를 위 (4)의 기준으로 정의하는 경우, 그와 같이 정의된 통화량 지표가 과거에 관찰되던 움직임을 더 이상 보이지 않게 되는 경험적 현상을 무엇이라 부르는가?

(6) 위 ⑤의 내용을 구체적인 예를 들어 설명하시오.

(7) 본원통화의 다음 정의식 중 (　　) 안에 적절한 용어를 써 넣으시오.

본원통화 = 비은행 민간보유 현금 + (⑦　　　　)
　　　　= 비은행 민간보유 현금 + (⑧　　　　) + (⑨　　　　)
　　　　= (⑩　　　　) + (⑨　　　　)

03. 케임브리지학파의 현금잔고수량설(현금잔고방정식)은 $M = kPy$로 표시된다(단, M은 통화량, k는 마샬의 k, P는 물가수준, y는 실질국민소득). 물음에 답하시오.

(1) 현금잔고수량설의 궁극적 핵심 명제(proposition)는 무엇인가? 그와 같은 명제가 도출되기 위한 기본 전제는 무엇인가?

(2) 위의 현금잔고방정식을 이용하여 통화량목표제의 기본 공식(EC 방식)을 수학적 과정을 거쳐 도출한 후, 세계 여러 나라가 1960~1970년대에 실제로 이 공식을 어떻게 이용했는지 설명하시오

(3) 다수 선진국이 통화정책의 운영체제로 채택해 오던 통화량목표제는 1970년대 중반부터 급속히 사라지기 시작했다. 그 이유가 무엇인지 체계적으로 설명하시오.

04. 다음은 통화승수모형에 관한 지문이다. 물음에 답하시오.

> 간단한 통화승수모형에 따르면, 통화량(M)은 통화승수(m)와 본원통화(MB)의 곱으로 표현된다 : $M = m \cdot MB$. 여기서 통화승수 m은 $m = \frac{c+1}{c+z}$을 의미한다(단, c와 z는 각각 현금통화비율과 실제지급준비율을 나타낸다). 이 모형에서 m이 상수이고 MB는 중앙은행이 정책적으로 통제할 수 있다면 통화량 M은 결국 중앙은행이 결정하는 셈이다. 이것이 통화승수모형의 원래 함의(implications)이다. 하지만 바로 이 통화승수모형을 잘 들여다 보면 현실이 그리 간단하지 않을 수 있다는 사실도 쉽게 깨달을 수 있다.

(1) 위의 모형식을 기초로, 통화량의 결정에 참여하는 경제주체가 궁극적으로 누구인지를 논리적으로 설명하되, 이 과정에서 m이 상수인지 여부도 설명하시오.

(2) 현금통화비율(c)과 실제지급준비율(z)의 증가요인을 각각 세 가지씩 들고, 그 이유를 설명하시오.

참고문헌

권오철, 『화폐금융론』, 제3전정판, 박영사, 1994. 5.

박재윤, 『화폐금융원론』, 박영사, 1979.

이영복, 「새 통화지표의 이해」, 한국은행 경제교실 강의자료, 2003. 6. 27.

한국은행, 『2012 금융생활 길라잡이』, public.bokeducation.or.kr, 2012. 5.

______, 「MMF 제도 변경에 따른 통화지표 개편」, 『한은정보』, 2006a. 5, pp.3～9.

______, 「광의유동성(*L*) 지표 신규 편제」, 『한은정보』, 2006b. 6, pp.8～13.

______, 「광의유동성 지표 신규 편제결과」, 『조사통계월보』, 2006c. 6, pp.51～69.

______, 『알기쉬운 경제지표해설』, 2010. 7.

______, 『알기 쉬운 경제지표해설』, 2014. 12.

______, "2021년 6월 중 통화 및 유동성," 보도자료, 공보 2021-08-05호, 2021. 8. 12.

한국은행 경제통계국, 「1990년 이전 새 통화지표 소급편제 결과」, 통계업무자료 2003-43, 2003. 9.

Goodhart, Charles A. E., *Money, Information and Uncertainty*, 2nd ed., The MIT Press, 1989.

International Monetary Fund, *Monetary and Financial Statistics Manual*, October 20, 2000.

McLeay, Michael, Amar Radia and Ryland Thomas, "Money in the Modern Economy : An Introduction," *Quarterly Bulletin* 2014 Q1, Bank of England, 2014.

Stone, Mark, Kenji Fujita, and Kodaro Ishi, "Unconventioanl Behavior," *Finance and Development*, International Monetary Fund, September 2011, pp.40～41.

CHAPTER **11**

통화정책의 기본 구조, 체계와 전달경로

Money & Financial Markets, Ch. Eleven, pp.511~584

1. 통화정책의 기본 구조
2. 통화정책체계
3. 통화정책의 전달경로

통화정책(monetary policy)은 '통화'나 '이자율'에만 관련된 정책이 아니다. 통화정책은 통화나 이자율의 조정을 통해 신용량은 물론 민간 금융자산의 포트폴리오에 영향을 미친다. 그럼으로써 궁극적으로 실물경제에까지 영향을 미치게 된다. 이와 같이 통화정책은 통화, 신용, 이자율, 금융자산 등과 밀접하게 관련된다. 그래서 예로부터 통화정책을 화폐금융정책 또는 통화신용정책이라 흔히 불러왔다. 이는 신용경제의 발달과 경제주체의 기대 형성이 갖는 중요성을 반영하는 것이다. 이 책에서는 원칙적으로 '통화정책'이라는 용어를 사용하되, 필요에 따라 '통화신용정책' 또는 '화폐금융정책'이라는 용어도 가끔 혼용할 것이다.

통화정책이란 민간 경제주체들이 보유하고 있는 금융자산의 구조를 변화시킴으로써 궁극적으로 완전고용, 물가안정, 지속적 경제성장, 국제수지 균형 등 일반적 경제목표를 달성하기 위해 통화당국, 즉 중앙은행이 수립 · 집행하는 경제정책이다. 통화정책은 정부의 재정정책과 더불어 가장 대표적인 거시경제정책이다.

통화정책은 왜 필요한 것인가? 만약 금융시장에서 모든 거래가 시장실패 없이 원활하게 이루어지고 이자율이 적정 수준을 유지하여 투자와 저축이 바람직한 수준에서 이루어진다면, 중앙은행의 통화정책은 불필요할 것이다. 그러나 실물부문의 시장도 그렇지만, 특히 금융시장은 시장실패가 가능하며 본질적으로 불안정성을 내포한다. 그래서 중앙은행이 물가안정을 도모하는 동시에, 다른 공공기관들과 함께 금융안정을 위해서도 애쓰게 되는 것이다. 최근 글로벌 금융위기를 경험하면서 세계 각국은 금융안정에서 중앙은행 역할의 중요성을 재확인하게 되었다. 이에 따라 중앙은행의 적절한 금융안정 역할이 무엇인지, 통화정책 결정과정에서 금융안정을 어떻게 감안해야 하는지 등에 대한 이론적 · 정책적 논의가 최근 활발히 진행되고 있다.

이 장에서는 우선 통화정책의 기본 구조를 일반적 경제모형의 맥락에서 설명한 후, 통화정책체계를 탐구한다. 특히 물가안정목표제에 대해서는 글로벌 금융위기의 경험에 비추어 그 성과를 평가하고 향후 개선점에 대해 상세히 논의한다. 그리고 통화정책이 실물부문으로 파급되는 중간과정인 각종 전달경로(transmission channels)를 공부하기로 한다.

1. 통화정책의 기본 구조[1]

통화정책의 최종 목적(goals 또는 objectives)이란 통화정책을 통해 궁극적으로 도달하고자 하는 국민경제의 바람직한 상태를 의미한다. 통화정책의 최종 목적은 거시적 목적과 미시적 목적으로 구분할 수 있다. 먼저 거시적 목적은 거시경제지표의 안정적 운용을 통한 건전한 국민경제 발전이라 할 수 있다. 예컨대 물가안정, 완전고용 실현, 국제수지 균형, 지속적 경제성장 등이 거시적 차원에서 통화정책의 중요한 최종 목적이 된다. 반면 미시적 차원에서 통화정책의 최종 목적은 금융거래 · 지급시스템 등 금융시스템의 안정성 유지라 할 수 있다. 이를 경제모형에 적용시켜 좀더 자세히 살펴보자.

경제학의 기본 마인드는 '주어진 제약조건에서의 목적함수 극대화 또는 극소화' 이다. 이러한 원칙은 통화정책에도 그대로 적용된다. 즉, 사용할 수 있는 화폐 · 금융적 측면의 정책도구들을 동원하여 주어진 사회후생함수를 특정 제약조건에서 극대화하는 것이 통화정책이 직면한 문제해결 구조라 할 수 있다. 이것을 수식으로 간단하게 표현하면 다음과 같다.

목적함수 : $\text{Max } W = W(y)$

제약조건 : $y = G(x, z) + e$

$\rightarrow$ 최적해 : $x^* = H(z)$

첫 번째 식은 사회후생함수 W라는 목적함수를 극대화하는 것을 나타낸다. 사회후생함수 W는 사회적 목표변수들이 포함된 내생변수(벡터) y의 함수이다. 통화정책이 지향하는 목적은 정치 · 경제적 여건에 의해 변화한다. 그러나 그중에서도 특히 물가안정과 금융시스템의 안정성 확보가 통화정책이 추구하는 대표적인 목적이라 할 수 있다.

두 번째 식은 통화정책의 목적을 달성하는 데 필연적으로 존재하는 제약조건을 나타내 주고 있다. 여기서 x는 정책수단(벡터), z는 비정책 외생변수(벡터), 그리고 e

1. 이 절은 정운찬 · 김홍범 옮김(2003)에 의존하였다.

는 중앙은행의 예측치를 벗어나는 잔차항(벡터)을 의미한다.[2] 정책수단과 주어진 외생변수 등 통화정책의 제약조건은 경제여건에 따라 변한다.

마지막 식은 주어진 제약조건에서 사회후생함수를 극대화할 수 있는 최적의 통화정책 조합을 나타낸다. 이 식에서 알 수 있듯이, 사회적으로 합의된 사회후생함수가 변화하거나 경제여건 변화로 제약조건이 바뀐다면 당연히 최적의 통화정책 조합인 x^*도 달라지게 될 것이다.

다른 경제정책들과 마찬가지로 통화정책도 경제모형에 기반한다. 그러나 현실을 완벽하게 묘사하는 경제모형을 설정하는 것은 불가능하다. 이렇게 통화정책은 현실적 한계를 가지고 있는 경제모형에 의존하기 때문에, 그 효과 및 결과는 불확실할 수밖에 없다.[3] 이러한 이유에서 통화정책이 단지 실물경제를 교란시킬 뿐 경제문제를 해결할 수 없다는 극단적인 주장이 제기되고, 통화정책의 바람직한 수행방식 및 그 수단에 대한 논쟁이 끊임없이 벌어지고 있다.

그 논쟁의 대표적인 예로 정책도구와 목표변수와의 안정성 문제와 정책시차의 문제를 들 수 있다. 또한 통화정책체계를 운영하는 데 총체적인 불확실성이 나타날 수 있는데, 이 때문에 오히려 경제가 불안정해질 가능성도 배제할 수 없다. 이와 관련해 통화정책은 단지 사전에 약속된 준칙에 의해서만 집행되어야 한다는 주장이 제기되었고, 이에 반대해 여전히 경제여건에 따른 재량정책을 지지하는 주장도 대두되었다. 이와 같은 다양한 내용에 대해서는 제2절에서 통화정책체계를 다루면서 검토하기로 한다.

한편, 통화정책의 거시적 목적 중의 하나가 지속적인 경제성장이라면, 금융부문이 실물부문에 영향을 미치는 과정에서의 불확실성이 제거되어야만 한다. 그러나 금융부문과 실물부문을 연결하는 고리에 대해 모두가 동의하는 해답이 마련되지 못했으며, 아직도 이에 대한 논쟁이 뜨겁다. 이것은 결국 제3절에서 다루게 될 통화정책의 전달경로에 관한 논의로 정리된다.

2. 제10장에서 z는 실제지급준비율을, 제6장(연습문제 1)에서 e는 주가의 예측오차를 각각 나타냈었다. 이 장의 z와 e는 이들과는 전혀 관련성이 없다는 점에 유의하기 바란다.

3. 예를 들어, 본문에서 방금 개관한 최적통화정책모형(optimal monetary policy model)에서 목적함수 W는 대개 2차 함수로 설정된다. 그런데 2차 함수 형태의 사회후생함수는 "최악의 시나리오 발생을 최소화하려는 강력한 [공공의] 선호"를 반영하지 못한다는 문제가 있다(Mishkin 2011, p.23).

2. 통화정책체계[4]

중앙은행은 통화정책을 수립하고 집행한다. 이때 통화정책 수립 및 집행의 방식과 절차에 관한 제도적 틀을 "통화정책체계(monetary policy framework)"라 부른다.[5]

2.1 통화정책체계의 구성요소

통화정책체계는 일반적으로 [표 11-1]과 같이 다섯 가지 요소— 통화정책의 정책수단, 운용목표, 명목 기준지표, 최종 목표, 그리고 제도— 로 구성된다.

표 11-1 통화정책체계

정책수단	운용목표	명목 기준지표 (중간목표)	명목 기준지표	최종 목표
▪ 공개시장운영 ▪ 여 · 수신제도 ▪ 지급준비제도 등	▪ 단기시장금리 ▪ 지급준비금 등	▪ 통화량 ▪ 환율 등	▪ 물가 상승률	▪ 물가안정 ▪ 금융안정 등

제도(의사결정 및 집행기구, 독립성, 책임성, 투명성 등)

자료 : 한국은행(2017b) p.7의 〈그림 1-1〉.

먼저, 통화정책은 낮은 인플레이션, 지속적인 경제성장, 국제수지 균형 등 거시경제지표의 안정적 운용이라는 거시적 목적과 금융거래 · 지급시스템 등 금융제도의 안정성 유지라는 미시적 목적을 갖는다. 그중에서도 물가안정은 1970년대의 세계적 인플레이션(Great Inflation) 이후 어느 나라에서나 통화정책의 최우선 목적으로 자리 잡았다.[6] 미국 연방준비제도의 이사회 의장이었던 그린스펀(A. Greenspan)은 "물가상승이 어떤 기간에 충분히 낮고 안정적이어서 가계와 기업의 의사결정에

4. 이 절은 주로 한국은행(2005 · 2012 · 2017b)을 참고하였다.
5. 한국은행(2017b), p.7.
6. White(2006b) 참조.

인플레이션이 사실상 고려되지 않는 상황" 이 물가안정이라고 말한 바 있다.[7]

둘째, 중앙은행은 통화정책의 목적인 물가안정을 담보하기 위해 물가안정과 관련된 명목변수들 중 하나의 명목변수를 정해 목표치를 부여한 후 이 목표변수(target variable)를 집중적으로 관리한다. 이와 같은 목표변수가 명목 기준지표(nominal anchor)로서, 통화정책체계의 한 구성요소가 된다.

명목 기준지표에는 통화량, 환율, 그리고 인플레이션율 등이 있다. 이 중 통화량과 환율은 각각 통화정책의 중간목표변수에 해당한다. 통화정책의 중간목표란 최종 목적을 달성하기 위해 중앙은행이 정책의 목표변수보다 더욱 직접적으로 영향을 미칠 수 있는 경제변수를 말한다. 예를 들어 물가안정이 통화정책의 최종 목적이라 한다면, 물가수준(또는 인플레이션)은 통화정책의 최종 목표변수가 된다. 우리나라의 현행 물가안정목표제(inflation targeting)는 특정 수준의 인플레이션을 최종 목표로 직접 겨냥한다. 그러나 중앙은행은 최종 목적과 밀접한 관련성을 가지면서도 직접 통제할 수 있는 다른 경제변수들을 찾아내 이 변수에 영향을 미침으로써 궁극적으로 물가수준을 바람직한 수준으로 유도하려고 할 수도 있다. 예를 들어 통화량이 물가수준과 밀접한 관련성을 갖는다면, 중앙은행은 물가수준보다 상대적으로 통제하기 수월한 통화량을 통화정책의 중간목표로 삼는다. 실제로 1957년 4월 이래 1997년 경제위기 이전까지 우리나라는 줄곧 통화량목표제를 시행하면서 통화량을 통화정책의 중간목표로 사용해 왔다.

셋째, 통화정책의 운용목표란 중앙은행이 다른 변수의 영향을 받지 않고 직접 제어하여 원하는 수준을 유지할 수 있는 지표이다. 물가상승률, 통화량, 환율 같이 중앙은행이 직접 제어를 못하는 지표가 아닌, 일반적으로 단기시장금리와 지급준비금이 그 예시이다.

넷째, 통화정책의 수단(instruments)이란 통화정책의 최종 목표(또는 중간목표)를 통제 · 조절하기 위해 중앙은행이 직접 이용할 수 있는 정책도구를 말한다. 예를 들어 여 · 수신제도, 지급준비제도와 공개시장운영 등이 통화정책의 정책수단이다.

다섯째, 지배구조적 속성도 통화정책체계를 구성하는 한 요소이다. 일반적으로

---

7. Greenspan(2002), p.6. 미쉬킨(F. Mishkin)은 그린스펀의 이와 같은 물가안정 정의에 부합하는 인플레이션 수준을 3% 미만이라고 본다. "인플레이션이 이 수준을 넘기 시작하면 사람들은 물가안정이 더 이상 중앙은행의 믿을만한 목표가 아니라고 생각할 것이"기 때문이다(Mishkin 2011, pp.33~34).

지배구조(governance)란 어떤 조직이나 시스템이 자신에게 부과된 책무와 목적을 효과적으로 달성할 수 있도록 보장해 주는 각종 제도적 장치를 통칭한다. 통화정책의 지배구조적 속성이란 중앙은행이 통화정책 운영상의 독립성을 얼마나 확보하고 있는지, 그리고 통화정책의 성과에 관해 중앙은행에게 어떤 책임이 부과되는지를 가리킨다.

통화정책체계의 다섯 가지 구성요소 가운데 넷째와 다섯째의 요소에 대해서는 제12장과 제13장에서 각각 다루기로 하고, 아래에서는 최종 목표 등을 검토해 보자.

2.2 통화정책의 최종 목적

우리나라에서는 1997년 및 2007년 금융위기를 계기로 통화정책의 최종 목적이 각각 변경 또는 보완되었다. 우선, 1997년 12월 31일 제6차「한국은행법」개정으로 한국은행의 목적 및 기능이 변화되었다. 제6차 개정 이전의 구법 제3조와 제6차 개정「한국은행법」제1조는 한국은행의 기본적 임무, 즉 통화정책의 최종 목적을 규정하고 있다. 이것을 [표 11-2]를 통해 간략히 비교해 보자.

표 11-2 「한국은행법」 제6차 및 제8차 개정에 따른 통화정책의 최종 목적

제6차 개정 이전 구법	제6차 개정「한국은행법」	제8차 개정「한국은행법」
제3조 한국은행의 주요 목적은 다음과 같다. 1. 국민경제 발전을 위한 통화가치의 안정 2. 은행·신용제도의 건전화와 그 기능 향상에 의한 경제발전과 국가자원의 유효한 이용의 도모	**제1조**(목적) 이 법은 한국은행을 설립하고 효율적인 통화신용정책의 수립과 집행을 통하여 물가안정을 도모함으로써 국민경제의 건전한 발전에 이바지함을 목적으로 한다.	**제1조**(목적) ① 이 법은 한국은행을 설립하고 효율적인 통화신용정책의 수립과 집행을 통하여 물가안정을 도모함으로써 국민경제의 건전한 발전에 이바지함을 목적으로 한다. ② 한국은행은 통화신용정책을 수행함에 있어 금융안정에 유의하여야 한다.

제6차 개정 이전의「한국은행법」이 규정하고 있는 중앙은행의 최종 목적은 물가안정(통화가치안정)과 금융안정 · 경제발전 등을 뒷받침하는 것이었다. 반면 제6차 개정「한국은행법」에서는 물가안정 달성이 중앙은행의 최우선 목적이라는 점을

명확히 했다. 또한 2011년 8월 31일 국회를 통과한 제8차 개정 「한국은행법」은 중앙은행이 물가안정 달성을 최우선 목적으로 하는 점은 종전과 같으나, 통화정책 수행에서 금융안정에 유의할 것을 추가적으로 명기하였다. 이로써 한국은행의 물가안정 책무 이외에 금융안정 책무에 대한 법률적 근거가 마련되었다.

통화정책의 최종 목적에는 물가안정과 금융안정 이외에도 경제성장과 완전고용 등 여러 가지가 있다. 하지만 1990년대 이후 여러 목적 가운데 특히 물가안정을 통화정책의 최우선 목적으로 간주하는 나라들이 많아졌다. 그러나 과거에도 그랬던 것은 아니다. 금융환경과 제도는 시대별로 크게 달랐기 때문에 중앙은행 통화정책이 거시적으로 추구하는 최우선 목적도 시대별로 달랐다.

예를 들어 19세기 후반에는 금본위제도의 유지가 당시 통화정책의 최우선 목적이었다. 금의 보유량에 연동하여 통화를 공급하는 것이 당시 통화정책의 거의 전부였고, 이것은 금본위제도 운영의 기본 원칙이기도 했다.

이후 1930년대 초 세계적으로 금본위제도가 붕괴하고 관리통화제도가 도입되면서부터는 통화의 발행이 각국 통화당국의 재량에 맡겨지게 되었다. 더욱이 정부가 통화정책이나 재정정책과 같은 수요관리정책을 통해 경제에 적극 개입하여 경기안정화를 도모해야 한다는 케인즈의 정책관이 1930년대부터 수십 년간 전 세계를 풍미하면서 각국의 통화량은 점차 늘어만 갔다. 이 시기에는 경기안정화—즉, 안정적인 성장과 높은 고용수준—를 도모해야 하는 역할이 통화정책에게 주어진 셈이었다.

그러나 통화량의 장기간 누적은 1950년대와 1960년대에 걸쳐 인플레이션의 세계적 확산을 초래했고, 1970년대에는 두 차례의 오일쇼크(oil shocks)에 의해 스태그플레이션(stagflation)—경기침체(stagnation)와 인플레이션의 공존—이라는 형태로 인플레이션의 폐해가 극에 달하게 되었다. 물가안정이 가계와 기업의 소비 및 투자 결정이 원활하게 이루어지는 데 기여하며 지속적인 경제성장이나 국제수지 균형도 물가안정이 전제되지 않고서는 곤란하다는 인식이 자리 잡은 것도 1970년대의 세계적 인플레이션 경험을 통해서였다.

이러한 인식에 따라 많은 나라들이 1980년대부터 중앙은행의 법률적 목적을 물가안정으로 단일화하고, 중앙은행에게 독립성을 부여하는 동시에 통화정책의 성과에 대한 중앙은행의 책임을 명문화하였다. 이는 중앙은행의 최종 목적이 복수로 존재하는 경우, 목적 간 상충가능성으로 인해 통화정책의 성과에 대한 중앙은행의 책임을 정의하기가 모호해지기 때문이다. 결국 시대에 따라 다양한 경험을 통해 통화정책의 목적이 오늘의 물가안정으로 자리 잡게 된 것이다. 앞서 논의한 제6차 개정 「한국은행법」은 바로 이러한 시대적 추세에 따른 것이다.

한편 금융위기가 빈발하면서 20세기 말부터는 통화정책이 물가안정은 물론 금융안정까지도 명시적으로 고려해야 한다는 적극적 시각이 국제결제은행(BIS)을 중심으로 제기되었다. 이후 최근 글로벌 금융위기를 계기로 그와 같은 시각은 세계적으로 보편화되었다. 중앙은행이 금융안정에서 역할하게 되는 이유는 무엇일까?

금융시장에서는 시장참여자들이 장래에 대해 갖는 기대(expectation)가 금융자산의 수급에 대단히 큰 영향을 미친다. 이때 기대는 케인즈가 설명한 것과 같이 급격하게 변동할 수도 있다. 따라서 기대의 급격한 변동에 따라 금융자산의 가격이 폭등하거나 폭락하면, 고용이나 경제성장의 원천인 투자지출구조가 왜곡될 수 있다. 예를 들어, 2008년 9월 리먼 사태 직후 미국의 CP시장과 RP시장 등이 순식간에 붕괴했지만, 이들 시장에 연방준비제도가 즉각 개입하여 거액의 비상유동성을 제공함으로써 시장의 기대를 안정화시키는 것을 우리는 목격했다. 과거 우리나라의 경험을 돌이켜 봐도, 금융시장의 안정성 유지는 결코 간과할 수 없는 통화정책의 중요한 목적이다. 우리나라에서는 과거 대형 금융사고가 빈번했고, 금융시장에서의 정보유통 과정도 왜곡되어 온 데다, 금융시장의 국제화에 따라 국내 금융시장이 외부의 충격에 쉽게 노출되곤 했다. 1997년 말 외환위기, 2003년 봄 신용카드 사태와 2008년 9월 리먼 사태가 모두 국내 금융시장의 불안정을 수반했던 사실을 생생히 기억하는 독자들도 있을 것이다.

중앙은행은 평소 공개시장운영을 통해 통화정책을 수행하는 과정에서 시장참가자로서 금융시장 거래에 참여한다. 그러므로 중앙은행은 시장의 움직임을 상시적으로 가장 잘 알 수 있는 위치에 있는 공공기관이다. 또한 금융기관과 시장에 대한 최종대부자 기능은 역사적으로 확립된 중앙은행의 고유 기능이며, 각국 중앙은행은 지급결제제도의 관리자 및 감시자 기능을 보유하는 것이 일반적이다. 이렇게 볼 때, 중앙은행이 금융시장의 안정성—다시 말해, 금융시장에서 경제주체가 안정적 기대를 갖고 묵시적 · 명시적으로 합의된 금융거래상의 질서를 유지하는 것—에서 역할을 수행하는 것은 자연스런 일이다. 더욱이 최근 거시건전성 정책(macro-prudential policies)을 통한 시스템리스크(systemic risk)의 관리가 금융시스템의 안정에 매우 중요한 핵심 요소가 되었다.[8] 이는 글로벌 금융위기가 전 세계에 일깨워준 가장 중요한 교훈 중 하나이다. 이때 "거시건전성 정책의 수행에서[도] … 경제전망 및 경기분석 등을 통해 거시경제의 움직임에 정통하고 공개시장운영 등을 통해 금융시장에 직접 참여하는 중앙은행의 역할이 필수적" 이다.[9] 이와 같이 금융안정에서 중앙은행의 역할은 최근 더욱 강화되었다. 지난 제8차「한국은행법」개정 또한 이러한 세계적 추세와 인식을 반영한 것이다.

한편 물가안정과 금융안정 이외에도 통화정책의 최종 목적으로 완전고용 달성과 지속적인 경제성장 유지를 들 수 있다. 1930년대 대공황을 겪은 이후, 자본주의 선진국들은 높은 고용수준의 유지를 통화정책의 최우선 과제로 인식해 왔다. 실제로 미국을 비롯한 거의 대부분의 선진국에서는 고용을 원하는 모든 노동자들에게 취업기회를 제공할 의무를 갖는다는 것을 입법화하고 있다. 이처럼 높은 고용수준이 유지되면 장기적으로 지속적인 경제성장이 가능해질 것이다.

그렇다면 중앙은행은 통화정책을 통해 어떻게 실업수준을 낮출 수 있는가? 물론 중앙은행이 노동시장에 개입할 수는 없다. 하지만 총수요, 특히 투자수요를 진작하여 고용 증가를 유발하는 간접적인 방법을 취할 수 있다. 한편 통화정책이 단기적으로 경제성장에 큰 영향을 미칠 수는 없다. 그러나 만약 투자가 통화정책에 영향을 받는다면, 비록 그 효과가 단시일 내에 직접적으로 나타나지는 않더라도 궁극적으로는 지속적인 경제성장을 이끌어낼 수도 있다.

이 밖에도 통화정책의 최종 목적으로 국제수지 개선을 들 수 있다. 통화정책은 수출에 대해서는 큰 영향을 미칠 수 없다. 그러나 수입은 국내 경제활동의 일반적 수준에 따라 결정되므로, 통화정책은 경상수지에 간접적인 영향을 미칠 수 있다. 뿐만 아니라 중앙은행은 통화정책을 수행하는 과정에서 자본수지에도 영향을 미친다. 긴축적 통화정책은 이자율을 올려 해외로부터 자본유입을 가져오고, 반대로 팽창정책은 이자율을 내려 자본의 해외유출을 유발하기 때문이다.

지금까지 언급한 통화정책의 여러 최종 목적들은 상호 충돌할 수도 있다. 예를 들어 국내 실업률이 높은 동시에 수입이 지나치게 확대되었다고 하자. 이때 고용을

8. 거시건전성 정책과 시스템리스크 등에 대해서는 이 책의 제15장과 16장을 참고하기 바란다.
9. 배준석(2011), p.108.

증가시키기 위해서는 총수요 확대정책이 필요한 반면, 과다한 수입을 억제하기 위해서는 오히려 총수요 긴축정책이 바람직할 것이다. 뿐만 아니라 우리는 고용 증가와 물가안정이라는 목적이 적어도 단기적으로는 상충관계를 갖는다는 사실을 필립스곡선을 통해 알고 있다. 또한 물가안정과 경제성장이라는 목적이 서로 갈등을 일으키는 경우도 흔히 경험할 수 있다. 한편, 금융안정을 위해 중앙은행이 시장에 공급한 긴급유동성이 물가불안을 자극한다면 금융안정과 물가안정도 단기적으로 충돌할 수 있다.[10]

물가안정이 중앙은행의 최우선 목적이라는 사실이, 중앙은행은 물가안정만을 지상 목적으로 통화정책을 수행해야 한다는 것을 의미하는 것은 물론 아니다. 각 시대별로 우선시되는 정책 목적이 있었지만, 다른 최종 목적에 대한 종합적 고려 없이 통화정책이 수행된 적은 없었다. 중앙은행이 '실물경제활동에 불필요한 변동을 초래하면서'—즉, 고용 · 국제수지 · 경제성장 측면에서 불필요한 대가를 치르면서—물가안정을 추구한다면, 물가안정이 애초에 바람직한 근본적 이유를 망각하는 셈이다. 오늘날 물가안정이 통화정책의 최종 목적으로서 바람직한 근본적 이유는 물가안정이 자원의 효율적 배분과 지속적 경제성장에 도움이 되기 때문이다.[11] 이는 중앙은행이 다양한 정책적 목적을 조화롭게 달성하기 위해 노력해야 함을 의미한다.

2.3 통화정책의 명목 기준지표

통화정책에서 명목 기준지표(nominal anchor)란 "인플레이션이 끝없이 가속화되지 않도록 방지하기 위해, 예를 들어 본원통화, 통화량, 물가수준, 또는 명목GDP

10. 금융안정과 물가안정 간 단기적 충돌가능성에 대해서는 배준석(2011) 참조. 하지만 장기적으로는 금융안정 없는 물가안정과 물가안정 없는 금융안정은 불가능하다. 통화정책의 효과는 금융시스템을 통해 실물경제에 전달되므로 금융시스템의 안정 없이 물가안정은 원칙적으로 불가능하다. 동시에, 물가와 거시경제가 안정된 상황에서는 금융시스템의 붕괴 위험이 원칙적으로 낮다. 결국 물가안정과 금융안정 중 어느 하나가 달성되지 않은 상황에서 다른 하나가 장기적으로 성립할 수는 없다. 이 점에 대해서는 George(1994)와 Issing(2002) 참조.
11. 통화정책의 최우선 목적인 물가안정의 의미에 대한 상세한 논의는 이종화 · 김진일(2021)과 White (2006b) 참조.

와 같은 명목변수의 증가율을 제한하는 준칙"을 의미한다.[12]

어떤 변수를 명목 기준지표의 적용대상으로 선택하는지에 따라 "통화정책의 운영체제(monetary policy regimes)"는[13] 통화량목표제(monetary targeting), 환율목표제(exchange rate targeting)와 물가안정목표제(inflation targeting) 등으로 차별화된다. 또한 이자율목표제(interest rate targeting)와 같이 명목 기준지표를 갖지 않는 통화정책의 운영체제도 존재한다.[14] 통화량목표제와 환율목표제는 각기 통화량 증가율과 환율 수준을 목표범위 내로 유지함으로써 낮고 안정적인 인플레이션을 달성하려는 제도이다. 이자율목표제는 이자율을 중간목표로 삼아 특정 수준에 유지함으로써 물가안정을 달성하려는 제도이다. 이들은 모두 통화량 · 이자율 · 환율과 같은 중간목표변수를 통해 최종 목표변수인 인플레이션율을 간접적으로 달성하려 한다는 공통점을 갖는다. 이와 같은 중간목표제(intermediate targeting)가 순조롭게 운영되려면 통화당국이 운용목표변수를 통해 중간목표변수를 통제할 수 있어야 하고, 중간목표변수와 최종 목표변수 사이에 긴밀하고도 안정적인 인과관계가 존재해야 한다. 한편 물가안정목표제는 정책금리의 조정을 통해 최종 목표변수인 인플레이션율을 직접 겨냥한다는 점에서 중간목표변수를 겨냥하는 중간목표제와는 차이가 난다.

이 절에서는 우선, 중간목표제에 속하는 통화량목표제, 이자율목표제와 환율목표제를 차례로 간단히 살펴본다. 다음으로, 일부 논자들의 비판에도 지난 4반세기 동안 건재한 물가안정목표제를 상세히 학습하기로 한다. 끝으로, 최근 위기 이후의 대침체를 거치면서 물가안정목표제의 대안으로 종종 거론되는 물가수준목표제와 명목GDP목표제에 대해서도 검토한다.

---

12. Gordon(2005), p.G6. 명목 기준지표는 이 절의 〈Box 11-1〉에서 설명하는 '최적 계획의 동태적 불일치' 문제를 해결하는 중요한 요소이다. 명목 기준지표에 입각하여 통화정책을 운영하는 체제에서는 "중앙은행이 … 명목 기준지표와 충돌하는 팽창적 단기정책을 추구하려는 유혹에 넘어가지 않을 것이 분명해지기 때문이다"(Mishkin 2011, p.10). 다시 말해, 통화정책 운영체제에서 명목 기준지표는 "믿을만한 약정(credible commitment)"의 역할을 수행한다.

13. 한국은행(2017b), p.7.

14. 이 외에도, 통화정책의 운영체제로 명목GDP목표제(nominal GDP targeting), 실질GDP목표제(real GDP targeting), 실업률목표제(unemployment targeting) 등을 더 생각해 볼 수 있다. 여기서 명목GDP목표제를 제외한 여타 각 운영체제—이자율목표제, 실질GDP목표제 또는 실업률목표제—에는 아무런 명목 기준지표도 존재하지 않는다. 자세한 내용은 Gordon(2005) 참조.

표 11-3　　물가안정목표제와 중간목표제

운영체계	운영방식			
물가안정 목 표 제	정책수단 → (Policy instruments) [여 · 수신제도, 지급준비제도, 공개시장운영]	운용목표 → (Operating targets) [단기금리]	↑ 정보변수 (Information variables) [통화량, 환율, 금리, 자산가격 등]	최종 목표 (Policy goals or objectives) [물가안정, 금융안정, 경제성장, 완전고용, 국제수지 균형]
중간목표제	정책수단 → (Policy instruments) [여 · 수신제도, 지급준비제도, 공개시장운영]	운용목표 → (Operating targets) [단기금리, 본원통화]	중간목표 → (Intermediate targets) [통화량, 이자율, 환율]	최종 목표 (Policy goals or objectives) [물가안정, 금융안정, 경제성장, 완전고용, 국제수지 균형]

자료 : 한국은행(2006), p.183의 〈그림 7-2〉를 한국은행(2017a)에 따라 일부 수정.

2.3.1 중간목표제

2.3.1.1 중간목표제의 작동원리와 중간목표변수의 선정기준

앞에서 살펴본 것과 같이 통화정책의 최종 목적은 우선적으로 통화가치의 안정이며, 그 외에도 금융시장의 안정 유지, 완전고용 실현과 지속적인 경제성장, 국제수지의 건전성 확보 등이 있다. 그런데 물가상승률이나 실업률에 대한 통계치는 자주 작성하기 힘들 뿐만 아니라 수시로 점검하기 힘들다. 반면 통화량, 이자율 등에 관련된 자료는 상대적으로 훨씬 자주 작성하고 점검할 수 있다. 따라서 통화정책은 통화량, 이자율 등의 중간목표를 설정하고, 이것의 적절한 조절을 통해 실업과 인플레이션을 억제하는 방식을 취할 수 있는데, 이것을 중간목표제라 한다.

통화정책은 중간목표를 비롯한 여러 경제변수들의 변화를 거쳐 비로소 실물경제의 최종 목표에 작용하게 된다. 즉, 금융시장의 정보를 빠르고 정확하게 입수하여 현재 상황을 파악한 후, 정책수단을 이용하여 중간목표변수를 적절히 변동시켜 최종 목표를 달성하는 것을 가능하게 하는 것이다. 이런 점에서 중간목표전략의 유용성은 널리 인정되어 왔다.

그러나 통화정책은 실물경제 문제와 관련된 최종 목표를 달성하는 데 궁극적인 목적이 있으므로, 중간목표에 지나치게 집착하면 때로는 주객이 전도되는 우를 범하여 정책실패를 가져올 수 있다. 예컨대 물가안정을 위해 정한 목표 통화증가율에만 지나치게 집착한다면, 경제상황이 변화함에 따라 자칫 심각한 불황을 야기할 수 있다. 따라서 중간목표는 실물부문의 움직임을 잘 살피면서 경제상황에 따라 신축적으로 통제되어야 한다. 또한 최종 목표를 잘 반영할 수 있는 중간목표를 얼마나 정확하게 선정하는가의 문제가 중간목표전략의 성공 여부를 좌우할 것이다.

문제는 과연 어떤 변수를 중간목표 또는 표적으로 삼아야 하는가이다. 일반적으로 중간목표가 갖추어야 할 특성은 다음과 같다.[15]

첫째, 궁극적으로 달성하고자 하는 최종 목표변수와 중간목표변수 사이에 체계적이며 안정적인 인과관계가 존재해야 한다. 앞에서 말한 대로 통화정책은 중간목표 자체를 달성하기 위한 것이 아니라 중간목표의 조정을 통해 실물부문의 바람직한 변화를 유도하기 위한 것이다. 따라서 만약 중간목표가 최종 목표와 밀접한 관련성을 갖지 않는다면, 중간목표 달성이 처음에 기내했던 최종 결과를 가져올 수 없다.

둘째, 통화당국이 중간목표변수를 효과적으로 통제할 수 있어야 한다. 만약 정책당국이 목표치를 정하고 이를 집행하려 해도 민간부문에 의해 정책당국의 행위가 상쇄된다면, 그 변수는 이미 실질적으로 통화당국의 통제권 밖에 있는 것이다. 따라서 그 중간목표가 아무리 최종 목표변수와 밀접한 관련성을 갖는다고 하더라도, 정책변수로서의 가치는 없다. 또한 통화당국이 그 변수를 설혹 통제할 수 있다 할지라도, 만약 통제하는 데 너무 많은 비용이 수반된다면 적절한 변수라 할 수 없을 것이다.

셋째, 중간목표는 자주 관찰될 수 있어야 한다. 이를 중간목표의 속보성이라고도 부른다. 어떤 중간목표가 아무리 최종 목표와 밀접한 관련성을 갖는다고 할지라도 그것이 최종 목표보다도 관찰빈도가 떨어진다면 중간목표변수로는 적절하지 않다.

넷째, 중간목표의 정의가능성 내지는 측정가능성을 들 수 있다. 규제나 기술이 변할 때마다 어떤 중간목표의 내용 또는 구성요소를 다시 정의(redefinition)해야만 한다면, 그런 중간목표는 바람직하지 못하다. 중간목표 측정의 일관성도 유지되지

---

15. Miller and Van Hoose(2001) 참조.

않고, 최종 목표와의 관계도 제대로 평가하기 곤란해지기 때문이다.

이제 통화량목표제, 이자율목표제, 환율목표제를 차례로 검토하기로 하자.

2.3.1.2 통화량목표제[16]

1950년대 중반 이후부터 미국 시카고 대학의 프리드만(M. Friedman)을 중심으로 한 통화주의(monetarism)가 확산되었다. 통화주의는 고전학파 화폐수량설을 새롭게 부활시키는 데 성공했다. 사실 1936년 일반이론을 통해 탄생한 케인즈의 거시경제학이 전 세계를 풍미했던 수십 년 동안, 고전학파의 유일한 거시경제이론이었던 화폐수량설은 사람들의 뇌리에서 거의 사라져 있었다. 그러나 케인지언의 정책처방에 따라 각국 정부가 경기안정화에 적극 나서게 되면서 가장 손쉬운 자금조달 방법인 통화증발에 의존하는 일이 잦아졌다. 그 결과 1950~1960년대에 여러 나라가 인플레이션을 경험하게 되자 새로운 형태의 화폐수량설로 무장한 통화주의가 상당한 설득력을 얻게 되었다. 여기서 새로운 형태의 화폐수량설이란 우리가 제10장에서 살펴본 프리드만의 새 화폐수량설을 가리키며, 그 정책적 함의는 사실상 고전학파의 화폐수량설과 다를 바 없다.

통화주의의 핵심은 "인플레이션은 언제 어디서나 화폐적 현상(… inflation is always and everywhere a monetary phenomenon)"이라는 것으로 요약된다. 이는 1970년 프리드만이 제시한 유명한 명제로서,[17] 통화량의 통제를 통해 낮고 안정적인 인플레이션이 가능하다는 통화주의의 이론적 · 정책적 시각을 담고 있었다.[18] 때마침 불어닥친 1973년 오일쇼크(oil shock)와 그에 따른 세계적 스태그플레이션(stagflation)으로 인해 케인지언의 처방인 기존의 총수요관리정책이 한계를 보이자

16. 이 소절은 한국은행(2005 · 2012), Croce and Khan(2000), ECB(2004), IMF(2003 · 2005)에 의존했다.

17. Friedman(1970).

18. 미쉬킨(F. Mishkin)도 이 명제를 인정한다. 하지만 당시 통화주의의 시각과는 다음과 같이 적절히 선을 긋고 있다(Mishkin 2011, p.4) : "인플레이션에 관한 가장 유용한 정보를 담고 있는 지표가 통화증가율이라는 견해를 받아들인다[기보다는] … 인플레이션의 궁극적 원인이 지나치게 팽창적인 통화정책이라는 견해를 받아들인다[는] … "것이다. 나아가 미쉬킨은 다음과 같이 사려 깊은 단서도 달았다(Mishkin 2011, p.4, fn.1) : "인플레이션을 화폐적 현상이라 특징적으로 표현할 수는 있겠으나 재정지배(fiscal dominance)—정부의 재정적자가 너무 거액이어서 정부지출(government spending)을 감당하기 위해 통화당국이 어쩔 수 없이 통화공급을 확대해야 하는 상황—가 있는 경우 재정정책이 통화정책을 좌지우지할 수 있음을 인식하는 일은 중요하다."

통화주의에 대한 신뢰는 더욱 확고해졌다.

한편 1970년대 초까지 각국의 물가안정은 대체로 미국의 물가안정 여부에 달려 있었다. 당시의 브레튼우즈 체제는 달러화를 기축통화로 하는 고정환율제도였기 때문이다. 이는 미국의 인플레이션 통제가 각국 물가안정을 담보하는 기준지표(anchor)였음을 의미한다.[19] 그러나 1971년 8월 미국의 금태환 정지 조치(닉슨 쇼크)로 브레튼우즈 체제가 이내 실질적으로 붕괴하면서 대부분의 선진국은 기존의 고정환율제도를 포기하고 자유변동환율제도로 이행하게 되었다. 이에 따라 이들은 물가안정을 담보할 수 있는 새로운 국내적 기준지표가 필요하게 되었다.

결국 오일쇼크로 인한 스태그플레이션의 발생과 국제금융제도의 격변을 배경으로 통화주의가 득세하면서, 1970년대 중반부터는 다수 중앙은행이 통화량목표제를 선택하게 되었다.

통화량목표제 하에서는 화폐수량설에 기초하여 매년의 통화량 증가율 목표를 정하게 된다. 이는 통화주의자들이 준칙주의를 선호하기 때문이었다. 통화주의자들은, 통화량과 명목GDP 간에 안정적인 관계가 존재하기 때문에 실물부문의 성장을 감안하여 통화의 공급을 적절히 조정하면 인플레이션을 유발하지 않으면서 효율적으로 경제를 운영할 수 있다고 보았다. 다만 통화량 변화의 효과가 나타나기까지 시차가 길고 가변적이기 때문에, 그때그때의 경제여건에 따라 통화량을 적절히 변동시키는 재량적 통화정책을 거부하고 미리 정해진 일정한 규칙에 따르는 준칙주의를 선호하였다(〈Box 11-1〉 참조).

이에 따라 1970년대와 1980년대에 통화량목표제를 채택했던 다수 국가들은 다음과 같은 통화증가율 공식(EC방식)을 흔히 이용하였다.[20]

$$\frac{\Delta M}{M} = \frac{\Delta y}{y} + \frac{\Delta P}{P} - \frac{\Delta V_y}{V_y} \qquad (11-1)$$

이 식은 현금잔고수량설에 따른 통화량 증가율($\frac{\Delta M}{M}$), 경제성장률($\frac{\Delta y}{y}$), 인플레이션율($\frac{\Delta P}{P}$), 그리고 통화의 소득유통속도 증가율($\frac{\Delta V_y}{V_y}$) 사이의 관계를 보여준다. 그런데 경제성장률에 내년도 목표 경제성장률을, 인플레이션율에 목표 인플레이션율

19. IMF(2003) 참조.

20. 우리는 이미 제9장에서 화폐수량설을 다루면서 이 식을 비판적으로 검토했던 적이 있다.

을, 소득속도 증가율에 그 기대치를 각각 대입해 계산해 낸 통화량 증가율은 내년의 통화량 증가율 목표치가 된다. 1972년 EC(European Community) 각료 이사회가 각 회원국에 권고한 적정 통화공급 규모 산정방식인 이러한 통화량 증가율 목표치의 계산방식을 흔히 EC방식이라 불렀다. 물론 이 방식이 성공하려면 중앙은행이 명목통화량을 완전히 통제할 수 있어야 하고, 통화의 소득유통속도를 정확히 예상할 수 있어야 한다. 당시 통화주의자들이 이러한 두 가지 기본 전제의 성립을 믿었던 것은 물론이다. EC방식은 분석적으로 매우 간편한데다가, 적자재정에 따른 통화증발을 통제할 수 있을 것으로 기대되기까지 했다.

그러나 각국의 통화량목표제는 곧 현실적 문제에 직면했다. 1970년대 중반부터는, 중앙은행이 예컨대 명목소득과 긴밀한 관계를 가진 것으로 관찰되는 특정 통화지표를 통화량으로 정의한다고 해도 그 통화지표를 규제하기만 하면 기존의 긴밀한 관계가 더 이상 성립하지 않는 현상이 나타난 것이다. 이를 가리켜 굿하트(C. Goodhart)는 "어떠한 통계적 규칙성이 관찰되어 왔다고 하더라도 규제를 위해 여기에 일단 압력을 가하면 그 규칙성은 성립하지 않게 되는 경향이 있다(… any observed statistical regularity will tend to collapse once pressure is placed upon it for control purposes)"고 말한다.[21] 어떻게 정의된 통화량이든 이를 규제하기 시작하면 규제 이전에 움직이던 패턴과는 전혀 다르게 변동한다는 것이다.[22]

앞서 제9장에서 검토했던 현금잔고방정식 $M = kPy$를 이용하여 이 법칙의 의미를 잠시 생각해 보자. 현금잔고방정식의 좌변은 통화공급(통화량)을, 우변은 통화수요를 각각 의미한다. 굿하트의 법칙을 이 방정식의 맥락에서 구체적으로 표현하면, 'M을 규제하면 M과 Py가 규제 이전에 보였던 긴밀한 관계가 규제 이후에는 사라

21. Goodhart(1989), p.100, fn. 1.

22. 앞서 제9장 및 제10장에서 간략히 논의한 바와 같이 이 명제가 굿하트의 법칙이다. 굿하트의 법칙은 내용상 거시경제학의 합리적 기대가설에 나오는 루카스 비판(Lucas Critique)의 개념과 흡사하다. 굿하트 자신도 자신의 법칙이 "루카스 비판에 머피의 법칙을 합쳐놓은 것(a mixture of the Lucas Critique and Murphy's Law)"이라고 말한 바 있다(Goodhart 1989, p.377, fn. 1). 정책이나 규제의 내용이 바뀌는 경우 민간 경제주체들은 자신의 행동을 합리적 기대로 최적화하므로 과거의 행태를 지속하지 않는다. 만약 정책당국이 정책이나 규제의 내용을 변경한 이후에도 민간 경제주체의 행동이 이전과 불변일 것으로 기대한다면 잘못이라는 것이 바로 루카스 비판의 핵심이다. 머피의 법칙이란 사람들이 특별히 잘해 보려고 심사숙고하여 어떤 일을 행하면 그 일이 꼭 잘못되고 만다는 식의 일상적 실패의 경험법칙을 가리킨다.

진다'는 것이 된다. 이는 곧, 방정식 우변에 나오는 마샬의 k(Marshallian k)가 불안정해짐을 뜻한다. 이때 k는 화폐의 소득유통속도 V_y의 역수로 정의되므로, k의 불안정성은 화폐의 소득유통속도가 불안정해진 것을 의미한다. 또한 k의 불안정성은 통화수요(kPy)의 불안정성을 초래한다.

1970년대 중반 이후 마샬의 k가 불안정해진 이유는 무엇인가? 그것은 민간 경제주체가 통화량 규제에 대응하여 최적화하는 과정에서 자신의 자산선택행위 자체를 조정하기 때문이다. 1970년대부터 미국 등 선진국에서는 각종 규제완화와 금융혁신으로 기존 통화지표에 포함되지 않는 새로운 통화대체물이 속속 등장하였고, 그럴수록 민간 경제주체가 규제의 변화에 대응하여 자신의 행위를 실제로 조정할 수 있는 여지는 더욱 커졌다. 이와 같은 금융환경의 변화가 심화 · 확산되면서 1980년대에는 세계 각국에서 화폐의 소득유통속도가 불규칙하게 움직이게 되었다. 그 결과 중앙은행이 이를 정확히 예측하기란 더욱 어려워졌고, 화폐수요의 불안정성도 더욱 두드러졌다. 결국 특정 통화지표와 명목소득 사이의 긴밀한 관계가 사라지면서, 특정 통화지표를 규제하는 것의 정책적 의미가 사라지게 되었다.

한편 마샬 k의 불안정성을 가져오는 요인들은 통화수요뿐만 아니라 통화공급의 불안정성에도 기여했다. 앞서 제10장에서 살펴본 대로, 통화승수가 안정적이어야 본원통화의 공급조절에 의해 통화량을 통제할 수 있다. 그런데 통화승수는 일반은행 등 민간의 행태에 영향을 받는 내생변수이다. 프리드만은 1867년에서 1969년까지의 경험적 자료에 근거하여 민간의 현금통화비율, 은행의 실제지급준비율 등이 상당히 안정적이므로 통화승수도 안정적이고, 따라서 본원통화만 외생적으로 고정시키면 통화량은 통제가능성 면에서 훌륭한 중간목표변수가 될 수 있다고 생각했었다. 그러나 1980년대의 급격한 금융시장의 변화와 이에 따른 화폐수요의 불안정성은 통화승수의 가변성을 증대시켜 통화공급의 내생성이 강해졌다. 이에 따라 중앙은행이 통화지표의 움직임을 통제할 수 있기는커녕[23] 그 움직임을 해석하기도 어려워졌다.

---

23. 특히 직접규제 방식이 아닌 간접규제 방식을 사용하여 통화량을 관리할 수밖에 없는 상황에서 통화증가율을 목표수준에 고정시키기란 매우 어렵다는 것이 선진국의 경험이었다. 예를 들어 미국 *M1*의 경우, 중앙은행(연방준비제도)이 자신들이 정한 목표치의 달성에 신경을 쓴 것인지조차 의심이 갈 정도로 목표성장률 범위와 실제성장률 범위가 괴리를 보이고 있다. 특히 본원통화를 핵심 중간표적으로 삼았던 1979~1982년 기간조차도 실제 증가율이 목표치로부터 많은 이탈을 보이고 있다. 여기에 대해서는 한국은행(2005) 참조.

이러한 여러 난점으로[24] 인해 앞서 살펴본 EC방식의 기본 전제 두 가지가 성립하지 않게 된 것은 물론이다. 결국 통화량은 중간목표변수로서의 유용성을 상실하였고, 통화량목표제는 실제로 대다수 나라에서 실패로 끝나고 말았다. 그리하여 1990년대부터 여러 나라가 물가안정목표제로 이행하기 시작했다. 하지만 IMF에 따르면 2020년 현재 전 세계적으로 22개의 국가에서 통화량목표제를 시행 중이다.[25]

Box 11-1 준칙주의 vs. 재량주의

준칙(rules)과 재량(discretion)의 문제는 '최적 계획의 동태적 불일치'와 '정책 신뢰성'의 개념과 긴밀하게 관련된다.

중앙은행이 물가상승률을 예컨대 3%로 억제하겠다는 사전공약(준칙)을 내걸었다고 가정해 보자. 이에 따라 민간경제주체들이 물가상승률을 3%일 것이라 실제로 예상하게 되었다고 하자. 이때 3%의 물가상승률은 더 이상 중앙은행의 최적 계획이 아니다. 민간의 예상 인플레이션 3%보다 높은 수준으로 중앙은행이 물가상승률을 올리면 산출량이 증가하고, 실업률은 낮아지기 때문이다. 이처럼 종전에는 최적 계획이던 것이 시간이 흘러 과거의 공약을 지킬 필요가 없게 되면 구조적으로 더 이상 최적 계획일 수 없게 되는 현상을 최적 계획의 동태적 불일치라 한다.

민간의 물가상승률 예상이 3%로 고정된 상태에서 이들이 예상치 못한 팽창정책을 정책당국이 실시하면 당장의 사회적 후생은 증가한다. 예상인플레이션은 고정되어 있는데 산출량 수준만을 늘릴 수 있기 때문이다. 특히 정책당국의 사전공약에 대한 민간의 신뢰도가 크면 클수록 이러한 정책당국의 사전공약 파기(준칙 일탈)에 따른 사회후생의 증대규모도 커진다. 그러나 문제는 민간 경제주체들이 이러한 사실을 깨닫게 되면서 중앙은행에 대한 신뢰가 깨어진다는 데 있다. 이것이 정책 신뢰성(credibility of policy)의 문제이다. 이제는 민간도 평판(reputation)이 나빠진 정책당국의 사전공약을 믿기보다는 최적 계획의 변경가능성을 합리적으로 예상하며 행동하게 될 것이다. 이렇게 되면 중앙은행이 애초의 사전공약을 끝까지 준수하는 쪽이 훗날 사전공약에서 일탈하는 쪽에 비해 사회후생 면에서 우월하다는 일반적 결과를 이론모형의 분석을 통해 얻을 수 있다. 준칙이 재량보다 우월하다는 주장의 논거는 바로 여기서 나온다.

프리드만(M. Friedman)은 일찍이 매년 통화량 증가율을 k%로 일정하게 고정시키자는 k% 준칙을 제안했

24. 이러한 여러 난점들은 금융시장의 불확실성을 증폭시킨다. 일찍이 풀(W. Poole)은 금융부문의 불확실성이 실물부문의 불확실성보다 상대적으로 더 심각한 상황에서 통화량을 중간목표로 설정하면 이자율을 중간목표로 설정할 때보다 산출량의 불확실성이 더 커진다는 사실을 *IS–LM* 분석을 통해 보였다. 금융환경의 급격한 변화로 금융시장의 불확실성이 날로 증폭되고 있는 현실을 주어진 상황으로 받아들인다면, 풀의 분석은 통화량보다는 이자율을 중간목표변수로 활용해야 한다는 시각을 지지해 준다. Poole(1970) 참조.

25. IMF, Annual report on exchange arrangements and exchange restrictions 2020, August 25, 2021 참조.

었다. 통화공급 증가율이 수시로 변하면 사람들은 그때마다 장래에 대한 예상을 수정해야 하므로 의사결정 과정에 교란이 일어난다. 그러나 통화당국이 화폐공급을 매년 일정한 비율로 증가시키면 이러한 종류의 불안정 요인은 사라지게 된다. 게다가 일정한 준칙에 입각한 통화정책은 시장에 대한 정부의 개입가능성을 줄여 시장 기구가 그 기능을 충분히 발휘하게 된다는 이점을 갖는다는 것이다.

프리드만의 *k*% 준칙은[1] 전형적인 고정 준칙(fixed rule)에 해당하지만, 준칙에는 경제의 실제 상황(또는 예상되는 상황이거나 목표 상황)에 반응하는 방식을 기계적으로 정하는 반응준칙(feedback rule)도 있다. 예를 들어 EC방식은 일종의 반응준칙으로 볼 수 있다.

그러나 정책당국이 준칙을 준수하도록 속박할 수 있는 적절한 방안이 아직 제시되지 않은 것은 문제로 남아 있다. 정책당국이 단기적 시야를 가질수록(즉, 정책당국의 시간선호율이 커 미래보다 현재를 더 중시할수록), 그리고 준칙을 어겼을 때 정책당국이 치러야 하는 비용이 작을수록 준칙일탈의 유인도 커지기 때문이다. 그러므로 재량옹호론자들은 정책당국이 준칙을 고수할 것으로 기대하는 것은 비현실적이라고 본다. 나아가 이들은 외부충격이 심할 때 준칙을 고수하는 것은 바람직하지 않다고 주장한다.

결국 재량과 준칙 간 논쟁의 핵심은 정책 신뢰성에 놓여 있다. 정책당국이 명시적 · 암묵적으로 정책을 시행할 때, 그 정책이 당국의 의도대로 시장에서 관철될 수 있는지 여부가 중요하다는 뜻이다. 정책 신뢰성은 주어진 경제환경과 정책목표 및 정책수단에 의해 영향을 받게 될 것이다.

1) 프리드만의 *k*% 준칙은 마샬의 *k*(Marshallian k)와 아무런 관련이 없다.

자료 : Barro and Gordon(1983), Kydland and Prescott(1977).

2.3.1.3 이자율목표제[26]

통화주의를 비판하는 학자나 실무가들은 이자율이 실물경제에 미치는 영향력이 크다는 점과 중앙은행이 단기이자율을 통제할 수 있다는 점을 근거로 이자율을 중간목표로 사용할 것을 주장한다.

원칙적으로 실물경제에 영향을 주는 변수는 명목이자율이 아니라 실질이자율이다. 특히 실물투자에 영향을 주는 요인은 장기 실질이자율이다. 반면 중앙은행이 실제로 통제할 수 있는 것은 단기 명목이자율이다. 따라서 장 · 단기 명목이자율 사이에 관련성이 관찰되지 않는다면, 이자율은 중간목표로서 그다지 유효하지 못하다는 비판이 제기될 수 있다.

사실 이자율 중심의 통화정책을 주장하는 경우에도 장기이자율이 중앙은행에

26. 이 소절은 정운찬 · 김홍범 옮김(2003), 한국은행(2005 · 2012), Gordon(2005), Mishkin(2004)에 의존했다.

의해 통제될 수 있다고 주장하는 학자는 거의 없다. 물론 제5장에서 학습한 분리시장 가설(segmented market hypothesis)에 따른다면 장기채권을 매매함으로써 장기이자율을 통제하는 것도 가능할 수 있다.[27]

또한 인플레이션율을 직접 통제할 수 없으므로 결국 중앙은행에 의해 통제되는 것은 실질이자율이 아닌 명목이자율일 뿐이다. 그런데 특정 수준의 단기 명목이자율을 중간지표로 사용하려면 실질 장기이자율 수준과 기대 인플레이션을 감안한 적절한 수준의 장기 명목이자율을 염두에 두어야 하는데, 이때 기대인플레이션의 추정이 그리 쉽지 않은 점도 문제가 된다.

그렇지만 만약 물가가 경직적이라고 가정할 수 있다면, 적어도 단기에서는 명목이자율을 통해 실질이자율이 결정될 수 있다. 또한 투자도 실제로는 장기이자율보다는 투자자의 기대에 의해 결정되는 것으로 볼 수 있다. 따라서 단기이자율 변화가 투자자의 기대에 영향을 미쳐 장기이자율을 바꿀 수 있다면, 비록 장 · 단기 채권의 대체성이 떨어진다 하더라도 결과적으로 이자율의 기간구조에 영향력을 행사할 수 있다.

이렇게 본다면 통화정책의 중간목표로 이자율을 사용하는 데에는 나름대로의 장점도 있을 수 있다.[28] 하지만 이자율목표제가 갖는 근본적인 약점은 자칫 인플레이션의 가속화를 가져올 수 있다는 것이다.[29] 이것은 이자율목표제에서는 인플레이션을 고정시킬 수 있는 명목 기준지표가 존재하지 않기 때문이다. 예를 들어 특정 수준의 이자율을 중간목표로 설정한다고 가정해 보자. 이제 국민소득의 증가로 이자율이 상승한다면 중앙은행은 다시 이자율을 목표수준으로 끌어내리기 위해 채권매입을 늘릴 것이다. 이에 따라 본원통화가 늘고 통화량이 증가한다. 이것은 실제 인플레이션과 기대인플레이션의 상승을 가져와 피셔효과(Fisher effect)에 따른 명목이자율의 상승을 초래할 것이다. 그러면 중앙은행은 이자율 목표를 지키기 위해 다시 채권매입을 통해 이자율을 떨어뜨릴 것이고 그에 따른 통화량 증가로 실제 인플

27. 최근 글로벌 금융위기를 수습하는 과정에서 미국 연방준비제도가 수행한 대규모 자산매입(LSAP)과 오퍼레이션 트위스트(Operation Twist)가 바로 그런 좋은 예이다. 그러나 이는 위기 시 중앙은행이 비표준적 통화정책수단을 구사한 사례라는 점에서 한계가 있다. 제12장 참조.

28. 정운찬 · 김홍범 옮김(2003) 참조.

29. Gordon(2005)과 Mishkin(2004) 참조.

레이션과 기대인플레이션이 더욱 높아질 것이다.

바로 이러한 악순환의 위험성 때문에 오늘날 중앙은행들은 이자율을 통화정책의 중간목표로 활용하지 않는다. 대신 이자율을 운용목표로 삼는다. 구체적으로, 각국 중앙은행은 콜금리와 같은 단기 정책금리를 운용목표로 정하고 경제상황에 맞추어 수시로 이를 유연하게 미세 조정하는 방식으로 통화정책을 수행한다. 이러한 방식을 금리 중시 통화정책이라 부른다. 이것은 이자율을 중간목표로 삼는 경우 한 번 이자율의 목표수준을 설정하면 실제로 상당 기간 동안—예를 들어 6개월이나 1년 동안—그 수준이 고정되는 것과는 다르다.[30]

2.3.1.4 환율목표제[31]

환율목표제란 높은 인플레이션을 경험해 온 국가가 인플레이션이 낮은 국가(들)의 통화(통화바스켓)에 자국의 환율을 고정시켜 물가안정을 도모하려는 통화정책 운영체제를 말한다.

한 나라가 환율을 고정시킨다는 것은 중앙은행이 물가안정이 아닌 다른 정책적 목적—예를 들면 총수요 부양 등—을 달성하기 위해 독자적으로 통화정책을 운용할 수 없게 됨을 의미한다. 그럼에도 어떤 나라가 환율목표제를 선택하게 되는 이유는 무엇인가?

그 원리를 구매력평가설을 통해 간단히 살펴보자. 구매력평가설에 따르면 국내 물가수준 P, 외국 통화 1단위의 가치를 국내 통화로 표시한 환율 e, 그리고 외국물가수준 P^* 사이에는 $P = eP^*$가 성립한다. 그러므로 $\frac{\Delta P}{P} = \frac{\Delta e}{e} + \frac{\Delta P^*}{P^*}$가 성립한다. 이 식에 따르면, 환율이 빠른 속도로 상승하는 경우 국내적으로 인플레이션율이 빠르게 상승한다. 특히 소규모 개방경제의 경우 환율변동은 수입재 가격변동을 통해 국내물가에 상당한 영향을 준다. 그러나 환율목표제를 선택하면 $\frac{\Delta e}{e} = 0$이므로 국내 인플레이션은 외국의 인플레이션과 동일해진다. 그러므로 높은 인플레이션에 시달려온 국가가 환율목표제를 채택하면 물가가 안정된 외국의 통화정책을 받아들이는 셈이다. 따라서 환율목표제는 통화정책에 대한 신뢰성 회복을 통해 높은 인플레이

30. 정운찬 · 김홍범 옮김(2003) 참조.

31. 이 소절은 한국은행(2005 · 2012), Gordon(2005), 그리고 IMF(2005)에 의존하였다.

션 기대심리를 진정시켜 단기간에 물가안정에 기여할 것으로 기대된다. 또한 환율목표제는 환율변동의 위험을 줄여 외국자본의 유입에도 도움이 된다.

환율목표제에서 정책당국은 외환시장에 개입하거나 이자율을 조정하여 환율을 유지한다. 예를 들어 달러화 수요가 늘어나 환율이 상승하려는 조짐을 보이게 되면, 당국은 외환시장에 즉각 개입하여 자국 통화를 매입하고 달러화의 공급을 직접 늘리거나 아니면 국내 이자율을 높임으로써 환율을 목표수준에서 안정시켜야 한다. 이와 같은 정책당국의 조치는 어느 것이든 긴축적 통화정책에 해당한다. 이때 긴축적 통화정책은 전적으로 환율목표제의 운영과정에서 나온 결과이며 국내적 경기상황과는 무관하다. 이는 앞서 말한 대로 환율목표제가 국내 통화정책의 포기—달리 표현하면 통화주권(monetary sovereignty)의 포기—를 의미한다는 것을 말해 준다.

그래서 과거에는 여러 나라가 엄격한 유형보다는 상대적으로 신축적인 유형의 환율목표제를 운용하기도 했다.[32] 후자를 채택하는 경우, 외국의 통화정책으로부터 신뢰성의 이득(credibility gains)을 얻는 동시에 어느 정도 독자적인 통화정책을 구사할 수 있는 것으로 생각되었기 때문이다. 그러나 1997년 동아시아 외환위기는 국제자본의 국가 간 이동성이 크게 높아진 오늘의 상황에서는 신축적 환율목표제가 투기적 공격에 특히 취약하다는 사실을 각국 정책당국에 일깨워주었다. 환율목표제가 신축적 유형인 경우에는 특정 수준의 고정환율을 유지하려는 정책당국의 의지가 그리 강하지 않은 것으로 간주되어 쉽사리 투기적 공격의 대상이 되기 때문이다.

이러한 상황은 소위 '3요소의 공존불가능성 원리(impossible trinity)'와 관련된다. 여기서 3요소란 고정환율제도, 자본자유화, 독자적 통화정책을 가리킨다. 이들 요소 중 임의의 어떤 두 요소도 원칙적으로 공존할 수 있는 반면, 나머지 한 요소는 반드시 포기되어야 한다는 것이 이 원리의 내용이다.[33] 최근 세계화의 급진전으로

32. 환율목표제는 환율을 엄격하게 고정시키는 유형(hard pegs)과 느슨하게 고정시키는 유형(soft pegs)으로 이분된다. 전자에는 통화통합(monetary union), 미달러화 통용제도(dollarization), 통화위원회제도(currency board) 등이, 후자에는 크롤링고정환율제도(crawling pegs)나 크롤링환율대제도(crawling bands) 등이 각각 포함된다.

33. 19세기 후반부터 20세기 초까지 성립했던 금본위제도와 제2차 세계대전 이후 1970년대 초까지 성립했던 브레튼우즈 체제를 살펴보면 이 원리가 역사적으로도 쉽게 관찰된다. 우선 전자는 고정환율제도로서 자본이동은 자유로웠으나 각국은 독자적 통화정책을 추구할 수 없었다. 후자도 고정환율제도였으나 각국이 거시경제의 안정을 위해 통화정책을 독자적으로 운용하는 가운데 자본이동은 자유롭지 않았다. 한국은행(2005) 참조.

이들 3요소 가운데 자본자유화 요소는 정책적으로 선택할 수 있는 대상이 아니라 주어진 전제조건이 되었다고 본다면, 사실상 각국의 정책당국은 고정환율제도와 독자적 통화정책 중 어느 하나만을 택할 수밖에 없게 된 셈이다.[34]

환율목표제는 다양한 취약성에 노출된다.[35] 첫째, 엄격한 고정환율제도의 경우 국내 경제상황에 대한 독자적 통화정책적 대응이 불가능하다는 사실로 인해 경제적 대가를 치를 수도 있다. 아르헨티나가 그 좋은 예이다. 하이퍼인플레이션에 장기간 시달려 온 아르헨티나는 1991년 통화위원회제도를 채택함으로써 단기간에 물가안정을 달성하는 데 일단 성공했다. 그러나 1994년 멕시코의 페소화 위기가 발생하자 위기의 전염을 우려한 아르헨티나 예금자들이 자국(아르헨티나)의 페소화를 대거 달러화와 교환하면서 통화량의 격감으로 경기침체가 심화되었다. 그럼에도 아르헨티나는 국내 통화량을 늘릴 수 없었다. 통화위원회제도 하에서는 통화량이 외환보유액에 연동되는데, 페소화의 달러화 교환은 통화량의 격감과 동시에 외환보유액의 격감을 의미했기 때문이다. 이와 같이 엄격한 고정환율제도 아래 환율이 경제의 기초 여건이 필요로 하는 수준에서 괴리되는 경우에는 경제가 성장 및 고용 면에서 커다란 대가를 치른다.

또한 고정환율의 유지가능성이 의문시되면 투기적 공격의 대상이 된다. 1992년 영국과 이탈리아의 환율조정 메커니즘(Exchange Rate Mechanism) 탈퇴를 가져온 ERM 사태, 1994년 멕시코의 페소화 위기, 1997년 동아시아 외환위기 모두 과도하게 고평가된 고정환율을 무리하게 고수하다가 투기적 공격으로 촉발된 사건들이다.

둘째, 환율목표제에서는 명목환율이 고정되므로 실질환율을 적정한 수준으로 유지해야 하는 부담이 국내물가에만 전적으로 부과된다.[36] 이때 만약 국내 물가가 경직적이라면 결국 산출이 조정되어야 하므로 경제가 큰 대가를 치르게 된다.

셋째, 환율목표제에 이런 다양한 문제들이 수반될 가능성이 있다는 사실은, 환율목표제가 실패하는 경우에는 그 정책실패의 경제적 비용이 여타 통화정책 운영체제들에 비해 매우 클 수 있다는 것을 의미한다.

IMF에 따르면, 2016년 4월 말 현재 전 세계적으로 25개 국가가 엄격한 고정

---

34. 한국은행(2005) 참조.

35. 한국은행(2005) 참조.

36. 실질환율은 외국재화와 국내재화의 상대가격, 즉 $\frac{eP^*}{P}$로 정의되며, 국내재화의 가격경쟁력을 나타낸다.

환율제도를, 76개 국가가 중간 단계의 신축적 고정환율제도를 각각 채택하고 있는 반면, 71개 국가가 변동환율제도를 시행 중인 것으로 나타났다.[37]

2.3.2 물가안정목표제[38]

물가안정목표제는 통화량이나 환율과 같은 중간목표변수를 통하지 않고 직접 인플레이션을 겨냥한다는 점에서 통화량목표제나 환율목표제와는 구분된다. 어떤 중간목표를 정해도 통화정책의 유효성이 떨어진다는 사실을 여러 중앙은행들이 경험하면서, 차라리 최종 목표인 물가안정을 직접 겨냥하면서 통화정책을 운영하자는 것이 물가안정목표제(inflation targeting)이다. 이 제도에서는 정책당국이 최종 목적인 물가안정에 대해 명시적으로 목표를 설정하고, 통화량, 이자율, 환율, 기대인플레이션 등 다양한 정보변수(information variables)를 활용하여 장래의 실제 인플레이션과 목표 인플레이션과의 괴리를 축소시켜 나간다.

1990년 뉴질랜드가 세계 최초로 물가안정목표제를 도입한 이래 캐나다(1991), 영국(1992), 이스라엘(1992), 스웨덴(1993), 핀란드(1993), 호주(1993), 스페인(1995), 한국(1998), 체코공화국(1998), 폴란드(1998), 브라질(1999), 칠레(1999), 콜롬비아(1999), 남아프리카공화국(2000), 그리고 타일랜드(2000)가 그 뒤를 이었다.[39] 물가안정목표제를 도입하게 된 직접적인 배경은 나라마다 다소 차이가 있다. 우선 뉴질랜드 · 캐나다 · 호주 · 스페인에서는 통화량목표제의 유용성 저하에 따른 대안으로 이 제도를 채택하였다. 반면 스웨덴 · 핀란드에서는 유럽의 환율조정메커니즘(ERM) 위기 이후 변동환율제도로 이행한 것을 계기로 이 제도를 도입하게 되었다. 1990년대에는 대체로 선진국들이 물가안정목표제를 도입하는 경향을 보였지만, 1990년대 말부터는 2007년 글로벌 금융위기가 발생하기 전까지 주로 신흥국들이 물가안정목표제를 채택하는 경향을 보였다. 이러한 추세는 위기 발생 이후에도

37. 한국은행(2017b) 참조.

38. 이 소절은 한국은행(2005 · 2012), Berg(2005), Croce and Khan(2000), IMF(2003 · 2005), Roger(2009)에 주로 의존하였다.

39. 각국의 물가안정목표제 도입 시기는 한국은행(2015)을 참조했다. Roger(2009)는 한국의 물가안정목표제 도입 시기를 2001년으로 표기하고 있으나, 우리나라의 물가안정목표제는 제6차 개정 「한국은행법」이 1998년 4월 시행되면서 공식 도입된 것으로 보는 것이 옳다. 한국은행(2010) 참조.

꾸준히 이어져 2021년 현재 물가안정목표제를 채택하고 있는 나라는 모두 55개국으로 알려져 있다.[40]

이제 물가안정목표제의 구성요소와 작동원리, 그리고 지금까지의 성과와 비판에 대해 차례로 검토해 보자.

2.3.2.1 물가안정목표제의 구성요소

물가안정목표제는 세 가지 절차적 요소—① 인플레이션율 목표의 공표, ② 통화정책에 관련된 지배구조, ③ 미래 인플레이션율의 예측—로 구성된다.

우선 중앙은행은 단독으로 또는 정부(재무부)와의 협의 하에 향후 일정한 정책 시계(policy horizon) 동안 달성하기로 한 인플레이션 목표의 수준(target point) 또는 구간(target band)을 숫자로 표기하여 사전에 공표한다. 인플레이션 목표를 숫자로 공표하는 것은 통화정책의 목표가 물가안정에 있음을 분명히 하고(통화정책 목표의 투명성 제고), 정책성과에 대한 사후적 평가의 기준을 명료하게 제시하며(중앙은행의 책임성 제고), 경제주체들에게 인플레이션 기대 형성을 위한 지침을 제공함으로써 인플레이션의 미래 경로에 대한 불확실성을 감소시키는 등 여러 가지 장점을 갖는다.

물가안정목표제가 제대로 성과를 내기 위해서는 공표된 인플레이션 목표를 중앙은행이 실제로 수행해낼 것이라는 일반 국민의 믿음—통화정책에 대한 일반 국민의 신뢰—을 확보할 수 있어야 한다. 왜 그런지 이해하기 위해 잠시 다음과 같은 상황을 생각해 보자. 높은 인플레이션을 경험해 온 어떤 국민경제에 중앙은행이 물

---

40. 본문에 열거한 국가 이외에 노르웨이(2001), 헝가리(2001), 아이슬란드(2001), 페루(2002), 필리핀(2002), 멕시코(2003), 과테말라(2005), 인도네시아(2005), 루마니아(2005), 아르메니아(2006), 터키(2006), 가나(2007), 우루과이(2008), 세르비아(2009), 조지아(2009), 알바니아(2009), 몰도바(2010), 우간다(2011), 미국(2012), 일본(2012), 도미니카공화국(2012), 파라과이(2013), 러시아(2014), 인도(2015), 카자흐스탄(2016), 우크라이나(2016) 등 55개 국가가 여기에 해당된다. 다만, 핀란드와 스페인은 1999년 1월 유럽통화통합(EMU : Economic and Monetary Union)에 참여하면서, 슬로바키아는 2009년 1월 유럽환율메커니즘 Ⅱ(ERM Ⅱ : European Exchange Rate Mechanism Ⅱ)에 참여하면서 각각 물가안정목표제를 중단했다. 아르헨티나의 경우 2018년 9월에 크롤링 페그로 전환하였다. 물가안정목표제를 채택한 개별 국가의 제도 도입 시기에 관해서는 원칙적으로 한국은행(2015 · 2017b)에 의존했다. 또한 지난 10년간 물가안정목표제를 신규 도입한 나라들 대부분에 대해서는 감사하게도 안동준 한국은행 과장(조사국 물가연구팀)께서 제도 도입연도를 국별로 일일이 확인하여 저자에게 직접 알려주셨다. 물가안정목표제의 세계적 확산과정에 대해서는 Roger(2009)를 참고하라.

가안정목표제를 도입한다고 가정하자. 그리고 많은 경제주체들이 중앙은행의 인플레이션 목표 달성이 불가능하다고 판단한다고 가정하자. 이들은 과거의 높은 인플레이션이 앞으로도 지속될 것이라는 생각에서 인플레이션 기대를 이전처럼 높게 유지할 것이다. 그렇게 되면 노사 간 임금협상이나 개별 기업의 상품가격 결정에 높은 인플레이션 기대가 반영됨으로써 임금과 가격이 실제로 크게 뛸 것이다. 이와 같이 경제주체가 높은 인플레이션 기대를 기초로 의사결정을 한다면, 정해진 정책시계 내에 공표된 인플레이션 목표를 중앙은행이 실제로 달성하기란 불가능할 것이다. 물가안정목표제가 좋은 성과를 거두기 위해 통화정책에 대한 경제주체의 신뢰성 확보가 중요한 것은 바로 이런 이유에서이다.

중앙은행이 경제주체로부터 통화정책에 대한 신뢰성을 획득할 수 있으려면 궁극적으로 중앙은행의 지배구조(governance)가 확립되어야 한다. 이것이 통화정책의 두 번째 절차적 구성요소이다. 여기서는 일반적으로 중앙은행의 독립성, 책임성, 그리고 투명성이 강조된다. 앞서 말한 대로 중앙은행은 자신이 공표한 인플레이션 목표를 달성해야 할 의무를 진다. 이것 자체는 중앙은행의 책임성과 관련된다. 그런데 통화정책의 결과에 대해 중앙은행이 진실로 책임을 질 수 있으려면, 중앙은행은 처음부터 자신의 의무를 수행하기 위해 통화정책수단을 자유롭게 선택할 수 있는 권한, 즉 수단독립성을 가져야 함은 물론이다.

중앙은행은 애초에 공표한 인플레이션 목표수준을 벗어나는 경우에는 이를 공개적으로 설명한다(통화정책 결과에 대한 책임성). 이런 경우 뉴질랜드와 같은 일부 국가에서는 재무장관이 중앙은행 총재의 사임을 요청할 수 있게 되어 있다.

한편 중앙은행은 자신의 전략과 결정에 관한 정보를 정기적으로 공표한다. 예를 들어 물가안정목표제를 채택한 대부분의 중앙은행은 통화정책 결정을 회의 종료 후 즉시 공표하며, 일정 기간 내에 회의록을 공개하고, 모든 중앙은행이 인플레이션 보고서(또는 통화정책보고서)를 발간한다(통화정책 결정과정 및 결과의 투명성). 이와 같은 자료와 정보의 공개를 통해 중앙은행은 자신의 분석과 전망, 그리고 정책결정의 의도를 금융시장에 분명히 알림으로써 금융시장이 중앙은행의 행동과 시각을 더 잘 이해하고 평가할 수 있도록 도와준다. 그럼으로써 중앙은행은 외부와의 적극적 의사소통을 통해 인플레이션 기대의 형성을 관리하고 금융시장의 변동성을 줄이는 데에도 기여한다. 중앙은행의 투명성은 궁극적으로 불확실성을 줄이고 중앙은행의 책임성을 강화하는 데 기여한다.

이와 같이 물가안정목표제는 중앙은행 통화정책의 독립성 · 책임성 · 투명성을 극대화하는 운영체계이다. 이는 통화정책에 대한 경제주체의 신뢰성을 확보하기 위해서이다. 따라서 독립성 · 책임성 · 투명성을 확보하기 위한 각종 장치를 "신뢰성 보강장치"로 볼 수 있다.[41] 이들 장치를 통해 경제주체들은 중앙은행의 책무를 더욱 명확히 이해하고 그 행동을 제대로 감시할 수 있다. 그 결과 물가안정목표제는 통화정책에 대한 경제주체의 신뢰성을 제고하며, 경제 내 인플레이션 기대를 목표수준으로 신속하고 확고하게 이동시킨다. 이것이 물가안정목표제를 구성하는 두 번째 절차적 구성요소의 역할이다.

이제 남은 것은 중앙은행의 물가안정 실적이다. 이와 관련하여 정확한 인플레이션 예측이 물가안정목표제의 세 번째 절차적 구성요소가 된다. 중앙은행은 자신이 공표한 인플레이션 목표치에 대해 명시적인 중간목표를 설정하지 않고, 통화량, 금리, 환율, 자산가격, 실업률 등 다양한 정보변수(information variables)를 활용하여 미래의 인플레이션을 예측한다. 이렇게 얻어지는 인플레이션 전망치는 "중앙은행이 얻을 수 있는 모든 관련 정보를 담고 있는" 것으로 볼 수 있으며, 중앙은행은 계산된 인플레이션 전망치가 인플레이션 목표치에 수렴하도록 운용목표변수(단기 정책금리)를 조정한다. 그러므로 물가안정목표제에서는, "인플레이션이 공표된 장기목표치로 수렴할 것이라는 기대에 의해 경제의 명목지표가 제공"되며 정책금리는 궁극적으로 외생변수가 아니라 내생변수가 된다.[42]

또한 중앙은행의 인플레이션 전망치는 주어진 정책시계 동안 통화정책이 겨냥하는 사실상의 중간목표가 된다. 왜 그런가? 통화정책수단과 최종 정책목표 간에는 길고 가변적인 시차가 작용한다(〈Box 11-2〉 참조). 따라서 오늘의 통화정책 결정은 현재의 인플레이션이 아니라 미래 인플레이션에 영향을 미치게 된다. 그러므로 미래 인플레이션에 대한 전망이 중요해진다. 이 전망치가 공표된 목표수준을 벗어

41. 한국은행(2005), p.54.

42. 인플레이션 전망치에 반영된 '모든 관련 정보'에는 "[인플레이션과 산출 사이의] 트레이드오프에 관한 정책입안자의 선호" 관련 정보와 "통화정책의 전달경로에 관한 중앙은행의 시각" 관련 정보가 포함된다(Clinton *et al.* 2017, p.6). 본문 문단의 두 인용구는 Clinton *et al.*(2017)의 p.6과 p.4에서 각각 따왔다.

날 조짐이 보이면 중앙은행은 정책금리 목표수준을 조정하고 통화정책수단을 적절히 동원함으로써, 중장기에 걸쳐 인플레이션 전망치가 공표된 목표와 일치하도록 조치한다. 그러므로 다수 중앙은행의 통화정책 운영방식을 기준으로 보면, 스벤슨(L. Svensson)의 표현대로 물가안정목표제는 "인플레이션 전망치목표제(inflation forecast targeting)"에 해당한다.[43]

Box 11-2 시차의 문제와 선제적 통화정책

여러분은 한겨울에 다음과 같은 경험을 한 적이 있을 것이다.[1)] 외출하고 집에 들어와 방 안의 공기가 너무 차서 실내온도가 23°C가 되도록 보일러를 가동시켰다. 그리고 따뜻한 물에 샤워를 하고 나와 보니 여전히 방 안의 공기가 쌀쌀하게 느껴져 실내온도를 더욱 올려야겠다는 생각에 보일러 온도를 30°C에 맞추었다. 그리고는 이불을 덮고 깊은 잠에 빠져드는데, 새벽이 되면 반드시 잠에서 깬다. 그 이유는 추워서가 아니라, 너무 더워 온몸이 땀으로 젖었기 때문일 것이다.

마찬가지로 통화정책도 시행착오를 겪기 쉽다. 통화정책이 비록 그 효과가 강력하다고 할지라도, 통화량 변화가 최종 목표변수(인플레이션)에 영향을 미치기까지는 상당한 시간이 경과해야만 하고, 또 그 시간이 얼마나 될지 사전에 정확하게 예측하기 힘들다. 일반적으로 통화정책의 시차(time lag)는 길고 가변적이기 때문에, 어떤 조치를 언제 어떤 강도로 실시할 것인지를 정확하게 판단하기란 쉽지 않다.

예를 들어 불황기에 경기진작을 위해 통화량을 증가시키는 확장정책을 시행했다고 하자. 그러나 경제가 스스로 침체국면을 벗어난 이후에야 확장정책의 효과가 비로소 나타난다면, 경기는 오히려 과열 국면으로 치닫게 될 것이다. 즉, 시차를 고려하지 않은 정책은 경기를 안정시키기는커녕 경기변동을 증폭시키는 역효과를 가져올 수 있다는 것이다.

이와 같은 시차의 문제와 관련하여 최근에는 선제적 통화정책의 중요성이 크게 부각되고 있다. 일상적인 예를 하나 들어보자.[2)] 사람들은 자동차를 출근과 여행 등 여러 목적에 이용한다. 이때 자동차 주인이 평소에 자동차 관리에 전혀 무관심하고 있다가 문제가 발생하면 그때그때 고친다고 생각해 보자. 이것은 일종의 '사후 진화전략(putting out fires)'이다. 출근 도중에 엔진이 지나치게 과열되면 그때 엔진오일을 바꾸고, 여행 중에 타이어가 펑크나면 그때 바꾸어 끼우는 것이다. 하지만 합리적인 사람이라면 이런 방식을 취하지는 않을 것이다. 봄 · 가을로 엔진오일을 바꾸고, 여행을 떠나기 전에는 타이어를 점검하는 것이 정상적인 운전자의 행동이다. 즉, 예상되는 상황에 대비하여 사전에 필요한 조치들을 미리 취함으로써 자동차 사용에서 발생하는 돌발상황을 사전에 억제하고 편익을 극대화하려는 것이다.

통화정책의 운용도 마찬가지이다. 앞서 보았듯이 정책담당자는 경제모형을 가지고 바람직한 경제목표를 달성하고자 끊임없이 노력해야 한다. 여기서 경제모형은 중앙은행의 목표가 되는 경제지표와 상호 연관성을 갖는 내생변수 및 외생변수들이 어우러지도록 하여 경제의 원래 모습을 구조화한 것이다. 물론 어떤 경제모형도 불완전하며, 일부 계량경제학적 문제에 취약할 수 있

43. Svensson(2002), p.281.

다. 그러므로 예측치와 파라미터의 값이 불확실하고, 어떤 모형을 선택해야 할지도 잘 알 수 없다. 중앙은행은 이와 같은 경제모형의 불확실성을 극복하기 위해 특정 모형이나 특정 결과를 신봉하기보다는 다양한 모형들이 제시하는 결과들을 취합하여 직관적이면서도 균형 잡힌 판단을 해야 한다.

그런데 경제모형이 갖는 불확실성의 문제가 증폭되는 것은, 통화정책이 그것의 파급효과에 대한 명확한 분석 없이 그때그때 즉각적으로 결정되기 때문이다. 인플레이션을 눈앞에서 보고서야 긴축정책을 쓴다면 사후 진화식 정책집행이 되고 만다. 지금의 정책조치가 효과를 내는 데에는 길고 가변적 시차가 개입되기 때문이다. 당장 눈앞에 보이지는 않지만 앞으로 도래할지도 모르는 인플레이션의 위험을 여러 모형을 통해 일찌감치 평가하여 미리 대처하는 것이 선제적(preemptive 또는 proactive) 통화정책이다. 이처럼 선제적 통화정책에는 시차에 대한 사전적 고려가 필수적이다. 물론 선제적 통화정책도 경제모형의 불확실성 문제로부터 완전히 자유롭지는 못하다. 그러나 선제적 정책이 사후 진화적 정책에 비해 불확실성의 폐해를 줄일 수 있다는 점은 분명하다.

이러한 선제적 정책은 올바른 접근이긴 하지만 대중적으로 비판을 받기 쉽다. 예를 들어 중앙은행이 사전적 긴축정책으로 인플레이션을 미연에 방지하는 데 성공했다고 하자. 그럼에도 인플레이션의 기미가 보이지 않는데 불필요한 긴축정책을 수행했다는 비판이 쏟아질 수 있다. 마치 불의의 사고를 미연에 방지하기 위하여 4년이 넘게 사용한 타이어를 바꾸는데, 왜 멀쩡한 타이어를 교체하느냐고 비난하는 것과 일맥상통한다. 이와 같이 선제적 정책은 그 유용성에 비해 대중적으로 인기를 얻기 힘들다.

블라인더(A. Blinder)는 이와 같은 선제적 정책을 유연하고 보수적으로 운용할 것을 제안한다. 우선 바람직한 경제상태를 위해 어느 정도의 긴축 · 팽창이 필요한지를 측정하고, 그 추이를 지켜본 후 그것이 당초 예상했던 방향으로 진행되면 처음에 계획했던 대로 정책을 수행하고, 반대로 당초 예상이 빗나간다면 정책을 새롭게 수정하는 방식을 활용하자는 것이다. 중앙은행의 유연하고 보수적인 태도가 금융시장의 불안정성으로 인한 엄청난 피해를 막을 수 있다는 점을 고려하면, 선제적 정책의 가치는 더욱 강조되어야 할 것이다.

1) 이것은 블라인더(A. Blinder)가 소개한 "온도조절기의 비유(parable of the thermostat)"이다. 정운찬 · 김홍범 옮김(2003) 참조.

2) 이것도 블라인더(Blinder 1998)가 들었던 일례이다. 정운찬 · 김홍범 옮김(2003) 참조.

자료 : 정운찬 · 김홍범 옮김(2003).

물가안정목표제의 성패 여부는 인플레이션 전망의 정확성에 크게 좌우된다. 정확한 인플레이션 전망을 위해 중앙은행은 "정교하고 선진적인 통화정책의 하부구조"를 필요로 한다.[44] 이때 하부구조에는 중앙은행의 전문성과 발달된 금융시장이 포함된다. 중앙은행의 전문성은 인플레이션 전망을 위한 모형 및 각종 정보변수를 개발하고 활용하는 중앙은행의 능력을 의미한다. 금융시장은 단기금리 조정을 통해 통화정책 효과가 파급되는 경로에 해당하므로 중요하다.

44. 한국은행(2005), p.56.

표 11-4 물가안정목표제와 정책 신뢰성의 중요성

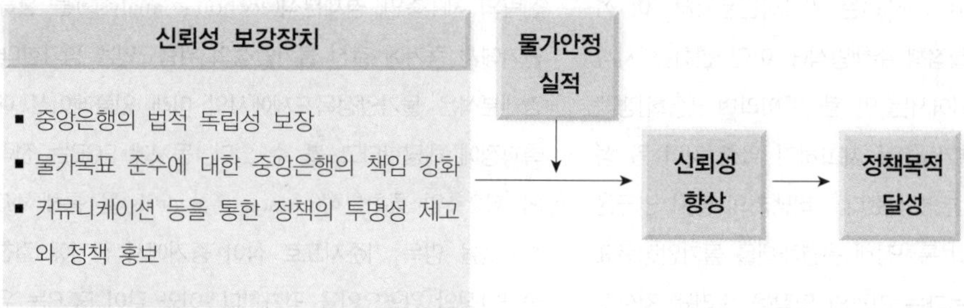

자료: 한국은행(2017b), p.50의 〈그림 3-1〉.

종합적으로, 물가안정목표제의 핵심은 중앙은행의 통화정책이 경제주체의 신뢰성을 확보하는 데 있다. 중앙은행의 독립성 · 책임성 · 투명성이 물가안정 실적으로 뒷받침될 때 통화정책에 대한 신뢰는 더욱 공고해지며, 제도는 성공하게 된다([표 11-4] 참조).

하지만 미국의 연방준비제도와 유럽연합의 유럽중앙은행(ECB)은 물가안정목표제를 공식적으로 채택하고 있지 않다. 〈Box 11-3〉은 이들의 통화정책 운영체제가 물가안정목표제와 각기 어떤 차이가 있는지 설명한다.

Box 11-3 연방준비제도와 유럽중앙은행의 통화정책 운영체제 : 물가안정목표제와 무엇이 다른가?

연방준비제도(Federal Reserve System)

글로벌 금융위기 이전에도 미국 연방준비제도는 "다양한 정보변수를 활용하여 미래의 인플레이션을 전망하고, 이에 대응하여 [연방자금금리의 조정을 통해] 선제적으로 통화정책 방향을 수립한다는 점에서 물가안정목표제와 유사"한 통화정책 운영체제를 갖고 있었지만,[1] 인플레이션 목표치를 공식적으로 제시하지 않았었다. 하지만 글로벌 금융위기 이후인 2012년 1월 연준은 "장기 목표 및 정책전략에 관한 [FOMC] 성명서"를 통해 처음으로 자신의 인플레이션 목표치를 2%로 공표했다.[2]

미국 연방준비법(Federal Reserve Act : Section 2A)은 물가안정 이외에 최대고용과 적절한 수준의 장기이자율을 통화정책의 목표로 규정함으로써, 물가안정 이외에 완전고용 등을 위해서도 통화정책을 운용해야 할 법적 의무를 연준에 부과한다. 또한 이와 같은 법률적 다중 책무가 물가안정목표제를 연준이 공식적으로 채택하지 않는 근거로 제시되기도 한다. 하지만 이것을 물가안정목표제가 될 수 없는 결정적 사유로 보기는 어렵다. 왜냐하면 물가안정목표제를 채택한 거의 모든 중앙은행들은 실제로 실물부문의 변동성까지 신축적으로 고려하여 제도를 운영하고 있기 때문이다.

그럼에도 2012년 FOMC 성명서 발표 당시 연준 의장이던 버냉키(B. Bernanke)는 기자회견문에서 "이 성명서가 연준의 통화정책 수행방식에 어떤 변화를 시사하는 것으로 해석되어서는 안 될 것"이라며 "[통화]정책의 투명성 및 예측가능성을 제고하기 위한 것이 동 성명서의 목적"임을 분명히 했다.[3] 버냉키의 당시 언급은 연준 스스로 자신의 통화정책 운영체제를 물가안정목표제로 간주하지 않는다는 기관의 입장을 드러낸 것으로 널리 인식된다. 이에 따라 연준은 2% 인플레이션을 목표치로 제시하고 있음에도, 물가안정목표제를 공식적으로 채택한 중앙은행으로 분류되지는 않고 있다.[4]

하지만 보다 실질적인 의미에서 미국이 2012년부터 특히 투명성 측면에서 "성숙한 신축적 물가안정목표제(full-fledged flexible inflation targeting)"를 운영 중인 6개 선도적 중앙은행 그룹에 속하는 것으로 최근 분류되고 있음은 주목할 만하다. 최근 클린턴 등의 연구에 따르면, "연준은 오랫동안 세련된 전망 및 정책분석 시스템(forecasting and policy analysis system)을 가동해 왔"을 뿐만 아니라, 2012년부터는 "명시적으로 2% 목표치를 공표"하는 점과 "경제전망요약에서 이자율전망치를 공개"하는 점에서 그렇게 분류된다는 것이다.[5]

유럽중앙은행(European Central Bank)

1999년 EMU의 성립과 함께 출범한 유럽중앙은행(ECB)은 물가안정을 통화정책의 주된 목적으로 한다. 이때 물가안정은 중기에 걸쳐 매년 "2% 미만의 인플레이션율을 2%에 근접한 수준에서 유지하는 것(to maintain inflation rates below but close to 2%)"으로 정의된다.[6] 그리고 물가안정을 훼손하지 않는 범위 내에서 높은 수준의 고용과 인플레이션을 유발하지 않는 지속 가능한 성장을 지원하는 것이 ECB 통화정책의 부차적 목적이다.

ECB는 물가안정에 대한 위험(risk)을 분석하기 위해 이른바 '안정지향적 통화정책 전략(stability-oriented monetary policy strategy)'을 활용한다. 이 전략은 두 개의 축(pillars)으로 구성된다. 우선 ECB는 통화정책 전략의 제1축인 경제분석(economic analysis)을 통해 단기에서 중기에 걸친 물가안정의 위협요인을 평가한다. 경제분석은 물가안정목표제에서의 미래 인플레이션 예측과정에 해당한다고 볼 수 있다. 동시에 ECB는 전략의 제2축인 통화분석(monetary analysis)을 통해 *M3* 증가율을 명목 기준지표로 삼아 중기에서 장기에 걸친 물가안정의 위협요인을 평가한다. 이와 같이 ECB는 유로지역의 광의통화량 지표인 *M3* 증가율의 준거치(reference value : 연 4.5%)에 특별한 지위를 부여해 오고 있다. ECB는 자신의 통화정책 운영체제가 인플레이션만을 목표변수로 삼는 '직접적 물가안정목표제(direct inflation targeting)'와는 차이가 난다는 사실을 분명히 밝히고 있다. 그러므로 ECB는 최종 목표인 인플레이션 이외에 중간목표인 *M3*까지 중시하는 독특한 유형의 통화정책 운영체제를 갖고 있는 것으로 해석할 수 있다.

ECB가 인플레이션율 이외에 *M3* 증가율까지 중시하는 이유는 무엇인가? 여기에 대해 ECB는 다음 네 가지 답을 제시한다. 우선, 인플레이션 전망치에만 초점을 맞추는 것은 물가안정에 대한 위협요인을 파악하기 위한 종합적이고 믿을 만한 방식은 되지 못한다. 인플레이션 전망치로 포착되는 것보다 더 근본적인 경제상황 및 행태를 분석해야 할 필요가 있다는 것이다. 둘째, 물가안정목표제가 전형적으로 고려하는 인플레이션 전망치의 시계(예를 들어 2년)는 너무 짧다. 왜냐하면, 통화정책방향을 결정할 때 금융불균형(financial imbalances)이나 자산가격 불균형(asset price misalignments)과 같이 장기 인플레이션에 영향을 줄 수 있는 요인도 고려해야 하기 때문이다. 셋째, *M3*와 같은 통화집계량(monetary aggregates)에 포함된 정보를 전통적 모델에 기초하는 인플레이션 전망치로 통합시키는 것은 곤란하다. 끝으로, 유로지역의 경제구조와 관련된 불확실성이 상당히 크다는 사실을 전제로 할 때, 불확실성을 단일 전망치에 의존하는 것은 현명하지 못한 일이다. 이는 다양한 방법론에 입각하여 다각적으로 자료와 정보를 분석하는 것이 더 낫다는 판단이다.

결국 ECB는 각 축의 분석내용을 서로 대조·확인함(cross-checking)으로써 물가안정 위험에 대한 건전한 판단이 가능하다고 본다. 그러나 이와 같은 ECB의 접근법에 대해서는 통화정책의 투명성이 떨어진다는 비판이 제기된다. 예를 들어 두 축의 분석내용이 서로 상반되거나 *M3* 증가율이 준거치를 벗어나는 경우 어떻게 통화정책을 결정하게 될지 불투명하다는 것이다.

1) 한국은행(2005), p.62.
2) 인플레이션 목표치 2%는 통화정책의 장기 목표 및 정책전략에 관하여 당시 FOMC 성명서가 밝힌 4개 원칙 중 하나였다. 각 원칙의 핵심 문장을 인용하면 다음과 같다:
   - "FOMC는 의회가 자신에게 부여한 법률적 책무—최대고용과 물가안정 및 적절한 장기금리 촉진—의 달성을 굳게 약정한다";
   - "FOMC는 자신의 통화정책 결정을 국민에게 가급적 명확하게 설명하기 위해 노력한다";
   - "개인소비지출 물가지수(price index for personal consumption expenditures)의 연간 변화율로 측정된 2% 인플레이션이 연준의 법률적 책무에 장기적으로 매우 부합하는 물가상승률이라는 것이 FOMC의 판단이다";
   - "[최대고용과 물가안정은] 일반적으로 보완적이[지만] ... [예외적으로] 그렇지 않은 상황으로 판단하는 경우, FOMC는 이들[두 가지 모두]을 촉진하기 위해 균형적으로 접근한다".
3) Bernanke(2012), p.1.
4) 한국은행은 이를 "미연준이 물가안정목표를 도입하였지만 물가안정을 단일목표로 하는 엄격한 의미에서의 물가안정목표제를 도입하였다고 보기는 어렵다"고 해석한다(한국은행 2012, p.74)
5) Clinton *et al.*(2017), pp.6 and 9. 한편, 6개 선도 중앙은행 그룹에는 뉴질랜드, 노르웨이, 스웨덴, 이스라엘, 체코공화국과 미국이 포함된다. 자세한 내용은 Clinton *et al.*(2017) 참조.
6) ECB(2004), p.51.

자료: 박진호(2005), 한국은행(2005 · 2012), ECB(2004), Federal Reserve(2012a · 2012b).

2.3.2.2 신축적 물가안정목표제[45]

물가안정목표제 하의 중앙은행이라고 해서 인플레이션 목표치의 달성만을 위해 통화정책을 결정하지는 않는다. 실제로 중앙은행은 경제성장이나 고용, 이자율, 또는 환율 등 다른 변수들에 대해서도 어느 정도 고려한다. 이러한 신축성(flexibility)을 강조하여 물가안정목표제를 "신축적(flexible)" 물가안정목표제라 부르기도 한다.[46] 신축적 물가안정목표제는 중앙은행이 산출갭과 실업갭 등 인플레이션 이외의 목표변수(target variables)를 안정화하는 데 가중치를 부여할 수 있음을 의미한다. 실제로 다수 중앙은행들이 정책금리의 목표수준을 가늠하기 위해 테일러 준칙류(類)의 시산법을 활용하고 있는 것으로 알려져 있다(〈Box 11-4〉 참조).

중앙은행이 공식적으로 인정하든 하지 않든, 오늘날 물가안정목표제를 시행하는 거의 모든 중앙은행은 성장이나 고용 등 실물경제의 변동을 감안하여 신축적으로 움직인다. 이때 그러한 사실을 명시적으로 밝히는 중앙은행도 있고 그렇지 않은

45. 이 소절은 Berg(2005)와 Clinton *et al.*(2017)에 주로 의존하였다.
46. Svensson(1997), p.5.

중앙은행도 있다. 그런데 일부 중앙은행은 그러한 사실을 명시적으로 밝히는 데에서 더 나아가 인플레이션, 산출, 또는 정책금리의 각 전망치를 공표하기도 한다. 구체적으로 뉴질랜드, 노르웨이, 스웨덴, 이스라엘, 체코공화국, 미국 등 6개 국가의 각 중앙은행은 자신의 인플레이션 전망치와 산출 전망치는 물론, 정책금리 전망치까지도 공표한다. 한편, 캐나다, 칠레, 콜롬비아, 헝가리, 한국, 페루, 터키 등 7개 국가의 각 중앙은행은 인플레이션 전망치와 산출 전망치까지는 공표하지만 정책금리 전망치를 공표하지는 않는다. 아마도 정책금리 전망치를 공표하면 시장이 이를 약정으로 오해할 위험이 있기 때문일 것이다. 하지만 클린턴(K. Clinton) 등은 정책금리 전망치 등의 완전한 공시가 통화정책 효과의 제고를 위해 바람직하다고 본다. 그런 의미에서 이들은 전자의 6개국 중앙은행이 "성숙한 신축적 물가안정목표제(full-fledged flexible inflation targeting)"를, 후자의 7개국 중앙은행이 "인플레이션 전망치목표제(inflation forecast targeting)"를 각각 운영하는 것으로 분류한다. 또한 이들은 인플레이션 타겟팅을 채택하되 전자와 후자 어디에도 속하지 않는 나머지 중앙은행을 단순히 "물가안정목표제"를 운영하는 것으로 분류한다. 큰 틀에서 물가안정목표제를 채택한 것으로 분류되는 중앙은행들이 이와 같이 투명성 수준에서 각기 제도 운영상 차이를 보이는 것은 부분적으로 중앙은행이 인플레이션 안정화와 산출 안정화 간 상충(trade-off)의 조정방식을 자신의 목적함수 또는 통화정책의 반응함수를 통해 체계화하기가 이론적으로나 현실적으로 그리 쉽지 않다는 사실과 관련이 있다.[47]

사실상 물가안정목표제의 신축성은 물가안정목표제에 대해 경제주체가 갖는 신뢰성에 기초한다. 인플레이션은 순간적으로 통제될 수 있는 것이 아니므로 물가안정목표제를 실시하는 중앙은행은 특정 정책시계(policy horizon)를 정하여 그 시계 동안 인플레이션 전망치가 목표치와 일치하도록 하는 데 초점을 맞추어 인플레이션 목표를 추구한다. 그런데 이 과정에서 전망치가 목표치를 잠시 초과했다고 해서 반드시 정책 신뢰성이 상실되는 것은 아니다. 이런 경우 통화정책에 대한 경제주체들의 신뢰가 높게 유지된다면, 중앙은행은 이자율을 조금만 올리면 된다. 약간의 이자율 조정에도 가계와 기업은 선제적으로 자신의 계획을 수정할 것이기 때문

47. 여기에 대한 자세한 내용은 Berg(2005)와 Clinton *et al.*(2017)을 참고하기 바란다.

이다. 결국 물가안정목표제 아래에서는 중앙은행의 신축성과 통화정책에 대한 경제주체의 신뢰 덕분에 산출비용을 작게 치르면서도 물가안정이 가능해진다.

한편 중앙은행이 물가안정목표제를 신축적으로 운용함에도 경제주체들이 정책에 대해 신뢰를 보내는 이유는 무엇인가? 그것은 인플레이션 목표를 가진 중앙은행들의 신축적 행동이 물가안정의 측면에서도 정당화되기 때문이다. 산출갭은 미래 인플레이션에 핵심적으로 중요하다. 이자율이 산출갭에 영향을 미치기까지는 시차가 존재한다. 또한 산출갭이 인플레에 영향을 미치는 데에도 시차가 존재한다. 그러므로 중앙은행은 이와 같은 시차를 모두 고려하여 선제적으로 정책이자율을 조정해야 향후 실물경제의 안정화를 통해 미래 인플레이션을 목표수준에서 안정시킬 수 있다.

한편 유가의 급상승과 같은 음의 공급 충격은 수요 충격과는 달리 스태그플레이션을 가져온다. 이런 상황에서 인플레이션을 목표수준으로 회복시키려고 하면 산출이 지나치게 위축될 수 있다. 이런 경우 중앙은행은 산출안정화에 대해 평상시보다 더 큰 가중치를 부여할 수 있을 것이다.

Box 11-4 신축적 물가안정목표제와 테일러 준칙(Taylor Rule)

물가안정목표제 하의 중앙은행들은 국내외 거시금융 동향을 점검하고 거시계량모형을 이용하여 여러 정책조치의 가능한 거시경제적 영향을 추정하며, 여러 정보변수를 활용하여 인플레이션 압력을 측정한다. 또한 국민경제가 경기변동의 어떤 국면에 와 있는지, 언제 국면이 전환될지 등에 대해서도 각종 기법을 활용하여 분석한다. 중앙은행은 이와 같이 다양한 접근과 분석을 모두 활용하는 "총체적 접근방식(look-at-everything approach)"과 물가안정뿐만 아니라 금융안정과 산출변동성까지 고려하는 "절충적 접근방식(eclectic approach)"을 통하여 통화정책 운용목표의 적절한 수준을 모색한다.[1]

이때 대부분의 중앙은행은 '금리 중시' 통화정책을 수행한다.[2] 여기서 금리를 중시한다는 것은 단기 정책금리를 운용목표로 삼는다는 뜻이다. 이때 정책금리의 목표수준은 어떻게 정하게 될까? 중앙은행이 단기 정책금리의 목표수준을 판단하고자 할 때 참고할 수 있는 간단한 공식이 테일러 준칙이다. 이 준칙에 따르면 정책금리의 목표수준은 다음과 같이 계산된다(각 변수값의 단위는 모두 %).[3]

목표 명목 정책금리 = 균형 명목 정책금리(실제 인플레이션율 + 균형 실질 정책금리)
+ α · 산출갭 + β · 인플레이션갭

이 준칙은 실제 실질GDP와 실제 인플레이션이 각각 기준치(즉, 잠재 실질GDP와 인플레이션 목표)를 벗어나면 정책금리 조정이 필요하다는 사실을 말해 준다. 이때 산출갭이 공식에 포함된 것은 앞서 논의한 대로 물

가안정목표제가 신축적으로 운용됨을 의미한다. 테일러(J. Taylor)는 미국 경제에 대해 2%의 균형 실질 정책금리, 2%의 목표 인플레이션율, 그리고 $\alpha = \beta = 0.5$를 각각 가정하여 계산한 결과, 준칙에 의한 정책금리가 미국의 통화정책을 잘 설명해 주는 한편 명목 정책금리의 결정에 적절한 가이드가 된다는 사실을 확인할 수 있었다. 물론 다른 나라에서도 균형 실질 정책금리, 목표 인플레이션율, α와 β의 값을 나름대로 적절히 가정하여 목표 명목 정책금리를 계산할 수 있을 것이다.

테일러 준칙에 대해서는 여러 가지 해석이 가능하겠지만, 엄밀한 공식이라기보다 정책금리의 바람직한 변화 방향(또는 폭)을 판단하는 데 지침이 되는 일종의 시산법(rule of thumb) 정도로 보는 것이 무난하다. 한국은행도 통화정책 결정과정에서 내부적으로 테일러 준칙과 유사한 공식을 활용하는 것으로 알려져 있다.

1) 한국은행(2005), p.84~85.
2) 물가안정목표제를 채택하지 않은 연준과 유럽중앙은행도 각기 정책금리를 운용목표로 하는 금리 중시 통화정책을 운용하고 있다.
3) 단, α, β는 양의 상수이고, 산출갭과 인플레이션갭은 각각 다음과 같이 계산된다.
산출갭 ≡ [(실제 실질GDP − 잠재 실질GDP) ÷ 잠재 실질GDP] × 100
인플레이션갭 ≡ 실제 인플레이션율 − 목표 인플레이션율.

자료: 한국은행(2005), Mishkin(2004), Taylor(1999).

2.3.2.3 물가안정목표제의 경험적 성과[48]

2007년 원자재 가격이 급등하고 글로벌 금융위기가 발생하기 이전의 약 20년 동안은 세계적으로 대완화기(Great Moderation)라고 부를 정도로 인플레이션의 위협이 상대적으로 잦아들었고 경제성장도 비교적 순조로웠다. 따라서 대체로 글로벌 금융위기 이전까지는 물가안정목표제의 성과를 경험적으로 검증하기에는 한계가 있었다.[49] 하지만 2000년대 중반 몇몇 연구는 물가안정목표제의 경험적 성과에 대해 잠정적이나마 긍정적 결과를 제시했다.

예를 들어 버그(C. Berg)는 다양한 기존 연구결과를 종합 검토하여 물가안정목표제의 경험적 성과를 다음과 같이 정리한 바 있다. 우선, 물가안정목표제를 도입한 나라들은 그 이전에 비해 평균적으로 인플레이션율이 낮아졌으며, 그 감소폭은 물가안정목표제를 도입하지 않은 나라들의 경우보다 더 컸다. 그리고 그러한 제도 도입 후 인플레이션 감소 효과는 선진국보다는 신흥시장국에서 더 큰 것으로 나타났다. 둘째, 물가안정목표제를 도입한 후 인플레이션의 관성이 줄어든 것으로 나타

48. 이 소절은 Berg(2005)와 Cecchetti(2011), IMF(2005), Reichlin and Baldwin(2013) 그리고 Roger(2009)에 주로 의존하였다.
49. Eichengreen *et al.*(2011) 참조.

났다. 이는 인플레이션 기대가 줄었기 때문이다. 물가안정목표제를 채택한 나라들에서는 그렇지 않은 나라들에 비해 인플레이션 기대의 감소폭이 컸다. 또한 후자에서는 인플레이션 기대와 그 이전의 인플레이션 사이에 상관관계가 있었으나 전자에서는 그렇지 않았다. 이러한 증거들은 물가안정목표제의 채택이 물가안정의 실현가능성에 대한 경제주체의 믿음을 강화시킴으로써 인플레이션 기대를 인플레이션 목표수준으로 고정시키는 데 기여한다는 사실을 보여준다. 셋째, 물가안정목표제 도입 이후 인플레이션의 수준뿐만 아니라 변동성도 낮아졌다. 넷째, 이와 같이 인플레이션 기대와 인플레이션의 수준 및 변동성이 다 같이 줄었지만, 이러한 변화가 실질GDP 증가율의 감소나 실질GDP 변동성의 증가를 가져왔다는 증거는 없다. 특히 신흥시장국의 경우에는 실질GDP 증가율이 더 커졌다.

또한 IMF의 2005년 연구도 신흥시장국 가운데 물가안정목표제를 채택한 나라들의 실제 인플레이션, 인플레이션 기대, 그리고 인플레이션 변동성이 그렇지 않은 나라들에 비해 모두 더 낮고, 산출에 대한 부작용도 없으며, 이자율과 환율이 안정적이라는 결론을 내린 바 있다. 결국 2000년대 중반 즈음에는 물가안정목표제가 "성장이나 고용의 변동성을 초래하지 않으면서도 낮은 인플레이션에 대한 신뢰와 낮은 인플레이션 기대를 확립한 … 제도"로 조심스럽게 간주되었다.[50]

물가안정목표제의 성과에 대한 2000년대 중반의 긍정적 인식은 이후 글로벌 금융위기와 같은 주요 충격을 겪으면서 더욱 강화되었다. 예를 들어, 2007년 이후 원자재 가격이 급등했고 금융위기가 본격화한 이후 위기 수습을 위해 거액의 유동성이 공급되었음에도 최근까지 인플레이션은 세계적으로 비교적 낮고 안정적으로 유지된 것은 물가안정목표제 덕분에 인플레이션 기대가 안정적으로 유지되었기 때문이라는 것이 체케티(S. Cecchetti)의 시각이다. 한편 로저(S. Roger)도 물가안정목표제를 시행 중인 나라들이 그렇지 않은 나라들에 비해 글로벌 금융위기에도 상대적으로 양호한 거시경제적 성과를 보였다고 보고하고 있다.[51]

최근 물가안정목표제를 보는 경제학자 14인의 시각을 담은 단행본의 서문에서 편저자인 라이클린(L. Reichlin)과 볼드윈(R. Baldwin)은 다음과 같은 결론을 제시한

50. Berg(2005), p.42.

51 Roger(2009) 참조.

다 :[52] "물가안정목표제는 건재하며, 다른 어느 때보다도 지금 더욱더 필요하다. 이는, 선진국이 과중한 부채로 병든 경제에 대처하는 동안 인플레이션 기대가 내내 고정되어야 할 필요가 있기 때문이다." 또한 글로벌 위기 이전 "다수의 중앙은행이 다른 통화정책 운영체제의 실패로 인한 실용적 대응책으로 물가안정목표제를 채택했다"는[53] 점, 글로벌 위기 이후에도 물가안정목표제를 포기한 국가가 없는 가운데 일본과 인도 등 신규 도입국이 꾸준히 늘고 있는 점 등을 감안한다면, 물가안정목표제는 글로벌 금융위기 이후 성공적인 통화정책 운영체제로서 더욱 확고한 입지를 다진 것으로 보인다. 이는 물가안정목표제에 비해 이론과 실제에서 더 나을 것으로 널리 기대되는 통화정책 운영체제의 대안은 아직 없다는 사실을 반영한다. 이 책에서도 곧 다루겠지만, 일각에서 현행 물가안정목표제의 대안으로 제안하는 명목GDP 목표제나 물가수준목표제가 폭넓은 지지를 받고 있다고 보기는 어렵다.

2.3.2.4 글로벌 금융위기와 물가안정목표제의 운용

방금 살펴본 대로 글로벌 금융위기에도 물가안정목표제 도입국의 거시경제적 성과는 비도입국에 비해 양호한 상태를 유지했다. 하지만 글로벌 금융위기를 거치면서 각국 중앙은행의 물가안정목표제 운용에서 새롭게 고려해야 할 몇 가지 점들이 드러났다.[54]

우선, 중앙은행은 통화정책의 수행에서 물가안정 이외에 금융안정도 중요하게 고려해야 한다는 점이다.[55] 글로벌 금융위기 이전 여러 해 동안 물가안정은 대체로 유지되었지만 저금리정책에 따른 신용팽창과 자산가격 버블이 지속적으로 진행되었다. 이와 같은 금융불균형(financial imbalances)의 누적에는 저금리정책 말고도, 대완화기 동안 순조로운 경제상황의 지속으로 시장참가자들의 위험감각이 무뎌진

52. Reichlin and Baldwin(2013), p.29.

53. 인용문은 Jahan(2017)에서 따왔다. 영국을 일례로 들면, 영란은행은 1992년 물가안정목표제로 이행하기 이전인 1970년대 후반에서 1990년대 초의 기간 동안 통화량목표제와 환율목표제를 차례로 시도했으나 모두 실패했다(Walker 2015).

54. 이 과제들은 물가안정목표제에만 적용되는 문제라기보다는 어떤 통화정책 운영체제를 선택하든 중앙은행이 통화정책 수립 시 일반적으로 중요하게 개선해야 할 문제들이다. 다만 이 소절에서는 설명의 편의상 우리나라를 포함한 대부분의 선진국 또는 신흥국이 공식·비공식적으로 가동 중인 물가안정목표제를 염두에 두고 설명하기로 한다.

55. Cecchetti(2011), Mishkin(2011)과 Roger(2009) 참조.

점과, LTCM 붕괴 시 연준이 보여준 그린스펀 풋(Greenspan put)에 대한 투자자들의 믿음—다시 말해, 어떤 이유로 자산가격이 폭락하면 연준이 즉각 시장에 개입하여 안정화시킴으로써 자산가격을 떠받쳐줄 것이라 기대하는 투자자들의 도덕적 해이—이 확산된 점도 작용했다(그린스펀 풋에 대해서는 〈Box 11-5〉 참조).[56] 결국 물가 및 산출이 안정된 상황에서도 금융불균형의 누적이 시스템리스크의 증대를 통해 궁극적으로 글로벌 금융위기를 초래한 것이다. 이는 통화정책이 금융안정을 고려하지 않으면 중장기적으로 물가안정을 유지하기 곤란하다는 사실을 시사한다.[57] 또한 금융부문의 영향이 산출 및 물가지표에 반영되기까지는 시간이 걸리므로 이와 같은 간접적 고려는 선제적일 수 없다.[58]

Box 11-5 자산가격 버블 : 대응 vs. 청소 논쟁(The Lean vs. Clean Debate)의 경과

자산가격 버블에 대한 대응 여부를 둘러싼 논란은 그린스펀 시절로 거슬러 올라간다. 그린스펀은 자산버블을 인위적으로 터뜨려 '대응(Lean)'하기보다는 저절로 터진 직후 통화당국이 개입하여 버블 파열의 잔재를 '청소(Clean ; Mop up after)'하는 것이 낫다는 그린스펀 독트린(Greenspan Doctrine)을 주장했었다. 이때 논쟁에서 초점이 되는 '대응'의 의미를 정확히 이해해야 한다. 예를 들어, 테일러 준칙에 따르면 산출갭과 인플레이션갭에 따라 정책금리가 반응하도록 되어 있다. 자산버블이 산출과 인플레이션에 반영되는 한 일반적으로 통화정책은 자산버블에 반응하는 셈이다. 따라서 '대응 vs. 청소 논쟁'에서 '대응 여부'란 "인플레이션 및 고용을 안정화하려는 목표의 관점에서 요구되는 반응을 넘어 추가적으로 반응해야 할지 여부"를 의미한다.[1)]

주로 BIS를 주축으로 한 대응론자들은 1990년대부터 추가적 반응의 필요성을 역설했었다. 이들은 주식·부동산 버블을 방치하여 장기불황을 겪는 일본의 사례를 들며, 버블이 제어 가능한 상태에 있을 때 이자율을 올려 버블의 성장을 늦추거나 터뜨려야 한다고 주장했다. 이에 반해 그린스펀의 연준은 일본의 장기불황은 버블이 터진 이후의 정책에 문제가 있었기 때문이라며, 다음과 같은 여러 이유를 들어 인위적 대응에 반대했다:[2)]

- **버블 식별의 곤란성** : 버블인지 아닌지 여부를 사전적으로는 식별하기 곤란;

---

56. "금융혼란이 발생하면 이자율을 내리지만 불리한 충격이 반전되어도 이자율을 올리지 않는" 그린스펀 연준의 비대칭적 통화정책은 "연방자금금리 인하가 제공한 보험을 제거하지 않"음으로써 투자자들의 도덕적 해이를 부추겼다(Mishkin 2011, p.38, fn.32).
57. 과거에도 "금융부문 변화가 초과수요 및 인플레이션 전망에 영향을 주는 한" 통화정책은 금융안정을 간접적으로 고려해 왔다고도 볼 수 있겠으나, "물가안정목표제를 운영 중인 대부분 중앙은행의 분석체계가 거시-금융 상호작용(macro-financial interactions)에 관하여 심각한 결함을 갖고 있다"는 현실적 문제가 있다(Roger 2009, p.26).
58. Aydin and Volcan(2011) 참조.

- **이자율 인상의 무력성** : 자산버블이 진행되는 경우 투자자들은 어차피 높은 수익률을 기대할 것이기 때문에 이자율 인상에 의해 버블 억제효과를 기대하기는 곤란 ;
- **통화정책의 비선택성** : 버블은 모든 자산이 아니라 일부 자산에서 진행되는데, 통화정책은 모든 자산가격에 비선택적으로 영향을 주는 무딘 수단(blunt instrument)으로 작용 ;
- **인위적 버블 파열의 위험성** : 이자율 인상에 의해 인위적으로 버블을 파열시키는 경우 심각한 경기침체가 오게 될 위험성.

이와 같은 대응 vs. 청소 논쟁은 2007년 글로벌 금융위기가 발생할 때까지도 미결상태로 놓여 있었다. 위기를 겪은 지금, 미쉬킨(F. Mishkin)은 자산가격 버블의 유형을 다음 두 가지로 구분하여 논의함으로써 해결의 실마리를 제시한다 :[3)]

- **"신용버블**(credit-driven bubble)" : 이번 글로벌 금융위기가 이 유형에 해당하며, 그 전개과정은 다음과 같이 요약됨 : ① "경제전망에 대한 탐욕적 기대 또는 금융시장의 구조변화"에 의해 신용붐이 조성됨 ; ② 일부 자산에 대한 수요 증가-가격 상승-추가대출의 "피드백 고리(feedback loop)"를 통해 버블이 생성되고 팽창함 ; ③ 한껏 팽창한 버블의 파열 ; ④ 버블 파열로 인한 "자산가격 급락으로 피드백 고리의 역전이 초래되고 … 이에 따른 대손 증가와 자산가격 하락으로 금융기관의 대차대조표가 훼손"됨 ; ⑤ 나아가 신용경색, 경기침체, 그리고 금융시스템의 붕괴상황이 초래될 수 있음.
- **"비합리적 탐욕버블**(irrational exuberance bubble)" : 1990년대의 IT버블이 이 유형에 해당하며, 지나치게 낙관적 기대에 의해서만 생성·팽창되고 피드백 고리가 작용하지 않으므로 버블 파열 시에도 신용버블에서 볼 수 있는 거시경제적 비용이나 시스템리스크는 수반되지 않음.

미쉬킨의 이러한 버블 구분에 따르면, 비합리적 탐욕 버블에 대한 대응은 몰라도 신용버블에 대한 사전적 대응은 꼭 필요하다. 이번 글로벌 금융위기에서 봤듯이 신용버블의 파열은 엄청난 청소비용을 수반하기 때문이다. 다행스런 사실은, 신용버블은 그 팽창과정에서 식별이 상대적으로 용이하다는 점이다. 미쉬킨의 지적대로 신용버블의 진행에 수반되는 여러 현상들—대출기준의 완화, 리스크스프레드의 축소, 그리고 신용량의 급증 등—은 가시적이기 때문이다.

1) Mishkin(2011), pp.17~18.
2) Mishkin(2011).
3) Mishkin(2011), pp.39~40.

자료 : Mishkin(2011).

중앙은행이 물가안정목표제 운영에서 고려해야 할 두 번째 사항은 일시적 환율변동을 안정화하기 위한 단기적 시장개입(smoothing operation)이 통화정책의 성과에 도움이 된다는 점이다.[59] 기존 물가안정목표제에서 중앙은행은 적어도 겉으로는 환율개입에 소극적 접근(benign approach)—"환율변동에 직접 반응하지 말고 그러한 환율변동이 인플레이션 및 산출 전망에 영향을 주는 만큼에 대해서만 반응해야

59. Eichengreen *et al.*(2011)과 Roger(2009) 참조.

한" 다는 접근—을 취해 왔다.[60] 하지만 실제로는 1997～1998년 동아시아 금융위기를 직·간접으로 경험한 다수 신흥국들은 위기 시 환율불안정이 초래할 실물경제적 충격에 대한 두려움으로 지난 10여 년간 대외준비자산을 두드러지게 축적해 왔다. 그리고 이번 글로벌 금융위기에서도 신흥국 실물경제에 환율불안정은 커다란 위협이었다. 다만, 체케티(S. Cecchetti)는 신흥국들의 달러준비자산 축적이 어느덧 "예비적 준비자산 스톡"이 아니라 "환율하락 압력(appreciation pressures)에 저항하는 환율체제"를 반영하는 측면이 있음을 지적한다.[61] 이런 경우 중앙은행의 물가안정 의지는 그리 신뢰받을 만하지 않다는 것이다.

물가안정목표제 운영에서 고려해야 할 세 번째 사항은 개별 국가의 통화정책이 갖는 국제적 전이효과(cross-border spillovers)이다.[62] 특히 대국 경제가 양적완화와 같은 비전통적 통화정책을 구사하는 경우, 또는 변동환율제 하의 주요 선진국과 고정환율제 하의 중국과 같이 국가 간 환율제도가 상이한 경우 통화정책의 전이효과가 커지게 된다. 이런 맥락에서 아이켄그린(B. Eichengreen) 등은 각국 중앙은행이 통화정책의 수행에서 국제적 전이효과를 고려할 필요성을 역설하면서 이 이슈를 다루기 위한 국제통화정책위원회(International Monetary Policy Committee)의 발족을 촉구한다.

2.3.2.5 금융안정을 감안한 통화정책 운용방안

지금까지 살펴본 대로 물가안정목표제는 이론적으로 짜임새 있는 구조를 갖추고 있다. 또한 경험적으로도 물가안정목표제는 좋은 성과를 내고 있다. 글로벌 금융위기 이전은 물론, 위기 발발로 금융시스템의 붕괴가 우려되던 긴박했던 순간부터 상황이 어느 정도 수습된 지금까지의 수년 동안에도 그러했다. 그럼에도 "주요 중앙은행이 물가안정에만 주력한 나머지 자산가격 버블에 적절히 대응하지 못한 결과 이번 글로벌 금융위기가 초래되었" 다는 비판론이 제기되고 있는 것도 사실이다.[63] 하지만 이러한 시각은 물가안정목표제의 결함을 지적한 것이라기보다는 통화정책이

60. Roger(2009), p.25.
61. Cecchetti(2011), p.3.
62. Eichengreen *et al.*(2011) 참조.
63. 김병기 · 송승주(2010), p.1.

물가안정뿐만 아니라 금융안정까지 고려했어야 한다는 지적으로 보는 것이 정확할 것이다.

그렇다면 통화정책이 물가안정과 함께 금융안정까지 고려하기 위해서는 어떻게 해야 할까?[64] 첫째, 통화정책 시계를 현재 대부분의 중앙은행이 설정한 2년보다 길게 늘리는 방법이다. 금융불균형의 누적에는 긴 기간이 소요되는 것이 보통이다. 그러므로 인플레이션 위험을 단기가 아닌 중장기적 관점에서 감안하려면 현행보다 긴 정책시계가 필요해진다. 통화정책 시계가 길어지면 "금융사이클의 팽창국면과 수축국면에 대해 좀더 대칭적인 통화정책 반응"이 가능할 것이다.[65]

둘째, 물가안정목표제에 적절한 금융안정지표를 포함시키는 방법이다.[66] 이렇게 하면 중앙은행의 통화정책이 금융부문의 변화에 직접 반응하는 것이 가능해진다.

이 밖에도 물가안정목표제를 물가수준목표제나 명목GDP목표제로 전환하는 방안과 인플레이션 목표를 약간 상향 조정하는 방안, 그리고 마이너스 금리와 헬리콥터 머니 등과 같은 비전통적인 통화정책 조치에 대해서도 최근 일부 국가에서 실행 중이거나 실행 가능성이 논의된다. 이들 방안은 금융안정에도 관련되지만 궁극적으로는 작금의 대침체를 벗어나 거시경제를 하루빨리 안정화하기 위한 조치들이다. 물가수준목표제와 명목GDP목표제에 대해서는 다음 소절에서, 나머지 방안들에 대해서는 이 책의 제12장에서 각각 학습하기로 한다.

2.3.3 통화정책 운영체제 대안의 모색

글로벌 금융위기 이후에는 현행 통화정책 운영체제인 물가안정목표제의 대안으로 물가수준목표제와 명목GDP 증가율 목표제가 꾸준히 거론되어 왔다. 이는 대침체의 탈피 또는 거시경제 안정화를 효과적으로 달성하기 위해서는 현행 통화정책 운영체제 자체를 바꿔야 한다는 시각을 반영한다. 이들 두 가지 대안을 각각 검토하기로 한다.

---

64. Cecchetti(2011), Mishkin(2011)과 Roger(2009) 참조.

65. White(2006a), p.1.

66. 예를 들어, Aydin and Volkan(2011) 참조.

그림 11-1

물가수준목표제(PLT)와 물가안정목표제(IT)의 비교

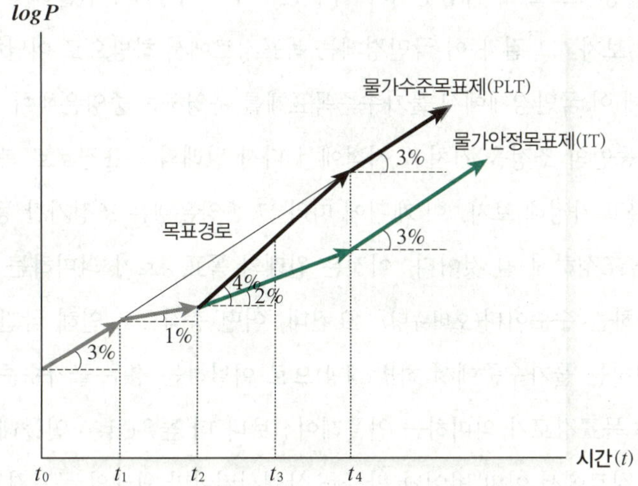

자료 : 한국은행(2015), p.90의 〈그림 II-2〉의 하단 그림을 기초로, 일부 가정을 변경하여 작성.

2.3.3.1 물가수준목표제[67]

물가수준목표제(price level targeting)란 사전에 정해둔 특정 물가상승률, 즉 인플레이션의 특정 수준을 목표로 하는 물가안정목표제(inflation targeting) 대신 사전에 정해둔 특정 물가경로를 목표로 물가안정을 도모하는 통화정책 운영체제의 한 가지 대안이다. 예를 들어, "음의 수요충격으로 물가수준이 하락한 경우 [중앙은행이] … 이를 다시 목표경로로 올려놓기 … [위해서는] 인플레이션이 물가수준 목표경로에 내재된 장기 인플레이션 목표를 단기적으로 초과할" 필요가 생긴다.[68] 이는 곧 인플레이션의 언더슈팅(오버슈팅)이 발생하는 경우 물가수준을 다시 원래의 목표경로에 올려(내려)놓기 위해 중앙은행이 정책적으로 인플레이션의 오버슈팅(언더슈팅)을 조성하게 됨을 의미한다. 이러한 점을 그림으로 자세히 살펴보자.

〈그림 11-1〉은 물가수준목표제에서 시간경과에 따른 물가수준의 목표경로를 3%로 설정하고 있는 한 국민경제의 모습을 보여준다. 그림의 가로축은 시간 t를, 세로축은 물가수준(의 자연로그값) $logP$를 각각 표시한다. 그러므로 그림에 그려진 곡

67. 이 소절은 부분적으로 한국은행(2015)을 참조했다.

68. Mishkin(2011), pp.34~35.

선의 기울기는 인플레이션을 의미한다.[69] 이제 그림에서와 같이 t_1 시점에서 발생한 어떤 거시경제적 충격으로 이 국민경제가 이후 t_2 시점에서 1%의 인플레이션을 경험한다고 가정해 보자. 그 결과 이 국민경제는 목표경로에서 하방으로 이탈하게 된다(언더슈팅). 이제 이 국민경제에서 물가수준목표제를 운영하는 중앙은행이 예를 들어 두 단위기간 동안의 조정을 거쳐 t_4 시점에서 다시 원래의 목표경로로 복귀하려는 계획을 세운다고 가정해 보자. 이 계획에 따라 그 중앙은행은 조정기간 동안 4%의 인플레이션을 조성하게 될 것이다. 이것은 원래의 목표경로가 의미하는 인플레이션 3%를 초과하는 수준이다(오버슈팅). 요컨대, 어떤 충격으로 인해 국민경제가 목표경로가 의미하는 물가수준에서 하방(상방)으로 이탈하는 경우 물가수준목표제하의 중앙은행은 목표경로가 의미하는 인플레이션보다 더 높은(낮은) 인플레이션을 발생시킴으로써 경로에서 이미 벗어난 만큼을 상쇄시켜야만 원래의 목표경로로 다시 복귀할 수 있다.[70] 그러므로 국민의 신뢰를 받는 중앙은행이라면 물가수준목표제의 운영을 통해 적어도 장기적으로는 물가수준의 불확실성을 제거할 수 있다.

한편, 이 중앙은행이 물가수준목표제가 아닌 물가안정목표제를 운영한다면 동일한 충격에 의해 어떤 상황이 전개될 것인가? 중앙은행은 조정기간을 설정하고 실제 인플레이션과 목표 인플레이션의 격차를 점차 좁히고자 할 것이다. 앞서와 마찬가지로 두 단위기간 동안의 조정을 거친 후 t_4 시점에 목표 인플레이션 3%를 회복한다는 계획을 세운다고 가정해 보자. 그림은 이 중앙은행이 조정기간 중 예컨대 2%의 인플레이션을 조성하기로 결정하는 경우의 물가수준 궤적을 보여준다. 이는 충격으로 국민경제가 목표경로를 일단 벗어나면 다시는 그 원래의 경로로는 영영 복귀하지 않게 됨을 뜻한다. 결국, 물가안정목표제에서는 목표경로가 의미하는 물가수준 자체가 아닌 인플레이션의 목표수준이 중요하므로 장기적으로도 물가수준의 불확실성이 제거될 수 없다.

신뢰받는 중앙은행이라면 물가수준목표제를 통해 물가수준의 불확실성을 장기적으로 제거할 수 있다는 것이 물가안정목표제에는 없는 중요한 장점이며, 이는 궁극적으로 경기안정화에 도움이 된다. 왜 그런가? 거시경제적 충격으로 인플레이션

69. 이는 수학적으로 [$dlogP/dt = (dP/dt)/P$ = 인플레이션]이 성립하기 때문이다.

70. 2020년 8월에 미국 연방준비제도가 도입한 평균물가목표제(AIT : average inflation targeting)도 이러한 측면에서 물가수준목표제와 유사한 성격을 갖는다.

의 언더슈팅(오버슈팅)이 발생하더라도 물가수준목표제에서의 중앙은행은 이를 인플레이션 오버슈팅(언더슈팅)으로 반드시 상쇄시켜 준다는 것을 경제주체들이 평소 잘 알고 있기 때문이다. 그러므로 경제주체들의 인플레이션 기대는 여건에 맞춰 스스로 유연하게 조정된다. 이와 같이 "경기침체 이후 인플레이션[이] … 더 높아지리라는 전망은 현재의 경제활동을 지지하는 데에 도움"이 된다. 이는 물가수준목표제가 자동안정화 장치(automatic stabilizer)로 작용한다는 점을 시사한다.[71]

글로벌 금융위기 발생 직후 찾아온 대침체와 그 이후의 더디고 지난했던 경기회복으로, 물가안정목표제를 운영 중인 다수 국가에서는 실제 인플레이션이 목표 인플레이션을 대부분 하회해 왔다. 그런 덕분에 물가수준목표제의 장점은 최근 크게 부각되었다. 만약 통화정책 운영체제를 물가수준목표제로 전환한다면 실제 인플레이션의 언더슈팅을 상쇄하기 위한 중앙은행의 오버슈팅 조치가 반드시 수반될 것이므로 경제주체의 기대인플레이션은 당장 크게 상승할 것이다. 기대인플레이션이 상승하면 실질이자율의 하락으로 경제활동이 진작되고 물가가 안정화된다. 이와 같이 물가수준목표는 기대인플레이션을 자극하여 거시경제 안정화에 기여한다. 바로 이런 점에서 명목이자율이 영(0)의 하한(zero lower bound)에 도달한 극단적 상황에서도 물가수준목표제는 물가안정목표제에 비해 더 효과적일 수 있다.

그렇지만 이와 같은 논리적 장점이 있음에도, 과연 물가수준목표제가 현실에서 순조롭게 작동할지에 대한 경험적 증거는 거의 없다는 것이 한계로 지적된다. 또한 물가안정목표제에서는 인플레이션 목표가 불변인 데 반해 물가수준목표제에서는 인플레이션 목표가 수시로 변하게 되는데, 이러한 점을 대외적으로 설명하기가 그리 쉽지 않다는 단점도 있다. 물가수준목표제의 순조로운 작동에 중앙은행에 대한 높은 신뢰의 유지가 필수적이라는 사실을 감안할 때 이러한 단점은 치명적일 수 있다.

한편, 2020년 8월 미 연준(Fed)이 평균물가목표제(AIT : Average Inflation Targeting)를 도입하면서 금융시장의 관심을 끌었다. 기존의 물가안정목표제(IT)는 현재 혹은 미래 일정 시기의 인플레이션이 목표수준에 도달하도록 경제를 운용한다. 반면, 평균물가목표제는 현재뿐만 아니라 과거를 포함한 상당 기간 동안의 인플레이션 값들의 평균을 특정 수준에 맞추는 것을 목표로 삼는다. 평균물가목표제

---

71. IMF(2013), p.9, Box 1.

의 도입은, 당시의 인플레이션이 목표 수준인 2%에 상당히 미달하였던 것을 고려하여 이후로는 인플레이션이 당분간 2%보다 더 높게 유지될 가능성이 있다고 금융시장에서 받아들여졌다. 이러한 의미에서 평균물가목표제를 기존의 물가안정목표제를 변형시킨 형태로 볼 수 있다.[72]

2.3.3.2 명목GDP 증가율 목표제[73]

명목GDP 증가율 목표제(nominal GDP growth targeting)는 1970년대부터 화폐수요의 불안정성으로 통화량목표제가 제대로 작동하지 않게 되자 그 대안으로 한때 부상했던 통화정책의 운영체제였다. 앞서 살펴본 대로, 통화량목표제의 경우 중간목표변수(통화량)를 적절히 움직여도 그 효과가 최종 목표변수(인플레이션)로 잘 전달되지 않는 소위 "수단과 목표 간 공회전(slippage between the instruments and the targets)" 이 문제였다. 그와 같은 공회전을 피할 수 있는 대안으로 명목GDP 증가율 목표제가 제시된 것이다. 명목GDP 증가율 목표제란 명목GDP 증가율—즉, 실질GDP 증가율에 인플레이션을 더한 합계치—의 특정 수준을 목표로 겨냥하는 통화정책의 운영체제로, 그 정의상 명목GDP 증가율을 제한하는 명목 기준지표가 존재한다. 비록 명목GDP 자체가 최종 목표변수는 아니지만, 명목GDP(= 실질GDP × 물가수준)를 구성하는 실질GDP와 물가수준이 각기 최종 목표변수에 해당한다는 점이 명목GDP 증가율 목표제의 타고난 장점이다. 그렇지만 동 목표제의 운영과정에서 "[거시경제]모형의 선택" 과 "정책수단의 관리" 에 재량이 사용될 수밖에 없는 점과 명목GDP 증가율 자체를 통제하기가 사실상 쉽지 않다는 점 등이 약점으로 일찍이 지적

72. 중앙일보 칼럼(https//www.joongang.co.kr/article/23877538#home) 참조. 이 칼럼에서는 물가수준과 이의 증가율인 인플레이션을 구분하기 위하여 AIT를 '평균인플레이션목표제' 라 지칭하고 있다.

73. 물가안정목표제(inflation targeting)가 물가수준목표제(price level targeting)와 구분되는 것과 마찬가지로, 명목GDP 증가율 목표제(nominal GDP growth targeting)도 명목GDP 수준 목표제(nominal GDP targeting)와 구분된다. 하지만 다수의 논자가 *The Economist*(2011)와 같이, 실제로는 명목GDP 증가율 목표제에 해당하는 내용을 다루면서도 이를 '명목GDP 목표제' 라 지칭하고 있다. 본 소절에서는 이를 정확하게 명목GDP 증가율 목표제로 표기하고 그 내용을 다루기로 한다. 한편, 명목GDP 증가율 목표제와 구분되는 명목GDP 수준 목표제는 사전에 정해둔 특정 명목GDP 경로를 목표로 명목GDP 수준의 안정을 도모한다는 점에서 물가수준목표제와 그 운영방식이 유사하다. 물가수준목표제와 마찬가지로 명목GDP 수준 목표제도 자동안정화 장치로 작용한다. 이 책은 명목GDP 수준 목표제에 대해서는 직접 다루지 않으므로, 관심 있는 독자는 한국은행(2015)을 참조하기 바란다.

된 바 있다.[74]

글로벌 금융위기 직후부터 경기침체가 지속되면서, 최근에는 명목GDP 증가율 목표제가 다시 물가안정목표제의 한 가지 대안으로 새롭게 거론되고 있다. 명목 GDP 증가율 목표제는 실질GDP 증가율과 인플레이션 각각의 목표를 따로 설정하지 않은 상태로 운영되므로, 경제성장 및 고용을 물가안정목표제에서보다 적극적으로 고려할 수 있는 여지가 더 많다고 볼 수 있기 때문이다. 이는 경기침체(음의 수요충격)가 발생하든 유가상승(음의 공급충격) 또는 생산성 증대(양의 공급충격)가 발생하든 그러할 것이다.[75] 우선 경기침체기 동안 산출이 물가에 비해 더 빠르게 하락하는 경향이 있다면, 중앙은행은 명목GDP 증가율 목표를 겨냥함으로써 더욱 효과적으로 경기안정화를 도모하게 될 것이다. 다음으로, 유가상승으로 산출이 줄고 인플레이션이 뛰는 경우를 생각해 보자. 이런 상황을 명목GDP 증가율로 보면, 인플레이션의 상승이 산출증가율의 하락에 의해 작든 크든 상쇄되는 상황이다. 이때 물가안정목표제에서는 중앙은행이 인플레이션을 잡기 위해 긴축적 통화정책으로 기왕의 산출 감소를 더욱 심화시키기 쉽겠지만, 명목GDP 증가율 목표제에서의 중앙은행이 반드시 그래야 하는 것은 아닐 것이다. 후자에게는 조금 더 신축적으로—조금 덜 긴축적이거나 심지어 어떤 경우에는 조금 더 완화적으로—통화정책을 운영할 수 있는 여지가 분명히 있을 것이기 때문이다. 마지막으로, 생산성 증대 덕분에 실질GDP 증가율이 상승하고 인플레이션은 감소하는 경우를 생각해 보자. 이때 물가안정목표제에서의 중앙은행은 완화적 통화정책으로 자산버블을 키울 수도 있겠지만, 실질GDP 증가율과 인플레이션의 합계를 따지는 명목GDP 증가율 목표제에서의 중앙은행은 좀 더 신축적으로—좀 덜 완화적이거나 심지어 어떤 경우에는 조금 더 긴축적으로—통화정책을 운영할 수 있을 것이다. 요컨대, 명목GDP 증가율 목표제는 통화정책의 신축적 운영을 통해 단기적으로 경기변동의 완화 가능성과 중장기적으로 물가안정의 가능성을 동시에 추구한다는 점에서 물가안정목표제보다 나을 수 있다.[76]

하지만 앞서 논의한 대로 "물가안정목표제의 작동원리는 이론적으로 탄탄히 확립되어" 있는 데에다, 물가안정목표제는 경험적으로도 "지난 20년간 상당히 안

74. 이 문단은 Gordon(2005)에 의존했으며, 인용구들은 Gordon(2005), p.480에서 따왔다.

75. 이들 세 가지 경우 각각에 대한 부연 설명은 *The Economist*(2011)에 의존했다.

76. 한국은행(2012).

정적인 거시경제 환경을 제공"해 왔다. 이런 상황에서 중앙은행이 만약 물가안정목표제를 버리고 명목GDP 증가율 목표제로 이행한다면 사람들의 인플레이션 예상이 불안정해질 수도 있을 것이고, "건전성과 안정성에 대한 중앙은행의 궁극적 의지" 마저 의심받게 되는 "신뢰 상실(loss of credibility)"이 초래될 수도 있을 것이다. 명목GDP 증가율 목표제가 지난 수년간 꾸준히 거론되어 왔지만 이를 명시적으로 채택한 중앙은행이 아직 나오지 않고 있는 것은 바로 이러한 우려가 크게 작용하고 있기 때문인 것으로 보인다.[77]

3. 통화정책의 전달경로

Money & Financial Markets, Ch. Eleven

우리는 이미 수십 년간 다양한 금융혁신을 경험해 오고 있다. 이것은 금융의 국제화 · 세계화 · 민영화 추세와 맞물려 금융시장의 작동방식을 시시각각으로 변화시키는 동시에 국민경제의 구조와 민간의 의사결정에 끊임없이 영향을 미치고 있다. 통화정책이 실물경제에 영향을 미치기까지의 시차는 길기도 하지만, 그때그때의 경제상황에 따라 가변적일 수밖에 없는 것은 바로 그런 이유에서이다. 일찍이 1970년대에 통화주의자들은 정부의 자의적인 시장개입과 통화정책의 미세조정(fine tuning)이 오히려 실물경제의 운행에 혼란을 초래한다는 비판을 제기하였다. 이러한 시각은 대공황 이후 거시경제정책의 기조를 이루던 케인즈식 정책처방이 1970년대 전 세계적인 스태그플레이션(stagflation)으로 현실문제 해결능력을 점점 상실하면서 대두되었고, 정부의 역할을 줄여야 한다는 신자유주의적 사고와 맞물리면서 경제학계에서 그 영역을 크게 넓혀나갔다.

그런데 통화정책의 시차 문제는 통화정책이 실물부문에 영향을 미치기까지의 전달경로와 밀접한 관련성이 있다. 통화정책이 어떤 경로를 통해 어떠한 방식으로 실물경제로 전달될지 그 전체 과정을 소상하게 미리 파악할 수 있다면 통화정책의 시차에 대해 꽤 정확한 예측이 가능해질 것이다. 물론 그와 같은 전달경로에는 여

---

77. 이 문단의 모든 인용구는 *The Economist*(2011)에서 따왔다.

러 가지가 있을 수 있고, 각 경로의 상대적 중요성도 금융의 발전과 진화에 따라 부단히 달라질 것이다. 심지어 새로운 전달경로가 출현하기도 하고 기왕의 전달경로가 사라질 수도 있을 것이다. 통화정책의 전달경로를 이해하기 위해 지금도 많은 화폐금융학자들이 이 분야의 연구에 매진하고 있는 이유도 여기에 있다.

현재 알려져 있는 전달경로를 하나하나 검토하기 전에 20세기 중엽부터 케인지언과 통화주의자들 사이에 수십 년간 벌어졌던 전달경로 논쟁부터 간단히 살펴보기로 한다. 이 논쟁은 두 학파 간 화폐관(貨幣觀)의 차이를 잘 드러내 주며, 이후 전달경로의 탐구에 적지 않은 영향을 끼쳤다.

3.1 케인지언 모형과 통화주의자 모형[78]

통화정책이 파급되는 전달경로를 우선 미시적으로 접근해 보자. 경제주체들은 포트폴리오를 어떻게 구성하는가? 사람들은 자신의 총 부와 보유하고자 하는 자산의 수익률 · 유동성 · 위험 등을 종합적으로 고려하여 포트폴리오를 구성한다. 한편 사람들은 오늘만을 사는 것이 아니기 때문에 미래지향적(forward-looking) 관점에서 포트폴리오를 구성한다. 즉, 주어진 제약에서 시점 간 수익률을 비교하여 현재 얼마만큼을 소비하고 얼마만큼을 저축할 것이며, 장래 소득흐름을 증가시키기 위해서 금융투자를 얼마만큼 할 것인지를 결정한다.

통화정책이란 경제주체들의 이러한 포트폴리오 구성방식에 영향을 미치는 정책이다. 중앙은행은 통화정책을 통해 통화량과 이자율을 변화시켜 자산 간 수익률 또는 시점 간 수익률에 변화를 줌으로써, 경제주체의 투자결정 · 자산보유구성비 등에 영향을 준다.

케인지언들은 기본적으로 화폐수요함수의 안정성에 대해 의구심을 갖고 있었다. 이들은 통화정책 전달경로에서 중요한 역할을 하는 것은 이자율이며, 이자율 변동을 통한 투자의 변동이 전달경로의 핵심이라고 주장한다. 즉, 실물자산과 화폐 사이에는 직접적인 대체관계가 존재하지 않으며 단지 화폐와 채권 사이, 그리고 채권과 실물자산 사이에 대체가 일어난다고 믿었다. 결국 화폐와 실물자산 사이에는 간

78. 이 소절은 Goodhart(1989)를 참고하였다.

접적 대체관계만 존재한다는 것이다.

이러한 케인지언의 시각은 그들의 거시모형에 의한 통화정책 전달경로를 보면 더욱 명확하게 드러난다. 그들은 현실에서 단기 명목이자율은 중앙은행에 의해 직접 결정되는 것으로 분석하고, 통화정책의 중심에는 통화량보다는 이자율이 자리잡고 있음을 강조한다.

이때 통화정책이 거시적으로 얼마나 유효한지 여부는 *IS-LM*곡선의 기울기와 밀접한 관련을 갖는다. 즉, 투자의 이자율 탄력성과 화폐수요의 이자율 탄력성이 통화정책의 유효성을 결정한다. 거시경제정책에 대한 케인지언의 영향이 정점을 이루고 있던 1950~1960년대에는 투자의 이자율 탄력성이 매우 낮다는 계량경제학적 증거와 화폐수요의 이자율 탄력성이 매우 크고 화폐수요함수가 불안정하다는 경험적 연구가 이들의 주장을 뒷받침하였다.

그러나 화폐수요함수가 불안정하지도 않고 높은 이자율 탄력성을 갖지도 않는다는 통화주의자들의 반박이 1970년대 초 제기되었다. 이들에 따르면 화폐수요함수는 소득과 이자율에 대해 매우 안정적인 관계를 갖는다는 것이다. 통화주의자들은 명목통화량 공급을 변화시키면, 케인지언의 설명대로 이자율 변동을 통해 화폐의 수요 · 공급이 새로운 균형을 찾는 것이 아니라, 다른 설명변수들 특히 소득변수가 주도적으로 새로운 균형을 이끌어낸다고 보았다.

통화주의자들은 화폐와 모든 다른 자산 사이에 직접적인 대체관계가 존재한다고 믿었다. 즉, 사람들은 필요 이상의 화폐잔고를 지니고 있다고 느낄 때 소비내구재 등 광범위한 자산을 구매한다는 것이다.[79] 그러므로 통화정책은 재화이건 금융자산이건 모든 계획된 지출에 광범위한 변화를 준다. 즉, 화폐량 변화의 효과는 특정 이자율의 변화를 통하는 것보다 훨씬 광범위하게 전파된다.

결국 케인지언들과 통화주의자들의 결정적인 차이점은 화폐잔고와 금융자산 사이의 대체 정도가 화폐잔고와 실물자산 사이의 대체 정도보다 얼마나 더 큰가에서 찾을 수 있다. 즉, 케인지언들은 이 대체의 정도가 매우 큰 차이를 보인다고 주장하는 반면, 통화주의자들은 그리 큰 차이가 없다고 본다. 예를 들어 중앙은행이 국채의 공개시장 매각조치를 취하는 경우 케인지언들은 단기적인 이자율 상승 현상

---

79. 이런 경우 사람들이 금융자산(채권)을 구매한다는 것이 케인지언의 시각이다.

을 통화정책이 효과를 발휘하기 위해 요구되는 핵심적 요소로 간주한다. 반면 통화주의자들은 자산 간 대체가 빠르게 진행되어 통화량이 감소되면서 이자율이 상승하는 것을 새로운 균형으로 이동하는 가운데 발생하는 자연스러운 과정으로만 파악한다. 그리고 통화주의자들은, 통화량을 변화시키는 통화정책의 전달경로가 이자율 변화 등을 통하는 간접적이고 협소한 경로가 아닌 직접적이고 광범위한 것으로서 정책효과가 경제 전반에 걸쳐 신속하게 전달된다고 보았다.

3.2 통화정책의 전달경로[80]

통화정책이 실물경제에 영향을 미치는 전달경로에는 금리경로, 자산가격경로, 환율경로, 신용경로, 기대경로 등 여러 가지가 있는 것으로 밝혀져 있다. 이들 각 경로의 상대적 중요성이 국민경제의 발전 정도, 금융부문의 구조, 경기변동의 국면 등에 따라 달라지는 것은 물론이다. 예를 들어 금융시장이 발달할수록 이자율경로와 자산가격경로의 중요성은 더해지고, 금융자유화와 금융혁신으로 기업과 가계의 자금조달원이 다양해질수록 신용경로의 중요성은 줄어든다. 이제 이들 각 경로를 자세히 검토해 보자.

3.2.1 금리경로

장 · 단기 이자율은 통화정책이 실물부문에 영향을 미치는 대표적인 경로이다. 케인지언들은 경제 내의 여러 자산을 크게 화폐, 단기증권, 장기증권, 그리고 실물자산으로 나누고, 이들 사이의 대체관계에 초점을 맞추었다. 중앙은행의 정책금리 조정으로 단기이자율이 변화하면, 이것은 다시 장기이자율을 변화시켜 궁극적으로 투자에 영향을 미친다는 것이다.

이 과정을 좀더 자세히 살펴보기로 한다. 예를 들어 중앙은행이 정책금리 수준을 인하한다고 가정하자. 이에 따라 중앙은행은 지준 공급을 새롭게 늘릴 것이고, 그로 인해 지준 자금과 다른 단기 금융수단 간의 수익률 균형이 깨진다. 그러면 자

80 이 소절은 한국은행(2005), ECB(2004), Mishkin(2010), Gambacorta(2009)와 임형석(2010)을 참조하였다.

금시장에서 지준 자금과 가장 가까운 대체관계를 가진 자산인 단기증권(만기 90일 이내의 양도성예금증서나 기업어음 등)에 대한 수요가 늘어난다. 그 결과 단기증권의 가격은 상승하고 단기이자율은 하락한다.

이제 단기증권은 가격이 비싸지고 수익률이 떨어진 반면, 장기증권(국고채나 회사채 등 만기 1년 이상의 장기증권)은 상대적으로 가격은 저렴하고 수익률이 높은 상황이 되었다. 따라서 대부분의 경제주체들은 자금시장에서 단기증권을 팔거나 보유하고 있던 화폐를 포기하고, 자본시장에서 장기증권을 사려고 할 것이다. 이러한 현상은 장기증권의 가격을 상승시키고 장기이자율을 하락시킨다.

한편 은행은 예금으로 자금을 조달하여 이를 주로 대출과 장·단기채권으로 운용한다. 그런데 장·단기채권 수익률이 낮아지면, 은행이 상대적으로 채권투자보다는 대출을 늘리게 되어 대출이자율이 하락한다. 그에 따라 은행의 수익이 낮아지므로 예금이자율도 하락한다.

기업은 자금을 조달하기 위해 회사채를 발행하거나 은행대출을 이용한다. 그런데 회사채 수익률이 감소하고 대출이자율이 하락한다면 자금조달비용이 덜 들게 된다. 따라서 기업은 실물투자를 늘릴 유인을 갖게 된다. 그러므로 장기이자율 및 대출이자율 하락은 투자수요의 증가로 이어져 경제성장과 물가 상승 등 확장적인 효과를 나타낼 것이다.[81] 이자율의 하락이 기업의 실물투자에만 영향을 주는 것은 아니다. 가계도 주택이나 내구소비재와 같은 자산의 구입 자금을 마련하기 위해 은행대출을 이용한다. 그러므로 대출이자율이 하락하면 가계는 주택 및 내구소비재 지출(소비지출)을 늘릴 것이다.[82]

이상이 화폐→단기증권→장기증권→실물자산의 파급과정으로 구성되는 금리경로이다. 여기서, 기업의 투자와 가계의 소비지출이 단기 명목이자율이 아니라 장기 실질이자율에 반응한다는 점을 이해하는 것은 중요하다. 우선, 금리경로의 최종 단계에서 실물자산의 구입 결정—다시 말해, 투자 결정과 소비지출 결정—은 장기증권과의 수익률 비교를 거쳐 이루어진다. 장기증권의 수익률은 곧 장기 명목이자율이고 실물자산의 수익률은 다름 아닌 인플레이션율이다. 그러므로 장기 실질이자율(≒ 장기 명목이자율-인플레이션율)이 실물자산의 구입 결정에 영향을 미치는 것이

81. 한국은행 정책기획국(2001) 참조.

82. Mishkin(2010) 참조.

다. 예를 들어 통화당국이 명목 정책금리를 인하하는 경우 이는 단기 명목이자율 인하를 거쳐 장기 명목이자율을 떨어뜨린다. 만약 인플레이션율이 일정하다고 가정하면, 장기 명목이자율의 하락은 곧 장기 실질이자율의 하락을 의미한다. 이에 따라 가계 및 기업은 각기 실물자산 구입을 늘릴 것이다. 이런 과정을 거쳐 처음의 명목 정책금리 인하가 비로소 실물경제에 확장적 효과를 내게 된다.

그러나 금리경로는 여러 자산 간 대체관계의 고리가 너무 길고 그 강도가 불확실하다. 즉, 화폐 → 단기증권 → 장기증권 → 실물자산의 파급과정에는 세 개의 고리가 존재한다. 이 중 화폐 → 단기증권의 고리는 상당히 견고한 것으로 흔히 간주된다. 하지만 단기증권과 장기증권 사이와 장기증권과 실물자산 사이의 대체관계는 그리 강하지 않은 것으로 알려져 있다. 이는 단기증권 → 장기증권의 고리와 장기증권 → 실물자산의 고리가 견고하지 않을 수 있음을 의미한다.

먼저 단기증권 → 장기증권의 고리에 대해 살펴보자. 우리가 앞서 제5장에서 공부했던 유동성 프리미엄이론에 따르면, 장기이자율은 현재의 단기이자율과 앞으로 예상되는 단기이자율들의 평균치에 유동성 프리미엄을 더한 것이다. 그런데 앞으로 예상되는 단기이자율들이란 결국 인플레이션 기대에 의존한다. 그러므로 장기이자율의 움직임은 향후 인플레이션 기대와 유동성 프리미엄에 따라 단기이자율의 움직임과 괴리를 보일 수도 있다.

이번에는 장기증권 → 실물자산의 고리에 대해 살펴보자. 케인즈에 의하면 투자의 한계효율이 이자율보다 높을 때 투자가 이루어진다. 그런데 투자의 한계효율에는 자본의 한계생산성과 같은 실물적 요인뿐만 아니라 미래에 대한 전망 같은 심리적 요인도 무시할 수 없는 영향을 미친다. 따라서 기업가가 투자전망이 불투명하다고 본다면, 장기이자율이 하락한다고 투자를 늘리지는 않을 것이다. 또한 한꺼번에 목돈이 드는 주택이나 내구소비재의 구입이 금융비용에 민감한 것은 사실이지만, 그렇다고 소득전망이나 고용전망이 좋지 않은 상황에서 금리가 낮다는 이유 하나만으로 가계가 내구재 소비를 늘리지도 않을 것이다.[83]

방금 살펴본 여러 가지 이유로 인해 단기증권 → 장기증권의 고리와 장기증권 → 실물자산의 고리 가운데 어느 하나라도 느슨해진다면 통화정책이 이자율을 통해

83. 한국은행(2005) 참조.

실물부문에 영향을 미치기는 어렵게 된다.

하지만 20세기 후반부터 선진국은 물론 신흥시장국에서도 금융자유화의 진전으로 금융시장이 정상화되면서 금리경로의 중요성은 과거에 비해 크게 높아졌다. 또한 다수 중앙은행이 단기 정책금리를 운용목표로 하여 통화정책을 수행하게 된 점도 금리경로의 역할 증대에 기여하였다. 금리 중시 통화정책의 수행으로 경제주체의 금리민감도가 크게 높아지고 장·단기 금융시장 간 금리 연계성이 제고되었기 때문이다.

최근 글로벌 금융위기를 맞아 미국 연방준비제도는 2008년 12월 명목 정책금리인 연방자금금리(federal funds rate)를 실질적으로 영(0)의 수준으로 떨어뜨렸다. 정책금리가 영의 하한(zero lower bound)에 도달했으므로 연준의 통화정책이 금리경로를 통해 실물경제에 더 이상 영향을 줄 수 없게 된 것인가? 그렇지는 않다. 정책금리를 조절하는 표준적 통화정책수단으로는 곤란해진 것이 사실이지만, 비표준적 통화정책수단인 선제적 안내(forward guidance)와 양적완화(quantitative easing)를 구사함으로써 연준은 우선 금융시장의 안정을 도모하고 궁극적으로는 실물경제를 부양하기 위해 노력했다. 이들 정책수단은 기본적으로 금리경로를 통해 장·단기 이자율의 전반적 하락에 기여할 것으로 기대되었다.[84] 제12장에서 곧 상세히 다루겠지만, 선제적 안내란 예를 들어 미래의 특정 시점까지 연준이 유지할 것으로 예상되는 통화정책의 기조(예를 들어, 정책금리 수준)를 스스로 밝히는 것이다. 연준의 이와 같은 신호발송을 경제주체들이 신뢰하는 경우에는 향후의 정책금리가 적어도 특정 시점까지 영의 수준에서 유지될 것이라는 강력한 예상 아래 장·단기 이자율이 전반적으로 감소할 것이다. 또한 정책금리는 영에 머물러 있더라도 양적완화를 통해 연준 대차대조표의 규모와 구성을 변경시킴으로써 기간프리미엄/위험프리미엄이 감소한다면 장·단기 이자율이 전반적으로 감소할 것이다.

84. 이들 비표준적 통화정책수단은 금리경로뿐만 아니라 이 절에서 곧 설명할 자산가격경로, 신용경로와 기대경로 등을 통해 각기 작동할 것으로 기대되는 측면도 있다(제12장 참조).

3.2.2 자산가격경로

통화정책의 효과는 주가나 부동산 가격 등 자산가격의 변동을 통해 실물경제에 파급될 수 있다. 여기에는 주가 변동이 기업 투자에 미치는 영향에 관한 토빈의 q 이론(Tobin's q theory)과 주가 및 부동산 가격의 변동이 가계의 소비에 미치는 영향에 관한 부의 효과(wealth effect)가 있다.

3.2.2.1 토빈의 q

토빈(J. Tobin)의 q는 다음과 같이 정의된다.

$$\text{토빈의 } q = \frac{\text{기업의 시장가치(market value)}}{\text{기업의 실물자본 대체비용(replacement cost of physical capital)}}$$

금리 인하(통화공급의 증가)로 주가가 상승하면 기업의 시장가치가 증대되어 q가 상승한다. 예를 들어 q가 상승하여 1보다 커졌다고 하자. 이것은 기업이 기계와 같은 실물자본을 구입하여 가동하면 그 실물자본의 구입비용보다 더 큰 미래수익을 거둘 수 있을 것으로 주식시장이 평가한다는 의미이다. 이러한 주식시장의 평가는 주가 상승으로 반영되어 기업의 시장가치를 높이게 된다. 이런 경우 기업은 주식을 발행하여 투자를 늘릴 것이다.

금리 인하가 주가 상승을 통해 투자의 증가로 나타나는 데에는 두 가지 난관이 있을 수 있다.[85] 우선, 통화공급 증가가 금리 하락을 통해 과연 주가 상승을 가져올 것인가 하는 문제이다. 특히 소규모 개방경제의 경우, 주가에는 경기전망과 기업의 미래 수익성은 물론 선진국의 주식시장 상황과 외국인 주식투자 동향 등이 종합적으로 반영된다. 만약 다른 조건이 전반적으로 비관적인데 금리가 하락했다고 해서 반드시 주가가 상승한다고 보기는 어렵다. 또 하나의 문제는 통화공급의 증가로 토빈의 q 값이 상승한다고 해도 여기에 대해 실물투자활동이 얼마나 민감하고 신속하게 반응할 것인가 하는 문제이다. 단기적인 기업의 시장가치 변화가 투자활동에 중

85. 한국은행(2005) 참조.

대한 영향을 미치리라고 기대하기는 어렵다. 투자란 단기적인 기업의 시장가치 상승보다는 장기적 경제전망에 의해 더욱 좌우되는 것이기 때문이다.

3.2.2.2 부의 효과

주가 상승은 기업의 투자뿐만 아니라 가계의 소비에도 영향을 미칠 수 있다. 주가의 전반적 상승으로 가계가 보유하는 주식의 가치가 상승하면 가계는 그만큼 부유해진다. 따라서 소비를 늘리게 되는 것이다. 이것은 주가 상승에 의한 부의 효과(wealth effect)이다.

주가 상승에 의해서만 부의 효과가 발생하는 것은 아니다. 호트리는 자산 간 대체를 설명하면서 채권 및 주식의 가격 상승이 이들과 대체관계에 있는 실물자산의 가격 상승을 가져온다고 설명한 바 있다(〈Box 11-6〉 참조). 이때 실물자산 중에는 구체적으로 부동산도 포함된다. 금리 하락과 통화량 증가가 실물자산 중 토지나 주택에 대한 수요도 늘린다면 이들 부동산의 가격도 상승한다. 가계가 보유하는 부동산 가치가 상승하면 가계는 그만큼 부유해진다. 따라서 가계는 소비를 늘리게 된다.

Box 11-6 호트리 효과(Hawtrey effect)와 자산가격경로

금리경로가 경제 내의 여러 자산을 만기에 따라 장·단기로 분류하는 것과는 달리, 일찍이 20세기 초의 경제학자 호트리(R. Hawtrey)는 자산을 화폐, 채권, 주식, 실물자산 등과 같이 기능적으로 분류했다. 통화정책의 전달경로를 자산 간 대체관계에 초점을 맞추었던 호트리는 통화정책이 채권 및 주식 등 금융자산 가격의 변동을 통해 실물자산 가격의 변동을 가져온다고 보았다.

중앙은행이 정책금리를 인하하여 화폐공급을 늘린 상황을 생각해 보자. 화폐보유량이 늘면 최초에 균형을 이루던 자산구성에서 화폐보유 비율이 지나치게 증가하게 된다. 이것은 채권에 대한 수요를 증가시켜 채권의 가격을 상승시키고, 이와 대체관계에 있는 주식에 대한 수요도 증가시킨다. 채권 및 주식 가격의 상승은 이들과 대체관계에 있는 실물자산의 가격 상승을 통해 실물자산의 공급을 증가시킨다. 뿐만 아니라 주식의 시장가치가 상승하면 기업의 투자자금 조달이 용이해져 투자가 촉진된다. 통화정책이 이 두 가지 경로를 통해 실물부문에 직접적인 영향을 주게 되는 것을 가리켜 호트리 효과(Hawtrey effect)라 부른다.

1969년 토빈의 q 개념이[1] 제시되기 수십 년 전, 호트리가 이미 투자에 미치는 주가의 효과에 주목했다는 사실은 흥미롭다. 이 소절에서 다루고 있는 부의 효과도 실은 호트리가 주목했던 주식과 실물자산의 가격 상승과 관련된다.

1) Tobin(1969).

주식이든 부동산이든 가격이 상승할 때 이를 실제로 처분하여 자본이득을 실현했는지 여부에 따라 소비에 미치는 영향이 달라지는 것은 물론이다. 실물자산의 가격이 장부상으로는 상승했어도 이를 처분하지 않아 이익이 실현되지 않은 상태에서는 일반적으로 소비의 커다란 증가를 기대하긴 어렵다. 지금 당장은 미실현 자본이득이 양이더라도, 앞으로 가격이 불리하게 움직여 자본이득이 영(0)이 되거나 심지어 음(-)이 될 위험도 존재하기 때문이다.

그러나 부동산 가격이 상승하는 경우에는 그 부동산을 담보로 하여 이전보다 더 큰 액수의 은행대출이 가능해진다. 이런 때에는 가계가 부동산을 실제로 처분하지 않더라도 은행대출액 증가를 통해 소비지출을 늘릴 수 있다. 부동산 가격 상승에 따른 부의 효과는 주가 상승에 따른 부의 효과보다 더 큰 것으로 알려져 있다.[86]

3.2.3 환율경로

금융투자자들이 달러화(외화)표시 금융자산과 원화(자국 통화)표시 금융자산으로 포트폴리오를 구성한다고 하자. 어떤 이유로 국내 금리가 상승하면 원화표시 금융자산의 수익률이 상대적으로 상승하므로, 투자자들은 원화표시 금융자산을 매입하기 위해 달러화를 팔고 원화를 사려고 할 것이다. 그 결과 외환시장에서는 원화에 대한 초과수요(달러화의 초과공급)가 발생하여 원화가치가 상승하고 환율이 하락한다.

환율 하락은 어떤 영향을 가져오는가? 우선, 국내에서 생산된 재화(수출재)의 달러화표시 가격을 올려 수출재의 국제경쟁력을 약화시키고, 외국에서 생산된 재화(수입재)의 원화표시 가격을 낮춘다. 그러므로 환율 하락은 순수출(수출 - 수입)의 감소를 통해 국내의 인플레이션 압력을 낮춘다. 둘째, 수입재가 최종재인 경우에는 환율 하락에 기인하는 수입재의 국내가격 하락이 국내 인플레이션을 직접적으로 낮추게 된다. 만약 수입재가 생산과정에 투입되는 원재료 또는 중간재인 경우에는 환율 하락으로 인한 수입재의 국내가격 하락이 궁극적으로 최종재의 가격 하락을 유도하므로 간접적으로 국내 인플레이션을 낮추게 된다. 이와 같은 환율효과의 강도는 그 국민경제가 국제교역에 의존하는 정도에 달려 있다. 요컨대 환율 하락은 직 · 간접

86. 한국은행(2005) 참조.

적으로 국내 인플레이션을 낮추는 데 기여한다. 이것은 긴축을 위해 정책금리를 인상한 중앙은행의 원래 정책의도에 부합하는 것이다.

이처럼 환율경로가 제대로 작동하려면 애초에 환율이 중앙은행의 통화정책에 대해 정상적으로 반응해야 한다. 그러나 소규모 개방경제일수록 환율이 국내 요인보다는 해외 요인에 의해 움직이는 경우가 많다. 다시 말해, 환율은 중앙은행의 정책의도와는 다른 방향으로 움직이는 경우가 많다.[87]

1997년 동아시아 위기 이후 자유변동환율제도를 채택하는 나라들이 세계적으로 늘어났다. 이에 따라 더 많은 중앙은행들이 환율경로에 관심을 기울이게 되었다.

3.2.4 신용경로[88]

어떤 영세기업이 수익성 높은 투자계획을 갖고 있다고 하자. 이 기업은 투자계획을 실현시키기 위하여 자금을 필요로 하며, 누구든지 이 기업에 투자를 하면 많은 수익을 얻을 수 있다. 그러나 영세기업이 직접 금융시장에서 자금을 조달하기란 그리 쉽지 않다. 왜냐하면 자금을 얻기 위해서는 자신의 투자계획이 훌륭하고 신용도가 높다는 사실을 투자자들이 믿도록 해야 하는데, 여기에는 많은 비용이 소요되기 때문이다.

따라서 이 기업은 직접금융시장에서 자금을 조달하기보다는 은행에서 대출을 받으려 할 것이다. 그러나 은행대출에도 대출이자율 이외에 비가격대출조건(non-price terms of lending)—대출심사, 고객과의 장기 거래관계, 대출에 대한 담보, 신

87. 우리나라의 경우에도 원화 환율의 움직임은 한국은행 기준금리의 변경보다는 외국인 투자자금의 유출입 동향이나 엔화 가치의 등락 등에 훨씬 민감하게 반응하고 있다. 예를 들어, 팽창적 통화정책을 위해 한국은행 기준금리를 인하해도 주가 상승으로 인해 외국인 투자자금의 순유입이 늘어나면 오히려 환율 하락이 초래될 가능성이 높다. 이때 환율 하락은 실물경제에 긴축적 영향을 주게 되므로 한국은행의 원래 정책의도였던 팽창적 통화정책과는 부합하지 않는다. 상세한 내용은 한국은행(2005 · 2012) 참조.

88. 통화정책의 신용경로는 버냉키(B. Bernanke)가 1990년대 중반 제시한 금융가속기이론(financial accelerator theory)과 밀접한 관련이 있다. 버냉키는 차입주체의 대차대조표에 영향을 미치는 어떤 실물적 충격도 금융부문과의 상호작용을 통해 지속적으로 증폭될 수 있음을 밝혔다. 이 토픽에 관심 있는 독자는 버냉키(Bernanke 2007)의 연설문 "금융가속기와 신용경로(The Financial Accelerator and the Credit Channel)"를 참조하기 바란다.

그림 11-2

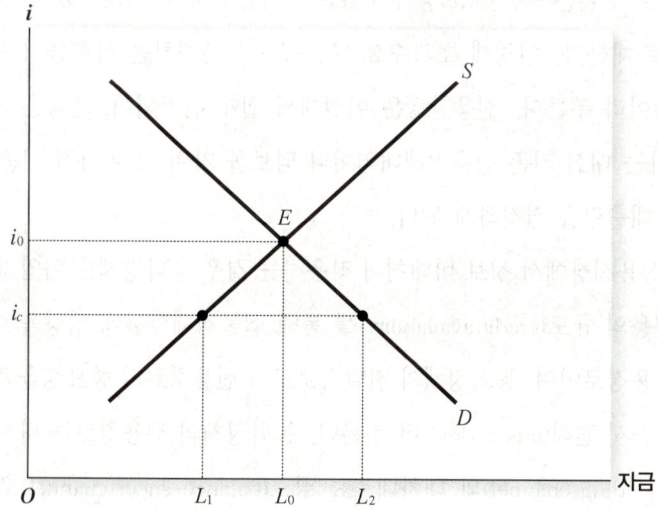

신용할당을 통한 정보의 비대칭성 극복

정보의 비대칭성이 존재하는 경우, 균형이자율 수준보다 낮은 이자율에서 비가격 기준으로 대출량을 결정하는 신용할당을 통해 통화정책의 효과를 얻을 수 있다.

용상태에 대한 조사—이 뒤따른다. 이것은 금융기관의 입장에서 신용도가 떨어지는 고객과의 거래에서 발생할 수 있는 손해를 사전에 막기 위한 조치라고 할 수 있다. 우리가 제8장에서 논의한 정보 비대칭성의 맥락으로 볼 때, 이와 같은 조치는 역선택(adverse selection) 상황에 직면한 은행이 선별(screening)을 통해 문제를 해결하려는 행동으로 해석할 수 있다. 또한 담보가 부실하거나 자기자본이 부족하여 신용도가 상대적으로 낮은 고객일수록 은행대출을 받게 되면 이를 고위험사업에 전용하려는 도덕적 해이(moral hazard)의 유인을 더 강하게 갖게 된다. 그래서 은행은 고객에게 대출을 행한 이후에도 사후관리를 통해 감시(monitoring)를 하게 된다.

특히 신용시장에서 은행이 직면하는 역선택과 그에 따른 선별이 실시되는 상황을 그림으로 설명해 보자. 〈그림 11-2〉에서 자금의 수요곡선과 공급곡선이 만나는 점 E에서 시장의 균형대출량 L_0와 균형이자율 i_0가 결정된다. 그런데 은행이 i_0의 이자율을 적용했을 때 자금을 꾸러 오는 사람들 중에는 i_0의 이자비용을 충분히 감당할 수 있는 건전한 투자안을 가진 사람들도 있겠지만, 그렇지 못한 위험한 투자안을 가진 사람들도 다수 포함되어 있을 것이다. 하지만 은행은 누가 누구인지 분별할 능력이 없거나, 비록 분별할 수 있더라도 그렇게 하는 데 비용이 너무 많이 들 수 있다. 이런 경우 은행은 차라리 이자율 수준을 i_c로 낮추는 한편 L_1만큼만 대출하는 방법을 사용하게 된다.

균형이자율보다 낮은 수준에 고정되어 있는 이자율 i_c에서는 $(L_2 - L_1)$만큼의 자금 초과수요가 존재한다. 이렇게 초과수요 $(L_2 - L_1)$가 존재하는 상황을 신용할당(credit rationing)이라 부른다. 신용할당은 현실에서 쉽게 관찰되며, 은행은 가격의 경직성을 수용하는 대신 기존 신용거래내역이나 담보물 가치 등 비가격 기준에 의해 대출 여부와 대출량을 결정하게 된다.

이와 같이 신용시장에서 정보 비대칭이 작용하는 경우 통화정책은 차입자가 이용할 수 있는 신용의 규모(credit availability)를 통해 실물경제활동에 영향을 미치게 된다. 이것이 신용경로이며, 통화정책의 전달경로로서 신용경로의 중요성을 강조하는 견해를 신용 중시 견해(credit view)라 부른다. 통화정책의 신용경로는 다시 은행대출경로(bank-lending channel)와 대차대조표 경로(balance-sheet channel)로 세분된다.[89]

3.2.4.1 은행대출경로

영세기업을 비롯하여 금융시장에서 쉽게 자금을 조달할 수 없는 중소기업과 가계 등은 대규모 자금조달 수단이 없기 때문에 은행대출에 많이 의존할 수밖에 없다. 따라서 통화정책 변화에 의해 가용 은행대출 총액이 변동한다면 중소기업이나 가계 등의 자금이용 가능성이 직접적으로 영향을 받아 투자 또는 소비에 영향을 미치게 된다.

이와 같이 통화정책이 은행대출 총액의 변동을 통해 총수요에 영향을 주게 되는 경로를 은행대출경로라 부른다. 은행대출경로는 정보의 비대칭성이 존재할 때 은행대출이 기업의 자금이용 가능성에 영향을 미침으로써, 이자율 등의 변수를 통하지 않고도 총수요에 직접적인 영향을 줄 수 있음을 보여준다. 이 경로는 기존의 이자율을 통한 경로가 불확실해도 통화정책이 계속 유효할 수 있음을 설명해 준다는 점에서 의의를 갖는다.

그러나 최근에는 규제완화 덕분에 은행들이 자금을 조달할 수 있는 다양한 금융수단이 나오게 되었고, 금융국제화 덕분에 국제금융시장을 통해 은행들이 대출자

89. 이러한 구분은 Bernanke and Gertler(1995)에서 연원한다.

금을 용이하게 확보하게 되었다. 따라서 국내적으로 긴축적 통화정책이 시행된다고 하더라도 은행의 대출여력에는 큰 영향이 없을 수도 있게 되었다. 그 결과 통화정책의 전달경로로서 은행대출경로의 현실적 중요성은 과거에 비해 감소한 측면이 있다.

3.2.4.2 대차대조표 경로[90]

대차대조표 경로가 정보 비대칭의 문제에서 비롯된다는 점에서는 은행대출경로와 동일하다. 다만, 대차대조표 경로에서는 통화정책이 자금수요자(기업이나 가계)의 대차대조표에 변화를 가져오고 이것이 다시 자금공급자인 은행의 대출에 영향을 미친다는 점에서 은행대출경로와 차이가 난다. 은행대출경로에서는 통화정책이 은행대출에 직접적으로 작용하기 때문이다. 다시 말해, 대차대조표 경로는 은행대출경로와는 달리 기업 및 가계의 대차대조표 변화를 통한 은행대출의 추가적 변화에 초점을 맞춘다.

이와 같은 대차대조표 경로에는 몇 가지가 있다. 첫째, 순자산경로이다.[91] 앞서 자산가격경로에서 논의한 대로, 예를 들어 확장적 통화정책은 주가를 상승시킨다. 이는 기업과 가계의 순자산(net worth)을 늘려 역선택이나 도덕적 해이의 문제를 경감시킨다. 이에 따라 은행은 이들에 대한 대출을 증가시킨다. 둘째, 예상치 못한 물가경로이다. 기업과 가계의 실질 순자산은 확장적 통화정책이 예상치 못한 물가상승을 가져오는 경우에도 늘어난다. 물가상승으로 기업과 가계의 실질부채 부담이 예상치 못하게 줄어들기 때문이다. 이런 경우에도 은행은 대출을 증가시킨다. 셋째, 현금흐름경로이다. 확장적 통화정책에 따른 명목 정책금리의 인하는 단기 명목이자율을 낮춰 기업의 단기 채무부담을 덜어준다. 이는 기업의 현금흐름을 개선시켜 역선택이나 도덕적 해이의 문제를 경감시킨다. 결국 은행은 이들 기업에 대한 대출을 증가시킨다. 가계의 경우에도 이러한 현금흐름경로가 마찬가지로 작용한다. 넷째, 가계 유동성경로이다. 앞서 논의한 대로 확장적 통화정책은 주가를 상승시킨다. 이러한 주가상승은 가계의 금융자산 가치를 끌어올릴 것이다. 금융자산은 실물자산에 비해 유동성이 높으므로, 금융자산 가치 증대를 통해 유동성이 개선된 가계로서는

90. 이 절은 Mishkin(2010)에 의존하였다.

91. 미쉬킨은 이 경로를 단순히 대차대조표 경로로 명명했다. 그러나 대차대조표 경로에 포함되는 여타 세부 경로와 구분하기 위해 이 책의 본문에서는 이를 순자산경로로 부르기로 한다.

주택 및 내구소비재와 같은 저유동성 실물자산의 구입을 늘리게 된다. 가계 유동성경로는 앞서 학습했던 부의 효과와 긴밀히 관련된다. 한편 가계 유동성경로는 통화정책이 가계의 고유동성 금융자산 비중을 변화시켜 가계의 지출의사에 미치는 영향에 초점을 맞춘다는 점에서, 통화정책이 가계 · 기업의 순자산이나 물가수준 또는 현금흐름의 변경을 통해 은행의 대출의사에 영향을 미치게 되는 순자산경로, 예상치 못한 물가경로 또는 현금흐름경로와는 구분된다.

3.2.5 기대경로[92]

중앙은행은 정책금리 목표의 변경을 통해 인플레이션 기대를 변경시킴으로써 각 전달경로에 관련된 이자율과 금융자산 가격 등 금융변수, 총수요, 그리고 물가에 영향을 줄 수 있다. 이것이 통화정책의 기대경로이다. 과거에는 중앙은행이 경제주체의 인플레이션 기대를 적극적인 조절의 대상으로 간주하지는 않았었다. 그러나 경제주체들이 통화정책을 신뢰할수록 중앙은행이 시장의 인플레이션 기대를 그만큼 더 쉽게 낮출 수 있어서 통화정책의 파급시차도 단축하고 디스인플레이션(disinflation)의 거시경제적 비용도 줄일 수 있다는 신뢰성 중시 견해(credibility view)가 나오게 되었다.[93]

이에 따라 선진국을 포함한 다수 국가의 중앙은행은 기대경로의 활성화를 통해 적극적이고 직접적인 방식으로 물가안정을 도모하게 되었다. 이들은 자신의 통화정책에 대한 경제주체의 신뢰성과 투명성을 바탕으로 인플레이션 기대를 조절하여 경제주체의 임금 및 가격 결정 행동을 적극적으로 유도하고 있다. 우리가 이 장에서 공부한 물가안정목표제가 바로 이와 같은 방식의 통화정책 운영체제다.

그런데 경제주체의 인플레이션 기대가 실제 인플레이션에 중대한 영향을 미치

---

92. 이 소절은 한국은행(2005), ECB(2004), 그리고 King(2005)을 참고하였다.

93. 디스인플레이션이란 인플레이션을 낮추는 정책, 즉 인플레이션 수속정책(收束政策)을 의미한다. 신뢰성 견해는 신속한 디스인플레이션이 정책 신뢰성의 확보에 유리하다고 본다. 반대로, 현실에서는 임금계약 등으로 인해 명목임금이 정해진 기간 동안 이미 고정되어 있으므로 디스인플레이션은 반드시 실업비용(unemployment cost) 등의 거시경제적 비용을 치르게 된다는 견해도 있다. 이것을 명목경직성 견해(nominal-rigidities view)라 부른다. 이 견해는 현실적으로 거시경제적 비용을 최소화하기 위해서는 점진적 디스인플레이션이 바람직하다고 본다. 이들 두 견해 사이의 논쟁에 대해서는 Blanchard(2006)를 참고하기 바란다.

게 되는 이유는 무엇인가? 가계와 기업이 금기(今期)에 내리는 소비와 투자에 관한 결정은 미래 인플레이션에 대한 예상에 기초한다. 그런데 중앙은행의 통화정책은 미래 인플레이션에 중요하다. 따라서 중앙은행은 자신의 통화정책 목표와 방향 및 의도, 그리고 인플레이션 전망을 시장에 투명하게 밝힘으로써 경제주체가 형성하는 인플레이션 기대를 중앙은행 자신이 의도한 인플레이션 목표에 일치시키기 위해 노력한다. 이렇게 형성된 인플레이션 기대로 경제주체는 금기의 소비와 투자에 관한 의사결정을 내린다. 이렇게 하여 결과적으로 실현되는 인플레이션은 중앙은행의 당초 인플레이션 목표와 경제주체의 인플레이션 기대에 상당히 근접하거나 일치하게 될 것이다. 이런 이유로 기대경로가 중요한 것이다.

글로벌 금융위기의 수습을 위해 미국 연준이 실시해 온 선제적 안내와 양적완화는 우선 금리경로를 통해 작용한다는 사실을 앞서 언급했다. 하지만 이들 정책은 각각 기대경로를 통해 작용하기도 한다. 정상적인 상황이라면 중앙은행이 직접 명목 정책금리를 낮춤으로써 장기 실질이자율의 하락을 유도하여 실물경제에 영향을 주려고 하겠지만, 명목 정책금리가 영(0)에 도달한 극단적인 상황에서는 이것이 불가능하다. 그러므로 중앙은행은 선제적 안내나 양적완화를 통해 이번에는 물가수준 기대와 그에 따른 인플레이션 기대를 상승시킴으로써 장기 실질이자율의 하락을 유도하게 되는 것이다.[94]

Box 11-7 통화정책에 대한 신뢰와 인플레이션 기대

영란은행 총재인 킹(M. King)은 인플레이션 기대의 중요성을 다음과 같은 가상의 예를 통해 설득력 있게 설명한다.[1)]

"중앙은행이 모든 충격에 즉각 대응하여 인플레이션을 완벽하게 통제할 수 있다고 가정하자. 그러면 인플레이션율은 일정한 수준에 고정될 것이다. 가계와 기업은 인플레이션이 그 수준에서 이탈하는 일은 결코 없을 것이라고 생각할 것이다. 모든 미래의 충격은 [중앙은행에 의한] 이자율 변경으로 즉각 상쇄될 것이기 때문이다. 이런 경우 이자율의 변경이 인플레이션과 두드러진 연관성이 있는 것으로 보이지는 않을 것이다. 이자율의 변경이 인플레이션에 두드러진 영향을 주는 것으로 보이지도 않을 것이다. 신문기자가 관찰하든 계량경제학자가 관찰하든

94. Mishkin(2010) 참조.

이자율은 인플레이션과는 아무런 상관없이 움직이는 것으로 보일 것이다. 중앙은행은 거의 아무렇게나(almost randomly) 행동하는 것으로 비칠 것이다. 그러나 그것은 잘못된 생각이다. 실제로 중앙은행이 아무렇게나 행동할 것으로 사람들이 예상한다고 가정해 보라. 그렇게 되면 가계와 기업의 행동이 바뀔 것이고, 인플레이션은 더 이상 안정적이지 않게 될 것이다."

이 예가 보여주는 것은 경제주체가 통화정책을 신뢰해야 중앙은행이 이들의 인플레이션 기대에 영향을 줄 수 있다는 사실과 그 인플레이션 기대가 실제 인플레이션에 영향을 준다는 사실이다. 오늘날의 중앙은행은 자신의 정책의도를 시장에 정확히 알리려고 애를 쓴다. 이것이 중앙은행의 통화정책 투명성 제고로 나타난다. 또한 통화정책의 성과에 대해 중앙은행에게 책임을 지게 하는 여러 장치가 마련되어 있다. 이것은 중앙은행의 통화정책에 대한 경제주체의 신뢰를 높이는 데 기여할 것이다. 신뢰가 형성되고 유지되려면 중앙은행의 통화정책 수행능력이 근본적으로 중요한 것은 물론이다. 그래서 중앙은행들은 저마다 통화정책을 수행하기 위한 최적 운영체제를 모색한다. 그런 운영체제 중 오늘날 대표적인 것이 다름 아닌 물가안정목표제이다.

1) King(2005), p.6.

자료 : King(2005).

3.2.6 통화정책의 새로운 전달경로에 관한 최근 논의

2007년 글로벌 금융위기 이전까지는 세계적으로 1980년대 중반부터 시작된 순조로운 경제환경이 약 20년간 계속되었다. 이에 주목하여, 대완화기(Great Moderation)의 확장적 통화정책이 금융기관의 위험추구를 촉진함으로써 금융기관 건전성에 영향을 주었을 것이라는 새로운 시각이 최근 설득력을 얻고 있다. 이것이 통화정책의 리스크추구경로(risk-taking channel)이다. 또한 통화정책의 변경에 의해 은행의 자기자본이 변동하면 대출여력이 영향을 받게 된다는 은행자본경로도 최근 새롭게 제시되었다. 특히 자기자본규제가 유효제약으로 작용하는 경우에는 은행자본경로에 의해 대출여력이 결정적으로 영향을 받게 된다. 리스크추구경로와 은행자본경로는 둘 다 통화정책의 효과가 자금 공급주체인 금융기관(또는 은행)의 대차대조표 변동을 통해 파급된다는 점에서 공통점을 갖는다.

3.2.6.1 리스크추구경로[95]

확장적 통화정책 하의 낮은 이자율(수익률)은 은행, 펀드매니저, 보험회사 등의

95. 이 소절은 Gambacorta(2009)에 의존하였다.

수익률 추구(search for yield) 유인을 강화할 수 있다. 예를 들어 보험회사나 연금기금은 부채에 대해 특정 명목수익률을 보장하는 경우가 있는데, 금리하락기에는 이 보장수익률이 정부채권수익률보다도 높아질 수 있다. 이런 때에는 펀드매니저가 정부채권 대신 고위험 회사채를 자신의 자산포트폴리오에 편입하게 될 것이다. 또한 단기수익을 기준으로 금융기관 임원의 성과를 평가하는 점도 이들의 수익률 추구를 부추긴다. 이와 같이, 특히 저금리시기에는 은행, 펀드매니저, 보험회사가 수익률을 추구하게 되는 과정에서 이들 금융기관이 더 많은 리스크를 기꺼이 수용하게 된다.

한편, 확장적 통화정책 하의 낮은 이자율은 금융기관들이 좀더 많은 리스크를 수용하도록 부추기는 방향으로 대차대조표에 변화를 가져온다. 예를 들어 낮은 이자율 덕분에 주가가 상승하면, 부도율(PD : probability of default)과 부도 시 손실률(LGD : loss given default) 등에 대한 금융기관의 추정치가 하향 조정되고 금융기관의 순가치(자기자본)가 증가하여 레버리지(자산/자기자본)가 낮아진다. 또한 상승장에서는 주가변동성이 줄어들어 금융기관이 리스크를 과소평가하게 된다. 이와 같이 레버리지가 낮아진 상태에서 리스크에 둔감해진 금융기관들은 주식(위험자산)의 추가 매입에 나서 레버리지를 다시 올리는 등 더 많은 리스크를 기꺼이 떠안게 된다.

낮은 이자율은 이와 같은 두 가지 방식으로 금융기관의 리스크추구 행동을 자극할 수 있다. 경험적으로도 "낮은 이자율이 은행대출포트폴리오의 위험성을 늘리고, 저위험 차입자에 비해 고위험 차입자에 적용되는 대출이자율을 상대적으로 줄인다"는 증거가 최근 나오고 있다.[96]

이와 같이 확장적 통화정책으로 저이자율이 상당 기간 지속되면 금융기관의 리스크추구 행동이 강화되면서 은행 등 금융기관의 건전성을 사실상 해치게 된다. 이러한 변화는 실물경제에 함의를 갖는다. 이번 글로벌 금융위기에서 경험했듯이, 은행 건전성이 악화된 상태에서 자산버블이 붕괴하면 차입주체 및 금융기관의 대차대조표가 순식간에 훼손되면서 시장 불확실성 증폭과 이자율 급등이 초래된다. 이런 과정에서 금융기관이 도산하고 신용경색이 지속되면 급속한 경기침체가 뒤따른다.

96. Gambacorta(2009), pp.45~46.

3.2.6.2 은행자본경로[97]

최소자기자본규제는 은행 등 금융기관의 리스크추구 행동을 억제하기 위한 대표적인 규제이다. 그런데 글로벌 금융위기 이전의 자기자본규제는 경기변동에 둔감하여 은행대출의 경기순응성(procyclicality)을 심화시킨 것으로 드러났다. 그 이유는 무엇일까?

앞서 통화정책의 리스크추구경로에서 논의했듯이 낮은 이자율은 은행 대차대조표의 자기자본을 늘려주고, 이는 은행의 대출여력 증대를 의미한다. 또한 확장적 통화정책으로 정책금리가 인하되면 기간 스프레드가 늘어나 순이자마진(NIM : net interest margin)이 확대된다. 이는 은행 신규 대출의 수익성 개선을 의미하므로 은행의 대출유인이 강화된다.

대완화기의 그린스펀 풋(Greenspan put) 또는 사후청소전략(mop-up after strategy)을 주요 특징으로 하는 비대칭적 통화정책은 자산가격 버블에도 이를 '소극적으로 방임하는 접근(benign neglect)'이었다. 따라서 저금리정책 기조가 계속되는 가운데 자산가격이 상승하는 상황(상승장)에서는 은행들이 대출유인의 강화와 아울러 자기자본의 증가를 경험하면서 최소자기자본을 넘는 초과분(대출여력)으로 실제로 대출을 확대했고, 반대로 하락장에서는 대출여력이 감소하거나 음이 되면서 은행들은 대출을 축소했다. 이는 은행대출의 경기순응성을 의미한다. 요컨대, 글로벌 금융위기 이전에는 자기자본규제가 경기변동에 둔감한데다 확장적 통화정책이 지속되었다. 이로 인해 은행들이 대출여력 및 대출유인의 증대를 경험하면서 은행대출의 경기순응성이 심화되었고, 이는 다시 경기변동성의 확대에 기여한 것이다.

이와 같은 은행자본경로는 앞서 학습한 은행대출경로와 긴밀한 관련성을 갖는다. 나아가 은행자본경로는 경기대응적 자기자본규제와 대칭적 통화정책의 조화로운 운용을 통해 은행대출의 경기순응성을 완화해야 한다는 정책적 함의를 갖는다.[98]

---

97. 이 소절은 임형석(2010)을 참고하였다.

98. 여기서 대칭적 통화정책이란 호황기에도 경기안정화를 위해 적극적으로 통화정책을 운용함으로써 그린스펀 풋을 지양하는 것을 뜻한다. 대칭적 통화정책에 대해서는 White(2006a)를, 경기대응적 자기자본규제의 내용과 통화정책과의 조화에 대해서는 이 책의 제16장을 각각 참조하기 바란다.

연습문제

01. 다음의 언급을 읽고 물음에 답하시오.

> "통화정책이 미래에 예상되는 인플레이션 전망치에 대해 지금 선제적으로 대응하는 일은 오히려 위험하다. 인플레이션 전망치란 늘 틀리게 마련이기 때문이다. 결과적으로 옳지 않게 될 전망치에 대해 미리 섣불리 반응하면 향후 혼란과 불확실성을 더욱 가중시킬 뿐이다. 따라서 확실히 확인된 과거나 현재의 인플레이션에 대해 그때그때 정책적으로 반응하는 쪽이 훨씬 안전하고 바람직하다."

위의 언급에서 선제적 대응의 위험성을 지적한 부분에 대해 여러분은 동의하는가? 사후 진화적 대응의 안전성을 지적한 부분에 대해 여러분은 동의하는가? 각각 이유를 들어 설명해 보시오.

02. 다음은 이론적으로 생각할 수 있는 다양한 유형의 통화정책 운영체제를 열거한 것이다(Gordon 2005).

> ① 통화량목표제 ② 이자율목표제 ③ 환율목표제 ④ 물가안정목표제
> ⑤ 명목GDP목표제 ⑥ 실업률목표제 ⑦ 실질GDP목표제

(1) 위에서 통화정책의 최종 목표에 해당하는 변수를 직접 겨냥하는 운영체제를 고르시오.

(2) 위에서 명목 기준지표(nominal anchor)가 존재하는 운영체제를 고르시오.

03. 우리의 일상생활에서 최적 계획의 동태적 비일관성에 해당하는 예를 세 가지 들어 보시오.

04. 다음은 2006년 3월 25일자 이코노미스트 지(*The Economist*, pp.78~79)에 게재된 "Issing Link" 라는 기사의 내용을 기초로 재구성한 문장이다. 이 문장을 읽고 다음 물음에 답하시오.

> "통화량목표제가 많은 나라에서 1970~1980년대에 실패로 끝난 후, 이제 통화량은 통화정책에서 별다른 주의를 끌지 못하는 변수가 되고 말았다. 다시 말해, 통화정책에 통화는 더 이상 없는 역설적 현상이 발생한 것이다. 예를 들어 미국 연방준비제도는 2006년 3월 말 가장 광의의 통화량인 *M3*의 편제를 중단한다고 공식 선언했을 정도이다."

(1) 위에서 말하는 역설적 현상이 나오게 된 이유는 무엇인지 설명하시오.

(2) "인플레이션은 언제 어디서나 화폐적 현상" 이라는 프리드만(M. Friedman)의 명제는 더 이상 성립하지 않게 된 것일까?

05. 다음은 IMF(2005)가 소개한 물가안정목표제에 대한 회의적 시각들이다. 여러분들은 각각에 대해 어떻게 생각하는가?

(1) 물가안정목표제는 특정 기간(정책시계) 동안 특정 수준의 인플레이션을 달성하도록 중앙은행을 지나치게 구속한다. 이와 같이 중앙은행에게 재량을 거의 허용하지 않기 때문에 물가안정목표제가 경제성장을 불필요하게 제약할 우려가 있지 않을까?

(2) 중앙은행에 대한 신뢰성이 결여된 경우에는, 실제 인플레이션을 언제 어떻게 목표수준으로 되돌릴지에 대해 물가안정목표제가 중앙은행에게 지나친 재량을 허용하게 된다. 이와 같이 물가안정목표제가 중앙은행에게 너무 많은 재량을 허용하기 때문에 인플레이션 기대를 고정시킬 수 없지 않을까?

(3) 물가안정목표제는 물가안정을 중앙은행의 주요 목표로 설정하기 때문에 상대적으로 환율에 대해 간과하기 쉽다. 그렇다면, 물가안정목표제가 높은 환율변동성을 가져오는 것은 아닐까?

(4) 물가안정목표제의 순조로운 작동에는 일단의 전제조건(preconditions)이 요구된다. 여기에는 중앙은행의 기술적 능력(인플레이션 전망 및 모형 설정에 필요한 자료를 획득하고 분석을 수행할 능력), 중앙은행의 제도적 독립성(완벽한 법률적 자율성과 아울러 인플레이션 목표를 달성하는 데 걸림돌이 될 재정적자나 정치적 압력으로부터의 독립성), 금융시스템의 건전성(건전한 은행시스템과 발전된 자본시장), 그리고 효율적 경제구조(가격의 완전 자율화 등)가 포함된다. 그런데 대부분의 신흥시장경제는 현실적으로 이런 조건들을 충족하지 못하는 경우가 많다. 그러므로 이들 신흥국들에게는 물가안정목표제보다는 환율목표제나 통화량목표제와 같은 기존의 통화정책 운영체제가 더 낫지 않을까?

06. 다음은 이 장의 〈Box 11-2〉에 나오는 일부 내용이다. 지문을 읽고 물음에 답하시오.

> "블라인더(A. Blinder)는 ① 선제적 [통화]정책을 ② 유연하고 보수적으로 운용할 것을 제안한다. 우선 바람직한 경제상태를 위해 어느 정도의 긴축 · 팽창이 필요한지를 측정하고,

그 추이를 지켜본 후 그것이 당초 예상했던 방향으로 진행되면 처음에 계획했던 대로 정책을 수행하고, 반대로 당초 예상이 빗나간다면 정책을 새롭게 수정하는 방식을 활용하자는 것이다"

(1) 위 ①의 '선제적 통화정책'이 필요해지는 이유는 무엇인가?

(2) 왜 ②에서와 같이 '유연하고 보수적으로 [통화정책을] 운용'해야 하는가?

(3) 위 ②는 대완화기에 미국 연준 의장을 지냈던 그린스펀(A. Greenspan)의 금리 중시 통화정책 운용방식에 대한 배경 설명이기도 하다. 그린스펀의 정책금리 운용방식은 오늘날 정상적인 상황에서 각국 중앙은행이 따라 하는 보편적 모범사례로 확립되어 있다. 이 운용방식을 무엇이라 부르는가?

07. 다음 박스의 지문은 중앙은행의 금융안정 역할에 대한 내용이다. 읽고 물음에 답하시오.

글로벌 금융위기는 중앙은행이 평소 물가안정은 물론 금융안정을 위해서도 정책적으로 역할을 수행해야 할 필요가 있음을 절실히 보여주었다. 예를 들어, 대완화기 동안 세계적으로 각국이 물가안정과 경제성장을 안정적으로 누리는 가운데, 금융불균형의 누적에 대해서는 중앙은행이 정책적으로 소홀했다. 물론 위기가 도래하기 여러 해 전부터 BIS 경제학자들이 통화정책이 금융안정을 감안해야 한다는 시각을 일관적으로 주장했으나, 미국 연준은 이러한 시각에 반대하는 입장이었다. 이러한 시각 차이는 위기 이전에 이미 '대응 vs. 청소 논쟁(The Lean vs. Clean Debate)'으로 이어지기도 했다.

(1) 금융불균형(financial imbalances)의 누적이란 구체적으로 무엇인가? 두 가지 예를 들어 보시오.

(2) 글로벌 금융위기가 불거지기 이전 수년 동안 금융불균형의 누적을 부추긴 요인들을 3가지 들어 보시오.

08. 이 장의 〈그림 11-1〉에서 물가수준목표제 하의 중앙은행이 t_2 시점에서 2기간(two periods) 동안 인플레이션을 4%로 유지하는 경우에는 t_4 시점에서 원래의 목표경로에 정확히 올라서게 됨을 수학적으로 보이시오.

09. 다음은 통화정책 전달경로에 관하여 묻는 문제들이다.

(1) 금리경로가 유효하기 위해서는 일련의 연결고리들이 작동해야 한다. 이들 중 취약할 수 있는 연결고리 2개를 골라 그 이유를 각각 설명하시오.

(2) 대차대조표경로는 은행대출경로와 어떻게 비교되는가?

(3) 은행자본경로는 은행대출경로와 어떻게 비교되는가?

참고문헌

김병기 · 송승주, 「인플레이션 타게팅에 관한 최근 논의」, 금융경제연구 WORKING PAPER 제441호, 한국은행 금융경제연구원, 2010. 11.

박진호, 「유럽중앙은행 통화정책 운용방식에 대한 최근 논의와 시사점」, 한은조사연구 2005-12, 한국은행 조사국 해외조사실, 2005. 12.

배준석, 「개정 한국은행법의 주요 내용과 의의」, 『조사통계월보』, 한국은행, 2011. 12, pp.100～116.

이종화 · 김진일, 『동태적 거시경제학 : 성장과 변동』, 박영사, 2021.

임형석, 「은행 자기자본규제 하에서 금리정책의 파급경로」, 『주간 금융브리프』, 제19권 제18호, 한국금융연구원, 2010. 4. 24～4. 30, pp.3～7.

정운찬 · 김홍범 옮김, 『중앙은행의 이론과 실제』(Alan S. Blinder 著, *Central Banking in Theory and Practice*, MIT Press, 1998의 연구번역서), 율곡출판사, 2003.

한국은행, 『우리나라의 통화정책』, 2005. 12.

______, 『알기쉬운 경제지표해설』, 2006. 8.

______, 『한국은행 60년사』, 2010. 6. 12.

______, 『한국의 통화정책』, 2012. 12.

______, 『인플레이션보고서』, 2015. 7.

______, "통화정책," 홈페이지 게시자료, www.bok.or.kr, 검색일 : 2017a. 10. 10.

______, 『한국의 통화정책』, 2017b. 12.

한국은행 정책기획국, 「통화정책의 운용」, 2001. 3.

Aydin, Burcu, and Engin Volcan, "Incorporating Financial Stability in Inflation Targeting Frameworks," IMF Working Paper WP/11/224, International Monetary Fund, September 2011.

Barro, Robert J., and David Gordon, "Rules, Discretion and Reputation in a Model of Monetary Policy," *Journal of Monetary Economics* 12, No. 1, 1983, pp.101～121.

Berg, Claes, "Experience of inflation-targeting in 20 countries," *Economic Review*, 1/2005, Sveriges Riksbank, 2005, pp.20～47.

Bernanke, Ben S., "The Financial Accelerator and the Credit Channel," A speech delivered at The Credit Channel of Monetary Policy in the Twenty-first Century Conference, Federal Reserve Bank of Atlanta, Atlanta, Georgia, June 15, 2007.

Bernanke, Ben, and Mark Gertler, "Inside the Black Box: The Credit Channel of Monetary Policy Transmission," *Journal of Economic Perspectives*, Vol. 9, No. 4, Fall 1995, pp.27～48.

Blanchard, Olivier, *Macroeconomics*, 4th ed., Pearson Education International, 2006.

Blinder, Alan S., *Central Banking in Theory and Practice*, The MIT Press, 1998.

Board of Governors of the Federal Reserve System, "Federal Reserve Issues FOMC Statement of Longer-Run Goals and Policy Strategy," January 25, 2012a.

______________________________, "Transcript of Chairman Bernanke's Press Conference," January 25, 2012b.

Cecchetti, Stephen G., "Monetary Policy Lessons Learned from the Crisis and the Post-Crisis Landscape," A speech delivered at the Inaugural SEACEN-CEMLA Conference held in Kuala Lumpur, Malaysia, on October 13, 2011.

Clinton, Kevin, Tibor Hlédik, Tomáš Holub, Douglas Laxton, and Hou Wang, "Czech Magic: Implementing Inflation-Forecast Targeting at the CNB," IMF Working Paper, WP/17/21, International Monetary Fund, January 2017.

Croce, Enzo, and Moshin S. Khan, 2000, "Monetary Regimes and Inflation Targeting," *Finance and Development*, Vol. 37, No. 3, September 2000, International Monetary Fund.

Eichengreen, Barry, Mohamed El-Erian, Arminio Fraga, Takatoshi Ito, Jean Pissani-Ferry, Eswar Prasad, Raghuram Rajan, Maria Ramos, Carmen Reinhart, Hélène Rey, Dani Rodrik, Kenneth Rogoff, Hyun Song Shin, Andrés Velasco, Beatrice Weder di Mauro, and Yongding Yu,

"Rethinking Central Banking," Committee on International Economic Policy and Reform, September 2011.

The Economist, "Issuing Link," March 25, 2006, pp.78~79.

__________, "Changing Target: Should the Fed Target Nominal GDP?," August 27, 2011.

European Central Bank, *The Monetary Policy of the ECB*, 2nd ed., January 2004.

Friedman, Milton, *The Counter-Revolution in Monetary Theory*, IEA Occasional Paper, No. 33, Institute of Economic Affairs, 1970.

Gambacorta, Leonardo, "Monetary Policy and the Risk-taking Channel," *BIS Quarterly Review*, December 2009, pp.43~53.

George, Eddy, "The Bank of England—Objectives and Activities," A speech given at the Capital Market Research Institute of Frankfurt University, December 5, 1994.

Goodhart, Charles A. E., *Money, Information and Uncertainty*, 2nd ed., The MIT Press, 1989.

Gordon, Robert J., *Macroeconomics*, 10th ed., Addison-Wesley, 2005.

Greenspan, Alan, "Transparency in Monetary Policy," *Review*, Vol. 84, No. 4, The Federal Reserve Bank of St. Louis, July/August 2002.

International Monetary Fund, "The Move to Inflation Targeting," *Finance and Development*, June 2003, pp.24~25.

________________, *World Economic Outlook: Building Institutions*, September 2005.

________________, "Unconventional Monetary Policies—Recent Experience and Prospects," April 18, 2013.

Issing, Otmar, "Why Stable Prices and Stable Markets Are Important and How They Fit Together," A paper presented for the 1st Conference of the Monetary Stability Foundation, Frankfurt, Germany, December 5, 2002.

Jahan, Sarwat, "Inflation Targeting: Holding the Line," *Finance & Development*, www.imf.org, International Monetary Fund, date of update: July 29, 2017.

King, Mervyn, "Monetary Policy: Practice Ahead of Theory," Mais Lecture

2005 delivered on May 17, 2005.

Kydland, Finn E., and Edward C. Prescott, "Rules Rather Than Discretion: the Inconsistency of Optimal Plans," *Journal of Political Economy* 85, No. 3, 1977, pp.473~491.

Miller, Roger LeRoy, and David VanHoose, *Money, Banking, and Financial Markets*, South-Western College Publishing, 2001.

Mishkin, Frederic S., *The Economics of Money, Banking, and Financial Markets*, 7th ed., Pearson Education International, 2004.

________, *The Economics of Money, Banking and Financial Markets*, 9th ed., Pearson Education, Inc., 2010.

________, "Monetary Policy Strategy: Lessons from the Crisis," NBER Working Paper No. 16755, National Bureau of Economic Research, February 2011.

Poole, William, "Optimal Choice of Monetary Policy Instruments in a Simple Stochastic Macro Model," *Quarterly Journal of Economics* 84, May 1970, pp.197~216.

Reichlin, Lucrezia, and Richard Baldwin eds., *Is Inflation Targeting Dead?: Central Banking After the Crisis*, Center for Economic Policy Research, April 2013.

Roger, Scott, "Inflation Targeting at 20: Achievements and Challenges," IMF Working Paper, WP/09/236, International Monetary Fund, October 2009.

Svensson, Lars E. O., "Inflation Targeting in an Open Economy: Strict or Flexible Inflation Targeting," Public lecture held at Victoria University of Wellington, *Victoria Economic Commentaries*, Vol. 15, No. 1, November 1997.

________, "Monetary Policy and Real Stabilization," a paper presented to *Rethinking Stabilization Policy*, a symposium sponsored by the Federal Reserve Bank of Kansas City, Jackson Hole, Wyoming, August 29-31, 2002, pp.261~312.

Taylor, John B., "A Historical Analysis of Monetary Policy Rules," in Taylor, John B., ed., *Monetary Policy Rules*, a National Bureau of Economic

Research Conference report, The University of Chicago Press, 1999, pp.319~341.

Tobin, James, "A General Equilibrium Approach to Monetary Theory." *Journal of Money Credit and Banking*, Vol 1, No. 1, 1969, pp.15~29.

Walker, Andrew, "Inflation Targeting Is 25 Tears Old, But Has It Worked?," *BBC News*, www.bbc.com, The BBC, March 11, 2015.

White, William R., "Procyclicality in the Financial System: Do We Need a New Macrofinancial Stabilization Framework?," BIS Working Paper, No. 193, Bank for International Settlements, January 2006a.

______________, "Is Price Stability Enough?," BIS Working Paper, No. 205, Bank for International Settlements, April 2006b.

CHAPTER 12

통화정책 수단과 우리나라의 통화정책

Money & Financial Markets, Ch. Twelve, pp.585~667

1. 통화정책의 표준적 수단
2. 통화정책의 비표준적 수단
3. 우리나라의 물가안정목표제

우리는 앞 장에서 통화정책의 기본 구조와 체계, 전달경로를 학습했다. 이러한 내용은 세계 각국의 통화정책을 이해하기 위해 필요한 일반적 지식에 해당한다. 하지만 통화정책의 운영방식과 경험은 각국의 역사와 제도에 따라 다르게 나타난다. 예를 들어 앞서 살펴본 통화정책체계의 구성요소 중 통화정책의 최종 목표는 어떻게 정의할 것인지, 어떤 명목 기준지표를 선택할 것인지는 각국 금융시스템에 작용하는 경로의존성과 제도보완성에 중요하게 의존한다.[1] 앞 장의 여러 곳에서 우리나라의 경험과 현실을 소개 · 정리한 것은 바로 이런 이유에서다.

이 장에서는 우선 중앙은행이 통화정책을 수행하기 위해 사용하는 여러 표준적 정책수단의 기본 구조 및 이론적 근거와 함께 그 정책들의 제도적 특징을 알아본다. 그리고 한국은행이 이들 정책수단을 어떻게 활용해 오고 있는지 구체적 경험과 현황을 설명하기로 한다. 또한 최근 글로벌 금융위기의 수습 및 대응 과정에서 일부 선진국이 사용한 대규모 자산매입과 같은 비표준적 통화정책 수단에 대해서도 미국 연준의 경험을 중심으로 논의한 후, 지난 수년간 일부 국가에서 새롭게 실행되거나 논의가 진행 중인 마이너스 금리 등 몇몇 비표준적 정책수단들에 대해서도 추가적으로 소개하기로 한다. 다음으로, 1997년 외환위기 이후 지금까지 우리나라의 통화정책을 주로 물가안정목표제의 운영 경험에 초점을 맞춰 살펴볼 것이다.

1. 통화정책의 표준적 수단[2]

Money & Financial Markets, Ch. Twelve

통화정책 수행을 위한 중앙은행의 정책수단은 내용상 통화총량을 규제하는 방식과 통화공급경로를 선별적으로 규제하는 방식으로 구분된다. 전자에는 통화당국의 여 · 수신제도, 지급준비제도, 그리고 공개시장운영과 같은 간접적 수단과 대출한도제와 같은 직접적 수단이 포함되며, 후자에는 금융기관에 대한 창구지도와 같

1. 각국 금융제도가 경로의존성과 제도보완성에 의해 개별성과 특수성을 띠게 되는 점에 대해서는 제7장 참조.
2. 이 절은 주로 한국은행(2005 · 2010a · 2011 · 2012 · 2017b)에 의존했으며, 윤면식(2001), 이광주(2000), 그리고 한국은행 정책기획국(2001)도 참고하였다.

이 통화당국이 예금은행 자금운용에 대해 직접적인 규제를 가하는 방식과 대출대상을 선별적으로 제한 · 지원하는 방법 등이 있다.[3]

한 나라의 중앙은행이 통화정책을 수행할 때 간접규제 방식과 직접규제 방식 중 어느 것에 더 의존하느냐는 그 나라의 실물경제 및 금융시장의 발달 정도에 달려 있다. 1970년대에는 다른 많은 개발도상국과 마찬가지로 우리나라에서도 금융시장이 제대로 발달하지 못하고 초과자금수요가 항상 존재했기 때문에 통화당국은 금융기관의 여수신 금리를 규제하거나 대출 · 투자 등 자금운용에 대해 직접통제를 가하는 등 직접규제수단을 통화정책의 주요 수단으로 사용했다.

그러나 실물경제와 금융시장이 점차 발달하면서 각국 중앙은행은 간접규제 방식을 기본 수단으로 하고, 직접규제 방식은 단지 간접규제 방식을 보완하는 보조수단으로만 사용하게 되었다. 중앙은행이 간접규제 방식에 의존할수록, 정책수단으로 예금은행의 신용총량에 영향을 미치는 방식을 중시하고, 예금은행의 신용배분이나 이자율 등은 시장기능에 따라 자율적으로 결정되도록 하는 것이 보통이다.

나아가 1990년대 이후 경제규모의 대형화와 금융시장의 자유화 · 개방화에 따라 시장원리가 중시되면서 이제 직접규제수단의 사용은 바람직하지도 않고 가능하지도 않게 되었다. 그러는 사이 세계적으로 대부분의 나라에서 통화량목표제가 일찌감치 폐기되었다.

현재 한국은행은 주로 간접규제수단을 이용하여 일상적인 통화정책을 수행하고 있다. 특히 최근에는 금융시장의 가격메커니즘을 통해 수시로 단기시장 금리와 유동성을 조절하기 위해 공개시장운영을 통화정책의 핵심 수단으로 사용하고 있다. 한편 여 · 수신제도는 한국은행이 통화정책 방향을 간접적으로 공시하는 수단으로, 혹은 비상 시 최종대부자 기능을 수행하기 위한 수단으로 활용하고 있다. 또한 지급준비제도는 그 자체가 시장친화성이 떨어지는 규제인데다 지급준비율을 소폭으로 조정해도 시중 유동성과 금융기관 수지에 강력한 영향을 미칠 수 있어 일상적 유동성 조절수단으로는 별로 사용되지 않고 있다.[4]

---

3. 이는 개략적인 구분이며, 반드시 정확한 것은 아니다. 예를 들어, 한국은행 통화정책 수단 중 하나인 여 · 수신제도에는 금융중개지원대출이 포함되는데, 동 대출은 한국은행이 관장하는 중소기업 금융지원 프로그램으로 통화총량을 규제하는 방식과는 거리가 있으며, 이를 순수한 간접규제로 보기도 어렵다.
4. 다만, 지난 글로벌 금융위기를 전후하여 일부 신흥시장국에서 지급준비제도가 효과적으로 활용된 사례가 있다. 이 장의 1.2 소절 참조.

이와 같이 오늘날 한국은행을 포함하는 대부분의 중앙은행들은 통화정책의 수행과정에서 주로 간접규제수단을 이용하여 시장금리를 적절한 수준으로 유도하고 유동성을 조절하는 데 치중하고 있다. 아래에서는 간접규제 방식으로 분류되는 통화정책의 세 가지 표준적 수단에 대해 자세히 설명하기로 한다.

1.1 여 · 수신제도

1.1.1 중앙은행의 여 · 수신제도

중앙은행 여 · 수신제도란 "중앙은행이 금융기관을 대상으로 대출 및 예금을 통해 자금의 수급을 조정하는 정책"을 가리킨다. 역사적으로 이 제도는 원래 상업어음 재할인제도로 출발했으나, 이것이 다수 국가에서 "유동성조절대출제도를 거쳐 대기성 여수신제도로" 널리 진화하면서 최근에는 중앙은행 여 · 수신제도라 부르게 되었다.[5]

우선, 상업어음 재할인이란 고객이 제시한 약속어음을 은행이 할인하여 자금을 공급한 후, 이번에는 은행이 이 어음을 중앙은행에 제시하여 다시 할인받아 자금을 차입하는 것을 말한다. 이때 어음은 실물생산과 관련된 진성어음(real bills)으로 한정된다. 중앙은행이 진성어음을 은행으로부터 매입하면서 적용하는 할인율(이자율)이 재할인율이다.

예를 들어 은행이 일반 기업으로부터 1억원짜리 상업어음을 받고 9,500만원을 대출했다고 하자. 이때 은행이 긴급한 자금수요로 이 상업어음을 중앙은행에 맡기는 대신 자금을 대출받는 방식이 재할인이다. 이 은행이 1억원어치의 상업어음을 재할인받는 형태로 중앙은행에게서 1억원을 차입한다고 가정하면, 은행의 대차대조표에는 자산 간 대체가 이루어질 것이다. 이때 중앙은행은 1억원어치 상업어음을 자산으로 취득하고 은행의 지준예치금을 1억원 늘려주는 방식으로 결제할 것이다. 이것을 중앙은행의 대차대조표로 표현하면 [표 12-1]과 같다. 물론 은행이 이 상업어음을 1억원 그대로 재할인받지 못하고 어느 정도 손해를 감수하는 것이 보다 현실적이다.

---

5. 본 문단의 인용문들은 한국은행(2017e), p.108에서 따왔다.

표 12-1　　재할인정책의 효과

중앙은행 대차대조표

자 산		부채 및 자본	
상업어음	100,000,000	지준예치	100,000,000

예금은행 대차대조표

자 산		부채 및 자본
상업어음	−100,000,000	–
지준예치	100,000,000	

진성어음의 재할인 말고도 중앙은행은 적격성이 있다고 인정되는 증권을 담보로 은행에 대출해 줄 수 있다. 이와 같이 중앙은행이 진성어음을 재할인하거나 적격증권을 담보로 대출하는 이유는 본원통화가 생산이나 유통과 연결되어 공급되도록 하여 통화공급의 인플레이션 요인을 제거하기 위해서이다. 우리나라에서도 금융시장의 안정을 직접 위협하는 긴급상황을 제외하고는, 한국은행 대출의 대상이 되는 어음이나 증권의 종류를 실물거래와 관련하여 은행이 취득한 어음 또는 국채나 정부보증채 등으로 제한하고 있다.

전통적으로 중앙은행의 재할인제도는 금융기관에 대한 자금공급의 주요 경로 중 하나로서 통화조절 수단으로 주로 이용되었다. 중앙은행은 재할인을 통해 본원통화 공급을 통제함으로써 금융기관의 신용가용량을 조절하고 실물경제의 투자활동에 영향을 미치게 된다. 예를 들어 중앙은행이 대출규모를 줄이거나 재할인율(rediscount rate)을 인상하면 금융기관의 신용가용량이 줄어든다. 금융기관의 중앙은행에 대한 자금의존도가 높을수록 이 정책의 실효성은 크게 나타난다.

하지만 금융기관에 대한 상시 영업자금 공급의 중요성이 시간이 갈수록 퇴색하면서 선진국 중앙은행의 전통적 재할인제도는 금융기관의 단기적 유동성조절에 초점을 맞춘 중앙은행 대출제도로 점차 바뀌게 되었다. 이와 아울러 중앙은행이 자신의 대출금리를 변경하는 방식을 통해 향후 통화정책의 방향을 알려주는 공시기능도 중요하게 부각되기 시작했다. 오늘날 중앙은행은 대출금리를 변경함으로써 실물경제 및 금융시장에 대한 중앙은행의 판단 또는 시각을 시장에 전달한다. 대출금리의 인상 · 인하는 각각 금융긴축 · 금융완화의 신호가 된다. 따라서 대출금리 변동은 자금 대여자인 은행뿐만 아니라 자금 차입자인 기업의 경기전망이나 자금수요에도 광범위한 영향을 미친다. 이것을 공시효과(announcement effect) 또는 심리효과(psychological effect)라 한다.

이때 경제주체들이 너무 민감하게 반응한다면 경제 내에 부작용이 생길 우려가 존재한다. 예를 들어 재할인율 인하 시 경제주체들이 그것을 곧 확장적인 정책기조로 판단하여 대출수요가 증가하고, 은행들은 이에 따라 중앙은행으로부터 필요 이상으로 자금을 차입하는 등의 부작용을 낳을 수도 있다. 따라서 선진국에서는 대출금리나 법정지급준비율의 변동을 통하여 통화량을 조절하기보다는 공개시장운영으로 통화량을 조절하는 것이 일반적이다. 그 이유는 공개시장운영을 통한 통화정책수단 부분에서 좀 더 확실히 이해할 수 있을 것이다.

한편, 오늘날 대부분의 선진국 중앙은행은 자신의 정책금리 위아래로 적정 수준의 대출금리와 수신금리를 각각 설정한 후 유동성을 무제한으로 제공 · 흡수하는 대기성 여 · 수신제도를 운영함으로써 단기시장금리가 정책금리로부터 일정폭 이상 벗어나는 일이 없도록 하고 있다. 이 밖에도 선진국 중앙은행들은 지급결제제도 및 금융시스템의 안정을 위해 일중당좌대출제도 및 비상대출제도와 같은 대출제도를 운영 중이다.

1.1.2 한국은행의 여 · 수신제도

1980년대까지만 해도 한국은행의 여 · 수신제도(당시의 '재할인 및 대출제도')는 금융기관에 대한 중앙은행의 자금공급경로로서의 전통적 기능보다는 정부 주도의 압축성장전략을 뒷받침하기 위해 중소기업 지원이나 농업자금, 무역금융 등 특정부문이나 산업을 지원하는 정책금융의 기능을 담당했다.

정책금융이란 정부가 경제의 특정 부문에 금리, 기간, 금액 등 자금의 공급조건이나 가용성 측면에서 우대된 자금을 공급하는 것을 말한다. 정책금융은 정부가 특정 소득계층이나 특정 산업부문을 지원하기 위해 사용하는 정책수단이지만, 통화신용정책의 효율성을 저하시키는 원인으로 지적되기도 한다.

구체적으로, 은행이 전략부문 및 산업에 대해 낮은 정책금리로 자금을 지원하면 한국은행은 재할인 및 대출정책을 통해 그 은행이 행한 자금지원액의 상당 부분

(흔히 절반)을 더욱 낮은 금리로 융자해 주었다. 낮은 정책금리로 인해 실물부문은 상시적으로 자금을 초과수요하게 되었고, 이를 궁극적으로 한은의 대출자금으로 지원하는 과정에서 통화가 과도하게 공급되었다. 그 결과 1960 ~ 1970년대 압축성장기 내내 심각한 인플레이션이 초래되었다. 한국은행은 금리가 낮게 고정된 상태에서 요건만 충족되면 유동성을 자동적으로 공급해야 했으므로, 그 당시 한국은행의 재할인 및 대출정책은 유동성 조절기능과는 전혀 거리가 멀었다.

이와 같은 상황은 대체로 다수의 개발도상국에서 공통적으로 관찰되는 현상이었다. 많은 개발도상국에서는 정부가 고도성장을 주도하는 가운데 금융부문을 통제하는 일이 잦았다. 금융자원을 특정 분야나 산업으로 배분하면서 금리 또는 자금가용성(availability) 면에서 특혜를 준 것이다. 이런 상태에서 금융부문에서 시장원리를 기대할 수는 없었다. 대출자금의 가격은 물론 대출자금의 배분도 금융기관 자율이 아닌 정부의 지시와 통제 하에 있었기 때문이다.

이처럼 정부가 자의적으로 자금의 가격과 흐름을 통제하는 상황을 금융억압(financial repression)이라 부른다. 금융억압 상황에서 중앙은행의 대출제도는 결국 정부의 산업정책을 지지하는 선별금융수단으로 기능하게 된다. 원래 산업정책은 정부의 재정자금으로 지원되어야 옳다. 그런데 중앙은행이 자신의 발권력을 이용하여 재정의 역할을 대신 수행한 셈이다. 이런 의미에서 대출제도를 통한 중앙은행의 정책자금 지원활동을 준재정활동(quasi-fiscal activity)이라 부른다.[6] 물론 이러한 중앙은행의 대출제도 운용방식은 본연의 모습과는 거리가 멀다. 인플레이션을 초래했고 중앙은행 독립성도 훼손했기 때문이다.

1970년대까지만 해도 우리나라에서는 거의 모든 은행이 실질적으로 정부의 소유 및 통제에 놓여 있었고, 금융산업은 유형 · 무형의 수많은 규제를 받아왔다. 그러나 1970년대 말부터 통제적 금융시스템의 부작용이 금융기관들의 부실채권 누적으로 드러나면서 금융자율화의 필요성이 대두되기 시작했다. 금융자율화란 금융억압에 맞서는 개념으로, 자율적 시장기능에 의해 금리가 결정되고 자원배분이 이루어지도록 하는 포괄적 변화를 의미한다(〈Box 12-1〉 참조).

6. 한국은행(2005) 참조.

Box 12-1 우리나라의 금융자율화 경과 : 1980 ~ 1997년

정부는 1980년 '일반은행의 자율화방안'을 마련하여 금융자율화의 첫발을 내디뎠다. 이 방안에는 정책금융 축소와 부실채권 정리는 물론, 은행의 내부경영에 대한 규제 폐지와 정부보유 주식 매각을 통한 은행 민영화가 포함되어 있었다. 이에 따라 4개의 은행이 민영화되었고, 1980년대에만 5개의 시중은행이 새롭게 설립되었다.

정부는 1982년 12월 「은행법」을 개정하여 감독당국의 포괄적 지시명령권과 금융기관 임원선출 승인권을 삭제하였으며, 대주주가 금융기관의 경영에 지나치게 개입할 수 없도록 동일인 주식소유 상한을 의결권 있는 주식의 8%로 설정하였다. 또한 금융기관의 민영화 · 자율화 이후 금융자원이 자의적으로 편중되는 것을 막기 위해 동일인에 대한 대출한도 기준을 강화하고, 동일인에 대한 지급보증한도를 신설하였다.

그 밖에도 1980년대에는 여러 가지 자율화 조치가 시행되었다. 우선 예금은행, 투자금융회사(지금의 종합금융회사), 증권회사 등의 업무영역 확장이 허용되었고, 새로운 금융상품의 도입도 법적으로 보장되었다. 그 결과 은행은 신용카드(1980년), 상업어음 일반대출(1982년), 양도성예금증서(1984년), 은행신탁(1984년)의 업무를 새로 취급할 수 있게 되었다. 투자금융회사도 소위 팩토링이라 불리는 외상채권 매입(1981년), 양도성예금증서의 중개 및 매매(1984년) 등의 업무 취급이 허용되었다. 이러한 흐름은 1990년대에도 계속되어 20여 개가 넘는 종합금융회사들이 생겨나고 시장금리연동부 상품이 도입되었으며, 외환거래 등 금융기관의 업무범위도 크게 넓어졌다.

1991년부터 추진된 네 단계의 금리자유화정책은 여신금리 자유화에 이어 수신금리 자유화, 장기금리 자유화, 그리고 단기금리 자유화의 순서로 진행되었다. 통화규제 방식도 1988년 12월 이후 금융기관에 대한 직접관리 방식을 지양하고, 시장친화적인 간접규제 방식으로 전환을 꾀하였다. 이에 따라 정책당국은 금융기관에 대한 명시적 · 묵시적 여신규제를 철폐하겠다고 발표했으며, 통화안정증권의 발행방식도 사전할당 방식에서 경쟁입찰제로 바꾸었다. 물론 그 이후에도 RP의 강제인수를 통한 통화지표 직접관리 방식이 비공식적으로 사용되었다.

이처럼 우리나라에서는 1980년대 초반부터 다양한 방면에서 금융자율화가 추진되어 왔다. 그러나 1990년대 금융산업의 발전과정을 보면, 수많은 조치들이 취해졌음에도 실질적인 금융자율화는 더디게 진행되고 있음을 발견할 수 있다. 그 원인으로는 우선 금융자율화의 핵심인 은행의 자율적 대출심사가 제대로 이루어지지 못했음을 지적할 수 있다. 1960~1970년대, 즉 개발금융 시대에 우후죽순처럼 발생한 정책금융은 많이 없어졌지만, 1990년대 중반 산업정책이 거의 사라지고 재벌의 힘이 강해지면서 은행들은 유형 · 무형의 압력을 받고 재벌들의 무리한 확장을 위한 자금을 동원하였다. 수익성을 무시하고 기업규모를 기준으로 집행된 은행대출이 남발되면서, 금융기관들은 재벌과 난파선에 동승한 격이 되어 대출심사의 자율성 확보는 점점 더 어려워졌다.

또한 1993년부터는 금융시장 개방이 진행되었으나 국내 금융기관의 중장기 외화차입은 억제한 반면, 단기 외화 차입은 장려하는 방식으로 이루어진 "불균형적 개방(unbalanced financial opening)"이었으므로 결과적으로 종합금융회사의 부실을 초래하고 말았다.[1)]

결국 금융자율화가 실질적으로 이루어지지 않는 가운데 시장을 왜곡하는 요인들이 오랫동안 누적되면서 경제의 총체적 부실이 심화되었다. 이는 1997년 IMF 구제금융 사태를 부르는 데 기여하였다.

1) Kim and Lee(2004), p.7.

자료 : 김홍범(2006), 한국은행(2011), Kim and Lee(2004).

금융자율화의 일환으로 한국은행은 1994년 3월 자신의 재할인 및 대출제도를 전면적으로 정비하였다. 이에 따라 수출산업설비금융을 비롯한 다수의 정책금융이 폐지되었고, 일부 정책금융은 정부 재정으로 이관되거나 신설 총액한도대출제도로 통폐합되었다. 이후 한국은행은 2000년 6월과 9월 유동성조절대출제도와 일중 당

표 12-2 **한국은행의 여·수신제도 현황**(2020년 3월 현재)

<table>
<tr><th colspan="3">구분</th><th>목적</th><th>담보</th><th>금리</th><th>만기</th></tr>
<tr><td rowspan="5">대출</td><td colspan="2">자금조정대출</td><td>금융기관이 자금수급 과정에서 발생하는 부족자금을 지원</td><td rowspan="3">1. 금융기관이 대출로 취득한 신용증권[1]
2. 국공채
3. 통화안정증권
4. 산업금융채권
5. 중소기업금융채권
6. 수출입금융채권
7. 주택금융공사 발행 MBS
8. 특수채[2), 3)]
9. 일부 채권[3), 4)]</td><td>한국은행 기준금리 + 100bp[5]</td><td>1영업일[6]</td></tr>
<tr><td colspan="2">금융중개지원대출</td><td>한도 범위 내에서 은행의 중소기업대출 실적 등에 따라 자금 지원</td><td>연 0.25%</td><td>1개월</td></tr>
<tr><td colspan="2">일중당좌대출</td><td>당일 영업시간 중 금융기관의 일시적인 결제 부족자금 지원</td><td>무이자[7]</td><td>당일 자금이체 종료 시각</td></tr>
<tr><td rowspan="2">특별대출[8]</td><td>금융기관에 대한 긴급 여신</td><td>자금조달 및 운용 불균형 등으로 유동성이 악화된 금융기관에 대한 자금 지원</td><td colspan="3" rowspan="2">세부 조건은 금융통화위원회가 지정</td></tr>
<tr><td>영리기업에 대한 긴급 여신</td><td>금융기관으로부터의 자금조달에 중대한 애로가 발생하거나 발생할 가능성이 높은 경우 영리기업에 대한 자금 지원</td></tr>
<tr><td>예금</td><td colspan="2">자금조정예금</td><td>금융기관이 자금수급 과정에서 발생하는 여유자금을 예치</td><td>–</td><td>한국은행 기준금리 – 100bp[9]</td><td>1영업일</td></tr>
</table>

주 : 1) 한국은행이 취득한 날로부터 1년 이내에 만기가 도래하는 것에 한함.
2) 발행기관이 예금보험공사, 중소벤처기업진흥공단, 한국가스공사, 한국도로공사, 한국수자원공사, 한국전력공사, 한국철도공사, 한국철도시설공단, 한국토지주택공사인 경우로 한정.
3) 2020년 4월 1일부터 2021년 3월 31일까지 한시적으로 운영.
4) 「농업협동조합법」 제153조에 따른 농업금융채권, 「수산업협동조합법」 제156조에 따른 수산금융채권, 「은행법」 제33조 제1항 제1호에 따른 금융채만 해당.
5) 기준금리가 1% 미만인 경우 한국은행 기준금리의 2배에 해당하는 금리 적용.
6) 1개월 범위 내에서 연장 가능.
7) 금융기관 자기자본의 25%를 초과하는 일중당좌대출에 대해서는 직전분기 말월의 3년물 국고채 유통수익률에서 무담보 익일물 콜금리를 차감한 금리(최저금리는 0%).
8) 금융통화위원회 위원 4인 이상의 찬성으로 시행.
9) 최저금리는 0% 적용.

자료 : 한국은행(2021).

좌대출제도를 각각 도입하여 재할인 및 대출제도의 개선을 도모했다. 이후 2008년 3월 통화정책 집행체계 개편과 함께, 자금조정대출 및 자금조정예금을 도입하는 대신 유동성조절대출제도는 폐지했다. 또한 한국은행은 2009년 2월 담보가액 인정비율(haircut ratio)—대출담보자산의 신용 및 시장위험 통제를 위해 담보자산에 적용하는 할인율—을 도입했다.[7] 한국은행의 여 · 수신제도 현황은 [표 12-2]와 같다.

이제 현행 여 · 수신제도의 세부 구성요소를 차례대로 알아보기로 하자.

① 금융중개지원대출

금융중개지원대출은 "한국은행 금융통화위원회가 금융경제 상황과 중소기업 및 지역 금융동향 등을 감안하여 정한 한도 범위 내에서 은행의 중소기업 대출실적 등에 따라 저리자금을 지원" 하는 한국은행의 대출제도이다.[8]

동 대출은 한국은행 신용정책의 주요 수단으로 2013년 12월 도입되었다. 당시 한국은행은 신용정책의 개념을 "중앙은행 대차대조표의 자산구성 변화를 통해 민간부문의 자금흐름이나 신용배분에 영향을 미치는 정책" 이라 새롭게 재정립한 후, 그 정책적 의의가 "시장실패 등에 기인한 신용경색 완화", "성장잠재력 확충", "금융의 경기순응성 완화", "미시적인 신용공급 원활화" 등에 있다고 밝힌 바 있다. 원래 금융중개지원대출은 한국은행이 대출제도의 핵심이던 기존 총액한도대출에 새로운 의미—"신용공급이 부족한 부문에 대해 은행의 자금중개 기능이 강화되도록 지원" 한다는 의미—를 부여하면서 그 명칭을 변경한 것이다. 여기서 '신용공급이 부족한 부문' 이란 일반 중소기업과 전략 중소기업을 모두 포괄하는 중소기업부문을 가리킨다. 기존 총액한도대출이 금융중개지원대출로 개편됨에 따라 대출의 구성 체계는 '2개 한도(금융기관별 한도; 지역본부별 한도)' 에서 '4개 프로그램(무역금융지원 · 신성장 · 일자리지원 · 중소기업대출안정화 · 지방중소기업지원 프로그램)' 으로, 한도결정 방식은 '분기별 조정' 에서 '필요 시 수시 조정' 으로 각각 변경되었다.[9]

현행 금융중개지원대출제도를 구성하는 각 프로그램의 개요는 다음 [표 12-3]과 같다.

7. 한국은행(2010a) 참조.

8. 한국은행(2021).

9. 이 문단의 인용구는 모두 한국은행(2013), pp.1～3에서 따왔다.

표 12-3 금융중개지원대출 프로그램별 구성 내역

	도입시기	한도(조원)	금리(%)	지원 목적
무역금융지원 프로그램	1994년 3월	2.5	0.25	수출금융 지원
신성장 · 일자리지원 프로그램	2013년 6월	13.0	0.25	창업기업, 일자리창출기업, 소재부품장비기업 지원
중소기업대출안정화 프로그램	2017년 9월	5.5	0.25	중소기업 대출에 대한 변동성 완화, 경기대응 등
지방중소기업지원 프로그램	1994년 3월	5.9	0.25	지방중소기업 지원

자료 : 한국은행(2021).

② 일중당좌대출

최근 금융기관 간 자금결제규모가 크게 늘어나면서 영업시간 중 일시적으로 제시간에 지급결제가 이루어지지 못하는 경우가 늘어났다. 이와 같이 영업일 중 발생하는 지급결제 부족분을 한국은행이 당일 업무종료 전까지 무이자로 자동 대출하는 제도가 일중당좌대출제도로, 2000년 9월 도입되었다. 금융기관은 한국은행에 적격담보(국채, 정부보증채, 통안증권, 신용증권)를 예치해야 하며, 담보예치규모는 원칙적으로 금융기관이 자율적으로 정한다. 당일 업무종료 시점의 미상환 대출잔액은 자금조정대출로 자동 전환된다.

③ 자금조정대출 및 자금조정예금[10]

이 제도는 2008년 3월 통화정책 집행체계 개편에 따라 콜금리 등 단기시장금리를 일정 범위 내에서 안정화시키기 위해 한국은행이 도입한 대기성 여수신제도이다. 이에 따라 지급준비금 예치대상 금융기관은 자금수급의 조정을 위해 필요한 자금을 한은에 예치하거나 한은으로부터 차입할 수 있다.

이때 자금조정대출 금리는 [한국은행 기준금리(정책금리) + 1%포인트], 자금조정예금 금리는 [한국은행 기준금리 - 1%포인트]이다. 이에 따라 콜금리는 실제로 [기준금리 ± 1%포인트] 범위 내에 머물게 된다. 자금조정대출의 적격담보는 총액한도대출의 경우와 동일하며, 재무건전성이 열악한 금융기관은 자금조정대출의 이용이 제한된다. 대출 및 예금의 만기는 1영업일이지만, 금융통화위원회가 인정하는 경우 1개월 범위 내에서 대출기간 연장이 가능하다.

10. 한국은행(2010a · 2021)을 참조하였다.

④ 특별대출[11]

특별대출은 한국은행이 금융시장의 안정을 위해 최종대부자로서 실시하는 대출로서, 금융통화위원회의 별도 의결을 거쳐 집행한다. 한국은행은 1997년 말 외환위기를 전후하여 금융시장이 혼란에 빠지자 당시 유동성 부족을 경험하던 제일은행 등 개별 금융기관에 대해 총 10조 7,656억원의 특별대출을 실시하였다. 이 특별대출은 대상 금융기관의 유동성 부족을 해소하기 위해 시장실세금리로 지원되었다는 점에서 과거 개별 금융기관의 수지보전을 위해 수차례 실시되었던 저리 한은특융(일반자금대출)과는 분명히 구분된다. 다시 말해 당시의 특별대출은 한국은행이 진정한 의미의 최종대부자 기능을 발휘하는 수준으로 좀 더 접근한 사례라 볼 수 있다.[12]

이후 한국은행은 Y2K(컴퓨터 2000년 문제)가 야기할지도 모르는 은행 지급결제자금의 부족 사태에 대비하여 1999년 11월~2000년 4월 기간 중 특별대출자금을 공급했다.[13] 또한 2006년 2월 정부의 '생계형 금융채무 불이행자에 대한 신용지원 회복방안'에 따라 한국산업은행을 통해 한국자산관리공사에 특별대출자금 4,462억원을 지원했고, 2009년 3월 은행의 자기자본비율을 제고하기 위한 은행자본확충펀드에 당시 한국산업은행(2009년 10월 28일 한국정책금융공사로 이관)을 통해 특별대출자금 3.3조원을 지원했다.

한편, 2011년 제8차 개정 「한국은행법」은 특별대출의 실행요건을 완화했다. 구체적으로, 제65조(금융기관에 대한 긴급여신) 제①항 제1호에서 종전 "통화와 은행업의 안정이 위협받는 중대한 긴급 사태 시" 실행하던 것을 "자금조달 및 운용의 불균형 등으로 유동성이 악화된" 경우 실행하는 것으로, 제80조(영리기업에 대한 여신) 제①항에서 종전 "심각한 통화신용의 수축기에" 실행하던 것을 "금융기관으로부터의 자금조달에 중대한 애로가 발생하거나 발생할 가능성이 높은 경우" 실행하는 것으로 각각 요건을 완화했다. 또한 금융기관에 대한 긴급여신을 금융통화위원

---

11. 한국은행(2010a · 2021)을 참조하였다.
12. 최종대부자 기능이 반드시 특별대출을 통해 발휘되는 것만은 아니다. 예를 들어 한국은행(2004)은 조흥은행에 대한 유동성조절대출(2003년 6월)도 자신이 최종대부자 기능을 발휘했던 사례로 공표하고 있다. 당시 조흥은행은 노조의 파업으로 예금인출사태를 겪었다. 한국은행은 대출제도가 아닌 공개시장운영을 통해서도 최종대부자 기능을 발휘한 적이 있다. 여기에 대해서는 제17장 참조.
13. 한국은행(2011) 참조.

회가 결정할 때에는 정부 의견을 듣도록 정했으며(제65조 제④항), 금융기관에 대한 여신업무에서 적격담보증권의 범위를 금융통화위원회가 신축적으로 조정할 수 있도록 했다(제64조 제① 항의 라.).

1.2 지급준비제도

1.2.1 중앙은행의 지급준비제도

오늘날 세계 각국은 원칙적으로 부분지급준비제도를 운영한다. 이는 은행이 받아들이는 예금액 중 일정액(지급준비금)을 대출하지 않고 시재금 또는 중앙은행 예치금의 형태로 보유하도록 의무화한 제도이다. 이는 고객의 예금인출 요구에 은행이 언제든지 응할 수 있도록 하기 위한 것이다. 이 제도는 원래 금융기관의 유동성을 확보하고 예금자를 보호하기 위한 취지로 도입되었다. 그러나 금본위제도가 붕괴되고 관리통화제도가 자리를 잡게 된 1930년대 이후에는 각국에서 지급준비율이 통화량을 조절하는 강력한 정책수단으로 인식되기 시작하였다. 지급준비율을 변경하면 통화승수의 크기가 변화하면서 통화량에 큰 영향을 줄 수 있기 때문이다.

지급준비제도란 중앙은행이 예금은행의 법정지급준비율을 변동시킴으로써 통화량을 조절하는 것이다. 중앙은행은 은행에게 예금의 일정 비율을 지급준비금으로 보유하도록 규제하고 있다. 이때 중앙은행이 법정지급준비율을 변경한다면 은행은 이를 준수하기 위해 의무적으로 현금보유량을 조절해야만 하므로, 대출수준이나 보유 유가증권의 양에 필연적으로 변화가 발생하게 된다.

예를 들어 중앙은행이 법정지급준비율을 10%에서 15%로 상향 조정했다고 하자. 이때 은행은 우선적으로 기존에 보유하고 있던 초과지급준비금을 법정지급준비금으로 전환시킬 것이다. 이런 경우에는 큰 변화가 발생하지 않는다. 그러나 그것으로 법정지급준비금을 충당하지 못하거나 또는 애초에 초과지급준비금을 보유하지 않고 있던 은행은 상환되는 대출금을 회수하거나 보유하고 있는 유가증권을 매각할 수밖에 없다. 이 과정에서 대출금 규모가 줄어들면, 이것은 통화승수 과정을 거쳐 결국 통화량을 감소시킨다. 반대로 법정지급준비율을 인하한다면 어떻게 되겠는가? 우선 은행의 초과지급준비금이 증가되고, 이와 함께 통화승수의 크기가 증가할 것이다.

일반적으로 저축성예금에 대한 지준율보다 요구불예금에 대한 지준율이 대체로 높다. 이것은 요구불예금 회전율이 저축성예금 회전율보다 높기 때문이다.[14] 다시 말해 예상하지 못한 예금의 입출금이 저축성예금보다 요구불예금의 경우에 더욱 빈번하게 발생한다. 이때 예금입출금 회전율이 높을수록 금융기관이 보유해야 하는 지급준비금의 비율은 그만큼 높아진다.

지준율의 변경은 여 · 수신제도에서의 금리변경과 마찬가지로 자금 공급자나 수요자 모두에게 공시효과를 갖는다. 지준율 인상은 중앙은행의 금융긴축 의지를 나타내며, 지준율 인하는 금융완화의 신호로 받아들여진다.

그런데 최근 금융자유화가 세계적으로 확산되면서 통화정책 수단으로서 지급준비정책의 중요성은 과거에 비해 크게 축소되었다. 이것은 지급준비정책이 본래적으로 갖는 여러 제약이 최근 두드러졌기 때문이다.

첫째, 지준율의 변경은 단기적인 자금조절보다는 중장기적인 시중유동성의 조절을 위하여 사용된다. 따라서 공개시장운영이나 여 · 수신제도에 비해 시행 빈도가 매우 낮다. 본원통화의 규모는 엄청나게 크기 때문에 법정지급준비율의 조정에 의해 통화승수가 조금만 변경되어도 결과적으로 통화량의 조절효과는 지나치게 강력할 수 있다. 역설적이지만, 바로 그 때문에 지급준비제도는 현실에서 빈번하게 사용하기는 곤란하다. 더욱이 최근에는 다수 중앙은행들이 지급준비금보다는 단기 정책금리 목표를 변경하는 방식으로 통화정책을 운용하면서 정책수단의 미세조정이 과거보다 더욱 중요해졌다. 그 결과 지급준비제도는 통화정책 수단으로서 더욱더 부적절하게 되었다.

둘째, 지급준비제도는 당국이 인위적으로 예금은행에 강제적 · 일률적으로 부과하는 시장 비친화적 규제에 해당한다. 금융부문의 규제완화가 대세가 된 오늘, 각국 중앙은행은 은행의 자금운용을 제약하는 지급준비정책을 점점 더 사용하지 않게 되었다. 게다가 다수 중앙은행은 원칙적으로 은행에 대해서만 지급준비의무를 부과한다. 그런데 지급준비금에는 이자가 지급되지 않거나 낮은 수준의 이자가 지급되므로 은행은 이자수익만큼의 기회비용(지준세: reserve tax)을 부담하는 셈이다.

14. 예금회전율(월중)은 '월중예수금지급액 ÷ 월중예수금평균잔액'으로 정의된다.

이는 은행의 수지기반을 잠식하는 것이므로 지준보유 의무에서 자유로운 다른 금융기관과의 형평성에 어긋난다.

1980년대 중반부터 약 20년 동안의 대완화기(Great Moderation)에는 이와 같은 두 가지 근거에서 낮은 지급준비율이 세계적 추세가 되었고, 다수 중앙은행에서 지급준비제도는 통화정책 수단으로서의 활용도가 과거에 비해 매우 낮아졌다. 이런 두 가지 이유로 최근 영국, 캐나다, 뉴질랜드 등 일부 선진국에서는 지급준비제도를 아예 폐지해 버렸다. 이들 국가는 지급준비제도를 폐지함에 따라 발생할 수 있는 금융기관의 위험선호적 금융행위, 즉 고수익 · 고위험 추구행위도 시장기구를 통해 모두 소화해낼 수 있다는 자신감을 갖고 있는 것이다.

하지만 글로벌 금융위기를 전후하여 이와 같은 분위기는 다소 달라졌다. 구체적으로, 브라질, 콜롬비아, 페루 등 남미의 일부 신흥국은 글로벌 위기 이전 자본유입이 활발한 가운데 경기과열과 신용과잉 상태였지만, 정책금리를 인상하면 자본유입을 추가적으로 자극하여 경기과열과 신용과잉을 심화시킬 수 있는 점이 딜레마였다. 이런 상황에서 지급준비율 인상은 자본유입을 자극하지 않으면서도 통화정책을 긴축적으로 운용하는 수단이 되었고, 2008년 리먼 사태 이후에는 지급준비율 인하를 통해 인플레이션 기대를 자극하지 않으면서 금융시장의 안정을 위해 통화정책을 팽창적으로 운용할 수 있었다. 실제로 이들 나라는 위기상황에서 정책금리와 지급준비율을 조정의 타이밍과 규모 면에서 적절하게 배합하여 운용함으로써 좋은 성과를 낸 것으로 평가된다.[15] 일부 신흥국들이 위기 이전과 이후에 경험한 이와 같은 사례들은 지급준비제도가 기조적 유동성 조절을 위해 유용한 통화정책 수단이 될 수 있음을 분명하게 보여준다.[16]

우리나라의 경우에도 시중 유동성의 증가세를 억제하기 위해 한국은행이 2006년 12월 법정 지급준비율을 인상한 적이 있으며, 2008년 12월에는 리먼 사태 이후 은행의 재무건전성 보강을 위해 예외적으로 지급준비금에 대한 이자를 지급했다.[17]

앞서 논의한 대로 지급준비제도가 구조적 단점을 갖고 있는 것은 사실이지만, 각 나라는 자국의 거시경제 상황과 금융시스템의 발전 정도 등을 감안하여 동 정책

15. Montoro and Moreno(2011) 참조.

16. 한국은행(2012) 참조.

17. 한국은행(2010a) 참조.

의 비용 · 편익에 대한 신중한 검토를 통해 폐지 여부를 결정해야 할 것이다. 2000년대 중반 한국은행은 지급준비제도 폐지론에 반대한다는 공식 견해를 밝힌 적이 있다.[18] 한국은행은 지급준비제도를 "공개시장[운영]… 등 다른 통화신용정책 수단이 원활히 수행될 수 있는 여건을 조성해 준다는 점에서 여전히 중요한 수단"이라 간주한다.[19] 구체적으로, 금융기관(은행)의 지급준비금이 중앙은행 당좌예금으로 예치된다는 점에서 지급준비제도가 "당좌예금계좌를 이용한 금융기관 간 지급결제[의]… 원활[화]"에 기여하며, 금융기관이 보유하는 지급준비금만큼 지급결제용 자금수요가 줄어든다는 점에서 지급준비제도가 콜금리 안정화에 기여한다는 것이 한국은행의 시각이다.[20] 나아가, 필요지급준비율의 조정을 통해 은행의 레버리지에도 영향을 줄 수 있다는 점에서 한국은행은 지급준비제도가 거시건전성 정책수단으로서 활용될 수 있는 잠재적 강점에도 주목한다.[21]

1.2.2 한국은행의 지급준비제도

지급준비제도는 강력한 통화조절효과를 갖는다. 따라서 우리나라에서는 압축성장기의 높은 인플레이션에 대처하기 위한 통화정책 수단으로서 지급준비정책의 지위가 확고했다. 특히 1980년대 중반 이후 경상수지가 흑자로 전환되면서 해외부문을 통한 국내 통화량의 급증에 대처하기 위해 한국은행은 지급준비정책을 적극 활용하였다. 그러나 1990년대 이후 금융자유화와 개방화 등으로 금융시장이 발전함에 따라 시장친화적 통화정책 수단인 공개시장운영이 널리 활성화되면서 통화조절수단으로서 지급준비정책의 지위는 크게 위축되었다.

지급준비정책의 적용대상 금융기관은 현재 일반은행, 특수은행과 한국산업은행 등이다. 한국은행은 1990년 전반부 내내 법정지급준비율을 11.5% 수준에서 유지해 왔으나, 지준적용대상 금융기관과 비대상 금융기관 사이의 공정경쟁 여건을

18. 당시 한국은행은 지급결제제도의 안정성이 저하될 가능성 등을 근거로 지급준비지도 폐지에 반대했었다. 한국은행(2005) 참조.

19. 한국은행(2010a), p.188.

20. 한국은행(2021).

21. 한국은행(2012 · 2021) 참조.

조성하고 금융기관의 대외경쟁력을 제고하기 위해 1996년 이후 세 차례에 걸쳐 지급준비율을 대폭 인하했다. 그 결과 1997년 2월 이후 2006년 11월까지 법정지준율의 평균은 3.0% 정도로 크게 낮아졌고, 같은 기간 중 구체적인 법정지급준비율은 예금에 따라 1.0~5.0% 범위에서 차등 적용되어 왔다.

그러나 2006년 들어 가계신용의 지속적 급증에 따른 통화량 및 유동성의 과도한 증가를 억제하기 위해 한국은행은 2006년 12월부터 일부 예금에 적용되는 법정지준율을 인상하였다. 이에 따라 법정지준율도 예금 종류별로 0.0~7.0% 범위에서 차등화되었고, 그 평균은 약 3.8%로 인상되었다.[22] 또한 한국은행은 리먼 사태 이후 은행의 재무건전성 보강을 위해 2008년 12월 11일 개별 금융기관이 2007년 11월 8일~2008년 11월 5일의 기간 중 예치한 지급준비금에 대해 연 2.3%의 이자(총 5,200억원)를 지급했었다.[23]

한편 2008년 3월 통화정책 집행체계의 개편으로 지급준비금 적립방식이 종래의 '반월평잔 일주일 이연적립방식'에서 '반월평잔 1개월 이상 이연적립방식'으로 개선되었다.[24] 이로써 개별 금융기관은 자신의 필요지급준비금 규모가 확정된 상태에서 실제 적립기간에 진입할 수 있게 되었다. 2011년 12월 개정 「한국은행법 시행령」(제12조의 2)은 글로벌 금융위기의 경험을 감안하여 예금채무가 아닌 금융채도 지준의무 부과 대상채무에 새로 포함시켰다. 또한 제8차 개정 「한국은행법」은 지급준비금 계산기간을 기존의 반월에서 월별로 변경하는(제59조) 한편, 지급준비금 보유방법을 법률에 정하지 않고 금융통화위원회가 정하도록(제24조) 했고 지준의무 부과 대상채무의 종류 및 규모에 따라 지급준비율의 차등적용이 가능하도록(제58조) 했다. 이때 지급준비율은 50%를 넘길 수 없으며(제56조), 현저한 통화팽창기에 금융통화위원회의 판단에 따라 한계지급준비율을 부과하는 경우 동 비율은 100%를 넘길 수 없다(제57조).

2021년 11월 현재 지급준비제도의 현황은 다음 [표 12-4]와 같다.

22. 자세한 내용은 한국은행(2006b · 2006c) 참조.

23. 한국은행(2010a) 참조.

24. 한국은행(2010a) 참조.

표 12-4 한국은행의 지급준비제도 현황(2021년 11월 현재)

구분	주요 내용
지급준비금 부과 대상기관	▪ 일반은행, 특수은행(한국수출입은행 제외)
지급준비금 부과 대상채무	▪ 예금채무 및 기타 대통령령으로 정하는 채무
지급준비율	▪ 장기주택마련저축, 재형저축 : 0.0% ▪ 정기예금, 정기적금, 상호부금, 주택부금, CD[1] : 2.0% ▪ 기타 예금 : 7.0%
현금보유 인정	▪ 필요지급준비금의 35% 이내에서 금융기관 시재금을 지급준비금으로 인정
지급준비금 미달 시 벌칙	▪ 지급준비금을 적립해야 하는 해당 반월(15일) 동안의 평균 부족액의 1%를 과태금으로 부과
이자지급	▪ 없음

주 : 1) 지급준비금 예치의무가 있는 금융기관을 상대로 발행된 금융기관을 상대로 발행한 CD는 제외.

자료 : 한국은행(2011), p.64의 [표 2-9]를 한국은행(2021)에 따라 일부 수정.

1.3 공개시장운영

1.3.1 중앙은행의 공개시장운영

공개시장운영(open market operation)이란 중앙은행이 공개시장(open market)에서[25] 금융기관과의 유가증권 거래를 통해 이들의 자금사정을 변화시킴으로써 통화량과 금리를 조절하는 것을 말한다. 공개시장운영의 대상이 되는 유가증권에는 여러 가지가 있지만 선진국에서는 국채가 가장 많이 쓰인다. 중앙은행이 공개시장에서 국채를 매입하면 본원통화가 증가해 통화량이 증가하고 금리가 하락하며, 국채를 매각하면 통화환수가 이루어지므로 본원통화가 감소해 통화량이 감소하고 금리가 상승한다.

---

25. 공개시장이란 "구매의사와 구매력만 있으면 누구나 참여하여 상품이나 서비스를 매입할 수 있는 시장"으로, 거래에 참여하기 위해 별도의 자격요건을 충족할 필요가 없는 시장이다(한국은행 2017e, p.100). 중앙은행의 공개시장운영에 관련된 공개시장은 구체적으로 단기금융시장 및 채권시장이다(한국은행 2017e, p.100, 각주 9). 한편, '공개시장운영'은 우리나라에서 2016년 1월 28일부터 공식 사용된 새 용어로, 그 이전에는 반세기 넘는 기간 동안 '공개시장조작(操作, operation)'이라 불렀다. 한국은행은 이와 같은 용어 변경의 취지를, "['조작(造作, manipulation)'이라는] 용어가 갖는 부정적 이미지를 해소하고 시장 친화적 공개시장운영에 대한 일반 국민 및 시장참가자들의 이해를 제고"하기 위한 것이라 밝히고 있다(한국은행 2016a).

표 12-5 공개시장에서 은행으로부터의 국채매입 효과

중앙은행 대차대조표

자 산		부채 및 자본	
국 채	100,000,000	지 준 금	100,000,000

갑은행 대차대조표

자 산		부채 및 자본
유가증권	-100,000,000	-
지 준 금	100,000,000	

중앙은행이 공개시장운영을 통해 어떻게 통화량을 증감시킬 수 있는지를 설명해 보자. 먼저 중앙은행이 은행으로부터 국채를 매입한다고 하자. 예를 들어 중앙은행이 갑은행으로부터 1억원의 국채를 사들인다면, 중앙은행은 1억원의 국채를 수취하는 한편 갑은행의 중앙은행 예치금을 증가시켜 주는 방식으로 국채매입대금을 결제한다. 따라서 중앙은행이 은행으로부터 국채를 매입하면 1억원의 본원통화가 증가하고, 이것은 통화승수 과정을 통하여 통화량을 증가시키게 될 것이다. 이것을 나타낸 것이 [표 12-5]이다.

이번에는 중앙은행이 공개시장을 통해 비은행 민간으로부터 국채를 매입한다고 하자. 예를 들어 중앙은행이 *A*기업으로부터 1억원의 국채를 구입한다면, 중앙은행은 1억원의 국채를 수취하는 대가로 중앙은행을 지급인으로 하는 수표를 발행해 *A*기업에 국채매입대금을 지급한다. *A*기업은 이 수표를 자신이 거래하는 갑은행에 설정되어 있는 요구불예금 계정에 예금한다. 그리고 수표를 지급제시 받은 중앙은행은 그 수표액만큼 갑은행의 지급준비예치금을 늘려준다. 그 결과 갑은행의 지급준비금은 1억원 늘어난다.

갑은행의 지급준비예치금 증가는 바로 본원통화의 증가를 의미한다. 요구불예금이 1억원 증가하면 갑은행은 1억원 중에서 법정지급준비금을 적립하고 나머지를 대출해 줄 수 있으므로, 결국 통화량의 증가로 이어진다. 이러한 과정을 중앙은행, 갑은행, 그리고 A기업의 대차대조표로 나타낸 것이 [표 12-6]이다.

표 12-6 공개시장에서 비은행 민간으로부터의 국채매입 효과

중앙은행 대차대조표

자 산		부채 및 자본	
국 채	100,000,000	지 준 금	100,000,000

갑은행 대차대조표

자 산		부채 및 자본	
지 준 금	100,000,000	요구불예금	100,000,000

A기업 대차대조표

자 산		부채 및 자본
유 가 증 권	−100,000,000	−
요구불예금	100,000,000	

이와는 반대로 중앙은행이 국채를 매도할 경우 각 경제주체의 대차대조표에 어떤 변화가 발생하여 통화량이 감소하는지에 대해서는 동일한 논리구조를 따라 독자들 스스로 대차대조표를 그려가며 이해하기 바란다.

당초 영국이나 미국의 공개시장운영은 정부의 재정적자 보전을 위해 중앙은행이 재정증권 등 국채를 정부로부터 위탁받아 금융기관 등에 발행 매각한 데서 비롯되었다. 이후 국공채 공급물량이 확대되고 단기금융시장이 발달하면서, 중앙은행이 통화조절을 위한 수단으로 유통 중인 국공채의 매매에 적극적으로 참여하게 되었다.

공개시장운영에는 단순매매(outright sales and purchases)와 환매조건부(RP : repurchase agreement)매매의 두 가지 방식이 있다. 단순매매 방식은 채권거래를 통해 소유권을 이전하는 방식으로, 유동성의 기조적 공급 · 환수를 위해 주로 활용되며, 대규모 유동성을 일시적으로 공급 · 환수할 경우에도 이용된다. 반면 RP매매는 중앙은행이 일정 기간 후 다시 매입할 것을 전제로 보유채권을 매각하거나 일정 기간 후 다시 매각할 것을 전제로 채권을 매입하는 방식이다. RP매매는 유동성의 단기적 조절을 위해 주로 활용되며, 공개시장운영의 가장 일반적인 수단이다.

중앙은행의 공개시장운영은 앞에서 살펴본 여 · 수신제도나 지급준비제도에 비해 여러 측면에서 장점을 갖는다. 우선, 중앙은행이 금융시장에서 여타 시장참여자들과의 거래를 통해 정책을 수행하므로 공개시장운영은 시장친화적이다. 중앙은행 여신제도의 경우 중앙은행은 금융기관이 할인한 어음을 재할인하거나 증서를 담보로 자신이 결정하는 금리에 의해 대출을 시행해 통화량을 조절한다. 지급준비제도의 경우에도 중앙은행은 지준의무 대상 금융기관에게 자신이 정한 지준율을 일률적으로 부과함으로써 통화량을 조절한다. 반면 공개시장운영은 금융기관이 투자자산으로 보유하고 있는 국공채 등 유가증권을 대상으로 시중금리를 충분히 반영한 실세 금리에 의해 자금을 거래한다는 점에서 여신제도 및 지급준비제도와는 큰 차이가 있다.

둘째, 공개시장운영을 통해 중앙은행은 직접적 · 능동적으로 시중 유동성을 조절하게 된다. 그러나 중앙은행 여신제도의 경우 대출규모나 금리조건의 변경을 통해 동 대출제도를 이용하는 금융기관의 행태 변화를 중앙은행이 유도하는 것에 그친다. 중앙은행 대출창구를 이용하는 금융기관의 행태 자체를 중앙은행이 직접 바꿀 수 있는 것은 아니기 때문이다.

셋째, 중앙은행은 공개시장운영을 통해 신속하고 신축적으로 유동성의 미세조정을 할 수 있다. 여신제도나 지급준비제도는 행정적 절차를 거쳐서 이행되지만, 공개시장운영은 채권거래이므로 보다 신속히 이행될 수 있다. 또한 공개시장 거래의 규모 · 빈도 · 시기 · 조건을 필요에 따라 수시로 조절할 수 있어서 신축적이다. 나아가 중앙은행은 잦은 공개시장운영을 통해 시장동향을 정확히 읽을 수 있으므로, 잘못된 정책판단을 할 가능성이 그만큼 작아진다.

요컨대 공개시장운영은 중앙은행이 유동성을 조절하기 위해 일상적으로 이용할 수 있는 가장 시장친화적 수단이다. 그런데 공개시장운영이 통화정책의 수단으로서 효율적이기 위해서는 몇 가지 전제조건이 필요하다. 우선 단기금리 변동에 따라 장기금리의 변동 추이를 추정할 수 있는 합리적 금리체계의 확립이 필요하다.[26] 또한 국공채 유통시장 규모가 상당 수준에 달하고 거래가 활성화되어 있어야 한다. 공개시장운영은 단기간에 상당량의 국공채를 매매함으로써 경제의 유동성을 조절하는 정책수단이므로, 그 효과를 높이기 위해서는 국공채의 대량 소화를 위한 제도적 장치가 마련되어야 한다. 뿐만 아니라 단기금융시장 및 자본시장이 충분히 발달하고 금융시장 상호 간의 긴밀한 의존관계가 성숙할 때에만 공개시장운영의 효과를 높일

26. 통화정책의 거시적 목표는 궁극적으로 실물경제활동을 바람직한 방향으로 이끄는 것이고, 이러한 실물경제활동과 밀접한 연관성을 갖는 것은 장기 이자율이다. 따라서 중앙은행은 단기이자율의 조작을 통해 장기이자율을 의도한 방향으로 변화시킬 수 있어야 한다. 이를 위해 합리적 금리체계가 확립될 필요가 있다. 독자들은 앞서 제11장에서 다룬 통화정책의 전달경로(특히 금리경로)에 관한 내용을 상기하기 바란다.

수 있다. 금리가 자유화되어 있고 금융시장이 충분히 성숙한 미국, 영국 등 주요 선진국에서 공개시장운영이 가장 일반적인 통화정책 수단인 이유가 여기에 있다.

1.3.2 한국은행의 공개시장운영

우리나라에서는 1961년 통화안정증권이 발행되면서 공개시장운영이 시작되었다. 통화안정증권은 통화량을 조절하기 위해 한국은행이 발행하는 특별 유통증권이다. 하지만 국공채시장이 미미한 상황이었으므로 1980년대 전반까지는 통화정책이 공개시장운영보다는 재할인 및 대출정책과 지급준비정책을 통해 이루어져 왔다. 공개시장운영이 본격적 통화조절수단으로 활용된 것은 1986년 경상수지의 흑자 전환에 따라 늘어난 통화량을 흡수하면서부터였다. 1990년대에는 완전 공개경쟁입찰방식의 도입과 통화안정증권 발행시기의 정례화 등 공개시장운영의 시장친화성을 더욱 제고하는 방향으로 제도개선이 꾸준히 이루어졌다.

공개시장운영은 중앙은행이 지급준비금시장에서 채권거래를 통해 자금공급을 조절하는 것이다. 우리나라의 지급준비금시장은 콜시장이다. 글로벌 금융위기 당시만 해도 콜시장에는 은행은 물론 기타예금취급기관이나 기타금융중개기관에 속하는 다양한 유형의 금융기관들이 참여했었다. 그러나 "글로벌 금융위기 이후 금융기관 간 단기자금거래가 콜시장에 편중됨에 따라"[27] 지난 10여 년간 비은행금융기관의 콜시장 참여를 배제하는 방향으로 일련의 정책조치를 실시한 결과, 현재 콜시장은 은행중심시장으로 재편된 상태이다. 콜자금은 대부분 초단기(익일물)로 거래된다.

2008년 3월 한국은행의 통화정책 집행체계가 개편됨에 따라, 공개시장운영의 일상적 과제는 매월 둘째 주 목요일 금융통화위원회가 결정하는 한국은행 기준금리(약칭 '기준금리'로서 RP 7일물에 적용)에서 콜금리가 크게 벗어나지 않도록 지급준비금의 공급을 조절하는 것이 되었다.[28] 구체적으로, 한국은행은 콜시장에서의 지준

---

27. 한국은행(2016e), p.31.

28. 2008년 3월 이전까지는 매월 둘째 주 목요일 금융통화위원회가 익일물 무담보 콜금리 목표를 결정해 왔다. 한국은행(2017d)에 따르면, 2008년 3월 이후의 한국은행 기준금리는 "한국은행이 금융기관과 환매조건부증권(RP) 매매, 자금조정대출 및 예금 등의 거래를 할 때 기준이 되는 정책금리"이다. 한편 2017년부터는 금융통화위원회의 기준금리 결정이 기존 12번에서 8번으로 줄어들었다(이 장의 각주 128 참조).

수요 규모와 지준공급 규모의 예상되는 변화를 사전에 전망하여 지준과부족을 산출한 후, 콜금리를 기준금리 수준에서 크게 벗어나지 않도록 하는 데 필요한 공개시장운영의 규모를 결정한다.[29]

한국은행은 유동성 조절을 위해 공개시장운영을 수행하며, 공개시장운영은 다시 세 가지 세부 수단—국공채 등의 증권 매매,[30] 통화안정증권(monetary stabilization bond)의 발행 및 상환, 그리고 통화안정계정의 예수—으로 구성된다. 이들 수단 중 기조적 유동성 조절을 위해서는 장기물 통화안정증권이 주로 활용되며, 일시적 유동성 조절을 위해서는 단기물 통화안정증권과 RP매매가 주로 활용된다([표 12-7] 참조). 기조적 · 일시적 유동성 조절 이후에도 유동성 과부족이 남아 있는 경우에는 자금조정대출 및 예금제도를 활용하여 유동성 조절이 이루어진다.[31]

표 12-7 한국은행 공개시장운영의 수단

		조작방법	대상증권[1)]
장기자금 조절	환수	■ 장기물 통안증권 발행	–
	공급	■ 잔존 만기가 장기인 통안증권 환매	–
단기 자금 조절	환수	■ RP 매각	한은 보유 국채, 정부보증채, 주금공 발행 주택저당증권
		■ 통안계정 예치	–
		■ 단기물 통안증권 발행	–
	공급	■ RP 매입	거래대상기관 보유 국채, 정부보증채, 통안증권, 주금공 발행 주택저당증권
		■ 잔존 만기가 단기인 통안증권 환매	–

주 : 1) 한국은행은 코로나19 위기에 대응하여 공개시장조작 대상증권을 산업금융채권, 중소기업금융채권, 수출입금융채권 등으로 한시적(2021년 3월 말까지)으로 확대하였다.

자료 : 한국은행(2017e), p.228의 [표 3-3].

29. 이론적으로 [7일물 RP금리 = 익일물 콜금리 + 기간프리미엄]의 관계가 성립할 것으로 생각할 수 있으나, 여기서 7일물 RP금리는 담보부 금리이고 익일물 콜금리는 무담보 금리라는 점에서 두 금리는 실제로 비슷한 수준으로 간주된다. 한국은행(2009 · 2017e) 참조.

30. 유동성 조절을 위한 증권 매매는 주로 RP매매 방식으로 이루어지며 단순매매 방식은 별로 사용되지 않는다. 증권의 단순매각은 통안증권 발행으로 대체할 수 있으며, 증권의 단순매입도 시중 유동성이 대체로 풍부한 현실에서는 필요성이 높지 않기 때문이다. 다만, 단순매입은 "RP 매각용 국고채를 확보하거나 시장금리 급등 시 금융시장의 안정을 위한 경우 등에 한해 제한적으로 활용"된다(한국은행 2017e, p.227).

31. 한국은행(2010a) 참조.

1.4 한국의 통화정책과 금융안정 : 2008~2009년

2007년 가시화된 미국 서브프라임 사태가 글로벌 금융위기로 확산되는 가운데, 2008년 9월 리먼 사태 이후에는 우리나라의 금융시장도 불안한 모습을 역력히 보였다. 이에 한국은행은 세계적 금융불안과 경기침체의 국내적 파급을 최소화하기 위해 대체로 표준적 정책수단을 활용하는 범위 내에서 통화정책을 수행했다. 우선 한국은행은 2008년 10월~2009년 2월의 기간 중 기준금리를 6회에 걸쳐 연 5.25%에서 2.0%로 지속적으로 인하했다. 한국은행은 이 기간 동안 총액한도대출금리도 연 3.5%에서 1.25%로 지속적으로 인하했다(2007년 이후 최근까지 한국은행 기준금리의 변동추이에 대해서는 뒤에 나오는 〈그림 12-4〉 참조). 앞서 표준적 정책수단에 관한 논의에서 이미 살펴봤듯이, 한국은행은 총액대출한도 확대, 특별대출을 통한 은행 자본확충펀드 지원, 은행 지준예치금에 대한 이자 지급, 공개시장운영 대상증권의 확대, RP매매 대상기관의 확대, RP 매입 등에 의한 채권시장안정펀드 출자기관으로의 유동성 공급 등을 통해 금융시장을 안정화하는 데 주력했다. 또한 한국은행은 미국 연준, 중국 인민은행, 일본 일본은행과의 통화스왑 체결을 통해 외환시장 안정화를 도모했다.

이상과 같은 한국은행의 금융시장 안정화 조치를 정리하면 [표 12-8]과 같다.

표 12-8　한국은행의 금융시장 안정화 조치(2008년 9월~2009년 6월)

	세부 안정화 조치
기준금리 인하	▪ 5.25% → 2.0%(-325bp)
신용경색 부문으로 자금흐름 유도	▪ 장기 · 비정례 RP 매입, 정례 RP 매각 축소 ▪ 국고채 단순매입 및 통안증권 중도환매 ▪ 공개시장운영 대상증권 확대(은행채 및 일부 특수채) ▪ 대상기관 확대(RP매매 대상기관에 12개 증권사 추가) ▪ 채권시장안정펀드 출자기관 등에 대한 유동성 공급
은행의 신용공급 여력 확충	▪ 총액한도대출규모 확대(3.5조원) ▪ 은행 자본확충펀드 지원(3.3조원) ▪ 은행 지준예치금에 대한 이자지급(0.5조원)
외환시장 및 외화자금시장 안정	▪ 미국(300억 달러), 중국(1,800억 위안) 및 일본(200억 달러 상당)과의 통화스왑계약 체결 ▪ 외화유동성 공급(경쟁입찰방식 스왑 및 외화대출, 수출환어음 담보대출) 등

기타 관련 제도 개선	▪ 대출담보제도 개선(한국은행 적격담보 인정기준 완화 ; 담보가액 인정비율 (haircut) 도입 등) ▪ 자금조정대출 · 자금조정예금 제도 개선(대출기간 연장 ; 금리조정 요건 완화) ▪ 한은금융망 운영시간 탄력 조정

자료 : 한국은행(2010a), p.15의 [표 1-4]를 한국은행(2017b)을 참고하여 부분적으로 수정 · 보완.

2. 통화정책의 비표준적 수단

Money & Financial Markets, Ch. Twelve

글로벌 금융위기의 시작을 알린 서브프라임 사태는 2007년 6 ~ 7월 이미 가시화되었지만, 미국 연준의 연방공개시장위원회(FOMC)는 이보다 다소 늦은 2007년 9월 18일 연방자금금리 목표수준을 5.25%에서 4.75%로 0.50%p만큼 인하했다. 이것을 시작으로 약 7개월이 경과한 2008년 4월 말 2.00%에 도달하기까지 연방자금금리는 모두 일곱 차례에 걸쳐 꾸준히 인하되었다. 매 인하폭은 0.25%p, 0.50%p, 또는 0.75%p였다. 그후 연방자금금리 목표는 약 5개월 넘게 2.00%에서 유지되다가 2008년 9월 15일 리먼 사태가 발생하자 다시 세 차례의 인하를 거쳐 3개월 만에 실제로 영(0)이 되었다. 구체적으로, 2008년 10월에만 두 차례(각각 0.75%p와 0.25%p) 인하를 거쳐 1.00%가 된 후, 같은 해 12월 16일 다시 0.75 ~ 1.00%p만큼 인하되어 목표구간 0.00 ~ 0.25%으로 인하되었다.[32] 이로써 연방자금금리는 실질적으로 영(0)의 하한에서 멈춰 섰고, 연방자금금리를 운용목표로 하는 표준적 통화정책을 수행해 온 연준으로서는 "자신이 보유한 전통적인 실탄(conventional ammunition)을 모두 소진했다."[33] 연준은 바로 이런 상황에서 비표준적 통화정책 수단을 구사하게 되었다.

---

32. 2008년 12월 16일 공표된 FOMC 성명서에 따르면, 당시 FOMC 회의는 "연방자금금리의 목표수준을 0~0.25% 구간으로 설정하기로(to establish a target range for the federal funds rate of 0 to 1/4 percent)" 결정했다. 이는 FOMC가 기존의 점 목표(target point) 방식이 아닌 새로운 구간 목표(target range) 방식으로 이행했음을 의미한다. 당시 FOMC 회의는 초과지준금리—연준이 초과지준금에 지급하는 이자율(IOER : Interest rate On Excess Reserves)—수준도 0.25%로 결정했다. 2008년 12월 이래 매 FOMC 회의는 연방자금금리의 목표구간을 결정해 왔으며, 이때 IOER은 연준 연방자금금리 목표구간의 상한으로 작용한다. 연방자금금리 구간 목표의 상한 및 하한에 관해서는 이 장의 〈Box 12-3〉 및 〈Box 12-4〉를 참조하기 바란다.

33. Blinder(2010), p.465.

그림 12-1

실효 연방자금금리(EFFR : effective federal funds rate)**의[1] 변동 추이**

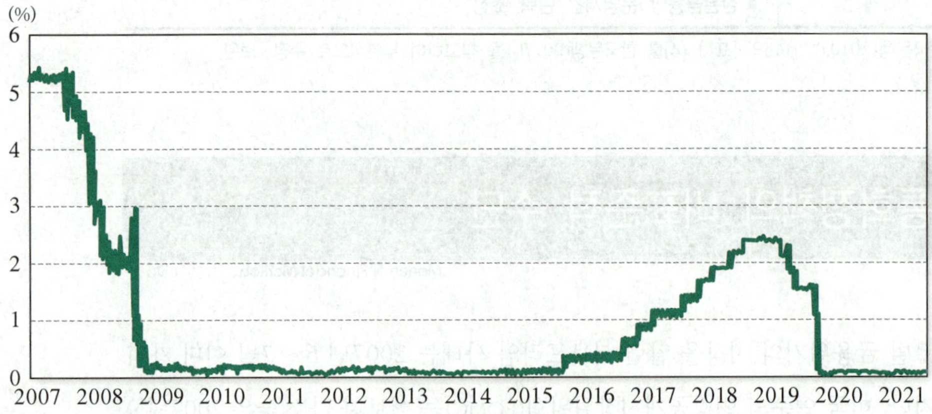

1) 실효 연방자금금리는 "연방자금시장의 [익일물] 거래에 실제로 적용된 연방자금금리의 거래액 가중 중앙값 (volume-weighted median of federal funds transactions)"으로 계산(Federal Reserve Bank of New York 2017).

자료 : Federal Reserve Bank of St. Louis(2017), Federal Reserve Bank of New York(2017).

〈그림 12-1〉은 2007년 1월부터 2021년 12월까지의 기간 동안 연준의 실효 연방자금금리 변동 경과를 보여준다. 연방자금금리의 목표수준은 2008년 말(2008. 12. 16) 0.00~0.25% 범위로 인하된 이후 정확히 8년 동안 실질적으로 영(0)의 수준을 줄곧 유지했다. 이후 2015년 말(2015. 12. 16) 연준의 금리정상화 조치가 시작되면서 연방자금금리의 목표구간(target range)은 0.25~0.50%로 처음 인상되었고, 그 이후 0.25%p씩 여덟 차례에 걸쳐 인상되어 2018년 말에는 2.25~2.5% 수준까지 인상되었다. 2019년 후반에 경기둔화 우려가 커지면서 연방자금금리 목표가 세 차례 인하된 이후, 2020년에는 코로나19 위기에 대한 대응으로 제로금리 수준으로 대폭 인하되어 최근에 이르고 있다.

2.1 비표준적 통화정책 수단[34]

연방자금금리가 영(0)에 도달했다는 사실은 연준이 더 이상 정책금리(policy

34. 이 소절은 Blinder(2010)에 의존하였다.

rate)를 인하할 수 없게 되었음을 뜻한다. 원칙적으로 명목이자율이 영보다 낮아질 수는 없기 때문이다. 이는 크루그먼(P. Krugman)이 말하는 '유동성함정(liquidity trap)' 에 해당한다.[35] 원래 총수요에 영향을 주는 것은 실질이자율(r)—명목이자율(i)에서 인플레이션(π)을 차감한 부분($r = i - \pi$)—이다. 그러므로 중앙은행이 명목이자율을 인하하는 것은 실질이자율의 인하를 통해 실물투자나 소비 등을 진작시키기 위해서이다. 명목이자율이 영의 하한(zero lower bound)에 도달하면 실질이자율은 음의 인플레이션($-\pi$)과 일치한다. 이때 실질이자율, 즉 음의 인플레이션($-\pi$)은 절대값이 작은 음수 또는 양수일 수도 있다.

명목이자율이 하한인 영에 도달하면 두 가지 점에서 문제가 발생한다.[36] 첫째, 명목이자율인 정책금리가 영에 도달했는데도 실물경제에 자극을 줄 수 없다면, 더 이상 명목금리의 인하를 통해 실질이자율을 음의 인플레이션 아래로 떨어뜨릴 수 있는 방법은 없게 된다. 둘째, 명목 정책금리가 더 이상 내려갈 수 없어 영에 고정되면, 정책금리는 더 이상 미세조정이 가능한 운용목표가 아니라 고정된 중간목표와 비슷해진다. 앞서 제11장의 이자율목표제에서 학습했듯이 특정 수준(여기서는 영)의 이자율이 중앙은행의 의도와는 달리 중간목표와 다를 바 없게 된 상황에서, 기왕의 경기침체 속에 인플레이션이 하락하여 실질이자율이 상승하면 실물경제가 더욱 위축되면서 인플레이션의 추가 하락(심지어 디플레이션)을 초래하는 식의 악순환이 이어질 수 있다. 결국 이 두 가지 이유로 연준이 비표준적 통화정책 수단을 동원하게 된 것이다.[37]

글로벌 금융위기에서 미국 연준 말고도 비표준적 통화정책을 구사한 중앙은행에는 유럽중앙은행(European Central Bank), 일본은행(Bank of Japan), 그리고 영란

35. 크루그먼은 명목이자율이 영의 하한에 부딪친 상황을 유동성함정이라 부른다. 크루그먼의 유동성함정은 케인즈의 유동성함정과는 조금 다르다. 케인즈의 유동성함정은 어떤 낮은 이자율 수준에서 투자적 화폐수요가 무한히 늘어나는 상태를 가리킨다. 다시 말해, 케인즈에게는 양의 이자율에서도 유동성함정이 발생할 수 있다. Blinder(2010) 참조.

36. Blinder(2010) 참조.

37. 이번 글로벌 위기 수습과정에서 연준의 통화정책은 정책금리가 영(0)에 도달하여 무력화된 상황에서 수행되었다. 그러므로 금리 중시의 표준적 통화정책이 아니라는 의미에서 흔히 '비표준적(non-standard)' 또는 '비전통적(unconventional)' 통화정책이라 표현된다. 이 책에서는 표준적 통화정책(수단)과 전통적 통화정책 (수단)을 서로 같은 의미로, 비표준적 통화정책 (수단)과 비전통적 통화정책 (수단)을 서로 같은 의미로 각각 혼용하기로 한다.

은행(Bank of England) 등이 있다. 연준은 글로벌 금융위기에 맞서 싸우는 과정에서 이들 중앙은행 가운데 가장 적극적이고도 체계적인 방식으로 통화정책의 비표준적 수단들을 잇달아 고안하여 활용했다. 연준의 비표준적 통화정책 수단은 크게 두 가지—선제적 안내(forward guidance)와 양적완화(QE : quantitative easing)—로 대별된다.[38] 이들 수단을 차례로 학습하기로 한다.

2.2 선제적 안내

2008년 12월 16일 연방준비제도의 공개시장위원회(FOMC)는 회의 직후에 공표한 성명서에서 "경제상황의 취약성으로 인해 예외적으로 낮은 수준[즉, 영의 수준]의 연방자금금리 목표를 한동안(for some time) 유지하게 될 것 같다"는 표현을 삽입했다.[39] 이는 연준이 영의 정책금리 목표를 얼마 동안 지속하게 될 것이라는 전망을 명시적으로 밝힌 것이다. 이와 같은 중앙은행의 의사소통 방식이 선제적 안내(forward guidance)에 해당한다.

선제적 안내는 일반적으로 "예상되는 통화정책의 미래 경로에 관한 소통(communication about the likely future course of monetary policy)"이라 정의된다.[40] 선제적 안내라는 용어 자체는 2007~2009년의 글로벌 금융위기 이후 동 조치가 유럽중앙은행, 캐나다은행과 영란은행 등 주요국 중앙은행의 비전통적 통화정책 수단 중 하나로 각광받으며 세계적으로 통용되기 시작했지만, 미국 연준은 2000년대 초부터 FOMC 회의 직후에 공표하는 성명서를 통해 그와 같은 소통 방식을 이미 활

---

38. 이는 원래 Blinder(2010)의 구분으로, 이 책은 그의 분류 방식을 따른다. 다만 당시에는 '선제적 안내' 용어가 널리 통용되기 이전이었으므로, Blinder는 자신의 논문(2010)에서 다소 비공식적 용어에 해당하는 '공개구두정책(open mouth policy)'이라는 기존 용어를 사용했다. 또한 블라인더(A. Blinder)가 말하는 양적완화(QE)란 '넓은 의미의 양적완화'—연준 대차대조표의 규모·구성의 변동을 가져오는 모든 비전통적 통화정책 수단—를 의미한다는 점에 유의해야 한다. 따라서 달리 협의(좁은 의미)임이 표시되지 않는 한 이 책에 나오는 양적완화 용어는 모두 넓은 의미의 양적완화를 뜻한다. 반면, 언론에서 다루는 양적완화(QE)는 흔히 '좁은 의미의 양적완화'를 가리킨다. 이것은 넓은 의미의 양적완화에 속하는 수단 중 하나로 연준 내부에서는 대규모 자산매입(LSAP)이라 부르는 것에 해당한다(Bernanke 2013a). 이 책에서는 블라인더(Blinder 2010)의 용어 정의에 따라, 넓은 의미의 양적완화만을 양적완화로, 좁은 의미의 양적완화를 LSAP로 각각 구분하여 표기하기로 한다.
39. Board of Governors of the Federal Reserve System(2008b).
40. Board of Governors of the Federal Reserve System(2015).

용하고 있었다. 다만 당시에는 다소 비공식적인 뉘앙스로 "공개구두운영(open mouth operations)"이나 "공개구두정책(open mouth policy)"이라 불렀다는 차이가 있을 뿐이다.[41] 이제 미국 연준의 경험을 중심으로 선제적 안내를 살펴보자.

글로벌 금융위기를 맞아 영의 정책금리를 유지하게 될 기간을 "한동안"(2008. 12. 16)으로 전망한 이래, 연준은 매 FOMC 회의 직후 발표하는 성명서에서 자신의 전망을 다양한 방식으로 명시해 왔다. 예를 들어, 2011년 8월 FOMC 성명서(2011. 8. 9)에는 이전의 정성적 안내 대신, "적어도 2013년 중반으로까지"와 같이 영의 정책금리를 유지할 것으로 전망되는 특정 시점을 명시한 시점 기준 안내가 새로 등장했다. 동 표현이 2012년 1월 FOMC 성명서(2012. 1. 25)에서는 "적어도 2014년 후반으로까지"로, 2012년 9월 FOMC 성명서(2012. 9. 13)에서는 "적어도 2015년 중반으로까지"로 각각 바뀌었다. 이후 2012년 12월 FOMC 성명서(2012. 12. 12)에는 기존의 시점 기준 안내 대신, "적어도 실업률이 6.5%를 계속 상회하고 향후 1~2년 사이의 인플레이션이 … 2.5%를 하회할 것으로 전망되는 동안에는 … [영의 정책금리를 유지하는 것이] 적절할 것으로 FOMC는 현재 예상한다"는 내용의 특정 요건 기준(일명 Evans Rule) 안내가 처음으로 도입되었다. 한편, 연준은 곧 학습하게 될 대규모 자산매입(LSAP)에 대해서도 선제적 안내를 정책금리와 유사한 방식으로 제공해 왔다. 글로벌 금융위기 이후 10여 년간에 걸친 연준의 선제적 안내의 전반적 경과에 대해서는 〈Box 12-2〉를 참조하기 바란다.

Box 12-2 미국 연방준비제도의 선제적 안내 : 글로벌 금융위기 이후의 경과

글로벌 금융위기 이후 10여 년이 지나는 동안 선제적 안내는 미국을 비롯한 다수 국가에서 비전통적 통화정책의 주요 수단 중 하나로 확립되었다. 이는 평상시의 핵심적 통화정책 수단인 정책금리가 영(0)의 수준에 이미 도달하여, 경기침체가 지속됨에도 더 이상의 하락을 기대하기 어려워졌다는 사실과 관련이 있다. 이런 예외적 상황에서는 통화정책의 효과가, 중앙은행이 자신의 향후 정책방향을 시장에 얼마나 명확히 알리고 소통하는지에 더욱 크게 의존하기 때문이다.

지난 10여 년간의 위기 수습 및 관리에서 특히 미국의 선제적 안내가 진화하는 모습을 보였다는 사실은 흥미롭다. 연준은 위기 직후 정책금리(연방자금금리)와

41. "공개구두운영" 또는 "공개구두정책"은 예를 들어 Bernanke(2016a)와 Blinder(2010)에 각각 명시적으로 등장하는 용어이다.

대규모 자산매입(LSAP)에[1] 대해 선제적 안내를 제공했다. 처음에는 정책금리의 수준을 언제까지 유지할 것인지, 그리고 대규모 자산매입을 어떤 규모로 언제까지 진행할 것인지를 알리는 방식으로 선제적 안내가 제시되었다. 하지만 나중에는 정책금리 변경 여부를 일부 거시경제 변수의 특정 수준에 연계시키고, 대규모 자산매입의 지속기간도 거시경제 전망에 연계시키는 방식으로 선제적 안내가 바뀌었다. FOMC 회의 직후 연준이 공표한 성명서에 나타난 선제적 안내의 진화를 구체적으로 살펴보면 다음과 같다.

연방자금금리의 경우 : 영의 수준 유지가 예상되는 기간에 대한 선제적 안내

- 정성적(qualitative guidance) 안내
  - 연방자금금리를 "한동안(for some time)"[2] 영의 수준에서 유지(2008. 12. 16);
  - "상당 기간 동안(for an extended period)"[2] 유지(2009. 3. 18).
- 시점 기준(date-based; calendar-based; time-dependent) 안내
  - "적어도 2013년 중반으로까지(at least through mid-2013)"[2] 유지(2011. 8. 9);
  - "적어도 2014년 후반으로까지(at least through late 2014)"[2] 유지(2012. 1. 25);
  - "적어도 2015년 후반으로까지(at least through late 2015)"[2] 유지(2012. 9. 13).
- 요건 기준(state-contingent; state-based; thresholds-based) 안내
  - "적어도, 실업률이 계속 6.5%를 상회하고 향후 1~2년 사이의 인플레이션이 … 2.5%를 하회할 것으로 전망되는 한,"[2, 3] 유지(2012. 12. 12).
- 연방자금금리의 미래 경로 전망에 대한 안내
  - FOMC 회의 참석위원들(총 19인) 각각이 연준의 법적 책무에 비추어 "적합한"[4] 통화정책이라 생각하는 향후 연방자금금리의 개별 전망치(점도표)를 2012년 1월부터 경제전망요약(Summary of Economic Projections)의 일부 내용으로 제시

대규모 자산매입(LSAP)의 경우 : 채권의 매입규모와 지속기간에 대한 선제적 안내

- 시점 기준 안내
  - LSAP1(2008. 11. 25 ; 2009. 3. 18)과 LSAP2(2010. 11. 3)에 대해서는 특정 규모의 자산매입을 특정 기간 동안 지속하겠다는 일종의 시점 기준 안내를 제시.
- 요건 기준 안내
  - LSAP3(2012. 9. 13 ; 2012. 12. 12)에 대해서는 채권 매입의 시작 시점과 향후 월정 채권별(장기국채/기관MBS) 매입규모만 미리 정해 공표
  - 한편, 자산매입의 전체 규모와 지속기간은 미리 정하지 않은 채, "물가안정의 맥락 속에서 … 노동시장 전망이 실질적으로 개선되지 않는 한"[2), 5)] 채권 매입을 지속하겠다는 일종의 요건 기준 안내를 제시.

1) 대규모 자산매입(LSAP)에 대해서는 다음 소절에서 곧 학습할 예정임.
2) 각 인용구는 각기 해당 FOMC 성명서에서 따왔음.
3) "둘 중 어느 하나의 요건을 넘겼다고 해서 이것이 연방자금금리 목표수준의 자동적 인상을 가져오는 것은 아니며, FOMC가 연방자금금리 목표수준의 인상이 정당한지 여부를 고려하기 시작할 필요가 있음을 시사할 뿐"이라는 의미에서, 버냉키는 요건 기준(Evans Rule)은 "격발요건(triggers)이 아니라 문턱요건(thresholds)"임을 강조하고 있음(Bernanke 2013b, p.9).
4) Bernanke(2016d), p.2.
5) 2012년 12월 공표된 연방자금금리의 영(0) 수준 유지 요건(6.5%를 상회하는 실업률과 2.5%를 하회하는 인플레이션)에 비추어, 채권 매입의 지속 여부를 '노동시장 전망의 실질적 개선'에 연계하겠다는 연준의 약정을 일종의 요건 기준 안내로 해석할 수 있음.

자료 : Bernanke(2013b · 2016d), Board of Governors of the Federal Reserve System(2008a · 2008b · 2009 · 2010 · 2011a · 2012a · 2012c · 2012d).

그런데 이와 같은 선제적 안내는 연준의 전망(forecast)인가 아니면 약정(commitment)인가? 그동안 연준의 선제적 안내는 성명서를 통해 자신의 '전망'을 제시하는 형식을 취해 왔었다. 이는 LSAP보다는 연방자금금리에 대한 선제적 안내에서 더욱 두드러진다. 하지만 LSAP 관련 안내는 물론, 연방자금금리에 대한 안내도 연준의 실질적인 '약정'으로 해석되는 경향이 있다.[42]

이런 점에 착안하여, 최근 캠벨(J. Campbell) 등은 연준의 선제적 안내를 두 가지 유형—전망을 나타내는 델픽 유형(Delphic type)과 약정을 의미하는 오디세안 유형(Odyssean type)—으로 구분한다.[43] 전자의 취지는 중앙은행이 자신의 전망을 시장에 제공하여 사람들의 기대 및 행동을 자신이 원하는 방향으로 인도함으로써 정책의 효과를 제고하려는 데 있다. 따라서 중앙은행이 자신의 정책금리 결정에 관한 통화정책 반응함수(monetary policy reaction function)를 대외적으로 가급적 명확히 알리는 것이 델픽 유형 안내의 목적이다. 이때 경기부양 자체는 델픽 안내의 부수적인 결과일 수는 있어도 목적은 될 수 없다. 반면 후자의 취지는 "통화정책 반응함수가 시사하는 것보다 더 오랜 기간 동안 정책금리를 영의 하한에 묶어두겠다고 약정"함으로써 경기를 부양하려는 데 있다. 그러므로 중앙은행의 오디세언 안내는 경기부양을 위해 "반응함수로부터의 이탈"을 전제로 하는 시간 비일관적(time-inconsistent) 약정이다.[44] 이런 점에서 "중앙은행이 신뢰를 유지하면서 약정을 제시하기에는 한계가 있"다. 주요 중앙은행들 대부분은 전망에 해당하는 선제적 안내를 제시하지만, 예외적으로 연방준비제도와 일본은행(Bank of Japan)은 약정에 해당하는 선제적 안내를 제시하는 것으로 받아들여진다.[45]

---

42. 예를 들어 Blinder(2010, p.466)와 Mishkin(2011, p.25)은 선제적 안내를 아예 "약정"으로 간주한다. 이런 점을 의식해서인지 버냉키는 시장이 연준의 선제적 안내를 무조건적인 것으로 받아들이면 곤란하다는 점을 강조한다. 여기에 대해서는 Bernanke(2009) 참조.
43. '델픽' 유형이란 고대 그리스의 델파이 신탁(Oracle of Delphi)에서 나온 표현으로, 약정이 아닌 전망(또는 예측)을 의미한다. '오디세안' 유형이란, 호머(Homer)의 서사시 오디세이(Odyssey)에 나오는 주인공인 오디세우스(Odysseus)가 사이렌(Sirens)의 아름다운 노랫소리에 홀리지 않고 암초가 많은 사이렌 섬 지역을 안전하게 항해하기 위해 미리 자신의 몸을 돛에 단단히 묶어뒀다는 이야기에 빗대어 중앙은행의 자기구속적 사전 약정을 의미한다. 델픽 안내와 오디세안 안내의 유형 구분에 대해서는 Campbell *et al.*(2012)을 참조하기 바란다.
44. Campbell *et al.*(2012)이 제시한 각 유형의 근본 취지에 대한 설명은 Haberis *et al.*(2017)을 참조했다. 본문 문단 중 첫째 인용문은 Kerr(2013)에서, 둘째 인용문은 Haberis *et al.*(2017)에서, 셋째 인용문은 Ball *et al.*(2016, p.47)에서 각각 따왔다.

전망이든 약정이든 선제적 안내는 향후 특정 기간 동안 연준 통화정책의 확장적 기조가 유지될 것이라는 점을 분명히 공표함으로써 시장의 기대를 관리하기 위한 조치이다.[46] 제5장에서 학습한 이자율의 기간구조론(특히 기대이론)에 따르면, 장기이자율은 현재의 단기이자율과 미래의 예상 단기이자율의 평균치이다. 그러므로 단기이자율이 영에 가깝게 유지될 것으로 시장이 기대하는 기간을 선제적 안내에 의해 늘릴 수 있다면 장기이자율을 낮추는 효과가 있을 것이다(금리경로). 또한 연준의 전망 또는 약정대로 확장적 통화정책이 상당 기간 지속된다면 시장의 인플레이션 기대를 높이는 효과도 있을 것이다(기대경로). 이론적으로 이 두 가지 효과는 모두 실질 장기이자율을 낮추는 방향으로 작용하여 궁극적으로 민간지출을 자극할 것이다.[47]

선제적 안내는 시장이 연준을 신뢰하지 않거나 이자율의 기간구조론이 실제로 작동하지 않는다면 효과가 없을 것이다. 하지만 연준의 선제적 안내는 수익률곡선을 평평하게 만드는 효과를 낸 것으로 밝혀졌다.[48] 이는 연준의 신뢰성과 이자율의 기간구조론이 시장에서 둘 다 효과적으로 작동했음을 의미한다.[49] 끝으로, 선제적 안내가 거듭될수록 그 추가적 편익이 감소할 것이라는 단점이 지적되고 있다.[50]

2.3 양적완화

블라인더(A. Blinder)는 양적완화(QE)를 넓은 의미에서 "유동성 상황의 완화나 신용상황의 완화, 또는 유동성 및 신용 상황 모두의 완화를 위해 설계된 [대차대조표의 여러 변화, 즉] 대차대조표 구성의 변화나 규모의 변화 또는 대차대조표 구성

45. 여기에 대해서는 예를 들어 Kerr(2013)를 참조하기 바란다.

46. Mishkin(2011) 참조.

47. 선제적 안내는 기간프리미엄에는 직접적으로 작용하지 않는다. 다음 소절에서 논의하게 될 대규모 자산매입은 기간프리미엄의 감소를 직접적으로 겨냥한 정책수단이다.

48. 미국 재무부 자료에 따르면 2009년 3월과 2011년 8월의 FOMC 성명서 공표 직후 수익률곡선의 기울기가 완화되었다. 이 점에 대해서는 이윤숙(2011) 참조.

49. 독자들은 제5장에서 이자율 기간구조론의 경험적 성과가 형편없다는 블라인더의 시각을 학습했었다. 본문에서 이자율의 기간구조론이 '작동했다'는 것은 "[단기이자율의 수준에 맞춰] 장기이자율이 [정량적으로는] 올바른 크기가 아닐지라도 [정성적으로는] 올바른 방향으로 움직[였다]"는 뜻이다. Blinder(2010), p.466 참조.

50. 실제로 2009년 3월과 2011년 8월의 FOMC 성명서 공표 직후 수익률곡선의 기울기가 각각 완화된 정도는 후자가 전자에 비해 작았다. 이 점에 대해서는 이윤숙(2011) 참조.

및 규모 모두의 변화"라 정의한다.[51] 다시 말해, 대차대조표의 구성이나 규모에 직접적 변화를 가져오는 비전통적 통화정책 수단을 모두 양적완화에 포함된다고 보는 것이다. 독자들이 앞 소절에서 학습한 선제적 안내가 연준의 비표준적 통화정책 수단에는 포함되지만 양적완화로 분류되지 않는 이유는, 선제적 안내가 연준 대차대조표의 구성이나 규모에는 아무런 직접적 영향도 주지 않기 때문이다. 한편 2001～2006년 기간 중 실시되었던 일본의 양적완화와 구분하여 미국의 양적완화를 신용완화(credit easing)라 부르기도 한다.[52]

2.3.1 양적완화의 유형

연준의 양적완화에는 긴급유동성 제공, 대규모 자산매입, 그리고 오퍼레이션 트위스트(자산평균만기 연장)의 세 가지 유형이 있다. 이제 각 유형의 양적완화를 차례로 학습하기로 하자.

2.3.1.1 긴급유동성 제공[53]

연준은 금융기관과 신용시장에 긴급유동성을 제공하기 위해 다양한 유동성 지원장치를 신규 가동했다. 이들 장치는 원칙적으로 위험프리미엄을 낮추기 위한 수단들이다. 아래에서는 이와 같은 연준의 긴급유동성 지원을 금융기관에 대한 지원장치와 신용시장에 대한 지원장치로 구분하여 살펴보기로 한다.

① 금융기관에 대한 연준의 긴급유동성 제공

상업은행이 유동성 부족으로 위기에 직면한 경우 배저트(W. Bagehot)의 원리에 따라 긴급유동성을 제공하는 것은 중앙은행의 전통적 최종대부자 기능이다.[54] 글로

---

51. Blinder(2010), p.465.

52. 이것은 버냉키(B. Bernanke)의 구분이다. 미국 연준의 최근 양적완화는 일본은행(Bank of Japan)이 2001～2006년 실시한 순수 양적완화와는 차별화된다는 것이다. 즉, 두 중앙은행의 양적완화가 대차대조표 규모의 확대(expansion)를 추구한다는 점에서는 비슷하지만, 연준의 양적완화는 대차대조표 구성(composition)의 변화를 추구한다는 점에서 2001～2006년의 일본은행과 다르다는 것이다. Bernanke(2009) 참조.

53. 이 소절은 Bernanke(2009)와 Cecioni *et al.*(2011)을 비롯하여, Board of Governors of the Fedral Reserve System(2012b), Brunnermeier(2009), Mishkin(2010 · 2011), Wikipedia(2012)를 참고했다.

벌 금융위기에서 연준이 금융기관에게 긴급유동성을 제공한 것은 중앙은행의 최종대부자 기능과 긴밀하게 관련되지만, 다음과 같은 다수의 새로운 비상조치가 수반되었다는 점에서 전통적 최종대부자 기능의 개념적 범위를 다소 넘어선 것이었다:[55]

- "할인율(discount rate)과 연방자금금리 목표 사이의 스프레드를 100bp에서 25bp로 축소"
- "할인창구대출(discount window loans)의 기간을 1일에서 90일로 연장"
- "예금수취기관(depository institutions)에게 최장 3개월까지 신용을 제공하는 간물경매제도(TAF : Term Auction Facility)의 신설"
- "국채전문딜러에게 저유동성 자산을 담보로 국채 차입을 허용하는 기간대여장치(TSLF : Term Securities Lending Facilities)의 신설"
- "국채전문딜러에게 유동성을 제공하기 위한 국채전문딜러 신용지원제도(PDCF : Primary Dealers Credit Facility)의 신설"

2007년 8월 연준은 기간물할인창구프로그램(TDWP : Term Discount Window Program ; 2007. 8. 17 ~ 2010. 3. 18)을 선보였다.[56] 이 대출제도는 이자율 스프레드의 축소, 만기의 연장(90일), 적격담보 유형의 확대 등을 특징으로 설계되었다. 그러나 낙인효과(stigma effect)—연준으로부터 할인대출을 받는 경우 재무적 곤란을 겪는 금융기관으로 낙인찍히게 될 것이 두려워 금융기관 스스로 대출을 꺼리게 되는 효과—로 인해 TDWP 이용실적이 기대에 미치지 않자, 연준은 2007년 12월 TAF(2007. 12. 17 ~ 2010. 3. 8)를 통해 은행 등 예금수취기관이 경쟁입찰 금리로 28일 또는 84일 동안 익명 차입할 수 있도록 했다.[57] TSLF(2008. 3. 27 ~ 2010. 2. 1)의 경우 담보자산인 저유동성 유가증권에는 국채(재무부증권), 정부기관증권(agencies securities), 정부기관MBS(agencies MBS), 그리고 모든 투자등급 부채증권(debt securities)이 포함되며, 대여만기는 28일이었다.[58] PDCF(2008. 3. 17 ~ 2010. 2. 1)는

54. 배저트의 원리란 위기 발생 시 중앙은행은 최종대부자로서 "양질의 담보를 확보하고 높은 금리를 부과하여 아낌없이 대출해야 한다"는 것이다(Goodhart and Illing 2002, p.1). 이 책의 제17장 참조.

55. Bernanke(2009), p.3.

56. 괄호 안은 동 대출프로그램의 운영기간을 나타낸다.

57. Mishkin(2011) 참조.

국채전문딜러(PD)—구체적으로 월가의 투자은행(investment banks)—에 대한 초단기(1일) 유동성지원제도였다. 특히 TSLF와 PDCF는 2008년 3월 중순 베어스턴즈에 대한 300억 달러의 구제금융 결정을 전후하여 급히 마련된 새로운 대출제도로서, 전통적 상업은행이 아닌 투자은행에게 긴급유동성을 지원하기 위한 장치였다. 이로써 연준은 최종대부자로서 기존의 공적 금융안전망을 투자은행에게 확장했다.[59]

또한 연준은 14개 외국 중앙은행과 양자 간 통화스왑계약(Reciprocal Currency Swap Agreements)을 맺고 달러화를 공급했다.[60] 14개 중앙은행과의 달러스왑계약은 모두 2010년 2월 1일 종료되었으나, 2010년 5월 연준은 캐나다은행, 영란은행, 유럽중앙은행, 일본은행, 스위스국립은행과 각각 양자 간 달러스왑계약을 다시 체결했다. 이들 5개 중앙은행 각각과 연준 사이의 계약은 그동안 두 차례 만기 연장을 거쳐 2012년 8월 1일까지 계속되었다.[61]

이론적으로 연준의 각종 유동성 지원은 시스템리스크를 감소시킬 것으로 기대되었다. 이는 "단기 투자자들이 신뢰를 잃고 현금수요를 늘린다 해도 [연준의 유동

---

58. 정부기관증권과 정부기관MBS에서 '정부기관'이란 Ginnie Mae, Fannie Mae, Freddie Mac, 그리고 Federal Home Loan Banks를 통칭한다.

59. 2008년 3월 베어스턴즈(Bear Stearns)에 대한 구제금융은 중앙은행의 최종대부자 지원이 전통적 상업은행의 범위를 넘어 투자은행(증권회사)에게 이루어진 첫 번째 역사적 사례이다. 구제금융은 베어스턴즈를 인수하기로 한 JP 모건 체이스(JP Morgan Chase)에게 연준이 대출하는 형식으로 이루어졌다. 이 대출은 베어스턴즈의 악성 자산을 담보로 하되, 연준이 JP 모건 체이스에 대해 청구권을 행사하지 않는 조건(non-recourse loan)으로 실시되었다. 결국 연준은 베어스턴즈의 악성 자산을 300억 달러에 매입한 셈이었다. 또한 2008년 9월 16일 연준은 AIG(American International Group)의 주식지분 80%를 담보로 800억 달러의 구제금융을 결정했다. 이 또한 대출이라기보다는 연준이 자산을 매입한 셈이었다. 이는 중앙은행의 최종대부자 지원이 전통적 상업은행의 범위를 넘어 보험회사에게 이루어진 첫 번째 역사적 사례이다. 결국 2008년 3월 중순과 9월 중순, 연준은 은행부문을 넘어 증권부문과 보험부문으로 공적 금융안전망의 빗장을 처음으로 열었다. 그러나 베어스턴즈와 AIG의 구제조치는 체계적인 기존 대출장치를 활용한 것이 아니라 양적완화의 맥락 속에서 이행되었다는 의미에서 "자의적·반응적·기관 중심적(ad hoc, reactive, and *instituion based*)이었다"(Blinder 2010, p.469. 이탤릭체는 원문에 따랐음.). 베어스턴즈와 AIG의 구제에 대해서는 Brunnermeier(2009)와 Mishkin(2010)을 참조하기 바란다.

60. 이들 14개 중앙은행에는 한국은행도 포함되었다. 한국은행은 2008년 10월 29일 연준과 양자 간 통화스왑계약을 맺고 최대 300억 달러까지 달러화 자금을 공급받기로 했다. 이 달러스왑계약에 따라 한국은행은 2008년 10월 30일 이후 실제로 총 165.3억의 달러화 자금을 공급받아 운용했으며, 이 자금은 2009년 12월 15일까지 전액 회수되었다. 한국은행(2010b) 참조.

61. Board of Governors of the Fedral Reserve System(2012b) 참조.

성 지원 덕분에] … 자산의 헐값 매각에 의존하지 않고서도 금융기관들이 늘어난 현금수요에 부응할 수 있다는 확신을 시장참가자들이 갖게" 되기 때문이다. 게다가 연준의 유동성 지원은 "금융기관들의 대출 및 시장조성 의향을 제고할" 것으로 기대되었다. 이는 "[연준의 유동성 지원이] 금융기관의 유동성 니즈에 대한 안전장치로 작용함으로써 자금조달의 어려움을 줄여주기" 때문이다.[62] 실제로 대부분의 경험적 연구에 따르면, 앞에서 살펴본 TAF 등 연준의 긴급유동성 지원이 신용스프레드를 낮춰 대출이자율 인하를 가져오는 등 금융시장 안정에 기여한 것으로 확인되었다. 또한 14개 중앙은행은 연준에게서 달러화를 차입하여 자국 내 대출로 운용할 수 있었으므로 통화스왑라인은 세계적 달러조달상황의 완화에 효과적이었다.[63]

② 주요 신용시장에 대한 연준의 긴급유동성 지원

앞서 본 대로 금융기관에 대한 긴급유동성 지원에 더하여, 연준은 주요 신용시장에도 긴급유동성을 직접 제공했다. 여기에는 두 가지 이유가 있었다.[64] 첫째, 예금수취기관과 국채전문딜러에게 연준이 다양한 방식으로 긴급유동성을 지원했지만 "다수 중개기관이 유동성이 충분한데도 자본금 · 자산건전성 · 신용리스크에 대한 우려로 인해 대출 실행을 그리 내켜하지 않는 상황이 지속" 되었기 때문이다. 둘째, "금융기관에 대한 유동성 제공으로는 기업어음시장(commercial paper market)이나 자산유동화증권시장(market for asset-backed securities)과 같은 주요 비은행시장의 불안정 또는 신용가용성 감소에 직접 대처할 수 없기" 때문이다.

그래서 연준은 다음과 같은 정책수단을 통해 CP시장, ABCP시장, 그리고 ABS 시장의 증권발행자(차입자) 또는 투자자에게 긴급유동성을 지원했다:[65]

- CP 발행자에 대한 유동성지원제도(CPFF : Commercial Paper Funding Facility) : "3개월 만기 적격CP(highly-rated commercial paper)를 매입하는 제도"
- ABCP 매입자에 대한 유동성지원제도(AMLF : Asset-backed commercial paper Money market mutual fund Liquidity Facility) : "자금시장투자신탁에 대

62. 본문 내 인용문은 모두 Bernanke(2009), p.3에서 따온 것이다.
63. Mishkin(2010 · 2011) 참조.
64. Bernanke(2009), p.3.
65. Bernanke(2009), p.3.

한 후선 유동성(backup liquidity) 지원제도"

- 기간ABS 투자자에 대한 유동성지원제도(TALF : Term Asset-backed securities Liquidity Facility) : "학자금대출 · 자동차대출 · 신용카드대출과 소기업청(Small Business Administration) 보증대출을 기초로 발행된 AAA등급 유동화 증권을 담보로 유동성을 지원하는 제도"

2008년 9월 15일 월가의 투자은행 리먼브러더즈가 파산신청을 하자 리먼이 발행한 부채를 다량 보유한 자금시장뮤추얼펀드들(MMMFs)이 문제에 봉착했다. 예를 들어, 다음 날인 9월 16일 Reserve Primary Fund의 순자산이 1달러 미만으로 평가되면서 '지분보유자들이 원금손실을 입는 상황(breaking of the buck)' 이 벌어졌다. MMMF 투자자들의 환매가 확산되자 펀드매니저들은 자신이 보유한 기업어음(CP)을 대량 처분해 현금확보에 나서야 했다. 이로 인해 CP 수익률이 치솟았을 뿐만 아니라 펀드매니저들이 초단기(1일물) CP만 보유하려 들면서 CP 발행자(차입자)는 커다란 유동성 압박을 받게 되었다. 결국 MMMF산업에 대한 런(run)에 대한 우려와 CP시장 작동 정지에 대한 우려가 고조되었다. 그래서 연준은 CP 발행자(차입자)의 적격CP를 담보로 3개월 만기 대출을 지원하는 CPFF(2008. 10. 27 ~ 2010. 2. 1)를 마련하는 동시에, MMMF에게서 ABCP를 매입하는 예금수취기관과 은행지주회사에 대해 최장 270일까지 자금을 지원하는 AMLF(2008. 9. 22 ~ 2010. 2. 1)도 신설했다.

연준이 CPFF를 설치한 취지는 CP발행자의 "차환발행리스크(rollover risk)—CP의 만기 상환자금을 CP의 신규 발행을 통해 조달하지 못하게 될 위험"—를 줄이는 것이었다.[66] 이렇게 되면 투자자들이 만기가 긴 CP 보유에도 눈을 돌리게 되고, CP의 위험스프레드가 낮아지면서 CP시장이 정상화될 것이라 기대되었다.

또한 연준은 AMLF를 통해 MMMF에게서 ABCP를 매입하는 금융기관에게 자금을 지원함으로써 MMMF가 자산을 급매하지 않더라도 ABCP 매각자금으로 환매수요를 충족할 수 있도록 했다.[67] 동시에 2008년 9월 19일 미국 재무부도 새로운 보험제도를 도입하여 여기에 가입한 MMMF의 순자산가치(NAV)가 1달러 미만으로 감소하면 보험금 지급을 통해 원금을 보장하기로 했다. 이와 같은 재무부의 보험조

66. Bernanke(2009), p.3.

67. Bernanke(2009) 참조.

치와 연준의 AMLF는 MMMF 투자자들의 환매를 진정시켜 MMMF산업을 안정화시킬 것으로 생각되었다.[68]

이 밖에도 연준은 자금시장 투자자에 대한 유동성지원제도(MMIFF : Money Market Investor Funding Facility ; 2008. 10. 21∼2009. 10. 30)를 통해 민간부문의 SPV (special purpose vehicles)가 적격 투자자들로부터 적격 자금시장 수단을 매입하는 경우 그 자금을 지원했다.[69] 이때 SPV는 자산매입액의 90%는 MMIFF를 통한 연준차입으로 조달하여 거래상대방(자산매각자)에게 지급하되, 나머지 10%는 매입자산과 동일 만기로 발행한 ABCP로 지급하는 조건이었다.

한편 TALF(2009. 3. 17∼2010. 6. 30)는 "최근 실행된 소비자대출 또는 소기업대출을 기초자산으로 발행된 AAA등급 유동화증권을 담보로 투자자에게" 만기 3년 또는 5년의 자금을 지원하는 장치이다.[70] 이 장치는 연준의 유동성과 재무부의 자본금(200억 달러)으로 구성된다. 연준이 유동화증권(ABS와 Commercial MBS)을 자신의 대차대조표상에 보유하는 데서 오는 신용리스크를 감안하여 재무부가 자본금을 제공한 것이다. TALF는 유동화증권시장(ABS시장과 CMBS시장)의 정상화는 물론 소비자 및 소기업 신용의 대출금리 인하와 공급 증대에 기여할 것으로 기대되었다.

실제로 주요 신용시장에 대한 긴급유동성 지원은 대체로 효과적이었던 것으로 확인된다.[71] 세시오니(M. Cecioni) 등에 따르면, CPFF의 가동으로 CP 발행액이 급증했고, CP 스프레드가 감소했다. AMLF의 경우, 적격ABCP 보유비중이 높은 MMMF일수록 환매가 두드러지게 감소했고 적격ABCP의 유동성프리미엄이 줄었다. 또한 TALF가 설치된 이후 ABS 발행액이 회복되고 ABS 스프레드가 감소했다.

2.3.1.2 대규모 자산매입(LSAP)[72]

금융기관과 신용시장에 대한 긴급유동성 지원제도를 가동한 것 이외에도, 연준은 표준적 통화정책 수단인 공개시장운영을 확대하여 거액의 장기국채, 정부기관채

---

68. Wikipedia(2012) 참조.
69. Federal Reserve Bank of New York(2012a) 참조.
70. Bernanke(2009), p.4.
71. Cecioni *et al.*(2011) 참조.
72. 이 소절은 이윤숙(2011)과 Board of Governors of the Fedral Reserve System(2008a · 2009 · 2010 · 2012c · 2012d · 2014a · 2014b)을 참고하였다.

(GSE debt : Government Sponsored Enterprises debt) 및 정부기관MBS를 매입해 왔다. 이는 "금융시장의 순조로운 작동과 금융중개의 회복"을 목적으로 하는 긴급유동성 지원에서 더 나아가, 연준이 '대규모 자산매입(LSAP : Large-Scale Asset Purchases)'을 통해 "영(0)의 하한에 도달한 상태에서 [경기회복을 위해] 통화정책 완화조치의 추가적 제공"을 도모한 것을 의미한다.[73] 연준의 대규모 자산매입은 2009년 3월부터 2014년 10월까지 5년 반이 넘는 기간에 걸쳐 LSAP1, LSAP2, LSAP3라는 이름 아래 순차적으로 진행되었다.[74]

2008년 11월 25일 연준이 정부기관채 1,000억 달러와 정부기관MBS 5,000억 달러를 매입하겠다고 공표하면서 제1차 대규모 자산매입(LSAP1)이 시작되었다. 이후 2009년 3월 18일 연준은 장기 재무부채권(장기국채) 3,000억 달러를 매입하는 한편, 정부기관채와 정부기관MBS를 각각 1,000억 달러와 7,500억 달러만큼 추가 매입하겠다고 공표했다. 이로써 LSAP1에 의해 연준이 매입하기로 공표한 자산 총액은 장기국채 3,000억 달러, 정부기관채 2,000억 달러, 그리고 정부기관MBS 1.25조 달러에 달했다. 이후 2009년 10월 말 3,000억 달러의 장기국채 매입이 완료되었으며, 2010년 3월 말 1,750억 달러의 정부기관채와 1.25조 달러의 정부기관 MBS의 매입이 완료되었다. 이로써 연준은 LSAP1을 통해 총 1조 7,250억 달러의 장기자산을 매입했다. 다만, 정부기관채의 실제 매입액은 계획보다 250억 달러 미달했는데, 이는 물량부족 때문이었다.

2010년 8월 연준은 정부기관채 및 정부기관MBS의 원금상환액을 장기국채에 재투자하여 연준시스템의 공개시장계정(SOMA : System Open Market Account) 내 국내증권 보유액을 2.054조 달러 수준으로 유지하겠다는 방침을 FOMC가 공표함에 따라 매월 약 300억 달러의 국채(Treasury Notes)를 추가 구입하게 되었다.[75]

이후 2010년 11월 FOMC는 장기국채 6,000억 달러를 추가 매입하겠다고 공표했다. 이것이 제2차 대규모 자산매입(LSAP2)으로, 장기국채 매입은 예정대로 진행된 후 2011년 6월 20일 종료되었다. 그 이듬해인 2012년 9월 연준은 제3차 대규모

---

73. IMF(2013), p.6.

74. 이 소절에서 다루는 대규모 자산매입(LSAP1, LSAP2, LSAP3)을 언론에서는 흔히 양적완화(QE1, QE2, QE3)라고 부른다. 이때 언론의 양적완화는 협의의 양적완화로, 이 책과 블라인더 교수의 양적완화(광의)와는 차이가 난다(이 장의 각주 38 참조).

75. Amadeo(2011) 참조.

자산매입(LSAP3)에 착수했다. 이전의 LSAP1이나 LSAP2와는 달리 이번에는 LSAP3의 종료시점을 미리 밝히지 않은 채, 연준은 매월 정부기관MBS 400억 달러를 매입하는 계획을 공표했다. 또한 오퍼레이션 트위스트가 종료되는 시점(2012년 12월)에서 매월 장기국채 450억 달러를 매입한다는 새로운 계획을 연준은 추가적으로 공표했다. 2013년 내내 정부기관MBS와 장기국채를 합쳐 매월 850억 달러의 채권을 매입해 오던 연준은 경제상황의 호전에 따라 2014년 1월부터는 테이퍼링(tapering : LSAP 축소)에 들어갔다. 이에 따라, 2014년에는 매 FOMC 회의 때마다 연준이 정부기관MBS와 장기국채의 월별 매입규모를 각각 50억 달러씩 총 100억 달러를 새롭게 감축하기로 하는 결정을 내린 결과, 마침내 2014년 10월 말 LSAP3는 종료되었다. 이로써 연준이 LSAP3를 통해 매입한 장기자산은 총 1조 6,300억 달러였다.

이론적으로 연준의 장기국채 매입은 장기국채의 시장가격을 상승시켜 수익률을 낮춘다. 이는 장기국채의 기간프리미엄 감소에 기인한다. 실제로 과거 3～4%를 기록하던 10년 만기 장기국채 수익률은 LSAP1이 시작된 직후 약 2%로 감소했고, LSAP2가 실시되기 전이던 2011년 7～8월 그 실시가능성에 대한 예상이 고조되면서 장기국채 수익률이 이미 하락했었다. 또한 연준의 장기국채 매입에 따라 시장의 장기국채 물량이 줄어들면서 민간 투자자들은 장기국채와 불완전 대체관계에 있는 다른 자산—회사채나 MBS 등—을 매입하게 된다. 이는 다른 자산의 가격 상승과 그 이자율의 감소를 가져와 전반적인 차입비용 감소와 자금상황 완화에 기여한다. 여기서 이자율의 감소는 위험프리미엄의 감소에 기인한다. 장기국채와 여타 자산들의 가격이 일반적으로 상승하면 부의 효과도 작용할 것이다. LSAP1을 통한 연준의 장기 정부기관채 및 정부기관MBS 매입도 장기국채 매입의 경우와 유사한 과정을 거쳐 위험프리미엄과 기간프리미엄의 하락에 기여한다고 기대되었으며, 실제로 연준의 정부기관MBS 매입이 MBS시장의 유동성을 개선했다는 일부 증거가 보고된 바 있다.[76] 한편, 우(T. Wu)는 LSAP3의 장기금리 인하 효과가 그 이전의 대규모 자산매입과 오퍼레이션 트위스트에 비해 크게 작아졌다는 경험적 결과와 세 차례의 대규모 자산매입이 선제적 안내와 상호작용하는 가운데 장기금리를 추가 하락시키는 효과가 있다는 경험적 결과를 제시하고 있다.[77]

---

76. Gagnon *et al.*(2011)과 Joyce *et al.*(2010) 참조.

77. 자세한 내용은 Wu(2014)를 참조하기 바란다.

종합적으로, IMF는 연준의 대규모 자산매입이 "거시경제적 상황의 상당한 개선"을 가져왔다고 보고 있다. 동시에, IMF는 "연구방법과 … 표본기간에 따라" 대규모 자산매입의 거시경제적 효과에는 "상당한 불확실성"이 존재하는 점도 인정하고 있다.[78]

2.3.1.3 연준 보유 국채의 평균만기연장(Maturity Extension Program 또는 Operation Twist)[79]

2011년 9월 21일 FOMC는 연준이 보유한 잔존 만기 3년 이하 단기국채 4,000억 달러를 매각하고 동액의 잔존 만기 6～30년 장기국채를 매입하겠다고 공표했다. 이 정책은 원래 2012년 6월까지 이행될 예정이었고, 이로 인해 2011년 9월 75개월이던 연준 보유 국채의 평균만기는 2012년 말 100개월로 늘어날 것이라 연준은 예상했었다. 이후 2012년 6월 20일 FOMC는 2012년 말까지 연준 보유 국채의 평균만기연장 프로그램을 지속한다고 공표했다. 연준이 보유한 잔존 만기 3년 이하 단기국채 2,670억 달러를 매각하고 동액의 잔존 만기 6～30년 장기국채를 매입한다는 내용이었다. "만기연장 프로그램이 2012년 말 완료되면 연준은 2016년 1월까지 만기가 돌아오는 단기국채를 거의 보유하지 않게 된"다는 것이 뉴욕 연준의 설명이다.[80]

이와 같은 평균만기연장정책에 따라 연준의 자산 포트폴리오에서 단기국채는 같은 규모의 장기국채로 대체되었다. 그러므로 대차대조표 규모의 확대—본원통화의 증가—는 수반되지 않으며, 그 구성만 변화했다. 평균만기연장정책의 목적은 주로 기간프리미엄의 감소를 통한 장기금리의 하락에 있었다. 한편 단기금리의 상승은 미미할 것으로 예상되었으며, 실제로도 그랬다. 이는 연준의 선제적 안내 및 LSAP 조치가 효과적으로 작동한 덕분이었다. 결과적으로, 국채 수익률곡선의 기울기는 이전보다 조금 더 완만해졌다. 이와 같이 국채의 평균만기연장정책은 수익률곡선을 살짝 비트는 효과를 가져왔다. 그런 의미에서 이를 오퍼레이션 트위스트라

---

78. IMF(2013), pp.18～19.

79. 이 소절은 Board of Governors of the Federal Reserve System(2011b), Federal Reserve Bank of New York(2012b), 그리고 이윤숙(2011)을 참고하였다.

80. Federal Reserve Bank of New York(2012b).

고 부른다.

오퍼레이션 트위스트 정책의 기대효과는 다음과 같은 몇 가지 점에서 다소 논쟁적이었다.[81] 우선, 연준이 보유한 국채의 평균만기가 늘면 향후 출구전략 실행으로 이자율이 상승하면서 연준 자산 포트폴리오의 시장가치가 급락할 우려가 있다는 점, 둘째, 장기금리 하락으로 은행 수익성이 감소할 위험이 있다는 점, 그리고 셋째, 오퍼레이션 트위스트가 실시되는 동안 재무부가 장기국채의 발행을 늘리면 장기금리 인하효과가 상쇄된다는 점 등이 제기되었다. 특히 마지막 논점은 오퍼레이션 트위스트의 효과를 위해서는 연준과 재무부 사이의 정책협조가 중요하다는 점을 시사한다.

2.3.2 양적완화의 전달경로[82]

연준의 양적완화 전달경로에 대해 잠시 생각해 보자. 연준은 긴급유동성 제공이나 대규모 자산매입, 오퍼레이션 트위스트 이행과정에서 특정 자산의 가격과 이자율을 변동시키는 것은 물론이고, 그 특정 자산과 불완전 대체관계에 있는 다른 자산의 가격과 이자율에 영향을 준다. 왜냐하면, 시장 내 민간 투자자들이 보유하던 특정 자산을 연준이 매입하거나 담보로 받아들임에 따라 이들은 다른 자산을 구입하게 되기 때문이다. 이때 투자자들이 구입하는 '다른 자산'은 연준이 사들인 '특정 자산'(예를 들어 장기국채)과 불완전 대체관계에 있다고 생각할 수 있다.[83] 투자자들의 포트폴리오가 새로운 균형으로 조정되는 과정에서 연준의 양적완화는 자산의 가격을 올리고, 이자율을 낮추며, 자금상황은 완화될 것이다.

이때 이자율 하락은 위험프리미엄(risk premium) 또는 기간프리미엄(term premium)의 감소를 의미한다.[84] 연준이 장기국채를 매입하면 주로 기간프리미엄의 하락으로 인해 장기국채의 수익률이 하락한다. 다시 말해, 장기국채와 단기국채 간 수익률 스프레드가 줄어든다. 한편 연준이 정부기관MBS를 매입하면 이들 정부기

81. 이윤숙(2011) 참고.

82. 이 소절은 Gagnon *et al.*(2011), Joyce *et al.*(2010)과 Blinder(2010)를 주로 참조하였다.

83. 이는 "투자자들이 어떤 종류의 자산이나 만기에 대해 '특별한 선호(preferred habitats)'를 갖기" 때문이다(Joyce *et al.* 2010, p.7). 위기 시에는 이런 현상이 더욱 두드러질 것이다. Blinder(2010) 참조.

84. Gagnon *et al.*(2011) 참조.

관MBS의 수익률이 하락하는데, 이는 주로 위험프리미엄의 하락에 기인한다. 왜냐하면 정부기관MBS는 장기국채에 비해 신용위험 또는 유동성위험이 더 높기 때문이다. 다시 말해, 연준의 정부기관MBS 매입으로 만기가 동일한 정부기관MBS와 장기국채 간 수익률 스프레드가 감소한다는 것이다.

나아가 민간 투자자들은 연준이 양적완화의 일환으로 시장에서 매입하는 자산(장기국채 · 정부기관MBS 등)과 불완전 대체관계에 있는 자산을 매입하게 된다. 이 과정에서 민간이 매입하는 자산의 가격은 상승하고 수익률은 하락한다. 여기서 수익률 하락이 위험프리미엄 또는 기간프리미엄의 감소를 반영하는 것임은 물론이다.

요컨대, 이론적으로 양적완화는 통화정책의 전달경로 중 우선 금리경로를 통해 실물경제에 영향을 주게 된다(〈Box 12-3〉 참조). 또한 양적완화로 자산가격이 상승하면 자산가격 경로, 즉 토빈의 q와 부의 효과(wealth effect)를 통한 지출 증대를, 양적완화에 따른 예금기관의 대출여력(초과지급준비금) 증가로 신용경로를 통한 지출 증대를, 그리고 연준의 대규모 자산매입으로 시장의 예상 인플레이션이 상향 조정된다면 기대경로를 통한 지출 증대를 각각 예상해 볼 수 있다.[85]

Box 12-3 통화정책의 금리효과 비교 : 위기시 양적완화 vs. 평상시 연방자금금리 조정

위기 시 양적완화의 실시에 따른 이자율의 변화와 평상시 연방자금금리의 조정에 따른 이자율의 변화는 서로 어떻게 비교되는가? 이 문제를 블라인더(A. Blinder)의 설명방식에 따라 다음과 같이 생각해 보자.

주어진 만기의 위험자산 j에 대한 이자율 i_j는 동일 만기의 무위험자산이자율 i와 위험프리미엄 α_j의 합계이다(즉, $i_j = i + \alpha_j$). 여기서 위험프리미엄 α_j이란 자산 j의 신용리스크 및 유동성리스크에 대한 보상을 의미

85. 글로벌 금융위기 이후 이행된 비전통적 통화정책 조치들은 대체로 세 가지의 전달경로를 통해 전파된다는 것이 일반적 인식이다. 대표적으로, 조이스(M. Joyce) 등은 영란은행이 실시한 LSAP 등을 포함하는 양적완화(광의)의 전달경로를 주로 신호발송 및 기대에 관련된 "거시/정책 뉴스 경로(macro/policy news channel)", 만기가 서로 다른 채권 간 불완전대체성에 관련된 "포트폴리오 균형 조정 경로(portfolio rebalancing channel)", 그리고 연준의 대규모 장기자산 매입에 따른 민간 투자자의 장기자산 선호 증대에 관련된 "유동성프리미엄 경로(liquidity premia channel)"로 각각 구분하여 논의한다(Joyce *et al.* 2010). 조이스 등의 세 가지 전달경로는 IMF가 제시하는 "신호발송경로(signalling channel)", "희소성경로(scarcity channel)", 그리고 "실효만기경로(duration channel)"에 각각 대응된다(IMF 2013). 새롭게 명명된 이들 전달경로가 비전통적 통화정책 조치에 관한 연구자들의 구체적 논점과 시각을 특징적으로 드러내는 장점은 있으나, 각각의 내용이 이 책의 제11장과 본 소절에서 다룬 전통적 통화정책의 전달경로 및 관련 이론의 범주를 벗어나는 것은 아니다.

한다.

평소 연준의 통화정책은 연방자금금리의 조정을 통해 주로 무위험자산이자율(구체적으로는 국채수익률)에 영향을 미침으로써 위험자산 j에 대한 이자율 i_j에 변화를 가져온다. 평상시에는 α_j가 안정적이므로 연방자금금리의 조정은 강력한 효과를 낸다.

하지만 위기 시에는 α_j가 급상승하면서 표준적 통화정책에 의한 연방자금금리의 조정은 무력해진다. "가장 혼란스런 시기에는 i가 불변이거나 하락하더라도 [α_j의 급상승으로] 대부분의 i_j들이 실제로는 상승하"기 때문이다.[1)] 그러므로 연준은 양적완화 중 긴급유동성 지원이나 정부기관MBS와 같은 자산 매입을 통해 주로 α_j의 감소 또는 안정화를 도모한다.

한편, 장기이자율은 현재 단기이자율 및 미래 단기이자율 예상의 평균값에 기간프리미엄을 더하여 얻어진다. 평상시 연준의 확장적 통화정책은 연방자금금리의 인하를 통해 현재 단기이자율 및 미래 단기이자율 예상의 평균값을 감소시켜 장기이자율을 낮춘다. 반면, 위기 시 연준의 양적완화 중 장기국채 매입은 기간프리미엄의 감소를 통해 장기이자율을 낮춘다.

1) Blinder(2010), p.470. 다만, 원문의 r과 R_j를 이 글에서는 각각 i와 i_j로 표기하였다.

자료 : Blinder(2010).

2.3.3 소결 : 양적완화[86]

지금까지 살펴본 대로 미국은 줄잡아 2007년 8월부터 2014년 10월까지 7년 넘는 기간 동안 각종 양적완화정책—긴급유동성 제공, 대규모 자산매입, 그리고 오퍼레이션 트위스트(자산평균만기 연장)—을 실시해 왔다. 또한 코로나19 위기 이후에 다시 양적완화정책을 실행하여 시중에 대규모 유동성을 공급하였다(〈Box 12-4〉 참조). 그 결과 연준의 대차대조표 규모는 엄청나게 확대되었고 그 구성도 크게 변경되었다. 특히 양적완화가 본격화한 2008년 9월 초부터 2개월 만에 연준 대차대조표는 극적 변화를 겪었다. 예를 들어 "연준의 총자산은 2008년 9월 3일 9,070억 달러에서 2008년 11월 12일 2조 2,140억 달러로 급증했다."[87] 하지만 이것은 대차대조표 확대의 시작에 불과했다. 이후 세 차례의 대규모 자산매입(LSAP) 등이 이어지면서 각종 양적완화 조치가 모두 종료된 2014년 10월에는 연준의 총자산이 4.5조 달러로 거대하게 불어났고, 이후 지금까지 그 규모 및 구성 면에서 총자산이 안정적으로 유지되고 있다. 〈그림 12-2〉는 2007년부터 2021년에 이르는 동안 연준 대차대조표의 자산과 부채 측면의 각 규모 및 구성의 변화 추이를 보여준다.

86. 이 소절은 Blinder(2010)와 한국은행(2017a)에 주로 의존하였다.

87. Blinder(2010), p.468.

그림 12-2

미 연준의 대차대조표 규모

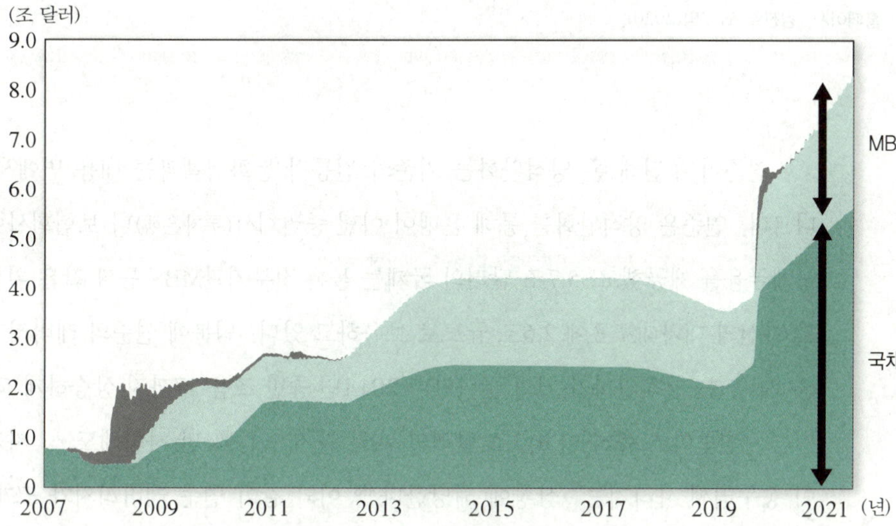

자료: FRED, Board of Governors of the Federal Reserve System.

Box 12-4 팬데믹 위기에 대응한 비전통적 통화정책

연준은 2020년 3월 코로나19 위기로 실물경기가 급격히 위축될 우려가 커지자 정책금리를 대폭 인하하여 다시 목표수준이 0~0.25%로 낮아지게 된다. 이와 동시에 2014년에 종료하였던 양적완화정책을 다시 도입하고 이후 무제한 양적완화정책을 시행하게 되었다. 또한 글로벌 금융위기 때 사용되었던 PDCF(Primary Dealer Credit Facility), CPFF(Commercial Paper Funding Facility), MMLF(Money Market Mutual Fund Liquidity Facility) 등을 통해 금융기관을 대상으로 한 유동성 공급도 병행하였다.

코로나19 위기는 2008년의 금융위기와 달리 보건위기가 실물경제에 직접 부정적 영향을 주었다. 각국의 봉쇄조치와 경제주체들의 심리 위축으로 가계, 기업의 경제활동이 얼어붙게 되면서 실물부문에 직접 유동성을 공급해야 할 필요성이 커졌다. 이에 따라 글로벌 금융위기 시 활용하였던 TALF(Term ABS Loan Facility)를 다시 도입하여 가계와 소상공인에 유동성을 공급하였다. 직원들의 고용을 유지하는 조건으로 중소기업 대출을 지원하는 PPPLF(Paycheck Protection Program Lending Facility)를 도입하는가 하면, PMCCF(Primary Market Corporate Credit Facility), SMCCF(Secondary Market Corporate Credit Facility)를 새롭게 마련하여 기업에 유동성을 공급하고 회사채 금리의 안정을 도모하였다. 회사채 발행이 여의치 않은 중소기업들의 경우 PMCCF나 SMCCF로부터 소외되는 문제점이 있었다. 이를 보완하기 위하여 MLP(The Main Street Lending

Program)를 통해 금융기관이 보유한 중소기업 대출 채권을 매입함으로써 중소기업의 유동성 제약이 완화될 수 있도록 하였다. 그밖에도 MLF(Municipal Liquidity Facility)를 통해 주 또는 지방정부가 발행한는 채권을 매입함으로써 원활한 자금조달을 지원하기도 하였다.

자료: Fed 홈페이지, 김진일 외 2명(2020).

연준이 추진해 온 양적완화는 기존의 전통적 통화정책과는 내용 면에서 크게 다르다. 연준은 양적완화를 통해 은행이 아닌 증권회사(투자은행)나 보험회사에게도 구제금융을 제공했고, 5.7조 달러의 국채는 물론 정부기관MBS 등과 같은 위험자산도 자신의 대차대조표에 2.6조 규모로 보유하고 있다. 덕분에 연준의 레버리지(총자산/자본금)는 양적완화가 거의 끝나가던 2014년 중반 즈음 77까지 상승하게 되었다. 이는 "[연준이 보유하는] 4.3조 달러의 채권 가치가 1.3%만 하락해도 … 자기자본이 송두리째 사라지는" 상황에 해당한다.[88] 이와 같이 연준 레버리지가 크게 높아진 것은 글로벌 금융위기의 거대한 파고 속에서 급박한 상황을 우선 수습하고 뒤이은 대침체에 발 빠르게 대처하기 위해 연준이 비전통적 정책수단을 과감하고 지속적으로 동원한 결과이다. 이 과정에서 연준의 정책시계(policy horizon)는 일각의 우려를 자아낼 정도로 단기화될 수밖에 없었다.[89] 하지만 연준뿐만 아니라 다른 어떤 중앙은행도 위기 상황에서는 정책시계의 단기화가 필요해진다. 이후 국민경제가 위기로 인한 후폭풍, 즉 경기침체에서 어느 정도 헤어나게 되면서 중앙은행은 자연스럽게 다시 평상시의 중장기 정책시계를 회복하게 되는 것이다.

바로 이러한 맥락에서 연준은 2015년 12월 연방자금금리 구간 목표를 7년 만에 0.25%p만큼 인상함으로써 통화정책 정상화에 착수했다. 동 정책정상화의 두 가지 주요 구성요소는 금리정상화(연방자금금리 인상)와 자산 축소이다. 통화정책 정상화 논의의 경과 및 전망에 대해서는 〈Box 12-5〉를 참고하기 바란다.

---

88. Cohan(2014).

89. 이 점에 관해서는 Blinder(2012)를 참조하기 바란다. 위기 시에는 중앙은행의 정책시계 단기화가 필요하지만, 여기에는 자칫 정책의 정치화가 수반되기 쉽다는 중대한 위험을 경계해야 할 것이다. 이 책 제13장의 〈Box 13-1〉을 참조하기 바란다.

Box 12-5 연준의 통화정책 정상화

연준이 처음으로 통화정책 정상화를 논의한 것은 LSAP2가 종료된 직후인 2011년 6월 FOMC 회의에서였다. 당시 회의에서 FOMC가 채택한 "출구전략의 원칙(Exit Strategy Principles)"은 연준 통화정책의 정상화를 위한 금리 및 자산매각 관련 세부 조치의 순서에 관한 내용이었다. 하지만 동 원칙에 따른 후속 논의나 조치는 이후 수년간 이루어지지 않았다. 그해 11월에는 연준 보유국채의 만기연장프로그램이, 이듬해 9월에는 LSAP3가 각각 시작되면서 출구전략을 논의할 만한 상황이 아니었기 때문이다. 결국 LSAP3 종료가 1개월 후로 다가온 2014년 9월, 연준은 FOMC 회의를 통해 "정책정상화의 원칙 및 계획(Policy Normalization Principles and Plans)"을 다시금 새롭게 확립했다. 동 '원칙 및 계획'을 요약적으로 정리하면 다음과 같다 :

■ **금리정상화**

- 금리정상화 기간 동안 연준은 주로 초과지준금리(IOER) 조정에 의해 연방자금금리를 FOMC가 결정한 목표구간 내로 유지 ;
- 금리정상화 기간 동안 연준은 연방자금금리의 통제를 위해 필요 시 익일물 역RP제도 등을 활용하되, 그럴 필요가 없어지면 동 제도를 단계적으로 폐지.

■ **자산 축소**

- FOMC는 연준시스템공개시장계정(System Open Market Account) 내 만기 도래 보유증권의 원금상환분 재투자 중단에 주로 의존함으로써 점진적이고도 예측 가능한 방식으로 연준의 보유자산을 축소 ;
- FOMC는 연방자금금리의 목표구간 인상을 시작한 이후 만기 도래 증권의 원금 재투자를 중단하거나 단계적으로 감축 ;
- FOMC는 정상화의 일환으로 정부기관MBS를 매각하지는 않을 것으로 현재 예상하고 있으나, 장기적으로 남은 보유물량의 축소 또는 처분을 위해 제한적 범위 내 매각도 가능.

■ **연준 보유자산의 적정 규모와 종류**

- FOMC는 통화정책의 효율적 · 효과적 이행에 필요한 규모만큼 연준이 증권을 보유하도록 하되, 증권은 주로 국채로 보유함으로써 연준의 증권 보유가 민간신용 배분에 미치는 영향을 최소화.

■ **정책정상화를 위한 접근의 조정 가능성**

- FOMC는 정책정상화를 위한 접근의 세부 내용을 경제금융 동향에 맞춰 얼마든지 조정 가능.

이상과 같은 정상화정책은 이후 두 차례의 FOMC 회의의 결정사항에 의해 더욱 구체화되었다. 우선 2015년 3월 FOMC 회의에서는, 금리정상화(금리인상)가 시작되는 경우 연준은 연방자금금리의 목표구간 폭을 계속 25bp로 유지하되 IOER 금리를 목표구간의 상한으로, 익일물 역RP(ON RRP) 금리를 목표구간의 하한으로 설정한다는 요지의 결정을 내렸다. 한편, 2017년 6월 FOMC 회의가 공표한 "정책정상화 원칙 및 계획의 부속자료"에 따르면, 만기 도래 보유채권 원금상환액의 일부만을 재투자하는 방식으로 자산을 축소하고 월별 축소 한도(국채 : 60억 달러 ; MBS : 40억 달러)를 3개월마다 100억 달러(국채 : 60억 달러 ; MBS : 40억 달러)씩 늘려 잡아 최종 한도(국채 : 300억 달러 ; MBS : 200억 달러)에 도달하면 그 수준을 한동안 그대로 유지하는 것으로 되어 있다. 또한 지준규모는 "은행시스템의 지준 수요와 향후 통화정책의 효율적 · 효과적 이행방식에 관한 FOMC의 결정을 반영"하는 수준이 될 것이라고 되어 있다.

실제로 금리정상화는 2015년 12월 16일 FOMC 회의에서 연방자금금리 목표구간을 0.25~0.50%로 인상하면서 시작되었고, 이후 2018년 12월까지 여덟 차례 인상되어 2.25~2.50% 수준에 이르렀다.

한편 코로나19 위기에 대응하여 내려졌던 연준의 양적완화 조치에 대한 정상화도 2021년 12월 현재 일부 이루어지고 있다. 우선 연준은 2021년 11월부터 자산매입 속도를 축소하고 있다. 즉, 기존에 연준은 매월 국채 800억 달러, 정부기관 MBS를 400억 달러씩 매입하면서 시중에 유동성을 공급하였으나, 2021년 11월부터 자산매입 규모를 국채 700억 달러, MBS 350억 달러씩으로 축소하고, 12월부터는 국채 600억 달러, MBS 300억 달러로 추가 축소하였다. 금융시장에서는 연준의 자산매입이 2022년 3월경 마무리될 것으로 예상하였으며, 그 직후 금리인상이 이루어졌다.

자료 : 한국은행(2017a), 한국은행 워싱턴주재원(2017), Board of Governors of the Federal Reserve System(2017).

글로벌 금융위기를 맞아 과거 10여 년간 비전통적 통화정책 수단을 구사한 연준 등 선진국 중앙은행을 비롯한 세계 각국의 중앙은행들이 앞으로 어떤 새로운 모습의 중앙은행업(central banking)을 정립해나갈지는 중앙은행인과 금융학자들 모두의 이론적 · 정책적 관심사가 아닐 수 없다. 구체적으로, 위기가 다시 찾아오는 경우 새롭게 구사할 수 있는 비전통적 통화정책 수단은 더 이상 없는 것인지, 비전통적 통화정책 수단의 일부 또는 전부를 중앙은행이 평상시에도 구사할 수 있는 것인지, 통화정책이 과거에 비해 금융안정을 좀 더 감안한다면 앞으로 재정정책이나 감독정책(미시적 · 거시적 건전성 정책)과 어떤 관계를 가져야 하는지, 이 모든 변화가 중앙은행의 독립성과 책임성 등 지배구조에 갖는 함의는 무엇인지 등은 최근 활발하게 논의되고 있는 중요한 이슈들이다. 이러한 다양한 논점들 가운데 비전통적 통화정책을 위한 추가적 수단에 대해서는 다음 소절에서, 나머지 논점들에 대해서는 중앙은행업을 다루는 제13장에서 각각 검토하기로 한다.

2.4 비표준적 통화정책 수단 : 추가적 검토

앞서 우리는 미국의 글로벌 금융위기 대응 경험에 초점을 맞춰 연방준비제도가 구사한 비표준적 통화정책 수단을 선제적 안내와 (광의의) 양적완화를 중심으로 학습했다. 구체적 정책 조치의 이행 시기나 내용에는 차이가 있지만, 영국, 일본 등 일부 선진국과 유로존에서도 각 중앙은행이 미국과 유사한 비표준적 통화정책 수단을 동원하여 위기에 대응하였다. 이러한 각국의 정책적 노력으로, 2017년과 2018년에 글로벌 경기의 전반적 회복이 지속적으로 진행되었다.[90]

한편, 최근에 선제적 안내와 양적완화 이외의 새로운 비표준적 통화정책 수단에 대한 논의가 글로벌 정책계 및 학계를 중심으로 활발히 진행되고 있다. 이는 지난 금융위기 이후 글로벌 경기회복의 진행이 더딘 가운데 양적완화의 거시경제적 효과를 보완해줄 추가적 정책수단을 탐구하거나 향후 또 다른 위기의 발생에 대비한 가용 정책수단을 개발해야 할 필요성이 널리 인정되었기 때문이다.

아래에서는 그와 같은 보완수단 또는 가용수단으로 활발히 논의되고 있는 마이너스 금리, 헬리콥터 머니, 인플레이션 목표의 상향 조정을 중심으로 하나하나 학습하기로 한다. 이들 가운데 마이너스 금리 정책은 이미 일부 국가에서 수년 전부터 실행되고 있는 조치에 해당한다.[91]

2.4.1 마이너스 정책금리

마이너스 금리(negative interest rates)란 명목금리가 음수인 상태를 지칭하는 것으로, 글로벌 위기 이전까지는 현실에서 실제로 성립하기란 대체로 불가능하다고 생각되었던 개념이다. 그 이유는 간단하다. 예금이나 채권 등 금융상품의 금리가 음수라면 누가 굳이 그런 금융상품에 투자하겠는가. 어떤 경제주체도 자신의 자금을 현금으로 보유하면 언제나 영(0)의 금리는 확실히 보장받을 수 있기 때문이다. 글로벌 금융위기 이전까지만 해도 명목금리에는 소위 '영의 하한(ZLB : Zero Lower Bound)' 이 적용된다는 것이 학계 및 정책계의 보편적 통념(conventional wisdom)이었다.

하지만 리먼 사태(2008. 9) 이후 약 10개월이 경과한 2009년 7월 초 스웨덴의 중앙은행인 릭스은행이 단행한 기준금리(RP금리) 인하 조치로, 기준금리에 연동된

---

90. 2017년 글로벌 경기회복세에 대한 간결한 분석으로는 *The Economist*(2017a · 2017b)를 참고하기 바란다.

91. 일찍이 블라인더(A. Blinder) 교수는 "중앙은행업 분야의 어떤 이슈에서는 이론[학계]이 실제[정책계]보다, 다른 이슈에서는 실제가 이론보다 앞서 가면서 양자 간 상호작용을 통해 바람직한 시너지가 생성된다"고 보았다(김홍범 2016, p.64, fn.1). 그는 이를 "[이론과 실제 사이의] 아비트리지(arbitrage)"라고 불렀다(Blinder 1998, p.3). 2007~2009년 글로벌 금융위기는 당시의 금융이론으로는 감당하기 어려웠던 대사건이었다. 그런 까닭에 위기 이후 실제가 이론에 앞장서게 된 경우가 드물지 않았다. 마이너스 금리정책과 아울러 거시건전성정책도 체계적 이론화에 앞서 정책조치가 먼저 취해진 사례에 속한다.

그림 12-3

일부 국가(지역)의 마이너스 정책금리: 최근 수년간의 경과

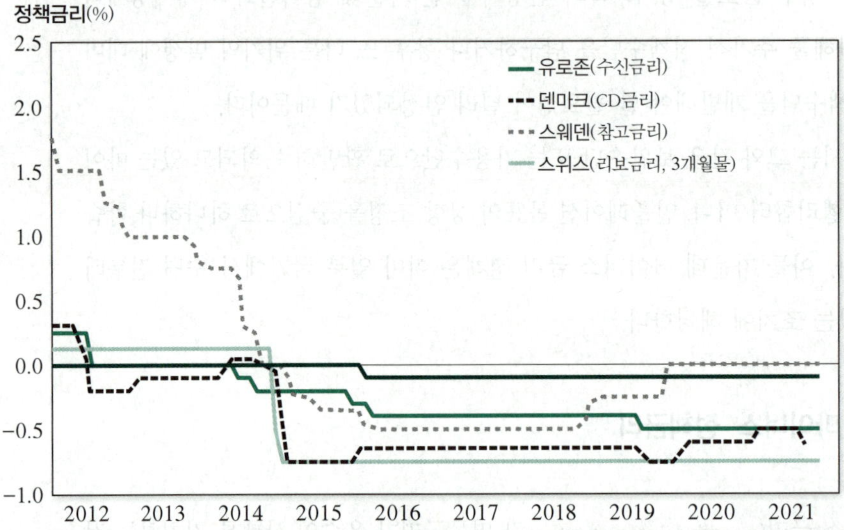

자료: 각국 중앙은행 웹사이트.

정책금리—금융기관 예치금에 대해 릭스은행이 지급하는 수신금리—가 마이너스 영역(−0.25%)으로 떨어지는 일이 실제로 발생했다. 당시 동 정책금리는 2010년 9월 초까지 1년 넘게 유지되었다. 이것이 세계적으로 마이너스 금리 정책(NIRP : negative interest rate policies)의 효시이다. 이후 몇몇 나라(지역)가 마이너스 정책금리를 도입하면서 그 수효는 2017년 초 현재 7개 국가(지역)—스웨덴(2009. 7), 유로존(2014. 6), 덴마크(2014. 9), 스위스(2014. 12), 불가리아(2016. 1), 일본(2016. 2), 헝가리(2016. 3)—로 늘어났다.[92] 〈그림 12-3〉은 이들 중 일부 국가(지역)의 마이너스 정책금리 추이를 보여준다. 이제 마이너스 정책금리의 도입 배경과 운영의 성과를 차례로 살펴보기로 한다.

92. 여기서 정책금리란 일국의 중앙은행이 예치금(또는 대출)에 대해 금융기관에게 지급(부과)하는 수신금리(대출금리)를 말한다. 2017년 현재 7개 국가(지역)의 중앙은행이 각각 자신의 수신금리를 음수로 운용 중이며, 이들 중 특히 스웨덴릭스은행과 스위스중앙은행의 경우에는 기준금리 자체도 각기 음수로 운용해 오고 있다. 자세한 내용은 김보성 외(2016)와 IMF(2017)을 참고하기 바란다.

2.4.1.1 마이너스 정책금리의 도입 배경과 취지

마이너스 정책금리의 도입 배경은 나라마다 조금씩 차이가 난다. 예를 들어 덴마크는 "[자국의] 고정환율(currency peg)을 방어하기" 위해, 스웨덴은 "인플레이션 목표의 신뢰성을 재건하기" 위해, 스위스는 "거액의 자본유입 [압력]에 맞서기" 위해, 유로지역은 "낮은 인플레이션에 맞서기" 위해, 일본은 "물가를 장기추세 수준으로 끌어올리기" 위해 NIRP를 각각 도입했다.[93]

이들을 기축통화국(일본과 유로지역)과 유럽의 소국 개방경제(덴마크, 스웨덴, 스위스) 두 그룹으로 대별해 보면 각 그룹의 정책적 취지가 좀 더 분명히 차별화된다.[94] 우선, 기축통화국은 중립실질이자율(neutral real interest rate)보다 낮은 실질금리를 겨냥하여 마이너스 정책금리를 도입한 것으로 볼 수 있다. 중립실질이자율(r^*)이란 "경제가 잠재력을 모두 발휘하는 수준[즉, 잠재GDP 수준]에서 가동할 때에 성립할 것으로 예상되는 [명목] 단기이자율에서 인플레이션을 차감한 [중립적 실질]이자율"로, 지난 10년간 또는 그 이상의 기간 동안 r^*는 전 세계적으로 꾸준히 하락하여 2016년 제3분기에는 1% 수준을 하회하게 된 것으로 널리 추정된다.[95] 이런 상황에서는 실질 정책금리가 r^*보다 낮아져야만 통화정책이 확장적 효과를 낼 수 있다. 이렇게 본다면, 유로지역 및 일본의 마이너스 정책금리의 도입 취지는 명목 정책금리를 마이너스로 끌어내림으로써 확장적 통화정책을 보다 확실하게 도모하는 데 있다.

또한 이들이 대규모 자산매입(LSAP)을 이미 적극적으로 실행 중이라는 사실을 감안할 때 기축통화국의 NIRP 도입은 LSAP의 효과를 보완하기 위한 추가적 조치였다고 볼 수 있다. 은행중심 금융시스템을 가진 유로지역과 일본의 국채시장은 그 폭과 깊이로 볼 때 미국보다 아무래도 뒤떨어지므로 LSAP를 통한 장기금리의 하락이 그리 쉽지 않을 수 있다. 그런 점에서 LSAP에 이은 또 하나의 확장적 통화정책 수단으로 이들이 NIRP를 도입한 측면이 있다. 게다가, LSAP로 초과지급준비금이 풍부해진 유로지역과 일본의 상황에서 중앙은행이 마이너스 정책금리를 적용하면 은행의 대출 유인을 더욱 쉽게 자극할 수 있다는 장점도 기대할 수 있다.

---

93. IMF(2017), Appendix I, pp.28~41.

94. 기축통화국과 소국 개방경제 간 NIRP 도입 배경 및 취지의 차이에 대해서는 김보성 외(2016)과 임형석(2016)을 참조했다.

95. Williams(2017), p.1. 중립실질금리의 추정에 관해서는 Williams(2017)를 참조하기 바란다.

다음으로, 덴마크, 스웨덴과 스위스 같은 소국 개방경제는 글로벌 금융위기 이후 유로화 약세에 따른 자국 통화의 절상 압력을 자주 경험해 왔다는 특징을 공유한다. 2014년 6월 ECB가 NIRP를 도입하자 그 뒤를 이어 스웨덴(2014. 7)과 덴마크(2014. 9) 및 스위스(2014. 12)가 NIRP를 재개하거나 신규 도입한 것도 각국이 유로지역과의 금리 격차를 적절히 유지함으로써 자본유입을 억제하기 위한 취지였다.[96] 다시 말해, 소국 개방경제의 경우에는 급격한 자본유출의 가능성으로 인해 NIRP를 독자적으로 도입하기란 그리 쉽지 않다는 것이다.

2.4.1.2 마이너스 정책금리의 운용 경험

지난 수년간 각국 중앙은행은 마이너스 정책금리의 적용 대상을 은행의 중앙은행 예치금 전액이 아닌 "한계적 단계의 예치금(marginal tier)"으로만 한정하는 등 신중하게 접근해오고 있다. 이는 NIRP가 은행 수익에 미치게 될 부정적 영향을 가급적 최소화하기 위해서이다. 예를 들어 일본은행은 플러스, 영(0), 그리고 마이너스 금리가 각기 단계별로 적용되는 3단계 예치금시스템(3-tier system)을, 덴마크중앙은행과 스위스중앙은행은 2단계 예치금시스템을 각각 운영 중이다. 이렇게 하면, 은행들이 보유하는 중앙은행예치금의 대부분이 마이너스 금리의 적용을 받지 않게 되므로 은행의 이자수익을 그리 훼손하지 않으면서도 "마이너스 금리가 한계적 자금시장거래(marginal money market operations)에 적용됨으로써 자금시장에 좀 더 광범위하게 전달" 될 수 있다.[97]

무엇보다도, 이와 같은 몇몇 국가의 마이너스 정책금리 운용 경험은 한 가지 중요한 사실—정책금리가 실제로 음의 영역으로 진입했어도 '현금으로의 급격한 이동' 이 쉽사리 발생하진 않는다는 사실—을 일깨워주었다. 현금으로의 이동이 발생하지 않은 것은 우선, 현금 보유에도 그 보관 · 이동 · 보험 등에 각종 비용이 수반되기 때문이다. 이와 같은 비용은 가계에 비해 훨씬 큰 규모의 현금을 가치저장 수단으로 보유하게 될 은행 및 기업에게 더욱 중요한 제약요인으로 작용할 것이다. 또

96. 반면, 기축통화국은 NIRP 도입 시 그로 인한 급격한 자본유출의 가능성을 그리 중요하게 고려하지 않아도 된다. 기축통화국의 정의상 자국 통화에 대한 수요는 늘 존재하기 때문이다.

97. 이 문단의 2개 인용구는 Ball *et al.*(2016), p.30과 p.15에서 각각 따왔다. 자세한 내용은 Ball *et al.*(2016)을 참조하기 바란다.

한 현금으로의 이동을 촉발하는 마이너스 금리의 임계수준은 고액권종의 존재 여부, 현금 선호도나 여타 지급수단의 이용가능성 등을 포함하는 국가별 특징에 따라 달라질 것이다.[98]

현금 이동이 실제로 발생하지 않는 한 정책금리가 음수라고 해서 통화정책의 전달메커니즘이 평상시와 달라질 이유는 별로 없다. 왜 그런지 논리적으로 생각해 보자. 우선 NIRP는 중앙은행예치금 일부에 양의 수수료(마이너스 금리)가 부과되는 것이므로, 은행들은 이 예치금 일부를 인출하여 다른 단기자산에 투자할 것이다. 이들 단기자산의 수익률이 하락함에 따라, 이번에는 다른 장기자산 투자가 증가하면서 장기자산의 수익률도 결국 하락할 것이다. 이와 같이 "마이너스 금리는 차입 및 지출 결정에 가장 관련성이 높은 금리에 하방 압력으로 작용함으로써, 그 도입의 효과는 표준적 통화정책과 동일한 경로를 통해 작용" 한다.[99] 그동안 각국의 경험도 이러한 논리를 지지하는 것으로 나타났다.[100]

다만, NIRP가 은행시장에 미치는 영향은 자금시장, 채권시장과 외환시장에 비해 그 전달 속도가 느리고 영향의 정도도 작은 것으로 보인다. 마이너스 정책금리로 인해 일부 국가에서 도매예금 금리가 음수로 떨어진 사례는 더러 관찰되지만 소매예금 금리가 마이너스로 전환된 사례는 거의 없는 것으로 보인다. 이는 도매예금보다 소매예금의 현금 전환 가능성이 더 높기 때문이기도 하겠지만, 소매예금에 마이너스 금리를 적용하는 최초의 은행은 대중적인 평판의 훼손과 그로 인한 시장점유율의 손상을 감수하게 될 것이 거의 분명하기 때문이다.[101] 예금금리의 인하 가능성이 이렇게 제약적이라면 대출금리의 인하 가능성도 그만큼 줄어들 것이며, 이러한 점은 경험적으로도 널리 확인된다.

---

98. 로고프(K. Rogoff)는 정책금리의 결정에서 중앙은행의 정책적 운신 폭을 근본적으로 제약하는 지폐의 폐지를, 특히 고액권종의 폐지를 주장한다(Rogoff 2014). 국가에 따라 다르겠지만, 현금으로의 이동을 촉발하는 마이너스 금리의 임계치는 대체로 −0.75%~−2% 범위 내에 위치할 것으로 IMF는 추정한다(IMF 2017).

99. Bernanke(2016a).

100. 여기에 대해서는 Ball *et al.*(2016)을 참고하기 바란다.

101. Ball *et al.*(2016)에 따르면, "더 깊은 마이너스 영역으로의 금리 인하를 가로막는 가장 강력한 사실상의 장애물은 그런 조치를 국민이 수용하지도 이해하지도 못한다는 점이다"(p.28). 왜냐하면, 마이너스 금리는 "일반 국민이 얼핏 납득하기 어렵고(counterintuitive), … 저축에 대한 부당한 세금이라 인식되"기 때문이다(p.28). 이와 같은 인식이 보편적이므로, 특히 소매예금의 금리가 음의 영역으로 떨어진다면 일반 대중은 매우 민감하게 반응하리라는 것이 일반적 예상이다.

끝으로, NIRP의 인하가 무한정 가능한 것일까? 그렇지는 않을 것이다. 음의 수익률을 계속 낮추는 경우, 현금 보유로 인한 비용 때문에 여전히 보유되던 마이너스 금리 자산을 현금으로 전환하기 시작하는 유효 하한에 결국 도달하게 될 것이기 때문이다. 그리고 그 유효 하한에 도달하는 순간 고액권 지폐에 대한 수요는 급증할 것이다.

이와 같은 NIRP의 유효 하한이 반드시 고정된 것은 아니다. 예를 들어 NIRP의 추가적 인하로 경제상황이 더 신속히 호전된다면 마이너스 금리를 그만큼 더 빠르게 벗어날 수 있다. 이는 유효 하한이 더 낮아질 여지가 있음을 시사한다.[102] 다만 이자율의 기간구조론에 따르면 NIRP가 향후 상당 기간 지속될 것이라는 기대가 있어야 실물경제에 밀접한 장기금리를 낮출 수 있다는 점에서, 유효 하한의 추가 인하가 실제로는 그리 쉬운 일이 아닐 것이다.[103]

2.4.1.3 마이너스 정책금리 : 잠정적 평가

2010년을 전후하여 NIRP가 실제로 도입되던 초기에는 주로 이론적 관점에서 부정적인 의견이 우세했다. 하지만 지난 수년간의 경험을 통해 NIRP에 대한 부정적 시각은 소극적 긍정으로 바뀌고 있는 것으로 보인다. 우선 NIRP 반대론의 논거는 대체로 다음과 같이 요약된다 :[104]

- 금융중개 기능의 훼손을 통한 경기침체의 심화
- 부채의 누적을 통한 대차대조표 불황의 심화
- 경기상황에 대한 가계 및 기업의 부정적 인식의 심화
- 예대마진의 축소로 인한 은행 수익성 및 건전성의 악화
- 실물부문 버블의 촉발

반면, 지난 수년간의 경험적 성과에 대한 IMF의 평가는 다음과 같이 긍정적이다 :[105]

---

102. 여기에 대해서는 Ball *et al.*(2016)을 참조하기 바란다.

103. 여기에 대해서는 Bernanke(2016a)를 참조하기 바란다.

104. 선정훈(2016) 참조.

105. IMF(2017), p.1.

"제한적인 경험이지만, NIRPs는 은행 수익성, 지급결제제도와 시장기능에 중대한 국내적 부작용 없이 지금까지 각국의 국내적 통화 상황에 작으나마 긍정적인 효과를 미쳤다. NIRP로 인해 대출금리와 채권금리가 하락했다는 일부 증거가 있다. 은행의 이윤마진은 대부분 변화가 없었고, 실물 현금(physical cash)으로의 두드러진 전환도 없었다."

요컨대, "통화정책 수단으로서 마이너스 금리는 크지 않은 편익(modest benefits)과 관리 가능한 비용(manageable costs)을 둘 다 갖는다"는 버냉키의 인식은 꽤 정확하다고 판단된다. 일국의 기준금리가 영에 도달했고 선제적 안내도 작동 중인 상황에서 LSAP까지 시행할 정도가 아직 아니라면, NIRP는 중앙은행이 선택할 만한 "합리적 조정안"에 해당한다는 것이 버냉키의 의견이다.[106] 다만, 앞서 논의했듯이 마이너스 정책금리가 일반 국민의 직관에 반한다는 사실을 감안할 때, NIRP 도입에 앞서 그 필요성과 작동 원리, 예상 효과 등을 국민들에게 충분히 납득시키는 일은 정책의 성과에 매우 중요할 것이다.[107]

2.4.2 헬리콥터 머니

헬리콥터 머니는 글로벌 금융위기 이후 경기회복이 매우 부진한 가운데 비전통적 정책수단의 가능한 조치 중 하나로 최근 부상했다. 헬리콥터 머니는 다음과 같은 프리드만의 '헬리콥터 자금 살포(helicopter drop of money)'의 비유(metaphor)에서 연원한다:[108]

"어느 날 헬리콥터가 동네 위로 날아다니며 하늘에서 추가적인 1,000달러를 지폐로 공중 살포한다고 가정해 보자. 물론 동네 사람들은 이 돈을 급히 주울 것이다. 더 나아가, 이런 일은 다시는 반복되지 않을 단 한 번의 사건이라고 모두가 믿는다고 가정해 보자."

---

106. 본문의 인용문은 Bernanke(2016a)에서 따왔다.

107. 여기에 대해서는 Ball *et al.*(2016)을 참조하기 바란다.

108. Friedman(1969), pp.4～5.

공중에서 뿌려진 지폐를 주운 동네 주민들은 횡재의 대부분을 재화 구입에 지출하게 될 것이고, 그런 과정에서 물가가 자극받고 인플레이션이 진행될 것이라는 것이 당시 프리드만의 생각이었다. 여기서 그의 초점은 통화공급이 총수요를 자극할 것이라는 점에 있었다. 프리드만은 대공황기의 통화정책 연구를 통해 '디플레이션으로 경기침체가 악순환에 빠져 1930년대 대공황이 심화된 것은 궁극적으로 대공황기의 통화공급 감소 탓이었다'는 확고한 인식을 갖고 있었다. 그런 프리드만으로서는 대공황과 같은 심각한 경기침체에서는 통화공급을 늘려 인플레이션을 자극하는 정책이 긴요했음을 강조하고 싶었고, 이를 위해 극적인 비유를 동원했던 것이다. 사실, 선거에 의해 선출되지 않은 중앙은행에게는 재분배 권한, 즉 반대급부 없는 구매력의 이전 권한이 전혀 없으며, "[협의의] 양적완화에서 그러하듯이 하나의 자산을 또 다른 자산으로 교환할 수만 있을 뿐이다." 따라서 프리드만의 비유를 굳이 논리적으로 따져본다면, 자금을 살포하는 헬리콥터는 "정부 헬리콥터"이며 동 조치는 통화정책이라기보다는 "재정정책"이다.[109]

일반적으로 확장적 재정정책의 재원은 정부의 주된 소득원인 조세이다. 만약 조세저항 등으로 조세를 통한 재원 마련이 여의치 않다면 정부가 국채를 발행할 수도 있다. 다만, 국가부채 수준이 이미 높아 이 방법마저 곤란하다면 마지막 대안이 중앙은행을 통한 통화증발이다.

이 마지막 대안의 맥락에서 버냉키(B. Bernanke)는 헬리콥터 머니를 "공공지출[증대] 또는 조세 감축을 위해 통화량의 영구적 증가로 조달되는 확장적 재정정책"으로 정의한 후, 더 이상의 오해가 없도록 이를 MFFP(Money-Financed Fiscal Program : 통화증발로 조달되는 재정프로그램)로 부른다.[110] 버냉키는 MFFP를 긍정적으로 본다. 총수요가 부족한 경기침체 상황에서 "정책입안자를 위한 (아마도 마지막

---

109. 이 문단의 모든 인용은 Grenville(2013)에서 따왔다. Grenville과 마찬가지로, Cecchetti and Schoenholtz(2016)도 "헬리콥터 머니는 통화정책이 아니며, 중앙은행의 협력 하에 집행되는 재정정책"이라고 잘라 말한다. 반면, 중앙은행에 의한 의도적 · 직접적 재분배정책을 가리키는 소위 '국민의 QE'는 사실상 프리드만의 '헬리콥터 자금 살포'를 비유가 아닌 문자 그대로의 의미로 잘못 받아들인 견해에 해당한다. 국민의 QE는 '중앙은행의 협력 하에 집행되는 재정정책'이 아니라 '중앙은행에 의한 100% 재정정책'이기 때문이다. 국민의 QE에 대해서는 Kaletsky(2012)를 참조하기 바란다.

110. 인용구는 Bernanke(2016b)에서 따왔다.

수단으로 기댈 수 있는) 전략"이라는 것이다. 버냉키는 1천억 달러 규모의 재정프로그램을 의회가 승인하는 가상적인 상황을 일례로 제시한다. 이 프로그램의 절반은 공공지출로, 나머지 절반은 조세환급으로 각각 쓰인다고 할 때, 공공지출은 일자리와 소득에 직접적으로 영향을 미치고, 조세환급은 가처분소득 증가를 통해 소비지출의 증가를 가져올 것이다. 또한 통화량 증가로 예상인플레이션이 상승하면 실질이자율이 하락하면서 총수요가 자극받게 될 것이다. 더욱이 확장적 재정정책이 정부채무(즉, 국채 발행)로 조달되는 경우에 비해 통화량 증가가 미래의 조세부담과는 전적으로 무관하다는 점에서도 추가적 자극을 기대해 볼 수 있다.

다만, MFFP가 이와 같이 소기의 효과를 낼 수 있으려면 "일반 국민이 통화공급 증대를 영구적인 것으로 인식해야" 할 필요가 있다.[111] 또한 중앙은행에게는 "MFFP를 독자적으로 이행할" 수 있는 "정치적 정당성(political legitimacy)"이 없으므로 의회 및 행정부와 정책을 조정할 필요가 있다. 따라서 MFFP의 실제 이행과정에서 전자는 차입이 아닌 통화증발에 의해 자금을 조달하는 데서 기대할 수 있는 상대적 장점이 퇴색할 위험을, 후자는 중앙은행의 독립성이 훼손될 위험을 각각 제기한다. 버냉키는 특히 미국적 맥락에서 이러한 위험요인에 대비하여 어떻게 사전적 안전장치를 마련해야 할지를 구체적으로 논의한다(〈Box 12-5〉 참조).

끝으로, 헬리콥터 머니의 개념을 협의의 양적완화(QE), 즉 LSAP의 맥락에서 이해해 볼 수 있다. 예를 들어 체케티(S. Cecchetti) 등은 재무부의 대차대조표와 중앙은행의 대차대조표, 그리고 이들의 통합대차대조표에 대한 간단한 분석을 통해 헬리콥터 머니란 "[실제] 지급준비금이 공급에 의해 결정되는" 초저금리 상황에서 확장적 재정정책을 집행하기 위한 재무부의 국채 발행과 "국채 인수를 위해 본원통화를 창조하는 통화당국의 [협의] QE"가 결합된 조치라는 개념적 해석을 설득력 있게 제시한 바 있다.[112]

다만 버냉키가 앞서 MFFP의 정의에서 밝히고 있듯이, '통화량의 영구적 증가'가 헬리콥터 머니의 핵심적 특징 중 하나다. 바로 이 점에서 헬리콥터 머니는 협의

---

111. 이는 쉽지 않은 과제로, Ball *et al.*(2016, p.44)에 따르면 "어떤 중앙은행도 헬리콥터로 조성된 본원통화를 제거하지 않겠다고 설득력 있게 약정하기란 불가능하다". 이런 이유로 헬리콥터 머니를 실제로 이행하는 경우에는 국민과의 '소통'이 매우 중요해진다.

112. Cecchetti and Schoenholtz(2016).

의 양적완화와 중요한 차이가 있다. 협의의 양적완화란 중앙은행이 거액의 국채를 자신의 자산포트폴리오로 편입함으로써 궁극적으로 본원통화의 증가를 겨냥한 조치지만, 경기회복의 진행에 따라 언젠가는 거액의 보유국채 자산을 처분함으로써 중앙은행이 자신의 대차대조표를 정상화하는―다시 말해 본원통화를 다시 원래 수준으로 되돌리는―것을 전제한 조치이기도 하다. 하지만 헬리콥터 머니는 늘어난 본원통화의 감축을 전제한 조치가 아니다. 헬리콥터 머니가 '되돌림 없는 [협의의] 양적완화(QE without unwinding)' 또는 '영구적인 [협의의] 양적완화(permanent QE)' 등으로 종종 표현되는 것은 바로 이런 이유에서다.

Box 12-6 헬리콥터 머니 도입에 대비한 사전 장치의 필요성: 버냉키의 제안

버냉키(B. Bernanke)는 헬리콥터 머니가 "가까운 장래에 미국에서 필요하게 될 가능성은 매우 낮다"고 말하면서도 극단적 상황이 온다면 써볼 만한 정책수단이라고 긍정적으로 간주한다. 이런 맥락에서 버냉키는 미국이 헬리콥터 머니, 즉 MFFP를 실행에 옮기려 하는 경우 직면하게 될 두 가지 현실적 문제를 검토한다. 그리고 예상되는 문제점에 대비한 구체적 대책도 제안하고 있다. 여기서는 버냉키가 제기한 문제와 그에 대한 사전 안전장치를 간단히 살펴보기로 한다.

첫째, 물가안정목표제 하의 선진국 중앙은행들과 마찬가지로 금리 중시 통화정책을 운영하는 연준이 어떻게 "통화공급의 영구적 증대"를 국민에게 약속하고 실행할 것인가의 문제이다. 총수요 증대에 효과적이려면 MFFP의 재원이 "신규 부채가 아닌 통화 창조로 조달된다는 사실"이 국민들에게 명확히 각인되어야 한다. 하지만 연준의 현행 금리 중심 통화정책 운영체제[1]에서는 통화공급(또는 지준공급)의 영구적 증가를 대외적으로 설득하기란 그리 쉽지 않다. 물론 "인플레이션 목표수준의 일시적 상향 조정"에 의해 "통화량 증가를 약정"하는 효과가 생겨나기를 부분적으로 기대해볼 수는 있겠지만 말이다.

더욱이 연준이 통화정책을 운영하는 과정에서 이자를 지급한다는 사실은, 국채 발행에 의한 팽창적 재정정책에 비해 MFFP가 비용 절약 측면에서 가질 것으로 기대되는 강점을 약화시킨다. 하지만 여기에 대해 버냉키는 연준이 은행에게 분담금을 부과하는 묘책을 제시한다. MFFP의 실행에 따른 은행지준금의 증가로 연준의 이자부담 증가분에 정확히 일치하는 액수의 분담금을 연준이 부과하면, 은행의 순수익을 MFFP 이전과 동일하게 유지하면서도 MFFP로 인한 연준의 이자지급 비용을 절약할 수 있다는 것이다.

둘째, "MFFP의 거버넌스"에 대한 위협―구체적으로, 단기 시계에 사로잡힌 정치인들이 "재정지출이나 조세 감축이 거시경제적으로 더 이상 아무 의미도 없는 상황에서도 고삐 풀린 통화로 이를 조달하려고 유혹받게 될" 위험과 중앙은행 독립성의 훼손 위험―이다. 이러한 위협은 MFFP의 태생적 위험요인이다. MFFP가 갖는 재정정책과 통화정책의 중간적 성격상 통화당국과 재정당국, 그리고 국회의 상호조정을 늘 수반하기 때문이다. 여기에 대해서도 버냉키는 관련 당국 간 견제균형의 관점에서 다음과 같은 일단의 묘책을 제시한다:

- 연준에 특별 재무부계정을 법적으로 설치하고, 연준이 MFFP를 위해 필요하다고 판단하는 경우 동 계정에 특정 한도 내에서 자금을 예치할 수 있는 법적 권한을 연준에게 부여;
- 공공지출/조세환급을 위한 정부의 동 자금 지출계획 수립을 국회가 승인;
- 국회 및 정부는 "자금을 지출하지 않고 그대로 두는 옵션"을 보유하는 한편, 연준은 "자금을 원위치시키는 권한"을 보유.

1) 글로벌 금융위기 이후 연준의 연방자금금리 목표는 점목표(target point) 방식에서 구간목표(target range) 방식으로 변경되었다. 이는, LSAP 등으로 인한 초과지준금 규모의 엄청난 팽창으로 연준이 연방자금금리를 통제하기 어렵게 되었기 때문이다. 이러한 문제를 개선하기 위해 연준은 초과지준금리(IOER : Interest rate On Excess Reserves)와 1일물 역RP금리(ON RRP : Overnight Reverse RP)를 2008년 10월과 2013년 9월 각각 도입했다. 이후 연준은 연방자금금리 목표구간의 하한과 상한을 각각 1일물 역RP금리(ON RRP)와 초과지준금리(IOER)에 의해 각각 조정해 오고 있다. 연준의 연방자금금리 통제에 관한 자세한 내용은 안성훈(2017)과 Bernanke(2016b)를 참조하기 바란다.

자료 : Bernanke(2016b)를 요약적으로 정리하되, 연준의 연방자금금리 통제방식에 대해서는 안성훈(2017)도 참고했음.

2.4.3 인플레이션 목표의 상향 조정

인플레이션 목표의 상향 조정은 2010년 블랑샤르(O. Blanchard) 등의 제안으로 본격적인 논의가 시작되었다.[113] 이들의 제안은, 대부분의 선진국이 설정해 오고 있는 2% 수준의 인플레이션 목표를 그보다 더 높게—예컨대 4%로—상향 조정함으로써 글로벌 금융위기와 같은 음의 총수요 충격이 왔을 때 실질이자율의 인하 여지를 더 크게 확보하자는 것이다. 이것은 위기 시 명목 정책금리가 영(0)의 하한에 도달하더라도 실질이자율을 −2%보다 더 낮은 −4%로까지 낮출 수 있어 거시경제 안정화, 즉 경기회복에 도움이 되기 때문이다. 인플레이션 목표의 상향 조정(URIT : Upward Revision of Inflation Target)은 위기에 대비하여 실질이자율의 추가적 인하 여지를 평소에 마련해두는 셈이라는 점에서, 필요시 명목 정책금리를 마이너스 영역으로까지 떨어뜨려 실질이자율을 더 낮추고자 하는 마이너스 금리정책(NIRP)과 다를 바 없다. 둘 다 총수요 자극을 위해 "완화적 통화정책 "공간"("space" for monetary easing)"의 확대를 도모하는 "대안적 수단"이기 때문이다.[114]

113. Blanchard *et al.*(2010) 참조.

114. Bernanke(2016c). 이 책의 제4장에서 학습한 피셔 관계식에 따르면, (예상)실질이자율은 명목이자율에서 (예상)인플레이션을 차감하여 얻어진다. 그러므로 명목이자율의 인하와 (예상)인플레이션의 상향 조정은 둘 다 (예상)실질이자율의 인하에 기여하는 대체재이다.

인플레이션 목표의 상향 조정에 따라 인플레이션이 실제로 상승하면 다양한 비용이 초래될 것이다.[115] 우선, 인플레이션에는 미시경제적 왜곡—예를 들어, 장기적 재무설계의 어려움이나 인플레이션에 연동되지 않은 조세제도에 기인하는 비용, 구두창비용(shoe-leather cost)과 메뉴비용 등—이 수반된다. 하지만 URIT를 옹호하는 볼(L. Ball) 등은 비용 항목 중 구두창비용과 같은 일부 왜곡은 과거보다 줄었다는 점과 2%의 인플레이션을 4% 수준으로 올리는 것이 가져올 편익이 미시경제적 왜곡으로 증가될 것으로 보이는 비용보다 훨씬 클 것이라는 점을 강조한다.

나아가 볼 등은 거시경제적으로도 1960년대 후반 및 1970년대의 대인플레이션(Great Inflation)이 1980년대 후반 다수 국가에서 5% 이내로 진정되자 이것이 인플레이션 '정복'으로 간주되었던 과거의 역사적 경험을 강조한다. 또한 이들은 역사적으로 인플레이션이 높았던 시기에 그 변동성도 컸던 이유는 "인플레이션이 고정되지 않았던(not anchored)" 탓이며, "인플레이션 목표가 안정적인 한 목표 자체가 상향 조정된다고 해서 인플레이션 변동성이 커져야 할 이유는 없다"고 본다.[116]

한편, 미쉬킨(F. Mishkin)과 같은 URIT 비판론자들은 인플레이션 목표의 상향 조정으로 중앙은행의 물가안정 의지에 대한 일반의 신뢰가 상실될 것을 우려한다.[117] 이는 일반 국민의 인플레이션 예상을 목표수준에 고정시키기가 그리 쉽지는 않을 것이라는 시각이다. 여기에는 어느 정도 설득력이 있다. 전 연준의장 버냉키(B. Bernanke)도 "우리가[연준이] 4%[의 인플레이션 목표]로 이행한다면 사람들은 6%는 왜 안 되나? 라며 의문을 제기"할 것이라며 우려를 표시했었다.[118]

하지만 중앙은행이 현재의 인플레이션 목표를 상향 조정하지 않은 채 2%에 집착한다면, 이것이 오히려 통화정책에 대한 일반의 신뢰 상실을 초래할 것으로 볼 수도 있다. 글로벌 금융위기에 이어진 긴 경기침체 기간 동안 이자율이 영의 하한에 도달한 상태에서 "유동성함정 장기화"와 "중립실질이자율(neutral real interest rate)의 추세적 하락"으로 인해 여러 나라에서 중앙은행들이 물가안정(과 완전고용) 책

115. 본문의 이 문단 및 다음 문단이 소개하는 인플레이션 목표의 상향 조정 옹호론은 주로 Ball *et al.*(2016)을 참고했다.

116. Ball, *et al.*(2016), p.58.

117. 반대론자의 논거에 대해서는 예를 들어 Mishkin(2011)을 참조하기 바란다.

118. Ball(2014), p.13에서 재인용.

무를 달성하는 데 상당한 곤란을 겪고 있기 때문이다.[119]

이렇게 본다면, 중앙은행이 자신의 URIT 조치가 "기회주의(opportunism)" 라기보다는 "신중한 정책평가(careful assessment of policies)" 에 따른 것임을 일반 국민에게 명확히 알리는 소통이 중요할 것이다. 예를 들어 캐나다은행과 같이 인플레이션 목표를 포함하여 자신의 통화정책체계를 전반적으로 정기 점검하는 공식 절차를 평소 확립한다면 중앙은행의 통화정책 신뢰성 확보에 도움이 될 것이다.[120]

Box 12-7 마이너스 정책금리 vs. 인플레이션 목표의 상향 조정 : 더 나은 수단은?

본문에서 우리는 NIRP와 인플레이션 목표의 상향 조정(URIT)이 대체관계에 있음을 학습했다. 그렇다면 이 두 가지 정책수단 중 어느 것이 더 나을까? 아래에서는 이행의 용이성, 비용 및 부작용, 분배효과, 그리고 정치적 리스크를 기준으로 두 정책수단을 비교·평가한 Bernanke(2016b)의 견해를 간단히 정리해 본다.

▪ 이행의 용이성

현금 전환이 야기되지 않는 한 NIRP는 이행이 용이하며 실질금리에 미치는 효과도 직접적이다. URIT 역시 그 자체의 이행은 쉽지만, 일반 국민의 인플레이션 예상도 그에 따라 상향 조정되어야만 실질금리에 영향을 미칠 수 있다. 이와 같이 두 수단이 효과를 발휘하는 데에는 각기 전제조건이 충족되어야 한다.

▪ 비용 및 부작용

NIRP와 URIT에 각기 부작용이 수반될 수 있음은 이미 살펴본 바와 같다. 다만 부작용의 가능성이 심각한 경기침체기로만 국한되는지, 아니면 경기 상황과는 무관하게 상존하는지는 서로 다르다. 구체적으로, NIRP는 금리가 일단 영(0)의 하한에 도달한 상태에서만 적용되는 조치이므로 호경기에는 그 부작용을 우려할 이유가 없지만, URIT는 경기침체이든 아니든 상시적으로 적용되므로 부작용의 가능성이 상존한다.

▪ 분배효과

분배 측면에서 NIRP는 "재무적으로 세련되고 시장에 민감한 기업 및 가계"에게, URIT는 "덜 잘 사는", 즉 "인플레이션에서 스스로를 보호하기 좀 더 어려운" 사람들에게 각각 불리하게 작용할 것이다. 이때 앞서 논의한 바와 같은 이유로, NIRP의 분배효과는 경기침체기 동안 일시적으로, URIT의 분배효과는 경기 상황과는 무관하게 상시적으로 각각 작용한다.

▪ 정치적 리스크

NIRP와 URIT는 둘 다 정치적으로 매력적인 수단은 아니므로, 이들 수단을 구사하는 중앙은행은 정치적 리스크에 노출됨으로써 그 독립성마저 위협받을 수 있다. 다만, NIRP는 심각한 경기침체 상황에만 일시적으로 이행되는 정책수단이지만, URIT는 일단 시행되면 오랫동안 지속될 상시적 정책 변경을 의미한다. 그러므로 전자의 정치적 리스크는 일시적이지만, 후자의 정치적 리스크는 상시적이라는 차이가 있다.

---

119. Ball *et al.*(2016), p.53.

120. Ball *et al.*(2016), p.60, fn.72.

이와 같은 버냉키의 검토를 요약하면, 한마디로 NIRP와 URIT 가운데 어느 하나가 더 나은 수단이라고 잘라 말하기는 어렵다. 다만 NIRP가 경기침체에서 활용되는 일시적 수단인 데 반해, URIT는 일단 실시되면 경기와 무관하게 작용하는 상시적 수단이다. 따라서 비용이나 리스크를 기준으로 볼 때, 전자가 후자보다 좀 더 나은 측면이 있다고 판단해볼 수 있겠다. 고령화 등 구조적 요인들로 인해 저금리 환경이 지속될 것으로 예상되는 상황이므로 NIRP와 URIT의 활용가능성을 각기 열어 둔 상태에서, 필요에 따라서는 두 수단의 적절한 배합을 통해 보완적으로 활용할 수도 있겠다는 것이 버냉키의 결론이다.

자료 : Bernanke(2016c)를 요약적으로 정리했음.

3. 우리나라의 물가안정목표제[121]

Money & Financial Markets, Ch. Twelve

우리나라가 IMF 구제금융을 신청한 직후인 1997년 말, 「한국은행법」의 제6차 개정으로 우리나라 통화정책의 운영체제는 기존의 통화량목표제(monetary targeting)에서 물가안정목표제(inflation targeting)로 변경되었다. 아래에서는 우리나라 물가안정목표제의 도입과 제도 정비, 통화정책의 실제 성과와 한국은행 기준금리의 결정 등을 살펴보기로 한다.

3.1 물가안정목표제의 도입, 제도 정비와 성과

1997년 말 외환위기로 IMF 구제금융체제가 시작되고 「한국은행법」이 개정되면서 우리나라의 통화정책은 일대 전기를 맞이하였다. 1997년 12월 31일 개정된 「한국은행법」에 따르면 한국은행의 기본 책무는 물가안정의 달성이며, 한국은행은 매년 정부와 협의하여 인플레이션 목표치를 설정 · 공표하도록 되었다. 또한 한국은행 총재가 통화신용정책의 심의 · 의결기구인 금융통화위원회의 의장을 겸임하도록 함으로써, 통화신용정책의 중립성과 한국은행의 독립성을 강화하되 물가안정을 저

121. 이 절은 주로 한국은행(2005 · 2010a · 2017b)에 의존했으며, 윤면식(2001 · 2004 · 2005), 한국은행(2006a · 2012 · 2015 · 2016b · 2016c · 2016d · 2017a · 2017b · 2017c · 2017d), 한국은행 정책기획국(2001) 등도 참고하였다.

해하지 않는 범위 내에서 정부의 경제정책과 조화를 이루도록 했다.

물가안정목표제를 도입한 첫 2년(1998~1999년) 동안은 전품목 소비자물가지수(Headline CPI)를 근거로 인플레이션 목표가 설정되었다. 외환위기 직후였던 1998년에는 환율급등의 영향을 감안하여 인플레이션 목표구간을 9%를 중심으로 상하 1%p의 범위(즉, 9±1%) 내로 비교적 높게 설정했고, 1999년에는 이를 3±1%로 하향 조정하였다.

이후 2000년부터 2006년까지는 물가안정목표를 근원인플레이션 기준으로 설정해 왔으나, 2007년부터는 다시 전품목 소비자물가상승률을 기준으로 설정하고 있다. 2000~2003년의 기간에는 근원인플레이션 목표구간이 1년 단위로 결정되었다. 그리하여 2000년에는 2.5±1%의 목표구간이, 2001~2003년에는 매년 3±1%의 목표구간이 각각 주어졌다.

그러나 물가안정 목표를 매년 설정하는 것은 이론적으로나 현실적으로 문제가 있었다. 우선, 통화정책의 효과가 실물경제에 파급되기까지는 대개 짧으면 6개월, 길면 2년까지 걸린다. 그러므로 내년의 인플레이션 목표를 지금 어떻게 설정하든 내년에 실현될 인플레이션의 상당 부분은 이미 결정되어 있는 셈이다. 이와 같이 올해의 통화정책 운용이 내년도 인플레이션에 미칠 수 있는 영향은 대단히 한정적이기 때문에 단년제 목표의 의미는 크지 않다. 이는 통화정책의 목표 시계를 장기화할 필요가 있음을 시사한다. 둘째, 일반적으로 소규모 개방경제의 물가는 환율이나 석유류 등 원자재 가격과 같이 국내적으로 통제가 곤란한 외부요인에 의해 변동하기 쉽다. 우리나라도 여기서 예외가 아니다. 이런 경우 매년의 불규칙한 외부요인이 다소 상쇄될 수 있는 보다 긴 기간, 즉 중기에 걸쳐 평균적으로 달성할 수 있는 목표를 설정하는 것이 바람직하다.[122]

이와 같은 문제를 보완하기 위해 2004년 1월 시행된 제7차 개정 한은법에 따라 한국은행은 단년제 목표의 설정을 포기하고 중기 물가안정목표제로 이행하였다. 이에 따라 한국은행은 2004~2006년의 3년간 근원인플레이션율의 연평균 목표를 2.5~3.5%(기간 중 연평균 기준) 구간으로 결정하였다. 이때 연평균 근원인플레이션

122. 이런 이유로 2000~2003년의 기간 동안 한국은행은 매년의 목표구간과 함께 연평균 2.5%의 근원인플레이션율의 유지를 중기 목표로 설정했었다. 그러나 중기 목표는 "구속력이 없는 선언적인 것"이었기 때문에 별다른 성과 없이 이내 흐지부지되고 말았다(한국은행 2005, p.78).

목표구간을 2.5~3.5%로 설정한 것은 우리나라의 펀더멘털(경제적 기초 여건: fundamentals)에 부합하는 적정 근원인플레이션율의 추정치(연 3%)에 각종 불확실성을 고려하여 상하 0.5%p의 범위를 둔 것이다.

이후 한국은행은 2007~2009년의 기간에 대한 중기 물가안정목표를 소비자물가상승률 기준 3.0±0.5%(3년간 연평균 기준) 구간으로 설정했다. 2004~2006년의 목표구간 2.5~3.5%와 2007~2009년의 목표구간 3.0±0.5%는 범위 자체는 수치상 동일했지만 두 가지 점에서 중요한 차이가 있었다. 우선, 대상지표가 달랐다. 전자는 근원인플레이션율, 후자는 전체 소비자물가로 계산한 인플레이션율을 각각 기준으로 했다. 또한 전자는 중심치가 설정되어 있지 않지만, 후자는 "기대인플레이션의 수렴을 … 용이하게" 하기 위해 중심치를 3.0%로 못 박고 있다는 점에서 차이가 있었다.[123]

2010~2012년의 중기 물가안정목표는 직전 기간(2007~2009년)의 중기 목표에 비해 상 · 하 변동폭이 0.5%p씩 확대된 3.0±1.0%(전년 동기 대비) 구간으로 설정되었다. 이는 글로벌 금융위기로 불확실성이 커졌음을 감안한 것이다. 또한 한국은행은 2010년부터 매년 정기적으로 물가안정목표 운영상황을 점검 · 설명하고 있다.[124]

이후 2013~2015년에는 중기 물가안정목표가 소비자물가상승률 기준 2.5~3.5%로 정해졌다. 이는 직전 기간(2010~2012년)의 중기 물가안정목표 3±1%p에서 상 · 하 변동폭을 0.5%p씩 축소하는 동시에 중심치를 제거한 결과이다. 우선, 목표 구간폭을 좁힌 것은 글로벌 위기 이후에도 물가안정 추세가 지속된 점을 반영한 것이고, 특히 상한의 하향 조정은 기대인플레이션 안정화를 겨냥한 조치였다. 또한 중심치를 제거한 것은 글로벌 인플레이션 압력이 "크지 않을 것으로 예상 … 되었으나 적정 인플레이션 수준이 아직 불확실한 점"을 감안한 조치였다.[125] 한편, 한국은행은 2010년부터 매년 1회 제공해 오던 물가안정목표 운영상황의 점검 · 설명을 2013년부터는 매년 2회 『인플레이션보고서』를 통해 제공하기로 했다.

그런데 2.5~3.5%의 물가안정목표가 적용되었던 2013~2015년 기간 내내

123. 한국은행(2006a), p.5.
124. 이환석 · 서평석(2011) 참조.
125. 안상준 · 이지혜(2012), p.81.

실제 물가상승률은 1.1%로 목표범위의 하한을 -1.4%p만큼 벗어난 수준이었다. 이는 수요부진 이외에도 공급 측면의 충격과 경제구조의 변화에 기인한 결과로 분석되었다.[126] 어찌되었든, 매우 저조했던 당시의 정책성과는 2015년 말 2016~2018년 중기 물가안정목표의 확립과정에서 한국은행이 목표 수준 및 제시 방식을 변경하고 설명 책임을 강화하는 중요한 계기로 작용했다.

한국은행은 정부와의 협의를 거쳐 2015년 12월, "2016년 이후 중기 물가안정목표" —2016~2018년 기간 동안 중기적으로 매년 적용하게 될 물가안정목표—를 "전년 동기 대비 소비자물가상승률 기준 2.0%"로 결정했다. 이러한 결정에는 몇 가지 중요한 배경요인이 작용했다. 우선, "인구구조 변화, 경제성장률 둔화, 글로벌화 진전 등으로 … 인플레이션 압력이 약화" 됨에 따라 우리나라의 기조적 인플레이션이 2% 내외로 낮아졌고, 적정 인플레이션도 2% 내외로 추정되었다는 점이다. 여기에 인플레이션 전망(향후 물가경로) 등도 감안하여 물가안정목표 수준을 2%로 설정했다. 그럼으로써 한은은 목표 제시방식도 변경했다. 경제주체들의 기대인플레이션이 적정 인플레이션으로 쉽게 안착되도록 기존의 구간 목표(target range)를 점 목표(target point)로 변경한 것이다. 이 밖에도 한국은행은 물가안정목표 운영상황에 대한 정기적 설명 책임을 더욱 강화하는 한편, 물가안정목표에서 과도하게 벗어난 상황이 지속되는 경우에 대해서도 이를 설명하도록 하는 비정기적 책임을 신규 도입했다(〈Box 12-8〉을 참조하기 바란다).[127]

〈Box 12-9〉는 2000년대 우리나라 물가안정목표제의 성과를 보여준다.

Box 12-8 우리나라 통화정책의 투명성과 책임성

앞서 제11장에서 논의했듯이 물가안정목표제의 핵심은 중앙은행과 경제주체의 의사소통에 있다. 그리고 의사소통의 의의는 경제주체의 인플레이션 기대를 바람직한 수준에서 안정화하는 데 있다. 이것이 가능하려면 경제주체와의 의사소통이 신뢰를 기초로 투명하게 이루어져야 한다.

지난 10년간 한국은행 통화정책의 투명성과 책임성은 크게 개선되었다. 우선, 2016년 12월 "통화신용정책 운영의 일반원칙"이 제정·공표되었다. 이는 "통화정책 커뮤니케이션의 일관성을 유지하고 정책수행에 대

126. 여기에 대해서는 박영환·이지영(2015)을 참고하기 바란다.

127. 이 문단의 모든 인용구는 박영환·이지영(2015), p.42에서 따왔다.

한 일반의 이해를 제고하기 위"한 조치로, "통화신용정책의 [법률적] 목적과 정책운용 시 다양한 고려요인과의 관계, 목적 달성을 위한 기본 방침 등"을 밝히고 있다.[1] 구체적으로, 한국은행이 물가안정목표제를 중기적 · 미래지향적 · 신축적으로 운영한다는 점, 금융안정에 대한 한국은행의 고려가 물가안정목표제의 신축적 운영과 부합한다는 점, 그리고 한국은행의 통화신용정책 및 거시건전성정책의 조화로운 운영이 필요하다는 점 등이 동 일반원칙의 주요 내용이다.

다음으로, 연 8회 열리는 통화정책방향 결정회의의 경우 금융통화위원회는 매 회의에서 통화정책방향을 심의 · 의결한 후 의결문을 보도자료로 즉시 공표한다. 이 때 의결문은 "통화신용정책 운영의 일반원칙과의 일관성 … 유지"와 "경제전망과의 연계성 … 제고"를 감안하여 작성된다. 또한 "기준금리 결정에 대하여 소수의 견을 제시한 금융통화위원의 실명[은] … 회의 당일에 공개"되며,[2] 한은 총재는 매 회의 종료 이후 기자회견을 통해 정책결정의 배경과 내용을 직접 설명한다. 동 회의의 관련 의사록은 회의일로부터 2주가 경과한 이후 첫 화요일(휴무일인 경우 그 다음 영업일)에 한국은행의 인터넷 홈페이지에 게시되며, 『조사통계월보』에도 수록된다. 이 밖에도 금융통화위원회 위원과 한은의 집행임원들은 각종 연설이나 강연, 언론 인터뷰 등을 통해 일반 국민에게 경제상황에 관한 한국은행의 인식과 통화정책방향 등을 알리고 있다.

한국은행은 연 2회 이상 『통화신용정책보고서』를 작성하여 국회에 제출하게 되어 있는데(「한국은행법」 제96조(국회보고 등) 제①항), 2016년부터는 동 보고서 발간 횟수를 기존 연 2회에서 연 4회로 늘렸다. 동 보고서는 "물가안정목표의 달성 여부와 함께 목표 달성 또는 미달의 이유를 기록하고 통화신용정책의 구체적 수행내용 및 성과와 향후 정책방향을 명시"한다.[3] 또한 한은 총재는 국회의 소관 상임위원회인 재정경제위원회에 출석하여 통화정책방향과 경제전망에 대해 증언하게 되어 있다(「한국은행법」 제96조 제②항).

한편 한국은행은 2010년부터 물가목표 운영상황을 점검 · 설명해 오고 있다.[2] 처음에는 이러한 설명 책임을 연 1회 보도자료를 통해 이행하다가 2012년에는 이를 보도자료가 아닌 『한국은행 물가보고서』 발간을 통해 이행했으며, 2013년에는 동 물가보고서의 발간 횟수를 연 2회로 늘렸다. 2014~2015년에는 기존 『한국은행 물가보고서』를 『인플레이션보고서』로 개칭하여 연 2회 발간했다. 이후 2016년부터는 『인플레이션보고서』가 법정보고서인 『통화신용정책보고서』로 통합되면서 물가안정목표 운영상황에 대한 점검 및 설명을 연 4회 제공하기로 하는 등 한국은행의 정기적 설명 책임은 더욱 강화되었다. 또한 한국은행은 특정 물가상황—인플레이션이 물가안정목표를 6개월 연속으로 ±0.5%p 넘게 이탈하는 상황—이 발생하는 경우, 총재 기자간담회와 보도자료 등을 통해 인플레이션이 물가안정목표에서 벗어난 이유와 인플레이션의 향후 전망 및 통화신용정책방향 등을 제시하기로 했으며 그 이후에도 비정상적 물가상황이 지속되는 한 3개월마다 후속 설명을 제공하기로 하는 등 부정기적 설명 책임을 신설했다. 이에 따라 2016년 7월과 10월에는 한은의 부정기적 설명 책임이 실제로 각각 이행되었다. 이는 인플레이션(전년 동기 대비 소비자물가상승률)이 9개월 동안 연속으로 목표수준을 크게 벗어났기 때문이다. 2019년 이후 한은은 물가안정목표의 적용기간를 특정하지 않기로 하면서 매년 두번씩 총재의 기자간담회를 통해 물가상황과 향후 전망을 국민들에게 자세히 설명하기로 결정하였다.

1) 김용민(2017), p.24.
2) 김용민(2017), p.13.
3) 한국은행(2010a), p.187.

자료 : 김용민(2017), 박영환 · 이지영(2015), 한국은행(2005 · 2010a · 2016b · 2016c · 2016d · 2019).

Box 12-9 2000년대 우리나라 물가안정목표제의 성과

2000년대의 우리나라 물가안정목표 및 물가상승률 추이는 다음 그림과 같다.

물가안정목표 및 물가상승률 추이

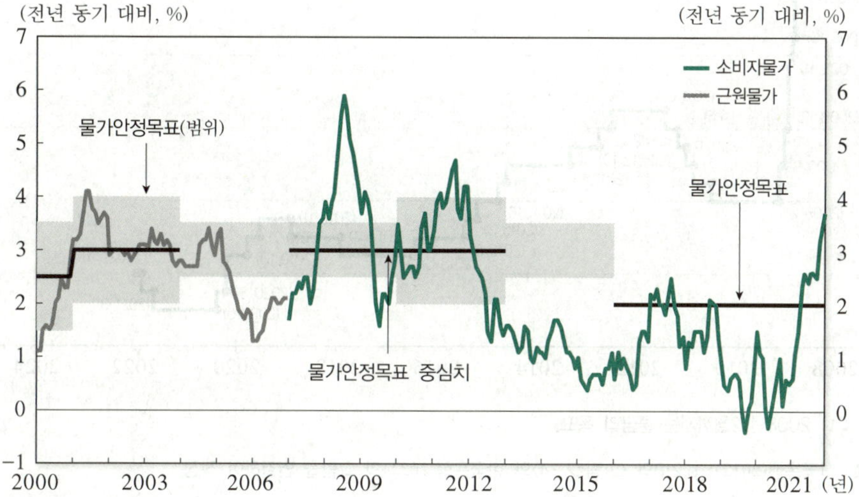

자료 : 한국은행(2021).

2000년대를 전체적으로 볼 때, 우리나라는 물가안정목표 구간의 상한 또는 하한을 벗어난 적도 여러 해 있긴 했지만 2013년 이전까지는 물가안정목표제 아래 심각한 물가불안이 지속된 일은 없었다. 그러나 2013년부터 코로나19 위기가 진행되던 2020년까지 소비자물가 상승률은 물가안정목표 수준을 크게 하회하는 상황이 지속되었다. 이 같은 저인플레이션 현상은 우리나라뿐 아니라 주요국에서도 공통적으로 나타난 현상이었는데, 여기에는 글로벌화, IT기술 발달에 따른 생산비용 절감과 같은 구조적 요인이 상당 부분 작용하였다.

한편 코로나19 위기 직후인 2020년 중 0% 내외 수준으로 하락하였던 소비자물가 상승률은 2021년 들어 경기회복과 글로벌 공급 병목에 따른 국제 원자재 가격 상승 등으로 물가안정목표 수준 이상으로 오름세가 크게 확대되었다.

자료 : 박영환 · 이지영(2015), 한국은행(2017a · 2017b · 2017c).

3.2 한국은행 기준금리의 결정과 금리 중시 물가안정목표제

우리나라의 통화정책체계는 물가안정을 최종 목표로, 한국은행 기준금리를 정책금리로, 그리고 익일물 콜금리를 운용목표로 하는 금리 중시 물가안정목표제이

그림 12-4

한국은행 기준금리[1] 변동 추이

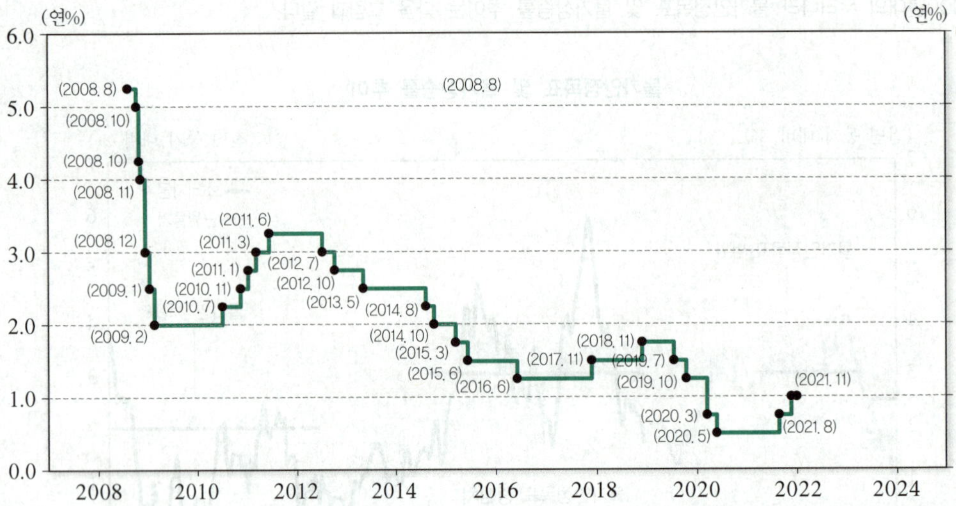

주 : 1) 2008년 2월까지는 콜금리 목표.

자료 : 한국은행(2012), p.210의 〈그림 2-4〉와 한국은행(2021)의 그림을 연결하여 작성.

다. 그리고 통화정책의 운용수단으로는 통화안정증권 발행 · 상환과 RP매매, 통화안정계정 등의 간접수단이 사용되고 있다.

통화정책의 주체는 한국은행의 최고의결기구인 금융통화위원회이다. 한국은행은 정부와 협의하여 중기 물가안정목표를 정하도록 되어 있지만, 정책금리인 기준금리는 금융통화위원회가 연 8회 열리는 '통화정책방향 결정회의'를 통해 독자적으로 결정 · 공표해 오고 있다.[128] 1999년 5월부터 최근까지 한국은행 기준금리의 조정내역은 〈그림 12-4〉와 같다.

한국은행은 1999년 5월~2022년 1월의 기간 동안 정책금리(2008년 2월까지는 콜금리 목표 ; 그 이후는 한국은행 기준금리)를 총 47회 조정했으며, 통상적으로 정책금

128. 2017년 이전까지는 금융통화위원회의 '통화정책방향 결정회의'가 연 12회(매월) 개최되었다. 하지만 2017년부터는 동 회의의 개최 횟수가 연 8회(1 · 2 · 4 · 5 · 7 · 8 · 10 · 11월)로 조정되는 한편, '거시 금융안정상황 점검회의'(또는 약칭 '금융안정회의')가 연 4회(3 · 6 · 9 · 12월) 개최되고 있다. 이와 같은 금통위 운영체계 변경의 취지는 물가안정을 최우선 목적으로 하되 '금융안정에 유의'해야 하는 한국은행의 법률적 책무에 보다 충실하기 위함에 있다. 한국은행(2016d) 참조.

리를 1회에 0.25%p씩 조정하였다. 이와 같은 평상시 정책금리의 미조정(微調整) 관행은 그린스펀(A. Greenspan)이 미 연준 의장으로 재직하는 동안 확립된 방식으로, 흔히 '그린스펀의 아기걸음마(Greenspan's babystep)'라 부른다. 이 방식은 금리 중시 통화정책을 운용하는 중앙은행이라면 흔히 따르는 보편적 경험법칙(rule of thumb)이다. 하지만 1회 조정 폭이 0.25%p를 초과하는 경우도 6회 있었다. 2001년 9월 0.50%p, 2008년 10월 0.75%p, 2008년 12월 1.00%p, 2009년 1월 0.50%p, 2009년 2월 0.50%p, 2020년 3월 0.50%p만큼 인하했던 경우가 그것이다. 이와 같은 대폭 조정은 신속한 정책금리 조정이 요구되는 비상상황에서 취해진 조치였다. 예를 들어 금융통화위원회가 2001년 9월 콜금리를 0.50%p 인하했던 것은, 당시 세계적 불황의 상황에서 터진 9·11 테러로 경제적 혼란 및 장기불황의 위험에 신속히 대비해야 할 필요성이 있다고 금통위가 판단했음을 시사한다. 또한 2008년 10월부터 2009년 2월까지 이루어진 0.50~1.00%p의 대폭 조정도 2008년 9월 리먼 사태 이후 급속히 전 세계로 확산된 금융불안과 경기침체에 대처하기 위한 비상조치였다.

금통위는 한국은행 기준금리를 인상할지, 인하할지, 아니면 그대로 둘지를 결정해야 한다. 그리고 인상이나 인하를 결정하는 경우에는 0.25%p만큼 조정할지 아니면 0.5%p(또는 그 이상)만큼 조정할지를 결정해야 한다. 이러한 결정은 무엇을 근거로 이루어지는 것인가?

첫째, 기준금리의 결정은 미래 인플레이션에 대한 판단을 근거로 한다. 한국은행은 국내외 경제동향, 금융시장동향, 외환·국제금융동향 등을 상시적으로 감시·점검하고, 그러한 상황전개가 앞으로 얼마만큼의 인플레이션 압력으로 작용할지를 평가하여야 한다. 예를 들어 한국은행은 거시계량모형을 이용하여 현재의 상황전개가 인플레이션에 어떤 영향을 미치게 될지를 예측한다. 한국은행은 거시계량모형을 3~5년마다 수정·보완하고는 있으나, 그 예측결과는 경제주체의 행동이 불변이라는 가정을 전제한 것이므로 경제주체들의 합리적 기대를 전제로 한 루카스 비판(Lucas Critique)에서 자유롭지 못하다.[129] 그래서 계량분석과는 별도로 한국은행은

129. 한국은행이 콜금리 목표를 예컨대 4.50%에서 0.25%p만큼 추가적으로 인상하면 어떤 거시경제적 효과가 있을지를 계량모형을 통해 예측한다고 해보자. 이때 과거 자료로부터 추정된 변수 간 관계를 불변으로 간주하고 예측이 이루어진다면 잘못된 예측이 될 수 있다. 경제주체는 콜금리 목표의

각종 정보지표를 개발하여 향후의 인플레이션 압력을 측정한다. 정보지표에는 통화량, 금리, 환율, 자산가격, 또는 GDP와 같이 미래 인플레이션과 관련이 있을 것으로 보이는 일차적 통계는 물론, 이를 가공하여 작성되는 각종 지표들—예를 들어 근원인플레이션, GDP갭률, 물가안정실업률(NAIRU: non-accelerating inflation rate of unemployment), 제조업 단위노동비용 상승률, 기업 자금사정 지표, 장·단기금리 스프레드, 인플레이션 기대심리 서베이, 실질머니갭률, 금융상황지수 등—도[130] 포함된다. 이와 같이 한국은행은 다양한 모형을 활용하고 각종 정보지표를 분석함으로써 미래 인플레이션을 판단한다. 이를 '총체적 접근방식(look-at-everything approach)'이라 부른다.

둘째, 한국은행은 물가안정은 물론 산출변동성(경기상황)과 금융안정(금융시장상황)을 다 같이 고려하여 기준금리를 조정한다. 이를 '절충적 접근법(eclectic approach)' 또는 '신축적 물가안정목표제(flexible inflation targeting)'라 부른다. 한국은행은 국민경제가 경기변동의 어느 국면에 와 있는지, 경기국면이 언제 전환될지 등도 정확히 분석·예측해야 한다. 이는 경기의 진행상황과 통화정책의 파급시차를 고려하여 정책결정의 방향과 강도를 적시에 조절하여야 경기변동의 진폭을 줄일 수 있기 때문이다. 또한 한국은행은 금융시장의 상황도 깊이 고려해야 한다. 금융시장은 통화정책의 영향이 실물경제로 전달되는 주요 통로이기 때문이다. 중앙은행의 통화정책이 성공할 수 있으려면 시장의 반응을 정확히 예측할 수 있어야 한다. 그러기 위해서는 시장이 예상하는 중앙은행의 정책방향에 대해 중앙은행 스스로 잘 알고 있어야 한다.

금융통화위원회는 연 8회에 걸친 각각의 통화정책방향 결정회의에서 차기 회의가 열리기까지의 기간 중 적용될 기준금리와 함께 공개시장을 통한 유동성 조절 규모를 포함한 금리정책 및 통화정책의 기본 방향을 결정한다. 이러한 정책방향에

0.25%p 인상에 따라 자신들의 인플레이션 기대를 조정할 것이고, 이 기대가 다시 이들의 행동에 영향을 미칠 것이기 때문이다. 따라서 정책이 바뀌면 과거에 추정된 변수 간 관계는 더 이상 유효하지 않다는 지적이 바로 루카스 비판이다.

130. 실질머니갭률이란 주어진 시점에서 실질통화량의 실제 수준이 장기균형 수준에서 괴리되어 있는 정도를 나타내는 비율이다(한국은행 2017c). 금융상황지수란 "여러 금융변수들을 하나의 정보변수로 종합하여 금융여건의 완화, 긴축 여부를 판단하는 지수로 … 50개 금융변수를 [반영한다]"(한국은행 2017c, p.16, 각주 20). 여타 지표에 대한 간단한 설명은 윤면식(2004)을 참고하기 바란다.

따라 한국은행은 일상적인 유동성 조절을 실행한다. 한국은행은 통화안정증권이나 RP매매를 통해 예금은행의 지급준비금을 조절하여 운용목표인 콜금리를 기준금리 수준으로 맞춘다(〈Box 12-10〉 참조).

Box 12-10 금리 중시 물가안정목표제

오늘날 대부분의 중앙은행은 한국은행처럼 금리 중시 통화정책을 수행한다. 일반적으로 금리는 금융시장에서 결정되는 변수이다. 따라서 중앙은행이 금리를 중시한다는 것은 시장원리를 존중하고 시장의 동향을 중요하게 고려한다는 뜻이다. 그러나 이것이 중앙은행이 늘 시장의 움직임을 따라간다는 의미는 아니다. 그보다는 중앙은행이 시장의 동향을 늘 파악하여 혹시 문제가 발견되는 경우에는 이를 교정할 준비가 되어 있어야 한다는 의미이다. 블라인더(A. Blinder)가 말했듯이 시장의 힘이 거대한 것은 사실이지만 시장이 늘 지혜로운 것은 아니기 때문이다. 시장은 시계가 단기적이어서 변덕(fads)과 군집행동(herding)에 취약하다. 시장은 경기변동에도 취약하다. 마치 파티가 영원히 끝나지 않을 것처럼 시장이 움직일 때에도 중앙은행은 파티가 언젠가는 끝날 수밖에 없음을 잘 알고 있다. 그런 경우 중앙은행은 "파티가 무르익을 무렵 [선제적으로] 술잔을 치워버리는" 악역을 맡아야 한다.[1] 그럼으로써 시장의 움직임을 장기적으로 바람직한 방향으로 인도해야 한다.

구체적으로, 금리를 중시하는 물가안정목표제에서의 중앙은행은 미래 인플레이션에 대한 자신의 분석과 판단을 기초로 물가안정과 금융안정, 그리고 경제성장을 위해 자신이 관장하는 정책금리의 목표수준을 결정하고 이를 공표한다. 중앙은행이 공개시장운영을 통해 정책금리가 그 목표수준을 실제로 유지하도록 하는 것은 물론이다. 이와 같이 중앙은행은 자신의 통화정책 조치를 시장에 알리고(〈Box 12-7〉 참조), 이를 실현시켜 금융시장이 여기에 바람직한 반응을 보이도록 유도한다. 여기서 금융시장의 바람직한 반응이란 우리가 제11장에서 학습한 여러 전달경로에서 금융시장이 정책금리의 변동에 반응하여 순조롭게 작동하는 것을 가리킨다. 이와 같은 금융시장의 작용을 통해 중앙은행은 애초에 의도했던 효과를 실물경제에 전달하게 된다.

1) 한국은행 정책기획국(2001), p.6.

자료: 윤면식(2001), 정운찬 · 김홍범 옮김(2005), 한국은행(2005 · 2010a), 한국은행 정책기획국(2001).

연습문제

01. 다음 박스는 수십 년 전 한국 금융의 역사에 관한 지문이다. 읽고 물음에 답하시오.

> 우리나라는 1960~1970년대에 수차례의 경제개발 5개년 계획을 정부 주도로 추진하면서 고도성장을 추구했었다. 이를 위해 이 기간 중에는 ① 정부가 정책적으로 경제의 특정 부문에 금리, 기간, 금액 등 자금의 공급조건이나 가용성 측면에서 우대된 자금을 공급하는 일이 많았다. 이는 곧 ② 정부가 자의적으로 자금의 가격과 흐름을 통제하는 상황이었다는 의미이다. 이러한 과정을 통해 '압축적 경제성장'이 달성될 수 있었다. 그 결과 1980년대에 들어와서는 이미 규모가 커지고 고도화된 국민경제가 순조롭게 운영되기 위해서는 시장원리가 중시되어야 한다는 목소리가 높아지게 되었다. 이에 따라 1980~1990년대에는 금융부문에서도 ③ 자율적 시장기능에 의해 금리가 결정되고 자원배분이 이루어지도록 하는 포괄적 변화가 일어나게 되었다. 한국은행이 1994년 3월 당시 대출제도의 전면 정비를 통해 ④ 총액한도대출제도를 신설한 것도 그런 일례이다.

(1) 위의 ①과 같은 정책수단을 무엇이라 부르는가?
(2) 위의 ②와 같은 상황을 가리키는 용어를 쓰시오.
(3) 위의 ③과 같은 포괄적 변화를 가리키는 용어를 쓰시오.
(4) 위의 ④ 총액한도대출제도는 2013년 12월 새로운 대출제도로 변경되었다. 이 새로운 제도의 명칭은 무엇인가?

02. 다음은 『조선일보』의 김종일 기자가 작성한 기사(2016. 11. 19), "금융시장 불안해지자 안정화 조치 나선 한은 … 1.5조 국고채 직매입"의 일부이다. 물음에 답하시오.

> "한국은행이 오는 21일 국고채 1조 5,000억원을 직접매입(단순매입)한다. … 도널드 트럼프 미국 대통령 당선 이후 ① 국내 채권금리가 급등하는 등 금융시장이 불안정해지자 시장안정화 조치에 나선 것이다. 한은은 18일 오후 홈페이지를 통해 국고채권 여섯 종목을 ② 경쟁입찰로 단순매입한다고 밝혔다. … 한국은행이 공개시장운영 방식으로 국고채권을 매입하기는 작년 10월 이후 13개월 만이다. 하지만 작년엔 환매조건부증권(RP) 대상증권을 확충하기 위한 매입이었다. 금융시장 안정을 위해 국고채를 대량 매입한 것은 2008년 금융위기 이후 처음이다. … ."

(1) 위 ①에서 한은의 공개시장매입 조치가 금융안정화 효과를 가질 것으로 기대

되었던 경제적 논리가 무엇인지 설명하시오.

(2) 위 ②에서 한국은행이 RP 매입이 아닌 단순매입 방식을 활용한 것에는 어떤 정책적 의도가 있는지 설명하시오.

03. 2008년 3월 한국은행은 통화정책 집행체계의 개편을 단행했다. 이에 따라 정책금리가 콜금리 목표에서 한국은행 기준금리로 변경되었다. 다음 물음에 답하시오.

(1) 정책금리의 변경이 필요했던 배경은 무엇인가?

(2) 위와 같은 집행체계의 개편 이후 통화정책 집행에서 콜금리와 기준금리 사이의 관계가 무엇인지 설명하시오.

(3) 정책금리의 변경 이외에 2008년 3월 통화정책의 집행체계 개편으로 달라진 내용에는 무엇이 있는지 설명하시오.

04. 미국 연준에게 비전통적 통화정책이 필요하게 된 배경을 이론적으로 설명하시오.

05. 다음은 연준의 비표준적 통화정책의 전달경로에 관한 문제이다. 각 물음에 답하시오.

(1) 이론적으로 기대할 수 있는 선제적 안내의 두 가지 주요 전달경로를 밝히고 각각 설명하시오. 선제적 안내의 근본적 딜레마가 무엇인지 설명하시오.

(2) 연준의 양적완화(QE)에 따른 이자율의 하락은 위험프리미엄 감소와 기간프리미엄 감소를 의미한다는 사실을 체계적으로 설명하시오.

06. 통화증발(money printing)은 흔히 정부채무 화폐화(monetization of government debt)의 수단으로 간주되어 왔다. 그런데 최근 글로벌 금융위기의 수습을 위해 연준이 실시해 온 양적완화는 통화증발에 기초한다. 양적완화의 이런 측면을 어떻게 평가해야 할까?

07. 다음은 글로벌 금융위기 이후 실시된 연준의 비전통적 통화정책에 관한 지문이다. 읽고 물음에 답하시오.

> 2008년 9월 15일 리먼브러더즈의 도산 신청에 의해 급속히 확산된 글로벌 금융위기로, 버냉키 의장 하의 연준은 세 차례의 연속적 정책금리 인하를 통해 그해 연말 <u>① 자신의 정책금리</u>를 영(0)의 수준으로 떨어뜨린 후, 2009년 봄부터는 본격적으로 <u>② 공개구두정책</u>

과 ③ 광의의 양적완화로 구성되는 비전통적 통화정책에 돌입했다. 이때 광의의 양적완화는 다시 주요 금융기관 및 신용시장에 대한 연준의 ④ 긴급유동성 지원, ⑤ 연준의 대규모 자산매입(LSAP), ⑥ 연준 보유 국채의 평균만기연장 등으로 구성된다.

(1) ① 연준의 정책금리 명칭은 무엇인가? 원래의 영문 용어로 표현하시오.

(2) 위 지문에 따르면, 연준은 자신의 정책금리가 영(0)에 도달한 연후에야 비전통적 통화정책을 실시했다. 연준이 정책금리가 영이 될 때까지 비전통적 통화정책을 실시하지 않고 기다린 이유는 무엇인가?

(3) 과거 언론에서 공개시장운영(Open Market Operation)에 빗대어 비유적으로 가끔 사용되던 ② 공개구두운영(Open Mouth Operation)이라는 용어는 글로벌 금융위기 이후에는 그와는 다른 공식 전문용어로 바뀌게 되었다. 이를 영문 용어로 표현해 보시오.

(4) 연준을 비롯한 중앙은행들은 위기 시 최종대부자 기능 수행을 위해 ④의 긴급유동성 지원을 실시한다. 근대적 중앙은행의 효시로 꼽히는 영란은행은 역사적으로 1870년 경 최종대부자 기능을 세계 최초로 확립했다. 이때 일반적으로 중앙은행이 최종대부자로서 지켜야 할 기본 원리의 명칭은 무엇이며, 그 내용은 무엇인지 각각 밝히시오.

(5) 위 지문에 언급된 연준의 비전통적 통화정책 중 ⑤와 ⑥은 정책의 내용이 서로 어떻게 비교되는지 설명하시오.

08. 어떤 나라의 중앙은행이 물가안정목표제를 도입하기 위해 다음과 같은 세부 사항을 검토 중이다. 물음에 답하시오.

① 인플레이션을 어떤 물가지수로 측정할 것인가?
② 인플레이션 목표를 어떤 수준으로 정할 것인가?
③ 인플레이션 목표를 특정 점(point target)으로 정할 것인가, 아니면 특정 구간(band target)으로 정할 것인가?
④ 인플레이션 목표를 정부와 협의할 것인가, 아니면 중앙은행이 독자적으로 정할 것인가?
⑤ 정책시계(policy horizon)를 어느 정도의 기간으로 잡을 것인가?

(1) 이 나라의 중앙은행이 ①에서 소비자물가지수(CPI: consumer price index)와 GDP 디플레이터를 놓고 저울질한다고 하자. 각 물가지수는 물가안정을 위한 인플레이션 측정지표로서 어떤 장 · 단점을 갖는가?

(2) 이 나라의 중앙은행이 ②에서 낮은 양(+)의 인플레이션을 목표로 정한다고 하자. 왜 높은 인플레이션을 목표로 하지 않은 것일까? 그리고 왜 영(0)의 인플레이션을 목표로 하지 않은 것일까?

(3) ③에서 일반의 인플레이션 기대를 고정시키는 데는 어떤 형태의 목표가 유효할까? 어떤 형태의 목표를 택하는 경우 정책 신뢰성이 손상될 위험이 더 클까? 인플레이션 목표를 특정 구간으로 정하는 경우 구간을 지나치게 넓게 잡으면 어떤 문제가 생길까? 또한 지나치게 좁게 잡으면 어떤 문제가 생길까?

(4) ④에서 중앙은행이 정부와 협의하여 인플레이션 목표를 정하는 것은 어떤 측면에서 바람직할 수 있을까? 또한 어떤 측면에서 바람직하지 않을 수 있을까?

(5) 이 나라의 중앙은행이 ⑤에서 정책시계를 1～2년으로 설정하는 것과 3～4년으로 설정하는 것의 두 가지 중 어느 하나를 고려한다고 하자. 각 대안의 장·단점은 무엇일까?

09. 우리나라의 소비자물가지수는 부동산 관련 가격을 반영하고 있는가?

10. 금리 중시 물가안정목표제를 가동하는 중앙은행이 단기 정책금리를 올리면 일반적으로 소비자물가상승률이 줄어든다. 그러나 나라에 따라서는 소비자물가지수를 구성하는 항목 중 소비자물가상승률을 오히려 늘리는 데 기여하는 것도 있을 수 있다. 어떤 항목이 그럴까?

11. 우리나라의 물가안정목표제의 변천을 목표대상 물가지수, 물가상승률 목표수준, 그리고 물가안정목표 달성기간의 관점에서 각각 설명하시오. 이때 제도 변화—예를 들어 목표대상 물가지수의 변경, 물가상승률 목표수준의 변경 등—가 도입될 당시의 세부적 관점에 대해 간략히 기술하시오.

12. 블라인더(A. Blinder)에 따르면, 아인슈타인(A. Einstein)은 다음과 같이 말한 적이 있다고 한다(Blinder 2006, p.14, 각주 17).

> "어떤 것이든 가능한 한 단순화되어야 하겠지만, 가능한 정도보다 더 단순화되면 안 된다 (Everything should be made as simple as possible, but not simpler)."

최근 블라인더는 아인슈타인의 어법을 써서 통화정책의 투명성에 대해 다음과 같이 언급하였다(Blinder 2006, pp.13～14).

> "어떤 중앙은행이든 가능한 한 투명해야 하겠지만, 가능한 정도보다 더 투명하면 안 된다 (Every central bank should be as transparent as possible, but not more so)."

이 언급의 의미는 무엇인가? 여러분들은 여기에 대해 찬성하는가? 왜?

13. 다음은 한국은행이 인플레이션 압력을 판단하기 위해 이용하는 지표들이다. 각 지표의 구체적 내용을 관련 자료를 찾아 공부한 후 설명하시오.

(1) GDP갭률

(2) 물가안정실업률(NAIRU)

(3) 제조업 단위노동비용 상승률

(4) 기업자금사정지표

(5) 장 · 단기 금리스프레드

(6) 인플레이션 기대심리 서베이

참고문헌

김보성 · 박기덕 · 주현도, "주요국 중앙은행의 마이너스 정책금리 운영 현황," 〈BOK 이슈 노트〉 제2016-4호, 한국은행, 2016. 4. 27.

김용민, "2017년 통화신용정책 운영방향," 한은금요강좌 파워포인트 자료, www.bok.or.kr. 한국은행, 2017. 1. 20.

김종일, "금융시장 불안해지자 안정화 조치 나선 한은 … 1.5조 국고채 직매입," 『조선일보』, www.chosun.com, 2016. 11. 19.

김진일 · 강경훈 · 임정하, "금융시장 불안해지자 안정화 조치 나선 한은 … 1.5조 국고채 직매입," 『조선일보』, www.chosun.com, 2016. 11. 19.

__________________, 「비전통적 통화정책 수단 도입에 관한 연구」, 2020.

김홍범, 『한국 금융감독 개편론』, 서울대학교출판부, 2006. 8.

______, 「한국의 거시건전성정책체계 설계 : 2-단계 최소접근법」, 『금융연구』, Vol. 30, No. 4, 2016. 12, pp.63～118.

박영환 · 이지영, 「2016년 이후 중기 물가안정목표의 주요 내용」, 『조사통계월보』, 2015. 12, pp.37～44.

선정훈, 「마이너스 금리정책」, 『한은소식』, Vol. 450, 한국은행, 2016. 3, pp.6~7.

안상준 · 이지혜, 「2013년 이후 중기 물가안정목표의 주요 내용」, 『조사통계월보』, 2012. 12, pp.75~82.

안성훈, "미 연준 통화정책 기조 변화와 시사점," 한은금요강좌, ppt 자료, 한국은행, 2017. 6. 2.

윤면식, 「통화정책 결정방식 및 운용체계」, 경제교실 강의자료, 한국은행, 2001. 9. 18.

_____, 「중기물가안정목표제와 통화정책 운영의 실제」, 경제교실 강의자료, 한국은행, 2004. 9. 24.

_____, 「물가안정목표제 하에서의 통화정책 운영」, 금요강좌 강의자료, 한국은행, 2005. 5. 6.

이광주, 「한국은행의 통화정책 운용방식」, 한국은행 정책기획국, 2000. 1.

이윤숙, 「제로금리 하에서 연준 통화정책 수단의 효과와 한계」, 『국제경제정보』, 제2011-46호, 한국은행, 2011. 10. 5.

이환석 · 서평석, 「통화신용정책」, 한국은행 내부자료, 2011.

임형석, "중앙은행 마이너스 금리정책(NIR) 평가와 전망," 〈주간 금융브리프〉, 25권 14호, 2016. 4. 2., pp.3~7.

정운찬 · 김홍범 옮김, 『중앙은행의 이론과 실제』(Alan S. Blinder 著, *Central Banking in Theory and Practice*, MIT Press, 1998의 연구번역서), 율곡출판사, 2003.

한국은행, 『통화신용정책보고서』, 2004. 3.

______, 『우리나라의 통화정책』, 2005. 12.

______, ""2007년 이후 중기 물가안정목표" 설정," 보도자료, 공보 2006-8-18호, 2006a. 8. 17.

______, "예금지급준비율 조정," 보도자료, 공보 2006-11-33호, 2006b. 11. 23.

______, "외화예금지급준비율 인상," 보도자료, 공보 2006-12-15호, 2006c. 12. 7.

______, 『한국의 금융시장』, 2009. 6. 12.

______, 『한국은행 60년사』, 2010a. 6. 12.

______, "물가안정목표 운영상황 점검," 보도자료, 공보 2010-12-32, 2010b. 12. 23.

______, 『한국의 금융제도』, 2011. 12.

______, 「한국의 통화정책」, 2012. 12.

______, "총액한도대출 제도 개선," 동명 보도자료(공보 2013-12-33호)의 붙임자료,

2013. 12. 26.

______, "한국은행 공개시장운영의 효율성 및 투명성 강화," 보도자료, 공보 2016-1-29호, 2016a. 1. 28.

______, "최근의 물가안정목표제 운영상황 설명," 보도자료, 공보 2016-7-18호, 2016b. 7. 14.

______, "최근의 물가안정목표제 운영상황 설명," 보도자료, 공보 2016-10-19호, 2016c. 10. 13.

______, "2017년 금융통화위원회 정기회의 개최 및 의사록 공개 예정일정," 보도자료, 공보 2016-11-27호, 2016d. 11. 24.

______, 『한국의 금융시장』, 2016e. 12.

______, 『통화신용정책보고서』, 중간보고서, 2017a. 7.

______, "통화정책", 홈페이지 게시자료, www.bok.or.kr, 검색일: 2017b. 10. 10.

______, 『통화신용정책보고서』, 2017c.11.

______, "한국은행 기준금리," www.bok.or.kr, 검색일: 2017d. 12. 1.

______, 『한국의 통화정책』, 2017e. 12. 29.

______, "물가안정목표 운영상황 점검," 보도자료, 공보 2019-6-32호, 2019. 6. 25.

______, "통화정책", 홈페이지 게시자료, www.bok.or.kr, 검색일: 2021. 11. 10.

한국은행 워싱턴주재원, "2017. 9월 FOMC 회의 결과," 현지정보, 2017. 9. 20.

____________, "코로나19 위기 대응을 위해 연준이 도입한 긴급대출제도 비교 및 시사점," 2020. 5, 한국은행 조사연구.

한국은행 정책기획국, 「통화정책의 운용」, 한국은행 홈페이지 "통화정책의 이해" 코너 게재 원고, 2001. 3.

Amadeo, Kimberly, "What Is Quantitative Easing?," useconomy.about.com/od/glossary/g/Quantitative-Easing.htm?p=1, About.Com, Inc., September 22, 2011.

Ball, Laurence, "The Case for a Long-Run Inflation Target of Four Percent," IMF Working Papers WP/14/92, International Monetary Fund, June 2014.

Ball, Laurence, Joseph Gagnon, Patrick Honohan, and Signe Krogstrup, *What Else Can Central Banks Do?*, Geneva Reports on the World Economy 18, International Center for Monetary and Banking Studies(ICMB) and

Center for Economic Policy(CEPR), 2016.

Bernanke, Ben S., "The Crisis and the Policy Response," A Speech at the Stamp Lecture, London School of Economics, London, England, January 13, 2009.

________________, *The Federal Reserve and the Financial Crisis*, Princeton University Press, 2013a.

________________, "Communication and Monetary Policy," Remarks given by the Chairman of the Board of Governors of the Federal Reserve System as Herbert Stein Memorial Lecture at the National Economists Club Annual Dinner, November 19, 2013b.

________________, "What Tools Does the Fed Have Left? Part 1: Negative Interest Rates," www.brookings.edu, March 18, 2016a.

________________, "What Tools Does the Fed Have Left? Part 3: Helicopter Money," www.brookings.edu, April 11, 2016b.

________________, "Does A Higher Inflation Target Beat Negative Interest Rates?", www.brookings.edu, September 13, 2016c.

________________, "Federal Reserve Economic Projections: What Are They Good For?," www.brookings.edu, November 28, 2016d.

Blanchard, Olivier, Giovanni Dell' Ariccia, and Paolo Mauro, "Rethinking Macroeconomic Policy," IMF Staff Position Note, SPN/10/03, International Monetary Fund, February 12, 2010.

Blinder, Alan S., *Central Banking in Theory and Practice*, The MIT Press, 1998.

______________, "Monetary Policy Today: Sixteen Questions and about Twelve Answers," a paper prepared for the Banco de España Conference on *Central Banks in the 21th Century*, Madrid, June 8-9, 2006.

______________, "Quantitative Easing: Entrance and Exit Strategies," Federal Reserve Bank of St. Louis *Review*, November/December 2010, pp.465~479.

______________, "Central Bank Independence and Credibility During and After a Crisis," Griswold Center for Economic Policy Studies, Working Paper No.229, September 2012.

Board of Governors of the Federal Reserve System, "Federal Reserve Issues

FOMC Statement," Press Release, November 25, 2008a.

____________________, "Federal Reserve Issues FOMC Statement," Press Release, December 16, 2008b.

____________________, "Federal Reserve Issues FOMC Statement," Press Release, March 18, 2009.

____________________, "Federal Reserve Issues FOMC Statement," Press Release, November 3, 2010.

____________________, "Federal Reserve Issues FOMC Statement," Press Release, August 9, 2011a.

____________________, " Maturity Extension Program and Reinvestment Policy: Frequently Asked Questions," date of search: November 9, 2011b.

____________________, "Federal Reserve Issues FOMC Statement," Press Release, January 25, 2012a.

____________________, "The Federal Reserve' s Response to the Crisis," date of search: February 7, 2012b.

____________________, "Federal Reserve Issues FOMC Statement," Press Release, September 13, 2012c.

Board of Governors of the Federal Reserve System, "Federal Reserve Issues FOMC Statement," Press Release, December 12, 2012d.

____________________, "Federal Reserve Issues FOMC Statement," Press Release, January 29, 2014a.

____________________, "Federal Reserve Issues FOMC Statement," Press Release, October 29, 2014b.

____________________, "What Is Forward Guidance and How Is It Used in the Federal Reserve' s Monetary Policy?," FAQs, last update: December 16, 2015.

____________________, "FOMC Communications Related to Policy Normalization," Policy Normalization, last update: November 9, 2017.

Brunnermeier, Markus K., "Deciphering the Liquidity and Credit Crunch 2007~2008," *Journal of Economic Perspectives*, Vol. 23, No. 1,

Winter 2009, pp.77～100.

Campbell, Jeffrey R., Charles L. Evans, Jonas D.M. Fisher, and Alejandro Justinano, "Macroeconomic Effects of FOMC Forward Guidance," Brooking Papers on Economic Activity 43, www.brookings.edu, Spring 2012, pp.1～54.

Cecchetti, Stephen, and Kim Schoenholtz, "A Primer on Helicopter Money," VOX, http://voxeu.org, August 19, 2016.

Cecioni, Martina, Guiseppe Ferrero, and Alessandro Secchi, "Unconventional Monetary Policy in Theory and in Practice," Occasional Papers No. 102, Banca D'Italia, September 2011.

Cohan, William D., "Fed' s Balance Sheet Punctuated by a Big Question Mark," *The New York Times*, www.nytimes.com, June 27, 2014.

The Economist, "On the Rise," March 18, 2017a, p.9.

____________, "From Deprivation to Daffodils," March 18, 2017b, pp.18～20.

Federal Reserve Bank of New York, "Money Market Investor Funding Facility : Program Terms and Conditions," www.newyorkfed.org/markets/mmiff_terms.html, date of search : February 13, 2012a.

____________________, "Statement Regarding Continuation of the Maturity Extension Program," www.newyorkfed.org/markets/operating_policy_120620.htm, June 20, 2012b.

____________________, "Federal Funds Data," http://apps.newyorkfed.org, date of search : December 31, 2021.

Federal Reserve Bank of St. Louis, "Effective Federal Funds Rate," FRED Economic Data, http://fred.stlouisfed.org, date of search: November 25, 2017.

Friedman, Milton, *The Optimum Supply of Money and Other Essays*, Aldine Transaction, December 31, 1969.

Gagnon, Joseph, Matthew Raskin, Julie Remache, and Brian Sack, "Large-Scale Asset Purchases by the Federal Reserve : Did They Work?," *Federal Reserve Bank of New York Economic Policy Review*, May 2011.

Goodhart, Charles A. E., and Gerhard Illing, "Introduction," in Goodhart, Charles A. E., and Gerhard Illing, eds., *Financial Crisis, Contagion, and the Lender of Last Resort*, Oxford University Press, 2002, pp.1~26.

Grenville, Stephen, "Helicopter Money," VOX, http://voxeu.org, February 24, 2013.

Haberis, Alex, Richard Harrison, and Matt Waldron, "The Forward Guidance Paradox," VOX, http://voxeu.org, September 21, 2017.

International Monetary Fund, "Unconventional Monetary Policies—Recent Experience and Prospects," April 18, 2013.

______________________, "Negative Interest Rate Policies—Initial Experiences and Assessments," IMF Policy Paper, August 2017.

Joyce, Michael, Ana Lasaosa, Ibrahim Stevens, and Matthew Tong, "The Financial Market Impact of Quantitative Easing," Working Paper No. 393, a revised version, Bank of England, August 2010.

Kaletsky, Anatole, "How About Quantitative Easing for the People?", Reuters, http://blogs.reuters.com, August 1, 2012.

Kerr, Duncan, "BoE' s Carney Unleashes Delphic Forward Guidance?," *Euromoney*, www.euromoney.com, August 7, 2013.

Kim, Hong-Bum, and Chung H. Lee, "Financial Reform and Supervisory Failure: A Critical Appraisal of Post-Crisis Reform in Korea," Working Paper 2004-02, Korea Development Institute, December 2004.

Mishkin, Frederic S, "Over the Cliff: From the Subprime to the Global Financial Crisis," NBER Working Paper No. 16609, National Bureau of Economic Research, December 2010.

______________, "Monetary Policy Strategy: Lessons from the Crisis," NBER Working Paper No. 16755, National Bureau of Economic Research, February 2011.

Montoro, Carlos, and Ramon Moreno, "The Use of Reserve Requirements as A Policy Instrument in Latin America," *BIS Quarterly Review*, March 2011, pp.53~65.

Rogoff, Kenneth S., "Costs and Benefits to Phasing Out Paper Currency," NBER Working Paper No. 20126, National Bureau of Economic Research, May 2014.

Wikipedia, "Money Market Fund," en.wikipedia.org/wiki/Money_market_ mutual_fund, date of search : February 12, 2012.

Williams, John C., "Three Questions on R-star," FRBSF Economic Letter 2017-5, The Federal Reserve Bank of San Francisco, February 21, 2017.

Wu, Tao, "Unconventional Monetary Policy and Long-Term Interest Rates," IMF Working Paper, WP/14/189, International Monetary Fund, September 2014.

CHAPTER 13

중앙은행론

Money & Financial Markets, Ch. Thirteen, pp.669~716

1. 중앙은행의 존재가 과연 필요한가?
2. 중앙은행업
3. 중앙은행의 독립성과 책임성

오늘날 지구상에서 중앙은행이 없는 나라(지역)는 없을 정도로 중앙은행제도는 현대 자본주의 경제의 본질적인 요소로 확립되어 있다. 그래서 중앙은행의 존재는 따로 정당화할 필요조차 없어 보인다. 예를 들어, 최근 글로벌 금융위기의 수습과정에서 연준, 영란은행, ECB 등 각국 중앙은행이 없었다면 상황이 어떠했을지를 상상하기란 어렵지 않다. 우리가 중앙은행을 그만큼 자연스럽고 당연하게 받아들이게 되었다는 뜻이다.

중앙은행의 존재는 각국의 주권을 상징하는 정치적 의미도 지닌다. 제2차 세계대전 이후와 20세기 말 구 소련의 붕괴 이후 각각 독립한 신생국들이 중앙은행제도를 자국의 정치적 · 경제적 독립의 상징으로 받아들였다는 사실은 이러한 측면을 단적으로 보여준다. 지난 1950~2000년 기간 중 무려 118개의 중앙은행이 신설된 점은 부분적으로 이러한 사실을 반영한다.[1]

그러나 역사적으로 볼 때 중앙은행제도는 19세기 이후 지금까지 이론적으로나 경험적으로 자유은행주의자들(free banking school)의 끊임없는 비판의 대상이 되어 왔다. 자유은행주의는 중앙은행제도를 일종의 규제(regulation)로 간주하고 이를 부정한다. 사실, 자유은행주의자와 중앙은행주의자 간의 논쟁은 자본주의 시장기구에 대한 가치판단의 차이를 반영한다. 그래서 지금까지 논쟁이 이어지고 있으며 핀테크의 혁신 등으로 이 논쟁은 새로운 차원으로 접어들었다고 볼 수 있다.

중앙은행의 존재를 이론적으로 정당화하는 문제와는 별개로, 현행 중앙은행업(central banking)은 인플레이션을 제어하기 위한 보편적 패러다임으로 1980~1990년대에 걸쳐 전 세계에 보급되었다. 이렇게 된 데에는 1970년대의 대인플레이션기(Great Inflation)를 뒤로 하고 1980년대 중반부터 대완화기(Great Moderation)가 전개된 점이 중요하게 작용했다. 이 시기의 거시경제적 안정(낮은 인플레이션과 지속적 경제성장)은 1970년대 오일쇼크와 같은 대규모의 거시경제적 충격이 발생하지 않은 덕분이기도 했지만 중앙은행의 통화정책이 성공한 덕분이라고 널리 간주되었기 때문이었다.[2] 이에 따라 각국의 중앙은행은 금융제도의 핵심적인 요소로 간주되었고,

1. Davies and Green(2010) 참조.

2. 예를 들어 OECD의 20여 회원국을 대상으로 한 체케티(S. Cecchetti) 등의 연구에 따르면 대완화기의 인플레이션 및 산출 변동성 감소 가운데 절반은 통화정책의 개선에 기인했다. Cecchetti *et al.*(2006) 참조.

법률이 보장하는 운영상 독립성을 누리는 가운데 기본적으로 물가안정(통화가치 안정)이라는 거시적 책무를 추구하게 되었다. 이를 위해 다수 중앙은행들은 명시적이든 묵시적이든 물가안정목표제—단기 정책금리의 조정을 통해 인플레이션 기대를 관리하고 인플레이션 목표를 달성하는 방식—에 따라 통화정책을 운영해 왔다. 그리고 통화정책은 물가안정을 통해 거시경제 안정(macroeconomic stability)에 기여할 것으로 기대되었다.

물론 각국 중앙은행은 물가안정 이외에 금융안정(financial stability)이라는 미시적 책무도 추구해 왔다. 하지만 금융안정은 개별 금융기관에 대한 건전성 감독을 통해 이룰 수 있다고 간주되었고, 특히 1990년대부터는 중앙은행이 은행감독을 관장하는 것은 적절하지 않다는 시각이 점차 확산되고 있었다.[3]

한마디로, "경제가 균형을 향해 스스로 움직여 간다는 … 믿음을 토대로 물가안정에 주된 초점을 집중"하는 "좁은" 시각이 대완화기의 중앙은행업을 지배했었다.[4] 문제는 중앙은행이 물가안정에 함몰되어 금융안정을 제대로 다루지 않고 있었다는 점이다. 대완화기 동안 인플레이션이 '성공적으로 제어'되긴 했지만, 20세기 중반과는 달리 어느덧 크고 작은 금융위기—예를 들어, 1980년대 말 미국의 S&L 사태, 1990년대 초 일본의 버블, 그리고 1997년 동아시아 경제위기 등—가 여기저기서 빈발하는 상황이 이미 전개되고 있었다. 이는 세계적으로 금융혁신과 규제완화가 진행되면서 19세기 중반의 주요 경제적 특징—가격 및 임금 신축성과 금융의 취약성 등과 같은 특징—이 20세기 말부터 재현된 데 기인하는 것이었다.[5] 그럼에도 금융안정을 위한 중앙은행업의 구체적 변화 필요성은 그리 절박한 과제로 부각되진 않았다. 여기에는 각각의 금융위기가 기본적으로 해당 국가나 지역의 특수 상황 또는 구체적 정책실패에 기인한다는 시각이 작용했다. 또한 물가안정과 달리 금융안정의 문제는 다면적이어서 그 정의를 내리거나 성과를 측정하는 일이 모두 그리 쉽지 않다는 점도 작용했다.

---

3. Goodhart and Tsomocos(2007)는 이러한 시각의 근거를 다음과 같이 정리한다: ① 금융규제완화와 금융혁신으로 은행·증권·보험 등 각 금융부문 간 경계가 모호해지면서 금융안전망이 지나치게 확장될 가능성; ② 중앙은행 독립성이 강화되면서 중앙은행으로의 권한집중에 대한 우려; ③ 중앙은행의 은행감독 실패로 평판이 손상될 가능성; ④ 미시적 감독 접근에 따른 은행감독의 미시업무화 경향 등.
4. Borio(2011), p.2.
5. Bruni(2001) 참조.

"[대완화기에 함몰된] 중앙은행업의 잔잔한 수면에 커다란 바위를 던진" 것은 2007년 발생한 글로벌 금융위기였다.[6] 왜냐하면, 이 사건으로 넓게는 "금융시스템의 운영 및 규제감독 방식"에, 좁게는 "중앙은행의 역할 및 기능"에 중대한 결함이 있었다는 사실이 드러났기 때문이다.[7] 여기서 말하는 결함에는, 통화정책이 인플레이션에만 초점을 좁힌 나머지 금융불균형을 간과한 점이나, 개별 금융기관의 건전성이 금융시스템의 건전성을 보장한다는 관점에서 미시건전성 감독 접근만으로 만족한 채 금융감독에 거시건전성 시각을 적용하지 않은 점 등이 포함된다.[8]

글로벌 금융위기를 경험하고 코로나 위기까지 겪고 있는 지금 이 시대가 요구하는 중앙은행제도의 바람직한 내용이 무엇인가는 중요한 과제이다. 그런데 중앙은행제도를 어떻게 조직할 것인가의 문제도 마찬가지로 중요하다. 구체적으로, 일반 정부조직과는 별개의 기관으로 운영되는 중앙은행이 정부조직 내에서 어떠한 위상을 가져야 하는가, 즉 중앙은행의 독립성 여부 및 독립의 정도 문제가 핵심 사안이다. 중앙은행의 독립성 문제는 1980년대 중반 이후 한국의 정치적 · 경제적 격변 과정에서 주요 관심사로 등장하였고, 1997년 IMF 구제금융 직전 우리나라 금융시스템 전반에 대한 재검토 과정에서 중요한 이슈로 부각되었다. 또한 이 장에서 곧 다루게 되겠지만, 최근에는 규제지배구조(regulatory governance)의 관점에서 중앙은행의 독립성 및 책임성에 관한 논의가 활발하게 이루어져 왔다.[9] 이 글로벌 금융위기를 계기로 각국의 관련 공공기관 가운데 특히 중앙은행의 역할 범위가 커지고 정책기능이 강화됨에 따라 앞으로 정부와의 관계에서 중앙은행 독립성은 많은 압박을 받게 될 것으로 우려되고 있다.

이 장에서는 지금까지 개관한 중앙은행의 여러 문제들을 다룬다. 구체적으로,

---

6. Davis and Green(2010), p.1.

7. Goodhart(2010), p.8.

8. Davis and Green(2010)과 Borio(2011) 참조.

9. 라스트라에 따르면, 규제지배구조란 금융규제 및 감독을 담당하는 기구가 자신의 설립목적을 효과적 · 효율적으로 이루기 위해 "금융규제 및 감독 권한을 행사하고 배분하는 방식"을 가리킨다(Lastra 2001, p.1). 여기서 금융규제 및 감독기구란 금융시스템의 안정을 위해 규제감독 활동을 수행하는 공공기관을 뜻하며, 일반적으로 중앙은행과 금융감독기구, 예금보험기구 등이 포함된다. 그리고 규제감독권의 행사란 "권한을 수행하는 방식, 즉 과정과 절차"를, 규제감독권의 배분이란 "어떤 권한을 누구에게 부여하는가"의 문제를 각각 의미한다(Lastra 2001, p.1). 규제지배구조론의 핵심은 결국 금융규제 및 감독을 담당하는 기구의 독립성과 책임성의 문제로 집약된다.

중앙은행의 존재가 과연 필요한 것인지 자유은행주의자와 중앙은행주의자 사이의 시각차이를 알아본 후, 중앙은행의 미시적 · 거시적 기능이 발전되어 온 역사적 과정을 살펴봄으로써 중앙은행제도의 존재근거가 무엇인지 살펴본다. 다음으로, 중앙은행의 미시적 · 거시적 기능을 대차대조표를 중심으로 살펴본 후, 2007년 글로벌 금융위기로 드러난 중앙은행업의 문제가 무엇이었으며 향후 그 범위와 내용이 어떤 방향으로 재편될 것인지를 탐구한다. 이 과정에서 위기 이전과 이후의 중앙은행업을 비교 · 검토하게 될 것이다. 또한 중앙은행 독립성의 정의와 이론적 · 경험적 근거를 살펴보고 규제지배구조론의 관점에서 중앙은행의 독립성과 책임성의 관계에 대해서도 논의한 후, 글로벌 위기 이후 새롭게 확립될 중앙은행업의 맥락에서 독립성과 책임성의 문제를 조망하기로 한다. 금융안정을 위한 중앙은행의 기능－최종대부자 기능과 지급결제제도의 운영자 · 감시자 · 발전촉진자 기능－에 대해서는 이후 제17장에서 검토하기로 한다.

1. 중앙은행의 존재가 과연 필요한가?[10]

중앙은행은 한편으로는 시장 내부에서 시장참여자의 일원으로 경제행위를 영위하지만, 다른 한편으로는 시장 외부에서 시장기능과 민간 경제주체의 행위를 감시 · 감독하기도 한다.

그런데 중앙은행이 존재하지 않더라도 일반 상업은행 간의 경쟁에 의해 금융제도가 효율적으로 운영될 수 있다는 주장이 있다. 이러한 견해의 극단에는 중앙은행제도가 불필요하다는 자유은행주의자들이 있다.[11] 이들의 주장은 간단하다. 모든 상품이 경쟁적으로 공급될 때 효율성이 달성되는 것처럼, 화폐 역시 중앙은행이 독점적으로 공급하는 것보다는 은행들의 상호 경쟁에 의해 공급되는 것이 바람직하다는 주장이다. 자유은행주의자들은 금융업에 자유시장의 원리가 적용되지 못할 이유

10. 이 절은 김홍범 옮김(1997)을 주로 참고하였다.

11. 예컨대 캐머론(R. Cameron), 하이에크(F. Hayek), 클라인(B. Klein), 셀진(G. Selgin), 스미스(V. Smith), 팀벌레이크(R. Timberlake) 등이 20세기의 자유은행주의자에 속한다.

가 없다고 본다. 특히 발권업에서 중앙은행에 의한 진입제한은 충분한 근거 없이 성립·유지되어 온 대표적인 규제이기 때문에 철폐되어야 한다고 이들은 주장한다. 여기에 맞서 중앙은행주의자들은 금융제도가 내재적으로 불안정한 가운데[12] 중앙은행이 자생적 진화과정을 거쳐 성립되었다고 반박한다.

19세기 당시 자유은행주의자들과 중앙은행주의자들 사이에 벌어졌던 논쟁은 발권력을 단일 은행에 부여하는 것이 바람직한가에 대한 찬반 형식으로 이루어졌다. 그런데 독점적 발권력을 외생적으로 부여받았던 유럽 여러 나라의 상업은행들은 이후 자생적 진화과정을 거쳐 대체로 19세기 말경에는 근대적인 중앙은행으로서의 면모를 갖추게 되었다. 이로써 논쟁은 일단 중앙은행주의자들의 승리로 끝났다. 그 결과 제2차 세계대전 이후 거의 모든 독립국가에서 중앙은행제도가 자리 잡게 되었다.

하지만 세계 경제가 1970년대 극심한 인플레이션을 경험하게 되자 중앙은행이 통화가치의 안정이라는 책무를 효율적으로 수행할 수 있는지에 대한 회의적 시각이 자유은행주의자들에 의해 다시금 제기되었다. 당시의 세계적인 인플레이션은 유가 상승이라는 실물적 요인에 기인한 측면도 있으나, 중앙은행제도 자체에 통화팽창의 요인이 내포되어 있어서 중앙은행제도가 오히려 통화가치 안정을 위협한다는 지적이었다. 이들은 화폐도 시장원리에 따라 여러 상업은행을 통해 경쟁적으로 공급되어야만 효율성과 안정성이 높아질 것이라고 주장하였다.

또한 1970년대부터 금융혁신과 규제완화가 세계적으로 진행되면서 금융의 국제화와 통합화가 두드러졌고, 이에 따라 국제적으로 통화 간 경쟁이 벌어지게 되었다. 이러한 시대적 추세는 자유주의자들의 주장—은행권 역시 다른 상품과 마찬가지로 자유경쟁에 의해 공급되어야 한다는 주장—을 다시 논쟁의 표면으로 끌어올리는 계기가 되었다.

그렇다면 정말로 중앙은행제도는 불필요한 것이며, 심지어 금융제도의 안정성을 해치는 존재인가? 중앙은행제도는 하늘에서 뚝 떨어져 일순간에 경제에 도입된 외생적인 것이 아니다. 이 제도는 자본주의 성숙과 금융제도 발달과정에서 자연스럽게 진화되어 온 것이며, 그 진화과정에서 현대적인 중앙은행의 여러 기능이 파생

12. 금융시스템의 내재적 불안정성에 대해서는 제15장에서 다룬다.

되어 왔다. 자본주의가 성숙된 선진국에서의 경험을 토대로 20세기 중반부터는 전 세계의 개발도상국 및 후진국들이 중앙은행제도를 앞다투어 도입하고 이를 자신의 경제여건에 적응시키기 위하여 부단히 애쓰고 있다. 즉, 선진국 역사 속에서 진화되어 온 중앙은행제도가 전 세계에 확산된 것이다.

중앙은행을 통한 통화정책은 일반적인 정부정책과 구별되는 중요한 특성이 있다. 전통적으로 정부의 경제정책이 '시장 밖에서' 시장에 간섭하거나 수술을 가하는 것이라면, 중앙은행의 경제정책은 기본적으로 '시장 안에서' 시장메커니즘에 입각하여 수립·집행된다는 차이점을 갖는다. 물론 중앙은행이 공공의 목적을 갖는 이상 정부정책의 큰 틀에서 완전히 벗어날 수는 없지만, 그와 동시에 중앙은행은 시장 내 경제주체의 일원으로서도 행동하는 것이다.

반면 자유은행주의자들은, 중앙은행이 경제 내에서 자연스럽게 생겨난 것이 아니라 정치적 고려에 의해 생겨난 제도라고 파악한다. 따라서 이들은 중앙은행이 정치적 결단에 의해 제거될 수 있다고 생각한다. 중앙은행이 시장에서 제거되어도 금융제도에는 커다란 영향을 주지 않을 것이며, 오히려 제거되어야 장기적으로 바람직하다는 것이다.

그러나 이들의 주장은 중앙은행의 발생과정에 대한 역사적 경험을 간과하고 있다. 현대적 의미의 중앙은행의 효시라 할 수 있는 영란은행(Bank of England)은 처음에는 상업은행의 업무를 겸하고 있었다.[13] 그러나 금융시장의 발달과 그에 따른 제도적 요청으로 오늘날과 같은 비경쟁적 공공기관의 성격을 가지게 되었다. 물론 상업은행에서 공공은행으로의 이행에는 많은 어려움이 따랐다. 기존 영란은행의 주주들이 자신의 기득권을 쉽게 포기하려 하지 않았기 때문이다. 그러나 중앙은행의 필요성은 절박한 것이었으므로 결국 영란은행은 공공기관으로 변모하여 금융제도 내의 중추적 기관으로 자리 잡았다. 이와 같은 역사적 사실을 고려할 때, 중앙은행제도는 자유은행주의자들의 주장처럼 인위적으로 제거될 수 있는 것으로 보기는 어렵다.

하지만 중앙은행주의자 대 자유은행주의자의 논쟁에 대해 단정적인 결론을 내

13. 오늘날 중앙은행의 전신에 해당하는 은행들은 17세기 유럽에서 처음 등장하였다. 1668년 설립된 스웨덴 릭스은행(Swedish Riksbank)과 1694년 설립된 영란은행(Bank of England)은 정부의 지원을 받는 은행(government-sponsored bank)의 효시였다.

리기도 어렵다. 이 논쟁이 사실상 자본주의 시장기구에 대한 기본적인 가치판단의 차이에서 출발하기 때문이다. 자유은행주의자들은 자본주의적 시장기구가 내재적인 자동조정장치에 의해 경제 전체의 효율성 및 안정성을 보장할 수 있다고 믿는다. 반면 중앙은행주의자들은 시장기구가 어떤 형태로든 정부의 개입에 의해 보완되어야 할 불완전한 것이라는 가치판단을 근저에 깔고 있다. 그러므로 중앙은행 존재의 정당성 또는 필요성 여부에 대한 이와 같은 논쟁은 앞으로도 계속 진행될 것이다.

그렇다면 자유은행주의와 중앙은행주의 사이에 진행된 논쟁의 현실적 의의는 무엇일까? 그것은 "자유은행주의[의 회의적 시각]가 현존하는 중앙은행제도를 부단히 개선시키는 일종의 규율로 작용해 왔다"는 데에서 찾을 수 있다. 구체적으로, "1970년대에 부활한 자유은행주의의 시각은 기존 중앙은행제도의 의사결정 과정 또는 보상 · 징계 구조의 개선, 나아가 지배구조의 개선을 촉발하는 하나의 계기가 [됨으로써] … 각국 중앙은행 독립성 강화와 책임성 강화의 세계적 확산에 기여" 했다고 볼 수 있기 때문이다.[14]

논쟁이 여전히 계속되고 있는 것과는 별개로, 현실적으로 중앙은행제도는 거의 모든 국가에서 금융제도의 핵심 요소로 자리 잡았다. 따라서 이제부터는 중앙은행제도가 세계 각국의 자본주의 금융시스템에서 작동하고 있는 오늘의 현실을 주어진 여건으로 전제하고 중앙은행의 기능을 학습하기로 한다.

2. 중앙은행업

Money & Financial Markets, Ch. Thirteen

중앙은행업(central banking)이란 중앙은행의 미시적 · 거시적 기능(또는 업무)을 통칭한다. 이 절에서 곧 논의되겠지만, 중앙은행의 미시적 기능과 거시적 기능의 핵심은 각각 금융안정과 물가안정이다. 굿하트(C. Goodhart)는 "전시를 논외로 할 때, 중앙은행의 통화정책(물가안정) 역할과 금융안정 역할 간 균형의 변동(shifting balance)이 [중앙은행업에 대한] 대부분의 관심사" 라고 언급한 바 있다.[15] 이번 글로

14. 김홍범(2007), p.19.

15. Goodhart(2010), p.1.

벌 금융위기를 계기로 중앙은행업은 굿하트가 말하는 '물가안정과 금융안정 역할 간 균형의 변동' 을 수반하면서 확대 · 강화될 것이 확실하다.

이하에서는 우선 중앙은행업의 일반적 내용을 이론적으로 설명한다. 이후 최근 글로벌 금융위기를 통해 드러난 기존 중앙은행업의 한계를 조명하고, 이번 위기가 중앙은행업에 시사하는 정책적 함의를 검토한다.

2.1 대차대조표로 본 중앙은행의 미시적 · 거시적 기능

이 절에서는 중앙은행의 대차대조표를 분석함으로써 중앙은행업—중앙은행의 미시적 · 거시적 기능—을 이론적으로 살펴보기로 한다.

2.1.1 중앙은행의 대차대조표[16]

[표 13-1]은 제10장에서 우리가 학습한 중앙은행 대차대조표를 재구성한 내용이다.

표 13-1 중앙은행의 대차대조표

자 산	부채 및 자본
금(금화, 금괴, 은)	중앙은행권(중앙은행만의 항목)
외화(각종 외화자산)	정부예금(중앙은행에 집중)
민간신용	민간예금(금융기관의 지급준비금 집중)
정부신용	비통화성 부채(중앙은행채)
보유 유가증권(국채, 민간채)	자본금(적립금/이익금 포함)

중앙은행의 대차대조표를 살펴보면 상업은행(commercial banks)과는 구별되는 몇 가지 특징을 찾아볼 수 있다. 우선 [표 13-1] 우변의 부채 항목 중 중앙은행권부터 생각해 보자. 우리가 중앙은행을 발권은행이라고 지칭하는 것은 바로 이 항목 때문이다. 여기서 중앙은행권이 왜 부채인가에 대하여는 이미 제10장에서 살펴보았다. 즉, 옛날에는 민간이 중앙은행권을 들고 중앙은행으로 찾아오면 이를 언제라

16. 이 소절은 Caruana(2011)를 참조하였다.

도 금으로 태환해 주어야 한다는 의미에서 당연히 부채 항목으로 분류되었다. 금태환이 이루어지지 않는 현대에 이것을 부채 항목에 포함시키는 것을 설명하기란 쉽지 않지만, 직관적으로 이해하는 데에는 어려움이 없을 것이다. 중앙은행권은 민간보유 현금 및 은행보유 시재금으로 구성된다.

한편, 초창기의 중앙은행은 일반기업과도 예금 또는 대출거래 등을 수행했다. 하지만 오늘날의 중앙은행은 금융기관 이외의 민간인과는 직접 거래를 하지 않는 것을 원칙으로 한다. 중앙은행은 '은행의 은행'으로서 상업은행에게 여러 가지 방식으로 신용을 공급한다. 예를 들어 중앙은행은 민간신용을 늘리거나 은행으로부터 유가증권(국채와 민간채)을 매입하여 보유 유가증권을 늘리는 방식으로 단기적으로 은행시스템에 유동성을 공급할 수 있다. 이는 복식부기의 원리에 따라 중앙은행 대차대조표의 부채 항목 중 동액의 본원통화(중앙은행권과 민간예금의 합계액) 증가를 자동적으로 수반한다.

대차대조표의 부채 항목에 정부예금이라는 항목이 있다. 어느 나라에서도 정부예금은 민간은행에 예치되지 않고 중앙은행에 집중된다. 또한 중앙은행은 자금부족에 처한 정부에 신용을 공급해 주기도 한다(정부신용). 이런 이유 때문에 중앙은행은 "정부의 은행"이라고도 불린다. 복식부기의 원리에 따라 정부신용의 증가가 정부예금의 동액 증가를 자동적으로 수반함은 물론이다. 또한 중앙은행은 정부가 발행한 국채의 보유규모를 늘려 정부예금을 늘려줄 수도 있다.

이처럼 중앙은행은 상업은행과는 다른 몇 가지 특징을 갖는다. 여기서 중앙은행은 필요 시 보유 국내자산의 구입을 늘림으로써—특히 민간신용의 확대(중앙은행의 대출정책)와 보유 유가증권의 매입(중앙은행의 공개시장매입정책)을 통해—관련 증권의 위험프리미엄과 기간프리미엄에 직접적으로 영향을 미칠 수 있다.[17] 이때 중앙은행 대차대조표상 국내자산의 축적이 관련 부채(지급준비금)의 증가를 수반함은 물론이다.

물가안정목표제를 채택한 중앙은행은 평소 단기 정책금리의 조정에 요구되는 대차대조표의 조정(공개시장운영에 따른 대차대조표 조정)을 통해 통화정책을 수행해 왔다. 이때 대차대조표 조정(지급준비금 변동) 규모는 일반적으로 작다.[18] 그런 까닭에 대차대조표 조정은 평상시 주목을 별로 받지 못했다.[19] 하지만 위기 시 대출과 공개

17. Borio(2011)와 Caruana(2011) 참조.

18. Stone *et al.*(2011) 참조.

시장매입을 통한 긴급유동성 지원의 경우 중앙은행의 대차대조표는 단기간에 크게 확대되는 것이 보통이다.[20] 특히 지난 글로벌 금융위기에서는 중앙은행이 최종대부자로서 대출 또는 증권(국채와 민간채) 매입을 통한 긴급유동성 지원의 수혜대상을 상업은행뿐만 아니라 증권회사(투자은행)와 보험회사에까지 확대하는 동시에 그 지원에 요구되는 담보 범위를 확대하고 만기를 연장하는 등의 '비전통적' 통화정책을 수행했다. 그 덕분에 선진국 중앙은행들의 대차대조표는 전례 없이 확대되었다.[21] 이 점에 대해서는 제12장에서 미국의 사례—연방준비제도의 최종대부자 역할 수행과 대차대조표의 확대—에 대해 상세히 학습한 바 있다.

이제 대차대조표에 대한 이러한 이해를 바탕으로 중앙은행이 현실에서 수행하는 미시적 기능과 거시적 기능을 알아보자.

2.1.2 중앙은행의 미시적 기능과 거시적 기능

여러분은 제11장에서 통화정책의 미시적 목적과 거시적 목적에 대해 학습한 적이 있다. 전자에는 금융거래, 지급시스템 등 금융제도의 안정성 유지가, 후자에는 물가안정, 완전고용 실현, 국제수지 균형, 지속적 경제성장 등이 각각 포함된다. 이와 같은 통화정책의 미시적 · 거시적 목적은 중앙은행의 미시적 · 거시적 기능으로 각기 연결된다. 중앙은행의 기능은 주로 통화정책을 통해 수행되는 것이기 때문이다.[22]

---

19. Kroszner(2010) 참조.
20. Caruana(2011)와 Goodhart(2010) 참조.
21. Kroszner and Melick(2009) 참조.
22. 물론 통화정책은 중앙은행이 관장하는 정책의 전부가 아니다. 제17장에서 다루겠지만, 중앙은행은 금융안정을 도모하기 위해 최종대부자로서 금융시장 동향 및 금융기관 경영실태의 분석 · 감시업무를 담당하며, 지급결제제도의 운영자 · 감시자 · 발전촉진자 역할을 수행한다. 이러한 업무나 역할 자체를 통화정책의 직접적 범주에 포함시키기는 어려울 수 있으나, 이들은 통화정책의 수립과 집행, 그리고 통화정책의 효과에 중대한 함의를 갖는다는 의미에서 통화정책과 밀접한 관련성을 갖는다. 일반적으로 중앙은행의 모든 업무와 역할은 궁극적으로 통화정책을 핵심으로 통합되며, 그와 같은 통화정책의 수행을 통해 중앙은행의 기능이 발휘된다. 이러한 맥락에서 통화정책의 거시적 · 미시적 목적은 중앙은행의 거시적 · 미시적 기능으로 연결된다. 한편 기존의 금융감독에서 거시건전성 시각이 결여되었음이 이번 글로벌 금융위기를 통해 확인되었다. 중앙은행은 그러한 거시건전성 시각을 제공하기에 가장 적합한 공공기관으로 널리 간주되고 있다. 중앙은행이 거시건전성 감독정책을 독자적으로 관장하든 아니면 다른 공공기관과 함께 관장하든 통화정책과 거시건전성 감독정책은 밀접한 관련성 아래 조화롭게 수행되어야 할 것이다.

이렇게 본다면, 중앙은행의 미시적 기능이란[23] 통화정책의 미시적 목적, 즉 금융제도의 안정성을 위해 금융위기 시 유동성을 공급하고 금융기관을 규제 · 감독하는 것이다. 사실 초기의 중앙은행은 상업은행(commercial banks) 가운데 발권독점권을 가진 특혜받은 은행이었을 뿐, 그 밖에는 여느 상업은행과 별로 다르지 않았다. 예를 들어 중앙은행의 주요 기능은 금 · 은의 태환 보장이었는데, 이것은 다른 시중은행들도 수행하고 있었던 기능이었다.

그러나 '정부의 은행'인 중앙은행에 대한 일반 국민의 신뢰가 자연스럽게 높아지자 각 은행들은 점차 자신의 준비금을 중앙은행에 집중시켰고, 그 결과 중앙은행은 자연스레 '은행의 은행'으로서의 역할을 담당하게 되었다. 이후 상업은행들은 중앙은행에 예치된 자신의 지급준비금을 이용하여 상호 대차관계를 청산하게 되었고, 이것이 중앙은행을 중심으로 하는 지급결제제도로 발전하게 되었다.

또한 상업은행들은 '은행의 은행'인 중앙은행으로부터 어음재할인을 통해 자금을 융통하게 되었는데, 바로 이것이 상업은행들이 중앙은행을 자금의 최종 원천으로 자연스럽게 인식하도록 하는 계기가 되었다.

나중에 제15장에서 살펴보겠지만, 금융시장은 정보의 불완전성과 비대칭성, 그리고 외부효과 등의 문제가 심각한 것으로 알려져 있다. 이러한 특성 때문에 개별 은행이나 금융시장은 순식간에 불안정해질 수 있다. 따라서 적절한 원칙 하에 개별 은행 또는 금융시장에 긴급유동성을 제공하여 금융위기를 수습하는 최종대부자(lender of last resort)가 필요해진다. 그런데 일국의 발권력을 독점하고 있는 중앙은행이 금융시스템 내 자금의 궁극적 원천으로서 자연스럽게 최종대부자 역할을 수행하게 되었다.

이러한 점은 미국 연방준비제도의 설립과정에서도 명확히 드러난다. 역사적으로 19세기 후반 미국에서는 거의 10년마다 금융위기가 빈발했었다. 그러던 중 20세기 들어와 1907년 금융위기가 미국 경제를 강타하자 이를 계기로 국가통화위원회(National Monetary Commission)의 연구를 거쳐 위기 시 최종대부자 역할을 수행할 연방준비제도가 만들어지게 되었다. 1913년 12월 당시 윌슨(W. Wilson) 대통령이 서명한 연방준비법(Federal Reserve Act) 전문은 "연방준비은행의 설립을 규정하

23. 중앙은행이 미시적 기능을 수행하게 되기까지의 역사적 진화과정에 대해서는 김홍범 옮김(1997)에 의존하였다.

고, 탄력적 통화(elastic currency)를 공급하며, 상업어음의 재할인 수단을 제공하고, 미국 은행업에 대한 더욱 효과적 감독을 확립하며, 기타 목적을 위해" 연방준비제도가 만들어졌다고 밝히고 있다.[24] 여기서 '탄력적 통화'와 '상업어음의 재할인'은 "금융시장 유동성에 대한 우려"가 발생할 경우—즉, 금융위기 시—연준이 대차대조표 확대를 통해 발휘하게 될 최종대부자 기능을 의미하는 것이다.[25]

이와 같이 금융시스템의 불안정성이 중앙은행의 존재 이유 중 하나이며, 최종대부자 역할은 중앙은행의 미시적 기능에 속한다. 이때 중앙은행은 유사시 금융제도에 보험(insurance)을 제공하는 셈이 되므로 개별 은행들의 도덕적 해이를 평소 감시해야 할 필요가 생긴다. 그래서 중앙은행은 금융기관에 대해 규제 · 감독의 기능도 자연스럽게 행사하게 되었다. 또한 지급결제제도가 금융시장 불안정의 주요 발생경로가 된다는 점에서 중앙은행은 지급결제제도에 대해서도 규제 · 감독기능을 수행하게 되었다.

이와 같이 중앙은행은 자생적 진화과정을 거쳐 미시적 기능을 갖추게 된 것이다. 이 역할은 중앙은행으로 하여금 은행제도 전반의 건전성과 안정성을 뒷받침하기 위한 각종 정책을 시행할 수 있는 근거를 마련해 주었다.

한편 중앙은행의 거시적 기능이란 통화정책의 거시적 목적, 즉 물가, 고용, 소득 등 거시경제의 명목 또는 실질 변수의 바람직한 움직임을 위해 화폐와 신용의 양과 가격을 조절하는 것이다. 제11장에서 보았듯이 통화정책의 거시적 목적은 시대가 바뀜에 따라 통화제도와 정책기조가 달라지면서 다양하게 해석 · 운용되어 왔다. 이에 따라 중앙은행의 거시적 기능이 변모해 왔음은 물론이다. 이는 급격하게 변화하는 거시경제 상황이 항상 중앙은행에게 새로운 임무를 부여하곤 했기 때문이다.

이상의 논의는 다음과 같이 요약된다.[26]

> "중앙은행에게 부여된 독점적 발권력은 외생적으로 주어진 것이었지만, 그 이후에 형성된 중앙은행으로의 지급준비금 집중, 지급결제제도의 운영과 관리, 재할인을 통한 유동성 제공, 최종대부자 기능의 발휘와 이에 따른 규제 · 감독기능 보유, 그리고 통화정책 기능 수행 등 중앙은행이 관장하게 된 일련의 미시적 · 거시적 … [기능]은 모두

24. 김홍범(2004), p.25에서 재인용.

25. Ferguson(2003)과 Caruana(2011) 참조. 인용구는 김홍범(2004), p.25에서 재인용.

26. 김홍범(2004), p.23.

역사적 진화과정에서 자생적으로 확립되었다."

지난 수십 년간 급속히 진행되어 온 금융혁신 및 규제완화로 금융시장의 불안정성이 나날이 심화되고 있는 가운데, 19세기에 그랬듯이 20세기와 21세기에도 미시적 기능은 시장경제가 유지되는 한 변함 없이 중앙은행이 최종적으로 담당해야 할 부분이며, 금융안정은 중앙은행의 본질적 책무로 간주된다. 또한 각국 중앙은행의 거시적 기능을 통한 물가안정은 근본적으로 가장 중요한 책무로 간주된다. 결국 물가안정과 금융안정은 오늘날 중앙은행이 근본적으로 추구해야 할 두 가지 책무(mandates)로 확립되었다.

2.2 글로벌 금융위기와 중앙은행업[27]

글로벌 금융위기는 기존 중앙은행업에 내재되었던 중대한 결함을 그대로 드러냈다. 이에 따라 앞으로 중앙은행업의 범위와 내용은 다시 새롭게 확립될 전망이다. 이 절에서는 위기가 가르쳐준 기존 중앙은행업의 결함을 학습한 후 새로운 중앙은행업의 정립과 관련된 몇 가지 논쟁적 사안을 탐구하기로 한다.

2.2.1 위기 이전의 중앙은행업과 글로벌 금융위기

굿하트(C. Goodhart)는 글로벌 금융위기 이전 중앙은행의 통화정책 수행절차를 다음과 같이 표현하였다:[28]

> 2007년 8월 이전의 여러 해 동안 중앙은행은 통화정책의 수행[절차]를 거의 완성시킨 것으로 보였다. [통화정책의] 표준적 운영체제(standard regime)는 중앙은행이 운영상 독립성을 위임받아 공식 단기금리를 변경함으로써 인플레이션 목표(inflation target)를 달성하는 것이었다. 이때 인플레이션 목표는 민주적으로 선출된 정부에 의해 일반적으로 또는 특정 숫자로 부과되었다.

27. 이 소절은 주로 Borio(2011)에 의존하였다.
28. Goodhart(2010), p.8.

위와 같은 방식으로 수행되는 통화정책은 위기 이전 중앙은행업의 핵심이었다. 왜냐하면, "단기금리의 통제를 통해 인플레이션을 좁은 범위 이내로 유지하기만 하면 나머지는 저절로 처리될 것"이기 때문이었다.[29] 중앙은행업에 대한 이와 같은 기존 합의는 금융안정 및 거시경제 안정을 위해서는 중앙은행이 통화정책을 통해 물가안정에만 전념하는 것이 최선이라는 시각을 토대로 한다. 이 시각은, 중앙은행이 반드시 금융감독을 관장할 필요는 없으며 위기예방(crisis prevention)을 위해서는 중앙은행이 물가안정을 도모하고 금융감독당국이 금융안정을 도모하면 된다는 이분법적 사고와 긴밀히 관련된다. 이런 시각과 사고가 대완화기를 풍미하는 동안, 금융(은행)감독을 직접 관장하든 아니든 중앙은행은 통화정책에 집중하는 가운데 금융감독에서 자신의 비교우위—시장참가자로서 거시경제와 시장의 움직임에 대한 경험 및 전문성—를 살리지 못하게 되었으며, 금융감독은 개별 금융기관의 건전성을 중시하는 미시건전성 감독(microprudential regulation and supervision)을 지향하게 되었다. 또한 중앙은행이 자신의 비교우위를 통화정책의 수립과 집행에 투입해야 할 필요성도 크게 줄었다. 왜냐하면 그린스펀 독트린(Greenspan Doctrine) 또는 사후청소전략(mop-up-after strategy)에 따라 중앙은행의 통화정책은 금융불균형(financial imbalances)의 누적과 같은 금융불안정 요인에 대해 사전적으로는 대응하지 말고 단기이자율의 조정을 통해 물가안정에만 집중하도록 기대되었기 때문이다.

하지만 글로벌 금융위기는 거시경제학 또는 중앙은행업에 대한 기존 합의가 다음 세 가지 점에서 크게 잘못이었음을 명확히 보여주었다.[30] 첫째, 대완화기의 물가안정이 결국 거시경제안정은 고사하고 금융안정에도 도움이 되기보다는 오히려 해를 끼쳤다. 이는 물가안정이 금융안정 및 거시경제안정의 충분조건이 될 수 없음을 의미한다. 둘째, 금융불균형을 사전에 감안하지 않는 통화정책(사후청소전략)으로 실물경제가 실로 엄청난 대가를 치를 수 있다는 점도 알게 되었다. 미국, 영국, EU, 일본 등 선진국의 중앙은행은 이번 위기를 맞아 통상적 범위 내의 최종대부자 역할을 수행하고 단기 정책금리를 영(0) 또는 그에 근접한 수준으로 급격히 인하했었다. 그런데 그것으로도 모자라 이들 중앙은행이 전례 없는 방식과 규모로 "비전통적(unconventional)" 통화정책을 수행하였지만 실물경제의 회복은 그 속도로 볼 때 기

29. Borio(2011), p.1.
30. Borio(2011) 참조.

대했던 수준에는 미치지 못한 것이 사실이다. 글로벌 금융위기 이후 거의 10년이 지난 2017년에 들어와서야 "세계 경제의 동시적 호전(synchronized global upturn)"을 경험하게 된 점이 이를 잘 말해 준다.[31] 위기 이후의 대침체 및 지지부진한 경기 회복의 경험은 물가안정뿐만 아니라 금융안정도 통화정책에서 어떤 방식으로든 평소에 중요하게 감안되어야 함을 보여준다. 셋째, 개별 금융기관의 건전성에 치중한 미시건전성 감독으로는 금융시스템의 건전성을 확보할 수 없다는 점도 확실해졌다. 이는 금융시스템의 안정을 위해서는 거시건전성 감독 접근이 기존의 미시건전성 감독 접근에 추가되어야 함을 의미한다.

2.2.2 위기 이후의 중앙은행업을 둘러싼 논쟁

글로벌 금융위기 이후 거시경제학 또는 중앙은행업의 당면 과제는 앞서 논의한 세 가지 오류를 바로잡는 것이다. 다만, 이러한 오류를 구체적으로 어떻게 바로잡아야 할지에 대해서는 몇 가지 사안을 중심으로 논쟁이 진행 중이다. 이들 논쟁적 사안 중 금융불균형에 대한 통화정책의 대응 여부, 글로벌 금융위기 이후 통화정책의 역할, 그리고 거시건전성 감독에서 중앙은행의 역할에 대해 차례로 검토하기로 한다.

2.2.2.1 금융불균형에 대한 통화정책의 대응 여부

우선, 금융불균형의 누적에 대응하기 위해 통화정책체계를 조정해야 하는지 여부에 대한 시각차가 여전히 존재한다.[32] 글로벌 위기 이전에는 통화정책이 금융안정을 감안해야 할 필요성이 있는지 여부를 두고 열띤 논쟁이 여러 해 동안 전개되었다. 하지만 위기가 실제로 발생하자 통화정책이 금융안정을 감안해야 할 필요성 자체에 대한 이견은 이제 거의 사라졌다. 하지만 금융안정을 통화정책체계 내로 통합할 수 있는 구체적 방안이 아직 마련되지 않은 상황에서는 현행과 같이 금리 중심의 통화정책을 통해 물가안정만이라도 착실히 도모하는 쪽이 신뢰성(credibility)을 지킬 수 있다는 견해가 있다. 금융시스템의 안정에 대해서는 거시건전성 감독을 통해 도모하자는 것이다. 이는 주로 미국 연준의 경제학자들이 취하는 시각으로, 서

31. Bloomberg(2017).

32. Borio(2011) 참조.

브프라임 사태가 통화정책 탓이라기보다는 감독정책 탓이라는 버냉키(B. Bernanke)의 입장과도 상통한다.[33]

BIS 경제학자들은 여기에 반대한다. 이들도 거시건전성 감독이 금융불안정에 대비한 제1방어선이어야 한다는 데에는 이견이 없지만, 그것만으로 금융안정을 달성할 수는 없으며 통화정책도 어떻게든 금융안정을 명시적으로 감안해야 한다는 것이다.[34] 글로벌 금융위기 이전, 물가안정만을 고려한 통화정책이 정책금리를 매우 낮은 수준에서 너무 오래 유지함으로써 금융불균형의 누적에 기여하고 리스크추구(risk-taking)를 부추겼다는 것이 이들의 시각이다. 다시 말해, 통화정책이 주택 버블과 글로벌 금융위기를 불러온 주요 원인이라는 것이다. 이처럼 통화정책이 물가안정에만 집착하다가는 금융불안정을 불러오는 우를 범할 수 있다. 그러므로 보리오(C. Borio)는 "단기 인플레이션이 안정적인 경우라 하더라도 금융불균형의 누적에 대응하기 위해 중앙은행에게 긴축을 허용하는 통화정책 전략을 채택할" 것을 주문한다.[35] 이러한 언급은 현행 단기 정책금리 중심의 물가안정목표제를 그대로 유지하되 그 정책시계(policy horizon)를 지금(약 2년)보다 더 길게 늘려야 할 필요가 있다는 점과 단기 정책금리를 금융사이클(financial cycle)의 각 국면에 따라 대응적으로 운영할 필요가 있다는 점을 시사한다.[36]

2.2.2.2 글로벌 금융위기 이후 통화정책의 역할

2008년 9월 중순 리먼 사태 이후 3개월 만에 미국 연준은 목표 연방자금금리를 실질적으로 영(0)으로 떨어뜨렸다. 이와 아울러 각종 양적완화정책—긴급유동성 제공, 장기자산 매입, 그리고 오퍼레이션 트위스트(자산평균만기 연장)—을 실시했다. 이러한 각종 양적완화정책 조치가 완료된 2014년 10월, 연준의 대차대조표상 자산은 무려 4.5조 달러 규모로 확대되었다. 결과적으로 보면, 연준의 대차대조표는 자산축소가 시작된 2017년 10월까지 3년간 4.5조 달러 규모를 내내 그대로 유

33. Bernanke(2010) 참조.
34. 이 점에서는 Carney(2009), Trichet(2009), Davies and Green(2010)의 시각도 이들 BIS 경제학자들의 생각과 동일하다.
35. Borio(2011), p.9.
36. 전자에 대해서는 Borio and Lowe(2002)를, 후자에 대해서는 White(2006)를 각각 참조하기 바란다.

지했고, 연방자금금리는 2008년 12월 16일 0.00~0.025%로 인하된 이래 2015년 12월 16일 금리정상화가 시작되기까지 7년 동안 영의 하한을 줄곧 유지했다.[37] 이는, 글로벌 금융위기 직후 금융시스템의 붕괴와 경기침체가 우려되던 2008년 하반기~2009년 상반기를 훌쩍 넘겨 꽤 오랫동안 비전통적 통화정책이 지속되었음을 의미한다. 지난 위기 이후 영란은행, ECB 등 일부 선진국의 중앙은행 역시 조치의 내용과 시기에서 다소 차이는 있지만 대체로 연준과 유사한 통화정책을 여러 해 동안 실시했으며 최근 코로나19 이후 2022년 현재에도 실시 중이다.

이와 같은 일부 중앙은행의 행동은 위기 이후에는 "[통화]정책이 가능한 한 수용적이어야 한다는 시각"을 반영하는 것이다. 보리오(C. Borio)를 비롯한 BIS 경제학자들은 이런 시각에 근본적으로 반대한다: "지나치게 많은 부채가 문제의 근원이었는데 어떻게 민간부문과 공공부문의 부채 축적을 부추기는 정책이 해법의 일부가 될 수 있겠는가?" 그렇다면 "금융위기 직후 통화정책—이자율정책이든 대차대조표 정책이든—의 올바른 역할"은 과연 무엇일까?[38]

보리오에 따르면, 이번 글로벌 위기에 뒤이은 경기침체(recession)는 "호황기에 잠재 산출수준과 잠재 성장률을 과대평가한 결과 자원배분 특히 자본의 배분이 잘못되었으며, 이에 따라 부채 및 실물자본스톡의 과잉이라는 역풍을 맞게 되고 금융중개에 혼란이 야기된 것"을 반영한다. 이 경우 비전통적 통화정책은 실물자원 배분상의 기존 오류를 더욱 부추기고 은행의 위험성향을 자극하게 됨으로써 출구전략의 실행은 더욱 요원해진다는 것이 보리오의 시각이다. 이런 상황에서 양적완화 등의 비전통적 통화정책을 위기관리(risk management) 차원을 넘어 계속 실시한다면 "회복을 더디게 만드는 근본 원인을 치유하기보다는 증상을 완화시키는" 것이다. 그럼에도 현실적으로 이런 대증요법이 흔히 관찰되는 이유를 보리오(C. Borio)는 정치경제학적 맥락에서 찾고 있다. 이 점에 대해서는 중앙은행의 독립성에 관한 다음 절에서 설명하기로 한다.[39]

위기 직후의 통화정책을 둘러싼 논쟁은 이번 경기침체의 특성에 대한 인식 이외에 양적완화와 같은 비전통적 통화정책 그 자체에 대한 인식과도 관련된다. 예를

37. 자세한 내용은 이 책의 제12장을 참조하기 바란다.
38. 이 문단의 인용구는 모두 Borio(2011), p.4에서 따왔다.
39. 이 문단의 인용구는 모두 Borio(2011), p.5에서 따왔다.

들어 스토운(M. Stone) 등은 연준의 비전통적 통화정책이 더욱 커다란 경기침체의 위험을 차단했다는 점에서는 성공적이었다고 인정하면서도, 이런 조치가 앞으로 중앙은행의 표준적 정책수단이 되어서는 곤란하다고 본다.[40] 스토운 등은 그 이유를 크게 두 가지로 제시한다. 첫째, 자금시장에 대한 중앙은행의 최종대부자 역할, 즉 거액 유동성 주입으로 인해 시장참가자들 사이에 구제를 기대하는 도덕적 해이가 만연해질 수도 있고, "시장참가자들 사이에 자발적 거래유인"이 감소하여 자금시장 위축이 초래될 수도 있기 때문이다. 둘째, 연준의 장기국채 매입이 정부부채의 화폐화를 위한 것이 아니라 경기의 하방압력을 완화하기 위한 조치임은 분명하지만, 일단 매입이 이루어지고 나면 통화정책을 관장하는 연준과 정부부채를 관리하는 정부 사이에 이해가 충돌하게 되기 때문이다. 연준의 장기국채 매입으로 장기금리가 낮아지면 정부로서는 이자부담이 낮아지므로 반가운 일이다. 반대로 연준의 출구전략의 실시 또는 통화정책의 긴축에 의해 장기금리가 상승한다면 이를 정부가 반길 리 없다. 이런 이유로 "대차대조표정책은 경제가 실물경제를 혼란에 빠뜨릴 정도로 심각한 금융문제에 직면하고 정책금리가 영의 하한에 도달했을 때와 같은 특수상황에서만 … 가장 신뢰받는 중앙은행에 의해 … 아주 드물게만" 사용되어야 한다는 것이 스토운 등의 결론이다.[41] 이와 같은 신중한 시각은 앞서 제12장에서 논의했던 우려—위기 대응 과정에서 요구되는 중앙은행의 정책시계 단기화에는 정책의 정치화가 수반되기 쉽다는 우려—와도 긴밀하게 일맥상통하며, 궁극적으로 중앙은행의 독립성 이슈와 연결된다(〈Box 13-1〉 참조).

Box 13-1 위기, 정책시계의 단기화, 정책의 정치화, 그리고 연준의 경험[1)]

지난 수년간 세계 각국의 정책 환경은 위기 이전과는 크게 달라졌다. 각종 정책에서 단기 시계의 상대적 중요성이 커진 것이다. 이는, 위기는 일단 넘겼지만 글로벌 불확실성의 지속으로 각국의 경기회복이 매우 더딘 점에 주로 기인한다. 위기 이전으로의 회복이 요원한 가운데 과도기적 비정상 상황의 지속으로 각국 정부는 단기 정책에 더욱 집착하게 되었다. 국가채무의 누적으로 팽창적 재정정책이 여의치 않자 최근에는 경기침체를 해결해 줄 유일한 해결사로 특히 중앙은행이 큰 기대를 받기에 이르렀다. 이를 배경으로 지난 여러

40. Stone *et al.*(2011) 참조.

41. 이 문단의 인용문은 모두 Stone *et al.*(2011), p.41에서 따왔다.

해 동안 일부 주요국 중앙은행들은 전통적인 장기 시계보다는 단기 시계에 초점을 맞춘 대규모 자산매입이나 마이너스 금리와 같은 비전통적 통화정책 수단을 구사하기에 이르렀다.

그러나 이러한 정책의 단기화 현상은 자칫 정책의 정치화로 연결되기 쉽다. 위기 이후 중앙은행이 단기 시계에 초점을 맞추게 될수록, 그 정책이 정치의 영역으로 다가서는 것일 수 있기 때문이다.[2] 사실, 지난 수년간 실물경제의 계속된 부진으로 한국은행의 역할에 대한 우리 사회의 요구가 점차 고조되면서 우리나라에서도 정책의 과도한 정치화가 우려된다. 한은의 구조조정 자금지원 여부가 정치 프레임 속에서 다뤄진 점은[3] 이러한 우려를 정당화한다.

2008년 가을 글로벌 위기 이후 미국 연준은 어땠을까? 버냉키(B. Bernanke)의 회고록 『행동하는 용기』는, 위기 수습을 위해 여러 해 동안 연준이 단기 시계에서 수행했던 각종 정책(양적완화 포함)이 모두 정치 영역이 아닌 테크노크라시 영역에서 연준이 주도한 결정이었다는 사실을 생생하게 보여준다. 이것이 연준의 두 가지 핵심 덕목—실제적 독립성(*De Facto* Independence)과 정책 신뢰—덕분에 가능했음은 물론이다. 그런데 실제적 독립성은 하늘이 중앙은행의 정원에 거저 떨궈주는 만나(Manna from Heaven)가 아니다. 정책 신뢰도 중앙은행의 말씀과 행동이 일치해야만 싹이 튼다. 이들 두 핵심 덕목을 한국은행에서 보게 될 날은 언제일까.

1) 이 박스의 전체 지문은 김홍범(2016a), p.16의 마지막 소절(소제목 : "글로벌 위기, 정책의 정치화, 그리고 연준 경험이 주는 교훈")을 그대로 인용한 것으로, 박스 내 세 곳의 각주는 이 책 독자들의 이해를 돕기 위해 저자가 추가했음.
2) 중앙은행의 정책시계 단기화가 요구되는 위기 상황일수록 본래 구조적으로 단기시계를 가진 정부와의 긴밀한 직접적 정책적 협력 및 조정이 그만큼 더 필요해질 것이고, 그런 과정에서 중앙은행이 정치적 압력에 노출될 위험이 평소보다 더욱 커질 것임.
3) 구체적으로, 2016년 4 · 3 총선을 앞두고 전개된 정치권의 '한국판 양적완화' 논란에 휩쓸려 한국은행이 조선 · 해운업 부실을 해결하기 위한 '국책은행 자본확충펀드' 조성에 마지못해 참여하게 된 사건을 가리킴; 당시 한국은행은 보도자료(2016. 7. 1)를 통해 "국책은행의 자본확충은 기본적으로 재정의 역할"이라는 점을 분명히 하면서도 실제로는 "중소기업은행에 대한 대출 운용방향"을 결정했음(한국은행 2016, p.1).

자료 : 김홍범(2016a), 한국은행(2016).

2.2.2.3 거시건전성 감독에서 중앙은행의 역할

중앙은행이 금융시스템의 안정에서 어느 정도의 역할을 수행해야 하는지에 대해서도 시각차가 존재한다.[42] 금융시스템의 안정을 위해 거시건전성 감독 접근이 필수적이라는 사실은 글로벌 금융위기가 일깨워 준 중요한 교훈 중 하나이다. 그런데 거시건전성 감독을 담당하기에 가장 적합한 기존 공공기관은 중앙은행이라는 인식이 지배적이다. 예를 들어 브러너마이어(M. Brunnermeier) 등은 "거시건전성 기관(macro-prudential institution)은 거시적 · 총체적 · 시스템적 · 경제학적 시각을 가지며, 미시건전성 기관(micro-prudential institution)은 미시적 · 개별적 · 재량적 ·

42. Goodhart(2010) 참조.

법률적 · 회계적 시각을 가질 것" 이므로, 전자는 중앙은행에게 어울리고 후자는 감독기구에게 어울린다고 본다.[43] 이와 같은 맥락에서 보면 거시건전성 감독에서 중앙은행의 역할은 정도의 문제이지 여부의 문제는 아니다. 일부 문헌은(예를 들어 Squamlake Working Group on Financial Regulation 2009) 브러너마이어(M. Brunnermeier) 등과 마찬가지로 중앙은행이 직접 거시건전성 감독자가 되어야 한다는 견해를, 다른 일부 문헌은(예를 들어 Group of Thirty 2008) 중앙은행이 거시건전성 감독자이든 아니든 거시건전성 감독에 관련되어야 한다는 견해를 각각 제시한다.

중앙은행이 금융시스템 안정에서 수행하는 역할이 어느 정도이어야 할지의 문제에 대해 굿하트(C. Goodhart)는 다음과 같이 중앙은행의 유동성 창조 및 관리 능력에 초점을 맞춰 논리를 전개함으로써 중앙은행과 금융시스템안정당국이 동일 기관일 수밖에 없다는 결론을 도출한다:[44]

> "… 전통적으로 [금융시스템] 안정화의 초점은 중앙은행의 대출능력과 그에 따른 유동성 창조 능력에 두어져 왔다. 이때 개별 은행에 대한 대출은 최종대부자로서 행해졌고, 시장 전체에 대한 대출은 공개시장운영을 통해 이루어졌다. 만약 유동성 관리가 중앙은행만의 영역으로만 남아 있고 별도의 금융[시스템]안정당국이 유동성 관리에 대해 아무런 통제권도 없이 설립된다면, 엄청나게 복잡한 문제가 초래될 것이다. 이로부터 금융[시스템]안정당국에게는 유동성 통제권이 주어져야 한다는 사실을 추론해낼 수 있다. 그런데 이는 금융[시스템]안정당국이 중앙은행의 대차대조표에 대한 통제권도 보유한다는 사실을 의미한다. 그렇다면 금융[시스템]안정당국이 사실상 진정한 중앙은행이 될 것이다."

반면 데이비스(H. Davies)와 그린(D. Green)은 거시건전성 감독의 논의가 감독구조 변경으로 연결되는 경향을 경계한다. 이들은 "중앙은행이 직접 감독을 관장해야 할 필요도 없지만 직접 관장하지 말아야 하는 결정적 근거도 없다" 면서 글로벌 위기 이전 영국이 채택한 통합감독체계(integrated supervision system)—단일 감독기구가 금융부문 전체의 감독을 총괄하되 정부 · 중앙은행 · 감독기구가 정책 협력 및

43. Brunnermeier *et al.*(2009), p.53.

44. Goodhart(2010), p.9. 이 인용문에서 굿하트는 '금융안정당국(financial stability authority)'이라는 표현을 쓰고 있다. 그런데 굿하트 논문(2010)의 전체 맥락으로 볼 때 '금융안정당국'은 '금융시스템안정당국' 또는 '거시건전성 감독자'를 의미하는 것으로 해석된다.

조정을 위한 3자 연계를 긴밀하게 유지하는 체계—가 낫다고 본다.[45] 중앙은행이 직접 감독을 관장하면 통화정책에 주의를 집중하기 어렵고 권한이 중앙은행으로 과도하게 집중된다는 문제가 있다는 것이 이들의 주장이다.

실제로 글로벌 금융위기 이후 미국, 영국 등 일부 선진국은 거시건전성 감독의 도입을 핵심으로 하는 금융감독체계의 개혁을 실시했다. 예를 들어, 미국에서는 2010년 7월「도드-프랭크 월가 개혁 및 소비자보호법(Dodd-Frank Wall Street Reform and Consumer Protection Act)」 제정으로 새로운 감독기구인 금융안정감시협의회(FSOC : Financial Stability Oversight Council)가 신설되어 거시건전성 감독자로서의 역할을 수행하게 되었고, 소비자금융보호국(CFPB : Consumer Financial Protection Bureau)이 연준 산하 독립기구로 신설되어 기존 금융소비자보호당국들—증권거래위원회(SEC : Securities and Exchange Commission) · 상품선물거래위원회(CFTC : Commodity Futures Trading Commission)와 주정부 내 증권 · 보험감독자—과 함께 금융소비자보호업무를 관장하게 되었다. 영국에서는「2012년 금융서비스법(Financial Services Act of 2012)」 제정(2012. 12)에 따라 통합감독체계 아래 모든 금융기관 및 금융시장을 감독하던 기존 단일 금융감독원(FSA : Financial Services Authority)이 폐지되는 동시에, 2013년 4월부터는 쌍봉감독체계가 새롭게 출범했다. 쌍봉감독체계란 미시건전성 감독과 시장행위 감독(또는 소비자보호 감독)을 각기 별개의 감독자가 관장하는 것을 핵심 특징으로 하는 금융감독 모형의 하나로, 2018년 3월 현재 영국의 쌍봉감독체계는 거시건전성 감독자인 금융정책위원회(FPC : Financial Policy Committee)와 미시건전성 감독자인 건전성감독청(PRA : Prudential Regulation Authority)이 영란은행 내부에, 시장행위 감독자인 금융행위감독청(FCA : Financial Conduct Authority)이 영란은행 외부에 각각 소재하는 기관구조(institutional structure)를 취하고 있다. 한편, 우리나라는 1997년 외환위기 직후 추진된 광범위한 금융개혁의 일환으로 통합감독체계가 도입된 이후 지금까지 유지되고 있으며, 글로벌 금융위기 이후에도 금융감독의 기관구조 측면에서는 이렇다 할 변화가 아직까지 없다.[46]

45. Davies and Green(2010), p.291.

46. 미국과 영국의 금융감독체계 개혁에 대해서는 이 책의 제4판과 김홍범(2015b)을 각각 참조하기 바란다. 또한 우리나라 금융감독체계 전반의 개혁 방안에 대해서는 김홍범(2013)을, 거시건전성감독 운영체계의 도입 및 설계 방안에 대해서는 김홍범(2016b)을 각각 참조하기 바란다.

3. 중앙은행의 독립성과 책임성

오늘날 모든 국가에서 금융제도의 핵심적 요소로 자리 잡은 중앙은행제도를 인정한다면, 현실에서 중앙은행제도를 어떻게 조직하는 것이 바람직한가의 문제가 매우 중요해진다. 이것은 일반 정부조직과는 별개의 기관으로 운영되는 중앙은행이 전체 정부조직 내에서 어떠한 위상을 가지며, 중앙은행에 어느 정도의 권한과 책임이 부여되어야 할 것인가의 문제로 연결되기 때문이다. 이것이 바로 중앙은행 지배구조에 관한 논의의 핵심이다. 이 절에서는 이와 같은 맥락에서 중앙은행 독립성과 책임성의 문제를 검토한다. 한편, 최근 글로벌 금융위기 이후 경제환경 및 정책환경의 급변으로 중앙은행업의 신속한 진화가 요구되고 있다. 이와 같은 상황 변화가 중앙은행 독립성에 시사하는 바에 대해서도 점검해 보기로 한다.

3.1 중앙은행의 독립성

중앙은행제도는 계속 진화하고 있다. 1980년대 중반만 해도 전 세계에서 법적 독립을 누리는 중앙은행은 미국의 연방준비제도(Federal Reserve System), 독일의 분데스방크(Deutsche Bundesbank), 스위스 국립은행(Swiss National Bank) 정도였다. 그러나 1990년대를 지나면서 주요국은 물론 대부분의 신흥시장국도 화폐금융제도의 신뢰성 확보를 위하여 중앙은행 독립을 제도화하였다. 이제 중앙은행 독립성에 대한 논의는 전 세계적으로 보편화되었고, 각국의 중앙은행이 누리는 독립성의 정도도 과거에 비해 크게 확대되었다.

3.1.1 중앙은행 독립성의 정의

중앙은행은 책무수행 과정에서 정치적 권위에 종속적일 수도 있고, 자치적이거나 독립적일 수도 있다. 중앙은행이 종속적(dependent)이라 함은 행정부의 의지가 통화정책에 그대로 반영된다는 것을 의미한다. 반면 중앙은행이 자치적(autonomous)이라 함은 중앙은행이 기능을 수행하는 데에 운용의 묘를 상당 부분 발휘할 수 있음을 뜻한다. 그리고 독립적(independent)이라 함은 정치적 간섭이 없을 뿐만 아니라 중앙은행이 나름대로 정책적 소신을 발휘할 여지가 많음을 뜻한다. 여기서 자치성과 독립성은 정도 차이의 문제로서, 종종 같은 뜻으로 사용되기도 한다.

피셔(S. Fischer)는 중앙은행의 독립성을 목표독립성과 수단독립성으로 구분하였다.[47] 목표독립성(goal independence)은 중앙은행이 자신의 정책목표를 직접 결정하는 경우에 성립한다. 수단독립성(instrument independence)은 중앙은행이 통화정책의 수단에 대한 통제권을 갖고 이 수단을 이용할 수 있는 경우에 성립한다. 피셔는 인플레이션과 산출 간 단기적 상충에 직면하여 중앙은행이 사회 전체의 후생을 극대화할 수 있는 선택을 할 수 있도록 중앙은행에게 정책 목표를 명료하게 부과하고 책임을 지워야 한다는 의미에서 중앙은행은 목표독립성을 가지면 안 된다고 본다. 따라서 피셔에게 중앙은행의 독립성이란 실질적으로 수단독립성에 관한 문제이다. 이와 같은 피셔의 생각은 이론과 현실 모두에서 일반적으로 받아들여지고 있다. 이 책에서 다루는 중앙은행의 독립성도 모두 수단독립성에 대한 내용이다.

라스트라(R. Lastra)는 중앙은행의 독립성을 그 내용을 기준으로 세 가지－조직적 독립성, 기능적 독립성, 그리고 실제적 독립성－로 구분하여 파악한다.[48]

첫째, 조직적 독립성(organic independence)은 중앙은행과 정부의 제도적 관계에 대한 법적 안전장치를 말한다. 즉, 국가조직의 일부분으로서 중앙은행제도가 정부조직과의 연계 속에서 필요로 하는 독립성을 의미한다. 중앙은행의 독립을 헌법에 명시한 국가로는 칠레와 필리핀을 들 수 있다. 이러한 조직적 독립성을 확보하기 위해서는 다음과 같은 구체적인 조건들이 충족되어야 한다: ① 중앙은행 구성에 다양한 계층의 사람들을 참가시키고, ② 중앙은행 임원들의 임기는 정치적 압력으로부터 보호받도록 충분히 길어야 하며, ③ 중앙은행 수장이나 임원들은 중앙은행 정책을 이유로 정치적 기관에 의해 해임당해서는 안 되므로 해임사유가 사전에 명확히 규정되어야 하고, ④ 중앙은행 임원들의 전일근무를 의무화하여 다른 지역 근

47. Fischer(1995) 참조.

48. Lastra(1996) 참조. 라스트라는 중앙은행의 독립성을 내용상 세 가지로 구분하였으나, 두 가지—법률적 독립성과 실제적 독립성—로 구분하는 경우도 흔히 있다. 후자의 경우 법률적 독립성(*de jure* independence)이란 법률에 규정되어 있는 독립성으로, 라스트라가 말하는 조직적 독립성과 기능적 독립성이 법률에 반영되는 경우 법률적 독립성으로 포괄된다고 보면 된다. 독립성을 어떻게 구분하든 실제적 독립성(*de facto* independence)의 개념은 동일하다.

무 또는 사적 업무를 막고, 해서는 안 되는 행위 항목을 규정함으로써 이해관계의 충돌을 사전에 피해야 하며, ⑤ 임기가 끝난 중앙은행 임원들의 사금융기관 취업 또는 정부관료 취임을 막아 임기 중 사익추구를 배제할 수 있어야 한다.

둘째, 기능적 독립성(functional 또는 operational independence)이란 기능과 권한의 측면에서 보장받아야 할 중앙은행의 독립성을 뜻한다. 이러한 기능적 독립성을 확보하기 위해서는 다음과 같은 구체적인 조건들이 충족되어야 한다: ① 정부의 중앙은행으로부터의 차입은 중앙은행법 등으로 제한하고, ② 중앙은행의 통화정책 수립 · 결정 · 집행의 책임소재를 명확히 하며, ③ 중앙은행의 독립은 통화정책에 한정되어 고려되는 것이 일반적이나 환율정책 등 다른 정책과의 관련선상에서 독립성 확장의 여지를 남기고, ④ 업무에 필요한 여러 가지 규제 · 감독권이 중앙은행에 부여될 수 있도록 하며, ⑤ 중앙은행의 예산안 자치권을 확보하고, ⑥ 독립적인 중앙은행과 정부 또는 정부기관 간의 협의는 장려하되 그것이 강제적으로 중앙은행을 구속하지는 않도록 유의해야 한다.

셋째, 실제적 독립성(*de facto* 또는 professional independence)이란 중앙은행의 행동체계로부터 실제로 관찰되는 독립성으로, 총재와 경제부처 수장의 개인적 성격, 정치적 · 경제적 환경, 국가적 관심의 우선순위, 화폐금융에 관한 연구의 깊이와 질, 중앙은행 총재의 임기와 정치적 성향에 따른 교체율 등에 의하여 결정된다.

3.1.2 중앙은행 독립성의 이론적 근거

중앙은행의 독립성이 요청되는 이론적 근거로 자주 언급되는 것은 정책의 신뢰성 문제이다. 이미 제11장에서 살펴본 것과 같이, 신뢰성 문제의 핵심은 민간부문의 통화당국 정책에 대한 신뢰가 크면 클수록 실물경제의 비용을 최소로 하면서 효율적으로 정책을 집행할 수 있다는 것이다. 이러한 정책 신뢰성 문제는 중앙은행의 정치로부터의 독립이라는 차원에서 주로 다루어져 왔다. 그런데 최근에는 중앙은행이 금융시장으로부터도 독립해야 한다는 시각도 설득력을 얻고 있다. 아래에서는 중앙은행의 독립성을 이와 같은 두 가지 관점에서 다루기로 한다.

3.1.2.1 중앙은행 통화정책의 신뢰성 : 정치로부터의 독립

앞 장에서 살펴본 대로 정책당국자는 물가가 안정되면 미래의 어느 시점에서 통화량을 예기치 못하게 변동시킴으로써 일시적인 고용 증대와 산출 증가를 꾀할 유인을 갖는다. 민간부문이 정책당국을 신뢰하여 물가가 안정되는 모습을 보이면, 정책당국은 애초의 긴축정책을 바꿀 유인을 갖는 것이다. 그런데 정부(일반적으로 재무부)가 통화정책을 관장한다고 가정하자. 민주국가의 정부는 선거를 통해 몇 년마다 정기적으로 평가받는다. 이는 정부의 정책시계(policy horizon)가 단기적일 수밖에 없음을 의미한다. 따라서 정부에 통화정책을 맡기는 경우 지나친 팽창정책으로 인해 과도한 인플레이션이 초래될 위험이 커진다.

그러나 합리적 기대를 하는 민간부문은 정부정책의 비일관성을 간파할 수 있다. 따라서 정부의 정책이 일관성 있게 추진된다고 믿을 만한 법적 · 제도적 장치가 확실하게 마련되어 있지 않는 한, 정부가 아무리 긴축적인 정책을 입안 · 공표하더라도 민간부문은 정책의 지속성을 신뢰하지 않을 것이다. 그 결과 정부정책에 대한 신뢰가 있을 때에 비해 예상인플레이션율이 더 높게 나타나 불필요한 물가 상승이 발생하고, 정책효과도 반감된다. 즉, 정부정책에 신뢰성이 없다면 민간부문의 인플레이션 기대심리를 억제하기가 그만큼 어려워진다는 뜻이다.

따라서 정책의 효율성을 높이기 위해 법적 · 제도적으로 정책의 신뢰성을 확보할 수 있는 장치를 마련해야 한다. 중앙은행의 독립성은 바로 이러한 측면에서 큰 의미가 있다. 통화가치 안정이라는 명시적인 단일 목표를 추구하는 중앙은행이 다양한 경제정책 목표를 모두 고려하는 정부로부터 독립될수록 통화정책의 신뢰성이 향상될 것이기 때문이다.[49]

이때 중앙은행의 독립성은 정부당국과 민간 사이의 정보 비대칭성 문제를 해결해 주는 방안이 된다. 앞에서 살펴본 최적 계획의 동태적 불일치 문제나 정책의 신뢰성 문제는 사실상 정보의 비대칭성 때문에 발생한다. 즉, 정부는 자신이 긴축정책을 쓸지 팽창정책을 쓸지에 대한 정보를 가지고 있지만, 민간은 여기에 대한 정보가 부족하다. 이러한 정보 비대칭성 때문에 팽창정책을 선호하는 정부는 자신이 긴축

---

49. 이런 이유로 많은 나라에서는 "통화정책의 탈정치화를 위해 … 선출되지 않은 전문가들[즉, 중앙은행]에게 통화정책을 맡기되, 긴 임기를 보장함으로써 이들 전문가를 정치적 혼란으로부터 격리"시킨다(정운찬 · 김홍범 옮김 2003, p.71).

정책을 선호하는 것처럼 민간에게 비춰지고자 하는 유인이 존재한다. 따라서 민간은 정부의 의도를 정확히 파악하는 데 따르는 비용을 부담하여야 한다.

반면 이러한 구조에서 팽창정책보다 긴축정책을 진심으로 선호하는 정부의 입장은 어떠한가? 이러한 유형의 정부는 민간이 자신의 진정한 정책의도를 의심하는 상황이 달갑지 않을 것이다. 어떻게든 자신이 진정으로 긴축정책을 선호하고 있다는 정보를 민간에 전달하고 싶을 것이다. 따라서 정부는 불필요하고 모호한 정책수행 과정을 최소화하고, 자신의 목표를 보다 선명하게 표방할 것이다. 그리고 중앙은행을 정부조직으로부터 독립시켜 통화가치 안정에만 전념할 수 있도록 하는 독립성 강화조치를 취할 것이다. 이것은 긴축기조를 선호하는 정부당국의 정책 신뢰성 확보를 위한 필연적 수단이 된다(〈Box 13-2〉 참조).

Box 13-2 통화정책 신뢰성을 회복하기 위한 구체적 장치들

정부에 내재하는 인플레이션 편의(inflationary bias)를 극복하고 통화정책에 대한 경제주체들의 신뢰를 확보하기 위한 방식으로 지금까지 세 경제학자가 각기 다음과 같은 제도적 장치를 제안한 바 있다.

- **프리드만**(M. Friedman): 통화량 증가율을 매기당 k%로 고정시키는 준칙(k% 준칙)을 사전 약정(pre-commitment)하는 방식
- **로고프**(K. Rogoff): 사회 전반의 인플레이션 회피성향보다 더욱 심하게 인플레이션을 혐오하는 보수적 인사를 중앙은행가로 임명하는 방식
- **월쉬**(C. Walsh): 정부(주인)가 중앙은행(대리인)에게 물가안정목표(inflation target)를 부과한 후, 실제 인플레이션율이 이를 초과하면 정부가 그 초과분에 비례하는 조세를 중앙은행에 벌칙으로 부과하고, 그 반대의 경우에는 그 미달분에 비례하는 보조금을 중앙은행에 지급하기로 하는 계약을 정부(주인)와 중앙은행(대리인) 간에 체결하는 방식.

사회적 후생의 관점에서 볼 때 재량보다 준칙이 우월하며(제11장 참조), 산출 변동을 전혀 고려하지 않는 k% 준칙보다는 로고프의 보수적 중앙은행가가 우월하다. 그런데 보수적 중앙은행가는 인플레이션 편의(inflationary bias)를 감소시키는 과정에서 단기적으로 산출변동성을 사회가 원하는 수준보다 더 크게 증가시키게 된다. 이에 비해 월쉬의 계약을 따르는 중앙은행은 인플레이션과 산출에서 사회와 동일한 선호를 보이게 된다. 결국 세 가지 메커니즘 가운데 월쉬의 계약모형이 사회후생 면에서 가장 우월하다.

통화정책 운영체제로 물가안정목표제를 채택한 나라들은 월쉬의 계약모형을 따른 것으로 볼 수 있다(3.2절 참조). 이들 물가안정목표국 중에서도 뉴질랜드는 월쉬 모형에 가장 근접한 현실적 사례로 해석된다. 뉴질랜드의 정부와 중앙은행(New Zealand Reserve Bank) 간에는 명시적 계약인 정책목표합의(Policy Targets Agreement)가 체결되어 있고, 여기에는 물가안정목표를 벗어나면 뉴질랜드준비은행 총재가 해임될 수 있다는 규정이 명시되어 있다. 1990년 뉴질랜드가 물가안정목표제를 최초로 도입한 이래 다수 국가의 중앙은행

이 물가안정목표제를 도입한 것은 통화정책의 신뢰성을 높이기 위한 각국 정부와 중앙은행들의 노력을 잘 말해 준다.

자료: Briault *et al.*(1996).

끝으로, 우리나라 중앙은행(한국은행)의 역사는 중앙은행 독립성(central bank independence)의 상실 및 회복 과정과 따로 떼어 생각하기 어렵다. 여기에 대해서는 〈Box 13-3〉을 학습하기 바란다.

Box 13-3 한국은행의 약사(略史)

우리나라의 중앙은행인 한국은행은 1950년 6월 12일에 설립되었다. 우리나라 중앙은행제도의 성립과정은 영국이나 미국과는 다른 특성을 보여준다. 이들 국가의 중앙은행들이 경제적 필요에 의해 진화되었거나 금융시장의 안정성 확보를 위해 설립된 것과는 대조적으로, 우리나라 중앙은행제도는 시장 내부의 필요에 의한 것이라기보다는 신생 독립국가의 제도정비라는 시장 외적 요인에 영향받은 측면이 강하다.

설립 당시 한국은행은 정부가 전액 출자한 법인으로서 자본금은 15억원(圓)이었다. 그후 1962년 5월 「한국은행법」 제1차 개정 시 무자본 특수법인으로 전환되었다. 이것은 발권력을 지닌 중앙은행은 일반 회사와는 달리 영업활동을 위한 기초자산인 납입자본금이 필요하지 않고 손실이 발생하면 정부가 이를 보전하므로 자본금이 중요한 의미를 갖지 않는 것으로 인식되었기 때문이다.

이 「한국은행법」 개정으로 우리나라에는 성장금융체제가 확립되었고, 한국은행은 성장을 위한 자금동원 및 배분기구로서의 역할을 수행하였다. 즉, 한국은행은 경제성장을 금융 측면에서 뒷받침하기 위해 각종 정책금융을 실행해 왔고, 이 과정에서 정부의 지배를 받을 수밖에 없었다. 동시에 1960년대 이후 한국은행은 한은특융이라는 수단을 통해 금융부문의 위기를 막는 최종대부자로서의 역할도 수행해 왔다.

그러나 1980년대 이후에는 정부 주도형 고도성장체제가 한계에 도달함에 따라 한국은행은 독립성 확보와 시장지향적 기구로의 탈바꿈이라는 역사적 과제에 직면하게 되었다. 그리하여 1990년대에는 금리자유화와 정책금융 축소 등이 이루어졌다.

한편 1987년에는 한국은행의 약화된 위상을 다시 되돌리기 위한 한은 독립운동이 민주화운동의 일환으로 벌어지기도 했다. 당시 이 문제는 정부와 한국은행 간의 견해차가 너무 커서 결론이 나지 않은 채 뒷전으로 밀려났다. 한국은행의 독립성 문제는 1995년에 다시 제기되어 2년 넘게 끌어오다가, 1997년 IMF 구제금융 사태를 경험하면서 1997년 12월 31일 「한국은행법」의 전면 개정(제6차 개정)이 이루어졌다. 이로써 한국은행은 창립 당시의 위상에 상당히 근접하는 수준의 법률적 독립성을 확보하게 되었다. 이후 2003년 9월 제7차 한은법 개정으로 지급결제제도와 관련된 한은의 기능이 강화되었다. 한편 글로벌 위기 이후 중앙은행의 금융안정 기능을 강조하는 세계적 추세를 반영하여, 2011년 8월 제8차 개정 한은법은 금융안정에서 한국은행의 역할을 강화하였다.

자료: 한국은행(2000), 배준석(2011).

3.1.2.2 중앙은행 통화정책의 신뢰성 : 금융시장으로부터의 독립[50]

1970년대 이후 전 세계적으로 급속히 진행된 규제완화와 금융자유화로 인해 이제 세계 어느 나라의 경제에서도 금융시장의 규모와 중요성은 엄청나게 커졌다. 통화정책은 금융시장을 통해 수행된다. 그러므로 각국 중앙은행은 평소 금융시장의 움직임을 정확히 이해하고 그 변화를 예측할 수 있어야 한다. 또한 중앙은행은 자신의 정책이 시장에 미칠 파급효과와 예상되는 금융시장의 반응을 염두에 두면서 정책을 수립해야 한다. 이는 예상되는 시장 반응에 따라 중앙은행의 통화정책이 영향을 받게 된다는 점과 수행되는 통화정책에 대한 시장의 실제 반응이 어떠한지에 따라 그 정책효과의 크기와 관련 시차가 달라진다는 점을 의미한다. 이런 의미에서 중앙은행의 궁극적 활동기반은 금융시장이다.

그런데도 블라인더(A. Blinder)는 중앙은행의 정치적 독립성과는 별개로 중앙은행의 금융시장으로부터의 독립성을 강조하고 나섰다. 그 의미는 무엇일까?

블라인더 자신도 강조하듯이, 중앙은행은 금융시장을 무시할 수도 없고 무시하려 해서도 안 된다. 주식시장 · 채권시장 · 외환시장 및 여타 시장을 포함하는 금융시장은 중앙은행이 정책을 수립하는 데 없어서는 안 될 필수적 정보의 원천이기 때문이다. 중앙은행이 파악해야 할 정보에는 중앙은행 자신의 정책변화에 대한 금융시장의 기대와 반응도 물론 포함된다.

그런데 중앙은행이 금융시장을 존중한 나머지 이를 “거대한 힘과 지혜의 보고(寶庫)로 간주” 하고, 시장이 기대하는 정책을 중앙은행이 그대로 따르기만 한다면 어떻게 될까? 당장은 시장으로부터 무난하다는 평가를 받을지는 몰라도 궁극적으로는 그야말로 “어설픈 정책” 이 될 위험이 크다는 것이 블라인더의 기본 시각이다. 시장의 힘이 거대하다는 것은 그 누구도 부정하기 어렵지만 시장이 그리 지혜롭기만 한 것은 아니기 때문이다. 금융시장은 왜 지혜롭지 않을 수 있을까?[51]

블라인더는 세 가지 이유를 들고 있다. 첫째, 금융시장은 투기적 자금흐름에 노출되어 있고, 시장참가자들은 떼 지어 이리저리 몰려다니는 군집행동(herd behavior)의 경향과 사소한 일에도 민감하게 반응하는 과잉반응(overreaction)의 경향을 강하게 보인다.

---

50. 이 절은 정운찬 · 김홍범 옮김(2003)에 의존하였다.

51. 본 문단 내 인용구는 모두 정운찬 · 김홍범 옮김(2003), p.79에서 따왔다.

둘째, 금융시장 참여자들은 일시적 유행과 변덕(fads and fancies)에 취약하므로 투기적 거품(speculative bubbles)이 쉽게 발생할 수 있다. 이와 같은 이유들로 인해 금융시장에는 불안정성이 내재하고, 이것이 종종 금융위기로 표출되는 것이다. 금융시장이 펀더멘털과 무관하게 맹목적으로 움직이는 동안, 중앙은행은 그와 같은 금융시장의 일시적 이상기류에 휘둘려서는 안 될 것이다.

셋째, 금융시장 참여자들의 시계(時界)가 너무 짧다. "30년 만기 재무성[재무부] 채권을 거래하는 사람들이 마치 … 1년 만기 채권을 거래하듯이 행동하고 있"는 것이 현실이라는 것이다.[52]

이처럼 금융시장에 불안정성이 내재하고 시장이 단견적으로 움직이는 한, 자산가격 움직임에 반영된 시장의 통화정책에 대한 기대 또는 요구를 중앙은행이 만족시키려고만 한다면 중앙은행은 어느덧 시장의 단기 시계에 매몰되고, "통화정책 결정이 사실상 사유화(privatized)"되어 매우 불행한 결과가 올 수 있다. 통화정책에는 길고 가변적 시차가 내재되어 있으므로, 중앙은행은 금융시장으로부터 독립하여 장기 시계를 늘 유지해야 한다. 나아가 "중앙은행은 자신이 어디서 어떤 방식으로 시장을 이끌고 싶어하는지를 목적 및 방식의 투명성을 통해 시장에 가르쳐 줌으로써 지휘자 역할(leadership role)을 수행해야 할 것이다."[53]

3.1.3 중앙은행 독립성과 인플레이션 성과에 관한 경험적 증거

지금까지 중앙은행 독립성의 근거를 주로 이론적으로 살펴보았다. 그렇다면 중앙은행이 독립적일수록 인플레이션 성과가 실제로 개선되는가?

이러한 경험적 증거를 찾기 위한 노력은 주로 선진국 그룹에 대해 1980년대와 1990년대에 집중적으로 이루어졌으며, 당시 많은 연구자들은 독립성에 관련된 여러 특징—예를 들면 정부가 총재와 이사회를 임명하는지 여부, 재직기간의 길이, 정부대표가 이사회에 참여하는지 여부, 통화정책 결정에 대해 정부로부터 승인을

52. 김홍범 · 정운찬 옮김(2003), p.78. 블라인더에 따르면, 1994년 자료로 미국의 1년 만기 재무부채권 이자율과 30년 만기 재무부채권의 29년 후 성립할 것으로 계산되는 1년 선도 이자율 사이의 상관계수를 구했더니 매우 높은 수치인 0.54가 나왔다고 한다. 김홍범 · 정운찬 옮김(2003), pp.78~79 참조.

53. 본 문단 내 인용구는 모두 Blinder(2004), pp.94~95에서 따왔다.

받아야 하는지 여부, 물가안정 목표가 중앙은행법에 명시되어 있는지 여부, 중앙은행이 정부의 재정적자를 보전해 주어야 하는 의무가 있는지 여부, 총재 교체빈도(turnover) 등—을 감안하여 각국 중앙은행의 독립성 정도를 지수(index)로 수량화한 후, 이 독립성 지수와 다양한 거시경제변수와의 관계를 검토하는 방식을 주로 취했다. 이때 고려된 거시경제변수들에는 인플레이션율, 인플레이션의 변동성(variability), 경제성장률, 경제성장률의 변동성 등이 포함되어 있다.[54]

기존 문헌의 경험적 연구결과는 다양하지만, 이를 다소 과감하게 요약하면 블라인더(A. Blinder)가 말한 대로 "중앙은행이 독립적인 나라일수록 평균성장률의 저하를 감수하지 않으면서도 평균적으로 더 낮은 인플레이션을 경험" 한다는 것이 된다.[55]

이러한 결론은 중앙은행 독립성이 인플레이션 성과의 개선을 가져온다는 명제를 지지하며, 다수의 경제학자들이 여기에 공감하는 것이 사실이다. 하지만 실제로는 표본에 포함된 국가와 표본기간에 따라 각각의 연구결과에 적지 않은 편차가 존재한다는 점에서 기존 연구들의 발견이 중앙은행 독립성을 지지하는 강력한 증거를 구성한다고 보기는 어렵다. 더 나아가 일부 학자들은 기존 연구의 경험적 발견을 비판적으로 해석하고 있다.[56]

3.1.4 글로벌 금융위기와 중앙은행 독립성[57]

글로벌 금융위기로 중앙은행업의 내용이 앞으로 크게 바뀌게 될 것이라는 점에 대해서는 이미 앞에서 논의했다. 그런데 이러한 변화가 중앙은행 독립성에는 어떤 함의를 갖는 것일까? 분명한 점은, 중앙은행이 독립성을 지켜야 할 이유는 더욱 강력해졌지만 독립성을 실제로 지키기는 더욱 어려운 상황이 전개될 것이라는 사실이다. 이 절에서는 바로 이러한 사실을 학습하기로 한다.

최근 보리오(C. Borio)는 시간 비일관성(time inconsistency)의 관점에서 금융안

54. 기존 문헌의 다양한 경험적 발견에 대해서는 Eijffinger and De Haan(1996)과 Fischer(1994)를 참고하기 바란다.
55. 정운찬 · 김홍범 옮김(2003), p.71.
56. 중앙은행 독립성과 인플레이션 성과 사이의 경험적 관계를 비판적으로 검토하는 시각에 대해서는 Posen(1993), Mas(1994), 그리고 Cukierman *et al.*(1991) 등을 참고하기 바란다.
57. 이 소절은 Borio(2011)에 주로 의존하였다.

정을 위해 중앙은행 독립성이 필요하다는 논리를 명쾌하게 제시한다. 이는 마치 물가안정을 위해 중앙은행 독립성이 필요한 것과 마찬가지라는 것이다. 보리오의 설명은 다음과 같다:[58]

> "호황기와 불황기를 모두 감안할 때 금융사이클(financial cycles)은 새로운 형태의 시간 비일관성이 생기는 근원일 수 있다. … 우리는 인플레이션의 맥락에서 시간 비일관성이 어떻게 생겨나는지 잘 알고 있다. 이 경우 정책입안자는 임금과 물가를 주어져 있다고 보고 [확장적 통화정책에 의해] 산출과 고용을 늘리려 하는 시도를 하게끔 유혹을 받을 수 있다. 하지만 이러한 시도는 궁극적으로 실패할 수밖에 없으며, 물가와 임금이 오르면서 인플레이션이 초래될 뿐이다. … 시간이 경과하면서 산출이나 고용의 지속적 증대는 없는 반면, 인플레이션만 높아진다. 금융사이클의 경우, [중앙은행이 비전통적 통화정책을 쓰더라도] 그 최종 결과는 사이클 전반에 걸쳐 정책금리가 하향추세를 보이는 데에다 대차대조표정책에 점점 더 의존하게 되었는데도 금융안정과 거시경제 안정에서 나아진 것이 없는 상황일 수 있다. 더욱이 [인플레이션과 관련된 시간 비일관성에 비해] 이런 형태의 시간 비일관성을 알아차리기란 더욱더 어렵다. 왜냐하면 호황기 동안 리스크가 늘어나 금융위기(financial distress)가 가시화되기까지의 시차가 초과수요와 인플레이션 사이의 시차보다 훨씬 더 길기 때문이다. … 또한 인플레이션에 반대하는 우군은 있어도 부자가 되고 있다는 도취감에 저항하는 사람은 아무도 없다. 불황기 동안 중앙은행이 대차대조표를 원래 상태로 회복시켜 놓지 못하면 시간을 벌기 위해 애쓰는 것 이외에는 달리 선택의 여지가 거의 없게 된다. [한편] 두 경우 모두 [인플레이션을 진정시키는 경우와 대차대조표를 회복시키는 경우 모두] 즉각적으로 매우 가시적인 고통을 치르게 되지만 그 편익은 훨씬 뒤에 발생하며, 그나마 편익이 얻어졌음을 사후적으로(ex post) 입증하기도 어려울 수 있다."

물가안정 책무를 가진 정책입안자가 시간 비일관성의 문제에서 자유로울 수 있기 위해서는 "중앙은행이 정치사이클(political cycle)에서 충분히 격리되도록 보장"하는 것이 필요해진다.[59] 이것이 중앙은행 독립성의 핵심 논거이다. 금융안정 책무를 가진 정책입안자의 시간 비일관성 문제에도 마찬가지 해법이 필요해진다. 결국 중앙은행에게는 물가안정을 위한 통화정책의 운영상 독립성은 물론, 금융안정을 위한 정책의 운영상 독립성도 확립되어야 한다. 특히 후자는 비전통적 통화정책과 거

---

58. Borio(2011), p.6.
59. Borio(2011), p.6.

시건전성 감독정책 등 금융안정을 도모하기 위한 중앙은행의 모든 조치와 관련된 운영상 독립성을 가리킨다.

여기서 현실적으로 부딪치는 문제는 금융안정을 위해 중앙은행의 독립성을 확보하기에는 물가안정의 경우에 비해 현실적으로 중대한 제약요인이 작용한다는 사실이다. 왜 그런가?[60]

> …… 선거를 통하지 않은 중앙은행이 금융안정을 도모하는 데에는 한계가 있다. 물가안정을 위한 통화정책의 효과는 "금융시장을 통해 일반적 · 간접적으로 전달"되는 데 반해, 금융안정을 도모하는 정책 조치는 "그 성격상 특정 금융시장이나 금융기관을 대상으로 개별적 · 직접적으로 이루어지는 경우가 드물지 않기 때문"이다. 또한 금융안정을 위한 정책 조치는 물가안정의 경우에 비해 국민의 일반적 지지를 확보하기가 더 어려울 수 있다. 예를 들어 LTV(담보인정비율)나 DTI(총부채상환비율)의 상한을 정하는 것은 인플레이션 목표를 정하는 것과는 달리 사회적 합의를 이끌어내기가 훨씬 더 어렵다. 전자[금융안정정책]는 후자[통화정책]에 비해 두드러진 소득계층 간 재분배를 가져올 것이기 때문이다. 결국, 금융안정에 관한 정책결정에는 정치적 판단이 개입될 필요가 종종 있을 수 있다. 이는 중앙은행이 금융안정 책무를 위해 독립적으로 다룰 수 있는 업무에는 적절한 경계가 있어야 한다는 사실을 시사한다. 이때에도 그와 같은 독립성에 상응하는 적절한 정도의 책임성이 중앙은행에 부과돼야 함은 물론이다.
>
> 물가안정에서와 달리, 중앙은행이 금융안정을 위한 정책을 놓고 일반 국민과 소통하기가 쉽지 않아 정책 신뢰성 확보가 어렵다는 제약요인도 있다. 우선, 금융안정을 위한 정책수단과 목적은 단일 변수나 지표의 형태로 존재하지 않는다. 따라서 일반 국민이 중앙은행의 행동을 감시하고 그 성과를 평가하기란 간단한 일이 아니다. 금융사이클이 실물사이클보다 더 긴 것도 중앙은행의 정책조치를 일반 국민에게 납득시키기 더 어려운 또 하나의 이유가 된다.
>
> 이와 같은 상황에서 중앙은행의 금융안정 성과가 일반의 기대에 미치지 못한다면, 그 이유가 대외적 충격이든 대내적 정책실패든 중앙은행 정책에 대한 신뢰가 훼손될 것이다. 이는 중앙은행 책무가 금융안정으로 확대된 오늘에는 물가안정의 기본 토대인 통화정책 독립성 자체가 위협받는 상황이 일어날 수 있음을 의미한다. ……

한편, 이번 글로벌 금융위기 이후 몇몇 분야에서는 정부와 중앙은행의 정책적 상호작용이 두드러질 것으로 보인다.[61] 예를 들어 위기 이후 수습과정에서 다수 국

60. 김홍범(2015a), pp.16~17. 인용된 지문 가운데 첫 문단에 나오는 두 인용구는 모두 김홍범(2009), p.133에서 따왔다.

가의 국가채무가 급증했다. 이는 앞으로 국가채무관리당국(debt managers)과 중앙은행의 정책이 서로 충돌할 수 있음을 시사한다. 이것은 실제로 미국의 연준과 재무부의 경험에서도 이미 관찰된다.[62]

나아가 국가채무의 증가가 지속 불가능한 경우에는 필연적으로 재정지배(fiscal dominance)가 초래될 것이다. "정부의 재정적자가 너무 거액이어서 정부지출을 감당하기 위해 통화당국이 어쩔 수 없이 통화공급을 확대해야 하는"[63] 재정지배 상황에서는 글자 그대로 재정정책이 통화정책을 지배하게 된다.

끝으로, 글로벌 금융위기 이후 중앙은행에 대한 세상의 기대가 한껏 높아지면서 중앙은행이 물가안정 및 금융안정을 넘어 이제는 "고용과 같은 거시경제안정 … 의 실물적 측면"까지도 부담해야 한다는 시각이 제기되기도 한다.[64] 일례로, 우리나라에서도 지난 2015년 8월 '고용안정'을 한국은행의 책무로 추가하자는 의원입법안이 국회에 제출된 적이 있었으며, 2020년 말에도 유사한 의원입법안이 여러 개 제출되어 있다. 과연 실물경제의 영역으로까지 중앙은행 책무를 확대하는 것이 바람직할까? 일반적으로 이러한 시각은 비판적으로 바라볼 필요가 있다. 특히, 법률적 독립성은 보유하나 실제적 독립성이 취약한 한국은행으로서는 과도한 책무 확대는 감당하기 어렵다. 여기에 대해서는 〈Box 13-4〉를 참조하기 바란다.

Box 13-4 한국은행과 고용안정[1)]

실제로 중앙은행이 고용이나 경제성장을 직접 책임진다고 가정해 보자. 이런 경우 "노동시장에 개입할 수 없"는 중앙은행으로서는 고용안정을 위해 "총수요, 특히 투자수요를 진작하여 고용 증가를 유발하는 간접적인 방법"을, 경제성장을 위해 "기업투자 및 생산성 향상 촉진을 통해 성장잠재력을 높이는" 방법을 각각 취

61. 굿하트(C. Goodhart)는 "은행업에 대한 조세 부과(bank tax)", "자본금의무 불이행에 대한 단계적 제재(sanction)", "부채관리(debt management)", "은행정리(bank resolution)", "정책금리 결정(interest setting)"을 바로 그런 5개 분야로 꼽고 있다. Goodhart(2010) 참조.
62. Cecchetti(2011) 참조.
63. Mishkin(2011), p.4, fn.1.
64. 김홍범(2015a), p.15. 중앙은행의 책무를 과도하게 확대하려는 일부 논자들의 시각에 대해 다른 일부 논자들은 커다란 우려를 표시한다. 예를 들어 오르파니데스(A. Orphanides)는 "더 많은 책임이 중앙은행에게 배정됨에 따라 각국 정부에 의한 정치포획 및 오용(incentives for political capture and misuse by governments)의 유인은 늘어"날 것이라 경고한 바 있다(Orphanides 2013, p.4).

하게 될 것이다.[2] 그런데 이런 정책의 수행에서 중앙은행이 정부(정치)로부터 독립해야 할 근거는 별로 없다. 중앙은행의 정책이 정부당국의 여타 정책과 시계측면에서 그리 다르지 않을 것이기 때문이다. 또한 중앙은행이 고용 및 성장에 단기적으로 간접적인 영향을 미칠 수는 있겠지만 그 성과를 정부당국이 수행하는 직접적 정책들의 성과와 구분해내기란 매우 어려울 것이다.[3] 이는 중앙은행의 책임성을 따지기 곤란하다는 것과 그 책임성이 손상되기 쉽다는 것을 의미한다.

결국, 어떤 이유에서든 고용과 경제성장의 성과가 일반의 기대에 미치지 못한다면 중앙은행 정책에 대한 신뢰가 더욱 훼손되면서 통화정책에서의 중앙은행 독립성마저 정치적 도마 위에 오를 것이다.

1997년 12월의 제6차 개정 한은법으로 한국은행 통화정책의 법률적 독립성(*de jure* independence)이 확고하게 보장되었음에도, 근 18년이 지난 지금도 실제적 독립성(*de facto* independence)의 경험적 증거는 관찰하기 어려운 것이 우리나라의 현실이다. 또한 금융안정이 2011년에 한국은행 책무에 포함된 이후에도 우리나라의 거시건정성정책체계는 아직 공개적 논의조차 이루어지지 않고 있다. 이런 상황에서 한국은행에게 고용안정을 책임지도록 하자는 제안은 우리나라 금융부문의 제도적 역량에 비추어 시기상조가 분명하고, 만약 동 제안이 실행되는 경우 국민경제가 치르게 될 순비용은 정당화되기 어려울 것이다. 지난 2011년 독일연방은행이 중앙은행으로서 자신의 독립성을 지키기 위해 당시 BaFin(독일 금융감독청)을 대체하는 새로운 통합감독자가 될 수 있었던 기회를 거부한 사례는[4] 우리 사회와 한국은행이 두고두고 음미해 볼만한 일이다.

1) 이 박스의 전체 지문은 김홍범(2015a)의 마지막 두 문단을 그대로 따왔으며, 지문 중 네 곳의 각주는 저자가 새로 추가했거나 원전의 각주 내용을 일부 수정한 것임.
2) 이 문장에 나오는 3개의 인용구 중 첫 2개는 정운찬 · 김홍범(2012), p.430에서, 마지막 인용구는 한국은행(2012), p.36에서 각각 따왔음.
3) Jäcome and Mancini-Griffoli(2014) 참조.
4) 김홍범(2014) 참조.

자료 : 김홍범(2015a), p.18.

3.2 중앙은행의 책임성

중앙은행 독립성이 중앙은행에 일정 권한을 부여하는 것만을 의미하는 것은 아니다. 독립성을 정의할 때는 권한에 비례해 뒤따르는 책임 또한 고려해야 한다. 즉, 중앙은행은 통화정책의 정당성에 대한 국민의 지지를 획득하고, 이후 정책의 수립 · 집행에 대한 평가도 받아야 한다. 이때 일반적 평가기준은 법률적 목표를 어느 정도 성취했는가 여부이며, 목표 달성에 실패할 때에는 중앙은행 집행부에게 반드시 책임을 물어야 한다. 그렇게 해야만 통화정책이 소기의 성과를 낼 것으로 일반 국민이 기대할 수 있다. 또한 통화정책은 국민의 재산권에 영향을 주게 되는데, 선거를 통하지 않은 중앙은행에게 독립성을 부여했다면 그 결과에 대해 책임을 물어야만 민주주의 원리에도 부합된다.

과거에는 중앙은행의 독립성에 비해 책임성에 대해서는 상대적으로 소홀하게 다루어져 온 경향이 없지 않았다. 그러나 최근 들어 많은 나라가 중앙은행의 독립성과 책임성이 서로를 강화하는 상호 보완성을 가질 수 있다는 사실에 주목하고, 이들을 중앙은행 지배구조의 관점에서 통합적으로 다루게 되었다. 이에 따라 1990년대 중반부터 각국은 중앙은행 독립성의 정도에 맞추어 적절한 수준의 책임성도 함께 부과하려고 노력해 오고 있다.

3.2.1 중앙은행 책임성의 정의

책임성(accountability)은 "일방(the accountable)이 어떤 기준에 따라 그 상대방(the accountee)에게 자신의 행동이나 결정을 설명하고 정당화하되, 만일 상대방에게 어떤 과실이나 피해가 발생한 경우라면 여기에 대해 일방이 책임을 져야 할 의무"로 정의된다.[65] 이때 '일방'은 권한 보유에 상응하여 책임성 의무를 지는 쪽이며, '상대방'은 책임성이 발휘되어야 할 대상으로서 일방에게 책임성을 부담시키는 쪽이다.

브리올트(C. Briault) 등은 중앙은행의 책임성을 두 가지 유형—법률적 책임성(*de jure* accountability)과 실제적 책임성(*de facto* accountability)—으로 구분한다.[66] 법률적 책임성의 가장 단순한 형태는 정부와 중앙은행 사이에 체결된 공식 계약에 따라 책임성이 중앙은행에 부과되는 경우이다. 이러한 계약에는 중앙은행의 업무가 무엇이며, 중앙은행이 어떤 일에 대해 책임을 져야 하는지, 그 책임을 실제로 부담하도록 하기 위해 평소 중앙은행의 행동을 어떻게 감시할 것인지, 그리고 자신의 책임을 어겼을 때 어떤 벌칙을 부과할 것인지 등이 명시될 수 있을 것이다. 그런데 반드시 법률적 책임성이 아니더라도 중앙은행은 실질적으로 책임성을 발휘할 수는 있다. 예를 들면 중앙은행은 간행물, 보도자료, 통화정책 회의록 공표 등 다양한 방식으로 자신의 의사결정 및 정책조치에 대해 일반에게 알릴 수 있다. 이러한 형태의 책임성을 실제적 책임성이라 부른다.

65. Lastra(2001), p.5.

66. Briault *et al.*(1996) 참조.

3.2.2 중앙은행의 지배구조와 주인-대리인 모형[67]

라스트라가 내린 책임성 정의에서 상대방이 일방에게 권한을 위임한 후 일방이 달성한 성과에 대해 상대방이 책임을 묻는 맥락이라면, 중앙은행의 지배구조를 주인-대리인 모형(principal-agent model)으로 조명해 볼 수 있다.

우리는 앞에서 블라인더(A. Blinder)와 피셔(S. Fischer)의 설명을 통해 '중앙은행이 수단독립성은 보유하되 목표독립성은 가지지 말아야 한다'는 명제의 의미를 이해한 바 있다. 이 명제를 달리 표현하면, "중앙은행에게는 명확히 정의된 단일 또는 복수의 목표가 주어져야 하고, 그 목표를 달성하기 위한 권한이 주어져야 하며, 목표 달성에 관해 중앙은행에게 책임을 물을 수 있어야 한다"는 것이다.[68] 이때 목표를 달성하고자 할 유인과 자신의 행동을 설명하고자 할 유인을 중앙은행에게 마련해 주기 위해 책임성이 필요해진다. 동시에 책임성은 중앙은행에 대한 민주주의적 감시장치라는 의미도 있다.[69]

앞서 〈Box 13-2〉에서 검토한 정책 신뢰성 제고를 위한 세 가지 방안 중에서 주인-대리인 모형에 해당하는 것은 월쉬(C. Walsh)의 해법(solution)이다. 월쉬 모형은 정부(주인)와 중앙은행(대리인) 간 명시적 계약의 형태를 띤다. 이때 정부가 인플레이션 목표를 계약조건으로 부과하므로 중앙은행에게 목표독립성은 없다. 그러나 중앙은행은 완벽한 수단독립성을 갖는다. 또한 인플레이션 목표를 벗어나면 벌칙이 부과되거나 보조금이 지급되므로 중앙은행에게 책임성이 부과되는 셈이다.

물가안정목표제를 도입한 나라들은 월쉬모형과 유사한 계약을 채택한 것으로 해석할 수 있다. 왜냐하면, 물가안정목표제의 전체적 틀은 숫자로 표시된 인플레이션 목표가 중앙은행에 주어지고(목표독립성의 결여), 이 목표를 이루기 위한 중앙은행의 수단을 밝히며(수단독립성 보유), 목표를 달성하지 못하는 경우 밟게 될 절차로(책임성 보유) 이루어지기 때문이다.

한편 물가안정목표제를 채택한 나라에서는 중앙은행의 법적 목표를 매우 좁게

67. 이 소절은 Briault *et al.*(1996)에 의존하였다. 주인-대리인 모형은 중앙은행의 지배구조—특히 독립성과 책임성 간 상호 보완성—를 이해하기 위한 하나의 이론 틀이다.

68. Fischer(1995), p.202.

69. Fischer(1995) 참조.

설정한 셈이다. 이와 관련하여 중앙은행의 목표와 그 책임성은 어느 정도의 범위로 설정되어야 할지 잠시 생각해 보자. 물가안정목표제에서처럼 중앙은행의 법적 목표를 좁게 설정하고 정책운용에서 재량의 폭을 넓혀주는 대신, 그 결과에 대한 책임추궁을 엄격하게 할 수 있다. 반면 미국 연방준비제도처럼 목표를 넓게 설정하거나 여러 목표를 동시에 추구하도록 함으로써, 정책결과를 평가하기는 어려워도 경제운영의 경직성을 해소시키는 방식을 취할 수도 있다.

이러한 방법들 중 어떤 것이 더 적절한지 경험적으로 검증된 바는 없으며, 이론적으로도 각 방법이 나름대로의 장 · 단점을 갖는 것이 사실이다. 어떤 방식을 택하든 단점을 보강할 필요가 있으므로, 국민경제 내 중앙은행의 역할을 항시 염두에 두고 정책을 운용하는 것이 근본적으로 중요하다.

Box 13-5 중앙은행의 지배구조를 보는 새로운 시각 : 신뢰원리

본문에서 설명한 대로 중앙은행의 지배구조, 즉 독립성 및 책임성의 문제는 일반적으로 주인-대리인 관계에서 흔히 논의되어 왔다. 그러나 최근 머조운(G. Majone)은 독립성과 책임성의 문제를 주인-대리인 관계가 아닌 신뢰관계(fiduciary relationship)의 관점에서 파악한다.

그의 시각을 중앙은행의 통화정책에 적용하여 설명해 보자. 주기적으로 선거를 치러야 하는 민주국가의 정부는 단기적 정책선호(short-termism)를 가질 수밖에 없다. 따라서 통화정책을 정부가 관장한다면 당연히 신뢰성(credibility)이 낮을 수밖에 없다. 앞서 제12장에서 보았던 최적 계획의 동태적 비일관성의 문제가 시사하듯이, 통화정책의 수립과 집행에는 정책당국의 중장기적 시각이 특히 중요하기 때문이다. 그러므로 정부가 신뢰성을 높이기 위해 자신과는 달리 장기정책을 선호하는 대표자(delegate)가 필요해진다. 바로 이것이 중앙은행이다.

중앙은행은 주인과 정책선호가 동일해야 하는 주인-대리인 이론의 대리인(agent)과는 전혀 다른 성격을 갖는다. 예컨대, 대리인의 선호를 주인의 선호와 조화롭게 만들기 위해 요구되는 통제(control)는 중앙은행에게는 어울리지 않는다. 중앙은행이 주인(정부)에 의해 통제된다면 오히려 장기 정책약정의 신뢰도가 떨어지게 될 뿐이기 때문이다. 이렇게 본다면 중앙은행의 수단독립성은 책임성의 전제조건이다. 다시 말해, 중앙은행이 자신에게 부과된 목적을 달성하기 위해 완벽한 수단독립성을 갖는 경우에만 그와 같은 책임성을 물을 수 있다. 이것이 바로 머조운(Majone 2005)이 말하는 신뢰원리(fiduciary principle)이다.

자료 : Majone(2005).

3.2.3 중앙은행의 투명성[70]

중앙은행의 지배구조를 주인-대리인 관계로 이해하든, 신뢰관계로 이해하든 중앙은행에게는 독립성과 함께 책임성이 필요하다. 그런데 중앙은행이 갖추어야 할 책임성의 구체적 구성요소로 투명성(transparency)이 최근 크게 강조되고 있다.

블라인더(A. Blinder)는 "중앙은행의 조치가 "쉽게 확인되고", 그 정책이 "즉각 이해되며", 중앙은행의 발표가 "속임수가 아닌(free from deceit)" 경우에" 중앙은행이 투명하다고 정의한다.[71] 그는 투명성을 위해 세 가지 조건이 필요하다고 본다. 첫째, 중앙은행의 설명이 알기 쉽고 명확하여 오해의 소지가 없어야 한다. 둘째, 중앙은행의 설명은 실질적 알맹이—경제와 통화정책에 관한 정보—를 담고 있어야 한다. 셋째, 중앙은행은 정책결정 이전에 이루어진 토론의 특징, 정책결정의 배경 논리, 그리고 표결의 특징에 관한 정보를 제시함으로써 자신의 결정을 공개적 검토의 대상이 되도록 해야 한다.

중앙은행이 이처럼 투명하고 개방적이어야 하는 이유는 무엇인가? 블라인더는 정치적 · 경제적으로 투명성이 요구되기 때문이라고 설명한다. 우선, 중앙은행에게 독립성이 주어지면 정치적으로 민주적 책임성(democratic accountability)이 수반되는 것이 마땅하다. 그런데 중앙은행의 행동을 감시할 수 있어야 책임을 물을 수 있으므로 책임성에는 투명성이 근본적으로 요구된다는 것이다.

중앙은행이 투명하고 개방적이어야 하는 이유는 경제적 필요성에서도 찾을 수 있다. 통화정책 결정에 따라 시장이 반응하고, 이 반응이 통화정책의 효과를 좌우한다. 그러므로 시장의 반응을 중앙은행이 정확히 예측하는 일은 중요하다. 만약 중앙은행이 투명성을 제고하여 시장이 자신의 정책결정을 좀 더 정확히 예측하도록 도와준다면, 중앙은행도 시장의 반응을 좀 더 정확히 예측할 수 있다. 그러므로 중앙은행은 투명성을 통해 통화정책의 효율을 높일 수 있다. 게다가 건전한 정책결정과 논리는 외부에 쉽게 설명할 수 있는 법이다. 이는 중앙은행이 사후적으로 자신의 결정을 외부에 설명하게 된다는 사실, 즉 투명성 자체가 사전적으로 중앙은행 내부의 정책논리가 지적 일관성을 갖추도록 촉진하는 효과가 있음을 뜻한다.

---

70. 이 소절은 Blinder(2004)에 의존하였다.

71. Blinder(2004), p.6.

그리고 중앙은행은 투명성을 통해 자신의 목표를 공개적으로 밝히고 자신을 스스로 속박함으로써, 설령 단기적으로 전략을 수정하는 일이 있더라도 자신이 약정한 장기 목표에 대한 일반의 신뢰를 용이하게 유지할 수 있다. 통화정책에 대한 일반 국민의 신뢰는 매우 중요한데, 투명성은 바로 그 신뢰를 획득하기 위한 정공법에 해당한다.

연습문제

01. 19세기에 시작된 자유은행주의자들과 중앙은행주의자들 사이의 논쟁은 21세기인 오늘날까지도 계속 이어져 오고 있다. 이들 사이의 간격이 논쟁을 통해 좁혀지기보다는 대체로 평행선을 달려온 것으로 해석할 수 있다면 그 이유는 무엇일까?

02. 다음은 데이비스(H. Davies)와 그린(D. Green)의 단행본(Davies and Green 2010, pp.6~7)에서 발췌한 인용문이다. 읽고 물음에 답하시오.

> "[영란은행 총재] 머빈 킹(Mervyn King)이 괜찮았던 10년(NICE decade)—낮은 인플레이션과 지속적 성장이 가능했던(noninflationary and consistently expansionary) 10년—이라 불렀던 기간은 위기로 인해 끝이 났다. 머빈 킹 자신은 [2003년] 총재로 취임하면서 통화정책을 "따분한(boring)" 업무로 만들겠다는 포부를 밝혔던 터였다. … 한동안 머빈은 [자신의 포부대로] 성공에 다가갔으나 중앙은행업은 2007년 중반 이후부터는 줄곧 … 다시 "흥미로워(interesting)"진 것이 확실했다."

(1) "따분한" 통화정책이란 무엇을 의미할까?

(2) "흥미로워" 진 중앙은행업이란 무엇을 의미할까?

03. 다음은 2010년 9월 금융위기조사위원회(The Financial Crisis Inquiry Commission; 일명 The Angelides Commission)에서 미국 연준 의장 버냉키(B. Bernanke)가 행한 증언 "Causes of the Recent Financial and Economic Crisis" 중 일부이다. 읽고 물음에 답하시오.

"규제 및 감독을 통해 금융안정을 강화하면, 통화정책은 다른 신경 안 쓰고 자신이 더 잘 할 수 있는 분야인 성장 및 인플레이션의 안정에만 초점을 맞출 수 있게 된다. 그렇다고 해서 우리가 통화정책을 써서 금융불균형을 다루는 것을 무조건 배제해서는 안 된다. 왜냐하면 금융불균형으로 인한 폐해가 크기 때문이다. 연방공개시장위원회(FOMC)는 그와 같은 불균형의 조짐을 탐지하기 위해 금융상황을 면밀하게 감시하고 있으며, 앞으로도 그럴 것이다. 그렇지만 금융안정을 잠재적으로 위협하는 요인에 대한 제1 방어선은 가능한 한 감독 및 규제이어야 할 것이다."

(1) 인용문 중 버냉키의 시각이 위기 이전과 다소 달라진 점이 있다면 어느 부분인가?

(2) 금융안정에 대한 제1 방어선이 통화정책이 아니라 감독 및 규제인 이유는 무엇일까?

(3) 그럼에도 통화정책이 물가안정 이외에 금융안정까지 고려해야 하는 이유는 무엇일까?

(4) 물가안정목표제 하의 통화정책이 금융안정을 고려하는 경우, 구체적으로 어떤 접근이 필요할까?

04. 다음은 정운찬 · 김홍범 옮김(2003), pp.74～75의 일부 내용을 기초로 각색한 것이다. 이러한 언급에 대한 여러분의 생각은 어떤가?

"중앙은행은 정치로부터 독립성을 가져야 한다는 주장의 근거는 통화정책 결정에 장기 시계가 요구된다는 점에 있다. 그러나 이 말은 어쩐지 설득력이 없어 보인다. 예를 들어 세계 어느 나라에서도 조세정책을 정부 아닌 다른 독립기구에 맡겨 놓는 경우는 없다. 통화정책과 마찬가지로 조세정책도 동태적 비일관성이 중요하게 작용하는 분야여서 장기 시계가 요구되는데도 말이다."

05. 여러분은 다음 언급에 찬성하는가 아니면 반대하는가? 근거를 밝혀 자신의 주장을 펼쳐보시오.

"중앙은행의 통화정책은 필연적으로 금리와 물가수준의 조정을 수반하므로 국민의 재산권에 영향을 미칠 수밖에 없다. 그런데 선거를 통해 선출되지 않은 중앙은행이 정치적 통제로부터 독립적이라면, 이는 민주주의의 원리에 어긋난다."

06. 다음과 같은 언급의 내용을 설명해 보시오.

> "중앙은행 독립성과 인플레이션 성과 사이의 경험적 결과(음의 상관관계)는 해석상 논란의 여지가 없지 않다. 우선, 기존 문헌이 발견한 중앙은행 독립성과 인플레이션 사이의 음의 상관관계를 '중앙은행이 독립적일수록 인플레이션 성과가 개선된다'는 의미로 해석하는 것은 오류일 수 있다는 것이다. 둘째, 중앙은행 독립성의 지수화에 관련된 문제와 다수 국가를 표본으로 한 횡단면 계량분석에 관련된 문제도 종종 지적된다."

07. 어떤 나라의 정부가 서민복지 차원에서 자가주택 보급정책을 대대적으로 펼치면서 서민에 대한 은행권의 주택담보대출을 적극 독려해 왔고, 이에 따라 주택시장 붐이 급속히 조성되고 있다고 가정해 보자. 이는 거시건전성 감독을 관장하는 이 나라 중앙은행으로서는 주택경기 과열을 우려해야 하는 상황이다. 그렇다 해도 이 중앙은행이 거시건전성 조치를 선뜻 취하기란 그리 쉽지 않을 것 같다. 왜 그럴까?

08. 중앙은행이 금융시장의 지휘자 역할을 해야 한다는 블라인더의 생각은 중앙은행이 현실적으로 금융시장보다 정보 면에서 더 나을 것이 없다는 생각과 양립할 수 있는가? 다시 말해, 중앙은행이 금융시장보다 더 나은 정보를 갖고 있지 못한 것이 현실이라면 그런 상황에서도 중앙은행이 시장을 성공적으로 선도할 수 있을까?

09. 다음은 보리오(C. Borio)의 언급이다(Borio(2011), p.12). 읽고 물음에 답하시오.

> " … ① 리스크가 누적되는 기간과 금융위기(financial distress)가 가시화된 이후의 기간 둘 다에서 통화정책이 어느 정도까지 금융안정을 고려해야 할지에 대해서는 의견이 일치하지 않고 있다. 그리고 ② 금융안정에 대해 더욱 개입하게 된 점, 대차대조표가 확대된 점, 그리고 공공부문 채무가 팽창한 점이 중앙은행 독립성을 위협할 것이라는 위험이 존재한다. [중앙은행에게] 더욱 적대적일 수밖에 없는 환경에서 [중앙은행이] 이들 난제에 어떻게 대처해야 할지는 미결의 문제(open question)이다."

(1) ①에 대해 설명하시오.
(2) ②에 대해 설명하시오.

10. 2011년 8월 31일 국회 본회의를 통과한 제8차 개정 「한국은행법」 제1조(목적)는 기존 목적조항에 제②항이 새로 추가된 내용이며, 다음과 같다. 읽고 물음에 답하시오.

> "**제1조**(목적) ① 이 법은 한국은행을 설립하고 효율적인 통화신용정책의 수립과 집행을 통하여 물가안정을 도모함으로써 국민경제의 건전한 발전에 이바지함을 목적으로 한다.
> ② 한국은행은 통화신용정책을 수행함에 있어 금융안정에 유의하여야 한다."

(1) 제8차 한은법에서 통화신용정책의 최우선 목적은 여전히 물가안정인가?
(2) 통화신용정책의 수행에서 금융안정에 유의하라는 것의 의미가 무엇일까?
(3) 물가안정과 금융안정이 충돌하는 상황이라면 위의 목적조항에 따라 한국은행은 어떻게 행동해야 할지 생각해 보시오.

11. 중앙은행의 독립성과 책임성은 상호 보완성을 갖는다. 독립성이 책임성을 강화하게 되는 이유와 책임성이 독립성을 강화하게 되는 이유가 구체적으로 무엇인지 논리적으로 생각해 보시오.

12. 중앙은행의 책임성과 투명성 사이의 관계는 무엇인가?

13. 다음 박스의 지문을 읽고 물음에 답하시오.

> 글로벌 금융위기 직후 찾아온 긴 경기침체에 대응하는 과정에서, 세계 각국은 ① 완화적(또는 팽창적) 재정정책보다는 완화적 통화정책에 의존하는 경향이 최근 더욱 두드러졌다. 거시경제이론에 따르면 위기 이후 지난 10년간 지속되고 있는 글로벌 초저금리 상황에서는 ② 구축효과가 그리 크지 않아 완화적 재정정책이 경기회복에 통화정책보다 효과적이라고 볼 수 있는데도 말이다. 글로벌 위기 이후 전개된 이러한 현실 속에서 일부 선진국 중앙은행들은 정부와 국민의 기대에 부응해야 했다. 그런 과정에서 지난 여러 해 동안 일부 중앙은행들은 비전통적 통화정책 수단을 대규모로 적극 활용해 왔다. 그 결과 오늘의 중앙은행은 ③ 'the only game in town'으로 통할 정도가 되었다. ④ 여기에 대해서는 부정적인 측면과 긍정적인 측면이 다 같이 공존한다.

(1) ①과 같은 경향이 자리 잡게 된 배경사건은 무엇인가?
(2) ②가 무엇인지 설명하시오.
(3) ③은 무슨 의미인가?

(4) ④에서 부정적인 측면과 긍정적인 측면이 각각 무엇인지 설명하시오.

14. 예나 지금이나 중앙은행의 양대 책무는 물가안정과 금융안정이다. 하지만 우리나라는 1997년 금융위기 직후 금융개혁의 일환으로 통화정책에 대한 한국은행의 (수단)독립성을 보장하는 대신 한국은행에서 은행감독 기능을 분리하여 금융감독위원회(현 금융위원회)로 이관하였다. 글로벌 금융위기 이전에는 이처럼 중앙은행에서 금융감독 기능을 떼어내는 추세가 세계적으로 관찰되었다. 반면 글로벌 금융위기 이후에는 세계적으로 중앙은행이 거시건전성 감독을 담당하기에 가장 적절한 기관으로 간주되는 추세이다. 이러한 세계적 추세의 반전을 어떻게 이해할 수 있을까?

참고문헌

김홍범, 『한국 금융감독의 정치경제학』, 지식산업사, 2004. 6.

_____, 「중앙은행업: 역사와 지배구조를 중심으로」, 한국은행 인천연수원 강의자료, 2007. 7. 4.

_____, 「우리나라 금융감독체계 개편: 주요 논점과 해법」, 『한국경제연구』, 제31권 제4호, 2013, pp.133~186.

_____, "금융소비자 보호 체계: 주요국 현황과 시사점," 금융감독원 외주 연구보고서 (미발표), 2014. 11.

_____, "한국은행의 역할은 더 확대돼야 할까?," 〈시론〉, 『금융』, Vol. 740, www.kfb.or.kr, 전국은행연합회, 2015a. 11, pp.14~18.

_____, 「위기 이후 금융개혁: 영국 · 독일 · 호주의 경험과 시사점」, 『금융연구』, Vol. 29, No. 4, 2015b. 12, pp.1~52.

_____, "테크노크라시와 정치, 그리고 정책결정," 〈시론〉, 『금융』, Vol. 749, www.kfb.or.kr. 전국은행연합회, 2016a. 8, pp.13~16.

_____, 「한국의 거시건전성정책체계 설계: 2-단계 최소접근법」, 『금융연구』, Vol. 30, No. 4, 2016b. 12, pp.63~118.

김홍범 옮김, 『중앙은행의 진화』, Charles Goodhart 原著, *The Evolution of Central*

Banks(The MIT Press, 1988)의 연구번역서, 비봉출판사, 1997.

배준석, 「개정 한국은행법의 주요 내용과 의의」, 『조사통계월보』, 2011. 12, pp.100~116.

정운찬 · 김홍범 옮김, 『중앙은행의 이론과 실제』, Alan S. Blinder 原著, *Central Banking In Theory and Practice*(The MIT Press, 1998)의 연구번역서, 율곡출판사, 2003. 5.

________________, 『화폐와 금융시장』, 제4판, 2012. 8.

한국은행, 『한국은행 50년사』, 2000. 6.

________, 『한국의 통화정책』, 2012. 12.

________, "한국은행, 「국책은행 자본확충펀드」 관련 자금 지원방향 결정," 보도자료, 공보 2016-7-2호, 2016. 7. 1.

Bernanke, Ben S., "Causes of the Recent Financial and Economic Crisis," Testimony before the Financial Crisis Inquiry Commission, Washington, D.C., September 2, 2010.

Blinder, Alan S., *The Quiet Revolution : Central Banking Goes Modern*, Yale University Press, 2004.

Bloomberg, "Principal Global' s Baur Sees Synchronized Global Upturn," Video clip, www.bloomberg.com, June 28, 2017.

Borio, Claudio, "Central Banking Post-crisis : What Compass for Uncharted Waters?," BIS Working Papers No. 353, Bank for International Settlements, September 2011.

Borio, Claudio, and Philip Lowe, "Asset Prices, Financial and Monetary Stability : Exploring the Nexus," BIS Working Papers No. 114, Bank for International Settlements, July 2002.

Briault, Clive B., Andrew G. Haldane, and Mervyn A. King, "Independence and Accountability," Working Paper, No. 49, Bank of England, April 1996.

Bruni, Franco, "Financial Stability, Regulation, Supervision, and Modern Central Banking," in Santomero, Anthony M., Staffan Viotti, and Anders Vredin, eds., *Challenges for Central Banking*, Kluwer Academic Publishers, 2001, pp.19~37.

Brunnermeier, Markus, Andrew Crockett, Charles Goodhart, Avinash D.

Persaud, and Hyun Shin, *The Fundamental Principles of Financial Regulation*, Geneva Reports on the World Economy, Preliminary Conference Draft 11, ICMB(International Center for Monetary and Banking Studies) and CEPR(Center for Economic Policy and Research), January 2009.

Carney, Mark J., "Commentary: Using Monetary Policy to Stabilize Economic Activity," *Proceedings* of the Economic Policy Symposium titled *Financial Stability and Macroeconomic Policy* and supported by the Federal Reserve Bank of Kansas City, Jackson Hole, Wyoming, August 22, 2009, pp.297~311.

Caruana, Jaime, "Why Central Bank Balance Sheet Matter," Keynote address at the Bank of Thailand–BIS Conference on *Central Bank Balance Sheets in Asia and the Pacific : The Policy Challenges Ahead*, Chiang Mai, Thailand, December 12, 2011.

Cecchetti, Stephen G., "Monetary Policy Lessons Learned from the Crisis and the Post–Crisis Landscape," A speech delivered at the Inaugural SEACEN–CEMLA Conference held in Kuala Lumpur, Malaysia, on October 13, 2011.

Cechetti, Stephen, Alfonso Flores–Langunes, and Stefan Krause, "Better Monetary Policy Lies behind Unprecedented Economic Stability," *Economic Journal*, Vol. 116, Issue 511, April 2006, pp.408~433.

Cukierman, Alex, Steven B. Webb, and Bilin Neyapti, "The Measurement of Central Bank Independence and its Effect on Policy Outcomes," a paper presented at the NBER Conference on Political Economics, November 15-16, 1991.

Davies, Howard, and David Green, *Banking on the Future : The Fall and Rise of Central Banking*, Princeton University Press, 2010.

Eijffinger, Sylvester C. W., and Jakob De Haan, "The Political Economy of Central-Bank Independence," Special Papers in International Economics, No. 19, International Finance Section, Department of Economics, Princeton University, May 1996.

Ferguson, Roger W., "Should Financial Stabiity Be An Explicit Central Bank

Objective?," Prepared remarks for the BIS Conference on *Monetary Stability, Financial Stability, and the Business Cycle*, Basel, Switzerland, March 28, 2003.

Fischer, Stanley, "Modern Central Banking," in Capie, Forrest, Charles Goodhart, Stanley Fischer, and Schnadt Norbert, eds., *The Future of Central Banking*, Cambridge University Press, 1994, pp.262～308.

__________, "Central-Bank Independence Revisited," *American Economic Review*, Papers and Proceedings, Vol. 85, May 1995, pp.201～206.

Goodhart, Charles A. E., *The Evolution of Central Banks*, The MIT Press, 1988.

__________, "The Changing Role of Central Banks," BIS Working Papers No. 326, Bank for International Settlements, November 2010.

Goodhart, Charles A. E., and Dimitrios P. Tsomocos, "Analysis of Financial Stability," Special Paper No. 173, Financial Markets Group, The London School of Economics, May 2007.

Group of Thirty, "The Structure of Financial Supervision: Approaches and Challenges in a Global Marketplace," 2008.

Jácome, Luis I., and Tommaso Mancini-Griffoli, "A Broader Mandate," *Finance & Development*, International Monetary Fund, June 2014, pp.47～50.

Kroszner, Randall S., "Comments on Charles Goodhart' s paper: "What Should Central Banks Do?," in: Goodhart, Charles A.E., "The Changing Role of Central Banks," BIS Working Papers No. 326, Bank for International Settlements, November 2010, pp.21～23.

Kroszner, Randall S., and William Melick, "The Response of the Federal Reserve to the Recent Banking and Financial Crisis," A paper presented at a conference that was titled *An Ocean Apart? Comparing Transatlantic Responses to the Financial Crisis* and held in Rome, www.bancaditalia.it, September 10-11, 2009.

Lastra, Rosa M., *Central Banking and Banking Regulation*, Financial Markets Group, London School of Economics, 1996.

__________, "The Governance Structure for Financial Regulation in Europe," Special Paper, No. 133, Financial Markets Group, London

School of Economics, December 2001.

Majone, Giandomenico, "Strategy and Structure the Political Economy of Agency Independence and Accountability," in Organization for Economic Cooperation and Development, *Designing Independent and Accountable Regulatory Authorities for High Quality Regulation*, Working Party on Regulatory Management and Reform, Proceedings of an Expert Meeting in London, United Kingdom, January 10–11, 2005, pp.126~155.

Mas, Ignacio, "Central Bank Independence : A Critical View from a Developing Country Perspective," Policy Research Working Paper, No. 1356, World Bank, September 1994.

Mishkin, Frederic S, "Monetary Policy Strategy : Lessons from the Crisis," NBER Working Paper No. 16755, National Bureau of Economic Research, February 2011.

Orphanides, Athanasios, "Is Monetary Policy Overburdened?," BIS Working Papers No. 435, Bank for International Settlements, December 2013.

Posen, Adam S., "Why Central Bank Independence Does Not Cause Low Inflation," *Central Banking*, Vol. 4, No. 2, 1993, pp.51~63.

Squamlake Working Group on Financial Regulation, "A Systemic Regulator for Financial Markets," A Working Paper, Council on Foreign Relations, May 2009.

Stone, Mark, Kenji Fujita, and Kodaro Ishi, "Unconventional Behavior," *Finance and Development*, September 2011, pp.40~41.

Trichet, Jean-Claude, "After the Crisis," Keynote speech given at the 19th Frankfurt European Banking Congress, Frankfurt am Main, Alte Oper, November 20, 2009.

White, William R., "Procyclicality in the Financial System : Do We Need a New Macrofinancial Stabilization Framework?," BIS Working Papers No. 193, Bank for International Settlements, January 2006.

화폐금융과 금융안정

제14장 2007 ~ 2009년 글로벌 금융위기

제15장 금융안정, 금융안전망과 금융시스템 관련 공공기관

제16장 금융시스템 관련 공공기관 (I) / **제17장** 금융시스템 관련 공공기관 (II)

5

CHAPTER **14**

2007~2009년 글로벌 금융위기

Money & Financial Markets, Ch. Fourteen, pp.719~770

1. 글로벌 금융위기의 전개과정
2. 글로벌 금융위기의 배경과 원인

1970년대까지만 해도 금융위기와 금융안정의 문제는 각국 정책당국과 금융학자들에게는 거의 잊혀져 있었다. 1930년대 대공황 이후 1970년대 초까지 약 40년 동안 세계 경제는 이렇다 할 금융위기를 별로 겪지 않았기 때문이다. 이는 1930년대 이후 케인즈의 거시경제학이 전 세계를 풍미하면서 강력한 규제규율(regulatory discipline) 아래 금융안정이 수십 년간 잘 유지된 덕분이었다.

그러나 1970년대부터는 금융자율화와 규제완화의 확산으로 규제규율이 약화되고 시장규율(market discipline)이 강화되었다.[1] 그 결과 세계적으로 금융환경이 19세기의 상황과 흡사해졌다. 다시 말해, 19세기 중반의 주요 경제적 특징—가격 및 임금 신축성과 금융의 취약성 등과 같은 특징—이 20세기 말부터 재현된 것이다.[2] 그리고 19세기의 유럽과 미국이 그랬듯이 세계 곳곳에서는 크고 작은 금융불안정이 금융위기의 형태로 빈발하게 되었다. 예를 들어 1970년대 말에서 1999년까지 약 20년 동안 세계적으로 93개 국가에서 모두 114건의 시스템금융위기가 발생했을 정도이다.[3]

그런 가운데 1980년대와 1990년대에는 금융안정의 확립과 유지가 각국 정부의 중요한 정책과제로 등장하였다. 특히 1997~1998년의 동아시아 금융위기를 계기로 금융위기를 어떻게 예방하고 대처할 것인가 하는 금융규제 · 감독의 문제가 IMF와 세계은행, 그리고 BIS 등 국제금융기구와 각국 정책당국의 가장 중요한 화두로 부상하였다. 다만, 그동안의 국제적 논의에는 금융위기가 선진국보다는 주로 신흥시장국의 구조적 문제나 정책실패에 기인한다는 고정관념이 부분적으로 자리 잡고 있었다. 하지만 2007~2009년 글로벌 금융위기가 미국과 유럽의 선진국을 중심으로 진행된 것을 계기로 그와 같은 관념은 완전히 사라졌다. 대신 선진국과 신흥시장국이 한데 모인 G20을 주축으로 금융안정을 위한 글로벌 차원의 본격적 논

---

1. 금융불안정성을 억제하는 방법에는 두 가지가 있다. 하나는 시장규율이고, 다른 하나는 규제규율이다. 우선, 시장규율(market discipline)이란 다양한 시장참여자가 갖는 각각의 사적 이해관계를 시장원리에 따른 조정에 의해 금융안정을 유지하려는 규율의 방식을 의미한다(금융감독원 인력개발실, 2006). 한편, 규제규율(regulatory discipline)이란 정책당국이 평상시 혹은 비상시에 금융 기관 · 시장 · 하부구조 개입을 통해 금융안정을 유지하려는 규율의 방식을 의미한다. 시장규율과 규제규율에 대한 상세한 논의는 이 책의 제15장을 참고하기 바란다.
2. Bruni(2001) 참조.
3. Caprio and Klingebiel(1999) 참조.

의가 지난 수년간 체계적으로 진행되어 오고 있다.

사실 2007년 상반기 중 서브프라임 모기지(비우량주택담보대출) 부실화가 감지되었을 때만 해도 이것이 2007~2009년 글로벌 금융위기의 시작이 될 줄은 아무도 몰랐다.[4] 실제로 2008년 9월 미국 월가의 리먼브러더즈 투자은행이 도산을 신청하기 두 달 전까지도 연준은 물가안정을 위해 정책금리의 인상 필요성을 검토할 정도였다. 그러나 글로벌 금융위기의 가려져 있던 실체가 리먼 도산과 함께 갑자기 드러났다. 당시 서브프라임 모기지 잔액은 1조 달러가 넘었으므로 잠재적 손실액이 꽤 클 것으로 전망되긴 했지만 나중에 드러난 글로벌 위기의 규모에 비할 수는 없다.[5] 예를 들어 미국 주가총액만 하더라도 2007년 10월과 2008년 10월 사이에 8조 달러나 증발했다.[6]

2007~2009년 글로벌 금융위기의 후폭풍은 2010년 봄 그리스에서 시작된 유럽재정위기로 이어져 유로존 전체를 수년간 위협했었다. 나라와 지역에 따라 다소 차이는 있었지만, 그 이후에도 글로벌 침체 상황이 이어지다가 결과적으로는 서브프라임 사태가 발생한 지 근 10년이 경과한 2017년에 들어와서야 세계 경제가 대체로 동시적 회복세로 접어들었다.

이 장에서는 서브프라임 사태로 시작된 글로벌 금융위기가 실체를 드러내기까지의 위기 전개 및 확산 과정을 살펴본 후, 이번 금융위기의 배경과 원인을 다각적으로 검토하기로 한다.

---

4. 미국의 모기지(주택담보대출: mortgages)는 차입자의 신용도에 따라 프라임(prime: 우량) 모기지, Alt-A(Alternative A-paper: 준우량) 모기지, 서브프라임(subprime: 비우량 또는 저신용) 모기지의 세 유형으로 구분된다. Wikipedia(2012b) 참조.

5. Bernanke(2010b) 참조.

6. Brunnermeier(2009) 참조.

1. 글로벌 금융위기의 전개과정[7]

BIS의 연차보고서(2009)는 2007년 6월~2009년 6월 기간 중 글로벌 금융위기의 전개과정을 다음 5개 단계로 세분한다:[8]

- **1단계**: "위기의 시작"(2007년 6월~2008년 3월 16일 JP 모건 체이스의 베어스턴즈 매입);
- **2단계**: 금융상황 악화(2008년 3월 중순~9월 15일 리먼브러더즈의 도산 신청);
- **3단계**: "글로벌 신뢰상실"(2008년 9월 중순~10월 말);
- **4단계**: "글로벌 경기침체"(2008년 10월 말~2009년 3월 중순);
- **5단계**: "경기침체 심화"와 "안정화의 첫 조짐"(2009년 3월 중순~6월).

우선, 1~2단계는 위기의 초기단계로서, 미국 서브프라임 모기지의 채무불이행 사태가 가시화된 2007년 6월부터 2008년 9월 15일 미국 월가의 투자은행 리먼브러더즈(Lehman Brothers)가 Chapter 11 도산을 신청하기까지 약 15개월 동안의 기간이다. 이 기간 중 1단계는 서브프라임 사태가 진행되면서 거래상대방 신용위험이 증가하고 위기상황이 고조되던 "위기의 시작"이었다.[9] 이 시기에 이미 그림자은행시스템에 대한 유동성 압박이 런(run)으로 나타나고 있었다.[10] 2007년 7월 독일 IKB 은행의 부외 자회사(conduit)인 라인란트(Rhineland) 부외기구의 ABCP 차환이 곤란해졌고,[11] 곧이어 8월 프랑스 BNP 빠리바(Paribas) 은행이 보유한 3개 투자펀

---

7. 이 절은 BIS(2009)에 주로 의존하였다.

8. Mishkin(2010)은 최근 금융위기의 진행을 1단계인 서브프라임 모기지 위기(2007. 8~2008. 8)와 2단계인 글로벌 금융위기(2008. 9 이후)로 양분한다. 이와 같은 미쉬킨의 구분은 '글로벌 금융위기'를 서브프라임 사태와는 구분되는 협의의 개념으로 사용한다는 점에서 BIS와 차이가 나지만, 2008년 9월 중순의 리먼 사태를 이번 금융위기의 전기와 후기를 가르는 핵심적 사건으로 본다는 점에서는 BIS의 시각과 아무런 차이가 없다. 이 책은 BIS(2009)와 마찬가지로 '글로벌 금융위기'를 서브프라임 사태를 포함하는 광의의 개념으로 사용한다.

9. BIS(2009), p.15.

10. 그림자은행시스템에 대해서는 이 책의 제8장을 참고하기 바란다. 그림자은행시스템 런에 대해서는 이 책의 제8장 〈Box 8-3〉 참조.

11 당시 부외기구들은 단기 ABCP를 발행하여 조달한 자금으로 CDO, CMO 등의 장기 유동화증권에

드의 환매 사태가 발생한 것이다. 이들 사건은 서브프라임 사태로 IKB 콘듯과 BNP 빠리바 투자펀드가 각기 보유한 모기지 관련 유동화자산의 가치하락에 대한 투자자의 우려를 반영한 것이었다. 라인란트 부외기구에 대한 신용지원 약정을 이행할 수 없었던 IKB는 지급능력 부족(insolvency)에[12] 빠져 결국 구제되어야 했고, BNP 빠리바는 투자펀드 환매를 중단했다.[13] 당시 자회사나 부외기구에 대한 신용지원 약정 등 개별 은행이 보유한 조건부 부채의 구체적 내역은 알려지지 않은 채, 은행들이 조건부 부채를 보유한다는 사실이 널리 인식되면서 은행간시장이 얼어붙는 조짐도 나타났다.[14] 이는 "[부외기구 등과의 신용지원 약정에 부응하여] 각 은행 자신이 얼마나 자금을 조달해야 할 필요가 있을 것인지에 대해 불확실성이 급증한 데에다 … 이와 유사한 문제에 여타 은행들이 어떤 정도로 직면해 있는지를 알지 못했기 때문" 이었다. 거래상대방 신용위험의 급증으로 은행들이 대출을 꺼리는 가운데 은행간시장에는 "예비적 자금퇴장(precautionary hoarding)" 이 만연했다.[15] 그 결과 은행간시장의 유동성 가뭄은 2008년으로 이어졌다. 이후 2008년 3월 15일 베어스턴즈(Bear Stearns)의 몰락—JP 모건 체이스의 베어스턴즈 매입—은 그림자은행시스템에 대한 결정적 런이었다. 당시 "베어스턴즈는 다양한 거래상대방에 널리 걸쳐 1.5억 개의 거래를 보유했[으므로] … 갑작스럽게 도산하도록 내버려두기에는 상호연계성이 지나치게 높은 것으로 간주되었다." [16] 이 사건은 상업은행이 아닌 투자은행이 시스템리스크를 제기할 수 있다는 사실을 처음으로 보여주었다.

베어스턴즈 붕괴를 계기로 2단계(금융상황의 악화)가 시작되었다. 이 시기에는 주택가격 하락의 장기화 전망, 경기상황의 악화, MBIA와 Ambac 등 여러 모놀라인 보험회사(monoline insurers)의 신용등급 강등,[17] 2000년대 미국 주택금융 정부

투자하고 있었다. ABCP의 주요 매입자는 MMMF였다. 그런데 서브프라임 사태로 부외기구가 보유한 유동화증권의 가격 하락을 우려한 MMMF가 ABCP 투자를 외면하면서 부외기구의 ABCP 차환이 곤란해진 것이었다. Brunnermeier(2009)와 Goodhart(2009) 참조.

12. 이 책에서는 '지급능력 부족'과 '지급불능'을 동일한 의미로 혼용하기로 한다.

13. Brunnermeier(2009) 참조.

14. Goodhart(2009) 참조.

15. Brunnermeier(2009), p.95.

16. Brunnermeier(2009), p.88.

17. 모놀라인 보험회사는 원래 지방정부채권(minicipal bonds)의 채무불이행 위험에 대비한 보증(guarantee)을 제공했으나, 글로벌 위기 얼마 전부터는 MBS와 CDO 등 유동화증권에 대해서도 신용보강 차원에서 보증을 제공해 왔다. 이들 보험회사에 대한 신용등급 강등은 이들이 보증한 MBS

그림 14-1

TED 스프레드의 변동 추이

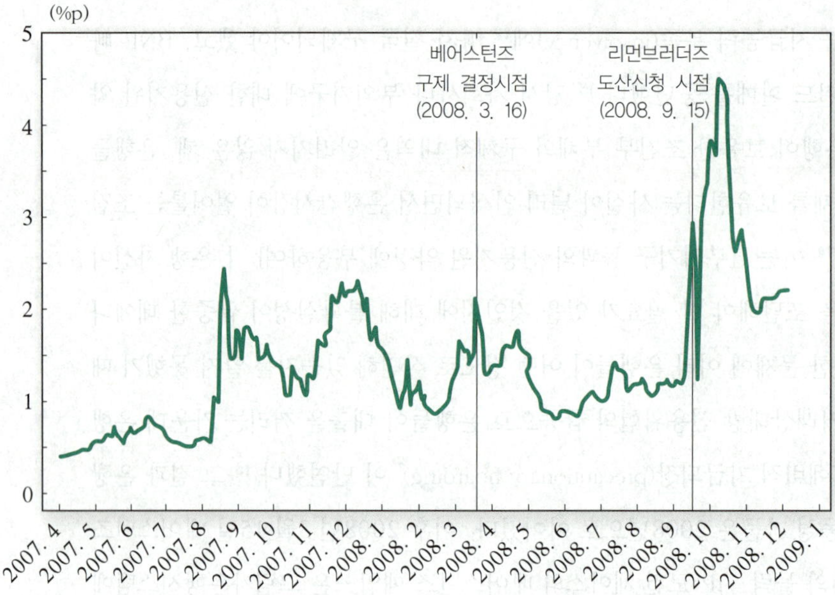

자료 : Brunnermeier(2009), p.86의 Figure 3.

지원기업인 프레디맥(Freddie Mac)과 패니메이(Fannie Mae)의 신용위험 증대, 주가 급락 등으로 금융기관의 손실 및 상각이 증가했다. 2008년 9월 7일 미국 정부가 프레디맥과 패니메이를 구제하기로 결정했지만 금융부문 전반에 대한 우려는 지속되었다. 거래상대방 위험이 자금시장에 만연한 가운데, 금융기관들의 유동성 부족이 결국 지급능력 부족으로 이어지는 등 금융상황이 악화일로를 걷고 있었다. 그리고 2008년 9월 15일 리먼브러더즈가 마침내 도산을 신청하기에 이르렀다.

3단계는 리먼 붕괴 이후 2008년 10월 말까지의 "글로벌 신뢰상실"기이다. 리먼의 도산으로 주요 자금조달시장에 일련의 대규모 런이 촉발되고 "신뢰위기"가 전 세계로 파급되었다.[18] 리먼의 도산은 2007~2009년 글로벌 금융위기의 전기(서브프라임 사태)와 후기(서브프라임 사태의 글로벌 금융 및 실물경제로의 파급)를 구분짓는 핵심적 사건이었다. 〈그림 14-1〉은 당시 리먼 도산의 충격을 TED 스프레드의 움직

및 CDO의 평가손에 따른 조치였다. BIS(2009) 참조.

18. BIS(2009), p.23.

임으로 보여준다. TED 스프레드란 위험자산(무담보대출) 수익률인 3개월 만기 LIBOR에서 무위험자산(미국 3개월 만기 Treasury Bills) 수익률을 차감한 신용스프레드로서, 유동성 압박의 정도를 나타내는 대표적 시장지표 중 하나이다. TED 스프레드는 리먼 도산 직후인 2008년 9월 17일 유동성 압박을 반영하여 300bp가 넘는 수준으로 급등했고, 잠시 진정되는 듯했으나 정부의 개입정책에 대한 불확실성으로 10월 10일에는 457bp로 다시 급등하기도 했다.[19]

2008년 9월 15일 리먼의 도산 신청으로, 리먼 증권을 거액 보유한 금융회사들이 줄줄이 위기에 봉착했다. 우선 보험회사 AIG(American International Group)가 리먼의 채무불이행에 대해 계약기준으로 총 4,400억 달러에 이르는 보험계약상품(CDS : 신용파산스왑)을 투자자들에게 판매한 것으로 알려져, 거액의 보험금을 지급해야 할 처지가 되었다. 이 때문에 당시 AIG는 단기자금 조달이 어려웠고 그대로 두면 파산이 불가피한 상황이었다. 결국 2008년 9월 16일 미국 정부는 "CDS를 포함하는 신용파생상품업무에서[의] … 상호연계성(interconnectedness)"을 감안하여 AIG를 구제하기로 결정했고,[20] 이는 투자은행과 마찬가지로 보험회사 역시 시스템적 위험을 제기할 수 있다는 것을 일깨워준 역사적 사건이 되었다. AIG에 대한 연준의 850억 달러 긴급 대출로 CDS시장은 이내 안정화되었다(CDS와 AIG에 대해서는 〈Box 14-1〉 참조).[21]

Box 14-1 신용파산스왑(CDS)과 AIG

글로벌 금융위기를 겪으면서 비우량주택담보대출(subprime mortgages)이 가져온 손실 다음으로 큰 손실은 CDS에 의해 초래되었다.[1)] 세계 최대의 미국 보험회사인 AIG 구제를 위해 2008년 9월부터 2009년 3월까지 모두 1,800억 달러의 공적자금이 투입되었기 때문이다.

2000년대에 들어와 자산유동화증권시장이 급성장하면서 CDS시장도 급성장했다. BIS의 서베이 자료에 따르면 2004년 말 명목계약 기준 6.4조 달러였던 CDS 시장 규모는 2006년 말 28.7조 달러, 2007년 말 57.9

19. Brunnermeier(2009), Mishkin(2010)와 Wikipedia(2012a) 참조.

20. Brunnermeier(2009), p.89.

21. 전 연준의장 버냉키(B. Bernanke)는 AIG가 CDS를 취급한 것이 문제라기보다는 리스크관리에 실패한 것이 문제라고 본다. "신용파생상품에 거액의 포지션을 취했으면서도 … AIG는 헤지도 하지 않았고, 자본금을 충분히 쌓지도 않았다"는 것이다(Bernanke 2010b, p.4).

조 달러로 급성장하다가 서브프라임 사태로 2008년 말 41.8조 달러로 감소했다.[2)]

금융기관은 대출보다는 AAA등급 자산유동화증권을 대차대조표상에 보유할 때 규제자본을 절약할 수 있었다. 나아가 CDS에 의해 보장된 AAA등급 자산유동화증권을 보유하면 더욱 절약할 수 있다. 이는 기초자산에서 신용위험만을 떼어내 이를 가장 잘 부담할 수 있는 다수의 투자자에게 분산시키는 헤지수단이라는 CDS의 순기능이 인정되기 때문이다.[3)] 다만, CDS 프리미엄은 기초자산(구조화증권)에 내재한 신용위험의 가격에 해당하지만, 일반 보험계약과는 달리 보장매입자가 CDS를 구입하기 위해 그 기초자산을 반드시 보유해야 할 필요는 없다.[4)] 이러한 CDS를 일반 CDS(plain-vanilla CDS)와 구별하여 네이키드 CDS(naked CDS)라고 부른다.

글로벌 위기 이전 AIG는 AAA등급의 RMBS와 CDO 등을 기초자산으로 하는 CDS를 투자자들에게 집중적으로 판매하고 일정 기간 동안 신용보장(credit protection)을 제공했다. 미국 주택시장의 활황이 지속되는 한 실제로 신용보장을 제공해야 하는 신용사건은 발생하지 않으므로 이렇게 해도 별다른 문제가 없었다. 구조화증권에 대한 현금흐름이 정상적인 동안에는 CDS를 발행 · 판매하여 받은 프리미엄이 AIG에게는 고스란히 수익이 되었기 때문이다. 결국 AIG는 주택시장의 활황에 집중적으로 베팅한 셈이었다. 하지만 주택시장이 하강하자 2008년 제4분기에만 AIG는 617억 달러에 달하는 손실을 입었다. 이 때문에 미국 연준의장인 버냉키(B. Bernanke)가 2009년 3월 3일 "지난 18개월을 통틀어 AIG보다 나를 더 화나게 만든 단일 사건은 없었다"고 말한 것으로 알려졌다. AIG가 "무책임한 내기를 수도 없이 했고, 거대한 손실을 입었으며, 시스템 내부의 갭으로 인해 규제 · 감독도 받지 않았"으므로 "마치 헤지펀드처럼 영업했다"는 것이다.[5)] 심지어 CDS가 "역대 최악의 월가 발명품"이라는 말까지 나올 정도다.[6)] 특히 네이키드 CDS의 문제를 최연구는 다음과 같이 지적한다 :[7)]

"… 'naked CDS'의 경우 채권 자체의 구입을 조건으로 하지 않는다는 점에서 채권 부도라는 사건에 베팅하는 '순수 도박'이라고 볼 수 있다. 이와 같은 도박은 금융 본연의 기능과 무관할 뿐만 아니라 그 기능을 저해할 수도 있다. 왜냐하면 채권을 직접적으로 구매 혹은 보장하는 데 쓰일 자본이 베팅의 담보물로 전용될 수 있기 때문이다. 이렇게 되면 [naked CDS는] 자본 형성을 촉진하는 대신 오히려 저해하는 수단으로 사용될 수 있다."

그러나 투자자는 네이키드포지션(naked positions)을 취함으로써 기초자산을 공매도하는 효과를 누리게 된다. 일반적으로 공매도의 효과가 논쟁적이듯이, 네이키드 CDS의 효과도 논쟁적이다. 스털즈(R. Stulz)는 투자자의 네이키드 CDS 구입을 제한하거나 금지하면 CDS시장에 투기거래자(speculators) 없이 헤지거래자(hedgers)만 남게 되므로 유동성이 사라진다고 본다. 또한 스털즈는 CDS에 대한 보험금을 실제로 지급하지 못해 AIG가 붕괴한 것이 아니라는 사실을 강조한다. "AIG의 손실이 커지고 회사의 신용등급도 강등되면서 … CDS 약정에 따른 추가담보 설정 의무를 충족하지 못했"을 뿐이며, "[AIG는] CDS에서보다는 [자신이 보유한] 주택담보대출 관련 증권 포트폴리오에서 더욱 큰 손실을 입었다"는 것이다.

이렇게 볼 때 CDS에는 앞으로 해결되어야 할 논쟁적인 측면이 있는 것은 사실이다. 그러나 글로벌 금융위기를 통해 분명해진 사실은 파생상품거래의 투명성이 일반적으로 크게 제고되어야 한다는 점이다. CDS의 경우 기존의 장외시장 거래를 지양하고 거래소시장 중심의 거래로 전환해야 한다는 주장도 그와 같은 맥락이다. 여기에 대해 스털즈는 외환선물의 경우 장외시장과 거래소시장이 수십 년간 공존해 오고 있다는 사실을 들며, CDS의 경우에도 그와 같은 공존이 바람직하다는 의견을 제시한다. 맞춤(customization)과 표준화

(standardization)라는 장점을 각각 갖는 두 시장은 상호 보완적이라는 것이다.

1) Hutchinson(2009) 참조.
2) Stulz(2010), p.80의 Table 1에서 재인용.
3) 한국은행(2021) 참조.
4) 일반적으로 보험계약은 유통시장에서 거래되지 않지만 CDS는 장외시장(OTC)에서 거래된다는 점에서도 CDS는 일반 보험계약과 차이가 난다. Stulz(2010) 참조.
5) 본문에 나오는 버냉키의 언급은 모두 Torres and Son(2009)에서 재인용.
6) Hutchinson(2009).
7) 최연구(2010) 참조.

자료 : 최연구(2010), 한국은행(2021), Hutchinson(2009), Stulz(2010), Torres and Son(2009), Wikipedia(2012a).

리먼의 도산 신청 이튿날인 2008년 9월 16일 미국의 자금시장펀드(MMMF)인 리저브 프라이머리 펀드(RPF : Reserve Primary Fund)가 "투자원금 손실(breaking the buck), 즉 기투자된 매 1달러에 대한 순자산 가치가 1달러에 미달하는 상황"을 보고했다.[22] 이는 RPF가 근 8억 달러의 리먼 증서를 상각해야 했기 때문이었다.[23] 미국 뮤추얼펀드의 역사에서 원금손실은 매우 드문 사건으로, RPF 사태로 인해 다수의 MMMF들에 대한 런이 확산되었고 MMMF들은 환매요청에 부응하기 위해 자산을 헐값에 매각해야 했다. 당시 MMMF들은 주로 유럽의 은행들이 발행한 CP와 CD에 주로 투자하고 있었으므로, MMMF에 대한 런은 "먼저 CP시장에 대한 런을, 이후 CD시장에 대한 런과 국외은행(non-US banks)[특히 유럽의 은행]에 대한 런을 위협하는 요인으로 작용했다."[24] 이와 같은 상황이 은행간시장에 대한 추가적 자금압박으로 이어졌음은 물론이다. 결국 미국의 서브프라임 사태는 리먼 도산을 거쳐 삽시간에 전 세계의 금융위기로 증폭되었다. *The Economist*는 당시 리먼 도산의 충격을 다음과 같이 요약하고 있다:[25]

> "순수 경제학적 관점에서 볼 때, 리먼 도산이 엄청난 고통을 가져온 것은 사실이다. 기업어음시장, 신용파생시장, 그리고 은행조달시장에 패닉을 가져와 은행 유동성을 극적으로 악화시켰[고,] … 자본흐름과 거래흐름이 붕괴되었다. 신용회수 · 성장약화 · 부채손상의 악순환이 뒤따랐다. 2008년 7월 IMF는 2009년 중 세계 경제성장률을 3.9%로 생각했었다. 이제 IMF는 세계 경제성장률이 1.4%p만큼 하락할 것으로 예상한다.

22. BIS(2009), p.26.
23. Mishikin(2010) 참조.
24. BIS(2009), p.26.
25. *The Economist*(2009), p.74.

2008년 8월 무디스의 이코노미닷컴(Economy.com)은 2009년 중 미국에서 290만 건의 1차 주택담보대출(first mortgages)이 상환불능일 것으로 전망했다. 이는 그 자체만으로도 재난에 해당하는 숫자이다(2006년에는 100만 건의 주택담보대출이 상환불능에 빠졌었다). 그런데 지금은[2008년 9월 초 현재] 2009년 중 상환불능에 빠질 것으로 예상되는 주택담보대출 건수가 380만 건에 달한다. 이는 일련의 정책실패와 그에 따른 금융패닉(financial panic)으로 고용 및 소득이 줄어든 결과라고 무디스 이코노미닷컴의 수석경제학자인 잔디(M. Zandi)는 말한다."

한편 2008년 10월 3일 미국의 TARP(Troubled Asset Relief Program) 수정안이 국회를 통과함으로써 재무부가 7,000억 달러의 부실자산을 금융기관으로부터 매입할 수 있게 되었다. 또한 선진국에 이어 신흥시장국도 리먼 도산 이후 수출이 급감하고 자금조달상황이 악화되면서 위기의 직접적 영향권 내로 편입되었다. 이렇게 위기가 보편화되자 2008년 10월 중순 즈음에는 미국과 유럽, 일본 등 주요국 중앙은행이 과거의 유동성 지원을 뛰어넘는 광범하고 전례 없는 정책개입을 일거에 실시하고 정책공조를 위해 노력하게 되었다. 2008년 10월 29일 연준과 일부 신흥시장국 간 달러스왑라인이 개설되었다. 이와 같은 과감한 글로벌 정책대응으로 2008년 10월 말에는 은행간시장이 다소 안정화되는 조짐을 보이는 등 글로벌 신뢰상실 상황이 약간 호전되기 시작했다.

금융위기에는 경기침체가 뒤따르기 쉽다. 미쉬킨(F. Mishkin)은 금융위기가 실물적 효과를 초래하는 이유를 세 가지로 설명한다.[26] 첫째, 금융위기는 일반적으로 신용스프레드를 확대함으로써 이자율을 높여 총수요를 위축시킨다. 둘째, 금융위기로 금융기관의 보유자산 가치가 하락하면서 스스로 레버리지를 줄이는 과정에서 실물기업에 대한 대출이 위축된다. 셋째, 금융위기로 인한 불확실성 증대로 정보 비대칭이 심화되면서 금융기관의 자금중개 기능이 손상된다.

이번 금융위기에서도 "글로벌 경기침체"가 4단계인 2008년 10월 말부터 2009년 3월 중순까지의 기간 중 본격화되었다.[27] 이 단계에서는 주요국 정책당국의 금융지원 및 실물경제지원의 범위 · 지속성 · 효과 등에 대한 불확실성으로 시장변동성이 지속되는 가운데, 추가적 지원프로그램이 발표되면 금융시장이 잠시 호전

---

26. Mishkin(2010) 참조.

27. BIS(2009), p.31.

되었다가 다시 악화되는 상황이 반복되었다. 한편, 금융지원과 실물경제지원에 따른 재정적자 확대로 일부 국가의 CDS 스프레드가 상승하는 등 불확실성이 지속되었다.

글로벌 금융위기의 마지막 5단계는 2009년 3월 중순부터 6월까지로 "경기침체가 심화되는 가운데 그 속도는 감소" 한 시기이다.[28] 주요국 중앙은행의 양적완화 정책과 같은 추가적 정책조치로 자산가격이 다소 회복되었지만 금융시장에 대한 신뢰회복은 불완전한 상태였다. 그래도 경기침체의 속도가 감소하는 등 "안정화의 첫 조짐"이 보이기 시작했다.[29]

[표 14-1]은 지금까지 설명한 글로벌 금융위기의 전개과정을 요약한 내용이다.

표 14-1 **2007~2009년 글로벌 금융위기의 전개과정**

금융위기의 5개 단계	금융시장과 금융기관의 상황
1단계 : 위기 시작 (2007년 6월~ 2008년 3월 중순)	■ 2007년 6월 미국 서브프라임 모기지 채무불이행 사태가 가시화 ■ 서브프라임 모기지의 손실 누적에 따라 단기자금조달모형[1)]을 운용해 온 그림자은행시스템의 자금조달 유동성이 압박 받음 ■ 서브프라임 사태가 관련 유동화자산의 손실 규모 및 분포에 미치는 영향을 구체적으로 알 수 없는 상황에서 거래상대방 신용위험이 증가 ■ 2007년 8월 9일 은행간시장의 혼란으로 위기가 시작 ■ 이후 위기상황의 강도가 2008년 3월까지 점차 고조
2단계 : 금융상황 악화 (2008년 3월 중순~ 9월 중순)	■ 2008년 3월 16일 JP 모건 체이스에 의한 베어스턴즈 매입이 공표되면서 미국 경기침체의 해외 전이가 잠시 주춤하긴 했으나, 은행간시장은 2007년 8월 이전 상황으로 회복되지 않음 ; 이는 유동성 선호의 증가와 거래상대방 위험의 증가를 반영 ■ 주택가격 하락의 장기화 전망, 경기상황의 악화, 모놀라인 보험회사(monoline insurers)의 신용등급 강등, 프레디맥(Freddie Mac)과 패니메이(Fannie Mae)가 발행한 부채의 스프레드 증가와 이들이 보증한 유동화자산의 스프레드 증가, 주가급락 등으로 자산평가에 의한 금융기관의 손실 및 상각이 증가 ■ 2008년 9월 7일 미국 정부의 프레디맥 · 패니메이 구제 결정에도 금융부문 전반에 대한 우려는 지속 ■ 자금조달 문제가 지급능력 문제로 변형되면서 유동성위기(liquidity crisis)에 내재한 지급능력위기(solvency crisis)가 부각되고 금융기관 도산 위험이 증대

28. BIS(2009), p.15.

29. BIS(2009), p.34.

3단계 : 글로벌 신뢰상실 (2008년 9월 15일 ~ 2008년 10월 말)	■ 2008년 9월 15일 리먼브러더즈의 Chapter 11 도산 신청으로 주요 자금조달시장에 일련의 거액 런(MMMF 런→CP시장 런→CD시장 런)이 촉발됨; 다수 금융기관이 채무불이행 위험으로 도산 또는 구제(ex. AIG)됨 ■ 신뢰위기가 글로벌 금융시장과 유럽 등지로 급속히 확산; 신흥시장국의 수출 급감, 세계 경제 성장전망의 악화, 해외 자금조달 상황의 악화 등으로 위기의 직접적 영향권 내로 편입됨 ■ 위기의 보편화에 따라 미국과 유럽의 선진국, 일본 등은 과거의 유동성 지원을 뛰어넘는 광범하고 전례 없는 정책개입을 일거에 실시하고 정책공조를 위해 노력 ■ 2008년 10월 29일, 연준과 일부 신흥시장국 간 달러스왑라인 개설 ■ 과감한 글로벌 정책대응의 결과, 2008년 10월 말 즈음 은행간시장이 안정화 조짐을 보이는 등 글로벌 신뢰상실 상황이 호전되기 시작
4단계 : 글로벌 경기침체 (2008년 10월 말~ 2009년 3월 중순)	■ 글로벌 경기침체에 대한 우려가 2009년 초 실제 경기실적으로 확인됨에 따라 자산가격이 하락하는 등 금융시장이 다시 교란됨 ■ 주요국 정책당국의 금융지원 및 실물경제지원의 범위 · 지속성 · 효과 등에 대한 불확실성에 따른 시장변동성이 지속되는 가운데, 추가적 개입프로그램이 발표되면 금융시장이 잠시 호전되다가 다시 악화되는 상황이 반복 ■ 경기침체는 신용손실의 증대를 의미 ■ 일부 국가의 금융지원과 실물경제지원에 따른 재정적자 확대로 국가 CDS 스프레드가 상승하는 등 불확실성이 지속
5단계 : 경기침체 심화와 안정화 조짐 (2009년 3월 중순 이후~ 6월)	■ 주요국 중앙은행의 양적완화정책과 같은 추가적 정책조치로 자산가격이 다소 회복 ■ 그럼에도 글로벌 금융시장에 대한 신뢰회복은 불완전 ■ 경기침체의 속도가 감소 ■ 위기는 아직 종결되지 않음

주 : 1) 그림자은행시스템의 단기자금조달모형 : 레버리지와 부외기구를 통해 조성된 단기자금(고유동성 단기부채)을 서브프라임 모기지 관련 유동화자산 등(저유동성 장기자산)에 투자

자료: BIS(2009), p.15의 표를 BIS(2009), Brunnermeir(2009), Mishkin(2010)으로 보완하여 작성.

2. 글로벌 금융위기의 배경과 원인[30]

Money & Financial Markets, Ch. Fourteen

버냉키(B. Bernanke)는 글로벌 금융위기가 "워낙 복잡해서 교훈도 여럿인데다 이들 교훈이 반드시 간단하다고만 볼 수는 없다" 고 말한 적이 있다.[31] 이는 위기의

30. 이 절은 BIS(2009)와 Bernanke(2010b)에 주로 의존하였다.

31. Bernanke(2010a).

원인으로 제시되는 이런저런 요인들이 여럿인데다 이들 요인들 사이의 우선순위를 매기기도 쉽지 않음을 시사한다.

다만 이번 글로벌 금융위기의 발생으로 금융기관과 신용평가기구에서 감독기구, 중앙은행과 정치인, 그리고 심지어 가계에 이르기까지 거의 모든 유형의 경제주체에게 유인 왜곡의 문제가 있었다는 사실은 분명하다(〈Box 14-2〉 참조). 이것은 앞으로 또 다른 금융위기에 대비하기 위해 다양한 경제주체의 유인구조 개선이 매우 중요하다는 점을 시사한다. 이 절에서는 이러한 점을 염두에 두면서, 지금까지 제시된 이번 글로벌 금융위기의 주요 원인들을 탐구하기로 한다.

Box 14-2 다양한 경제주체의 유인 왜곡과 글로벌 금융위기

글로벌 금융위기는 대완화기가 지속되는 동안 제대로 인식되지 못한 금융 및 실물경제의 여러 구조적 문제점들을 일거에 드러냈다. 그런데 이런 문제점들은 관련 경제주체가 직면한 잘못된 유인과도 직·간접적으로 관련된다. 사실상 거의 모든 경제주체의 유인에 왜곡된 부분이 있었다. 예를 들면:

■ **금융기관**

금융기관의 위험추구가 지나쳤다. 자금시장에서 조성한 단기 고유동성 자금을 장기 저유동성 자산, 특히 각종 유동화자산에 투자했다. 이는 유동성 불일치 및 만기 불일치의 정도가 과거보다 심화된 것을 의미한다. 결과적으로 보면, 글로벌 위기 이전의 금융기관들 행태는, 위험투자의 결과 거대 수익이 실현되면 투자주체인 금융기관 몫이고, 거대 손실이 나면 중앙은행과 납세자의 몫이 될 수밖에 없는 상황을 의미하고 있었다. 이것은 금융기관의 도덕적 해이를 의미한다. 금융기관 자산관리자에 대한 보상이 단기 성과에 전적으로 의존했던 점도 이러한 위험추구를 부추겼다. 한편, 은행들이 바젤 Ⅱ 규제 아래 자기자본을 절약하기 위해 자산유동화기법을 서브프라임 모기지에 적용하면서 엄격한 대출심사를 해야 할 유인을 더 이상 갖지 않게 된 점도 문제였다.[1)]

■ **신용평가회사의 이해상충**

자산유동화증권의 신용등급 평가업무를 수행한 신용평가회사에게 투자자가 아닌 증권발행자가 수수료를 지급하도록 되어 있었다. 이것이 신용평가회사의 증권 등급산정 시 상향편의를 부추기는 유인으로 작용했다.

■ **미국의 소비자와 정치인**

미국 소비자(비우량주택담보대출 차입자)는 자신의 신용도와 상관없이 무모한 차입으로 주택을 구입함으로써 주택시장 버블의 확산에 기여했다. 이 문제에서는 미국의 정치인도 자유롭지 않다. '양질의 주거(decent housing)를 누릴 권리'라는 사회복지 차원의 이슈에 금융의 옷을 입혀 정부지원기업(GSEs)인 패니메이와 프레디맥에 서민 주택금융을 확대하도록 하는 정치적 압력을 가했기 때문이다.[2)]

■ **금융·경제학자**

경제학자의 반성을 촉구하는 목소리도 높다. 콜랜더(D. Colander) 등에 따르면, 월가의 수리분석가들(Quants)이 즐겨 사용한 블랙-숄즈 옵션가격결정모형(Black-Scholes Option Pricing Model)과 같은 수학적 모형은 "시스템위험을 전혀 고려하지 않은 미시모형

[인데도] … 모형의 기본 전제와 한계를 투자자들에게 적극적으로 알리지 않[은 것은] … '학자들의 도덕적 해이(academic moral hazard)'"라는 것이다.[3)]

■ **중앙은행과 감독당국**

중앙은행은 대완화기의 물가안정과 성장에 취한 나머지 통화정책 수립 시 원래 자신의 태생적 존재이유였던 금융안정에 소홀했다는 점에서, 감독당국은 "관료적 관성(bureaucratic inertia)"과 "무사안일(so far, so good)"에 빠져 상황분석과 판단에 실패한 점에서 각각 비판받는다.[4)]

1) Bernanke(2010b)와 BIS(2009) 참조.
2) Davies and Green(2010) 참조.
3) 인용문은 김홍범(2009a), p.4에서 재인용 ; 인용문 내 따옴표 부분은 Colander *et al.*(2009), p.5에서 따왔음.
4) White(2005), p.19.

자료 : 김홍범(2009a), Bernanke(2010b), BIS(2009), Colander *et al.*(2009), Davies and Green(2010), White(2005).

2.1 통화정책의 문제 : 저금리정책

주요국 중앙은행들은 1980년대 중반부터 글로벌 금융위기에 이르는 세계적 대완화기(Great Moderation)—낮고 안정적인 인플레이션과 지속적 경제성장이 공존한 시기—동안 물가안정에만 주된 초점을 맞춰 통화정책을 운용해 왔다. 2000년대 세계적으로 신용이 팽창하고 자산버블의 확산이 진행되는 동안에도 중앙은행들은 인플레이션(소비자물가변동률)이 낮고 안정적인 한 저금리정책을 실시했다. 이것은 중앙은행의 통화정책 결정에서 금융불안정 요인을 감안하지 않은 탓이다.[32]

이 절에서는 2000년대 저금리정책 기조의 구체적 배경과 관련 요인을 살펴본 후, 저금리정책이 신용팽창과 리스크의 과소평가를 거쳐 거시경제구조를 왜곡하기까지의 경과를 검토한다.

2.1.1 저금리정책의 요인

2001년 닷컴버블이 붕괴하자 경기침체와 디플레이션을 우려한 주요국 중앙은행들은 (명목) 정책금리를 매우 낮은 수준으로 급격히 인하했고, 그 수준을 이후 3년 넘게 유지했다. 2001년 중반~2005년 기간 동안 중앙은행들의 저금리정책 기

32. 이 점에 대해 테일러(J. Taylor)는, 중앙은행이 "통화과잉(monetary excesses)과 리스크추구 과잉(risk-taking excesses) 사이의 상호작용"을 간과했다고 본다(Taylor 2009, p.8).

조는 사실상 세계적 현상이었다. 중앙은행이 저금리 기조를 여러 해 동안 유지할 수 있었던 것은, 세계적 대완화기(Great Moderation)의 지속으로 2000년대 전반기에도 인플레이션이 낮고 안정적이었던 점에 부분적으로 기인한다. 게다가 연준의 통화정책 전략인 그린스펀 풋(Greenspan put) 또는 사후청소전략(mop-up-after strategy)이 중앙은행계에서 대체로 긍정적으로 받아들여졌던 것도 이 시기 세계적 저금리 기조가 관성적으로 유지되는 데에 부분적으로 기여했을 것이다.[33] 그리하여 2001년 중반~2005년의 기간 동안 여러 나라의 단기 실질 정책금리는 매우 낮게 유지되었다. 예를 들어 연준과 ECB의 단기 실질 정책금리는 이 기간 내내 각각 1% 미만이었다.[34]

한편, 금융위기 이전 약 10년 동안 글로벌 거시불균형(global macro-imbalances)—일본·중국과 동아시아 신흥국(경상수지 흑자국)에서 미국(경상수지 적자국)으로 거액의 달러 자본이 지속적으로 유입되는 현상—이 누적된 점도 미국의 저금리 기조와 관련된다.[35] 거시불균형의 추진력에 대해서는 두 가지 상반된 시각이 있다. 하나는 경상수지 흑자국인 중국 등의 저축과잉(saving glut)이 문제라는 전 연준의장 버냉키(B. Bernanke)의 시각이고, 다른 하나는 경상수지 적자국인 미국 등의 소비과잉이 문제라는 시각이다. 하지만 거시불균형의 추진력이 무엇이든 중국은 교역을 통해 벌어들인 달러화로 미국 국채(무위험자산)를 거액 매입하여 이를 외환준비금으로 축적해 왔다. 이에 따라 미국 국채수익률(무위험이자율)은 계속 낮은 수준을 유지했다.

버냉키(B. Bernanke)는 미국의 저금리 유지에 기여한 또 하나의 요인으로, 글로벌 위기 이전 여러 해 동안 유럽 은행들이 자신의 부외기구를 통해 미국 금융시장에서 CP와 CD 등 단기부채를 발행해 조성한 자금으로 미국 민간부문이 발행한 장기 자산유동화채권을 거액 매입해 왔던 점도 중시한다. 이것은 "유럽 은행들과 … 해외투자자들의 미국 민간 구조화부채상품(private structured debt products)에 대한 수요가 미국의 신용스프레드에 대한 하향압력을 유지하는 데 기여했을 것" 이라는

33. 테일러는 이것이 주요 중앙은행들의 금리결정에 연준의 저금리가 영향을 준 결과이거나 정책금리 결정에서 중앙은행들이 상호작용한 결과일 수 있다고 본다. 이와 같이 "중앙은행이 서로를 쳐다보는 것"은 "환율에 대한 우려나 환율이 인플레이션에 미치는 영향" 또는 "글로벌 실질금리의 변화와 같은 제3의 요인들" 때문일 수 있다(Taylor 2009, pp.5~6).

34. BIS(2009) 참조.

35. FSA(2009) 참조.

시각이다.[36]

결국 1990년대 후반부터의 글로벌 거시불균형 누적, 글로벌 위기 이전의 수년간 미국 민간부채에 대한 유럽 은행들의 익스포저[37] 누적, 그리고 2001년 닷컴버블의 붕괴는 미국 연준의 통화정책이 저금리 기조를 오랫동안 계속 유지하도록 하는데 기여한 세 가지 주요 배경 요인이라 볼 수 있다.

2.1.2 저금리정책의 결과

저금리정책은 우선 신용팽창 및 자산시장 버블에 기여했다. 금리가 낮다는 것은 자금을 싸게 차입할 수 있음을 의미한다. 동시에 저금리(저할인율)는 수익성 자산의 미래 현금흐름의 현재할인가치를 높여 자산가격을 상승시킨다. 결국 미국과 영국 등 유럽 내 다수 국가에서 저금리정책 기조가 지속되는 가운데 신용이 크게 팽창했고, 금융기관들이 신용을 경쟁적으로 제공하는 과정에서 대출기준도 크게 느슨해졌다. 또한 팽창한 신용이 주택과 주식 등 자산 구입에 대거 투입되면서 2003~2006년 기간 동안 주택시장 붐과 주식시장 붐이 조성되었다.[38]

미국을 비롯한 주요국 통화정책의 세계적 저금리 기조는 신용팽창 및 자산 붐을 일으키는 데 그치지 않고, 수익률의 추구, 리스크의 과소평가, 그리고 레버리지의 급증도 가져왔다. 수익률 추구(search for yield)란 "무위험이자율의 하락을 부분적으로라도 상쇄하기 위해 무위험이자율을 초과하는 스프레드를 가능한 한 많이 얻으려고 채권형 금융수단에 투자하고자 하는 투자자들의 욕구"를 가리킨다.[39] 예를 들어 장기계약 상품을 판매하는 연금기금이나 보험회사는 저금리 상황에서는 약정수익을 달성하기가 어려워진다. 이런 경우 이들 회사의 자산관리자는 '수익률 추구'에 의해 10bp나 20bp의 스프레드라도 더 얻기 위해 추가적 위험을 기꺼이 취하게 된다는 것이다. 실제로 글로벌 금융위기가 발생하기 이전 한동안 "리스크가 심하게 과소평가[되어] … 위험자산과 무위험자산 간 위험스프레드는 역사적으로

36. Bernanke(2010b), p.10.

37. 익스포저란 "수익감소나 가치변동의 불확실성에 노출된 금융기관의 대출, 지급보증, 유가증권 투자, 파생상품 거래, 외화자산 운용 등"의 크기(금액)를 가리킨다(정대영 2005, p.21).

38. BIS(2009) 참조.

39. FSA(2009), p.14.

매우 낮은 수준으로 하락했었다."[40] 또한 저금리가 만연했으므로 금융기관들은 수익률을 높이기 위해 차입(debt financing)을 늘려 위험자산을 구입했다. 이는 레버리지의 급증을 초래하였다.[41]

한편, 저금리는 거시경제구조의 왜곡, 주택버블의 붕괴와 서브프라임 사태까지 초래했다. 2009년 BIS 연차보고서는 저금리로 인한 여러 현상들—신용팽창과 그에 따른 자산버블, 그리고 수익률 추구—이 다수 국가에서 "거시경제구조의 왜곡에 기여했다"고 강조하며 다음과 같이 분석한다 :[42]

> 그러한 왜곡의 명백한 징후는 주택 건설과 내구재(특히 자동차) 소비의 극적 증가와 금융부문 규모의 극적 확대에서 찾을 수 있다. … 이런 왜곡의 단기와 중기 효과는 중요하다.
>
> 단기에서는 그런 왜곡으로 인해 투자자, 소비자, 정책입안자는 추세적 성장이 실제보다 더 높다고 착각하게 되었다. … 버블은 생산성 증가율이 올랐거나 오른 것으로 인식된 부문에서 집중적으로 발생하기 쉽다. 1990년대에는 그 부문이 고급 기술(high technology)이었고, 2000년대에는 금융(finance)이었다. 그 패턴은 명쾌하다. 선택받은 산업에 버블로 인해 비교적 싼 자본이 투입된다. 그 결과 고용과잉 · 투자과잉 · 생산과잉이 조성된다. … 그 결과 측정된 평균생산성의 이득이 모든 부문에 걸쳐 일시적으로 상승하는데 … 누구나 이것을 추세성장으로 착각하기 쉽다.
>
> 버블이 조성한 왜곡은 중기적으로 경제구조에 함의를 갖는다. … 각국은 팽창된 금융부문과 인구가 필요로 하는 것보다 더 많은 자동차를 생산하는 능력, 그리고 일부 경우에는 잉여 주택스톡까지 떠안게 되었다.

글로벌 금융위기는 특히 미국의 잉여 주택스톡의 문제가 가시화되면서 시작되었다. 2006년 중반 즈음 주택 붐이 정점에 달한 이후 주택가격이 하락하자 신용위험이 가장 큰 저신용차입자에 대한 주택담보대출(서브프라임 모기지)의 연체가 누적되면서 2007년 여름 서브프라임 사태가 본격화된 것이다.

테일러(J. Taylor)는 2007년 여름 서브프라임 사태가 가시화되기 이전인 2002~2006년 기간 중 내내 미국 연준의 정책금리인 연방자금금리가 테일러 준칙

---

40. Goodhart 2009, p.9.

41. 글로벌 금융위기의 증폭과정에서 레버리지의 경기순응성(procyclicality)은 매우 중요한 역할을 수행했다. 이 점은 곧 설명된다.

42. BIS(2009), p.7.

그림 14-2

미국 연준의 연방자금금리 추이 : 실제 금리 vs. 가상 금리

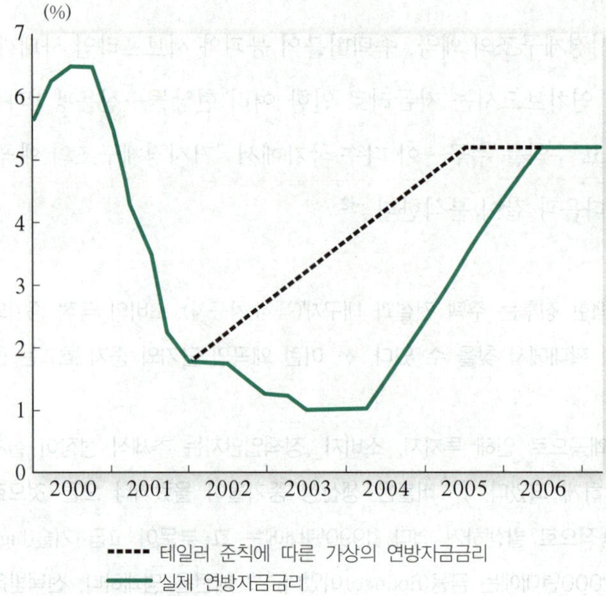

자료 : Taylor(2007), p.5의 Figure 1.

이 시사하는 수준에 크게 미달했다는 사실에 주목한다. 〈그림 14-2〉는 2000~2006년 동안의 실제 연방자금금리와 테일러 준칙에 따라 계산한 금리 사이의 격차를 보여준다. 테일러는 "이자율과 주택착공건수 사이의 경험적 관계에 관한 모형"을 추정함으로써, 그와 같은 금리격차가 주택 붐을 가져왔다는 점과 연준이 2002~2006년 기간 중 테일러 준칙을 따랐다면 주택버블의 대규모 확산 및 붕괴도 없었을 것이라고 주장하였다.[43]

결국 미국 연준의 그런스펀 전 의장은 글로벌 금융위기가 발생하기까지 "이자율을 너무 낮은 수준에서 너무 오랫동안 유지" 함으로써 "[국내외적으로] 신용이 넘치는 환경을 조장하는 데에 기여했다" 는 비판에서 자유롭지 않다.[44] 한편, OECD 회원국들에서도 주택 붐이 정책금리와 테일러 준칙 간 격차에 의해 대부분 설명된다는 최근의 연구결과[45]는 2000년대 전반 세계 통화정책의 저금리 기조가 글로

43. Taylor(2009), p.3.

44 Meltzer(2009), p.28.

벌 금융위기의 환경 조성에 일정 부분 역할을 담당했다는 점을 다시 한 번 확인해 준다.

한편, 글로벌 금융위기를 맞아 위기 수습을 진두지휘하고 위기에 뒤이은 경기 침체에 맞서 싸웠던 전 연준의장 버냉키는 또 다른 경험적 연구결과를 언급하면서 통화정책과 주택가격 간 연계를 부인한다. 미국의 주택 붐은 한편으로는 "주택가격에 대한 낙관과 [그에 따른] 모기지시장의 변화[주택담보대출의 유동화와 같은 금융혁신과 대출기준 이완과 같은 변화] 사이의 피드백 고리"에 의해, 다른 한편으로는 "미국 국채·기관채와 민간 구조화부채"에 대한 동아시아 및 유럽의 수요에 의해 제대로 설명된다는 것이다.[46]

테일러류의 시각과 버냉키류의 시각이 맞서고 있는 가운데 통화정책과 서브프라임 사태의 관련성에 대한 논쟁은 앞으로도 한동안 계속될 것으로 보인다.

2.2 금융기관의 취약성

이 절에서는 글로벌 금융위기의 발생에 기여한 금융기관의 행동에 초점을 맞춘다. 구체적으로, 금융기관의 자산·부채 구성, 레버리지 관리, 그리고 자산유동화에 따른 위험관리에 각기 어떤 문제들이 있었는지 살펴보기로 한다.

2.2.1 만기 불일치와 유동성 불일치의 심화[47]

글로벌 위기 이전 약 반세기 동안 기업어음(CP), RP(repos), 은행간대출 등과 같은 고유동성 단기 금융수단이 다양하게 생겨났고, 그림자은행들은 자금시장을 통해 조달한 고유동성 단기 도매자금을 자산유동화증권과 같은 저유동성 장기자산에 투자해 왔다. 특히 위기 직전 여러 해 동안 특정 단기 금융수단에 의한 단기자금 조달이 크게 늘었다. 예를 들어 투자은행의 경우 초단기 RP자금 조달의 급증에 힘입어 "투자은행의 총자산 대비 RP자금 조달의 비중은 2000～2007년 사이에 약 2배

45. Ahrend *et al.*(2008) 참조.

46. Bernanke(2010b), p.9. 버냉키가 언급한 경험적 연구결과에는 Dokko *et al.*(2009)과 IMF(2009)가 포함된다.

47. 이 소절은 Bernanke(2010b)와 Goodhart(2009)에 주로 의존하였다.

로 늘었다."[48] 이는 자산과 부채의 만기 불일치(maturity mismatch) 심화—달리 표현하면 만기 변환(maturity transformation) 심화—로 투자은행이 거액 도매자금의 차환을 매일 일상적으로 반복하게 되었음을 의미한다.

앞서 글로벌 위기의 전개과정에서 다뤘던 독일 IKB은행의 콘뒷이던 라인란트와 마찬가지로, 당시 "부외기구들은 평균 만기 90일의 단기 ABCP와 1년 남짓한 평균 만기의 중기증권을 주로 자금시장펀드[MMMF]에 매각함으로써 자금을 조달했었다."[49] 이와 같이 단기증권으로 조성한 자금을 장기자산에 투자하는 만기 불일치 전략을 구사함으로써 부외기구는 은행시스템 내부로 유동성리스크를 전파하는 하나의 연결고리가 되었다. 이는 지원은행(sponsoring bank)이 부외기구와 평소 신용제공 약정을 맺기 때문이었다. 특히 유럽 지역 내 은행의 부외기구가 미국시장에 진출하여 ABCP를 발행하고 ABS에 투자한 경우에는, 통화 불일치(currency mismatch)의 문제가 도매자금시장과 외환스왑시장을 더욱 압박했다. 부외기구의 ABCP 차환 발행이 곤란해지자 유럽의 지원은행들이 이들 시장에서 달러자금을 확보하려 했기 때문이다.

그런데 만기 불일치 심화 현상은 그림자은행에만 국한된 것은 아니다. 선진국 상업은행들의 경우에도 과거 수십 년 전에 비해 만기 불일치는 물론 유동성 불일치(liquidity mismatch)가 심화되었다.[50] 굿하트(C. Goodhart)는 글로벌 위기 이전 수십 년에 걸쳐 진행된 선진국 상업은행들의 부채 및 자산 구성의 변화에 주목한다. 대형 글로벌 은행을 비롯한 선진국 상업은행들도 과거와 달리 부채포트폴리오의 상당 비중을 (예금이 아닌) 고유동성 단기 도매자금시장에 의존하여 조성하게 되었고, 자산포트폴리오의 상당 비중을 (국채가 아닌) 저유동성 장기 민간자산으로 운용하게 되었다는 것이다. 그 결과 상업은행의 유동성 변환(liquidity transformation)과 만기 변환(maturity transformation)의 규모 및 정도가 수십 년 전에 비해 각각 크게 늘었다. 이와 같이 "선진국 은행시스템의 유동성이 크게 감소"하게 된 것은, "[상업]은행들 스스로가 유동성을 관리하려 하기보다는 유동성 위기가 닥치면 중앙은행의

48. Brunnermeier(2009), p.80.

49. Brunnermeier(2009), p.80.

50. 그림자은행의 경우에도 유동성 불일치는 마찬가지로 존재한다. 다만, 상업은행의 경우 자산포트폴리오에서 국채와 같은 고유동성 안전자산이 차지하는 비중이 과거에 비해 두드러지게 감소했다. 본문에서 상업은행의 유동성 불일치 심화를 명시적으로 언급한 것은 이와 같은 변화를 강조하기 위해서이다.

[최종대부자] 지원에 전적으로 의존하여 도움을 받기" 로 한 것을 의미한다.[51] 이는 상업은행들의 도덕적 해이에 해당한다. 그럼에도 최종대부자인 중앙은행들은 이러한 변화에 대해 평상시 별다른 조치를 취하지 않았고 명확한 입장을 밝히지도 않았다. 이는 중앙은행들의 규제유예(regulatory forbearance)를 의미한다. 굿하트는 상업은행의 자산 및 부채 구성의 변화로 인해 유동성 관리를 중앙은행이 떠맡게 된 오늘의 상황을 가리켜 그린스펀 풋과는 구분하여 "유동성 풋(liquidity put)" 이라 부른다.[52]

2.2.2 레버리지의 경기순응성

2.2.2.1 글로벌 금융위기 직전의 높은 레버리지 : 배경과 문제점

BIS의 2009년 연차보고서는 금융기관의 주주(shareholders)와 자산관리자(asset managers)가 과도한 리스크를 추구할 유인을 갖고 있다고 강조한다. 우선, 금융기관이 도산해도 유한책임(limited liability) 덕분에 금융기관의 주주는 평상시 과도한 리스크를 추구하게 된다. 리스크를 떠안은 결과 성공하면 보상을 받지만 실패해도 채권자(creditors)와 예금보험자, 심지어 납세자에게 부담을 떠넘기게 되기 때문이다. 또한 금융기관의 자산관리자도 평상시 과도한 리스크를 추구할 유인을 갖고 있다. 이들에 대한 보상이 단기실적을 기준으로 즉시 지급되는 구조이기 때문이다. 게다가 이들의 성과는 동종 업계 경쟁자들의 평균 성과와 비교하여 얼마나 더 나은지에 따라 평가된다. 따라서 자산관리자는 다른 경쟁자들의 평균 행동을 안전하게 따라하려는 허딩(herding)의 유인을 갖게 된다. 이는 자산관리자의 성과를 평가하는 주주들과 자산관리자 사이의 정보 비대칭성으로 인해 자산관리자의 독자적 판단에

51. Goodhart(2009), p.20. 굿하트의 이와 같은 시각은 현실적으로 중요한 함의를 갖는다. 예를 들어 영국의 모기지 전문은행 노던록(Northern Rock)은 2007년 9월 14일 소매예금주들이 인출을 위해 몰려들면서 런(run)에 직면했다. 하지만 신현송(H. Shin)의 분석(2009)에 따르면, 노던록의 런은 부채 포트폴리오에서 중요한 비중을 차지하던 도매자금이 급속히 빠져나가면서 그 이전부터 이미 진행되고 있었다. 소매예금주에 의한 런이 일어나기 거의 정확히 1개월 전이었던 8월 13일 노던록은 감독당국인 FSA에게 자신의 유동성부족 상황을 알렸고, FSA는 이 정보를 영란은행과 즉시 공유했다고 알려져 있다. 영국 금융사(金融史)에서 2007년 노던록의 뱅크런은 1866년 오버렌드 거니(Overend, Gurney & Co.)의 뱅크런 이후 141년 만의 일이었다. 노던록의 뱅크런에 대한 상세한 분석은 Shin(2009)을 참조하기 바란다.

52. Goodhart(2009), p.20.

따른 차익거래가 평소 제한될 수 있음을 의미한다. 그 결과 "자산관리자의 성과에서 운(luck)과 실력(skill)을 구분하기가 전반적으로 어려워진 데에다 보상이 적어도 부분적으로는 거래규모에 의존하게 되면서, 자산관리자들[…]은 엄청난 양의 리스크 축적을 부추겼다." [53]

글로벌 금융위기 이전 금융기관의 자산관리자는 리스크 추구 과정에서 ROA(자산수익률), 레버리지, 그리고 ROE(자기자본수익률) 사이에 성립하는 다음의 관계에 주목했다:

$$\text{ROA} \times \text{레버리지} = \text{수익}/\text{자산} \times \text{자산}/\text{자기자본} = \text{수익}/\text{자기자본} = \text{ROE}.$$

이 식에 따르면, ROA가 주어진 경우 레버리지가 높을수록 ROE가 증가한다. 이러한 관계를 활용한 금융기관의 전략은 자산가격 상승기(asset price boom)에는 의도한 대로 작동한다. 예를 들어 시가평가제(marking-to-market)에 따라 자산과 부채의 시장가치 변동을 대차대조표에 즉시 반영하는 금융기관 A와 B의 대차대조표가 현재 다음과 같이 각각 주어진다고 하자:

금융기관 A의 초기 대차대조표

증권(자산)	100	부채	90
		자기자본	10

금융기관 B의 초기 대차대조표

증권(자산)	100	부채	95
		자기자본	5

금융기관 A의 레버리지는 $10(=\frac{100}{10})$이고, B의 레버리지는 $20(=\frac{100}{5})$임을 쉽게 알 수 있다. 이제 자산가격 상승으로 금융기관 A와 B의 증권가격이 110으로 증가하며, 부채가격은 불변이라 가정하자. 이런 경우 두 금융기관의 ROA는 $0.1(=\frac{10}{100})$로 동일하며, 각각의 대차대조표는 다음과 같이 변경될 것이다:

53. BIS(2009), p.8.

자산가격 상승 이후 금융기관 A의 대차대조표

증권(자산)	110	부채	90
		자기자본 (잉여 10 포함)	20

자산가격 상승 이후 금융기관 B의 대차대조표

증권(자산)	110	부채	95
		자기자본 (잉여 10 포함)	15

금융기관 A의 자기자본은 자산가격 상승으로 인한 잉여 10을 포함하여 20으로 증가한다. 금융기관 B의 자기자본도 잉여 10을 포함하여 15로 증가한다. 각각의 잉여(수익)를 원래의 자기자본으로 나누면 자기자본수익률이 구해진다. 레버리지가 원래 10이었던 금융기관 A의 ROE는 1(= $\frac{10}{10}$)이지만, 레버리지가 20이었던 금융기관 B의 ROE는 2(= $\frac{10}{5}$)임을 확인할 수 있다.

하지만 자산가격이 하락세로 돌아서는 경우, 레버리지가 높은 금융기관은 유동성 부족(illiquidity)에 직면하는 것은 물론이고, 지급능력 부족(insolvency)에 직면할 수도 있다. 금융기관의 레버리지가 매우 높아진 상태—즉, 단순자기자본비율 ($\frac{\text{자기자본}}{\text{자산}}$)이 매우 낮아진 상태—에서 금융사이클의 국면이 자산가격 하락기(bust)로 반전되면 자산가격 하락의 부담을 자기자본이 감당해내야 하기 때문이다.

예를 들어 앞서 금융기관 B의 초기 대차대조표에서 자산가격이 95로 하락하는 경우, 부채가격이 불변이라면 대차대조표는 다음과 같이 변경된다:

자산가격 하락 이후 금융기관 B의 대차대조표

증권(자산)	95	부채	95
		자기자본	0

다시 말해 레버리지가 20인 상태에서는 자산가격이 5%만 하락해도 자기자본이 영(0)이 된다. 그러므로 자산가격 상승기에 레버리지를 지나치게 늘리는 투자은행은 자산가격 상승에 일방향 내기(one-way bet)를 하는 것과 크게 다르지 않다.

한편, 자산가격 하락이 확산되면 지급능력에는 문제가 없던 투자은행도 유동성이 부족한(solvent but illiquid) 상태에 쉽게 직면할 수도 있고, 심지어는 자산가격이 부채가격에 미달하여 지급능력마저 부족해질 수 있다(illiquid and insolvent). 바로 이런 이유로 지난 글로벌 금융위기에서 자산가격의 하락에 대해 금융기관들은 레버리지의 감소(딜레버리징 또는 부채축소)로 대응했었다.[54]

이제 다음 절에서 레버리지의 경기순응성(procyclicality)을 좀 더 체계적으로 학습하기로 한다.

2.2.2.2 레버리지의 경기순응성

에이드리언(T. Adrian)과 신현송은 글로벌 금융위기의 증폭과정에서 레버리지의 역할에 주목했다.[55] 이들은 1963~2006년 미국 자금순환표(flow of funds)를 이용하여 분기별 자산증가율과 레버리지 증가율 사이의 관계를 분석하였다. 그 결과 상업은행은 자산증가율과 무관하게 레버리지를 대체로 일정하게 유지했다는 사실과(레버리지 증가율 = 0), 증권 중개 및 매매업자(월가의 투자은행 포함)는 자산증가율과 레버리지증가율 사이에 뚜렷한 양의 상관관계가 존재한다는 사실을 발견했다. 다시 말해 상업은행의 레버리지는 경기와는 대체로 무관했지만, 투자은행 등의 레버리지는 경기순응적이었다는(procyclical) 것이다. 이것은 상업은행과 투자은행이 경기국면에 따라 적극적으로 자신의 대차대조표를 관리해 왔음을 의미한다. 왜냐하면 레버리지를 관리하지 않는 경우에는 자산과 레버리지는 서로 반대방향으로 움직이게 되기 때문이다. 에이드리언과 신현송이 제시한 가상의 예에서 출발하여 이들의 논점을 이해해 보자.

(a)

증권(자산)	100	부채	90
		자기자본	10

54. 레버리지를 낮추기 위해 자기자본을 확충하는 방법도 있긴 하다. 하지만 핸슨(S. Hanson) 등이 이론적으로 지적한 대로, "신규 주식으로 만들어지는 가치의 대부분은 선순위 채권자들에 의해 흡수되기 때문에, … 부채과잉(debt overhang) 상태에서 주주의 이익을 위해 움직이는 은행은 신규 자본조성보다는 자산축소[부채축소]에 의해 손상된 자본비율을 회복하려는 경향을 보인다."(Hanson *et al.* 2011, p.6.) 정부개입이 없는 한, 위기상황 또는 자산가격 하락기에 시장에서 자기자본을 조달하는 것도 현실적으로 쉽지 않다.

55. Adrian and Shin(2009) 참조.

(b)

증권(자산)	101	부채	90
		자기자본	11

(c)

증권(자산)	99	부채	90
		자기자본	9

시가평가제의 적용을 받는 어떤 금융기관의 대차대조표가 (a)와 같이 주어진다고 하자. 이때 레버리지는 10(= $\frac{100}{10}$)이다. 부채가격이 고정되어 있다고 가정하면 증권(자산)가격이 1% 상승하는 경우 대차대조표는 (b)와 같은 모습으로 변화할 것이다. 이때 레버리지는 9.18(= $\frac{101}{11}$)로 줄어든다. 레버리지가 단순 자기자본비율의 역수이므로, 레버리지의 감소는 자산가격 상승으로 대차대조표가 강화된 것을 의미한다. 반대로 부채가격이 고정된 상태에서 증권가격이 1% 하락하는 경우 대차대조표는 (c)와 같이 변화하므로 레버리지는 11(= $\frac{99}{9}$)로 늘어난다. 이는 자산가격 하락으로 대차대조표가 약화된 것을 의미한다. 이 금융기관이 대차대조표의 변동을 그대로 받아들이고 아무런 조치를 취하지 않는다면 자산과 레버리지는 자연스럽게 음의 상관관계를 갖게 된다.

(d)

증권(자산)	110	부채	99
		자기자본	11

(e)

증권(자산)	90	부채	81
		자기자본	9

(f)

증권(자산)	121	부채	110
		자기자본	11

(g)

증권(자산)	81	부채	72
		자기자본	9

하지만 이 금융기관이 자산의 변동과는 무관하게 일정한 레버리지(10)를 고수하려 한다면, 대차대조표가 (b)나 (c)로 변화하는 경우 적극적으로 대차대조표를 확대하거나 축소할 것이다. 예를 들어 증권가격 상승으로 대차대조표가 (b)로 바뀐다면, 이 금융기관은 원래의 레버리지를 유지하기 위해 부채로 자금을 추가 조성하여 9만큼의 증권(자산)을 더 구입함으로써 대차대조표를 (d)로 확대하게 된다. 반대로 증권가격 하락에 의해 대차대조표가 (c)로 바뀐다면, 이 금융기관은 원래의 레버리지를 유지하기 위해 증권(자산)을 9만큼 매각하고 그 자금으로 부채를 상환함으로써 대차대조표를 (e)로 축소하게 된다. 요컨대 일정한 레버리지를 유지하고자 하는 상업은행은 자산가격이 상승하면 부채를 늘려 자산을 추가 매입하여 대차대조표를 적극적으로 확대하는 한편, 자산가격이 하락하는 경우 자산을 매각하여 부채를 일부 상환하여 대차대조표를 적극적으로 축소한다.

에이드리언과 신현송에 따르면, 월가의 투자은행들은 상업은행과는 달리 자산의 변동에 맞춰 레버리지를 같은 방향으로 운용해 왔다. 이는 자산가격이 상승하면 레버리지를 늘리고 자산가격이 하락하면 레버리지를 줄이는 방식으로 반응했음을 의미한다. 투자은행이 상업은행보다 훨씬 더 적극적으로 대차대조표를 관리해 왔다는 것이다. 예를 들어 자산가격이 1% 상승한 경우 어떤 투자은행이 레버리지를 11로 늘린다고 가정하면, 대차대조표는 (b)에서 (f)로 바뀔 것이다. 이것은 투자은행이 부채로 자금을 추가 조성하여 20만큼의 증권(자산)을 더 구입하는 것을 의미한다. 반대로 자산가격이 1% 하락한 경우 이 투자은행이 레버리지를 9로 줄인다고 가정하면, 대차대조표는 (c)에서 (g)로 바뀔 것이다. 이것은 투자은행이 증권(자산)을 18만큼 매각하고 그 자금으로 부채 일부를 상환하는 것을 의미한다.

요컨대 자산가격 상승기(하락기)에서는 레버리지가 낮아(높아)지면서 대차대조표가 자연스럽게 강화(약화)됨에 따라 상업은행들은 낮아진(높아진) 레버리지를 다시 원래 수준으로 되돌려 왔고, 투자은행들(증권 중개 및 매매업자)은 낮아진(높아진) 레버리지를 원래 수준보다 더 높게(낮게) 늘림(줄임)으로써 대차대조표를 확대(축소)시켜 왔다는 것이 에이드리언과 신현송의 설명이다. 이 과정에서 자산가격 상승기(하락기)에는 부채를 늘려(줄여) 자산을 구입(매각)하는 점에서는 상업은행이든 투자은행이든 마찬가지이다. 다만, 투자은행이 상업은행에 비해 더 크게 반응함으로써, 상업은행의 레버리지는 경기비순행적(acyclical)이고 투자은행의 레버리지는 경기순응적이라는 차이가 관찰되었을 뿐이다.

개별 금융기관이 레버리지를 이와 같이 조정해 온 것은 각 기관의 대차대조표 관리 차원을 넘어 금융시스템에도 중대한 함의를 가질 수 있다. 사실 금융기관의 레버리지 조정은 2007~2009년 글로벌 금융위기를 증폭시킨 주요 메커니즘의 하나였다. 이 점에 대해서는 다음 절에서 학습하기로 한다.

2.2.2.3 레버리지와 금융위기의 증폭

에이드리언과 신현송은 상업은행과 투자은행의 레버리지 및 대차대조표 조정 과정에서 자산가격의 변동이 더욱 증폭된다는 사실에 주목한다.[56] 자산가격 상승기(하락기)에 다수의 상업은행과 투자은행이 동시에 대차대조표 확대(축소)에 적극 나서는 경우 자산(증권)가격은 추가적인 상승(하락)압력을 받게 될 것이다. 이는 레버리지를 중립적으로(상업은행의 경우) 또는 순응적으로(투자은행의 경우) 유지하려는 금융기관의 대차대조표 조정 노력이 자산가격 변동과 레버리지 조정 간 피드백을 통해 금융사이클을 증폭시키게 됨을 의미한다.

여기서 더 나아가, 브러너마이어(M. Brunnermeier)는 특히 자산가격이 하락하는 경우 개별 금융기관이 레버리지를 조정하는 과정에서 나타나는 대차대조표의 축소—즉 "차입자의 대차대조표 효과"—는 "손실악순환(loss spiral)"과 "마진/헤어컷 악순환(margin/haircut spiral)"이 상승작용한 결과라고 설명한다.[57] 이 점을 이해하기 위해 어떤 금융기관이 RP 차입을 통해 100억 달러의 자산을 구입한 결과 대차대조표가 다음과 같다고 가정하자.[58]

(h)

증권(자산)	100	부채	90
		자기자본	10

대차대조표 (h)의 각 수치는, 100억 달러의 증권을 담보로 이 금융기관이 10%의

56. Adrian and Shin(2009) 참조.

57. Brunnermeier(2009), pp.92~93. 브러너마이어가 대차대조표 효과를 '차입자'의 효과라고 부른 것은, 현실적으로 금융기관이 차입투자자(leveraged investor)로서 직면하는 상황을 설명하기 때문이다.

58. 현실에서도 투자은행과 상업은행의 단기 시장성 자금 중 상당 부분이 RP 차입으로 조달된다.

담보할인율(마진 또는 헤어컷)을 적용받아 90억 달러는 RP 차입으로, 나머지 10억 달러는 자기자본으로 각각 자금을 조달하여 100억 달러의 증권을 구입했음을 보여준다. 그 결과 이 금융기관의 레버리지는 10이다. 이제 자산가격이 5% 하락하면 대차대조표는 (i)와 같이 변동할 것이다.

(i)

증권(자산)	95	부채	90
		자기자본	5

그런데 이 금융기관이 레버리지를 원래의 수준 10으로 유지하려 한다면 대차대조표를 (j)로 변경해야 할 것이다.

(j)

증권(자산)	50	부채	45
		자기자본	5

이는 곧 자산의 상당 부분(45억 달러)을 일거에 매각하여 부채를 축소해야 함—즉 딜레버리징(deleveraging)—을 뜻한다. 그런데 이 금융기관뿐만 아니라 다른 금융기관도 유사한 상황에 처해 있을 것이므로 다수 금융기관의 자산매각은 자산가격의 추가 하락과 더 많은 자산의 매각을 계속 부를 것이다. 이것이 브러너마이어가 말하는 손실악순환이다.

그런데 자산가격이 하락하는 경우 MMMF 등 RP 대부자들은 RP 차입자의 채무불이행 확률 상승과 채무불이행 시 담보가치 예상회수율 하락을 감안하여 RP 담보할인율(마진/헤어컷)을 상승시킨다. 실제로 지난 위기에서 국채와 같은 안전자산 담보의 할인율은 거의 변동이 없었으나, 유동성이 상대적으로 낮은 유동화증권 담보에 대해서는 할인율이 3～4배 이상 급등했었다.[59]

우리의 예에서, 자산가격 5% 하락에 따라 RP시장의 담보할인율이 원래의 10%

---

59 예를 들어 CMO AAA등급 채권의 경우 2007년 봄 10%였던 할인율이 2008년 가을 40%로 뛰었다. 담보할인율의 결정에 관한 이론과 실제에 대해서는 Bernanke(2010b), Brunnermeier(2009)와 Krishnamurthy(2010) 참조.

에서 20%로 상승한다고 가정해 보자. 자산가격 하락에 더해 할인율 상승의 영향까지 고려하는 경우 금융기관의 대차대조표는 (j)에서 (k)로 변경될 것이다. 여기서 자기자본을 추가적으로 확충할 수 없는 한, 담보할인율의 상승(10→20%)으로 인해 자기자본 5억 달러로 확보할 수 있는 부채(RP차입액)는 45억 달러가 아니라 20억 달러가 된다. 그런 까닭에 레버리지는 10으로 유지하는 것이 더 이상 불가능하며, (k)에서와 같이 5(= $\frac{25}{5}$)로 줄어든다.

(k)

증권(자산)	25	부채	20
		자기자본	5

이와 같이 RP 담보할인율 상승은 자산가격 하락으로 초래된 금융기관의 손실 악순환과 구분되는 또 하나의 시장불안정 요인이다. 이를 브러너마이어는 마진/헤어컷 악순환이라 부른다. 그리고 마진/헤어컷 상승은 자산가격 하락으로 인한 손실과 상승작용한다. 왜냐하면 마진 인상은 더 많은 자산매각을 통해 자산가격 하락에 기여하고, 이것은 다시 추가적 마진 인상으로 이어질 것이기 때문이다.

요컨대, 자산가격 하락으로 시작된 개별 금융기관의 레버리지 조정에 의한 자산의 헐값 매각(fire sales)이 다수의 금융기관에서 동시에 진행되며, 이 과정에서 손실악순환과 마진악순환이 상승작용함으로써 금융사이클이 증폭된다. 헐값 매각에 대해서는 〈Box 14-3〉을 참고하기 바란다.

Box 14-3 헐값 매각의 경제학 : 글로벌 금융위기의 경험

본래 자산의 '헐값 매각(fire sales)'이란 기업이 화재로 인해 연기에 그을린 재화를 싼값에 처분하는 경우를 가리키는 19세기의 용어였다. 오늘날의 화폐금융론에서는 "비정상적 가격에서 어쩔 수 없이 이루어지는 [금융]자산 매각"을 헐값 매각이라 부른다(p.30). 여기서 '어쩔 수 없'는 이유는 부채를 갚기 위해 금융자산을 매각해야만 하는 상황이기 때문이다. 또한 대상 금융자산의 가치를 잘 알지 못하는 비전문가에게 팔게 되므로 '비정상적 가격에서[만]' 거래가 이루어진다. 이는, 그 금융자산의 가치를 알아볼 만한 전문성을 가진 시장참가자들은 대부분 자산을 처분하려는 사람과 비슷한 자금압박을 받고 있기 십상인 상황이기 때문이다. 사실 누군가가 자금압박으로 헐값 매각을 실시하면 자산가격의 급락으로 인해 여타 시장참가자들이 보유한 유사 금융자산도 가치가 하락하고, 이들도 자금압박을 받게 된다. 이는 금융기관의 자산 헐값 매각이 초래하는 외부성과 시스템적 함의를 시사한다.

미국 월가의 은행 부외기구(SIVs와 콘뒷츠), 투자은행과 헤지펀드는 2000년대 들어와 레버리지를 줄곧 늘려오는 가운데 ABCP · RP와 같은 증권담보부 단기대출로 자금을 조달했다. 이 때 담보로 사용된 증권은 월가 금융기관이 보유 중인 RMBS · CDO와 같은 장기만기를 가진 구조화증권이었다. 단기자금의 공급은 언제라도 갑작스럽게 중단될 수 있다. 실제로 2007년 여름 주택시장의 하강으로 비우량(서브프라임)주택담보대출의 연체율이 급등하는 등 부실화가 본격적으로 진행되기 시작했다. 이에 따라 ABCP시장이 붕괴하는 등 금융시장에 상당한 혼란이 초래되었지만, 연준이 위험자산을 담보로 대출을 시행하는 등 적극적으로 유동성을 공급한 덕분에 2008년 여름까지는 시장이 안정을 유지하는 상태였다.

하지만 2008년 9월 MMMF 런, AIG와 Fannie Mae 및 Freddie Mac의 실질적 국유화, 그리고 결정적으로는 리먼브러더즈의 파산신청으로 잠재되어 있던 금융위기가 마침내 그 거대한 모습을 드러냈다. 월가 금융기관들이 보유한 RMBS · CDO가 폭락했고, 단기자금이 회수되었다. 구체적으로, 담보증권 가치가 떨어지자 자금공급자들은 담보할인율(헤어컷 또는 마진)을 올렸고, 이에 따라 은행을 포함한 월가 금융기관은 자신의 단기자금을 유지하기 위해 더 많은 담보증권을 확보하거나, 아니면 일부 대출자금을 상환해야 했다. 추가 마진 요구에 부응하지 못한 금융기관은 헐값 매각을 해야 했다. 그런데 리먼 사태 이전에는 연준의 유동성 공급 덕분에 시장에 남아 있던 투매증권(distressed securities)의 전문구매자들이 리먼 사태 이후에는 사라져버렸다. 이는 다시 담보증권 가치의 대폭적 추가 하락을 초래하여 상황을 더욱 악화시켰다. 이와 같은 마진 상승과 담보증권 가격 하락 사이의 악순환은 "조달유동성(funding liquidity)" 악화와 "시장유동성(market liquidity)" 악화 사이의 악순환으로 표현되기도 한다.[1] 이러한 과정에서 앞서 언급한 헐값 매각의 외부성 및 시스템적 함의가 작용한 것은 물론이다.

또한 손실과 자금사정 악화로 은행들이 기업대출을 축소하면서 실물투자의 감소로 이내 경기침체(recession)가 뒤따르게 되었다. 이것은 헐값 매각이 은행의 순가치(net worth)를 감소시켜 신용경로를 통해 실물경제에 부정적 영향을 미치게 된 것을 의미한다. 이 문제를 조금 다른 각도에서 볼 수도 있다. 즉, 헐값 매각으로 인한 자산가격의 하락으로 은행이 현금보유 또는 금융투자를 기업대출의 대안으로 고려하게 된다는 것이다. 실제로 글로벌 금융위기로 은행이 기업대출을 줄이는 대신 현금보유(cash holdings)와 금융자산 투자(investment in financial assets)를 각각 늘렸다는 경험적 증거가 있다.

한편, 리먼브러더즈의 붕괴 직후 연준은 "상업은행에 대한 자본 주입, 위험자산을 담보로 금융기관에 대한 대출 확대, CP시장 보증, 그리고 급기야 Fannie Mae와 Freddie Mac 발행 채권이 대부분인 수천억 달러의 위험증권 직접 매입"을 통해 시장에 개입함으로써 투매증권의 전문구매자들이 시장에서 사라진 상황에서 "위험증권의 고평가 보유자(high-valuation holder)" 역할을 수행했고, "[그런] 연준 덕분에 2009년 봄이 되자 은행과 금융시스템은 안정화되었[고] … 경제는 부진했지만 장기 불황(depression)은 피할 수 있었다."[2]

1) 조달유동성과 시장유동성은 자금조달의 상대적 용이성과 자산매각의 상대적 용이성을 각각 의미한다. Brunnermeier (2009) 참조.

2) Shleifer and Vishny(2011), pp.40~41.

자료: Shleifer and Vishny(2011)을 요약적으로 재구성.

2.2.2.4 소결

자산가격 하락기에 금융시장에서 손실악순환 및 마진악순환과 같은 양의 피드백 고리가 작동하면, 평소 레버리지를 높게 유지했던 금융기관은 물론 대차대조표를 건전하게 유지했던 금융기관도 유동성과 지급능력 측면에서 심각한 문제에 봉착할 수 있다. 이는 다름 아닌 헐값 매각의 외부성(externality)이 작용하기 때문이다.

지난 2007년 서브프라임 사태에서도 자산가격 상승세가 반전되자 금융기관들은 일제히 대차대조표를 축소하기 시작했다. 이 과정에서 자산의 헐값 매각으로 앞서 말한 악순환 메커니즘이 작동하면서 특히 월가의 금융기관(특히 투자은행)이 결국 도산하는 사태가 벌어졌다. 이런 상황은 서브프라임 사태가 글로벌 차원의 금융위기로 확산되는 데에 결정적으로 기여했음은 물론이다. 결국, 자산가격 상승기 동안 레버리지 조정을 통해 대차대조표를 확대하려는 개별 금융기관의 사적 유인은 자산가격의 움직임이 반전되자 자산의 헐값 매각을 통한 대차대조표의 급속한 축소를 누적적으로 초래했다. 이로 인해 유동성위기가 지급능력위기로 변질되었고 개별 금융기관 자신은 물론 금융시스템 전반에 불안정성을 확산시켰다.

사실 자산가격 하락기를 맞아 금융기관이 레버리지 감소—단순 자기자본비율 증가—를 위해 대차대조표를 축소하려 할 때, "미시건전성 감독자는 … 이 금융기관이 신규 자본을 늘리든 자산을 매각하든 상관하지 않는다."[60] 이는 미시건전성 감독자가 여건 불변(*ceteris paribus*)을 가정한 상태에서 개별 금융기관의 행동에만 초점을 맞추기 때문이다. 하지만 자산가격 하락이라는 공통의 충격에 대해 다수 금융기관이 동시에 자산을 매각함으로써 레버리지를 감소시키려 하는 경우, 손실 및 마진 악순환의 피드백과 그로 인한 헐값 매각 등으로 금융시스템의 건전성—거시건전성—에 심각한 문제가 생긴다. 지난 글로벌 금융위기는 레버리지가 개별 금융기관의 건전성은 물론 금융시스템 전반의 안정성에도 긴밀하게 관련된다는 것을 명확히 보여주었다. 그런 까닭에 레버리지 규제—실질적으로 자기자본규제—는 미시건전성 감독 접근은 물론 거시건전성 감독 접근에서도 핵심 요소가 되었다.

다만, 앞으로 레버리지 규제에서는 레버리지의 계산이 실제로는 그리 쉽지는 않을 수 있다는 점[61]과, 그린스펀 풋과 유동성 풋에 기대려는 금융기관의 도덕적 해

---

60. Hanson *et al.*(2011), p.5.

61. 전 연준의장 버냉키(B. Bernanke)는 감독당국자의 입장에서 실제로 레버리지의 정확한 계산은 그리

이가 문제라는 점이 신중하게 고려되어야 할 것으로 보인다.

2.2.3 자산유동화에 따른 리스크관리의 취약성

전 세계는 글로벌 금융위기가 발생하고 나서야 비로소 서브프라임 모기지와 관련된 대출분배모형의 결정적 결함과 리스크관리의 취약성을 깨닫게 되었다. 이러한 내용을 살펴보자.

2.2.3.1 대출분배모형과 자산유동화증권

우리는 제7장에서 자산유동화증권에 대해 학습한 적이 있다. 자산유동화(asset securitization)란 주택담보대출, 신용카드매출, 회사채와 같은 위험자산을 한데 묶은 후 이를 기초로 유동화증권을 발행하여 투자자에게 판매함으로써, 기초자산에 내재하는 신용리스크를 투자자들에게 분배하는 구조화상품(structured products)을 만들어내는 과정이다.[62]

구조화 금융활동에서 유동화의 핵심은 기초자산 묶음 구성(pooling)과 선·후순위 구조화(tranching)에 있다.[63] 기초자산 묶음의 구성방식과 그 자산 묶음을 담보로 한 유동화증권의 원리금 지급 우선순위의 차등화 방식에 따라 위험-수익 배합이 서로 다른 자산유동화증권을 다양하게 만들어낼 수 있기 때문이다. 그 결과 유동화를 거쳐 "제조된 트랜치들 가운데 다수가 기초자산 묶음의 평균적 자산보다도 훨씬 더 안전해진다."[64] 이와 같이 리스크의 재포장을 통해 높은 등급의 자산을 만들어낼 수 있기 때문에 회사채·대출채권·주택담보대출·신용카드매출채권과 각

쉽지 않다고 봤다. 예를 들어 실제로는 미국 금융부문 전체의 레버리지가 늘었겠지만 지표상으로는 그리 크게 늘지는 않았다는 것이다. 이것은 두 가지 요인이 작용한 결과이다. 첫째, "[자기자본 중] 무형자산 비중이 늘어나는 등 자기자본이 질적으로 저하된 결과 위기에서 실제로 손실을 흡수하는 자기자본이 회계지표가 의미하는 수준에 크게 미달했"기 때문이다(Bernanke 2010b, p.4.). 둘째, 대차대조표에 파생계약이 포함되는 경우 대차대조표상의 레버리지가 파생상품 자체에 내재하는 레버리지(embedded leverage)만큼 실제의 레버리지를 과소평가하기 때문이다. Bernanke(2010b) 참조.

62. Wikipedia(2010) 참조. 구조화상품이란 유동화 등의 방식을 통해 대출이나 채권(bonds) 등 표준적 금융상품으로는 얻을 수 없는 수익률과 위험의 특정 결합에 도달하고자 하는 고도의 맞춤형 상품을 가리킨다.

63. Coval *et al.*(2009) 참조.

64. Coval *et al.*(2009), p.3.

종 ABS 등 다양한 부채수단을 기초자산으로 묶은 후 이를 담보자산으로 유동화하여 만든 부채담보부증권(CDO : Collateralized Debt Obligations)과 같은 구조화증권이 글로벌 금융위기 이전 수년간 급성장하게 된 것이다.

Box 14-4 금융시스템이 서브프라임 대출에서 어떻게 최우량등급 자산을 만들어냈을까?

금융시스템에서는 트리플-A 신용등급의 자산이 가장 높은 가치를 갖는다. 왜냐하면 이런 자산은 투자자에게 가장 안전할 뿐만 아니라, 가장 쉽게 매각할 수 있기 때문이다. 금융기관은 높은 위험을 가진 서브프라임 대출을 기초로 증권을 포장·재포장해 트리플-A 등급 자산을 만들어냈다. 미국 전역에서 서로 다른 특징을 가진 모든 대출이 동시에 상환불능 상태에 빠지지 않는 한 금융시스템은 작동할 수 있었다. 그렇지만 미국 전역의 주택소유주들이 [실제로] 상환불능 상태에 빠지자 주택담보대출 관련 증권에 대한 원리금을 갚기에는 자금이 충분치 않게 되었다.

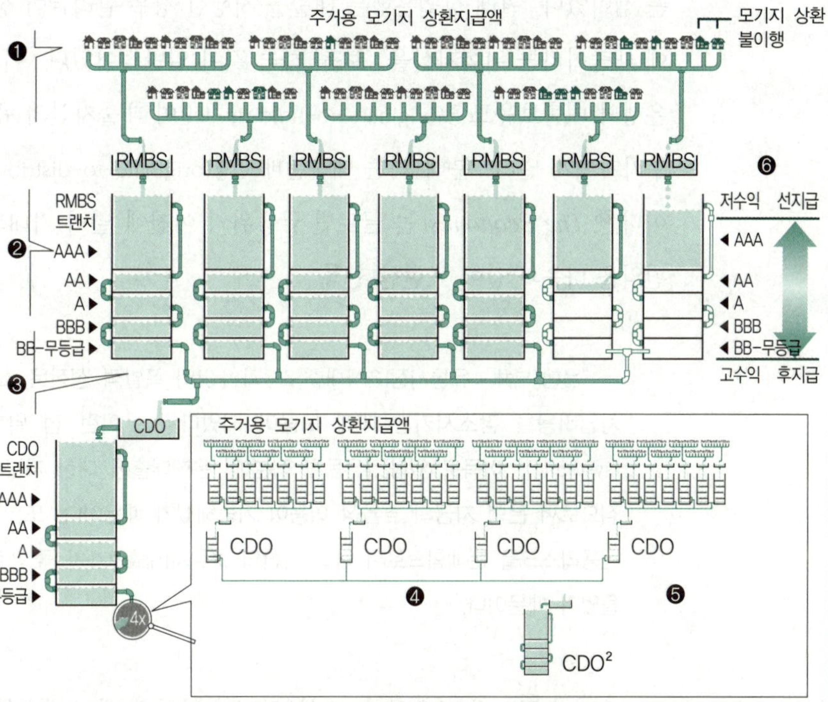

❶ 미국 전역에서 사람들이 주택담보대출을 받는다. 금융기관은 수백 건의 주택담보대출을 한데 묶은 후 이를 기초로 주택저당증권(MBSs)을 만들어낸다.

❷ 주택저당증권을 기초로 채권보유자가 직면하는 위험-수익가능성 수준이 상이한 여러 트랜치(tranches)를 만들어낸다. 모든 사람들[차입자]이 주택담보대출에 대해 매월 제대로 상환하면 상이한 트랜치의 주택저당증권을 보유한 사람들[채권투자자]도 수익을 얻는다.

❸ 금융기관은 주택담보대출의 상환액을 모아 채권보유자에게 분배한다. [이때] 높은 신용등급의 트랜치에게 지급이 우선 이루어진다. 주택담보대출의 월정액[의 일부]이 상환되지 않는 경우, 낮은 등급의 트랜치 보유자들에게는 지급이 이루어지지 않을 수도 있다.

❹ 부채담보부증권(CDO)은 낮은 등급의 MBS 트랜치를 재포장해 만든다. CDO는 고위험자산을 기초로 만들어지지만, 대부분의 부채담보부증권에는 높은 신용등급이 매겨진다.

❺ 또 다른 금융기관도 위험이 높은 CDO 트랜치를 가지고 다시 동일한 유동화 과정을 거쳐 CDO^2(CDO-squared)를 만들어낸다.

❻ 신용등급이 높은 채권에 대해서는 매월 수익이 우선 지급되므로 안전하다. 반면 신용등급이 낮은 채권의 수익률이 더 높을 수 있다.

자료: IMF(2008, 페이지 불명)을 인용.

〈Box 14-4〉는 주거용 주택담보대출이 주거용 주택저당증권(RMBS: Residential Mortgage-Backed Securities)으로, 다시 RMBS가 CDO, CDO^2, CDO^3, … 등으로 이어지는 구조화증권의 제조 메커니즘과 현금흐름(cash flows)의 진행을 보여준다.

자산유동화증권은 1990년대부터 발행잔액이 부쩍 늘기 시작했으며, 2000년대 들어와 폭발적으로 잔액이 증가하여 "미국의 주택담보대출 잔액의 약 56%가 유동화" 되었을 정도였다.[65] 특히 자산유동화는 은행에게 대출자산의 유통시장을 제공해 준 셈이었다. 원래 상업은행은 대출을 시행한 경우 원리금이 상환될 때까지 장부상에 대출이라는 위험자산을 '보유' 하는 것이 일반적이었다. 이와 같은 전통적 상업은행의 대출보유모형(originate-to-hold model)이 대출자산의 유동화를 통해 위험을 투자자에게 널리 '분배' 하는 대출분배모형(originate-to-distribute model)로 바뀐 것이다.[66] *The Economist*는 글로벌 금융위기 이전에 널리 기대되었던 자산유동화의 편익을 다음과 같이 표현한다:[67]

> "은행"부채" 유통시장[은행대출 유동화시장]의 폭발적 성장은 소비자 및 기업 모두의 차입비용을 감소시키는 데에 도움이 되었다. … 이런 점 말고도 여타 "시스템적(systemic)" 이득도 있다. [유동화 덕분에] 은행대출에 대한 자본시장의 평가가 이루어짐으로써 은행 자금의 효율적 이용이 가능해졌기 때문이다. 또한 다양한 투자자들에게 신용리스크를 분배함으로써 단일 자산의 보유자[대출보유자, 즉 은행]의 도산위험이 줄어들었기 때문이다."

그러나 글로벌 금융위기가 발생하면서 환상은 깨어졌다:[68]

> "메릴린치(Merrill Lynch)가 2007년 인수한 자산담보부 CDO 30개 트랜치(tranches) 가운데 27개 트랜치의 신용등급이 AAA에서 "정크"로 강등되었다. 2007년 전반에 걸쳐 무디스(Moody's)는 자신이 등급을 매긴 자산담보부 CDO 트랜치 중 31%에 대해, 그리고 자신이 AAA 등급으로 평가한 CDO 트랜치 가운데 14%에 대해 각

65. *The Economist*(2007b), p.70.

66. 이렇게 된 데에는 자기자본규제를 회피하고자 하는 상업은행의 유인이 크게 작용한 것이 사실이다. 이 점에 대해서는 이 책의 제7장 참조.

67. *The Economist*(2007b), p.71.

68. Coval *et al.*(2009), p.5.

각 신용등급을 하향 조정했다. 2008년 중반까지 구조화 금융활동은 사실상 중단되었고, S&P's의 사장인 샤르마(D. Sharma)는 그런 중단상태가 "여러 해" 계속될 것으로 예상했다."

글로벌 금융위기 이후 자산유동화의 여러 문제점에 대한 비판적 재평가가 이루어졌다. 아래에서는 그동안 논의된 문제점들을 살펴보기로 한다.

2.2.3.2 위험 측정의 문제

1980년대 중반부터 글로벌 금융위기가 터지기 직전까지 약 20년은 세계 경제가 안정적 인플레이션과 지속적 성장을 경험했던 대완화기(Great Moderation)였다. 그 덕분에 "리스크가 영구적으로 낮아졌다는 인식이 생겼고, 이러한 [잘못된] 인식 때문에 리스크의 가격이 낮아졌다."[69] 이것은 일반적으로 위험 측정(risk measurement)의 문제를 의미한다.

하지만 위험의 측정은 쉽지 않다. 우선, 위기가 꼬리사건(tail events)이라는 점에서 역사적 자료가 부족하다는 것이 문제이다. 나올 수 있는 모든 가능한 자산수익률 수준의 확률분포에서 위기상황이란 꼬리에 해당하는 저확률 · 고비용 사건(low-probability-high-cost events)이다. 하지만 역사적 자료의 부족으로 인해 꼬리상황이 발생할 확률의 크기를 정확히 계산하는 일은 그리 쉽지 않다. 그래서 실제보다 가는 꼬리(thin tails)를 가진 정규분포를 가정한 결과 "… 재난에 대한 보험의 가격이 낮게 매겨졌다"는 것이다.[70]

또한 평상시 다변화 또는 헤지의 편익을 제공한 것으로 간주되던 자산들이 위기 시 매우 높은 양의 상관성을 보이면서 함께 움직이게 된다는 점도 문제이다. 결국 "역사적 [자료에서 관찰되는] 상관성이 미래의 가격 움직임에 대해서는 제대로 알려주지 못할 수도 있다"는 것이다.[71]

더욱이 새로운 금융상품의 위험성에 대해서는 역사적 자료 자체가 아예 없었다. 예를 들어 주택담보대출을 기초로 한 유동화증권의 경우 "제2차 세계대전 이

69. BIS(2009), p.9.
70. BIS(2009), p.9.
71. BIS(2009), p.10.

후의 자료에 대해 채무불이행 위험이 계산되었지만, 이 기간 중 미국 전역에 걸쳐 주택가격이 일반적으로 하락한 전례가 아예 없었다."[72] 따라서 모형에 투입된 미국 내 지역 간 주택가격 자료상의 상관관계는 낮을 수밖에 없었다. 게다가 대완화기 동안 주택담보대출 연체율 등 자료가 가까운 과거 기간 중 낮았는데, 이들에 대한 가중치가 높았다.[73] 이런 모든 요인은 이들 증권의 신용위험을 실제보다 낮게 추정하는 데에 기여했다.

코발(J. Coval) 등은 이와 같은 위험 측정의 문제들이 글로벌 위기 이전에 제대로 인식되지 않았다고 본다. 그런 까닭에 "대부분의 [구조화]증권이 [과도하게] 높은 신용등급을 받을 수 있었다"는 것이다. CDO의 표준적 모형을 통해 이들이 도달한 결론의 일부는 다음과 같다:[74]

> "[첫째,] 모수 추정치가 약간만 부정확해도 [그로 인해] … 최우량(AAA)신용등급을 받은 증권이 작지 않은 확률로 채무불이행에 빠질 수 있다. 둘째, … 유동화 과정은 대체로 다변화 가능한(diversifiable) 위험을 줄이는 대신에 고도의 체계적(systematic) 위험을 늘린다. 그 결과 구조화 금융활동에 의해 만들어진 증권이 심각한 경기하락(economic downturn)을 견뎌낼 확률은 동일 등급의 전통적 회사채의 경우보다 훨씬 작다. 더욱이 선순위 트랜치의 채무불이행 위험은 체계적으로 불리한 경제상황(systematically adverse economic states)에 집중되어 있으므로, 투자자들은 구조화청구권을 보유하는 데 대해 평가등급이 동일한 회사채를 보유하는 경우에 비해 훨씬 더 큰 위험프리미엄을 요구해야 한다."

2.2.3.3 자산유동화에 따른 리스크관리의 취약성

BIS의 2009년 연차보고서는 금융기관 내부의 리스크관리 거버넌스(governance)도 문제였다고 본다. 감당할 수 있는 리스크인지 여부를 따지는 리스크부서의 업무와 수익에 집착하는 영업부서의 업무는 애초부터 초점이 다르다. 그런데 대완화기 동안의 오랜 안정에 취한 금융기관의 고위경영자는 수익에 집착한 나머지 리스크관리자와 소통이 부족했고, 자사 상품 특히 복잡한 자산유동화증권의 리스크에 대해 제대로 알지도 못했고 알려고 하지도 않았다.

72. Goodhart(2009), p.17.

73. Brunnermeier(2009) 참조.

74. Coval *et al.*(2009), pp.3~4.

또한 버냉키는 "서브프라임 주택담보대출을 유동화에 의해 조달하려고 대출분배모형을 확대 적용한 것이 몇 가지 점에서 잘못 관리되었다"고 본다.[75] 버냉키에 따르면 첫째, 상업은행의 대출승인 기준이 크게 저하되었다는 것이다. 사실 상업은행은 자신이 일으킨 주택담보대출을 만기까지 보유하는 것이 아니라 유동화를 통해 리스크를 다수 투자자에게 이전시키게 될 때까지만 대출을 보유했다.[76] 따라서 은행으로서는 대출신청에 대한 심사 및 사후관리를 과거처럼 철저하게 해야 할 유인이 사라지게 되었다. 수익을 위해서는 대출의 질보다 실적이 중요했기 때문이다. 은행의 주택담보대출 기준이 일반적으로 크게 느슨해진 것도 이런 연유에서다.[77] 둘째, 연체로 인해 부실화된 주택담보대출의 조건 변경이 쉽지 않았다. 이는 주택담보부 유동화증권과 관련된 법률적 문제 때문이었다. 셋째, 일련의 유동화 과정을 거쳐 만들어진 증권에 대해 최종 투자자가 정보부족으로 신용분석을 할 수 없었다. 이는 유동화증권의 불투명성을 의미한다.[78]

2.2.3.4 신용평가회사의 유인 왜곡

원래 채권의 신용등급은 그 채권을 발행한 주체의 신용위험을 제3자인 신용평가회사가 평가한 것으로, 투자자의 판단에 도움을 준다. 따라서 신용평가회사의 평가서비스에 대한 보상은 서비스의 수혜자인 투자자가 지급하는 것이 원칙이다. 그러나 실제로는 지난 수십 년간 채권발행자가 신용평가회사에게 수수료를 지급해 왔다. 신용평가회사의 이와 같은 사업모델(business model)에 대해 BIS는 다음과 같이 설명한다:[79]

> "신용등급을 매기는 데에는 비용이 들고, 등급을 매기는 과정은 고난도 업무이지만 [일단 등급이 알려지면 이를] 비밀로 하기가 불가능하다. … 신용등급을 가장 필요로

75. Bernanke(2010b), p.3.
76. 브러너마이어는 이를 가리켜 은행이 "구조화상품 제조기간 리스크(pipeline risk)"만 부담하게 되었다고 표현한다(Brunnermeier 2009, p.82).
77. 예를 들어 무증빙대출(low-doc or no-doc loans)이나 묻지마대출(NINJA loans: No Income, No Job or Asset loans)이 횡행했다. *The Economist*(2007a) 참조.
78. 이 밖에도 버냉키(2010b)는 증권의 신용등급 산정과 관련하여 신용평가회사의 이해상충 문제를 언급하고 있다. 이 문제는 별도의 절에서 다루기로 한다.
79. BIS(2009), p.8.

하는 사람은 채권발행자이다. 그래서 … 신용평가회사는 채권발행자에게 요금을 청구한다."

이번 글로벌 금융위기 이전 여러 해 동안 대규모로 발행된 주택담보부증권(MBS)과 부채담보부증권(CDO) 등 다양한 자산유동화증권에 대해서도 신용평가회사는 신용등급을 매겼다. 이때 신용평가회사는 그 자산유동화증권의 발행 주체인 자산보유자(originator)로부터 수수료를 수취한다. 바로 여기서 신용평가회사의 이해상충이 생겼다. 자산유동화증권이 많이 발행될수록 등급을 매기는 신용평가회사의 수수료 수입이 늘어나기 때문이다. 결국 신용평가회사는 고객(유동화증권 발행자) 확보를 위해 채권의 신용등급 산정에서 상향 편의 유인을 갖게 되었다. 그럼에도 시장과 감독당국은 신용평가회사의 사업모델에 내재한 이러한 이해상충의 가능성을 간과하고 자산 위험성의 판단에서 신용등급에 지나치게 의존했었다.

글로벌 금융위기 이후, 신용평가를 둘러싼 제반 문제점을 개선하려는 노력이 진행되었다. 다음의 〈Box 14-5〉는 20세기 초 시작된 신용등급 평가가 오늘의 모습을 갖게 되기까지 지난 1세기에 걸친 역사 및 제도의 전개과정과 글로벌 위기 이후 취해진 관련 개선조치에 대한 화이트(L. White)의 시각을 간략히 정리한 내용이다.

Box 14-5 신용평가업무의 역사와 전개과정[1)]

무디(J. Moody)가 미국 철도채권에 대한 신용등급을 1909년 발표한 것이 신용평가의 효시이다. 뒤이어 1916년 푸어즈 출판사(Poor's Publishing Company), 1922년 스탠다드 통계회사(Standard Statistics Company), 1924년 핏치 출판사(Fitch Publishing Company)가 차례로 채권등급을 발표했다. 당시 이들은 채권등급을 수록한 책자를 투자자에게 판매했다. 그러므로 신용평가회사의 초창기 사업모형은 채권발행자가 등급평가의 대가를 신용평가회사에게 지급하는 오늘의 발행자지급모형('issuer pays' model)이 아니라 채권투자자가 신용평가회사의 정보를 구입하는 투자자지급모형('investor pays' model)이었다.

이들 초기 신용평가자들은 이후 분사 또는 인수·합병의 과정을 거쳐 21세기 초 오늘과 같은 세계 3대 신용평가회사—무디스, S&P's, 그리고 핏치—로 자리 잡았다. 이는 세계 신용평가시장이 과점시장임을 의미한다. 또한 오늘날에는 신용평가회사가 매긴 채권등급이 금융감독기구에 의한 금융기관의 건전성 판단에서 중요한 역할을 수행하게 되었고, 이들의 사업모형은 발행자지급모형으로 바뀌었다. 이렇게 되기까지 관련 역사 및 제도의 전개를 살펴보자.

우선, 1936년 미국에서는 ""공인 등급매뉴얼(recognized rating manuals)"에 의해 "투자부적격등급(speculative investment grade)"으로 정해진 증권을 은

행이 사들이는 일은 [법적으로] 금지"되었다. 당시 공인 등급매뉴얼의 발행자는 무디스, S&P's와 핏치로만 한정되어 있었으므로, "이들 제3의 평가자가 내린 신용도 관련 판단은 실제로 법률적 효력을 얻게 되었다." 그로부터 약 40년이 경과하는 동안 미국의 모든 주정부 보험감독자는 보험회사의 최소자본금 요건을 신용등급에 연계하기에 이르렀다. 또한 1975년 미국 증권거래위원회(SEC)는 주요 투자은행을 포함하는 브로커-딜러의 최소자본금 요건을 이들이 보유하는 자산의 위험성에 연계하는 조치를 내렸다. 이때 SEC는 이들의 자산포트폴리오 위험성 판단에는 "전국공인신용평가기구(NRSRO : Nationally Recognized Statistical Rating Organizations)로 지정된 회사의 신용등급 평가만이 유효하다"는 점을 명확히 했다. 기존의 유력 신용평가회사인 무디스, S&P's, 그리고 핏치가 NRSRO에 자동적으로 지정된 것은 물론이다. 그 이후 은행 및 보험 부문의 금융감독자도 NRSRO에 의한 채권 등급평가를 채택하게 되었다. 결과적으로 모든 금융감독자가 3개 신용평가회사에게 "감독판단을 외주한" 셈이 되었다.[2] 또한 SEC의 NRSRO 지정제도는 신참 신용평가회사의 시장 진입을 막는 장애요인으로 작용했다.

한편, 신용평가회사의 사업모형은 1970년대 초 오늘의 발행자지급모형으로 변경되었다. 그 이유는 그리 명확하진 않지만, 지금까지 몇 가지 설명이 제시된 바 있다. 첫째, 1970년대 초 고속복사기가 보급되면서 평가등급 책자의 판매량 급감을 우려한 신용평가회사가 채권발행자로부터 평가수수료를 받는 사업모형으로 전환했다는 것이다. 둘째, 1970년 펜-센트럴 철도회사(Penn-Central Railroad)의 파산으로 채권시장 거래가 위축되자 자신의 신용도를 적극적으로 알릴 필요를 느낀 채권발행자로서는 신용등급 평가서비스에 대해 기꺼이 수수료를 지급하게 되었다는 설명이다. 셋째, 금융규제에 따라 어떤 채권이 금융기관의 자산포트폴리오에 편입되려면 신용평가회사가 등급평가를 매겨야 하는데, 그런 "축복(blessing)"에[3] 대해 채권발행자가 기꺼이 수수료를 지급하게 되었다는 것이다. 넷째, 신문·잡지의 유형에 따라 수입원천이 구독료 또는 광고수입일 수도 있고 둘 다의 혼합일 수도 있듯이, 채권평가업무의 수입원천이 발행자 또는 투자자일 수도 있고 둘 다의 혼합일 수도 있다는 설명이다.

어찌되었든 현행 발행자지급모형에서 신용평가회사는 이해상충의 가능성—수수료 수입을 확보하기 위해 평가등급의 상향 편의를 초래하게 될 가능성—에서 자유롭지 않다. 실제로 자산유동화증권 발행자의 등급쇼핑(rate shopping)—채권발행자가 더 나은 등급을 제시하는 신용평가회사를 찾아나서는 행동—도 보고된 바 있다. 반면, 채권에 매겨진 신용등급이 투자자의 신뢰를 얻는 데에는 신용평가회사의 장기적 평판(reputation) 유지가 중요하다. 이런 점에서 평판이 이해상충의 실질적 억제요인으로 작용한 측면이 있음은 물론이다.

2007~2009년 글로벌 금융위기 이후 과점적 시장구조와 이해상충 가능성 등을 포함하는 신용평가제도의 제반 문제점을 개선하기 위해 몇 가지 조치가 실행되었다. 예를 들어 2005년 5개이던 NRSRO 지정 신용평가회사 수효를 2010년 현재 10개로 늘려 신참 신용평가회사의 시장진입을 확대했고, NRSRO 지정 기준을 명확히 규정하는 등 SEC 의사결정 과정의 투명성을 제고했다. 또한 신용평가회사의 이해상충을 억제하기 위해 "복잡한 구조화증권 설계에 참여한 신용평가회사는 그렇게 발행된 증권의 등급을 평가하지 않도록 의무화"하는 조치와 "등급평가의 방법론과 가정 등에 대한 세부 내용을 공시하도록 의무화"하는 조치가 취해졌다.[4]

화이트(L. White)는 이상과 같은 대응조치들이 "채권의 신용도 판단을 위한 정보의 개발 및 평가에서 진입과 혁신을 저해"함으로써 오히려 3대 신용평가회사가 누려온 기존의 핵심적 지위를 강화할 것이라 본다. 근본적으로, 신용평가회사에게 오랫동안 위임해 온 감독판단을 다시 거둬들여야 한다는 것이 화이트의 제안이다. 과거 신용평가회사가 독식했던 채권정보시장이 다양한 정보분석 주체들에게 개방되면, "금융감독자가 채권포트폴리오의 안전성을 감시하는 가운데 채권의 신용도에 대해 금융기관 스스로 정보원천을 찾아 나서도록 맡길 수 있다"는 것이다.[5)]

1) 이 글은 White(2010)의 논문을 요약 · 정리한 내용이다.
2) 이 문단의 각 인용문(인용구)은 White(2010)의 pp.212~214에서 따왔다.
3) White(2010), p.215.
4) White(2010), pp.222~223.
5) 이 문단의 각 인용문(인용구)은 White(2010)의 pp.223~224에서 따왔다.

자료 : White(2010).

2.3 금융 규제 · 감독의 취약성

글로벌 금융위기가 전 세계에 일깨워준 가장 중요한 교훈 중 하나는 "시스템리스크는 중요하다"는 사실이다.[80] 이는 개별 금융기관의 건전성을 위주로 하는 기존 미시건전성 감독 접근으로는 금융안정을 달성하는 데 충분하지 않다는 사실을 재인식하게 되었음을 의미한다. 금융시스템 전반의 건전성을 명시적으로 다루는 거시건전성 감독 접근의 중요성이 위기 이전에 충분히 인식되지 않았던 점은 규제 · 감독 분야에서 가장 커다란 방법론적 취약성이었다.

둘째, 그림자은행시스템에 대한 규제 · 감독의 필요성을 제대로 인식하지 못한 점도 중대한 오류였다. 버냉키에 따르면, 그림자은행시스템에 대한 규제 · 감독은 "법률적 미비(statutory gaps)"로 인해 실제로 매우 제한적이었다.[81] 예를 들어 그림자은행 중 유동화기구와 모기지회사에 대해서는 건전성 규제기준이 부과되지도 않았고, 감독당국도 따로 없었다. 투자은행은 증권거래위원회(SEC : Securities and Exchange Commission)의 규제를 받긴 했으나 법적 강제력이 결여된 자율규제 수준이었다. 그림자은행에 대한 이와 같은 법률적 미비는 이들에 대한 정보의 부족을 의미했다.

일반적으로 일국의 감독당국은 모든 금융기관에 대해 동일한 규제를 할 수도 없고 그럴 필요도 없다. 하지만 금융혁신으로 인해 금융활동 간 경계가 애매해진 상

80. 김홍범(2009b), p.103에서 재인용.
81. Bernanke(2010b), p.5. 그림자은행에 대한 규제 · 감독이 이와 같이 제한적이었기 때문에 연방준비법(Federal Reserve Act)은 이들에 대한 긴급유동성 지원도 '예외적이고 긴급한(unusual and exigent) 상황에서만' 가능하도록 규정해 왔다.

황에서 유사한 위험활동에 대해 규제를 받는 금융기관은 규제를 받지 않는 금융기관에 비해 수익성이 떨어질 것이다. 그러므로 규제를 받는 금융기관은 자신의 위험활동을 가급적 규제범위 바깥으로 옮기려고 하는 규제회피의 유인을 자연스럽게 갖게 된다. 예를 들어 바젤 II 자기자본규제 하의 상업은행은 구조화투자기구(structured investment vehicle)와 같이 "자본금을 늘리지 않으면서도 리스크를 늘리는 방법"을 널리 활용하게 되었다.[82] 브러너마이어(M. Brunnermeier) 등은 이를 금융규제의 "범위 문제(boundary problem)"라 부른다.[83]

금융규제가 효과적인 한 그 규제를 받는 금융기관의 규제회피 유인은 어쩔 수 없는 자연스런 현상이다. 그런데 규제를 받지 않는 금융기관과 규제 하의 금융기관은 현실적으로 신용약정이나 제휴 또는 자회사 관계를 갖는 경우가 많다. 이것은 전자의 문제가 후자에게 이전될 우려가 있음을 의미한다. 또한 규제를 받지 않는 금융기관이 시스템적 함의를 가질 수도 있다. 실제로 상업은행의 부외기구와 투자은행 등 비은행중개기관으로 구성된 그림자은행시스템(shadow banking system)이 시스템적 함의를 갖는다는 사실을 규제 · 감독당국이 사전에 깨닫지 못한 것이 글로벌 금융위기를 부른 중요한 원인 중 하나였다.

셋째, 버냉키는 위기관리의 제도적 문제점을 지적한다. 글로벌 금융위기 이전까지는 문제 예금기관에 대해서만 연방예금보험공사(FDIC: Federal Deposit Insurance Corporation)에 의한 특별정리절차가 적용되었다.[84] 따라서 예금기관이 아닌 금융지주회사나 비은행금융기관이 지급불능에 빠지는 경우, 미국의 어떤 정책당국도 기존의 법률적 절차(예를 들면 Chapter 11)에 따라 그 기관을 파산시키거나 구제하는 것 말고는 달리 처리할 방법이 없었다.[85] 이런 제도적 상황은 기존 화폐금융이론의 일반적 시각—은행이 아닌 금융기관은 시스템리스크를 제기하지 않는다는 시각—과도 긴밀하게 관련된다. 결과적으로 지난 글로벌 위기에서 미국이 경험했던 위기관리의 문제점을 버냉키는 다음과 같이 설명한다:[86]

---

82. BIS(2009), p.10.
83. Brunnermeier *et al.*(2009), p.65.
84. Bernanke(2010b).
85. 김인규 등(2010)과 Mishkin(2010) 참조.
86. Bernanke(2010b), p.7.

> "… 미국 정부 내 그 누구도, 시스템에 주는 충격을 제한하면서 채권자(creditors)에게 적정 손실을 부과하는 방식으로 비은행금융기관(은행지주회사 포함)의 파산을 처리할 수 있는 법률적 권한[즉, 정리권]을 갖지 않고 있었다. … 미국 연방파산법 제11장(Chapter 11)에 의한 파산은 금융 및 경제 안정보다는 채권자 권리에 초점을 맞추고 있으므로, 복잡성과 고도의 연계성을 가진 대형 금융기관의 청산(liquidation)이나 구조조정(restructuring)을 관리하기 위한 효과적 방식은 아니다. [이런 까닭에] 제11장 절차에 따른 리먼브러더즈의 파산은 위기를 엄청나게 악화시켰다."

글로벌 금융위기 이후 미국은 2010년 금융개혁법(Dodd-Frank Act)의 제정을 통해 "투자은행지주회사에 대한 감독권한을 연준으로 이관"하는 한편, "중요 금융회사로 지정된 경우에는 증권사 · 보험사 등 일반 파산법 적용대상인 금융회사[에 대해서]도 FDIC 주도에 의한 특별정리절차를 적용"하게 되었다.[87]

2.4 대마불사

지난 글로벌 금융위기의 전개과정에서 "리먼의 도산과 여타 몇몇 대형 복합기업의 준도산(near-failure)은 금융시장 혼란, 신용흐름 방해, 자산가격 급락, 신뢰 손상을 통해 위기와 경기침체를 상당한 정도로 악화시켰다."[88] 이것은 대마불사(TBTF : too-big-to-fail)의 문제 자체가 금융위기를 심화 또는 증폭시키는 데 기여한 중요한 요인 중 하나임을 의미한다.

감독상의 오랜 난제인 대마불사 — 덩치가 큰 문제 금융기관이 파산하면 시스템 위험이 우려되므로 정책당국으로서는 이 금융기관을 파산시키지 못하고 구제할 수밖에 없는 현실적 상황 — 는 은행에만 해당되는 것으로 그동안 인식되어 왔다. 하지만 앞서 살펴본 대로, 은행이든 아니든 어떤 금융기관도 그 유형과는 상관없이 시스템적 함의를 얼마든지 가질 수 있다는 사실이 이번 글로벌 금융위기로 확인되었다. 베어스턴즈(Bear Stearns)와 같은 투자은행과, AIG(American International Group)와 같은 보험회사가 모두 구제되었다는 사실이 이를 잘 말해 준다. 이로써 대마불사 문제는 더 이상 '은행'만의 문제가 아니게 되었고, 금융업을 영위하는 '대마불사 기업

87. 김인규 외(2010), pp.11~12.

88. Bernanke(2010b), p.8.

(TBTF firms)' 전반의 문제로 확대되었다. 여기서 대마불사 기업이란 "규모 · 복잡성 · 연계성과 핵심 기능의 관점에서 그 기관이 예상치 못하게 청산되는 경우 여타 금융시스템 및 경제가 심각한 악영향에 직면하게 될 것으로 보이는 기업"을 가리킨다.[89]

지난 글로벌 금융위기에서는 정책당국의 "위기관리 역량" 미비 탓에 대마불사 기관을 구제하는 것 이외에는 달리 방법이 없었다. 이때 구제의 논리는 물론, "순조롭지 못한 도산(disorderly failure)을 허용하는 경우 경제 전반에 미치게 될 결과가 어떻게든 도산을 피하는 경우의 비용을 크게 초과한다 … [는 점]"이었다.[90]

하지만 대마불사의 문제는 차제에 근본적으로 해결되어야 한다. 다음 세 가지 이유로 대마불사의 잠재적 폐해가 매우 심각할 수 있기 때문이다.[91] 우선, 채권자와 대마불사기관 모두에게 도덕적 해이가 만연될 것이다. 채권자(creditors)는 대마불사기관의 안전성을 평소 알고 있으므로 낮은 보상(저금리)으로 자금을 제공하며 대마불사기관을 감시할 이유도 없다. 한편, 대마불사기관은 자신이 망하지 않는다는 것을 알고 있기에 평소 지나치게 높은 위험을 추구하려는 유인을 갖는다. 둘째, 대마불사기관이 누리는 안전성은 대형 금융기관과 소형 금융기관 사이의 불공정 경쟁을 의미한다. 이런 까닭에 소형 금융기관은 대마가 되기 위해, 그리고 대형 금융기관은 대마의 지위를 유지하기 위해 시장 비중(덩치)을 키우기 위해 끊임없이 노력하게 될 것이다. 이것은 경제효율의 손상을 가져온다. 셋째, 이번 글로벌 위기에서 알게 되었듯이 적절한 정리절차—채권자 및 주주에게 합당한 책임을 부과하는 동시에 시스템적 비용을 최소화하는 절차—가 마련되어 있지 않은 경우, 대마불사기관의 존재 자체가 금융안정에 대한 커다란 위협요인으로 작용한다.

글로벌 금융위기 이후, 대마불사 문제를 개선하기 위한 국제사회 및 개별 국가의 노력은 시스템상 중요 금융기관(SIFIs)의 지정과 이들 지정된 기관에 대한 감시의 강화, 개별 금융기관의 '자체 정리계획(living wills)' 수립 의무 등으로 구체화되었다.[92]

---

89. Bernanke(2010b), p.8.
90. Bernanke(2010b), p.8.
91. Bernanke(2010b) 참조.
92. 한국은행(2014) 참조.

연습문제

01. BIS가 말하는 글로벌 금융위기의 전개과정에 대해 다음 물음에 답하시오.

(1) 서브프라임 사태가 전 세계적 금융위기로 확대된 배경을 설명하시오.

(2) 글로벌 금융위기의 전개과정에서 상업은행 중심의 전통적 금융안전망이 여타 금융부문으로 확장된 사례를 설명하시오.

(3) 금융위기가 경기침체로 전이된 배경을 설명하시오.

02. 미쉬킨은 자신의 논문(Mishkin 2010, p.5)에서 다음과 같이 언급한다:

> "다수 논자들은 리먼을 파산하도록 내버려둔 재무부 및 연준의 결정은 가벼운 금융혼란을 글로벌 금융위기로 바꿔놓은 거대한 실수라고 주장한다. 결과적으로 보면 리먼을 파산하도록 내버려둔 것이 올바른 결정이었다고 주장하긴 어렵다. 하지만 당시로선 리먼을 파산하도록 내버려둘 만한 근거가 있었음을 기억하는 일은 유익하다."

이 문제에 대한 여러분의 주장을 논리적으로 제시하시오.

03. 이번 글로벌 금융위기에서 평소 상관성이 낮거나 음인 자산들이 위기상황에서는 갑자기 매우 높은 양의 상관성을 보였다는 사실은 매우 주목할 만한 현상이다. 이를 서브프라임 사태에서 관찰된 모기지 연체율과 관련하여 생각해 보자. 주택가격이 전반적으로 상승하던 시기에는 서브프라임 모기지의 연체율이 낮았다. 이때에는 각 주택담보대출을 독립적이라 가정해도 별 문제가 없었다. 하지만 주택가격이 전반적으로 하락하기 시작하자 서브프라임 모기지의 연체율은 급증했다, 이 상황에서는 각 주택담보대출은 더 이상 독립적이지 않았다. 이러한 현상을 직관적으로 어떻게 설명할 수 있을까(Goodhart 2009)?

04. 다음은 테민(P. Temin)의 글 일부를 재구성한 내용이다(Temin 2010). 이 내용 중 각각의 특정 가정이 무엇인지 설명한 후, 뱅크런과 서브프라임 사태 간 유추(analogy)에 대해 좀 더 부연하여 설명해 보시오.

> "부분준비제도의 정상적 작동을 위해서는 예금인출에 대한 특정 가정이 실제로 성립해야 한다. 그렇지 않으면 뱅크런이 초래된다. 마찬가지로, 서브프라임 주택담보대출시장에서 주택담보대출의 묶음을 유동화하여 발행된 주택저당증권에 대한 원리금 지급이 정상적으로

> 이루어지려면 주택담보대출의 상환에 대한 특정 가정이 실제로 성립해야 한다. 그런데 실제로는 그렇지 않았으므로 2007년 서브프라임 사태가 초래되었다."

05. 브러너마이어(M. Brunnermeier)는 주택버블의 붕괴라는 초기 충격이 성숙한 금융위기로 증폭되기까지의 주요 메커니즘을 다음 네 가지로 본다. 이들 각각을 간단히 설명하시오(Brunnermeier 2009).

(1) 차입자의 대차대조표 효과

(2) 대부경로

(3) 금융기관 런

(4) 네트워크효과

06. 전통적 뱅크런은 부분준비제도 하에서 예금주들이 은행에 몰려들어 예금인출을 요구하면서 발생한다. 지난 글로벌 금융위기에서는 지분보유자들(equity holders)이 헤지펀드와 뮤추얼펀드에 몰려들어 자신의 출자지분 환매를 요구하면서 펀드런(fund runs)이 발생했다. 지분보유자들이 예금주처럼 자신이 출자한 펀드로 '뛰어야(run)' 하는 이유를 설명하시오(Brunnermeier 2009).

07. 미쉬킨(F. Mishkin)은 그의 2010년 논문(2010, p.8)에서 리먼의 도산 직후 발생한 "AIG의 와해와 Reserve Primary Fund 런은 금융시스템이 하나의 거대한 "캐리트레이드(carry trade)" 로 묘사될 수 있는 업무에 종사하고 있었다는 사실을 드러냈다" 고 쓰고 있다. 이러한 언급의 의미를 설명하시오.

08. 레이(L. Wray)는 민스키(H. Minsky)의 금융불안정가설(financial instability thesis)을 다음과 같이 요약적으로 정리하고 있다(Wray 2011, p.2). 읽고 물음에 답하시오.

> " … 자본주의 경제의 동태적 세력(dynamic forces)은 확산적이다(explosive). 그러므로 제도적 상한과 하한에 의해 억제되어야 한다. 그렇지만 이런 제약들 덕분에 안정 비슷한 상태가 성공적으로 달성되는 한, [경제주체들이] 지속 불가능한 투기적 환상 속에 빠지게 되면서 [이들의] 바뀐 행동으로 인해 상한이 깨어지는 법이다. [그 결과] 붕괴(crash)를 피할 수는 없겠지만, 이를 제도적 하한이 완화시켜 준다면 붐(boom)을 초래했던 위험행동이 보상을 받게 되는 셈이다. [그러면] 또 다른 붐이 조성될 것이고 이것이 붕괴하면 다시 안

> 전망을 시험하게 될 것이다. 시간이 흐르면서 위기가 점점 더 빈발하고, 점점 더 격화된다. 마침내 "그것"(부채디플레이션을 수반한 대공황)이 발생 가능해진다."

(1) 위 레이의 맥락에서 그린스펀 풋을 평가해 보시오.

(2) 레이에 따르면, 민스키는 재무상태에 따라 개별 경제주체를 '헤지단위(hedge unit)', '투기단위(speculative unit)', 그리고 '폰지단위(Ponzi unit)'로 구분하였다. 각각이 어떤 상태인지 명확히 설명해 보시오.

09. 다음 박스는 이 장 본문에 나오는 지문의 일부분이다. 읽고 물음에 답하시오.

> 금융위기에는 침체가 따르기 쉽다. 미쉬킨(F. Mishkin)은 금융위기가 실물적 효과를 초래하는 이유를 세 가지로 설명한다. 첫째, ① 금융위기는 일반적으로 신용스프레드를 확대함으로써 이자율을 높여 총수요를 위축시킨다. 둘째, 금융위기로 ② 금융기관의 보유자산 가치가 하락하면서 스스로 레버리지를 줄이는 과정에서 실물기업에 대한 대출이 위축된다. 셋째, 금융위기로 인한 불확실성 증대로 ③ 정보 비대칭이 심화되면서 금융기관의 자금중개 기능이 손상된다.

(1) ①에서 금융위기가 신용스프레드를 확대시키는 이유는 무엇인가?

(2) ②에서 보유자산의 가치가 하락하면 금융기관이 레버리지를 스스로 줄이려 하게 되는 이유가 무엇인가?

(3) ③과 같은 상황에 직면하여 중앙은행이 팽창적 통화정책을 실시한다고 가정해 보자. 이 경우 자금수요자(가계와 기업)의 대차대조표가 건전해지면서 자금공급 주체인 은행의 대출의사가 강화될 수 있다. 다시 말해, 팽창적 통화정책이 대부자로서의 은행과 차입자로서의 자금수요자(가계와 기업) 사이의 정보 비대칭성을 완화시킴으로써 은행이 대출을 늘리게 된다는 것이다. 여기에는 세 가지의 세분화된 구체적 경로가 존재한다. 각각의 경로를 설명하시오.

10. 다음은 MBS, CDO 등 유동화증권에 관한 문제이다. 지문을 읽고 물음에 답하시오.

> 글로벌 금융위기 이전에는 대출보유모형(originate-to-hold model)보다 대출분배모형(originate-to-distribute model)이 훨씬 효율적이라는 인식이 금융권에 확산되어 있었다. 원래 상업은행은 대출을 행한 경우 원리금이 만기에 모두 상환될 때까지 그 대출자산(위험자산)을 대차대조표에 보유하게 된다. 이것이 상업은행의 전통적 대출보유모형이다. 그런

데 은행(originator)이 대출자산 만기 이전에 그 법률적인 소유권을 (①)에게 양도하고, (①)은 양도 받은 대출자산을 담보로 자산유동화증권을 발행하여 투자자들에게 판매한다. 이런 과정을 거쳐 은행은 원래의 위험자산인 대출을 현금(무위험자산)으로 대체할 수 있다. 대출 시행 이후 자산유동화를 통해 은행 대차대조표에서 위험을 떼어내 외부로 골고루 퍼지게 한다는 의미에서 이를 대출분배모델이라 부른다. 사실 대출분배모형 덕분에 상업은행이 리스크가 높은 서브프라임 대출시장에 적극 진출하게 되었고, 이것은 개별 상업은행에게 효율적인 것으로 간주되었다. 개별 상업은행은 서브프라임 대출을 행한 후 유동화를 통해 위험을 손쉽게 처분하는 동시에 회수된 현금자산을 대출자산으로 반복 운용할 수 있었기 때문이다. 또한 대출분배모형은 ② 사회적으로도 효율적인 것으로 인식되었다. 더욱이 사회적 형평의 관점에서도 대출분배모델은 바람직한 것으로 인식되었다. 유동화로 서브프라임 대출이 늘어나면서, 유동화가 아니었다면 누리지 못했을 저렴한 대출기회를 경제적 약자가 누리게 되었기 때문이다. 그러나 ③ 글로벌 위기 이후 대출분배모형(또는 자산유동화증권시장)의 심각한 부작용이 새롭게 부각되었다.

(1) 위 지문 중 (①)에 들어갈 가장 적당한 용어(영어 또는 한글)를 쓰시오.

(2) 위 지문 중 ②와 같은 인식의 근거를 설명하시오.

(3) 위 지문 중 ③에서 말하는 부작용의 구체적 예를 3가지만 들어보시오.

(4) 글로벌 금융위기 이후 자산유동화증권의 여러 가지 부작용이 인식되면서, 그 대안으로 커버드본드(covered bonds)가 논의되기도 한다. 커버드본드가 특히 MBS(주택담보증권)와 차이가 나는 2가지 점을 설명하시오.

11. 다음은 레버리지에 관한 문제이다. 박스 내 지문을 읽고 물음에 답하시오.

어떤 상업은행이 40억 달러의 증권을 RP 담보로 제공하기로 하고 35억 달러는 RP 차입으로, 나머지 5억 달러는 자기자본으로 각각 자금을 조달하여 40억 달러의 증권을 실제로 구입했다고 하자.

(1) ① 위 RP 거래의 담보할인율(헤어컷)을 구하시오.

② 위 거래의 결과를 이 은행의 대차대조표로 나타내시오.

③ 이 은행의 레버리지(= 자산/자기자본)를 구하시오.

(2) 위 박스의 상황에서 다른 조건이 불변인 가운데, 이 은행이 보유하는 증권 시가가 자산상승기를 맞아 단위기간 중 10% 상승했다고 하자.

④ 이러한 변화의 결과를 대차대조표로 나타내시오(잉여금은 자기자본 산입 가정).

⑤ 단위기간 동안의 자산수익률(ROA)을 구하시오.

⑥ 단위기간 동안의 자기자본수익률(ROE)을 구하시오.

⑦ 증권 시가 변동 이후의 레버리지를 구하시오.

⑧ 원래의 레버리지를 그대로 유지하기 위해 은행이 적극적으로 대차대조표를 관리한다면 어떤 거래가 필요한지 설명하시오. 또한 그 거래의 결과로 나타나는 대차대조표를 그려보시오.

(3) 위 박스의 상황에서 다른 조건이 불변인 가운데, 이 은행이 보유하는 증권 시가가 자산하강기를 맞아 단위기간 중 10% 하락했다고 하자.

⑨ 이러한 변화의 결과를 대차대조표로 나타내시오(잉여금은 자기자본 산입 가정).

⑩ 증권 시가 변동 이후의 레버리지를 구하시오.

⑪ 원래의 레버리지를 그대로 유지하기 위해 은행이 적극적으로 대차대조표를 관리한다면 어떤 거래가 필요한지 설명하시오. 또한 그 거래의 결과로 나타나는 대차대조표를 그려보시오.

⑫ 은행이 위 ⑪과 같이 거래를 수행하려 하는 경우 만약 RP 시장의 담보할인율이 원래 박스의 RP 거래에 적용되었던 수준이 아니라 20%로 변한다면, 이 은행이 실제로 어떤 거래를 수행하게 되는지 설명하시오. 또한 그 거래의 결과로 나타나는 대차대조표를 그려보시오.

참고문헌

김인규 · 조성민 · 최준환, 「미국 금융개혁법의 주요 내용」, 한은조사연구 2010-7, 한국은행, 2010. 8.

김홍범, 「글로벌 금융위기와 경제학」, 『사회과학웹진』, 2009년 제1호, http://ssc.krf.or.kr, 2009a. 4.

_____, 「금융위기 이후 감독체계 개편론 분석: 미국 · 영국 · EU와 한국」, 『금융안정연구』, 제10권, 제2호, 2009b, pp.101～172.

정대영, 『신위험관리론』, 한국금융연수원, 2005. 9.

최연구, 「금융권의 도박을 막아야 한다」, 『매일경제신문』, 2010. 5. 24.

한국은행, 『한국의 금융시장』, 2021. 12.

_____, 『글로벌 금융위기 이후 금융규제 개혁 논의』, 2014. 6.

Adrian, Tobias, and Hyun Song Shin, "Liquidity and Leverage," FRB of New York Staff Report, No. 328, Federal Reserve Bank of New York, January 1, 2009.

Ahrend, Rudiger, Boris Cournède, and Robert Price, "Monetary Policy, Market Excesses and Financial Turmoil," OECD Economics Department Working Papers, No. 597, March 2008.

Bank for International Settlements, *BIS 79th Annual Report 2008/09*, June 29, 2009.

Bernanke, Ben S., "Monetary Policy and Housing Bubble," Speech delivered at the Annual Meeting of the American Economic Association, Atlanta, Georgia, January 3, 2010a.

_____________, "Causes of the Recent Financial and Economic Crisis," Testimony before the Financial Crisis Inquiry Commission, Washington, D.C., September 2, 2010b.

Bruni, Franco, "Financial Stability, Regulation, Supervision, and Modern Central Banking," in Santomero, Anthony M., Staffan Viotti and Anders Vredin, eds., *Challenges for Central Banking*, Kluwer Academic Publishers, 2001, pp.19~37.

Brunnermeier, Markus K., "Deciphering the Liquidity and Credit Crunch 2007-2008," *Journal of Economic Perspectives*, Vol. 23, No. 1, Winter 2009, pp.77~100.

Brunnermeier, Markus K., Andrew Crockett, Charles Goodhart, Avinash D. Persaud, and Hyun Shin, *The Fundamental Principles of Financial Regulation*, Geneva Reports on the World Economy, Preliminary Conference Draft 11, ICMB(International Center for Monetary and Banking Studies) and CEPR(Center for Economic Policy and Research), January 2009.

Caprio, Gerard Jr., and Daniela Klingebiel, "Episodes of Systemic and Borderline Financial Crises," unpublished manuscript, World Bank, October 1999.

Colander, David, Hans Föllmer, Armin Haas, Michael Goldberg, Katarina

Juselius, Alan Kirman, Thomas Lux, and Brigitte Sloth, "The Financial Crisis and the Systemic Failure of Academic Economics," Working Paper, No. 1489, Kiel Institute for the World Economy, February 2009.

Coval, Joshua, Jakub Jurek, and Erik Stafford, "The Economics of Structured Finance," *Journal of Economic Perspecitves*, Vol. 23, No. 1, Winter 2009, pp.3~25.

Davies, Howard, and David Green, *Banking on the Future: The Fall and Rise of Central Banking*, Princeton University Press, Princeton and Oxford, 2010.

Dokko, Jane, Brian Doyle, Michael T. Kiley, Jinill Kim, Shane Sherlund, Jae Sim, and Skander Van den Heuvel, "Monetary Policy and Housing Bubble," Finance and Economics Discussion Series 2009-49, Board of Governors of the Federal Reserve System, December 2009.

The Economist, "Abandon Ship," August 4, 2007a, pp.62~63.

__________, "When It Goes Wrong …," September 22, 2007b, pp.70~72.

__________, "What if?," September 12, 2009. p.74,

Financial Services Authority, *The Turner Review: A Regulatory Response to the Global Banking Crisis*, March 2009.

Goodhart, Charles A. E., *The Regulatory Response to the Financial Crisis*, Edward Elgar, 2009.

Hanson, Samuel G., Anil K. Kashyap, and Jeremy C. Stein, "A Macroprudential Approach to Financial Regulation," *Journal of Economic Perspectives*, Vol. 25, No. 1, Winter 2011, pp.3~25.

Hutchinson, Martin, "Wall Street's Worst Invention Ever : Credit Default Swaps," http://seekingalpha.com/article/124296-wall-street-s-worst-invention-ever-credit-default-swaps, March 5, 2009.

Hyun Song Shin, "Reflections on Northern Rock : The Bank Run that Heralded the Global Financial Crisis," *Journal of Economic Perspectives*, Vol. 23, No. 1, Winter 2009, pp.101~119.

International Monetary Fund, *Global Financial Stability Report : Containing Systemic Risks and Restoring Financial Soundness*, http://fcic.law.

stanford.edu/img/2010-0602-aaa-assets-chart.pdf, April 2008.

International Monetary Fund, *World Economic Outlook: Sustaining the Recovery*, Chapter 3, October 2009.

Krishnamurthy, Arvind, "How Debt Markets Have Malfunctioned in the Crisis," *Journal of Economic Perspectives*, Vol. 24, No. 1, Winter 2010, pp.3~28.

Meltzer, Allan H., "Reflections on the Financial Crisis," *Cato Journal*, Vol. 29, No. 1, Winter 2009, pp.25~30.

Mishkin, Frederic S., "Over the Cliff: From the Subprime to the Global Financial Crisis," NBER Working Paper No. 16609, National Bureau of Economic Research, December 2010.

Shleifer, Andrei, and Robert Vishny, "Fire Sales in Finance and Macroeconomics," *Journal of Economic Perspecitves*, Vol. 25, No. 1, Winter 2011, pp.29~48.

Stulz, René M., "Credit Default Swaps and the Credit Crisis," *Journal of Economic Perspectives*, Vol. 24, No. 1, Winter 2010, pp.73~92.

Taylor, John B., "Housing and Monetary Policy," NBER Working Paper No. 13682, December 2007.

______________, "The Financial Crisis and the Policy Responses: An Empirical Analysis of What Went Wrong," NBER Working Paper No. 14631, January 2009.

Temin, Peter, "The Great Recession and the Great Depression," NBER Working Paper No. 15645, National Bureau of Economic Research, January 2010.

Torres, Craig, and Hugh Son, "Bernanke Says Insurer AIG Operated Like a Hedge Fund (Update 3)," Bloomberg, March 3, 2009.

White, Lawrence, J., "The Credit Rating Agencies," *Journal of Economic Perspectives*, Vol. 24, No. 2, Spring 2010, pp.211~226.

White, William R., "Procyclicality in the Financial System: Do We Need a Macrofinancial Stabilization Framework?," Kiel Economic Policy Papers, No. 2, Kiel Institute for World Economics, September 2005.

Wikipedia, "Securitization," www.wikipedia.org, date of search: August 23,

2010.

________, "TED spread," www.wikipedia.org, date of search : April 16, 2012a.

________, "Alt-A loan," www.wikipedia.org, date of search: April 27, 2012b.

Wray, L. Randall, "Minsky Crisis," Working Paper No. 659, Levy Economic Institute of Bard College, March 2011.

CHAPTER **15**

금융안정, 금융안전망과 금융시스템 관련 공공기관

Money & Financial Markets, Ch. Fifteen, pp.771~826

1. 금융혁신, 세계 금융의 변화와 금융안정
2. 금융안정과 시스템리스크 : 정의
3. 금융안정의 분석
4. 시장규율, 규제규율과 금융안전망
5. 금융시스템 관련 공공기관

최근 수십 년간 세계 각국의 금융환경은 빠르게 변화해 왔다. 적어도 2007년 글로벌 금융위기가 서브프라임 사태의 모습으로 시작되기까지는 그러했다. 규제완화와 금융자율화에 따른 새로운 금융상품의 출현, 금융기관의 겸업화, 금융의 증권화, 그리고 금융시장의 세계적 통합과 국제화 등이 모두 위기가 발생하기 전까지 금융환경 변화의 주요 흐름이었다.

이와 같이 수십 년간 지속된 일관적 흐름은 전례 없는 금융위기의 여파와 제도개혁 등으로 글로벌 금융위기 이후에는 주춤하는 모습을 보인 것이 사실이다. 하지만 금융의 역사를 보면, 점증하는 불안정성의 위협에도 경제와 금융은 장기적으로 효율성을 향해 진화해 왔음을 알 수 있다. 시대마다 다양한 모습으로 표출된 불안정성의 문제에 그때그때 대처하면서 효율성을 향해 진화해 온 금융의 속성을 감안할 때, 지난 글로벌 금융위기와 상관없이 금융의 효율 지향성이 앞으로도 계속되리라는 점은 확실하다. 세상은 앞으로도 다양한 금융서비스를 수요할 것이다. 또한 그와 같은 수요에 금융부문이 효율적으로 부응하는 과정에서 금융혁신(financial innovation)이 계속되는 가운데 금융이 양적 · 질적으로 발전할 것이다. 이러한 사실을 보여주는 좋은 일례로, 지난 수년간 금융혁신의 새로운 조류로 떠오른 핀테크 혁신 및 그 급속한 보급을 들 수 있다.

금융혁신은 원래 금융환경 변화에 따른 금융부문의 효율적 대응과정에서 나온 결과이다. 동시에 금융혁신은 다시 금융환경의 변화를 가속화하고 또 다른 환경변화를 불러오는 등 금융환경 변화의 동인(動因)으로도 작용한다. 지금까지의 금융혁신이 어땠는지 잠시 되돌아보자. 우선, 금융혁신은 과거에는 불가능했던 다양한 금융서비스와 금융상품을 새롭게 만들어낸다. 여기에는 20세기 후반 정보통신기술의 급속한 발전으로 금융거래비용이 획기적으로 낮아진 점이 크게 작용했다. 그 결과 금융산업이 비약적으로 성장하면서 금융이 각국 국민경제에서 차지하는 양적 비중이 증대된 것은 물론 각국 금융부문의 질적 구성도 크게 달라졌다.

뿐만 아니라 금융혁신은 국가 간 금융투자, 파생금융상품 거래의 활성화 등으로 금융거래를 폭발적으로 증가시켜 범세계적 금융시장의 통합을 가속화시켰다. 실제로 1980년대까지 국제금융시장은 중동 산유국의 자본이나 실물부문 관련 투자자금이 주도하였지만, 1990년대 이후 각종 새로운 금융상품이 쏟아져 나오고 국제적 포트폴리오 구성이 활발해지면서 국제금융거래가 폭증하게 되었다. 그 결과 실물거래를 뒷받침하기 위한 금융거래가 아니라 금융거래를 위한 금융거래가 시장을 주도하는 현상도 나타났다. 이를 '금융화(financialization)' 라고 부른다.[1]

이 책의 제1장에서 다룬 화폐금융 현상의 진화라는 관점에서 볼 때, 20세기 후반부터 급속히 진행된 금융환경의 급속한 변화와 그 변화과정을 관류하는 일련의 금융혁신은 한마디로 금융의 효율화를 지향하는 거대한 흐름이다. 금융의 효율이 증대될수록, 금융시스템이 순조롭게 운행되려면 금융시스템에 대한 민간의 신뢰가 더 많이 필요해진다. 왜 그런가?

금융이 효율화될수록 경제주체들 사이에 신속한 정보공유가 이루어진다. 이런 상황에서 어떤 대형 금융기관이나 시장의 건전성에 대한 의심이 발생한다고 가정해보자. 그러한 의심에 관한 정보는 경제주체 사이에 급속히 확산되면서 금융기관 간 또는 금융시장 간 위험전파의 가능성이 증폭될 것이다. 이와 같이 금융이 효율화된 상황에서는 어떤 사건으로 금융시스템에 대한 신뢰가 일부 훼손되기만 해도 즉각 금융부문 전반에 불안정성이 초래될 수 있다. 일찍이 힉스(J. Hicks)가 금융 효율의 증대가 불안정이라는 대가를 수반한다고 역설한 것도 바로 그와 같은 이유에서다. 그래서 각국의 금융 관련 정책당국은 금융규제를 통해 금융시스템에 대한 민간의 신뢰를 적정 수준으로 유지함으로써 금융안정을 도모하고자 하는 것이다.

이런 정책적 노력에도 금융불안정 또는 금융위기는 찾아오게 마련이다. 2007년 여름 불거진 미국 서브프라임 사태는 2008년 9월 리먼브러더즈의 도산 직후 전 세계로 급속히 확산되었다. 당시 각국 정부와 정책당국은 적극적 정책대응과 국제적 공조를 통해 글로벌 금융위기의 다급한 상황을 일단 넘겼지만 세계 경제는 한동안 대침체를 겪었고 그 이후의 경기회복도 내내 지지부진했다. 다행히 2017년 초부터 가시화된 글로벌 경기회복으로 2018년에 성장세가 반짝하였지만 곧이어 코로나19의 충격이 세계경제를 휩쓸었다.

이 장에서는 우선, 금융안정의 문제를 보는 기본 시각과 접근방식을 다룬다. 구체적으로, 최근의 금융환경 변화 및 금융혁신의 전개를 살펴보고 이것이 금융안정

---

1. 영국 통합감독당국인 FSA의 수장인 터너(A. Turner)는 1997~1998년 동아시아 금융위기와 이번 글로벌 금융위기가 둘 다 "경제의 '금융화', 즉 비금융 실물경제활동에 비해 금융활동의 상대적 중요성이 지속적으로 증가[한]" 이후에 발생했다는 공통점이 있다고 강조한 바 있다(Turner 2010, p.2). 폴리(T. Palley)는 금융화를 "금융시장 · 금융기관 · 금융엘리트가 경제정책 및 경제적 결과(economic outcomes)에 미치는 영향력이 확대되는 과정"으로 정의한다(Palley 2007, p.2).

에 갖는 함의가 무엇인지 검토한다. 이후 금융안정의 의미를 생각해 보고, 이 문제에 접근하는 분석방법과 분석체계를 탐구한다. 다음으로, 그와 같은 금융시스템 안정의 유지 및 회복과 금융불안정의 억제를 도모하는 데에는 시장규율은 물론 공적 금융안전망과 같은 규제규율이 필요하다는 사실을 학습한다. 나아가, 어떤 공공기관들이 공적 금융안전망에 참여하는지, 이들 금융시스템 관련 공공기관(또는 금융안전망 참여 공공기관) 사이의 협력 및 견제가 금융안정에 중요하다는 사실에 대해서도 알아보기로 한다. 이후 제16, 17장에서는 금융시스템 관련 공공기관들 각각의 역할을 좀 더 자세히 학습할 예정이다.

1. 금융혁신, 세계 금융의 변화와 금융안정

Money & Financial Markets, Ch. Fifteen

지난 수십 년간 진행된 규제완화와 금융혁신의 물결 속에 세계의 금융은 엄청난 변화를 경험해 왔다. 선진국이든 개발도상국이든 각국의 금융부문은 양적 성장과 질적 변화를 겪었고, 국제적으로 연계성이 커졌으며, 금융수단도 매우 다양하고 복잡해졌다. 이 절에서는 이러한 금융부문의 변화가 금융안정에 갖는 정책적 함의를 살펴보기로 한다. 그리고 1980～1990년대부터 수십 년간 지속되어 온 금융세계화(financial globalization)가 글로벌 금융위기의 여파로 일시적으로 주춤해졌다가 최근 다시 확대되고 있는 점에 대해서도 조망하기로 한다.

1.1 금융혁신과 세계 금융의 변화

1930년대 이후 정부의 경제 개입과 규제규율을 강조하며 수십 년간 번성하던 케인즈 경제학은 1970년대에 들어와 큰 타격을 받았다. 이는 두 차례의 에너지 위기로 인해 초래된 스태그플레이션을 기존 케인즈 경제학의 수요관리정책으로는 해결할 수 없었기 때문이다. 그 결과 정부보다는 시장을 중시하는 분위기가 선진국을 중심으로 확산되는 가운데 1970～1980년대부터는 세계적인 금융자율화 및 규제완화의 흐름이 시작되었다.[2] 금융자율화란 자율적 시장기능에 의해 금리가 결정되고 자원배분이 이루어지도록 하는 포괄적 변화를 뜻한다. 그러므로 각국의 규제완화는 금융기관의 자생력 배양을 통한 효율적 자원배분의 기반을 조성하기 위해 이루어졌다. 그 결과 건전한 금융기관은 성장하고 부실한 금융기관은 시장에서 퇴출되는 등 엄격한 경쟁원리가 각국의 금융시장과 산업을 지배하게 되었다.

전반적인 금융자율화 추세와 함께, 정보 비대칭성과 외부성의 문제를 해결하기 위해 존재하던 금융규제들도 점차 완화되는 추세를 보이게 되었다. 원래 이러한 규제완화는 금융분야별 규제 정도의 차이에서 촉발되었다. 비교적 규제의 부담이 가벼운 금융기관 또는 금융시장은 엄격히 규제되는 분야보다 빠른 속도로 성장 · 발전하게 된다. 이러한 경험을 통해 특정 분야의 규제완화가 다른 분야의 규제완화를 촉발시켰다. 즉, 시장자금이 고금리를 찾아 금리가 규제되는 부문에서 규제되지 않는 부문으로 빠져나가면 금융기관은 금리규제를 회피할 수 있는 고수익 금융상품 개발에 박차를 가한다. 이는 금융규제를 우회하기 위해 금융혁신이 이루어지는 것을 의미한다. 이 과정에서 각국 규제당국은 규제회피에 대한 재규제가 막대한 사회적 비용을 수반한다는 점을 인식하고 규제완화를 점진적으로 수용하게 된 것이다(〈Box 15-1〉 참조).

Box 15-1 금융혁신과 금융규제의 상호작용

역사적으로 정책당국의 금융규제는 금융혁신과 상호작용해 왔다. 구체적으로, 금융혁신은 금융규제를 회피하려는 과정에서 흔히 나타난다. 이 장에서 곧 살펴보겠지만 금융시장은 다른 시장에 비해 규제의 정도가 심하다. 그러나 수익성을 추구하는 금융기관들이 이러한 규제를 회피하기 위해 새로운 금융상품들을 고안하여 시장에 도입하였는데, 이러한 과정이 모두 금융혁신으로 연결되었다. 지금은 흔하게 볼 수 있는 양도성예금증서(CD)는 미국의 이자율상한규제(Regulation *Q*)를 회피하기 위한 수단으로 고안된 것이다. 또한 수표와 마찬가지로 지급수단의 기능을 수행하면서도 이자를 지급할 수 있는 NOW(negotiable order of withdrawal)계정이나, 이자율 규제를 받지 않는 MMMF(money market mutual fund) 등도 규제를 회피하기 위해 고안된 금융상품의 예이다.

한편 금융규제는 다른 권역보다도 은행권으로 집중되

2. 금융자율화의 흐름이란 시장기능 활성화를 저해하는 규제를 제거하고 효율성을 제고하는 동시에, 금융시장의 불안정성을 예방하는 데 필요한 규제를 강화하고 철저히 집행하려는 흐름을 가리킨다. 따라서 금융자율화는 규제완화와 밀접한 관련을 갖지만 두 개념이 동일한 것은 아니다. 금융자율화에 따라 전반적으로 규제가 완화되는 추세이긴 해도 건전성규제는 오히려 강화될 필요가 있기 때문이다.

는 전통적 경향이 있었다. 이는 다른 권역의 금융기관 도산에 비해 은행 도산은 엄청난 사회적 비용을 초래하는 것으로 믿어졌기 때문이다.[1] 그 결과 상대적으로 규제를 덜 받는 비은행 금융기관들이 빠른 속도로 발전하게 되었고, 탈은행화(disintermediation) 현상, 즉 금융중개 기능이 은행권에 집중되지 않고 다양하게 분산되는 현상이 두드러지게 되었다. 2007~2009년 글로벌 금융위기로 그 시스템적 함의(systemic implications)가 크게 부각된 미국과 유럽의 그림자은행시스템도 규제회피를 위한 금융혁신의 결과물이다.

금융혁신은 금융환경을 변화시켜 다시 새로운 금융규제의 필요성을 증대시키는 측면도 있다. 금융환경 변화와 금융혁신으로 실효성이 상실된 규제는 폐지되기도 하지만, 변화하는 금융환경에 따른 금융시장 불안정성의 증대를 억제하기 위하여 새로운 성격의 규제가 고안되기도 한다. 최근에는 금융혁신과 금융자율화라는 커다란 흐름 속에서 종전의 규제방식은 점차 사라지면서도 건전성규제 등은 오히려 강화되는 추세이다. 즉, 금융환경 변화와 금융혁신에 대한 대응으로 규제완화(deregulation)와 함께 재규제(re-regulation)가 동시에 발생하고 있는 것이다.

요컨대, 금융혁신은 기본적으로 효율을, 금융규제는 기본적으로 안정을 각각 지향하되, 이들 요소가 서로 영향을 주고받는 가운데 금융환경이 변화해 오고 있다. 각국의 금융시스템은 이러한 금융혁신 · 금융규제 · 금융환경이 어우러져 동태적 · 복합적 상호작용을 거치는 가운데 구체화된 진화의 산물이다.

1) 이 점에 대해서는 제8장 참조.

이와 같은 규제완화와 금융자율화, 그리고 그에 따른 경쟁심화와 금융혁신의 과정에서 세계 금융은 급속히 변화하게 되었다. 그러한 변화는 몇 가지 특징적 현상들로 요약된다. 우선, 금융겸업화가 폭넓게 진행되었다. 이 현상은 규제완화로 금융기관 사이의 업무영역 구분이 희미해지면서 가능해졌고, 금융기관 사이의 경쟁이 격화되자 가속화되었다. 또한 정보처리기술이 급속히 발달하면서 각 금융기관들이 범위의 경제를 누리기 위해 금융겸업화가 더욱 가속화되었다. 이는 금융권역(은행 · 증권 · 보험) 간 M&A 사례가 부쩍 두드러진 점에서도 잘 알 수 있다.

둘째, 금융의 증권화(securitization)가 두드러지게 되었다. 이는 기업의 자금조달에서 간접금융의 비중이 낮아지고 직접금융의 비중이 증가하는 경향을 지칭한다. 그 결과 각국 금융자산에서 주식이나 채권 등의 비통화성 자산이 통화성 자산에 비해 급격히 늘어났다. 또한 금융의 증권화는 은행이 특수목적기구(SPV)를 통해 대출 등 저유동성 자산을 기초로 자산유동화증권(ABS)을 발행하는 현상을 지칭하기도 한다.[3] 자산유동화 기법은 은행대출 등 위험자산을 재포장하여 관련 신용리스

3. 자산유동화가 반드시 자산증권화(ABS 발행)를 수반해야 하는 것은 아니다. 다만, 우리나라의 「자산유동화에 관한 법률」은 자산유동화를 위해서는 반드시 유동화증권을 발행하도록 규정하고 있다. 그러므로 우리나라에서는 '자산유동화'와 '자산증권화'는 실질적으로 동의어이다. 한국은행(2009) 참조.

크를 다양한 최종 투자자에게 고루 배분함으로써, 은행의 신용익스포저를 줄이고 신용중개비용도 절감하는 장점이 있는 것으로 믿어졌다.[4] 특히 2000년대 들어와 미국과 유럽 등 금융 선진국을 중심으로 자산유동화를 통한 대출분배모형(originate-to-distribute model)이 보급되면서 유동화증권 발행잔액은 폭발적으로 늘어났다. 이와 같은 금융증권화는 "금융시스템 내부의 [금융기관 간] 청구액(claims) 급증"을[5] 가져와 금융기관 간 상호연계성 심화와 금융부문의 부채 급증에 기여했다. 한편, 금융기관들은 거대한 자금력을 바탕으로 자본시장에 커다란 영향력을 행사하는 기관투자가로 등장하였다. 실제로 금융혁신의 진전과 복잡한 금융계약의 급증은 전문 투자기법의 중요성을 부각시켜 기관투자가의 중요성은 종전보다 훨씬 커졌다.

셋째, 금융의 국제화와 통합화 현상이 대세가 되었다. 금융국제화는 국내 금융기관의 국제금융 관련 업무 증대, 국내 금융기관의 해외 진출, 외국 금융기관의 국내 진출, 국내외 금융거래의 자유화 등으로 나타난다. 이런 과정에서 금융기관의 국가 간 M&A도 두드러지게 되었다. 외국 경제주체들도 금융국제화를 통해 국내 금융시장에 활발하게 참여하게 됨에 따라, 종전의 소규모 경제체제에서 효율성을 고려하지 않는 중앙집권적 통제 속의 금융제도 운영방식은 대부분 정당성을 상실하게 되었다.

금융국제화는 눈부시게 발전하는 정보통신기술 발전과 결합하여 금융시장 간 연계성 및 개방도를 제고하는 등 금융의 통합화를 가져왔다. 금융의 국제화 및 통합화로 인해, 국내 금융시장이 해외 금융시장과 연계되어 자금이 국경을 자유롭게 넘나드는 현상이 일상화되었다. 최근에는 금융 국제화 및 통합화를 가리켜 금융세계화(financial globalization)라고 통칭한다. 이러한 금융세계화는 국내 증권시장의 수요기반을 확충하여 기업의 자금조달 측면에서 긍정적 효과를 갖는다. 즉, 외국인 자금의 유입은 국내 증권시장을 확충시켜 기업의 저비용 자본조달을 가능하게 하므로 투자와 경제성장이 촉진된다. 국내 투자자들도 외국의 다양한 투자기회에 접할 수 있게 되는 것은 물론이다. 또한 국내 금융산업의 외국기술 획득과 신속한 해외 정보 수집, 지배구조 개선 등이 가능해진다. 이는 금융세계화가 "국내 제도의 구축, 시장규율의 강화, 그리고 금융부문의 심화"라는 부수적 편익을 통해 간접적으로 경제성장에 기여할 수 있음을 의미한다.[6] 앞서 논의한 세계 금융의 두 가지 중요한 변

---

4. FSA(2009) 참조.
5. FSA(2009), p.18.

화—금융겸업화와 금융증권화—가 글로벌 차원으로 급속히 확산되고 더욱 심화된 데에는 금융세계화—금융국제화와 금융통합화—가 결정적으로 작용했음은 말할 것도 없다. 이런 의미에서 금융세계화는 글로벌 금융위기 이전의 수십 년 동안 효율을 향한 세계 금융의 거대한 흐름을 주도해 온 주요 추진력이었다.

1.2 세계 금융의 변화와 금융안정

1.2.1 금융위기의 잠재적 위험 증대

지금까지 우리는 세계 금융의 겸업화 · 증권화 · 국제화 · 통합화 현상을 검토했다. 한마디로 이와 같은 세계 금융의 변화는 금융효율의 제고를 일관적으로 지향해 온 것으로 파악할 수 있다. 그 결과 자원배분의 효율 및 후생, 그리고 금융시스템의 유연성이 제고된 것이 사실이다. 그러나 겸업화 · 증권화 · 국제화 · 통합화의 이면에는 금융시스템 불안정(systemic instability)의 위험을 증가시키는 부작용이 숨어 있다. 최근 글로벌 금융위기에서 전 세계는 이러한 부작용을 실제로 뼈저리게 경험했다.

먼저 금융겸업화부터 살펴보자. 전통적으로 은행업은 실물부문에 자금을 배분하고 결제수단을 제공하는 중요한 경제주체일 뿐만 아니라 외부효과가 크다고 알려져 왔다. 이러한 은행업의 특수성이 이미 수십 년 전부터 꾸준히 퇴색되어 온 것도 사실이다. 하지만 은행업을 증권 · 보험업과 분리해서 취급해야 한다는 목소리가 요즘도 꾸준히 제기된다. 이는, 은행산업의 안정성을 사전적으로 확보하려는 규제가 무분별하게 폐지되고 겸업화로 수익률 변동폭이 큰 증권 · 보험업을 은행이 취급하면서 은행자산의 위험 증가로 인해 뱅크런이 발생할 가능성이 커진 것은 물론, 금융부문 전체의 위험도가 증가했다는 시각을 반영한다. 예를 들어, 2015년 7월 시행된 미국의 볼커룰(Volcker Rule)에도 이러한 시각의 일단이 투영되어 있다.

또한 금융증권화도 금융불안정을 촉발할 수 있다. 글로벌 금융위기가 이런 점을 잘 보여준다. 예를 들어 단기 유동화증권인 ABCP를 발행하여 조성한 자금으로 CDO와 CMO 등과 같은 장기 유동화증권에 투자하는 ABCP기구를 생각해 보

---

6. Kose *et al.*(2007).

자.[7] 글로벌 위기 이전 MMMF는 ABCP기구가 발행한 ABCP를 다량 보유하고 있었다. 2007년 여름 서브프라임 사태로 ABCP기구의 자산포트폴리오 가치 하락이 우려되자 MMMF는 ABCP 차환을 거부했고, 그 영향은 즉각 ABCP시장의 유동성 고갈로 나타났다.[8] 2007년 7월 미국 ABCP시장이 CP시장 전체의 절반이 넘는 1.2조 달러 규모였음을 감안할 때, 이것은 그림자은행시스템에 대한 본격적 런의 시작이었다.[9]

일반적으로 MMMF와 같은 기관투자가들은 소수의 금융센터에 집중되어 강한 경쟁압력에 직면하므로 시장에 외부충격이 있을 때 거의 동일한 방식으로 대응하기 마련이다. 이것은 군집행동이다. 이렇게 기관투자가들의 투자행동이 공조화되면 금융불안정을 초래할 가능성이 크다. 이처럼 금융환경 변화가 금융시장의 효율성 확보에 기여하면서도 동시에 금융불안정성을 초래하는 것은 개별 경제주체들의 관점에서 본 최적 선택이 사회 전체적으로 보면 조정실패(coordination failure)를 가져올 수 있기 때문이다.

또한 자산유동화와 대출분배모형의 원래 취지와는 달리 기초자산의 신용위험이 은행의 대차대조표를 떠나 최종 투자자에게 분배되기보다는 상당 부분 은행시스템 속에 남아 있었던 점도 문제였다.[10] 이런 상황은 지난 글로벌 금융위기에서 개별 금융기관은 물론 금융시스템의 불안정 및 부실화에 기여했다.

금융시장의 국제화와 통합화도 금융제도의 불안정성을 부추기는 측면이 있다. 국내 금융산업의 기반이 상대적으로 취약한 상황에서 국내자본의 해외유출, 국가경제의 해외자본 종속, 투기성 자금의 갑작스런 유출입 등으로 국내 금융시장의 안정성이 흔들리는 부정적 효과가 나타날 수 있다. 또한 국제금융시장의 변동이 국내 금융시장의 급격한 변동으로 직접 연결되어, 국내 금융기관들이 더욱 커다란 국가위

7. ABCP기구는 특수목적기구(SPV)에 속하긴 하지만 단기조달비용과 장기자산수익 간 스프레드를 소득원으로 하는 신용아비트리지기구(credit arbitrage vehicles) 또는 구조화투자기구(structured investment vehicles)라는 점에서 이 책의 제7장에서 소개한 SPV와는 차이가 난다. BlackRock, Inc.(2011)과 Wikipedia(2017) 참조.

8. ABCP기구에게 유사시 유동성을 제공하기로 약정을 맺고 있던 지원은행(sponsoring banks)도 유동성 부족과 지급능력 부족으로 약정 이행이 어려웠다. BIS(2009)와 Goodhart(2009) 참조.

9. BlackRock, Inc.(2011)과 이 책의 제8장 참조.

10. 은행들 스스로 유동화증권을 다량 보유했고, 이를 단기 유동성 조달을 위한 RP거래 담보로 활용했으며, 유동화증권은 재유동화 과정에도 투입되었다고 FSA(2009)는 보고한다.

험 · 신용위험 · 환위험에 노출될 가능성이 높아졌다. 즉, 한 나라의 국지적 금융위기가 외환시장을 교란하여 여러 나라에 파급될 수 있다는 뜻이다.

1.2.2 1970～1980년대 이후 금융위기의 경험

제2차 세계대전 이후 1970년대에 이르기까지 약 30년 동안 각국 금융부문의 건전성 문제는 중앙은행과 감독당국의 관심사였을 뿐 세간의 주목을 끄는 일은 별로 없었다. 각국 정부와 정책당국이 규제규율의 기치 아래 금융시스템의 건전성을 잘 지켜주었기 때문이다. 하지만 1970년대부터 주요국을 중심으로 서서히 진행되어 오던 금융규제 완화와 금융자유화의 흐름이 점차 세계적으로 확산 · 가속화되고 겸업화 · 증권화 · 국제화 · 통합화 현상이 자리 잡으면서 1980년대부터는 문제가 본격화되었다. 그리하여 1980년대 초부터는 세계적 부채위기, 미국의 S&L 위기,[11] 스칸디나비아 국가들의 은행위기, 일본의 은행위기, 남미의 금융위기, 동아시아 금융위기, 러시아 통화위기가 줄줄이 발생하였고, 미국의 주가폭락(특히 1987년 10월의 Black Monday)과 채권시장 혼란 등 선진국의 주식시장과 채권시장도 상당한 혼란과 변동성을 보이는 등 취약성을 노출해 왔다.[12] 특히 금융시장의 세계적 통합화로 인해 이제는 한 국가나 지역의 국지적 금융불안정도 세계 경제를 쉽게 위협할 정도가 되었다. 2007년 여름 서브프라임 사태가 미국 내 자금시장에서 조업 중이던 유럽계 콘뒤츠와 SIV를 통해 유럽으로 확산된 사례가 이런 점을 잘 말해 준다.[13]

---

11. 전통적으로 장기저리의 주택담보대출을 주로 취급하던 미국 저축대부조합(S&Ls : savings and loan associations)은 1980년대 초 규제완화조치 덕분에 상업용 부동산대출이나 정크본드와 같은 고위험 투자도 취급할 수 있게 되었다. 때마침 예금보장 한도가 대폭 상향조정되면서 S&L의 재무상태에 대한 예금자들의 감시가 소홀해졌고, 당시 감독당국(FHLBB : Federal Home Loan Bank Board)의 S&L 감독도 소홀했다. 이 모든 요인이 복합적으로 작용하여 S&L은 과도한 위험을 추구하게 되었다. 여기에 1979～1981년 인플레이션을 진정시키기 위한 연방준비제도의 강력한 고금리정책도 S&L의 고위험행동을 부채질했다. 그 결과 1980년대 초부터 S&L의 자산부실화가 이미 진행되었고, 감독당국의 규제유예(regulatory forbearance)로 연명해 오던 수많은 S&L은 1980년대 말 파국을 맞이하게 되었다. 이것이 S&L 위기이다. 자세한 내용은 Milgrom and Roberts(1992)와 Mishkin(2004)을 참고하기 바란다.
12. 한편 Caprio and Klingebiel(1999)에 따르면, 시스템금융위기는 모두 93개 국가에서 114건이 발생했으며, 시스템금융위기가 아닌 소규모 금융위기(45개 국가에서 51건 발생)까지 합하면 20세기 말 약 20년 동안 전 세계적으로 총 165건의 크고 작은 금융(은행)위기가 발생했다고 한다.
13. 이 책의 제14장 참조.

이에 따라 1996년 영국 영란은행을 시작으로 다수의 중앙은행들이 정기적으로 별도의 금융안정보고서를 발간하는 등 금융안정을 위한 정책적 노력을 쏟게 되었고,[14] 특히 글로벌 금융위기 이후에는 각국 정부는 물론 국제적으로도 G20을 주축으로 IMF, 세계은행(World Bank), BIS, 금융안정위원회(Financial Stability Board) 등 여러 국제금융기구가 금융안정을 경제금융 분야의 최우선 공공정책 목표로 삼게 되었다.[15] 그리하여 금융안정을 확보할 수 있는 여러 가지 방안들, 예를 들어 금융감독 기능의 강화, 예금보험제도의 확립, 각종 공시제도와 회계투명성 확보를 통한 시장규율 강화 등이 모색·실시되고 있다.

1.2.3 글로벌 금융위기 이후 세계 금융의 경과

글로벌 금융위기로 세계 금융은 큰 타격을 받은 것이 사실이다. 록스버그(C. Roxburgh) 등이 2011년 작성한 맥킨지보고서에[16] 따르면, 글로벌 금융위기 직후인 2008년과 2009년에는 위기 이전에 비해 글로벌 금융스톡이 줄어들었고, 유동화와 신용파생상품 시장이 위축되었으며, 국경 간 자본이동(cross-border capital flows)이 크게 감소했다. 위기 이전 수십 년간 지속된 금융증권화 및 금융세계화 추세가 일단 한풀 꺾인 것이다. 이렇게 된 데에는 전례 없는 규모의 금융위기로 인한 금융시장의 기능부전과 경기침체에 따른 실물적 요인이 작용했다. 또한 여기에는 금융위기로 드러난 각종 제도적 취약성을 개선하기 위해 위기 이후 보강된 규제규율도 중요하게 작용했다. 하지만 2010년 글로벌 금융스톡이 다시 증가하고 국경 간 자본이동이 회복세를 보이는 등 세계 금융에 부분적인 회복의 조짐이 나타나기 시작했다는 것이 록스버그 등의 결론이었다. 다만, 이러한 부분적 회복 조짐이 있음에도 전체적으로 "금융세계화의 위축(retreat)"이 글로벌 위기 이후 지속되고 있는 것인지 아니면 "금융세계화의 조정(reset)"이 진행되고 있는 것인지는 2013년 봄까지도 명확한 판단

14 한국은행도 2003년 4월부터 6개월마다 별도의 금융안정보고서를 발간해 오고 있다. 특히 2011년 개정된 한국은행법(제96조)은 한국은행으로 하여금 연 2회 이상 금융안정보고서를 작성하고, 이를 국회에 제출·보고하도록 의무화하고 있다.

15. 금융안정이 정책목표가 되는 것은 금융안정이 양의 네트워크 외부성을 갖는 공공재이기 때문이다. 여기에 대해서는 제1장의 제4절과 이 장의 제4절을 참고하기 바란다.

16. Roxburgh *et al.*(2011).

그림 15-1

국경 간 글로벌 자본이동(자본유입 총액)의 추이 : 1990~2016년

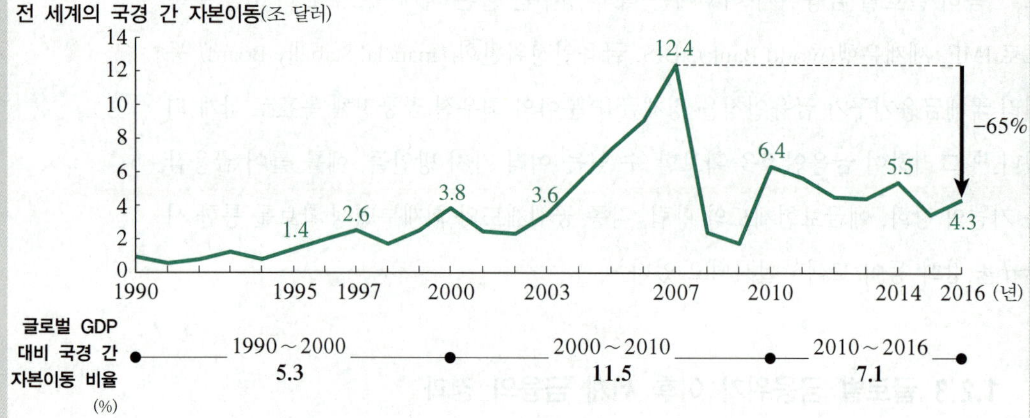

주 : 1) 국경 간 글로벌 자본이동(global cross-border capital flows)이란 국경 간 자본유입 총액(gross capital inflows)을 의미하며, 여기에는 외국인 직접투자(foreign direct investment), 채무증권, 주식, 대출 및 기타 투자가 포함됨.

2) 2016년 값은 예상치임.

자료 : Lund *et al.*(2017), p.1, Exhibit E1.

을 내리기는 어려웠다.[17]

글로벌 금융위기가 앞으로 세계 금융의 전개에 어떤 영향을 주게 될 것인가? 글로벌 위기로 금융이 타격을 입은 것은 분명한 사실이지만, 그렇다고 해서 지난 위기가 효율을 향해 진화해 온 금융 및 금융제도의 장기적 방향성을 거스르지는 못할 것이다. 다만, 금융시스템이 효율의 편익을 중장기적으로 누릴 수 있으려면 그러한 효율이 반드시 금융안정에 의해 뒷받침되어야 하는 것은 물론이다. 세계 금융이 진정한 의미에서 회복될지 여부와 그 회복의 시기는, 지난 위기를 통해 드러난 금융의 효율성과 안정성 간 충돌이 위기 이후 국제적 협력 아래 세계 각국 내외에서 진행된 금융개혁과 금융감독 및 금융인프라의 보강 등에 의해 얼마나 효과적으로 완화될 수 있는지에 달려 있게 될 것이다.

이런 맥락에서 런드(S. Lund) 등이 2017년 작성한 또 다른 맥킨지보고서의[18] 결

17. Lund *et al.*(2013), pp.6~7.

18. Lund *et al.*(2017), p.vii.

론—"금융세계화는 아직도 매우 생생하게 살아 있으며(still very much alive) 미래에는 좀 더 안정적으로 … 자리 잡을 것" 이라는 결론—은 위기로 인해 일시적으로 교란되었던 금융 진화의 효율을 향한 장기적 방향성이 이미 다시 작동하고 있음을 시사했었으나, 2020년 이후 코로나19 위기로 인해 새로운 금융문제들이 가시화되고 있다.

〈그림 15-1〉은 런드 등이 제시한 국경 간 자본이동의 매년 경과이다. 이 그림에 따르면, 글로벌 위기 이후 2008년과 2009년 계속 감소했던 국경 간 자본이동은 2010년 처음으로 6.4조 달러 수준으로 증가한 이래 해마다 증감을 거듭하다가 2016년에는 4.3조 달러를 기록했다. 이는 정점이던 2007년의 12.4조 달러에 비해 65%만큼 감소한 수준이다. 런드 등에 따르면, 국경 간 자본이동 감소의 대부분은 두 가지 요인에 의해 설명된다. 첫째, 유로존 내 글로벌 은행들의 해외영업 축소와 그에 따른 은행간대출의 감소이다. 이는 위기 이전에 비해 유로존 국가의 개별 국가리스크를 크게 중시하게 된 점, 위기 이후 유로존 각국이 국내신용을 촉진하는 조치를 취한 점, 글로벌 위기로 거액의 손실을 감수한 데에다 위기 이후 강화된 자본 및 유동성 규제로 유로존 내 은행들이 재무건전성 확보의 필요성에 직면한 점, 유로존 내 각국 중앙은행이 은행에 대한 직접적 자금 제공을 늘린 점 등이 작용한 결과이다. 둘째, 미국 · 영국 · 스위스 은행들의 해외시장 철수이다. 이는 글로벌 위기 이후 규제가 강화되면서 해외영업 유지비용이 증가한 탓이다. 이렇게 본다면, 국경 간 자본이동 감소는 위기 이후 금융세계화의 위축을 반영하는 것이라기보다는 위기를 계기로 은행들이 '국제금융 리스크(risk of international banking)' 를 재인식하고 위기에 따른 각국 정책 및 금융환경의 변화를 감안하여 건전한 방향으로 행동을 조정한 결과이다. 한편 유로존, 미국, 영국, 스위스의 은행들과는 대조적으로, 캐나다, 일본과 중국 등 몇몇 나라의 은행들은 위기 이후 오히려 해외시장 진출을 확대해 왔다는 사실은 주목할 만하다.

나아가, 런드 등은 금융세계화가 "생생하게 살아 있" 다는 적극적 증거를 글로벌 해외투자에서 찾고 있다. 〈그림 15-2〉는 글로벌 GDP 대비 해외투자스톡(stock of global foreign investment relative to GDP) 비율(%)의 매년 추이를 보여준다. 이 그림에 따르면, 2007년 이전 10년 넘는 기간 동안 빠르게 증가해 오던 해외투자는 그 증가세가 2007년 갑자기 꺾인 후 이제는 안정화 단계로 진입한 것으로

그림 15-2

글로벌 GDP 대비 해외투자스톡 비율의 추이 : 1995~2016년

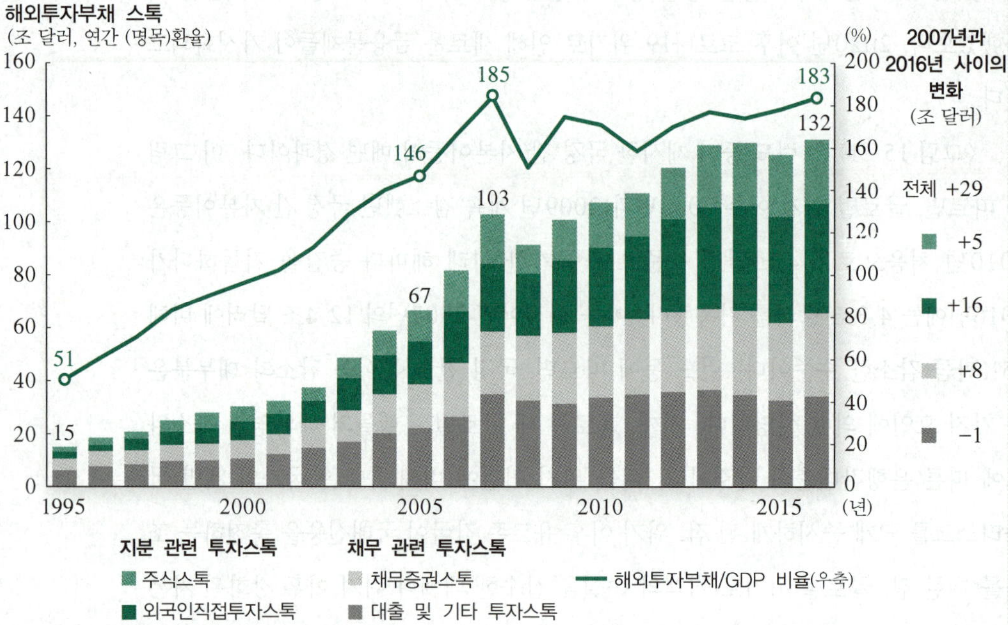

주 : 1) 숫자는 반올림으로 인해 합계액과 일치하지 않을 수 있음
2) 2016년 값은 예상치임.

자료 : Lund *et al.*(2017), p.7의 Exhibit E4.

보인다. 구체적으로, 글로벌 위기에도 해외투자스톡은 총액 기준으로 이미 2010년에 2007년 규모(103조 달러)를 상회하는 수준으로 회복된 이후 매년 대체로 증가하여 2016년에는 132조 달러를 기록했다. 또한 해외투자스톡은 글로벌 GDP 대비 비율 기준으로 2016년 183%를 기록함으로써 2007년 수준(185%)을 거의 회복했다. 이는, 해외투자가 의미하는 금융의 상호연계성(financial interconnectedness)이 위기 이후에도 커다란 기복 없이 거의 그대로 유지되고 있음을 시사한다. 다만, "해외부채스톡[을 구성하는 자산 유형들] 중에서 대출 및 기타 투자는 2007년 이래 글로벌 GDP 대비 비율이 크게 감소" 했는데, 이는 대체로 "유럽 내 리스크 재평가" 에 따른 결과이며 금융 상호연계성의 위축을 의미하는 것은 아니다.[19]

19. 이 문단의 인용구는 모두 Lund *et al.*(2017), p.38에서 따왔다.

그림 15-3

글로벌 국경 간 자본이동(자본유입 총액) **및 세부 구성요소의 추이 : 2000~2016년**

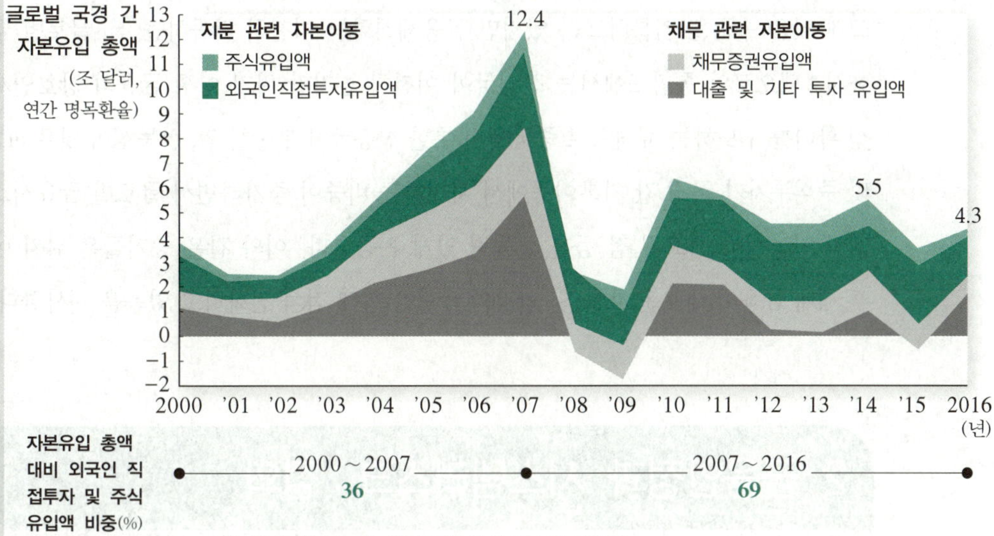

주 : 1) 음의 자본이동은 해외투자스톡의 감소를 의미함.
2) 2016년 값은 예상치임.

자료 : Lund *et al.*(2017), p.10, Exhibit E6.

또한 런드 등은 100개 국가를 대상으로 국별 GDP 대비 해외투자 자산 및 부채의 총스톡 비율을 기준으로 금융 상호연계성의 순위를 매겼다. 이들의 국별 상호연계성 평가에 따르면, 미국, 룩셈부르그, 영국, 네덜란드, 독일 등 18개 선진국과 중국과 브라질 2개 신흥국이 상위 20개국에 포함되었다. 특히 중국은 최근 10여 년 사이에 글로벌 금융시스템으로 급격히 통합되고 있으며, 글로벌 금융자산 및 채무에서 브라질과 말레이시아 등 신흥국의 비중도 지난 10년간 늘어난 것으로 나타났다.

한편, 〈그림 15-3〉은 국경 간 자본이동 구성요소의 비중이 특징적으로 변화한 사실을 보여준다. 즉, 국경 간 자본이동(자본유입 총액)에서 외국인직접투자(FDI) 및 주식유입액이 차지하는 상대적 비중이 2000~2007년 기간에는 36%였으나 2007~2016년 기간에는 69%로 늘어났다. 달리 표현하면, 국경 간 대출 및 여타 채무 유입액의 상대적 비중이 64%에서 31%로 줄어들었다. 런드 등에 따르면, 이것은 위기 이후 국경 간 자본이동의 변동성이 감소함으로써 글로벌 금융시스템의 안정성이 높아졌음을 의미한다. 왜냐하면 FDI는 "가장 변동성이 낮은 유형의 자본이동"이며 주식유입액도 채무유입액에 비해 변동성이 낮기 때문이다.[20]

요컨대, 런드 등은 글로벌 위기 이후 국경 간 자본이동이 위기 이전의 수준보다 크게 낮은 수준을 기록하고는 있지만 금융세계화는 여전히 작동하는 점, 글로벌 금융시스템으로의 통합도에서는 선진국이 여전히 높지만 위기 이후 금융의 상호연계성 확대를 주도하는 세력으로 중국을 비롯한 신흥국이 부상한 점, 변동성이 낮은 FDI 및 주식투자가 국경 간 자본이동에서 차지하는 비중이 증가하면서 글로벌 금융시스템의 안정성이 제고된 점 등을 설득력 있게 논증한다. 이와 같은 증거들은 위기 이후 세계 금융이 새로운 효율 및 안정의 균형을 향해 점차 진화하고 있음을 시사한다.

2. 금융안정과 시스템리스크 : 정의

Money & Financial Markets, Ch. Fifteen

금융안정에 대해 일반적으로 받아들여지는 만족스런 정의는 아직 없다. 이는 아마도 금융안정이 다면성을 갖기 때문일 것이다(〈Box 15-2〉 참조).[21]

지난 20년간 많은 학자와 중앙은행인이 다양한 방식으로 금융안정을 정의하였다. 그중에서도 가장 많이 인용되는 금융안정의 표준적 정의는 일찍이 크로켓(A. Crockett)이 제시한 바 있다.[22] 그에 따르면, 금융안정이란 "금융시스템을 구성하는 주요 금융기관과 금융시장의 안정"으로 정의된다. 이때 주요 금융기관의 안정이란 "주요 금융기관이 계약상의 채무를 외부로부터의 지원 없이 지속적으로 계속 이행할 수 있다는 고도의 확신이 존재하는" 상태[23]를, 주요 금융시장의 안정이란 "가격이 기초여건(펀더멘털)의 작용을 반영하며 기초여건에 아무런 변화가 일어나지 않는

20. Lund *et al.*(2017), p.9.

21. 금융안정에 대한 보편적 정의가 존재하지 않는 점은 통화가치 안정(물가안정)이 안정적 물가수준 또는 낮은 수준의 인플레이션을 의미하는 것으로 널리 받아들여지는 것과는 대조된다.

22. Crockett(1997), p.6.

23. 이러한 상태란, 예컨대 은행의 경우 자신의 부채인 요구불예금에 대해 인출 요구가 발생하였을 때 외부의 도움 없이 자체적으로 그 요구에 부응할 수 있으며 예금주들이 이를 고도로 확신하는 상태에 해당한다.

한 가격이 단기에 크게 변화하지 않는 가운데 시장참여자들이 그런 가격에서 확신을 가지고 거래하는" 상태를 각각 가리킨다.

크로켓의 연장선상에서, 우리나라의 한국은행도 금융안정을 "금융회사들이 정상적인 자금중개 기능을 수행하고 금융시장 참가자들의 신뢰가 유지되는 가운데 금융인프라가 잘 구비되어 있어 금융시스템이 원활히 작동하는 상태"로 정의한다.[24]

Box 15-2 금융안정의 다면성

지난 1980년대 이후 금융위기가 빈발하자 1990년대 중반부터 BIS의 경제학자들을 중심으로 금융감독의 기존 접근에 대한 활발한 재검토가 이루어졌다. 그때까지만 해도 금융안정이 개별 금융기관의 안정에서 나온다는 것이 정책당국의 통념이었다. 그러나 BIS의 보리오(C. Borio) 등은[1)] 개별 금융기관의 건전성 유지만으로는 금융시스템의 건전성을 확보하는 데 충분치 않다는 점을 깨닫게 되었다. 이들은, 오늘날 금융안정은 개별 기관의 건전성은 물론이고 금융시장과 금융하부구조(지급결제제도 등)의 안정, 그리고 이자율, 환율, 신용, 통화량 등 거시경제 변수의 안정과도 깊은 관련이 있다고 주장한다. 다시 말해 금융안정에는 다음과 같이 미시적 측면과 거시적 측면이 혼재한다는 것이다.[2)]

"보리오 … [등]에 따르면, 금융안정의 유지에는 미시적 · 거시적 차원이 복합적으로 상호작용한다. 금융안정의 미시적 차원을 구성하는 기본 요소는 금융기관(institutions), 금융시장(markets), 그리고 금융하부구조(infrastructures)이다. 그런데 금융안정의 미시적 차원 내부의 기관 · 시장 · 하부구조 간에는 관련성이 있다. 예를 들어 금융기관의 도산은 시장과 하부구조에 영향을 미친다. 이와 반대로 시장과 하부구조가 금융기관 불안정의 파급경로가 될 수도 있다. 한편 금융안정의 거시적 차원은 이자율, 자산가격, 그리고 전체 금융기관 대차대조표(즉, 신용량과 통화량)의 규모와 구조에 관련된다. 거시적 차원 내부의 이자율 · 자산가격 · 신용 · 통화량도 상호 유기적으로 움직인다. 게다가 금융안정의 미시적 차원과 거시적 차원도 서로 관련성을 갖는다. 그 결과 금융시스템의 일부분에서 발생한 불안정은 곧 다른 부분으로 파급될 수 있다. 예를 들어 부채의 급팽창이나 자산가격 급등은 금융시장 혼란을 일으킬 수 있다. 결국 금융안정은 미시적으로나 거시적으로 국민경제의 다양한 측면과 관련을 맺고 있으며, 이들 각 측면은 서로 밀접하게 연관된다."

금융안정을 이루기 위해서는 미시건전성 감독과 거시건전성 감독이 둘 다 필요하다. 그 이유는 바로 금융안정이 다면적이기(multi-faceted)[3)]— 미시적 측면과 거시적 측면을 모두 갖기— 때문이다. BIS 경제학자들의 이와 같은 인식이 2007~2009년 글로벌 금융위기를 경험하고 나서야 비로소 세계적으로 보편화된 점은 아쉬운 일이다.

1) Borio *et al.*(1999) 참조.
2) 김홍범(2004), pp.37~38.
3) Healey(2001) 참조.

자료: 김홍범(2004), Borio *et al.*(1999), Healey(2001).

24. 한국은행(2017).

한편 IMF · BIS · FSB 보고서는 '시스템사건(systemic event)'을 다음과 같이 정의한다:[25]

> "[시스템사건이란] 금융서비스 흐름의 혼란(disruption)이다. 여기서 혼란은 (i) 금융시스템의 전부 또는 일부의 손상에 의해 초래되며, (ii) 결과적으로 실물경제에 심각한 해악을 끼칠 가능성이 있는 그런 혼란을 가리킨다."

이러한 정의에는 개별 금융기관 · 시장 · 수단이 금융시스템 및 실물경제에 미칠 수 있는 "음의 외부성", "금융서비스 흐름의 손상 또는 혼란"과 "실물경제로의 중대한 전이효과(spillover effects)"가 세 가지 핵심 요소로 포함된다.

나아가 BIS의 글로벌금융시스템위원회(CGFS : Committee on Global Financial System)는 그러한 금융서비스 흐름의 혼란이 발생할 위험을 시스템리스크로 정의한다.[26] 그렇다면 이들 국제기구는 '시스템리스크'가 적절히 제어되고 있는 상황을 금융안정이라 간접적으로 파악한 셈이다. 금융안정에 대한 이와 같은 접근은 최근 급속히 진행된 거시건전성 감독의 이론화에도 기여했다. 왜냐하면 거시건전성 정책은 다름 아닌 "시스템리스크의 제한"을 목적으로 하기 때문이다.[27]

3. 금융안정의 분석[28]

Money & Financial Markets, Ch. Fifteen

사실 금융불안정 또는 위기는 1980년대 이후에 와서야 문제로 부각되기 시작했고 그나마 많은 나라에서 매우 다양한 형태로 나타났었다. 이런 이유로 금융안정

---

25. IMF · BIS · FSB(2009), p.5~6.
26. CGFS(2010), p.2. 시스템리스크의 개념은 2000년대 초 G-10 보고서에서 연원한다. G-10 보고서(Group of Ten 2001, p.126)는 시스템금융리스크(systemic financial risk)를 "어떤 사건에 의해 금융시스템의 상당 부분이 갖는 경제적 가치의 손상 또는 금융시스템의 상당 부분에 대한 신뢰의 손상, 그리고 그에 따른 불확실성의 증대가 촉발됨으로써 필시 실물경제에 상당한 악영향을 주기에 충분한 정도의 심각한 위험"이라 정의했었다.
27. IMF · BIS · FSB(2011), p.4. 거시건전성 감독에 대해서는 이 책의 제16장을 참고하기 바란다.
28. 이 절은 Schinasi(2006)에 주로 의존하였다.

에 대한 이론적 체계화는 그동안 별로 이루어지지 못했었다. 금융안정이 복잡한 개념이어서 그렇기도 했지만, 금융(불)안정의 문제와 관련하여 축적된 경험이 적었던 점도 이러한 상황과 관련이 있다. 그러나 특히 1997년 동아시아 금융위기를 계기로 금융위기에 대한 정책적 차원의 대비가 본격화되면서 금융안정에 대한 이론화 작업도 활발하게 이루어졌다. 그중에서도 최근 쉬나시(G. Schinasi)는 금융안정의 새롭고 포괄적인 정의로 정책적 관점에서 금융안정 분석을 위한 기본 체계를 제시하였다. 이 절에서는 그 내용을 학습하기로 한다.

3.1 쉬나시의 금융안정 정의

쉬나시는 금융안정의 동태적 성격을 명시적으로 고려한 포괄적 정의를 제시한다. 그에 따르면 "금융시스템이 경제의 성과(에 방해가 되기보다는 이)를 촉진할 수 있고 내생적으로 발생한 금융불균형이나 예상치 못한 해로운 중대사건의 결과로 초래된 금융불균형을 해소할 수 있는 때라면 언제든지 금융시스템은 안정범위 내에 있"으며, 이러한 상태가 금융안정이다.[29] 그 의미를 자세히 살펴보자.

우선, 금융안정 속에서 금융시스템이 '경제의 성과를 촉진' 한다는 것은 금융시스템이 공간적 · 시간적으로 자원을 효율적으로 배분하고 부의 축적 및 경제성장을 촉진한다는 것을 의미한다. 이때 금융시스템은 위험을 정확히 평가해 가격을 설정하고 배분 · 관리할 수 있어야 한다. 이러한 금융시스템의 기능 수행을 위해서는 통화가 지급수단 및 가치척도로서, 그리고 (단기적) 가치저장수단으로서 보편적으로 수용된다는 전제가 필요하다. 이는 금융안정과 물가안정이 상당한 정도 겹친다는 것을 의미한다.

둘째, 금융시스템이 '금융불균형을 해소' 한다는 것은 외부 충격이나 불균형이 누적된 상태에서도 금융시스템이 정상적인 기능을 계속 수행하는 한편 스스로 자기보정 메커니즘(self-corrective mechanism), 즉 시장규율을 통해 이미 초래된 불균형을 제한하고 해결할 수 있는 안정성을 보유해야 한다는 것을 의미한다. 금융시스템의 세 가지 구성요소인 기관과 시장, 그리고 인프라(하부구조: infrastructure) 가운데 어느

29. Schinasi(2006), p.83.

하나에 혼란이 생겨도 전체 시스템의 안정이 손상될 수 있다. 그렇지만 어느 한 구성요소에 문제가 생긴다 하더라도 금융시스템이 주요 기능만 제대로 수행한다면 전반적 안정에 반드시 위협이 되는 것은 아니다. 다시 말해, 금융안정은 금융시스템의 모든 요소가 언제나 최상의 상태로 작동해야만 성립하는 것이 아니다. 금융시스템 어딘가 존재하는 불균형이 위기를 부르기 이전에 시스템이 자체적으로 이를 제어할 수 있는 한 경제활동은 훼손되지 않을 것이다. 이는 실물경제에 대한 잠재적 영향을 기준으로 금융안정을 이해하는 것을 의미한다. 구체적으로 금융시장이나 개별 금융기관에서의 혼란—예를 들어 금융기관의 도산이나 자산가격의 변동성 증대 등—이 전체 경제활동을 손상시키지만 않는다면 이를 금융안정에 대한 위협이라 간주할 필요는 없다. 그 자체가 시장규율이 작동한다는 사실을 보여주는 것이기 때문이다.

셋째, 금융시스템이 '안정범위 내에 있'다는 것은 금융을 일종의 유기체로 보고 그 유기체가 시간경과에 따라 특정의 연속공간(continuum) 내에서 움직이는 한 건강(즉, 금융안정)이 유지된다는 것이다. 금융시스템은 인프라, 시장, 기관으로 구성되므로 다차원적이다. 따라서 금융시스템을 품고 있는 연속공간도 다차원적이다. 한편, 어떤 유기체가 건강하다고 평가되는 특정 공간은 일반적으로 넓은 범위에 걸쳐 있다. 마찬가지로, 금융시스템의 세 가지 구성요소 각각의 상태를 나타내는 다수의 변수가 매 시점에서 취하는 가능한 값의 수많은 조합은 금융안정과 양립 가능하다. 유기체가 건강하지 않다고 해서 반드시 생명에 위협이 오는 것은 아니다. 단기적으로는 심각해도 유기체가 궁극적으로 병을 이겨 더욱 건강해지는 경우도 많다. 금융시스템이 때때로 "스페어 타이어(spare tire)"에 의존하여 작동하더라도 금융안정에 부합될 수 있다고 한 그린스펀(A. Greenspan)의 말은 바로 이런 의미다.[30] 금융안정은 동태적 개념으로서 시스템의 다수 구성부분이 잘 작동하는지 여부에 의존한다. 이렇게 본다면 앞에서 설명한 '금융불균형 해소'는 금융시스템이 다차원적 연속공간 내에서 자기보정적 메커니즘을 통해 안정·불안정 공간 간 경계로부터 멀어져 다시 안정 공간의 내부를 향해 움직여가는 것을 의미한다. 그런 조정은 일부 시장참여자의 진입과 퇴출을 포함할 것이다.

넷째, 금융시스템이 '내생적으로 발생한 금융불균형이나 예상치 못한 해로운

30. Greenspan(1999) 참조.

그림 15-4

금융시스템의 성과에 영향을 주는 요인

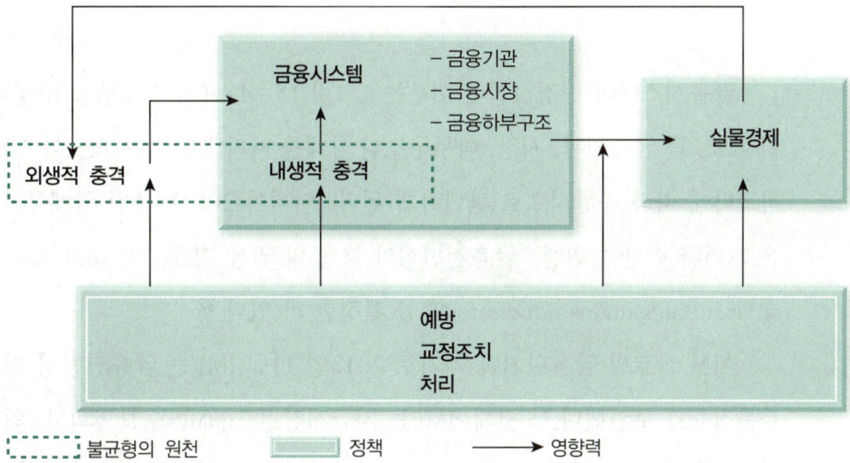

자료: Houben *et al.*(2004), p.15의 Figure 1.

중대사건의 결과로 초래된 금융불균형'에 직면할 가능성은 다름 아닌 시스템위험(systemic risk)이다. 금융안정의 다면성으로 인해 내생적 위험은 금융시스템의 어느 구성요소에서도 발생할 수 있다. 한편 외생적 위험은 금융시스템 바깥의 충격—예를 들면 자연재해나 정치적 사건, 유가변동, 기술혁신, 시장정서의 급변 또는 인접국의 부도—에서 초래될 수 있다.

이제 쉬나시의 정의에 기초하여 금융시스템의 성과에 영향을 주는 요인들을 정형화하여 나타내면 〈그림 15-4〉와 같다. 이 그림은 불균형의 내생적 · 외생적 원천이 금융시스템을 통해 실물경제에 영향을 미치게 되는 점과 정책당국의 예방 · 교정조치 · 처리가 불균형의 원천이나 금융시스템 자체, 또는 실물경제에 영향을 미친다는 점을 보여준다.

3.2 금융안정의 지표와 금융불안정의 파악[31]

3.2.1 IMF의 금융건전성 지표

금융시스템이 안정적인지 여부는 〈그림 15-4〉에서 시스템을 구성하는 세 가지 요소, 즉 금융기관, 시장, 하부구조의 상태를 나타내는 각 지표들이 어떤 값을 취하느냐에 따라 종합적으로 판단하게 된다. 일찍이 2001년 6월 국제통화기금(IMF)은 그러한 판단을 위한 "금융건전성의 핵심 및 권장 지표(Core and Encouraged Set of Financial Soundness Indicators)"를 확정한 바 있다.[32]

이후 글로벌 금융위기를 계기로 2013년 11월 IMF는 금융건전성 지표 목록을 부분적으로 보완했다.[33] 첫째, IMF는 자금시장펀드(MMFs), 보험회사, 연기금 등의 기타금융기관(OFCs : Other Financial Corporations) 관련 지표를 대폭 강화했다. 그 결과 기존의 2개 지표가 모두 10개 지표로 늘었다. 이는 기타금융회사가 일종의 그림자은행으로서 규제를 덜 받거나 아예 받지 않으면서도 금융안정에 강력한 영향을 미칠 수 있다는 위기 이후의 새로운 인식에 따른 조치였다. 둘째, IMF는 자본과 유동성 등 관련 지표도 강화했다. 이는 글로벌 위기 이후 바젤 Ⅲ 규제체계가 2019년 전면 시행을 목표로 2013년부터 점진적으로 시행됨에 따라 IMF도 그에 부합하는 방향으로 일부 지표를 보완한 것이다. 또한 '권장지표'는 '추가지표(additional indicators)'로 명칭이 변경되었다.

한편, IMF는 분포 지표(distributions measures)를 추가로 개발해야 할 필요성에 대해서도 당시 인식하고 있었다.[34] 이는, 대부분의 금융건전성 지표가 관련 경제주체의 미시건전성 지표를 집계하여 얻어진 평균값(averages)이라는 점에서 꼬리리스크(tail risk)나[35] 집중도 등과 같이 분포의 특징을 알려주는 지표의 보강이 필요하기 때

31. 이 소절은 주로 Houben *et al.*(2004)과 IMF(2015)에 의존했으며, 정대영(2005)과 한국은행(2004), 그리고 IMF(2012 · 2013)도 참고하였다.

32. 2001년 IMF가 금융건전성 지표(FSI : Financial Soundness Indicators)를 확정할 당시 이들 지표의 원래 명칭이 FSI가 아닌 거시건전성 지표(MPI : Macroprudential Indicators)였다는 사실은 흥미롭다. Clement(2010) 참조.

33. IMF(2013) 참조.

34. IMF(2015) 참조.

문이다. 하지만 분포 지표에 대해서는 아직까지 공식 보완이 이루어지지 않고 있다.

[표 15-1]에서 알 수 있듯이, IMF의 금융건전성 지표 목록은 현재 총 52개 지표로 구성되며, 핵심지표 17개와 추가지표 35개로 대별된다. 이들 중 절반이 넘는 28개 지표(핵심지표 16개와 추가지표 12개)가 예금수취기관에 적용되며, 기타금융회사, 자금시장펀드, 보험회사, 연기금, 비금융회사, 가계, 부동산시장에 각기 2~7개의 지표가 적용된다.

이 금융건전성 지표 목록이 모든 관련 지표를 망라하고 있는 것은 물론 아니다. 예컨대 지급결제제도의 사고 빈도 등과 같이 금융하부구조의 안정성과 관련된 지표들도 금융시스템의 안정성 평가에 보완적 정보를 제공해 준다. 마찬가지로 지급결제제도, 법률시스템, 규제시스템, 회계시스템, 또는 감독시스템의 문제로 인해 금융하부구조가 영향을 받을 수도 있다. 또한 경제성장, 투자, 인플레이션, 국제수지, 그리고 비금융자산과 같은 거시경제 변수의 움직임도 불균형의 누적을 반영할 수 있다.

표 15-1 IMF의 금융건전성 지표: 핵심지표 및 추가지표 목록

1. 핵심지표 목록(Core Set)

	FSI 코드	핵심지표
예금수취기관	I01	위험가중자산 대비 규제자본
	I02	위험가중자산 대비 Tier 1 규제자본
	I03	총자본 대비 무수익여신(충당금 차감)
	I04	총대출 대비 무수익여신
	I05	총대출 대비 대출의 부문별 분포
	I06	자산수익률
	I07	자기자본수익률
	I08	총수익 대비 이자마진
	I09	총수익 대비 비이자비용
	I10	총자산 대비 유동자산
	I11	단기부채 대비 유동자산
	I12	총자본 대비 외환 순오픈포지션

35. 꼬리리스크란 꼬리사건(tail event)이 발생할 위험을 말한다. 꼬리사건에 대해서는 이 장의 〈Box 15-4〉를 참조하기 바란다.

2. 추가지표 목록(Additional Set)

	FSI 코드	추가지표
예금수취기관	I13	총자본 대비 총자본
	I14	총자본 대비 거액 익스포저
	I15	총대출 대비 대출의 지리적 분포
	I16	총자본 대비 파생상품 총자산포지션
	I17	총자본 대비 파생상품 총부채포지션
	I18	총수익 대비 트레이딩 손익
	I19	비이자비용 대비 인건비
	I20	기준 여수신금리 스프레드
	I21	국내은행 간 최고 및 최저 금리 스프레드
	I22	총대출(은행간대출 차감) 대비 고객예금
	I23	총대출 대비 외화표시 대출
	I24	총부채 대비 외화표시 부채
	I25	총자본 대비 자기자본 순오픈포지션
기타금융회사 (OFCs)	I26	전체 금융시스템 자산 대비 자산
	I27	GDP 대비 자산
비금융회사	I28	자가자본 대비 총채무
	I29	자기자본수익률
	I30	원금 및 이자비용 대비 이익
	I31	자기자본 대비 순외환 익스포저
	I32	파산절차가 시작된 기업 수
가계	I33	GDP 대비 가계부채
	I34	소득 대비 가계부채 원리금 지급
시장 유동성	I35	증권시장 평균 매수-매도 호가 스프레드
	I36	증권시장 일평균 회전율
부동산 시장	I37	주거용 부동산 가격(퍼센트 변동/직전 12개월)
	I38	상업용 부동산 가격(퍼센트 변동/직전 12개월)
	I39	총대출 대비 주거용 부동산 대출
	I40	총대출 대비 상업용 부동산 대출

자료 : IMF 홈페이지(2021).

3.2.2 금융불안정의 파악 : 조기경보시스템 접근과 위기상황분석

이제 정책당국은 이상과 같은 다양한 지표들을 이용하여 금융시스템 불안정의 가능성을 사전적으로 파악하게 된다. 여기에는 크게 조기경보시스템(early warning system)과 위기상황분석(stress testing)의 두 가지 접근방식이 있다.

3.2.2.1 조기경보시스템 접근

조기경보시스템 접근이란 금융시스템의 불안정에 선행하는 것으로 평가되는 일단의 지표들을 선정하고 이들 지표로 단일 종합지수를 작성하여 불안정 가능성을 파악하는 방식이다. 예를 들어 이자율 급등은 자산가격의 강력한 조정에 선행하고, 투자붐과 결합하여 나타나는 신용/GDP 비율의 증가는 자산버블과 금융위기에 선행하는 것으로 알려져 있다. 채권스프레드와 주가 등 금융시장 지표도 금융시장 상황은 물론 경제 내의 다양한 잠재적 위험까지 즉각 반영한다. 단일 종합지수는 이러한 지표들을 포괄하여 작성된다. 그러나 금융(불)안정의 다면성을 감안할 때 금융위기 가능성을 단일 종합지수로만 단순화하여 파악하는 데에는 아무래도 무리가 따르기 쉽다는 현실적 한계가 있다.

2012년 한국은행은 우리나라의 금융시스템 건전성에 대한 조기경보기 역할을 수행하는 단일 종합지수인 금융안정지수(FSI : Financial Stability Index)를 개발하였다. FSI는 금융안정에 관련된 20개 지표로 구성되는데,[36] FSI의 지수값은 0에서 100의 범위에 분포하며, 금융시스템의 불안정성이 커질수록 지수값이 커지도록 설계되었다. 그리고 2021년 금융안정 관련 국제적 논의를 반영하여, 금융불균형과 금융시스템 복원력 수준에 대한 평가를 바탕으로 중장기적 금융안정 상황을 판단하는 금융취약성지수(FVI : Financial Vulnerability Index)를 개발하여 우리나라의 금융안정 상황을 종합적으로 평가하게 되었다. 한편, 우리나라의 금융감독 집행기구인 금융감독원도 "금융산업 및 개별 금융회사에 대한 위기 수준의 평가 및 예측"을 위해 조기경보시스템을 가동 중이다. 동 시스템은 금융산업을 7개 권역(은행 · 생보 · 손

36. 이들 20개 지표에는 "은행(연체율 등), 주식 · 외환 · 채권시장(주가 및 환율 변동성, 금리스프레드), 대외거래 및 대외지급(경상수지, CDS프리미엄 등), 실물경제(성장률, 물가상승률 등), 가계 · 기업의 경제상황(소비자동향지수, 기업경기지수 등)을 나타내는 지표"가 포함된다(한국은행 2012, p.125).

보 · 증권 · 상호저축 · 신용카드 · 할부금융)으로 세분하고 각 권역별로 산업 차원의 조기경보계량모형(위험지수모형 · 위험선행지수모형)과 금융회사 차원의 조기경보계량모형(위험지수모형 · 자본적정성 부실예측모형 · 부도확률모형)을 각각 분기별로 운영한다. 이 외에도 금융감독원은 "금융산업 및 개별 금융회사에 대한 위기 수준의 실시간 점검"을 위해, 자산운용 권역이 추가된 총 8개 권역별로 일일 상시감시지표를 선정하여 운영하고 있다.[37]

3.2.2.2 위기상황분석[38]

위기상황분석이란 예외적이지만 있을 수 있는 극단적 충격이 발생한 상황을 가상적으로 설정하고, 이것이 1차적으로 개별 금융기관에 어떤 영향을 미치며 2차적으로 금융시스템에는 어떤 영향을 미치는지를 거시계량모형을 이용하여 측정하고자 하는 방식이다. 이 분석을 통해 위기 발생 시 금융시스템의 복원력 정도를 평가해 볼 수 있다.[39]

원래 위기상황분석은 개별 금융기관을 대상으로 그 안정성 평가에 초점을 맞춘 미시적 접근(미시적 위기상황분석: micro stress tests)으로 시작되었다. 동 분석의 결과는 "은행 경영진에게 다양한 리스크에 관련된 예상치 못한 불리한 결과를 미리 경고해 주며, 대규모 충격이 발생하는 경우에 얼마나 많은 자본이 필요하게 될지를 제시해 준다."[40] 바젤 II(바젤 III)의 최저자기자본규제체계(Pillar 1)는 신용 및 시장 리스크 평가에서 내부모형을 사용하는 개별 금융기관은 미시적 위기상황분석을 반드시 수행하도록 의무화하고 있다.

한편, 2000년대 초부터는 IMF/World Bank가 은행부문/금융시스템 안정성 평가에 초점을 맞춘 거시적 접근(거시적 위기상황분석: macro stress tests)을 회원국 금융부문에 대한 FSAP(Financial Sector Assessment Program)에 활용해 오고 있다. 〈Box 15-3〉은 거시적 위기상황분석의 일반적 구조를 보여준다.

---

37. 금융감독원(2016) 참조. 본 문단의 두 인용구는 모두 금융감독원(2016), p.65에서 따왔다.
38. 이 소절은 Borio *et al.*(2012)에 주로 의존하였다.
39. 기존의 VaR(Value at Risk)은 정상적 상황에서의 최대손실규모를 측정하는 데 반해, 위기상황분석은 극단적 상황에서의 손실규모를 측정한다는 점에서 VaR과는 차이가 있다. 자세한 내용은 이 책의 제8장과 한국은행(2004) 참조.
40. BCBS(2009), p.1.

Box 15-3 거시적 위기상황분석의 구조

은행 건전성 평가를 위한 거시적 위기상황분석의 구조 : 개관[1)]

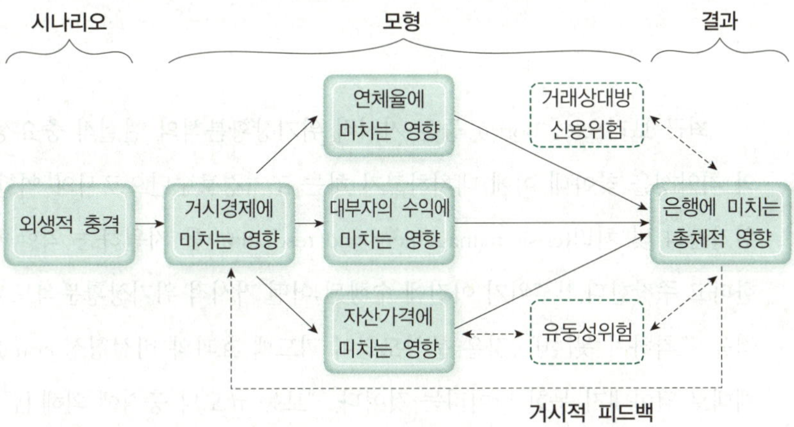

주 : 1) 이 그림은 은행 건전성을 평가하기 위한 현행 거시적 위기상황분석의 구조를 개관한 것임; 굵은 선은 대부분의 위기상황분석이 포착하는 구성요소(components)를 표시함; 점선은 세련된 분석이라 하더라도 부분적으로만 포착이 가능한 피드백 효과를 나타냄.

자료 : Borio *et al.*(2012), p.5의 Graph 1.

일반적으로 거시적 위기상황분석은 시나리오(scenario), 모형(model), 결과(outcome)의 세 부문으로 구성된다.[1)]

■ **시나리오**

첫째, 평상시의 취약성을 찾기 위해 분석을 수행한다면 역사적 경험을 활용하여 시나리오를 설정할 수 있다. 예를 들어 2008년 글로벌 금융위기와 같은 구체적 사건을 재현하거나, "특정 리스크 요인의 역사적 분포에서 꼬리(tail)에 해당하는 충격을 활용한다." 한편 "과거에 지나치게 의존하게 되는 위험을 피하기 위해 판단에 의존하여 가상의 시나리오를 세우거나 … 역위기상황분석(reverse stress test)을 통해 시스템에 심각한 피해를 끼치게 될 충격이 무엇인지를 [결과(outcome)로부터 거꾸로 거슬러 올라가] 찾아낼 수도 있다."

둘째, 이미 발생한 위기—예컨대 서브프라임 사태—를 관리 또는 수습하기 위해 위기상황분석을 수행하는 것이라면 시나리오는 서브프라임 모기지시장에 대한 노출을 외생적 충격요인으로 강조하게 된다.

■ **모형**

설정된 시나리오와 그에 따른 결과를 이어주는 중간과정이 모형(model)이다. 모형은 상향식(bottom-up) 또는 하향식(top-down) 접근을 취하거나 두 가지를 합친 절충식 접근을 취할 수도 있다.

상향식 접근에서는 "정책당국이 제시한 공통의 시나리오에 따라 개별 은행이 자신의 개별 모형을 통해 충격이 성과에 미친 효과를 추정하면 이를 정책당국이 집계한다." 하향식 접근에서는 "개별 은행의 직접적 개입없이 … 정책당국이 자신의 내부 모형을 이용하여 결과를 얻는다."

그러나 실제로는 절충식 접근이 활용된다. 예를 들

어 글로벌 금융위기를 맞아 실시된 2009년 미국 연준의 감독자본산정프로그램(SCAP : Supervisory Capital Assessment Program)과 2011년 EU 유럽은행감독청(EBA : European Banking Authority)의 위기상황분석은 둘 다 절충식 접근법으로 수행되었다.

1) 시나리오 및 모형에 관한 설명 중 인용문은 모두 Borio *et al.*(2012), p.5에서 따왔음.

자료 : Borio *et al.*(2012)의 일부 내용을 요약 · 정리하였음.

최근 보리오(C. Borio) 등은 거시적 위기상황분석의 현실적 중요성을 "평상시의 취약성을 찾아내 이에 대처하고자 하는 조기경보수단으로서의 역할[보다는] … 위기관리 및 처리(crisis management and resolution)를 지원하는 역할"에서 찾아야 한다고 주장한다.[41] "위기 이전에 수행된 어떤 거시적 위기상황분석도 취약성의 축적을 포착하지 못[한]" 것은 분석모형이 피드백 효과와 비선형성(non-linearities)을 제대로 담아내지 못한 탓이라는 것이다. "보통 규모의 충격에 의해 [금융]시스템이 붕괴된다"는 것이 경험적으로 관찰되는 현실이지만, 위기상황분석에서 "터무니없이" 커다란 충격을 가정해야만 위기상황이 도출되는 점은 모형의 중대한 기술적 결함을 보여주는 증거이다. 이와 같은 모형의 결함 이외에 위기상황분석이 수행되는 정황도 문제가 된다. 자산 붐에는 흔히 금융혁신이 수반되는데, 혁신에 따른 신종 금융상품에는 직접적인 역사적 자료가 존재하지 않는다. 그런 까닭에 낙관이 지배적인 자산 붐 환경에서 위기상황분석은 리스크를 과소평가하기 쉽다는 것이다. 반면, 위기가 이미 발생하여 경제 및 금융의 취약성이 무엇인지 드러난 상황에서는 모형의 결함이 더 이상 큰 문제가 되지 않으며, 낙관적 분위기도 신중으로 바뀐 상태이다. 이때 실시하는 거시적 위기상황분석은 은행시스템의 자본확충 규모 추정이나 정리대상 은행의 선별에 도움이 된다. 미국 연준의 SCAP 분석이 그런 좋은 예라는 것이다. 결국, 위기상황분석은 평상시의 조기경보 기능보다는 위기가 일단 터진 이후의 유용성이 훨씬 크다는 것이 보리오 등의 시각이다.

41. 이 문단 내 인용구는 모두 Borio *et al.*(2012)의 p.2 또는 p.7에서 따왔다.

3.3 금융안정의 분석체계[42]

정책당국은 금융건전성 지표를 분석하고 금융시스템의 안정성(또는 불안정성)에 대한 판단을 내린 후 인지된 상황에 맞추어 적절한 정책적 조치를 고안·이행해야 한다. 쉬나시(G. Schinasi)는 자신의 금융안정 정의에 입각한 분석체계를 후벤(A. Houben) 등과 함께 〈그림 15-5〉와 같이 정형화한다. 이 분석체계는 정책당국이 금융시스템의 안정성을 판단하고 각 상황단계에 따른 조치를 수행하는 데 준거가 된다.

그림 15-5

금융안정의 분석체계

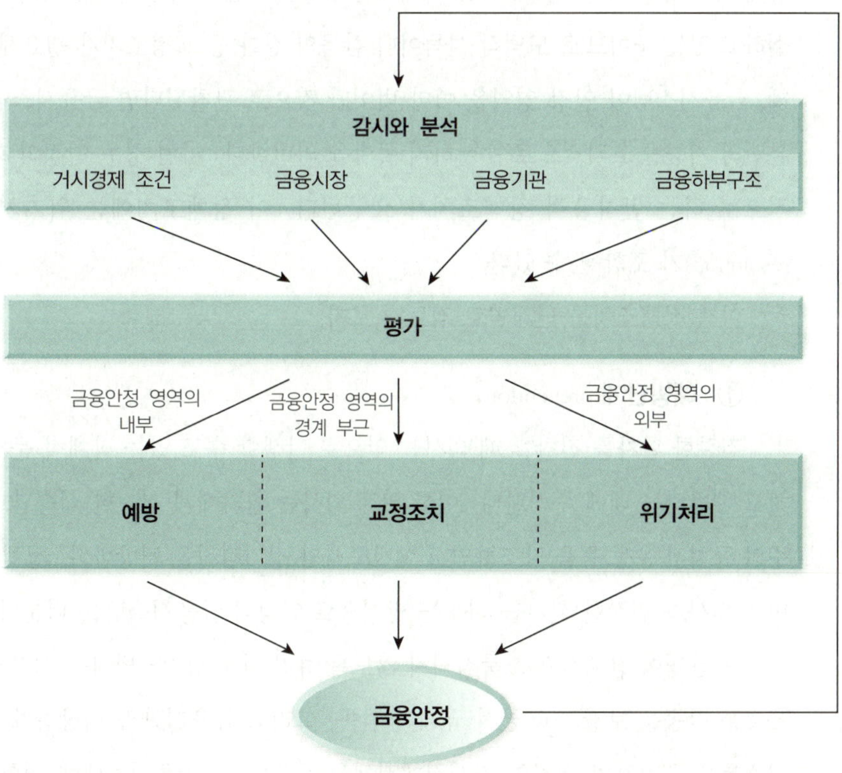

자료 : Houben *et al.*(2004), p.17의 Figure 2.

42. 이 소절은 Houben *et al.*(2004)에 의존했다.

쉬나시의 분석체계는 세 가지 주요 과정－우선, 금융시스템의 잠재적 위험과 취약성에 대한 연속적이고 종합적인 분석과정과 취약성이 금융안정을 위협하는 정도에 대한 평가과정, 그리고 적절한 정책조치의 선택과정－으로 구성된다. 이때 정책조치는 금융시스템의 상황에 의해 결정된다.

조치의 유형은 세 가지로 구분된다. 첫째, 금융시스템이 금융안정을 유지할 수 있는 경계 내에 확고하게 위치하고 있으며 가까운 장래에 경계 쪽으로 움직여갈 징후가 보이지 않는다면 이는 정상적인 금융안정 상태에 해당한다. 이런 경우 정책당국은 시장규율과 공적 감독 및 감시에 의해 금융안정을 유지하는 것을 목적으로 하는 예방조치를 시행한다. 둘째, 금융시스템이 현재 안정 영역 내부에 위치하긴 해도 내적 불균형이 발생하거나 외생적 충격으로 안정과 불안정의 경계선 쪽으로 이동해 가고 있는 중일 수도 있다. 이때에는 금융시스템이 기능 수행능력의 일부를 상실하고 있는 중이므로 도덕적 설득이나 감독의 강화 등 교정조치가 필요해진다. 셋째, 금융시스템이 안정 영역을 이미 벗어난 것으로 관찰된다면 금융시스템은 이미 본연의 기능을 효과적으로 수행하지 못함을 의미한다. 이런 경우 안정의 회복을 목적으로 하는 반작용적 정책조치가 요구된다. 이 정책조치에는 위기처리(crisis resolution)가 포함될 수 있다.

이제 정책조치를 단계별로 검토해 보자.

① 예방단계(prevention)

건강한 환자를 진찰할 때 의사는 앞으로 발생할 수도 있는 잠재적 문제를 확인하고 예방하는 데에 주력한다. 이를 위해 의사는 환자에게 건전한 식습관, 금연, 절주와 규칙적 운동 등을 강조하면서 예방주사와 정기검진을 처방한다. 정책담당자는 마치 의사가 건강한 환자를 다루는 방식으로 안정적 금융시스템을 다룬다. 구체적으로 불균형이 잠재적으로 축적되지 않도록 하기 위해 정책담당자는 시장규율의 순조로운 작동을 보장하고 공적 규제와 감독, 그리고 금융기관과 시장참가자와의 의사소통을 유지하며 건전한 거시경제정책을 운용한다. 금융시스템에 영향을 줄 수 있는 변화가 발생하는 경우, 정책담당자는 취약성을 평가하는 방식 혹은 정책수단을 고안하고 이행하는 방식 자체를 조정할 필요도 있을 수 있다.

② **교정조치단계**(remedial action)

환자가 당장 병석에 누워 절대 안정을 취해야 할 정도는 아니라도 체중의 증감이나 고혈압 증세 등을 보인다면 선제적 조치가 필요하다. 이때 의사는 환자에게 추가 검사를 시행하거나 추후 검진을 권유하며, 생활양식의 변화를 강조하거나 약을 처방하게 된다. 환자의 이런 상황은 안정 공간에 존재해 온 금융시스템이 불안정 공간과의 경계 쪽으로 접근해 가는 단계와 유사하다. 예를 들어, 신용 증가로 인해 자산가격 인플레이션과 은행시스템의 자본비율 감소 등 불균형(imbalances)이 이미 쌓이고 있는지도 모른다. 그러므로 당장 긴박한 위험은 없다고 해도 이를 억제하지 않으면 문제가 커질 수 있다. 사실 이러한 상황은 대처하기가 상당히 어렵다. 아직 모습을 드러내지 않은 취약성을 평가하기도 어려울 뿐만 아니라, 적절한 교정수단을 발견하여 이행하는 것은 더욱 어렵기 때문이다. 금융불안정이 가시화되지 않은 상황이므로 쉽지는 않지만, 정책담당자들은 도덕적 설득을 통해 건전성에 대한 시장참가자의 주의를 환기시키는 한편 감시 · 감독의 강화를 통해 금융시스템의 동향을 조정해야 한다. 뱅크런과 전염을 피하기 위해 금융안전망을 강화하거나 거시경제정책을 조정해야 할 필요도 있을 수 있다.

③ **위기처리단계**(crisis resolution)

그럼에도 환자가 병석에 드러눕게 될 수도 있다. 이때에는 의사의 엄중한 개입—예를 들어 집중감시 또는 수술—이 요구된다. 마찬가지로 안정 공간 내에 있던 금융시스템이 불안정 공간 쪽으로 치닫거나 마침내 그 경계를 넘게 될 수도 있다. 이 단계에서 은행은 수익성 있는 사업에 자금을 조달하려 하지 않거나 그럴 능력을 상실하게 되고, 자산가격도 그 내재가치를 더 이상 반영하지 않게 될 것이다. 지급 및 결제도 정상적으로 처리되지 않을 수 있다. 극단적으로, 금융불안정은 뱅크런, 하이퍼인플레이션, 외환위기, 주가폭락 등을 초래할지도 모른다. 이때에는 금융당국의 정책이 더욱 강화되어야 한다. 안정의 회복, 나아가 위기의 해결을 목적으로 하는 더욱 강력한 정책이 요구된다. 금융시스템의 능력을 복구하고 신뢰(confidence)를 강화하기 위해 재량적 개입이 필요할 수 있다. 언제, 어떤 방식으로 재량적 개입조치를 이행할지를 사전적으로 공표하는 것은 곤란하다. 자칫하면 시장참여자들의 도덕적 해이를—금융시스템으로의 유동성 주입 등 정책당국의 개입을 기대하면서 시장참여자들이 지나친 위험성향을 띠는 등 신중하지 못한 방향으로 행동하도록—자극할 수도 있기 때문이다. 이것이 건설적 모호성(constructive ambiguity)이 필요한 이유다. 그러나 재량적 개입에는 정책당국의 자의성이 작용할 여지가 있으므로, 정책당국은 사전적으로 개입 절차를 공표하고 스스로 이를 준수해야 한다. 한편 공식적 의사소통과 거시경제정책은 금융시장 혼란을 억제하는 데 도움이 된다.

4. 시장규율, 규제규율과 금융안전망

Money & Financial Markets, Ch. Fifteen

우리는 이 장을 학습하면서 금융안정의 사전적 유지와 사후적 회복에 정책당국이 중요한 역할을 수행하게 된다는 사실을 암묵적으로 받아들여 왔다. 하지만 좀 더 근본적인 의문은 남아 있다. 예를 들어, 정책당국의 역할이 없다면 금융안정의 유지나 회복이 곤란한 것일까? 금융안정을 위해 정책당국이 역할을 수행한다는 사실 자체가 가져오는 부작용은 없을까? 정책당국이란 구체적으로 어떤 것(들)인가? 등이 그것이다. 이런 의문에 답하려면 이 책의 제1장에서 잠시 다룬 시장규율과 규제규율의 논의를 다시 떠올릴 필요가 있다. 이 절에서는 시장규율과 규제규율에 대해 다시 생각해 본 후, 공적 금융안전망의 개념과 필요성을 학습한다. 이러한 검토를 통해 앞서 여러 번 등장했던 정책당국이란 결국 '공적 금융안전망에 참여하는 공공기관들' 이라는 사실을 이해하게 될 것이다. 이들을 흔히 '금융시스템 관련 공공기관들' 이라고 부른다.

4.1 시장규율과 규제규율 : 선택 vs. 배합

금융안정을 유지하고 금융불안정을 억제하기 위한 접근방식에는 두 가지가 있다. 하나는 시장규율(market discipline)이고, 다른 하나는 규제규율(regulatory discipline)이다. 우선, 시장규율이란 다양한 시장참여자의 사적 이해관계를 시장원리에 따른 상호 감시와 견제를 통해 조정함으로써 금융안정을 확립 · 유지하려는 규율의 방식을 의미한다.[43] 이때 감시와 견제의 주체는 "주주, 예금자, 채권자 등"으로, 이들은 "금융회사를 포함한 자금차입자"의 "과도한 위험추구행위로 입게 될 손실을 회피하기 위하여" 감시와 견제를 하게 된다.[44] 한편 규제규율이란 금융기관의 익스포저(exposure)를 인위적으로 낮추기 위해 감독기관이 규제조항을 설정하고 지속적으로 감시 · 감독함으로써 금융안정을 확립 · 유지하려는 규율의 방식을 의미한다.

시장규율은 시장의 모든 경제주체들이 대등한 능력을 가진다고 본다. 시장의 힘에 근거한 내생적 감독기능을 활성화함으로써 금융기관을 통제하자는 것이다. 다시 말해, 시장규율은 정보공개와 경쟁원리 도입으로 시장이 제 기능을 발휘하게 함으로써 효율성을 극대화하고, 시장 내의 경제주체들이 스스로 서로의 비효율을 감시 · 감독하도록 하는 것이다.

시장규율이 효과적으로 작동하려면[45] 이해관계자들이 자신의 위험을 평가할 수 있어야 하고, 그러기 위해서는 이들에게 은행 등 금융기관의 건전성에 대한 정보가 적시에 제공되어야 한다. 그러므로 건전한 회계제도와 공시제도가 확립되어 있어야 한다. 은행의 건전성을 꾸준히 분석하는 신용평가기관과 시장분석가의 역할도 주주, 거액 채권자와 거액 예금자의 역할과 함께 시장규율의 원활한 작동에 중요하다.

시장규율 상황에서 은행 등 금융기관은 자신이 선택한 위험에 따라 시장 내에서 결정된 적정한 비용을 부담하게 된다. 결국 은행은 시장원리에 따라 위험선호적인 행동을 스스로 억제하게 된다.

한편 규제규율은 금융기관에 대한 정보의 수집 · 분석 능력 측면에서 여타 이해관계자들에 비해 비교우위를 가진다는 것을 전제로 정책당국이 금융기관을 직접 감시하도록 하자는 것이다. 이러한 방식은 은행의 부실을 책임지는 기관에게 은행의 과도한 위험행위를 규제하는 권한을 부여하는 것이 타당하다는 논리에 근거한다. 책임에 따르는 권한을 보장하자는 것이다. 또한 정보열등자인 소액 예금자들로부터 위임받은 감독기능을 상대적으로 정보 접근 가능성이 큰 정책당국이 대신 수행한다는 논리도 규제규율의 타당성을 뒷받침한다. 그러나 규제규율은 금융자율

43. 금융감독원 인력개발실(2006) 참조.

44. 금융감독원(2016), p.19, 〈참고〉.

45. FSF(2001) 참조.

화를 저해하는 측면이 있다. 금융시장 안정성 확보를 명목으로 규제규율이 강화될수록 경제주체의 금융행위에 많은 제약이 뒤따르게 되어 비효율이 발생하기 쉽기 때문이다.

그렇다고 해서 시장규율이 만능약은 아니다. 시장규율만으로는 금융위기가 너무 잦은 빈도로 또는 너무 큰 규모로 초래되었다는 것이 지난 200년 동안 우리의 경험이기 때문이다. 예를 들어 19세기 금본위제도에서의 세계 경제는 대체로 시장규율에 의존했으며 규제규율은 거의 확립되지 않은 상태였다. 바로 그런 이유로 당시에는 금융위기가 자주 일어났고, 급기야 1929년 대공황이 발발했다. 이후 1930년대 중반 대공황의 경험을 배경으로 케인즈의 거시경제이론이 확립되면서 각국 정부의 적극적 경제개입이 정당화되었다. 이때부터 약 30～40년 동안 케인즈 경제학이 시대를 풍미하는 가운데 규제규율이 번성했고 시장규율은 뒷전으로 밀려났다. 이 시기에 금융위기의 빈도가 19세기에 비해 현저히 줄었던 것은 물론이다. 하지만 1970년대부터는 케인즈식 총수요관리정책이 한계를 드러내면서 선진국을 중심으로 금융자유화 및 금융혁신이 진행되었다. 이는 다름 아닌 규제규율 완화와 시장규율 강화 경향을 반영하는 것이었다. 1980～1990년대에는 주요국에서 이와 같은 경향이 가속화하는 한편, 신흥시장국으로도 빠르게 확산되었다. 그 결과 20세기 말부터는 세계 경제가 상당 부분 시장규율에 다시 의존하게 되었다. 이는 19세기의 상황에 좀 더 가까워졌음을 의미한다.[46] 1980년대 이후 지금까지 수십 년 동안 세계적으로 금융위기가 다시 빈번해진 점과 대공황에 비견되는 2007～2009년 글로벌 금융위기를 맞이한 점은 결코 우연이 아니다.

1930년대 대공황 이후에도 그랬듯이 이번 글로벌 위기 이후에도 규제규율의 강화는 다시 세계적 시대사조로 부상했다. 바젤 Ⅲ의 도입이 그런 좋은 일례이다. 하지만 문제는 '규제규율과 시장규율 가운데 무엇을 선택할 것인가?' 가 아니라 '두 유형의 규제를 어떻게 배합할 것인가?' 이다. 이러한 규제규율-시장규율 간 최적 배합(optimal combination)이 경제 상황과 구조에 따라 시대별로 차이가 나는 것은 물론이다.

46. Bruni(2001) 참조.

사실, 1980년대 이후 금융위기가 빈발하면서 다수 국가가 금융안정을 본격적인 공공정책의 대상으로 간주하게 되었다. 공공정책 과제로서의 금융안정은 물가안정과는 몇 가지 점에서 차이가 난다(〈Box 15-4〉 참조). 시장규율을 중시하는 가운데에서도 금융안정을 위해 규제규율을 꾸준히 강화해 온 결과, 글로벌 금융위기 이전인 20세기 말 즈음 주요국에서는 사전적 · 사후적으로 금융안정을 도모하기 위한 규제규율의 체계를 공공부문 내에 이미 갖추게 되었다. 이와 같이 금융안정을 염두에 두고 설계된 각국의 규제규율 체계를 특히 공적 금융안전망(official financial safety net ; 이하 금융안전망)이라 부른다. 글로벌 금융위기 이후 세계 여러 나라가 자국의 금융안전망 확립 또는 정비를 위해 배전의 노력을 경주한 것은 물론이다. 다음 소절에서는 일국의 금융안전망에 대해 학습하기로 한다.

Box 15-4 정책과제로서의 금융안정

물가안정과 금융안정은 각국 정책당국의 표준적 정책과제에 포함된다. 그런데 이들 과제를 다루는 정책당국의 입장에서 볼 때, 금융안정은 물가안정과는 다소 구분되는 독특한 측면을 갖는다.

우선 금융안정을 위해 정책당국은 발생할 확률이 낮은 금융불안정 상황을 다루어야 한다. 다시 말해 금융안정과 관련된 변수들의 정상적 움직임이 아니라 꼬리사건(tail events)을[1] 다루는 것이기 때문에 상황을 예측하기도 어렵고 모형화하기도 어렵다는 것이다.

또한 금융안정을 보호하기 위한 정책수단은 대부분 소액 예금자의 이익을 보호한다든가, 물가안정을 촉진한다든가, 또는 금융거래의 신속한 결제를 촉진하는 것과 같은 여타 주요 목적을 갖고 있다는 점에서 통화정책수단과는 다르다. 이것은 물론 금융안정의 다면성에 기인하는 측면이다. 게다가 이런 정책수단들은 한 공공기관이 아니라 여러 기관에 분산되어 있으며 금융안정에 미치는 영향도 간접적인 경우가 많아서 일정 기간의 시차를 두고 나중에야 효과가 나타난다.

1) 꼬리사건이란 여러 가지 사건의 발생가능성을 확률분포로 나타내었을 때 분포의 중심에서 먼 가장자리, 즉 분포의 꼬리 쪽에 위치하는 사건을 의미한다. 다시 말해, 꼬리사건은 그 발생가능성이 매우 낮은 극단적 사건을 가리킨다.

자료: Large(2005).

4.2 금융안전망의 필요성과 작동원리

각국의 금융안전망을 구성하는 표준적 기능(구성요소)에는 건전성 규제 및 감독, 최종대부자 기능, 예금보험제도가 포함된다.[47] 금융안전망의 존재 이유는 금융시스템의 안정을 지키려는 데 있다. 그러나 금융안전망이 개별 금융기관의 도산을 방지하기 위한 장치는 결코 아니다. 금융업의 본질은 위험추구(risk-taking)에 있으며, 금융기관의 이윤은 관리할 수 있는 한도 내에서 위험을 추구하는 데서 나오기 때문이다.[48] 금융안전망이 정상적으로 작동하는 상황에서 개별 금융기관의 진입과 퇴출은 지극히 자연스런 현상이다. 이는 금융안전망이 규제규율과 시장규율이 적절히 조화된 상태로 가동되어야 한다는 것을 의미한다. 이제 금융안전망의 필요성과 의의를 케인(E. Kane)의 비유를 통해 알아보고, 금융안전망의 순조로운 작동을 위해 규제규율과 시장규율의 상호 보완성이 중요하다는 점을 살펴보기로 하자.

4.2.1 금융안전망과 서커스 안전망의 비유[49]

케인(E. Kane)은 금융안전망을 우리가 서커스에서 흔히 볼 수 있는 안전망에 빗대어 설명한다. 우선 서커스의 안전망에 대해 생각해 보자. 서커스의 안전망은 일차적으로 곡예사와 관객을 보호하는 장치다. 공중을 날아다니던 곡예사가 혹시 아래로 추락하더라도 다치지 않도록 보호하고, 곡예사가 추락하여 다치는 끔찍한 광경으로부터 관객을 보호하는 것이 안전망을 설치하는 직접적인 목적이다.

---

47. 김대식 외(2002) 참조. 한편, 지난 글로벌 금융위기를 계기로 세계 각국은 문제금융기관의 정리가 자국의 위기관리에 매우 중요하다는 사실을 깨닫게 되었다. 이에 따라 세계적으로 금융회사 정리가 각국의 금융안전망을 구성하는 또 하나의 기능으로 인식되는 추세이다. 예를 들어 2013년까지만 해도 IADI는 일국의 금융안전망이 "예금보험 기능, 건전성 규제 및 감독과, 최종대부자 기능으로 흔히 구성된다"고 정의했으나(IADI 2013, p.9), 2014년에는 여기에 "정리(resolution)"를 새롭게 포함시키고 있다(IADI 2014, p.9). 하지만 정리 기능에 대한 논의 및 경험이 아직 초기 단계에 있고 동 기능은 기존의 표준적 기능들과 중첩되기도 한다. 이런 점을 감안하여, 이 책에서는 설명의 편의상 문제금융기관의 정리 기능을 제17장에서 예금보험기구의 책무 유형과 관련하여 다루되 동 기능을 별개의 구성요소로 취급하지는 않기로 한다.

48. Goodhart *et al.*(1998) 참조.

49. 이 소절은 Kane(2001)의 일부 내용을 정리한 것이다.

그러나 보다 근본적인 안전망의 목적은 관객을 더욱 즐겁게 해주기 위해서다. 곡예사가 고난도 묘기를 시도할수록 그의 추락 위험은 더욱 커진다. 그런 위험 속에서 곡예사가 고난도 묘기를 성공적으로 보여줄 때 관객의 즐거움은 그만큼 더 늘어난다. 곡예사도 안전망이 있기에 자신의 가능성이 어디까지인지 도전해 볼 유인을 갖는다. 다시 말해 안전망은 곡예사의 건전한 위험추구(prudent risk-taking)를 촉진하는 역할을 한다.

이때 중요한 것은 그 고난도 묘기가 실행 가능해야 한다는 점이다. 아무리 어려운 묘기라도 자꾸 실패한다면 손쉬운 곡예를 보여주는 편이 더 낫다. 곡예사의 반복된 실패에 관객들의 실망은 더 커지고 안전망 설치의 의미도 반감되기 때문이다.

서커스 경영자(관리자)는 안전망의 설치와 유지에 드는 비용이 안전망이 가져다주는 편익을 초과하지 않도록 유의해야 한다. 비용과 편익의 계산에는 안전망 설치비용과 유지비용, 안전성, 안전망의 가시성(visibility), 관객의 반응 등이 관련된다. 커다란 안전망을 촘촘하게 짜고 버팀목도 든든하게 설치해 두면 곡예사의 안전에 물론 큰 도움이 된다. 그러나 그렇게 하는 데에는 더 많은 비용이 드는 데다가, 안전장치가 눈에 띄게 드러나게 되어 곡예사와 위험을 공유하는 관객들의 느낌—몹시 위험해 보이는 고난도 곡예를 숨죽이고 지켜보는 관객들의 짜릿한 스릴—을 반감시킨다. 그렇지만 안전망이 유사시 제 구실을 못하게 되면 서커스 경영자는 곡예사, 서커스 주인, 그리고 관객 등 모든 이해관계자로부터 비난을 면할 수 없다.

이제 금융안전망이 서커스 안전망과 어떤 점에서 비교되는지 따져보자. 첫째, 안전망의 목적이다. 금융기관도 곡예사처럼 위험스런 행동을 하다가 중대한 실수로 인해 크게 다치거나 심지어 퇴출될 수도 있다. 이때 금융안전망은 우선 차입자(기업)나 예금주(가계), 그리고 납세자가 금융기관의 실수로 인해 피해를 입지 않도록 보호해 준다. 더욱 근본적으로, 개별 금융기관이 기업투자계획의 선별 지원에 수반되는 위험을 수용하게 되는 것도 안전망의 존재 덕분이다.

둘째, 안전망의 비용과 편익에 대한 고려이다. 안전망이 설치되어 있더라도 서커스 경영자는 곡예사가 실행 가능한 한도 내에서 고난도 곡예를 하도록 마음을 써야 한다. 마찬가지로 감독자도 금융기관이 안전망만 믿고 지나친 위험을 부담하지 않도록 경계해야 한다. 금융안전망은 금융기관이 뱅크런이나 여타 충격을 견딜 수 있도록 도와주는 계약체계(nexus of contracts)로서, 감독자는 다음과 같은 안전망의 여러 기능이 수반하는 비용 및 편익이 균형을 이루도록 유념해야 한다.

- 예기치 못한 은행의 도산으로부터 고객을 보호하는 기능
- 은행의 지나친 위험부담을 제한하는 기능
- 뱅크런으로 인한 손실을 예방하고 통제하는 기능
- 지급불능 상태에 빠진 은행을 파악하여 문제를 해결하는 기능
- 지급불능 상태의 은행이 청산되는 경우 그로부터 발생하는 손실을 사회적으로 배분하는 기능

셋째, 안전망을 고안하고 유지해야 하는 책임의 소재이다. 서커스의 안전망을 고안하고 유지하는 책임은 서커스 경영자에게 있다. 마찬가지로 한 나라의 금융안전망의 고안과 유지에 문제가 있다면 감독자에게 그 책임을 물을 수 있어야 한다. 이때 금융안전망은 그 나라의 금융시스템 및 경제의 특징과 잘 조화되도록 적절한 크기와 강도로 고안되어야 한다. 특히 금융안전망 구성요소의 비용과 편익에 영향을 줄 수 있는 의사결정은 투명하게 이루어져야 한다.

넷째, 실제 상황이 닥쳤을 때 안전망이 때로는 부서지거나 규모가 작아 쓸모없게 될지도 모를 가능성이 있다는 점이다. 이것은 위기가 실제 발생하는 경우에 대비한 비상계획의 중요성을 의미한다. 아무리 제대로 고안된 안전망을 갖고 있다고 하더라도 위기 발생 가능성에 대처한 전략계획(strategic plans)을 마련하여 이를 정기적으로 점검하지 않는다면 완벽한 안전망이라 할 수 없다.

결국 서커스 안전망과 금융안전망은 다양한 측면에서 유사한 속성을 공유한다. 이러한 맥락에서 서커스 경영자는 넓은 의미에서의 금융감독자(금융안전망 참여기구)로, 곡예사는 금융기관으로, 관객은 금융기관의 차입자(기업)와 예금주(가계)로, 서커스의 주인(소유자)은 금융안전망의 주인(소유자)인 건전 은행과 납세자로 각각 대응된다.

그러나 금융안전망은 한 가지 점에서 서커스 안전망과 뚜렷이 구분된다. 서커스에서는 곡예사가 안전망으로 떨어지는 경우 그가 실수했다는 사실을 관객이 모를 수가 없다. 그러나 금융안전망에 문제가 생기는 경우 그러한 점이 즉각적으로 모든 이해관계자에게 드러나는 것은 아니다. 그러므로 지급불능 상태에 빠진 은행은 그

런 사실을 한동안 숨길 수 있고, 감독자도 자신의 재임 중 문제에 대한 정보를 은폐할 수 있다. 그동안 은행으로서는 기사회생을 위한 도박을 감행할 유인을 갖는다. 감독자도 규제유예로의 유인을 갖는다. 재임 중 자신의 평판을 유지하기 위해 문제를 애써 감추고 있다가 훗날 다음 직책으로 무사히 옮겨가기만 하면 그만이기 때문이다. 결국 감독자와 은행이 문제를 숨기는 동안 일반적으로 상황은 악화되기 마련이고, 더욱 커진 비용은 궁극적으로 다른 건전 은행과 납세자가 부담해야 할 몫으로 돌아오기 마련이다. 그러므로 금융안전망은 도덕적 해이로 인한 비용을 최소화할 수 있도록 고안되어야 한다. 이를 위해 공시절차를 강화하는 등 투명성 제고를 통해 시장규율의 작동을 촉진하는 것이 특히 중요하다.

4.2.2 금융안전망과 시장규율[50]

금융안전망의 표준적 구성요소(기능)를 누가 제공하는지 잠시 생각해 보자. 우선 개별 금융기관의 건전성을 상시적으로 규제 · 감독하는 업무는 금융감독기구의 소관이다. 금융시스템의 안정을 위해 위기 시 시장(또는 개별 금융기관)에 긴급유동성을 공급하는 최종대부자의 역할은 중앙은행이 수행한다. 유사시 부보예금의 지급을 보장하여 소액 예금자를 보호하는 것은 예금보험기구의 일이다. 이런 의미에서 금융안전망의 표준적 기능은 금융감독기구, 중앙은행, 예금보험기구에 의해 제공된다.[51] 이때 금융감독기구는 평상시 개별 금융기관의 건전성을 유지하기 위한 사전적 기능에 주된 초점을 두는 반면, 예금보험기구와 최종대부자는 문제가 발생한 이후의 사후적 기능에 주된 초점을 둔다고 할 수 있다.

그러나 원칙적으로 규제감독 기능 · 예금보험 기능 · 최종대부자 기능 각각은 금융안정에 사전적 · 사후적으로 다 같이 기여한다. 예를 들어 예금보험 기능은 문제가 터지더라도 예금이 보장된다는 믿음을 예금자가 평소에 갖게 함으로써 뱅크런의 발생을 사전적으로 억제하는 측면이 있다. 최종대부자 기능의 경우에도, 최종

50. 이 소절은 김대식 외(2002) 및 Goodhart *et al.*(1998)에 의존하였다.

51. 최근 각국 금융안전망의 새로운 구성요소로 간주되기 시작한 문제금융기관 정리(resolution) 기능의 경우에도 각국의 금융감독기구, 중앙은행, 예금보험기구 가운데 어느 하나 또는 두 공공기관이 수행하는 것이 보통이다. 이 장의 각주 47을 참조하기 바란다.

대부자의 존재만으로 경제주체들이 금융안정에 대한 믿음을 갖는다면 시장에 웬만한 충격이 발생해도 불필요한 불안정을 사전에 억제할 수 있다. 또한 금융감독기구의 목적은 개별 금융기관이 평소 위험에 대한 체력(건전성)을 키워 웬만한 경기변동에도 견딜 수 있게끔 최소한의 지침을 제공하고 그 준수 여부를 점검함으로써 소비자를 보호하고 금융안정에 기여하는 데 있다. 그러므로 감독기구는 개별 금융기관에 부실의 징후가 발견되면 즉시 적기시정조치를 발동하고, 필요한 경우에는 시장으로부터의 퇴출 등 강력한 제재조치도 불사한다. 이것은 규제감독 기능의 사후적 측면이다.

금융안전망의 구성요소 각각은 도덕적 해이를 수반한다. 예를 들어 개별 금융기관이 유사시 자신이 최종대부자 기능을 통해 구제될 것이라는 기대를 평소에 하고 있다면 과도한 위험추구 행동을 보이게 될 것이다. 또한 개별 금융기관이 예금보험에 가입하면 투자수익이 기대에 다소 미달하더라도 대출원리금의 부족분을 예금보험기구가 예금자에게 대신 지급해 주는 덕분에 큰 손해를 보지 않게 된다. 따라서 그 금융기관에게는 예금보험에 가입하기 전에 비해 더 큰 위험을 추구할 유인이 생긴다. 예금자들도 자신이 거래하는 은행의 경영상태에 대해 감시할 유인이 적어진다. 거래은행에 문제가 생겨도 예금보험기구가 자신의 예금을 대지급해 줄 것이기 때문이다.

최종대부자 기능과 예금보험 기능에 수반되는 개별 금융기관의 도덕적 해이, 즉 위험추구 유인이 강화될 가능성을 최소화하기 위해, 최종대부자(중앙은행)에게는 건설적 모호성과 절차적 투명성의 유지가, 예금보험자(예금보험기구)에게는 차등보험료제도나 공동보험제도와 같은 시장규율의 활용이 각각 필요해진다(이 책의 제17장 참조). 개별 금융기관의 도덕적 해이를 줄이기 위해서는 개별 금융기관의 건전성에 대한 금융감독기구의 규제감독도 필요해진다. 하지만 규제감독도 도덕적 해이로부터 마냥 자유로운 것은 아니다. 규제감독기구의 규제감독 활동이 감독대상 금융기관이나 금융소비자에게 웬만해서는 개별 금융기관의 도산이 허용되지 않을 것이라는 그릇된 기대를 심어준다면 규제감독 기능 역시 예금보험 기능과 마찬가지로 개별 금융기관의 위험추구 유인을 강화하고 금융소비자의 감시소홀을 부르게 된다. 이와 같은 도덕적 해이를 최소화하는 데에는 앞서 언급했던 퇴출과 같은 규제감독의 사후적 측면이 중요한 역할을 수행할 수 있다. 이렇게 보면, 시장규율을 강화하는 방향으로 규제규율을 적용하는 것이 금융안정의 유지에 중요하다는 사실을 알 수 있다. 규제규율은 시장규율과 적절히 조화됨으로써 상호 보완성을 발휘해야 한다는 것이다.

이러한 상호 보완성은 언제 발휘되는 것일까? 금융시장은 내재적으로 불안정하며 외부성에 노출되어 있다. 시장규율만으로는 금융안정을 이룰 수 없는 이유가 여기에 있다. 그렇지만 금융안정에 긴요한 최소한의 수준을 넘는 규제규율은 시장규율의 작동을 억제함으로써 경제주체의 합리적 행동과 시장의 효율적 작동을 방해한다. 그러므로 시장규율의 작동이 실패하기 쉬운 부분에 대해서는 규제규율에게 맡기되, 규제규율의 적용 범위나 강도가 지나쳐 시장규율 전반의 원활한 작동을 막지 않도록 규제규율을 최소한으로 운영할 때 비로소 규제규율과 시장규율 간 상호 보완성이 발휘될 수 있다. 요컨대, "쓸데없는 규제를 폐지하여 … 시장규율이 잘 작동할 수 있게 하는 동시에, 시장규율로는 해결할 수 없는 부분에 대해서는 새로운 규제규율을 확립" 하여야 한다.[52]

4.2.3 정보 비대칭성의 해결

규제규율과 시장규율의 상호 보완성을 촉진하기 위해서는 한 가지 중요한 전제가 충족되어야 한다. 그 전제란 시장규율의 순조로운 작동을 위해 금융시장 내부에 존재하는 정보 비대칭의 문제가 근본적으로 해결 또는 완화되어야 한다는 것이다. 예금주와 금융기관, 대형 금융기관과 소형 금융기관, 은행과 금융감독기구 등 각 개별 경제주체들 사이에 정보가 충분히 공유되지 못하기 때문에 금융시장이 위험에 쉽게 노출된다. 따라서 금융시스템 불안정성 해결의 핵심은 제도적으로 정보유통이 투명하고 원활하게 이루어지도록 하는 데서 찾아야 한다.

금융감독기구에 의한 금융규제감독 이외에도 정보의 비대칭성 문제를 해결 · 완화하는 방안에는 정보우월자가 자신이 보유한 정보를 최대한 노출시키는 신호발송(signaling)의 방식과 정보열등자가 상대방의 정보를 검색하는 선별(screening)의 방식 등이 있다. 금융계약의 체결 이전과 이후에 각각 존재하는 금융기관과 고객 간

52. 정운찬(1997), pp.13～14.

정보 비대칭 문제를 완화하기 위해서는 정보우월자가 잠재적 거래 상대자에게 신호를 원활하게 보낼 수 있어야 하는 것은 물론, 정보열등자도 잠재적 거래 상대자를 제대로 선별할 수 있어야 할 것이다. 여기서 전자를 위해서는 금융시장에서 회계정보의 투명성이, 후자를 위해서는 금융시장에서 신용정보의 원활한 공급이 각각 확보되어야 한다.

우선, 회계정보의 투명성을 위해서는 회계기준 체계의 선진화, 외부감사제도의 전문성과 독립성 제고, 전자공시제도의 활성화, 회계법인의 경쟁력 제고 등이 필요하다. 이와 아울러 회계정보의 적시성과 유용성 등을 감안하여 공시범위와 공시방식의 선택도 중요하다.

다음으로, 시장에서 신용정보가 원활하게 공급되는 데에는 공신력 있는 제3자(신용정보회사)의 역할—차입자 또는 증권 발행자의 신용도와 증권의 위험을 등급이나 평점으로 평가하여 시장에 제공하는 역할—이 필요하다. 신용정보업은 일반적으로 4개 업무—신용조회 · 신용조사 · 신용평가 · 채권추심—로 구성된다. 일반적으로 신용정보회사에는 신용조회 및 신용조사에 특화한 크레딧뷰로(CB : Credit Bureau)회사, 신용평가에 특화한 신용평가회사, 그리고 채권추심에 특화한 채권추심회사의 세 가지 유형이 있다. 각 유형의 신용정보회사가 수행하는 업무의 내용은 [표 15-2]와 같다.

표 15-2 신용정보회사의 주요 업무

구분	업무내용
신용조회업무	개인 및 기업의 연체정보 등 신용불량정보를 수집 · 정리하여 DB화하고 의뢰인의 요청에 따라 신용정보를 제공 신용거래정보, 연체정보 등 다양한 신용정보를 수집하여 신용평점을 산정하고, 이를 의뢰인에게 제공하는 CB(Credit Bureau)업무로 발전하는 추세
신용조사업무	타인의 의뢰를 받아 개인이나 기업의 신용정보 또는 재산상태를 조사하고 이를 의뢰인에게 제공
신용평가업무	기업이 발행한 유가증권의 원리금 상환능력을 평가하고, 그에 맞는 신용등급을 부여
채권추심업무	채권자의 위임을 받아 약정기일 내에 채무를 변제하지 아니한 자에 대한 재산조사, 변제의 촉구 또는 채무자로부터의 변제금 수령을 통해 채권자를 대신해 「상법」상의 상행위로 인한 금전채권을 행사(공공부문 채권과 개인의 채권은 추심대상에서 제외)

자료 : 서유정(2006), p.2.

5. 금융시스템 관련 공공기관

Money & Financial Markets, Ch. Fifteen

우리는 앞서 중앙은행 · 금융감독기구 · 예금보험기구가 각기 고유의 역할을 수행함으로써 금융안전망의 표준적 기능이 제공된다는 점을 학습했다. 그런데 어느 나라에서나 금융부문에 대한 최종 책임은 궁극적으로 정부(일반적으로 재무부)에게[53] 있다. 따라서 정부도 금융부문과 관련된다. 결국 일국의 금융안정을 도모하는 정책당국에는 건전성 규제감독 기능을 수행하는 금융감독기구, 최종대부자 기능을 수행하는 중앙은행, 예금보험 기능을 수행하는 예금보험기구의 3개 전문 공공기관과 일국 금융안정의 최종 책임을 지는 정부(재무부)가 일반적으로 포함된다. 이들 4개 공공기관을 "금융안전망 참여기구(safety-net participants)" 또는 "금융시스템 관련 공공기관(public agencies responsible for the financial system)"이라 부른다.[54] 이는 금융안정이 다면적이어서 나라마다 하나가 아닌 복수의 공공기관이 금융안정을 위해 각기 차별화된 고유 책무와 기능을 나누어 맡게 된다는 사실을 의미한다. 그러므로 이들 사이의 시각차와 이해상충을 합리적으로 조정하는 일은 금융안전망의 효율적 운영에 매우 중요하다. 금융시스템 관련 공공기관 간 협력과 견제가 필요한 이유는 바로 여기에 있다.

---

53. 우리나라의 경우 (협의의) 정부 내에서 금융안정에 관여하는 소관부처는 금융위원회이다. 다만, 정부조직법에 따라 화폐 · 외환 · 국제금융 등을 다루는 기획재정부도 금융안정에 관련된다.

54. 전자는 Financial Stability Forum Working Group on Deposit Insurance(2001b)가, 후자는 Hayward(2000)가 각각 사용한 용어이다. 4개 공공기관의 조직편제는 나라마다 다양하다. 예를 들어, 나라에 따라 중앙은행과 금융감독기구가 분리되어 있기도 하고, 중앙은행이 은행감독(또는 금융감독)을 관장하는 경우도 많다. 또한 예금보험제도가 중앙은행이나 감독기구 또는 재무부에 의해 운영되거나, 아니면 별도의 예금보험기구가 존재하기도 한다. 글로벌 금융위기 이후 그 중요성이 새롭게 인지된 거시건전성 감독기능(또는 거시건전성 정책기능) 및 정리기능도 마찬가지이다. 이들 두 기능은 넓게는 금융감독의 영역에 포함되지만, 각 기능의 조직 편제는 나라마다 다양하게 나타나기 때문이다. 따라서 금융안전망의 이와 같은 표준적 기능들이 각 나라에서 실제로 어떤 조직구조로 편제되어 있는가 하는 것은 별개의 문제이다. 이는 금융안정이 다면적이어서 각 나라마다 하나가 아닌 여러 기구가 금융안정을 위해 각기 차별화된 고유 책무와 기능을 나누어 맡게 된다는 사실을 의미한다. 김홍범(2004)과 Hayward(2000) 참조.

5.1 금융시스템 관련 공공기관 간 협력과 견제의 필요성[55]

앞서 우리는 금융안정을 위한 기능적 측면에서 4개 금융시스템 관련 공공기관을 논리적으로 도출했었다. 이들 공공기관은 차별화된 정책수단을 구사함으로써 주어진 고유의 책무를 달성하고 궁극적으로 금융안정에 기여한다.[56]

구체적으로, 재무장관은 일국의 금융부문에 대한 최종 책임자로서 제·개정 법률안의 국회상정권을 행사하여 금융부문의 법률적 기본 체계를 정립하고, 시스템위기 상황에서는 공적자금을 통한 지원 여부를 결정한다. 중앙은행은 통화정책, 긴급유동성 공급, 지급결제제도의 운영·관리·감시를 통해 전반적인 금융시스템의 안정을 도모한다. 금융감독기구는 개별 금융기관의 설립과 퇴출에 대한 기준(norms)을 제정하여 그 인가와 인가취소 여부를 결정한다. 또한 금융감독기구는 조업 중인 금융기관이 지켜야 할 경영상의 여러 지표와 기준을 제정하고 그 준수 여부를 감시하며, 위반 시에는 제재를 가한다. 엄밀한 의미에서 규제(regulation)는 금융기관의 경영활동과 시장에서의 행위에 직접적으로 영향을 미치고, 감독(supervision)은 금융기관의 실제 경영활동과 행위에 대한 정보를 제공해 준다. 예금보험기구는 예금보험제도와 예금보험기금에 관련된 각종 조치와 수단을 통해 소액 예금자를 보호한다.

이때 중앙은행의 긴급유동성 지원과 예금보험기구의 예금보험은 시장참가자들을 보호하기 위해 제공되는 일종의 보험(insurance)이다. 보험은 자연스럽게 시장참가자들의 도덕적 해이를 부른다. 예를 들어 금융기관이 지나친 위험을 추구하게 된다든가 예금자들이 거래은행에 대한 감시를 소홀히 하게 된다. 개별 금융기관에 대한 금융감독기구의 규제감독이나 지급결제제도에 대한 중앙은행의 감시는 이와 같은 도덕적 해이의 문제에 대처하기 위한 수단에 해당한다.

---

55. 이 절은 김홍범(2002 · 2004)과 김대식 외(2002)에 의존하였다. 이 절 내용의 명확한 이해를 원하는 독자들은 금융시스템 관련 공공기관의 기능 및 책무를 상세히 다룬 제16~17장도 같이 학습하기 바란다.

56. Borio *et al.*(1999) 및 Hayward(2000) 참조.

Box 15-5 우리나라 금융시스템 관련 공공기관의 법률적 고유 책무(설립 목적)

우리나라 금융시스템 관련 공공기관인 재정경제부 · 금융위원회/금융감독원 · 한국은행 · 예금보험공사의 책무 또는 설립 목적은 관련 법률에 다음과 같이 명시되어 있다.

- **기획재정부의 책무**(「정부조직법」 제4장 제27조 제① 항)

"① 기획재정부장관은 중장기 국가발전전략 수립, 경제 · 재정정책의 수립 · 총괄 · 조정, 예산 · 기금의 편성 · 집행 · 성과관리, 화폐 · 외환 · 국고 · 정부회계 · 내국세제 · 관세 · 국제금융, 공공기관 관리, 경제협력 · 국유재산 · 민간투자 및 국가채무에 관한 사무를 관장한다."

- **금융위원회/금융감독원의 책무**(「금융위원회의 설치 등에 관한 법률」 제1장 제1조)

"이 법은 금융위원회와 금융감독원을 설치하여 금융산업의 선진화와 금융시장의 안정을 도모하고 건전한 신용질서와 공정한 금융거래 관행(慣行)을 확립하며 예금자 및 투자자 등 금융 수요자를 보호함으로써 국민경제의 발전에 이바지함을 목적으로 한다."

- **한국은행의 책무**(「한국은행법」 제1장 제1조 제① 항 및 제② 항)

"① 이 법은 한국은행을 설립하고 효율적인 통화신용정책의 수립과 집행을 통하여 물가안정을 도모함으로써 국민경제의 건전한 발전에 이바지함을 목적으로 한다. ② 한국은행은 통화신용정책을 수행할 때에는 금융안정에 유의하여야 한다."

- **예금보험공사의 책무**(「예금자보호법」제1장 제1조 ; 제2장 제1절 제3조)

"이 법은 금융기관이 파산 등의 사유로 예금 등을 지급할 수 없는 상황에 대처하기 위하여 예금보험제도 등을 효율적으로 운영함으로써 예금자 등을 보호하고 금융제도의 안정성을 유지하는 데 이바지함을 목적으로 한다." ; "이 법에 따른 예금보험제도 등을 효율적으로 운영하기 위하여 예금보험공사를 설립한다."

이와 같이 금융시스템 관련 공공기관은 각기 차별화된 고유 책무로 차별화된 자신만의 정책수단을 운용하는 과정에서 일차적으로는 서로 다른 경제주체와 국민경제의 서로 다른 측면에 영향을 준다. 하지만 한 공공기관의 어떤 정책도 이차적으로는 여타 공공기관의 정책효과에 영향을 주며, 궁극적으로는 금융안정에 함의를 갖게 된다. 이는 금융안정이 국민경제의 다양한 측면에 관련되며, 이들 측면은 상호 밀접한 연관성을 갖기 때문이다.

여기서 공공기관마다 추구해야 할 고유 책무가 차별화되어 있고, 이들이 구사하는 고유 정책수단이 차별화되어 있으며, 각 공공기관의 정책이 다른 공공기관의 정책효과에 영향을 준다는 사실은, 이들 공공기관 사이에 협력과 견제가 필요하다는 것을 시사한다.

우선 각 참여기구는 상이한 정책수단의 운용을 통해 각기 차별화된 권한을 행사하고 차별화된 정보를 얻으며, 차별화된 전문성을 축적한다. 금융안전망 참여기구가 모두 금융안정을 궁극적으로 지향한다는 사실을 감안할 때, 이와 같은 권한 · 정보 · 전문지식의 차별성은 곧 보완성(complementarity)을 의미한다.[57] 예를 들어 개별 금융기관의 재무건전성에 관한 정보는 그 금융기관에 대한 감독을 통해 얻어지지만, 예금보험업무나 시장 감시 또는 지급결제제도 감시와 통화정책 집행 등을 통해서도 얻을 수 있다(정보의 보완성). 또한 감독기구와 예금보험기구는 각자의 관할 업무범위와 주어진 권한에 따라 금융기관의 구조조정, 즉 부실금융기관의 정리시기와 방식의 결정에서 영향력을 행사할 수 있다(권한의 보완성). 그리고 시장참가자로서 중앙은행이 보유하는 금융시장 및 금융시스템, 그리고 거시건전성에 관한 광범위한 전문지식은 개별 금융기관에 대한 감독당국의 건전성규제에도 유익하게 활용될 수 있다(전문지식의 보완성). 금융시스템 관련 공공기관들이 서로 협력하고 견제한다면, 이러한 정보 · 권한 · 전문지식의 보완성을 통해 금융안정의 시너지효과를 얻을 수 있다.[58]

나아가, 금융시스템 관련 공공기관 간 고유 책무 및 정책수단의 차별화는 이들 사이에 시각차는 물론 이해상충(conflict of interest)까지도 불러올 수 있다. 이 내용을 좀더 상세히 알아보자.

5.2 금융시스템 관련 공공기관 간 시각차와 이해상충[59]

어느 나라에서나 중앙정부, 특히 재무부(Ministry of Finance)가 그 나라의 금융부문에 대한 최종 책임을 진다.[60] 재무부에게는 장기적 관점에서 금융안정을 유지

57. Borio *et al.*(1999).

58. Borio *et al.*(1999)은 이 시너지효과가 공공기관 간 책무 및 권한의 배분상태에 따라 달라진다고 본다. 책무와 권한이 어떻게 배분되어 있는지에 따라 실현 가능한 관련 공공기관 간 협력과 견제의 정도(extent)가 달라지기 때문이다. 금융안전망 참여기구 사이의 책무 및 권한의 배분이 정보의 공유와 전문지식 및 기능의 조화를 통해 협력 및 견제를 도모하는 방향으로 이루어져 있는지가 금융안정의 달성을 위해 긴요하다. 이러한 견해는 규제지배구조가 금융안정에 중요한 함의를 갖는다는 이 책 제13장과 제16장의 맥락에 부합한다.

59. 이 절은 김대식 외(2002), 김대식 · 이민환(2006), 김홍범(2004), 박재하 · 신용상(2004), Borio *et al.*(2003), Crockett(2003), FSF Working Group on Deposit Insurance(2001a · b · c), Goodhart *et al.*(1998), Hayward(2000), 그리고 White(2006a · b)를 참고하였다.

60. 우리나라에서는 정부부처(중앙행정기관) 중 금융위원회(Financial Service Commission)가 국내금융부문에 대해, 기획재정부(Ministry of Strategy and Finance)가 국제금융부문에 대해 각각 최종 책임을

하는 가운데 효율적 금융시스템을 확립해야 할 책무가 주어진다. 이와 같은 장기적 책무는 금융제도의 전반적 체계의 형성과 발전에 관련되므로, 흔히 각국 재무부는 금융 관련 법률의 제·개정안을 작성하여 국회에 상정하는 권한을 행사한다.

평소 재무부는 금융시스템 관련 여타 전문 공공기관의 일상 업무에는 간여하지 않는 것이 원칙이다. 앞서 제13장에서 살펴본 대로, 민주국가의 정부(재무부)는 시간비일관성의 문제에서 자유롭지 않기 때문이다. 물가안정을 도모하는 중앙은행에게 정부가 운영상의 독립성을 부여함으로써 통화정책의 중장기적 일관성을 보장하듯이, 금융안정을 도모하는 전문 공공기관들에게 정부가 운영상의 독립성을 부여하여 금융안정정책의 중장기적 일관성을 보장할 필요가 있는 것이다. 하지만 재무부가 공공기관의 운영에 일상적으로 개입하지는 않더라도 평소에 금융부문의 동향을 주시할 수는 있어야 한다. 이것은 재무부가 평상시에 여타 공공기관과 멀지도 가깝지도 않은 적정 거리(arm's length)를 유지해야 함을 의미한다.

반면, 위기 시에는 재무부가 여타 공공기관들을 이끌고 위기를 관리하는 것이 원칙이다. 이는 재무부가 금융부문에 대해 최종 책임을 지는 입장이기 때문이기도 하고, 재무부가 공적자금의 제공 여부에 관한 결정을 내려야 하기 때문이기도 하다. 그러므로 중앙은행과 금융감독기구는 시스템 위기의 조짐을 감지한 순간 이를 즉시 재무부에 알려야 한다.[61]

다른 전문 공공기관의 경우는 어떠한가? 이들 기관의 상위목적은 금융안정이지만, 각각의 시각은 자신에게 부과된 하위목적(법률적 책무)에 따라 차별화된다. 그리고 이러한 시각차는 전문 공공기관 사이에 이해상충(conflict of interest)을 종종 초래한다. 예를 들어 문제금융기관에 대해 최종대부자로서 가급적 긴급유동성을 제공하려 하는 중앙은행의 유인과 규제를 가급적 유예하고자 하는 금융감독기

진다. 이와 같이 2개 정부부처가 금융업무를 분장하는 것이나 금융감독당국(금융위원회)이 국내금융업무까지 관장하는 것은 세계적으로 유례를 찾기 어려운 예외에 해당한다. 그러므로 이 절에서는 일반적 상황—일국의 단일 정부부처(대부분의 경우 재무부)가 금융부문을 관장하고 금융감독기구는 금융감독에만 전념하는 상황—을 전제로 설명을 전개하기로 한다.

61. 2007~2009년 글로벌 금융위기 이후 위기의 직격탄을 맞은 미국이나 영국 등의 금융감독 개혁 내용을 보면 위기 이전에 비해 금융안정에 대한 정부의 참여가 제도적으로 강화되었다. 이는 금융위기의 급박한 상황은 넘겼지만 실물경제 및 금융상황이 정상화되려면 앞으로 상당한 기간이 소요될 것이라는 전망이 반영된 결과로 보인다. 이들 각국의 과도기적 상황 속에서 정부와 여타 공공기관 사이의 '적정 거리'는 글로벌 금융위기 이전에 비해 크게 좁혀졌다.

구의 유인은, 그 문제금융기관을 적기에 정리하고자 하는 예금보험기구의 유인과 각각 충돌하기 쉽다. 또한 미시건전성 시각에 기초한 금융감독기구의 경기순응적 정책성향은 거시건전성 시각에 기초한 중앙은행의 경기대응적 정책성향과 충돌하기 쉽다.

이와 같은 맥락을 체계적으로 상세히 정리하면 [표 15-3]과 같다. 이 표의 내용이 시사하는 바는 무엇일까? 금융시스템 관련 공공기관들 공통의 상위목표인 금융안정을 유지하거나 달성하려면, 정부가 행동원칙을 지키는 가운데 각 전문 공공기관이 자신의 하위목표를 추구하면서 생기는 시각차와 이해상충을 기관 간 협력과 견제를 통해 부단히 조정해야 한다는 것이다.

표 15-3 금융안정을 위한 정부의 행동원칙, 전문 공공기관 간 시각차와 이해상충

<table>
<tr><td colspan="2">금융안정을 위한 정부(재무부)의 행동원칙</td><td>■ 평상시 : 정부의 단기시계로 인한 시간비일관성 문제를 해결하기 위해 평소 여타 금융시스템 관련 전문 공공기관에게 운영상 독립성을 허용하고 그에 상응하는 책임성을 부과 ⇒ 금융부문 동향을 평소 예의 주시하되, 여타 공공기관과 멀지도 가깝지도 않은 적정 거리(arm' s length)를 유지함으로써, 이들 공공기관이 중장기 시계 하에 정책일관성을 유지하도록 보장할 필요
■ 위기 시: 궁극적으로 일국 금융부문의 최종 책임을 지는 주체는 정부이므로, 위기 시 재무부는 여타 공공기관을 지휘하는 사령탑 역할을 수행하면서 공적자금 관련 결정을 관장할 필요</td></tr>
<tr><td rowspan="3">전문 공공기관 간 시각차</td><td>(통합) 금융 감독 기구</td><td>■ 미시건전성 시각 ⇒ 미시건전성 감독(개별 금융기관의 건전성 감독)
■ 거시건전성 시각 ⇒ 거시건전성 감독(금융시스템의 건전성 감독)
■ 소비자 보호 시각 ⇒ 영업행위 감독(자본시장규제 · 회계감독 · 소비자 보호)
* 본래 미시기구인 금융감독당국은 미시건전성에 주된 초점을 맞춰 감독 수행</td></tr>
<tr><td>(순수) 중앙 은행</td><td>■ 물가안정당국의 시각 ⇒ 통화정책 · 금융안정정책 간 조화
■ 금융안정당국의 시각 ⇒ 최종대부자 기능과 지급결제제도의 운영자 · 관리자 · 감시자 기능의 수행
* 본래 거시기구인 중앙은행은 거시건전성에 주된 초점을 맞춰 물가안정 및 금융안정을 도모</td></tr>
<tr><td>예금 보험 기구</td><td>■ 기금손실 최소화(최소비용)의 시각 ⇒ 예금대지급을 넘어서는 광범한 책무를 가진 예금보험기구는 기금손실 최소화 원칙을 위해 평소 위험관리 활동을 수행함으로써 개별 부보금융기관이 예금보험기금에 제기하는 위험요인을 관리</td></tr>
</table>

전문 공공기관 간 이해상충	■ 중앙은행과 예금보험기구 사이의 이해상충 가능성 – 거시건전성 시각을 가진 최종대부자로서의 중앙은행은 양질 담보를 확보하는 한(심지어 적격담보의 범위를 넓혀서라도) 문제금융기관에 대한 비상유동성을 지원하려는 유인을 보유 – 한편, 기금손실 최소화를 도모하는 예금보험기구는 문제금융기관의 적기처리 유인을 보유 – 유동성 지원을 위한 적절한 조건과 감시가 따르지 않는다면, 기사회생을 위한 문제금융기관의 고위험투자를 부추겨 중앙은행의 최종대부자 지원이 오히려 문제금융기관의 부실을 키울 수 있음 – 이는 결과적으로 예금보험기금의 손실과 납세자 부담으로 귀결될 것임
	■ 금융감독기구와 예금보험기구 사이의 이해상충 가능성 – 금융감독기구는 피감 금융기관의 지급능력에 문제가 있어도 이를 공식화하지 않으려는 성향이 있음 ⇒ 이는 금융감독기구가 규제유예(regulatory forbearance)의 유인을 보유한다는 것을 의미하며, 그 배경에는 문제금융기관 도산에 대한 책임의 회피, 거시건전성 시각에서 금융시스템 불안정에 대한 우려, 정치권이나 산업에 의한 포획 등 다양한 요인이 작용 – 한편, 기금손실 최소화를 도모하는 예금보험기구는 문제금융기관의 적기처리 유인을 보유 – 금융감독기구의 규제유예는 기사회생을 위한 문제금융기관의 고위험투자를 부추겨 부실을 키울 수 있음 – 이는 결과적으로 예금보험기금의 손실과 납세자 부담으로 귀결될 것임
	■ 중앙은행과 금융감독기구 사이의 이해상충 가능성 – 중앙은행은 거시건전성 시각에 익숙하므로 통화정책 및 금융안정정책을 경기대응적으로 수행하려는 성향을 보유 – 한편, 금융감독기구는 거시건전성 시각보다는 미시건전성 시각에 좀 더 익숙하므로 감독정책을 경기순응적으로 수행하려는 성향을 보유

자료: 김대식 외(2002), 김대식 · 이민환(2006), 김홍범(2004), 박재하 · 신용상(2004), Borio *et al.*(2003), Crockett(2003), FSF Working Group on Deposit Insurance(2001a · b · c), Goodhart *et al.*(1998), Hayward(2000), 그리고 White(2006a · b).

연습문제

01. 다음은 오늘의 글로벌 금융위기를 상상하기 어려웠던 1984년, 경제학자 토빈(J. Tobin)이 쓴 글의 한 문단이다(Tobin 1984). 글로벌 금융위기를 겪고 디지털 화폐 등 핀테크가 금융을 변화시키는 요즈음, 여러분은 그의 언급에 동의하는가? 아니면 동의하지 않는가? 이유를 밝혀 자신의 견해를 제시하시오.

* 참고사항: 다음 인용문에서 '농본주의에 근거를 둔 불편한 느낌'은 원문의 'an uneasy Physiocratic suspicion'을 직역한 표현이다. 이를 좀 더 자연스럽게 표현하면 '실물활동이 부의 원천이라는 생각에 근거를 둔 불편한 느낌' 정도가 되겠다.

"학자에게는 아마 어울리지 않을지도 모르지만, 실은 나는 농본주의에 근거를 둔 불편한 느낌을* 갖고 있다. 우수한 젊은이들을 포함하여 우리가 가진 자원의 점점 더 많은 부분을 재화 및 서비스 생산과는 거리가 먼 금융활동으로, 다시 말해 사회적 생산성과는 비례하지 않는 수준의 높은 보상을 가져다주는 활동으로 우수한 젊은이들을 내모는 것이 아닌가 하는 느낌 말이다. 나는 컴퓨터의 엄청난 위력이 이런 '증서경제(paper economy)'를 위해 이용되고 있다고 생각한다. 좀 더 절약적으로 거래할 수 있도록 하기 위해 컴퓨터가 이용되는 것이 아니라, 금융거래의 수량 및 종류를 부풀리기 위해 이용되고 있다. 고도의 기술이 지금껏 경제 전반의 생산성 면에서 실망스런 결과를 가져온 것은 아마도 이런 이유 때문일 것이다. 케인즈가 오래 전 깨달았듯이, 금융수단이 갖는 유동성 및 양도가능성(negotiability)의 이점을 누리는 대가로 우리가 극단적 투기의 촉진—이런 일은 근시안적이고 비효율적이다—이라는 비용을 치르는 것이 아닐까 우려된다."

02. 최근 세계 금융의 변화를 글로벌 금융위기 이전과 이후로 나누어 특징적으로 요약한 후, 이것이 금융의 효율과 안정에 어떤 함의를 갖는지 설명하시오.

03. 다음의 글을 읽고 물음에 답하시오.

"금융시스템이 건전한 상태를 유지하다가 갑작스레 금융안정이 깨어지는 일이란 별로 없다. 금융불안정이 실제로 발생한다면, 그것은 잠재적 위협요인이나 불균형이 상당 기간 누적되어 오다가 발생하는 것일 확률이 높다."

여러분은 이런 주장에 찬성하는가? 찬성하거나 반대하는 이유를 선험적으로 설명하시오.

04. 금융안전망을 구성하는 표준적 기능에는 무엇이 있는가? 이들 각 기능은 왜 도덕적 해이로부터 자유롭지 못한가? 그와 같은 도덕적 해이를 줄이기 위한 방법에는 무엇이 있는가?

05. 다음 언급에 대한 여러분들의 생각은 어떠한가? 자신의 입장을 밝힌 후 그 입장을 정당화하시오.

"어느 나라에서나 정부는 금융부문의 최종 책임을 지게 되어 있다. 그렇다면 정부가 비상시는 물론이고 평소에도 중앙은행, 금융감독기구, 예금보험기구와 같은 공공기관들을 실질적으로 통제할 수 있어야 할 것이다. 정부가 책임을 지기 위해서는 당연히 그래야 할 것이다. 따라서 평상시 금융안전망의 운행에서 정부가 다른 공공기관과 적정 거리를 두어야 한다는 시각은 편향적이다."

06. "물가안정은 금융안정의 필요조건이지만 충분조건은 아니다." 여러분은 이 견해에 동의하는가? 동의하거나 동의하지 않는 이유는 무엇인가?

참고문헌

금융감독원, 『금융감독개론』, 2016. 12.

금융감독원 인력개발실, 『금융감독실무개론』, 개정판, 2006.

김대식 · 김경수 · 김홍범 · 이석원, 『예금보험제도 발전방안』, 예금보험공사 외주 용역보고서, 한국금융학회, 2002. 12.

김대식 · 이민환, 「효율적 금융안전망 구축을 위한 예금보험공사의 역할과 과제」, 한국은행 · KDI · 한국금융학회 주최 2006년 춘계 금융정책 심포지엄 발표논문, 2006. 3. 24, pp.127～170.

김홍범, 『금융감독, 이대론 안 된다』, 도서출판 두남, 2002. 5.

_____, 『한국 금융감독의 정치경제학』, 지식산업사, 2004. 6.

박재하 · 신용상, 『경기순환에 대응한 감독방안』, 금융감독원 외주 연구용역보고서, 한국금융연구원, 2004. 12.

서유정, 「신용정보회사 현황과 발전과제」, 한국은행 금융안정분석국, 업무참고자료 2006-1, 2006. 3.

정운찬, 「한국 중앙은행제도 개편에 관하여」, 『한국행정연구』, 제6권 제2호, 1997. 8, pp.1～18.

한국은행, 『금융안정보고서』, 2004. 10.

______, 『우리나라의 금융시장』, 2009. 12.

______, 『금융안정보고서』, 2012. 4.

______, 『금융안정보고서』, 2017. 12.

Bank for International Settlements, *BIS 79th Annual Report 2008/09*, June 29, 2009.

Basel Committee for Banking Supervision, "Principles for Sound Stress Testing Practices and Supervision," Bank for International Settlements, May 2009.

BlackRock, Inc., "Understanding ABCP : A Primer," 2011.

Borio, Claudio, Mathias Drehmann, and Kostas Tsatsaronis, "Stress-testing Macro Stress Testing : Does It Live Up To Expectations?," BIS Working Papers No. 369, January 2012.

Borio, Claudio, Thorvald G. Moe, Masao Okawa, and Joao A. C. Santos, "Central Bank Involvement in Safeguarding Financial Stability : Facts and Some Outstanding Issues," Background document for an ad hoc meeting of central banks held on February 9～10, 1999 at the Bank for International Settlements, June 1999.

Borio, Claudio, William English, and Andrew Filardo, "A Tale of Two Perspectives : Old or New Challenges for Monetary Policy?," BIS Working Paper, No. 127, Bank for International Settlements, February 2003.

Bruni, Franco, "Financial Stability, Regulation, Supervision, and Modern Central Banking," in Santomero, Anthony M., Staffan Viotti and Anders Vredin, eds., *Challenges for Central Banking*, Kluwer Academic Publishers, 2001, pp.19～37.

Caprio, Gerard Jr., and Daniela Klingebiel, "Episodes of Systemic and Borderline Financial Crises," Unpublished manuscript, World Bank, October 1999.

Clement, Piet, "The Term "Macroprudential" : Origins and Evolution," *BIS Quarterly Review*, Bank for International Settlements, March 2010, pp.59～67.

Committee on the Global Financial System, "Macroprudential Instruments and Frameworks : A Stocktaking of Issues and Experiences," CGFS Papers, No. 38, The Bank for International Settlements, May 2010.

Crockett, Andrew, "Why Is Financial Stability a Goal of Public Policy?," *Economic Review*, Federal Reserve Bank of Kansas City, 4th Quarter, 1997, pp.5~22.

________________, "Central Banking under Test?," Speech for the BIS Conference on *Monetary Stability, Financial Stability, and the Business Cycle*, Basel, Switzerland, March 28, 2003.

Financial Services Authority, *The Turner Review: A Regulatory Response to the Global Banking Crisis*, March 2009.

Financial Stability Forum, "Guidance for Developing Effective Deposit Insurance Systems," www.fsforum.org, September 2001.

Financial Stability Forum Working Group on Deposit Insurance, "Structure and Organization," *Guidance for Developing Effective Deposit Insurance Systems: Background Documents*, Volume Ⅱ, www.iadi.org, September 2001a, pp.76~85.

____, "Interrelationships," *Guidance for Developing Effective Deposit Insurance Systems: Background Documents*, Volume Ⅱ, www.iadi.org, September 2001b, pp.93~98.

____, "Powers," *Guidance for Developing Effective Deposit Insurance Systems: Background Documents*, Volume Ⅱ, www.iadi.org, September 2001c, pp.99~106.

Goodhart, Charles A. E., *The Regulatory Response to the Financial Crisis*, Edward Elgar, Cheltenham and Northhampton, 2009.

Goodhart, Charles A. E., Philipp Hartman, David Llewellyn, Liliana Rojas Suarez, and Steven Weisbrod, *Financial Regulation: Why, How and Where now?*, Routledge, 1998.

Greenspan, Alan, "Do Efficient Markets Mitigate Financial Crises?," Speech delivered before the 1999 Financial Markets Conference of the Federal Reserve Bank of Atlanta, Sea Island, Georgia, October 19, 1999.

Group of Ten, "Report on Consolidation in the Financial Sector," www.bis.org/publ/gten05.pdf, January 2001.

Hayward, Peter, "The Financial Sector—The Responsibilities of the Public Agencies," The Monetary and Exchange Affairs Department Operational Paper, MAE OP/00/XX, International Monetary Fund, October 2000.

Healey, Juliette, "Financial Stability and Central Banks: International Evidence," in Bank of England, *Financial Stability and Central Banks: A Global Perspective*, Central Bank Governors' Series, Routledge, 2001, Chapter 2, pp.19~78.

Houben, Aerdt, Jan Kakes, and Garry Schinasi, "Toward a Framework for Safeguarding Financial Stability," IMF Working Paper, No. 101, International Monetary Fund, June 2004.

International Association of Deposit Insurers, "General Guidance on Early Detection and Timely Intervention for Deposit Insurance Systems," Research and Guidance Committee, June 2013.

______________________________, "IADI Core Principles for Effective Deposit Insurance Systems," November 2014.

International Monetary Fund, "Financial Soundness Indicators: Concepts and Definitions," http://fsi.imf.org, date of search: April 29, 2012.

____________________, "Modifications to the Current List of Financial Soundness Indicators," November 13, 2013.

____________________, "Financial Soundness Indicators and the IMF," www.imf.org, last updated: November 2015.

International Monetary Fund, Bank for International Settlements, and Financial Stability Board, "Guidance to Assess the Systemic Importance of Financial Institutions, Markets and Instruments: Initial Considerations," Report to the G-20 Finance Ministers and Central Bank Governors, October 2009.

____

__________________, "Macroprudential Policy Tools and Frameworks," Progress Report to G-20, October 27, 2011.

Kane, Edward J., "Financial Safety Nets: Reconstructing and Modelling a Policymaking Metaphor," NBER Working Paper No.8224, National

Bureau of Economic Research, April 2001.

Kose, M. Ayhan, Eswar Prasad, Kenneth Rogoff, and Shang-Jin Wei, "Financial Globalization: Beyond the Blame Game," *Finance and Development*, Vol. 44, No. 1, March 2007.

Lund, Susan, Eckart Windhagen, James Manyika, Philipp Härle, Jonathan Woetzel, Diana Goldstein, "The New Dynamics of Financial Globalization," McKinsey Global Institute, McKinsey&Company, August 2017.

Lund, Susan, Toos Daruvala, Richard Dobbs, Philipp Härle, Ju-Hon Kwek, Ricardo Falcón, "Financial Globalization: Retreat or Reset?," McKinsey Global Institute, McKinsey&Company, March 2013.

Milgrom, Paul, and John Roberts, *Economics, Organization and Management*, Prentice-Hall International, Inc., 1992.

Mishkin, Frederic S., *The Economics of Money, Banking, and Financial Markets*, 7th ed., Pearson Education International, 2004.

Palley, Thomas I., "Financialization: What Is It and Why It Matters," Working Paper No. 525, The Levy Economics Institute, December 2007.

Roxburgh, Charles, Susan Lund, John Piotrowsky, *Mapping Global Financial Markets 2011*, Updated research, McKinsey Global Institute, August 2011.

Schinasi, Garry J., *Safeguarding Financial Stability: Theory and Practice*, International Monetary Fund, 2005.

Tobin, James, "On the Efficiency of the Financial System," *Lloyds Bank Review*, 1984, pp.1～15.

Turner, Adair, "After the Crises: Assessing the Costs and Benefits of Financial Liberalization," The 14th Chintaman Deshmukh Memorial Lecture, Reserve Bank of India, February 15, 2010.

White, William R., "Procyclicality in the Financial System: Do We Need a New Macrofinancial Stablization Framework?," Working Paper, No. 193, Bank for International Settlements, January 2006a.

________________, "Is Price Stability Enough?," Working Paper, No. 205, Bank for International Settlements, April 2006b.

Wikipedia, "Structured Investment Vehicle," www.wikipedia.org, date of search : December 25, 2017.

CHAPTER 16

금융시스템 관련 공공기관 (I)

Money & Financial Markets, Ch. Sixteen, pp.827~922

1. 금융감독의 필요성
2. 금융안정과 금융감독
3. 금융감독기구의 금융규제
4. 금융감독기구의 독립성과 책임성
5. 우리나라의 금융감독체계

어느 나라에서나 은행을 비롯한 금융기관과 금융시장은 금융시스템 관련 공공기관의 직 · 간접적 규제와 감독을 받는다. 우리나라에서는 금융위원회 · 금융감독원, 한국은행, 예금보험공사, 기획재정부가 그와 같은 공공기관에 해당한다. 이들은 각기 고유의 차별화된 책무와 역할을 통해 궁극적으로 금융안정을 도모한다.

우선, 우리나라의 금융감독기구는 금융위원회와 금융감독원으로 구성된다. 금융위원회(금융위)는 「정부조직법」에 따라 국무총리 소속으로 설치된 중앙행정기관으로 금융정책, 외국환업무 취급기관의 건전성 감독, 그리고 금융감독을 관장하며, 이러한 소관 업무에 관련된 법률 제 · 개정권을 갖는다. 금융위원회의 전신은 금융감독위원회로서 은행 · 증권 · 보험 등 모든 권역의 금융기관 및 시장을 감독하는 통합금융감독기구였다. 이후 2008년 2월 금융부처 개편에 따라 과거 재정경제부(현 기획재정부)가 관장하던 금융정책업무를 이관받아 현재의 금융위원회로 확대 개편되었다. 그러므로 우리나라 금융위원회는 통합감독당국이자 금융정책당국이며, 금융감독원(금감원)은 금융위원회의 지시를 받아 금융감독 업무 등을 집행하는 공적 민간기구(무자본 특수법인)이다. 금융위원회와 금융감독원은 각기 별도의 기구로서 우리나라에서는 금융감독당국이 조직편제상 이원화되어 있다.

우리나라의 중앙은행인 한국은행은 다른 나라의 중앙은행과 마찬가지로 물가안정과 금융안정의 양대 책무를 수행한다. 우리나라의 예금보험기구는 예금보험공사로서 그 부보대상에는 은행, 투자매매업자, 투자중개업자, 보험회사, 종합금융회사, 상호저축은행 등이 포함되며, 금융위원회로부터 예 · 결산 승인과 업무지도, 감독과 명령을 받게 되어 있다.

금융정책업무와 금융 관련 법률 제 · 개정권이 2008년 2월 금융위원회로 이관되면서 기획재정부의 금융 관련 기능이 과거에 비해 축소된 것은 사실이다. 하지만 기획재정부가 맡고 있는 경제 · 재정정책의 수립 · 총괄 · 조정 기능은 금융시스템 관련 여타 공공기관과의 협력 및 조정을 필요로 하며, 화폐 · 외환 · 국고 · 국제금융과 같은 일부 금융 (관련) 업무는 기획재정부의 소관이다. 그러므로 기획재정부도 금융시스템 관련 공공기관에 포함된다.

어느 나라에서나 정부는 금융부문에 대한 최종 책임을 진다.[1] 평상시에 정부는

1. 이런 맥락에서 보면, 우리나라에서는 정부조직인 금융위원회와 기획재정부가 금융부문에 대해 최종 책임을 진다. 그런데 금융위원회는 현재 금융감독당국인 동시에 금융정책당국이어서 두 책무 사이에 이

금융의 동향을 주시하되 금융시스템 관련 공공기관들과 어느 정도의 거리(arm's length)를 유지하는 것이 원칙이다. 그래야 여타 전문 공공기관이 정치적 영향력으로부터 자유로운 상태에서 각기 고유의 전문적 역할을 수행할 수 있기 때문이다. 반면 시스템위기(systemic crisis)와 같은 비상시에는 정부—우리나라의 경우 국내금융을 관장하는 금융위원회와 국제금융을 관장하는 기획재정부—가 주도적 역할을 수행하게 된다.

이 장과 다음 장에서는 금융안정을 추구하는 전문 공공기관의 업무와 그 역할에 관한 이론 및 실제를 검토한다. 이 장에서는 우선 금융에 대한 규제 및 감독이 왜 필요한지, 규제감독에는 어떤 접근방식이 있는지를 학습하기로 한다. 다음으로, 우리나라의 현행 금융위원회와 같이 모든 유형의 금융기관과 시장에 대한 감독을 통합 관장하는 금융감독기구를 상정한 후 이 금융감독기구가 어떻게 금융을 규제감독하는지, 금융감독기구의 독립성과 책임성은 왜 필요하고 중요한지, 그리고 우리나라 금융감독의 역사와 현행 금융감독체계는 어떠한지 등에 대해 알아보기로 한다. 제17장에서는 중앙은행과 예금보험기구의 금융안정 역할을 각각 탐구하게 될 것이다.

1. 금융감독의 필요성[2]

지금까지 살펴본 대로 정책당국은 금융불안정의 징후를 미리 파악하려고 평소 노력하며, 필요한 경우에는 적절한 개입 조치를 취한다. 이때 '개입'이란 유사시 시장의 상황을 안정화하기 위한 정책당국의 물리적 조치만을 가리키는 것은 아니다. 그보다는 시장상황을 바람직한 상태로 유지하기 위해 정책당국이 평소 기울이는 모든 형태의 정책적 노력도 포괄한다. 이와 같이 정책당국에 의한 '개입'을 폭넓게 해석하면, 정책당국에 의한 금융 개입은 곧 금융에 대한 규제 및 감독(financial

해상충이 우려된다. 게다가 금융감독당국에게는 한국은행과 유사한 수준의 운영상의 독립성이 요구된다. 이러한 이유 등으로 금융감독당국에게는 금융감독의 책무만 부과되는 것이 합당하다. 여기에 대해서는 이 장의 제4절과 5절을 참조하기 바란다.

2. 이 절은 Riksbank(2005)와 Goodhart(1989)에 의존하였다.

regulation and supervision)을 의미한다.[3] 그런데 정책당국에 의한 규제 및 감독은 왜 필요한 것일까? 한마디로 금융시장이 완전하지 못하기 때문이다. 만약 시장이 스스로 적재적소에 자금을 배분하고 시장참여자들의 의사결정을 효율적으로 조정할 수 있을 정도로 완전하다면, 제3자에 의한 규제와 감독은 불필요하고 오히려 규제와 감독이 시장의 효율적 작동을 방해할 수도 있을 것이다. 결국 금융시장이 다른 시장보다 규제와 감독을 더 많이 받는다는 것은 금융시장이 다른 시장에 비해 더 불완전하며 외부 충격에 쉽게 노출될 수 있기 때문이다. 이는 곧 금융시장이 다른 시장에 비해 시장실패에 더 취약하다는 것을 의미한다.

금융시장의 실패를 초래하는 일반적 요인으로는 정보의 비대칭성, 외부효과, 그리고 자연독점 등을 꼽을 수 있다. 금융감독은 바로 이와 같은 시장실패의 여러 원천을 시정 또는 완화하기 위해 필요하다.[4] 이 밖에 국민경제의 특정 목표를 달성하기 위해 또는 소비자의 행태적 비합리성을 감안하여 금융감독이 이용될 수도 있다. 이러한 여러 요인에 대해 차례로 알아보기로 한다.

1.1 정보의 비대칭성

우리는 앞서 제8장에서 정보의 불완전성이 금융의 존재 이유가 되며, 특히 금융기관은 자금의 공급자와 수요자 사이에 존재하는 정보의 비대칭성 문제를 어느 정도 개선해 줌을 살펴보았다. 그러나 금융기관이 존재한다고 해서 정보의 비대칭성 문제가 완전히 해결되는 것은 아니다. 금융기관이 존재하는 상황에서도 비록 그 정도는 완화되었을지언정 불완전 정보 또는 정보 비대칭성의 문제가 여러 단계에서

3. 엄밀히 말하여, 금융규제와 금융감독의 의미는 서로 구분된다. 금융규제란 사전적으로 금융기관이 지켜야 할 규칙을 제시하는 것이고, 금융감독이란 사후적으로 금융기관이 이를 잘 지켰는지 그 경영상태에 대한 정보를 감시·확인하여 잘못된 점이 있을 때 처벌·시정하는 것이다. 따라서 규제는 사전적 의미이고, 감독은 사후적 의미이다. 그러나 문헌에서는 금융규제와 금융감독을 따로 구분하지 않고 각기 금융규제감독과 동일하게 넓은 의미로 혼용하는 것이 일반적이다. 이러한 관행에 따라 이 책에서도 금융규제, 금융감독, 금융규제감독을 모두 동의어로 간주하고 '금융감독' 용어를 주로 사용하되, 경우에 따라서는 '금융규제'나 '금융규제감독'도 혼용하기로 한다. 다만 예외적으로(예를 들어 이 장의 제3절) '금융규제'와 '금융감독' 및 '금융규제감독' 간 용어의 구분이 필요한 경우에는 당해 용어의 의미를 그때그때 명시적으로 밝히기로 하겠다.

4. 그러나 시장실패가 존재한다고 해서 반드시 금융감독이 정당화되는 것은 아니다. 여기에 대해서는 〈Box 16-3〉을 참고하기 바란다.

발생한다.

금융기관이 기업에 돈을 빌려줄 때 금융기관과 기업 사이에 기업의 채무상환능력에 대한 정보의 비대칭성이 존재할 뿐만 아니라, 금융기관에 자금을 예치한 예금주와 금융기관 사이에도 정보의 비대칭성이 존재한다. 우리는 가끔 뉴스에서 유사금융회사들이 서울 강남에 번듯한 사무실을 차려놓고 고수익을 보장한다고 사람들을 유혹해서 거액의 자금을 모은 다음 그 돈을 떼어먹는 사례들을 접하곤 한다. 이러한 일들이 일어나는 근본적 원인은 사람들이 그 금융회사의 신용 정도를 잘 알지 못하기 때문이다. 그런데 문제는 이런 일이 자주, 그리고 널리 일어나면 사람들은 금융기관 전반에 대해 불신감을 갖게 된다는 것이다. 그렇게 되면 결국 금융시장이 붕괴되는 상황이 발생할 수도 있다.

금융규제는 정보의 비대칭성 문제를 제거 또는 완화하기 위해 정부가 금융행위에 부과하는 사전적 규칙이다. 금융감독기구는 개별 금융기관이 건전한지에 대한 정보를 수집한다. 즉, 금융기관이 건전하게 운용되도록 설립에서부터 자산운용 등에 이르기까지 세세한 규칙을 세워 전 과정을 지도하고 감시한다.

사실 금융뿐만 아니라 다른 전문서비스 시장에서도 정보의 비대칭성 문제는 똑같이 발생할 수 있다. 중고자동차를 구입할 때나 의사들로부터 의료서비스를 받을 때 일반인들은 재화와 서비스의 품질에 대한 정확한 정보를 알기 힘들다. 소비자들로서는 전문지식을 요하는 서비스에 대해서 쉽게 구매결정을 내리지 못하는 경우가 많다. 이러한 정보의 비대칭성 문제는 서비스의 구입 전에 품질을 조사하는 문제와 구입 후 그 서비스의 품질을 믿을 수 있는지에 관한 문제로 나뉜다.

서비스의 구입 전에 품질을 조사하는 문제부터 살펴보자. 금융서비스, 즉 금융상품의 품질은 금융기관의 건전성에 의해 좌우된다. 은행에 예금했을 때 원리금과 이자를 약정대로 돌려받을 수 있는 확률은, 그 은행이 보유하고 있는 자산인 대출채권의 건전성에 의해 결정된다. 만약 은행이 부실기업에 대출을 해 부실채권을 많이 떠안고 있다면 예금주들은 매우 불안할 것이다. 따라서 예금주들은 은행의 건전성에 대한 정확한 정보를 얻고 싶어한다. 그러나 이러한 정보를 예금주 스스로 알아내는 데에는 엄청난 비용이 든다.

이와 같이 일반적인 예금주는 금융기관이 갖고 있는 투자안의 질을 정확하게 판단하기 어렵다. 따라서 이들은 투자안의 질을 평균적인 것으로 평가할 수밖에 없다. 모든 투자안의 질이 평균적인 것으로 평가되면, 평균 이하의 품질을 제공하는 금융서비스 제공자는 이익을 보고 평균 이상의 품질을 제공하는 자는 손실을 입는다. 따라서 시장에서는 평균 이하의 품질, 즉 지나치게 위험한 투자안만 거래되는 역선택(adverse selection) 문제와 감당하기 어려운 과도한 위험을 추구하고자 하는 금융기관의 도덕적 해이(moral hazard) 문제가 발생한다. 이러한 과정이 반복되면 결국 시장을 통한 거래는 이루어지지 않게 된다. 이와 같이 정보의 비대칭성이 존재할 때에는 시장 자체가 아예 형성되지 않을 수 있으므로, 정부가 정보의 비대칭성을 제거 또는 완화하기 위한 규제를 행하게 된다.

서비스를 구입한 이후에도 소비자는 그 품질에 대해 정확하게 평가하기가 어렵다. 의료서비스를 제공받은 사람은 병이 완치된 후 그것이 의사의 정확한 진단과 처방 때문인지 아니면 집에서 편히 쉬었기 때문인지 판별하기 힘들다. 마찬가지로 금융서비스의 경우에도, 예컨대 높은 수익률이 서비스의 품질에 의한 것인지 아니면 경제여건의 변화에 따른 운에 의한 것인지를 판별하기 어렵다. 따라서 소비자들은 최소한의 품질이 보증된 서비스를 원하게 된다. 이것은 발생 가능한 손실에 대한 예방책으로서 정부의 금융감독을 정당화시키는 근거가 된다.

금융서비스 구입 후 제공된 서비스가 적절한가를 평가하는 것도 정보의 비대칭성과 관련된 중요한 문제이다. 의료서비스를 받은 환자는 의사가 청구한 비용에 대해 실제로 처방한 것에 대한 비용을 청구한 것인지 아니면 부당하게 많은 비용이 청구된 것인지 점검할 수 있는 전문적인 지식을 가지고 있지 못하다. 금융서비스의 경우에도 이와 유사하게 신용의 문제가 발생한다. 금융기관의 서비스가 애초의 투자안 대로 이루어졌는지, 소비자에게 돌아온 투자이익이 제대로 계산된 것인지를 소비자의 입장에서 점검하기 힘들다. 이러한 신용의 문제는 서비스의 제공자로서 정보우월자인 금융기관과 정보열등자인 소비자 간의 상호 신뢰가 뒷받침되어야만 해결될 수 있다. 그러나 현실적으로 이러한 신뢰기반은 정보우월자인 금융기관에 의해 붕괴되기 쉽다. 즉, 금융기관은 소비자를 속일 수 있는 능력이 있고 또 이를 이용하여 자신의 이윤을 높일 수 있기 때문이다. 따라서 소비자를 보호하기 위한 규제의 필요성이 대두된다.

금융소비자의[5] 보호는 중요한 문제이다. 왜냐하면 개별 소비자에게 금융서비

---

5. 이 책에서는 '소비자'와 '금융소비자'를 동일한 의미로 혼용하기로 한다.

스는 일상생활의 필수재일 뿐만 아니라 연금저축이나 주택담보대출과 같은 금융상품은 개별 고객의 생애소득 중 커다란 비중을 차지하는 거액이기 때문이다. 또한 연금저축이나 생명보험과 같은 장기금융상품의 경우, 금융기관보다 전문성이 떨어지는 개별 소비자가 그 상품의 질과 금융기관의 성과 및 신뢰성을 제대로 감시 · 평가하기란 그리 쉽지 않다. 게다가 소비자가 일단 장기상품을 구입하고 나면 세금이나 수수료 면에서 이미 부과된 여러 조건으로 인해 계약을 해지하기도 곤란해진다. 이러한 동결효과(lock-in effects) 때문에 소비자의 행동반경은 더욱 제약된다. 이 모든 상황은 소비자가 보호되어야 할 필요가 있음을 시사한다.[6]

또한 금융시장에서는 정보의 비대칭성을 이용해 금융기관과 직접적으로 관련 있는 소수의 이해관계자가 정보를 독점하거나 전용함으로써 문제가 발생할 수도 있다. 정보의 우월성을 이용한 내부자 거래가 그 대표적인 경우이다. 금융기관이 정보를 독점하고 있는 소수 내부관계자의 이해관계에 따라 운영될 경우 일반 고객의 이해와는 상반된 방향으로 움직일 수 있다. 예를 들어 어떤 은행이 수익성은 무시한 채 특정 대기업에 돈을 무리하게 빌려주어 대규모 부실을 일으킬 수가 있다. 이는 금융질서 전반에 걸쳐 큰 문제를 발생시킨다. 따라서 이러한 문제를 방지하기 위해 인사권 제한이나 주식보유한도 규제, 내부거래 금지와 같은 정부의 규제가 필요하게 된다.

Box 16-1 소비자 보호를 강화할수록 좋은 일일까?

소비자 보호를 위해 금융감독이 필요하다면, 어떤 소비자를 어느 정도로 보호해야 할 것인가. 이 문제는 그리 간단하지 않다. 왜 그런가?

우선 소비자 보호가 취약하면, 정보 비대칭의 문제로 인해 소비자는 복잡한 금융서비스를 가급적 회피하려 할 것이므로 비효율이 발생한다. 그렇다고 해서 소비자 보호가 과도하면, 금융기관의 입장에서는 금융서비스의 생산비가 늘게 되어 서비스 공급을 줄이게 되고 극단적으로는 공급이 시장에서 사라지게 된다. 이것 또한 비효율을 초래한다. 게다가 지나친 보호를 받는 소비자는 그 서비스를 제공하는 금융기관에 대한 감시와 평가를 게을리하게 된다. 이와 같은 소비자의 도덕적 해이는 효율과 안정을 모두 손상시킨다. 그러므로 소비자 보호는 적당한 정도에서 균형을 유지해야 바람직하다.

소비자 보호의 바람직한 정도는 상품에 따라 다르다. 예를 들어, 많은 사람들이 주식투자에서는 어느 정

6. Riksbank(2005) 참조.

도 손해를 각오하지만 은행예금을 잃을 마음의 준비는 그만큼 되어 있지 않다. 또한 소비자의 유형에 따라 바람직한 보호의 정도가 달라진다. 예를 들어 소매시장의 비전문고객은 소비자 보호의 주된 대상이지만 전문성과 지식을 갖춘 도매시장의 전문고객을 똑같이 보호해 줄 필요는 없다.

정책당국이 소매고객을 보호하기 위한 규제를 도매고객에게도 확대하여 적용한다고 가정해 보자. 예를 들어 증권회사가 소매시장의 일반 소비자(비전문고객)를 상대할 때와 똑같은 규제를 도매시장의 다른 증권회사(전문고객)를 상대할 때에도 적용한다면, 그 증권회사는 수지타산이 맞지 않아 결국 영업을 중단하게 될 것이다. 이와 같이 소비자 보호 규제가 지나치면 시장 자체가 위축되거나 사라지는 등 비생산적인 결과가 초래될 수 있다. 그러므로 증권회사는 소매고객과 거래하는지 아니면 도매시장에서 여타 증권회사와 거래하는지에 따라 상이한 룰을 적용받는 것이 보통이다.

자료 : Riksbank(2005).

1.2 금융업의 내재적 불안정성, 외부효과, 그리고 시스템위기

금융업, 특히 상업은행업은 본래 불안정하다. 상업은행의 부채는 전통적으로 가계와 기업의 예금으로 구성된다. 그런데 은행의 예금부채는 언제든지 고객의 요구에 따라 현금인출이 가능해야 한다. 따라서 은행은 대체로 유동성이 높은 단기부채를 보유한다. 부분준비제도(fractional reserve banking)에서의 은행은 단기부채의 일부만을 지급준비금으로 보유하고 나머지를 전통적으로 기업과 가계에 대한 대출로 운용한다. 그런데 은행의 대출자산은 단기간에 회수가 불가능한 것이 보통이다. 따라서 은행은 유동성이 낮은 장기자산을 보유한다. 이와 같이 부분준비제도에서의 은행은 고유동성 단기부채를 저유동성 장기자산으로 변환하여 보유한다. 게다가 은행예금은 선착순 인출계약이다. 어떤 이유에서건 예금자들이 한꺼번에 현금인출을 요구하는 뱅크런이 발생한다면, 은행은 구조적으로 유동성 위기에 처할 수밖에 없다.

게다가 상업은행업에 내재하는 구조적 불안정성은 외부효과(externalities)에 의해 악화된다. 외부효과란 한 경제주체의 활동 결과가 시장을 통한 명시적인 거래 없이 다른 경제주체에게 영향을 미치는 것을 말한다. 외부효과는 다른 경제주체의 후생을 증가시키는 방향으로 작용할 수도 있고, 반대로 후생을 감소시키는 방향으로 작용할 수도 있다. 전자를 외부경제(external economies) 또는 긍정적 외부효과(positive externalities)라 하고, 후자를 외부불경제(external diseconomies) 또는 부정적 외부효과(negative externalities)라고 한다. 외부효과가 존재할 때 이를 시장에만 맡겨두면, 외부경제는 사회적으로 바람직한 수준보다 더 적게 발생하고 외부불경제는 사회적으로 바람직한 수준보다 더 많이 발생하여 시장의 실패를 초래한다.

이제 구체적으로 개별 은행의 뱅크런이 어떻게 외부효과를 거쳐 금융시스템 전체의 위기로 확대될 수 있는지를 생각해 보자. 어떤 개별 은행으로 예금주들의 인출요구가 한꺼번에 몰려 지급준비금으로 충당할 수 없게 되었다고 가정하자. 이 은행은 추가적인 유동성 확보를 위해 보유자산을 당장 매각하거나 기존 대출을 즉시 회수해야 한다. 우선 뱅크런이 야기된 상황에서 은행 보유자산의 가격은 크게 하락하겠지만 이 은행은 자산손실을 감수하고서라도 자산을 매각하려고 할 것이다. 그러나 그 정도가 지나치면 헐값 매각(fire sale)으로 인한 자산손실로 은행은 지급불능에 빠질 수도 있다. 이 경우 뱅크런에 의한 일시적인 자산가격 하락이 이 은행의 주주와 예금주들에게 손실을 가져온다. 또한 은행이 자신의 기존 대출을 조속히 회수하기도 쉽지 않다. 기업의 투자는 장기에 걸쳐 이루어지기 때문에 기업들은 보유하고 있는 자본재를 매각하여 이 은행의 대출금을 상환하려 할 것이다. 그러나 자본재는 그 기업에 특화된 투자의 결과로 형성된 것이기 때문에 대개 매각이 어렵다는 난점이 있다. 그렇다고 해서 기업이 이 은행의 대출을 상환하기 위해 다른 은행에서 새로운 자금을 차입하기도 어렵다. 다른 은행들도 신규 대출을 억제할 것이기 때문이다.

이때 다른 은행들이 신규 대출을 억제하는 이유는 무엇인가? 그것은 전염위험(contagion risk)에 의한 외부효과에 다른 은행들이 대비하기 때문이다. 전염은 개별 은행 간의 직접적 전염일 수도 있고 간접적 전염일 수도 있다. 은행들 사이에 복잡하게 얽힌 자금의 대차관계는 지급결제시스템을 경유하는 끊임없는 자금의 흐름을 낳는다. 그런데 이 자금흐름이 어느 순간 한 개별 은행의 뱅크런으로 인해 단절된다면, 다른 은행들도 연쇄적으로 뱅크런에 봉착할 것이다. 이것이 직접적 전염이다. 또한 거시경제적 충격으로 인해 한 은행이 도산에 직면하면 다른 은행들, 특히 그 은행과 자산·부채구조가 유사한 은행들에도 예금주들이 이내 몰려들어 뱅크런이 발생할 수 있다. 이것은 간접적 전염에 해당한다. 간접적 전염은 한 은행의 도산이 다른 은행들의 경영상태와 지급능력에 대한 예금주들의 신뢰를 약화시키기 때문에 발생한다.

결국 전염이 실제로 발생하거나 이에 대비하는 과정에서 다른 은행들이 기존 대출을 회수하거나 신규 대출을 억제하면 신용경색이 발생한다. 그리고 일부 은행이 뱅크런에 전염되어 자산 매각에 적극 나선다면 자산가격은 더욱 하락하여 결국 도산하는 은행이 속출하게 된다. 대출여력이 있는 은행이 혹시 있다고 하더라도 고객관계가 거의 없던 기업에 대해서는 정보 부족으로 신규 대출을 해주기 곤란할 것이다. 결국 금융부문의 실패는 장기적으로 새로운 자금을 구할 수 없는 기업들의 도산을 초래하여 실물부문에까지 파급된다. 또한 대부분의 은행들이 유동성 위기를 잘 넘기더라도 기업들이 도산하기 시작하면 대출채권을 갖고 있는 은행들로서는 부실채권이 누적되어 도산의 위험이 증가한다. 요컨대, 일단 어느 은행에 뱅크런이 발생하면 내재적으로 불안정한 은행부문에 외부효과가 초래된다. 즉, 그 뱅크런의 여파가 지급결제시스템을 타고 다른 은행 및 금융기관은 물론 금융시장 전반과 실물기업 등으로 번질 수 있다. 이 경우 실물부문으로 손실이 파급되고 금융시스템 전반이 불안정에 빠질 수도 있다.[7] 이러한 시스템위기(systemic crisis)의 위험을 줄이기 위해 금융감독이 필요한 것이다.

한편, 시스템위기는 상업은행의 런에 의해서뿐만 아니라 그림자은행시스템의 런에 의해서도 촉발될 수 있다. 2007～2009년 글로벌 금융위기가 그 좋은 예이다. 비록 그림자은행이 예금을 수취하는 금융기관은 아니지만, 자산 · 부채 간 만기변환 및 유동성변환으로 인한 구조적 취약성과 자산의 헐값 매각과 같은 외부효과에 노출되어 있다는 점에서는 상업은행과 다를 바 없다. 이러한 내용은 앞서 제8장과 14장에서 자세히 다루었다.

Box 16-2 규제에 의한 금융시스템 보호 : 안정성과 효율성은 반드시 충돌하는가?

금융의 안정성과 효율성 사이에는 상충이 생겨날 수 있다. 예를 들어 규제를 강화함으로써 거의 완벽하게 안전한 지급결제시스템을 만들 수 있을 것이다. 그렇지만 그런 지급결제시스템의 유지에는 커다란 비용이 들 것이다. 일반적으로 금융안정을 지원하는 규제가[1)] 금융기관의 행동을 제약하는 것은 분명하다. 왜냐하면 그런 규

7. 시스템위기의 발생 확률은 낮지만 일단 발생하면 막대한 경제적 손실을 초래한다. 흔히 시스템금융위기로 인한 산출손실은 GDP의 15～20%에 달하는 것으로 추정된다. Hoggarth *et al.*(2001) 참조.

제가 없을 때에 비해 규제가 있을 때에는 금융시스템을 통하는 자금흐름이 억제되거나 변경되기 때문이다. 이는 금융시스템의 효율성—금융시스템이 자본을 배분하고, 위험을 관리하며, 지급을 이행할 때의 효율성—이 저해된다는 사실을 의미한다. 따라서 금융시장의 규제완화(deregulation)는 금융시스템의 안정성을 부분적으로 낮추는 반면 효율성을 높여준다. 그런 의미에서 안정성과 효율성 사이에는 상충이 존재한다.

한편, 시스템위기란 금융시스템 기능의 일부 또는 전부가 정지되는 상태를 뜻한다. 그러므로 일단 시스템위기가 발생하면 금융시스템의 효율성이 크게 훼손된다. 또한 그와 같은 위기는 실물경제에 커다란 손실을 끼치게 될 것이다. 이렇게 본다면, 금융효율은 금융안정을 전제로 할 때에만 가능하다. 그렇다고 해서 금융시스템이 안정적이라는 사실이 그 시스템의 효율성을 의미하는 것도 아니다. 효율적 금융시스템은 안정적 금융시스템보다 달성하기가 더욱 어려운 목표다. 결국 만족스런 정도의 안정성은 효율성을 위한 필요조건이 된다.

그렇다면 금융의 안정성과 효율성 사이에 상충이 존재한다는 사실과 금융의 안정성이 효율성을 위한 필요조건이라는 사실을 어떻게 조화롭게 이해할 수 있을까? 그 해답은 단기와 장기를 구분하는 데서 찾을 수 있다.[2]

효율성에 대한 논의는 금융안정을 전제한 상태에서 이루어지는 경우가 많다. 하지만 금융안정이 깨어진 상태에서 안정과 효율 사이의 상충은 정의상 존재할 수 없다. 금융안정이 깨어져 금융의 기능이 온전하지 못한 데 어떻게 금융의 효율을 기대할 수 있겠는가. 그러므로 안정성과 효율성 사이의 상충은 규제에 의해 금융안정이 유지되는 동안 관찰되는 단기적 현상이다.

장기적으로 보면, 금융안정을 지원하는 규제는 시스템위기의 발생가능성을 낮춤으로써 금융부문을 관류하는 자금흐름을 더욱 증대시키고 자금수요자의 필요에 더욱 적합한 방식으로 자금이 조달되도록 해준다. 따라서 길게 볼수록 금융안정성과 금융효율성의 양립가능성이 커진다. 실제로 금융안정을 지향하는 적절한 정도의 규제는 장기적으로 금융시장 효율성을 강화해 줄 수 있다.

1) 금융안정을 지원하는 규제를 특히 건전성규제(prudential regulations)라고 부르며, 이는 미시건전성 규제와 거시건전성 규제로 구분된다. 각각의 상세한 내용은 이 장의 제2절을 참고하기 바란다.

2) Chant(2003) 참조.

자료 : Chant(2003), Daltung(2001), Riksbank(2005).

1.3 자연독점

정보의 비대칭성, 외부효과와 함께 자연독점도 시장실패의 한 원인이 된다. 우리는 경제원론에서 생산량이 일정 수준 이상으로 증가하면 보통 평균비용이 증가하게 된다고 배웠다. 그러나 경우에 따라 생산량이 상당 수준으로 증가해도 평균비용이 계속 감소하는 현상이 나타나기도 한다. 다시 말해 규모의 경제가 시장수요를 충족할 만큼 크고 지속적이라면, 한 기업이 산업 전체의 생산량을 생산할 때 비용이 더 낮으므로 이 산업은 자연스럽게 독점이 된다. 이러한 독점을 자연독점(natural monopoly)이라 한다. 생산규모에 따라 평균비용이 감소하는 산업분야에서는 비용상의 우위를 살리기 위해 자연독점을 허용하되, 정책당국이 경쟁의 부재로 인한 독점의 폐해를 적절히 규제하는 것이 바람직하다.

금융시장에서는 자연독점이 두드러지게 존재하는 경우가 드물다. 따라서 금융규제감독에 대한 연구에서 자연독점은 상대적으로 큰 관심을 끌지 못했다. 그러나 금융시장에서도 지급결제시스템(payment system)은 자연독점의 성격을 띠고 있어서, 이 시스템의 규모가 커질수록 더 낮은 비용으로 지급결제서비스를 제공할 수 있다. 나라마다 각 지급유형별로 대개 한 개씩의 지급결제시스템만 운영되는 것도 그렇게 하는 쪽이 효율적이기 때문이다. 이때 지급결제시스템에 생산 측면에서의 규모 경제만 존재하는 것은 아니다. 지급결제시스템이 생산하는 서비스의 이용자 수가 전체적으로 늘어날수록 시스템 이용자가 그 지급결제서비스를 활용할 수 있는 기회가 확대되므로 더욱 커다란 편익을 얻게 된다. 이것은 지급결제서비스 소비에 양의 네트워크 외부성이 작용한다는 것을 의미한다. 하지만 지급결제시스템의 소유주는 독점적 지위를 남용하여 경쟁자들의 진입을 배제하거나 이용자들에게 불리한 조건을 강요할 수 있다. 그러므로 한편으로는 생산의 규모 경제가 가져오는 비용의 절감과 소비의 네트워크 효과가 주는 편익의 증대, 다른 한편으로는 그로 인한 경쟁의 저하 및 독점이 초래하는 비용의 증대 사이에서 균형을 맞추는 것이 중요하다. 그래서 정책당국에 의한 규제의 역할이 필요하다.

한편, 금융시스템의 전반적 안정을 위해서도 지급결제시스템에 대한 규제감독이 필요하다. 우리는 앞서 전염위험에 의한 외부효과로 개별 은행의 도산이 경제 전체에 파급될 수 있다는 점을 논의했다. 그런데 이와 같은 금융시스템 전반의 위기는 전염효과 없이도 발생할 수 있다. 금융시장이 매우 집중되어 하나 또는 소수의 금융기관이나 지급결제시스템에 문제가 생기면 그 자체가 바로 시장 전체의 위기를 의미할 수 있기 때문이다.

1.4 소비자의 현재편중 선호와 인지적 한계

지난 수십 년간 금융혁신의 가속화로 금융상품의 종류가 폭발적으로 증가했다. 그 덕분에 소비자들의 금융선택 폭은 크게 확대되었지만, 현대의 개별 소비자는 "자신의 금전적 안녕(financial well-being)에 대해 [과거보다] 더 많은 책임을 떠안게"

되었다.[8] 그러나 행태주의의 관점에서 이런 상황은 소비자 보호를 위한 금융감독을 필요로 한다. 소비자의 행태적 비합리성—현재편중 선호(present-biased preferences)'와 '인지 한계(cognitive limitations)'—이 재무결정 · 금융충격 · 금융혁신이 갖는 고유의 특징과 작용함으로써 금융시장이 효율적 자원배분에 실패할 수 있기 때문이다. 이것은 우리가 앞서 다룬 전통적 시장실패 요인들과는 구분되는 새로운 관점이다. 캠벨(J. Campbell) 등은 다음과 같이 설명한다.[9]

> "예를 들어, 다수 소비자는 현재편중 선호(present-biased preferences)를 가진 것으로 보인다. 그 결과 더욱 커다란 인내심으로 지금 저축 … 할 수 있는 사람들도 현재소비를 선호하게 된다. 일부 소비자는 모든 정보를 제시받고도 자신의 금융상황을 최적화할 수 있는 인지능력을 갖고 있지 못할 수도 있다.
>
> 경험을 통해 주요 재무적 결정에 대해 학습하기란 곤란하다. 그렇기 때문에 금융의 맥락에서 편의(biases)와 인지한계는 특히 중요해진다. 모기지 선택이나 퇴직연금구좌 가입과 같은 다수의 재무적 결정은 [소비자 개인에게는] 아주 드물게 내리게 되는 결정일 뿐이다. 게다가 이런 결정의 결과는 수십 년 이후에야 나타나고 큰 규모의 확률적 충격을 받게 된다. 그 결과 개인적 경험은 느리게 축적되고 노이즈에 오염된다. 다른 사람들의 경험을 통해 재무적 결정에 대해 깨우치기도 쉽지 않을 수 있다. 금융충격은 여러 개인들에 걸쳐 상관성을 갖는 경우가 자주 있으므로 이웃이나 지인의 경험을 평균하더라도 노이즈를 제거하기는 어려울 수 있다. 또한 금융혁신의 빠른 속도로 인해 나이 많은 세대의 경험이 그리 적절하지 않을 수도 있다. 개인의 금전문제(personal finances)를 자세히 논의하는 것을 사회가 금기시하는 분위기도 사회적 학습의 효과를 줄인다."

요컨대, 이들의 결론은 "재무적 결정이 더욱 중요해진 [오늘의] 상황에서 소비자 자율이 확대된 것"은 행태주의적 관점에서 볼 때 소비자 보호를 위한 금융감독의 새로운 근거가 된다는 것이다.[10]

8. Campbell *et al.*(2011), p.91.
9. Campbell *et al.*(2011), pp.91~92.
10. Campbell *et al.*(2011), p.91.

1.5 국민경제의 특정 목표

금융감독은 국민경제의 특정 목표를 달성하기 위한 수단으로 사용되기도 한다. 이것은 앞의 이유들이 시장실패와 관련된 것과는 달리 특정한 상황에 따라 정책적인 성격을 띤다. 따라서 엄밀하게 볼 때 금융감독을 정당화하는 근거라고 하기는 어렵다. 그러나 현실적으로 정부가 직 · 간접적인 규제 및 감독을 통해 경제에 필요한 정책을 수행하는 경우가 있다.

경제사적으로 볼 때에도 국민경제 전체적으로 필요한 정책을 정부가 주도적으로 수행하는 과정에서 각종 규제를 그 수단으로 사용하는 예는 쉽게 찾아볼 수 있다. 앞선 자본주의 국가 가운데 산업혁명에 뒤진 독일이 그 대표적인 예이다. 자본축적이 미약한 상태에서 거액의 자본 동원이 필요하자 독일 정부는 1846년 프로이센국립은행(Prussian State Bank)을 설립하였다. 이 은행의 주식은 거의 대부분 민간에 의하여 소유되었으나 관리는 전적으로 정부에 의해 이루어져 공업화에 필요한 자금을 중앙집권적으로 배분하는 역할을 담당하였다. 이러한 정책금융이 우리나라에서도 1960년대 이후 수십 년간 광범위하게 이루어져 왔었다는 사실은 제12장에서 이미 살펴보았다.

Box 16-3 금융에 대한 규제 및 감독에 대한 비판적 시각

금융규제감독은 언제 정당화되는가?[1)]

지금까지 검토한 바와 같이 정보의 비대칭성, 외부효과, 자연독점 등의 문제들이 상존하는 한, 개별 경제주체들의 효용극대화를 위한 노력이 반드시 사회적 후생의 극대화를 가져다주는 것은 아니다. 게다가, 행태주의적 관점에서 볼 때 금융소비자에게는 비합리적인 면도 있다. 이때 정책당국은 시장에 개입하여 개별 경제주체들의 행위를 규제 · 감독함으로써, 비록 그러한 개입이 불완전할지라도 사회적 후생을 증대시킬 수 있는 여지가 있다.

하지만 금융규제감독은 경쟁을 저해하고 자원배분의 왜곡 및 가격 상승을 초래한다는 비판도 받고 있다. 또한 규제 및 감독은 금융기관에게 준수비용을 부담시키고 이 비용은 궁극적으로 소비자에게 전가되는 경우가 많다. 이와 같이 금융규제감독에도 직접 · 간접으로 비용이 들므로, 시장실패만으로 금융에 대한 개입이 완벽하게 정당화될 수 있는 것은 아니다. 원칙적으로 금융규제감독이 정당화될 수 있으려면 두 가지 조건—규제감독이 없는 경우 시장실패가 발생한다는 조건과 규제감독의 사회적 편익이 그 사회적 비용보다 커야 한다는 조건—이 모두 만족되어야 한다. 시장실패는 금융규제감독의 필요조건일 뿐이다.

그러므로 금융규제감독의 비용과 편익에 대한 엄밀한 분석 없이는 시장실패의 예방이나 치유를 위한 개입이 오히려 실패할 위험이 있다. 예를 들어, 금융시스템의 안정을 위한 공적 금융안전망은 건전한 근거를 가진 사전적 · 사후적 개입 체계임에도 오히려 은행의 위험추구 성향을 자극하는 등 도덕적 해이를 부추길 수 있다. 이와 같이 어떤 개입이든 새로운 문제를 조성할 수 있고, 이 문제를 관리하기 위해 또 다른 개입이 필요해질 수 있다. 그러므로 주어진 규제감독의 비용과 편익을 평가할 때에는 그로 인해 결과적으로 필요해지는 추가적 규제감독까지 모두 감안해야 한다. 개입의 비용과 편익을 제대로 추정하기가 매우 어려운 이유가 바로 여기에 있다.

금융규제감독의 역기능[2)]

일찍이 금융규제감독을 비롯한 정부 개입이 일반적으로 초래하는 역기능을 비판했던 스티글러(G. Stigler)와 펠츠만(S. Peltzman)의 시각을 굿하트(C. Goodhart)를 통해 간단히 살펴보자. 이들은 정부 개입이 실제로는 공공선택이라는 정치적 과정을 통해 이루어지므로, 이 과정에서 발생하는 부의 이전(transfer of wealth)에 대한 계산 때문에 시장실패를 교정한다는 본래 목적을 제대로 달성할 수 없다고 주장한다. 피규제 · 피감독 산업의 조직적 로비가 규제 형성 과정에 효과적으로 작용하기 때문에 규제의 결과로 공공의 희생을 담보로 산업의 이익이 증진된다는 것이다. 예를 들어, 규제 · 감독이 대기업에 유리하게 작용하는 반면 조직화되지 못한 소비자집단에게는 불리하게 작용하는 사례를 종종 발견할 수 있다.

또한 굿하트는 정책당국의 입장에서도 피규제 · 피감독 산업의 자발적 협조가 어느 정도 있어야 규제감독을 제대로 실시할 수 있다고 본다. 규제는 산업이 어느 정도까지는 받아들일 수 있는 수준으로 고안되기 마련이라는 것이다. 결국 정책당국이 산업에 의해 어느 정도 포획(capture)당할 수밖에 없는 것이 현실이다.

이 밖에도 규제 형성 과정에서 부당한 정치적 영향력이 행사될 수도 있고, 정책당국이 직접 개입하는 과정에서 과잉 규제감독이 실시되는 등 문제점이 드러나기도 한다.

1) Riksbank(2005) 참조.
2) Goodhart(1989) 참조.

자료 : Riksbank(2005), Goodhart(1989).

2. 금융안정과 금융감독[11]

Money & Financial Markets, Ch. Sixteen

앞에서 살펴본 대로 여러 유형의 시장실패 가능성은 금융감독의 필요성을 시사한다. 구체적으로 비대칭 정보와 금융소비자의 행태적 비합리성 문제는 주로 금융소비자 보호의 필요성을, 금융업의 내재적 불안정성 및 외부효과와 시스템위기의

11. 이 절은 김홍범(2004 · 2013 · 2014 · 2016), 김인규 외(2011), 한국은행(2011a · 2014 · 2015), 그리고 Kremers and Schoenmaker(2010)에 의존했다.

문제는 금융안정 보호의 필요성을, 그리고 자연독점의 문제는 (금융소비자 보호를 위한) 경쟁 제고와 금융안정 보호의 필요성을 각각 제기한다.[12] 그러므로 금융감독의 궁극적인 고유목적은 자연스럽게 금융안정 및 금융소비자의 보호로 집약된다.

한편, 글로벌 금융위기는 금융감독의 기존 이론 및 실제를 재편하는 중요한 계기로 작용했다. 구체적으로, 위기 이후 영국과 같은 금융선진국에서 관찰되는 금융감독 접근상의 두드러진 흐름은 거시적 감독 접근의 도입과 금융소비자 보호의 강화로 나타났다. 글로벌 위기를 겪고 나서야 온 세상이 뒤늦게 깨닫게 된 사실이지만, 과거의 금융감독은 미시적 접근을 벗어나지 못한 상태였다. 금융시스템의 건전성을 명시적으로 직접 다루기보다는 그 시스템을 구성하는 개별 금융기관의 건전성만 잘 관리하면 전체 금융시스템의 건전성은 자동적으로 성립한다고 암묵적으로 전제했다는 점에서 그러했다. 기존의 미시적 감독 접근에 대한 이러한 반성은 글로벌 금융위기 이후 거시적 감독 접근, 즉 거시건전성 정책체계의[13] 확립으로 급속히 이어진 것은 물론이다. 또한 글로벌 금융위기의 경험을 통해 사람들은 "[미시적 이슈인] 금융소비자 보호가 시스템적 함의를 가질 수 있다"는[14] 사실—금융소비자 보호가 경우에 따라서는 금융안정과 직접적으로 맞닿아 있을 수도 있다는 사실—도 알게 되었다. 이는 미시적 감독 접근과 거시적 감독 접근의 상호 보완성을 재인식하는 계기가 되었다. 이제 금융감독의 미시적 접근과 거시적 접근을 차례로 학습하기로 한다.[15]

---

12. 여러 나라에서 별도의 공공기관이 실물부문과 금융부문의 경쟁 문제를 일괄 관장한다는 사실을 감안하면 금융부문의 경쟁 제고를 금융감독의 고유 목적으로 보기는 어렵다. 하지만 소비자 보호와 금융안정에 중요하게 기여한다는 점에서 경쟁 제고가 금융감독의 주요 목적에 포함되는 것은 분명하다.
13. '거시건전성 정책체계'란 거시건전성 정책과 그 정책의 운영체계를 통칭하는 용어이다. 이 장의 2.2 소절("거시적 접근 : 거시건전성 감독")을 참고하기 바란다.
14. 김홍범(2014), p.1. 이러한 사실은 글로벌 금융위기의 서막이던 서브프라임 사태 발생(2007)의 한 가지 중대 요인이 서브프라임 모기지 상품 계약에서 금융소비자 보호의 취약성이었다는 점에서도 분명히 드러난다(World Bank 2012).
15. 글로벌 금융위기 이후 거시적 감독 접근이 새롭게 조명을 받게 되면서 기존의 건전성 감독을 미시건전성 감독으로, 새로운 거시적 감독 접근을 거시건전성 감독으로 각각 구분하여 지칭하는 연구문헌이 최근 많아졌다. 이 책도 이러한 새 관행을 따르기로 한다(하지만 미시건전성 감독을 여전히 건전성 감독으로 부르는 문헌도 적지 않다). 한편, 위기 이후에는 '미시건전성 감독'을 '미시건전성 정책'이나 '미시건전성 감독 정책', '미시건전성 감독 접근' 등으로 표현하는 연구문헌들이 자주 눈에 띈다. '거시건전성 감독'의 경우도 마찬가지다. 이 책에서는 이러한 관행을 감안하여, '…건전성 감독', '…건전성 정책', '…건전성 감독 정책', '…건전성 감독 접근'을 모두 동일한 의미로 혼용하기로 한다.

2.1 미시적 접근 : 미시건전성 감독과 시장행위 감독

금융감독의 미시적 접근은 다시 미시건전성 감독과 시장행위 감독으로 구성된다.

2.1.1 미시건전성 감독

미시건전성 감독(micro-prudential supervision)은 경기변동을 견뎌내는 개별 금융기관의 기초체력 즉 미시건전성에 초점을 맞춘 감독방식이다. 이는 개별 금융기관이 건전하면 금융안정이 담보될 수 있다는 시각에 기초한 전통적 접근이다. 이때 미시건전성 감독은 개별 기관의 행동이 금융시장에 미치는 영향에 대해서는 고려하지 않는다. 이것은 미시건전성 감독이 거시경제와 금융시장의 상황을 주어진 여건으로 간주하기 때문이다. 정책당국은 개별 금융기관의 도산이 발생할 확률을 일정 수준 이내로 제한하기 위해 미시건전성 감독을 통해 경영성과를 중점적으로 감시한다. 구체적으로 자본적정성, 신용위험, 운영위험, 여타 건전성 지표들과 내부통제시스템, 경영자의 자질 등을 상시검사와 임점검사를 통해 종합적으로 점검한다. 그리고 규모나 업무가 유사한 금융기관들끼리 동류 그룹으로 분류하여 그룹 내 각 금융기관의 상대적 재무상태와 위험(risk)을 비교 · 평가한다.

그런데 미시건전성 감독은 다수의 금융기관이 공통적으로 안고 있는 위험을 금융시스템 전체의 관점에서 측정하고 평가하는 데에는 적합하지 않다는 한계를 갖는다. 예를 들어 경기 상승 국면에서는 남들보다 앞서 대출기준을 완화하는 것이 개별 금융기관의 관점에서는 이득이 된다. 그러나 모든 금융기관이 경쟁적으로 그렇게 행동하기 시작하면 이내 대출 과잉이 초래되어 금융시스템 전체적으로는 불안정의 위험이 증대된다. 미시건전성 감독으로 이러한 종류의 위험을 시의적절하게 포착하기란 곤란하다.

한편, 미시건전성 감독은 개별 금융기관의 도산 확률을 일정 수준 이하로 제한하고자 하므로 기본적으로는 소비자 보호를 목적으로 한다고도 볼 수 있다. 소비자가 자금을 맡긴 금융기관이 도산할 수도 있기 때문이다.[16] 그런데 위기 이후에는 미

---

16. 김홍범(2004)과 Goodhart *et al.*(1998) 참조.

시건전성 감독의 목적이 소비자 보호로까지 명시적으로 확장되는 새로운 경향이 생겨났다. 세계적인 금융선진국으로 손꼽히는 영국의 위기 이후 사례가 이를 잘 말해준다. 영국의 현행 미시건전성 감독당국인 영란은행 내 건전성감독위원회(PRC: Prudential Regulation Committee)에게는 「2012년 금융서비스법(*Financial Services Act 2012*)」에 의해 2013년 4월부터 다음과 같은 세 가지 종류의 법률적 목적—일반적 목적, 보험 목적과 부수적 경쟁 목적—이 부과되었다:[17]

- **일반적 목적**(general objective): 감독 대상 기업의 "안전성 및 건전성(safety and soundness) 촉진"
- **보험 목적**(insurance objective): "현재 및 미래 보험계약자에 대한 적절한 정도의 보호"
- **부수적 경쟁 목적**(secondary competition objective): "PRA는 자신의 일반적 기능을 수행하는 과정에서 가능한 한 시장의 유효경쟁을 촉진"

PRC의 상기 세 가지 목적 가운데 일반적 목적은 기존 미시건전성 감독 목적에 해당하지만, 보험 목적은 금융소비자의 일부분인 보험계약자의 보호를, 부수적 경쟁 목적은 시장 경쟁 제고를 통한 금융소비자 일반의 보호를 PRC의 목적으로 각각 명시하고 있다는 사실은 주목할 만하다.

2.1.2 시장행위 감독

시장행위 감독(market conduct supervision) 또는 영업행위 감독(business conduct supervision)은 미시건전성 감독과는 구분되는 또 하나의 미시적 감독 접근으로, 개별 금융기관이 금융시장에서 고객에게 적시에 충분한 정보를 제공하고 투명하고 공정하게 거래를 수행하는지 여부를 정책당국이 감시 · 조사하는 활동과

17. 김홍범(2014), pp.43~44에서 재인용. 2013년 4월부터 영국의 미시건전성 감독당국은 원래 영란은행 내 자회사 형태의 PRA(Prudential Regulation Authority)였다. 하지만 「2016년 금융서비스법(*Financial Services Act 2016*)」에 의해 2017년 3월부터 기존 PRA 이사회(Board)가 PRC(Prudential Regulation Committee)로 개편되었고, PRA는 영란은행 내부에 계속 존재하지만 더 이상 BoE의 자회사가 아니게 되었다.

"경쟁시장의 정상적 작동을 보장" 하는[18] 활동으로 구성된다. 정책당국은 시장행위 감독을 통해 개별 금융기관이 수행하는 대(對)고객 영업활동의 절차나 방식 또는 기능이 정보공시 · 정직성(honesty) · 무결성(integrity) · 공정거래 등의 측면에서 문제가 없는지를 검토하고, 시장의 유효경쟁을 촉진하여 소비자를 보호하고자 한다.[19] 정책당국에 의한 검토가 필요한 이유는 정보 우위에 있는 금융기관이 정보 열위에 있는 고객과의 거래과정에서 고객에게 의도적으로 부당행위를 할 수도 있기 때문이다. 따라서 시장행위 규제의 궁극적 목적은 소비자 보호에 있다.

시장행위 감독은 글로벌 금융위기 이전에도 소비자 보호의 관점을 이미 반영하고 있었으나, 위기 이후에는 "[동 관점이] 더욱 직접적으로 중시되는 방향으로 영업행위[시장행위] 감독의 개념이 진화" 했다.[20] 영국의 사례에는 이러한 변화가 잘 반영되어 있다. 영국의 현행 시장행위감독당국인 금융행위감독원(FCA : Financial Conduct Authority)에게는 「2012년 금융서비스법(*Financial Services Act 2012*)」에 의해 다음과 같은 두 가지 종류의 법률적 목적—전략적 목적 및 운영상 목적—과 경쟁 의무가 2013년 4월부터 주어졌다:[21]

- **전략적 목적**(strategic objective) : "관련 시장의 순조로운 기능 보장"
- **운영상 목적**(operational objectives) :
  - (i) 소비자 보호 목적 : "적절한 정도의 소비자 보호(an appropriate degree of consumer protection)를 보장함"
  - (ii) 시장 무결성 목적(market integrity objective) : "영국 금융시스템의 무결성을 보호하고 강화함"
  - (iii) 경쟁 목적(competition objective) : "규제 대상 금융서비스의 시장…에서 소비자의 이익을 위해 유효경쟁을 촉진함"
- **경쟁 의무**(competition duty) : "FCA가 소비자 보호 목적 and/or 무결성 목적을 달성하려는 과정에서 소비자를 위한 유효경쟁을 촉진해야 하는 의무"

---

18. Lumpkin(2010), p.10.
19. 김홍범(2014) 참조.
20. 김홍범(2014), p.1.
21. 김홍범(2014), p.50에서 재인용.

상기 전략적 목적과 운영상 목적에 따르면, 영국 FCA에게는 시장기능을 발휘하고 금융소비자 보호를 다중적으로 도모함으로써 궁극적으로는 금융소비자 보호에 도달해야 할 책무가 주어진 셈이다. 이때 운영상 목적에 속하는 '경쟁 목적' 과는 별도로 '경쟁 의무' 를 추가한 점이 눈에 띈다.

글로벌 금융위기 이후 세계적으로 금융소비자 보호가 강조되는 가운데 금융감독의 미시적 접근에 해당하는 미시건전성 감독 정책과 시장행위 감독 정책에 금융소비자 보호의 관점이 각기 직접적으로 반영되면서 이들 두 감독 정책 사이의 관련성 및 보완성이 위기 이전에 비해 제고된 점은 중요한 변화이다. 또한 시장행위 감독을 소비자 보호 감독과 동일시하는 연구문헌이 관찰되는 것도 주목할 만하다.[22]

2.2 거시적 접근 : 거시건전성 감독

이 절에서는 대완화기(Great Moderation) 동안 금융위기의 가능성을 염두에 두고 1990년대 후반부터 거시건전성 감독의 필요성을 제기했던 BIS 경제학자들의 시각부터 살펴본 후 거시건전성 감독을 소개한다. 이 과정에서 거시건전성 감독과 미시건전성 감독의 차이와 보완관계를 심층적으로 학습하기로 한다. 2007 ~ 2009년 글로벌 금융위기를 계기로 시스템리스크의 관리를 위한 거시건전성 감독 접근의 중요성이 널리 수용되면서, 현재 그 이론적 · 정책적 체계화가 지난 10년간 빠르게 진행되었다. 이 절에서는 시스템리스크의 시계열 및 횡단면 차원과 이를 관리하기 위한 거시건전성 감독의 정책수단도 검토하기로 한다.

2.2.1 거시건전성 감독의 필요성 : 글로벌 금융위기 이전 BIS 경제학자들의 시각

1980년대 중반 낮은 인플레이션과 지속적 경제성장을 특징으로 하는 전 세계적 대완화기가 시작된 이래 순조로운 경기상황은 21세기 초에도 대체로 이어졌다. 당시 BIS 사무총장이던 크로켓(A. Crockett)은 당시 겉보기로는 여전히 순조로운 경

22. 그런 일례로는 World Bank(2012)를 들 수 있다.

기상황 속에서 금융위기가 생성될 수 있는 가능한 메커니즘을 다음과 같이 간파하였다:[23]

> "실물경기가 호조를 보이는 가운데 금융불균형이 누적되는 과열국면(over-extension phase)이 먼저 진행된다. 이 과열국면 동안에는 자산가격이 급상승하여 이것이 신용 급팽창을 부채질하고, 신용 급팽창은 다시 자산가격 급상승을 부채질하는 경향이 있다. 이러한 현상은 국내적으로 일어날 수도 있고 국제적으로 일어날 수도 있다. 기업의 부채는 명시적이건 명시적이지 않건 대차대조표에 쌓이게 되지만, 이러한 사실은 자산가격의 상승으로 말미암아 일부 가려진다. 이러한 상황이 언제 반전(反轉)될지는 예측이 불가능하다. 반전은 금융계(이를테면 자산가격의 조정)로부터 나올 수도 있고 실물경제(이를테면 투자 붐의 자발적 급랭)로부터 나올 수도 있다. 이렇게 되면 지금까지와는 정반대 과정이 진행된다. 결과적으로 금융사이클(financial cycle)이 분명히 드러난다."

요컨대, 경기상승기 동안 경제 및 금융 시스템 내부에 오랫동안 누적된 과잉부채(금융불균형)로 예기치 못하게 경기가 반전되는 순간 삽시간에 엄청난 조정(unwinding)이 일어나면서 금융위기가 발생할 수 있다는 것이다. 그러나 경기상황을 주어진 여건으로 간주하고 개별 금융기관의 건전성을 다루는 기존의 미시건전성 감독 접근으로는 금융시스템 내 불균형의 누적과 조정에 제대로 대처할 수 없다. 그래서 금융시스템의 경기순응성(procyclicality)을 직접 다루는 거시건전성 감독 접근이 필요하게 되었다.[24] 이와 같은 감독 접근을 BIS 경제학자들이 '거시건전성' 감독으로 부르게 된 용어의 유래에 대해서는 〈Box 16-4〉를 참고하기 바란다.

---

23. Crockett(2000)을 인용한 김홍범(2004), p.43에서 재인용.
24. '경기순응성'이란 "경제 내 금융부문과 실물부문 간 동태적 상호작용(양의 피드백 메커니즘)[으로서] … 경기변동을 증폭시켜 금융불안정을 초래하거나 악화시키는 경향을 보인다"(FSF 2009, p.8). 2007년 글로벌 금융위기 이전까지의 관련 논의에서는 주로 금융시스템의 경기순응성을 주로 다루기 위해 거시건전성 감독이 필요한 것으로 인식되었다. 하지만 위기 이후의 거시건전성 감독 접근에서는 시간차원(경기순응성)은 물론 횡단면 차원(군집행동과 시스템상 중요성)의 논의도 함께 이루어지고 있다. 이는 TBTF(대마불사)와 SIFI(시스템상 중요 금융기관)의 문제를 다루기 위해서는 횡단면 차원의 거시건전성 논의를 빼놓을 수 없기 때문이다. Clement(2010) 참조.

Box 16-4 '거시건전성' 용어의 유래

원래 '거시건전성(macro-prudential)' 용어는 현재 BIS 바젤은행감독위원회(BCBS : Basel Committee on Banking Supervision)의 전신인 쿠키위원회(Cooke Committee)의 쿠키(W. Cooke) 의장이 1979년 6월 말 회의 중 처음 사용했던 것으로 알려져 있다. 당시 회의록에 따르면, 개발도상국에 대한 유럽 은행들의 대출 급증 현상을 가리켜 거시경제 안정 및 금융안정 측면에서 우려되는 "거시건전성 문제(macro-prudential ones [problems])"로 언급되었다.[1] 이후 근 20년 동안 거시건전성 용어가 BIS 내외의 보고서나 회의에서 이따금 사용되긴 했었다. 그러다가 이 용어가 정책계(policy circles)의 관심을 끌게 된 것은, 1997년 동아시아 경제위기를 계기로 IMF가 금융시스템 취약성에 주목하면서였다. 뒤이어 2000년 BIS의 사무총장 크로켓(A. Crockett)이 발표한 "금융안정의 미시건전성 차원과 거시건전성 차원의 결합"이라는 연설문도 주목을 끌었다. 하지만 2007년 글로벌 금융위기가 발생하고 나서야 비로소 거시건전성 용어가 학계에서도 널리 회자되기 시작했다.

1) Clement(2010), p.60.

자료 : 김인규 등(2011), Clement(2010), Crockett(2000).

2.2.2 거시건전성 감독

거시건전성 감독(macro-prudential supervision)이란 금융시스템 전반에 걸친 공통의 충격을 견뎌내는 금융시스템의 기초체력, 즉 '거시건전성'에 초점을 맞춘 감독방식이다. 미시건전성 감독은 금융시스템 자체가 직면하는 불안정 위험을 주어진 외생변수로 간주하지만, 거시건전성 감독은 시스템 불안정을 거시경제와 금융시장의 가변적 상황에 따라 결정되는 내생변수로 간주한다. 거시건전성 감독은 시스템 사건(systemic events)이[25] 발생할 위험, 즉 시스템리스크를 일정 수준 이내로 제한하기 위해 유가 급등이나 주식시장 급락과 같이 거시경제와 금융시장의 변화에 연유하는 잠재적 위험요인에 금융시스템이 얼마나 노출되어 있는지를 확인하고, 공통의 충격을 가상하여 금융시스템의 충격흡수 능력도 점검한다. 이러한 확인 및 점검 과정에서 금융시스템의 구성요소인 개별 금융시장과 금융기관의 시스템상 중요성(systemic importance)을 평소 파악하는 일은 필수적이다.[26]

25. 시스템사건의 정의에 대해서는 제15장을 참고하기 바란다.

26. 개별 금융시장과 기관이 갖는 시스템상 중요성의 정도를 판단하기 위한 주요 기준에는 "규모(금융시

거시건전성 감독에서는 시스템 전반의 리스크를 기준으로 개별 금융기관에 대한 정책수단을 조절하는 하향식(top-down) 접근을 취하게 된다.[27] 이 과정에서 감독자는 개별 금융기관에게 준칙(rule)과 더불어 재량(discretion)도 발휘하게 된다. 이에 반해 미시건전성 감독에서는 감독자가 동일 유형의 모든 금융기관을 대상으로 상향식(bottom-up) 집계과정을 거쳐 도출된 표준적 준칙을 개별 금융기관에게 적용한다.

미시건전성 감독과 거시건전성 감독은 서로 목적도 다르고 관점도 다르다. 하지만 양자는 정책수단을 대체로 공유한다.[28] 이는 미시건전성 감독과 마찬가지로 거시건전성 감독도 개별 금융기관 및 시장을 대상으로 하기 때문이다. 예를 들어 개별 금융기관에 대해 부과된 기존 바젤 II 자기자본규제는 글로벌 위기 이후 거시건전성 감독의 관점에서 볼 때 보완의 여지가 있다고 인식되었다. 그런 까닭에 기존의 미시건전성 감독의 정책수단인 바젤 II 자기자본규제를 거시건전성 감독의 시각에서 경기대응적 완충자본규제(countercyclical buffer)와 추가자본규제(capital surcharge) 등으로 강화하기로 하는 논의가 진행된 것이다. 이때 미시건전성 감독에서와 마찬가지로 거시건전성 감독의 정책수단은 여전히 자기자본규제이다. 조치의 목적에 따라 동일한 정책수단이 미시건전성 정책수단일 수도 거시건전성 정책수단일 수도 있는 것이다. 우리나라에서도 LTV규제나 DTI규제는 본래 미시건전성 정책 수단으로 2000년대 전반기부터 운용되었으나, 글로벌 금융위기 이후에는 이들 규제가 갖는 거시건전성 정책수단으로서의 중요성이 뒤늦게 인식되기도 했다.[29] 한편 특정 금융기관의 규모가 전체 금융시스템에 영향을 줄 수 있을 정도로 큰 경우에는 그 금융기관에 대한 미시건전성 감독이 금융부문 전반에 대한 위협요인을 감소시키는 거시건전성 감독과도 직접적으로 밀접하게 관련될 수 있다. 이런 경우에도 각각의 정책수단은 상당 부분 중첩된다.

스템의 개별 구성요소가 제공하는 금융서비스 거래량), **대체가능성**(금융시스템의 개별 구성요소가 파산또는 붕괴하는 경우 그 구성요소가 제공해 오던 금융서비스와 동일한 서비스를 시스템 내 여타 구성요소가 대신 제공할 수 있는 가능성의 정도), **그리고 상호연계성**(금융시스템의 개별 구성요소가 여타 구성요소와 갖는 연계성)"**이 포함된다**(BIS · FSB · IMF 2009, p.2).

27. Borio(2006)와 Crockett(2000) 참조.

28. Crockett(2000) 참조.

29. 우리나라의 경우 LTV규제는 2002년에, DTI규제는 2005년에 각각 도입되었다. 김인규 외(2011) 참조.

표 16-1 미시건전성 감독과 거시건전성 감독 : 비교

	미시건전성 감독	거시건전성 감독
감독 목표	▪ 상위목표 : 금융안정 ▪ 하위목표 : 개별 금융기관 건전성 유지	▪ 상위목표 : 금융안정 ▪ 하위목표 : 금융시스템 건전성 유지
기본 가정 (관점)	▪ 시스템리스크를 외생변수로 취급	▪ 시스템리스크를 내생변수로 취급
위험측정	▪ 상향식(bottom-up)	▪ 하향식(top-down)
감독기준	▪ 표준화된 감독기준	▪ 경기대응적 감독기준 ▪ 개별 금융기관의 시스템상 중요도에 따라 차별화된 감독기준
감독기준의 운영	▪ 준칙 중심	▪ 준칙과 재량의 혼합

자료 : 김인규 외(2011), p.43의 [표 5]를 일부 수정하여 작성.

지금까지 소개한 거시건전성 감독과 미시건전성 감독의 차이를 요약하면 [표 16-1]과 같다. 두 감독 접근은 감독의 목표, 기본 가정, 위험측정 방식 등에서 차이가 나지만 서로 대체관계가 아니라 보완관계에 있다는 사실은 중요하다(〈Box 16-5〉 참조).

Box 16-5 미시건전성 감독과 거시건전성 감독의 상호 보완성

금융안정에는 미시적 측면과 거시적 측면이 혼재한다. 이것이 앞서 살펴본 금융안정의 다면성이다. 이 다면성을 온전히 파악하기 위해 미시건전성 감독 방식과 거시건전성 감독 방식이 다 같이 필요하다. 이렇게 보면 두 감독방식은 초점도 다르고 서로 다른 방식으로 위험을 측정·평가하지만, 둘 다 금융안정이라는 최종 목적을 지향하므로 상호 보완적이다. 사실 금융안정을 위한 미시경제학적 접근이 미시건전성 감독이고, 금융안정을 위한 거시경제학적 접근이 거시건전성 감독이다. 따라서 거시건전성 감독도 거시경제학과 마찬가지로 구성의 오류(fallacy of composition)에 의해 정당화된다.

여기서 구성의 오류란 각각의 개별 금융기관에게는 합리적인 어떤 행동이라도 모든 금융기관이 동시에 경쟁적으로 그런 행동을 하는 경우에는 금융시스템 전체에 피해가 되는 상황을 가리킨다. 예를 들어 개별 금융기관의 입장에서는 경기전망이 좋아지면 경쟁자들보다 먼저 대출을 늘리는 것이 수지가 맞고 경기전망이 나빠지면 경쟁자들보다 먼저 익스포저(exposure)를 줄이는 것이 유리하다. 그러나 경기의 국면이 바뀔 때마다 모든 금융기관이 경쟁적으로 똑같이 움직인다면 어떻게 될까? 군집행동으로 인해 실물경제가 과열과 급랭을 반복하는 등 변동성이 더욱 커진다. 다시 말해, 결과적으로 보면 대출의 위험이 가장 커진 경기변동의 정점에서 모든 금융기관이 대출을 크게 늘리고 대출의 위험이 가장 작아진 경기변동의 저점에서 대출을 크게 줄이는 셈이 되는 것이다. 이런 결과는 나무만 보고 숲은 보지 못하는 구성의 오류에 기인한다. 정책당국이 개별 금융기관의 건전성(미시건전성)은 물론 금융시스템 전체의 건전성(거시건전성)까지 예의 주시하면서 금융안정을 도모해야 할 필요가 바로 여기에 있다.

금융안정을 위해 두 감독 접근이 보완관계에 있다는 사실과 두 감독 접근이 정책수단 측면에서 별로 차이가 없다는 사실은 거시건전성 감독자와 미시건전성 감독자 사이의 긴밀한 협력과 조정이 금융안정을 이루기 위해 매우 중요하다는 점을 시사한다.

자료 : 정대영(2005).

2.2.3 거시건전성 감독, 정책수단과 운영체계

거시건전성 감독의 이론화(theorizing) 및 실용화(operationalizing)는 글로벌 금융위기를 계기로 급속히 진행되었다. 오늘날 거시건전성 정책은 "주로 [미시]건전성 감독수단을 사용하여 시스템리스크, 즉 시스템 전반의 금융리스크(systemic or system-wide financial risk)를 제한함으로써, 실물경제에 심각한 결과를 초래할 수 있는 주요 금융서비스의 공급 중단이 발생하지 않도록 억제하는 정책"으로 정의된다. 여기서 시스템리스크를 제한한다는 것은 "[위기가 발생하기 이전에 시스템리스크를] 예방하고 실제로 누그러뜨리는 것(preventing and actually mitigating)"을 가리키는 사전적인 의미다. 다시 말해, 거시건전성 정책이란 "평상시 금융시스템 전반의 안정을 유지하고 위기를 예방하기 위한 사전적 장치[로]… 이미 발생한 위기에 대응하기 위한 사후적 장치인 위기관리[정책]…과는 분명히 차이가 난다."[30]

거시건전성 감독업무는 평상시 시스템리스크를 분석하는 활동과 필요한 경우 정책수단을 활용하여 시스템리스크를 억제하는 활동으로 구성된다.[31] 이때 시스템

30. 이 문단에 나오는 3개의 인용구는 순서대로 BIS *et al.*(2011), p.2, Bennani *et al.*(2014), p.6, 그리고 김홍범(2015), p.65에서 각각 따왔다(이들 중 첫째 및 둘째 인용구는 김홍범(2015), p.64에서 재인용). 한편, BIS와 IMF 등은 거시건전성 감독이 사전적 개념임을 명시적으로 밝히고 있다(BIS 2011, BIS *et al.* 2011, IMF 2014). 이는 일국의 거시건전성 정책당국은 위기관리 정책당국과는 명확히 구분되어야 한다는 시각을 반영한다. Nier *et al.*(2011)이 제시한 "거시건전성 정책체계의 바람직한 주요 원칙"에도 "시스템리스크 예방과 위기관리(crisis management)는 서로 다른 정책기능이므로 각기 별도 조직체계의 지원을 받아야 한다"고 명시되어 있다(김홍범 2015, p.65에서 재인용).
31. 시스템리스크의 분석과 동 리스크를 억제하기 위한 정책수단은 거시건전성 정책의 주요 구성요소이다. 여기서 시스템리스크의 분석은 "데이터 수집, 측정과 평가"를 의미한다(김홍범 2015, p.65).

리스크는 시계열 차원의 리스크와 횡단면 차원의 리스크로 구성된다. 전자는 시간 경과에 따른 "금융시스템과 실물경제 간 상호 증폭과정", 즉 금융시스템의 경기순응성에서 발생하는 시스템리스크이고, 후자는 "어떤 시점에서 금융시스템 내 리스크의 분배상태 여하"에 따라 발생하는 시스템리스크이다.[32]

시스템리스크를 다루기 위해 거시건전성 감독이 필요하다는 글로벌 금융위기 이후의 새로운 관점은, 위기 이전 BIS 경제학자들을 중심으로 시계열 차원(경기순응성)에 주로 머물러 있던 거시건전성 감독의 개념이 위기 이후에는 시계열 차원은 물론 횡단면 차원으로까지 확대되는 동시에 전 세계적으로 널리 보편화되었음을 의미한다. 특히 횡단면 차원의 시스템리스크를 통제하기 위해서는 평소 개별 금융기관 및 시장의 시스템상 중요성(systemic importance)에 따라 감독을 강화할 필요성이 새롭게 강조되었다.

시스템리스크가 시계열 차원 및 횡단면 차원의 리스크로 구분되므로, 거시건전성 감독의 수단도 어떤 리스크의 제거 또는 감축에 주로 작용하는지에 따라 두 부류—시계열 차원의 수단과 횡단면 차원의 수단—로 구분된다. 시계열 차원의 수단에는 경기대응 완충자본(CCyB : countercyclical capital buffer), 경기대응적 RP 증거금 또는 할인율(margins, haircuts) 조정, 지급준비금 부과, LTV · DTI · LTI 규제, 동태적 대손충당금(DP : dynamic provisioning) 등이, 횡단면 차원의 수단에는 금융기관 상호 거액 익스포저 제한, 중앙거래당사자(CCP : central counterparties)를 통하지 않는 장외 파생상품거래(OTC derivatives)에 대한 규제자본 인상, 시스템리스크 초래 정도에 따른 예금보험료 차등 부과, 시스템적 중요 은행의 자기매매거래 금지(볼커룰), 지급 · 청산 · 결제시스템 등 금융시장인프라(FMIs : financial market infrastructures) 개선 등이 각각 포함된다([표 16-2] 참조). 다만, 비핵심부채(non-core liabilities)에[33] 대한 부담금 부과 조치에는 시계열 및 횡단면 차원의 특징이 혼재되어 있다. 또한 추가 유동성 부과 조치는 횡단면 차원의 수단으로 분류되어 있지만 여기에 경기대응적/시변적(countercyclical/time-varying) 요소가 가미되는 경우

32. Clement(2010), p.64.

33. '비핵심부채'란 은행의 자금조달원천(부채) 가운데 핵심부채(core liabilities)인 소매예금(retail deposits)을 제외한 여타 모든 부채를 가리킨다. 자세한 내용은 Hahm *et al.*(2012)를 참조하기 바란다.

표 16-2　거시건전성 정책수단: 시계열 차원과 횡단면 차원[1]

리스크 유형	정책수단
시계열 차원 (time dimension)	▪ 경기대응완충자본(CCyB) ▪ 경기순환을 고려한 RP 증거금 또는 할인율(margins, haircuts) 조정 ▪ 비핵심부채(non-core liabilities)에 대한 부담금(levy) 부과[2] ▪ 특정부문 익스포저에 대한 경기대응적 위험가중치(risk weights) 변경 ▪ 추가 유동성 부과[2] ▪ 지급준비금 부과 ▪ LTV, DTI 및 LTI 규제 ▪ 통화 불일치 또는 부동산 등 익스포저 제한 ▪ 예대율 및 레버리지 제한 ▪ 신용량 및 신용증가율 제한 ▪ 동태적 대손충당금(DP : Dynamic Provisioning) ▪ 호황 시 시장리스크에 대한 완충자본 추가 적립 목적의 Stressed VaR ▪ 부도율 가정 시 경기위축을 감안한 위험가중치 조정
횡단면 차원 (cross-sectional dimension)	▪ 시스템적 중요 금융기관에 대한 추가 규제자본 및 유동성[2] 부과 (capital and liquidity surcharges) ▪ 금융기관 상호 거액익스포저 제한 ▪ 비핵심부채에 대한 부담금 부과[2] ▪ 중앙청산소(CCP)를 통하지 않는 장외 파생상품거래(OTC derivatives)에 대한 규제자본 인상 ▪ 시스템리스크 우려가 높은 금융기관의 분할 권한 ▪ 파생상품 부채에 대한 규제자본 부과 ▪ 시스템리스크 초래 정도에 따른 예금보험료 차등 부과 ▪ 업무 제한(시스템적 중요 은행의 자기매매거래 금지(Volcker rule 등)) ▪ 지급·청산·결제시스템 등 금융시장인프라(CCP, TR 등)[3] 개선

주 : 1) IMF(2011), Claessens *et al.*(2014), BoE(2011) 등 참고.
2) 동 수단들은 시계열 및 횡단면 차원의 속성이 모두 있음.
3) 지급결제시스템(PS : Payment System), 중앙거래당사자(CCP : Central Counterparties), 중앙예탁기관(CSD : Central Securities Depository), 증권결제시스템(SSS : Securities Settlement System), 거래정보저장소(TR : Trade Repository) 등.

자료 : 한국은행(2015), p.45, [표 2-3].

에는 시계열 차원의 수단으로도 볼 수 있다. 앞서 우리는 거시건전성 감독의 정책수단이 대체로 미시건전성 정책수단과 겹치지만 조치의 목적에 따라 동일한 수단이 미시건전성 정책수단으로, 또는 거시건전성 정책수단으로 쓰일 수 있다는 점을 논의한 바 있다. 이를 일반화하여, 미시건전성 정책뿐만 아니라 "통화정책, 재정정책, 외환정책 및 경쟁촉진정책 등" 여타 정책영역에 속한 어떤 수단도 조치의 목적에 따라서는 거시건전성 정책수단이 되기도 한다.[34] 또한 그 반대도 얼마든지 성립할 수 있다.

이와 같이 거시건전성 정책수단이 여타 정책영역의 수단과 겹칠 수 있다는 특징은 거시건전성 정책이 다른 정책들과 관련성을 갖는다는 사실을 시사한다. 나아가 거시건전성 감독정책은 몇몇 정책—특히 미시건전성 감독정책과 통화정책—과는 긴밀하게 관련된다. 거시건전성 감독이 시스템리스크에 초점을 맞추고 있지만, 미시건전성 감독과 마찬가지로 그 감독대상은 개별 금융기관 및 시장이고 감독수단도 대체로 동일하기 때문이다. 또한 거시건전성 감독의 목적인 금융시스템의 건전성 유지는 통화정책의 목적인 물가안정과는 구분되지만, 거시건전성 감독과 통화정책을 각기 성공적으로 운용하기 위해 요구되는 판단은 동일하다. "[이러한] 판단은 거시경제와 금융시스템의 커다란 추세와 … 이들 간 상호작용에 대한 정량적 평가에 토대를 두"게 될 것이기 때문이다.[35] 또한 "시계열 차원의 시스템리스크는 경기순환과 관련이 깊다는 점에서" 거시건전성 감독은 경기안정화정책으로서의 통화정책과 긴밀하게 관련되며 "횡단면 차원의 시스템리스크를 평가하고 억제하는 것도 중앙은행의 유동성 조절과 밀접하게 관련된다."[36] 더욱이 거시건전성 감독 수단의 대부분이 통화정책과 마찬가지로 금융기관의 대차대조표 조정을 통해 작용한다.

위와 같은 여러 이유로, 거시건전성 감독은 미시건전성 감독 및 통화정책과 조화롭게 운용되어야 한다. 이는 곧 금융안정과 물가안정의 성공적 달성을 위해서는 거시건전성 감독자, 미시건전성 감독자, 중앙은행 간 책무의 차별화, 업무의 분담, 정보의 공유, 협력과 견제를 통한 정책적 조정, 각 정책당국의 독립성과 책임성 확보가 근본적으로 요구된다는 사실을 시사한다.[37] 바로 이러한 맥락에서 거시건전성

---

34. 한국은행(2015), pp.46～47.
35. BoE(2011), p.10.
36. 김인규 외(2011), pp.44～45.
37. 여기서는 거시건전성 감독, 미시건전성 감독, 그리고 통화정책을 실제로 단일 공공기관(예를 들면 중앙은행)이 모두 관장하는지 또는 복수의 공공기관이 관장하는지에 관련된 실제 기관구조(institutional structure)와는 무관하게 각각의 별개 업무를 기능적 관점에서 논의하고 있다. 영란은행과 같이 미시건전성 감독과 거시건전성 감독, 그리고 통화정책을 모두 관장하는 경우에도 내부적으로 세 업무 간 정보 공유, 정책조정, 업무상 독립성 및 책임성이 여전히 중요한 것은 물론이다.

정책의 운영체계(operating framework)—"[여러 정책 사이의] 보완성 및 긴장상태"를 다루기 위한 "협력 · 조정의 기관체계(institutional structure) 및 운영방식(*modus operandi*)"—가 중요해진다.[38]

글로벌 금융위기 이후 거시건전성 감독 논의가 급속히 구체화되면서 이미 다수 국가에서 동 운영체계로서의 거시건전성 감독당국이 신설되어 가동 중이다. 예를 들어 미국에서는 2010년 7월 금융개혁법(Dodd-Frank Act)의 제정으로 연준 등 금융감독기구의 장들 위주로 구성된 금융안정감시협의회(FSOC : Financial Stability Oversight Council ; 의장 : 재무장관)가, 영국에서는 「2012년 금융서비스법」의 제정(2012. 12)으로 영란은행 내부에 설치된 금융정책위원회(Financial Policy Committee ; 의장 : 영란은행 총재)가 각각 거시건전성 감독자로 활동해 오고 있다. EU에서도 2010년 11월 관련 법률이 제정되면서 거시건전성 감독당국으로 유럽시스템리스크위원회(ESRB : European Systemic Risk Board ; 의장 : ECB 총재)가 설치되었다. ESRB는 ECB 총재 · 부총재와 27개 회원국 중앙은행 총재들 위주로 구성된 총 37인의 위원회로 ECB에 사무국을 두고 있다.

2.3 소결 : 금융안정 관련 정책체계

지금까지 우리는 이 절에서 글로벌 금융위기 이후 금융감독의 미시적 접근인 미시건전성 감독과 시장행위 감독에 금융소비자 보호의 관점이 명시적으로 반영된 점, 금융감독의 거시적 접근인 거시건전성 감독이 새롭게 확립된 점, 그에 따라 미시건전성 감독과 시장행위 감독 간 상호 관련성, 통화정책과 거시건전성 감독 간 상호 관련성, 그리고 거시건전성 감독과 미시건전성 감독 간 상호 관련성이 새롭게 인식된 점 등을 학습했다.

금융안정 관련 정책체계에 관한 크리머즈(J. Kremers)와 슈언메이커(D. Schoenmaker)의 모형은 위기 이후 통화정책 및 금융감독 분야의 이론 및 실제에서 관찰되는 상기 변화를 적절히 반영하고 있는 것으로 볼 수 있다. 〈그림 16-1〉과

38. 김홍범(2015), p.65. 일반적으로 '거시건전성 정책체계(macroprudential policy framework)'는 거시건전성 정책의 양대 구성요소(시스템리스크 분석과 거시건전성 정책수단) 및 운영체계를 통칭하는 용어이다(김홍범 2015).

그림 16-1

금융안정 관련 정책체계 : 글로벌 금융위기 이후

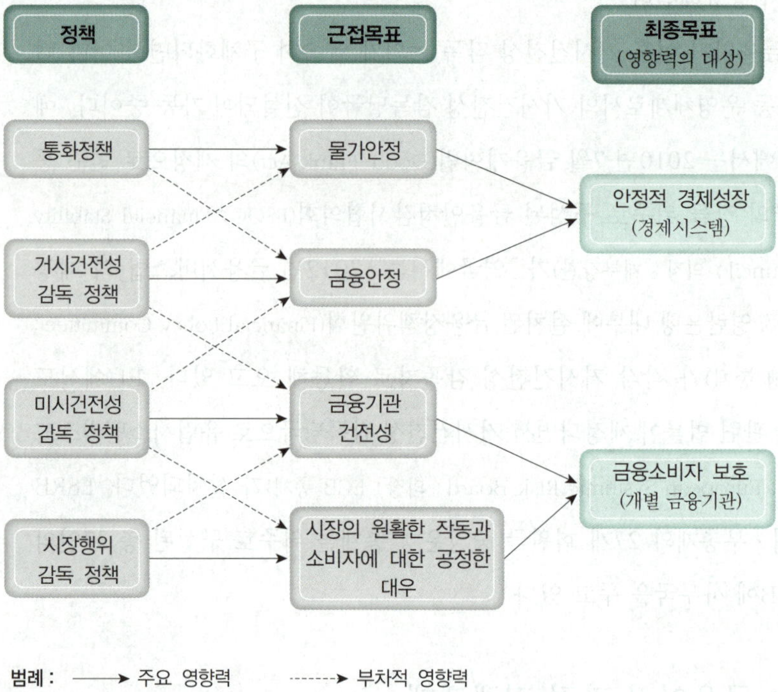

자료 : 김홍범(2013), p.143의 〈그림 1〉을 재인용(원전 : Kremers and Schoenmaker 2010, p.3, Figure 1).

같은 이들의 모형에 따르면, 통화정책은 근접목표인 '물가안정'을 통해 궁극적으로 '안정적 경제성장'에 기여한다. 금융감독의 거시적 접근에 해당하는 거시건전성 감독 정책과 미시적 접근에 해당하는 미시건전성 감독정책 및 시장행위 감독정책은 각기 차별화된 고유의 책무를 근접목표로 갖는다. 예를 들어, 거시건전성 감독 정책에게는 '금융안정'이, 미시건전성 감독 정책에게는 '[개별] 금융기관 건전성'이, 그리고 시장행위 감독 정책에게는 '시장의 원활한 작동과 소비자에 대한 공정한 대우'가 각각 주된 근접목표로 부과된다. 물론 통화정책과 각각의 감독정책은 서로의 근접목표와도 부차적 관련성을 갖는 것으로 표시된다. 한편, 그림은 미시적 감독 접근에 해당하는 미시건전성 감독정책과 시장행위 감독정책이 각기 자신의 근접목표를 통해 공통의 궁극적 목표인 금융소비자 보호에 기여한다는 점을 보여준다. 마찬가지로, 그림은 거시경제정책인 통화정책과 거시적 감독 접근인 거시건전성 감독정책도 각기 자신의 근접목표를 통해 공통의 최종목표인 안정적 경제성장에 기여하는 것으로 표시하고 있다.

3. 금융감독기구의 금융규제[39]

앞서 설명했듯이, 세계적으로 지난 수십 년간 금융자율화와 금융혁신이 급격히 진행되면서 금융부문 내 경쟁이 극심해졌다. 그 결과 일반적으로 금융기관의 수익성이 악화되고 그 수익의 변동성도 증대되었다. 그런 가운데 금융기관은 근소한 수익률 차이도 놓치지 않기 위해 과도한 위험을 기꺼이 취하려 하게 되고, 이는 금융기관의 건전성을 훼손하고 도산가능성을 높여 궁극적으로 금융안정을 저해할 수 있다. 실제로 이것이 지난 글로벌 금융위기를 가져온 부분적 배경요인이었다는 점을 우리는 이미 제14장에서 살펴보았다.

그러므로 금융감독기구는 개별 금융기관의 도산 확률을 일정 수준 이내로 유지하기 위해, 평소 금융기관들의 상호 경쟁이 지나치지 않도록 감시하고 금융기관이 각종 경영활동을 통해 취하는 위험이 관리 가능한 한도 내에 있도록 그 경영활동을 규제하게 된다.[40] 이때 전자를 경쟁제한적 규제로, 후자를 건전성규제로[41] 각각 부른다. 전자에는 진입 및 퇴출에 대한 규제, 소유구조규제, 지배구조규제, 그리고 업무영역규제 등이 포함된다. 후자에는 자기자본규제, 자산건전성규제, 편중여신규제, 경영실태평가, 적기시정조치, 그리고 유동성규제 등이 포함된다.

---

39. 이 절에서는 '사전적으로 금융기관이 지켜야 할 규칙을 제시'한다는 의미에서의 금융규제 수단을 주로 다룬다. 그러므로 이 절에서는 '금융규제'를 사전적 의미로 한정하여 사용하기로 한다. 하지만 이 절의 내용 중 '금융감독'은 '금융규제감독'과 동일한 의미(넓은 의미)로 사용한다.

40. 김대식 · 이민환(2006) 참조.

41. 이 장의 제2절에서 미시건전성 감독과 거시건전성 감독을 구분한 것은 양자 간 감독의 시각 및 접근의 차이를 강조하기 위해서였다. 하지만 미시건전성 감독과 거시건전성 감독의 정책수단은 대체로 중첩된다. 본 제3절에서는 주로 정책수단을 다루게 되므로 굳이 미시건전성 규제와 거시건전성 규제를 구분하지 않고 그냥 '건전성규제'라 표현하기로 한다.

오늘날 대부분의 국가에서는 금융시장에의 진입과 금융시장으로부터의 탈퇴를 자유롭게 하고 취급업무에 대해서는 가급적 금융기관 자율에 맡기는 것이 큰 흐름이다.[42] 동시에 개별 금융기관의 불건전한 경영과정을 철저하게 차단하고 건전성을 유지하기 위해, 각국의 금융감독기구는 금융기관의 대차대조표 항목의 건전성을 사전에 정해진 기준에 의거하여 감독한다. 금융의 효율성을 제고하기 위해 경영상의 자율권은 최대한 보장하면서도, 공공성 확보를 위하여 사후적으로 일정한 정도의 건전성 기준은 반드시 준수해야 한다는 것이다. 이에 따라 경쟁제한규제는 가능한 한도 내에서 완화하는 반면 건전성규제는 강화하는 것이 세계적 추세이다. 이제 금융규제의 내용을 좀 더 구체적으로 살펴보자.

3.1 경쟁제한적 규제[43]

3.1.1 진입과 퇴출에 대한 규제

금융산업에 진입제한을 두지 않아 금융기관이 무분별하게 난립하면 금융소비자가 피해를 볼 수 있고 금융시스템의 안정성을 유지하는 데 문제가 발생할 수도 있다. 금융업에 필요한 전문지식이나 자금을 충분히 보유하지 못한 사람들이 금융업을 영위하면 금융부실이 속출하고 금융에 대한 불신감이 커져 금융시스템 전체가 불안해지기 때문이다. 마찬가지로, 금융기관이 퇴출되는 경우에도 소비자가 피해를 받거나 금융시스템이 불안해질 수 있다. 따라서 금융감독기구는 금융기관의 진입과 퇴출을 규제한다.

우리나라에서 금융기관을 신규 설립하기 위해서는 「민법」과 「상법」이 정한 법인요건은 물론 「은행법」, 「자본시장과 금융투자업에 관한 법률」, 「보험업법」, 「금융지주회사법」 등과 같은 개별 금융업법이 정한 기본 설립요건을 갖추어 금융위원회의 설립 인 · 허가 또는 승인을 받아야 한다. 예를 들어, 시중은행, 지방은행, 외국은행

---

42. 글로벌 금융위기 이후 기존 경쟁제한규제를 부분적으로 강화해야 할 필요성이 인식되었다. 우리가 앞서 제7장에서 논의한 볼커룰의 입법화도 그와 같은 인식에 따른 것이다. 본문의 '가급적'이란 표현은 경영활동에 대한 금융기관 자율이 필요에 따라 제한될 수 있음을 의미한다.

43. 이 소절은 금융감독원(2016), 금융감독원 인력개발실(2006)과 한국은행(2005 · 2011b)에 의존하였다.

국내지점은 「은행법」이 정한 설립요건을 갖추어 금융위원회의 설립 인가를 받도록 되어 있다. 금융위원회는 진입하려는 금융기관의 법인 성격의 적합성, 사업계획의 타당성, 최소자본금 요건, 주요 주주의 적합성, 주주 구성의 적합성, 경영진의 적합성, 그리고 인적 · 물적 기반자원 요건 등에 대한 심사기준을 설정하고 이에 맞추어 신규 참여를 인 · 허가한다. 이러한 각종 요건과 심사기준은 당해 진입 금융기관의 권역과 종류 · 업무에 따라 차별화된다. 금융기관이 설립된 이후에도 인 · 허가 시의 요건과 기준을 계속 충족하는지 여부를 금융감독당국은[44] 상시검사 및 임점검사를 통해 확인하게 된다. 한편, 금융기관을 인수 · 합병하거나 업종을 전환하는 경우에는 「금융산업의 구조 개선에 관한 법률」이 정한 요건을 갖추어 금융위원회의 인가를 받게 되어 있다.

금융위원회는 금융기관의 설립 · 인수 · 합병과 업종전환에 대한 인 · 허가 규제를 통해 건전하고 경쟁력 있는 유자격 금융기관을 선별하여 진입을 허용한다. 이때 시장규모에 비해 금융기관의 수가 많다고 판단되면 진입조건을 강화하고, 반대로 금융기관의 수가 적다고 판단되면 이를 완화하는 방식으로 금융산업의 효율성과 안정성을 유지한다. 한편 인 · 허가나 승인과는 달리 법률이 정한 일정 요건만 충족되면 등록절차를 거쳐 자동적으로 영위할 수 있는 사업영역이나 조직도 있다.[45]

금융기관의 퇴출은 당해 금융기관의 자발적 퇴출과 금융위원회의 결정에 따른 강제퇴출로 구분된다. 애초에 금융위원회로부터 인 · 허가나 승인을 받아 진입한 금융기관이 자발적으로 분할 · 영업양도 · 해산 · 계약이전 하는 경우나 동일 권역 내의 다른 금융기관과 합병하는 경우에는 해당 금융업법에 따라 금융위원회의 인 · 허가 또는 승인을 받아야 한다. 서로 다른 권역의 금융회사 사이에 합병이 일어나는 경우에는 「금융산업의 구조 개선에 관한 법률」에 따라 금융위원회의 인가를 받아야 한다. 한편, 등록에 의해 진입한 경우에는 등록 철회를 통해 자동적으로 퇴출된다.

금융위원회는 적기시정조치 중 경영개선 명령에 따른 영업양도 · 합병 등을 통

---

44. 우리나라의 금융위원회와 금융감독원을 '금융감독당국' 또는 간단히 '감독당국'으로 통칭하기로 한다.
45. 인가와 허가, 승인은 그 법률적 의미가 각기 다르지만 요건 충족 여부 말고도 금융위원회의 재량적 판단이 작용해 이루어지는 결정이라는 점에서 공통적이다. 이에 반해 등록은 금융위원회의 재량과는 무관하게 요건만 충족되는 것으로 확인되면 자동적으로 완결된다. 금융감독원 인력개발실(2006) 참조.

해 건전성이 악화된 금융기관을 강제로 퇴출시킬 수 있다. 또한 중대한 법규위반을 저지른 금융기관에 대해서도 금융위원회는 소정의 절차를 거쳐 인·허가를 취소할 수 있다. 등록대상 금융기관에 대해서도 금융위원회가 등록 취소를 통해 강제 퇴출시킬 수 있다.

3.1.2 소유구조규제

금융시장에 진입규제를 엄격히 적용하면 금융산업은 독과점적인 시장구조를 갖기 쉽다. 이때 금융기관의 소유주는 독과점적 지위를 이용하여 자신의 이익만을 고려하고 사회 전체의 이익에 위배되는 행동을 할 유인이 발생한다. 앞서 제7장에서 살펴본 대로, 재벌기업이 은행을 소유하게 되면 재벌은 은행 자체의 수익성은 떨어지더라도 자신의 계열사에 자금을 더 많이 대출해 줄 유인을 갖는다. 이것이 전형적인 불공정 내부거래의 예이다. 그래서 우리나라의 감독당국은 소유구조에 대한 규제를 통하여 산업자본에 의한 은행 또는 은행지주회사의 소유를 막고 지분을 분산시켜 특정인의 이해관계가 일방적으로 관철되지 못하도록 하고 있다. 그러나 은행 또는 은행지주회사가 아닌 금융기관에 대해서는 소유제한이 없거나 느슨하여 대부분 산업자본이 소유하는 것이 우리의 현실이다.[46]

현행 「은행법」은 동일인과 비금융주력자[47]에 대해 은행 주식의 보유를 제한한다. 우선, 동일인은[48] 은행의 의결권 있는 발행주식 총수의 10%(지방은행의 경우에는 15%)를 초과하여 보유하지 못한다. 다만, 법률 규정에 의해 보유제한이 적용되지 않는 정부나 예금보험공사, 그리고 은행지주회사의 경우에는 은행을 100%까지 소유할 수 있다. 한편, 동일인이 의결권 있는 은행(지방은행 제외) 주식의 4%를 초과하

46. 이런 점을 고려하여 이병윤(2006, p.3)은 "소유의 측면에서는 금산분리[金産分離]보다는 은산분리[銀産分離]가 우리나라 금융정책상의 기본 원칙"이라 본다. 은산분리의 기본 취지는 "특정 개인이나 기업 또는 기업집단"에 의한 금융회사의 사금고화를 막는 데 있으므로, "수신기능"이 있고 "여신규모"가 큰 '은행'과 그런 은행을 100% 소유할 수 있는 '은행지주회사'가 소유제한의 대상이 된다(금융감독원 2016, p.78).

47. 비금융주력자란 대체로 산업자본을 의미하는데, 그 상세한 정의는 「은행법」 제2조 제①항 제9호를 참고하기 바란다.

48. 동일인이란 본인과 특수관계인으로 구성된다. 자세한 내용은 「은행법」 제2조 제①항 제8호와 「은행법 시행령」 제1조의 4를 참고하기 바란다.

여 보유하게 된 때, 동일인이 당해 은행의 최대주주가 된 때, 의결권 있는 주식의 동일인 보유 지분율이 1% 이상 변동한 때, 의결권 있는 은행 주식의 4%를 초과 보유한 경영참여형 사모집합투자기구의 사원 변동이 있을 때, 의결권 있는 은행 주식의 4%를 초과 보유한 투자목적회사의 주주 또는 사원 변동이 있을 때, 이러한 사실을 금융위원회에 보고해야 한다. 또한, 동일인 보유 지분이 시중은행(지방은행)의 의결권 있는 발행주식 총수의 10%(15%), 25%, 그리고 33%를 각각 초과할 때마다 금융위원회의 승인을 받도록 되어 있다. 이때 금융위원회는 「은행법 시행령」상의 한도 초과 보유요건이 충족되는지 여부를 심사하여 승인하며, 그 이후 반년마다(또는 필요 시 수시로) 보유요건 충족 여부를 심사한다. 다만, 동일인이 시중은행(지방은행)의 의결권 있는 발행주식 총수의 10%(15%)를 초과하여 보유한다고 해도 그 초과보유 지분에 대해서는 의결권을 행사할 수 없다.

나아가 현행 「은행법」은 비금융주력자가 은행 주식을 보유하는 경우 더욱 엄격하게 규제한다. 비금융주력자는 은행(지방은행)의 의결권 있는 발행주식 총수의 4%(15%)를 초과하여 주식을 보유할 수 없다. 다만 비금융주력자가 은행(지방은행 제외)의 의결권 있는 주식발행 총수의 4%를 초과 보유하고자 하는 경우에는 초과보유 주식에 대한 의결권을 행사하지 않는 조건으로 금융위원회의 승인을 받아야 하며, 이때 의결권 있는 발행주식 총수의 10%까지 주식을 보유할 수 있다. 또한 향후 2년 내에 금융에 주력하겠다는 전환계획을 금융위원회에 제출하여 승인을 얻는 등 비금융주력자가 특정 조건을 충족하는 경우에는 동일인의 주식보유한도 등 관련 규정이 적용된다.

3.1.3 지배구조규제

제15장에서 이미 학습한 대로 일국의 공적 금융안전망이 작동한다는 사실로 인해 금융회사의 경영과 관련하여 다양한 경제주체들의 유인이 왜곡될 가능성이 있다. 예를 들어, 대주주와 경영진이 과도하게 위험을 추구하게 되거나, 예금주와 대부자가 금융회사 경영을 감시할 유인이 약화되기 쉽다. 게다가 금융회사가 조달한 자금 중 차입금—즉, 다른 사람들의 돈(other people' s money)—이 차지하는 비중은 실물기업에 비해 일반적으로 매우 높다. 부분적으로는 이런 이유로 금융회사의 도

산은 실물기업 도산과는 달리 위기로 이어질 수도 있다. 2008년 9월 리먼 붕괴가 삽시간에 글로벌 금융위기로 확산된 것이 그런 좋은 일례다.

금융회사의 지배구조규제는 금융회사 경영의 투명성 및 건전성을 높이기 위해 감독당국이 금융기관의 대주주와 경영진을 효과적으로 감시 · 견제하기 위한 것이다. 지배구조규제는 소유구조규제가 자칫 책임경영 부재로 이어지는 경우의 경영효율 저하 가능성을 막아주는 역할도 수행한다.

특히 우리나라는 일찍이 1997년 말 외환위기를 계기로 금융기관 지배구조 확립의 중요성을 절감하게 됐고, 2000년 전후로 사외이사제도(상장법인 1998 ; 금융회사 2000), 감사위원회제도(1999), 내부통제 및 준법감시인제도(2000) 등을 새로 도입하여 지금까지 운영해 오고 있다(괄호 안 숫자는 도입 연도). 한편, 글로벌 금융위기 이후에는 금융회사 지배구조의 추가적 개선을 위해 금융업권별로 금융회사의 사외이사 모범규준(2010)과 성과보상체계 모범규준(2010), 「금융회사 지배구조 선진화 방안」(2013. 6), 「금융회사 지배구조 모범규준」(2014. 11)과 「금융회사의 지배구조에 관한 법률」(2015. 7 제정 ; 2016. 8 시행) 등이 마련되었다. 여기서 「금융회사 지배구조 모범규준」은 이전에 시행해 오던 사외이사 모범규준 및 성과보상체계 모범규준을 통합한 단일 모범규준이고, 「금융회사의 지배구조에 관한 법률」 역시 6개 금융업법—「은행법」, 「자본시장과 금융투자업에 관한 법률」, 「보험업법」, 「상호저축은행법」, 「여신전문금융업법」, 「금융지주회사법」—에 금융업권별로 차별화되어 있던 지배구조 관련 내용을 통합한 단일 법률이다. 이와 같이 우리나라에서 지난 20년에 걸친 지배구조규제 확립 과정과 내실화 과정은 각기 외환위기와 글로벌 금융위기에 이어 전개되었다.[49]

이제 현행 「금융회사의 지배구조에 관한 법률」 및 동 시행령과 「금융회사 지배

49. 해외 여러 나라들의 상황도 그리 다르지 않다. OECD가 1999년 제정한 「기업지배구조 원칙(Principles of Corporate Governance)」은 회계부정으로 인한 엔론 사태(2001) 이후 보강(2004)되었고 글로벌 금융위기 이후 다시 개정(2015)되어 금융안정위원회(FSB)의 "건전한 금융시스템을 위한 핵심 원칙" 중 하나로 채택되었다(OECD 2018). 바젤은행감독위원회(BCBS)도 위기 직후 「은행지배구조 강화의 원칙(Principles for Enhancing Corporate Governance)」을 제정(2010. 10)한 이후 다시 그 개정(2015. 7) 버전(version)인 「은행지배구조 원칙(Corporate Governance Principles for Banks)」을 공표한 바 있다(BCBS 2015). 위기 이후 이와 같은 국제적 원칙을 토대로 우리나라와 미국, 영국 등 다수 국가가 국내 금융개혁 차원에서 지배구조 개선을 추진해 온 것은 물론이다.

구조 모범규준」에 나타난 사외이사, 이사회, 내부통제 및 준법감시인 등 관련 내용을 간략히 소개하기로 한다. 우선, 이사회 의장은 매년 사외이사 중에서 선임하는 것이 원칙이다. 하지만 사외이사가 아닌 사람도 의장에 선임할 수 있는데, 이런 경우에는 그 사유를 공시하고 사외이사를 대표하는 선임사외이사를 별도 선임해야 한다. 금융회사는 지배구조 내부규범을[50] 마련하여 이사회를 운영해야 한다. 특히, '금융회사의 지배구조에 관한 법률' 제12조에 따라 금융회사는 이사회에 사외이사를 3명 이상 두어야 하고, 사외이사의 수는 이사 총수의 과반수가 되어야 한다. 이들 금융회사는 임원후보추천위원회, 감사위원회, 위험관리위원회, 그리고 보수위원회를 이사회 내 위원회로 설치해야 하는데, 이때 각 위원회의 과반을 사외이사로 구성하고 각 위원회의 대표인 위원장도 사외이사가 맡아야 한다. 사외이사는 임원추천위원회의 추천에 의해 당해 금융기관의 지배주주 및 경영진으로부터 독립적이면서 금융 · 경제 · 경영 · 법률 · 회계 등 분야의 전문지식이나 실무경험을 갖춘 외부인사이어야 하며 주주총회에서 선임된다. 다만, 당해 금융기관의 대주주 및 임원의 배우자나 직계 존비속은 물론 당해 금융기관 및 계열사의 최근 3년 이내 임직원 또는 비상임이사였던 사람 등은 처음부터 배제된다. 한편, 기업경영 감시를 내실화하기 위해 설치되는 감사위원회는 3인 이상의 이사로 구성되고, 전체 위원의 2/3 이상이 사외이사이어야 하며, 위원 중 1인 이상이 회계 또는 재무 전문가이어야 한다. 감사위원후보추천위원회는 2/3 이상의 찬성으로 감사위원후보를 추천하여 주주총회에 부의한다.

사외이사제도와 감사위원회제도가 대규모 금융회사에만 적용되는 것과 달리, 내부통제기준과 위험관리기준, 그리고 준법감시인제도와 위험관리책임자제도는 모든 금융회사에 예외 없이 적용된다. 내부통제기준이란 "법령을 준수하고 경영을 건전하게 하며 주주 및 이해관계자 등을 보호하기 위하여 금융회사의 임직원이 직무를 수행할 때 준수하여야 할 기준 및 절차"를 말한다(지배구조법, 제24조 제①항). 금융기관의 내부통제기준은 이사회의 의결을 거쳐 확정된다. 이때 "내부통제기준의

50. 지배구조 내부규범이란 "주주와 예금자, 투자자, 보험계약자, 그 밖의 금융소비자의 이익을 보호하기 위하여 그 금융회사의 이사회의 구성과 운영, 이사회 내 위원회의 설치, 임원의 전문성 요건, 임원 성과평가 및 최고경영자의 자격 등 경영승계에 관한 사항 등에 관하여 지켜야 할 구체적인 원칙과 절차"를 말한다(지배구조법 제14조 제①항).

준수 여부를 점검하고 내부통제기준을 위반하는 경우 이를 조사하는 등 내부통제 관련 업무를 총괄하는 사람"이 준법감시인이다(지배구조법, 제25조 제① 항). 한편, 위험관리기준이란 "자산의 운용이나 업무의 수행, 그 밖의 각종 거래에서 발생하는 위험을 제때에 인식 · 평가 · 감시 · 통제하는 등 위험관리를 위한 기준 및 절차"를 의미하며, "[그러한] 위험을 점검하고 관리하는" 사람이 위험관리책임자이다(지배구조법, 제28조 제①, ② 항). 금융회사는 준법감시인과 위험관리책임자를 각각 1인 이상 둬야 하며, 각각의 임면에는 이사회 결의가 필요하다. 사외이사나 감사위원에게 결격사유 위주의 '소극적 자격요건'이 적용되는 것과는 달리, 준법감시인에게는 그 전문성과 독립성을 위해 일정 수준 이상의 '적극적 자격요건'이 적용된다. 또한 사외이사제도와 감사위원회제도가 지배구조의 투명성을 겨냥한 제도라면, 내부통제기준과 준법감시인제도는 금융회사 자체의 자율규제기능을 강화하려는 제도로 볼 수 있다.

3.2 건전성규제[51]

건전성규제는 자기자본규제, 자산건전성규제, 편중여신규제, 경영실태평가, 적기시정조치, 유동성규제 등으로 구성된다. 일반적으로 이들 규제는 금융기관 유형별로 차별화된다. 이 절에서는 주로 은행을 중심으로 이들 규제의 내용을 하나하나 살펴보기로 한다.

3.2.1 자기자본규제

세계적 차원의 자기자본규제는 1988년 7월 바젤은행감독위원회의 바젤 I(Basel I, BIS협약, BIS I, 또는 바젤자기자본협약) 제정에서 비롯되었다. 바젤 I은 이후 바젤 II(Basel II 또는 신BIS협약; 2004. 6 확정)와 Basel 2.5(2009. 7 확정)를 거쳐 바젤 III(Basel III; 2010. 12 확정)로 진화해 왔다. 특히 바젤 III에는 자기자본규제에 더하

51. 이 소절은 전체적으로 금융감독원(2016), 금융감독원 인력개발실(2006)과 한국은행(2005 · 2011b · 2014 · 2015)에 의존하였다.

여 유동성규제가 처음으로 도입되었다. 이들 각각의 내용을 차례대로 학습하기로 한다.[52]

3.2.1.1 바젤 I[53]

1970년대 이후 금융규제 완화와 금융혁신으로 금융산업 내부에서 경쟁이 격화되고 수익성이 저하되었다. 이에 은행은 영업이익을 유지하기 위해 자산을 공격적으로 운용하기 시작하였고, 그 결과 자기자본비율이 크게 낮아졌다. 게다가 금융혁신으로 고수익·고위험의 금융상품이 개발되자 잠재적 위험은 커지고 금융시장의 불안정에 대한 위기감이 점차 증폭되었다. 이러한 배경에서 은행의 건전성을 확보하고 예금자를 보호하기 위하여 1980년대 중반부터 적정 자기자본 수준에 대한 논의가 활발해졌다.

Box 16-6 자기자본의 의미

자본은 예상하지 못한 은행 손실에 대한 완충제(cushion)이자 은행 성장의 기초(foundation)가 된다. 자본적정성을 갖춘 은행은 손실을 더 잘 견뎌낼 수 있으며, 경기변동 전반에 걸쳐 소비자와 기업 모두에게 신용을 더 잘 공급할 수 있다. 그러므로 적정 자본수준은 은행시스템에 대한 일반의 신뢰를 촉진하는 데 도움이 된다.

그런데 예상하지 못한 손실(unexpected loss)에 대비한 충분한 완충제로 역할하기 위해 얼마나 많은 자본이 필요한지 결정하는 것은 그리 쉬운 문제가 아니다. 자본수준이 너무 낮으면, 은행이 높은 수준의 손실을 흡수하지 못할 것이므로 은행도산의 위험이 커진다. 그렇다고 해서 자본수준이 너무 높아도 은행의 자원배분 효율성이 떨어질 수 있다. 왜냐하면 너무 높은 자본수준으로 인해 신용공급 능력이 제한될 것이기 때문이다.

자료 : BIS(2004).

---

52. 바젤은행감독위원회 회원국들이 바젤 I에서 II로 막 이행하기 시작하던 시기에 2007~2009년 글로벌 금융위기가 발생했다. 이 갑작스런 사건을 계기로, 미시건전성 감독접근에 해당하는 기존의 자기자본규제체계로는 금융시스템의 건전성은 물론 개별 금융기관의 건전성도 유지하기 어렵다는 사실—구체적으로, 당시 이행 초기단계이던 바젤 II 체계 하에서는 개별 은행의 자기자본이 질적으로나 양적으로 불충분하며 시스템리스크가 간과되었다는 사실—이 널리 인식되었다. 이에 바젤 II의 미시건전성 감독접근을 보강한 바젤 II 개선안이 바젤 2.5였다. 바젤 2.5의 내용은 결과적으로 바젤 III로 모두 흡수되었으므로, 이 책에서는 바젤 2.5의 내용을 따로 설명하지는 않기로 한다.

53. 이 소절은 금융감독원(2004 · 2011), 금융감독원 신BIS실(2005 · 2006), 그리고 BIS(2000)를 참고하였다.

그 결과 1988년 7월 바젤은행감독위원회(BCBS 또는 바젤위원회: Basel Committee on Banking Supervision)의 첫번째 자기자본협약(Basel Capital Accord)이 탄생하였다.[54] 동 협약은 G-10국가에서 국제업무를 영위하는 은행들로 하여금 1992년부터 위험가중자산의 8%를 최저자기자본으로 설정하도록 규정했다. 이와 같은 BIS 자기자본규제의 배경에는 국제은행업시스템의 안정을 위해 은행이 신용위험을 커버할 수 있도록 자기자본을 충실화해야 할 필요성과 나라마다 다른 자기자본의무비율을 통일함으로써 은행 간 경쟁여건의 공평성을 확보할 필요성에 대한 공감대가 있었다. 이 협약이 정한 자기자본 의무비율은 회원국 은행의 지급능력(solvency)을 측정하는 기본 지표로 이내 인정되었고, 2006년 말 현재 100여 개 국가가 바젤 I을 채택할 정도로 보편화되었다.

Box 16-7 바젤은행감독위원회(BCBS)의 역사적 배경과 활동

1971년 미국 달러화의 태환정지로 인해 브레튼우즈 체제는 일단 붕괴되었다. 이후 고정환율제를 복구하려는 시도가 있긴 했으나, 1974년 석유파동이 발생하면서 금융시장이 더욱 불안정해지면서 동 체제는 1974년 완전히 붕괴되었다. 때마침 1974년에는 헤르슈타트은행(Herstatt Bank)이 투기적 외환거래로 인해 도산하였다. 이 헤르슈타트은행 위기는 제2차 세계대전 후 선진국에서 발생한 최초의 대형 은행위기였다. 이 사건은 국제금융업의 발전으로 인해 은행감독에서 국제협력이 필요하다는 인식이 확산되는 계기가 되었다. 지금도 많은 나라에서 중앙은행이 은행감독을 맡고 있지만 당시에도 은행감독은 중앙은행의 역할이라는 인식이 널리 퍼져 있었다. 이와 같은 두 가지 인식에 따라, 1974년 말 G-10 중앙은행 총재회의가 스위스 바젤에서 은행규제감독활동위원회(Committee on Banking Regulations and Supervisory Practices)를 창설하기로 결의하였다. 이 위원회가 오늘날 '바젤은행감독위원회(BCBS: Basel Committee on Banking Supervision)'의 전신이다.

1975년 2월 첫 회합이 열린 이래 BCBS의 첫 번째 성과는 바젤협약(Basel Concordat)이었다. 이 협약은 1974년 헤르슈타트은행 위기를 배경으로 은행감독의 국제협조체제를 구축하기 위해 체결되었으며, 2개 이상의 국가에서 영업하는 은행(cross-border banking)에 대해서는 모은행 소재국가(인가국)의 감독당국이 주된 감독책임을 지며 지점 또는 자회사 소재국가의 감독당국과 협력해야 한다는 원칙을 정하고 있다.

이후 이탈리아의 암브로지아은행 사태와 BCCI 사태는 동 협약을 강화하는 계기로 작용하였다.[1)] 예를 들어 BCBS는 은행의 지점, 자회사, 합작기업이 외국에 소재하는 경우 모은행 소재국 감독당국과 외국 감독당국 사이의 감독책임 공유를 위한 원칙을 확립하고, 서로 다른 국가 간 건전성 감독정보의 흐름을 개선하였다.

54. 정식 명칭은 "은행의 자기자본 측정과 기준에 관한 국제적 합의(International Convergence of Capital Measurement and Capital Standard)"이다.

BCBS는 "은행감독 문제에 관한 회원국 간 정기 협력을 위한 포럼"으로 역할하며, "주요 감독 이슈에 대한 이해의 증진"과 "전 세계 은행감독 수준의 향상"을 목적으로 한다.[2] 이를 위해 "각국 감독 이슈·접근·기법에 대한 정보를 교환"하고[3] 은행감독의 표준화를 도모하는 가운데, BCBS는 "[글로벌 금융위기 직후] 최근 몇 년 사이 은행감독의 모든 측면에 관한 표준제정기구(standard-setting body)로 더욱더 진화되었다."[4] 그러나 BCBS에게는 "초국적 공식 감독권한이 없[으며,] … 그 결정도 법률적 효력이 … 없다."[5] BCBS는 자신이 제시한 지침과 표준에 따라 각국의 관련 정책당국이 자국 상황에 맞는 적절한 세부 장치를 마련하도록 권고할 뿐이다.

BCBS의 상설 사무국은 BIS에 소재하며, 매년 4회 정례회의가 열린다. G10 국가 위주로 운영되던 BCBS의 회원국은 글로벌 금융위기를 계기로 크게 확대되었다. 그 결과, 지금은 회원국이 G20 국가를 포함한 27개 국가—아르헨티나, 호주, 벨기에, 브라질, 캐나다, 중국, 프랑스, 독일, 홍콩(Hong Kong SAR), 인디아, 인도네시아, 이탈리아, 일본, 한국,[6] 룩셈부르크, 멕시코, 네덜란드, 러시아, 사우디아라비아, 싱가포르, 남아프리카, 스페인, 스웨덴, 스위스, 터키, 영국, 그리고 미국—에 달한다. 각국 대표는 중앙은행이며, 중앙은행이 은행을 감독하지 않는 경우에는 중앙은행과 은행감독당국이 함께 참여한다. BCBS는 회원국 중앙은행 총재 및 감독기구 수장으로 구성된 최고위급회의(GHOS : Governors and Heads of Supervision)에 보고한다.

BCBS 산하에는 분야별로 Level 2에 해당하는 4개 소위원회—감독이행그룹(SIG : Standards Implementation Group), 정책개발그룹(PDG : Policy Development Group), 회계전문가그룹(AEG : Accounting Experts Group), 거시건전성그룹(MPG : Macroprudential Supervision Group)—와 기타 그룹이 편제되어 있다. 기타 그룹은 바젤자문그룹(BCG : Basel Consultative Group), 핵심원칙그룹(CPG : Core Principles Group), 자금세탁방지전문가그룹(Anti-Money Laundering Experts Group)으로 구성된다.

1) 1983년에 도산한 암브로지아은행(Banco Ambrosiano)은 외국 소재 자회사에 대한 감독책임의 문제를, 1990년 도산한 BCCI(Bank of Credit & Commerce International)는 본점 소재지와 주요 영업지역이 불일치하는 경우의 감독 책임의 문제를 각각 제기하였다. 한국은행 은행감독원(1995) 참조.
2) BIS(2012a).
3) BIS(2012a).
4) BIS(2012b).
5) BCBS(2009), p.1.
6) 우리나라에서는 한국은행과 금융감독원이 BCBS에 가입되어 있다(한국은행 2014).

자료 : 금융감독원(2011), 한국은행(2014), 한국은행 은행감독원(1995), BCBS(2009), BIS(2000 · 2004 · 2005 · 2012a · 2012b).

BIS 자기자본규제를 식으로 표현하면 다음과 같다.[55]

55. 'BIS기준 자기자본'은 기본자본(Tier 1)과 보완자본(Tier 2) 및 단기후순위채무(Tier 3)의 합계에서 공제항목을 차감하여 얻어진다. 바젤 I에서의 BIS기준 자기자본규제에 대해서는 한국은행 은행국(1999)과 금융감독원(2011)을 참조하기 바란다.

위험가중자산에 대한 자기자본비율

$$= \frac{\text{BIS기준 자기자본}}{\text{위험가중자산}} \times 100$$

$$= \frac{\text{BIS기준 자기자본}}{\Sigma(\text{대차대조표자산} \times \text{위험가중치}) + \Sigma(\text{대차대조표 외 자산} \times \text{신용환산율} \times \text{위험가중치})}$$

$$\geq 8(\%)$$

금융기관은 위험가중자산 대비 BIS기준 자기자본비율을 적어도 8% 수준에서 유지해야 한다는 것이 이 식의 의미이다. 예컨대 경영성과가 나빠져 BIS기준 자기자본비율이 8%에 미달된 금융기관은 증자(recapitalization)를 통해 이 기준을 맞추어야 한다. BIS기준 자기자본비율이 8%에 미치지 못함에도 증자에 실패하는 금융기관에 대해서는 감독기관이 직접 개입하여 청산·매각 절차를 밟게 된다.

바젤 I 이전에도 자기자본규제는 존재했었다. 하지만 종래의 자기자본규제는 대차대조표 내의 자산만을 규제대상으로 했고 자산을 위험도와는 무관하게 단순 합산하여 비율을 산출했었다. 그러므로 은행이 저위험자산을 보유하든 아니면 고위험자산을 보유하든 자기자본비율은 동일하게 나타나는 문제를 안고 있었다. 이와 같은 단순 자기자본비율규제와는 달리, BIS 자기자본규제는 대차대조표에 나타나지 않는 부외자산(off-balance-sheet assets)까지 포함한 모든 자산을 거래의 성격 및 조건에 따라 분류한 후 위험도를 달리 매겨 위험가중자산으로 전환하여 비율을 계산하는 점이 다르다. 이는 금융기관이 직면할 수 있는 총체적 위험을 파악하고 금융기관의 우량자산 보유를 유도하자는 취지가 반영된 것이다.

BIS 자기자본규제는 시장의 변화를 지속적으로 반영하여 자본적정성 계산을 정교화하는 등 동태적으로 진화되어 왔다. 예를 들어 바젤은행감독위원회는 1996년 1월 BIS 자기자본규제에 신용위험뿐만 아니라 시장위험까지 반영하기로 새로 합의하였고,[56] 회원국들이 1997년 말까지 이 합의를 이행하도록 의무화하였다. 이

56. 여기서 신용위험(credit risk)이란 금융기관이 보유한 자산(대출금과 채권 등)으로부터의 현금흐름이 원래의 약정대로 지급되지 않을 위험을 가리킨다. 시장위험(market risk)이란 시장상황의 변동으로 금융기관이 보유하는 자산 및 부채의 시장가치가 변동하게 될 위험을 의미한다. 이때 시장상황의 변동이란 이자율·주가·환율·시장변동성·시장유동성 등의 변동을 포함한다. 자세한 내용은 Saunders and Cornett(2003) 참조.

는 은행들이 유가증권, 주식, 파생금융상품, 외환 등 시장가격의 변동성이 큰 자산의 취급을 확대하는 이른바 금융증권화에 따라 취해진 조치였다.

우리나라도 바젤 I을 도입하여 1993년 말부터는 7.25%, 1995년 말부터는 8% 이상의 BIS 자기자본비율을 은행들이 유지하도록 의무화했고, 2002년 1월 1일부터는 일정 기준 이상으로 시장위험에 노출된 은행들에 대해 시장위험을 반영한 자기자본규제를 적용했었다.

3.2.1.2 바젤 II[57]

바젤 I은 세계 각국 은행제도의 안정성과 건전성을 강화하는 데 크게 기여했다. 그러나 자기자본비율의 하한인 8%가 자의적으로 설정된 점이 문제로 지적되어 왔다. 게다가 바젤 I은 모든 개별 차입자에 대해 동일한 위험가중치를 획일적으로 적용함으로써 차입자 간 신용위험의 차이를 전혀 반영하지 않았다. 또한 금융공학의 발전으로 자산유동화가 크게 늘어 은행이 직면한 위험이 증가했는데도[58] 바젤 I의 최저자기자본 계산에는 이러한 위험 증가가 제대로 반영되지 않았다. 은행들 간 업무나 규모의 차이는 물론 위험관리 능력의 차이도 자기자본의 계산에서 고려되지 않았다. 또한 분류된 자산에 대해 위험가중치가 각기 일정하게 정해져 있어서 경기변동에 따른 실제 위험의 변화를 반영하지 못했다. 게다가 신용위험과 시장위험 이외에 존재하는 다양한 위험도 최저자기자본 계산에 반영되지 않았다.

이러한 여러 가지 문제를 개선하기 위해 BCBS는 지난 1996년 7월부터 기존 BIS협약을 대체할 새로운 체계의 작성에 착수하였다. 이후 전 세계의 은행, 중앙은행, 감독당국, 전문가 등과 광범위한 협의를 거쳐 마침내 2004년 6월 바젤 II 또는 신BIS협약('International Convergence of Capital Measurement and Capital Standards: A Revised Framework')을 최종 확정하였다.

바젤 II의 가장 중요한 목표는 개별 은행이 적정 자본을 보유하도록 촉진하고 위험관리의 개선을 장려함으로써 금융시스템의 안정을 강화하는 데에 있다. 이를 위해 바젤 II는 세 개의 축(pillars)으로 구성된다. 이 축들은 서로 보완적으로 작용하

57. 이 절은 금융감독원(2004), 금융감독원 신BIS실(2005 · 2006), 김홍범(2010), 이홍철(2006), BIS(2000), 그리고 BoE(2008)를 참고하였다.

58. 자산유동화와 그에 수반되는 위험에 대해서는 제7장과 제14장을 참고하기 바란다.

며, 은행 스스로 위험관리와 내부통제의 수준을 향상시키기 위해 노력하도록 하는 적절한 유인을 제공한다.

바젤 II의 새로운 '최저자기자본규제'(제1축: minimum capital requirements)는 자기자본비율의 산출과정에서 은행이 실제로 직면하는 위험을 좀 더 민감하게 반영함으로써 기존의 자기자본규제를 강화한다. 구체적으로 신용위험의 측정 시 개별 차입자의 신용도에 따라 차별화된 위험가중치를 적용하고, 신용위험과 시장위험 이외에 운영위험(operational risk)도[59] 감안하여 자기자본비율을 산출한다. 그리고 각 위험의 측정을 위해 바젤 II가 제시하는 표준모형과 은행이 자체적으로 개발한 내부모형 중에서 은행이 선택할 수 있도록 허용한다. 은행이 내부모형을 선택하는 경우 감독당국의 사전 승인을 받아야 하는 것은 물론이다.

바젤 II는 이와 같이 개선된 제1축의 '최저자기자본규제'를 제2축 '감독 강화(supervisory review)' 및 제3축 '시장규율 강화(market discipline)'와 결합한다. 제2축에서는 개별 은행이 제1축에서 자기자본비율 산출 시 고려하지 않은 여타 위험까지[60] 감안하여 자기자본의 적정 수준을 산출·관리하도록 되어 있다. 감독당국은 그러한 전반적 절차의 적정성을 평가하여, 필요한 경우에는 8%를 초과하는 자기자본비율을 요구할 수 있다. 제3축에서는 개별 은행이 자신의 자기자본비율뿐만 아니라 자기자본의 세부 내역과 위험의 측정과정 및 내역을 상세하게 공시하여 스스로 투명성을 높임으로써 시장규율 강화를 통한 경영의 건전성 제고를 도모한다.

요컨대 바젤 II는 바젤 I에 비해 개별 은행에 대한 자기자본규제와 감독당국 및 시장에 의한 경영건전성 감시를 다 같이 강화한 내용이다. 그럼에도 개별 은행의 업무특성, 자산특성과 관리능력에 따라 차별화된 자기자본비율을 적용하며, 그 비율의 산출과 준수과정에서 은행의 선택권과 자율성을 강조한 점이 큰 특징이다.

기존의 바젤 I에서는 감독당국이 최저 자기자본비율 8%를 은행들에게 획일적으로 부과하고 이를 준수하도록 일방적으로 요구했었다. 반면 바젤 II에서는 개별

59. BIS(2004)에 따르면, 운영위험은 "[내부적] 시스템, 절차, 또는 인력의 실패에 의해 초래된 손실위험이나 자연재해와 같은 외부적 사건에 의해 초래된 손실위험"으로 정의된다.

60. 여기서 여타 위험은 계량화가 가능한 위험과 계량화가 불가능한 위험으로 구분된다. 전자에는 대출 등 은행계정(banking book)의 금리위험이 있고, 후자에는 신용편중위험 · 유동성위험 · 전략위험 · 평판위험 등이 있다. 이들 가운데 전략위험이란 "경제나 정치 환경의 기반이 변화 … 하거나 경영진의 정책결정 오류로 발생하는" 위험을, 평판위험은 "금융기관이 시장에서 신뢰를 상실함으로써 발생하는" 위험을 각각 의미한다(이홍철 2006, p.17).

은행이 준수해야 할 최저 자기자본비율이 8%인 것은 동일하지만, 개별 은행 스스로 자신이 업무특성과 규모 등에 따라 위험 측정방법을 차별화할 수 있도록 허용함으로써 결과적으로 차별화된 자기자본비율을 적용받게 된다. 물론 개별 은행이 선택하는 위험 측정방법은 감독당국과의 협의를 통해 사전 승인을 받아야 하지만, 감독당국이 정한 원칙을 개별 은행이 자율적으로 준수한다는 점에서 기존 자기자본비율 규제와는 큰 차이가 있다. [표 16-3]은 바젤 I과 II의 내용상 차이를 정리한 것이다.

표 16-3 바젤 I과 바젤 II의 주요 내용 비교

항목	바젤 I	바젤 II
자기자본비율 산출 시 반영하는 위험	-신용위험 -시장위험	-신용위험 -시장위험 -운영위험
신용위험	-표준모형: 소속 국가 및 기관에 따라 일률적인 위험가중치* 적용 * 0%, 10%, 20%, 50%, 100% 구분 / OECD 국가 / 기타 국가 국 가 / 0% / 100% 은 행 / 20% / 100% 기 업 / 100% / 100% 주택담보 / 50% / 50%	-표준방법: 외부 신용평가등급에 따라 위험가중치 차등화* * 0%, 20%, 50%, 100%, 150% -내부등급법 ▪ 기본 방식: 차주의 부도율은 은행이 자체 평가, 기타 위험요소는 바젤은행감독위원회가 결정 ▪ 고급 방식: 각 은행이 모든 위험요소를 자체 평가
시장위험	-표준방법 -내부모형법	-표준방법 -내부모형법
운영위험	(없음)	-기초지표 방식: 과거 3년간 총수입의 15%를 필요자본으로 산정 -내부등급법: 8개 영업부문별 총수입의 12~18%를 필요자본으로 산출하고 이를 단순합산 -고급측정 방식: 사업부문별 손실자료 등을 감안해 은행 자체적으로 운영위험을 측정
감독당국의 점검	(없음)	-위험관리체계 및 자기자본의 적정성 점검 -금리위험 및 스트레스 테스트 등의 적정성 점검 등
시장규율	(없음)	-자본적정성, 위험수준 등의 공시 의무화

자료: 이홍철(2006), p.32의 〈붙임 4〉.

바젤 II는 대체로 2007년부터 각 회원국에 도입되기 시작했으며, 우리나라에서도 2008년부터 은행에 대해 바젤 II를 점진적으로 도입했었다. 바젤 II가 바젤 I에 비해 여러 측면에서 개선된 것은 사실이지만 바젤 II 시행 이전부터 몇 가지 우려가 제기되어 왔다. 무엇보다도 바젤 II의 시행으로 인해 은행이 위험에 더욱 민감해져 경기순응성(procyclicality)이 증가할 것이라는 우려이다. 경기가 하강하면 위험이[61] 커진다. 그런데 바젤 II에서 과거보다 위험에 더욱 민감하게 반응하게 된 개별 은행은 자기자본비율을 지키기 위해 기업대출을 줄일 것이고 그 결과 경기의 진폭이 더 커지는 현상이 나타난다. 이와 같은 경기순응성의 증가로 경기가 과거보다 지나치게 과열되거나 지나치게 위축될 것이라는 시각이다.[62]

또한 바젤 I에서 자산유동화에 의한 규제자본[63] 회피가 가능했으나 바젤 II에서는 이것이 가능하지 않게 되어[64] 자산유동화시장의 위축을 가져올 것이라는 우려나, 은행의 위험민감도가 증대하므로 대기업보다 신용도가 낮은 중소기업에 대한 여신이 줄어들 수 있다는 우려도 제기되었다.

한편, 감독당국의 재량권 남용 가능성에 대한 우려도 있었다. 바젤 II에서는 은행이 제시하는 위험 측정모형을 감독당국이 사전에 승인하고(자기자본규제) 은행의 위

61. 이때 위험이란 개별 은행이 인식하는 미시건전성에 대한 위험을 가리킨다.

62. BoE(2008)에 따르면, 바젤 II에도 경기순응성을 감안한 몇몇 안전장치—예를 들어, "부도율(PD : probability of default) 추정 시 PIT(point-in-time) 방식이 아닌 TTC(through-the-cycle) 방식의 사용을 허용하고 있는 점, 내부등급법의 고급모형을 사용하는 은행은 도산 시 손실률(LGD : loss given default) 추정 시에 보수적으로 경기하강기를 상정하도록 의무화한 점, 그리고 경기변동이 최저 자본요구량에 미치는 경기순응적 효과를 제1축이 감안하지 않[으므로] … 제2축을 통해 은행들이 경기하강 시 자신의 자본계획에 대한 위기상황 분석을 실시하도록 의무화한 점 등"—가 이미 반영되어 있긴 했었다. BoE(2008, p.65)를 인용한 김홍범(2010, p.193)에서 재인용.

63. 규제자본(regulatory capital)이란 "BIS기준 자기자본비율 규제상의 [최저] 자본요구액"으로 정의된다(한국은행 2004b, p.55). 어느 은행이 자산유동화를 통해 유동성이 낮은 위험자산을 매각하여 현금화하면 그 은행의 자산포트폴리오에서 위험자산의 비중이 낮아져 BIS기준 자기자본비율규제상의 최저 자본요구액 자체가 감소한다. 그러나 은행이 위험자산을 매각한 이후에도 자산유동화증권의 기초자산(매각된 위험자산)에서 발생하는 위험은 계속 은행에 영향을 미칠 수 있다. 왜냐하면 특히 우리나라에서는 발행된 자산유동화증권 중 후순위채를 애초의 위험자산 보유자인 은행이 다시 인수하는 것이 일반적이기 때문이다. 이런 경우 "기초자산의 리스크는 사실상 그대로 남아 있는 상태에서 외형상 위험자산의 규모만 축소되기 때문에" 바젤 I의 방식에서는 자산유동화가 규제자본 회피거래(regulatory capital arbitrage)가 된다(한국은행 2004a, p.208).

64. 바젤 II에서는 자산유동화증권의 신용등급이 일정 수준에 미달하는 경우 그 증권가치만큼을 직접 자기자본에서 차감하도록 함으로써 마치 1,250%의 위험가중치를 부과하는 것과 같은 효과를 내게 되어 있다. 이홍철(2006) 참조.

그림 16-2

바젤 Ⅲ의 핵심 구성요소

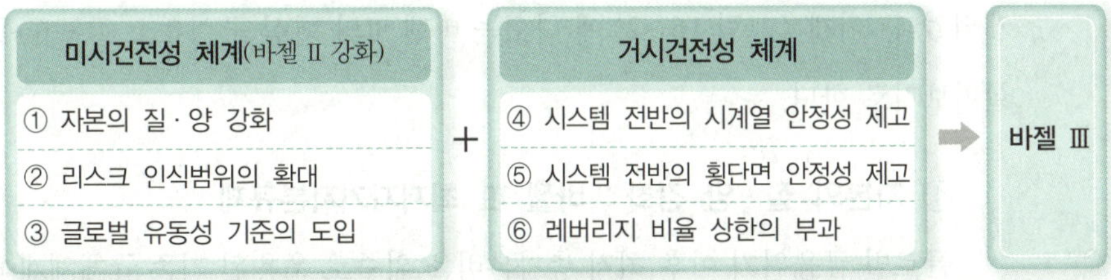

자료: Caruana(2012), Chart 2를 일부 수정하여 작성.

험관리 능력이나 절차를 종합적으로 판단해 8%를 넘는 자기자본비율을 부과할 수 있는(감독 강화) 등 감독당국의 재량권이 과거에 비해 크게 강화되었다. 감독당국의 재량권은 원칙적으로 보장되야 한다. 시장여건에 따라 자기자본규제의 구체적 기준이 갖는 의미도 달라지고, 금융기관들의 대응전략도 다양하게 변화할 것이기 때문이다. 하지만 이러한 감독의 재량권도 사전에 약속된 규칙을 준수하는 범위 내에서만 이루어지도록 해야 한다. 그렇지 않다면 규제의 신뢰성을 유지할 수 없기 때문이다.

3.2.1.3 바젤 Ⅲ[65]

기존의 바젤 I, Ⅱ, 그리고 바젤 2.5는 자기자본규제체계라는 공통점을 갖는다. 그러나 바젤 Ⅲ는 기존 자기자본규제체계의 강화는 물론 글로벌 유동성 기준도 새롭게 도입하고 있다. 또한 바젤 Ⅲ는 기존의 미시건전성 감독 시각은 물론 거시건전성 감독 시각이 균형 있게 반영된 종합적 체계이다. 〈그림 16-2〉는 바젤 Ⅲ의 이러한 특징을 잘 보여준다.

바젤 Ⅲ 규제체계는 바젤은행감독위원회가 2010년 12월 16일 공표한 2편의 보고서—「바젤 Ⅲ: 은행과 은행시스템의 복원력 제고를 위한 글로벌 규제체계(Basel Ⅲ: A Global Regulatory Framework for More Resilient Banks and Banking Systems)」와 「바젤 Ⅲ: 유동성 리스크의 측정·기준·감시를 위한 국제적 체계(Basel Ⅲ:

65. 이 소절은 한국은행(2014·2015)와 Caruana(2012)에 주로 의존했다.

International Framework for Liquidity Risk Measurement, Standards and Monitoring)」—에 집약되어 있으며, 그 내용은 한국은행 · 금융위원회 · 금융감독원 발행의 번역자료 『바젤 Ⅲ 기준서: 글로벌 자본 및 유동성 규제체계』(2011)로도 소개되었다. 이제 〈그림 16-2〉에 나오는 바젤 Ⅲ의 핵심 구성요소 ①~⑥을 차례로 살펴보기로 한다.

① 자본의 질 · 양 강화 : 바젤 Ⅲ 최저자기자본규제

글로벌 금융위기 이후 최저 총자본비율 위주로 운용된 기존 규제체계 하에서는 손실흡수력이 큰 양질의 자본이 부족했다는 인식이 확산되었다. 이에 따라 바젤 Ⅲ에서는 자기자본의 구성항목이 보통주자본(Common Equity Tier 1), 기타기본자본(Additional Tier 1), 보완자본(Tier 2)의 세 가지 종류로 세분되었으며, 보통주자본과 기타기본자본의 합계는 기본자본(Tier 1 ; Tier 1 ≡ Common Equity Tier 1 + Additional Tier 1)으로, 기본자본과 보완자본의 합계는 총자본(Total Capital ; Total Capital ≡ Tier 1 + Tier 2)으로 각각 정의된다. 이때 위험가중자산 대비 최저 보통주자본비율은 4.5%, 위험가중자산 대비 최저 기본자본비율은 6%, 그리고 위험자산 대비 최저 총자본비율은 8%로 각각 확정되었다.

바젤 Ⅲ에서도 바젤 Ⅱ에서와 마찬가지로 최저 총자본비율은 8%가 유지되었으나, 그 세부 구성에서는 최저 보통주자본비율과 최저 기본자본비율을 추가적으로 충족해야 하게 되었다. 또한 바젤 Ⅱ에서 자기자본의 구성항목으로 인정받았던 단기후순위채무(Tier 3)가 바젤 Ⅲ에서는 폐지되었다. 나아가 총자본을 구성하는 보통주자본, 기타기본자본, 보완자본 등 각 자본증권의 인정요건을 구체적으로 명시하여 운용하도록 함으로써 최저자기자본규제가 질적 · 양적으로 강화되었다. 이 밖에도 바젤 Ⅲ는 자본에는 포함되지만 손실흡수력과는 무관한 "영업권, 이연법인세자산, 자기주식 등을 [기본자본이나 보완자본이 아닌] 보통주자본에서 공제" 하고, "[위기상황에서] 신종자본증권, 후순위채권 등[을] … 기본자본이나 보완자본으로 인정받기 위해서는 [이들 증권이] 조건부자본요건[을 충족]" 하도록 의무화하고 있다.[66] 이와 같이 바젤 Ⅲ 최저자기자본규제는 개별 은행의 손실흡수력 강화에 주된 초점을

66. 여기서 조건부자본요건은 은행 도산 시 해당 조건부자본증권 투자자들의 손실 분담을 통한 납세자 보호를 겨냥한 것이다(한국은행 2014).

맞춰 설계되었다는 점에서 기본적으로 미시건전성 규제에 해당하지만, 개별 은행의 손실흡수력 강화는 금융시스템의 복원력 개선에 기여한다는 점에서는 거시건전성 규제의 속성도 갖는다.

② 리스크 인식범위의 확대 : 거액익스포저 규제 도입

글로벌 금융위기 이후 리스크 인식범위의 확대 필요성에 관한 인식은 거액익스포저 규제의 도입으로 구체화되었다. 이 규제는 자기자본규제를 보완하는 차원에서 "은행 대출이 특정 차주에 편중될 리스크", 즉 신용편중리스크에 주된 초점을 맞춘다. 개별 은행의 단일 거래상대방 또는 연계된 거래상대방 그룹에 대한 익스포저가 그 은행 적격자본의 10% 이상일 때 거액익스포저로 정의되며, 동 규제는 거액익스포저 상한—"은행이 개별 거래상대방의 부실로 입을 수 있는 최대손실"—을 적격자본의 25%로 규정한다. 이때 적격자본은 바젤 Ⅲ 기본자본(Tier 1 Capital)으로 정의된다. 또한 자본규제를 보완하는 동 규제의 기본 취지에 따라 자본규제의 적용대상 익스포저—"난내 · 외 비파생상품 은행계정, 트레이딩계정, 유동화증권/집합투자기구 관련 익스포저, 신용위험 경감기법 제공자에 대한 익스포저"—가 모두 거액익스포저의 한도 규제 대상에 포함된다.[67]

거액익스포저 규제는 "개별 거래상대방이 갑작스럽게 도산했을 때에도 [개별] 은행이 관련 손실을 자본으로 흡수한 후 계속기업을 유지"하는 것을 목적으로 고안된 미시건전성 규제에 해당한다. 하지만 여기서 더 나아가 BCBS는 "금융기관 간 연계성과 전염효과의 억제라는 거시건전성 정책요소"를 거액익스포저 규제에 반영하기로 정했다. 이를 위해 첫째, 시스템상 중요 글로벌 은행(G-SIBs : Global Systemically Important Banks)에 대해서는 일반 한도(25%)가 아닌 대폭 강화된 한도(15%)를 적용하기로 했다. 둘째, 그림자은행에 대한 감독 차원에서 거액익스포저 규제를 활용하기로 했다. 이에 따라 "은행이 … 집합투자상품이나 구조화상품에 투자한 경우에는 해당 상품의 기초자산 … 발행자를 거래상대방으로 간주"하며, "은행이 보증이나 금융담보를 이용하여 신용위험을 경감하는 경우에는 해당 경감금액을 익스포저에서 차감할 수 있으나 경감금액 전액을 보증 또는 금융담보 제공자에 대한 익스포저로 이전된 것으로 간주"한다.[68]

67. 이 문단의 인용구는 모두 한국은행(2014), p.38 또는 p.39, 〈그림 Ⅱ-6〉에서 각각 따왔다.

BCBS는 2014년 4월 이러한 내용의 "거액익스포저의 측정 및 통제를 위한 감독체계(Supervisory Framework for Measuring and Controlling Large Exposures)"를 공표하고, 2019년에 시범 실시하였으나 이후 코로나 위기로 인해 정식 규제 도입이 2021년 이후로 연기되었다.

③ 글로벌 유동성 기준의 도입 : LCR와 NSFR

바젤은행감독위원회는 "[금융위기 시 자산 헐값 매각 등의] 부정적 외부효과가 존재하는 경우 자본규제보다 [조달유동성위험에 대비한 평상시의] 유동성규제 강화가 더욱 효과적인 것으로" 판단하고,[69] 단기지표인 유동성 커버리지 비율(LCR: liquidity coverage ratio)과 장기지표인 순안정자금조달비율(NSFR: net stable funding ratio)을 유동성의 두 가지 기준으로 확정하였다.[70] 전자(LCR)는 "30일간의 잠재적인 유동성 위기상황에 [은행들이] 대처할 수 있는 [단기] 복원력을 제고하기 위해 도입"되었고, 후자(NSFR)는 "1년 동안 운용자산 및 [부외] … 약정으로부터 발생할 수 있는 자금수요를 충족시킬 수 있는 최소한의 안정적 자금조달 규모를 요구[함으로써] … 단기 도매자금에 과도하게 의존하지 않 … 도록 유도"하고 "장기 복원력을 제고하"기 위해 도입되었다.[71] 이들 두 유동성 지표를 통한 유동성규제는 자기자본규제와 함께 바젤 III의 제1축(Pillar 1)에 포함된다.[72] [표 16-4]는 각 유동성 비율에 대한 설명이다.

유동성 커버리지 비율(LCR)에서 고유동성 자산에 레벨2 자산이 포함된 경우에는 당해 자산의 종류에 따라 일정한 할인율을 적용해 고유동성 자산을 계산한다. 순현금유출액은 현금유출액에서 현금유입액을 차감한 값으로 정의되며, 현금유출액과 현금유입액은 주로 거래상대방에 따라 일정한 이탈률과 유입률을 적용하여 각각 계산한다. 감독당국은 위기 상황에서는 은행들이 고유동성 자산을 사용하도록 허용함으로써 LCR 최저비율에 미달해도 이를 용인하는 방식으로 LCR규제를 운영하게 된다.

순안정자금조달비율(NSFR)에서 가용안정자금은 부채 및 자본 항목별로 자금조

---

68. 이 문단의 인용구 4개 중 첫 2개는 한국은행(2014), p.37과 p.39에서, 나머지 2개는 한국은행(2015), p.115~116에서 각각 따왔다.
69. 김정훈(2011), p.35.
70. BCBS(2010b) 참조.
71. 한국은행 · 금융위원회 · 금융감독원(2011), pp.22~23.
72. 김훈(2011) 참조.

표 16-4 글로벌 유동성 기준: LCR과 NSFR

	유동성 기준	규제의 의의	비고
LCR (유동성 커버리지 비율)	LCR(고유동성 자산/30일간 순현금유출액) ≥ 100%	은행이 심각한 스트레스 상황에서 30일 동안 순현금유출액을 충당할 수 있는 고유동성 자산을 100% 이상 보유하도록 규제	▪ 스트레스 상황: 신용등급 3단계 하락, 소매예금 일부 이탈, 무담보 도매자금 조달능력 상실, 시장 변동성 증가에 따른 담보가치 인정비율 하향 조정 또는 추가담보 적립 등을 상정해 감독당국이 설정 ▪ 고유동성 자산: "현금화하고자 할 경우 가치하락이 거의 없으며 즉시 현금화할 수 있고 처분제한도 없는 … 자산"(ex. 현금, 현금등가물, 중앙은행예치금, 국가나 공공기관 등에 대한 청구권 또는 증권 등 레벨1 고유동성 자산; 다소 낮은 신용등급의 레벨2 고유동성 자산)
NSFR (순안정자금 조달비율)	NSFR(가용안정자금/필요안정자금) ≥ 100%	은행의 1년간 가용안정자금(부채 및 자본)이 필요안정자금(자산)을 하회하지 않도록 규제	▪ 가용안정자금: 자본, 만기 1년 이상 우선주, 유도 만기 1년 이상 부채, 안정적 비만기성 예금 등의 합계 ▪ 필요안정자금: 1년 동안 유동성위기가 지속되는 상황에서 부내·부외 익스포저 중 현금화가 어려운 자산

자료: 김정훈(2011), pp.36~37을 대부분 재인용하되, 일부 내용은 한국은행(2015), p.76, 각주 106의 내용으로 보완.

달의 안정성을 감안하여 안정적일수록 높은 가중치를 적용한 가중합계액으로 계산된다. 이때 부채 및 자본 항목별 자금조달의 안정성은 "만기, 자금의 형태, 거래상대방"에 따라 차이가 난다. 필요안정자금은 자산 항목별로 그 유동성 가치를 감안하여 유동성이 낮을수록 높은 가중치를 적용한 가중합계액으로 계산된다. 이때 자산의 항목별 유동성 가치는 "만기와 자산의 형태"에 의존한다. 가용안정자금과 필요안정자금의 각 계산에서는 만기구간이나 거래상대방이 같은 경우 동일한 가중치를 적용하는 "대칭적 처리"가 원칙이다.[73]

④ 경기순응성 완화를 통한 시스템 전반의 시계열 안정성 제고: 자기자본 규제 강화

지난 글로벌 금융위기에서 금융충격을 증폭시킨 금융부문의 경기순응성—"금융부문과 실물부문의 동태적 상호작용(양의 피드백 메커니즘)"—을[74] 완화시키기 위

73. 이 문단의 인용구는 모두 한국은행(2014), pp.54~55에서 각각 따왔다.

74. FSF(2009), p.8. 이를 다시 풀어서 설명하면, 금융부문의 경기순응성이란 "금융기관이 리스크가 저

해 바젤은행감독위원회는 최저자기자본규제와는 별도로 두 종류의 완충자본—경기대응 완충자본(CCyB : countercyclical capital buffer)과 자본보전 완충자본(CCB : capital conservation buffer)—을 새롭게 도입했다.

경기대응 완충자본은 신용팽창기(경기호황기)에 은행들이 최저자기자본 이외에 완충자본을 위험가중자산의 최대 2.5% 범위 내에서 보통주자본(Common Equity Tier 1)으로 더 쌓도록 함으로써 이후 전개될 신용수축기(경기불황기)의 잠재적 손실에 미리 대비하도록 하는 거시건전성 정책수단이다. 정책당국이 신용팽창기에 완충자본 규제수준을 높이면 은행의 자금조달비용을 상승시켜 과도한 신용팽창을 억제하는 효과를 기대할 수 있다. 또한 신용수축기에는 정책당국이 완충자본 규제수준을 낮추면 이미 적립된 완충자본을 은행이 손실보전 및 신용공급에 쓸 수 있게 되므로 과도한 신용수축을 완화하는 효과를 기대할 수 있다. 각국 정책당국은 경기대응 완충자본의 조정이 필요하다고 판단하는 경우 그 시점과 완충자본 적립 수준을 결정하게 된다. BCBS는 각국 정책당국이 신용사이클 및 경기 판단을 위해 다양한 정보와 함께 활용할 수 있는 공통참고지표로 신용/GDP 갭—신용/GDP 비율에서 동 비율의 장기평균치를 차감한 값—의 사용을 제안한 바 있다. 완충자본의 상향조정(추가적립) 결정은 사전에 공지되어야 하며, 정책당국은 은행들에게 최대 12개월까지 조정시간을 허용할 수 있고, 완충자본의 하향조정(사용) 결정은 즉시 효력이 발생한다. 완충자본 적립이 규제수준에 미달하는 은행은 이를 충족할 때까지 배당금 및 상여금 지급, 주식환매 등이 제한된다.

자본보전 완충자본은 은행들이 최저자기자본 이외에 평소 위험가중자산의 2.5%를 보통주자본으로 더 쌓도록 함으로써 위기 시의 손실 발생에 미리 대비하도록 하는 거시건전성 정책수단이다. 위기 시에는 개별 은행이 손실보전 및 신용공급을 위해 이미 적립한 완충자본을 사용할 수 있으므로 과도한 신용수축을 완화하는 효과를 기대할 수 있다. 다만, 그로 인해 당해 은행의 자본보전 완충자본 비율이 2.5%에 미달하게 되면 경기대응 완충자본에서와 마찬가지로 규제수준을 다시 충족할 때까지 이익의 재량적 처분이 제한된다.[75]

평가되는 호황기에는 신용공급을 확대함으로써 경기를 과열시키고 리스크가 고평가되는 불황기에는 신용공급을 급격히 축소하여 불황을 심화시키는 경향"을 말한다(한국은행 2015, p.67).

75. 개별 은행은 위기로 자본이 소진된 상태에서도 재무적으로 문제가 없다는 신호발송을 위해 주주 등

그림 16-3

바젤 Ⅱ와 바젤 Ⅲ 자본규제체계 비교

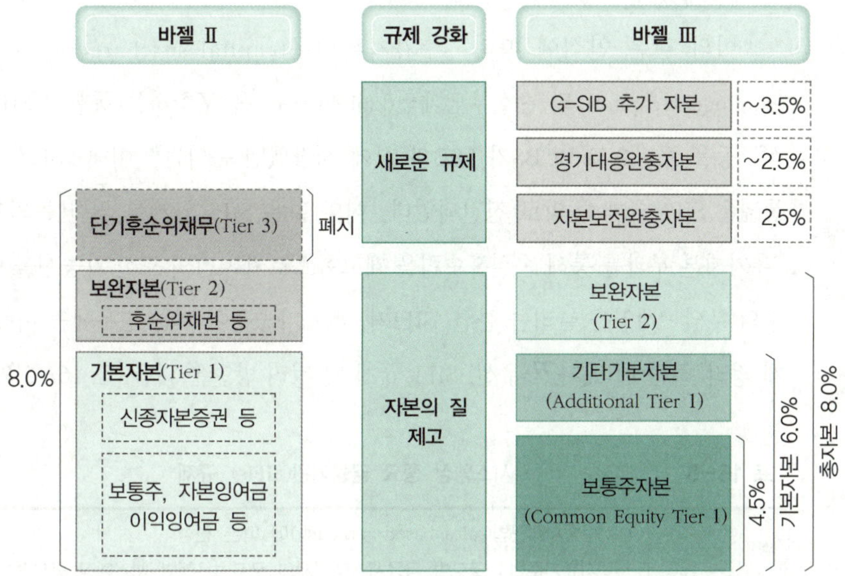

자료 : 한국은행(2014), p.29, 〈그림 Ⅱ-2〉.

한편, 시스템상 중요 글로벌은행(G-SIBs)에게는 CCyB와 CCB 말고도 손실흡수추가자본(ALA : additional loss absorbency)을 보통주자본으로 적립해야 하는 의무가 부과된다. 현재 G-SIBs는 시스템상 중요성에 따라 4개 등급으로 구분되며, 각 등급별로 추가자본 의무가 최소 1%에서 최대 3.5%까지 부과된다. 글로벌 금융위기 이후 마련된 바젤 Ⅲ 자기자본규제는 앞서 학습한 최저자기자본규제와 방금 살펴본 CCyB · CCB · ALA규제로 구성된다. 〈그림 16-3〉은 바젤 Ⅲ 자기자본규제를 바젤 Ⅱ 자기자본규제와 비교하는 관점에서 정리한 내용이다.

⑤ 상호연계성 완화를 통한 시스템 전반의 횡단면 안정성 제고 : SIFIs 규제

지난 글로벌 금융위기에서 금융충격은 위 ④에서 설명한 경기순응성(시계열 차원)을 통해 증폭되었을 뿐만 아니라 은행 간 상호연계성(횡단면 차원)을 통해서도 증

에게 과도한 수익을 배분하는 경향을 보인다. 경기대응 완충자본 및 손실보전 완충자본 규제는 이러한 경향을 통제하여 개별 은행이 위기 시에도 자본을 가급적 보전하도록 해줌으로써, 위기 이후 경제회복 초기에 은행이 은행 대출을 순조롭게 유지하는 데 기여한다.

폭되었다. 이는 '시스템상 중요 은행들(SIB : systemically important banks)'의 '손실흡수력(loss absorbing capacity)'에 비해 '상호연계성(interconnectedness)'이 과도했기 때문이었다.

이와 같은 인식에 따라 "추가자본의무(capital surcharges), 조건부자본(contingent capital) 및 손실부담채권(bail-in debt)을 포함하는 통합적 SIFI 규제방식" 등을 초점으로 BCBS가 FSB와 함께 시작했던 논의는[76] 이내 FSB가 주도하는 폭넓은 SIFI 규제 논의로 진전되었다. 이와 같은 SIFI 규제를 위한 논의의 핵심은 "추가자본 부과를 통해 손실흡수력을 제고함으로써 SIFI의 도산 가능성을 낮추고 주주의 부담 · 책임을 늘리는 한편, SIFI가 생존 가능성이 없는 경우에는 이를 질서 있게 정리"하는 데 있다.[77] 우선, SIFI 규제 및 정리 방안은 다음 [표 16-5]와 같이 요

표 16-5 시스템상 중요 금융기관(SIFIs) 규제

G-SIBs (시스템상 중요 글로벌은행)	▪ 기준중시접근법(rules-based approach)에 따른 선정 – 지표기준법 : 글로벌 금융시스템에서의 글로벌은행별 시스템상 중요성을 5개 부문(각 가중치 20%)에 걸쳐 평가 ◦선정기준 : 글로벌 영업활동 ; 규모 ; 상호연계성 ; 대체가능성 · 금융기관 인프라 ; 복잡성. – 감독 판단(supervisory judgment) : 지표기준법 보완을 위한 보조지표의 활용 ◦보조지표 : "도매자금 조달 비중, 총수익 중 해외부문 비중, 주식시장에서의 시가총액, 해당 은행의 진출국 수 등"(한국은행 2014, p.62, fn.149) ▪ 선정방식 재검토 및 명단작성 빈도 – G-SIBs 선정의 방식은 3년마다 재검토 ; G-SIBs 명단은 매년 작성 ▪ G-SIBs에 대한 정책수단 – 손실흡수 추가자본 적립의무 부과 ◦시스템상 중요성 정도에 따라 4개 구간으로 구분한 후 구간별로 위험가중자산의 0~3.5% 범위에 걸쳐 손실흡수 추가자본을 보통주자본의 형태로 부과 – 효과적인 정리체계 확립(정리가능성 제고) ◦G-SIBs는 바젤 III 최저자기자본 요건을 포함하는 최저총손실흡수력(TLAC : total loss-absorbing capacity) 요건(위험가중자산의 16~20%)을 충족할 필요 ◦바젤 III 최저자기자본규제 및 최저총손실흡수력규제는 바젤 III 완충자본(경기대응 완충자본, 자본보전 완충자본, G-SIBs 추가자본)규제에 앞서 우선 충족될 필요 – 감독 강화 ◦"SIFI 감독 및 효과성 제고를 위한 권고안"(FSB가 2010년 공표한 총 32개 권고)

76. BCBS(2010a), pp.7~8.
77. 한국은행(2014), p.60.

D-SIBs (시스템상 중요 국내은행)	▪ 원칙중시접근법(principles-based approach)에 따른 선정 – "D-SIBs 규제체계 기본 원칙"(총 12개 원칙으로 구성; 원칙 1~7은 평가방법을, 원칙 8~12는 정책수단을 각각 규정)에 따라 각국 정책당국이 국내은행의 국내금융시스템에서의 시스템상 중요성을 4개 부문에 걸쳐 평가하되(원칙 5) 자국의 특수성도 감안하여 D-SIBs를 선정 ◦ 선정기준(원칙 5) : 규모 ; 상호연계성 ; 대체가능성/금융기관 인프라 ; 복잡성. ▪ 국별 D-SIBs 규제에 관한 일관성 제고 방안 – 바젤 Ⅲ 규제일관성 평가프로그램(RCAP : regulatory consistency assessment programme) 등과 같은 동료평가 실시 ▪ G-SIBs에 대한 정책수단 – 손실흡수 추가자본 적립의무 부과 ◦ 추가자본 수준은 각국 정책당국이 결정
G-SIIs (시스템상 중요 글로벌 보험회사)	▪ 규정기반접근법에 따른 선정 – 지표기준법 : 글로벌 금융시스템에서의 글로벌보험회사별 시스템상 중요성을 5개 부문에 걸쳐 평가(아래 각 부문 괄호 안 수치는 가중치) ◦ 선정기준 : 규모(5%) ; 글로벌 영업활동(5%) ; 상호연계성(40%) ; 비전통적 보험업 및 비보험 영업활동(45%) ; 대체가능성(5%) – 감독 판단 : 지표기준법 보완을 위한 사업부문별 접근방식 활용 ◦ 사업부문별 접근방식 : 개별 보험회사의 업무활동을 "전통적 보험업, 준전통적 보험업, 비전통적 보험업, 비보험 금융활동, 비보험 산업활동 등"으로 구분한 후 각 활동별 위험가중치를 적용하여 점수를 산출(한국은행 2014, p.67) ▪ 선정방식 재검토 및 명단 작성 빈도 – G-SIIs 선정의 방식은 3년마다 재검토 ; G-SIIs 명단은 매년 작성 ▪ G-SIBs에 대한 정책수단 – 손실흡수 추가자본 적립의무 부과 – 효과적인 정리체계 확립 – 감독 강화

자료: 한국은행(2014 · 2015)의 관련 내용을 요약.

약된다. 이 표는 시스템상 중요 금융기관을 세 가지 유형—G-SIBs(시스템상 중요 글로벌은행), D-SIBs(시스템상 중요 국내은행), G-SIIs(시스템상 중요 글로벌보험회사)—으로 구분해 각각의 선정기준과 추가자본 적립의무 부과 등 정책수단을 간결히 보여준다. G-SIBs 규제는 가장 진행이 빨라 2016년부터 이미 단계적으로 실시되고 있으며, 각 유형의 SIFIs에 대한 규제들도 현재 시행 중이다. 또한 특히 G-SIBs의 정리가능성 제고를 위한 조치로, 2019년부터 최저총손실흡수력규제(minimum TLAC requirement)를 통해 손실흡수를 위한 추가자본 적립의무가 새롭게 부과되어 시행 중이다. 최저TLAC 요건은 바젤 Ⅲ 최저자기자본 요건을 포괄하며, 위험가중자산의 16~20% 범위로 결정될 것으로 보인다. 이때 추가자본의 구성요소는 바젤 Ⅲ 자기자본을 구성하는 보통주자본, 기타기본자본, 보완자본과 기타 적격수단(무담보 선순위 채 등)으로 한정된다. FSB와 BCBS는 G-SIBs 명단을 2011년부터 매년 공표해 오고 있으며, 2017년에도 JP Morgan Chase, Bank of America, Citigroup, Deutsche Bank 등을 비롯한 총 30개 글로벌은행이 G-SIBs에 선정되었다. 한편, FSB와 국제보험감독자협의회(IAIS : International Association of Insurance Supervisors)도 G-SIIs 명단을 2013년부터 매년 공표해 오고 있다. 끝으로, FSB는 은행도 보험회사도 아닌 시스템상 중요 금융기관(NBNI G-SIFIs : Non-Bank Non-Insurer Global SIFIs)에 대한 규제 및 정리 방안을 지난 수년간 IOSCO와 함께 논의 중이다.

⑥ 레버리지 비율의 부과

바젤은행감독위원회는 "[지난 글로벌 금융위기에서] 위기가 가장 심각했던 시기에 시장에서는 은행 레버리지의 강제적 축소가 진행되면서 자산가격의 하향 압력 증폭으로 손실, 은행자본 감소, 신용공급 감소 사이의 악순환이 심화되었다"고 판단한다.[78] 이에 따라 레버리지의 경기순응성을 완화하려는 목적으로—즉, 위기 시 레버리지의 급격한 축소(deleveraging)에 따른 부작용을 미연에 방지하기 위해 평소 레버리지의 상승을 억제하려는 목적으로—레버리지 비율 규제가 새로 도입되었다.

레버리지 비율은 다음 [표 16-6]과 같이 정의된다:

표 16-6 레버리지 비율

	산식	규제의 의의	비고
레버리지 비율	기본자본[1)]/ 총익스포저[2)] ≥ 3%	경기순응성 완화	1) 기본자본은 바젤 Ⅲ의 기본자본(Tier 1)을 의미 2) 총익스포저 ≡ (자산총계 + 부외항목 + 유동화를 위해 매각된 자산) − (현금등가물 + 공제항목 + 무조건취소가능약정)

자료: 김정훈(2011), pp.33~34를 발췌한 후 일부 보완.

레버리지 비율의 분모인 총익스포저(총자산)는 원칙적으로 "회계적 방법으로 측정한 난내·외 모든 [자산] 항목[의 단순 합계]"이며,[79] 위험가중자산이 아니다. 그러므로 레버리지 비율규제는 바젤 Ⅲ 최저자기자본규제와 같은 리스크 중심의 자

78. BCBS(2010a), p.4.

79. 한국은행(2014), p.34, 〈그림 Ⅱ-5〉.

기자본규제를 보완하는 의미가 있다.[80]

3.2.1.4 소결: 바젤 규제체계

바젤은행감독위원회가 자기자본규제에 관한 최초의 국제적 합의인 바젤 I을 제시한 것은 1988년 7월이었다. 그 이후 각각 16년, 5년, 1년 반 만에 동 위원회는 바젤 규제체계를 세 차례 연속적으로 갱신해 왔다. 이것이 바젤 II(2004. 6), 바젤 2.5(2009. 7), 그리고 바젤 III(2010. 12)이다. 2000년대 들어와 이처럼 규제체계의 잦은 변경이 이루어진 것은 최근 글로벌 금융환경 및 금융구조의 변화가 가속화되었음을 반영한다. 특히 2007～2008년 글로벌 금융위기로 기존 규제감독 방식과 내용의 취약성이 적나라하게 드러나면서 규제체계는 기존 미시건전성 감독은 강화되고 거시건전성 감독이 새로 도입되는 방향으로 더욱 빠르게 진화 중이다.

구체적으로, 바젤 III의 제1축에는 과거 바젤 규제체계에 포함되어 있지 않던 유동성규제가 처음으로 포함되었다. 또한 기존 자기자본규제도 자기자본 개념을 보통주자본, 기본자본, 총자본의 세 종류로 세분하여 실시하게 되며, 여기에 경기순응성 완화를 위해 경기대응 완충자본제도와 자본보전 완충자본제도가 추가 보강되었다. 바젤 III의 제2축에서는 G-SIBs에 대한 추가적 자기자본 및 유동성 요건 등이 새로 부과되었고, 제3축에서는 공시 강화의 일환으로 BCBS가 자본공시기준을 새로 마련함에 따라 은행들이 공통의 양식으로 관련 정보를 공개하게 되면서 은행 자본구조의 상호 비교가 가능해졌다.[81]

2013년부터 운용되기 시작된 바젤 III는 6년간의 단계적 · 점진적 이행기간을 거쳐 2019년부터는 완성된 상태로 실시될 예정이었다. BCBS가 2010년 제시한 이행일정에 따르면, 예를 들어 2013년 1월부터 최저자기자본규제와 병행하여 실제 운용되었던 레버리지 비율규제는 2018년부터 제1축으로 이동하여 운용되는 것으로, 보통주자본(최저기준 4.5%)과 기본자본(최저기준 6%)은 2015년 1월에는 각자의 해당 기준에 도달하는 것으로, 자본보전 완충자본(2.5%)은 2016년 1월부터 매년

80. 개별 자산항목의 위험 측정에 오류가 있는 경우에는 위험가중자산 대비 자기자본의 비율을 규제하려는 위험 중시 자기자본규제의 기본 접근은 실효성이 떨어지는 반면, "상황이 불확실할수록 [레버리지 비율 규제와 같은] 단순한 규제가 실효성이 높[아진]다"(한국은행 2014, p.36).

81. 김훈(2011) 및 한국은행(2014) 참조.

0.625%p씩 증가하여 2019년 1월에는 기준에 도달하는 것으로 각각 예정되어 있었다. 또한 LCR 규제(하한 100%)는 2015년 1월 60%에서 출발하여 매년 10%p씩 증가하여 2019년 1월에는 기준에 도달하는 것으로, NSFR 규제(하한 100%)는 2018년 1월부터 완전히 실시되는 것으로 각각 예정되어 있었다. 이러한 바젤 III 이행 일정은 지난 수년간 대체로 순조롭게 진행되어, 이미 대부분의 BCBS 회원국에서 각 세부 규제가 완성되었거나 완성에 가까운 상태로 이행되고 있는 중이다.

하지만 2017년 12월 중앙은행 총재 및 감독기구 수장 회의(GHOS : Group of Governors and Heads of Supervision)가 바젤 III 규제체계 일부에 대한 BCBS의 개편안을 승인했고, 이로써 글로벌 금융위기로 시작된 바젤 III 규제개혁 어젠더가 최종적으로 완결되었다. 동 개편안의 취지는 "위험가중자산 계산과정에 대한 신뢰를 회복함으로써 은행 자기자본비율의 비교 가능성을 개선"하는 데 있다. 구체적으로, 위험가중자산의 계산에서 "신용위험 취급을 개선"하고 "운영리스크 취급을 단순화"하는 방안과 "대형은행[G-SIBs]에게 레버리지 완충비율을 추가적으로 부과"하는 방안 등이 동 개편안에 포함되어 있다. 이번 개편 관련 조치들이 단계적 · 점진적 이행기간을 거쳐 2022년 1월 완료될 예정이었으나 코로나19로 인해 일부 안을 제외하고는 2023년 1월부터 시행될 예정이다.[82]

3.2.2 자산건전성규제

자산건전성규제는 금융기관이 차주의 채무상환능력과 금융거래내용 등을 감안하여 자신이 보유하는 자산을 건전성에 따라 여러 단계로 분류한 후 단계별로 그 회수가능성 또는 예상손실을 감안하여 소정의 대손충당금을 적립하도록 하는 규제이다. 자산건전성규제는 "예상손실에 대한 손실흡수력을 확보"하기 위한 규제라는 점에서 "미예상손실에 대한 손실흡수력을 확보"하기 위한 자기자본규제와 차이가 난다. 자산건전성 분류를 통한 규제의 목적은 "금융기관 보유자산의 신용리스크 정도에 대한 평가를 통해 부실자산의 발생을 사전에 예방하고 이미 발생한 부실자산의 조기정상화를 촉진함으로써 금융기관 자산운용의 건전화[를] 도모"하는 데 있다.[83]

82. BCBS(2017), p.1과 pp.4~6.

은행의 경우 은행계정 · 신탁계정 · 종합금융계정의 자산 중 "신용리스크가 있고 부실화 가능성이 있는 자산"은 모두 건전성 분류의 대상이 된다.[84] 은행은 개별 차입기업의 연체기간과 부도 여부와 같은 과거 실적뿐만 아니라 미래 채무상환능력까지 포괄적으로 고려하는 미래지향적 방식(FLC: Forward Looking Criteria)을 이용해 자신이 보유한 자산의 건전성을 정상 · 요주의 · 고정 · 회수의문 · 추정손실의 5단계로 분류한다.[85] 각각의 건전성 단계는 채무상환능력, 연체기간, 그리고 부도 여부를 기준으로 정의되며, 그 내용은 [표 16-7]과 같다.

표 16-7　은행의 자산건전성 분류단계별 정의(2020년 현재)

구분	채무상환능력 기준	연체기간[1)]	부도 여부 등
정상	- 경영내용, 재무상태 및 미래 현금흐름 등을 감안할 때 채무상환능력이 양호하여 채권회수에 문제가 없는 것으로 판단되는 거래처(정상거래처)에 대한 자산	-	-
요주의	- 경영내용, 재무상태 및 미래 현금흐름 등을 감안할 때 채권회수에 즉각적인 위험이 발생하지는 않았으나 향후 채무상환능력의 저하를 초래할 수 있는 잠재적인 요인이 존재하는 것으로 판단되는 거래처(요주의 거래처)에 대한 자산	- 1개월 이상 3개월 미만 연체대출금을 보유하고 있는 거래처에 대한 자산	-
고정	- 경영내용, 재무상태 및 미래 현금흐름 등을 감안할 때 향후 채무상환능력의 저하를 초래할 수 있는 요인이 현재화되어 채권회수에 상당한 위험이 발생한 것으로 판단되는 거래처(고정거래처)에 대한 자산 - "회수의문거래처" 및 "추정손실거래처"에 대한 자산 중 회수예상가액 해당분	- 3개월 이상 연체대출금을 보유하고 있는 거래처에 대한 자산 중 회수예상가액 해당 부분	- 최종 부도 발생, 파산 · 청산 절차 진행 또는 폐업 등의 사유로 채권회수에 심각한 위험이 존재하는 것으로 판단되는 거래처에 대한 자산 중 회수예상가액 해당 부분

83. 한국은행(2011b), p.289.

84. 금융감독원(2016), p.187. 자산건전성 분류대상 자산에는 비통화은행예치금 중 종금사 발행어음 및 표지어음, 유가증권, 대여유가증권, 원화대출금, 외화대출금(역외 포함), 은행간 외화대여금, 외화차관자금 대출금, 내국수입 유산스, 콜론, 매입어음, 매입외환, 지급보증 대지급금, 신용카드채권, 직불카드채권, 환매조건부채권 매수, 사모사채, 팩토링채권, 출자전환채권, 금대출, 지급보증(배서어음 포함), 미사용약정 등이 포함된다(금융감독원 2016).

85. 우리나라는 1999년 12월 FLC 방식에 의한 자산건전성 분류를 은행에 처음으로 도입하였다. 이후 그 적용대상을 점차 늘려온 결과 현재 거의 모든 유형의 금융기관이 FLC 방식을 채용하고 있다. 한국은행(2011b) 참조.

회수의문	- 경영내용, 재무상태 및 미래 현금흐름 등을 감안할 때 채무상환능력이 현저히 악화되어 채권회수에 심각한 위험이 발생한 것으로 판단되는 거래처(회수의문거래처)에 대한 자산 중 회수예상가액 초과부분	- 3개월 이상 12개월 미만 연체대출금을 보유하고 있는 거래처에 대한 자산 중 회수예상가액 초과부분	-
추정손실	- 경영내용, 재무상태 및 현금흐름 등을 감안할 때 채무상환능력의 심각한 악화로 회수불능이 확실하여 손실처리가 불가피한 것으로 판단되는 거래처(추정손실거래처)에 대한 자산 중 회수예상가액 초과부분	- 12개월 이상 연체대출금을 보유하고 있는 거래처에 대한 자산 중 회수예상가액 초과부분	- 최종 부도 발생, 파산·청산절차 진행 또는 폐업 등의 사유로 채권회수에 심각한 위험이 존재하는 것으로 판단되는 거래처에 대한 자산 중 회수예상가액 초과부분

주 : 1) 기업 및 일반가계여신 기준.

자료: 금융감독원(2016), p.189~190의 표.

보유자산에 대한 건전성 분류가 완료되면, 이를 기초로 은행은 분류단계별 회수가능성에 맞춰 대손충당금을 적립하게 된다. 이는 각 자산으로부터 손실이 실제로 발생하는 경우 이를 안정적으로 흡수하기 위해 내부유보를 확충하는 것에 해당한다. 그러므로 대손충당금의 적립규모는 원칙적으로 각 자산으로부터 예상되는 손실액(예상손실액)과 같아야 한다. 우리나라에서는 2006년 하반기부터 과거의 경험손실률 방식과 바젤 II가 제시하는 예상손실기준 방식으로 각각 산출된 대손충당금 중 큰 금액을 적립하게 되었다. 다만, 2011년부터는 한국채택 국제회계기준(K-IFRS)의 도입으로 "자산가치에 손상이 발생했다는 객관적인 증거가 있는 경우에 한해 대손충당금을 설정"하게 됨에 따라 대손준비금제도가 새로 도입되었다. 이는 K-IFRS 방식에 따라 계산된 '회계목적의 대손충당금'이 예상손실기준으로 계산된 '감독 목적의 대손충당금'에 미달하는 경우 그 차액을 대손준비금으로 적립하도록 한 제도이다. [표 16-8]은 감독규정상 은행에 적용되는 대손충당금 최저적립비율을 보여준다.

한편, 2018년 1월부터는 IFRS9 도입으로 우리나라의 대손충당금제도에도 몇 가지 변화가 생겼다.[86] 첫째, 손실 개념이 기존 K-IFRS의 발생손실에서 미래 전망을 반영한 예상신용손실로 변경되었다. 둘째, 기존의 정상자산이 신용위험이 유의적

86. 한국회계기준원(2017)과 US GAAP Plus(2018) 참조.

표 16-8 은행의 대손충당금 적립비율(2018년 6월 말 기준) (단위: %)

	정상	요주의	고정	회수의문	추정손실
기업대출금	0.85[1)]	7	20	50	100
가계대출금	1.0	10	20	55	100
카드대출 · 리볼빙자산	2.5	50	65	75	100

주 : 1) 건설업, 도매 및 소매업, 숙박 및 음식점업, 부동산 및 임대업의 경우 0.9 적용.

자료 : 한국은행(2018).

으로 증가한 경우(순수정상자산)와 그렇지 않은 경우(위험자산)로 세분되었고, 각각의 손실인식기간도 전자는 12개월, 후자는 잔여 만기 전체로 차별화되었다. 셋째, 대손충당금 계산에 사용되는 부도율(PD) 개념이 기존의 경험부도율에서 미래 전망을 반영한 예상부도율로 변경되었다. 이와 같은 회계기준 변경으로 기존의 대손충당금은 다소 늘어나고 대손준비금은 그만큼 줄어드는 효과가 있을 것으로 예상된다.

3.2.3 경영실태평가

감독당국은 개별 금융기관의 경영건전성을 사전에 확립된 기준에 의해 체계적으로 파악 · 평가한다. 이를 경영실태평가라 부르며, 각 금융기관에 대한 임점 종합검사를 통해 정기적으로 평가가 수행된다. 우리나라에서는 1996년 10월 처음으로 은행에 경영실태평가제도가 도입된 이후 그 적용범위가 점진적으로 확대되어 지금은 대부분의 금융기관이 감독당국으로부터 경영실태평가를 받고 있다.

금융기관의 경영실태평가에서 평가의 대상 부문은 기본적으로 자본적정성(C: capital adequacy), 자산건전성(A: asset quality), 경영관리적정성(M: management), 수익성(E: earnings), 유동성(L: liquidity)의 5개 부문이다. 하지만 금융기관의 유형에 따라 업종이나 업무가 갖는 특수성을 고려하여 일부 부문을 가감해 평가해 왔다.[87] 예를 들어 일반은행 본점 및 해외현지법인의 경우에는 위의 5개 기본 부문에 시장위험에 대한 민감도(S : sensitivity to market risk)가 추가된 6개 부문(CAMELS)을

87. 다만, 보험회사의 경우에는 2012년 9월부터 위험을 중시하는 방향으로, 금융지주회사의 경우에는 2008년 1월부터 그룹 전체의 위험 평가를 강화하는 방향으로 각각의 경영실태평가체계가 변경되었다(금융감독원 2016). [표 16-9]는 그러한 변경 내용을 반영한다.

평가했으나 2012년 10월부터는 시장위험에 대한 민감도를 위험관리(R : risk management)로 대체하여 새로운 6개 부문(CAMEL-R)을 평가해 오고 있다. 외국은행 국내지점 및 일반은행 국외지점의 경우에는 위의 5개 기본 부문 중 자산건전성만 남기고 위험관리, 경영관리 및 내부통제(O : operational controls), 법규준수를 추가하여 모두 4개 부문(ROCA)을 평가한다. 또한 특수은행의 경우에는 5개 기본 부문 중 경영관리적정성을 빼는 대신 법규준수(C : compliance)와 위험관리(R : risk management)의 2개 부문을 추가하여 모두 6개 부문(CACREL)을 평가한다. 각 금융회사 유형별 경영실태평가의 대상 부문은 [표 16-9]와 같다.

표 16-9 금융기관의 경영실태평가 기준

금융기관 유형		경영실태평가 기준
은행	일반은행 본점 및 해외현지법인	CAMEL-R 방식 ① 자본적정성 ② 자산건전성 ③ 경영관리적정성 ④ 수익성 ⑤ 유동성 ⑥ 위험관리
은행	외국은행 국내지점 및 일반은행 국외지점	ROCA 방식 ① 위험관리 ② 경영관리 및 내부통제 ③ 법규준수 ④ 자산건전성
은행	특수은행 (본점, 국외지점 및 현지법인)	CACREL 방식 ① 자본적정성 ② 자산건전성 ③ 법규준수 ④ 위험관리 ⑤ 수익성 ⑥ 유동성
비은행금융회사(상호저축은행, 여신전문금융회사, 신용협동조합 등)		CAMEL 방식 ① 자본적정성 ② 자산건전성 ③ 경영관리능력 ④ 수익성 ⑤ 유동성
금융투자업자	금융투자업자	공통평가부문(60%) : ① 자본적정성 ② 수익성 ③ 경영관리 업종평가부문(40%) : 영위업종에 따라 부문별 가중치, 평가항목을 달리한다. ① 유동성 ② 자산건전성
보험회사		RAAS 방식 ① 경영관리리스크 ② 보험리스크 ③ 금리리스크 ④ 투자리스크 ⑤ 유동성리스크 ⑥ 자본적정성 ⑦ 수익성
금융지주회사		RFI 방식 ① 리스크관리 ② 재무상태 ③ 잠재적 충격

자료 : 금융감독원(2020)을 토대로 작성.

개별 금융기관에 대한 경영실태평가는 모두 네 개의 단계를 거쳐 확정된다. 제1단계에서 감독당국은 우선 각 평가대상 부문별로 정해져 있는 여러 계량지표 각각에 대해 등급을 매긴 후 이를 산술평균하여 부문별 잠정 평가등급을 산출한다. 이때 감독당국은 각 평가대상 부문별 비계량항목에 대해서도 평가한다. 비계량항목은 계량화하기는 곤란하지만 경영실태에 중요한 영향을 미치는 요인들—일부 예를 들면, 경영진의 자질과 능력, 직원의 업무수행능력과 자세, 경영계획의 적정성 등—에 대한 것이다. 일반은행의 경우 경영관리적정성(M)과 시장위험관리(S)의 2개 부문은 계량항목 없이 다수의 비계량항목으로만 구성되며, 나머지 4개 부문(CAEL) 각각은 여러 계량항목 및 비계량항목으로 구성된다.

제2단계에서 감독당국은 부문별로 산출된 각각의 잠정 평가등급을 각 부문에서 가장 중시되는 중심지표의 등급을 기준으로 조정한다. 예컨대 자본적정성 부문에서는 단순자기자본비율, 자산건전성 부문에서는 손실위험도가중 여신비율, 그리고 수익성 부문에서는 총자산수익률이 각각 중심지표가 된다. 각 부문에 대한 잠정 평가등급의 조정이 완료되면, 다시 각 부문별로 비계량항목의 평가결과를 감안해 각 평가대상 부문별 평가등급을 확정한다. 이때 확정되는 부문별 평가등급은 실제로 다섯 등급—1등급(우수: strong), 2등급(양호: satisfactory), 3등급(보통: less than satisfactory), 4등급(취약: deficient), 그리고 5등급(위험: critically deficient)—중 어느 하나로 주어진다.

제3단계에서 감독당국은 확정된 부문별 평가등급에 부문별로 가중치를 부여한 후 가중평균치를 구하여 잠정적으로 종합평가등급을 산출한다.

마지막 제4단계에서 감독당국은 잠정적 종합평가등급에 더하여 자신의 감독·검사정책 방향, 금융·경제여건, 직전 정기검사 이후 실시한 부문검사 및 상시감시의 결과, 그리고 당해 금융기관의 전반적 경영상태 및 영업능력 등을 종합적으로 감안하여 종합평가등급을 확정한다. 여기서 종합평가등급도 부문별 평가등급 때와 마찬가지로 다섯 등급 중 하나로 주어진다.

최근까지 금융감독원은 개별 금융회사 본점에 대한 종합검사를 통해 경영실태평가를 수행하고 종합평가등급을 부여해 왔다. 다만 종합검사를 원칙적으로 폐지할 예정이라는 금융감독원의 감독운영방침이 공표(2015. 12)됨에 따라 앞으로는 경영실태평가를 위한 검사가 별도로 실시될 것으로 보인다. 경영실태평가 결과 여하에 따라 금융위원회는 당해 금융기관에게 경영개선 권고나 요구 또는 명령과 같은 적기시정조치를 발동하게 된다. 한편, 개별 금융회사의 분기별 또는 반기별 업무보고서를 활용하여 평가대상 부문의 계량항목(CAEL)에 대한 평가를 실시한다. 이와 같은 간이계량평가 결과에 따라 금융감독원은 감독규정 등에 명시된 판단기준에 의거하여 당해 금융회사에 대한 경영실태평가 등급을 조정할 수 있다.

3.2.4 적기시정조치

적기시정조치(PCA: prompt corrective action)란 부실화 징후가 있는 것으로 확인된 개별 금융기관에 대해 그 경영상태가 악화되어 있는 정도에 따라 감독당국이 자동적으로 발동하는 단계적 강제조치를 말한다. 이를 통해 감독당국은 개별 금융기관의 경영상태 악화 정도가 회복 가능한 경우에는 적기에 경영개선조치를 강제하여 부실의 진행을 막고 경영정상화를 도모하며, 회복 불가능한 경우에는 그 금융기관을 조기에 퇴출시켜 금융시장 불안정성을 사전에 차단한다. 따라서 적기시정조치는 전자의 경우 개별 금융기관에 대한 "건전성 감독수단"이 되는 한편, 후자의 경우에는 금융시장의 안정을 지키기 위한 "행정적 퇴출수단"이 된다.[88]

적기시정조치가 갖는 가장 주목할 만한 특징은, 개별 금융기관에 대한 정기적 평가의 결과가 감독당국이 미리 정해둔 소정의 단계별 기준(발동요건)만 충족하면 그 단계에 해당하는 강제 조치가 자동적으로 발동된다는 것이다. 다시 말해, 어떤 금융기관에 대해서도 그 드러난 부실화 가능성에 따라 적기시정조치가 무차별적으로 적용된다는 것이다.

이러한 특징은 중요한 정책적 의미를 갖는다. 금융감독은 "아무도 고마워하지 않는 업무(a thankless task)"이다.[89] 감독당국이 감독을 아무리 잘해도 그 성과는 분명히 드러나지 않지만 어쩌다 개별 금융기관에 문제가 생기는 경우에는 그 정확한 연유가 무엇이든 일단 감독자에게 사회적 화살이 돌아오기 쉽기 때문이다. 따라서 감독당국의 입장에서는 자신이 감독한 금융기관에 심각한 문제가 확인된다고 하더라도 그에 따른 조치를 가급적 유예하려는 유인을 갖게 된다. 이를 규제유예

88. 금융감독원(2016), p.229.

89. Goodhart *et al.*(1998), p.171.

(regulatory forbearance)의 유인이라고 부른다. 예를 들어, 어떤 금융기관이 퇴출되어야 할 만큼 경영이 악화되었다는 사실을 파악했으면서도 감독당국으로서는 규제를 느슨하게 하여 한동안 연명시키려는 성향을 보일 수 있다.

적기시정조치는 감독자가 재량을 발휘할 여지를 최소화함으로써 이와 같은 규제유예를 방지할 수 있다. 뿐만 아니라 지급불능 은행의 처리기준이 명백해져 부실금융기관 처리에서 불거지게 마련인 각종 특혜 논란을 사전에 봉쇄할 수 있고, 금융기관 사이의 형평성을 확립하는 데에도 도움이 된다. 실제로 적기시정조치가 도입되기 이전에는 여러 국가에서 파산의 파급효과가 큰 대형 은행은 아무리 부실이 심해도 망하지 않는 대마불사(TBTF: Too Big To Fail) 현상이 관찰된다. 뿐만 아니라 대형 은행의 거액 예금자와 채권자들은 거의 100% 보호된다. 반면 소형 은행은 청산절차를 통해 예금자들이 손실을 입는 경우가 관찰된다. 이것은 대형 은행의 도덕적 해이를 부추기는 결과를 가져오는데, 적기시정조치가 적용되면 문제 금융기관의 규모와는 상관없이 부실 처리가 동등하게 이루어지는 효과를 부수적으로 얻을 수 있다.

적기시정조치는 최소의 비용으로 부실금융기관을 사전에 효율적으로 통제할 수 있는 매우 강력한 제도이다. 자본금 잠식 등 심각한 부실 징후가 나타나면 곧바로 주주의 손실을 실현시키고 경영진 교체를 단행해 금융기관의 구조조정이 즉각 이루어질 수 있기 때문이다. 따라서 적기시정조치가 원래 취지대로 엄격하게 실시되는 경우 자기자본규제와 같은 건전성규제가 더욱 큰 효과를 갖게 된다.

적기시정조치는 1974년 덴마크가 세계 최초로 채택했으며, 미국이 1992년 「연방예금보험공사 개혁법(FDICIA)」을 통해 도입한 이후 세계적으로 보급되었다. 우리나라에서는 1998년 4월 「금융산업의 구조 개선에 관한 법률」이 시행되면서 대부분의 금융기관에 대해 적기시정조치제도를 적용해 오고 있다.

우리나라의 현행 적기시정조치제도의 주요 내용은 [표 16-10]과 같다.

표 16-10 우리나라 적기시정조치의 주요 내용(2020년 12월 말 현재)

구분				적기시정조치		
				경영개선 권고	경영개선 요구	경영개선 명령[1]
발동요건[2]	자본충실도	비은행 지주회사	필요자본 대비 자기자본비율	100% 미만	75% 미만	25% 미만
		은행 은행지주회사	총자본비율	8% 미만	6% 미만	2% 미만
			기본자본비율	6% 미만	4.5% 미만	1.5% 미만
			보통주자본비율	4.5% 미만	3.5% 미만	1.2% 미만
		금융투자	순자본비율[3]	100% 미만	50% 미만	0% 미만
			최소영업자본액[4]	자기자본이 최소영업자본액에 미달	자기자본이 필요유지자기자본과 고객·고유자산운용 필요자본의 50%를 합산한 금액에 미달	자기자본이 필요유지자기자본에 미달
			영업용순자본비율[5]	150% 미만	120% 미만	100% 미만
		보험	지급여력비율	100% 미만	50% 미만	0% 미만
		종금	BIS비율	8% 미만	6% 미만	2% 미만
		저축은행	BIS비율[6]	7%(8%) 미만	5% 미만	2% 미만
		신협	순자본비율	2% 미만	△3% 미만	△15% 미만
		여전	조정자기자본비율	7% 미만	4% 미만	1% 미만
		카드	조정자기자본비율	8% 미만	6% 미만	2% 미만
	경영실태평가	금융지주회사		종합등급 3등급 및 재무상태 부문 4등급 이하	종합등급 4등급 이하	-
		권역 공통[7]		종합등급 3등급 및 자본적정성 또는 자산건전성 부문 4등급 이하	종합등급 4등급 이하	-
		여전		종합등급 4등급으로서 자산건전성 또는 자본적정성 3등급 이상	종합등급 4등급으로서 자산건전성 또는 자본적정성 4등급 이하	종합등급 5등급
		신용카드		종합등급 1~3등급 및 자산건전성 또는 자본적정성 4등급 이하	종합등급 4등급 이하	-

조치내용 (권역 공통)	조직 · 인력 운용의 개선, 자본금의 증액 또는 감액, 신규업무 진출 제한 등	점포 폐쇄 및 신설 제한, 임원진 교체 요구, 영업의 일부 정지 등	주식소각, 영업양도, 외부 관리인 선임, 합병 및 계약 이전 등
적기시정조치 처리절차 (권역 공통)	미이행 시 경영개선 요구 발동	미이행 시 경영개선 요구 발동	–

주 : 1) 금융지주회사, 은행, 금융투자, 보험, 종금, 상호저축은행의 경우 경영개선 명령 발동 시 '자본충실도' 및 '경영실태평가' 요건 외에 '부실금융회사 지정' 요건 포함, 신협은 '경영관리' 요건임.

2) 거액의 금융사고 또는 부실채권의 발생으로 금융회사가 자본충실도 및 경영실태평가 결과상 발동요건에 해당될 것이 명백하다고 판단되는 경우 포함.

3) 투자매매 · 투자중개업자.

4) 집합투자업자.

5) 신탁업자.

6) 2018. 1. 1.부터 자산총액 1조원 이상인 저축은행은 8%를 적용.

7) 금융지주회사, 여신전문회사, 집합투자업자를 제외하고 권역 공통.

자료 : 금융감독원(2020), p.248~249의 표를 일부 수정.

적기시정조치의 발동요건은 자본충실도나 경영실태평가의 결과로 구성되며, 금융기관 유형에 따라 그 특성을 감안하여 차별화된다. 이때 감독당국의 조치 강도는 그 금융기관의 기준미달 정도에 따라 권고 · 요구 · 명령으로 구분된다. 적기시정조치의 근거 법률에 따르면, "금융위원회는 금융기관의 자기자본비율이 일정 수준에 미달하는 등 재무상태가 [소정] … 기준에 미달하거나 거액의 금융사고 또는 부실채권의 발생으로 금융기관의 재무상태가 [소정] … 기준에 미달하게 될 것이 명백하다고 판단되면 금융기관의 부실화를 예방하고 건전한 경영을 유도하기 위하여 해당 금융기관이나 그 임원에 대하여 … [경영개선] 사항을 권고 · 요구 또는 명령하거나 그 이행계획을 제출할 것을 명하"게 되어 있다.[90] 이때 경영개선 사항에는 영업정지 · 인수 · 합병 등을 포함하는 다양한 조치가 법률에 정해져 있다.

적기시정조치를 받은 금융기관은 조치 내용에 상응하는 경영개선 이행계획을 일정 기간 이내에 감독당국에 제출하여 승인을 받아야 하고, 이후 일정 기간 동안 동 이행계획을 이행하면서 분기별 이행실적을 감독당국에 정기적으로 제출하여야 한다.

---

90. 인용구는 「금융산업의 구조개선에 관한 법률」(2017. 10. 31. 시행) 제10조(적기시정조치)의 제①항에서 따왔으며, 경영개선 사항들은 동 법률 제10조 제①항 제1~9호에 정해져 있다.

이러한 적기시정조치의 실효성은 감독기관이 사용하는 금융기관 시장가치 측정수단이 얼마나 정확한지, 그리고 영업정지 명령의 시기 선택이 얼마나 적시성을 갖는지에 달려 있다. 또한 감독당국이 재량적 판단에 의해 적기시정조치를 유예하는 일이 빈번하다면[91] 적기시정조치는 본래의 좋은 취지를 살리지 못한 채 오히려 금융시장 불안정성을 자극하고 금융자율화를 가로막는 불필요한 규제조항으로 전락하기 쉽다. 그 좋은 예가 2011년 저축은행 사태이다. 적기시정조치의 무리한 유예가 저축은행의 부실을 키운 여러 요인 중 하나였음이 드러났기 때문이다.[92]

3.2.5 유동성규제

유동성이란 보유한 자산이 정상적인 가격으로 즉시 현금화될 수 있는 정도를 말한다. 보유자산의 유동성이 낮으면 부채에 대한 지급요구가 발생했을 때 부채를 쉽게 상환할 수 없어 금융기관의 안정성이 상실될 수 있다. 그러므로 유동성규제는 금융기관으로 하여금 충분한 유동성을 확보하도록 하여 예상치 못한 미래의 손실을 예방함으로써 은행 경영의 건전성을 유지하고 예금자 및 채권자를 보호하려는 것이다.

실제로, 감독당국은 금융기관의 유동성 확보를 위해 원화유동성비율 · 외화유동성비율 · 원화예대율 등 각종 규제를 실시한다.[93] 예를 들어 은행의 경우 원화유동성비율(원화유동성부채 대비 원화유동성자산 비율)은 2015년 1월부터 유동성 커버리지 비율(LCR)로 대체된 이래 매년 단계적으로 상향 조정되어 왔다. 2019년부터는 일반은행 및 특수은행은 LCR을 100% 이상으로, 외국은행 국내지점은 60% 이상으로 각각 유지해야 했다. 2021년 현재 코로나로 인하여 통합 LCR은 100%에서 85%, 외화 LCR은 80%에서 70%로 인하하여 운영 중이며, 2022년 3월 말까지 완

---

91. 현행 「금융산업의 구조개선에 관한 법률」 제10조(적기시정조치) 제③항의 규정을 근거로 금융위원회는 적기시정조치를 유예할 수 있다.

92. 금융감독 혁신 TF(2011) 참조. 상호저축은행 사태를 계기로 2012년 1월부터 금융위원회는 상호저축은행의 적기시정조치 유예를 결정하기 이전에 반드시 예금보험공사에게 서면의견을 요청해야 하게 되었다(이 책의 제17장 참조). 그러나 다른 유형의 금융회사에 대한 적기시정조치 유예 결정과정에는 이와 같은 사전적 견제장치가 아직도 마련되어 있지 않다.

93. 자세한 내용은 금융감독원(2016)을 참고하기 바란다.

화하여 운영될 예정이다. 한편, 은행들은 외화유동성비율(외화유동성부채 대비 외화유동성자산 비율)은 85% 이상으로, 원화예대율(원화예수금 대비 원화대출금 비율)은 100% 이내로 각각 유지해야 한다.

3.2.6 소결

금융감독당국은 지금까지 살펴본 각종 건전성규제를 통해 금융기관이 경영 건전성을 확보하도록 지도 · 감시한다. 이 과정에서 금융감독당국은 경영지도기준을 활용한다.

예를 들어 은행의 경우에는 감독당국이 「은행업감독규정」에 의거, 경영지도기준을 운영한다. 지금까지 논의한 주요 건전성규제—자기자본규제, 자산건전성규제, 편중여신규제, 경영실태평가, 적기시정조치, 유동성규제 등—가 이 기준의 내용에 포함되는 것은 물론이다. 구체적으로, 은행의 경영지도기준은 "경영지도비율", "자산건전성 분류" 체계, "대손충당금 적립기준", "리스크관리" 체계, "불건전 영업행위 금지", "금융사고 예방대책", "자산의 무산양도", "회계기준 및 결산" 등에 관한 각종 규정으로 구성된다.[94]

3.3 시장행위 규제[95]

금융감독당국은 금융기관의 영업행위를 규제함으로써 소비자를 보호한다. 이는 일반적으로 금융서비스의 거래에서 정보 열위에 있는 소매 고객은 금융회사의 잠재적 부당행위에 노출되어 있기 때문이다. 우리나라의 금융감독당국은 금융소비자의 보호를 목적으로, 자본시장 규제와 회계감독을 실시하고 금융소비자 보호업무를 관장한다.

---

94. 여기서 경영지도비율에는 자본비율(보통주자본비율 · 기본자본비율 · 총자본비율), LCR, 원화예대율, NSFR, 단순기본자본비율, 경기대응완충자본비율, 시스템상 중요 은행에 대한 추가자본비율 등이 포함된다. 은행경영지도기준에 대한 자세한 규정은 「은행업감독규정」, 제6장 제1절(제26조~32조)을 참조하기 바란다.

95. 이 소절은 금융감독원(2009 · 2016)과 한국은행(2011b)에 주로 의존하였다.

3.3.1 자본시장 규제

소비자 보호를 위한 자본시장 규제는 유가증권시장에서의 기업공시 규제와 불공정거래 규제 및 조사로 구성된다. 우선 기업공시 규제란, 금융감독당국이 정한 절차와 방식에 따라 "기업의 경영활동에 관한 정보[가] … 투자자 등 이해관계자에게 적시에 정확하고 공정하게 공시되도록" 하는 활동이다. 이 규제의 목적은 "발행인 및 투자자 간의 정보 비대칭을 해소하고 내부자 거래 등 사기적 행위를 사전에 차단하는" 데 있다.[96] 기업공시제도는 발행시장에서 발행될 유가증권 및 발행 기업에 관한 발행공시, 유통시장에서 거래되는 유가증권을 발행한 기업의 경영활동과 재무상태 등에 관한 유통공시, 그리고 "불공정거래 규제 및 M&A"와 관련된 특수공시로 구성된다.[97] 금융감독원은 공시의무자와 소비자 간 기업공시정보의 효율적 유통을 위해 2001년 1월부터 전자공시시스템(DART System : Data Analysis, Retrieval and Transfer System)을 운영해 오고 있다. 금융감독당국은 공시요건의 준수 여부를 사전적·사후적으로 심사하고, 불성실공시 등 공시위반 사례에 대해서는 해당 기업에 과징금을 부과하는 등 제재조치를 내린다.

한편, 불공정거래 조사란 "[자본시장에서의] 불공정한 거래행위를 단속하기 위해 증권거래 관련 법규를 위반한 자와 그 위반사실을 밝혀내어 형사상 또는 행정상 조치를 취하는 일련의 절차"를 가리키며, 금융감독원이 금융위원회로부터 불공정거래 조사권을 위임받아 "사건 수리, 조사 실시, 심사·조정 및 증권선물조사심의위원회 심의, 증권선물위원회 의결 및 조치의 절차를" 진행한다.[98]

우리나라의 불공정거래 조사는 주로 시세조정이나 미공개정보 이용 사례에 대한 조사에 집중되어 왔다. 하지만 원래 불공정거래란 넓은 의미에서 "증권의 발행·유통과정 또는 파생상품 거래과정에서 관련법이 요구하는 신고 등 각종 의무를 이행하지 않고 매매, 그 밖의 거래를 하는 행위 또는 「자본시장과 금융투자업에 관한 법률」에서 규제하고 있는 금지의무를 위반하여 부당이득을 취득하기 위해 금융투자상

96. 금융감독원(2009), pp.265～266.

97. 금융감독원(2016), p.440. 이 밖에도 한국거래소가 운영하는 유통공시제도가 따로 있다. 동 제도에는 수시공시, 조회공시와 공정공시가 있다(금융감독원 2016).

98. 금융감독원(2009), pp.276, 278.

품을 거래하는 일체의 행위"를 통칭한다.[99] 그러므로 금융감독당국이 정한 절차와 방식에 따라 금융기관이 "약정이율, 이자지급 시기 · 방법, 거래제한 등 금융상품의 거래조건과 관련된 정보를 고객에게 제공하는" 지 감시하고(금융상품 공시 규제), "고객의 소득수준, 투자성향에 대한 정보를 바탕으로 적절한 금융상품 혹은 상품의 조합을 권유하는" 지 감시하며(금융거래 자문 규제), "금융회사가 고객과 관련 계약을 체결할 때 미리 작성한 계약내용[즉, 약관]" 이 공정한지 심사하는(약관 심사) 업무도 모두 불공정거래 규제에 관련된 금융감독당국의 업무이다.[100] 최근 가속화된 금융혁신으로 금융상품이 크게 복잡해지면서 금융상품 공시와 거래 자문, 그리고 약관을 둘러싼 불공정거래의 잠재적 가능성을 다루는 금융감독당국의 역할이 매우 커졌다.

3.3.2 회계감독

회계감독이란 금융기관의 회계정보를 담고 있는 재무제표가 표준방식에 따라 정확히 작성되도록 감독하는 활동이다. 금융감독당국은 이러한 활동을 통해 일차적으로는 "회사 … 재무제표의 정확성(accuracy) 및 신뢰성(reliability)을 제고" 하고자 하며, 궁극적으로는 "투자자나 이해관계자를 보호하고 자본시장의 건전한 발전을 도모" 하고자 한다.[101] 회계감독은 "기업이 회계처리기준에 따라 재무제표를 작성하고 [외부]감사인이 회계감사기준에 따라 감사의견을 표명하도록" 하는 회계제도의 운영과 "외부감사의 공신력과 실효성을 확보하고 외부감사인의 감사업무를 적절히 지도 · 감독하" 기 위한 감리제도의 운영으로 구성된다.[102]

금융위원회(당시 금융감독위원회)는 지난 2000년 회계처리기준의 제 · 개정권을 한국회계기준원에 위탁한 이래, 한국회계기준원에 대한 업무감독권과 그 회계기준에 대한 수정요구권 등을 행사해 오고 있다. 2007년 3월 국제회계기준(IFRS : International Financial Reporting Standards) 도입 로드맵이 확정됨에 따라 2011년부터 모든 주권상장법인은 한국채택국제회계기준(K-IFRS)을 의무적으로 채택해 오고 있다.

---

99. 금융감독원(2016), p.506.
100. 한국은행(2011b), p.296.
101. 금융감독원(2016), p.554.
102. 금융감독원(2009), pp.282, 294.

K-IFRS는 "[한국회계기준원 내부의] 회계기준위원회가 국제회계기준을 근거로 제정한 회계기준"으로, 동 위원회는 "국제회계기준의 내용에 일치시키는 것을 원칙으로 한국채택국제회계기준을 제정 · 개정" 한다.[103] 외부감사인의 선임과 지정은 「주식회사의 외부감사에 관한 법률」에 의해 규율된다. 2017년 9월 회계투명성 개선에 초점을 맞춘 이 법률 전면개정안의 국회 통과로, 외부감사인 선임권이 회사 경영진에서 내부감사기구(감사 또는 감사위원회)로 이관되었으며, 상장법인 등에 대해서는 정부가 주기적으로 외부감사인 지정권을 행사하게 되었다.[104]

우리나라에서는 금융감독원이 증권선물위원회로부터 회계감리업무를 위탁받아 수행 중이다. 회계감리는 분식회계와 부실감사를 사전 예방하고, 발견된 위반사실에 대해서는 정정하도록 하는 한편 과징금 등 제재조치를 내린다.

3.3.3 금융소비자 보호업무

금융감독당국의 자본시장 규제와 회계감독은 소비자 보호를 위해 시장과 기관을 대상으로 이루어진다. 이와는 달리 금융감독당국이 직접적 수혜대상으로 소비자에게 서비스를 제공할 때 금융소비자 보호업무로 분류된다. 여러 해 전 금융감독원은 "감독 · 검사부문으로부터 금융소비자 보호부문을 분리하여 원장 직속으로 금융소비자보호처… 를 설치" 하는 등 소비자 보호업무를 전반적으로 강화하겠다는 의지를 공표한 바 있다.[105]

지난 수십 년간 금융혁신 및 금융겸영화의 진행으로 다수의 복잡한 금융상품이 실제로 거래되고 있는데도, 우리나라의 금융소비자 보호는 "각 업권별 개별 금융업법에 근거를 두고 있[어서] … 동일한 금융상품에 대한 판매규제가 업권별로 상이하[고] … 규제의 일관성이 부족" 한 상태에 머물러 있다.[106] 이에 정부는 2017년 중반부터 "금융상품 및 판매행위에 대한 규제 체계화를 통해 '종합적 금융소비자 보호체계'를" 지향하는 「금융소비자 보호에 관한 법률」의 제정을 추진하였으며, 2020

103. 한국회계기준원(2016).

104. 금융위원회(2017b) 참조.

105. 금융감독원(2012), p.1. 이 조치는 통합금융감독당국이 건전성 감독과 영업행위 감독을 모두 관장하는 경우 금융기관의 건전성과 소비자 보호 사이에서 이해상충에 직면한다는 시각을 반영한 것이다.

106. 금융감독원(2016), p.419.

년 3월 24일에 제정되었다.[107]

감독당국의 금융소비자 보호업무에는 금융상담 및 민원처리, 금융소비자 홍보 및 교육, 그리고 금융분쟁조정 등이 포함된다. 여기서 금융분쟁조정이란 "예금자 등 금융고객(또는 기타 이해관계인)과 금융기관 간 분쟁이 있을 경우 분쟁당사자의 주장과 사실관계를 확인하고 합리적인 해결방안이나 조정의견을 제시함으로써 소송이 아닌 당사자 간 합의를 통해 분쟁을 해결하는 제도"이다.[108]

금융분쟁조정제도는 「금융위원회의 설치 등에 관한 법률」이 정하는 바에 따라 운영된다. 구체적으로 금융감독원이 사실관계의 조사 · 확인을 거쳐 권고한 합의안이 금융분쟁조정 신청일 이후 30일 이내에 받아들여지지 않는 경우, 금융감독원장은 이 사안을 금융감독원 내 금융분쟁조정위원회에 회부한다. 동 위원회는 금융감독원장이 지명 · 위촉하는 30인 이내(위원장 포함)의 전문위원으로 구성되며, 금융감독원장이 지명하는 부원장 중 1인이 위원장을 맡는다. 조정위원회는 은행 · 중소서민, 금융투자, 또는 보험의 3개 분야마다 7～11인 규모(위원장 포함)로 구성된다. 해당 분야의 조정위원회는 회부된 사안을 심의하여 60일 이내에 조정안을 작성하게 된다. 이러한 과정에서 "사실관계의 확정이 곤란한 경우 또는 조정실익이 없다고 인정되는 경우"에는[109] 조정위원회가 각하 결정을 내릴 수 있으며, 이 사안은 결국 법률소송으로 가게 될 것이다. 하지만 당사자들이 조정안을 수용하는 경우에는 그 조정안이 재판상 화해에 해당하는 효력을 갖게 된다.

4. 금융감독기구의 독립성과 책임성[110]

Money & Financial Markets, Ch. Sixteen

오늘날 주요국은 물론 대부분의 신흥시장국에서도 중앙은행에게 상당한 독립성을 부여하는 동시에 그 독립성의 수준에 맞추어 적절한 책임성을 부과하고 있다.

107. 금융위원회(2017a), p.1.
108. 한국은행(2011b), p.297.
109. 금융감독원(2016), p.428.
110. 이 절은 Das and Quintyn(2002)과 Hüpkes *et al.*(2005 · 2006)에 의존하였다.

그런데 지난 1997년 동아시아 금융위기를 계기로 금융감독기구의 독립성과 책임성에 대한 논의도 활발하게 전개되고 있다. 이는 당시 여러 나라에서 금융감독에 대한 정부의 개입이 위기를 심화시킨 중대한 원인 중 하나로 밝혀졌기 때문이다. 실제로 동아시아 이외에 일본과 베네주엘라의 금융위기 등 1990년대의 거의 모든 금융위기에서 감독과정에 대한 정치적 개입과 규제유예, 규제감독의 취약성 등은 위기의 규모와 심각성을 증폭시킨 핵심 요인이었다.[111]

이에 따라 바젤은행감독위원회(BCBS)는 1997년 9월 은행감독의 국제표준인 "효과적 은행감독을 위한 핵심 원칙(Core Principles for Effective Banking Supervision)"을 통해 은행감독기구는 운영상의 독립성을[112] 갖추어야 한다는 점을 공식적으로 강조하였다. 뒤이어 국제증권감독기구(IOSCO: International Organization of Securities Commissions)가 1998년 9월 "증권규제의 목적과 원칙(Objectives and Principles of Securities Regulation)"을, 국제보험감독자협회(IAIS: International Association of Insurance Supervisors)가 2000년 10월 "보험 핵심 원칙(Insurance Core Principles)"을 공표함으로써 각각 증권감독기구와 보험감독기구의 운영상 독립성의 당위성을 강조하고 나섰다.

이와 같이 비교적 짧은 시간 안에 감독기구의 독립성이 중요하다는 인식이 확산된 데에는 감독기구 독립성이 중앙은행 독립성과 사실상 동일한 논거에 기초하고 있다는 점이 크게 작용하였다.[113] 그리고 책임성을 효과적으로 부과할 수 있다면 감독기구에게 독립성을 부여하는 것이 바람직하다는 데에는 이론(異論)을 달기 어렵다.

IMF의 다스(U. Das)와 퀸틴(M. Quintyn)에 따르면, 감독기구는 우선 자신부터 건전 지배구조 관행(sound governance practices)을 확립해야만 감독대상 금융기관들에 대해 모범적 감독을 일관적으로 실시할 수 있으며 그들로부터 도덕적 권위와 신뢰를 얻을 수 있다. 이런 점에서 감독기구의 독립성과 책임성 논의는 규제지배구

---

111. Das *et al*.(2002) 참조.

112. 우리는 피셔(S. Fischer)의 중앙은행 독립성이 수단독립성을 의미한다는 사실을 제13장에서 학습하였다. 금융감독기구의 독립성에서도 동일한 논리가 적용된다. 즉, 감독기구의 독립성은 수단독립성을 의미한다. 그리고 감독기구의 '수단독립성(instrument independence)'은 실제로 BCBS, IOSCO, IAIS의 국제표준이 각기 강조하는 감독기구의 '운영상 독립성(operational independence)'과 마찬가지 개념이다.

113. Das and Quintyn(2002) 참조.

조(regulatory governance)를 확립한다는 관점에서 이론화가 진행되었으며 이러한 관점은 IMF와 World Bank의 금융부문평가프로그램(FSAP: Financial Sector Assessment Program)과 같은 실제 정책평가에도 적용되고 있다.

4.1 금융감독기구의 독립성[114]

감독기구의 독립성이란 입법과정을 통해 법률적으로 주어진 목표를 달성하는 수단의 선택과 집행에 관한 독립성, 즉 수단독립성을 의미하며, 정치로부터의 독립성(political independence)과 금융산업으로부터의 독립성(industrial independence)으로 구분된다.[115] 우선, 금융안정을 위해 감독기구에게 정치적 독립성을 보장해야 하는 이유는 물가안정을 위해 중앙은행에게 정치적 독립성을 보장하는 이유와 사실상 동일하다. 예를 들어 어떤 은행에 문제가 생겼다고 가정하자. 감독기구는 그 문제의 심각성을 평가하고 만약 그 은행이 지급불능 상태에 빠진 것으로 판단된다면 정해진 규정에 따라 퇴출을 결정할 수 있어야 한다. 물론 이러한 조치는 은행의 예금자나 채권자에게 고통을 주게 되므로 정치적으로 인기가 없다. 그런데 정치인은 차기 선거의 승리가 목표이므로 시계가 단기적이다. 정치인들은 감독기구에게 문제은행의 정리를 미루어 줄 것을 요구하게 된다. 독립적이지 못한 감독기구는 정치적 영향력에 취약하다. 문제은행을 당장 정리하지 않으면 훗날 더욱 커다란 사회적 비용을 부담하게 되리라는 점을 잘 알면서도 감독당국은 정치적 압력에 의해 일단 정리를 미루게 된다. 이를 정치포획(political capture)에 의한 규제유예(regulatory forbearance)라고 부른다. 이런 경우 문제가 생겨나기 이전에 감독기구가 미리 정해놓은 규정은 정작 문제가 발생하면 별로 소용이 없다. 이것은 시간 비일관성(time inconsistency)의 문제이다. 결국 정치가의 단기 시계(short horizon)와 시간 비일관성의 문제가 금융감독에 바람직하지 않은 영향을 미칠 수 있다는 것이다. 이를 사전에 차단하기 위해 감독기구는 정치로부터 독립적이어야 할 필요가 있다.

---

114. 이 소절은 Das and Quintyn(2002), Das *et al.*(2002), 그리고 Quintyn and Taylor(2002)에 의존하였다. 이들 문헌은 주로 금융감독기구에 초점을 맞추어 독립성에 관한 논의를 전개한다. 그러나 이들도 밝히고 있듯이 이 논의는 원칙적으로 금융감독기구뿐만 아니라 금융부문의 규제감독에 관련된 모든 기구에 일반적으로 적용된다.

115. Quintyn and Taylor(2002) 참조.

그런데 정치로부터 독립적인 감독기구는 이번에는 금융산업에 의해 포획될 위험에 노출된다. 감독기구가 금융산업의 이익을 공익(public interest)과 동일시하기 쉽다는 것이다. 왜 이와 같은 산업포획(industrial capture)이 생기게 되는가? 그것은 독립성의 부여로 정치적 통제가 약화된 상태에서 조직화된 이익단체에 의해 감독기구가 포획될 위험이 그만큼 더 커지기 때문이다. 그 결과 감독기구가 규정을 느슨하게 제정·운용하거나 특정 금융기관에 대해 불필요한 예외를 인정하는 등 자신이 감독해야 할 산업 또는 일부 금융기관으로부터 감독기구가 도리어 통제를 받는 현상이 나타날 수 있다. 이것이 산업포획에 의한 규제유예이다. 이러한 위험을 사전에 차단하기 위해 감독기구는 금융산업으로부터도 독립적이어야 한다.

퀸틴과 테일러(M. Taylor), 그리고 다스는 수단독립성의 구체적 구성요소를 규제독립성·감독독립성·기관독립성·예산독립성의 네 가지로 개념화했다. 우선 규제독립성(regulatory independence)은 규정의 제·개정 과정에 있어 감독기구가 갖는 독립성을, 감독독립성(supervisory independence)은 감독활동을 실제로 수행하는 과정에서 감독기구가 갖는 독립성을 의미한다. 기관독립성(institutional independence)은 행정부나 사법부와 구분되는 감독기구 지위의 독립성을, 예산독립성(budgetary independence)은 정부와 산업으로부터 간섭받지 않는 감독기구 예산의 자율성을 의미한다. 이들 4개 구성요소 가운데 규제독립성과 감독독립성은 수단독립성의 핵심 요소이며, 기관독립성과 예산독립성은 이들 핵심 요소를 지원한다.

4.2 금융감독기구의 책임성[116]

감독기구에 대한 정치적 통제가 완전히 사라져야 감독기구가 독립적으로 되는 것은 결코 아니다. 감독기구에는 고도의 지배기준(governance standards)이 부과되어야 한다. 감독기구는 금융기관의 인가취소권과 같이 중앙은행도 갖지 못하는 강도 높은 집행권을 행사하기 때문이다. 여기서 지배기준은 곧 독립성과 책임성(accountability)을 의미한다. 이때 독립성과 책임성 사이에는 상호 보완성이 작용한다. 금융감독기구에게 독립성이 주어져 있어야 책임성을 제대로 물을 수 있으며, 자신에게 부

116. 이 소절은 Das and Quintyn(2002), Das *et al.*(2002)과 Lastra(2001)에 의존하였다.

과된 책임성을 근거로 금융감독기구는 독립성을 스스로 지켜나갈 수 있기 때문이다.

다스(U. Das)와 퀸틴(M. Quintyn)은 감독기구의 규제지배구조를 구성하는 요소로서, 독립성 이외에 책임성(accountability)·투명성(transparency)·성실성(integrity)을 들고 있다. 책임성은 권한보유자가 자신의 조치를 설명해야 할 의무를, 투명성은 권한보유자가 자신의 조치에 관한 정보에 일반 국민이 적시 접근할 수 있도록 해야 할 의무를, 성실성은 권한보유자가 자신에게 부과된 목적을 이기적 행위에 의해 훼손하는 일이 없도록 해야 할 의무를 각각 의미한다. 우리가 제13장에서 살펴본 라스트라(R. Lastra)의 책임성은 다스와 퀸틴이 말하는 책임성·투명성·성실성을 모두 포괄하는 것으로 해석할 수 있다.

4.3 소결

일반적으로 금융감독기구의 독립성 및 책임성에 대한 논의는 중앙은행의 독립성 및 책임성 논의의 연장선 위에서 이루어진다. 독립성과 책임성을 상호 보완적 관계로 파악하는 점도 중앙은행의 경우와 같다.

하지만 독립적 감독기구에게 책임성을 제대로 부과하기란 독립적 중앙은행에게 책임성을 부과하는 것보다 훨씬 어렵다. 〈Box 16-8〉은 그 이유를 잘 설명해 준다.

Box 16-8 금융감독기구에게 책임성 부과하기: 중앙은행의 경우보다 왜 어려울까?

그 이유는 대체로 세 가지이다. 첫째, 감독 정책은 통화정책과는 달리 성과를 측정하기가 쉽지 않기 때문이다. 중앙은행이나 감독기구와 같은 독립기구(independent agency)에게 부과된 법률적 책무(설립 목적)는 성과 측정의 기준이 된다. 최근 대부분의 중앙은행에게 부과되어 있는 유일하거나 가장 중요한 법률적 책무는 물가안정이다. 따라서 통화정책의 성과 측정은 상당히 간단하다. 특히 통화정책의 성과를 물가상승률로 표시하는 물가안정목표제에서의 중앙은행인 경우에는 더욱 그러하다. 반면, 감독기구의 경우는 사정이 다르다. 감독기구에게는 여러 가지 법률적 목표가 부과되는 것이 보통이다. 따라서 감독기구의 성과를 평가하기 위해서는 이들 책무 사이의 우선순위나 가중치를 정해야 하지만 이것이 쉬운 일은 아니다. 예를 들어 금융기관 건전성과 소비자 보호는 감독기구의 가장 분명한 목적이지만, 시장남용(market abuse)의 방지나 경제범죄 및 자금세탁의 퇴치, 경제발전의 촉진에 대해서는 어떤 가중치를 부여해야 할 것인가. 게다가 각각의 감독 목적이 어떻게 달성되었는지 성과를 측정하기도 쉽지 않다. 그러므로 감독기구에게 효과적으로 책임성을 부과하기 위해서는 법률적 책무를 분명하게 기술하고 감독 업무에서 지켜져야 할 운영원리나 절차 등을 명시하는 것이 필요하다.

둘째, 감독 정책의 경우 투명성(transparency)과 기밀성(confidentiality) 사이의 상충이 통화정책에 비해 더 크기 때문이다. 많은 중앙은행이 통화정책 의사록을 적절한 시차를 두고 공개하는 등 투명성을 제고함으로써 책임성을 촉진한다. 통화정책의 배경과 결정과정에 대한 정보는 대체로 시장 전반에 관련되므로 단기간에 민감성을 상실하는 것이 보통이다. 반면, 감독 정책과 조치의 경우는 특정 금융부문 또는 금융기관을 대상으로 하는 경우가 많아 그 자체가 민감한 정보이며, 특히 집행에 관한 조치를 결정하는 경우에는 기밀성이 중요하다. 예를 들어 감독기구가 어떤 은행에 대해 교정조치를 취하는 경우, 사실의 공개가 금융시장의 전반적 안정과 신뢰를 해칠 수 있기 때문에 공표시기에 대해서는 신중을 기할 필요가 있다. 하지만 감독 정책의 결정과 그 배후의 논리는 당연히 공식적 기록 및 공개의 대상이므로 적절한 시간이 지난 후 공개해야 함은 물론이다. 그래야 감독기구의 결정에 자의성이 줄어들고 일관성을 기할 수 있게 된다.

셋째, 중앙은행과 달리 감독기구가 책임을 져야 할 대상은 다수이어서 다양한 수단과 장치의 결합을 통해서만 감독기구에게 실제로 책임성을 부과할 수 있기 때문이다. 중앙은행과 마찬가지로 감독기구도 행정부(일반적으로 재무부) 또는 입법부로부터 권한을 위임받는다. 따라서 행정부 또는 입법부와 긴밀한 책임성 관계를 갖는다는 점에서는 중앙은행과 감독기구가 다를 바 없다. 그렇지만 중앙은행과 달리 감독기구는 금융기관의 소유와 경영, 건전성, 시장에서의 영업행위 등에 관한 규제조치를 통해 주주, 경영자, 고객, 예금자, 투자자, 그리고 일반 국민에게 잠재적으로 광범한 영향을 준다. 그러므로 감독기구는 자신이 책임져야 할 다양한 대상의 이해를 고려할 수 있는 다원화된 책임성 메커니즘을 필요로 한다. 게다가 감독기구는 중앙은행과는 달리 금융산업에 대한 광범한 집행권과 제재권을 보유하기 때문에 금융산업과 사법부 모두에 대해 책임성을 부담해야 한다.

자료 : Hüpkes *et al.*(2006).

5. 우리나라의 금융감독체계

Money & Financial Markets, Ch. Sixteen

이 절에서는 우리나라의 금융감독체계가 오늘의 모습을 갖게 되기까지의 과정을 통합감독체계의 도입과 이후 경과에 초점을 맞춰 검토하기로 한다.

5.1 통합금융감독체계의 도입과 경과

5.1.1 통합금융감독체계의 도입과 경과: 1997년 12월～2008년 2월[117]

1990년대 중반 우리나라는 급격한 금융자유화와 개방화를 이미 추진 중이었으므로 감독제도의 개편을 포함하는 전반적 금융제도 개혁을 더 이상 미룰 수 없었다. 이에 따라 1997년 1월 대통령 직속으로 설치된 금융개혁위원회(금개위)는 그 해 6월 금융감독제도 개편안을 포함하는 광범위한 금융개혁안을 공표하였다. 금개위는 감독기능의 집중과 중립성 확립을 감독제도 개편의 기본 원칙으로 삼고, 통합금융감독체계—금융감독당국이 은행 · 증권 · 보험 · 비은행을 모두 감독하는 체계—를 제안하였다.

1997년 말 외환위기 직후 우리나라는 금융개혁의 일환으로 금개위의 감독개편안을 토대로 한 「금융감독기구의 설치 등에 관한 법률」(감독기구설치법)을 제정(1997. 12. 31)하였다. 이로써 과거의 금융기관별 감독체계는 새로운 통합감독체계로 전면 개편되었다. 구체적으로, 한국은행이 관장했던 은행감독권과 재경부가 관장했던 증권 · 보험 · 비은행에 대한 감독권이 모두 신설 통합감독기구인 금융감독위원회로 이관되어 새로운 통합감독체계가 탄생한 것이다. 당시 통합금융감독체계로의 개편은 금융시스템의 분업구조 확립이라는 금융개혁의 대전제를 반영한 결과였다. 즉, 당시 금융개혁의 핵심 내용에는 금융감독의 통합과 아울러, 한국은행 통화정책 독립성의 강화, 예금보험제도의 통합, 그리고 재정경제부(현 기획재정부) 정책조정 기능의 강화가 포함된다. 이는 재정경제부로의 과도한 권한집중을 지양하고, 금융시스템 관련 공공기관 간 분업구조를 확립하여 상호 기능적 협력 및 견제를 도모하자는 금융개혁의 기본 취지를 반영한다.

우리나라의 통합금융감독당국은 1998년 4월 1일 발족된 정부조직인 금융감독위원회(현 금융위원회)를 최고의결기구로, 1999년 1월 2일 출범한 공적 민간조직인 금융감독원을 집행기구로 하는 이원구조로 출발하였다. 이는 1997년 외환위기의 주요 배경이 관치금융이라는 인식이 보편적이었음에도 금융감독권과 같이 국민의

117. 이 소절은 김홍범(2006 · 2008b)에 의존하였다.

재산권에 영향을 주는 행정권한은 정부조직인 금융감독위원회만이 관장할 수 있다는 정부의 시각이 관철된 결과였다. 이에 따라 금융감독원은 금융감독위원회의 지시·감독을 받게 되었다. 하지만 감독업무의 특성상 일관성과 효율의 관점에서 정책수립과 집행은 각기 분리되기 어렵다. 또한 국무총리 산하 행정위원회인 금융감독위원회(정부조직)와 무자본특수법인인 금융감독원(공적 민간조직)은 서로 조직문화가 판이하게 다르다. 이런 점에서 통합감독당국의 이원구조는 오늘까지도 우리나라 금융감독의 지배구조 확립을 어렵게 만들고 있는 주요 요인 중 하나로 남게 되었다.

한편, 1998~1999년 통합감독기구가 확립된 직후 수년간 감독기구 내부적으로 지배구조의 중대한 변화가 진행되었다.[118] 1998년 4월 출범 당시 금융감독위원회에는 행정위원회의 예산·회계 및 의사관리 기능을 담당하는 공무원 조직이 부속되어 있었고, 이 조직은 감독업무와는 전혀 관련이 없었다. 그러나 1999년 5월 감독기구설치법의 제1차 개정을 통해 "대통령령이 정하는 바에 의하여 금융감독위원회의 예산·회계 및 의사관리 기능의 수행에 필요한 최소한의 공무원을 둘 수 있다"는 조항[제15조 제② 항]이 삭제되었다. 또한 "금융감독위원회의 조직에 관한 사항은 금융감독위원회의 규칙으로 정한다"는 규정[제15조 제① 항]이 "금융감독위원회의 조직 및 정원에 관하여 필요한 사항을 대통령령으로 정한다"로 수정되었다. 이로써 금감위에 소속된 사무국 조직에 대한 규정은 감독기구설치법으로부터 자취를 감추게 된 대신 별도의 대통령령(금융감독위원회 직제)으로 제정되었다. 이후 2001년 2월 직제 개정을 통해 이 공무원 조직은 그 규모와 편제 및 기능 면에서 행정위원회로서의 금감위와 집행기구로서의 금감원 사이에서 중간감독기구의 역할을 수행하게 되었다.

이 과정에서 금감위는 단순히 행정위원회가 아니라 중간감독기구인 사무국과 결합하여 실제로는 하나의 정부부처로 기능하게 되었다. 그리고 금감위의 공무원 조직인 사무국은 재정경제부의 영향력이 금융감독에 전달되는 경로로 작용했다. 게다가 금감위 사무국은 집행기구인 금감원과는 구조적으로 업무가 중복될 수밖에 없어 감독 책임도 불분명해졌다. 또한 공무원 조직인 사무국은 공적 민간조직인 금감원과 조직문화가 매우 이질적이어서 종종 업무 면에서 마찰을 빚기도 했다. 한편,

118. 김대식·윤석헌(2005) 참조.

감독기구설치법에 명시된 금융시스템 관련 공공기관 간의 협력과 견제도 경제정책을 총괄하는 재정경제부의 독주로 인해 여의치 못했다. 이 모든 상황은 금융감독의 운영상 독립성을 크게 훼손하였다. 이러한 우리나라 금융감독 지배구조의 취약성은 2003～2004년 신용카드 사태를 불러온 중요한 원인 중 하나로 간주된다.[119]

5.1.2 통합감독체계의 경과 : 2008년 2월 이후[120]

지난 2008년 2월, 새 정부의 출범과 함께 금융부처가 개편되면서 통합감독체계의 지배구조가 부분적으로 변경되었다. 그 내용은 크게 세 가지—금융감독위원회가 금융감독은 물론 금융정책까지 관장하는 금융위원회로 확대 개편된 점; 기획재정부가 국제금융을, 금융위원회가 국내금융을 각각 맡는 방식으로 금융을 두 기관이 분할 관장하게 된 점; 금융위원회 사무처에 대한 금융감독원의 업무지원 관계가 명시된 점—로 압축된다. 이들 개편 조치에 대해서는 처음부터 부정적 평가가 지배적이었으나 잘못된 구조는 아직까지 유지되고 있다. 무엇이 왜 문제인지 세 가지 조치를 차례대로 살펴보기로 한다.

① 금융위원회에 의한 금융정책과 금융감독의 동시 관장

2008년 2월 「정부조직법」 개정과 함께 「금융위원회의 설치 등에 관한 법률」(이하 금융위원회설치법) 개정으로 금융감독위원회가 금융위원회로 확대 개편되었다. 이에 따라 금융위원회는 금융감독권은 물론 기획재정부 소관의 금융정책권까지 동시 관장하게 되었다(금융위원회설치법 제17조). 그런데 금융정책과 금융감독은 어떻게 다른가?

우선, 우리나라 금융정책의 주요 이슈에는 금산분리의 완화나 국영 금융기관의 민영화, 자본시장의 발전과 투자은행의 육성 등이 포함된다. 이들은 모두 규제완화

119. 예를 들어, 감독당국이 2001년 5월 추진하려 했던 규제강화 조치들—카드사 부대업무비율에 대한 50% 상한 부과, 카드회원의 가두모집 금지, 미성년자에 대한 카드 발급 시 부모의 사전동의 의무화, 카드 발급 시 소득확인서류 징구 · 보완의 의무화 등—이 재정경제부의 강력한 반대로 2002년 7월에야 시행되었다. 그러나 당시의 때늦은 규제강화는 신용카드 사태의 촉발에 기여했을 뿐이다. 감독지배구조의 취약성과 신용카드 사태에 관한 상세한 내용은 김홍범(2004 · 2006 · 2008b)과 Kim and Lee(2006)를 참조하기 바란다.

120. 이 소절은 김홍범(2008b · 2013)에 주로 의존하였다.

의 흐름을 반영하는 산업정책적 이슈이다. 이런 맥락에서 일반적으로 금융정책은 시장참여자들에게 과거에 비해 더 높은 위험추구(risk-taking)를 허용하게 된다. 더 높은 위험추구가 잠재적으로 더 높은 수익기회로 연결되는 것은 물론이다. 그래서 개별 금융기관과 시장은 금융정책을 환호한다.

반면 더 높은 위험추구는 금융감독(건전성 감독)의 강화를 필요로 한다. 왜냐하면 미시적 · 거시적 건전성을 유지하기 위해 개별 금융기관 및 시장과 금융시스템의 붕괴 위험을 일정 확률 이내로 관리 · 통제하는 업무가 금융감독이기 때문이다. 개별 금융기관과 시장은 금융감독을 수익기회의 제약요인 또는 비용요인으로 인식하게 마련이다. 더욱이 금융정책에 비해 금융감독의 성과는 측정이 곤란하다. 금융기관과 시장이 평상시와 마찬가지로 순조롭게 작동하는 상황이 과연 금융감독이 잘 된 덕분인지 아닌지 분간하기란 쉽지 않다. 만약 그것이 훌륭한 금융감독 덕분이라 해도 아무도 그런 점을 칭찬해 주지는 않을 것이다. 우리는 위기를 예외적으로 간주하는 반면, 평상시의 안정적 상황에 대해서는 지극히 당연시하는 경향이 있기 때문이다.

요컨대, 금융정책은 위험부담 촉진을 통해 금융효율을 도모하며, 금융감독은 위험관리 강화를 통해 금융안정을 지향한다. 또한 금융정책은 규제완화를 통해 국민과 시장의 지지를 받는 성장업종이지만 금융감독은 업무성격상 "아무도 고마워하지 않는" 3D업종이다.[121] 이렇게 상반된 특징을 지닌 두 업무—금융정책과 금융감독—를 금융위원회에게 동시에 맡기면 어떻게 될까? 주인-대리인 계약모형이 시사하는 일반적 함의는 "금융위원회의 인적 · 물적 자원이 금융감독업무보다 금융정책업무에 편중되리라는 것"이다.[122] 결국 금융위원회가 금융감독에 소홀하거나 금융정책에 대한 고려가 금융감독에 우선(override)할 가능성이 있다. 금융감독의 독립성과 책임성을 위해 금융위원회는 감독권만 관장하는 것이 옳다.

② 기획재정부와 금융위원회 간 국제금융과 국내금융의 기관별 분장

금융세계화의 현실 속에서 국제금융과 국내금융을 구분하기란 가능하지도 않을 뿐더러 기관 간 분장의 정책적 의미도 거의 없다. 2008년 2월 국제금융을 관장하기

121. Goodhart *et al.*(1998), p.171.

122. 김홍범(2008b), p.348. 김홍범은 Holmström and Milgrom(1991)과 Dewatripont *et al.*(1999)의 주인-대리인 계약모형의 결론에 비추어 이와 같은 시사점을 유추한다. 자세한 내용은 김홍범(2008b) 참조.

로 한 기획재정부가 경제정책국 내에 자금시장과를 신설한 것도 납득하기 어렵다.[123]

③ 금융위원회-금융감독원 간 수직위계의 강화

우선, 동일인에 의한 금융위원회(구 금융감독위원회) 위원장직 및 금융감독원 원장직 겸임제도가 2008년 2월 금융위원회설치법 개정에 의해 더 이상 유효하지 않게 되었다(금융위원회설치법 제4조 및 제29조). 또한 동 개정에 의해 금융위원회 내부의 사무처 조직에 대한 법적 근거가 처음으로 마련되었고(금융위원회설치법 제15조), 금융감독원은 실질적으로 사무처에 대해 업무지원을 하도록 규정되었다(금융위원회설치법 제37조). 이러한 두 가지 법률적 변화는 "과거 금감위 위원장과 금감원 원장이 동일인이었던 시기에 금융감독원이 '명목적으로나마 …' 유지해 올 수 있었던 금융감독위원회 사무국 조직과의 견제 · 경쟁관계가, 이제는 금융위 사무처의 업무지시에 따라 금감원이 수동적으로 움직이는 실질적 상하관계로 변질되는 결과를 초래" 했다.[124]

2008년 2월 금융부처 개편으로 이상과 같은 감독 지배구조의 새로운 문제점들이 우리나라 감독체계에 새로 추가되었고, 우리나라 통합감독체계의 태생적 한계인 이원적 감독구조의 문제와 함께 아직도 미결 과제로 남아 있다. 여기에 2007~2009년 글로벌 금융위기의 경험이 세계 각국에 공통적으로 제기한 금융감독 개선의 필요성—금융소비자 보호를 강화해야 할 필요성, 거시건전성 정책을 도입해야 할 필요성, 거시건전성 정책당국으로서의 금융안정협의체를 도입해야 할 필요성 등—이 우리나라에도 새로운 과제로 추가된 것은 물론이다.

이들 새로운 과제들 가운데 금융소비자 보호는 금융감독당국의 주도로 강화되어 왔으며, 거시건전성 관점의 분석 및 정책수단 활용 측면에서는 한국은행과 금융감독당국이 각기 거시건전성 정책역량을 키워왔다고 볼 수 있다. 하지만 거시건전성 정책당국(금융안정협의체)의 도입은 아직 미결 과제로 남아 있다.[125] 게다가 금융

123. 이왕희(2008) 참조.

124. 김홍범(2008b), p.351.

125. 법적 근거는 없으나 거시건전성 정책당국으로 알려진 비공식 회의체는 존재한다. 다름 아닌 경제금융대책회의(별칭 서별관회의)와 거시경제금융회의가 그것이다. 전자는 경제부총리, 청와대 경제수석,

소비자 보호의 강화를 위해 현행 통합감독모형을 폐기하고 쌍봉모형으로 이행해야 한다는 논쟁적 시각이 수년 전 사회적으로 급부상하면서 감독체계 개편의 문제를 더욱 복잡하게 만들기도 했다.[126]

5.1.3 소결 : 우리나라 감독 지배구조의 과제와 해법

우리나라의 현행 금융감독체계는 규제지배구조의 측면에서 후진적이다. 이와 같은 후진성은 크게 두 가지 문제—지금부터 20년 전 통합감독체계의 탄생과정에서 이미 배태된 선천적 취약성(머리에 해당하는 최고의결기구인 금융위원회와 몸통에 해당하는 집행기구인 금융감독원이 분리된 데 따른 이원구조)과 2008년 2월 생겨난 후천적 취약성(금융위원회로 금융감독권과 금융정책권이 집중된 데 따른 이해상충)—에 기인한다. 현행 감독체계의 지배구조적 문제점은, 한마디로 서로 한 몸으로 통합해야 할 조직(기관)은 분리해 놓고, 분리해야 할 권한(기능)은 결합해 놓았다는 점이다. 이와 같은 감독 지배구조의 취약성은 2003～2004년 신용카드사 부실 사태와 2011년 저축은행 부실 사태를 가져오는 결정적 배경요인으로 작용했다.[127] 이와 같은 감독체계의 오

금융위원회 위원장, 한국은행 총재와 금융감독원 원장 등이 참여하는 장관급 협의체로 알려져 있고, 후자는 한국은행, 기획재정부, 금융위원회, 금융감독원과 예금보험공사의 각 부기관장이 참여하는 차관급 협의체로 여기서 경제금융 전반에 관한 정보 및 정책 협조와 조정이 이루어지는 것으로 되어 있다. 하지만 지배구조(governance) 측면이나 실효성(effectiveness) 측면에서 이들 비공식 협의체를 우리나라의 거시건전성 정책당국으로 인정하기는 어렵다(김홍범 2016). 한편, 거시건전성 정책 운영체계의 도입 논의는 그동안 대체로 원론적인 수준에 머물고 있는데다 거시건전성 정책당국을 위기관리 정책당국과 별개로 구분하여 논의하는 경우는 매우 드문 실정이다. 우리나라의 다기구 회의체에서 실질적인 정책 협력과 조정을 가로막는 문화적 · 사회적 특징—예를 들면, 공공기관 간 수직위계(vertical hierarchy between public agencies) 등—을 감안한 거시건전성 정책 운영체계의 구체적 설계 방안에 대해서는 김홍범(2016)을 참고하기 바란다.

126. 2012년 중반 금융소비자 보호를 강화하기 위해 감독모형을 현행 통합모형(integrated model)에서 쌍봉모형(twin-peaks model)으로 바꿔야 한다는 시각(윤석헌 외 2012)이 제기되면서 사회적으로 뜨거운 찬반 논쟁이 한동안 진행되었다. 여기서 통합모형은 미시건전성 감독정책과 시장행위 감독정책을 단일 감독기구가 모두 관장하는 경우를, 쌍봉모형은 두 감독 정책을 별개의 두 감독기구가 각기 전담하는 경우를 지칭한다. 당시 대선(2012. 12)을 목전에 둔 시점에서 이 논쟁은 정치적 이슈로 이내 변질되어 결국 무위로 끝났지만, 그와 같은 시각은 금융감독의 이론으로 보나 선진국의 경험으로 보나 타당성이 크게 떨어진다(김홍범 2013 · 2014 · 2015).

127. 여기에 대해서는 금융감독 혁신 TF(2011), 김대식 · 윤석헌(2005), 김홍범(2004 · 2006 · 2011 · 2013)을 참조하기 바란다.

랜 구조적 문제점으로 인해 지난 20년 동안 감독체계 개편이 사회적 관심사로 부상한 적도 몇 차례 있었고, 그 때마다 학계 및 정책계의 논의가 활발히 진행되기도 했으나, 실제로 달라진 것은 거의 없었다. 이는 우리나라 감독체계의 개편이 논리적으로 풀어낼 수 있는 사안이라기보다는 "관련 공공기관 사이에 기존 이해관계의 대폭적 재편을 요구하는 '정치경제학적' [난제]"이기 때문이다.[128] 어찌되었든 이들 두 가지 문제는 우리나라 감독 지배구조의 최우선 선결과제에 해당하며, 그에 대한 해법 또한 이미 나와 있다.[129] 우선, 현재 금융위원회가 관장하는 금융정책은 떼어내 기획재정부로 이관시켜야 할 것이다. 이는 금융정책과 금융감독이 서로 충돌하기 쉬운 업무이기 때문이다. 금융위원회는 금융감독이라는 단일 책무만을 부여받아야 그 성과에 대해 책임성을 물을 수 있을 것이다. 다음으로, 현재 이원 기관구조로 되어 있는 금융감독당국(금융위원회와 금융감독원)은 인가 · 규제 · 감독 · 제재라는 감독의 일관성 · 효율성은 물론 독립성 · 책임성을 위해 금융위원회를 내부에 포함하는 금융감독원으로 일원화되어야 할 것이다. 이 경우 금융통화위원회를 내부에 포함하는 한국은행의 사례가 좋은 준거가 된다.

5.2 현행 금융감독체계

1997년 외환위기 직후 금융개혁의 일환으로 도입된 우리나라의 통합감독체계는 지난 20년 동안 앞서 설명한 지배구조의 변형 과정을 거쳐 오늘에 이르고 있다.

금융위원회설치법은 금융감독기구(금융위원회와 금융감독원)의 설치 목적을 "금융산업의 선진화와 금융시장의 안정을 도모하고, 건전한 신용질서와 공정한 금융거래관행을 확립하며, 예금자 및 투자자 등 금융수요자를 보호함으로써 국민경제의 발전에 이바지함"으로 명시하고 있다(제1조).[130]

---

128. 김홍범(2004), p.6.

129. 해묵은 두 가지 과제의 해법과 글로벌 금융위기로 제기된 새로운 과제들의 해법에 대한 종합 논의는 김홍범(2013)을 참조하기 바란다. 특히, 새로운 과제들에 대해서는 김홍범(2014 · 2015 · 2016)을 참조하기 바란다.

130. 이와 같은 설치 목적은 과거 「금융감독기구의 설치 등에 관한 법률」에 명시된 원래의 설치 목적에 '금융산업의 선진화'와 '금융시장 안정의 도모'가 새로 추가된 것이다. 전자는 금융정책당국으로서의 책무를, 후자는 금융감독당국으로서의 책무를 각각 나타낸다.

그림 16-4

우리나라의 현행 금융감독체계(2020년 3월 기준)

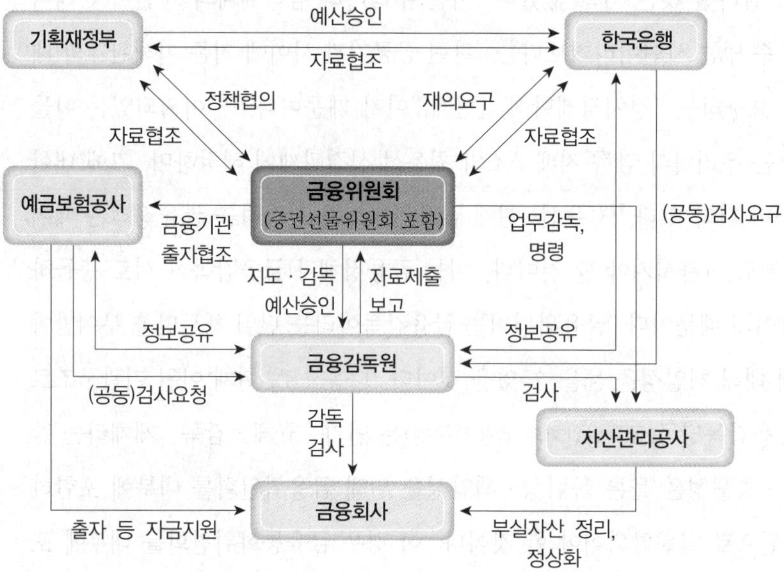

자료 : 금융감독원(2020), p.21의 그림.

이와 같은 법률적 책무를 수행하기 위해 금융위원회 · 금융감독원은 국내금융 정책과 감독 정책을 수립 · 집행하는 것은 물론 기획재정부, 한국은행, 예금보험공사와 같은 여타 금융시스템 관련 공공기관과 정책협의 · 정보공유 · 공동검사 등을 통해 긴밀한 정책적 협력 · 조정 관계를 유지하게 된다. 〈그림 16-4〉는 우리나라 금융감독체계의 운영과정에서 관련 공공기관 사이에 작용하는 법률적 관계를 요약적으로 보여준다.

이 그림에 나타난 우리나라의 금융감독체계는 법률적으로 금융감독기구의 업무와 권한이 명확하고 다른 공공기관들과의 협력 및 견제 장치도 제대로 마련되어 있는 것으로 보인다. 그러나 겉보기와는 달리 우리나라의 감독지배구조 개혁이 시급하다는 사실에 대해서는 앞서 설명한 바와 같다.

연습문제

01. 금융소비자를 지나치게 보호하면 금융소비자의 후생이 오히려 줄어들 수 있다. 왜 그런지 설명하시오.

02. 금융안정과 금융효율의 관계를 장기와 단기로 나누어 설명하시오.

03. "은행제도가 본래부터 불안정하다" 면 그 이유는 무엇인가?

04. 행태주의 관점에서의 소비자 보호란 무엇을 의미하는지 설명하시오.

05. 글로벌 금융위기 이전의 금융감독에서 관찰할 수 있는 경기순응성의 사례를 세 가지 들어보시오.

06. 중앙은행은 선제적 통화정책을 통해 '파티의 분위기가 무르익기도 전에 술잔을 치워버리는' 악역을 맡는 것으로 흔히 묘사된다. 거시건전성 감독을 관장하는 당국도—그것이 중앙은행이든 아니든—그와 유사한 악역이 필요하게 될 것인가?

07. 헬위그(M. Hellwig)는 일찍이 다음과 같은 가상의 예를 제시한 바 있다(Hellwig 1995, p.730). 이 예에 등장하는 금융기관 및 금융시스템의 건전성을 검토해 보시오.

> "n개월 만기의 확정금리부 증권(fixed-income securities)을 발행하여 조달한 자금을 ($n+1$)개월 만기의 확정금리부 증권에 투자하는 개별 금융기관을 생각해 보자. … [금융시스템 내부에] 그런 금융기관이 479개 존재하고, 이들에게 n = 1, 2, …, 479의 각 숫자를 하나씩 부여한다고 하자."

08. 금융안정을 상위목적으로 추구하는 공공기관에는 무엇이 있는지 논리적으로 도출하시오.

09. 바젤은행감독위원회의 자기자본규제체계가 바젤 I에서 III으로 진화하기까지의 과정을 다음과 같이 생각해 보자.

(1) 바젤 I의 문제는 무엇이었나? 바젤 II는 그 문제를 어떻게 개선했는가?

(2) 바젤 II와 2.5의 차이는 무엇인가?

(3) 바젤 II의 문제는 무엇이었나? 바젤 III는 그 문제를 어떻게 개선했는가?

10. 금융기관 자산의 건전성은 정상 · 요주의 · 고정 · 회수의문 · 추정손실로 구분된다. 각각의 의미를 설명하시오.

11. 적기시정조치가 갖는 장점은 무엇인가? 적기시정조치를 실제로 운용할 때 주의해야 할 점은 무엇인가? 우리나라의 적기시정조치가 개선되어야 할 여지가 있다면 무엇인지 조사해 보시오.

12. 2008년 2월 11일 새벽, 서울의 남대문이 방화로 전소되었다. 바로 그날 오후 국회 재정경제위원회의 공청회에 방청인으로 참석했던 김홍범 교수는 (즉석) 진술인 자격으로 당시 금융부처 개편안—금융감독위원회를 확대 개편한 금융위원회가 금융감독과 금융정책을 동시에 관장하도록 하자는 방안—의 잠재적 문제점을 방화로 인한 남대문 붕괴사건에 빗대어 설명한 바 있다. 다음은 그가 공청회에서 행한 발언(김홍범 2008a)의 도입 부분을 재구성한 내용이다. 지문을 읽은 후 밑줄 친 부분에 대해 답해 보시오.

> "지난 새벽 온 국민은 남대문이 붕괴되는 참담한 모습을 지켜봐야 했다. 안타까운 일이다. 남대문을 지척에서 감상하게 된 여러 해 전엔 온 국민이 환호했었다. 하지만 그에 따른 훼손이나 화재 등 한층 높아진 위험에 대한 당국의 관리는 그동안 허술하기 짝이 없었던 것으로 드러났다. 왜 그랬을까?
>
> 시민들의 남대문 접근성을 높인 것은 일종의 규제개혁으로 눈에 잘 띄고 누구나 반기는 조치다. 그러나 위험에 대한 준비는 다르다. 위험을 열심히 관리하든 아니든 당장 별탈이 없는 한 표시가 나지 않는다. 그러니 평소 위험관리에 소홀해진다. 이것이 붕괴라는 엄청난 결과를 초래한 것이다.
>
> 금융으로 눈을 돌려보자. 최근 대통령직 인수위원회는 금융위원회에게 금융감독은 물론 금융정책까지 맡기자는 안을 내놓았고, 그에 따른 법안이 국회 심의 중이다. 안 될 말이다. 남대문이 붕괴한 것과 똑같은 원리로 금융도 붕괴할 수 있기 때문이다. <u>왜 그런가?</u>"

13. 우리나라 통합금융감독체계의 지배구조적 문제점은 무엇인지 설명하시오.

14. 세계 각국의 금융감독체계는 은행 · 증권 · 보험 등 모든 금융권역을 하나의 금융감독기구가 관장하는 통합금융감독체계, 금융권역마다 전문감독기구가 따로 있는 전문금융감독체계, 그리고 건전성 감독기구와 영업행위 감독기구가 분리된 쌍봉감독체계(twin-peaks) 등으로 대별된다. 그런데 어떤 체계에서든 개별 금융기관의 입장에서 볼 때 인가에서 건전성 감독을 거쳐 제재에 이르기까지의 금융감독 전 과정을 관장하는 금융감독기구가 있는 것이 중요하다. 그 이유는 무엇인가?

15. 금융감독기구 독립성의 필요성은 중앙은행 독립성의 필요성과 어떤 점에서 같고, 또 어떤 점에서 다른가?

16. 금융감독기구에 대한 책임성의 부과는 중앙은행에 대한 책임성의 부과와 어떻게 다른가?

참고문헌

금융감독원, 『금융감독제도』, 2004. 11.

________, 『금융감독원 10년사』, 2009. 12.

________, 『2011년도 금융감독제도』, 2011. 12.

________, "금융감독원 금융소비자보호처 출범," 보도자료, 2012. 5. 15.

________, 『금융감독개론』, 2017년 개정판, 2016.

________, 『금융감독개론』, 2020 개정판, 2020. 12.

금융감독원 신BIS실, 『신BIS 길라잡이』, 2005. 4.

______________, 『알기 쉬운 신BIS(제1편 신용리스크)』, 2006. 1.

금융감독원 인력개발실, 『금융감독실무개론』, 개정판, 2006. 2.

금융감독 혁신 TF, 『금융감독 혁신 방안』, 2011. 9. 2.

금융위원회, "「금융소비자 보호에 관한 법률」 제정안 차관회의 통과," 보도자료, 2017a. 4. 26.

________, “회계투명성 강화를 위한 외부감사법 전부 개정안 등 금융위 소관 법안 국회 본회의 통과,” 보도참고자료, 2017b. 9. 28.

김대식 · 윤석헌, 「금융감독기구의 개편방안」, 『금융학회지』, 제10권, 제1호, 2005. 6, pp.201~239.

김대식 · 이민환, 「효율적 금융안전망 구축을 위한 예금보험공사의 역할과 과제」, 한국은행 · KDI · 한국금융학회 주최 2006년 춘계 금융정책 심포지엄 발표논문, 2006. 3. 24, pp.127~170.

김인규 · 조용범 · 조성민, 「거시건전성 논의 추이와 과제」, 『조사통계월보』, 한국은행, 2011. 4, pp.24~51.

김정훈, 「금융리스크와 바젤 Ⅲ의 주요 내용」, 한은 금요강좌 발표자료(ppt slides), 2011. 3. 11.

김홍범, 『한국 금융감독의 정치경제학』, 지식산업사, 2004. 6.

_____, 『한국 금융감독 개편론』, 서울대학교출판부, 2006. 8.

_____, 「진술문」, 〈금융감독기구의 설치 등에 관한 법률 일부개정 법률안 등 5개 법률안에 대한 공청회〉, 제271회 국회(임시회) 재정경제위원회 회의록, 제2호, 국회사무처, 2008a. 2. 11, pp.16~18.

_____, 「한국의 금융감독과 공공부문 지배구조」, 함정호 편저, 『한국금융의 새로운 패러다임』, S&R경제경영연구원, 제6장, 2008b.12, pp.329~411.

_____, 「거시건전성 감독과 감독체계 개편론」, KDI, 『글로벌 금융위기 이후 한국경제의 발전방향』, 제1권, 제7장, 2010, pp.185~219.

_____, 「저축은행사태와 금융감독 지배구조의 개혁」, 금융감독 혁신 TF 제7차 회의에 제출한 의견서, 2011. 6. 21.

_____, “우리나라 금융감독체계 개편 : 주요 논점과 해법,” 『한국경제연구』, 제31권, 제4호, 2013. 12, pp.133~186.

_____, “금융소비자 보호 체계 : 주요국 현황과 시사점,” 금융감독원 외주 연구보고서(미발표), 2014. 11.

_____, 「위기 이후 금융개혁 : 영국 · 독일 · 호주의 경험과 시사점」, 『금융연구』, Vol. 29, No. 4, 2015. 12, pp.1~52.

_____, 「한국의 거시건전성정책체계 설계 : 2-단계 최소접근법」, 『금융연구』, Vol. 30, No. 4, 2016. 12, pp.63~118.

김훈, 「BCBS와 바젤III의 개요」, 한국은행 금융안정포럼, 2011. 6. 3.

윤석헌 · 고동원 · 빈기범 · 양채열 · 원승연 · 전성인, 「금융감독체계 개편, 어떻게 할 것인가?」, 2012년 한국금융학회 정기학술대회 특별 정책심포지엄 발표 보고서, 2012. 6. 8.

이병윤, 「금산분리 관련 제도의 현황과 논점」, 『금융연구』, 20권 별책, 2006. 8, pp.1~40.

이왕희, 「견제와 균형 탄탄하게」, 『나라경제』, 2008, pp.24~25.

이홍철, 「신BIS협약의 주요 내용과 도입 영향」, 한은 연수원 〈중앙은행과 금융안정〉 강의자료, 한국은행, 2006. 7. 4.

정대영, 『신위험관리론』, 한국금융연수원, 2005. 9.

한국은행, 『우리나라의 금융시장』, 2004a. 2.

______, 『금융안정보고서』, 2004b. 4.

______, 『우리나라의 금융제도』, 2005. 12.

______, 『금융안정보고서』, 2011a. 10.

______, 『한국의 금융제도』, 2011b. 12.

______, 『한국의 금융제도』, 2018.

______, 『글로벌 금융위기 이후 금융규제 개혁 논의』, 2014. 6.

______, 『한국의 거시건전성정책』, 2015. 5.

한국은행 · 금융위원회 · 금융감독원, 『바젤 Ⅲ 기준서: 글로벌 자본 및 유동성 규제체계』, 2011. 1.

한국은행 은행감독원, 「바젤은행감독위원회 의장(Padoa-Schioppa) 초청강연내용」, 업무참고자료, 1995. 11.

한국은행 은행국, 「금융기관 건전성 감독 관련 규제 현황」, 업무참고자료 99-9, 1999.

한국회계기준원, "한국채택국제회계기준과 국제회계기준은 무슨 차이가 있나요?," 〈자주하는 질문〉, 질문 No. 33, www.kasb.or.kr, 2016. 5. 27.

__________, "2018년부터 새롭게 바뀌는 회계기준 안내," 2017. 12. 27.

Bank for International Settlements, "History of the Basel Committee and Its Membership," February 2000.

____________________, "10 central bank governors and heads of supervision endorse the publication of the revised capital framework," press releases, June 26, 2004.

____________________, "History of the Basel Committee and Its Membership," www.bis.org, date of search: December 26, 2005.

____________________, "Central Bank Governance and Financial

Stability," Report by a Study Group (Chair: Stefan Ingves) commissioned by the Central Bank Governance Group, May 2011.

________________, "About the Basel Committee," www.bis.org, date of search: May 21, 2012a.

________________, "Fact sheet— Basel Committee on Banking Supervision," www.bis.org, date of search: May 21, 2012b.

________________, Financial Stability Board, and International Monetary Fund, "Guidance to Assess the Systemic Importance of Financial Institutions, Markets and Instruments: Initial Considerations," Report to G20 Finance Ministers and Governors, October 28, 2009.

________________, Financial Stability Board, and International Monetary Fund, "Macroprudential Policy Tools and Frameworks: Update to G20 Finance Ministers and Central Bank Governors," February 14, 2011.

Bank of England, *Financial Stability Report*, Issue No. 23, April 2008.

________, "Instruments of Macroprudential Policy," Discussion Paper, December 2011.

Basel Committee on Banking Supervision, "History of the Basel Committee and Its Membership," August 2009.

________________, "Base III: A Global Regulatory Framework for More Resilient Banks and Banking Systems," December 2010a.

________________, "Basel III: International Framework for Liquidity Risk Measurement, Standards and Monitoring," December 2010b.

________________, "Guidelines: Corporate Governance Principles for Banks," Bank for International Settlements, July 2015.

________________, "Finalising Basel III *In Brief*," Bank for International Settlements, December 2017.

Bennani Taryk, Morgan Deprés, Marine Dujardin, Thibaut Duprey, and Anna Kelber, "Macroprudential Framework: Key Questions Applied to the

French Case," *Occasional Papers*, No. 9, Banque de France, February 2014.

Borio, Claudio, "The Macroprudential Approach to Regulation and Supervision: Where Do We Stand?," Appearing as Chapter 7, in: Kredittilsynet, Kredittilsynet 1986~2006, Special volume celebrating the 20th Anniversary of Kredittilsynet, 2006, pp.108~120.

Campbell, John Y., Howell E. Jackson, Brigitte C. Mandrian, and Peter Tufano, "Consumer Financial Protection," *Journal of Economic Perspectives*, Vol. 25, No. 1, Winter 2011, pp.91~114.

Caruana, Jaime, "Building a Resilient Financial System," Keynote speech delivered to 2012 ADB Financial Sector Forum on *Enhancing Financial Stability—Issues and Challenges*, Manila, The Philippines, February 7, 2012.

Chant, John, "Financial Stability as a Policy Goal," in Chant, John, Alexandra Lai, Mark Illing, and Fred Daniel, *Essays on Financial Stability*, Technical Report, No. 95, Bank of Canada, September 2003, pp.1~28.

Claessens, Stijn, Swati R. Ghosh, and Roxana Mihet, "Macroprudential Policies to Mitigate Financial System Vulnerabilities," IMF Working Paper, WP/14/155, International Monetary Fund, August 2014.

Clement, Piet, "The Term "Macroprudential": Origins and Evolution," *BIS Quarterly Review*, Bank for International Settlements, March 2010, pp.59~67.

Crockett, Andrew, "Marrying the Micro-and Macro-prudential Dimensions of Financial Stability," Remarks given before the 11th International Conference of Banking Supervisors, Basel, Switzerland, September 20-21, 2000.

Daltung, Sonja, "The Relationship between Price Stability and Financial Stability," *Economic Review*, 2001:4, Sveriges Riksbank, 2001, pp.5~27.

Das, Udaihir S., and Marc Quintyn, "Crisis Prevention and Crisis Management: The Role of Regulatory Governance," Working Paper, No. 163, International Monetary Fund, September 2002.

Das, Udaihir S., Marc Quintyn, and Michael W. Taylor, "Financial Regulators

Need Independence," *Finance and Development*, Vol. 39, No. 4, International Monetary Fund, December 2002.

Dewatripont, Mathias, Ian Jewitt, and Jean Tirole, "The Economics of Career Concerns, Part Ⅱ: Application to Missions and Accountability of Government Agencies," *Review of Economic Studies*, Vol. 66, Issue 1, 1999, pp.199~217.

Financial Stability Forum, "Report of the Financial Stability Forum on Addressing Procyclicality in the Financial System," April 2, 2009.

Goodhart, Charles A. E., *Money, Information and Uncertainty*, 2nd ed., The MIT Press, 1989.

__________________, Philipp Hartman, David Llewellyn, Liliana Rojas Suárez, and Steven Weisbrod, *Financial Regulation: Why, How and Where Now?*, Routledge, 1998.

Hellwig, Martin, "Systemic Aspects of Risk Management in Banking and Finance," *Swiss Journal of Economics and Statistics*, Vol. 131, 1995, pp.723~737.

Hahm, Joon-Ho, Hyun Song Shin, and Kwanho Shin, "Non-Core Bank Liabilities and Financial Vulnerability," NBER Working Paper No. 18428, National Bureau of Economic Research, September 2012.

Hoggarth, Glenn, Ricardo Reis, and Victoria Saporta, "Costs of Banking System Instability: Some Empirical Evidence," Working Paper, No. 144, Bank of England, 2001.

Holmström, Bengt, and Paul Milgrom, "Multitask Principal—Agent Analyses: Incentives, Asset Ownership, and Job Design," *Journal of Law, Economics, and Organization*, Vol. 7, Special Issue, January 1991, pp.24~52.

Hüpkes, Eva, Marc Quintyn, and Michael W. Taylor, "The Accountability of Financial Sector Supervisors: Principles and Pactice," Working Paper, No. 51, March 2005.

__________, __________, and ______________, "Accountability Arrangements for Financial Sector Regulators," *Economic Issues*, No. 39, 2006.

International Monetary Fund, "Macroprudential Poicy: An Organizing Framework," *IMF Policy Paper*, March 2011.

________________, "Staff Guidance Note on Macroprudential Poicy," *IMF Policy Paper*, December 2014.

Kim, Hong-Bum, and Chung H. Lee, "Financial Reform, Institutional Interdependency, and Supervisory Failure in Postcrisis Korea," *Journal of East Asian Studies*, Vol. 6, No. 3, September-December 2006, pp.409~431.

Kremers, Jeroen, and Dirk Schoenmarker, "Twin Peaks: Experiences in the Netherlands," Special Paper No. 196, Financial Markets Group, London School of Economics, December 2010.

Lastra, Rosa M., "The Governance Structure for Financial Regulation in Europe," Special Paper, No. 133, Financial Markets Group, London School of Economics, December 2001.

Lumpkin, Stephen, "Consumer Protection and Financial Innovation: A Few Basic Propositions," *OECD Journal: Financial Market Trends*, Volume 2010, Issue 1, OECD, 2010.

Nier, Erlend W., Jacek Osinski, Juis Jácome, and Pamela Madrid, "Towards Effective Macroprudential Policy Frameworks: An Assessment of Stylized Institutional Models," IMF Working Paper, WP/11/250, International Monetary Fund, November, 2011.

Organization for Economic Co-operation and Development, "G20/OECD Principles of Corporate Governance," www.oecd.org, date of search: February 1, 2018.

Quintyn, Marc, and Michael W. Taylor, "Regulatory and Supervisory Independence and Financial Stability," Working Paper, No. 46, International Monetary Fund, March 2002.

Saunders, Anthony, and Marcia Millon Cornett, *Financial Institutions Management: A Risk Management Approach*, 4th ed., McGraw-Hill/Irwin, 2003.

Riksbank, "Economic Reasons for Regulating the Financial Sector," *Financial Stability Report*, 2005: 1, May 19, 2005, pp.71~92.

US GAAP Plus, "IFRS 9—Financial Instruments," www.iasplus.com/en-us, date of search: January 15, 2018.

World Bank, "Good Practices for Financial Consumer Protection," June 2012.

CHAPTER 17

금융시스템 관련 공공기관 (Ⅱ)

Money & Financial Markets, Ch. Seventeen, pp.923~985

1. 금융안정과 중앙은행
2. 금융안정과 예금보험기구

우리는 앞 장에서 금융시스템 관련 공공기관 중 금융감독기구가 관장하는 금융규제의 내용과 금융감독기구의 지배구조, 그리고 우리나라 통합금융감독 체계에 대해 알아보았다. 이 장에서는 중앙은행과 예금보험기구에 대하여 각각 살펴보기로 한다.

현대적 중앙은행에게 부과된 두 가지 기본 책무는 물가안정과 금융안정이다. 특히 19세기 후반 근대적 중앙은행제도의 자생적 확립을 가져온 동인(動因)은 다름 아닌 금융안정의 필요성이었다. 그러나 20세기에는 중앙은행이 금융안정에 대한 책무를 갖고 있다는 사실이 사람들의 뇌리에서 오랫동안 잊혀져 있었다. 왜냐하면 1930년대 대공황 이후 1974년 헤르슈타트은행 사태가 발생하기까지 수십 년 동안 세계적으로 심각한 금융위기가 발생했던 적이 별로 없었기 때문이다. 한편 20세기 중·후반의 대부분 기간 동안 인플레이션은 해결되기 어려운 난제로 내내 남아 있었다.

그러나 최근에는 상황이 뒤바뀌었다. 지난 1980～1990년대 이래 세계적으로 인플레이션은 진정되었으나 금융위기가 빈발하게 된 것이다. 그 결과 19세기의 자유주의적 경제질서에서 그랬던 것처럼 요즘은 금융안정이 각국 중앙은행의 가장 중요한 관심사로 급부상하였다. 이러한 상황의 반전은 20세기 후반 중앙은행 독립성의 제고, 중국 등 신흥시장국의 급속한 성장과 세계 경제로의 편입, 정보통신기술의 엄청난 발전, 금융자율화의 확산, 그리고 금융혁신의 가속화 등과 무관하지 않다. 더욱이 최근 글로벌 금융위기로 거시건전성 감독이 금융안정을 도모하기 위해 없어서는 안 될 새로운 기본 요소임이 확인되면서, 주요국을 중심으로 거시건전성 감독에서 특히 중앙은행이 수행해야 할 역할이 무엇인지에 관한 활발한 논의와 그에 따른 개혁이 진행 중이다.

1980년대 들어와 금융위기가 빈발하자 많은 국가들이 1980년대 또는 1990년대에 명시적 예금보험제도를 금융안전망의 새로운 구성요소로 추가하였다. 1930년대와 1960년대에 이미 명시적 예금보험제도를 각각 도입했던 미국(1933년)과 캐나다(1967년) 등 몇몇 국가를 예외로 하면, 세계 각국의 예금보험제도 운용경험은 아직 짧고 예금보험기구의 책무도 나라에 따라 커다란 편차가 존재한다. 예금보험제도를 최근 도입한 나라들에서는 예금보험제도가 각국의 기존 정책적 환경—이미 확립된 기존 중앙은행제도 및 금융감독제도—과 상호작용하는 가운데 비교적 빠르게 자리 잡고 있는 중이다.

이 장에서는 우선 금융기관(은행)에 대한 건전성 감독권을 보유하지 않은 순수 중앙은행이[1] 금융안정에 개입하는 표준적 기능인 최종대부자 기능과 지급결제제도의 운영자 · 감시자 · 발전촉진자 기능을 논의하기로 한다. 또한 각 기능에 대한 한국은행의 경험에 대해서도 검토한다. 그리고 금융안정을 위해 예금보험제도가 필요한 이유, 예금보험제도의 순기능과 역기능, 우리나라 예금보험제도의 운영 현황과 과제 등을 탐구하기로 한다.

1. 금융안정과 중앙은행

Money & Financial Markets, Ch. Seventeen

1.1 최종대부자 기능

일반적으로 최종대부자(lender of last resort)란 금융위기가 발생하여 경제 전체적으로 유동성이 부족할 때 충분한 유동성을 공급함으로써 위기상황을 진정시키는 역할을 수행하는 기관을 뜻한다. 현실적으로 최종대부자는 곧 중앙은행을 의미한다. 이것은 독점적인 화폐발행 권한을 보유하고 예금지급준비금 및 국가의 대외준비금을 관리하고 있는 중앙은행이야말로 최종적으로 유동성을 공급할 수 있는 능력을 가지고 있기 때문이다.

원래 '최종대부자(lender of last resort)'는 중앙은행인 영란은행을 가리키는 표현이었다.[2] 베어링 경(Sir F. Baring)이 자신의 저서 『영란은행의 설립에 관한 의견(*Observations on the Establishment of the Bank of England*)』(1797)에서 영란은행을 가리켜 금융위기 시 모든 은행이 유동성을 얻을 수 있는 "최후 수단(dernier ressort)"이라고 처음 언급했다고 한다.

그렇다고 해서 역사적으로 최종대부자 기능을 반드시 중앙은행만 수행했던 것은 아니다. 영국에서는 1793년, 1799년 및 1811년에 금융위기가 발생했을 때, 정

1. 여기서 '금융기관(은행)에 대한 건전성 감독권을 보유하지 않은 순수 중앙은행'을 고려하는 것은 한국은행이 금융기관(은행)을 직접 감독하지 않는 우리나라의 현재 상황을 염두에 둔 것이다.
2. Humphrey and Keleher(1984) 참조.

부가 재무부 어음을 발행하여 이를 유통시킴으로써 사태를 해결했다. 18세기 중엽 프로이센에서는 국왕이 최종대부자의 기능을 수행하기도 했고, 미국에서는 1913년 연방준비제도가 설립되기 전까지 재무부가 이 기능을 담당하였다.

그러나 수많은 금융위기를 겪으면서 금융위기 시 급증하는 화폐수요를 가장 신속하고 효과적으로 충족시킬 수 있는 기관은 발권력을 독점하고 있는 중앙은행이라는 점이 널리 인식되었다. 따라서 오늘날 세계 각국에서는 중앙은행이 최종대부자의 기능을 전담하고 있다고 해도 과언이 아니다. 최종대부자 기능을 정부가 담당할 수도 있겠지만, 정부는 예산제약으로 인해 거액의 자금을 적기에 공급하기 어렵다. 또한 중앙은행은 정책담당자이면서도 금융시장에 직접 참여하고 있는 기관이기 때문에 정부에 비해 신속하게 금융위기의 징후를 감지하고 이에 적절히 대처할 수 있다는 측면에서 좀 더 우월하다고 할 수 있다.

1.1.1 최종대부자 기능의 이론

최종대부자 개념에 대한 최초의 체계적 분석은 쏜튼(H. Thornton)에게서 비롯된다. 쏜튼은『대브리튼 증서신용의 본질 및 영향에 대한 연구(*An Enquiry into the Nature and Effects of the Paper Credit of Great Britain*)』(1802)에서 최종대부자 기능이 영란은행을 다른 기관과 구분짓는 특징이라고 밝힌 바 있었다.[3]

최종대부자 기능을 처음으로 개념화한 것은 쏜튼이었으나, 오늘날 최종대부자 이론의 효시는 배저트(W. Bagehot)로 널리 알려져 있다. 배저트는 1873년 펴낸『롬바드가(*Lombard Street*)』에서 쏜튼의 논리를 대체로 재확인하고 명확하게 부각시키는 한편, 몇 가지 근본적 · 정책적 관점을 새롭게 추가함으로써 중앙은행 정책업무로서의 최종대부자 기능을 확립했다고 평가된다. 배저트의 시각은 한마디로 "양질의 담보를 확보하고 높은 금리를 부과하여 아낌없이 대출해야 한다(lend freely at a high rate against good collateral)"는 것이다.[4] 최종대부자가 지켜야 할 이 명제가 소위 배저트 원리(Bagehot principle)다. 배저트가 내놓은 이 명제의 의미를 험프리(T.

3. Goodhart and Illing(2002) 참조.
4. Goodhart and Illing(2002), p.1.

Humphrey)와 켈러허(R. Keleher)는 다음과 같이 해석한다.[5]

첫째, 배저트는 시장금리보다 '높은 금리'를 적용하는 것이 여러 가지 경제적 의미를 갖는다고 보았다. 우선, 위기발생 시 유동성이 가장 필요한 용도에 배분될 수 있도록 하기 위해서는 높은 벌칙금리를 적용해야 한다. 그래야 차입자로서도 시장에서 유동성 획득이 가능한지 모두 찾아보고 나서 더 이상 다른 방법이 없는 경우에만 중앙은행의 최종대부자 기능에 의지하게 될 것이다. 또한 최종대부자가 위기 시 제공하는 최종 보호막에 대해 차입자가 그에 상응하는 높은 대가를 지급하는 것은 분배적 정의와도 부합하며, 차입자는 위기를 넘기는 즉시 높은 금리를 절약하기 위해 최종대부자로부터의 긴급대출금부터 갚게 될 것이다. 그리고 금리가 높아야만 정화(specie)의 순유입을 통해 금준비(gold reserve)를 보호할 수 있고, 위기에 대한 두려움 때문에 생겨날 수도 있는 예비적 용도의 긴급대출수요를 잠재울 수도 있을 것이다.

둘째, 배저트는 차입자가 상인이든, 은행가든, 또 다른 누구든 '양질의 담보'만 제공한다면 최종대부자는 이들에게 긴급대출을 제공해야 한다고 보았다. 여기서 양질의 담보란 적격 상업어음이나 정부증권, 또는 은행증서 등과 같이 평상시 대출의 담보로 쓰이는 모든 종류의 건전한 자산을 의미하며, 최종대부자는 이들 담보를 위기 이전의 평상시 가치로 평가해야 한다고 배저트는 생각했다.

셋째, 배저트는 위기가 발생한 경우 유동성을 실제로 공급하는 것만이 최종대부자 기능의 전부는 아니라고 보았다. 다시 말해, 장차 일어날 모든 위기에서 중앙은행이 '아낌없이 대출'할 것이라는 사실을 위기가 발생하기 이전에 분명히 해 일반에게 확신을 주는 것도 최종대부자의 기능이라는 것이다.

넷째, 배저트는 개별 은행의 유동성 부족(illiquidity)과 지급능력 부족(insolvency : 지급불능)을 정확히 구분하여 최종대부자의 책임범위를 설명했다. 지급능력이 모자라는 불건전한 기관은 양질의 어음이나 증권을 담보로 제공할 수 없다. 따라서 이들은 최종 대부의 대상이 될 수 없다. 심지어 이들 기관이 주요 은행이어서 최종 대부가 이루어지지 않으면 일반의 신뢰가 깨어지고 금융시스템에 도미노효과가 시작된다고 하더라도 이들에게 대출하면 안 된다는 것이다. 그 이유는 최종대부자 기능의 의의가 불건전한 은행의 도산을 내버려두지 않는 데 있는 것이 아니라 그 도산

5. Humphrey and Keleher(1984) 참조.

이 건전한 기관에게 확산되는 것을 내버려두지 않는 데 있기 때문이다. 여기서 건전한 기관이란 지급능력에서 양질 담보를 제공할 수 있는 은행이나 상인을 의미함은 물론이다. 따라서 배저트는 개별 은행이 지급불능에 빠진 경우가 아니라 유동성 부족에 빠진 경우여야 최종 대부의 대상이 된다고 보았다.

Box 17-1 배저트 원리의 해석상 논쟁

우리가 살펴본 배저트 원리의 내용은 험프리와 켈러허가 내린 중요한 해석일 뿐이며, 이들과는 다른 관점에서 배저트 원리를 해석하는 학자들도 여럿 있다. 다시 말해 배저트 원리는 아직도 논쟁적이다.

예를 들어 굿하트(C. Goodhart)에 따르면, 위기 시 어떤 은행이 유동성 부족에 빠지는 경우 중앙은행이 최종대부자로서 긴급대출 여부를 결정해야 하는 급박한 순간에도 중앙은행은 과연 이 은행이 향후 지급불능으로 판명될지에 대해서는 현실적으로 전혀 알 수가 없다. 또한 평상시에는 지급능력에 문제가 없었을 은행도 자산가격의 급락과 같은 위기상황에서는 일시적으로 지급불능 상태에 빠질 수 있다. 그러므로 중앙은행은 유동성 부족과 지급불능을 사전적으로 구분하려 들지 말고 일단 문제은행에게는 긴급유동성을 일시적으로 지원해야 한다는 것이 굿하트의 주장이다.[1)]

솔로우(R. Solow)도 은행, 특히 대형 은행의 도산은 전체 은행시스템에 대한 신뢰에 영향을 주게 되어 도산이 확산될 수 있다고 본다. 그래서 최종대부자인 중앙은행은 지급불능인 개별 은행을 지원해야 한다는 것이다.[2)]

그런데 중앙은행이 실제로 이런 접근을 취하는 경우에는 도덕적 해이가 초래될 우려가 있다. 특히 최종대부자의 대마불사정책은 대형 금융기관의 도덕적 해이를 불러올 수밖에 없다. 대마불사(TBTF : too big to fail)란 대형 은행의 경우 전체 은행시스템을 불안정하게 만들 수 있다는 이유로 최종대부자가 이를 자동적으로 지원하는 것을 가리킨다.

굿하트는 배저트가 높은 범칙금리보다는 유동성 지원을 강조했다고 주장한다. 배저트가 평상시의 가치를 기준으로 담보자산이 양질이면 대출하도록 한 것도 그가 유동성 지원 자체를 중시했기 때문이라는 설명이다. 따라서 높은 범칙금리란 평상시의 금리를 기준으로 볼 때 높다는 의미이며, 위기상황에서 이미 높아진 시장금리보다 더 높다는 뜻은 아니라고 굿하트는 해석한다. 여기에 대해 피셔(S. Fischer)도 동일한 견해를 갖고 있다.[3)]

결국 최종대부자 기능에 대한 이론적 논쟁은 아직도 진행 중이며, 최종대부자 기능에 대한 일반적 정의는 아직 없다. 다만, 최근 글로벌 금융위기의 수습을 위해 연준을 위시한 영란은행과 유럽중앙은행 등 주요 중앙은행들이 비전통적 통화정책을 구사하는 과정에서 보여준 최종대부자로서의 적극적 역할은 굿하트나 솔로우의 견해가 보다 현실적이라는 점을 분명히 보여준다.

나아가, 최근에는 주요 중앙은행의 실제 경험을 분석하는 과정에서 최종대부자 기능의 이론화가 진행 중이다. 이는, 이들 중앙은행이 비상유동성 제공을 위한 "접근과 실행(approaches and practices)"에서 전통적 방식에 안주하지는 않았기 때문이다. 예를 들어, 연준은 개별 금융기관 및 시장을 대상으로 다양한 비상유동성지원 프로그램을 새로 고안하여 제공했었다(제12장 참조). 특히 도블러(M. Dobler) 등의 연구는 주요 중앙은행의 최종대부자 기능의 실제 수행에 초점을 맞춰 "시스템적

(systemic)" 최종대부자 기능과 "개별(idiosyncratic)" 최종대부자 기능을 구분한다. 전자는 시장 전반의 충격에 따라 요구되는 전통적인 최종대부자 기능이지만, 후자는 시장 전반의 충격과는 무관하게 단일 금융기관이나 서로 엇비슷한 소수의 금융기관들이 유동성 부족에 직면하는 경우 이것이 금융불안정으로 이어지지 않도록 하는데 요구되는 최종대부자 기능이라는 것이다. 특히 이들은 개별 최종대부자 기능이, "범칙금리를 적용하되 양자 간 협의와 중앙은행의 재량에 따른 [비상유동성 지원]"이라는 점과 그러한 지원을 받은 금융기관(들)은 그로 인해 "강화된 규제감시"를 받게 된다는 점에 그 특징이 있다고 본다. 이와 같은 연구가 최종대부자 기능의 이론적 논쟁에도 함의를 갖는 것은 물론이다. 거시건전성정책에서 그랬듯이 중앙은행의 최종대부자 역할에서도 글로벌 금융위기를 계기로 '실제'가 '이론'을 이끌고 있는 것이다.[4]

1) Goodhart(1999) 참조.
2) Solow(1992) 참조.
3) Fischer(1999) 참조.
4) 이 문단의 인용구는 모두 Dobler *et al.*(2016), p.1과 p.6에서 따왔다.

자료 : Dobler *et al.*(2016), Fischer(1999), Goodhart(1999), Solow(1992).

1.1.2 최종대부자 기능의 실제

최종대부자는 금융위기 확산 방지라는 순기능을 발휘하기도 하지만, 다른 한편으로는 역기능을 초래할 수도 있다. 이를 차례로 알아보자.

1.1.2.1 최종대부자의 순기능

중앙은행의 최종대부자 기능은 중앙은행의 위기관리자 역할에서 나온다. 중앙은행은 위기관리자로서 위기가 발생하기 이전에는 이를 예방하기 위해 노력하고, 위기가 일단 발생하면 경제에 개입해 이를 진정시키기 위해 노력한다. 이로써 중앙은행의 최종대부자 기능은 금융위기의 발생 억제와 확산 방지라는 순기능을 발휘한다.

최종대부자는 금융위기 시에 실제로 어떤 경로를 통해 금융안정화 기능을 수행하는가? 여기에는 크게 유동성 공급경로와 심리적 경로가 있다. 먼저 유동성 공급을 통한 경로를 살펴보자. 특정 금융기관에 유동성 부족으로 인한 예금인출사태의 조짐이 보이면, 최종대부자는 그 금융기관에 직접 자금을 지원할 수 있다. 그리고 예금보험기구에 자금을 지원함으로써 예금보험기구가 금융기관 지원에 만전을 기할 수 있도록 뒷받침하거나 부실채권정리기구에 자금을 지원하여 부실채권 매입 등을 도울 수 있다. 이러한 조치는 금융시장에 유동성을 공급하여 실제적으로 금융시스템 운영을 돕는 것이다.

한편 심리적 경로는 최종대부자의 존재 그 자체 또는 최종대부자의 지원의지 공표가 경제주체들에게 금융안정에 대한 믿음을 주는 것을 말한다. 제16장에서 살펴본 대로 금융위기는 시장참여자들의 불안심리 확산이라는 외부효과, 즉 전염효과에 의해 증폭되기 마련이다. 따라서 금융위기 시에 예금주들이 최종대부자의 즉각적인 대응이 있을 것으로 기대해 불필요하게 동요하지 않는다면, 최종대부자가 자금을 실제로 지원하지 않거나 상대적으로 적은 규모의 자금만을 지원하더라도 금융위기의 도래를 사전에 막을 수 있다.

중앙은행이 이와 같이 최종대부자 기능을 효율적으로 수행하기 위해서는 금융시장 동향에 관한 정보를 신속히 파악 · 분석할 수 있어야 한다. 그리고 개별 금융기관의 경영상태를 상시적으로 감시 · 지도할 수 있는 체제를 확립해야 한다. 최종대부자 기능의 성패는 금융위기 발생 시 그 기능이 얼마나 신속하게 어떤 강도로 발휘되느냐에 달려 있다고 해도 과언이 아니다. 따라서 중앙은행의 금융시장 상황에 대한 종합적 파악능력이 최종대부자 기능의 기반을 이룬다고 할 수 있다.

이번 글로벌 금융위기의 수습과정에서도 세계 여러 나라의 중앙은행은 최종대부자 역할을 요긴하게 수행하였다. 예를 들어, 우리는 앞서 제12장에서 미국 연방준비제도가 최종대부자로서 다양한 대출 프로그램을 신설하여 특정 유형의 금융기관 및 시장에게 긴급유동성을 제공했다는 사실을 학습한 바 있다.

1.1.2.2 최종대부자의 역기능과 대응책

중앙은행의 최종대부자 역할은 역기능을 수반하기도 한다. 우선, 최종대부자의 존재가 금융기관의 도덕적 해이를 부추길 수 있다. 금융위기 시 최종대부자가 비상유동성을 제공해 줄 준비가 되어 있다면, 이를 알고 있는 금융기관은 평소 지나친 위험을 부담하려는 유인을 갖게 될 것이기 때문이다. 더욱이 굿하트(C. Goodhart)의 지적대로 최종대부자가 지급능력 부족과 유동성 부족을 구분하지 못한다면, 최종대부자는 문제금융기관을 대부분 구제하는 성향을 보이게 될 것이고 그에 따라 금융기관의 위험추구유인은 더욱 강해질 것이다.

이러한 금융기관의 도덕적 해이 가능성을 최소화하기 위해 최종대부자에게 상시적인 금융기관 감시 · 감독 권한을 부여해야 할 필요가 생겨난다.

아울러, 실제로 위기가 발생하여 중앙은행이 개입하는 경우 최종대부자 기능의 실시 여부와 실시 시기, 그리고 지원조건을 결정하는 기준 등에 대한 사전적 불투명성, 즉 건설적 모호성(constructive ambiguity)이 필요하다. 만약 이런 정보가 미리 투명하게 알려져 있다면 관련 금융기관들은 평소에 지나친 위험을 부담하려 들 것이다. 왜냐하면 자산의 운용에서 모험을 감행하여 성공하면 금융기관에게 득이 되고, 실패하더라도 알려져 있는 최종대부자의 유동성 지원기준에만 맞추면 금융기관은 다시 살아날 수 있을 것이기 때문이다. 이와 같은 금융기관의 도덕적 해이를 가급적 막기 위해 중앙은행은 최종대부자 기능의 실시 기준에 관해서는 건설적 모호성을 유지하는 것이 필요하다고 일반적으로 받아들여진다.

그러나 이와 같은 건설적 모호성은 최종대부자 기능의 실시에 관한 내용(substance)에 적용되는 원칙이라는 점에 유의해야 한다. 반면, 최종대부자 기능이 발휘되기 위한 과정(process) 또는 절차(procedure)는 사전적으로 알려져 있어야— 즉, 사전적으로 투명해야— 한다. 이와 같이 과정의 예측가능성이 있어야만 최종대부자 기능에 대한 일반의 신뢰가 평상시에 확보될 수 있다.[6]

또한 최종대부자 기능의 실시에 관한 내용의 사전적 불투명성이 도덕적 해이의 최소화를 위해 불가피한 측면이 있긴 하지만, 그와 동시에 중앙은행의 정책결정상 자의성을 부추기는 측면이 있는 것도 사실이다. 원칙적으로 최종대부자 기능의 실시 여부는 비용편익분석에 의존해야 한다. 다시 말해 중앙은행은 최종대부자 기능의 실시에 드는 비용과 그것이 가져올 편익을 내부적으로 비교하여 실시 여부를 결정해야 한다는 말이다. 그러므로 최종대부자 기능의 실시 여부에 관한 결정의 내용에 대해서는 사전적 불투명성을 인정하더라도, 일정 기간이 지난 후에는 그 결정의 타당성을 공개적으로 검토할 수 있도록 적정 수준의 사후적 투명성이 확립되어야 할 것이다.[7] 그래야 중앙은행의 정책결정상 자의성의 여지를 줄일 수 있다.

또한 최종대부자 기능은 대마불사(TBTF)의 경향을 강화하기 쉽다. 금융위기 시 시스템에 미치는 영향을 기준으로 중앙은행이 최종대부자 기능을 선별적으로 행사하는 경우, 아무래도 소형 금융기관보다는 대형 금융기관에게 비상유동성이 지원될 가능성이 높기 때문이다. 그러나 이는 소형 금융기관에게는 공평하지 못한 결과일

6. Large(2004) 참조.

7. Enoch *et al.*(1997) 참조.

뿐만 아니라[8] 평소 대형 금융기관의 도덕적 해이를 강화하는 요인으로 작용한다.

사실 대마불사 금융기관들은 이번 글로벌 금융위기에도 상당히 기여했다. 평상시 지나친 리스크를 추구했던 것으로 드러난 패니메이와 프레디맥이 그 좋은 예이며, "리먼의 도산과 여타 몇몇 대형 복합기업의 준도산(near-failure)은 금융시장 혼란, 신용흐름 방해, 자산가격 급락, 신뢰 손상을 통해 위기와 경기침체를 악화시켰다."[9] 더욱이 위기 수습과정에서 연준을 비롯한 여러 중앙은행들은 금융안정을 위해 최종대부자 역할 수행을 통해 대마불사를 실시할 수밖에 없는 절박한 사례들을 경험했다.

1.1.3 한국은행의 최종대부자 경험

글로벌 금융위기 직후 위기의 직격탄을 맞은 주요국 중앙은행을 중심으로 다수의 각국 중앙은행들이 최종대부자 기능을 발휘하여 위기의 수습에 크게 기여했다. 우리나라에서도 한국은행은 금융부문에 긴급한 사태가 발생하였을 때 발권력을 동원해서 금융기관에 자금을 지원하는 등 최종대부자로서의 역할을 일찍부터 담당해왔다. 한국은행의 최종대부자 경험을 1997년 외환위기 이전과 이후로 나누어 살펴보기로 한다.

1.1.3.1 1997년 외환위기 이전의 경험[10]

한국은행이 1950년 창립된 이래 1997년 금융위기를 맞게 되기까지 약 반세기 동안 최종대부자로서 긴급유동성을 제공한 것으로 해석되는 대표적 사례는 한은특융이다. 한은특융은 한국은행이 발권력을 동원하여 부실금융기관에게 행한 장기저리자금 특별대출을 가리킨다. 한은특융은 정부 주도의 압축성장기에 은행들이 정부 지시에 따라 취급한 저리 정책자금이 부실화되면서 실시되었다. 최초의 한은특융은 1972년 8·3조치 때 한국은행의 특별 금융채권 인수를 통해 처음 이루어졌다. 이후 1980년대 중반 해외건설업 및 해운업 부실로 은행 부실이 심화되자 1985년 12

8. 최원형·이용규(1998) 참조.

9. Bernanke(2010), p.8 참조.

10. 이 소절은 정운찬(1995)에 의존하였다.

월부터 1987년 5월까지 산업합리화자금이라는 명목으로 세 차례에 걸쳐 한은특융이 실시되었다. 그리고 1992년에는 은행에 대한 한은특융을 통해 투자신탁회사의 경영정상화를 지원하였다.

한은특융은 배저트의 원리에 명백히 어긋나는 방식으로 실시되었다. 고리가 아닌 저리의 유동성 지원이었고, 정책금융으로 인해 부실화된 기업과 금융기관에 대한 지원이었으므로 양질 담보와는 무관하게 이루어졌기 때문이다. 게다가 한은특융은 건별로 서로 다른 법률적 근거에 의거하여 임기응변적으로 이루어졌다. 그러므로 "한은특융은 금융부문의 발생 가능한 위기를 막았다는 면에서 최종대부자 기능의 한국적 변형"으로 해석할 수 있다. 결국 한은특융은 "시장의 일시적인 실패와 그로 인한 금융위기를 해결함으로써 금융제도의 안정성을 보장하기 위한 중앙은행의 시장개입이라기보다는 정책금융의 결과 발생한 부실채권으로 금융기관이 부실해질 때 그것을 정부 주도 하에서 발권력을 통해 해결하고자 한 … 정부의 비정상적 금융개입수단"이었던 것으로 평가된다.[11]

문제는 한은특융으로 말미암아 금융위기가 미래로 누적적으로 이연되었고, 금융기관의 도덕적 해이가 극에 달하게 되었다는 사실이다. 사실 1997년 말 발생한 외환위기는 은행(금융기관)은 망하지 않는다는 그릇된 믿음이 가져온 장기간의 왜곡에 기인하는 부분도 적지 않다.

1.1.3.2 1997년 외환위기 이후의 경험

1997년 외환위기 직후 단행된 금융개혁으로 한국은행법의 제6차 개정(1997. 12. 31. 공포)이 이루어졌고, 그 결과 한국은행의 독립성 및 책임성(투명성)이 개선되었다. 또한 최종대부자 기능에 관련된 몇몇 조항도 이때 보완·정비되었다. 예를 들어 당시 한국은행법 제64조 제① 항은 금융기관에 대한 여신 대상증권을 "금융기관이 취득한 모든 증권으로 확대"하고 그 대상증권의 만기도 "한국은행이 취득한 날부터 일년 [이내] … 로 통일"하였다. 또한 제65조 제① 항은 "전산정보처리조직의 장애 기타 우발적 사고 등의 경우를 긴급여신대상에 추가"하였으며, 제68조 제① 항은 "공개시장조작 대상증권의 범위에 국채·정부보증채 외에 금융통화위원회

11. 이러한 해석과 평가는 정운찬(1995), pp.279～280에서 인용하였다. 한은특융의 각 사례에 관한 상세한 분석은 정운찬(1995)을 참고하기 바란다.

가 정하는 유가증권을 추가" 하였다.[12] 이와 같은 법규 정비는 한국은행이 긴급자금 대출이나 공개시장운영의 방식을 통해 최종대부자 기능을 좀 더 명확하고 원활하게 수행하도록 하는 데에 도움이 되었다.

이후 제8차 한국은행법 개정(2011. 9. 16 공포)을 통해 제64조("금융기관에 대한 여신업무")와 제65조("금융기관에 대한 긴급여신"), 제68조("공개시장조작"), 그리고 제80조("영리기업에 대한 여신")에서 한국은행의 최종대부자 기능 실행요건이 이전에 비해 완화되었다. 이는 글로벌 금융위기의 수습과정에서 미국 연방준비제도 등 선진국 중앙은행들이 금융안정을 위해 강력한 역할을 수행해 오고 있는 추세를 반영한 것이다.

이제 1997년 말 외환위기가 발생한 직후부터 지금까지 한국은행이 실제로 수행한 최종대부자 기능의 사례를 알아보기로 한다. 우선, 외환위기를 전·후하여 1997년 하반기 동안 모두 4건의 증권담보대출 또는 긴급여신이 구(舊) 한국은행법에 의해 특별대출 형식으로 이루어졌으며,[13] 또한 2003년 6월 노조파업으로 예금인출사태에 직면한 조흥은행에 대해 유동성조절대출 형식의 최종대부자 지원이 한 차례 시행된 적이 있다.[14] 이후 2012년 상반기까지 한국은행은 2건의 특별대출을 수행한 바 있다. 2006년 2월 정부의 '생계형 금융채무 불이행자에 대한 신용회복 지원방안'에 따라 "한국산업은행을 통해 한국자산관리공사에 4,462억원을 지원"한 사례와, 2009년 3월 글로벌 금융위기의 여파에 대비한 은행건전성 강화를 위해 "한국산업은행을 통해 은행자본확충펀드에 3.3조원을 지원" 한 사례가 그것이다.[15]

한편, 한국은행은 공개시장운영의 형식으로도 최종대부자 기능을 수행할 수 있다. 한은법에는 긴급자금 지원을 위한 별도의 공개시장운영 관련 조항은 없다. 그러나 일반적인 공개시장운영 규정에 의해 개별 금융기관 또는 전체 금융시장에 긴급 유동성 공급이 가능하다. 이에 따라 위기 직후인 1997년 12월 구(舊) 한은법에

---

12. 이 문단의 인용구는 모두 한국은행 법규실(2007), p.392에서 따왔다. 본 1.1.3.2 소절의 본문 및 각주에 나오는 '공개시장조작' 용어는 모두 과거의 한은법 또는 기존 자료에서 직접 인용한 것이다. 인용이 아닌 경우에는 현재의 공식 용어인 '공개시장운영'으로 표기했다(이 책, p.602의 각주 25 참고).
13. 이들 긴급여신 4건의 내역에 대해서는 한국은행(2004c) 참조. 여기서 특별대출이란 "한국은행이 금융안정을 위해 금융통화위원회의 별도 의결을 거쳐 지원하는 대출"이다(한국은행 2010, p.211).
14. 2008년 3월 한국은행의 통화신용정책 집행체계 개편으로 '자금조정대출 및 예금' 제도가 도입되면서 유동성조절대출 제도는 일시부족자금대출 제도와 함께 폐지되었다.
15. 한국은행(2010), p.211.

의해 공개시장운영을 통한 투신사 지원이 한 차례 이루어졌고, 제6차 개정 한은법이 시행된 1998년 4월 이후 지금까지는 공개시장운영 형식의 최종대부자 지원 역시 2003년 3월 금융불안 발생 시 한 차례 시행된 적이 있다. 특히 2020년 코로나 발발 이후에는 공개시장운영 대상증권을 확대하는 한편 공개시장운영 대상기관 또한 확대하였다.

외환위기 직후의 금융개혁으로 1998년 4월 개정 한은법이 시행된 이래 최종대부자 기능은 과거와 달리 정상적으로 수행될 수 있는 여건이 마련된 것으로 보인다. 우선 법률적으로 한국은행의 독립성과 책임성이 과거에 비해 실질적으로 제고되었고, 그동안의 지원 사례를 보아도 그렇게 판단할 수 있다. 특히 한국은행이 『통화정책보고서』(2004. 3)를 통해 스스로 최종대부자 기능의 수행 사례를 최초로 공식 언급했던 점은 초보적이나마 한국은행의 최종대부자 지원조치에 대한 사후적 투명성과 관련된다는 점에서 주목된다. 하지만 그 이후 한국은행은 글로벌 금융위기의 수습과정에서 자신이 이행한 금융시장 안정화를 위한 각종 조치들 가운데 무엇이 최종대부자 역할의 맥락에서 수행된 것인지 『통화정책보고서』나 『금융안정보고서』와 같은 공식 간행물에서 적시하고 있지 않다.[16] 이런 점에서 내용 면에서의 사후적 투명성과 절차 면에서의 사전적 투명성을 실제로 확립하는 일은 현재에도 여전히 한국은행의 최종대부자 역할 수행에서 중요한 과제로 남아 있다.

1.2 지급결제제도의 운영자 · 감시자 · 발전촉진자 기능[17]

세계적으로 지급결제제도에 대한 감시는 금융안정을 위한 중앙은행의 정책기능으로 확립되어 있다. 지급결제제도는 금융시스템을 구성하는 요소 중 하나인 금융하부구조의 핵심이다. 그러므로 지급결제제도에 문제가 생기면 금융시스템의 안정도 유지될 수 없다. 우선 지급결제제도가 무엇인지에 대해 학습하고 나서 지급결제제도 관련 국제기준과 중앙은행의 책임 등을 차례로 알아보기로 하자.

16. 한국은행 내부자료(2012)는 리먼브러더즈 사태 이후 2011년 상반기까지 한국은행이 금융시장 안정을 위해 "RP 매입 등 공개시장조작", "총액한도대출 증액", "지급준비금 이자지급", "채권시장안정펀드 지원", "은행자본확충펀드 지원", "신용보증기금 출연" 등의 방식으로 총 27.9조원의 원화유동성을 제공한 것으로 보고하고 있다.

17. 이 절의 내용은 한국은행(2004a · 2004b · 2009 · 2014)에 주로 의존하였다.

1.2.1 지급결제제도란 무엇인가?[18]

우리는 책 또는 휴대폰을 사거나 세금을 낼 때 현금, 수표, 신용카드, 또는 계좌이체 등을 이용한다. 이와 같이 각종 거래에서 발생하는 채권 · 채무를 구매력의 이전을 통해 완결짓는 행위를 지급결제(payment and settlement)라고 부른다. 그리고 지급결제에 이용되는 현금, 수표, 신용카드, 계좌이체 등을 지급수단이라 부른다.[19]

지급결제제도(payment and settlement system)란 일련의 지급결제 과정이 원활하게 일어날 수 있도록 도와주는 금융의 하부구조에 해당한다. 지급결제제도의 결제처리 과정은 흔히 지급(payment) · 청산(clearing) · 결제(settlement)의 3단계로 구성된다. 지급은 결제가 시작되는 단계로, 수표를 제시하거나 신용카드로 결제하는 등 지급인이 지급수단을 사용하고 수취인이 이를 받아들이는 단계다. 청산은 지급결제중개기구(청산기구)가 지급인과 수취인 사이에서 교환된 지급수단을 확인하고 금융기관 간 정산을 위해 차액을 계산하는 단계다. 결제는 계산된 차액의 이체를 통해 거래를 완결시키는 단계다.

지급결제제도를 통한 지급결제의 흐름은 〈그림 17-1〉과 같다. 이 그림은 지급결제의 흐름에서 지급수단과 금융시장인프라가 중요한 역할을 수행한다는 것을 잘 보여준다. 이 그림에 명시적으로 표시되어 있지는 않지만, 지급결제제도의 구성요소에는 지급수단과 금융시장인프라 이외에도 각종 참여기관과 관련 법규 및 국제기준이 포함된다. 이들 구성요소를 지급수단부터 차례로 알아보기로 한다.

어떤 거래에서나 현금을 지급하면 그것으로 지급결제가 이루어져 거래가 완결된다. 이는 중앙은행이 발행한 현금이 국가가 법률로 강제 통용력을 부여한 지급수단이기 때문이다. 그러나 현금이 아닌 어음 · 수표나 신용카드, CD/ATM, 계좌이체, 인터넷뱅킹 등을 이용하는 경우 거래가 완결되려면 별도의 자금이체 절차를 거

---

18. 이 소절은 주로 한국은행(2009 · 2014)에 의존했다.

19. 이 책의 제1, 2장에서는 지급수단(현금)과 현금이 아닌 교환매개수단(수표, 신용카드, 계좌이체 등)을 구분했었다. 지급수단은 언제나 교환매개수단으로 기능하지만 그 역이 반드시 성립하는 것은 아니기 때문이다. 그런데 현실적으로는 지급수단과 교환매개수단을 구분하지 않고 용어를 혼용하는 경우가 자주 있다. 한국은행도 현금이 아닌 어음, 수표, 신용카드, 직불카드, 선불카드, 계좌이체, 지로(giro) 등에 대해 '교환매개수단'이라는 엄밀한 표현 대신 이들을 "현금 이외의 지급수단" 또는 "금융기관을 거쳐 현금화할 수 있는 지급수단"이라 부르고 있다(한국은행 2014, p.9). 이 장에서는 편의상 한국은행의 용례를 따라 현금이든 아니든 모든 교환매개수단을 '지급수단'으로 통칭하기로 한다.

그림 17-1

지급결제의 흐름

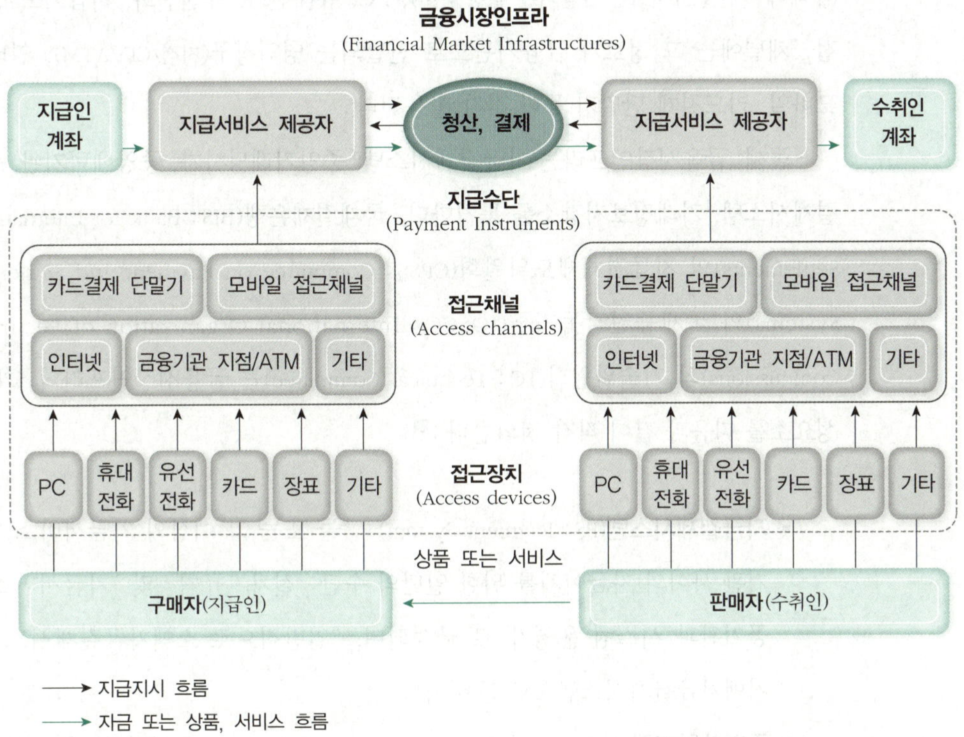

자료 : 한국은행(2014), p.6의 〈그림 1-1〉.

쳐야 한다. 왜냐하면 현금이 아닌 나머지 지급수단들은 지급인이 자신의 거래은행에게 요청해 특정 금액이 수취인에게 지급되도록 하는 수단일 뿐이기 때문이다. 그럼에도 비현금 지급수단이 우리의 일상생활에서 일반적으로 통용되는 이유는 그러한 수단을 이용해도 궁극적으로 금융기관 간 자금이체를 거쳐 거래가 정상적으로 완결될 것이라는 믿음이 있기 때문이다. 비현금 지급수단은 지급결제 과정에서 장표의 물리적 이동 여부를 기준으로 장표방식 지급수단과 전자방식 지급수단으로 구분할 수 있다. 장표방식 수단에는 어음, 수표, 지로(일반계좌이체) 등이, 전자방식 수단에는 신용카드, 직불카드, 선불카드, 지로(자동계좌이체 등), 인터넷뱅킹 등이 각각 포함된다.[20] 또한 〈그림 17-1〉에서와 같이, 지급수단은 지급지시에 따라 자금이

20. 우리나라의 경우, 비현금 지급수단으로는 어음 · 수표, 계좌이체(지로, 타행환, CD/ATM, 자금관리서비

지급인 계좌에서 수취인 계좌로 이동하기까지의 과정에 이용되는 매개장치(접근장치)와 매개 경로(접근채널)로도 표시된다. 접근장치에는 지급지시 정보가 담긴 장표(구매력 이전을 표시하는 금융기관 발행 증서), PC, 휴대전화, 유선전화, 지급카드 등이, 접근채널에는 그 정보가 금융기관으로 전달되는 영업창구(지점/CD/ATM), 인터넷, 모바일, 카드결제 단말기 등이 각각 활용된다.

둘째, 금융시장인프라는 자금결제시스템, 중앙거래당사자, 중앙예탁기관, 증권결제시스템, 거래정보저장소를 통칭한다. 국제결제은행(BIS : Bank for International Settlements)의 지급결제제도위원회(CPSS : Committee on Payment and Settlement Systems)와 국제증권감독기구(IOSCO : International Organization of Securities Commissions)의 기술위원회(TC : Technical Committee)는 금융시장인프라의 5개 구성요소를 다음과 같이 각각 정의한다 :[21]

- **자금결제시스템**(PS : Payment System) : "둘 또는 그 이상의 자금서비스 제공기관 사이의 자금이체를 위한 일단의 수단 · 절차 · 규칙" 및 "자금서비스 제공기관과 시스템 운영자"로 구성되며, "일반적으로 소액자금결제시스템과 거액자금결제시스템으로 분류"됨 ;
- **중앙예탁기관**(CSD : Central Securities Depositories) : "증권계좌 · 중앙보관서비스 · 자산서비스 … 를 제공하고, 증권발행의 무결성(integrity)을 담보하는" 기구 ;
- **증권청산결제시스템**(SSS : Securities Settlement Systems) : "미리 정한 일단의 다자간 규칙에 따라 증권계좌대체(book entry) 방식으로 증권의 이체 및 결제를 가능하게" 해주는 시스템 ;
- **중앙거래당사자**(CCP : Central Counterparties) : "하나 또는 복수의 금융시장에서 거래되는 계약의 거래상대방 사이에 위치하여 모든 매도자에게는 매수자가 되고 모든 매수자에게는 매도자가 됨으로써 공개계약(open contract)의 이행을 담보"하는 기구;

스, 텔레뱅킹, 인터넷뱅킹, 모바일뱅킹), 지급카드(신용카드; 선불카드, 전자화폐, 선불전자지급수단 등 선불형 카드; 직불형 카드)가 이용되고 있다(한국은행 2014).

21. CPSS and TC(2012), pp.8~9. 각 구성요소의 국문 표현은 한국은행(2014)의 용례에 따랐다. 한편 CPSS에 대해서는 이 장의 각주 30을 참조하기 바란다.

- **거래정보저장소**(TR : Trade Repositories) : “거래자료를 집중적 전자기록(데이터베이스)으로 유지하는 기구”.

이와 같은 5개 요소로 구성되는 금융시장인프라는, 금융기관 간 자금이체에 관련된 모든 “금융거래의 청산, 결제 및 기록”이 진행되는 일국 지급결제제도의 핵심 부분으로, 곧 학습하게 될 각종 결제리스크의 원천이 된다.[22]

셋째, 참여기관은 지급서비스 제공자와 금융시장인프라 운영자로 구성된다. 지급서비스 제공자는 비현금 지급수단을 제공하는데, 여기에는 은행, 금융투자회사, 그리고 신용카드회사 등이 포함되는 것은 물론, 최근에는 금융의 디지털화를 반영하여 이동통신회사, 모바일기기 제조업체, IT기업 등과 같은 비금융기업의 참여도 늘고 있다.[23] 금융시장인프라 운영자는 “지급, 청산 및 결제를 위한 전자적인 정보를 처리하는 전산시스템을 운영하고 이에 필요한 업무규약이나 처리절차 등을 마련하여 시행”하며, 자금결제시스템 또는 증권청산결제시스템 운영에 참여하는 여러 운영주체들이 포함된다.[24] 금융시장인프라 운영자는 수행하는 업무에 따라 다시 청산기관과 결제기관으로 구분된다. 청산기관은 고객이 거래하는 금융기관과 판매자가 거래하는 금융기관 사이의 지급액과 수취액을 상계한 후 차액결제금액을 확정하여 결제기관에 통보한다. 결제기관은 그 차액결제금액을 자신에게 개설된 금융기관 당좌예금계정 사이에서 이체시켜 지급결제 과정을 완결짓는다.

넷째, 지급결제제도의 안전하고 효율적 작동을 위해 모든 참여기관이 준수해야 할 관련 규율—국제기준과 일국의 업무처리규정—도 지급결제제도의 중요한 구성요소가 된다. 국제기준으로는 곧 논의할 “금융시장인프라에 관한 원칙(PFMIs :

22. 한국은행(2014), p.10.

23. 우리나라의 지급서비스 제공기관에는 은행, 비은행 예금취급기관, 신용카드회사, 전자금융업자(전자지급결제대행업자, 선불전자지급수단 발행 및 관리업자, 결제대금예치업자, 직불전자지급수단 발행 및 관리업자, 전자고지결제업자), 전자금융보조업자(신용카드 VAN사업자, 점포외 CD/ATM 서비스업자), 기타 지급서비스 제공자(이동통신회사, 비금융 IT기업) 등이 있다(한국은행 2014).

24. 한국은행(2014), p.8. 우리나라의 경우 거액결제시스템을 운영하는 한국은행을 필두로, 12개 주요 소액결제시스템을 운영하는 금융결제원, 증권청산결제시스템을 운영하는 한국예탁결제원과 한국거래소, 그리고 외환결제시스템을 운영하는 CLS은행 등이 금융시장인프라 운영자의 역할을 수행한다. 특히 증권청산결제시스템에서 중앙거래당사자(CCP)의 역할은 한국거래소와 한국예탁결제원이, 중앙예탁기관(CSD)의 역할은 한국예탁결제원이, 거래정보저장소(TD)의 역할은 한국거래소가 각각 수행한다. 자세한 내용은 한국은행(2014)과 금융위원회 · 금융감독원(2015)을 참조하기 바란다.

Principles for Financial Market Infrastructures)" 이 대표적이며, 일국의 업무처리규정에는 지급결제제도의 감시자인 중앙은행이 정한 규정, 지급결제제도에 참가하는 금융기관 및 금융시장인프라 운영자를 감독하는 정책당국(금융감독기구)이 정한 규정, 그리고 각 금융시장인프라 운영자가 정한 업무규약 및 처리절차가 포함된다.

이와 같은 일국의 지급결제제도의 체계 내에서 자금의 성격, 결제방식, 결제시점, 그리고 운영주체에 따라 다양한 개별 지급결제시스템이 작동한다. 우선, 자금의 성격을 기준으로 보면 소액결제시스템(retail payment system)과 거액결제시스템(large-value payment system)이 있다. 소액결제시스템은 신용카드, 수표, 계좌이체, 지로 등의 사용과 관련하여 개인(또는 기업)과 금융기관 사이의 자금이동을 주로 처리한다. 소액결제시스템은, 건당 금액은 소액이지만 무수한 건수를 다루기 때문에 건별 결제가 아니라 일정 기간(보통 1일) 중 발생한 모든 거래를 합산하여 금융기관 사이의 지급액과 수취액을 상계한 후 차액만을 결제하게 된다. 거액결제시스템은 주로 금융기관 사이의 자금거래와, 외환거래나 국채매매에 따른 대금지급 등의 거액 자금이체를 처리하는 시스템이다. 여기에는 한국은행의 BOK-Wire+, 연방준비제도의 Fedwire, ECB의 TARGET2, 일본의 RTGS-XG 등이 있다.

다음으로, 결제방식을 기준으로 보면 차액결제시스템(net settlement system)과 총액결제시스템(gross settlement system)이 있다. 차액결제시스템은 일정 기간 동안 발생한 무수한 결제건수에 대해 건별 금액을 합산해 지급액과 수취액을 상계한 차액으로 결제하는 시스템으로, 양자 간 차감계산(bilateral netting)과 다자간 차감계산(multilateral netting)이 발생한다. 총액결제시스템은 실시간으로 건별 자금을 결제하는 시스템이다. 최근에는 차액결제시스템의 장점인 "결제자금의 절감"과 총액결제시스템의 장점인 "거액자금의 신속한 결제"를 살려 "참가기관들의 지급지시를 하루 중 수시로 모아 … 처리"하는 혼합형결제시스템(hybrid system)도 널리 활용되고 있다.[25]

한편, 결제시점에 따라 지급결제시스템을 지정시점결제시스템(designated-time settlement system)과 실시간결제시스템(real-time settlement system)으로 나눌 수 있다. 전자는 사전에 정해 놓은 특정 시점에 결제가 완결되는 시스템이며, 후자는 실

25. 한국은행(2014), p.24, 〈참고 2-1〉.

시간으로 건별 결제가 완결되는 시스템이다.

또한 운영주체가 중앙은행인지 아니면 민간기관인지에 따라 지급결제시스템은 중앙은행결제시스템과 민간결제시스템으로 분류된다. 대부분의 국가에서는 중앙은행이 직접 거액결제시스템을 운영하며, 민간기관은 소액결제시스템을 운영한다. 우리나라의 경우 금융결제원은 어음교환시스템, 지로시스템, 은행공동망 등 소액결제시스템을 운영하고, 한국예탁결제원 및 한국거래소는 증권결제시스템을 운영한다.

이와 같이 일국의 지급결제제도 체계 내에서 작동 중인 개별 지급결제시스템을 자금의 성격, 결제방식, 결제시점, 그리고 운영주체 등 각 기준별로 서로 다른 두 가지 유형으로 구분해볼 수 있다. 그런데 이렇게 파악되는 각각의 유형 간에는 일정한 관련성이 있다. 예를 들어 소액결제시스템은 동시에 차액결제시스템이자 지정시점결제시스템 및 민간결제시스템인 경우가 많다. 마찬가지로 거액결제시스템은 동시에 총액결제시스템이자 실시간결제시스템 및 중앙은행결제시스템인 경우가 많다.

1.2.2 중앙은행에 의한 지급결제제도의 운영 · 감시 · 발전촉진[26]

대부분의 국가에서 중앙은행은 자신의 양대 책무와 직결되는 지급결제제도의 안전성과 효율성 확보를 위해 시스템의 구축 및 운영에 관한 원칙을 정하여 시스템을 직접 운영해 오고 있다. 나아가 이들 중앙은행은 많은 경우 지급결제제도의 감시자 및 발전촉진자의 역할까지 수행한다.

실제로, BIS의 CPSS는 중앙은행의 지급결제제도 감시자 기능을 "기존 시스템 및 운영 예정인 시스템을 모니터링하고 이 시스템에 대해 평가하는 한편, 필요시 개선을 유도함으로써 이 시스템들의 안전성 및 효율성의 증진을 도모하는" 것으로 정의한다.[27] 여기에는 대체로 세 가지 구체적 근거가 있다.

첫째, 중앙은행에 의한 지급결제제도의 감시는 중앙은행의 최종대부자 기능 수행에 긴요하다. 감시를 통해 지급결제시스템 참가자의 유동성 관련 정보를 중앙은행이 평소 신속히 파악할 수 있어야 유사시 최종대부자 기능의 수행 여부에 관한 판단을 적시에 내릴 수 있기 때문이다.

---

26. 이 소절은 CPSS(2005)와 한국은행(2014)에 주로 의존했다.
27. CPSS(2005), p.11.

둘째, 중앙은행에 의한 지급결제제도의 감시는 중앙은행의 통화안정 책무 달성에 긴요하다. 중앙은행의 통화정책은 금융시장을 통해 실물경제로 파급된다. 따라서 통화정책이 효과적이기 위해서는 금융시장의 안정성이 중요하다. 그런데 금융시장의 안정성은 다시 지급결제제도와 같은 금융 하부구조의 안정과 긴밀하게 관련된다. 금융시장의 각종 거래에 의해 발생하는 채권·채무관계는 지급결제 과정을 거쳐 완결되어야 하기 때문이다. 결국 중앙은행이 지급결제제도 감시에서 직접 얻게 되는 금융기관의 지급 및 결제 관련 정보는 통화정책의 수립과 집행에 도움이 되며, 감시를 통한 지급결제제도의 안정성 유지는 중앙은행의 통화정책 효율을 촉진한다.

셋째, 중앙은행은 지급결제제도의 감시에서 비교우위를 갖는다. 중앙은행은 결제의 완결성을 갖는 지급수단인 법정통화(legal tender)의 유일한 발행자이고, 민간기구가 운영하는 차액결제시스템에 참여하여 결제의 완결성을 보장하고, 실시간 총액결제(RTGS) 방식의 거액결제시스템을 직접 운영한다. 이와 같은 특성들은 다음 절에서 다루는 결제위험을 중앙은행이 파악하는 데 도움이 된다.

끝으로, 각국 중앙은행은 일국 지급결제제도의 운영자 및 감시자로 활동하는 가운데 동 제도의 중장기적 발전을 위해 내부 조직을 두고 직접 기여하거나 별도의 외부 기구를 간접적으로 지원하는 등 자국 실정에 맞는 다양한 방식으로 발전촉진자의 역할도 수행한다.

1.2.3 결제위험과 금융시장인프라에 관한 원칙(PFMIs)

최근 지급결제제도와 관련된 결제위험이 크게 늘어나는 추세이다(〈Box 17-2〉 참조). 이는 정보통신기술의 발달로 다양한 지급수단이 보급되면서 지급결제제도를 통하는 결제 건수와 자금 규모가 폭발적으로 증가한 데에 기인한다. 또한 금융시장의 세계적 통합화로 "국내외 금융시장 간 및 금융기관 간 상호연계성"과 "지급결제시스템 간 상호의존성"이 심화된 데에도 기인한다.[28]

이러한 금융환경의 변화에 따라 2000년대 초 국제기구들은 각국의 지급결제제

---

28. 한국은행(2009), p.18과 한국은행(2014), p.43의 〈참고 3-3〉.

Box 17-2 결제위험의 다섯 가지 유형과 각각의 정의

결제위험이란 "예기치 못한 사정으로 인하여 결제가 예정대로 이루어지지 않을 가능성 또는 그로 인하여 야기되는 손실발생 가능성"으로 정의된다.[1] 결제위험의 유형에는 신용위험, 유동성위험, 법률위험, 운영위험, 그리고 시스템위험의 다섯 가지가 있다.

- **신용위험**(credit risk)
  지급결제시스템에 참가하고 있는 한 금융기관이 파산 등으로 인해 다른 금융기관에 대한 금융채무 전액을 만기일 또는 그 이후에도 이행하지 못하게 될 위험

- **유동성위험**(liquidity risk)
  지급결제시스템에 참가하고 있는 한 금융기관이 일시적인 자금부족으로 결제일에 금융채무 전액을 이행하지 못하게 될 위험. 유동성위험은 결제시점 이후에 원금 전액이 결제될 수 있다는 점에서 파산 등으로 인한 신용위험과는 구분되지만, 유동성 부족에 빠진 금융기관이 다른 계약을 불이행하거나 파산할 수도 있기 때문에 실제로는 신용위험과 구분이 곤란한 경우가 많다.

- **법률위험**(legal risk)
  법률체계가 미흡하거나 불확실하기 때문에 결제가 제때 이루어지지 못함으로써 신용위험이나 유동성위험이 발생하거나 악화될 위험

- **운영위험**(operational risk)
  전산시스템의 기술적 오작동, 내부통제의 결함이나 운영상 실수 등으로 결제가 제때 이루어지지 못함으로써 신용위험이나 유동성위험이 발생하거나 악화될 위험

- **시스템위험**(systemic risk)
  지급결제시스템에 참가하고 있는 한 금융기관의 결제불이행이 다른 금융기관이나 다른 지급결제시스템 참가기관들의 연쇄적 결제불이행 사태를 초래함으로써 지급결제시스템 전체가 혼란에 빠지게 될 위험. 지급결제시스템은 금융시장 참가자 간 네트워크이므로, 다른 이유로 발생한 위험이 지급결제의 네트워크를 타고 증폭적으로 확산되는 경우 시스템위험으로 발전하기 쉽다.

1) 한국은행(2014), p.11.

자료: 한국은행(2009 · 2014).

도가 준수해야 할 각종 국제표준을 활발하게 제정 · 공표해 왔다.[29] 그 결과 2001년 1월 국제결제은행(BIS)의 지급결제제도위원회(CPSS)가[30] 제정한 "금융시스템상 중요 지급결제시스템의 핵심 원칙(Core Principles for Systemically Important Payment Systems)", 2001년 11월과 2004년 11월 BIS의 CPSS 및 국제증권감독기구(IOSCO)

29. BIS(2012) 참조.

30. 지급결제제도위원회(CPSS)는 2014년 9월 1일자로 지급결제 및 시장인프라 위원회(CPMI: Committee on Payments and Market Infrastructures)로 개칭되었다. 하지만 개칭되기 이전의 자료에 대해서는 공표 당시의 위원회 명칭 CPSS를 그대로 사용하기로 한다.

의 기술위원회(TC)가 차례로 제정한 "증권결제시스템에 대한 권고(Recommendations for Securities Settlement Systems)"와 "중앙거래당사자에 대한 권고(Recommendations for Central Counterparties)"는 지급결제에 관한 3대 국제기준으로 자리 잡았다. 특히 '핵심 원칙'은 IMF와 세계은행의 FSAP(Financial Sector Assessment Program)에 포함되어 회원국의 금융부문 평가의 여러 기준 가운데 하나로 이용되어 왔다.

지난 글로벌 금융위기에서 지급결제시스템은 심각한 문제를 야기하지는 않았다고 평가된다.[31] 이는 결제위험의 증대에 대처하여 3대 국제기준이 2000년대 초 마련되고 이에 따라 전 세계적으로 지급결제제도가 어느 정도 정비된 덕분이다. 하지만 글로벌 금융위기를 계기로 장외파생상품을 표준화하고 중앙거래당사자를 통해 청산해야 할 필요가 제기되는 등 금융시장인프라(FMIs)를 더욱 강화해야 한다는 인식이 세계적으로 확산되었다. CPSS와 TC는 약 2년간의 검토과정을 거쳐 "금융시장인프라에 관한 원칙(PFMIs : Principles for Financial Market Infrastructures)"을 2012년 4월 최종 확정 · 공표하였다. 이는 지급결제에 관한 기존의 3대 국제기준을 단일화한 내용으로, 과거에 비해 "최소요건을 강화하고, 좀더 상세한 지침을 제공하며, 기준이 다루는 범위를 넓혀 새로운 위험관리 분야와 새로운 유형의 금융시장인프라를 커버"한다.[32] 동 원칙은 금융시장인프라에 관한 8개 부문—일반적 조직, 신용리스크 및 유동성리스크의 관리, 결제, 중앙증권예탁기구와 가치교환형 결제시스템(exchange-of-value systems), 채무불이행 관리, 일반사업리스크와 운영리스크의 관리, 접근성, 효율, 투명성—에 걸친 총 24개 원칙으로 구성되며, 중앙은행과 시장감독기구 등이 규제 · 감독 · 감시과정에서 수행해야 할 5대 책임을 명시하고 있다. 또한 동 원칙은 현재 금융안정위원회(Financial Stability Board)가 회원국의 이행을 독려하기 위해 지정한 "건전한 금융시스템을 위한 주요 기준(Key Standards for Sound Financial Systems)" 가운데 하나로 포함되어 있다.

그런데 "금융시장인프라에 관한 원칙"이 지급결제제도 감독에 관한 중앙은행과 시장감독기구 등의 5대 책임을 명시한 것은 이들 복수의 당국이 지급결제제도를 이중, 삼중으로 감독하라는 의미일까? 그렇지는 않다. 정책목표는 물론 업무활동의 내용 및 수행 방식 전반에 걸쳐 미시당국인 금융감독기구의 (미시건전성) 감독과 거

31. 양준모(2011) 참조.
32. BIS(2012) 참조.

시당국인 중앙은행의 지급결제제도 감시는 서로 다르며 금융안정을 위해 상호 보완적이기 때문이다.[33]

1.2.4 우리나라의 지급결제제도

최근 국제적으로 금융 하부구조로서 지급결제제도의 중요성이 새롭게 인식되면서 우리나라에서는 한국은행이 과거 수행해 오던 지급결제제도의 운영 · 관리 업무에 대한 법률적 근거를 1997년 말 「한국은행법」 제6차 개정을 통해 처음으로 명시했다.

이후 2003년 6월 「한국은행법」 제7차 개정에서는, 한국은행의 금융통화위원회가 지급결제제도의 운영 · 관리에 대한 기본 사항을 의결하도록 하고 종래의 지급결제제도 운영 · 관리 업무를 강화하는 한편 동 제도에 대한 감시기능을 명시적으로 추가하였다. 구체적으로, 한국은행은 지급결제제도의 안전성과 효율성을 도모하기 위하여 한국은행이 운영하는 지급결제제도에 관하여 필요한 사항을 정할 수 있게 되었다(「한국은행법」 제81조 제①항). 이로써 한은금융망의 운영 근거와 이와 관련된 규정 제정의 법적 근거가 명시된 셈이다. 또한 한국은행이 운영하는 지급결제제도의 참가기관에 대한 자료제출요구권을 명시하였다(제81조 제④항). 이것은 한국은행이 은행 이외에 증권회사와 보험회사 등 한은금융망 참가기관에 관한 자료까지 확보할 수 있게 되었음을 의미한다. 그리고 한국은행이 운영하지 않는 지급결제제도에 대하여 그 운영기관 또는 감독기관에게 운영기준 개선을, 그 운영기관에게 관련 자료를 각각 요청할 수 있게 되었다(제81조 제②, ③항). 이로써 한국은행은 우리나라의 모든 지급결제제도에 대한 감시기능을 갖게 되었다. 아울러 제6차 개정 한은법에는 지급결제제도 관련 업무가 기타업무에 포함되어 있었으나 제7차 개정에서는 별도의 절로 다루어졌다. 이것은 동 업무가 한국은행의 고유 업무임을 법률이 명백히 인정한 것으로 해석된다.[34] 또한 2011년 9월 제8차 개정 한은법은 한은금융망 참가기관의 일시적인 일중 결제자금 부족을 지원할 수 있도록 규정하였다(한국은

33. 한국은행에 의한 지급결제제도의 감시와 금융감독당국(금융위원회 · 금융감독원)에 의한 미시건전성 감독의 차이점에 대해서는 한국은행(2014), p.53의 [표 4-1]을 참조하기 바란다.
34. 한국은행(2003) 참조.

행법 제81조의 2].

요컨대, 제7차 개정 한은법에 의해 한국은행은 지급결제제도에 대한 책임을 공식 총괄하게 되었다. 이는 한국은행이 지급결제제도의 안전성과 효율성 확보를 통해 금융안정에 핵심적인 기여를 하도록 명시적 역할이 부여되었음을 의미한다. 실제로 한국은행은 지급결제제도의 운영자·관리자·감시자로서 동 제도의 안전성 확보와 효율성 제고를 위해「지급결제제도 운영·관리규정」과 동「세칙」및「절차」를 운용 중이다.

이와 같은 법률적 근거로 한국은행은 대표적 지급결제수단인 화폐를 발행하며, 일정 기준을 충족하는 금융기관들과 당좌예금거래약정을 체결하고 금융기관 상호간이나 정부기관 등과의 자금결제에서 한은금융망을 통해 최종 결제서비스를 제공한다.

또한 한국은행은 거액결제시스템인 기존 한은금융망(BOK-Wire)을 개선한 새로운 한은금융망(BOK-Wire+; 이하 한은금융망)을 2009년 4월부터 운영 중이다. 한은금융망은 한은에 당좌예금계정을 개설한 금융기관들이 온라인을 통해 자금을 입·출금하는 총액결제방식으로 운영된다. 한은금융망은 콜거래 등 금융기관들의 단기금융시장 거래에 따른 자금결제뿐만 아니라 증권매매 거래와 외환매매 거래에 따른 자금결제도 처리하며, 외부 지급결제시스템과 연계하여 증권대금 동시결제(DvP: delivery vs. payment)와 외환 동시결제(PvP: payment vs. payment)를 통해 결제위험의 감축에도 기여한다. 한편, 은행 간 차액결제시스템의 결제위험을 관리하기 위해 한국은행은 순채무한도제, 담보증권예치제, 결제부족자금 공동분담제, 그리고 일중당좌대출제도 등을 운영한다.

특히 한국은행은 지급결제제도에 대한 감시자로서 감시대상 지급결제시스템의 선정 및 분류, 지급결제 관련 자료의 수집 및 분석, 감시대상 지급결제시스템의 안전성 및 효율성 평가와 미비점 개선 요청, 긴급상황 시의 조치 등 업무를 담당한다. 우리나라의 현행 지급결제시스템은 거액결제시스템, 소액결제시스템, 증권결제시스템, 그리고 외환결제시스템으로 구성되며, 그 구조는 〈그림 17-2〉와 같다.

끝으로, 한국은행은 지급결제제도의 안전성과 효율성을 제고하기 위해 이 제도에 대한 조사·연구를 수행하고 지급결제시스템의 업무지속계획(BCP: business continuity planning)을 수립하여 운영하는 등 제도의 개선과 확충을 위해 노력하고

그림 17-2

우리나라의 지급결제제도

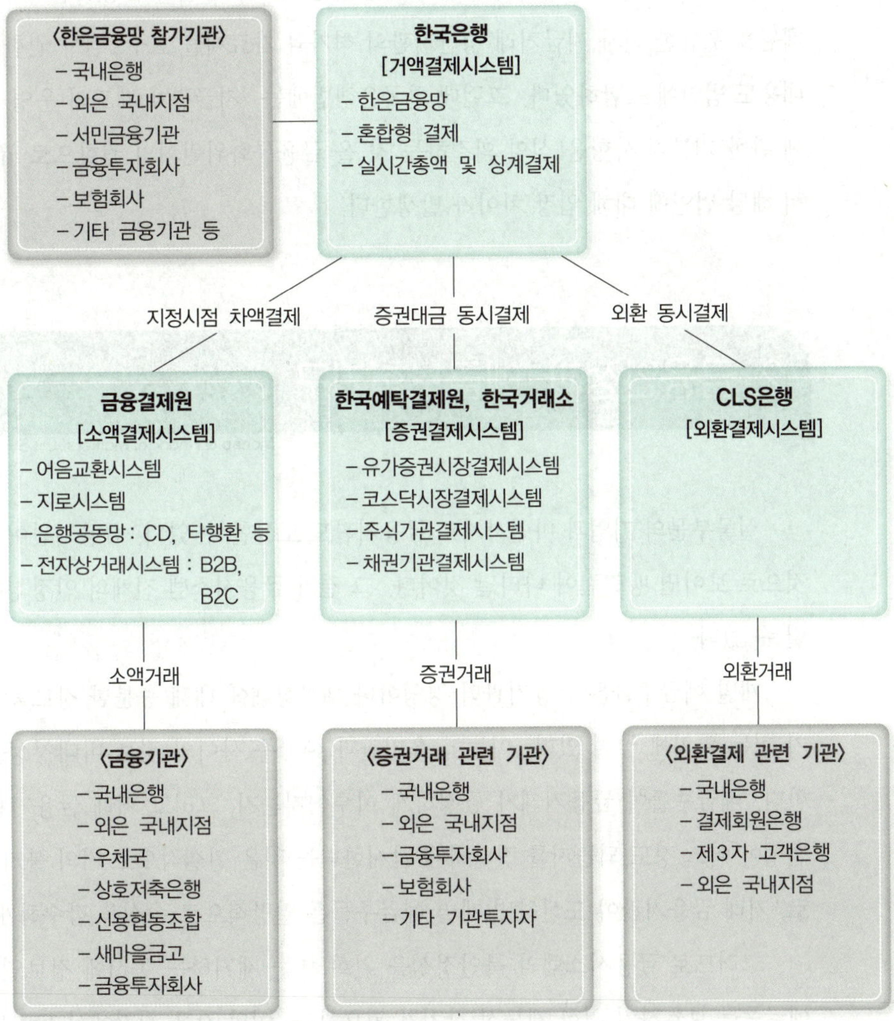

자료: 한국은행(2018).

있다. 이러한 노력 및 활동은 "한국은행 지급결제업무 중장기 추진전략: 지급결제 비전 2020"의 수립 및 집행과 함께 한국은행이 수행 중인 지급결제제도 발전촉진자로서의 역할을 반영한다.[35]

한편 2020년 11월에 금융위원회는 전자금융거래법 개정안을 국회에 제출하였

35. 한국은행 금융결제국(2016) 참조.

고, 법안 중 '전자(디지털) 지급거래 청산업'을 신설하는 내용이 포함됨에 따라 금융위원회와 한국은행 사이에 입장 차이가 발생하고 있다. 금융위가 마련한 법안에서는 전자 지급거래 청산기관이 지급결제를 담당하도록 하면서 금융위원회가 금융결제원을 포함한 전자 지급거래 청산기관의 허가와 자료제출 요구, 검사 권한을 갖는 내용도 법안에 포함하였다. 그런데 한국은행법에는 '지급결제 제도의 운영 및 관리에 관한 기본적 사항을 심의 의결하는 것'을 금융통화위원회의 권한으로 규정하면서 해당 법안에 대해 입장 차이가 발생한다.

2. 금융안정과 예금보험기구

Money & Financial Markets, Ch. Seventeen

실물부문의 기업과 마찬가지로 금융기관도 도산할 수 있다. 금융기관이 도산할 것으로 보이면 뱅크런이 나타날 것이다. 그 결과 금융시스템 전체의 안정성이 흔들릴 수 있다.

개별 예금주들은 금융기관의 경영이나 재무상태에 대해 충분한 정보를 수집하기 힘든 위치에 놓여 있다. 이는 금융기관과 예금주 사이의 정보 비대칭성을 시사한다. 예금주들이 금융거래가 공정하게 이루어지는지, 그리고 거래 금융기관의 건전성이 어느 정도 되는지를 정확하게 감시한다는 것은 현실적으로 거의 불가능하므로, 거래 금융기관이 도산하면 개별 예금주들은 일방적으로 손실을 감수하게 된다.

그러므로 금융시스템의 불안정성을 완화 또는 제거하는 동시에 정보열등자인 예금주를 보호하기 위한 제도적 장치가 필요하다. 이와 같은 취지에서 도입된 공적 금융안전망의 한 요소가 바로 예금보험제도(deposit insurance system)이다.

예금보험제도는 예금취급기관들로부터 일정 보험료(예금보험료)를 미리 징수해 두었다가 개별 예금취급기관이 지급불능의 상태에 처했을 때 그 예금(예금보험금)을 대신 지급해 주는 제도이다. 예금보험기구는 예금보험제도의 운영주체이다. 예금보험기구에게는 보험료 징수와 예금대지급의 기본 책무 이외에 기구의 유형에 따라 예금보험제도의 효율적 운영을 위한 책무까지도 부과될 수 있다. 다음에서는 최근 예금보험제도의 세계적 확산 추세를 간단히 살펴본 후, 예금보험제도의 필요성, 순기능 및 역기능, 예금보험기구의 책무 유형, 우리나라의 예금보험제도 현황과 과제 등에 대해 차례로 검토하기로 하자.

2.1 각국의 예금보험제도 도입 연혁과 배경[36]

역사적으로 볼 때 국가 차원의 명시적 예금보험제도를 최초로 도입한 나라는 미국이다. 미국은 대공황의 와중이던 1930년대 초 「은행법(Banking Act of 1933)」에 의거 연방예금보험공사(FDIC)를 설립하였다. 이후 수십 년 동안 예금보험제도를 채택한 나라가 전혀 없다가 1960년대부터 비로소 캐나다 등 일부 국가가 예금보험제도를 도입하기 시작했다. 1980년에도 예금보험제도를 명시적으로 보유한 나라는 세계적으로 20개국에 불과했다. 하지만 1980년대와 1990년대에는 예금보험제도가 여러 나라로 빠르게 확산되어 2003년에는 87개국이 명시적 예금보험제도를 갖

그림 17-3

예금보험제도의 세계적 확산 추이(1935~2019년)

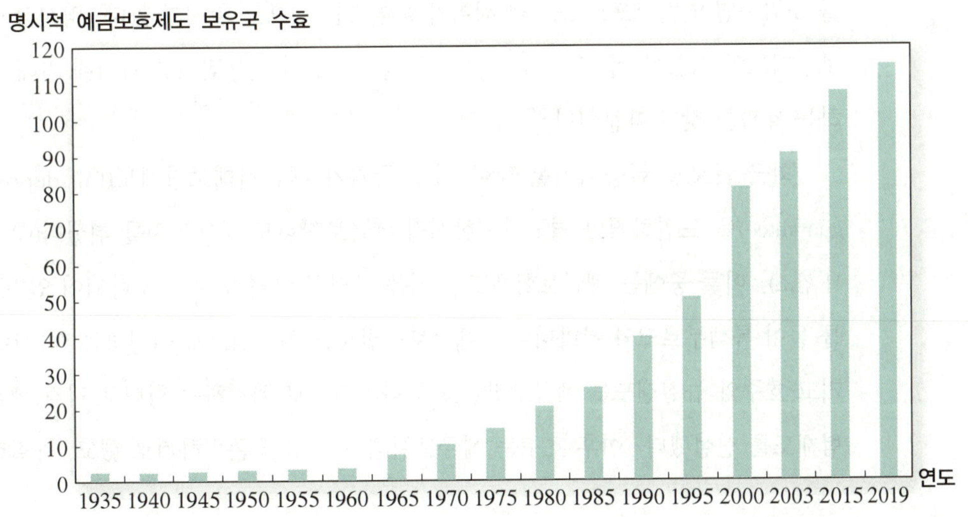

자료: 1935~2003년은 Demirgüç-Kunt *et al.*(2006), p.26을, 2015년은 IADI(2016) 참조했음. IADI Deposit Insurance Surveys.

36. 이 소절의 내용 중 글로벌 금융위기 이전의 상황에 대해서는 Demirgüç-Kunt *et al.*(2006)에 주로 의존하였다.

추게 되었다. 이후 글로벌 금융위기를 거치면서 예금보험제도 도입국은 더욱 늘어나 2015년 말에는 104개국에 이르게 되었다.[37] 〈그림 17-3〉은 이와 같은 명시적 예금보험제도의 세계적 확산 경과를 보여준다.

예금보험제도가 1980~1990년대부터 급속히 보급된 것은, 크고 작은 금융위기의 빈발로 세계 각국에서 금융위기를 억제하기 위한 공적 금융안전망의 강화가 중대한 정책적 관심사로 떠오른 가운데 예금보험제도가 금융안전망을 구성하는 중요한 하나의 축으로 새롭게 인식되었기 때문이다. 1990년대부터 IMF와 World Bank가 회원국에 대해 예금보험제도의 채택을 위기관리정책의 일환으로 권고하게 된 것도 명시적 예금보험제도의 세계적 확산에 기여하였다. 이제 예금보험제도는 중앙은행의 최종대부자 기능과 감독당국의 규제감독 기능과 함께 각국 금융안전망을 구성하는 새로운 표준적 요소로 널리 간주되고 있다.

사실 예금보험제도가 명시적으로 도입되기 이전에도 많은 나라에서는 정부가 암묵적으로 예금을 보장해 왔었다. 이에 따라 정부가 예금을 보장해 줄 것이라는 기대가 일반화되어 암묵적으로는 예금보험제도가 존재하는 셈이었다. 이런 나라에서 기존의 광범위한 암묵적 예금보장을 포기하는 대신 잘 고안된 명시적 예금보험제도를 도입하면 일반적으로 도덕적 해이가 줄어드는 것으로 알려져 있다. 명시적 예금보험제도의 도입이 실질적으로는 공적 금융안전망의 적용범위를 과거에 비해 제한하는 효과를 갖기 때문이다.[38]

최근 글로벌 금융위기를 맞아 다수 국가가 예금전액보장제도(full depositor guarantee)를 도입하거나 영구적 · 한시적 예금보장한도 증액조치를 취했다([표 17-1] 참조). 이들 중에는 예금보험제도를 처음 도입한 국가가 여럿 포함되어 있다. 예를 들어 룩셈부르크와 루마니아는 예금보장한도를 영구적으로 설정하는 형태로, 그리고 호주와 뉴질랜드는 예금보장한도를 한시적으로 설정하는 형태로 각각 예금보험제도를 신설했다. 이후 호주는 예금보험제도를 영구 존치하기로 했고, 뉴질랜드

37. IADI(2016) 참조. 명시적(explicit) 예금보험제도가 아닌 묵시적(implicit) 예금보험제도를 가진 나라도 적지 않다. 이런 나라들까지 모두 포함하는 경우, 세계적으로 예금보험제도를 갖춘 나라들은 2012년에는 111개국인 것으로, 2017년에는 총 138개국인 것으로 각각 보고된 바 있다(IADI 2012 · 2017b).

38. Gropp and Vesala(2004) 참조.

는 2011년 말 폐지했다.[39]

표 17-1 글로벌 금융위기로 인한 국가별 예금보험제도 강화 경과(2010년 3월 기준)[1)]

예금전액보장(19)[2)]		예금보장한도 증액(29)	
종료시한 공표(11)[3)]	종료시한 미공표(8)	영구적 증액(22)	한시적 증액(7)[4)]
오스트리아,[10)] 덴마크, 홍콩SAR, 아일랜드,[6)] 요르단, 말레이시아, 몬테니그로,[9)] 싱가포르,[5)] 슬로베니아, 타일랜드,[7)] 아랍에미레이트(UAE)	독일,[5)] 그리스,[5)] 헝가리,[5)] 아이슬란드,[5)] 쿠웨이트, 몽골리아, 포르투갈,[5)] 슬로바키아	알바니아, 벨기에, 불가리아, 크로아티아, 싸이프러스, 체코공화국, 에스토니아, 핀란드, 인도네시아, 카자흐스탄, 라트비아, 리투아니아, 룩셈부르크, 몰타, 필리핀, 폴란드, 루마니아, 러시아, 세르비아,[9)] 스페인, 스웨덴, 영국	호주, 브라질, 네덜란드, 뉴질랜드, 스위스, 우크라이나, 미국[8)]

주 : 1) 최초의 조치에 따른 구분이며, 2009년 9월 이후 2010년 3월까지의 변화를 포함하여 수정한 자료임.
2) 예금전액보장은 은행시스템의 모든 예금 또는 대부분의 예금에 대한 보장으로 구성됨. 이탈리아의 경우 실제 예금보장한도의 증액이 발생하지는 않았으나, 글로벌 금융위기에 따라 2008년 12월 법률 제190호(Law N.190)가 통과되면서 경제금융장관에게 36개월 기간 동안 국가에 의한 예금보장 조치의 도입권이 부여되었음. 사우디아라비아의 경우 글로벌 금융위기 이전에 이미 실시되고 있던 전액보장제도를 위기에 따라 2008년 10월 재천명했음.
3) 2010년 6월 기준으로 요르단은 2009년 말 종료 예정이었으나 1년 연장; 2010년 종료 공표국은 덴마크(9월 30일), 아일랜드(9월 29일), 홍콩SAR · 말레이시아 · 싱가포르 · 슬로베니아(모두 12월 31일); 2011년 종료 공표국은 타일랜드(8월 10일), 아랍에미레이트(10월 12일); 오스트리아 · 몬테니그로는 2010년 1월 1일부로 예금전액보장을 예금보장한도의 영구 증액조치로 각각 대체.
4) 2010년 6월 기준으로 네덜란드가 2009년 말 종료 예정이었으나 1년 연장; 뉴질랜드와 스위스는 각각 2010년 말 종료 예정이었으나 1년 연장; 2011년 종료 공표국은 호주(10월 12일), 우크라이나(1월 1일); 2013년 종료 예정국은 미국(12월 31일).
5) 정부의 정치적 약정.
6) 은행시스템의 80%를 차지하는 7개 은행에 대한 전액보장.
7) 1997년부터 실시되어 2008년 만료 예정이던 기존 전액보장제도를 2008년 위기로 인해 2년간 연장.
8) 이자미지급결제계좌(non-interest-bearing transaction accounts)에 대한 한시적 무제한보장프로그램은 제외.
9) 2009년 원상회복 보고서(Unwinding report), 즉 IADI and IMF(2009)에는 포함되지 않았음.
10) 개인에게만 적용되는 전액보장임.

자료: IADI and IMF(2010), p.3의 Table 1을 p.5의 Table 2로 보완하여 작성.

[표 17-1]에서 볼 수 있듯이, 글로벌 금융위기를 맞아 29개 국가는 예금보장한도를 증액하고 19개 국가는 예금전액보장제도를 채택했다. 그 이유는 무엇일까? 이

39. 김병환(2011)과 Hoelscher(2011) 참조. 물론 아직도 명시적 예금보험제도를 도입하지 않은 나라들이 상당수 존재한다. 여기에는 아프리카의 여러 나라들과 이스라엘 등이 포함된다. Demirgüç-Kunt *et al.*(2006), IADI(2012 · 2016), 그리고 IADI and IMF(2010) 참조.

는 글로벌 위기와 같은 시스템위기 상황에서는 제한된 액수의 예금을 보장하는 것만으로 경제주체들의 기대를 안정화시키기에는 역부족이었기 때문이다.[40]

한편, 각국은 글로벌 금융위기에 대응하는 과정에서 예금보장한도의 증액과 예금전액보장 이외에도 다양한 예금보험제도 관련 조치들을 실제로 도입했다. 예를 들어 금융안정위원회(Financial Stability Board)는 자신의 회원국들이 예금보험료 인하(러시아)에서 예금보험료 산정방식 등의 변경(미국), 예금보장대상 금융상품의 확대(브라질, 한국, 스위스), 예금보험제도의 정리권한 등 강화 또는 기타 조치(브라질, 프랑스, 독일, 이탈리아, 한국, 네덜란드, 러시아, 스페인, 스위스, 영국, 미국)에 이르는 다양한 조치를 시행했다고 보고한 바 있다.[41] 이와 같은 각국의 다양한 예금보험제도 관련 경험을 통해 결과적으로 "금융시스템에서 예금주 확신(depositor confidence)의 유지가 중요하다는 점과 예금보호가 그러한 확신의 유지에 중대한 역할을 수행한다는 점"이 실제로 확인되었다. 그런 덕분에 글로벌 위기 이후 각국의 예금보험기구의 책무와 권한은 전반적으로 강화되었다. 일례로, "[위기 이전이던] 2003년에는 금융기관 정리(resolutions)에서 어떤 역할을 수행하는 예금보험기구의 비중은 약 절반에 불과했으나 [위기 이후인] 2011년에는 65%에 가깝게 늘어났다".[42]

2.2 예금보험제도는 왜 필요한가?

예금보험제도는 크게 금융시스템의 안정성 확보와 개별 예금자 보호라는 두 가지 요구를 충족시키기 위해 존재한다.

은행은 단기적 부채를 장기적 자산으로 전환시키면서 유동성을 창출한다. 제8장에서 살펴본 것처럼 부분준비제도(fractional reserve banking)에서 은행은 수익성을 추구하기 위해 지급준비금의 비율을 최대한 낮추려는 유인을 갖게 된다. 지급준비금은 수익을 낳지 못하기 때문이다. 바로 이러한 은행의 특성이 금융시장의 불안정 요소로 작용한다.

예를 들어 생각해 보자. 갑은행은 100억원의 예금을 예치하여 10억원을 지급

40. Hoelscher(2011) 참조.

41. Financial Stability Board(2012) 참조.

42. 이 문단의 두 인용구는 모두 IADI(2014), pp.5~6에서 따왔다.

준비금으로 보유하고 나머지 90억원은 대출했다고 하자. 이때 예상하지 못했던 15억원의 예금인출 요구에 직면했다고 하자.

이때 갑은행은 5억원에 해당하는 일시적인 유동성 부족을 해결하기 위해 만기에 이르지 않은 자산을 회수하거나 단기금융시장에서 높은 비용을 치루고 자금을 차입해야만 한다. 이 과정에서 자산가치가 큰 폭으로 하락하거나 단기차입이 순조롭게 이루어지지 못하면, 갑은행은 단기적으로 유동성 부족에 직면해 예금인출 요구에 부응하지 못하게 된다. 이 사실이 시장에 전파되는 순간 갑은행과 거래하는 예금주들은 자신의 예금을 지키기 위해 앞다투어 갑은행으로 달려가게 된다. 결국 한꺼번에 밀려드는 예금인출사태, 즉 뱅크런이 발생하는 것이다. 이러한 상황에서 갑은행은 자산 · 부채의 건전성에 별 문제가 없음에도 단기적인 유동성 부족 때문에 도산하게 된다. 개별 금융기관과는 별도로 금융시장 전체도 불안정성을 내포하고 있다. 개별 금융기관의 도산이 금융시스템의 붕괴로 확산되는 과정에 대해서는 제16장에서 이미 상세히 학습한 적이 있다.

금융시스템의 불안정성을 부추기는 근본적인 요인은 정보의 비대칭성에서 찾을 수 있다. 상대적으로 정보가 부족한 예금주들은 금융기관의 경영상태에 대해 잘 알 수 없고, 개별 예금자 간의 연대가 능동적으로 이루어지기도 어렵다. 따라서 금융시스템에 작은 충격이 발생해도 예금주들은 자신의 예금을 지키기 위해 은행으로 뛰어가는 것이 최적의 우월전략(dominant strategy)이 될 수밖에 없다.

결국 금융시장의 안정성을 확보하기 위해서는 일부 금융기관이 위험에 직면하더라도 그 금융기관의 예금주가 예금인출을 하는 것이 우월전략이 되지 않도록 해야 한다. 즉, 정보 비대칭의 상황에 직면한 개별 예금주를 보호하고 금융시장의 외부성을 효과적으로 차단할 수 있는 안전망을 마련해야 한다. 그러한 역할을 하는 것이 바로 예금보험제도이다.

2.3 예금보험제도의 순기능과 역기능

예금보험제도는 금융시장에 참여하는 경제주체들이 금융시장에 존재하는 정보비대칭성과 그에 따른 금융 불안정성을 제거하기 위하여 금융시장에서 발생할 수 있는 외부효과를 내부화한 것이다. 즉, 일반 예금자들이 직면하는 위험을 분산 · 집중하는 은행 자신이 부담하게 되는 위험을 회피하기 위해 만들어낸 보험제도가 바로 예금보험제도이다. 그러나 예금보험제도는 몇 가지 문제점도 수반한다. 이제 예금보험제도의 순기능과 역기능을 자세히 들여다보기로 하자.

2.3.1 순기능[43]

예금보험제도는, 금융기관이 예금주의 예금을 돌려줄 수 없는 상황이 실제로 도래하더라도 예금보험기구가 예금주의 예금을 보장해 준다는 사실을 사전에 공표하고 유사시 이를 실제 준수함으로써 불필요한 외부효과를 차단하게 된다. 예금보험제도는 사고 발생 시 예금의 대지급을 보장하는 사후적 기능에 초점을 두고 있다. 하지만 이러한 사후적 기능 덕분에 예금보험제도의 존재 자체가 예금인출사태의 발생과 확산을 미연에 방지하는 사전적 기능을 실제로 발휘할 수 있어야 한다는 점이 근본적으로 중요하다. 물론 예금보험제도가 이러한 사전적 기능을 제대로 발휘할 수 있으려면 예금보험제도에 대한 일반의 신뢰가 전제되어야 하는 것은 말할 나위도 없다. 결국 바람직한 예금보험제도는 정보열등자인 예금자를 사전적 · 사후적으로 보호하고, 나아가 금융기관이 불필요한 외부효과의 위험에 노출되는 것을 사전적 · 사후적으로 막아 금융거래가 효율적으로 이루어질 수 있도록 건전한 금융시장 환경을 조성하는 데 기여한다.

예금보험제도는 중앙은행의 최종대부자 기능이 현실적으로 남발될 가능성을 효과적으로 제한해 준다는 점에서도 의의가 있다. 최종대부자 기능은 예금보험제도와 마찬가지로 금융안전망을 구성하는 또 하나의 요소이다. 중앙은행은 개별 금융기관이 지급능력(solvency)은 있지만 일시적으로 유동성 부족에 빠진 경우 또는 금융시장에서 일시적으로 유동성이 고갈된 경우에 전체 금융시스템의 안정을 위해 배저트의 원리에 따라 최종대부자로서 그 은행이나 시장에 일시적으로 긴급유동성을 제공하는 것이다. 이때 지급능력이 있는 개별 금융기관에게 지원이 이루어져야 한다는 것과 전체 금융시스템의 안정이 위협받는 상황에서 최종대부자 기능이 발휘되어야 한다는 것이 중요하다. 그러나 굿하트(C. Goodhart)가 지적한 대로 긴급상황에

43. 이 절은 김대식 외(2002), 김대식 · 이민환(2006), 그리고 김홍범(2004)에 의존하였다.

서 지급불능과 유동성 부족을 즉시 정확하게 판단하기란 현실적으로 어려운 경우가 많다. 문제은행의 상황이 전체 금융시스템에 위협이 되는지 여부도 사전적으로 판단하기 어려울 때가 많다. 그러다보니 현실적으로 중앙은행이 최종대부자 역할을 방만하게 수행하는 경우가 생겨난다. 최종대부자 기능은 사후적 조치에 초점이 놓여 있지만, 예금보험제도와 마찬가지로 그 기능의 존재 자체가 사전적으로 금융시스템을 안정시키는 효과를 발휘한다. 이런 맥락에서 예금보험제도와 최종대부자 기능은 효과 면에서 겹치는 부분이 있다. 따라서 예금보험제도는 중앙은행이 최종대부자 기능을 절약적으로 발휘하는 데 도움이 된다.

특히 예금보험기구가 예금대지급 외에 부실금융기관 정리기능을 갖는 경우에는 더욱 그렇다. 금융기관 도산의 외부효과를 최소화시켜 금융시장의 사후적 안정성을 보장하면서도, 부실금융기관의 퇴출을 적은 비용으로 순조롭게 유도할 수 있기 때문이다. 이런 경우 예금보험제도는 종전의 강제적인 감독당국의 규제를 시장친화적인 방식으로 대체하여 금융시장에 불필요한 외부간섭을 최소화하는 역할을 하는 것으로도 해석할 수 있다. 사실 금융감독기구는 부실금융기관의 도산을 꺼리게 되는 유인을 갖는다.[44] 그러나 기금손실 최소화를 원칙으로 하는 예금보험제도가 도입된다면 부실금융기관에 대한 효율적 정리가 촉진된다.[45] 이 과정에서 부실금융기관을 연명시키기 위한 감독당국의 불필요한 개입이 제거되고, 금융시장이 안정을 유지하는 가운데 금융기관 도산으로 인한 비용이 절감된다. 이는 금융자율화 시대에 걸맞는 새로운 시장친화적 규제장치로서 예금보험제도가 기능하게 된 덕분이다.

예금보험제도를 도입하면 경제적으로 적정한 수준의 금융거래가 이루어지는 데에도 도움이 된다. 금융시장의 효율성 제고를 위해 추진되는 금융자율화에 따른 금융제도의 안정성 저하는 오히려 금융시장 활성화를 방해하는 측면도 있다. 금융제도에 대한 불신이 금융시장 참가자들 사이에 팽배하면 금융거래가 효율적으로 이루어지기 힘들기 때문이다. 이때 예금보험제도가 존재한다면 금융거래가 촉진되어 금융시장의 효율성 제고에 도움이 될 것이다. 특히 개발도상국에서는 예금보험제도의 도입이 은행산업의 안정성에 대한 일반의 신뢰를 제고하고 가계저축 및 투자의 증대를 가져와 금융발전은 물론 경제성장에도 기여한다.[46]

44. 금융감독기구의 이와 같은 유인에 대해서는 제15장을 참고하기 바란다.
45. 이 점은 예금보험기구의 책무 유형에 대한 논의에서 곧 설명된다.

또한 예금보험제도는 예금자들 중에서 상대적으로 금융기관에 대한 정보수집에서 열등한 위치에 있는 소액 예금자들을 우선적으로 보호해 준다. 경제력의 차이에 의해 금융거래에서 불이익을 받을 수 있는 가능성을 줄여 사회적 형평성을 제고할 수 있다는 것이다.

끝으로, 예금보험제도는 소형 은행도 대형 은행과 공정한 여건에서 경쟁할 수 있도록 도와준다. 대형 은행은 웬만해서는 망하지 않는다는 대마불사의 명제를 예금자들이 믿고 있는 한, 대형 은행은 소형 은행보다 더 안전하다고 인식되기 쉽다. 따라서 소형 은행은 규모가 작다는 이유 하나만으로 경쟁에서 불리해진다. 이런 상황에서 예금보험제도가 새로 도입되면 은행규모와 무관하게 예금이 보장되므로 소형 은행의 불공정한 경쟁여건이 개선된다.

2.3.2 역기능과 대책

2.3.2.1 역기능: 도덕적 해이

예금보험제도가 가져오는 대표적인 문제점은 경제주체들의 도덕적 해이를 부추겨 경제행위의 효율성이 상실된다는 것이다. 예금보험이 어떤 방식으로 도덕적 해이를 일으키는지 제8장에서 설명한 은행의 이윤함수를 이용하여 설명해 보자.

예를 들어 1억원을 이자율 10%로 A기업에 대출한 은행의 이윤함수를 생각해 보자. 논의의 단순화를 위해 담보는 없고 기업의 자본금도 영(0)이라고 가정한다. 이때 은행은 기업이 대출자금으로 투자해서 얻는 이익이 아무리 높아도 원금 1억원과 이자 1천만원을 회수할 수 있을 뿐이다. 그러나 기업의 투자안이 실패로 돌아가면 은행은 이자는 물론이고 대출해 준 1억원도 고스란히 손해를 보게 된다. 은행의 이윤함수는 〈그림 17-4〉에서 검정색으로 그려진 부분이다.

이제 다음과 같은 예금보험제도가 존재한다고 하자. 은행은 대출이자의 10%, 즉 1백만원을 예금보험기구에게 보험료로 납부한다. 그리고 만약 투자사업이 실패하여 기업의 상환액이 대출원리금에 미달하면 예금보험기구가 개입하여 그 부족분을 은행 대신 예금자들에게 지급해 준다고 하자. 이러한 예금보험제도에 가입한 은행의 이윤함수는 〈그림 17-4〉에서 청색으로 그려진 부분이다.

---

46. Demirgüç-Kunt *et al.*(2006) 참조.

그림 17-4

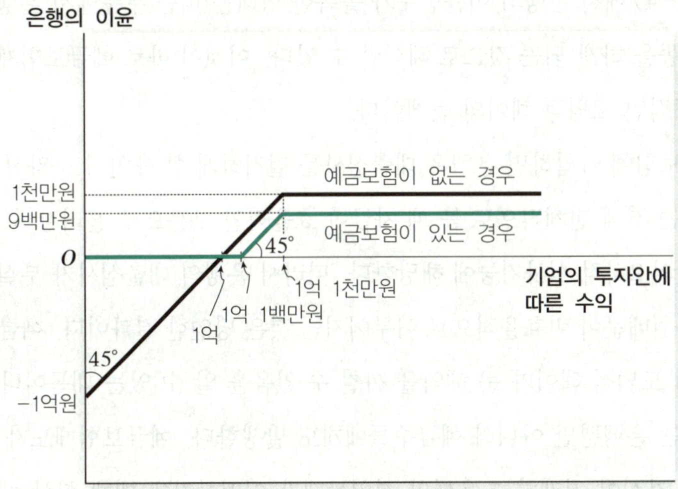

예금보험제도와 은행의 이윤함수

예금보험제도가 도입되면 은행의 이윤함수가 볼록한 부근에서 은행이 위험선호적인 행동을 함으로써 도덕적 해이의 문제가 발생할 수 있다.

투자수익이 충분히 큰 영역에서는 예금보험제도에 가입한 은행의 이윤함수가 예금보험에 가입하기 전 은행의 이윤함수와 거의 동일하다. 즉, 예금보험제도에 가입하면 은행은 보험료를 납부하므로 그 액수만큼 이윤이 줄어들어 이윤함수가 1백만원만큼 하방이동한 것 이외에는 모두 동일하다.

그러나 투자수익이 불충분한 영역에서는 이윤함수의 형태가 완전히 다르다. 완전한 예금보험이 도입되었다고 가정하면, 대출원리금의 실제 상환액이 1억 1천만원에 미달하는 경우 그 손실분을 예금보험기구가 전액 보전해 주므로 은행이 손실을 볼 위험은 사라진다. 따라서 이 구간에서 은행은 영(0)의 손실을 보게 되며, 이윤함수는 볼록한 형태를 띤다.

이처럼 예금보험은 은행의 대출행위에 따르는 위험을 감소시키는 긍정적인 역할을 한다. 그러나 이러한 분석의 이면에는 매우 중요한 가정, 즉 예금보험제도가 도입되어도 은행의 대출행위에는 변화가 없다는 가정이 있다. 그러나 이러한 가정은 현실에서 충족되지 않는다.

은행은 예금보험에 가입한 이상 종전과 같은 대출을 할 필요가 없다. 예금보험이 존재하면 은행은 과거에는 위험하다고 판단해서 대출을 꺼리던 투자에 대해서 좀 더 높은 이자를 수령하는 조건으로 대출을 승인하게 될 것이다. 투자수익이 기대에 미달해도 큰 손해를 볼 위험이 사라졌기 때문이다. 이것은 예금보험제도가 도입되면 〈그림 17-4〉에서 은행의 이윤함수가 볼록한 형태를 띠는 부분에서 은행이 위험선호적인 행동을 하게 되는 것으로 해석할 수 있다. 이것이 바로 예금보험제도에 수반되는 대표적인 도덕적 해이의 문제이다.

게다가 예금보험에 가입하면 은행은 대출심사를 철저하게 할 유인이 사라진다. 은행의 대출심사는 경제 전체적으로 볼 때 자금이 효율적인 부분으로 흘러갈 수 있도록 하는 투자안의 2차적 심사기능에 해당한다. 따라서 은행의 대출심사가 부실하게 이루어지면 자원배분이 비효율적으로 이루어지는 것은 당연한 결과이다. 예금보험에 따른 은행의 도덕적 해이가 큰 해악을 끼칠 수 있음을 알 수 있는 대목이다.

도덕적 해이는 은행뿐만 아니라 예금주들에게도 발생한다. 예금보험제도가 없으면 예금주들은 자신이 거래하는 은행의 경영상태가 어떠한지에 대해 항상 예의 주시하게 된다. 따라서 은행 경영이 부실하다고 판단되면 예금인출을 요구하게 되고, 이것을 두려워하는 은행들은 경영건전화를 통해 시장에서 좋은 평판(reputation)을 얻으려고 할 것이다. 그러나 예금보험제도가 도입되면 예금주들은 어차피 금융사고가 발생해도 예금보험기구가 자신의 예금을 모두 보전해 줄 것이므로, 거래은행의 경영상태에 대해 신경을 쓸 필요가 없다. 도덕적 해이 때문에 금융시장의 효율성이 상실되는 또 다른 예이다.

결국 예금보험제도는 예금자와 은행의 유인구조에 변화를 주어 예금보험제도 도입 이전보다 위험을 추구할 유인을 확대한다. 이것은 예금보험기구의 존립을 위협한다. 원칙적으로 위험중립자인 예금보험기구가 위험선호적 은행이 직면하는 위험을 보호해 줄 이유가 없기 때문이다.

은행들이 도덕적 해이에 빠지면 예금보험료율을 아무리 높게 조정해도 예금보험기구는 채산성을 맞출 수 없을 것이다. 〈그림 17-4〉에서 보험료 인상은 단지 가로축의 절편만 이동시킬 뿐 위험선호적인 모습을 띠는 이윤함수의 형태를 바꾸지는 못하기 때문이다. 결국 예금보험기구는 항상 적자에 빠져 예금대지급 자금은 순식간에 바닥을 드러내고 그 기능을 상실할 것이다. 또한 사회적으로 위험추구행위가 부추겨지므로 경제 전체적으로 효율성이 떨어지는 문제가 발생한다.

예금보험제도에는 도덕적 해이 이외에 역선택과 주인-대리인 문제도 흔히 수반된다. 여기에 대해서는 〈Box 17-3〉을 학습하기 바란다.

Box 17-3 예금보험제도의 또 다른 역기능 : 역선택과 주인-대리인 문제

■ 예금보험제도와 역선택

역선택(adverse selection)은 각 금융기관이 예금보험제도 가입 여부를 스스로 선택할 수 있고, 보험료가 각 금융기관의 위험을 정확히 반영하지 못한다는 두 가지 조건이 성립하는 상황에서 발생한다. 다음과 같은 가상적 상황을 생각해 보자. 국민경제 내의 모든 금융기관이 현재 동일한 고정 예금보험료를 납부하면서 예금보험에 가입해 있다고 가정하자. 그런데 예금보험기구가 고정 예금보험료를 대폭 올렸다고 해보자. 만약 보험의 계속 가입 여부가 각 금융기관의 선택사항이라면 일부 금융기관은 이제 보험가입을 포기할 것이다. 이때 어떤 금융기관이 피보험자 자격을 포기하는 쪽일까? 아무래도 위험을 추구하는 금융기관보다는 건전 경영을 추구하는 금융기관이 포기하기 쉽다. 왜냐하면 건전한 금융기관은 과거 보험료가 쌀 적에는 보험에 가입할 만하다고 생각했더라도 보험료가 대폭 인상된 연후에는 보험료가 너무 비싸 보험가입의 실익이 없다고 판단하기 때문이다. 한마디로 보험에 들어봐야 수지가 맞지 않는다는 것이다. 반면 위험을 추구하는 금융기관으로서는 보험료가 대폭 올라도 여전히 가입자격을 유지할 이유가 있다. 보험금을 타게 될 확률이 높아 보험가입이 유리할 수 있기 때문이다. 이제 예금보험기구가 보험료를 재차 대폭 인상한다고 하자. 예금보험제도에 계속 남아 있던 금융기관들 가운데 위험추구 정도가 상대적으로 덜한 일부 금융기관이 보험제도에서 이탈할 것이다. 이와 같이 생각하면, 보험료를 반복적으로 인상함에도 보험료를 계속 납부하고자 하는 금융기관은 더욱 높은 위험을 추구하는 금융기관이 대부분일 것이다. 이들은 자신이 내게 될 보험료(비용)에 비해 보험사고가 발생할 확률분포와 보험사고 발생 시 지급될 보험금을 감안할 때 편익이 더 크다고 판단한다. 예금보험기구의 입장에서 볼 때 이들은 해로운(adverse) 가입자이다. 보험료가 점점 더 인상되면 예금보험제도에는 장차 기금에 손실을 끼칠 확률이 더욱더 높은 금융기관만 점차 남게 될 것이다. 예금보험에서뿐만 아니라 어떤 종류의 보험(insurance)에서도 가입이 임의적인 한 이와 같은 역선택은 일반적으로 관찰되는 현상이다. 건강보험에는 건강하지 못한 사람들이 가입하는 경향이 있고, 화재보험에는 화재에 취약한 가정이나 기업이 가입하는 경향이 있다.

예금보험기구가 각 금융기관의 위험을 정확히 반영하지 못하는 고정보험료를 모두에게 동일하게 부과하는 경우, 결국 저위험 금융기관이 고위험 금융기관에게 보조금을 지급하는 결과가 초래된다. 이런 상태에서 보험제도의 가입 여부를 각 금융기관이 선택할 수 있다면, 저위험 금융기관은 자연스럽게 보험제도를 탈퇴하려는 유인을 갖게 되고 고위험 금융기관은 보험제도에 계속 남으려는 유인을 갖게 된다. 따라서 예금보험제도 내에는 부과된 현행 고정보험료를 싸다고 느낄 수밖에 없는 고위험 금융기관만 남게 되어 보험료 인상이 필요해진다. 그러나 보험료를 인상하면 할수록 더욱더 높은 위험을 가진 금융기관만 남게 되면서 결국 예금보험시장은 붕괴할 것이다.

어떻게 하면 역선택을 제거할 수 있을까? 그것은 역선택에 요구되는 두 가지 조건 중 어느 하나가 성립하지 않도록 해주면 된다. 즉, 모든 금융기관에게 강제로 예금보험에 가입하도록 의무화하거나 각 금융기관의 위험을 정확히 반영하는 보험료를 책정하면 된다. 후자는 이론적으로도 매우 어려운 난제인 반면, 전자는 비교적 손쉬운 방법이다. 그래서 2003년 현재 예금보험제도를 운영 중인 87개국 중 91%에 해당하는 79개국이 예금보험 가입을 의무화하고 있다.[1)]

■ 예금보험제도와 주인-대리인 문제

주인-대리인 문제는 주인으로부터 권한을 위임받은 대리인이 주인의 이익보다는 자기 자신의 이익을 위해 행동하게 되는 현상이다. 주인-대리인 문제는 예금보험기구가 업계의 이해를 대변하는 산업포획(industrial capture), 정치적 영향력에 좌우되는 정치포획(political capture), 문제가 발생해도 이를 가급적 은폐하면서 문제가 절로 사라지기만을 기다리면서 대응을 미루는 규제유예(regulatory forbearance) 등의 형태로 표출된다. 주인-대리인 문제는 예금보험기구의 지배구조 확립—수단독립성의 허용과 그에 상응하는 책임성의 부과—과 금융시스템 관련 공공기관 간 기능적 협력 및 수평적 견제의 활성화를 통해 개선이 가능하다.

자료 : 김대식 외(2002), Demirgüç-Kunt *et al.*(2006).

1) Demirgüç-Kunt *et al.*(2006) 참조.

2.3.2.2 역기능의 극복

예금보험제도가 도입되면 예금의 안전성은 은행의 신용도와 무관하게 독립적으로 결정되므로 은행과 예금주의 도덕적 해이가 우려된다. 하지만 금융환경 변화로 금융 불안정성이 심화되는 상황에서 예금보험제도 도입을 통해 뱅크런 등 외부효과가 차단되는 장점을 무시할 수도 없다. 따라서 오늘날 선진국의 예금보험기구는 시장규율을 최대한 활용하는 가운데 일정 부분 규제규율이 구체화된 여러 장치를 활용하고 있다. 이는 예금보험제도에 수반되는 도덕적 해이와 여타 비효율을 최소화하고 제도의 장점을 극대화하기 위해서이다. 아래에서는 그러한 장치들 가운데 차등보험료제도와 공동보험제도를 각각 알아보기로 한다.

차등보험료제도(risk-adjusted differential premium systems)란 은행자산의 위험 정도에 따라 예금보험기구에 지불하는 보험료를 차등 적용하는 방식을 말한다. 즉, 자산구성의 위험도가 높은 은행에 대해서는 높은 보험료를 부과하고 위험도가 낮은 은행에 대해서는 낮은 보험료를 부과한다는 것이다.

이 방식이 도입되면 은행 간 위험 정도에 차이가 있음에도 예금보험의 혜택을 무차별적으로 받게 되는 불합리성이 제거된다. 고정보험료제도(flat-rate systems)에서는 건실한 은행은 보험료만 내고 그 혜택은 직접적으로 받지 못한다. 반면 상대적으로 더 많은 위험을 추구하는 은행은 동일한 보험료를 내고도 그 혜택을 직·간접적으로 받게 된다. 이것은 공평하지 않다. 건실한 경영을 하는 은행이 그렇지 못한 은행의 위험추구 행동에 대해 보조금을 지급하는 셈이기 때문이다. 고정보험료제도에서 위험선호적 은행이 일단 상대적으로 혜택을 보는 쪽이라면, 그리고 어떤 은행도 예금보험제도에의 가입이 강제적이라면 건실한 경영을 해오던 은행마저 위험선호적으로 행동하도록 부추겨질 수 있다.[47] 이와 같이 고정보험료제도는 개별 은행의 도덕적 해이를 통제하지 못하여 궁극적으로 은행들의 부실 심화로 이어지기 쉽다. 그러나 차등보험료제도가 도입되면 이러한 문제가 부분적으로 해결된다.

게다가 차등보험료제도에서는 은행에 부과되는 보험료가 은행의 위험 정도를 나타내는 일종의 지표로 역할한다. 즉, 예금보험기구가 부과하는 보험료가 높으면 위험한 은행이라는 신호가 되고 보험료가 낮으면 건전한 은행이라는 신호가 된다. 따라서 시장에서 예금자들은 간편하게 은행의 건전성을 판단할 수 있게 되므로, 시장규율의 작동이 보다 용이해진다는 장점을 갖는다. 즉, 차등보험료제도가 잘 작동되기만 하면 강제적 규제 없이도 시장기구 내에서 도덕적 해이 문제가 효율적으로 통제될 수 있다.

이론적으로는 이처럼 차등보험료제도가 여러 장점을 갖는 것이 사실이지만, 그 시행이 그리 쉽지는 않다.[48] 우선, 은행의 위험도에 따라 보험료를 정확히 산정하기 위해서는 예금보험기구가 개별 은행의 경영정보에 대한 상시적 접근성을 보유해야만 한다는 전제가 필요하다. 또한 은행자산의 위험도를 측정할 수 있는 보편적 이론모형이 아직 확립되지 않은 상태이므로, 개별 금융기관의 위험에 따라 보험료를 가능한 한 공정하게 차별화할 수 있는 전문성이 예금보험기구에게 요구된다는 기술적 어려움도 있다. 한편 위험도가 높은 금융기관에게 그 위험도에 상응하는 높은 보험료를 부과하는 경우 향후의 건전 경영을 유도하는 효과보다는 현재의 부실과 경영난을 오히려 심화시키는 결과를 초래할 수도 있다. 이와 같은 현실적 문제들로 인해 2015년 말 현재 영국과 일본 등을 포함하는 다수의 예금보험제도 보유국들이 아직도 고정보험료제도를 채택하고 있는 실정이다.[49] 우리나라에서는 2009년 2월 개정 「예금자보호법」에 따라 지난 2014년 1분기부터 차등보험료제도가 시행되었다. 동 제도는 7년 동안 점진적 도입을 거쳐 2021년 현재 차등폭이 ±10%인 1, 2, 3등급의 3등급 형태로 시행되고 있다. 이는 2022년부터 A+, A, B, C+, C의 5등급으

47. FSF(2001) 참조.

48. 김대식 외(2002)와 FSF(2001) 참조.

49. Demirgüç-Kunt *et al.*(2006)은 2003년 현재 예금보험제도 보유국의 75%가 고정보험료제도를 채택하고 있다고 보고한 바 있다. 최근 IADI의 2016년 서베이에 따르면, 2015년 말 현재 총 104개 예금보험제도 보유국 가운데 절반이 넘는 55개국(52.9%)이 고정보험료제도를, 32개국(30.8%)이 차등보험료제도를, 17개국(16.3%)은 두 제도의 혼합을 각각 채택하는 것으로 나타났다(IADA 2016).

로 확대 개편됨과 동시에 경기에 따른 보험료 조정도 시행될 예정이다.[50]

예금보험제도가 가져오는 도덕적 해이 문제를 해결하기 위해 시장규율에 규제규율을 부분적으로 도입하는 또 하나의 방식으로 공동보험제도(coinsurance)가 있다. 공동보험제도란 은행이 파산할 때 예금자에게 예금의 전액을 보상해 주지 않고 일부만을 보상하여 은행 파산의 책임을 예금주도 일부분 부담하도록 하는 방식을 말한다.

이때 부분보상은 일정 금액을 보상하는 방식과 일정 비율을 보상하는 방식이 있다. 글로벌 금융위기 이전 미국에서는 1인당 10만 달러까지 보상해 주었으며, 대부분의 국가들도 미국처럼 일정 금액을 보상해 주는 방식을 택하고 있다. 이러한 방식에서는 은행 파산 시 보호한도를 초과하는 잔고를 가진 예금자에게 그 초과분만큼의 손실이 돌아간다. 따라서 거액 예금자를 포함한 일부 예금자들은 리스크에 노출되므로 평소 은행위험을 적극적으로 감시할 유인을 갖게 된다. 물론 예금보험기구의 입장에서는 보상한도 제한에 의해 대지급 부담이 줄어드는 장점도 있다.

결국 일정 금액 보상제도는 소액 예금자 보호를 중요시하는 방식이다. 거액 예금자들은 은행의 건전성과 신용도를 판단할 능력과 책임이 있다고 간주하여 은행이 파산하면 공동으로 책임지도록 하겠다는 취지이다. 이 제도가 도입되면 은행의 위험도를 무시하고 무조건 높은 이자를 보장하는 금융기관에 자금을 맡기는 예금자의 도덕적 해이를 방지할 수 있다. 또한 거액 예금자들이 은행의 고위험 추구행위를 억제하는 세력으로 등장하여 시장규율이 활성화될 수 있다.

그래서 보호한도의 수준이 중요해진다. 보호한도를 너무 낮은 수준에서 제한하면 소액 예금자를 보호한다는 예금보험제도의 도입 취지가 퇴색할 것이다. 또한 거액 예금주들의 갑작스런 예금인출사태가 발생하여 금융시스템 안정이 오히려 훼손될 가능성도 있다. 또한 일반적으로 예금자들 사이에는 당국의 대마불사정책에 대한 기대가 형성되는데, 보호한도가 너무 낮게 설정되면 예금이 중소은행에서 대형은행으로 집중될 가능성이 커진다. 이 과정에서 건전성보다는 규모가 금융기관 선택의 기준으로 작용하게 되어 금융시장의 효율성과 형평성을 저해하게 된다. 그렇다고 해서 보호한도를 너무 높게 정하면 예금자의 은행위험 감시유인도 사라지고 은행의 위험추구유인도 강화된다. 이와 같이 예금보험제도 도입으로 인한 부작용(도덕

---

50. 예금보험공사 연차보고서(2020). 우리나라가 실시 중인 현행 차등보험료제도의 문제점에 대해서는 정지만 · 오승곤(2017)을 참조하기 바란다.

적 해이)의 억제와 그 도입의 근본 취지나 목적의 달성 사이에는 상충관계가 존재한다. 그러므로 양자 간 균형을 적절히 유지하는 수준에서 보호한도를 정하는 것이 바람직하다. 그런 수준이 구체적으로 무엇인지는 나라별 상황에 따라 다르며, 한마디로 말하기는 곤란하다. 다만, 1인당 GDP의 2배 정도가 적절한 보장한도라거나 80/20(전체 예금주의 80%와 전체 예금액의 20%가 보험에 의해 커버되는 수준)이면 적절한 보장한도라는 경험칙(rule of thumb)이 때로 보장한도의 검토에 참고되기도 한다.[51] 우리나라의 예금보험공사는 2001년부터 부보금융기관별로 1인당 최고 5천만원까지 예금(원리금)을 보장하였는데, 2025년 9월에 이 한도를 1억 원으로 인상하였다.

역사적으로 볼 때, 여러 선진국에서 법적으로는 보상한도액을 정해 놓고 있지만 실제로 금융기관에 문제가 발생했을 때에는 한시적으로 전액보장(blanket guarantees)을 실시하는 것이 일반적이다. 그것은 부분보상을 통한 공동보험제도가 현실에서는 부작용을 수반할 수 있기 때문이다. 우리나라도 1997년 말 외환위기가 닥쳤을 때 2000년 말까지 한시적으로 예금 전액을 보장했던 적이 있다.

한편 지난 글로벌 금융위기에서는 여러 나라들이 전액보장제도를 도입하거나 보장한도를 영구적으로 늘렸다.[52] 예를 들어 EU 지침(EU Directive : 2009/14/EC)은 역내 모든 나라가 2010년 말까지 예금주 1인당 보장한도를 10만 유로로 정하도록 조치했다. 이러한 보장한도는 전체 예금주의 98%와 전체 예금액의 60%가 커버되는 수준이다. 결국 글로벌 금융위기를 맞아 세계 다수 국가에서 보장한도가 급증했고, 많은 경우 그 늘어난 수준이 이후에도 유지되었다. 이러한 현상은 과거 위기 시 상황과 비교된다. 과거에도 위기 발생 시 그러한 조치들이 실시되었지만 대부분 한시적이었기 때문이다. 글로벌 위기 이후 보장한도의 영구적 증액 경향은 "공동보험이 2007년 9월 노던록에 대한 선제적 런을 가져온 요인 중 하나" 였을 정도로 "예금주들이 예상한 것보다 리스크에 좀 더 민감하다" 는 사실을 반영한다는 점에서 중요한 변화이다.[53]

---

51. Hoelscher(2011) 참조.

52. Hoelscher(2011) 참조.

53. Hoelscher(2011), p.12. 이러한 변화는 예금보험이 전체 안전망으로 통합되어야 하는 또 하나의 근거가 된다. 보장한도가 늘어나면 금융기관이 지나친 리스크를 추구할 유인이 더 커진다. 그런 연유로 "(예금주를 보호하는) 예금보험기구, (리스크를 식별하는) 감독기구, 그리고 (도산기관을 정리하는) 은행정리기구 사이에 금융안정을 담보해야 하는 부담이 공유되어야" 할 필요성이 그만큼 더 커진다

글로벌 금융위기 이후 바젤은행감독위원회(BCBS)와 국제예금보험자협회(IADI)는 효과적 예금보험시스템이 중요하다는 공통의 인식을 토대로 2009년 6월 모두 18개 분야에 걸친 "효과적 예금보험시스템을 위한 핵심 원칙"을 공표했다. 이후 이 핵심 원칙은 BCBS, FSB, IMF, World Bank 등의 협조와 IADI의 주도 하에 "효과적 예금보험시스템을 위한 IADI 핵심 원칙(IADI Core Principles for Effective Deposit Insurance Systems)"이라는 명칭(이하 IADI 핵심 원칙)으로 2014년 10월 개정되었고, 같은 해 11월부터는 FSB가 지정하는 "건전한 금융시스템을 위한 주요 기준(Key Standards for Sound Financial Systems)" 중 하나로 포함되었다.[54]

IADI 핵심 원칙은 모두 16개 분야—예금보험제도의 공공정책적 목표, 이 목표를 지원하는 책무 및 권한, 운영상 독립성과 투명성·책임성 등 지배구조, 여타 안전망 참여기구와의 관계, 국경 간 이슈(cross-border issues), 비상계획 및 위기관리에서 예금보험기구의 역할, 의무 가입대상(compulsory membership), 예금보장, 자금의 조달원천 및 사용, 일반 국민의 이해도(public awareness), 예금보험기구 및 그 전·현 임직원에 대한 법률적 보장, 은행파산 시 관련자에 대한 법률적 처리 요구권, 부실의 조기 발견과 적시 개입, 파산정리, 예금주에 대한 변제, 예금보험기구의 청구권 회수(recoveries)—로 구성된다. 그리고 매 분야마다 일국의 예금보험제도가 갖춰야 할 요건의 개요를 원칙적으로 서술한 후 "핵심적 세부 요건(essential criteria)"을 명시적으로 제시하는 방식으로 기술되어 있다. IADI 핵심 원칙에는 글로벌 위기 이후 예금보장 강화—예금보장한도의 증액과 예금전액보장—를 비롯한 각종 조치들을 실시했던 다수 국가의 수년간 경험은 물론, IADI, BCBS, FSB, IMF, World Bank 등의 정책적 시각이 반영되어 있다.[55]

요컨대 "[글로벌 금융]위기 직전만 해도 [일국] 예금보험의 설계상 특징에 관한 견해가 세부적이지도 규범적이지도 않았"음을 감안한다면,[56] IADI 핵심 원칙의 의의는 위기 경험을 바탕으로 일국의 예금보험시스템이 갖춰야 할 세부적 특징에 관한 표준적 규범을 제시한 데에서 찾을 수 있다.

는 것이다(Hoelscher 2011, p.12).

54. IADI(2017a) 참조.

55. Financial Stability Board(2012) 참조.

56. Financial Stability Board(2012), p.10.

2.4 예금보험기구의 책무 유형[57]

일반적으로 각국 예금보험기구의 유형은 부과된 책무의 범위에 따라 협소 책무(narrow mandate) 유형과 광범 책무(broad mandate) 유형으로 대별된다. 글로벌 금융위기 이전에는 전자가 예금대지급 유형(pay box type)을 의미했고, 후자는 다시 기금손실 최소화 유형(loss-minimizer type)과 위험최소화 유형(risk-minimizer type)으로 구분되었다. 그러나 글로벌 금융위기를 계기로 다수 국가에서 예금보험시스템이 강화되면서 최근 FSB는 "예금대지급 플러스(pay box plus)"라는 새로운 유형을 추가함으로써, 회원국의 예금보험시스템을 그 책무 범위를 기준으로 모두 4개의 세부 유형으로 구분하고 있다.[58] 이 책에서는 FSB의 예금대지급 플러스 유형을 기존의 예금대지급 유형과 함께 협소 책무(narrow mandate) 유형에 포함되는 것으로 간주하기로 한다. 이제 각각의 세부 유형을 살펴보자.

우선, 예금보험기구가 갖는 최소한의 책무는 어떤 은행의 폐쇄로 그 은행 대신 예금고객에게 예금(예금보험금)을 대신 지급하는 것이다. 글로벌 금융위기 이전, 유럽 여러 나라에서는 이와 같이 예금대지급 책무만을 보유하는 유형 즉 예금대지급 유형의 예금보험기구를 흔히 찾아볼 수 있었다. 그런데 글로벌 위기로 유럽에서도 일부 국가는 예금보험제도를 보강하는 과정에서 예금대지급 이외에 다른 책임—예를 들어 "정리(resolution) 관련 특정 기능"—도 예금보험기구에게 추가적으로 부여하게 되었다. 이런 경우 예금보험기구는 예금대지급 플러스 유형에 속하게 된다. 예금대지급만을 다루는 예금보험기구에게는 동 업무의 효율적 수행을 위해 부보예금 정보와 자금확보 관련 권한이 필요하다. 나아가 예금대지급 플러스 유형의 예금보험기구에게는 예금대지급 관련 정보 및 권한에 더해, 추가적으로 부여된 특정 기능까지 제대로 수행하기 위한 정보 및 권한도 주어져야 함은 물론이다.

다음으로, 광범 책무 유형은 기금손실 최소화 유형과 위험최소화 유형으로 구성된다. 어떤 금융기관의 부실(또는 부실징후)이 실제로 인지된 이후 예금보험기구가 그 금융기관을 "최소비용으로 정리하기 위해 적절한 전략들의 전체 묶음 가운데 어

57. 이 절은 김대식 외(2002), Financial Stability Board(2012), FSF Working Group on Deposit Insurance(2001a · 2001b · 2001c), IADI(2016)에 의존하였다.

58. FSB(2012), p.17.

느 하나의 선택에 적극적으로 참여하는" 경우, 이 예보기구는 기금손실 최소화 책무 유형에 속한다. 이러한 의미의 기금손실 최소화는 부실(징후)이 인지된 이후의 사후적 개념이다. 한편, 위험최소화 유형이란 금융기관 부실(또는 부실징후)이 실제로 인지된 이후는 물론 그 이전에도 예금보험기구가 자신의 기금손실 위협에 사전적·상시적으로 대비하여 기금손실 위험을 최소화한다는 의미이다. 다시 말해 위험최소화는 사전적·사후적 기금손실 최소화에 해당한다. 위험최소화 책무 유형에 속하는 예금보험기구는 "리스크 평가와 관리, 조기 개입 및 정리를 위한 충분한 권한, 그리고 일부 경우에는 건전성 감시 책임까지도 포함하는 포괄적 위험최소화 기능(comprehensive risk minimization functions)"을 갖춰야 한다.[59]

기금손실 최소화 유형의 예금보험기구는 예금대지급 책무는 물론 금융기관 정리 시 기금손실 최소화 책무를 보유하며, 대표적으로 캐나다 예금보험공사(CDIC : Canada Deposit Insurance Corporation)가 여기에 속한다. 이때 예금보험기구가 기금손실 최소화 책무를 보유한다는 것은 부실금융기관의 정리 시기와 방식에 대한 권한을 갖는다는 것을 의미한다. 실제로 CDIC는 감독기구인 금융기관감독청(OSFI : Office of the Superintendent of Financial Institutions)과 함께 긴밀한 협력 및 견제 하에 동 권한을 행사한다.

위험최소화 유형의 예금보험기구는 예금대지급 책무 이외에 평상시 위험최소화 책무, 즉 사전적·사후적 기금손실 최소화 책무를 보유하며, 미국의 FDIC가 그 전형이다. FDIC는 그 책무의 속성상 부보금융기관에 대한 규제감독 관련 (일부) 권한을 직접적 또는 간접적으로[60] 행사한다. 다시 말해 FDIC는 예금보험기구인 동시에 감독기구의 역할도 수행한다.

FSB가 2012년 자신의 회원국을 대상으로 분류한 결과에 따르면, 10개국이 협소 책무 유형에, 나머지 11개국이 광범 책무 유형에 각각 속하는 것으로 나타났다. 또한 한국과 미국의 예보기구가 위험최소화 유형에 속하는 것으로 분류되었다.[61]

59. 이 문단의 두 인용구는 Financial Stability Board(2012), pp.17에서 각각 따왔다.

60. 여기서 '간접적'이라 함은 예금보험기구가 자신의 필요에 따라 금융감독기구를 통해 관련 권한을 행사하는 것을 의미한다.

61. 당시 FSB는 자신의 회원국들을 유형별로 다음과 같이 구분했다(FSB 2012):
- 예금대지급 유형(7개국) : 호주, 독일, 홍콩, 인도, 네덜란드, 싱가포르, 스위스.
- 예금대지급 플러스 유형(3개국) : 아르헨티나, 브라질, 영국.

세계 각국의 예금보험기구의 자기평가 자료에 따르면, 2019년 말 현재 명시적 예금보험제도를 보유한 총 114개 국가 중 30개국이 예금대지급 유형에, 45개국이 예금대지급 플러스 유형에, 21개국이 기금손실 최소화 유형에, 그리고 15개국이 위험최소화 유형에 각각 속하는 것으로 나타났다.[62] 이는 글로벌 금융위기 이후 세계적으로 금융기관 정리제도의 중요성이 널리 재인식된 가운데 특히 IADI 핵심 원칙 중 하나인 '부실의 조기 인식 및 적시 개입' 에서 각국 예금보험기구의 역할이 강화되는 글로벌 추세를 반영하는 것으로 보인다.

2.5 우리나라의 예금보험제도

이 절에서는 우리나라 예금보험제도의 운영 현황과 과제를 살펴보기로 한다.

2.5.1 예금보험제도의 운영 현황

우리나라 예금보험제도의 운영 주체는 예금보험공사이다. 원금 손실을 볼 가능성이 있는 금융상품은 보호대상 금융상품에서 제외되며, 현재 보호되고 있는 금융상품은 [표 17-2]와 같다. 특히 지난 2008년 11월에는 당시 글로벌 금융위기의 진행에 따른 외환시장 유동성 유지를 위해 외화예금도 보호대상 금융상품에 새로 포함되었다.[63] 이 표를 살펴보면, 은행, 보험회사(생명보험회사 · 손해보험회사), 투자매

- 기금손실 최소화 유형(9개국) : 캐나다, 프랑스, 인도네시아, 이탈리아, 일본, 멕시코, 러시아, 스페인, 터키.
- 위험최소화 유형(2개국) : 한국, 미국.

62. 모두 104개 국가 중 1개국(오스트리아)은 어느 유형에도 속하지 않는다고 보고한 것으로 되어 있다 (IADI 2016). 각국 예보기구의 자기평가에 기초한 세부 유형을 예시하면 다음과 같다(복수의 예금보험기구를 가진 일부 나라의 경우 은행예금주에 대한 보장을 제공하는 예금보험기구를 기준으로 분류했음) :
- 예금대지급 유형(36개국) : 벨기에, 브루나이, 에스토니아, 홍콩, 아이슬란드, 인도, 아일랜드, 리히텐슈타인, 네팔, 포르투갈, 싱가포르, 수단, 스위스 등.
- 예금대지급 플러스 유형(44개국) : 아르헨티나, 브라질, 불가리아, 에콰도르, 그리스, 이란, 레바논, 리비아, 룩셈부르그, 몽골리아, 네덜란드, 노르웨이, 페루, 필리핀, 스웨덴, 우간다, 영국, 베트남 등.
- 기금손실 최소화 유형(15개국) : 캐나다, 크로아티아, 핀란드, 프랑스, 인도네시아, 이탈리아, 자메이카, 일본, 멕시코, 파라과이, 폴란드, 러시아, 터키, 우크라이나, 우루과이.
- 위험최소화 유형(8개국) : 호주, 타이완, 독일, 케냐, 한국, 말레이시아, 나이지리아, 미국.

63 이기영 · 김상수(2010) 참조.

매업자·투자중개업자, 종합금융회사와 상호저축은행이 예금보험공사의 보호대상 금융회사(부보금융회사)라는 사실도 잘 알 수 있다.[64] 현행 예금보험제도는 동일 금융기관에서 예금주(보험가입자) 1인당 최고 5,000만원까지 원리금(보험의 경우 해약환급금과 기타 지급금의 합계액)을 보호한다.

표 17-2 보호금융상품 및 비보호금융상품 현황

구분	보호금융상품	비보호금융상품
은행	▪ 보통예금, 기업자유예금, 별단예금, 당좌예금 등 요구불예금 ▪ 정기예금, 저축예금, 주택청약예금, 표지어음 등 저축성 예금 ▪ 정기적금, 주택청약부금, 상호부금 등 적립식 예금 ▪ 외화예금 ▪ 예금보호 대상 금융상품으로 운용되는 확정기여형 퇴직연금제도 및 개인형 퇴직연금제도의 적립금 ▪ 개인종합자산관리계좌(ISA)에 편입된 금융상품 중 예금보호 대상으로 운용되는 금융상품 ▪ 원본이 보존되는 금전신탁 등	▪ 양도성예금증서(CD), 환매조건부채권(RP) ▪ 금융투자상품(수익증권, 뮤추얼펀드, MMF 등) ▪ 은행 발행 채권 ▪ 주택청약저축,[1] 주택청약종합저축[1] 등 ▪ 확정급여형 퇴직연금제도의 적립금 ▪ 특정금전신탁 등 실적배당형 신탁 ▪ 개발신탁
투자매매업자·투자중개업자	▪ 증권의 매수 등에 사용되지 않고 고객계좌에 현금으로 남아 있는 금액 ▪ 자기신용대주담보금, 신용거래계좌 설정보증금, 신용공여담보금 등의 현금 잔액 ▪ 예금보호 대상 금융상품으로 운용되는 확정기여형 퇴직연금제도 및 개인형퇴직연금제도의 적립금 ▪ 개인종합자산관리계좌(ISA)에 편입된 금융상품 중 예금보호 대상으로 운용되는 금융상품 ▪ 원본이 보존되는 금전신탁 등 ▪ 증권금융회사가 「자본시장과 금융투자업에 관한 법률」 제330조 제1항에 따라 예탁받은 금전	▪ 금융투자상품(수익증권, 뮤추얼펀드, MMF 등) ▪ 청약자예수금, 제세금예수금, 유통금융대주담보금 ▪ 환매조건부채권(RP) ▪ 금현물거래예탁금 등 ▪ 확정급여형 퇴직연금제도의 적립금 ▪ 랩어카운트, 주가지수연계증권(ELS), 주가연계 파생결합사채(ELB), 주식워런트증권(ELW) ▪ 증권사 종합자산관리계좌(CMA) ▪ 증권사 발행 채권 ▪ 「자본시장과 금융투자업에 관한 법률」 제117조의 8에 따라 증권금융회사에 예탁되어 있는 금전 ▪ 「자본시장과 금융투자업에 관한 법률 시행령」 제137조 제1항 제3호의 2에 따라 증권금융회사에 예탁되어 있는 금전

64. 신용협동조합은 2004년부터 부보금융기관 대상에서 제외되었다. 예금보험공사(2005) 참조.

보험회사	▪ 개인이 가입한 보험계약 ▪ 퇴직보험 ▪ 변액보험계약 특약 ▪ 변액보험계약 최저사망보험금 · 최저연금적립금 · 최저중도인출금 · 최저종신중도인출금 등 최저보증 ▪ 예금보호 대상 금융상품으로 운용되는 확정기여형 퇴직연금제도 및 개인형 퇴직연금제도의 적립금 ▪ 개인종합자산관리계좌(ISA)에 편입된 금융상품 중 예금보호 대상으로 운용되는 금융상품 ▪ 원본이 보전되는 금전신탁 등	▪ 보험계약자 및 보험료납부자가 법인인 보험계약 ▪ 보증보험계약, 재보험계약 ▪ 변액보험계약 주계약(최저사망보험금 · 최저연금적립금 · 최저중도인출금 · 최저종신중도인출금 등 최저보증 제외) 등 ▪ 확정급여형 퇴직연금제도의 적립금
종합금융회사	▪ 발행어음, 표지어음, 어음관리계좌(CMA) 등	▪ 금융투자상품(수익증권, 뮤추얼펀드, MMF 등) ▪ 환매조건부채권(RP), 양도성예금증서(CD), 기업어음(CP), 종금사 발행 채권 등
상호저축은행 및 상호저축은행중앙회	▪ 보통예금, 저축예금, 정기예금, 정기적금, 신용부금, 표지어음 ▪ 예금보호 대상 금융상품으로 운용되는 확정기여형 퇴직연금제도 및 개인형 퇴직연금제도의 적립금[2)] ▪ 개인종합자산관리계좌(ISA)에 편입된 금융상품 중 예금보호 대상으로 운용되는 금융상품[2)] ▪ 상호저축은행중앙회 발행 자기앞수표 등	▪ 저축은행 발행 채권(후순위채권 등) 등 ▪ 확정급여형 퇴직연금제도의 적립금

주 : 1) 주택도시기금에 의해 정부가 별도로 관리(주택도시기금법 제14조 제2항),
2) 저축은행이 부보금융회사로부터 조달하여 예금보호 대상 금융상품으로 운용하는 경우.
* 정부 · 지방자치단체(국 · 공립학교 포함), 한국은행, 금융감독원, 예금보험공사, 부보금융회사의 예금 등은 보호대상에서 제외.

자료 : 예금보험공사 홈페이지.

현행「예금자보호법」에 따라 부보금융기관들은 예금보험료 이외에도 특별기여금과 출연금을 예금보험공사에 납부한다. 여기서 특별기여금(예금보험기금채권상환특별기여금)은 "과거 금융구조조정 시 투입된 공적자금의 상환을 위하여 2002년 수립된 공적자금상환대책에 따라 2003년부터 2027년까지 25년간 부보금융기관이 납부하여야 하는 법정부담금"을, 출연금은 설립 인 · 허가를 받은 부보금융기관이 기관유형별로 납부해야 하는 납입자본금(출자금)의 특정 비율에 해당하는 금액을 각각 가리킨다. 부보금융기관 유형별 보험료율과 특별기여금 요율, 그리고 출연금 요율은 [표 17-3]과 같다. 이 표는 목표기금제도에 따른 부보금융기관 계정별 적립액 목표규모도 보여주고 있다.[65]

표 17-3 부보금융기관 유형별 각종 요율과 계정별 적립액 목표규모

	보험료율	특별기여금 요율	출연금 요율	적립액 목표규모[1]	
				하한	상한
은행	8/10,000	1/1,000	1/100	0.825%	1.100%
투자매매업자·투자중개업자	15/10,000[2]	1/1,000	1/100	0.825%	1.100%
생명보험회사	15/10,000	1/1,000	1/100	0.660%	0.935%
손해보험회사				0.825%	1.100%
종합금융회사	15/10,000	1/1,000	5/100	설정 유보[3]	
상호저축은행	40/10,000	1/1,000	5/100	1.650%	1.925%
신용협동조합[4]	–	5/10,000	–	–	–

주 : 1) 목표규모(목표적립률)는 예금보험공사의 직전 회계연도 말 부보예금의 일정 비율.
2) 부보대상 고객예탁금 중 「자본시장과 금융투자업에 관한 법률」 제74조 제①항에 따라 증권금융회사에 예치(신탁을 포함한다)한 고객예탁금에 대해서는 요율의 30%를 인하.
3) 대상 부보금융기관 수가 1개에 불과하여 목표규모 설정을 유보.
4) 2004년 1월 1일부터 부보금융회사에서 제외되었으나 2006년부터 2017년까지 12년간 특별기여금 납부.

자료 : 예금보험공사(2017b · 2017c).

예금보험공사의 담당 업무에는 예금보험기금 및 상환기금의[66] 관리와 운용, 공사로부터 보험금 지급이나 자금지원을 받은 부실금융회사 등에 대한 손해배상청구권 관련 제반 업무, 보험료 및 특별기여금의 수납, 보험금 등의 지급, 부실금융회사의 정리, 기타 부대업무와 예금자 보호를 위해 정부가 위탁·지정한 업무 등이 포함된다(「예금자보호법」 제18조 제①항).

65. 목표기금제도란 "예금보험기금이 일정 손실을 감당할 수 있도록 사전에 적립 목표규모를 설정하고, 예금보험기금의 적립수준이 목표규모에 도달하는 경우 보험금을 감면해 주는 제도"이다(예금보험공사 2017b). 우리나라는 2007년 12월 21일 개정 「예금자보호법」을 통해 목표기금제도의 법적 근거를 마련했고, 2009년 1월부터 동 제도를 실제로 시행해 오고 있다. 최근 박광우·박준호(2014)는 "은행산업의 위험수준 변화를 고려할 때 … 목표기금비율을 더욱 증대시킬 필요가 있다"고 본다.

66. 2002년 12월 26일 개정된 「예금자보호법」에 따라 기존 예금보험기금은 2002년 말까지의 금융구조조정에 관련된 기금인 예금보험기금채권상환기금(상환기금)과 2003년 1월부터 예금보험업무를 담당할 (신)예금보험기금으로 분리되었다.

2017년 6월 현재 상환기금의 자금 지원 및 회수 현황을 살펴보면, 자금지원 총액과 자금회수 총액은 각각 110.9조원과 58.5조원으로 누적회수율은 52.7%였다.[67] 한편, 2003년 신설된 (신)예금보험기금의 경우 상호저축은행계정의 손실이 매년 누적되어 왔다. 그런 상황에서 2011년 1월 저축은행사태가 불거지자 상호저축은행의 보험사고를 전담 처리하기 위한 상호저축은행 구조조정 특별계정이 같은 해 3월 예금보험기금에 설치되었다. 동 특별계정을 통해 2011년 1월부터 2016년 말까지 모두 31개 상호저축은행에[68] 총 27.2조원의 자금이 지원되었고, 2016년 말 현재 총 10.2조원의 자금이 회수되었다.

2.5.2 예금보험제도의 경과 : 1995~2017년

우리나라의 예금보험공사는 1995년 12월 29일 「예금자보호법」이 제정되면서 예금대지급기관(paybox)으로 출발하였다. 그러나 예금보험공사의 책무는 1997년 말 외환위기 이후 위기수습 과정에서 예금자 보호 및 금융안정을 위해 중요한 역할을 담당하는 방향으로 강화·확대되어 왔다. 구체적으로 예금보험공사는 부실금융회사의 정리, 부보금융회사에 대한 위험관리, 부실관련자에 대한 책임추궁 등 주로 구조조정 분야에서 자금의 지원 및 회수와 관련된 역할을 수행해 왔고, 2002년 12월 「예금자보호법」 개정으로 부실금융회사의 정리에서 최소비용의 원칙과[69] 공평한 손실분담의 원칙을[70] 준수할 의무를 명시적으로 갖게 되었다.

1997년 말 외환위기 이후 진행된 대대적인 금융구조조정 과정에서 주로 부실

67. 누적회수율은 2000년대를 통해 꾸준히 증가해 오고 있다. 예를 들어 누적회수율은 2005년 말에는 29.1%, 2010년 말에는 42.8%, 그리고 2015년 말에는 49.6%였다. 임일섭(2017) 참조.

68. 2011년 1월 저축은행사태 발생 이후 자금을 지원받은 사고 상호저축은행 수효는 2011년 16개, 2012년 8개, 2013년 5개, 2014년과 2015년 각 1개로, 총 31개였다. 예금보험공사(2017a) 참조.

69. 최소비용의 원칙이란 "[예금보험]공사가 부보금융회사 [등] … 에 대하여 보험금을 지급하거나 자금지원을 하는 경우에는 … 예금보험기금의 손실이 최소화되는 방식을 적용하여야 한다"는 것이다(「예금자보호법」 제38조의 4 제①항). 2002년 12월 26일 개정 「예금자보호법」을 통해 도입된 이 원칙을 근거로 예금보험기금의 손실 최소화는 금융회사 부실이 납세자 부담으로 연결되는 연계를 끊기 위해 예금보험공사가 추구해야 할 구체적 기본 목표가 되었다..

70. 공평한 손실분담의 원칙이란 부보금융회사의 부실에 책임이 있는 자에게 손실을 분담시킨다는 의미로, 부실이 발생한 부보금융회사의 도덕적 해이를 억제하고 그 부보금융회사의 효율적 경영정상화를 도모하기 위한 원칙이다. 동 원칙은 「예금자보호법」 제38조의 5에 명문화되어 있다.

금융회사의 사후 처리에 수년간 치중했던 예금보험공사는 2003년 1월 (신)예금보험기금이 신설되면서부터는 부실의 사전 감시에도 조직 내부적으로 역량을 축적하기 시작했다. 예를 들어, 위험관리부서 신설(2003. 1), 업권별 위험감시모형 구축(2003. 2), 공동검사를 위한 금융감독원과의 양해각서 체결(2003. 9), 정보 공유를 위한 금융감독원 및 한국은행과의 양해각서 체결(2004. 1) 등은 "부실의 사후 정리뿐만 아니라 보험사고를 사전에 예방하고 예보기금의 건전성을 유지하기 위한 … 리스크 상시감시 업무[의] 본격화"를 의미하는 중요한 변화였다.[71]

한편, 2011년 1월 상호저축은행 부실 사태가 발생하자 예금보험공사는 예금보험기금 내에 상호저축은행 구조조정 특별계정을 설치한 후 2011~2015년 기간 중 총 31개 부실 상호저축은행에 대한 정리를 완료했다. 특히 이 과정에서 예금보험공사는 2012년 하반기부터 "금융거래 중단 없는 정리방식"을 실시하는 등 정리기법을 개선했다.[72] 또한 금융위원회가 2015년 10월 공표한 "금융회사 회생 · 정리제도 도입 기본방향"에 따르면 예금보험공사는 앞으로 시스템적 중요 은행 · 은행지주회사(D-SIB)의 회생 · 정리계획(RRP : recovery and resolution plan) 중 정리계획 작성업무를 맡게 될 예정이었는데,[73] 2021년 4월 금산법 시행령 개정으로 정상화 및 정리

71. 임일섭(2017), p.14.

72. "금융거래 중단 없는 정리방식"이란 "부실금융회사 결정 후 영업정지 전까지 재산 실사 및 최소비용 검증 등을 완료하여 영업정지일 후 중단기간 없이 곧바로 영업을 재개할 수 있도록" 하는 것을 의미한다(예금보험공사 2017a, p.19). 2012년 상반기까지는 재산 실사나 최소비용 검증과 같은 정리절차가 영업정지 시점 이후에 진행되었으나, 같은 해 하반기부터는 "부실저축은행에 대한 개별적 · 상시적 구조조정이 이루어짐에 따라 금융거래 중단 없는 구조조정이 가능"해진 것이다(예금보험공사 2017a, p.22).

73. 금융위원회(2015) 참조. 글로벌 금융위기 이후 FSB는 시스템상 중요 금융기관(SIFIs)의 질서 있는 정리(orderly resolution)가 금융안정에 중요하다고 판단했다. 이에 따라 FSB는 "효과적 금융기관 정리체계의 주요 속성(Key Attributes of Effective Resolution Regimes for Financial Institutions)"을 작성했고, 동 '주요 속성'은 2011년 10월 FSB 총회에서 채택된 후 같은 해 11월 깐느(Cannes) G20 정상회의의 승인을 받았다. 동 '주요 속성'은 정리체계 분야의 국제기준(international standard)으로 널리 간주되고 있으며, 우리나라에서도 금융위원회 주도로 "회생 · 정리계획"과 "채권자 손실분담" 및 "금융계약 조기종결 일시 정지"를 핵심 내용으로 하는 "금융회사 회생 · 정리제도 도입 기본 방향"이 추진되고 있는 중이다(금융위원회 2015, p.2). 이 제도가 도입되면 예금보험공사는 '정리계획'의 관리주체가 될 예정이다. 정리계획이란 "금융회사의 자체 회생이 어려운 상황에서 금융시스템에 미치는 영향을 최소화하면서 회사를 정리하기 위한 사전 계획으로, 예금보험공사가 작성하고 금융위원회가 평가"하는 것으로 되어 있다(금융위원회 2015, p.2). 이때 금융회사란 D-SIBs를 의미하는데, 여기에는 시스템적 중요 은행지주회사와 시스템상 중요 은행이 포함된다. 2018년의 경우, 전자에는 신

그림 17-5

예금보험공사의 책무 유형 변천 : 1995~2017년

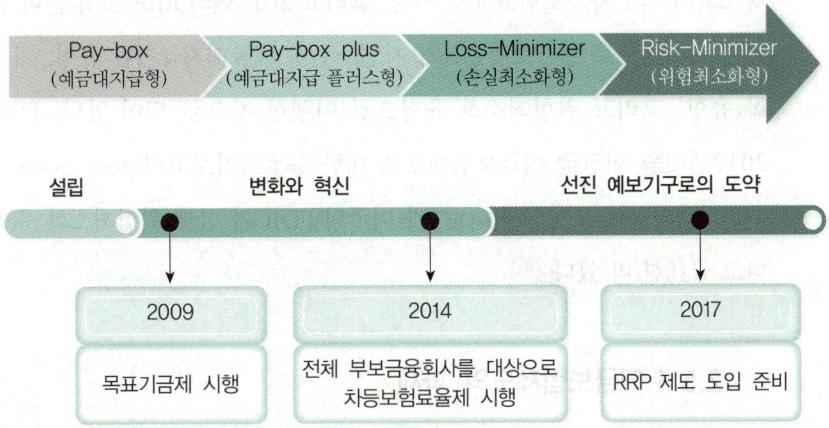

자료 : 임일섭(2017), 슬라이드 No.21.

계획(RRP) 제도가 도입됨에 따라 확정되었다. 부실정리계획(resolution plan)은 금융회사의 자체 회생이 어려운 상황에서 정리당국이 금융시스템에 미치는 영향을 최소화하면서 효율적으로 정리절차를 실행하기 위한 계획을 의미한다. 따라서 금융기관의 기능 중 일부가 재무적 곤란이나 정리조치 등으로 인해 중단될 경우, 금융안정과 실물경제에 영향을 미칠 우려가 있는 핵심기능들의 연속성이 유지될 것으로 보인다.

앞서 논의한 대로, 세계 다수 국가에서는 지난 글로벌 금융위기 이후 예금보험기구의 책무가 확대되는 추세를 보인다. 하지만 우리나라에서는 그보다 일찍 1997년 외환위기를 계기로 예금보험공사의 역할이 부각된 이래 크고 작은 국내 · 외 금융위기를 겪으며 그 책무가 지금까지 꾸준히 확대되어 왔다고 볼 수 있다.

이에 따라 예금보험공사는 일찍이 2000년대 중반 미국의 FDIC를 모델로 자신의 중장기 비전을 "금융회사 리스크 상시감시 및 적기정리 전문기관"으로 설정한[74] 후 지금까지 위험최소화 목표를 두드러지게 강조해 왔다. 최근 예금보험공사는 지난 1995년 설립 당시 예금대지급 유형에서 출발한 후 2017년까지 22년이 경과하

한 · 하나 · KB국민 · 농협 금융지주가, 후자에는 우리은행과 시스템상 중요 은행지주의 자은행인 신한 · 제주 · KEB하나 · KB국민 · 농협 은행이 각각 선정되어 있다(금융위원회 2017).

74. 예금보험공사(2005), p.22.

는 동안 책무 확대 과정을 단계적으로 밟아 이미 위험최소화 유형에 도달한 것으로 자체 평가하는 것으로 보인다. 〈그림 17-5〉에 따르면, 2009년의 목표기금제 시행, 2014년의 차등보험료제도 시행, 그리고 2017년의 RRP 도입 준비 등을 거치는 동안 시기적으로 예금보험공사가 자연스럽게 예금대지급기금 유형, 기금손실 최소화 유형, 그리고 위험최소화 유형으로 이행한 것으로 되어 있다. FSB도 일찍이 2012년 2월 회원국 예금보험제도에 대한 동료평가보고서(peer review report)에서 우리나라의 예금보험공사(KDIC)가 미국의 FDIC와 함께 위험최소화 유형에 해당한다고 공표한 바 있다.[75]

2.5.3 예금보험제도의 과제

방금 학습한 대로, 우리나라의 예금보험공사는 2000년대 중반부터 위험최소화 유형을 명시적으로 지향해 왔다. 국내 연구에서도 이를 자연스럽게 받아들이는 것으로 보인다.[76] 여기에는 글로벌 금융위기의 경험도 부분적으로 작용했을 것이다. 그런데 기금손실 최소화 유형보다 위험최소화 유형을 지향하는 것이 과연 언제나 바람직한 것일까?

사실, 우리나라 학계 및 정책계에서는 그동안 예금보험공사의 바람직한 책무 유형에 대해서는 구체적 논의가 없었다. 하지만 이 문제는 우리나라 금융안전망의 효율적 운영과 금융안정의 유지라는 큰 틀에서 득실을 세심하게 따져보아야 할 중대한 이슈이다.

글로벌 금융위기 이후 세계적으로 예금보험기구 책무 유형의 확대 경향이 두드러지게 관찰되는 것은 사실이지만, 이것이 반드시 위험최소화 유형의 보편적 우월성(universal superiority)을 의미하는 것은 아니다. 세계적으로 예금보험기구의 모범사례 중 하나로 꼽히는 CDIC(캐나다 예금보험공사)는 글로벌 금융위기 이후 캐나다의 공식 정리당국(resolution authority)으로서 새로운 역할을 갖게 되었지만[77] 지금도 스스로 기금손실 최소화 유형에 속하는 것으로 자신을 간주하는 것으로 알려져 있다.[78]

---

75. FSB(2012) 참조.

76. 그와 같은 최근 연구에는 임일섭(2017), 임형석(2016), 정지만 · 오승곤(2017) 등이 포함된다.

77. CDIC(2017) 참조.

우리는 제7장에서 각국의 금융제도는 장기적으로 효율을 향해 진화하는 가운데 경로의존성과 제도보완성에 의해 서로 다른 모습으로 구체화된다는 사실을 학습한 적이 있다. 이런 맥락에서 예금보험제도가 비교적 최근 보급된 점을 감안하면, 나라마다 금융안전망을 구성하는 기존 요소들—중앙은행 최종대부자 기능과 금융감독기구의 금융규제감독 기능—과 가장 잘 어울리는 잔여항(residual)으로서의 예금보험제도는 서로 다를 수 있다. 왜냐하면, 일국의 공적 금융안전망이란 그 구성요소들이 각기 별개로 작동하는 가운데 소기의 목적—금융시스템 안정의 유지 및 회복—에 도달하는 것이라기보다는, 그 구성요소들의 조화로운 상호작용을 통해 안전망 전체로서 소기의 목적에 도달하는 체계이기 때문이다.

우리나라에서는 예금보험공사의 책무를 사후적 기금손실 최소화로 한정할 것인지, 아니면 장기적으로 위험최소화라는 포괄적 책무—즉, 사전적 · 사후적 기금손실 최소화—로 나아갈 것인지에 대한 폭넓은 논의가 필요하다. 아래에서 곧 다루겠지만, 현재 우리나라의 예금보험공사는 위험취소화 책무를 가진 것으로 대내외적으로 알려져 있으나 실제로는 사전적 기금손실 최소화는 물론이고 사후적 기금손실 최소화를 효과적으로 도모하기에도 관련 권한과 기능이 취약한 상황이다. 그러므로 예금보험공사의 바람직한 책무 유형이 무엇인지에 관한 사회적 논의는 더 늦기 전에 시작되어야 한다.

지난 20여 년 동안 예금보험공사가 책무의 확대 과정을 경험해 왔다는 점은 앞서 살펴본 바와 같다. 하지만 늘어난 책무의 이행에 요구되는 권한 및 기능에는 아직 개선되어야 할 점이 적지 않다. 우선, 예금보험공사의 정보접근에는 현실적 제약이 있다.[79] 현재 예금보험공사는 "기획재정부, 금융위원회, 한국은행, 금융감독원, 예금보험공사 간 정보공유에 관한 양해각서"(2009. 9. 15.)를 토대로 유관 공공기관과 금융정보를 공유한다. 그런데 실제로 예금보험공사는 자신이 필요로 하는 부보금융회사 관련 정보를 대부분 금융감독원에서 얻게 된다. 왜냐하면 금융회사들의 정기 업무보고서는 통합감독자의 일부분인 금융감독원으로 집중되기 때문이다. 문제는 금융감독원의 정보공유 방식이 예금보험공사와 같은 외부의 정보공유자로서는 필요 정보의 단순조회만 가능하며 이를 자체적으로 데이터베이스화하기가 불

78. IADI(2016) 참조.

79. 이 문단은 정지만 · 오승곤(2017)에 의존했다.

가능하다는 점이다. 이런 까닭에, 예보가 공유 정보를 활용하는 데에는 상당한 불편이 따르는 것은 물론, 리스크 분석에 기술적 제약이 작용한다. 공유되는 정보의 범위가 현실적으로 정기보고서와 일부 수시정보만으로 제한된다는 점도 실질적인 정보공유에 장애가 된다.

다음으로, 예금보험공사에 의한 단독조사권의 발동 요건이 지나치게 경직적이다. 현재 예금보험공사는 "부실 우려가 있다고 인정" 되는 경우—다시 말해, 금융감독당국에 의해 적기시정조치 대상으로 확인된 경우(「예금자보호법 시행령」 제12조의 2 ; 「금융산업의 구조개선에 관한 법률」 제10조 제② 항)—또는 "보험사고의 위험이 있는지 판단하기 위하여 [관련] 자료의 사실 여부를 [금융감독원장에게] 확인[해줄 것을] … 요청" 한 이후 "확인이 이루어지지 않는" 경우에 한하여 부보금융기관에 대한 단독조사에 착수할 수 있다(「예금자보호법」 제21조 제②, ④, ⑤ 항). 전자의 경우에는 적기시정조치 대상으로 확정되기까지, 그리고 후자의 경우에는 금융감독원장의 사실 확인 결과가 나오기까지 시간이 각각 경과할 수밖에 없다. 그런 동안 부실 우려 금융회사의 부실이 실제로 빠르게 진행된다면 예금보험공사가 가진 단독조사권은 무용지물과 별로 다르지 않을 것이다. 다만, 상호저축은행의 경우에는 적기시정조치 대상으로 확인되기 이전에도 완화된 특정 요건[80] 하에 예금보험공사가 단독조사권을 발동할 수 있다(「예금자보호법 시행령」 제12조의 2). 요컨대, 예금보험기금의 위험 최소화—달리 표현하면, 사전적 · 사후적 기금손실 최소화—의 관점에서 본다면 여타 업권에 속한 모든 부보금융회사에 대한 예보의 단독조사 요건도 상호저축은행에 적용되는 수준으로 실효성을 제고해야 할 필요가 있다.[81]

또한 적기시정조치 대상으로 확인된 금융회사에게 금융위원회는 적기시정조치를 한시적으로 유예해 줄 수 있는데(「금융산업의 구조개선에 관한 법률」 제10조 제③ 항), 이런 결정에서 예금보험공사의 역할이 거의 없는 것도 문제이다. 예를 들어, 지난 2011년 초 상호저축은행 부실 사태가 불거지기까지 "[금융감독당국에 의한] 적기시정조치 유예가 부실저축은행의 처리를 지연시키고 오히려 부실을 확대한 사례가 다

80. 구체적으로, 적기시정조치 대상에 해당하는 BIS 자기자본비율에 2%p를 더한 비율에 미달하는 경우, 3년 연속 당기순손실이 발생한 경우, 또는 금융감독원과의 협의를 거친 경우 등 각각의 경우에 예금보험공사에 의한 상호저축은행 단독조사가 가능하게 되어 있다(「예금자보호법 시행령」 제12조의 2).
81. 정지만 · 오승곤(2017)과 최운열 · 이진호(2014) 참조.

수 발생" 했던[82] 것도 바로 그런 이유에서였다. 다행히도 상호저축은행의 경우에는 2012년 1월부터 금융위원회가 적기시정조치의 유예를 결정하기 이전에 반드시 예금보험공사에게 서면의견을 요청해야 하게 되었다(「상호저축은행법 감독규정」 제49조 제⑧항). 상호저축은행에 대한 금융위원회의 적기시정조치 유예 여부 결정에서 이와 같은 예금보험공사의 역할은 여타 금융회사의 경우에도 널리 인정되어야 할 것이다.[83]

요컨대, 예금보험공사의 최고의결기구인 예금보험위원회는 부실금융기관의 결정과정에서 대체로 배제되어 있으며, 적기시정조치에 관한 의사결정에도 거의 참여하지 못하고 있다.[84] 부실금융기관의 결정과 정리 단계에서 대부분의 정책적 판단을 금융위원회가 내리면, 예금보험공사는 그에 따른 부수적 판단과 금융위 결정에 따른 지원업무를 수행할 뿐이다. 이는 결국 "금융감독당국의 규제유예(regulatory forbearance)[로] … 금융기관 부실을 예방하기 위한 적기시정조치가 지연되거나 유예되는 경우에는 부실이 심화된 이후에 예금보호기구가 정리과정에 참여하게 됨으로써 최종 정리비용이 크게 증가하는" 결과를[85] 초래하기 십상이다.

예금보험기금의 손실최소화를 위해 사전적으로나 사후적으로 가장 일관적으로 행동할 수 있는 기관은 바로 기금운용의 책임을 지고 있는 예금보험기구다. 정부나 감독기구, 중앙은행은 기금손실 최소화와는 상이한 다른 유인을 갖기 때문이다.[86] 그러므로 부실금융회사의 정리절차에서 예금보험공사의 역할은 지금보다 더욱 공식화 · 체계화되어야 할 것이다.

끝으로, 중앙은행 및 금융감독기구와 마찬가지로 예금보험기구의 독립성과 책임성도 검토되어야 한다. 광범한 책무를 갖는 예금보험공사가 지금처럼 금융위원회의 직접적 감독과 영향력 아래에 놓여 있는 것이 과연 바람직한지에 대해서는 종합

82. 금융감독 혁신 TF(2011), pp.17~18.

83. 정지만 · 오승곤(2017)과 최운열 · 이진호(2014) 참조.

84. 김대식 · 이민환(2006), 안종길 · 이종욱(2006), 최희갑 · 김정렬(2006), 예금보험공사(2011) 참조.

85. 정지만 · 오승곤(2010), p.163.

86. 그러므로 「예금자보호법」이 명시한 예금보험공사의 최소비용 원칙과 「공적자금관리 특별법」이 명시한 정부 · 예금보험공사 · 한국자산관리공사 · 금융감독위원회의 최소비용 원칙의 준수를 위한 합리적 기준과 절차, 그리고 최소비용 원칙의 예외를 인정하기 위한 합리적 기준과 절차를 예금보험공사의 역할에 초점을 맞추어 확립해야 할 필요가 있다. 각 공공기관의 서로 다른 유인에 대해서는 제15장을 참조하기 바란다.

적 검토가 필요하다. 「예금자보호법」에 규정된 예금보험공사의 현행 지배구조는 〈Box 17-4〉와 같다.

Box 17-4 예금보험공사의 현행 지배구조

예금보험공사는 예금보험제도의 효율적 운영을 위해 [「예금자보호법」 제3조] 1996년 6월 설립된 무자본 특수법인이다[제4조 제① 항]. 예금보험공사의 최고의결기구는 예금보험위원회로, 예금보험공사 업무의 기본 방침을 수립하고 기금운용계획을 심의한다[제8조]. 예금보험위원회는 당연직 위원 4인(공사 사장, 금융위원회 부위원장, 기획재정부 장관이 임명하는 기획재정부 차관, 한국은행 부총재)과 위촉직 위원 3인(금융위원회가 위촉하는 1인, 기획재정부 장관과 한국은행 총재가 각각 추천하여 금융위원회가 위촉하는 2인)의 총 7인으로 구성된다[제9조 제① 항]. 위촉직 위원의 임기는 3년이고 연임 가능하며 [제9조 제③ 항] 신분이 보장된다[제9조의 3]. 예금보험위원회의 위원장은 예금보험공사의 사장이 되며[제10조 제① 항] 의결은 위원 과반수의 출석과 출석위원 과반수의 찬성으로 성립하지만, 최소비용원칙에 대한 예외 적용 여부에 대해서는 재적위원 3분의 2 이상의 찬성으로 의결하도록 되어 있다[제10조 제④ 항].

예금보험공사의 최고집행기구는 이사회로, 사장, 부사장, 4인 이내의 상임이사와 7인 이내의 비상임이사로 구성되며 공사의 업무에 대한 주요 사항을 의결한다[제14조와 제11조 제① 항]. 예금보험공사 이사회의 의장은 사장이 된다[정관 제24조 제① 항].[1] 감사 1인은 예금보험공사의 업무와 회계를 감사하며[제12조 제③ 항], 이사회에 출석하여 의견을 진술할 수 있다[제14조 제④ 항]. 임원(사장, 부사장, 이사, 감사)의 신분은 보장된다[제13조].

금융위원회는 예금보험공사의 업무를 지도 · 감독 · 명령하고 필요 시 공사의 처분에 대한 일부 또는 전부 취소권과 그 집행에 대한 정지권을 갖는다[제27조]. 금융위원회는 필요시 공사에 대한 보고 요구권과 검사권을 보유한다[제28조 제① 항].

1) 이 부분만 정관 조항에 따른 것이며, Box 내의 다른 모든 부분은 「예금자보호법」 관련 조항에 따른 것임.

자료 : 「예금자보호법」(시행 2016. 12. 1, 법률 제14242호).

연습문제

01. 다음은 버냉키의 언급으로, 글로벌 금융위기에 직면한 연준이 금융기관 및 시장에게 긴급유동성을 제공한 정책대응에 관한 내용이다(김홍범 · 나원준 옮김, 2014, p.175 ; 원문자 및 밑줄은 저자 첨기). 아래 지문을 읽고 물음에 답하시오.

"역사에 대한 검토를 기초로 이제 우리가 도출할 수 있는 결론 중 하나는 연방준비제도의 대응이 임시방편적이고 전례도 없는 일련의 조치들이었다기보다는 중앙은행의 역사적 역할—패닉을 진정시키기 위해 최종대부자로서 대출 프로그램을 제공하는 역할—에 매우 부합하는 조치들이었다는 것입니다. 이번 위기는 ① 기관구조(institutional structure)가 달랐다는 점에서 과거의 위기들과는 차이가 납니다. 다시 말해 위기가 ② 은행과 예금주 사이의 문제에서 비롯된 것이 아니라, ③ 투자은행, 환매조건부매매시장(repo markets), 자금시장펀드, 그리고 기업어음 사이의 문제에서 비롯되었다는 것이지요. 그렇지만, 패닉을 저지하기 위해 단기 유동성을 제공한다는 기본 생각은 배저트가 1873년 『롬바드 스트리트(*Lombard Street*)』를 저술하면서 마음에 두었던 바로 그 내용이었습니다."

(1) 지문에서 ①의 '기관구조'란 무슨 의미인지 설명하시오.

(2) 지문에서 ②의 문제를 흔히 무엇이라 부르는가?

(3) 지문에서 ③의 문제를 설명하시오.

02. 중앙은행의 최종대부자 역할이 갖는 순기능과 역기능을 설명하시오. 우리나라의 한국은행이 그와 같은 역기능에 대비하기 위해서는 어떤 장치가 보완되어야 할까?

03. 우리나라에서는 2009년 「자본시장과 금융투자업에 관한 법률」 시행에 따라 금융투자회사가 (소액)결제시스템에 직접 참여하고 있다. 그러나 보험회사는 (소액)결제시스템에 직접 참여하는 것이 허용되지 않고 있다. 금융투자회사나 보험회사와 같은 비통화금융기관의 결제시스템 참여 허용 여부는 이론적으로 논쟁적 이슈이다. 이 문제를 어떻게 봐야 할까?

04. 어떤 은행의 재무상태가 건전한데도 근거 없는 소문으로 예금인출사태(bank run)가 발생한다고 가정하자. 다음 물음에 답하시오.

(1) 예금인출사태를 겪는 은행은 유동성 부족을 겪게 되고, 사태가 조기 진정되지 않는 한 지급불능 상태에 빠지게 된다는 점을 예금계약의 특성과 은행제도의 구조적 특성을 중심으로 설명하시오.

(2) 건전한 은행이 예금인출사태로 일시적 유동성 부족을 경험하는 경우, 사태를 조기에 진정시키기 위해 정책당국(중앙은행)이 취할 수 있는 조치에는 무엇이 있는지 설명하시오.

(3) 한 은행의 예금인출사태가 다른 은행으로 확산되기 쉽다는 점을 설명하시오.

(4) 한 은행의 예금인출사태가 실물부문으로 확산되기 쉽다는 점을 설명하시오.

05. 다음은 예금보험제도에 관한 물음이다. 답하시오.

(1) 예금보험제도는 자칫 은행의 도덕적 해이를 불러오기 쉽다. 왜 그런가? 은행의 도덕적 해이 문제를 해결하기 위한 현실적 방법을 한 가지 들고 설명하시오.

(2) 예금보험제도는 자칫 예금자의 도덕적 해이를 불러오기 쉽다. 왜 그런가? 예금자의 도덕적 해이 문제를 해결하기 위한 현실적 방법을 한 가지 들고 설명하시오.

06. 다음은 바람직한 예금보험제도의 모습에 관한 물음이다. 답하시오.

(1) 예금보험제도는 공공기관에 의해 운영되는 것이 바람직한가 아니면 사적 부문에 맡기는 것이 바람직한가?

(2) 보험의 대상이 되는 예금의 범위는 어떻게 잡고, 또 은행 파산 시 보상의 정도는 얼마로 해야 하는가?

(3) 도덕적 해이의 방지와 뱅크런의 예방 사이에 적당한 균형점은 존재하는가?

07. 예금보험제도란 은행이 예금자에게 은행 예금의 지급을 보장함으로써 부담하게 된 위험을 제3의 보험기관에 재보험한 것으로 이해할 수 있다. 그러나 이와 같이 해석하기 위해서는 통상적으로 위험에 대하여 중립적이라고 가정되는(즉, 이윤에서 얻어지는 기대효용이 아닌 기대이윤 자체를 최대화하는 것으로 가정되는) 은행이 왜 재보험에 가입하는 것인가 하는 문제가 해결되어야 한다. 적절한 은행의 이윤함수를 설정하여 이 문제의 해결을 모색해 보시오.

08. 우리나라 예금보험제도의 개선방향을 제시해 보시오.

참고문헌

금융감독 혁신 TF, 「금융감독 혁신방안」, 2011. 9. 2.

금융위원회, "금융회사 회생 · 정리제도 도입 기본 방향—중요 금융회사에 대한 사전 회생 · 정리계획 작성," 보도참고자료, 2015. 10. 30.

________, "신한 · 하나 · 국민 · 농협 지주 및 우리은행 등이 D-SIB로 선정－2018년도 시스템적 중요 은행 · 은행지주회사(D-SIB) 선정 결과," 보도자료, 2017. 6. 28.

금융위원회 · 금융감독원, "한국거래소를 거래정보저장소(TR)로 선정," 보도참고자료, 2015. 8. 17.

김대식 · 김경수 · 김홍범 · 이석원, 『예금보험제도 발전방안』, 예금보험공사 외주 용역 보고서, 한국금융학회, 2002. 12.

김대식 · 이민환, 「효율적 금융안전망 구축을 위한 예금보험공사의 역할과 과제」, 한국은행 · KDI · 한국금융학회 주최 2006년 춘계 금융정책 심포지엄 발표논문, 2006. 3. 24, pp.127～170.

김병환, 「위기 이후 금융안전망(정부보증)의 재설계」, http://oecd.mofat.go.kr, 2011. 8.

김홍범, 『한국 금융감독의 정치경제학』, 지식산업사, 2004. 6.

김홍범 · 나원준 옮김, 『벤 버냉키, 연방준비제도와 금융위기를 말하다』, 벤 S. 버냉키(Ben S. Bernanke, *The Federal Reserve and the Financial Crisis*, Princeton University Press, 2013)의 연구번역서, 미지북스, 2014. 2.

박광우 · 박준호, 「예금보험 문헌연구: 제도개선에의 함의」, 『금융안정연구』, 제15권, 제2호, 2014. 12, pp.1～30.

안종길 · 이종욱, 「예금보험제도의 발전방향」, 『금융안정연구』, 제7권, 별호, 2006. 10, pp.123～224.

양준모, 「FMI 국제기준이 국내 지급결제제도에 미치는 영향 및 대응방안」, 한국은행 지급결제제도 컨퍼런스 "금융시장인프라(FMI) : 글로벌 환경변화와 우리의 과제"의 제1세션 발표논문, 2011. 7. 13.

예금보험공사, 『2004 연차보고서』, 2005. 3.

__________, 「금융시스템 안정을 위한 예금보험제도 개선방안」, 내부자료, 2011. 5.

__________, 『상호저축은행 구조조정 특별계정 관리백서』, 2017a. 3.

__________, "목표기금제 안내," www.kdic.or.kr, 검색일 : 2017b. 12. 31.

__________, "보험료율 및 특별기여금요율," www.kdic.or.kr, 검색일 : 2017c. 12. 31.

__________, "예금자보호제도," www.kdic.or.kr, 검색일 : 2017d. 12. 31.

이기영 · 김상수, 「시스템 위기와 예금보험공사의 역할 및 대응방안」, 한국국제경제학회 · 예금보험공사 공동주최 2010년 추계 정책심포지엄 발표논문집 『시스템

위기와 예금보험제도』, 2010. 11. 4, pp.93~115.

임일섭, "위기 극복 과정에서 예금보험공사의 역할과 향후 과제," 「외환위기 20년의 회고와 교훈」 특별세미나 발표자료, 예금보험공사, 2017. 11. 29.

임형석, 「예금보험기구의 선제적 대응 필요성과 국제논의 동향」, 『금융리스크리뷰』, 제13권, 제3호, 예금보험공사, 2016년 가을, pp.118~128.

정운찬, 『중앙은행론』, 학현사, 1995. 3.

정지만 · 오승곤, 「금융안정을 위한 금융기관 부실정리제도」, 『금융안정연구』, 제11권, 제1호, 2010. 6, pp.149~179.

__________, 「예금보험공사의 선제적 대응능력 제고를 위한 개선방안」, 『금융리스크리뷰』, 제14권, 제1호, 예금보험공사, 2017년 봄, pp.140~161.

최운열 · 이진호, 「우리나라 예금보험기구의 사전적 위험관리기능 제고 방안에 관한 고찰」, 『금융안정연구』, 제15권, 제2호, 2014. 12, pp.69~93.

최원형 · 이용규, 「중앙은행의 최종대부자 기능」, 『조사통계월보』, 한국은행, 1998. 4, pp.3~23.

최희갑 · 김정렬, 「금융구조조정에 있어서 예금보험공사의 역할과 과제 — 금융기관 정리제도를 중심으로 —」, 『금융안정연구』, 제7권, 별호, 2006. 10, pp.37~117.

한국은행, 「제7차 한국은행법 개정의 주요 내용과 의의」, 『조사통계월보』, 2003. 12, pp.47~67.

______, 『지급결제제도와 한국은행』, 2004a. 2.

______, 『우리나라의 지급결제제도』, 2004b. 12.

______, 「한국은행의 긴급자금 지원제도 및 지원사례」, 내부자료, 2004c.

______, 『우리나라의 지급결제제도』, 2009. 12.

______, 『한국은행 60년사』, 2010. 6. 12.

______, 「한국은행의 금융시장안정화 조치 주요 내용」, 내부자료, 2012.

______, 『한국의 지급결제제도』, 2014. 12.

______, "지급결제제도와 한국은행," www.bok.or.kr, 검색일: 2018. 1. 5.

한국은행 금융결제국, "한국은행 지급결제업무 중장기 추진전략: 지급결제비전 2020," 2016. 1.

한국은행 법규실, 『조문별 해설 한국은행법』, 2007. 8.

Bank for International Settlements, "New Standards for Financial Market Infrastructure Issued by CPSS-IOSCO, www.bis.org/press/p.120416.htm, April 16, 2012.

Bernanke, Ben S., "Causes of the Recent Financial and Economic Crisis," Testimony before the Financial Crisis Inquiry Commission, Washington, D. C., September 2, 2010.

Canadian Deposit Insurance Corporation, "CDIC Is Formally Designated As Canada's Resolution Authority," News Releases, www.cdic.ca/en/, June 22, 2017.

Committee on Payment and Settlement Systems, "Core Principles for Systemically Important Payment Systems," Bank for International Settlements, January 2001.

________________, "Central Bank Oversight of Payment and Settlement Systems," Bank for International Settlements, May 2005.

Committee on Payment and Settlement Systems and Technical Committee of the International Organization of Securities Commissions, "Principles for Financial Market Infrastructures," April 2012.

Demirgüç-Kunt, Asli, and Edward J. Kane, and Luc Laeven, "Deposit Insurance Design and Implementation: Policy Lessons from Research and Practice," Policy Research Working Paper, No. 3969, World Bank, July 2006.

Dobler, Marc, Simon Gray, Diarmuid Murphy, and Bozena Radzewicz-Bak, "The Lender of Last Resort Function after the Global Financial Crisis," IMF Working Paper WP/16/10, International Monetary Fund, January 2016.

Enoch, Charles, Peter Stellar, and May Khamis, "Transparency and Ambiguity in Central Bank Safety Net Operations," Working Paper, No. 138, International Monetary Fund, October 1997.

Financial Stability Board, "Thematic Review on Deposit Insurance Systems," Peer Review Report, February 2012.

Financial Stability Forum, *Guidance for Developing Effective Deposit Insurance Systems*, www.fsforum.org, September 2001.

Financial Stability Forum Working Group on Deposit Insurance, "Structure and Organization," *Guidance for Developing Effective Deposit Insurance*

Systems: Background Documents, Volume Ⅱ, www.iadi.org, September 2001a, pp.76~85.

______________________________, "Interrelationships," *Guidance for Developing Effective Deposit Insurance Systems: Background Documents*, Volume Ⅱ, www.iadi.org, September 2001b, pp.93~98.

______________________________, "Powers," *Guidance for Developing Effective Deposit Insurance Systems: Background Documents*, Volume Ⅱ, www.iadi.org, September 2001c, pp.99~106.

Fischer, Stanley, "On the Need for an International Lender of Last Resort," first appeared in Journal of Economic Perspectives, Vol. 13, No. 4, 1999, and reprinted in Goodhart, Charles A. E., and Gerhard Illing, eds., 2002, *Financial Crises, Contagion, and the Lender of Last Resort*, Oxford University Press, pp.491~510.

Goodhart, Charles A. E., 1999, "Myths about the Lender of Last Resort," first appeared in International Finance 2, and reprinted in Goodhart, Charles A. E., and Gerhard Illing, eds., *Financial Crises, Contagion, and the Lender of Last Resort*, Oxford University Press, 2002, pp.227~245.

Goodhart, Charles A. E., and Gerhard Illing, "Introduction," in Goodhart, Charles A. E., and Gerhard Illing, eds., *Financial Crises, Contagion, and the Lender of Last Resort*, Oxford University Press, 2002, pp.1~26.

Gropp, Reint, and Jukka M. Vesala, "Deposit Insurance, Moral Hazard and Market Monitoring," *Review of Finance*, Vol. 8, No. 4, December 2004, pp.571~602.

Hoelscher, David S., "Deposit Insurance Policies and the Financial Crisis," mimeographed, May 20, 2011.

Humphrey, Thomas M., and Robert E. Keleher, "The Lender of Last Resort: A Historical Perspective," *Cato Journal*, Vol. 4, No. 1, Spring/Summer 1984, in Goodhart, Charles A. E., and Gerhard Illing, eds., *Financial Crises, Contagion, and the Lender of Last Resort*, Oxford University

Press, 2002, pp.73～108.

International Association of Deposit Insurers, "Deposit Insurance Systems Worldwide," www.iadi.org, date of search : June 1, 2012.

____________________, "IADI Core Principles for Effective Deposit Systems," www.iadi.org, November 2014.

____________________, "Deposit Insurance Surveys : IADI Annual Survey 2016," www.iadi.org, 2016.

____________________, "Core Principles," www.iadi.org, date of search : December 31, 2017a.

____________________, "Deposit Insurance Systems Worldwide," www.iadi.org, date of search : December 31, 2017b.

International Association of Deposit Insurers and International Monetary Fund, "Report to the Financial Stability Board," Note by the Staffs of the International Association of Deposit Insurers and the International Monetary Fund on Unwinding Temporary Deposit Insurance Arrangements, September 2009.

____, "Report to the Financial Stability Board," Note by the Staffs of the International Association of Deposit Insurers and the International Monetary Fund on Update on Unwinding Temporary Deposit Insurance Arrangements, June 2010.

Large, Sir Andrew, "Financial Stability Oversight, Past & Present," Special Paper, No. 154, Financial Markets Group, London School of Economics, January 2004.

Solow, Robert M., "On the Lender of Last Resort," first appeared in Kindleberger, C., and J. Laffargue, eds., *Financial Crises : Theory, History and Policy*, Cambridge : Cambridge University Press, 1992, and reprinted in Goodhart, Charles A. E., and Gerhard Illing, eds., *Financial Crises, Contagion, and the Lender of Last Resort*, Oxford University Press, 2002, pp.201～211.

찾아보기
(내용)

Money & Financial Markets sixth edition Index

가

가격버블 28
가격위험 79
가상화폐 102
가치의 척도 69
가치저장 69
가치주 244
간접금융 18
간접금융시장 273
간편결제 112
간편송금 112
감독 강화 870
강형(strong form) 효율시장 가설 224
개시증거금 312
개인종합자산관리계좌 80
거대장부 98
거래비용 9, 11, 389
거래수량설 454
거래적 동기 439
거래적 화폐수요 438
거래적 화폐수요이론 439
거래정보저장소 939
거시건전성 감독 271, 846
거시적 위기상황분석 796
거액익스포저 규제 875
건설적 모호성 802
건전성감독청 690
건전성규제 420, 864
겸업주의 은행제도 418
경기대응 완충자본 852
경로의존성 270
경매인 215
경상수익률 164
경영실태평가 887
경쟁제한적 규제 858
고용안정 702
고전적 이분성 5
고전적 화폐관 5
고전적 화폐수량설 453
고정보험료제도 960
고정수익증권 72
고정이자지급액 147
고정 준칙 530
공개경매(open outcry)시장 215
공개구두운영 613
공개구두정책 613
공개시장계정 623
공개시장운영 499, 602
공개 플랫폼 102
공공 거버넌스 354
공동보험제도 962
공시효과 590
공유경제 118
공적 금융안전망 374
광범 책무 유형 965

광의유동성 485
광의통화 483
교섭비용 11
교정조치단계 801
교환 10
교환방정식 454
교환사채 74
교환의 매개 68
구두창비용 644
구조화투자회사 423
국가통화위원회 680
국제결제은행 271
국제적 전이효과 551
국제통화기금 29, 271
국제통화정책위원회 551
군집현상 235
굿하트의 법칙 468, 506
규제규율 802
규제유예 374
규제유예(regulatory forbearance)의 유인 890
규제자본 872
그레샴의 법칙 60
그린스펀 독트린 549, 683
그린스펀의 아기걸음마 653
그린스펀 풋 549
그림자은행 424
그림자은행시스템 422
근본적 위험 237
글로벌 거시불균형 733
글로벌금융시스템위원회 788
글로벌 금융위기 722
금리경로 561
금리스왑 308, 318
금리정상화 630
금본위제도 22, 58
금산분리 370
금융감독기구 857
금융감독기구의 독립성 901
금융감독기구의 책임성 902
금융감독원 690
금융감독위원회 905
금융 개입 829
금융개혁 356
금융개혁위원회 358
금융개혁회의 361
금융기관 유동성 484
금융기능 견해 348
금융민주화 118
금융보조기관 341
금융불안정가설 763
금융서비스현대화법 271, 371
금융선택법 372
금융세계화 777
금융시스템 35
금융시스템 관련 공공기관 813
금융시장 34, 272
금융심도 352
금융안전망 806
금융안전망 참여기구 813
금융안정 786
금융안정감시위원회 372
금융안정감시협의회 690
금융안정지수 795
금융억압 375, 591
금융위기 25
금융의 지형 88
금융접근성 352
금융정책위원회 690, 855
금융제도 270

금융조사국 372
금융중개 18, 490
금융중개기관 18, 24
금융중개지원대출 594
금융지주회사 339
금융취약성지수 795
금융투자업자 334
금융포용 114
금융하부구조 395
금융행위감독청 690
금융혁신 774
금융혁신위원회 361
금융효율성 352
기간물할인창구프로그램 618
기간 스프레드 202
기간 프리미엄 197
기금손실 최소화 유형 966
기능별 분할 124
기능적 독립성 693
기대경로 572
기대수익이론 412
기대이론 189
기본적 분석 225
기술적 분석 225
기업공개 300
기업공시 규제 896
기업어음시장 78, 285
기프트카드 65
긴급유동성 제공 617

나

낙인효과 618
납입자본금 405
내부신용보강장치 296
내부정보 225
내재가치 219
네이키드포지션 726
네트워크 외부성 37
네트워크형 전자화폐 63
노이즈 거래자 235
농협은행주식회사 332

다

단계별 분할 124
단기금융시장(자금시장) 78, 275
단기사채시장 285
단순매매 604
단순민감도분석 417
대규모 자산매입 622
대마불사 422, 760
대부업자 340
대부자금설 173
대완화기 29
대차거래 140
대차대조표 401
대차대조표 경로 571
대출보유모형 752
대출분배모형 752
대침체(Great Recession) 6
대표성 발견법 231
델픽 유형 615
도덕적 해이 389
도드-프랭크 월가 개혁 및 소비자보호법
372, 690
동결효과 833
두 가지 책무 682
듀레이션 161
듀레이션 갭분석 416

디지털 전환 90
디지털 혁신 87
디지털화 90
디지털 화폐 64, 101, 107
디플레이션 22
딜러 78

라

라인란트(Rhineland) 722
레버리지 효과 27, 309
로보-어드바이저 119
루카스 비판 653
리먼브러더즈 724
리스크추구경로 574
리저브 프라이머리 펀드 727
리플래브즈 100

마

마샬의 k 457
마이너스 정책금리 633
만기 147
만기수익률 149
만기수익률 탄력성 155
매도포지션 313
매매 604
매매거래 140
매매 스프레드 216
매입포지션 313
매칭 비대칭성 19
메뉴비용 644
명목 기준지표 516, 521
명목이자율 143
명목GDP 증가율 목표제 556
명목화폐 61
모멘텀 투자기법 240
모멘텀 현상 232
모바일은행 120
목표독립성 692
무서명결제 65
무선통신 기술 95
무위험지표금리 284
무위험채권 190
무이표채 147
무임승차 39
무점포은행 120
문재인 정부의 금융정책 364
물가수준목표제 553
물가안정목표제 488, 516, 535, 646
물가안정실업률 654
물물교환 10
미국식 옵션 315
미래지향적 방식 885
미시건전성 감독 683, 843
민간결제시스템 941
밀러-오어 모형 444

바

바이오 인증 95
바젤 I 865
바젤 II 869
바젤 III 873
바젤 규제체계 883
바젤은행감독위원회 866
박근혜 정부의 금융개혁 361
반대매매 313
반응준칙 530
뱅크런 407

범위 문제 759
법률위험 943
법정지급준비금 492
법정화폐 32
베이스 정리 231
베이시스 313
베이시스 포인트 166
벤처캐피탈회사 340
변동금리부 채권 74
보몰-토빈 모형 440
보수주의(conservatism) 232
보이지 않는 손 215
보편적 수용성 31
보험회사 337
본원증권 18, 76
본원통화 497
부도 시 손실률 575
부도율 575
부분준비제도 61
부분지급준비 491
부실정리계획 973
부외기구 422
부의 효과 566
부채관리 414
부채관리이론 413
부채담보부증권 297, 751
분산원장 기술 98
불공정거래 조사 896
불규칙 오류 219
불규칙행보 가설 226
불균형(disequilibrium)이론 469
불확실성 8
불환지폐 61
브로커 78
블랙-숄즈 옵션가격결정모형 309
블록체인 기술 95, 98
비대칭적 정보 389
비은행금융기관 424
비은행 예금취급기관 333
비전통적 통화정책 499
비트코인 98
비표준적 통화정책 수단 610
비효율시장 가설 229
빅데이터 95
빅테크 91
빠리바(Paribas) 은행 722

사

사건연구 227
사물인터넷 95
사후검증 417
사후 진화전략 539
사후청소전략 576, 683
3단계 예치금시스템 636
3요소의 공존불가능성 원리 533
상업대부이론 410
상품선물거래위원회 690
상품화폐 57
상호저축은행 333
서브프라임 사태 6
선도계약 308
선물계약 308
선별 396
선불형 카드 65
선제적 안내 564, 612
선천적 취약성 910
선호서식지이론 196
선 · 후순위 구조화 295
성장주 244

세계경제포럼 354
세계적 인플레이션 515
세금조건 187
소기업 효과 243
소비안정화 202
소비자금융보호국 690
소수점포은행 120
소유구조규제 860
수단독립성 692
수익률곡선 188
수익률곡선의 역전현상 203
순안정자금조달비율 876
순이자마진 576
스왑 308, 318
스태그플레이션 518
스페어 타이어 790
승자-패자 역전현상 238
시간 비일관성 699
시간선호 141
시간선호율 141
시간의 유한성 8
시나리오분석 417
시스템금융위기 29, 355
시스템사건 788
시스템상 중요 금융기관 271
시스템위험 943
시장규율 802
시장규율 강화 870
시장금리부 수시입출식예금 483
시장대출중개업자 118
시장분리이론 195
시장수용성 66
시장실패 39
시장조성자 215
시장중심제도 344
시장행위 감독 844
시장행위 규제 895
시재금 402
신뢰를 만들어내는 장치 99
신뢰받는 중개인 112
신뢰성의 이득 533
신뢰성 중시 견해 572
신뢰원리 706
신BIS협약 869
신용경로 568
신용붐 28
신용완화 617
신용위험 79, 184, 943
신용정보회사 812
신용중개시스템 424
신용창조 490
신용총량 507
신용파산스왑 421, 725
신용할당 570
신용협동기구 333
신용화폐 61
신주인수권부사채 73
신축적 물가안정목표제 543, 654
신호 396
신화폐수량설 461
실시간결제시스템 940
실제적 독립성 693
실제지급준비금 492
실제지급준비율 501
실질이자율 143
실효만기 161
심리효과 590
쌍봉모형 366

아

안전자산 선호행위 184
안정지향적 통화정책 전략 542
알트코인 102
암호화 화폐 102
액면가 147
액면채권 172
야성적 충동 233
약형(weak form) 효율시장 가설 224
양도성예금증서 413
양도성예금증서시장 78, 283
양적완화 616
양적완화의 전달경로 626
여 · 수신제도 588
여신전문금융회사 339
역선택 389
연계불사 422
연방예금보험공사 759, 949
연방준비법 541
연방준비제도 541
연준시스템공개시장계정 631
영구채 149
영란은행 675
영업행위 감독 844
영업효율성 374
영(0)의 하한 555
예금금리 상한규제 406
예금대지급기관 971
예금보험공사 966
예금보험기구 965
예금보험위원회 977
예금보험제도 948
예금자보호법 969
예금전액보장제도 950
예금창조 490
예대마진 216
예방단계 800
예비적 동기 439
예산제약 8
오디세안 유형 615
오퍼레이션 트위스트 625
옵션 308, 314
옵션 프리미엄 315
와일드캣 뱅킹 59
완벽한 폭풍우 29
완전예견 가설 219
완전지급준비 491
완충재고이론 469
완충(buffer)재원 404
왈라스 법칙 179
외부효과 834
외삽적 기대 240
외상 68
외채위기 30
외환스왑 318
외환시장 322
외환위기 29
요구불예금 404
욕망의 이중적 일치 10
우리나라의 예금보험제도 967
우리나라의 지급결제제도 945
운영위험 943
원금 141
월쉬 모형 705
위기상황분석 417, 796
위기처리단계 801
위임받은 감시활동 400
위험최소화 유형 966
위험프리미엄 228

유가증권시장 77
유동성 185
유동성 갭 416
유동성규제 894
유동성 비율 416
유동성선호설 179
유동성위험 79, 943
유동성지원제도 622
유동성 커버리지 비율 290, 876
유동성 풋 739
유동성 프리미엄이론 198
유동성함정 611
유동화이론 412
유럽시스템리스크위원회 855
유럽식 옵션 315
유럽중앙은행 542
유상증자 300
유지증거금 312
은산분리 122
은행대출경로 570
은행법 371
은행위기 29
은행의 은행 680
은행자본경로 576
은행중심제도 344
은행지주회사법 371, 419
은행학파 62
2개 단계 접근법 424
2단계 예치금시스템 636
이더리움 100
이익잉여금 405
이자 142
이자율 141
이자율목표제 530
이자율의 기간구조 183
이자율의 기간구조이론 189
이자율의 위험구조 183
이중지급 99
이표채 147
이해관계자 중심 자본주의체제 369
인공지능 95
인정비율 594
인지 한계 839
인터넷 전문은행 120
인플레이션 21
인플레이션 목표의 상향 조정 643
인플레이션보고서 537
인플레이션 전망치목표제 539
1기간 보유수익률 163
일반적인 구매력 70
일일정산 311
일중당좌대출 595

자

자금시장 78
자금시장펀드 423
자금조정대출 595
자금조정예금 595
자급자족 10
자기자본규제 864
자동안정화 장치 555
자본시장 78, 286
자본시장 규제 896
자본이득률 164
자본잉여금 405
자본자산 가격결정 모형 228
자산 17
자산가격경로 565
자산건전성규제 884

자산관리 414
자산변환 394
자산 · 부채 종합관리 415
자산유동화 750
자산유동화증권 293
자산유동화증권시장 79, 293
자연독점 837
자유은행제도 59
자유은행주의자 673
잔여청구권자 73
장기금융시장 78
장내시장 77
장외시장 77
재량주의 529
재무부 816
재벌 377
재할인율 404, 491
저축성예금 404
적기시정조치 890
적응적 기대 가설 219
전염위험 835
전자공시시스템 896
전자금융업무 120
전자단기사채시장 78
전자화폐 62
전환사채 73
절충적 접근법 654
정보 불완전성 8
정보 비대칭성 9
정보비용 186, 389, 390
정보의 비대칭성 389, 830
정상이자율 447
정책금융 590
제도보완성 270
제2선 지급준비금 403
제2차 시장 77
제2차적 심사기능 24
제2차 증권 18
제1선 지급준비금 403
제1차 시장 76
조기경보시스템 접근 795
조기변제요구권부 채권 74
조기상환권부 채권 74
조직적 독립성 692
조파(Zopa) 118
주가예측불가론 226
주식 17
주식금융 398
주식발행시장 300
주식유통시장 301
주식프리미엄 퍼즐 230
주인-대리인 문제 398
주조차익 59
주주 중심 자본주의체제 369
준강형(semi-strong form) 효율시장 가설 224
준재정활동 591
준칙주의 529
중간목표제 522
중립실질이자율 635
중소기업은행 332
중앙거래당사자 938
중앙예탁기관 938
중앙은행결제시스템 941
중앙은행업 676
중앙은행의 독립성 691
중앙은행의 미시적 기능과 거시적 기능 676
중앙은행의 책임성 703
중앙은행의 투명성 707

중첩세대모형 471
증거금 요구 312
증거금제도 311
증권거래위원회 28, 690
증권금융회사 340
증권청산결제시스템 938
지급결제서비스 108
지급결제 연쇄 109
지급결제제도 936
지급불능 407
지급수단 68
지급종료성 32, 68
지급준비금 408, 491
지급준비제도 597
지배구조규제 861
지정시점결제시스템 940
지폐 60
직불형 카드 65
직접금융 18
직접금융시장 273
진성어음주의 410
집합투자업자 336

차

차등보험료제도 960
차세대 거대기술 100
차액결제시스템 940
차익거래 192
차익거래자 309
차환발행리스크 621
채굴자 98
채권 18, 146
채권발행시장 288
채권시장 288
채권유통시장 290
채무 과잉 23
채무디플레이션 23
채무불이행 위험 175, 183
채무불이행 위험프리미엄 184
체계적 오류 219
초과수익률 239
초과지급준비금 492
촉진자 89
총액결제시스템 940
최저자기자본규제 870
최저총손실흡수력규제 881
최종대부자 680, 925
최종대부자의 순기능 929
최종대부자의 역기능 930
추가증거금 312
추가지표 792

카

커버드본드 299
케인즈 모형 446
코넥스(KONEX)시장 77
코스닥(KOSDAQ)시장 77
코스닥지수 303
코스피 303
콘뒷츠 423
콘솔 149
콜시장(call market) 78, 277
콜옵션 315
쿠폰금액 147
쿠폰율 148
크라우드소싱 116
크라우드펀딩 116
크리머즈(J. Kremers)와 슈언메이커(D.

Schoenmaker)의 모형 855
클라우드 컴퓨팅 95
클레이튼법 371

타

탈은행화 415
탈집중화 124
탐색비용 11
테이퍼링 624
테일러링 394
테일러 준칙 545
테크핀 89
토빈 모형 449
토빈의 q 565
통합감독체계 689
통합금융감독체계 905
통화금융통계매뉴얼 481
통화량목표제 468, 525
통화스왑 308, 318
통화승수 501
통화승수모형 500
통화안정증권 292, 607
통화안정증권시장 79, 292
통화정책 반응함수 615
통화정책보고서 537
통화정책의 수단 516
통화정책의 전달경로 561
통화정책의 최종 목적 513, 517
통화정책체계 515
통화주권 533
통화주의 62, 462
통화증발 657
통화지표 480
통화학파 62
투기거래자 309
투기적 환상 25
투자은행 334
투자자 정서 235
투자적 동기 439
투자적 화폐수요 438
투자적 화폐수요이론 446
튤립광기 26
트랜치 296
특별대출 596
특수은행 331
특정만기선호이론 196

파

파괴자 및 혁신자 89
파레토개선 16
파생금융상품시장 307
판매시점전자자금이체 65
패니메이 724
평균만기연장 625
평균물가목표제 555
포트폴리오 446
포트폴리오 다변화 448
포트폴리오 이론 446
풋옵션 315
프레디맥 724
프레이밍 효과(framing effect) 233
프로스퍼(Prosper) 118
% 변화 166
%p(%포인트) 변화 166
피셔 가설 144
피셔효과 144
핀테크 89
핀테크 혁신 4

필요지급준비금 492

하

하이퍼레저 101
하이퍼인플레이션 22
한계적 자금시장거래 636
한국산업은행 331
한국수출입은행 332
한국은행의 최종대부자 경험 932
한국은행 환매조건부매매시장 78, 280
한은금융망 946
할인 145
할인채권 172
할증채권 172
합리적 기대 가설 217
합리적 기대혁명 218
행태경제학 233
헐값 매각 747
헤지 308
헬리콥터 머니 639
헬리콥터 자금 살포 639
현금유출비율 495
현금잔고수량설 456
현금통화비율 501
현재편중 선호 838
현재할인가치 145
협소 책무(narrow mandate) 유형 965
협의통화 482
호주의 개혁 설계과정 367
호주의 금융시스템위원회 366
호트리 효과 566
화폐경제 20
화폐선불모형 471
화폐의 소득유통속도 457
화폐적 현상 525
화폐중립성(money neutrality) 5
화폐환상(money illusion) 233
화폐효용모형 471
확률적 오류 219
확실자산 446
확정금리부증권 72
환매조건부 604
환매조건부매매시장 78, 279
환매조건부채권 491
환율 322
환율경로 567
환율목표제 532
환율조정 메커니즘 534
회계감독 897
회생 · 정리계획 972
효율시장 가설 217
후천적 취약성 910
희석증권 73

영문

ABCP 296
AIT 555
AMLF 620
BCBS 866
buy-and-hold strategy 190
CACREL 888
CAMELS 887
CARD 296
CBO 296
CDO 751
CDS 725
CFPB 690
CFTC 690

CGFS 788
CLO 296
CPFF 620, 629
Dodd-Frank Wall Street Reform and Consumer Protection Act 690
EC방식 527
ESRB 855
FCA 690
FDIC 759
FLC 885
FPC 690
FSA 690
FSI 795
FSOC 690
FVI 795
IADI 핵심 원칙 964
IC카드형 전자화폐 63
K-OTC시장 77
LCR 876
LGD 575
LSAP 622
LSAP1 623
LSAP2 623
LSAP3 624
LTCM 위기 347
Maturity Extension Program 625
MFFP 640
MLF 630
MLP 629
MMDA 483
MMIFF 622
MMLF 629
MTN 423
NAIRU 654
NIM 576
NIRP 634
NSFR 876
Operation Twist 625
P2P 대출 116
PD 575
PDCF 618, 629
PMCCF 629
PPPLF 629
PRA 690
R3CEV 컨소시엄 101
Regulation Q 406
ROA 740
ROCA 888
ROE 740
roll-over strategy 190
RPF 727
S&L 위기 780
SBI 핀테크 컨소시엄 101
SEC 690
SIFIs 규제 879
SMCCF 629
SOMA 623
TAF 618
TALF 621
TARP 728
TDWP 618
TED 스프레드 725
TSLF 618
URIT 643
VaR 모형 417
ZLB 633

찾아보기
(인명)

Money & Financial Markets
sixth edition
Index

갈브레이스(J. Galbraith) 25, 248
걸리(J. Gurley) 478
골드펠트(S. Goldfeld) 467
굿하트(C. Goodhart) 506, 676, 682, 738
그린(D. Green) 689
그린스펀(A. Greenspan) 255, 349, 515, 653
김종일 656
김홍범 914
나카모토(S. Nakamoto) 101
노스라(J. Nocera) 253
다스(U. Das) 900
데이비스(H. Davies) 689
드롱(B. DeLong) 248
드미르귁-컨트(A. Demirgüç-Kunt) 349
드봉(W. De Bondt) 238
라스트라(R. Lastra) 692
라이클린(L. Reichlin) 547
라인하트(C. Reinhart) 28
라잔(R. Rajan) 348, 350
라코니쇼크(J. Lakonishok) 236, 244, 246
라 포르타(R. La Porta) 347
런드(S. Lund) 782
레빈(R. Levine) 349
레이(L. Wray) 763
레이들러(D. Laidler) 469
로고프(K. Rogoff) 28, 695
로버츠(H. Roberts) 224
로빈슨(J. Robinson) 343
로우(A. Lo) 256
로웬스타인(G. Lowenstein) 233
로저(S. Roger) 547
루카스(R. Lucas) 343
리카도(D. Ricardo) 4, 62
립진스키(T. Rybczynski) 347
마샬(A. Marshall) 456
맥컬리(P. McCulley) 424
맥키논(R. McKinnon) 343
맬킬(B. Malkiel) 224
머레이(D. Murray) 367
머조운(G. Majone) 706
모건 체이스(J. P. Morgan Chase) 421
뮈르달(G. Myrdal) 233
미쉬킨(F. Mishkin) 644, 728
밀러(M. Miller) 343, 444
박윤구 209
배저트(W. Bagehot) 343, 617, 926
버그(C. Berg) 546
버나드(V. Bernard) 246
버냉키(B. Bernanke) 542, 640, 642, 644, 685, 726
베나르치(S. Benartzi) 230
베어링 경(Sir F. Baring) 925
보리오(C. Borio) 685, 710, 798

보몰(W. Baumol) 440

볼(L. Ball) 644

볼(R. Ball) 254

볼드윈(R. Baldwin) 547

브러너마이어(M. Brunnermeier) 688, 745

브리올트(C. Briault) 704

블라인더(A. Blinder) 201, 540, 616, 697

블랑샤르(O. Blanchard) 643

빅셀(K. Wicksell) 459

새뮤엘슨(P. Samuelson) 233

샤르마(D. Sharma) 753

샤프스타인(D. Scharfstein) 236

서머즈(L. Summers) 251

세시오니(M. Cecioni) 622

소로스(G. Soros) 254, 258

쇼울즈(M. Scholes) 251

쉐프린(H. Shefrin) 230

쉬나시(G. Schinasi) 789, 799

쉴러(R. Shiller) 237, 252, 253

슐라이퍼(A. Shleifer) 220

슘페터(J. Schumpeter) 343

스미스(A. Smith) 233

스벤슨(L. Svensson) 539

스비릿젠카(K. Svirydzenka) 352

스타인(J. Stein) 236

스탯먼(M. Statman) 230

스털즈(R. Stulz) 726

스토운(M. Stone) 687

스톡(J. Stock) 29

스티글리츠(J. Stiglitz) 140

시겔(J. Siegel) 243

신현송 742

쏜튼(H. Thornton) 62, 459, 926

아담 스미스(A. Smith) 215, 411

아이켄그린(B. Eichengreen) 551

알렌(F. Allen) 345

에드워즈(W. Edwards) 232

에이드리언(T. Adrian) 203, 742

에지워스(F. Edgeworth) 408

오어(D. Orr) 443, 444

오우라(H. Oura) 345

왓슨(M. Watson) 29

우(T. Wu) 624

워글러(J. Wurgler) 249

월쉬(C. Walsh) 695, 705

윌슨(W. Wilson) 680

이윤정 208

잔디(M. Zandi) 728

재피(D. Jaffee) 140

제가디쉬(N. Jegadeesh) 238

제본스(W. Jevons) 57

젠센(M. Jensen) 222

주랍스카야(E. Zhuravskaya) 249

징갈레스(L. Zingales) 348

체케티(S. Cecchetti) 547, 551, 641

카너먼(D. Kahneman) 233

캐머러(C. Camerer) 230, 233

캠벨(J. Campbell) 615, 839

커틀러(D. Cutler) 248

케인(E. Kane) 806

케인즈(J. Keynes) 4, 233, 439

켈러허(R. Keleher) 927

코발(J. Coval) 754

코크란(J. Cochrane) 259

콜랜더(D. Colander) 731

퀀틴(M. Quintyn) 900

크로켓(A. Crockett) 846

크루그먼(P. Krugman) 259, 611

클린턴(K. Clinton) 544
킨들버거(C. Kindleberger) 248
킹(M. King) 573
탈러(R. Thaler) 230, 238, 253
테민(P. Temin) 762
테일러(J. Taylor) 735
토마스(J. Thomas) 246
토빈(J. Tobin) 440, 449, 819
투크(T. Tooke) 459
트버스키(A. Tversky) 233
티트만(S. Titman) 238
파마(E. Fama) 227, 252
풀라튼(J. Fullarton) 459
프리드만(M. Friedman) 233, 461, 479, 525, 695
피구(A. Pigou) 456
피셔(I. Fisher) 23
피셔(S. Fischer) 692
하이에크(F. Hayek) 233, 459
험프리(T. Humphrey) 926
헬위그(M. Hellwig) 913
호트리(R. Hawtrey) 566
화이트(L. White) 756
후벤(A. Houben) 799
힉스(J. Hicks) 4, 41

지은이에 대하여

정 운 찬

서울대학교 경제학과(학사, 1966～1970)
미국 마이애미대학교(경제학석사, 1971～1972)
미국 프린스턴대학교(경제학박사, 1972～1976)
미국 콜럼비아대학교 조교수(1976～1978)
서울대학교 교수(1978. 12～2009. 9)
한국금융학회장(1998. 7 ～ 1999. 6)
서울대학교 제23대 총장(2002. 7 ～ 2006. 7)
한국경제학회장(2006. 2 ～ 2007. 2)
한국사회과학협의회장(2008. 1～2009. 9)
국무총리(2009. 9～2010. 8)
한국야구위원회(KBO) 총재(2018. 1～2020. 12)
서울대학교 명예교수(2011. 3～현재)
동반성장연구소 이사장(2012. 6～현재)

[주요 저·역서]

『도전받는 한국경제』(정운찬 외 공저, 1990, 한국신용평가); 『금융개혁론』(1991, 법문사); 『중앙은행론』(1995, 학현사); 『예금보험론』(전정판, 송홍선 공저, 2007, 서울대학교 출판부); 『소리 없는 혁명—중앙은행의 현대화』(앨런 S. 블라인더 지음, 정운찬 · 김홍범 옮김, 2009, 율곡출판사); 『야구 예찬—야구바보 정운찬의 야생야사 이야기』(2013, 휴먼큐브); 『서울대 경제학자 8인이 말하는 한국경제』(정운찬 외 공저, 2017, 율곡출판사); 『경제학원론』(제11판, 조순 · 전성인 · 김영식 공저, 2020, 율곡출판사); 『한국경제, 동반성장, 자본주의 정신』(2021, 파람북); 『거시경제론』(제13판, 정운찬 · 김영식 · 이재원 공저, 2022, 율곡출판사); 『나의 스승, 나의 인생—조순 선생과 함께한 55년』(2022, 나남출판사) 외 다수

김 홍 범

서울대학교 경제학과(학사, 1976～1980)
서울대학교 대학원(경제학 석사, 1981～1983)
미국 뉴욕주립대학교(SUNY Albany)(경제학 석사 및 박사, 1986～1990)
경상국립대학교 교수(1984. 3～2022. 2)
경상국립대학교 사회과학대학 학장(2010. 3～2012. 2)
한국경제학회 부회장(2011. 3～2012. 2)
한국금융학회 회장(2014. 7～2015. 6)
금융감독원 금융감독자문위원회 위원장(2019. 5～2021. 4)
경상국립대학교 명예교수(2022. 3～현재)
한국과학기술원(KAIST) 초빙교수(2022. 8～현재)

[주요 논문 및 저·역서]

"An Alternative Rationale for Financial Dualism" (with B. Daniel, *Journal of Money, Credit and Banking*, 1992); "Financial Dualism in a Cash-in-Advance Economy" (with B. Daniel, *Journal of Macroeconomics*, 1996); "Is East Asia Fit for an Optimum Currency Area? An Assessment of the

Economic Feasibility of a Higher Degree of Monetary Cooperation in East Asia" (with C. Ahn and D. Chang, *The Developing Economies*, 2006); "Financial Reform, Institutional Interdependency, and Supervisory Failure in Post-crisis Korea" (with C. Lee, *Journal of East Asian Studies*, 2006); 「금융감독과 중앙은행 : 우리나라의 감독 조직화 방안 모색」(『한국경제포럼』, 2022); 「근대적 중앙은행제도로서의 제정 한국은행법 : 검토 및 평가」(『경제분석』, 2020); 「쌍봉(Twin Peaks) 모형의 이론과 실제」(『금융감독연구』, 2019); 『중앙은행의 진화』(역서, 1997, 비봉출판사); 『금융감독, 이대론 안된다』(2002, 도서출판 두남); 『중앙은행의 이론과 실제』(정운찬 공역, 2003, 율곡출판사); 『한국 금융감독의 정치경제학』(2004, 지식산업사); 『한국 금융감독 개편론』(2006, 서울대학교출판부); 『한국금융의 새로운 패러다임』(6인 공저, 2008, S&R경제경영연구원); 『소리 없는 혁명—중앙은행의 현대화』(정운찬 공역, 2009, 율곡출판사); 『글로벌 금융위기 이후 한국경제의 발전방향』(43인 공저, 2010, KDI); 『벤 버냉키, 연방준비제도와 금융위기를 말하다』(나원준 공역, 2014, 미지북스)

김 진 일

서울대학교 경제학과(학사, 1985～1989)
서울대학교 경제학과(경제학 석사, 1989～1991)
미국 예일대학교(경제학 박사, 1992～1996)
미국 연준이사회(FRB) 이코노미스트(1996～1998)
미국 버지니아주립대 조교수(1998～2003)
미국 연준이사회(FRB) 선임 이코노미스트(2003～2011)
한국금융학회 부회장(2018. 7～2019. 6)
한국경제발전학회 회장(2021)
고려대학교 경제학과 교수(2010～현재)

[주요 논문 및 저서]

"Designing a Simple Loss Function for the Fed: Does the Dual Mandate Make Sense?" (with D. Debortoli, J. Linde, and R. Nunes, *Economic Journal*, 129, 2019); "Extreme Events and Optimal Monetary Policy" (with F. Ruge-Murcia, *International Economic Review*, 60, 2019); "Monetary Policy and the Global Housing Bubble" (with J. Dokko, B. Doyle, M. Kiley, S. Sherlund, J. Sim, and S. Van den Heuvel), *Economic Policy*, 26, 2011); "Inflation Targeting and Nominal Income Growth Targeting: When and Why Are They Suboptimal?" (with D. W. Henderson, *Journal of Monetary Economics*, 52, 2005); "Constructing and Estimating a Realistic Optimizing Model of Monetary Policy" (*Journal of Monetary Economics*, 45, 2000); 『동태적 거시경제학: 성장과 변동』(이종화 공저, 2021, 박영사)

제6판 화폐와 금융시장

초 판 1쇄 발행 2000년 8월 30일
제2판 1쇄 발행 2003년 3월 1일
제3판 1쇄 발행 2007년 3월 1일
제4판 1쇄 발행 2012년 8월 30일
제5판 1쇄 발행 2018년 2월 28일
제6판 1쇄 발행 2022년 8월 5일
제6판 4쇄 발행 2026년 2월 10일

지은이 정운찬 · 김홍범 · 김진일
펴낸이 박정헌
펴낸곳 **율곡출판사**
주소 08590 서울시 금천구 가산디지털1로 84(에이스하이엔드 8차), 803호
전화 718-9872/3
팩스 718-9874
홈페이지 http://www.yulgokbooks.co.kr
이메일 yulgokbook@naver.com
등록 1989.11.10. 제2014-000031호
ISBN 979-11-91812-31-2 93320

정가 42,000원